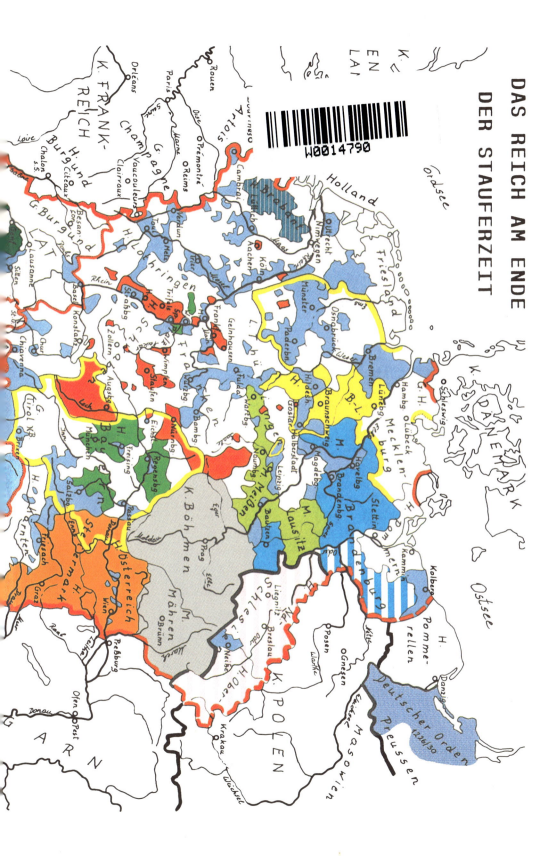

Gerhard Hartmann/Karl Schnith (Hrsg.)

Die Kaiser

Gerhard Hartmann/Karl Schnith (Hrsg.)

DIE KAISER

1200 Jahre
europäische Geschichte

Unter Mitarbeit von

Wilfried Hartmann

Eduard Hlawitschka

Klaus Höflinger

Walter Koch

Peter Mast

Hans und Marga Rall

Richard Reifenscheid (†)

marixverlag

Alle Rechte vorbehalten

Es ist nicht gestattet, Texte oder Abbildungen dieses Buches zu scannen,
in PCs oder auf CDs zu speichern oder mit PCs/Computern zu verändern
oder einzeln oder zusammen mit anderen Bildvorlagen zu manipulieren,
es sei denn mit schriftlicher Genehmigung des Verlages.

Copyright © by Marix Verlag GmbH, Wiesbaden 2006
Aktualisiert und bearbeitet nach der Ausgabe Graz, Wien und Köln 1996
Covergestaltung: Thomas Jarzina, Köln
Bildnachweis: Bridgeman Art Library
Gesamtherstellung: GGP Media GmbH, Pößneck
Printed in Germany

ISBN 10: 3-86539-074-9
ISBN 13: 978-3-86539-074-5
www.marixverlag.de

Inhalt

Vorwort 9

DIE HERRSCHER DER KAROLINGERZEIT (800–911)

Die Karolinger (W. H.) 14
Kaiser Karl der Große (768/800–814) (W. H.) 22
Kaiser Ludwig der Fromme (814–840) (W. H.) 45
König Ludwig der Deutsche (840–876) (W. H.) 60
Die Söhne Ludwigs des Deutschen: König Karlmann (876–880), König
   Ludwig der Jüngere (III.) (876–882), Kaiser Karl III. (876–887) (W. H.) . 71
Kaiser Arnulf von Kärnten (887–899) (W. H.) 82
König Ludwig das Kind (IV.) (900–911) (W. H.) 91
Ende und Nachleben (W. H.) 96

DIE HERRSCHER DER OTTONENZEIT (911–1024)

König Konrad I. (911–918) (Hl.) 100
König Heinrich I. (919–936) (Hl.) 108
Kaiser Otto I. (der Große) (936–973) (Hl.) 122
Kaiser Otto II. (973–983) (Hl.) 142
Kaiser Otto III. (983–1002) (Hl.) 153
Kaiser Heinrich II. (1002–1024) (Hl.) 164

DIE HERRSCHER DER SALIERZEIT (1024–1125)

Die Salier (Sch.) 180
Kaiser Konrad II. (1024–1039) (Sch.) 181
Kaiser Heinrich III. (1039–1056) (Sch.) 191
Kaiser Heinrich IV. (1056–1106) (Sch.) 203
Kaiser Heinrich V. (1106–1125) (Sch.) 229
Nachleben und Wirkungen (Sch.) 244

DIE HERRSCHER DER STAUFERZEIT (1125–1254)

Kaiser Lothar III. (1125–1137) (Hö.) 248
König Konrad III. (1138–1152) (Hö.) 258
Kaiser Friedrich I. Barbarossa (1152–1190) (Ko.) 271
Kaiser Heinrich VI. (1190–1197) (Hö.) 296
König Philipp von Schwaben (1198–1208) und
    Kaiser Otto IV. (1198–1218) (Hö.) 305
Kaiser Friedrich II. (1212–1250) (Ko.) 319
Das Ende des staufischen Hauses (Ko.) 352

DIE HERRSCHER DES SPÄTMITTELALTERS (1273–1437)

Das Spätmittelalter – Die Epoche der »springenden Königswahlen« (G. H.) . 360
König Rudolf I. (1273–1291) (Rei.) 364
König Adolf von Nassau (1292–1298) (G. H.) 376
König Albrecht I. (1298–1308) (Rei.) 383
Kaiser Heinrich VII. (1308–1313) (G. H.) 392
König Friedrich »der Schöne« (1314–1330) (Rei.) 399
Kaiser Ludwig IV. der Bayer (1314–1347) (Rall) 405
Kaiser Karl IV. (1346–1378) (G. H.) 418
König Wenzel (1378–1400) (G. H.) 432
König Ruprecht von der Pfalz (1400–1410) (Rall) 439
Kaiser Sigismund (1410–1437) (G. H.) 449

DIE EPOCHE DER HABSBURGER (1438–1918)

Die Habsburger als europäischer Faktor (G. H.) 460
König Albrecht II. (1438/39) (Rei.) 462
Kaiser Friedrich III. (1440–1493) (Rei.) 469
Kaiser Maximilian I. (1493–1519) (Rei.) 477
Kaiser Karl V. (1519–1556) (Rei.) 493
Kaiser Ferdinand I. (1556–1564) (Rei.) 510
Kaiser Maximilian II. (1564–1576) (Rei.) 521
Kaiser Rudolf II. (1576–1612) (Rei.) 529
Kaiser Matthias (1612–1619) (Rei.) 534
Kaiser Ferdinand II. (1619–1637) (Rei.) 540
Kaiser Ferdinand III. (1637–1657) (Rei.) 551
Kaiser Leopold I. (1658–1705) (Rei.) 562

Kaiser Josef I. (1705–1711) (Rei.) 579
Kaiser Karl VI. (1711–1740) (Rei.) 586
Kaiser Karl VII. Albrecht (1742–1745) (Rall) 599
Kaiser Franz I. Stephan (1745–1765) (G. H./Rei.) 607
Kaiser Josef II. (1765–1790) (Rei.) 635
Kaiser Leopold II. (1790–1792) (Rei.) 644
Kaiser Franz II./I. (1792–1835) (Rei.) 659
Kaiser Ferdinand I. (1835–1848) (Rei.) 684
Kaiser Franz Joseph I. (1848–1916) (Rei.) 698
Kaiser Karl I. (1916–1918) (Rei.) 730

DIE HOHENZOLLERN-KAISER (1871–1918)

Das Kaiserreich der Hohenzollern (Mast) 744
Wilhelm I. (1871–1888) (Mast) 747
Friedrich III. (1888) (Mast) 762
Wilhelm II. (1888–1918) (Mast) 769

Das Heilige Römische Reich (G. H.) 788
Verzeichnis der Abkürzungen und Bildnachweis 808
Quellen- und Literaturverzeichnis 809
Stammtafeln und Karten . . . . 417, 431, 825 und Innenseite des Schutzumschlags
Personenregister 838

Mitarbeiterkürzel

G. H.	Gerhard Hartmann
Hl.	Eduard Hlawitschka
Hö.	Klaus Höflinger
Ko.	Walter Koch
Mast	Peter Mast
Rall	Hans und Marga Rall
Rei.	Richard Reifenscheid
Sch.	Karl Rudolf Schnith
W. H.	Wilfried Hartmann

Vorwort

Die in diesem Buch gebotenen Biographien römisch-deutscher Kaiser und Könige sowie der österreichischen und deutschen Kaiser umspannen einen Zeitraum von rund 1200 Jahren. Am Anfang stehen Lebensbilder der beiden karolingischen Kaiser, unter denen die universale Ordnung des mittelalterlichen Abendlandes grundgelegt wurde: Karls des Großen, mit dessen Kaiserkrönung im Jahre 800 das Imperium des Westens in die Geschichte eintrat, und Ludwigs des Frommen, in dessen Regierungsjahren – bis 840 – zum erstenmal um die Gestaltung des Verhältnisses von weltlicher und geistlicher Gewalt und um die Prinzipien eines christlichen Staatsethos gerungen wurde. Daran schließen sich die Lebensläufe der ostfränkischen Karolinger und der nachfolgenden deutschen Herrscher, also der Ottonen, Salier, Staufer und Welfen sowie der Könige aus weniger bedeutenden Familien.

Das Halbjahrtausend »von den Karolingern zu den Staufern« umschließt zunächst Blüte und Verfall des fränkischen Großreiches und sodann eine von Kaisertum und Papsttum gemeinsam getragene Phase der Statik und relativer Harmonie bis in das mittlere 11. Jahrhundert. In der Umbruchszeit des Investiturstreites brach eine tiefreichende Spannung zwischen dem weltlichen und dem geistlichen Bereich auf. Das ungewöhnlich schöpferische 12. Jahrhundert war von einem Dualismus Staat/Kirche durchzogen, intensivierte aber auch den geistigen Austausch zwischen den verschiedenen Ländern und weitete in räumlicher Hinsicht den Gesichtskreis der Europäer. Im 13. Jahrhundert, dessen erste Hälfte eine nochmalige Aufgipfelung des Streites zwischen Kaisertum und Papsttum sah, kündigte sich der Zerfall des abendländischen Universalismus sowohl in seiner politischen wie in seiner geistigen Form an. Die Jahre nach 1250 leiteten vollends in das spätmittelalterliche Europa mit seiner »nationalstaatlichen« Zergliederung über. Im ganzen gesehen fünf Jahrhunderte, die von der großartigen, freilich archaisch anmutenden Einheitlichkeit des Beginns zu einer kaum überschaubaren Vielfalt der Sonderentwicklungen führten. Und zu den zukunftsweisenden Abläufen gehörte vom 9. und frühen 10. Jahrhundert an die Herausbildung des deutschen Volkes und seines ersten Staatswesens, welches anfangs in herkömmlicher Weise »Reich der (Ost-) Franken«, bald aber »deutsches« oder »römisches« Reich genannt wurde.

Daran schließen sich die Kaiser und Könige des Spätmittelalters aus der Epoche der »springenden Königswahlen« an: die ersten Habsburger, die Luxemburger und die Wittelsbacher. Die Zeit des Spätmittelalters (und der Gotik) ist von

tiefgreifenden politischen, wirtschaftlichen und sozialen Wandlungen gekennzeichnet. Sie war nicht nur eine Zeit wirtschaftlicher Innovation und einer gewissen Blüte, sondern auch die eines großen Leids (die Pest des 14. Jahrhunderts
raffte rund ein Drittel der deutschen Bevölkerung hinweg) und des Niedergangs
der Kirche (Päpste in Avignon, Großes Abendländisches Schisma). Politisch
gesehen erstarkte in Deutschland das Territorialstaatswesen mit der Folge des für
den deutschen Sprachraum typischen Föderalismus. Das ging zu Lasten einer
starken Königs- und Reichsgewalt. Deutschland entwickelte sich somit anders
als seine übrigen Nachbarn, die zentrale Staaten mit Hauptstädten waren (und
sind).

Mit König Albrecht II. und Kaiser Friedrich III. Mitte des 15. Jahrhunderts
beginnt die Reihe der Kaiser aus dem Geschlecht der Habsburger bzw. Habsburg-
Lothringer (ab Franz I.), die in der Mitte des 18. Jahrhunderts nur einmal kurz
durch den Wittelsbacher Karl VII. unterbrochen wurde. Der Beginn der Neuzeit
war auch und vor allem durch die Reformation geprägt, die das lose und föderative
Deutschland neuerlich spaltete und zum Dreißigjährigen Krieg des 17. Jahrhunderts führte. Trotz internationaler Implikationen (Dänemark, Schweden, Frankreich) war dieser ein deutscher Bürgerkrieg mit verheerenden Folgen für Land und
Leute.

Der Westfälische Frieden von 1648 löste das Reich, die europäische Mitte,
praktisch in einen losen Verbund fast souveräner Staaten auf. In diesem dominierten anfänglich die Habsburger. Ausgestattet mit der Kaiserwürde und neben den
ursprünglich österreichischen Erblanden auch mit den Kronen Böhmens und Ungarns begründete sich ihre Dominanz im 16. und teilweise im 17. Jahrhundert auch
durch ihren spanischen Zweig, der sowohl in den Niederlanden wie in Italien
Besitzungen hatte. Dadurch entstand zwangsläufig eine Rivalität zu Frankreich,
das durch drei überaus lang regierende Könige eine gewisse Stabilität aufwies.
Diese Rivalität Habsburg-Bourbon ging in der Folge auf die zwischen Deutschland und Frankreich über, welche bis in die Mitte des 20. Jahrhunderts andauerte.

Auf dem Boden der konfessionellen Spaltung entstand auch eine neue Rivalität
um die Vormachtstellung in Deutschland. Das evangelische Hohenzollern-Preu-
ßen versuchte, diese ab Mitte des 18. Jahrhunderts dem katholischen Habsburg-
Österreich streitig zu machen, das vom Ende des 17. Jahrhunderts an sich an drei
Fronten zu bewähren hatte: gegenüber Frankreich im Westen, gegenüber den
Türken im Südosten und dann gegen die Preußen im Norden.

In der Umbruchszeit der Französischen Revolution und der Napoleonischen
Kriege trat die Rivalität Österreich-Preußen zugunsten einer gemeinsamen Ab-
wehr Frankreichs in den Hintergrund. Doch damals ging auch endgültig das
Imperium des Westens zu Ende. Franz II. legte am 6. 8. 1806 die römisch-deutsche
Kaiserkrone nieder. Damit endet das »Heilige Römische Reich (deutscher Na-
tion)«, das am Weihnachtstag des Jahres 800 begann und somit mehr als 1000 Jahre
überdauerte. Doch Franz II. hatte bereits am 14. 8. 1804 als Reaktion auf die
Selbstkrönung Kaiser Napoleons I. und das sich abzeichnende Ende des alten

Reiches die österreichische Kaiserwürde angenommen und heißt als solcher Franz I.

Daher folgt es nur einer inneren Logik, wenn die Lebensbilder der drei österreichischen Kaiser angefügt werden. Das Österreichische Kaisertum wird nicht zu unrecht als »heimliches Heiliges Römisches Reich« durch seine supranationale Struktur bezeichnet. Durch Metternich dominierte es zweifelsohne die ersten Jahrzehnte nach dem Wiener Kongreß. Doch ab dem Revolutionsjahr 1848 wurde der Sprengsatz der Habsburger-Monarchie sichtbar: der Nationalismus, der in Europa zu nationalstaatlichen Lösungen tendierte.

Die Rivalität Österreichs und Preußens um die Vorherrschaft in Deutschland führte zum »Schicksalsjahr 1866« (Adam Wandruszka), die kleindeutsche Lösung und den Beginn einer österreichischen Sonderentwicklung. 1871 entstand das Deutsche Reich als Bundesstaat, an dessen Spitze der König von Preußen mit dem Titel Deutscher Kaiser stand. Dessen drei Kaiser aus dem Haus Hohenzollern beenden die Reihe der Lebensbilder.

Beide Kaiserreiche (und mit ihnen die übrigen deutschen Königreiche und Fürstentümer) gingen in den Novembertagen des Jahres 1918 unter. Doch die Spuren des alten Reiches, Österreichs und des Deutschen Reiches mit ihren Kaisern, Königen und sonstigen Herrschergestalten, die diese europäische Mitte über 1200 Jahre geprägt hatten, sind nicht zu verwischen und noch immer zu finden. Ob es die Zeugnisse staufischer Macht in Süditalien sind, die Spuren der Karolinger in Frankreich oder in Westdeutschland, oder der Einfluß deutscher städtischer Kultur des Spätmittelalters bis weit nach Osteuropa hinein, oder das oberitalienische »Reichsitalien« (nicht umsonst hat die Lega Nord dort großen Zulauf!), es finden sich überall Zeugnisse dieses Imperiums des Westens. Von den Prägungen, die Österreich-Ungarn in seinen Kronländern hinterlassen hat, ganz zu schweigen.

So möge dieses Buch auch beitragen, beim Leser Verständnis für die historische Entwicklung der europäischen Mitte zu wecken und ihn damit vielleicht imstande zu setzen, heute vorgefundene politische Situativen in Europa und Deutschland aus der historischen Genese heraus deuten zu können.

Die Darstellung der Lebensbilder berücksichtigt alle selbständig regierenden Monarchen und dazu weitere bedeutsame Persönlichkeiten aus den verschiedenen Königslinien, nicht zuletzt auch die tatkräftig in das Geschehen eingreifenden Kaiserinnen und Königinnen. Das Buch enthält eine in sich geschlossene Folge von Biographien – wobei der Kenner weiß, welche eine schwierige Aufgabe die Erfassung von »Persönlichkeiten« aus dem weit zurückliegenden Mittelalter darstellt. Die »Größe« der Herrscher wird zum Thema in dem Sinn, wie einst Jacob Burckhardt diesen Begriff faßte als einen, der unentbehrlich ist und dabei doch fraglich bleibt. Neben den »großen« Gestalten finden sich diejenigen Regenten, die den ihnen gestellten Aufgaben nicht oder nur teilweise gerecht werden konnten, die vor inneren Oppositionsbewegungen zurückweichen mußten oder abgesetzt wurden – übrigens ein Schicksal, welches auch bedeutende Herrscher traf, man denke nur an Kaiser Friedrich II.

Ein besonderes Anliegen der Mitarbeiter war es, so weit als möglich gesicherte Daten beizugeben und die verwandtschaftlichen Verflechtungen der Herrscher bzw. ihrer Familien mit anderen europäischen Herrscherhäusern sowie mit herausragenden Fürstengeschlechtern aufzuzeigen. Zudem wird das Ziel verfolgt, nicht nur die Einzelpersönlichkeit zu charakterisieren, sondern darüber hinaus gleichsam die Signatur der jeweiligen Dynastie zu erfassen und sichtbar zu machen. Verschiedene Überblickskapitel sowie listenartige Zusammenstellungen der Nachkommen der Herrscher, teilweise mit zusätzlichen biographischen Hinweisen, mögen die Zusammenhänge verdeutlichen. Die verantwortungstragenden Herrschergestalten stehen zwar im Mittelpunkt der Darstellung, doch will das Buch dem Leser auch einen Zugang zu historischen Entwicklungslinien eröffnen.

Die vorliegenden Biographien skizzieren die Lebenswege der Herrscher vor dem Hintergrund der Gesamtentwicklung und im Zusammenhang mit ihr. Das Individuum soll nicht von den Bedingtheiten der Gesellschaft getrennt, sondern ihnen zugeordnet werden. Auf diese Weise tritt hervor, wie die Herrscher zu Gestaltern ihrer Zeit und Umwelt wurden, oder auch, wie sie die wirkenden Kräfte ihrer Zeit erleiden, ihnen Tribut zollen und sich ihnen anpassen mußten.

Die Herausgeber danken den Mitarbeitern, sie haben sich ja bereits schon im Rahmen der bewährten Lebensbilder-Reihe des Verlags Styria ausgewiesen (»Mittelalterliche Herrscher in Lebensbildern«, hg. von Karl Rudolf Schnith, »Die Habsburger in Lebensbildern« von Richard Reifenscheid; »Die Wittelsbacher in Lebensbildern« von Hans und Marga Rall; »Die Hohenzollern in Lebensbildern« von Peter Mast). Ebenso Dank gebührt dem Verlag für die Idee zu diesem Buch und die sorgfältige Betreuung, sowie auch Frau Bettina Marquis, die das Personenregister sowie das Literaturverzeichnis bearbeitete.

Köln–München, im Mai 1996
Gerhard Hartmann   Karl Rudolf Schnith

Herrscher der Karolingerzeit

Die Karolinger

Die Karolinger sind dem heutigen Geschichtsbewußtsein noch so gegenwärtig wie unter den deutschen Herrschern des Mittelalters wohl nur noch die Staufer. Die Namen Karl der Große und Ludwig der Fromme sind vielen unserer Zeitgenossen bekannt, auch wenn sie meistens nichts Näheres über ihre Bedeutung würden sagen können.

Über die Vorgeschichte und den Aufstieg der Familie, die als die »Karolinger« in die Geschichte einging, sind wir recht gut informiert. Denn die Könige Pippin und Karl der Große haben die verschiedenen Formen frühmittelalterlicher Geschichtsschreibung benutzt, um den Ruhm, die Besonderheit und die überragende Bedeutung ihres Geschlechts zu verbreiten. Bereits über den ersten bekannten »Karolinger«, den Bischof Arnulf von Metz († 640), besitzen wir eine Lebensbeschreibung, die ihn als Heiligen erscheinen läßt; sie ist von einem Zeitgenossen am Beginn des 7. Jahrhunderts verfaßt worden. Karl der Große hat als einziger Herrscher des früheren Mittelalters eine Biographie erhalten, die wegen ihrer Mitteilungen auch über private Züge des Kaisers und wegen der persönlichen Nähe ihres Verfassers zu Karl in ihrer Zeit und noch lange danach einzigartig dasteht. Über Ludwig den Frommen besitzen wir sogar zwei Lebensbilder, auch wenn diese eher konventionell die Ereignisse zur Zeit dieses Herrschers beschreiben.

Auch die Annalen, jene aus knappen Notizen am Rand der Ostertafeln hervorgegangene typisch frühmittelalterliche Gattung von Geschichtswerken, haben die Karolinger in den Dienst der Propaganda für ihr Haus und ihr Werk gestellt: Die Geschichte des Aufstiegs ihres Geschlechts ist in den sogenannten Metzer Annalen erzählt, und in der Zeit Karls des Großen wurden Annalen geführt, die vom Hof mit Informationen aus erster Hand gespeist wurden und die daher als »Reichsannalen« bezeichnet werden.

Das Interesse der Karolinger an der Darstellung ihrer Geschichte war so groß, daß auch Angehörige dieses Hauses selbst als Geschichtsschreiber hervorgetreten sind. Der erste, von dem wir dies wissen, ist ein junger Mönch: Mit neun Jahren hat Hieronymus, ein Sohn Karl Martells, die Vita seines Vorfahren Arnulf abgeschrieben. Ein Bruder Karl Martells aus einem Konkubinat Pippins des Mittleren war Childebrand, der die Redaktion der Fortsetzung der Chronik des sogenannten Fredegar überwachte. Und schließlich ist Nithard zu nennen, ein Enkel Karls des Großen, der ein selbständiges Geschichtswerk über die Zeit Ludwigs des Frommen verfaßte. Natürlich hat diese Achtung auf das Bild der Dynastie in der

DIE KAROLINGER

Historiographie auch ihre Probleme: Wir müssen damit rechnen, daß die historische Wirklichkeit geschönt und im Sinne der Auftraggeber, d. h. der karolingischen Herrscher, verändert wurde und daß manche Tatsachen unterdrückt oder in bestimmter Weise bewertet wurden.

Glücklicherweise sind wir ja nicht auf die Historiographie allein angewiesen, wenn wir nach Quellen für unsere Kenntnis der Karolingerzeit suchen: Eine große Zahl von Urkunden – wenn auch zum Teil ver- oder gefälscht – steht uns ebenso zur Verfügung wie die Kapitularien, das sind Verordnungen, die vor allem Karl der Große und Ludwig der Fromme über eine Vielzahl von Themen erlassen haben. Außerdem besitzen wir Briefe von wichtigen Zeitgenossen und auch zahlreiche Gedichte, aus denen wichtige Erkenntnisse über die Zustände am Hof Karls des Großen oder über politische Ereignisse möglich sind. Als unmittelbare, »reale« Zeugen der karolingischen Vergangenheit haben zwar auf dem Gebiet des späteren deutschen Reiches nur wenige Bauten überdauert – in erster Linie wären hier die Pfalzkapelle in Aachen und die Torhalle des Klosters Lorsch zu nennen –, aber eine große Anzahl von Handschriften aus karolingischer Zeit ist noch heute erhalten und sie bezeugt die kulturelle Blüte jener Epoche.

Die »Karolinger«, von denen wir bisher schon so selbstverständlich gesprochen haben, leiten ihren Namen ab von Karl dem Großen als dem bedeutendsten Mitglied ihrer Familie. Der »Spitzenahn« der Familie war jedoch der Bischof Arnulf von Metz, der am Beginn des 7. Jahrhunderts zuerst als Berater des merowingischen Königs wirkte, ehe er 614 zum Bischof von Metz erhoben wurde; später (629) hat er sich dann unter dem Einfluß des irischen Mönchsheiligen Kolumban in ein Kloster in den Vogesen zurückgezogen; 640 ist er gestorben. Arnulf, der später als Heiliger verehrt wurde, wurde in seiner Bischofsstadt bestattet; Metz hat im 8. und im 9. Jahrhundert als Stadt dieses karolingischen Heiligen eine besondere Rolle gespielt.

Wegen dieses Spitzenahns spricht man von den Karolingern vor Karl dem Großen als den »Arnulfingern«. Die Familie wird zuweilen aber auch als »Pippiniden« bezeichnet; damit bezieht man sich auf einen anderen Namen, der an den Anfang des Geschlechts gehört. Dabei ist einmal Pippin der Ältere zu nennen, der wie Arnulf von Metz am Beginn des 7. Jahrhunderts lebte, und dann Pippin »der Mittlere«, der den Aufstieg der Familie durch seine militärische Tüchtigkeit vorbereitete (Sieg über die Neustrier in der Schlacht von Tertry 687). Ein Sohn dieses Pippin († 16. 12. 714) aus einer Nebenehe war dann der erste Träger des Namens Karl, dem das 9. Jahrhundert den Beinamen Martell, der Hammer, verliehen hat und mit dem die Herrschaft des Geschlechts über das fränkische Reich eigentlich beginnt.

In der Rückschau auf den Aufstieg der arnulfingisch-pippinidischen Familie muß gesagt werden, daß dieser sich keinesfalls selbstverständlich oder gar automatisch vollzogen hat und daß im Laufe des 7. Jahrhunderts auch andere Familien über längere Zeit als Hausmeier die Regierungsgeschäfte führten, ohne daß sie diese Macht auf Dauer ihren Nachkommen vererben konnten. Die Widerständige gegen die in Austrasien, und zwar im Gebiet von Metz, beheimatete Familie der Arnulfinger[1] waren lange Zeit groß; und Karl Martell mußte noch einmal ganz von unten beginnen, weil die Witwe seines Vaters versuchte, ihn völlig von der Macht fernzuhalten. Seinen Erfolg verdankte er einer ganzen Reihe von Adelsfamilien aus dem austrasischen Raum, und er mußte deren Hilfe mit Versprechungen erkaufen, die er nach seinem Sieg einlösen mußte. Diese Hypothek hat Karl Martell durch »Anleihen« an den Besitzungen der Kirchen und Klöster abgezahlt, zu deren Wachstum auch seine Vorfahren beigetragen hatten. Die Nachwelt hat Karl dieses Vorgehen übelgenommen; besonders in der Hagiographie war sein Ansehen schlecht, nachdem zuerst im Jahr 858 durch den Erzbischof Hinkmar von Reims die Legende erzählt wurde, das Grab Karl Martells in St. Denis sei leer und der erste Karolinger müsse in der Hölle seine Übergriffe auf das Kirchengut büßen.

Die bedeutendste Leistung des kampfgeübten Karl war sein Sieg gegen die Sarazenen, die 711 bei Gibraltar europäischen Boden betreten hatten und nach der Eroberung des Westgotenreichs auch schon bald (um 720) auf gallisches Gebiet diesseits der Pyrenäen übergriffen. In der Nähe von Poitiers fand im Oktober 732 jene Schlacht statt, die den Ruhm des *princeps* (= Fürsten) Karl nicht nur im Frankenreich und auf den britischen Inseln, sondern auch im moslemischen Spanien verbreitete. Daher wird man wohl die Bedeutung dieses Sieges doch nicht so stark herabmindern dürfen, wie dies eine Zeitlang in der Abwehr allzu martialischer Benennungen (»Retter Europas«) geschehen ist.[2]

Karl Martell war während seiner gesamten Herrschaft ein sehr kriegerischer Fürst; lediglich zum Jahr 740 – also kurz vor seinem Tod – berichten die Annalen davon, daß es ausnahmsweise keinen Kriegszug gegeben habe. Die schwersten Kämpfe hatte Karl in Aquitanien und in den Gebieten östlich des Rheins zu bestehen; in Aquitanien mußte er nicht nur die vorstoßenden Sarazenen zurückschlagen, sondern auch versuchen, die seit längerer Zeit dem Zugriff der Franken sich entziehenden Aquitanier wieder zu unterwerfen; ein endgültiger Sieg ist hier von Karl nicht erreicht worden.

Die Beziehungen zur Kirche waren – anders als es die kritischen Stimmen seit dem Ende des 9. Jahrhunderts vermuten lassen – nicht gespannt, sondern zeitweise sogar sehr eng. Bonifatius hat sich weder beim Papst noch bei anderen Briefpartnern darüber beklagt, daß der Hausmeier seine Missions- und Organisationspläne behindert hätte. Es ist wohl kaum auf hemmendes Einwirken Karl Martells zurückzuführen, daß es Bonifatius bis 741 nicht gelungen ist, die für Hessen und Thüringen geplanten Bistümer zu errichten.

In die Zeit Karl Martells fallen die ersten eindeutigen Versuche des

---

1   Zur Heimat der Arnulfinger vgl. E. Hlawitschka, Zur landschaftlichen Herkunft der Karolinger, RhVjbll 27 (1962) S. 1–17.
2   In den Jahren nach 732 kam es zu weiteren Kämpfen mit den Mauren, wobei die Franken 737 mit den Langobarden verbündet waren. Entscheidend für das Ende der arabischen Expansion in Richtung auf das Frankenreich war ein großer Berberaufstand im Jahr 740.

DIE KAROLINGER

Papsttums, die Franken als Schutzherren gegen die im 8. Jahrhundert erneut expandierenden Langobarden zu gewinnen, nachdem die Beziehungen zum Kaisertum in Konstantinopel seit der Unterstützung der Bilderfeinde durch den Kaiser gespannt waren. Karl Martell hat allerdings das Hilfegesuch des Papstes Gregor III. im Jahr 739 nicht zum Anlaß genommen, in Italien auf der Seite des Papstes einzugreifen. Karl lehnte ein Eingreifen gegen die Langobarden ab, weil sie ihn gegen die Sarazenen so nachhaltig unterstützt hatten.

Gegen Ende seines Lebens wurde die königsgleiche Stellung Karl Martells von den Zeitgenossen durchaus gewürdigt; einige Annalen sprechen 741 davon, daß der König gestorben sei. Und die unter der Aufsicht eines Karolingers redigierte Fortsetzung der Chronik des sogenannten Fredegar läßt Karl als Abbild des Josua erscheinen, der wie Karl Martell zwar ebenfalls nicht den Titel, aber doch die Macht eines Königs besessen hatte und der vor allem als kriegerischer Schöpfer des Reiches Israel hervorgetreten war.

Als Karl Martell am 22. 10. 741 starb, hatte er das Frankenreich wie ein König unter seine beiden Söhne Karlmann und Pippin aufgeteilt. Diese waren beim Tode ihres Vaters ungefähr 30 (Karlmann) und 27 (Pippin) Jahre alt. Karlmann als der ältere erhielt Austrasien, dazu Alemannien und Thüringen; Pippin wurden Neustrien, Burgund und die Provence übergeben, aber auch er hat anscheinend einen gewissen Anteil am in Austrasien gelegenen Hausgut erhalten. Kurz vor seinem Tod hatte Karl Martell zwar noch sein Testament geändert, um auch seinen Sohn Grifo (aus einer zweiten Ehe) mit einem Reichsteil zu bedenken. Noch 741 scheint es zu Auseinandersetzungen zwischen den Brüdern gekommen zu sein, wobei Karlmann und Pippin die Initiative zum Kampf gegen ihren Stiefbruder Grifo ergriffen.

Die Anfänge der Herrschaft der Söhne Karl Martells waren aber nicht nur durch die Familienzwistigkeiten bedroht, sondern auch durch Aufstände in verschiedenen Gebieten an den Rändern des Frankenreichs, vor allem in Aquitanien, in Alemannien, Bayern und Sachsen. Im Jahr 742 mußten Karlmann und Pippin gemeinsam gegen Aquitanien und gegen Alemannien ziehen, im folgenden Jahr fand ein Zug gegen Bayern statt, der siegreich verlief. Karlmann allein führte 743 und 744 Feldzüge gegen die Sachsen durch. 745 war ein neuer Krieg gegen die Aquitanier nötig, und im Jahr darauf erhoben sich die Alemannen, die Karlmann mit äußerster Brutalität niederwarf.

Im Sommer 747 trat Karlmann ins Kloster ein. Dieser Klostereintritt liegt in einem gewissen Dunkel, weil die Quellen weder den Anlaß für diesen Schritt nennen noch darüber berichten, ob Karlmann seinen Reichsteil an seinen Bruder Pippin abgetreten hat oder ob er davon ausging, daß seine Kinder in sein Erbe eintreten würden. Bei aller Eigentümlichkeit ist der Schritt Karlmanns nicht einmalig in seiner Zeit; auch früher schon hatten Angehörige des arnulfingischen Geschlechts eine Neigung zu religiöser Hingabe gezeigt, wie die Geschichte des Spitzenahns Arnulf beweist. Zudem kennen wir besonders aus dem angelsächsischen England einige Beispiele davon, daß der König eine Wallfahrt nach Rom unternahm, von der er nicht mehr auf seinen Thron zurückkehrte, weil er sich entschloß, den Rest seiner Tage in einem römischen Kloster zu verbringen. Bonifatius, der ein sehr enges Verhältnis zu Karlmann hatte, könnte ihn auf diese Vorbilder hingewiesen haben. Wenige Jahre nach Karlmann (749) hat übrigens auch der langobardische König Ratchis auf seinen Thron verzichtet, um sein Leben im Kloster Monte Cassino zu beschließen. Um seine Alleinherrschaft gegen seine nächsten Verwandten abzusichern, entschloß sich Pippin dazu, das Schattenkönigtum der Merowinger endgültig beiseite zu schieben und selbst König zu werden. Da schon das alleinige Hausmeiertum Pippins auf Ablehnung stieß, gab es sicher auch erheblichen Widerstand gegen seinen Plan, sich zum König erheben zu lassen, wenn auch der Umfang der Gegnerschaft nicht deutlich wird. Um seine Gegner auszumanövrieren, sicherte Pippin sich gleich mehrfach ab: Zuerst wurde »nach dem Rat und mit Zustimmung aller Franken« eine Gesandtschaft nach Rom geschickt, die den Papst zu einer Pippins Vorhaben unterstützenden Aussage veranlassen sollte, die dieser auch mit den berühmten Worten gab: »Es ist besser, daß derjenige König heißt, der die Macht hat, als der, dem keinerlei königliche Gewalt mehr verblieben ist; daher soll kraft apostolischer Autorität Pippin König werden, damit die Ordnung nicht gestört wird.«

Aufgrund dieses päpstlichen Spruchs wurde Pippin zum König gewählt und auf den Thron erhoben; ob eine Krönung und eine Schilderhebung wie zu merowingischer Zeit stattfanden, wissen wir nicht. Zur Absicherung seines Königtums ließ sich Pippin von den Bischöfen (vielleicht von Bonifatius persönlich) zum König salben. Damit übernahm er eine Form der Legitimierung des Königtums, die bisher bei den Franken nicht praktiziert worden war, sondern die wahrscheinlich von den Westgoten, den Angelsachsen oder den Iren übernommen wurde, die eine Königssalbung nach dem Vorbild des Alten Testaments kannten. Der letzte Merowinger Childerich III. wurde zum Mönch geschoren und verschwand im Kloster St. Bertin; sein Sohn wurde dem Kloster St. Wandrille zur Verwahrung übergeben.

Die Legitimität des neuen Königs wurde noch erhöht, als im Jahr 754 Papst Stephan II. persönlich ins Frankenreich kam, um von Pippin Unterstützung gegen die Langobarden zu erbitten. Zum erstenmal hatte damit ein Papst eine Reise ins Gebiet nördlich der Alpen angetreten, während in früherer Zeit die römischen Bischöfe höchstens gelegentlich nach Konstantinopel gereist waren. Während der Karolingerzeit sind die Päpste noch mehrfach ins Frankenreich gereist, wenn sie in Rom Schwierigkeiten hatten. Pippin behandelte den Papst mit großem Selbstbewußtsein; er nahm ihn nicht persönlich an der Grenze seines Reiches in Empfang, sondern ließ ihm durch Boten mitteilen, daß er ihn in seiner Pfalz Ponthion (20 km südöstlich von Châlons-sur-Marne) erwarte. Die Begegnung zwischen Papst und Frankenkönig am 6. 1. 754 ging in strengen Formen vonstatten, die sicher mit den Beauftragten des Papstes abgesprochen worden waren: Der ältere Sohn Pippins, Karl, damals wohl erst sechs Jahre alt, wurde Stephan II. entgegengeschickt; der König selbst ritt ihm mit Familie und Gefolge 3000 Schritt entge-

DIE KAROLINGER

gen. In Sichtweite des Papstes stieg Pippin vom Pferd, warf sich auf den Boden und leistete den Marschalldienst, d. h. der König führte das Pferd des Papstes am Zügel. Eine fränkische Quelle berichtet, daß der Papst vor Pippin und seinen Söhnen fußfällig um Hilfe gegen die Langobarden gefleht habe. In Ponthion wurde durch Pippin die Schenkung des Dukats von Rom und des Exarchats von Ravenna an den Papst in Aussicht gestellt; aus diesen Gebieten ist der Kirchenstaat entstanden. Dabei muß allerdings beachtet werden, daß Pippin damals über diese Gebiete gar nicht verfügen konnte; sie gehörten zweifellos zum byzantinischen Kaiserreich, und Pippin hatte nicht einmal das Recht des Eroberers, weil er noch gar nicht in Italien gekämpft hatte.

Der Kriegszug gegen die Langobarden sollte nach dem Willen Pippins noch 754 stattfinden; zuvor mußte aber der erhebliche Widerstand des fränkischen Adels überwunden werden, was auf einer Reichsversammlung in Quierzy (Ostern 754) geschah. In Quierzy ist dann das Schenkungsversprechen über die von den Langobarden der römischen Kirche entrissenen Güter an den Papst abgegeben worden. Da jetzt ein Kampf zwischen den Franken und den Langobarden unausweichlich schien, griff der langobardische König Aistulf zu einem merkwürdigen Mittel: Er veranlaßte den 747 ins Kloster eingetretenen Karlmann dazu, sein Refugium zu verlassen und ins Frankenreich zu reisen, um seinen Bruder vom Krieg abzuhalten. Möglicherweise war diese Reise auch ein Versuch Karlmanns, Pippin dazu zu bewegen, seinen Söhnen einen Teil des ihnen vorenthaltenen Erbes am Reich abzutreten. Papst und Frankenkönig hatten das gemeinsame Interesse, diese Intervention möglichst rasch zu beenden. Die Quellen berichten nur, der Papst habe Karlmann befohlen, in sein Kloster zurückzukehren, weil er sonst gegen sein Gelübde verstoße. Karlmann ist wenige Monate später in Vienne gestorben; aber nicht einmal den Toten wollte Pippin im Frankenreich dulden; der Leichnam wurde nach Monte Cassino gebracht; für so bedeutend und bedrohlich sah Pippin anscheinend die Anhängerschaft seines Bruders an. Karlmanns Söhne wurden jetzt ebenfalls ins Kloster eingewiesen, um ihnen die Möglichkeit zu politischer Aktion zu nehmen.

Der Sicherung seiner Dynastie diente auch die Salbung und Weihe der Königssöhne Karl und Karlmann durch den Papst, die am 28. 7. 754 in St. Denis vorgenommen wurde. Auch die Königin Bertrada (Bertha) wurde geweiht, und die anwesenden Großen wurden vom Papst verpflichtet, »niemals aus der Nachkommenschaft eines anderen einen König zu wählen«. Das karolingische Königtum wurde unter der Drohung von Exkommunikation und Interdikt auf Pippin und seine leiblichen Nachkommen beschränkt: nicht gegen die Merowinger war diese Aktion gerichtet, sondern darauf, die Söhne Karlmanns endgültig von der Nachfolge auszuschließen.

Pippin erhielt den Titel eines *Patricius Romanorum;* dies war ein byzantinischer Amtstitel, den der Vertreter des Kaisers in Italien, der Exarch von Ravenna, getragen hatte. Nach der Sicherung der Rechte seiner Dynastie zog Pippin im August 754 nach Italien, nachdem Aistulf noch mehrere Angebote zu friedlicher

Beilegung des Konflikts abgelehnt hatte. Nach einem erstaunlich schnellen Sieg zog Pippin wieder aus Italien ab; Aistulf hatte zugesagt, dem Papst das Exarchat von Ravenna und andere Gebiete auszuliefern. Er dachte aber nicht daran, dieses Versprechen zu erfüllen, vielmehr ging er zum Angriff auf die päpstlichen Besitzungen über und belagerte im Jahr 756 auch Rom. Papst Stephan II. mußte mehrere Hilferufe an Pippin ergehen lassen, bis dieser sich zu einem neuen Italienzug entschloß (Mai 756). Aistulf erlitt abermals eine Niederlage, mußte wieder die Eroberungen im Exarchat herausrücken und sein Reich aus der Hand des Siegers entgegennehmen. Als Aistulf kurz darauf starb, verließ sein Bruder Ratchis das Kloster Monte Cassino, in dem er seit 749 gelebt hatte, um den Thron zu besteigen. Der Herzog Desiderius von der Toskana konnte sich aber als neuer König der Langobarden durchsetzen; Ratchis kehrte ins Kloster zurück; der Fall Ratchis ist also eine Parallele zum Schicksal Karlmanns.

Nach 754 hat Pippin auf Reichsversammlungen und Synoden durch mehrere Jahre hindurch (755–757) Vorschriften erlassen, um die Reform des Klerus wiederaufzunehmen und die Christianisierung der Laien voranzutreiben. Der wichtigste Helfer des Königs war dabei Erzbischof Chrodegang von Metz, den der Papst auf Bitten Pippins zu einer Art Oberbischof des Frankenreichs erhoben hatte. Im Zentrum stand dabei zuerst die Schaffung einer hierarchisch gegliederten Kirchenorganisation, wobei die Unterordnung des Klerus unter den Diözesanbischof, die Errichtung einer Metropolitanverfassung und die Forderung, zweimal jährlich Synoden durchzuführen, nichts anderes waren als Erneuerungen der Vorschriften, die Bonifatius auf seinen Konzilien von 742 bis 744 bereits erlassen hatte. Andere Kapitularien befaßten sich vor allem mit dem Eherecht; das Verbot der Verwandtenehe und die genaue Regelung der Ehescheidung standen hierbei im Vordergrund. Man muß sich fragen, warum es Pippin so wichtig war, gerade diese Materien zu regeln. Es ging erstens darum, die Laien zur Einhaltung der christlichen Familiengesetze zu zwingen. Weiterhin verfolgte Pippin aber auch die Absicht, die Heiratspolitik der fränkischen Adelsclans zu beeinflussen und sie daran zu hindern, durch Heirat innerhalb ihrer Verwandtschaft geschlossene Besitzkomplexe aufzubauen.

Eine weitere wichtige Reformmaßnahme Pippins muß noch erwähnt werden, nämlich die Ersetzung der Goldwährung durch die Silberwährung. Karl der Große hat dann jene Regelung geschaffen, die bis 1971 noch in England galt: 1 Pfund Silber = 20 Schillinge = 240 Pfennige.

Für die Verfassung des Reiches bedeutete auch die Verlegung des Termins der jährlichen Heerschau im Frühjahr vom März auf den Mai einen wichtigen Einschnitt: Möglicherweise war ein wesentlicher Grund für diese Veränderung, daß ein beträchtlicher Teil der militärischen Gefolgschaft jetzt aus Reitern bestand, die erst im Mai den Treffpunkt ohne Schwierigkeiten erreichen konnten, da es in diesem Monat leicht war, die Pferde auf den schon grünen Wiesen weiden zu lassen.

In den letzten zehn Jahren seiner Regierung war Pippin mit der Konsolidie-

DIE KAROLINGER

rung der fränkischen Herrschaft im Südwesten befaßt. 759 wurde Septimanien mit der Hauptstadt Narbonne ins Frankenreich eingegliedert. Dieses Gebiet hatten die Merowinger nie erobern können; es war nach 711 als Teil des Westgotenreichs von den Arabern besetzt worden.

In den Jahren 760–763 und 766–768 führte Pippin acht Feldzüge gegen Aquitanien durch, wobei – im Gegensatz zu früheren Versuchen, die Herrschaft über dieses Gebiet zu sichern – diesmal ganz planmäßig vorgegangen wurde. Von Norden nach Süden fortschreitend eroberte Pippin die Städte, brach die Burgen und wandte auch die Taktik der verbrannten Erde an. Nur die schwere Hungersnot im Reich, die im Jahr 764 herrschte und sich auch noch im folgenden Jahr fortsetzte, führte zu einer Unterbrechung der Eroberungszüge. Die langjährige und noch bis in die Zeit Karls des Großen reichende Eroberungstätigkeit in Aquitanien ist nur mit den noch längeren Kämpfen Karls des Großen in Sachsen zu vergleichen. Die Feldzüge hatten aber die Gesundheit des Königs untergraben. Am 24. 9. 768 starb er mit erst 54 Jahren in St. Denis; dort wurde er auch bestattet. Vor seinem Tod hatte er noch die Nachfolge so geregelt, daß seine beiden Söhne Karl und Karlmann das Reich zu gleichen Teilen erben sollten: für Karl waren Austrasien und Neustrien, für Karlmann Burgund mit der Provence und Septimanien, das Elsaß und Alemannien vorgesehen; das erst kürzlich ganz eroberte Aquitanien sollte unter den beiden Söhnen aufgeteilt werden.

Kaiser Karl der Große

Kaiser Karl der Große

* 2. 4. 747 oder 748 in ?
† 28. 1. 814 in Aachen
Grabstätte: Aachen
Eltern: König Pippin der Jüngere († 768) und Bertrada († 783)

1. ○ um 768 Konkubinat mit HIMILTRUD

2. ∞ um 769 mit?
Eltern: Desiderius, König der Langobarden († ?), und?
verstoßen Ende 771 (?)

3. ∞ um 771 (vor 30. 4. 771?)
HILDEGARD
Eltern: Graf Gerold (Franke) und Imma (Alemannin)
* 758
† 30. 4. 783 in ?

4. ∞ Oktober 783
FASTRADA
Eltern: Graf Rudolf (Franke) und ?
* ?
† 10. 8. 794

5. ∞ Herbst 794/796
LIUTGARD, Alemannin
* ?
† 4. 6. 800

6. ○ Konkubinat mit MADELGARD

7. ○ Konkubinat mit GERSWIND, Sächsin

8. ○ 800 Konkubinat mit REGINA

9. ○ 806 Konkubinat mit ADALLIND

9. 10. 768: fränkischer Teilkönig
Dezember 771: Alleinherrscher
Juni 774: König der Langobarden
25. 12. 800: Kaiserkrönung in St. Peter in Rom durch Papst Leo III.

Der Biograph Karls des Großen, Einhard, berichtet in seiner Vita Karoli Magni (verfaßt nach 830), daß er über Geburt, Kindheit und Jugend seines Helden keine sicheren Nachrichten habe; auch das Geburtsjahr kenne er nicht. Es spricht einiges dafür, daß Karl 747 geboren wurde (und nicht 742, wie die ältere Forschung annahm) als erstes Kind aus der Ehe Pippins mit Bertrada, die 744 geschlossen worden war. Im Jahr 751 erhielt Karl einen Bruder namens Karlmann. Zum Geburtsjahr 747 paßt besser als zu 742, daß Karl bis 768, dem Todesjahr seines Vaters, nicht als Anführer selbständiger Unternehmungen hervorgetreten ist. Pippin hat nach seiner Erhebung zum König seine beiden Söhne gleich behandelt und dem älteren keine Vorzugsstellung eingeräumt; er hatte wohl von Anfang an beabsichtigt, das Frankenreich in zwei gleiche Teile aufzuteilen. Die Anfänge der Regierung Karls treten in den Quellen nicht deutlich hervor; vielleicht sollten später die Spannungen zwischen den beiden Brüdern verwischt oder allein als Schuld Karlmanns dargestellt werden. Im Jahr 769 mußte noch einmal in Aquitanien gekämpft werden; im Verlauf dieses Kriegszugs scheint der Konflikt zwischen Karl und Karlmann ausgebrochen zu sein. Karl hat nämlich versucht, seinen Bruder ganz aus Aquitanien zu verdrängen.

Die Jahre 770 und 771 bedeuteten einen Stillstand in der schon seit vielen Jahren sich vollziehenden Expansion des Frankenreichs; 770 wurde Tassilo III. von Bayern die Selbständigkeit zugebilligt, und auch mit den Langobarden kam es zu einer Abmachung, nach der die Franken auf Interventionen in Italien verzichteten. Hinter diesen Friedensschlüssen stand eine innerfränkische Koalition von Pippins Witwe Bertrada (Bertha) mit ihrem älteren Sohn Karl, die gegen Karlmann gerichtet war und diesen ausmanövrieren wollte. Ein wichtiger Baustein in diesem gegen Karlmann gerichteten Bündnis war Karls Ehe mit einer Tochter des langobardischen Königs Desiderius, durch die Karl zugleich der Schwager des bayerischen Fürsten Tassilo wurde: damit war der Reichsteil Karlmanns »eingekreist«.

Der Tod Karlmanns (4. 12. 771) veränderte die politische Lage vollkommen. Karl schwenkte in seiner Italienpolitik auf die Linie seines Vaters ein; er brach mit den Langobarden und auch mit Bayern, er verstieß seine langobardische Gemahlin und heiratete Hildegard, die aus einem alemannischen Adelsgeschlecht stammte, um seine Position in diesem wichtigen Gebiet, das bis dahin zu Karlmanns Reich gehört hatte, zu festigen. Denn mit Karlmanns Tod war Karl noch nicht selbstverständlich Alleinherrscher im fränkischen Reich, da sein Bruder Söhne hinterlassen hatte, die allerdings noch sehr klein waren. Es war schon in merowingischer Zeit umstritten gewesen, ob nach dem Tod eines Bruders das

KAISER KARL DER GROSSE

Erbrecht von dessen Söhnen wirksam werden sollte oder ob es ein Eintrittsrecht des überlebenden Bruders gab, das stärker war als das Erbrecht in direkter Linie. Dieser Konflikt, der durch Karl rasch und endgültig in seinem Sinn gelöst wurde, sollte sich im Verlauf des 9. Jahrhunderts noch mehrfach wiederholen. Die eher unsicheren Anfänge der Regierung Karls des Großen lassen jedenfalls noch nicht erkennen, daß dieser Herrscher durch seine Leistung und seine Persönlichkeit das Schicksal Europas ganz nachhaltig beeinflussen sollte. Seine gesamte Regierungszeit war geprägt von seinen zahlreichen Kriegen: Mit Ausnahme des Jahres 790 berichten die Annalen von jedem Jahr, daß Kriegszüge durchgeführt wurden. Dabei ist es zweifelhaft, ob der König von Anfang an eine umfassende Konzeption besaß, die er nach und nach verwirklichte. Es scheint eher so gewesen zu sein, daß Karl durch seine Erfolge beflügelt wurde, sich immer neue Ziele zu setzen. Man kann sicher nicht sagen, daß Karl nur »Glück« hatte, aber zweifellos wurde die erfolgreiche Bildung eines großen Reiches dadurch begünstigt, daß die politische Großwetterlage eine solche Reichsbildung zuließ.[1]

Den ersten großen Erfolg konnte Karl in Italien erringen. Dorthin war Karlmanns Witwe Gerberga Anfang 772 mit ihren Kindern und ihren Anhängern geflohen; sie wurde von König Desiderius aufgenommen. Die Gefahr, die von der Familie seines verstorbenen Bruders für seine Herrschaft ausging, war ein wichtiger Grund dafür, daß Karl so rasch einen Feldzug gegen die Langobarden unternahm, wie ihn die Päpste schon seit längerem gefordert hatten. Anders als sein Vater beabsichtigte Karl wohl von Anfang an, das Langobardenreich zu übernehmen. Von diesem Entschluß ließ er sich auch nicht abbringen, als es nötig war, die Hauptstadt Pavia neun Monate lang zu belagern; die Stadt ergab sich im Juni 774; nicht nur der König mit seinem gesamten Hofstaat und seinen Beamten fielen Karl in die Hände, sondern auch der reiche Kronschatz. Desiderius verschwand in einem Kloster; sein Sohn konnte nach Byzanz fliehen.

Nach dem Fall der Hauptstadt brach das zuvor so mächtige Reich der Langobarden rasch und fast widerstandslos zusammen, so daß Karl glaubte, er könne die langobardischen Amtsträger in ihren Ämtern belassen. 775 kam es jedoch zu einer größeren Aufstandsbewegung mit dem Zentrum in Friaul; erst das persönliche Eingreifen Karls in einem weiteren Italienzug von 776 konnte die fränkische Herrschaft sichern. Nach weiteren Italienzügen 780/81 wurde das Langobardenreich nach fränkischem Muster umorganisiert, und es wurden fränkische Grafen als Amtsträger nach Italien geschickt, die vom König mit Amt und Ländereien ausgestattet wurden; sie machten dort zum Teil bedeutende Karrieren. Auch nach seiner Eroberung bewahrte das Langobardenreich seine Eigenständigkeit; Karl hatte 774 den Titel eines »Königs der Franken und Langobarden« angenommen und billigte damit den Langobarden die Rolle eines zweiten Reichsvolks zu.

---

1 Vgl. die Bemerkung von Th. Schieffer, Zum 1100. Todestag König Ludwigs des Deutschen, in: Beiträge zur Geschichte des Klosters Lorsch (1978) S. 147, Karl der Große sei »geradezu vom Glück verfolgt worden«.

Im Verlauf des ersten Italienzuges Karls kam es zu einer Begegnung mit dem Papst, seit 772 war dies Hadrian I., der von Anfang an auf die Zusammenarbeit mit den Franken setzte. Schon vor dem Fall Pavias zog Karl nach Rom, wo ihn zu Ostern 774 eine päpstliche Abordnung mit hohen Ehren empfing. Als erster fränkischer König war Karl bis Rom vorgestoßen, und er erreichte noch mehr, nämlich den Einzug in die Stadt selbst, was den langobardischen Königen immer verwehrt geblieben war. Jedoch der Beherrscher Roms sollte auch der Frankenkönig nicht sein, daher durfte er nicht in den Mauern der Stadt wohnen, sondern mußte in der Nähe von St. Peter nächtigen. Während dieses Romaufenthalts erneuerte Karl das von seinem Vater Pippin 754 gegebene Versprechen, bestimmte Gebiete Italiens dem Papst zu überlassen (sogenannte Pippinsche Schenkung). Ein Teil dieser Zusagen wurde im Verlauf des zweiten Romzugs Karls (781) tatsächlich verwirklicht.

So wie Karls Italienzug durch den Hilferuf des Papstes angestoßen worden war, so ging auch sein Zug gegen das moslemische Spanien auf einen Hilferuf zurück, den 777 der Emir von Barcelona hatte ergehen lassen. Was der fränkische König bei seinem Feldzug vom Jahr 778 beabsichtigte, ist unklar; er konnte nicht im Ernst hoffen, mit dem von ihm aufgebotenen kleinen Heer jenseits der Pyrenäen dauernde Eroberungen zu machen. Nach mäßigen Erfolgen kam es im August 778 auf dem Rückmarsch zu einer Katastrophe, als die Nachhut in den Pyrenäen von den Basken überfallen und vollkommen vernichtet wurde. Das Rolandslied hat diese Niederlage im Gedächtnis der Nachwelt erhalten. Karl hat danach für längere Zeit auf eine Offensive gegen die Mauren verzichtet. Erst 801 führte sein Sohn Ludwig einen Angriff gegen Barcelona durch, das nach langer Belagerung erobert werden konnte: Das Gebiet bis zum Ebro konnte nun als Spanische Mark dem Frankenreich eingegliedert werden.

Für die deutsche Geschichte waren aber zwei andere Eroberungen wichtiger, weil durch sie die ausgedehnten Gebiete der mit den Franken stammesverwandten Bayern und Sachsen zum Frankenreich kamen. Dabei konnte Bayern ohne Krieg angegliedert werden: Nach dem Ende des Langobardenreichs, auf das sich Tassilo III. als Schwiegersohn des Desiderius vor allem gestützt hatte, hatten die Franken es anscheinend verstanden, den bayerischen Adel auf ihre Seite zu ziehen. Als es 787/88 zum Konflikt zwischen Karl dem Großen und dem Bayernherzog kam, war Tassilo isoliert, denn auch der Papst stand auf der Seite der Franken. Tassilo mußte sich daher 787 bereitfinden, einen Vasalleneid zu leisten und sein Reich als Lehen aus der Hand des fränkischen Königs anzunehmen. Im Sommer des folgenden Jahres wurde Tassilo nach Ingelheim befohlen; er wurde mit Frau und Kindern gefangengenommen. In einem Hochverratsprozeß traten bayerische Adelige als Ankläger auf und sagten aus, daß Tassilo mit den Awaren gegen die Franken konspiriert habe. Nach den Quellen, die allerdings die fränkische Version der Angelegenheit wiedergeben, soll Tassilo ein Schuldbekenntnis abgelegt haben. Um ihn vollends zu vernichten, wurde ein 25 Jahre zurückliegendes Vergehen ausgegraben: Er habe sich 763 eigenmächtig vom Heer entfernt und damit das todeswürdige Verbrechen der »Harizliz« (Fahnenflucht) begangen. Tassilo wurde von seinen Landsleuten zum Tod verurteilt, aber von Karl zur Klosterhaft begnadigt.[2]

Um das gewonnene Land zu sichern, verbrachte der Frankenkönig zwei aufeinanderfolgende Winter in der alten bayerischen Herzogsstadt Regensburg (791–793), ehe er seinen Schwager Gerold zum Präfekten in Bayern einsetzte. Es scheint aber immer noch Anhänger des alten Herzogshauses gegeben zu haben. Daher war es nötig, Tassilo noch einmal aus seinem Kloster vor eine Reichssynode zu holen, wo er (794 in Frankfurt) schriftlich für sich und seine Nachkommen auf Bayern verzichtete. Daß die Historiker die Vorgänge um Tassilo nur aus dem Blickwinkel Karls schildern durften und daß wir keine sicheren Nachrichten darüber besitzen, wo und wann Tassilo gestorben ist, zeigt, wie sehr Karl persönlich darüber wachte, daß sein Nachruhm nicht durch sein Vorgehen gegen seinen Vetter und Schwager beeinträchtigt wurde.

Bayern blieb übrigens nicht nur als politische Einheit bestehen (unter einem Präfekten), sondern es wurde auch eine bayerische Kirchenprovinz geschaffen, als deren erster Metropolit Arn von Salzburg im Jahr 796 das Pallium erhielt.

Obwohl wir heute nicht mehr beweisen können, ob Tassilo tatsächlich – wie ihm vorgeworfen wurde – mit den Awaren paktiert hat, steht fest, daß dieses Steppenvolk, das seit über 200 Jahren in Pannonien ansässig war, 788 Einfälle nach Italien und nach Bayern unternahm. In einem ersten Zug gegen die Awaren (791) konnten die Franken trotz eines großen Heeres keinen Sieg erringen, denn die Awaren stellten sich nicht zur Schlacht, sondern zogen sich weit nach Pannonien hinein zurück. Aber das Auftauchen der Franken in ihrem eigenen Gebiet hatte ihnen einen schweren Schock versetzt. Als dann Karl den nächsten Feldzug gründlicher vorbereitete, konnte der Erfolg kaum ausbleiben. Bei diesen Vorbereitungen zeigte er sich als bedeutender Stratege, der auch über die Möglichkeiten seiner Zeit hinauszugreifen imstande war.

792 ließ er eine bewegliche Brücke bauen, die auf Schiffen donauabwärts bewegt werden konnte und so immer wieder die leichte Überquerung der Donau ermöglichte. Im darauffolgenden Jahr wurde ein Versuch gemacht, die Stromgebiete von Rhein und Donau miteinander zu verbinden, um den Nachschub leichter nach Südosten transportieren zu können. Das für diese Absicht ausgewählte Gebiet war ideal gelegen: In der Nähe von Weißenburg/Bayern sind die Flußläufe von Rezat (einem Nebenfluß der Pegnitz) und Altmühl nur 1500 bis 1800 m voneinander entfernt, und es war ein Höhenunterschied von ca. 20 m zu bewältigen. Dennoch scheiterte dieses Unternehmen, weil es in damaliger Zeit nicht möglich war, die für die umfangreichen Erdarbeiten nötigen Menschen zu ernähren, und auch – nach dem Bericht der Annalen – weil heftige Regenfälle die Arbeiten erschwerten.

Als man 795 von inneren Kämpfen bei den Awaren erfuhr, drang ein kleines

---

2 Vgl. L. Kolmer, Kommendation und Absetzung Tassilos III., ZBLG 43 (1980) S. 291–327.

fränkisches Kommando bis ins Zentrum des Awarenreichs vor. Im folgenden Jahr zogen zwei Heere gegen die Awaren: das eine unter dem Königssohn Pippin zog donauabwärts, das zweite stieß von Friaul aus nach Nordosten vor. Ohne Kampf unterwarfen sich die Awaren. Die Schätze, die sie seit vielen Jahrzehnten in ihren Ringburgen angehäuft hatten, fielen den Franken in die Hände. Die Kriegsbeute wurde teils an die Krieger aufgeteilt, teils der Kirche geschenkt. Als Dank für die Hilfe Gottes, die ihre Gebete erreicht hatten, erhielten mehrere Klöster wertvolle Goldgefäße, die zu Gefäßen für den kirchlichen Gebrauch umgearbeitet wurden. Für den König selbst blieb noch so viel übrig, daß in Aachen eine eigene Schatzkammer für die Awarenbeute eingerichtet werden mußte. Die endgültige Unterwerfung brachte ein Zug im Jahr 803, der wegen eines Aufstands nötig geworden war. Der Sieg über die Awaren war es vor allem, der Karls Ansehen bei den slawischen Völkern des ostmitteleuropäischen Raums befestigte, so daß sein Name bei ihnen zur Bezeichnung des Herrschers wurde (Karl, Kral, Krol = König).

Die längsten Kämpfe mußten mit den Sachsen ausgefochten werden: Einhard schildert das Ringen mit diesem Stamm als einen über dreißig Jahre dauernden Krieg; in Wahrheit wurde zwar nur von 772–785 und dann wieder – in kleinerem Rahmen – von 792–804 gekämpft; aber auch dies sind zusammen über 25 Jahre. Grenzkriege gegen die Sachsen hatte es auch schon früher gegeben.

Einige merowingische Könige, dann Karl Martell und Karls Vater Pippin hatten immer wieder einzelne Vorstöße geführt, um sich für Überfälle zu rächen und um den Sachsen die Macht des Frankenreichs zu demonstrieren. Anscheinend plante Karl aber im Unterschied zu diesen begrenzten Feldzügen von Anfang an, ganz Sachsen zu unterwerfen und durch die Christianisierung in sein Reich einzugliedern.

Nachdem bereits 770 eine militärische Aktion durchgeführt worden war, rückte Karl im Sommer 772 mit einem bedeutenden Heer in das Gebiet der Engern ein (südlich von Paderborn). Die dem Kriegsgott geweihte Eresburg wurde dabei eingenommen und die weiter nördlich gelegene Irminsul, ein gewaltiger Baumstamm in einem heiligen Hain, wurde zerstört. In die Eresburg wurde eine fränkische Besatzung gelegt, und das Land sollte durch die Ausrottung des Heidentums und eine rasche Christianisierung befriedet werden. Der erfolgreiche Angriff auf ein zentrales Heiligtum hat die Sachsen aber nicht verunsichert, sondern stachelte sie zu einem Gegenschlag auf, der während Karls Italienzug 773/74 durchgeführt wurde. Die fränkische Aktion von 774 zeigte, daß der sächsische Adel bereit war, sich – wie in Italien oder in Bayern – dem überlegenen fränkischen Heer zu unterwerfen, wohl auch in der Hoffnung auf Teilhabe an Beute und Herrschaft im expandierenden Frankenreich. An den Quellen der Pader wurde eine Karlsburg errichtet, und dort in Paderborn fand im Jahr 777 eine gesamtfränkische Reichsversammlung statt, auf der eine große Anzahl von sächsischen Adeligen erschien, die den Franken ihre Loyalität erklärten. Damit schien die Eingliederung Sachsens in das Frankenreich abgeschlossen. Der

Widerstand gegen die Fremdherrschaft und gegen die Christianisierung wurde jetzt hauptsächlich von den freien Bauern getragen, die durch Karls Niederlage auf dem Rückmarsch von Spanien zum Losschlagen unter ihrem adeligen Anführer Widukind ermuntert wurden. Die Karlsburg wurde niedergebrannt, und die Sachsen drangen bis zum Rhein und bis nach Fulda vor. Im Gegenzug errichteten die Franken zahlreiche Klöster und Kirchen als Stützpunkte ihrer Herrschaft, und Karl übertrug 782 die fränkische Grafschaftsverfassung ins eroberte Sachsen, wobei mächtige sächsische Adelige als Lohn für ihre Treue zum Frankenkönig zu Grafen gemacht wurden.

Den frisch bekehrten Sachsen wurde der Kirchenzehnt auferlegt, eine Abgabe, die von ihnen als große Schmach und als Zeichen der Sklaverei angesehen wurde. Die alte sächsische Verfassung mit ihrer Volksversammlung wurde abgeschafft. 782 oder 785 erließ Karl ein Kapitular, das Angriffe auf den christlichen Glauben und seine Repräsentanten sowie Illoyalität gegen die Franken mit drakonischen Strafen bedroht. Nicht nur die Ermordung eines Klerikers oder die Zerstörung einer Kirche sollte mit dem Tode bestraft werden, sondern auch der Versuch, sich der Taufe zu entziehen, die Ausübung heidnischer Praktiken oder das Einäschern der Leiche eines Verstorbenen. Die Folge dieser Maßnahmen war ein Aufstand von solcher Heftigkeit, wie ihn Karl nicht mehr erwartet hatte: die Priester als Repräsentanten des verhaßten Systems wurden erschlagen oder vertrieben; eine fränkische Heeresgruppe wurde in offener Schlacht vernichtet (783). Karl selbst mußte eingreifen, er konnte das Hauptheer umzingeln, und der sächsische Adel lieferte die Rädelsführer des Aufstands aus; Widukind allerdings war entkommen. Bei Verden an der Aller wurden die Empörer hingerichtet; die Zahl von 4500 enthaupteten Sachsen ist sicher übertrieben; auch handelte es sich bei dieser Maßnahme nicht um bloßen Terror, sondern um die rechtlich gebotene Bestrafung von Hochverrätern. An dieser Episode hat sich später heftige Kritik an Karl dem Großen entzündet, die bis zum Beinamen »Sachsenschlächter« reichte, mit dem Karl von der offiziellen Geschichtsbetrachtung der Nationalsozialisten belegt wurde.

Um die Sachsen durch seine eigene Präsenz zu beeindrucken, verbrachte Karl drei Winter hintereinander im Land (782–784), und er gab ihnen vor allem in den Jahren 784 und 785 keine Gelegenheit, ihre Kräfte wieder zu sammeln. Von dieser Festigkeit beeindruckt, kam der Sachsenführer Widukind zu Weihnachten 785 in die königliche Pfalz Attigny und ließ sich zusammen mit seinen engsten Gefährten taufen. Karl persönlich übernahm die Patenschaft für Widukind, über dessen weiteres Schicksal wir nichts Genaues wissen. Es ist ungewiß, ob er wie Desiderius oder Tassilo III. sein Leben im Kloster beschloß; die Nachrichten über einen Aufenthalt auf der Reichenau sind jedenfalls recht undeutlich.[3]

Ein letztes Aufbäumen des sächsischen Freiheitsdranges gab es in den Jahren

---

3   Vgl. G. Althoff, Der Sachsenherzog Widukind als Mönch auf der Reichenau. Ein Beitrag zur Kritik des Widukind-Mythos, FMSt 17 (1983) S. 251–279.

793 und 797, als die Franken durch den Krieg mit den Awaren auf einem anderen Schauplatz beschäftigt schienen. Obwohl wieder die Pfalz in Paderborn zerstört wurde, war die fränkische Herrschaft schon zu fest verwurzelt, als daß sie noch hätte beseitigt werden können. Nur im Mündungsgebiet von Weser und Elbe sowie in Nordalbingien war der Widerstand längere Zeit erfolgreich. Nach den Feldzügen von 797, 802 und zuletzt 804 wurden die aufständischen Bauern an der unteren Elbe und in Holstein zu Tausenden planmäßig deportiert und im ganzen Reich verstreut neu angesiedelt; hier eher als beim Blutbad von Verden zeigte sich Karl als despotischer Herrscher. Ein Friedensschluß von 803 wurde durch eine größere Anzahl von sächsischen Geiseln bekräftigt; ein Verzeichnis von 37 Namen von sächsischen Großen, die in alemannischen Klöstern verwahrt werden sollten, ist noch erhalten.

Zur endgültigen Befriedung trug auch bei, daß Karl 797 das strenge Sachsenkapitular durch ein milderes Gesetz ablöste, in dem die meisten Vergehen durch Geldbußen abgegolten werden konnten, so wie das in den fränkischen Rechtsbüchern der Zeit auch üblich war. Im Jahr 802 wurde das sächsische Rechtsbuch, die *Lex Saxonum*, kodifiziert, in dem das alte Stammesrecht mit fränkischem Reichsrecht und christlichen Elementen zu einer neuen Einheit verbunden wurde.

Nachdem Karl an die Stelle der deportierten Sachsen in Transalbingien Franken und vor allem die elbslawischen Abodriten angesiedelt hatte, kam es seit 804 zu Konflikten mit den Dänen unter ihrem König Göttrik, der ganz Sachsen und Friesland zu unterwerfen suchte. Nicht nur die Franken, sondern auch die Dänen versuchten nämlich in jenen Jahren, ein Großreich zu errichten. Mit fränkischer Hilfe gelang es aber den Abodriten in Ostholstein, sich von der dänischen Oberhoheit freizuhalten.

Mit den östlich von Sachsen und Thüringen wohnenden slawischen Stämmen hatte das Frankenreich bereits unter Karl dem Großen feindliche und auch freundschaftliche Beziehungen. 789 führte Karl persönlich einen Feldzug gegen die Wilzen durch, und nach der endgültigen Unterwerfung der Sachsen gelang auch die Eingliederung der Sorben ins Frankenreich (806). Ein großer Zug nach Böhmen (805/06) brachte auch dieses Gebiet unter fränkische Oberhoheit.

Am Ende seines Lebens herrschte Karl über ein Reich von ca. 1 Million km²; aber die Größe dieses Reichs brachte erhebliche Probleme bei seiner Verwaltung mit sich, und an seinen Grenzen gab es mehrere Unruheherde, die Karl nicht hatte befrieden können.[4] Dabei brachten die Emanzipationsbestrebungen der Bretonen oder der Elbslawen das Reich in keine bedrohliche Lage, aber am Ende von Karls Regierung machten sich bereits die Normannen bemerkbar, deren Streifzüge das Frankenreich später in die Defensive drängen sollten. Notker von St. Gallen hat dies in einer schönen Anekdote dargestellt: Die Normannen, die

---

4 Doch wird man kaum mit F.-L. Ganshof von einer »décomposition« des Frankenreichs am Ende der Regierung Karls des Großen sprechen können.

KAISER KARL DER GROSSE

eine Stadt am Mittelmeer überfallen wollten, hätten erfahren, daß sich Karl der Große dort aufhielt; darauf seien sie aus Furcht vor dem großen Kaiser abgezogen. Karl sei ans Fenster getreten und habe bittere Tränen vergossen, weil er voraussah, daß die Normannen schwere Leiden über seine Nachfahren und deren Untertanen bringen würden.

Nach den Eroberungen in Italien, Nordostspanien, Bayern und Pannonien sowie in Sachsen mit der Oberherrschaft über die slawischen Stämme östlich der Elbe war Karl der mächtigste Herrscher in der den damaligen Menschen bekannten Welt – mit Ausnahme des Kaisers, der in Konstantinopel seinen Sitz hatte. Karls vertrauter Ratgeber Alkuin hatte schon nach den Siegen über die Sachsen und die Awaren nach angelsächsischem Muster von Karl als *imperator,* als Kaiser gesprochen, und er hatte auch die Aufgaben seines Amtes gegenüber dem neuen Papst Leo III. weitgespannt angegeben: »Unsere Aufgabe ist es, die Kirche Christi nach außen mit Waffengewalt gegen heidnische Angriffe zu verteidigen und gegen Zerstörungen durch die Ungläubigen zu schützen, aber auch nach innen die Anerkennung des rechten Glaubens zu sichern.«

Als Papst Leo III. nach einem auf ihn verübten Attentat im Sommer 799 den fränkischen König in Paderborn aufsuchte, wurde wahrscheinlich auch über das Kaisertum gesprochen und dabei der Aspekt erörtert, daß am ehesten ein Kaiser durch ein abschließendes Urteil die Anklagen gegen den Papst aus der Welt schaffen könne.[5]

Nachdem Karl bereits am Beginn seines Romzugs vom Jahr 800 mit kaiserlichen Ehren empfangen worden war und im roten Kaisermantel und mit roten Kaiserstiefeln auftrat, konnte es kaum überraschend sein, daß ihm Papst Leo während der Weihnachtsmesse in St. Peter die Kaiserkrone auf das Haupt setzte. Die Römer stimmten diesem Vorgang zu, indem sie riefen: »Dem Augustus Karl, dem von Gott gekrönten, großen und friedbringenden Kaiser der Römer, Leben und Sieg!« Das Vorbild für diese Kaisererhebung kam aus Byzanz: So wie dort das Volk den neuen Kaiser akklamierte und der Patriarch die Krönung vornahm, so agierten am Weihnachtstag 800 das Volk von Rom als Akklamator und der Papst als Koronator des Kaisers.

Einhard berichtet allerdings, Karl habe gesagt, daß er trotz des hohen Festtags nicht in die Kirche gegangen wäre, wenn er gewußt hätte, daß ihm der Papst die Kaiserkrone aufsetzen würde. Diese Aussage muß wohl als authentisches Zeugnis des Kaisers gewertet werden; sie ist aber mit großer Wahrscheinlichkeit eine Aussage nach dem Ereignis, d. h. sie gibt kaum Karls Stimmung am Weihnachtstag 800 wieder. Daß Karl gegen Ende seines Lebens dem Papst keine Mitwirkung bei der Kaiserkrönung zubilligen wollte, zeigt sich am besten darin, daß er seinen Sohn Ludwig am 11. 9. 813 zum Mitkaiser erhob, indem er ihm

---

5 Vgl. O. Hageneder, Das crimen maiestatis, der Prozeß gegen die Attentäter Papst Leos III. und die Kaiserkrönung Karls des Großen, in: H. Mordek (Hg.), Aus Kirche und Reich. Studien zu Theologie, Politik und Recht im Mittelalter (1983) S. 55–79.

selbst die Krone aufsetzte. Damit übernahm Karl die in Byzanz übliche Zeremonie zur Erhebung eines Mitkaisers.[6]

Die Distanz Karls des Großen gegen ein römisches, d. h. an die Stadt Rom gebundenes Kaisertum zeigt sich auch darin, daß er nach 800 nie mehr nach Rom kam, vielmehr seine Residenz Aachen zu einem Rom des Nordens ausbaute, wo es nach dem Vorbild der Ewigen Stadt einen Lateran und eine mit antiken Säulen geschmückte Pfalzkapelle geben sollte.

Durch Karls Kaiserkrönung erhielt das Verhältnis zwischen Byzanz und dem Frankenreich eine neue Qualität. Wie man in gewissen Kreisen die Vorgänge von Weihnachten 800 im Osten sah, können wir einer Notiz in der Chronik des byzantinischen Mönchs Theophanes entnehmen: »Papst Leo vergalt Karl seine Hilfe und krönte ihn zum Kaiser der Römer in der Kirche des heiligen Apostels Petrus, indem er ihn von Kopf bis Fuß mit Öl salbte und ihm ein kaiserliches Gewand und eine Krone antat.« Da das byzantinische Zeremoniell keine Kaisersalbung kannte, sollte wohl durch die übertriebene Schilderung dieser Handlung die barbarische Ahnungslosigkeit verdeutlicht werden, mit der die Westler ihren usurpatorischen Akt vollzogen hatten. In Byzanz konnte man sich nicht vorstellen, daß es zwei Kaiser nebeneinander geben konnte; man rechnete daher wohl mit einem Angriff aus dem Westen. Theophanes deutet aber noch eine andere Lösung des Zweikaiserproblems an, wenn er berichtet, daß 802 eine fränkische Gesandtschaft in Konstantinopel erschienen sei, die der Kaiserin Irene einen Heiratsantrag Karls überbracht hätte. Die fränkischen Gesandten hätten sich noch in Byzanz befunden, als Irene durch ihren Logotheten Nikephoros gestürzt wurde.

Zu unserer Einschätzung von Karls Mentalität paßt es nicht, daß er tatsächlich eine Eheverbindung mit der byzantinischen Kaiserin geplant hat; keine abendländische Quelle berichtet von diesem Eheprojekt.

Mit dem neuen Kaiser Nikephoros kam es zu Kämpfen, in denen es vordergründig um die Beherrschung der Adriaküsten ging, im Hintergrund stand aber die Frage nach der Gleichberechtigung der beiden Kaiser. Militärisch endete dieser Krieg mit einer Niederlage der Franken, da sie im Gegensatz zu den Byzantinern keine Flotte besaßen. Nach dem Friedensschluß von 810 suchte 812 eine byzantinische Gesandtschaft Karls Residenz in Aachen auf; die Gesandten akklamierten Karl in griechischer Sprache als Kaiser und redeten ihn wie den oströmischen Kaiser als *Basileus Romaion* (Kaiser der Römer) an. Auch Karl bemühte sich in seinem Antwortschreiben an den Kaiser im fernen Konstantinopel, die Gleichrangigkeit seiner eigenen Würde mit der des oströmischen Herrschers auszudrücken, ohne dessen Selbsteinschätzung zu verletzen. Wegen der langen Reisewege und der Herrscherwechsel im Osten wie im Westen war der Austausch der Friedensurkunden erst im September 815 abgeschlossen.

---

6   Vgl. W. Wendling, Die Erhebung Ludwigs d. Fr. zum Mitkaiser im Jahr 813 und ihre Bedeutung für die Verfassungsgeschichte des Frankenreiches, FMSt 19 (1985) S. 201–238.

Nicht nur zum christlichen Kaisertum im Osten, sondern auch zu den moslemischen Staatenbildungen unterhielt Karl Kontakte. Schon sein Vater Pippin hatte in seinen letzten Lebensjahren, 765–768, eine Gesandtschaft ins Kalifat nach Bagdad entsandt. Bei ihrer Rückkehr brachten die fränkischen Gesandten auch eine Legation des Kalifen mit; sicher ein Beweis für freundschaftliche Beziehungen. Erst 30 Jahre später entsandte Karl der Große eine Legation in den Osten, von der wir die Namen der Teilnehmer kennen. Darunter befand sich der sprachenkundige Jude Isaak, der wohl zu den jüdischen Fernhändlern gehörte, die auch noch nach dem Einbruch des Islams im gesamten Mittelmeerraum Handel trieben. Dieser Isaak brachte bei seiner Rückkehr als Geschenk des Kalifen Harun ar-Raschid (786–809) einen Elefanten mit, dessen Namen unsere Quellen überliefern: Abul Abbas (das ist der Name des Onkels des Propheten, den die Kalifen von Bagdad als ihren Stammvater verehrten). Der Elefant wurde so gut und kundig gehalten, daß er zehn Jahre im Frankenreich lebte.

Eine zweite Gesandtschaft reiste 802 nach Bagdad und erreichte es nach dem Bericht Einhards, daß der Kalif Karl die Verfügungsgewalt über das Grab Christi und damit das wichtigste Pilgerziel im Heiligen Land übergab. Sein Prestige stieg dadurch gewaltig; denn nicht dem oströmischen Kaiser, der das Christentum so lange gegen die islamische Expansion verteidigt hatte, sondern dem Kaiser des Westens wurde der Schutz der Pilger und der christlichen Geistlichkeit in Jerusalem übertragen. Die fränkischen Chronisten verzeichnen denn auch stolz die Geschenke, die eine zweite Gesandtschaft Harun ar-Raschids nach Aachen brachte: ein großes Zelt, kostbare Seidengewänder, Duftstoffe und Salben sowie eine Wasseruhr.

Dank Einhards wertvoller Biographie können wir uns Karls äußere Erscheinung recht gut vorstellen: »Karl war kräftig und stark, dabei von hoher Gestalt, die aber das rechte Maß nicht überstieg. Es ist allgemein bekannt, daß er sieben seiner Füße groß war. Er hatte einen runden Kopf, seine Augen waren sehr groß und lebhaft, die Nase etwas lang; er hatte schöne graue Haare und ein heiteres und fröhliches Gesicht. Seine Erscheinung war immer imposant und würdevoll, ganz gleich ob er stand oder saß. Sein Nacken war zwar etwas dick und kurz, und sein Bauch trat ein wenig hervor, doch fielen diese Fehler bei dem Ebenmaß seiner Glieder nicht sehr auf. Sein Gang war selbstbewußt, seine ganze Körperhaltung männlich und seine Stimme klar, obwohl sie nicht so stark war, wie man bei seiner Größe hätte erwarten können.«

Die Tatsache, daß Karl gar nicht als Idealtypus eines Heldenkönigs geschildert ist, sondern auch sein kurzer Nacken und sein Bauch oder seine dünne Stimme erwähnt werden, dürfte die Wahrheit dieser Beschreibung verbürgen. Dabei muß man allerdings beachten, daß Einhard (geboren um 770) erst seit ca. 796 in der Umgebung Karls auftaucht, d. h. daß er Karl nur als über 50jährigen älteren Mann kannte. Aber wichtige Einzelheiten, wie etwa Karls Körpergröße von ca. 1,90 m, werden durch andere Quellen, in diesem Fall durch Messungen an seinem Skelett, bestätigt.

Auch viele andere persönliche Züge, die wir von Karl – im Unterschied zu den meisten anderen mittelalterlichen Herrschern – kennen, verdanken wir Einhards kleiner Schrift. So wissen wir von seiner lebhaften Art, die sein Biograph geradezu als Geschwätzigkeit bezeichnet, und wir kennen seine Abneigung gegen die Ärzte, die ihm verboten, sein geliebtes Bratenfleisch zu essen, seine Mäßigkeit im Trinken und seine Liebe zur Jagd und zum Schwimmen. Durch Einhard wissen wir auch über den etwas eigenartigen Tagesrhythmus des Kaisers Bescheid, der zwar nach dem Mittagessen eine lange Ruhepause einlegte, aber in der Nacht mehrfach aufstand, sich ankleiden ließ und dann »regierte«, d. h. Audienzen gewährte, Gerichtssitzungen abhielt und Anweisungen für den kommenden Tag gab.

Eine Ausbildung, die ihn auf seine künftigen Aufgaben als Herrscher über ein großes Reich vorbereitet hätte, hat Karl anscheinend nicht erhalten. Einhard vermittelt den Eindruck, als sei Karl ein äußerst lernbegieriger Autodidakt gewesen, der erst als König viele Kenntnisse erworben habe. Von Karls Sprachkenntnissen weiß Einhard zu berichten, daß er nicht nur seine Muttersprache, sondern auch Latein vorzüglich verstanden und gesprochen habe; selbst Griechisch soll er verstanden haben. Karls Interesse für das Rechnen und für die Astronomie wird nicht nur von Einhard betont, sondern wird auch belegt durch eine Anzahl von Briefen, in denen sich Karl über Himmelserscheinungen informieren ließ. Für seine Lernbegeisterung ist es bezeichnend, daß Karl sich noch im Alter darum bemühte, das Schreiben zu erlernen. So habe der Kaiser unter seinem Kopfkissen immer Wachstafeln und Blätter bereitliegen gehabt, um sich in Zeiten der Schlaflosigkeit im Schreiben zu üben.

Obwohl der Kaiser also nicht selbst schrieb, dürfte er das Lesen beherrscht haben; seine Kenntnis der Literatur und der Geschichte wurde auch dadurch gefördert, daß während des Mittagessens historische Werke oder Schriften des Augustinus, besonders dessen »Gottesstaat«, vorgelesen wurden. Als um 790 am Hof Karls die fränkischen Theologen eine Schrift über die Verehrung der Bilder verfaßten, die sich gegen die bilderfreundliche Entscheidung des Konzils von Nizäa 787 richtete, wurde sie anscheinend in Gegenwart des Königs vorgelesen, der sie mit Ausrufen wie »sehr gut«, »sehr wahr«, »sehr schön argumentiert« und ähnlich kommentierte, die ein Stenograph in tironischen Noten auf dem Rand der heute noch vorhandenen Handschrift festhielt.

Karls großes Interesse an Fragen der Bildung und der Schriftkultur zeigt sich auch darin, daß er es verstand, bedeutende Gelehrte an seinen Hof zu ziehen und dort zu halten. Es hatte zwar schon unter seinem Vater Pippin eine Palastschule gegeben, aber überragende Leistungen sind aus dieser nicht hervorgegangen. Karl hat daher auswärtige Gelehrte angeworben, wie den Langobarden Paulus Diaconus, den Angelsachsen Alkuin und den Westgoten Theodulf. Eine ganze Reihe von Gedichten dieser und anderer Männer vermittelt uns ein lebendiges Bild von Karls »Hofakademie«, deren Mitglieder sich mit Namen aus der Antike oder aus dem Alten Testament schmückten. Karl selbst ließ dieses Tun nicht nur zu, sondern war persönlich intensiv mitbeteiligt. Der bedeutendste Literat war wohl Theodulf, dem Karl 798 das Bistum Orléans übergab. In seinen Gedichten übte dieser auch Kritik an den Zuständen im Reich, wobei er sich nicht scheute, den Herrscher selbst zu kritisieren. Andere Mitglieder des Hofkreises versuchten dagegen, sich durch teilweise penetrantes Herrscherlob gegenseitig zu übertreffen. Erst in der zweiten Generation der Gelehrten tauchen dann auch Franken auf, von denen hier Angilbert, der Lebensgefährte von Karls Tochter Bertha, und Einhard genannt seien. Beide waren keine Geistlichen, sondern Laien; aber Angilbert erhielt 790 die Abtei St. Riquier an der Somme, um die er sich sehr kümmerte, wobei er besonders die Bibliothek und die Reliquienschätze seines Klosters förderte. Seit 804 leitete Alkuins Schüler Hrabanus Maurus aus Mainz die Klosterschule in Fulda; den Höhepunkt seiner Bedeutung und seines Einflusses erreichte Hraban aber erst unter Ludwig dem Frommen und Ludwig dem Deutschen.

Eine wesentliche Arbeit der Hofgelehrten bestand darin, die schriftliche Überlieferung der zentralen Texte des christlichen Glaubens von Fehlern zu reinigen. Daher waren Theodulf und Alkuin damit befaßt, nicht nur neue Handschriften der Bibel herstellen zu lassen, sondern auch dafür zu sorgen, daß in diesen Manuskripten ein möglichst fehlerfreier Text wiedergegeben wurde. Die Sorge um einen reinen Text bezog sich auch auf die Benediktregel und auf das Kirchenrecht.

Mit dem Namen Karls des Großen verbunden ist weiterhin eine Reform der Schrift: Noch unsere heutige Druckschrift benutzt im wesentlichen jene Buchstabenformen, die in Karls Zeit entwickelt wurden: die karolingische Minuskel. Die klare, schnörkellose und gut lesbare Schrift machte es leichter, die Forderung nach möglichst fehlerloser Abschrift von wichtigen Texten zu erfüllen.

Auch der Volkssprache galt das Interesse Karls. Einhard berichtet davon, daß Karl den Monaten und den Winden volkssprachliche Bezeichnungen gegeben habe. Auch die Lieder, in denen die Helden der heidnischen Vorzeit verherrlicht wurden, ließ er aufzeichnen. Einzig das Hildebrandslied ist als Zeugnis für diese Bemühung auf uns gekommen.[7] Ein zentrales Anliegen Karls war es, die Rechtsprechung auf schriftliches Recht zu gründen. Die bereits schriftlich vorhandenen Rechte der Franken (Lex Salica und Lex Ribuaria) sollten verbessert und den veränderten Verhältnissen angepaßt werden. Die noch ungeschriebenen Gesetze der anderen Stämme ließ er sammeln und aufzeichnen; von diesem Bemühen zeugen noch die Leges der Friesen, Sachsen und Thüringer. Auf einer Reichsversammlung des Jahres 802 wurden die Gesetze den anwesenden Großen des Reichs in ihrer Sprache vorgelesen.

Während die geplante Reform der alten Leges der Franken nicht abgeschlossen werden konnte, hat Karl eine große Zahl von Kapitularien, d. h. von in

---

7 Vgl. D. Geuenich, Die volkssprachige Überlieferung der Karolingerzeit aus der Sicht des Historikers, DA 39 (1983) S. 104–130, bes. 114ff.

Kapitel gegliederten Verordnungen, erlassen, die eine Vielzahl von Themen betreffen. Das erste bedeutende Gesetz in dieser Reihe ist im Jahr 779, also unmittelbar nach dem Ende der ersten Reihe von Eroberungskriegen, entstanden. Die beiden schweren Niederlagen des Jahres 778 (gegen die Basken und gegen die Sachsen) konnten Karl also nicht davon abhalten, mit der inneren Reform seines Reiches zu beginnen. Das bedeutendste Kapitular aus den Anfängen seiner Regierung stammt aus dem Jahr 789 und wird als *Admonitio generalis* (»allgemeine Ermahnung«) bezeichnet. Dieses Gesetz richtet sich in erster Linie an die Geistlichen, denen zahlreiche Vorschriften nach dem Vorbild des alten Kirchenrechts gegeben werden. Es war vermutlich Alkuin, der die Formulierung dieses Schriftstücks besorgte und der auch für seine Verbreitung verantwortlich war. Die heute noch vorhandenen Exemplare dieses Gesetzes zeigen, daß das Ziel erreicht wurde, das Gesetz in alle Regionen des Reiches zu versenden.

In der Kapitulariengesetzgebung Karls bedeutet die Kaiserkrönung einen wichtigen Einschnitt: danach ist eine verstärkte Hinwendung zur Aufstellung von Normen zu beobachten, die in den Fürstenspiegeln von einem christlichen Herrscher erwartet werden, nämlich der Schutz von Armen und Schwachen und die Aufrechterhaltung von Frieden und Eintracht im Reich. Karl beschränkte sich in diesen Jahren jedoch nicht auf allgemeine Ermahnungen, sondern griff ganz konkrete Mißstände auf, die beseitigt werden sollten. Für die armen Freien wurden der Zwang zum Heerdienst und die Pflicht, auf allen Gerichtsversammlungen zu erscheinen, gemildert; denn diese Pflichten ermöglichten es den Grafen als den Inhabern der königlichen Gerichtsbarkeit und des militärischen Oberbefehls, manche Freien in den unfreien Status herabzudrücken, indem sie planmäßig in ungünstigen Zeiten zur Gerichtsverhandlung befohlen oder zum Kriegsdienst eingezogen wurden.

In seinem letzten Kapitular, das wahrscheinlich am Ende des Jahres 813 erlassen wurde, hat Karl dem Zweifel Ausdruck verliehen, ob seine Gesetze überhaupt den Menschen in seinem Reich bekannt geworden seien oder ob seine legislative Arbeit vergebens gewesen sei. Aber auch diese resignierte Äußerung veranlaßte Karl nicht dazu, seine Anstrengungen aufzugeben, sondern nur dazu, eine bessere Verbreitung und Bekanntgabe seiner Gesetze zu fordern.

Eine gewisse Gewähr für die Korrektheit der Verwaltung schien immerhin dadurch gegeben, daß Karl die Grafen durch besondere Vertrauensleute kontrollieren ließ, die immer zu zweit auftraten (ein Bischof und ein weltlicher Machthaber), was ihre Durchsetzungskraft erhöhte und ihren Hang zur Korruption bremsen konnte.

Um 800 ließ Karl das Königsgut im gesamten Reich verzeichnen, d. h. er ließ Inventare anlegen, in denen für jeden einzelnen Königshof der Bestand an Gebäuden, an Vieh und an Gerätschaften bis hin zum letzten hölzernen Rechen aufgenommen wurde. Das berühmte *Capitulare de Villis* (Kapitular über die Königshöfe) enthält dann Vorschriften über den Betrieb der königlichen Gutshöfe, wobei sich Karl mit der Anpflanzung von Obstbäumen und Weinreben, mit der

KAISER KARL DER GROSSE

37

sorgfältigen Nutzung des Waldes, mit der Aufzucht von Pferden, Rindern und Geflügel und mit den Lieferungen für den Unterhalt des Königs und seines Hofes befaßte. Über den Verkauf der erwirtschafteten Überschüsse sollte dem Herrscher genau Rechnung gelegt werden.

Auch über die Ehen und Konkubinate Karls des Großen wissen wir besser Bescheid als bei anderen Herrschern des Mittelalters. Weil Einhard in seiner Biographie die Kaiserviten Suetons nachahmen wollte, hat er auch das private Leben seines Helden ausführlich geschildert. Schon in jungen Jahren (um 763) hatte sich Karl mit einem adeligen Mädchen namens Himiltrud verbunden; aus dieser Beziehung ging ein Sohn hervor, der den Namen Pippin erhielt und der damit als vollberechtigter Erbe bezeichnet war, obwohl die Verbindung mit Himiltrud kaum eine Vollehe gewesen ist. Auch Karls Großvater Karl Martell war ja aus einer nicht vollgültigen Ehe hervorgegangen.

Die Ehe mit der Tochter des Langobardenkönigs Desiderius war ein politisch begründetes Bündnis; sie war die einzige Ehe mit einer Ausländerin, die in karolingischer Zeit von einem Frankenkönig eingegangen wurde. Aus politischen Gründen trennte sich Karl von ihr und heiratete Hildegard, ein noch junges Mädchen, das mütterlicherseits vom alemannischen Herzogshaus abstammte. Diese Ehe war politisch die wichtigste für Karl, denn sie verschaffte ihm einen sicheren Stand im östlich des Rheins gelegenen Gebiet. Aus dieser Ehe gingen bis zum frühen Tod Hildegards (783) neun Kinder hervor, vier Söhne und fünf Töchter. Die ersten beiden Söhne erhielten typische Karolingernamen, nämlich Karl und Karlmann; die beiden 778 geborenen Zwillingsbrüder wurden Ludwig und Lothar genannt. Bei Karls zweitem Romaufenthalt (781) übernahm Papst Hadrian I. die Patenschaft über die beiden älteren Söhne. Damit war ein Namenswechsel des zweiten Sohnes verbunden, der jetzt nicht mehr Karlmann, sondern Pippin heißen sollte. Der ältere Pippin aus Karls Friedelehe hatte damit sein Recht auf Nachfolge im Frankenreich verloren; er hat 791/92 versucht, Verbindung zur Adelsopposition gegen seinen Vater aufzunehmen, um eine Teilhabe am Erbe zu erhalten; nach dem Scheitern dieses Aufstands endigte Pippin »der Bucklige« im Kloster Prüm. Mit der Benennung der Zwillinge nahm Karl die Namen der bedeutendsten Könige aus dem Haus der Merowinger auf, denn Chlodwig als Reichsgründer und Chlothar II. als bedeutender Herrscher am Beginn des 7. Jahrhunderts lebten sicher noch im Gedächtnis der Franken fort. Aus diesen Merowingernamen hat man geschlossen, die Karolinger seien entweder Blutsverwandte der Merowinger gewesen oder sie hätten versucht, sich an die alte Dynastie »anzusippen«. Beide Erklärungen gehen wohl fehl, denn Karl hatte es nicht nötig, sich auf das Königsheil der alten Dynastie zu stützen; er war jedoch geschichtsbewußt genug, seine eigene Familie an die großen Leistungen der Merowingerkönige zu erinnern.

Bald nach dem Tode Hildegards heiratete Karl Fastrada, die Tochter eines ostfränkischen Grafen; aus dieser Ehe gingen zwei Töchter hervor. Einhard berichtet mit einiger Kritik davon, daß Fastrada einen bedeutenden politischen

Einfluß ausübte. Nach ihrem Tode (794) ging Karl zunächst keine neue Vollehe ein, sondern lebte mit der Alemannin Liutgard zusammen. Erst während der Anwesenheit von Papst Leo III. im Frankenreich (799) wird sie als Königin bezeichnet, d. h. Karl dürfte in dieser Zeit seine Verbindung »legalisiert« haben. Als Liutgard wenig später (800) starb, lebte Karl nur noch mit Konkubinen zusammen. Karl hielt es wohl für politisch unklug, sich nach der Erlangung der Kaiserwürde mit einer bestimmten Adelsfamilie zu verbinden und diese damit vor allen übrigen Familien im Frankenreich auszuzeichnen. Außerdem waren ja aus der Ehe mit Hildegard drei vollbürtige Söhne vorhanden, die zur Aufrechterhaltung des Erbgangs zu genügen schienen.

Daß solche Gedankengänge bei Karl eine Rolle spielten, können wir aus seinem Verhalten bei der Verehelichung seiner eigenen Kinder entnehmen. Der älteste, der wohl schon früh als Thronerbe in Aussicht genommen war, blieb unverheiratet, während seine beiden jüngeren Brüder Karlmann-Pippin und Ludwig (Lothar war schon als kleines Kind verstorben) recht früh mit adeligen Mädchen verheiratet wurden, die aus den ihnen zugewiesenen Unterkönigreichen stammten. Schon Karl hatte ja die Heiraten mit Hildegard und Fastrada dazu benutzt, sich mit dem Adel in wichtigen Regionen zu verbinden. Eine Ehe des ältesten Sohns und Thronerben sollte wohl deshalb möglichst lange hinausgezögert werden, um die Anzahl seiner Nachkommen und damit der möglichen Erben zu beschränken.

Das Nachfolgekonzept Karls des Großen kennen wir aus dem Reichsteilungsgesetz *(Divisio imperii)* von 806. Demnach sollte der jüngste noch lebende Sohn, Ludwig, Aquitanien, den größten Teil Burgunds und die Provence erhalten; der zweite Sohn Pippin sollte zu Italien auch Bayern und das südliche Alemannien (bis zur Donau) bekommen; der älteste endlich, Karl der Jüngere, sollte mit Neustrien und Austrien das ganze altfränkische Kernland und zudem noch Sachsen, Thüringen, Friesland sowie Teile Bayerns, Alemanniens und Burgunds bekommen. Es waren auch bereits Grenzen festgelegt, wenn nach dem Tod eines der drei Söhne die beiden anderen den verstorbenen Bruder beerben sollten. In einem bezeichnenden Kapitel hatte Karl seinen Söhnen für den Eintritt des Erbfalls auferlegt, daß keiner von ihnen einen Angehörigen der kommenden Generation, Sohn oder Neffen, ohne gerechtes Gericht töten, verstümmeln, blenden oder zwangsweise ins Kloster einweisen lassen dürfe: Die Kenntnisse Karls von der Geschichte der Merowinger und seine eigenen Erfahrungen über die Erbgänge beim Tode seines Großvaters und Vaters schlagen hier durch.[8]

Auch für seine Töchter hatte Karl ein ganz bestimmtes Konzept, was ihre persönliche Lebensgestaltung anging. Die älteste, Rotrud, war fünf Jahre lang (781–786) mit dem byzantinischen Kaiser Konstantin VI. verlobt; nicht also ein

---

8   Vgl. P. Classen, Karl der Große und die Thronfolge im Frankenreich, in: ders., Ausgewählte Aufsätze (Vorträge und Forschungen 28, 1983) S. 205–229.

hochadeliger Bräutigam aus dem Frankenreich, sondern nur der am höchsten stehende christliche Herrscher kam nach Karls Auffassung als Ehepartner in Frage. Nach dem Scheitern dieser Verlobung behielt Karl seine Töchter an seinem Hof und in seiner Munt. Sie lebten hier in eheähnlichen Verhältnissen mit wichtigen Ratgebern des Kaisers und hatten auch Kinder.

Diese unregelmäßigen »Zustände« am Kaiserhof und auch das lebhafte Sexualleben des Kaisers haben sofort nach seinem Tod heftige Kritik hervorgerufen. Nicht nur, daß sein Sohn und Nachfolger Ludwig der Fromme die Schwestern mit ihren Kindern aus Aachen vertrieb, sondern die Jenseitsvision des Reichenauer Mönchs Wetti (aus dem Jahr 824) weiß zu berichten, daß der Kaiser trotz seiner großen Verdienste um die Verteidigung des Glaubens und die Leitung der Kirche wegen seines Lebenswandels unter den Verdammten schmachte.

Die merowingischen Könige hatten keine richtige Hauptstadt besessen; obwohl Paris eine gewisse Sonderrolle unter ihren Aufenthaltsorten innehatte, hielten sich die Könige an verschiedenen Pfalzen im Tal der Oise auf, von denen vor allem Compiègne und Quierzy zu nennen sind. Herstal (bei Lüttich) und Attigny (bei Reims) besaßen als Residenzen der austrasischen Herrscher große Bedeutung. Noch Pippin hatte sich meist an diesen merowingischen Pfalzorten aufgehalten. Unter Karl wird dann rasch deutlich, daß sich der Schwerpunkt seines Reiches nach Osten verlagert hatte. Frankfurt, Ingelheim, Diedenhofen und Worms treten zu den alten Aufenthaltsorten hinzu; hier hielt sich der König auf, wenn er nicht auf einem Kriegszug war oder wenn er nicht in einem neu eroberten Gebiet überwintern mußte.

Während Karl nur je zwei Winter in Attigny und Diedenhofen verbrachte, je drei in Quierzy und Worms und vier in Herstal, wurde Aachen seit dem Ende des 8. Jahrhunderts der alleinige Winterpalast Karls des Großen; hier hat er 18 Winter verbracht. Die Vorbilder für die Wahl einer dauernden Residenz waren wohl das Langobardenreich, das in Pavia eine richtige Hauptstadt besessen hatte, und das Kaiserreich in Konstantinopel. Außerdem spielte auch Ravenna als Residenz des großen Barbarenkönigs Theoderich eine Rolle. Von dort ließ Karl 801 eine Statue dieses Gotenkönigs nach Aachen transportieren, und dessen Kirche San Vitale war mit ihrem Oktogon ein wesentliches Vorbild für die Architektur der Pfalzkapelle in Aachen. Für diesen Ort sprach vor allem, daß Karl hier in den nahegelegenen großen Waldungen seiner geliebten Jagd nachgehen und in den warmen Quellen schwimmen konnte.

Das Ansehen des Kaisers war bereits bei seinen Zeitgenossen groß; Dichter und Hofhistoriographen nannten ihn »Leuchtturm Europas«, »Vater Europas«. Und auch der Beiname Magnus, »der Große«, wird ihm seit den achtziger Jahren des 8. Jahrhunderts immer wieder gegeben. Die Päpste Hadrian I. und Leo III. hatten Karl als »großen König« angesprochen. Diese Bezeichnung findet sich auch in privaten Urkunden und nach 800 auch in offiziellen Aktenstücken. In seinem Epitaph wird er »großer und rechtgläubiger Kaiser« (*magnus et orthodoxus imperator*) genannt, und sein Sohn und Nachfolger Ludwig hat für seinen

Vater den Beinamen »der Große« gebraucht. Sein Enkel, der Historiker Nithard, sagte schließlich: »Karl wurde verdientermaßen von allen Völkern großer Kaiser genannt.« Damit sind wir bei der Nachwirkung Karls des Großen, von der zahlreiche Legenden zeugen. Das große Interesse der Nachlebenden an diesem Herrscher zeigt sich darin, daß die erste große Biographie, Einhards Vita Karoli Magni, noch heute in über 80 mittelalterlichen Handschriften erhalten ist. Gegen Ende des 9. Jahrhunderts widmete der St. Galler Mönch Notker Karl III. eine Vita Karls des Großen, in der bereits viele Ereignisse sagenhaft ausgeschmückt und märchenhaft beleuchtet sind. Dieses Werk bezeugt, daß sich die Phantasie des Volkes mit dem Leben und den Taten des großen Kaisers beschäftigte. Notker hat Karls Leistung aber auch in ihrer weltgeschichtlichen Bedeutung gewürdigt, indem er das Reich der Franken als Fortsetzung des untergegangenen Römerreichs ansah. Karls Wirkung auf seine Nachfolger zeigt am schönsten die Wallfahrt Kaiser Ottos III. nach Aachen, der sich in die Gruft seines Vorgängers begab, dem auf dem Thron sitzenden Toten die Fingernägel schnitt und ihm die abgebrochene Nasenspitze durch Gold ergänzen ließ; einen Zahn nahm er als Reliquie mit. Mit dem hohen Ansehen Karls des Großen hängt es auch zusammen, daß die Quote der auf seinen Namen gefälschten Privilegien höher ist als bei allen übrigen Kaisern: von den 262 erhaltenen Urkunden Karls sind 98, d. h. zwei Fünftel, gefälscht. Jedes Kloster, das etwas auf sich hielt, wollte mit einem Privileg des so hochverehrten Kaisers prunken.

Einen Höhepunkt erreichte die Karlsverehrung dann im 12. Jahrhundert, als sich Frankreich und das Reich auf Karl den Großen beriefen. In Frankreich wurden damals die *Chansons de geste,* die Heldenlieder, aufgezeichnet, die von den Taten Rolands und vom sagenhaften Kreuzzug Karls ins Heilige Land berichteten. Damals entstand auch die Chronik des sogenannten Pseudo-Turpin, als deren Verfasser ein Zeitgenosse Karls des Großen, der Erzbischof Turpin von Reims, galt. Die legendenhaften Züge sind hier ins Ungeheure gesteigert: Um nach einer Schlacht gegen die Mauren die Verfolgung der besiegten Heiden zu erleichtern, sei die Sonne drei Tage lang nicht vom Himmel verschwunden. Und auch die äußere Erscheinung des Kaisers wird ins Übermenschliche erhöht, wenn seine Größe mit acht Fuß angegeben wird, die Länge seines Bartes mit einer Spanne (= 25 cm), die seiner Nase mit einer halben Spanne und die seines Gürtels mit acht Spannen. Wunderdinge werden hier auch über die Körperkraft Karls berichtet: Er habe einen bewaffneten Ritter auf seiner Hand vom Boden bis über seinen Kopf hochstemmen oder vier Hufeisen auf einmal zusammenbiegen können. Die Wirkung dieses Werkes war geradezu ungeheuer; neben über 100 Handschriften der lateinischen Fassung besitzen wir noch heute eine Reihe von Übersetzungen ins Französische und Provenzalische.

Auch im Reich blühten in dieser Zeit die Karlslegenden, die von einem Aachener Mönch zusammengefaßt wurden, um die Kanonisation des Kaisers zu rechtfertigen. Diese Heiligsprechung wurde 1165 vom kaiserlichen Gegenpapst Paschalis III. auf Bitten Friedrich Barbarossas und Rainalds von Dassel vorgenommen. Im 14. und 15. Jahrhundert griff dann der Kult des heiligen Kaisers auch auf Frankreich über. Am Ende des Mittelalters befahl König Ludwig XI. von Frankreich bei Todesstrafe den Karlskult, der als eine Art Staatsreligion aufgefaßt wurde.

Daneben findet sich aber vom 13. Jahrhundert an bei einigen Schriftstellern aus dem Reich eine nüchternere und den historischen Tatsachen angemessenere Darstellung von der Bedeutung des großen Frankenherrschers: Eike von Repgow hat in seinem Sachsenspiegel (um 1220) und in seiner Weltchronik vor allem die Bedeutung Karls als Gesetzgeber hervorgehoben. Sicher sind auch diese Nachrichten nicht immer zutreffend, so, wenn die Schaffung der Universitäten und die Gründung des Kurfürstenkollegs auf Karl zurückgeführt werden; aber völlig zu Recht wurden ihm die Bistumsorganisation und die Grafschaftsverfassung zugeschrieben.

Im 16. Jahrhundert geriet die Gestalt des großen Kaisers in die Fronten der nationalen (im Reich also antifranzösischen) und religiösen Polemik. Daneben begann damals aber auch die wissenschaftliche Beschäftigung mit der Regierung Karls. Seine Gesetze, die Kapitularien, wurden herausgegeben und vermittelten eine Anschauung von der umfassenden, auch die kirchlichen Angelegenheiten betreffenden Regierungstätigkeit Karls. Im 18. Jahrhundert lobte Montesquieu die Sorge Karls für die Freien, die er gegen die Unterdrückung durch den Adel habe schützen wollen, während Voltaire seinen Despotismus und seine Unbildung, überhaupt die unsaubere Verbindung von Staat und Religion, Sklaverei und Christentum tadelte. Gegensätzliche Urteile erlebte Karl der Große auch am Beginn des 19. Jahrhunderts: Während die deutschen Romantiker Karl als den Gesetzgeber des abendländischen Europa feierten, hat ihm um 1830 der französische Demokrat Michelet sogar den Beinamen des Großen abgesprochen: Charlemagne komme von Carloman (= Karlmann), nicht von Carolus magnus.

Während noch in den dreißiger Jahren Karl in Deutschland als »undeutscher« Herrscher abgewertet wurde, hat er heute eine geradezu zentrale Bedeutung für die Europa-Idee erhalten.

Die Nachkommen Kaiser Karls des Großen

1. PIPPIN DER BUCKLIGE (von Himiltrud)
   * um 770
   † 811
   792: nach der Erhebung gegen den Vater Mönch im Kloster Prüm

2. KARL
   * 772/73
   † 4. 12. 811
   788: König von Neustrien
   25. 12. 800: in Rom zum fränkischen König gekrönt
   806: zum Nachfolger im Kaisertum vorgesehen
   Vielleicht in Aachen bestattet

3. ADALHEID
   * September 773/Juni 774
   † Juli/August 774

4. ROTRUD
   * um 775
   † 6. 6. 810
   781–786: verlobt mit Kaiser Konstantin VI.
   Seit ca. 800: Verbindung mit Graf Rorico († um 840)
   Kind: Ludwig, seit Oktober 840 Abt von St. Denis, 840–867 Erzkanzler
   Karls des Kahlen (* um 800, † 9. 1. 867)

5. KARLMANN (seit 15. 4. 781 PIPPIN)
   * 777
   † 8. 7. 810
   781: König von Italien
   Seit ca. 795 verheiratet (Name der Gattin unbekannt)
   Kinder: Bernhard und fünf Töchter

6. LUDWIG (der Fromme)
   * 16. 4. 778 in Chasseneuil bei Poitiers
   † 20. 6. 840 auf einer Rheininsel bei Ingelheim
   Siehe unter Kaiser Ludwig der Fromme

7. LOTHAR (Zwillingsbruder Ludwigs)
† 779/80

8. BERTHA
* 779/80
† nach 14. 1. 823
Seit ca. 795: Verbindung mit Angilbert, Abt von St. Riquier
(† 18. 2. 814)
Kinder: Nithard (800–845) und Hartnid (800–?)

9. GISLA
* vor Mai 781
† nach 800, wahrscheinlich nach 814

10. HILDEGARD
* 782, nach 8. 6.
† 8. 6. 783

11. RUODHEID (von ?)
* um 784
† nach 800, wahrscheinlich nach 814

12. THEODRADA (von Fastrada)
* um 785
† 9. 1. 844/853
Seit ca. 814 Äbtissin von Argenteuil

13. HILTRUD (von Fastrada)
* um 787
† nach 800, wahrscheinlich nach 814

14. RUOTHILD (von Madelgard)
* ?
† 24. 3. 852
Oktober 840 als Äbtissin von Faremoutiers belegt

15. ADALTHRUD (von Gerswind)
?

16. DROGO (von Regina)
* 17. 6. 801
† 8. 12. 855
818: Kleriker
820: Abt von Luxeuil
28. 6. 823: Bischof von Metz
834: Erzbischof, Erzkapellan
? päpstlicher Vikar

17. HUGO (von Regina)
  * 802/06
  † 14. 6. 844
  818: Kleriker, Mönch im Kloster Charroux
  822/23: Abt von St. Quentin
  836: Abt von St. Bertin
  834–840: Erzkanzler Ludwigs des Frommen

18. THEODERICH (von Adallind)
  * 807
  † nach 818
  818: Kleriker

Kaiser Ludwig der Fromme

Kaiser Ludwig der Fromme

* 16. 4. 778 in Chasseneuil bei Poitiers/Aquitanien
† 20. 6. 840 auf einer Rheininsel bei Ingelheim
Grabstätte: St. Arnulf in Metz
Eltern: Kaiser Karl der Große und Hildegard

1. ○ Konkubinat mit
?

2. ⚭ 794
ERMENGARD (IRMGARD)
Vater: Graf Ingram (Franke)
† 3. 10. 818 in ?

3. ⚭ 819
JUDITH
Eltern: Graf Welf (Schwabe) und Heilwich (Sächsin)
† 19. 4. 843 in ?

781: Unterkönig von Aquitanien
11. 9. 813: Krönung zum Mitkaiser durch Karl den Großen
816: Kaiserkrönung durch Papst Stephan IV. (in Reims)
30. 6. 833–1. 3. 834 abgesetzt

Als Karl der Große im Januar 814 starb, war sein einziger überlebender Sohn aus einer legitimen Ehe bereits 36 Jahre alt. Ludwig war schon seit 781 Unterkönig in Aquitanien gewesen und hatte nominell dieses wegen seiner Grenzlage und seiner eigenständigen Entwicklung wichtige Gebiet verwaltet; allerdings hatte ihm sein Vater nur wenig Möglichkeiten zu einer selbständigen Politik gelassen. Nur auf dem Gebiet der Klosterreform konnte Ludwig ein eigenes Profil entwickeln, und dies verdankte er vor allem seinem wichtigsten Berater in kirchlichen Fragen, dem Westgoten Witiza, der sich als Mönch den programmatischen Namen Benedikt gegeben hatte und der seit ca. 790 die Klöster Aquitaniens im Sinne der Benediktregel reformierte. Als weiterer Berater, der nach 814 zu einer Wirkung im Gesamtreich gelangte, ist Helisachar zu nennen, der die aquitanische Kanzlei Ludwigs geleitet hatte und der 814 an die Spitze der kaiserlichen Kanzlei berufen wurde. Als weiteren engen Vertrauten brachte Ludwig aus Aquitanien seinen Hofbibliothekar Ebo mit, der sein Milchbruder gewesen war und den Ludwig 816 mit dem hohen und wichtigen Amt eines Erzbischofs von Reims belohnte.

Da Ludwig neue Berater mit an den Hof brachte, wurden die alten entlassen. Dies betraf besonders die Vettern seines Vaters, Adalhard von Corbie und Wala, die in den letzten Jahren Karls des Großen wichtige Stellungen bei Hofe eingenommen hatten; sie mußten sich in abgelegene Klöster zurückziehen. Auch der Einfluß des Bischofs Theodulf von Orléans wurde zurückgedrängt. Dieser hatte noch versucht, als Überbringer der Nachricht vom Tode Karls bei Ludwig seine Position zu halten.

In der Abfolge der karolingischen Herrscher stellte die Ablösung Karls des Großen durch Ludwig den Frommen eine Ausnahme dar, weil Ludwig von vornherein die Alleinherrschaft im Reich antreten konnte. Nun waren zwar seine Brüder vor ihrem Vater gestorben, aber immerhin einer von ihnen – Pippin von Italien – hatte seinerseits einen Sohn hinterlassen, den noch Karl der Große zum König von Italien erhoben hatte. Ludwig bestätigte Bernhard von Italien noch im August 814 in dieser Position und übergab zugleich seinen beiden älteren Söhnen Lothar und Pippin Bayern bzw. Aquitanien.

Die Veränderungen beim Herrscherwechsel von Karl dem Großen zu seinem Sohn beruhten auf tiefgehenden Verschiedenheiten im Charakter der beiden Herrscher. Die Unterschiede betrafen in erster Linie die Stellung zur Kirche und die persönliche Frömmigkeit, die sich in Ludwigs Beinamen »Pius« ausdrückt, auch wenn dieser im 9. Jahrhundert noch nicht ganz auf Ludwig »den Frommen« beschränkt war (auch Ludwig der Deutsche und Ludwig das Kind werden zeitgenössisch als »Pius« bezeichnet).[1] Ludwigs persönliche Kirchlichkeit zeigte sich sofort bei seinem Amtsantritt, als er den Hof in Aachen »reinigte« und seine unverheirateten Schwestern samt ihren Kindern vertrieb. Auch seine noch unmündigen Halbbrüder Drogo und Hugo wurden vom Hof entfernt und zu Geistlichen bestimmt. Im Bereich des Ehelebens hat sich Ludwig ganz anders verhalten als sein Vater; er selbst hatte zwar in seiner Jugend eine Konkubine gehabt, aber seinen Söhnen gestattete er abweichend von der fränkischen Tradition nicht, daß sie bereits vor ihrer legitimen Ehe mit einer Frau zusammenlebten.

Anders als bei Karl dem Großen wird das Bild der Regierung seines Sohnes nicht durch äußere Erfolge und durch eine immer weitere Ausdehnung des Reiches bestimmt, sondern durch den Versuch der inneren Konsolidierung. Dies war nicht nur eine Folge des unterschiedlichen Temperaments, sondern hatte auch objektive Ursachen, denn das Frankenreich war an seine Grenzen gestoßen. Ganz ohne kriegerische Unternehmungen ging es aber auch in der Zeit Ludwigs nicht; die Reichsannalen und die Viten Ludwigs sind daher voll von Berichten über Feldzüge. In den ersten Jahren nach 814 war es nötig, gegen einige Grenzvölker Krieg zu führen. Der Kaiser wurde dabei aber meist nicht selbst aktiv, sondern überließ es den Amtsträgern in den Grenzprovinzen, gegen die Dänen oder die Sorben im Nordosten oder gegen die Basken im Südwesten vorzugehen. Es war eine Ausnahme, wenn Ludwig persönlich im Sommer 818 einen Feldzug in die Bretagne anführte.

In den Jahren 817 und 818 ist dann von schweren Attacken der Normannen auf das Reich die Rede; diese fuhren mit ihren Schiffen die Elbe und die Loire aufwärts und verschwanden rasch wieder, nachdem sie in Kirchen und Klöstern reiche Beute gemacht hatten. Um 820 wurden die flandrischen Küstenorte überfallen, und es begannen die Plünderungszüge auf der Seine. Die Normannen sollten dann im weiteren Verlauf des 9. Jahrhunderts die gefährlichsten Gegner des Frankenreichs werden.

Aber auch andere Feinde setzten zur Offensive an, so daß dem Kaiser die Initiative entglitt und er nur noch auf Angriffe von außen reagieren konnte. Nachdem die Franken 820 den Friedensvertrag mit den Sarazenen aufgekündigt hatten, griffen diese einige Jahre später die Spanische Mark an und belagerten 827 Barcelona, die wichtigste fränkische Stadt jenseits der Pyrenäen. 832 erschienen die Sarazenen vor Marseille und begannen mit Plünderungsfahrten im Rhônedelta. Der militärische Druck der Moslems wurde noch stärker, als diese sich seit 827 auf Sizilien festsetzten; seither lag nicht nur die Küste Unteritaliens, sondern auch Mittelitalien in der Reichweite ihrer Schiffe. Es erwies sich dabei als größter Nachteil der Franken, daß sie keine Flotte besaßen.

Am Ende der zwanziger Jahre, als die Sarazenen zur Rückeroberung der Spanischen Mark ansetzten, kam es auch zu Schwierigkeiten an den anderen

---

1 Vgl. R. Schieffer, Ludwig »der Fromme«. Zur Entstehung eines karolingischen Herrscherbeinamens, FMSt 16 (1982) S. 58–73.

Grenzen des Frankenreichs: 826 erhoben sich die Basken, in Dänemark siegte 827 eine heidnische und antifränkische Partei, die Slawen begannen mit Einfällen nach Istrien, und auch die Bulgaren regten sich.

Im Innern entfaltete der neue Kaiser in den ersten Jahren seiner Regierung eine intensive Tätigkeit, um das von Benedikt von Aniane und Helisachar formulierte Regierungsprogramm »Erneuerung des Frankenreichs« (Renovatio regni Francorum) zu verwirklichen. Dabei wurden organisatorische Veränderungen eingeleitet, die dem Reich eine effektivere Verwaltung und eine bessere Heeresorganisation bringen sollten. Die Grafschaftsverfassung wurde erst jetzt auch in Alemannien weitgehend durchgesetzt, und das Kontrollsystem der Königsboten wurde verfeinert.

Ludwig hatte 815 das Kloster Inden (Kornelimünster) bei Aachen gegründet, um seinen Berater Benedikt von Aniane in seiner Nähe zu haben. Auf das Wirken Benedikts gehen die beiden großen Reichssynoden zurück, die 816 und 817 in Aachen tagten. Hier wurden umfangreiche Gesetze beschlossen, durch die die Angehörigen der geistlichen Gemeinschaften nach ihrer Lebensweise und nach ihrer Funktion voneinander abgegrenzt wurden. Die Mönche sollten alle nach der Benediktregel leben, und die nicht-monastischen Gemeinschaften erhielten in den Institutionen für die Kanoniker und die Kanonissen ein gültiges und alle Bereiche ihres Lebens beschreibendes Regelwerk. Ein Kapitular des Jahres 816 regelte einige praktische Rechtsfragen, wie die Beweisaufnahme vor Gericht und die Haftung bei Schulden; auch Bestimmungen über die Auflösung des Lehnsverhältnisses wurden erlassen.

Die wichtigste Entscheidung der Reichsversammlung von 817 war die Regelung der Nachfolge, die in der sogenannten Ordinatio imperii, der »Reichsordnung«, festgeschrieben wurde. Der unmittelbare Anlaß dafür, daß schon so kurz nach der Thronbesteigung für eine geordnete Nachfolge gesorgt wurde, war ein Unfall, den der Kaiser zu Ostern 817 erlitten hatte, als auf dem Weg zum Gottesdienst ein gedeckter hölzerner Gang zwischen Pfalz und Kirche zusammenbrach.[2] Obwohl Ludwig nur leicht verletzt wurde, quälten ihn anscheinend Todesahnungen und er soll sogar den Plan erwogen haben, wie sein Großonkel Karlmann seine Herrschaft niederzulegen und ins Kloster zu gehen. In der Ordinatio imperii wurde nun festgelegt, daß das Frankenreich auch nach dem Tode Ludwigs des Frommen als Einheit bestehen bleiben sollte; zum Nachfolger im Kaisertum wurde der älteste Sohn Lothar bestimmt. Die beiden jüngeren Söhne Pippin und Ludwig erhielten eigene Gebiete zur Regierung, Pippin Aquitanien und Ludwig Bayern; sie waren aber dort keine selbständigen Herrscher, sondern standen unter der Oberherrschaft des Kaisers. Damit waren die Prinzipien der

2 Dieser Unfall war kaum ein Attentat, wie P. R. McKeon, 817: Une année désastreuse et presque fatale pour les Carolingiens, Le moyen âge 84 (1978) S. 5–12, vermutet hat. Denn daß die Holzbauweise des 9. Jh.s gelegentlich den Belastungen nicht standhielt, zeigt sich auch sonst: etwa an vergleichbaren Unfällen, die Ludwig der Deutsche erlitt.

Unteilbarkeit des Reiches und des Vorrechts der Primogenitur, die bereits Karls Nachfolgeordnung von 806 angedeutet hatte, in die fränkische Verfassung aufgenommen worden. Beide Prinzipien haben sich zwar in der weiteren Geschichte des karolingischen Reiches noch nicht durchsetzen können, vielmehr kam es zu den heftigsten inneren Kämpfen, aber in späterer Zeit sind diese Grundsätze zur Grundlage des Erbgangs in allen europäischen Monarchien geworden.

Weil er in der Thronfolgeordnung von 817 nicht berücksichtigt worden war, entschloß sich König Bernhard von Italien zur Rebellion. Er wurde unterstützt durch oppositionelle Kreise im Frankenreich selbst, zu denen möglicherweise auch Theodulf von Orléans, einer der wichtigsten Berater Karls des Großen, zählte. Ludwig der Fromme reagierte rasch, so daß Bernhards Aufstand zusammenbrach, ehe er richtig begonnen hatte. Ein kaiserliches Gericht verurteilte die Laien, die an der Rebellion teilgenommen hatten, zum Tode; der Kaiser wandelte das Todesurteil in Blendung um. Als diese an Bernhard vorgenommen wurde, starb er an ihren Folgen (17. 4. 818). Theodulf und weitere Bischöfe, die dem Aufstand nahegestanden hatten, verloren ihre Ämter. Die Halbbrüder des Kaisers, Hugo und Drogo, wurden jetzt endgültig zu Mönchen geschoren, um sie als mögliche Konkurrenten um die Herrschaft auszuschalten. Dieser Sieg über eine nicht ungefährliche Verschwörung bildete den Auftakt zu einem besonders erfolgreichen Jahr für Ludwig den Frommen. 818 wurde nämlich die Bretagne unterworfen, und es erschienen Gesandte aus Benevent, aus Dalmatien und Karantanien am Hof. Im Winter 818/19 tagte eine große Reichsversammlung in Aachen, die ein bedeutendes Reformwerk zum Abschluß brachte, von dem eine ganze Reihe von Kapitularien zeugen. Wichtige Probleme der Verfassung der Kirche wurden hier für lange Zeit abschließend geregelt, so die Frage der Eigenkirchen. Auch der rechtliche Schutz der Geistlichen, Witwen und Waisen wurde verbessert, und bestimmte Formen des Gottesurteils wurden verboten. Dabei ist es vielleicht bezeichnend für Ludwigs Geisteshaltung, daß er eine unter seinem Vater eingeführte unblutige Form des Gottesurteils, die Kreuzprobe, verbot, weil das Kreuz allein dem Gedächtnis an den Sühnetod Christi gelten sollte; der mit Blutvergießen verbundene Zweikampf blieb dagegen als unentbehrliches Mittel des gerichtlichen Beweisverfahrens erhalten, obwohl sich Agobard von Lyon dagegen ausgesprochen hatte.

Auch in den Kapitularien von 818/19, die nicht speziell kirchlichen Inhalt hatten, ist eine kirchenfreundliche Grundtendenz festzustellen, so etwa, wenn allen Freien zugestanden wird, daß sie ihren Besitz zum Heil ihrer Seele verschenken dürfen, oder wenn Büßer mit einem besonders hohen Bußgeld geschützt werden.

Am Schluß eines anderen grundlegenden Kapitulars, der sogenannten »Ermahnung an alle Stände des Reiches« von 825, sind Maßnahmen vorgesehen, die eine möglichst weite Verbreitung sichern sollen: die Erzbischöfe und Grafen sollen vom kaiserlichen Erzkanzler Exemplare des Gesetzes erhalten; sie sollen dann ihrerseits den übrigen Bischöfen, Äbten und anderen Getreuen Kopien übergeben, damit der Wortlaut des Gesetzes in allen Teilen des Reiches verlesen werden kann. Der Kanzler soll die Namen derjenigen Bischöfe in eine Liste eintragen, denen er ein Exemplar übergeben hat, und er soll diese Liste dem Kaiser vorlegen. Der Kaiser selbst wollte also die Kontrolle darüber behalten, ob seine Vorschriften auch überall bekanntgegeben wurden.

Der Höhepunkt der Kapitulariengesetzgebung Ludwigs des Frommen war Mitte der zwanziger Jahre bereits überschritten, und auch die erhaltenen Urkunden zeigen, daß in der ersten Hälfte der Regierung Ludwigs weit mehr Diplome ausgestellt wurden als in der zweiten, wobei die Jahre 814–816, 819/20 und 825 die Zeiten der intensivsten Aktivität darstellen.[3]

Für die Regierung Ludwigs des Frommen brachte das Jahr 821 einen tiefen Einschnitt, denn am 11. 2. 821 verstarb Benedikt von Aniane. Bereits in den Jahren zuvor waren wichtige Ratgeber Ludwigs verstorben oder hatten sich – wie der Kanzler Helisachar 819 – vom Hof zurückgezogen. Die Position eines Erzkapellans und Leiters der Hofkapelle nahm seit 819 Abt Hilduin von St. Denis ein, der in diesem Amt bis zu seinem Sturz 830 die Entscheidungen Ludwigs in kirchlichen Dingen beeinflußte. Die zentrale Rolle im Beraterstab des Kaisers nahm seit Oktober 821 aber Adalhard von Corbie ein, der nach siebenjähriger Verbannung wieder an den Hof geholt wurde, wo er trotz seines hohen Alters (er war damals bereits 70 Jahre alt) sofort eine reiche Aktivität entfaltete. Er zog auch seinen Bruder Wala an den Hof, an dem jetzt außerdem die Grafen Matfrid von Orléans und Hugo von Tours eine wichtige Rolle spielten. Die Position Hugos wurde dadurch aufgewertet, daß 821 seine Tochter mit dem Thronfolger und Mitkaiser Lothar verheiratet wurde. Eine Schwächung der kaiserlichen Autorität brachte der Reichstag von Attigny im August 822. Es war vielleicht Adalhard von Corbie, der Ludwig dazu veranlaßt hatte, vor aller Öffentlichkeit ein Schuldbekenntnis wegen des Vorgehens gegen die Verschwörung Bernhards von Italien abzulegen. Nicht nur Blendung und Tod seines Neffen Bernhard, sondern auch die Tonsurierung seiner Halbbrüder Drogo und Hugo sowie die Verbannung Adalhards und Walas wurde von Ludwig mit einer freiwillig auf sich genommenen Buße gesühnt, die durch reichliche Almosen und Gebete der Geistlichen unterstützt wurde.

Seit 819 hatte sich die persönliche Umgebung Ludwigs auch deshalb verändert, weil er sich nach dem Tod seiner ersten Frau ein zweites Mal verheiratet hatte. Bevor er sich für eine Braut entschied, hatte Ludwig nach byzantinischem

---

3 Vgl. O. Dickau, Kanzlei und Urkundenwesen Ludwigs des Frommen. 1. Teil, ADipl 34 (1988) S. 3–156, bes. S. 16ff.: Von 814 bis 826 erließ Ludwig 265 Diplome; 827–840 dagegen nur noch 105. Davon fallen in die Jahre 814–816: 114, 819/20: 44, 825: 28. Daß in den Anfängen einer Regierung besonders viele Privilegien begehrt wurden, ist evident; im Jahr 819 bot der gut besuchte Reichstag von Aachen die Gelegenheit, ein Privileg bestätigt zu bekommen; 825 wurde Lothar zum Mitkaiser erhoben, von da an wurden die Urkunden im Namen beider Kaiser ausgestellt.

Vorbild eine Art Schönheitskonkurrenz ausschreiben lassen, aus der Judith, eine Angehörige der Familie der Welfen, als Siegerin hervorging. Judith hat schon bald auf ihren Gemahl großen Einfluß gewonnen, und sie ist für manche Turbulenzen verantwortlich, die in den kommenden Jahren nicht nur den Kaiserhof, sondern das ganze Reich in große Schwierigkeiten brachten. Nach Ablauf des ersten Ehejahres hatte sie eine Tochter geboren; und 823 ging aus der Ehe noch ein Sohn hervor, der den Namen Karl erhielt. Ein Kind mit diesem Namen konnte nicht von der Herrschaft ausgeschlossen werden; d. h. es deutete sich an, daß die Nachfolgeordnung von 817 umgestürzt und dieser Sohn als Haupterbe oder wenigstens als Miterbe eingesetzt werden sollte. Um dieses Ziel zu erreichen, suchte Judith die Macht ihrer Familie zu vermehren und auch die Verbindung mit ihren Stiefsöhnen zu vertiefen. Ihren Brüdern hatte sie schon gleich nach der Heirat Besitz und wichtige Ämter verschafft; jetzt wurde Judiths jüngster Stiefsohn Ludwig (der Deutsche) mit ihrer Schwester Hemma verheiratet, und auch ihr Bruder Konrad trat durch seine Ehe mit der Schwägerin des ältesten Kaisersohns Lothar in den Kreis der Verwandten des Kaiserhauses ein. Lothar war übrigens 826 Pate seines Halbbruders Karl geworden. In den Rahmen von Judiths Ehepolitik gehört vielleicht auch die Verbindung Bernhards von Septimanien mit Dhuoda; diese war möglicherweise eine nahe Verwandte Judiths, und Bernhard wurde später für kurze Zeit der mächtigste Mann am Kaiserhof.

Um die Macht Judiths und ihrer Vertrauten zu stärken, sollten dann auch die bisherigen Berater des Kaisers ausgeschaltet werden. Für dieses Vorhaben war günstig, daß die Reichsversammlung im Februar 828 die Grafen Hugo von Tours und Matfrid von Orléans der Feigheit für schuldig erklärte, weil sie im Feldzug gegen die Sarazenen im Vorjahr eine Schlappe erlitten hatten. Und nach dem Einfall der Bulgaren nach Pannonien (827) wurde der zuständige Markgraf Balderich von Friaul abgesetzt. Das Jahr 829 brachte dann geradezu einen Staatsstreich: Auf einer Reichsversammlung in Worms ließ Ludwig seinem jüngsten Sohn Karl ein eigenes Teilreich (nämlich Schwaben) zusprechen, wodurch das Erbe der älteren Söhne verkleinert wurde. Gleichzeitig mit diesem Bruch der *Ordinatio imperii* von 817 fand auch ein Revirement am Hof statt, dem Wala zum Opfer fiel. Das wichtige Amt des Kämmerers wurde an Judiths Günstling Bernhard von Septimanien übertragen.

Die bisherigen Berater ließen sich aber nicht widerstandslos verdrängen. Sie warfen Judith vor, mit ihrem Günstling Bernhard von Septimanien Ehebruch begangen und ihren Gemahl behext zu haben, so daß der seine Schande gar nicht wahrnehmen könne. Im ersten Anlauf erreichten die Verschwörer, daß Judith ins Kloster verbannt wurde; ihre Brüder wurden zu Mönchen geschoren. Die Träger der Revolte von 830 waren in erster Linie Wala und Abt Hilduin von St. Denis sowie weitere Adelige, die sich durch Judith und ihre Leute aus ihren einflußreichen Positionen verdrängt sahen. Sie nahmen aber auch Kontakt zu den Söhnen Ludwigs auf, von denen anfangs besonders Pippin von Aquitanien und dann auch Kaiser Lothar gegen ihren Vater aktiv wurden.

Ludwig der Fromme hat sich in den Kämpfen der folgenden Jahre nicht ungeschickt verhalten, wenn man berücksichtigt, daß er die Mehrzahl seiner alten Getreuen durch die Veränderungen am Hof vor den Kopf gestoßen hatte. Er nützte die Unsicherheit seines ältesten Sohnes aus, der nicht genug Entschlossenheit besaß, um eine völlige Entmachtung des Vaters durchzuführen. Die Revolte von 830 endigte ohne Blutvergießen, denn Ludwig der Fromme ließ die Schuldigen nicht hinrichten, sondern in Klöster einweisen. Pippin verlor sein Reich Aquitanien, das dem kleinen Karl übergeben wurde. Judith mußte einen Reinigungseid leisten, mit dem sie sich von den gegen sie erhobenen Vorwürfen reinigte, ehe der Kaiser sie wieder als Gemahlin annahm. Auch Bernhard von Septimanien erschien wieder bei Hofe und erhielt die Erlaubnis, sich durch Eide von den Anschuldigungen zu reinigen.

Nach dem Bericht der Vita des sogenannten Astronomus erscheint Ludwig in diesen Jahren der Krise recht aktiv; so eilte er etwa im Frühjahr 832 zuerst nach Bayern, um den Aufstand seines Sohnes Ludwig niederzuwerfen; im Herbst ist er in Orléans, wo es galt, eine Heeresversammlung abzuhalten, um einem neuen Aufstand Pippins entgegenzutreten. Bis in den Winter hinein blieb Ludwig in Aquitanien und kehrte erst im Januar 833 wieder nach Aachen zurück.

In diesem Jahr 833 erreichte die Aufstandsbewegung gegen Ludwig den Frommen ihren Höhepunkt. Lothar war es im Bund mit seinen Brüdern Ludwig und Pippin sogar gelungen, den ins Frankenreich gereisten Papst Gregor IV. auf seine Seite zu ziehen. Als dann auch noch das Heer des alten Kaisers in der Nähe von Colmar (auf dem sogenannten »Lügenfeld«) auf die Seite der Söhne überging, konnten Ludwig der Fromme und Judith gefangengenommen werden. Judith wurde von Ludwig getrennt und nach Oberitalien gebracht, während Ludwig nach Compiègne geführt wurde. Dort und in St. Médard bei Soissons (Oktober und November 833) mußte Ludwig ein Schuldbekenntnis ablegen; danach wurde er der Insignien seiner Kaiserwürde entkleidet. Dadurch, daß er eine öffentliche Kirchenbuße auf sich nahm, war er als Exkommunizierter nicht mehr regierungsfähig. Thegan berichtet, daß man Ludwig gedrängt habe, freiwillig ins Kloster einzutreten; dazu war er aber nicht bereit.

Diese Vorgänge waren möglich geworden, weil die fränkischen Bischöfe 829 auf dem Konzil von Paris Leitsätze formuliert hatten, die eine Kontrolle des Herrschers durch den Episkopat vorsahen. Die wichtigsten Vertreter dieser Vorstellung, daß die Bischöfe für die richtige Regierung des Reiches verantwortlich seien, waren die Erzbischöfe Agobard von Lyon und Ebo von Reims; sie führten bei den Vorgängen in Soissons Regie. Auf der Seite des Adels spielten die Grafen Matfrid von Orléans und Hugo von Tours eine maßgebliche Rolle bei der Absetzung des Kaisers.

Der Astronomus berichtet davon, daß es schon im Winter 833/34 in verschiedenen Gegenden des Reiches zu einer Mobilisierung der Anhänger des alten Kaisers gekommen sei. Eine gewaltsame Befreiung soll Ludwig jedoch abgelehnt haben. So wurde der Umschwung durch eine militärische Machtdemonstration

Pippins von Aquitanien herbeigeführt, der durch Lothars ungeschicktes Verhalten auf die Seite seines Vaters getrieben worden war. Lothar zog sich mit seinen engsten Anhängern im Februar 834 nach Burgund zurück.

Ludwig der Fromme wurde am 1. 3. 834 in St. Denis wieder in die Kirche aufgenommen und mit den königlichen Gewändern und mit seinen Waffen eingekleidet. Der Kaiser lehnte es aber ab, seinen Sohn Lothar gewaltsam aus dem Reich zu vertreiben. Die Kämpfe, die sich dennoch an verschiedenen Orten des Frankenreichs erhoben, wurden von den adeligen Parteigängern Ludwigs des Frommen und Lothars getragen; von Ludwig weiß sein Biograph nur zu berichten, daß er die Zeit zwischen Ostern und Pfingsten 834 sowie die Wochen nach Pfingsten mit Jagd und Fischfang in den Ardennen verbracht habe: Wahrlich ein merkwürdiges Verhalten für einen eben wieder in sein Amt gelangten Kaiser, dessen Gegner noch keinesfalls endgültig besiegt waren. Erst ein Feldzug vom Sommer 834, der im wesentlichen von den Heeren Ludwigs von Bayern und Pippins von Aquitanien getragen wurde, brachte Lothars Unterwerfung. Er wurde nach Italien geschickt und dort isoliert, indem die Alpenpässe gesperrt wurden, um eine erneute Konspiration Lothars mit den fränkischen Gegnern Ludwigs des Frommen zu verhindern.

Am 28. 2. 835 wurde Ludwig im Rahmen eines feierlichen Gottesdienstes in der Stephansbasilika in Metz rekonziliiert und wieder in sein Amt eingesetzt; sieben Erzbischöfe sangen dabei die Rekonziliationsgebete, und Ebo von Reims erklärte von der Kanzel, daß der Kaiser zu Unrecht abgesetzt worden sei. Der alte Kaiser begann jetzt wieder zu regieren, er hielt eine Reichsversammlung in Worms ab (Ostern 835), an der auch Pippin und der jüngere Ludwig teilnahmen; dort wurden auch einige Grafen zur Rechenschaft gezogen, weil sie ihr Amt nachlässig geführt hatten.

Es war dann Kaiserin Judith, die die Initiative zur Aussöhnung mit Lothar ergriff. Denn sie war sich darüber im klaren, daß im Falle des Todes ihres Gatten ihr Sohn Karl nur im Einvernehmen mit Lothar, nicht aber gegen ihn einen Anteil am Reich bekommen könne. Ludwig plante im Jahr 836 anscheinend auch eine Reise nach Rom, um durch sein persönliches Auftreten das Anrecht auf die Herrschaft im gesamten Reich zu betonen. Dazu kam es zwar nicht, weil ein Zug gegen die Normannen nötig geworden war, aber die Macht Lothars wurde im Herbst 836 durch eine schwere Seuche dezimiert, der die mächtigsten seiner Anhänger, die mit ihm nach Italien gegangen waren, erlagen. Auch Lothar selbst wurde von dieser Krankheit ergriffen und war dadurch längere Zeit in seiner Aktivität behindert.

Als zu Ostern 837 ein Komet erschien, der den baldigen Tod des Kaisers anzukündigen schien, bat Judith ihren Gemahl, zugunsten ihres Sohnes Karl eine neue Nachfolgeordnung zu erlassen. Im Oktober 837 wurden Karl im Rahmen einer Reichsversammlung in Aachen die Waffen überreicht; dabei wurde er auch mit der Königskrone geschmückt und bekam Neustrien als eigenes Reich übertragen. Damit hatte er das ganze Gebiet zwischen Rhein und Elbe erhalten, »den besten Teil des Reiches«, wie es ein Zeitgenosse ausdrückt. In diesem Bereich lag fast das gesamte Reichs- und Hausgut.

Wieder war es Judith, die nach dem Tod Pippins von Aquitanien (13. 12. 838) die Initiative zu einem Abkommen mit Lothar ergriff und es erreichte, daß am 30. 5. 839 Lothar am Hof des Vaters in Worms erschien, wo ihm nach einem Fußfall vor Ludwig Verzeihung gewährt wurde. Auch seine Anhänger erhielten ihre Lehen und Besitztümer im Frankenreich zurück. Jetzt wurde das Reich unter die beiden Söhne Lothar und Karl aufgeteilt; Ludwig (der Deutsche) sollte auf sein kleines Unterkönigtum Bayern beschränkt bleiben. Die Maas sollte die Grenze zwischen den beiden Reichen Lothars und Karls bilden; für Ludwig den Frommen ist es vielleicht bezeichnend, daß er diese Aufteilung erst dann selbst vornahm, als Lothar sagte, wegen der Unkenntnis des Landes könne er eine Aufteilung nicht vornehmen. Er durfte aber als erster seinen Erbteil wählen und entschied sich für das Reich östlich der Maas, zu dem auch Italien und das östliche Burgund gehörten. Lothar versprach feierlich, mit der Übertragung der westlichen Hälfte an Karl einverstanden zu sein und nach dem Tod des Vaters nur seinen Anteil in Besitz zu nehmen. Der alte Kaiser mahnte seine beiden Söhne, sich zu lieben und gegenseitig zu unterstützen. Zur Sicherung dieser Abmachung waren alle Vorgänge öffentlich vor den Teilnehmern der Reichsversammlung vorgenommen worden.

Auch auf seinem Sterbelager beschäftigte Ludwig vor allem anderen die Furcht vor einem neuen Kampf um sein Erbe. Für seine warmherzige und gütige Art spricht auch, daß er am Ende seines Lebens noch seinem Sohn Ludwig, der bis zuletzt gegen ihn gekämpft hatte, zu verzeihen bereit war.

Über die äußere Erscheinung Ludwigs wissen wir Bescheid, weil sich sein Biograph Thegan am Vorbild der Vita Karoli Einhards orientiert hatte. Im Unterschied zur realistischen Beschreibung Karls des Großen durch Einhard scheint aber Thegan eher ein Idealbild zu zeichnen, wenn auch ein Teil seiner Angaben zutreffen mochte. Thegan schildert Ludwig als mittelgroßen, athletisch gebauten Mann mit einer starken Brust, breiten Schultern und starken Armen, die zum Bogenschießen und Lanzenwerfen vorzüglich geeignet waren, und er rühmt seine männliche Stimme und vor allem seinen milden Charakter, der ganz frei von Zorn gewesen sei. Während die an ihm gerühmte Freigebigkeit noch als typischer Zug eines idealen Herrschers erwähnt sein mag, zeigen andere von Thegan hervorgehobene Eigenschaften ihn als eher mönchischen Charakter. Dazu gehört, daß er beim Gebet in der Kirche mit der Stirn den Fußboden zu berühren pflegte und dabei zuweilen Tränen vergoß und daß er das Lachen gänzlich vermieden haben soll. »Selbst wenn bei den höchsten Festen Schauspieler und Possenreißer bei Tisch erschienen und das Volk in seiner Gegenwart maßvoll lachte, zeigte er nicht einmal seine weißen Zähne beim Lachen.«

Ludwigs persönliche Religiosität kann wohl am besten aus seinem Verhalten in Krisensituationen abgelesen werden. Nach dem Aufstandsversuch seines Neffen Bernhard von Italien, der mit dessen Tod geendet hatte, war Ludwig in tiefe

Depression verfallen. Auf Rat seiner geistlichen Freunde legte der Kaiser ein öffentliches Schuldbekenntnis ab, wie es die kirchlichen Gesetze von einem Delinquenten verlangten. Auch das letztlich passive Verhalten Ludwigs in den Jahren der Aufstände seiner Söhne (830–833) ist wohl so zu erklären, daß er diese Vorgänge als »Heimsuchungen« Gottes wegen seines sündhaften Lebenswandels ansah. Vielleicht ist auch in der Tatsache, daß Ludwig schon früh, nämlich im vierten Jahr seiner Regierung, den ältesten Sohn Lothar zum Mitkaiser erhob, eine innere Distanz zur Herrschaft zu erkennen.

Doch hatte er auch durchaus Sinn für herrscherliche Repräsentation: So erschien er an hohen Festtagen in königlicher Gewandung mit einer goldenen Tunika, einem goldenen Gürtel, goldenen Beinschienen, einem von Gold glänzenden Schwert und einem golddurchwirkten Mantel; dabei trug er Krone und Zepter. Auch seine große Jagdbegeisterung, die ihn jedes Jahr für viele Wochen den Geschäften fernhielt, zeigt ihn als typischen Vertreter des hohen Adels seiner Zeit.

Im Unterschied zu seinem Vater war Ludwig schon als Kind literarisch gebildet. Nach Thegan soll er im Lateinischen und Griechischen gut unterrichtet gewesen sein, so daß er Latein wie seine Muttersprache sprechen konnte. Die heidnischen Lieder aber – so betont Thegan –, die er in seiner Jugend gelernt hatte, habe er weder lesen noch hören wollen. Daß Ludwig sehr stark von seinen Beratern abhängig war, führt Thegan darauf zurück, daß der Kaiser viel lieber Psalmen sang und Bücher las als daß er sich für die Regierungsgeschäfte interessiert hätte. Bei dieser Begeisterung für Bücher ist es nicht verwunderlich, daß die Zeit Ludwigs des Frommen eine Blütezeit des kulturellen Lebens war; jetzt ging die Saat auf, die die von Karl dem Großen ins Land geholten ausländischen Lehrer ausgestreut hatten. Es waren jetzt fast ausschließlich Reichsangehörige, Franken, Schwaben und Sachsen, die mit teilweise sehr originellen Leistungen hervortraten. In die Zeit Ludwigs gehört die Wirksamkeit der Rheinfranken Einhard und Hrabanus Maurus, des Alemannen Walahfrid Strabo, des Sachsen Gottschalk und der Westfranken Smaragd von St. Mihiel, Agobard von Lyon, Jonas von Orléans, Amalar von Metz, Florus von Lyon und Lupus von Ferrières. An der Schreibschule von Ludwigs Günstling und späterem Gegner Ebo von Reims entstanden bedeutende Kunstwerke wie das Ebo-Evangeliar. Die an Kathedralen und in Klöstern tätigen Schreibschulen fertigten eine ganze Reihe von Widmungsexemplaren für den Herrscher an, die dieser in seine Bibliothek aufnahm.

Auch am Hof selbst wirkten Schreiber und Buchkünstler, die Prachthandschriften der Evangelien, der Rechtsbücher und antiker Texte herstellten. Es wurden aber auch schmucklose Manuskripte von patristischen und antiken Texten geschrieben, die durch die textliche Qualität und ihre disziplinierte Schrift hervorragen.

Auch die Kaiserin Judith hat die Buchkunst gefördert und pflegte Kontakte zu wichtigen Autoren: Bischof Frechulf von Lisieux widmete ihr den zweiten Teil seiner Weltchronik, und Hraban sandte ihr Dedikationsexemplare seiner Kommentare der alttestamentlichen Bücher Judith und Esther (834). Walahfrid Strabo, den Judith zum Erzieher ihres Sohnes Karl bestimmt hatte, wurde nach dessen Volljährigkeit als Dank für seine Tätigkeit zum Abt der Reichenau erhoben (838).

Die Nachkommen Kaiser Ludwigs des Frommen

1. ALPAIS (ELPHEID)
   * um 794 (von einer Konkubine)
   † 23. 7. 852 (?)
   Um 806 Ehe mit Graf Bego († 28. 10. 816), danach Äbtissin von St. Pierre-le-Bas in Reims

2. ARNULF
   * um 794 (von einer Konkubine)
   † nach 841
   817: als Graf von Sens belegt

3. LOTHAR I.
   * 795
   † 29. 9. 855 im Kloster Prüm
   1. 8. 814: Unterkönig von Bayern
   Juli 817: Mitkaiser
   822–825 und 829–840: Herrscher in Italien
   30. 6. 833 bis 1. 3. 834 und nach 20. 6. 840: Kaiser
   September 855: Abdankung und Eintritt ins Kloster Prüm
   Oktober 821: Ehe mit Ermengard, Tochter des Grafen Hugo von Tours († 20. 3. 851)
   Seit April 851 Konkubinat mit Doda (nach dem 9. 7. 855 nicht mehr erwähnt)
   Kinder: Ludwig II. (König von Italien 844, Kaiser 850–875), Lothar II. (König 855–869) und Karl (König von der Provence 855–863)

4. PIPPIN
   * um 797
   † 13. 12. 838 in ?
   Seit 1. 8. 814: Unterkönig von Aquitanien
   822: Ehe mit Ringart, Tochter des Grafen Teudbert von Madrie
   Kinder: Pippin II. (König von Aquitanien 838–844, † nach 864) und Karl (Erzbischof von Mainz 856–863)

KAISER LUDWIG DER FROMME

5. ROTRUD

* um 800
† ?

Ehe mit dem Grafen Rather von Limoges oder dem Grafen Gerhard von Auvergne († 25. 6. 841)

6. HILDEGARD

* 802/804
† nach Oktober 841 (nach dem 23. 8. 860?)

Ehe mit dem Grafen Rather von Limoges oder dem Grafen Gerhard von Auvergne († 25. 6. 841)
Später Äbtissin des Klosters Notre-Dame in Laon (bis Ende Oktober 841)

7. LUDWIG

* um 806
† 28. 8. 876 in Frankfurt
Siehe unter König Ludwig der Deutsche

8. GISELA

* Ende 819/822
† nach 1. 7. 874

Um 836 Ehe mit Eberhard von Friaul († 866)

9. KARL DER KAHLE

* 13. 6. 823
† 6. 10. 877 in den Alpen

August 829: *dux* von Alemannien, Rätien und dem Elsaß
September 838: König von Neustrien
840/843: König von Westfranken
848: Krönung in Orléans zum König von Aquitanien
869: Krönung zum König von Lotharingien in Metz
September 875: König von Italien
25. 12. 875: Kaiserkrönung in Rom durch Papst Johannes VIII.
13. 12. 842: Ehe mit Ermentrud, Tochter des Grafen Odo von Orléans (* 27. 9. um 830, † 6. 10. 869)
22. 1. 870: Ehe mit Richildis, Tochter des Grafen Buwin (die Karl schon seit dem 12. 10. 869 als seine Konkubine bei sich hatte) († 910/914)
Kinder: Ludwig II. (der Stammler), König von Westfranken 877–879, Karlmann und Karl

König Ludwig der Deutsche

König Ludwig der Deutsche

* um 806
† 28. 8. 876 in Frankfurt
Grabstätte: Kloster Lorsch
Eltern: Kaiser Ludwig der Fromme und Ermengard

∞ 827
HEMMA (Schwester der Kaiserin Judith)
Eltern: Graf Welf (Schwabe) und ?
* ?
† 31. 1. 876 in Regensburg
Grabstätte: St. Emmeram in Regensburg[1]

817: Unterkönig von Bayern
826: Verleihung des Königstitels *(rex Baiwariorum)*
833–837 und ab 840/43: König von Ostfranken

---

1 Vgl. F. Fuchs, Das Grab der Königin Hemma († 876) zu St. Emmeran in Regensburg, in:
Regensburg und Ostbayern. Max Piendl zum Gedächtnis, hg. von F. Karg (1991), S. 1–10.

Merkwürdigerweise hat jener König, in dessen Regierungszeit die vielleicht entscheidende Weichenstellung hin zum späteren deutschen Reich des Mittelalters fällt, noch nie eine monographische Darstellung erhalten, und auch seiner Persönlichkeit gewidmete Aufsätze sind nur sehr selten. Dieser Tatbestand steht in Kontrast zu der fast hymnischen Beurteilung Ludwigs des Deutschen in der Geschichtsschreibung des 19. Jahrhunderts (E. Dümmler und E. Mühlbacher). Auch die Historiographen des 9. Jahrhunderts haben Ludwig den Deutschen – anders als seinen Vater und Großvater – nicht mit einer Vita bedacht; einzig Regino von Prüm hat in seiner Chronik ein knappes Porträt geliefert. Während seiner langen Regierungszeit – von seiner Königserhebung 826 bis zu seinem Tod sind es genau 50 Jahre – vollzogen sich entscheidende Veränderungen in der politischen und gesellschaftlichen Struktur des Frankenreichs. Für das historische Urteil über Ludwig ist es entscheidend, wie man seinen Beitrag zu diesen Veränderungen bewertet. Ludwigs Ausgangslage war nicht günstig, denn er hatte von seinem Vater nur das periphere Bayern als Unterkönigreich erhalten, weil er der jüngste Sohn aus der ersten Ehe Ludwigs des Frommen war. Das Wirken in diesem Gebiet hatte jedoch den Vorzug, daß Ludwig hier eine eigenständige Politik betreiben konnte, die bei entsprechendem Erfolg durchaus nicht ohne Aussichten war: Nach Osten und Südosten besaß das Frankenreich hier eine offene Grenze; hier bestand die Möglichkeit weiterer Expansion des Reiches mit dem Vorteil, die Gefolgsleute mit Land und Beute zu belohnen; eine Möglichkeit, die Lothar und Pippin, die es an den Grenzen ihrer Gebiete mit den gefährlichen Normannen und Sarazenen zu tun hatten, nicht in demselben Ausmaß besaßen.

Während der ersten neun Jahre seiner Regierung in Bayern dürfte Ludwig noch keine selbständige Politik betrieben haben. Erst als er mit 20 Jahren (826) zum König erhoben wurde und durch seine Heirat mit der Welfin Hemma zu einem wichtigen Adelsgeschlecht in engere Beziehungen trat, wurde er aktiver. Seine Ehe brachte ihn auch im Personengeflecht des Kaiserhofs in eine Schlüsselstellung, denn Hemma war die Schwester der Kaiserin Judith. Ludwig hat sich in der Zeit des ersten Aufstands gegen seinen Vater (830) sehr zurückgehalten, und auch nach der Absetzung Ludwigs des Frommen (833) hat er sich bald wieder auf dessen Seite gestellt. Erst als 838 mit einer neuen Reichsteilung dem jüngeren Stiefbruder und Neffen Karl dem Kahlen ein weit in ostfränkisches Gebiet hineinreichendes Teilreich zugesichert wurde, das die Reichsteilung von 831 zuungunsten von Ludwig korrigierte, griff er zu den Waffen. Die Folge war, daß Ludwig alle Gebiete außer Bayern abgesprochen wurden und der alte Kaiser den Plan faßte, sein Reich nur zwischen Lothar und Karl dem Kahlen aufzuteilen.

Nach dem Tode Ludwigs des Frommen kam es dann wegen der ungeschickten Politik Lothars zu einem Bündnis zwischen Ludwig und Karl dem Kahlen (Frühjahr 841), nachdem Ludwig schon im Herbst 840 in Ostfranken, Alemannien, Sachsen und Thüringen als König anerkannt worden war. Lothar hatte seinerseits versucht, im Reich seines Bruders Ludwig Fuß zu fassen, indem er sich mit den sächsischen Freien und Halbfreien verband, die unter dem Namen der »Stellinge« gegen den Adel kämpften. Obwohl Lothar mit diesem Bündnis in die Tradition seines Vaters und Großvaters eintrat, die ebenfalls die armen Freien unterstützt hatten, brachte ihm diese Koalition keinen Vorteil; vielmehr erhielt Ludwig der Deutsche noch zusätzliche Hilfe vom sächsischen Adel, der die Revolte der Stellinge niederschlagen konnte.

Am 25. 6. 841 besiegten Ludwig und Karl das Heer Lothars bei Fontenoy in der Nähe von Auxerre; alle Quellen heben hervor, daß diese Schlacht sehr viele Opfer gefordert hätte; ungefähr 50 Jahre später schreibt Regino von Prüm, die schweren Verluste dieser Schlacht hätten die Verteidigungsfähigkeit des Reichs auf Dauer beeinträchtigt, denn von da an seien die Franken nicht mehr imstande gewesen, offensiv gegen äußere Gegner vorzugehen.

Vor einem neuen Waffengang bekräftigten Ludwig und Karl ihr Bündnis vor den Kriegern, indem jeder der beiden Herrscher den Bund in der Sprache des Heeres seines Bruders beschwor (Straßburger Eide); der Wortlaut dieser Texte in romanischer und althochdeutscher Sprache ist beim Historiker Nithard überliefert.

Zu weiteren Kämpfen zwischen den Brüdern kam es aber nicht mehr; seit Juni 842 erarbeitete vielmehr eine Kommission einen Teilungsplan für das Reich, der im August 843 in Verdun gebilligt wurde (Vertrag von Verdun). Ludwig erhielt jetzt Bayern, Schwaben, Franken, Thüringen und Sachsen, wobei die Rheingrenze im Bereich von Mainz, Worms und Speyer zugunsten Ludwigs und am Niederrhein zugunsten Lothars überschritten wurde; Ludwig sollte einen Anteil am karolingischen Haus- und Reichsgut im Mittelrheingebiet erhalten, das nicht nur wegen des dort wachsenden Weins begehrt war, sondern das Ludwig mit den nötigen Machtmitteln für sein Königtum ausstatten sollte. Der Vertrag von Verdun beabsichtigte noch keine endgültige Aufteilung des fränkischen Reiches; daß er eine solche einleitete, konnte man 843 noch nicht absehen. Für den größeren Teil des Reiches war eine gemeinsame Herrschaft vorgesehen; zu diesem Zweck wurden mehrere Treffen der Brüder durchgeführt. Alle drei Brüder kamen 844 in Diedenhofen und 847 und 851 in Meersen zusammen; bis 850 gab es mehrere Zweiertreffen zwischen Lothar I. und Ludwig; danach fanden sich Lothar und Karl der Kahle zusammen. Wenn auch diese Zusammenkünfte nur selten zu einem Miteinander führten (das 847 geplante gemeinsame Unternehmen gegen den Dänenkönig Horic kam nicht zustande), so gab es doch keine bewaffneten Auseinandersetzungen mehr. Das änderte sich aber, als Lothar I. 855 sein Amt niederlegte und wenig später im Kloster Prüm in der Eifel starb.

Obwohl das Kaisertum seit 850 auf Lothars Sohn Ludwig II. übergegangen war, fühlte sich Ludwig der Deutsche anscheinend nach 855 als Senior des karolingischen Hauses und versuchte seinen Halbbruder Karl auszumanövrieren. Bereits 854 hatte es Kontakte zwischen Ludwig dem Deutschen und der Opposition gegen Karl den Kahlen gegeben. Ludwig hatte damals auf Bitten einer aquitanischen Adelsgruppe seinen Sohn Ludwig (den Jüngeren) in den Südwesten von Karls Reich geschickt. Erfolge konnten die Ostfranken aber nicht erringen, denn die Aquitanier wandten sich Pippin II., dem Sohn des 838 verstorbenen Pippin von Aquitanien, zu, der aus der Klosterhaft hatte entkommen können. Ludwig der Deutsche suchte den Kontakt zu Pippins Söhnen und erhob 856 den Bruder Pippins II., Karl, zum Erzbischof von Mainz und damit zum Leiter der ostfränkischen Kirche.

Vielleicht war es Karl von Mainz, der Ludwig den Rat gab, der Einladung einer westfränkischen Adelsgruppe nachzukommen und im August 858 ins Reich Karls des Kahlen einzufallen. Am Ende dieses Jahres erschien Ludwig als Sieger; er stellte im Dezember 858 Urkunden aus, in denen er das erste Jahr seiner Herrschaft im Westreich zählte. Es kam aber anders, und Ludwig mußte im Januar 859 den Rückzug antreten, denn die Bischöfe des Westfrankenreichs hielten unter Führung Hinkmars von Reims zu dem bereits besiegten und verdrängten Karl.

Vielleicht haben diese bösen Erfahrungen mit seinem Bruder Karl den Kahlen zehn Jahre später veranlaßt, nach dem Tod des Neffen Lothar II., der ohne legitimen Erben gestorben war, seinerseits im Alleingang zu versuchen, einen wesentlichen Teil des Erbes Lothars I. zu gewinnen und sich in Metz zum König von Lotharingien krönen zu lassen (869).

Auch als es darum ging, das italienische Reich und die Kaiserkrone als Erbe Ludwigs II. zu sichern († August 875), war Karl der Kahle schneller als sein ostfränkischer Bruder: am 25. 12. 875 wurde er – und nicht der älteste Sohn Ludwigs des Deutschen, Karlmann – zum Kaiser gekrönt. Aus dem Erbe Lothars I. konnte Ludwig für sich und seine Söhne immerhin die Hälfte des Reiches Lothars II. gewinnen (Vertrag von Meersen 870).

Wenn auch Ludwig der Deutsche darin gescheitert ist, eine Art Oberherrschaft im Frankenreich zu erringen, so hat er doch beachtliche Erfolge im Norden und Osten seines Teilreichs erzielt. Im Jahr 845 führten die dänischen Normannen Kriegszüge gegen die Elbmündung und gegen das Seinegebiet durch. Die Hammaburg, der noch recht bescheidene Stützpunkt der fränkischen Händler und der Kirche an der Grenze zu den Abodriten, wurde von den Normannen eingeäschert. Weil aber die normannischen Krieger eine Seuche in ihre Heimat einschleppten, die sie von einem Zug vor Paris mitgebracht hatten, konnte Ludwigs Abgesandter, Graf Cobbo, von den geschwächten Normannen erreichen, daß die christlichen Gefangenen freigelassen wurden und daß die Dänen für ihren Kriegszug eine Entschädigung zahlten. Im Herbst 845 erschienen normannische Gesandte auf einem Reichstag in Paderborn; sie waren zu einem Friedensschluß bereit. Dieser Friede bewahrte das Ostfränkische Reich für viele

Jahrzehnte vor weiteren Normannenzügen. Sie konzentrierten sich in der Folgezeit vor allem auf die Küsten des Westfrankenreichs, wo es allerdings auch mehr zu holen gab: vor allem goldene Gefäße aus den Kirchen und Klöstern sowie Tribute, zu deren Zahlung Karl der Kahle sich bereitfand.

Im Südosten des Reiches hatten sich während der innerfränkischen Kämpfe von 830 bis 845 wichtige Veränderungen vollzogen: Die Mährer hatten dort ein Reich errichtet, mit dem Ludwig der Deutsche und seine Söhne bis zum Ende des Jahrhunderts zu tun haben sollten. 846 unternahm Ludwig einen ersten Kriegszug gegen die Mährer; ein neuer Feldzug fast zehn Jahre später (855) hätte beinahe mit einer Katastrophe geendet; nur mit knapper Not konnte der König sein Leben retten. Sein Sohn Karlmann versuchte aus diesen Fehlschlägen die Konsequenzen zu ziehen und erreichte 858 ein Einvernehmen mit den Mährern. Es waren wohl die bayerischen Adeligen, die Ludwig den Deutschen bestimmten, erneut die Unterwerfung des Mährischen Reichs zu versuchen. Ein Feldzug im Jahr 864 brachte zwar keinen großen Sieg, aber doch den Erfolg, daß die Mährer die fränkische Oberhoheit anerkennen und zur Bekräftigung ihres Treueids Geiseln stellen mußten.

Der Mährerfürst Rastislaw betrieb aber weiterhin eine selbständige Politik, indem er die Missionsinteressen der Bistümer Passau und Salzburg ignorierte und eine päpstliche Genehmigung für die Missionstätigkeit der aus dem Oströmischen Reich stammenden Missionare Konstantin-Kyrill und Methodius erlangte. Gegen diese Unabhängigkeitsbestrebungen richtete sich ein neuer Angriff der Franken, der diesmal von Ludwigs Söhnen Karlmann und Karl geleitet wurde (869). Die beiden Brüder erreichten, daß ihnen Fürst Rastislaw ausgeliefert wurde; wie einem Reichsangehörigen wurde ihm durch ein Gericht aus Franken, Bayern und Slawen der Prozeß wegen Hochverrats gemacht; das Urteil lautete auf Tod. König Ludwig milderte die Strafe in Blendung ab.

Mit Rastislaws Nachfolger Zwentibold/Swatopluk (870–894) herrschte nur kurzes Einvernehmen; in dieser Zeit wurde der Mährerfürst der Taufpate von Arnulfs Sohn Zwentibold. Die völlige Einbeziehung des Mährischen Reiches in das Ostfrankenreich gelang trotz neuen Feldzügen nicht; Zwentibold mußte sich jedoch wenigstens dazu verstehen, einen Alemannen als Bischof seines politischen Zentrums Neutra anzunehmen. Nach dem Tod Ludwigs des Deutschen, Karlmanns und Ludwigs des Jüngeren, d. h. seit ca. 880/82, erreichte das Mährische Reich seine größte Ausdehnung: 884 vereinbarten Zwentibold und Karl III. westlich des Wienerwalds eine Abgrenzung ihrer Sphären. 885 konnte Mähren seinen Einfluß nach Norden bis zur Weichsel ausdehnen, 890 verzichtete Arnulf zugunsten Zwentibolds auf seine Oberhoheit über Böhmen.

Die Kämpfe gegen das mächtige Mährerreich gaben den Machtträgern im Osten des Reiches Ludwigs des Deutschen eine gewisse Handlungsfreiheit, die zu heftigen Spannungen mit dem König führte, in die auch Ludwigs Söhne einbezogen wurden. 854 mußte Ludwig den seit 833 amtierenden Präfekten an der Ostgrenze, Ratbod, absetzen; noch vor 860 kam es auch zu Problemen mit dem

Grafen Rihheri von Pannonien. Ludwigs ältester Sohn Karlmann, der seit 856 im östlichen Grenzraum königliche Funktionen ausübte, hatte ein Arrangement mit dem regionalen Adel getroffen, das ihm eine vom König unabhängige Stellung einbrachte. Äußerer Ausdruck des Bündnisses zwischen dem bayerischen Adel und Karlmann war seine Ehe mit einer Tochter des Grafen Ernst, der Grenzgraf im bayerischen Nordgau war.

Der Adel am Hof Ludwigs des Deutschen hat den König anscheinend vor der Gefahr gewarnt, die von seinem Sohn drohen konnte; daher wurde Karlmann 863 wegen Hochverrats angeklagt; zu einer Verurteilung kam es jedoch nicht. Vielmehr entschloß sich Ludwig 865 dazu, eine Art Testament zu machen, in dem er seinen drei Söhnen Reichsteile zuwies, die sie nach seinem Tod besitzen sollten.[2]

Ludwig der Jüngere verfolgte jedoch weiterhin eigene Ziele und versuchte, Kontakte zu westfränkischen Adelsgruppen aufzunehmen. So müssen wir nämlich die Nachricht deuten, daß er sich mit einer Tochter des im Westen mächtigen Adalhard verloben wollte; nur der heftige Widerstand des Vaters veranlaßte den jüngeren Ludwig, diese Absicht fallen zu lassen. 869 heiratete er dann Liutgard, die Tochter des mächtigen sächsischen Grafen Liudolf. Damit hatte sich auch Ludwig der Jüngere – wie bereits früher Karlmann und Karl (dieser hatte 862 die Tochter des elsässischen Grafen Erchanger geheiratet) – mit einer Frau verbunden, die aus einer der wichtigsten Adelsfamilien jener Region stammte, die sein künftiges Reich bilden sollte.

Die Spannungen und Konflikte zwischen Ludwig dem Deutschen und seinen Söhnen sind Ausdruck eines für die Zeit typischen Dilemmas: Der König konnte nicht überall persönlich anwesend sein, daher wurden eigene Herrschaften für die Söhne eingerichtet, die sich besonders um die schwierigen Grenzprovinzen kümmern sollten. Um sich dort durchsetzen zu können, mußten sie sich mit den in jenen Regionen mächtigen Adelsfamilien arrangieren, was nicht immer mit der Politik des Königs in Einklang zu bringen war. Die Söhne wurden so mehrfach zum Aushängeschild einer »legitimistischen« Opposition gegen den Vater, so wie es auch die Söhne Ludwigs des Frommen in den Jahren nach 829/30 gewesen waren.

An die Beweglichkeit und Allgegenwart eines Königs wurden im 9. Jahrhundert hohe Anforderungen gestellt. Das zeigt beispielhaft der Bericht der Fuldaer Annalen zum Jahr 852: Zu Jahresbeginn war der König (in Mainz) zusammen mit den Fürsten und Grafen mit Staatsangelegenheiten und mit der Schlichtung von Streitfällen beschäftigt; nachdem er dann Gesandtschaften der Bulgaren und Slawen angehört hatte, reiste er nach Bayern, um einige Anordnungen zu treffen; dann fuhr er zum Rhein und dort zu Schiff nach Köln. Hier hatte er mit einigen

---

2   M. Borgolte, Karl III. und Neudingen. Zum Problem der Nachfolgeregelung Ludwigs des Deutschen, ZGO 125 (1977) S. 21–55, bes. S. 35f., hat gezeigt, daß die späteren Teilreiche bereits um oder vor 860 für die drei Söhne vorgesehen worden waren.

Edlen seines Bruders Lothar eine Unterredung und zog dann nach Sachsen, um dort Recht zu sprechen. In Minden an der Weser hielt er einen allgemeinen Gerichtstag und zog dann nach Thüringen, wo er auf einem Tag in Erfurt Anordnungen erließ. Von hier reiste er weiter und feierte Weihnachten in Regensburg.

Regensburg war überhaupt neben Frankfurt der häufigste Aufenthaltsort Ludwigs des Deutschen; man kann in diesen beiden Städten geradezu Residenzen des ostfränkischen Königs sehen. Auch in späteren Jahren konnte sich Ludwig aber nicht damit begnügen, wie Vater und Großvater vornehmlich von einer Residenz aus zu regieren: Als es darum ging, einen Anteil vom Erbe seines 869 verstorbenen Neffen Lothar II. zu erhalten, unternahm Ludwig, der damals schon über 60 Jahre alt war, einen Ritt nach Meersen, obwohl er erst kurz davor im ca. 100 km entfernten Flamersheim (bei Euskirchen) einen schweren Unfall hatte. Der König hatte dort eine Rippenquetschung erlitten, als der morsch gewordene Söller zusammenbrach. Regino berichtet, die Begleiter Ludwigs hätten gehört, wie die gebrochenen Rippen sich beim Reiten aneinanderrieben, dennoch habe niemand einen Laut der Klage von Ludwig vernommen.

Obwohl aus dem Ostfrankenreich keine Kapitularien überliefert sind, wie es sie von Karl dem Großen, seinem Sohn Ludwig dem Frommen und seinem Enkel Karl dem Kahlen in größerer Anzahl gibt, scheint auch Ludwig der Deutsche solche Anordnungen erlassen zu haben. Vielleicht wurden sie aber nur selten schriftlich festgehalten, da die Grafen und die anderen königlichen Amtsträger sowieso nicht lesen und schreiben konnten. Die weniger entwickelte Schriftlichkeit des Ostfrankenreichs zeigt sich auch darin, daß die Zahl der Urkunden Ludwigs deutlich geringer ist als die Karls des Kahlen (172 echte Urkunden Ludwigs gegen 461 seines westfränkischen Halbbruders).[3]

Im Vergleich zum Westfrankenreich und zu Italien war das Ostfrankenreich kulturell fast ein Entwicklungsland, aber Ludwig versuchte seinen Teil dazu beizutragen, das geistige Leben in seinem Reich zu fördern. Mit Hrabanus Maurus, der ihm zeitweise fernstand, suchte er persönlichen Kontakt, ehe er ihn 847 zum Erzbischof von Mainz erhob. Hrabanus widmete dem König mehrere seiner Schriften und sandte ihm ein Exemplar seiner Enzyklopädie zu, um das Ludwig gebeten hatte. Kontakt suchte Ludwig auch mit dem gelehrten Reimser Erzbischof Hinkmar, der eine theologische Anfrage des ostfränkischen Königs mit einer kleinen Schrift beantwortete.

Besonderes Interesse hatte Ludwig der Deutsche anscheinend an der Verschriftlichung der Volkssprache. Um 864 richtete der Abt Otfrid von Weißenburg einen Brief an seinen König, in dem er die Hoffnung äußerte, daß Ludwig in seinem Reich anordnen werde, sein in fränkischer Sprache geschriebenes Evangelienbuch solle überall gelesen werden. Möglicherweise hatte bereits früher ein

---

3   Allerdings gibt es eine beachtliche Anzahl von Privaturkunden aus dem Ostfrankenreich des 9. Jahrhunderts.

sächsischer Autor sein Bibelgedicht vom Heliand Ludwig dem Deutschen gewidmet. Und auch in Fulda war mit der althochdeutschen Übertragung der Evangelienharmonie des Tatian der Versuch gemacht worden, zentrale Texte des christlichen Glaubens in die Volkssprache zu übertragen. Daß Ludwig der Deutsche und seine Umgebung an diesen Bemühungen Anteil nahmen, zeigt sich auch darin, daß das Endzeitgedicht des Muspilli in einer Handschrift überliefert ist, die sich im Besitz Ludwigs befand. Weil die eintragende Hand nicht sehr geübt erscheint, hat man sogar vermutet, daß der König selbst den Text geschrieben habe.

Wenn auch eine große königliche Bibliothek, wie sie Karl der Große und Ludwig der Fromme besaßen und wie sie von Karl dem Kahlen ebenfalls belegt ist, bei Ludwig dem Deutschen nicht nachzuweisen ist, so können doch noch heute einige Handschriften namhaft gemacht werden, die im Besitz des ostfränkischen Königs gewesen sind. Und von seinem langjährigen Erzkapellan, Abt Grimald von St. Gallen, wissen wir, daß er eine Büchersammlung besaß.[4]

Es gehört daher nicht nur zur Topik des Herrscherlobs, wenn Regino von Prüm im Nachruf auf Ludwig davon spricht, daß der König in den weltlichen und geistlichen Wissenschaften unterrichtet war. Regino erwähnt hier auch, daß Ludwig äußerst vorsichtig gewesen sei und daß er die Gabe gehabt habe, die Menschen nach ihrer Brauchbarkeit einzuschätzen.

Seiner Persönlichkeit kommen wir vielleicht noch etwas näher, wenn wir beobachten, daß er – anders als die meisten seiner Vorfahren und Nachkommen – ein sehr inniges Verhältnis zu seiner Frau besaß; man könnte vermuten, daß seine Trauer um den Tod seiner Frau den eigenen Tod beschleunigt hat.

Die Spannungen mit seinen Söhnen, vor allem mit dem ältesten, Karlmann, gehen wenigstens zum Teil auf die Einflüsterungen der Gattin Hemma zurück, deren Liebling anscheinend der Zweitgeborene, Ludwig (der Jüngere), war. Gegen dessen Bevorzugung lehnte sich Karlmann mehrfach auf, und er scheute sich dabei auch nicht, mit den Mährern zu paktieren (wie das auch sein Bruder Ludwig gelegentlich tat). Daß es dennoch nicht zu einem endgültigen Bruch kam, ist wieder ein Ausdruck der Vorsicht Ludwigs des Deutschen, der es verstand, im rechten Moment seinerseits nachzugeben. Spannungen innerhalb der Familie waren ja bei den Karolingern nichts Neues; Ludwig selbst hatte in seiner Jugend davon genug mitbekommen, und in der Familie seines Halbbruders Karl spielten sich gleich mehrere Familientragödien ab: Ein Sohn namens Karlmann wurde nach einem Aufstandsversuch geblendet; er starb im ostfränkischen Exil. Eine Tochter hatte sich von ihrem Liebhaber entführen lassen; nur mit Mühe gelang es dem Papst, eine Versöhnung zwischen Vater und Tochter herbeizuführen. Ludwigs Beiname Germanicus, »der Deutsche«, ist zeitgenössisch: in den westfränki-

---

4 Ein Verzeichnis, das 34 Bände nennt, ist noch erhalten; vgl. B. Bischoff, Bücher am Hofe Ludwigs des Deutschen und die Privatbibliothek des Kanzlers Grimald, in: ders., Mittelalterliche Studien. Ausgewählte Aufsätze zur Schriftkunde und Literaturgeschichte, Bd. 3 (1981) S. 187–212.

schen Annalen von St. Bertin wird er so genannt, denn Germania war die karolingerzeitliche Bezeichnung für das Gebiet östlich des Rheins. Zuweilen wird Ludwig auch der Beiname Pius beigelegt; damit nahm man nicht nur ein bereits in der Antike übliches Herrscherepitheton wieder auf, sondern bezog sich auf die Züge von tiefer Frömmigkeit, die man bei Ludwig finden kann. So hat er sich gegen Ende seines Lebens nach einer schweren Krankheit dazu entschlossen, seinen persönlichen Schatz an ihm nahestehende Klöster und Kirchen zu verteilen. Und Notker von St. Gallen rühmt bei Ludwig die Neigung zum Gebet[5] und die Bereitschaft zum Fasten sowie weitere Äußerungen der Frömmigkeit, wie die, daß er in Regensburg an den Bittagen von der Königspfalz bis zum Kloster St. Emmeram barfuß hinter dem Kreuz hergegangen sei.

Über die äußere Erscheinung Ludwigs wissen wir nicht sehr viel; das Lob Notkers von St. Gallen, er sei ein Mann von stattlichem Wuchs und von schöner Gestalt gewesen, ist zu allgemein; höchstens die Erwähnung seiner hellen und männlichen Stimme und seiner eindrucksvollen Augen dürfte auf eigenem Erleben des Geschichtsschreibers beruhen. Nur ein einziges zeitgenössisches Bild ist auf uns gekommen, während wir von seinem Stiefbruder Karl ein ganzes Dutzend besitzen. Das Fehlen von Münzbildern, wie wir sie für die älteren karolingischen Herrscher besitzen, belegt die noch geringe wirtschaftliche Entwicklung des ostfränkischen Reiches.

Glücklicherweise gibt uns Regino in seiner Chronik eine kurze Charakteristik des Königs, die einige Züge seiner Persönlichkeit erkennen läßt. Dabei wird besonders die kriegerische Grundhaltung dieses Königs deutlich, der nach Regino die Härte des Eisens mehr geliebt hat als den Glanz des Goldes. Es fehlte Ludwig auch nicht der Sinn für archaische Kraftdemonstrationen. So weiß Notker von St. Gallen zu erzählen, daß er mit bloßen Händen ein stählernes Schwert von der Spitze bis zum Griff verbogen habe, um einer normannischen Gesandtschaft Respekt vor der Kraft der Ostfranken einzuflößen. Regino hebt dann vor allem die Menschenkenntnis Ludwigs hervor, die ihn für Bestechung unempfänglich gemacht habe; bei der Auswahl der Bischöfe hätten der Lebenswandel und die Religiosität, bei der Auswahl der weltlichen Amtsträger Ergebenheit und aufrichtige Treue den Ausschlag gegeben.

---

5   Vgl. dazu den Aufsatz von R. Kottje, König Ludwig der Deutsche und die Fastenzeit, in: Mysterium der Gnade. Festschrift Johannes Auer, hg. von H. Roßmann und J. Ratzinger (1975) S. 307–311.

Die Nachkommen König Ludwigs des Deutschen

1. HILDEGARD
   * 828
   † 23. 12. 856
   Nach 844–853: Äbtissin von Schwarzach
   853–856: Äbtissin von Zürich

2. KARLMANN
   * um 830
   † 22. oder 29. 9. 880 in (Alt-)Ötting
   Siehe unter König Karlmann

3. ERMENGARD
   * ?
   † 16. 7. 866
   857: Äbtissin von Buchau und Frauenchiemsee

4. GISLA

5. LUDWIG III. (DER JÜNGERE)
   * um 835
   † 20. 1. 882
   Siehe unter König Ludwig der Jüngere

6. BERTHA
   * ?
   † 26. 3. 877
   853: Äbtissin von Schwarzach
   856: Äbtissin von Zürich

7. KARL III. (»DER DICKE«)
   * 839
   † 13. 1. 888 in Neudingen
   Siehe unter Kaiser Karl III.

Die Söhne
König Ludwigs des Deutschen:
König Karlmann,
König Ludwig der Jüngere (III.),
Kaiser Karl III.

Die Söhne König Ludwigs des Deutschen

I. KARLMANN

* um 830
† 22. oder 29. 9. 880 in der Pfalz (Alt-)Ötting
Grabstätte: (Alt-)Ötting

1. ○ um 850 Friedelehe mit
LIUTSWIND († 9. 3. 891) aus der Familie der bayerischen Liutpoldinger?

2. ∞ vor 861
?
Vater: Markgraf Ernst im Nordgau (Bayern) († 865)

856: dux
876: König von Bayern
877: König von Italien
879: nach Schlaganfall regierungsunfähig

II. LUDWIG DER JÜNGERE (III.)

* um 835 (wohl in Bayern)
† 20. 1. 882 in Frankfurt
Grabstätte: Kloster Lorsch

1. ○ um 855/60 Friedelehe mit
?

2. ∞ 876/77
LIUTGARD
Eltern: Graf Liudolf und Oda (Sachsen)
* ?
† 30. 11. 885 in Aschaffenburg
Grabstätte: Aschaffenburg

876: König von Franken, Sachsen und Lotharingien
879: König von Bayern
880: ganz Lotharingien erworben (Vertrag von Ribémont)

III. KARL III.

* 839
† 13. 1. 888 in Neudingen/Donau
Grabstätte: Reichenau, Mittelzell

1. ∞ 862
RICHARDIS (RICHGARD)
Vater: Graf Erchangar (Elsaß)
* ?
† 18. 9. (906/09) in Andlau
887: Äbtissin von Andlau

2. ○ Konkubine
?

876: König von Alemannien
November 879: König von Italien
882: König von Ostfranken
885: König von Westfranken
12. 2. 881: Kaiserkrönung durch Papst Johannes VIII.
November 887: Absetzung

I. König Karlmann (876–880)

Nach dem Erbteilungsplan Ludwigs des Deutschen sollte der älteste Sohn Karlmann das Reich Bayern erhalten, dazu kam seit 874 die Anwartschaft auf Italien und auf das Kaisertum, die Kaiser Ludwig II. in Absprache mit Karlmanns Vater Ludwig dem Deutschen zugesagt hatte. Nach dem Tod Kaiser Ludwigs II. (am 12. 8. 875) zog Karlmann nach Italien, um sein Anrecht durchzusetzen; er räumte aber Karl dem Kahlen das Feld, als dieser ihm eine hohe Ausgleichszahlung anbot und als er sah, daß Papst Johannes VIII. entschlossen war, die Kaiserkrone an den westfränkischen König zu vergeben. Im Spätsommer 877 unternahm Karlmann einen neuen Versuch, Italien zu gewinnen; ehe es zu einer militärischen Auseinandersetzung mit Karl dem Kahlen kam, starb dieser (am 6. 10. 877). Karlmann konnte jetzt die Hauptstadt Pavia und das Königreich Italien in Besitz nehmen. Der Papst erklärte sich bereit, Karlmann zum Kaiser zu krönen. Doch eine schwere Krankheit, deren Charakter nicht klar ist, ergriff den König und sein Heer. Über die Stationen Peschiera am Gardasee und Verona mußte Karlmann in einer Sänfte nach Bayern zurückgebracht werden. Am 3. 12. 877 urkundet er wieder in seiner Pfalz Ötting.

Seine Krankheit verschlimmerte sich im Lauf des Jahres 878; aber es gab auch noch Perioden der Besserung, denn er hat in diesem Jahr immerhin noch Ötting verlassen und in Ranshofen (an der Salzach) und in Hochburg bei Burghausen Urkunden ausgestellt. Nachdem er im Winter 878/79 durch einen Schlaganfall der Sprache beraubt wurde, ist er nur noch in Ötting bezeugt. Die Beziehungen Karlmanns zu Italien rissen nicht ganz ab, vielmehr beweisen die Urkunden, die er in den Jahren 878 und 879 in seinen bayerischen Pfalzen für italienische Empfänger ausstellte, daß ein reger Reiseverkehr nach Bayern vorhanden war, weil italienische Bischöfe und andere Große von ihrem König Bestätigungen ihrer Privilegien erbaten. Der Papst allerdings hat sich anders orientiert; um seine Gegner zu überwinden, zog er nach Westfranken, wo er Ludwig den Stammler als neuen Kaiserkandidaten ausersehen hatte.[1]

Im Jahr 879 trat die Regierungsunfähigkeit Karlmanns so deutlich hervor, daß Bayern an Ludwig (den Jüngeren) und Italien an den zweiten Bruder Karl abgetreten werden mußten. Regino von Prüm hat Karlmann in seiner Chronik einen Nachruf gewidmet, wobei er ihn als einen Herrscher rühmt, der »in den

---

[1] Vgl. J. Fried, Boso von Vienne oder Ludwig der Stammler? Der Kaiserkandidat Johanns VIII., DA 32 (1976) S. 193–208.

Wissenschaften wohlunterrichtet, der christlichen Religion ergeben, gerecht, friedliebend und mit aller Ehrbarkeit der Sitten geziert« gewesen sei. Er hebt auch seine Milde und Leutseligkeit, seine Bescheidenheit und sein großes Geschick bei der Führung der Regierungsgeschäfte hervor; außerdem preist er die außerordentliche körperliche Schönheit, die Körperkraft und die großzügige Geistesart Karlmanns. Seine kriegerische Tüchtigkeit hatte Karlmann vor allem in den Kämpfen gegen die Slawen bewiesen, die er noch zu Lebzeiten des Vaters im wesentlichen allein bestritten hatte.

II. KÖNIG LUDWIG DER JÜNGERE (876–882)

Ludwig der Jüngere war wahrscheinlich der bedeutendste unter den Söhnen Ludwigs des Deutschen, wenn wir auch ein Programm seiner Regierung und einen Plan seiner Absichten nur undeutlich erkennen können, weil ihm nur wenige Jahre als selbständiger Herrscher vergönnt waren. Daß er sich als eigentlicher Nachfolger seines Vaters verstand, können wir daraus ersehen, daß er den Erzkapellan und wichtigsten Berater Ludwigs des Deutschen, Erzbischof Liutbert von Mainz, übernahm. Auch die überstürzte Bestattung des verstorbenen Königs im Kloster Lorsch (zu dem Ludwig der Deutsche keine sonderlich enge Beziehung besessen hatte, das aber im Machtbereich Ludwigs des Jüngeren gelegen war) zeigt, daß Ludwig der Jüngere von Anfang an versuchte, einen Vorsprung gegenüber seinen Brüdern zu gewinnen.[2]

Ludwigs Machtstellung war aber gleich am Beginn seiner Regierung schwer bedroht, denn sein Onkel Karl der Kahle machte den Versuch, sich nach dem Tod Ludwigs des Deutschen unter Übergehung der Rechte von dessen Söhnen einen Teil des Reichs seines verstorbenen Bruders einzuverleiben. Es ging dabei in erster Linie um jene Hälfte von Lotharingien, die er 870 im Vertrag von Meerssen Ludwig dem Deutschen hatte überlassen müssen; vielleicht wollte Karl der Kahle aber noch mehr, nämlich eine wirkliche Oberherrschaft über das gesamte Frankenreich, die ihm aufgrund seines Kaisertitels zuzustehen schien. Für diesen weitergehenden Plan spricht eine Urkunde, die Karl in Köln ausstellte und in der er sich als Nachfolger seines Bruders ausgab.

Ludwig der Jüngere versuchte einen Kampf zu vermeiden; und als sein Onkel Verhandlungen ablehnte, war er bestrebt, sein Recht vor seinem Heer durch ein Gottesurteil abzusichern: Vielleicht ist dieses vorsichtige Verhalten ein Beleg dafür, daß sich Ludwig der Treue seines Heers nicht ganz sicher war. Er ließ jedenfalls je zehn seiner Leute dem Gottesurteil des heißen und kalten Wassers sowie des glühenden Eisens unterwerfen – mit positivem Erfolg, wie der

---

2 Vgl. J. Fried, König Ludwig der Jüngere in seiner Zeit, Geschichtsblätter für den Kreis Bergstraße 16 (1983) S. 5–26.

Geschichtsschreiber betont. Damit waren die Krieger an seine gute und durch Gott legitimierte Sache gebunden.

Die Schlacht bei Andernach (am 8. 10. 876), die Ludwig der Jüngere für sich entscheiden konnte, hat er mit einer merkwürdigen Taktik gewonnen: Er ließ seine Krieger weiße Gewänder anziehen; damit unterschieden sie sich von den Gegnern, wirkten aber wie ein Heer von Toten. Ein kleines und taktisch gut geführtes Heer, das auch noch den Vorteil der psychologischen Vorbereitung ausnützte, hat einen Sieg über ein größeres, aber zusammengewürfeltes Gefolgschaftsheer davongetragen. Die Schlacht von Andernach war sicher keine nationale Auseinandersetzung zwischen Deutschen und Franzosen; der Sieg Ludwigs des Jüngeren war darin begründet, daß er – anders als sein Onkel – eine enge Beziehung zu seinen Kriegern hatte herstellen können.

Nach dem Sieg über den westfränkischen Onkel versammelten sich die drei Söhne Ludwigs des Deutschen im Nördlinger Ries (November 876), um die bereits 865 und 872 festgelegte Aufteilung des Reiches noch einmal zu bestätigen und von ihren jeweiligen Gefolgsleuten durch Eide in der Volkssprache bekräftigen zu lassen. Auch hier zeigt es sich, daß die Könige nicht allein regieren konnten, sondern auf die Zustimmung ihrer Großen angewiesen waren.

Am Ende des folgenden Jahres trafen sich die drei Brüder abermals; diesmal ging es um die Aufteilung des ostfränkischen Anteils an Lotharingien. Dieses wurde zwischen Ludwig dem Jüngeren und Karl III. aufgeteilt, nachdem Karlmann auf einen Anteil verzichtet hatte. Um das weitere Schicksal dieses Landes ging es auch im September 878, als sich Ludwig und sein Bruder Karl III. in Modern im Elsaß trafen.

Auch im weiteren Verlauf von Ludwigs Regierung fallen die Versuche auf, die Beziehungen innerhalb des alten fränkischen Reiches durch Verträge zu regeln. Anfang November 878 schloß er mit seinem gleichnamigen westfränkischen Cousin Ludwig dem Stammler ein Freundschaftsabkommen (in Fouron bei Lüttich), in dem beide Herrscher sich verpflichteten, die Nachfolge ihrer jeweiligen Söhne in ihren Reichen anzuerkennen. Sie verzichteten also darauf, unter Übergehung der Ansprüche der unmittelbaren Nachkommen des Cousins nach dessen Tod das Reich ihrerseits zu beanspruchen. Als Ludwig der Stammler bereits wenig später (am 10. 4. 879) starb, forderte aber eine Partei in Westfranken Ludwig den Jüngeren auf, die Nachfolge zu übernehmen. Ludwig drang bis Verdun vor, zog aber ab, als ihm die Westhälfte Lotharingiens abgetreten wurde. Dieser Zugewinn wurde im Februar 880 in einem Vertrag bestätigt, den Ludwig und seine westfränkischen Vettern in Ribémont bei St. Quentin schlossen. Mit dem Vertrag von Ribémont hatte das ostfränkische Reich jene Grenze erreicht, die es im wesentlichen bis ins 14. Jahrhundert beibehalten sollte.

Im Innern versuchte Ludwig der Jüngere, eher durch einen Ausgleich der Interessen zwischen Königtum und Adel als durch Konfrontation mit den mächtigen Familien zu regieren. Daß er sich darin von seinem Vater unterschied, kann recht gut an seinen engen Beziehungen zur Familie seiner Frau, den mächtigen

Liudolfingern aus Sachsen, beobachtet werden. Diese Familie hatte unter Ludwig dem Deutschen dem Königtum ferngestanden; dieser König hatte überhaupt kaum Aktivitäten im sächsischen Bereich entwickelt. Allerdings ist auch Ludwig der Jüngere nach dem Ausweis seiner Urkunden nie für längere Zeit über das mittelrheinische Kerngebiet seiner Herrschaft hinausgekommen; Sachsen oder die slawischen Grenzgebiete hat er nie aufgesucht. Nur Ende 879, als er das Reich seines älteren Bruders Karlmann seiner Herrschaft unterwarf, und noch einmal 881 ist er für kurze Zeit in der bayerischen Hauptstadt Regensburg nachweisbar. Bayern bleibt aber für Ludwig ein Randgebiet, in dem neben seinem Neffen Arnulf von Kärnten einige Adelsfamilien ihre Machtstellung ausbauen konnten.

Die wichtigste Aufgabe Ludwigs des Jüngeren war aber der Kampf gegen die Normannen, die – wahrscheinlich durch den Tod Ludwigs des Deutschen und Karls des Kahlen veranlaßt – seit dem Sommer 879 ihre Angriffe gegen die Küsten des fränkischen Reiches intensivierten, aber auch gelegentlich weit ins Binnenland vorstießen. Im Februar 880 konnte Ludwig zwar einen Sieg gegen ein normannisches Heer erringen (bei Thiméon im Hennegau), aber hier fiel sein Friedelsohn Hugo nach hartem Kampf. Und im selben Monat erlitt ein sächsisches Heer unter dem Schwager des Königs aus dem liudolfingischen Haus, Brun, eine schwere Niederlage bei Hamburg; Brun selbst und zahlreiche andere sächsische Adelige fanden den Tod. Ehe es zu einem weiteren Kampf gegen die Normannen kam, ist Ludwig der Jüngere im Januar 882 gestorben. Einzelne militärische Erfolge gegen die Normannen konnten in jenen Jahren sowieso keinen Durchbruch erzielen und neue Einfälle auf Dauer verhindern. Denn auch nach dem im althochdeutschen Ludwigslied besungenen Sieg des westfränkischen Ludwig III. (des Sohns Ludwigs des Stammlers) in der Schlacht von Saucourt (am 3. 8. 881) ließen die normannischen Angriffe nicht merklich nach.

Wie bei seinem Bruder Karlmann fällt es auch bei Ludwig dem Jüngeren schwer, ein Gesamturteil über Persönlichkeit und Regierungsleistung zu fällen. In Reginos Chronik fehlt eine Charakteristik Ludwigs. Hinkmar von Reims hat in seinen Annalen sehr negativ über ihn geurteilt, indem er ihn einen *rex inutilis*, einen unfähigen König, nennt. Hinkmar hatte wohl nicht vergessen, daß Ludwig 879 versucht hatte, gegen den Vertrag von Fouron in Westfranken Gebietsgewinne zu erzielen, anstatt gegen die Normannen zu kämpfen.

III. KAISER KARL III. (876–887)

Als schwächste Figur unter den karolingischen Herrschern des 9. Jahrhunderts gilt seit langem Karl, der seit dem 12. Jahrhundert »der Dicke« genannt wird. Als jüngster Sohn Ludwigs des Deutschen hatte er das kleinste Teilreich, nämlich Alemannien und Churrätien, geerbt. Durch den biologischen Zufall, daß innerhalb weniger Jahre nicht nur seine beiden Brüder Karlmann und Ludwig, sondern auch sein westfränkischer Vetter Ludwig der Stammler und dessen tüchtiger

Sohn Ludwig III. starben, wurde Karl bis zum Jahr 882 nacheinander König von Italien (879), Kaiser (881), König von Ostfranken (mit Sachsen, Thüringen und Lotharingien) und endlich 885 König von Westfranken.

Bei einem Herrscher, der meist wegen seiner Untätigkeit geschmäht wird, ist es verwunderlich, daß sein Itinerar, soweit es aus historiographischen Nachrichten und aus den Ausstellungsorten seiner Urkunden erschlossen werden kann, recht bewegt ist: Nachdem er die ersten Jahre nach dem Tode seines Vaters in seinem kleinen Alemannien verbracht hatte, finden wir ihn nach 879 wiederholt auf Reisen. Mehrfach zog er nach Italien, dort wurde er Anfang 880 in Ravenna von Papst Johannes VIII. zum König von Italien und am 12. 2. 881 in Rom zum Kaiser gekrönt. Nach der Kaiserkrönung blieb Karl über ein Jahr in Italien und war damit seit dem Tode Kaiser Ludwigs II. der erste karolingische Kaiser, der in diesem Land eine wirkliche Herrschaft ausübte. Erst nachdem sein Bruder Ludwig im Januar 882 verstorben war, reiste Karl wieder ins Gebiet nördlich der Alpen, wo er in Bayern und in Worms (Mai 882) als ostfränkischer König anerkannt wurde. Auch die folgenden Jahre waren noch ausgefüllt mit anstrengender Reisetätigkeit, vor allem nachdem Karl nach 885 auch noch sein westfränkisches Königtum durch persönliche Anwesenheit zur Geltung bringen mußte.

Die alemannischen Ursprünge seines Königtums hat Karl III. jedoch auch später nicht verleugnet; das geht aus der Wahl seiner Berater und Kapellane hervor. Nachdem anfangs Bischof Witgar von Augsburg als sein Erzkapellan amtiert hatte, ging dieses Amt 878 auf Liutward über, der zweifellos die wichtigste Persönlichkeit in der Umgebung Karls gewesen ist. Liutward war Mönch auf der Reichenau gewesen und soll nach Aussage ihm feindlich gesinnter Quellen von sehr einfacher Herkunft gewesen sein. Kaum ganz ohne Berechtigung wurden ihm Nepotismus und andere Machenschaften vorgeworfen, mit denen er versucht habe, seine Verwandten in bessere Positionen zu bringen. Als Beleg für den Erfolg von Liutwards Wirken zugunsten seiner Verwandten kann die Karriere seines Bruders Chadolt, der vom Mönch zum Bischof von Novara (882) aufstieg, und seines Neffen Liutward, der vor 888 Bischof von Como wurde, angeführt werden. Liutward selbst hatte bereits 880 ebenfalls ein oberitalienisches Bistum, nämlich Vercelli, erhalten. Die Annalen von Fulda sagen über Liutward, er sei »mehr als der Kaiser von allen geehrt und gefürchtet worden«. Besonders bei den Verhandlungen mit dem Papst hatte Liutward von Anfang an die Fäden in der Hand, und seine zahlreichen Interventionen vor allem für italienische Empfänger von Urkunden Karls III. zeigen, daß er es war, der die Gunst des Herrschers verteilte.

Die Stellung Liutwards war jedoch nie unangefochten und erlebte ihre erste Krise im Jahr 882, als er versuchte, eine neue Politik gegenüber den Normannen einzuleiten, indem er bei Asselt verhinderte, daß das fränkische Heer zur Schlacht antrat. Statt dessen wurde ein Abkommen geschlossen, das sofort umstritten war, weil es als unwürdiges Nachgeben gegenüber den Pressionen des Feindes galt. Dabei hatte Liutward aus den bisher vergeblichen militärischen Unternehmungen den richtigen Schluß gezogen, daß man die Normannen in das System des Frankenreichs eingliedern müsse, wenn man sie beherrschen wollte. Der Normannenhäuptling Gottfried wurde daher als Herr von Friesland eingesetzt und auf mehrere Arten dem Kaiser verpflichtet: Er sollte sich taufen lassen, wurde durch die Ehe mit einer illegitimen Tochter des karolingischen Königs Lothar II. in die große karolingische Familie eingefügt und außerdem durch einen Lehnseid mit dem Herrscher verbunden. Dieser Versuch, den Normannen einen Teil des fränkischen Reiches zu übertragen und sie dadurch zu loyalen Gliedern dieses Reiches zu machen, ist gescheitert: Gottfried verband sich nämlich mit seinem Schwager Hugo und versuchte zusammen mit diesem, das Reich Lothars II. wieder zu errichten. Karl III. vermochte jedoch diesen Plan zu durchkreuzen, indem er Gottfried bei einer Unterredung beseitigen ließ, und auch Hugo wurde durch List gefangengenommen und geblendet (Mai 885).

Möglicherweise hat dieses Vorgehen gegen Gottfried einen neuen schweren Einfall der Normannen ausgelöst, die im Herbst 885 mit ihren Schiffen die Seine aufwärts zogen und mit der Belagerung von Paris begannen. Die Verteidiger hielten sich unter dem Grafen Odo bis zum Herbst des folgenden Jahres, als der Kaiser endlich mit einem Entsatzheer vor der Stadt erschien, wo er aber keine Schlacht wagte, sondern ein Abkommen schloß. Der Abzug der Normannen wurde durch Zahlungen erkauft; sie kehrten darauf aber nicht an die Nordsee zurück, sondern suchten vorher noch Burgund heim.

Karl III. war schon seit 862 verheiratet, aber er hatte mit seiner Gattin Richardis oder Richgard, der Tochter eines elsässischen Grafen namens Erchanger, keine Kinder. Daher nahm zuerst im Jahr 879 das Projekt Gestalt an, den Sohn eines Verwandten zu adoptieren. Anscheinend dachte man anfänglich an Karlmann, den älteren Sohn Ludwigs des Stammlers; dieser starb aber bereits am 12. 12. 884. Nachdem Karl III. im Herbst 885 den Höhepunkt seiner Macht erreicht hatte und zum westfränkischen König aufgestiegen war, machte er den Versuch, seinen natürlichen Sohn Bernhard mit Hilfe des Papstes (damals Hadrian III.) legitimieren zu lassen. Bernhard war damals anscheinend noch recht jung; der Plan scheiterte daran, daß Papst Hadrian III. im September 885 noch auf der Reise ins Frankenreich starb.

Gegen Ende seines Lebens machte Karl noch einmal einen Versuch, einen Nachfolger durch Adoption zu bestimmen. Er wählte diesmal den Sohn Bosos von der Provence und der Ermengard, die als Tochter Kaiser Ludwigs II. eine Karolingerin war. Dieser Knabe hatte den Namen Ludwig erhalten und war damit als Karolinger erkennbar; er sollte später noch Kaiser werden (901), wurde aber durch seinen Konkurrenten Hugo von Italien geblendet (905).[3]

Vielleicht gehört auch Richgards Klostereintritt in den Rahmen dieser Bemühungen um einen legitimen Nachfolger. Sie hatte bereits 878 bis 880 eine Reihe

---

3 Vgl. E. Hlawitschka, Nachfolgeprojekte aus der Spätzeit Kaiser Karls III., DA 34 (1978) S. 19–50.

von Frauenklöstern übertragen erhalten; 887 trat sie dann ins Kloster Andlau ein. Da Karl III. öffentlich bekannte, niemals mit ihr geschlechtlich verkehrt zu haben, konnte die Ehe annulliert werden, und Karl stand es frei, sich erneut zu verheiraten. In den Bereich der Hofintrigen gehört es, wenn Richgard beschuldigt wurde, Ehebruch mit dem langjährigen Berater ihres Gemahls, Bischof Liutward von Vercelli, begangen zu haben. Man erinnert sich, daß 830 derartige Vorwürfe gegen Kaiserin Judith und ihren Günstling Bernhard von Septimanien erhoben worden waren. So wie damals Ludwig der Fromme hilflos und passiv geblieben war, so verhielt sich jetzt sein Enkel Karl III. Die Feinde Liutwards aber erreichten ihr Ziel; Liutward wurde verbannt und an seine Stelle trat Erzbischof Liutbert von Mainz als Erzkanzler und engster Berater des Kaisers.

Zu einer neuen Ehe Karls III. ist es nicht mehr gekommen, denn die Krankheit, unter der der Kaiser wohl schon lange gelitten hatte, kam im Frühjahr 887 verstärkt zum Ausbruch. Wegen starker und anhaltender Kopfschmerzen begab sich Karl III. in die von ihm so bevorzugte Bodenseegegend, wo er in der Pfalz Bodman durch einen Aderlaß an dem von den im Frühmittelalter gelesenen Medizintraktaten empfohlenen Termin, nämlich während der vorösterlichen Fastenzeit, von seinem Kopfschmerz befreit wurde. Früher hat man aufgrund einer falschen Übersetzung der einschlägigen Quellenstelle behauptet, Karl habe sich einer Trepanation, d. h. einer Bohrung in seinen Schädel, unterzogen, um dadurch Linderung von seinen Schmerzen zu erlangen.[4]

Der wohl schon regierungsunfähige Kaiser wurde Ende 887 durch eine Adelsrevolte aus dem Amt gedrängt. Er hatte eine Reichsversammlung nach Tribur einberufen, zu der Arnulf von Kärnten mit einer größeren Heeresmacht heranzog. Karl III. wich anscheinend nach Frankfurt aus; dort stellte er (am 17. 11. 887) seine letzte Urkunde aus. Die übrigen Teilreiche versuchten nicht, zugunsten des abgesetzten Kaisers einzugreifen; er starb Anfang 888.

Der Nachruf Reginos betont vor allem die große Frömmigkeit dieses Herrschers, der den christlichen Satzungen höchst ergeben gewesen sei, reichlich Almosen gespendet und unablässig gebetet habe. Auch seine friedliche Einstellung wird gelobt, die ihm ohne Blutvergießen alle Teile des Frankenreichs eingebracht habe; nachdem er am Ende seines Lebens seine Würden verloren und seine Güter eingebüßt hatte, habe er dieses mit der größten Geduld getragen. Bei aller Topik, die in diesen Sätzen steckt, ist Reginos Charakteristik aber nicht als falsch zu bezeichnen; vielmehr hebt sie jene Züge der Persönlichkeit Karls III. hervor, die ihn mit seinem Vorfahren Karlmann, der seine Herrschaft niederlegte und ins Kloster ging, und mit seinem Großvater Ludwig dem Frommen, in eine Reihe stellen. Der Beiname »der Dicke« *(Crassus)*, mit dem er in der Geschichtsschreibung gelegentlich erscheint, wurde ihm von späteren Historikern beigelegt, die damit wohl seine mangelnde Tatkraft bezeichnen wollten.

---

4   Vgl. H. J. Oesterle, Die sogenannte Kopfoperation Karls III. 887, AKuG 61 (1979) S. 445–451.

Die Nachkommen König Karlmanns

ARNULF (von Liutswind)
Siehe unter Kaiser Arnulf von Kärnten

Die Nachkommen König Ludwigs des Jüngeren

1. HUGO (von der Konkubine)
   * um 855/60
   † Februar 880 (bei Thiméon gefallen gegen die Normannen)
   Grabstätte: Kloster Lorsch

2. LUDWIG
   * um 877
   † um November 879 in Regensburg (Sturz aus dem Fenster)

3. HILDEGARD
   * 878/81
   † nach 895

   895: ins Kloster Frauenchiemsee verbannt wegen Verschwörung gegen König Arnulf

Die Nachkommen Kaiser Karls III.

BERNHARD (von einer Konkubine)
   * ?

   † 891/92

   879: Adoption eines (oder beider?) Sohnes (Söhne) Ludwigs des Stammlers (Karlmann und Karl der Einfältige; für Karlmann ist die Adoption quellenmäßig bezeugt)
   887 in Kirchen: Adoption Ludwigs (des Blinden), des Sohns Bosos von der Provence und der Engelberga, Tochter Kaiser Ludwigs II.
   (siehe unter Nachkommen Ludwigs des Frommen)

Kaiser Arnulf von Kärnten

Kaiser Arnulf von Kärnten

* um 850
† 29. 11. oder 8. 12. 899 in (Alt-)Ötting oder Regensburg
Grabstätte: St. Emmeram, Regensburg
Eltern: König Karlmann und Liutswind (aus der Familie der bayerischen Liutpoldinger)

1. ○ um 870 Konkubinat mit
?

2. ○ 870/75 Konkubinat mit
ELLINRAT
* ?
† 24. 5. nach 914

3. ○ um 888 Konkubinat mit
aus dem bayerischen Adelshaus der Wilhelminer?

4. ∞ um 888
ODA (UTA)
Eltern: Konradiner (s. S. 101f.)
* ?
† nach 903
Grabstätte: St. Emmeram, Regensburg

876: Präfekt der östlichen Marken
November 887: in Frankfurt zum König von Ostfranken erhoben
Ende Februar 896: Kaiserkrönung in Rom durch Papst Formosus
Juli 899: Schlaganfall mit Lähmung – weitgehend regierungsunfähig

Die Absetzung des kranken und regierungsunfähigen Karls III. durch eine Gruppe einflußreicher Adeliger des ostfränkischen Reiches bedeutete keine endgültige Absage an den karolingischen Reichsgedanken, denn sonst hätten die Verschwörer nicht erneut einen Karolinger zum König erhoben. Da von den Söhnen Ludwigs des Deutschen keiner einen legitimen Nachkommen hinterlassen hatte (der Sohn Ludwigs des Jüngeren war im Alter von zwei Jahren einem Unfall zum Opfer gefallen), griff man auf den ältesten illegitimen Sproß eines der Ludwigsöhne zurück, und das war Arnulf, der Sohn Karlmanns.

Sein Vater hatte ihn bei seinem Aufstieg zum Königtum zum Präfekten der östlichen Grenzmarken erhoben; in die Geschichte ist er daher als Arnulf »von Kärnten« eingegangen. Im Südosten lag auch die Machtbasis Arnulfs, der bereits auf dem Feldzug gegen die Normannen im Jahr 882 als Anführer des bayerischen Aufgebots erscheint und 884/85 gegenüber dem Mährerfürsten Zwentibold-Swatopluk eine eigenständige Politik treiben kann, die von den Intentionen Kaiser Karls III. deutlich abweicht. Sein Herrschaftszentrum blieb auch nach seiner Wahl zum König Bayern; vor allem Regensburg war seine bevorzugte Residenz, die Pfalzen Ötting und Ranshofen, wo sich schon sein Vater Karlmann und sein Großvater Ludwig der Deutsche als bayerische Könige gern aufgehalten hatten, wurden auch von ihm häufig besucht. Der zweite Schwerpunkt seiner Herrschaft aber war Frankfurt, das auch schon unter Ludwig dem Deutschen und Ludwig dem Jüngeren der wichtigste Aufenthaltsort im eigentlichen Kern des ostfränkischen Reiches, im Gebiet um den Mittelrhein und den unteren Main gewesen war. Dazu kommen als weitere wichtige Pfalzen in dieser Region Tribur, Ingelheim und Worms, ebenfalls aus den Zeiten der Vorgänger bekannte Aufenthaltsorte.

Diese beiden Schwerpunkte seiner Herrschaft hat Arnulf nur selten für längere Zeit verlassen; immerhin machte er im Jahr 889 einen Versuch, durch einen Zug nach Sachsen in diesem sonst von seinen Vorgängern vernachlässigten Gebiet die königlichen Herrschaftsansprüche zur Geltung zu bringen. Und aus den Urkunden Arnulfs geht hervor, daß auch Empfänger aus Schwaben und Lotharingien daran interessiert waren, ihre Privilegien und Besitztümer durch den König bestätigt zu erhalten, obwohl er diese Regionen nicht persönlich aufgesucht hat.

Bei der Erhebung Arnulfs zum König im November 887 waren die lotharingischen Großen zwar beteiligt gewesen, aber die Herrschaft über Lotharingien konnte erst durch zwei Kriegszüge in den Jahren 891 und 893 durchgesetzt werden. Anscheinend hatte eine mächtige Adelsgruppe in diesem Gebiet beabsichtigt, einen anderen Karolinger zu ihrem König zu erheben. Auf der Synode von Metz im Jahr 893 erscheint Arnulf dann als der Herrscher, für den die Kirche Lotharingiens betet; damit war die Unterwerfung dieses Gebiets äußerlich abgeschlossen. Synoden spielten auch sonst für die Sicherung der Herrschaft Arnulfs eine zentrale Rolle: Gleich am Beginn seiner Regierung hat Erzbischof Liutbert von Mainz versucht, auf einer Mainzer Synode seine angeschlagene Position (er war noch 887 zum wichtigsten Ratgeber Karls III. avanciert und hatte bei der Absetzung dieses Kaisers beiseite gestanden) zu verbessern. Die Beschlüsse dieses Konzils, das nach zwanzig Jahren zum erstenmal wieder einen beträchtlichen Teil des ostfränkischen Episkopats versammelte, enthielten Bestimmungen, durch die der König geschützt und ermahnt werden sollte. Sie zogen Kanones westgotischer Konzilien heran, um den König durch Androhung kirchlicher Strafen vor Anschlägen zu schützen, und sie zitierten Texte Isidors von Sevilla, um dem König die Pflichten eines christlichen Königs vor Augen zu führen. Ob es Liutbert von Mainz gelungen ist, auch bei Arnulf eine einflußreiche Stellung zu erhalten, wird nicht deutlich; er ist bereits 889 verstorben (am 17. 2.). Das Amt des Erzkapellans, das er unter Ludwig dem Deutschen, Ludwig dem Jüngeren und zuletzt auch unter Karl III. innehatte, wurde weder ihm noch seinem Nachfolger auf dem Mainzer Stuhl übertragen; Arnulf hatte es an den bayerischen Metropoliten, Erzbischof Theotmar von Salzburg, übergeben.

Einen Höhepunkt königlicher Macht stellte die Synode und Reichsversammlung von Tribur im Jahr 895 dar, auf der nebeneinander die weltlichen Großen und die Bischöfe tagten. Dabei versuchten die Bischöfe, die hochkarolingischen Traditionen wiederzubeleben und ein gemeinsames Vorgehen weltlicher und kirchlicher Amtsträger gegen Verbrecher zu erreichen. Die Zerrüttung der Verhältnisse zeigt sich darin, daß – wie schon in Metz 893 – wichtige Kanones erlassen werden mußten, um den tätlichen Angriffen von Laien auf Kleriker zu wehren, die damals anscheinend stärker als in früheren Jahren bedroht oder gar erschlagen wurden, wenn sie versuchten, die kirchlichen Vorschriften auf dem Gebiet des Eherechts durchzusetzen.

Zweifellos strebte Arnulf ein gutes Einvernehmen mit der Kirche an, aber man darf deshalb in ihm keinen Herrscher sehen, der sich in erster Linie auf die Kirche stützte. Dagegen spricht bereits, daß er auf eine Salbung verzichtete. Weiterhin können als Helfer des Königs sowohl geistliche als auch weltliche Große namhaft gemacht werden. In den einzelnen Regionen des Reiches war die Situation allerdings unterschiedlich: In Schwaben waren es vor allem geistliche Amtsträger, die Arnulf stützten, so Abt Hatto von Reichenau und Bischof Salomo III. von Konstanz, während die weltlichen Großen anscheinend den Tagen Karls III. nachtrauerten, in denen Alemannien im Zentrum des Reiches gestanden hatte. So erklärt sich wohl auch, daß der Aufstandsversuch von Karls III. Friedelsohn Bernhard von einigen Adeligen in Rätien und in Alemannien unterstützt wurde. Anders war die Lage in Sachsen und in Franken, wo die wichtigsten Familien, die Konradiner in Franken und die Liudolfinger in Sachsen, an die Zeiten Ludwigs des Jüngeren anknüpfend ein enges Verhältnis zum König suchten, um in ihren Regionen möglichst viel freie Hand zu haben. Diese Politik war bei den Liudolfingern erfolgreicher als bei den Konradinern, denn Sachsen lag an der Peripherie des Reiches, Franken aber bildete seinen Schwerpunkt.

Gewisse Schwierigkeiten hatte Arnulf anscheinend auch in seinem bayerischen Kerngebiet, wie sich in der Affäre des Markgrafen Engelschalk von Pannonien zeigte. Als dieser nämlich zur Steigerung seiner Machtposition eine uneheliche Tochter Arnulfs entführte, mußte er zuerst nach Mähren flüchten, ehe er sich mit Arnulf aussöhnen konnte. Seine bayerischen Standesgenossen waren aber nicht bereit, eine Sonderstellung Engelschalks zu dulden. Sie hielten daher 893 ohne Wissen des Königs in der königlichen Pfalz zu Regensburg eine Gerichtsversammlung ab, auf der Engelschalk verurteilt und geblendet wurde. Zwei Jahre später kam es zu einer noch gefährlicheren Situation, weil sich der mächtige Markgraf Engildeo, der auch Graf im Nordgau war, mit Hildegard, der Tochter Ludwigs des Jüngeren, verband. Die genaueren Hintergründe und Vorgänge werden zwar aus den Quellen nicht deutlich, wir wissen nur, daß Engildeo seine Grafschaften verlor und auch Hildegard – zumindest vorläufig – ihre Erbschaft entzogen wurde.

Schon kurz nach der Erlangung der ostfränkischen Königswürde erhielt Arnulf auch die Möglichkeit, weitere Teile des Frankenreichs seiner Oberhoheit zu unterwerfen: In Westfranken war nach dem Tode Karls III. im Januar 888 mit dem Grafen Odo von Paris ein Nicht-Karolinger König geworden; Karl, der nachgeborene Sohn des 879 verstorbenen Ludwigs des Stammlers, kam als Herrscher (noch) nicht in Frage. Auf dem Reichstag von Frankfurt, den Arnulf im Sommer 888 einberufen hatte, erschienen auch westfränkische Große, unter Führung des Erzbischofs Fulko von Reims, und forderten Arnulf auf, die westfränkische Krone anzunehmen. Arnulf ließ sich darauf jedoch nicht ein, sondern schloß ein Abkommen mit König Odo, der durch einen Sieg über die Normannen seine Stellung gefestigt hatte. Odo nahm die formale Oberhoheit des Ostfrankenkönigs hin und ließ sich am 13. 11. 888 noch einmal in Reims krönen mit einer Krone, die ihm Arnulf übersandt hatte. Die Erfahrungen Karls III. hatten Arnulf wohl zu der Einsicht veranlaßt, daß das großfränkische Reich durch einen einzelnen Herrscher in einer Zeit schwerer äußerer Bedrohungen nicht zu regieren war.

Daher anerkannte Arnulf auch das Königtum des Welfen Rudolf in Hochburgund. Und als ihm 888 in Italien der dort zum König erhobene Berengar von Friaul entgegentrat, begnügte sich Arnulf vorläufig ebenfalls mit der Anerkennung einer Oberhoheit. 890 wurde in Valence Ludwig von der Provence, den einst Karl III. zu seinem Nachfolger erkoren hatte, zum König der Provence erhoben; die Gegenwart von Abgesandten König Arnulfs bezeugt, daß dieser auch hier eine Oberherrschaft beanspruchte.

Wie die Vorgänger Ludwig der Jüngere und Karl III. stand auch Arnulf vor der schwierigen Aufgabe, den Kampf gegen die Normannen zu führen, der nicht siegreich abgeschlossen werden konnte, weil die Franken keine Flotte besaßen und sich die Normannen daher auch im Fall einer Niederlage in ihre Stützpunkte in Dänemark oder England zurückziehen konnten. Ein Kriegszug der Ostfranken im Juni 891 endete mit einer schweren Niederlage gegen die Normannen; die Anführer des ostfränkischen Heeres, Erzbischof Sunderold von Mainz und ein Graf Arnulf, fanden dabei den Tod. Im Herbst 891 mußte König Arnulf persönlich ins Feld ziehen; dazu wurden die Franken und die Alemannen aufgeboten. Die Alemannen sollen, wie es heißt, »unter dem Vorwand der Krankheit«, umgekehrt sein, die Franken marschierten weiter. Mitte Oktober kam es an der Dyle bei Löwen zur Schlacht; die Franken stiegen zur Überraschung der Normannen unter Führung des Königs vom Pferd und griffen die Befestigungen zu Fuß an. Der Sieg war vollständig; zwei normannische Anführer, Gottfried und Siegfried, waren gefallen und eine große Anzahl von Feldzeichen konnte erobert werden. Noch nach Jahrhunderten wurde dieser Sieg in Löwen festlich begangen (allerdings fälschlicherweise am 1. 9.). Dieser Sieg bedeutete zwar noch nicht das Ende der normannischen Angriffe auf dem Festland; Anfang 892 brach noch einmal eine normannische Schar bis zum Kloster Prüm in der Eifel durch, wo die Mönche und die abhängigen Bauern erschlagen wurden, soweit sie nicht in die Wälder geflohen waren. Mit diesem Streifzug waren aber die Invasionen der Normannen auf dem Festland beendet; sie wandten sich jetzt endgültig den Britischen Inseln zu.

Bereits im Jahr 890 hatte sich der Papst an Arnulf gewandt und ihn dazu aufgefordert, nach Rom zu kommen, wo er ihn zum Kaiser krönen werde. Arnulf hatte damals abgelehnt, weil er in seinem Reich dringende Aufgaben zu bewältigen habe. Anfang 894 hielt Arnulf die Zeit für gekommen, auch Italien seiner Herrschaft zu unterwerfen. Er führte ein starkes Heer in die Lombardei, eroberte Bergamo und ließ zur Abschreckung für die regionalen Machthaber den dortigen Grafen Ambrosius vor dem Stadttor an einem Baum aufhängen. Auf seinem weiteren Zug durch Oberitalien stellte sich ihm niemand mehr entgegen. Zwei Jahre später unternahm Arnulf einen weiteren Italienzug, um in Rom die Kaiserkrone zu holen. Dies erwies sich als schwieriges Unternehmen, denn Papst Formosus hatte bereits den Herzog Wido von Spoleto und dessen Sohn Lambert zu Kaisern gekrönt. Weil er aber mit deren Politik nicht zufrieden war, suchte er jetzt einen mächtigen Verbündeten im ostfränkischen König. Um Ende Februar 896 zum Kaiser gekrönt zu werden, mußte Arnulf sich den Zugang zu St. Peter mit Waffengewalt erkämpfen, so wie dies in späteren Jahrhunderten immer wieder deutsche Könige tun mußten, die erst gegen den heftigen Widerstand des lokalen Adels und der Römer zur Stätte der Kaiserkrönung vordringen konnten. Noch auf dem Italienzug erlitt Arnulf einen ersten Anfall seiner Krankheit; er kehrte also – wie knapp 20 Jahre zuvor sein Vater Karlmann – als kranker Mann aus Italien zurück. Dort hatte er seinen noch sehr kleinen illegitimen Sohn Ratold zurückgelassen, der aber nur kurze Zeit als Platzhalter fungieren konnte. Noch vor seinem Italienzug hatte Arnulf seinen älteren Sohn Zwentibold, den ihm wohl 870/71 eine Konkubine geboren hatte, zum König von Lotharingien gemacht (895). Dies war ihm erst im zweiten Anlauf gelungen; im Jahr zuvor waren die lotharingischen Großen noch nicht bereit gewesen, Zwentibolds Königtum zu akzeptieren. Um das Selbständigkeitsstreben der Lotharingier zu befriedigen, durfte Zwentibold eine eigene Kanzlei für sein Reich einrichten. Es gelang ihm aber während seiner ganzen Regierung nur begrenzt, sich gegen bestimmte Teile des Adels zu behaupten.

Nachdem Zwentibold in Lotharingien etabliert war, gelang es Arnulf auch, auf einer Reichsversammlung des Jahres 897 die Nachfolge seines ehelichen Sohnes Ludwig in Ostfranken durchzusetzen.

In seinen letzten Jahren war Arnulf nur noch beschränkt regierungsfähig. Seine Krankheit verschlimmerte sich, und im Juni 899 erfolgte ein schwerer Schlaganfall, nach dem der Kaiser völlig gelähmt und kaum mehr imstande war, sein Amt zu führen. Im Juli 899 konnte er in Regensburg noch einmal eine Reichsversammlung abhalten, zu größeren Unternehmungen war er aber nicht mehr fähig.

Wie schwach Arnulf geworden war, zeigt sich daran, daß er nicht einmal mehr die Bischöfe seines Stammlandes Bayern in der Hand hatte. Sie versagten sich nämlich 899 seinem Wunsch, seinen langjährigen Kanzler, den Alemannen Wiching, der zum Bischof von Neitra in Mähren geweiht worden war, als Bischof von Passau zu akzeptieren. Sie hatten zwar hier das Kirchenrecht eindeutig auf ihrer Seite, aber daß sie sich auf dieses unwidersprochen berufen konnten, beweist Arnulfs Machtlosigkeit.

Die Geschichtsschreiber des 10. Jahrhunderts bewerten die Regierung Arnulfs mit Zurückhaltung, zuweilen sogar mit Haß; so gibt ihm Liutprand von Cremona die Schuld dafür, daß die Ungarn seit 900 so große Verwüstungen im ostfränkischen Reich und in Italien anrichteten. Nun hatte Arnulf tatsächlich die Ungarn als Bundesgenossen gegen die Mährer herbeigerufen, mit denen schon sein Großvater und sein Vater gekämpft hatten. Arnulf hatte versucht, sich mit dem Mährerfürsten Swatopluk-Zwentibold zu arrangieren; daher hatte er seinem Sohn den Namen Zwentibold gegeben.[1] Die Gegensätze zwischen Arnulf und dem Mährer verschärften sich, weil Arnulf die Oberhoheit des fränkischen Reiches durchsetzen wollte. Bei seinem Kriegszug im Jahr 892 kämpften Ungarn als Bundesgenossen mit. Für den Zug von 893 wurde die Bundesgenossenschaft der Bulgaren gewonnen; Arnulf versuchte also, das Großmährische Reich, das neben dem heutigen Mähren und der Slowakei auch große Teile Pannoniens umfaßte, von zwei Seiten anzugreifen. Besiegen konnte er aber dieses Reich nicht; es erlag erst dem Ansturm der Ungarn.

---

1 Dies ist die frankisierte Form des slawischen Swatopluk (= heilige Schar), und so hieß der Fürst der Mährer, mit dem die Ostfranken so viele Kämpfe zu bestehen hatten. Vgl. E. Hlawitschka, Die Verbreitung des Namens Zwentibold in frühdeutscher Zeit, in: Festschrift für H. Kolb (1989) S. 264–292

Bei Widukind von Corvey steht zu lesen, daß Arnulf den Ungarn, die Karl der Große hinter einem großen Wall eingeschlossen hatte, den Weg ins Reich freigegeben habe, indem er diesen Wall niedergerissen habe. Die Ungarn hätten wahrscheinlich auch ohne das Bündnis mit Arnulf ihren Weg nach Westen gefunden; daß das Reich diesen Raubzügen so hilflos ausgeliefert war, hing damit zusammen, daß Arnulfs Nachfolger als König ein unmündiges Kind war.

Wenigstens in seiner Hauptstadt Regensburg, wo Arnulf ja auch seine letzte Ruhestätte fand, blieb sein Gedächtnis lebendig; noch im Spätmittelalter fanden an seinem Todestag Armenspeisungen im Kloster St. Emmeram statt.

Die Nachkommen Kaiser Arnulfs von Kärnten

1. ZWENTIBOLD (von der 1. Konkubine)
   Den seltenen Namen erhielt er von seinem Taufpaten, dem Mährerfürsten Swatopluk (eingedeutscht in Zwentibold)
   * 870/71
   † 13. 8. 900 in der unteren oder mittleren Maasgegend (in einem Gefecht)
   Grabstätte: Kloster Süsteren

   ∞ 27. 3./13. 6. 897
   ODA, Tochter Ottos von Sachsen
   († 2. 7. nach 952)
   Kinder: Benedicta und Caecilia, Äbtissin von Süsteren (?)

   Mai 889: als Thronfolger vorgesehen
   Mai 895: König von Lotharingien

2. ELLINRAT (von Ellinrat)
   * ?
   † 24. 5. nach 914

   893: (?) entführt durch Markgraf Engelschalk II. (dieser wird 893 geblendet)

3. RATOLD (von der 3. Konkubine)
   * vor 889?
   † wenig später

   896: erwähnt als *filius parvulus,* den Arnulf in Italien als Unterkönig zurückließ

4. LUDWIG DAS KIND (von Oda)
   Siehe unter König Ludwig das Kind

König Ludwig das Kind (IV.)

König Ludwig das Kind (IV.)

* Herbst 893 in (Alt-)Ötting
† 24. 9. 911 in Frankfurt (?)
Grabstätte: kaum St. Emmeram in Regensburg (vgl. A. Schmid, DA 32, 351ff.)
Eltern: Kaiser Arnulf von Kärnten und Oda
Taufpaten: Erzbischof Hatto von Mainz (891–913) und Bischof Adalbero von Augsburg (887–909)

4. 2. 900: in Forchheim zum König der Ostfranken erhoben und gekrönt
März 900: auch König von Lotharingien (Huldigung der Großen in Diedenhofen)

Die erstaunliche Tatsache, daß der erst gut sechsjährige Sohn Arnulfs knapp zwei Monate nach dem Tode seines Vaters einmütig zum König der Ostfranken erhoben wurde, zeigt, daß die Regionen dieses Reiches in den Jahrzehnten seit 843 ein hohes Maß an Zusammengehörigkeitsgefühl entwickelt hatten. Die Schwäche des minderjährigen Königs sollte behoben werden durch seine Krönung, die wahrscheinlich Erzbischof Hatto von Mainz durchführte. Es war dies die erste Krönung eines ostfränkischen Königs; während Krönungen im Westfrankenreich und auch in Lotharingien bereits früher vorgenommen worden waren, um schwache Herrscher zu stützen.

Der junge König konnte die Regierungsgeschäfte anfangs natürlich nicht selbständig führen, auch wenn diese Fiktion aufrechterhalten wurde; so hat Ludwig eigenhändig mit unsicherer Kinderhand den Vollziehungsstrich in das Königsmonogramm der in seinem Namen ausgestellten Urkunden eingetragen. Die wirkliche Regierung lag in den Händen eines Regentschaftsrats; für eine vormundschaftliche Regierung besaß das Frühmittelalter keine anerkannten Rechtsregeln. Wenn keine ostfränkische Adelsgruppe daran dachte, einen auswärtigen Karolinger (etwa den Westfranken Karl den Einfältigen oder den Burgunder Ludwig) einzuladen, die Herrschaft im Ostreich anzunehmen, so ist auch das ein Ausdruck des inzwischen gewachsenen Eigenbewußtseins dieses Reiches.

Das Zusammengehörigkeitsgefühl der ostfränkischen Stämme manifestiert sich auch darin, daß sich eine ganze Reihe von wichtigen Repräsentanten der Regionen am Hof Ludwigs einfand, um als Intervenienten seiner Urkunden und als Ratgeber an der Regierung des Landes mitzuwirken. In erster Linie sind hier neben Hatto von Mainz die Brüder Salomo III. von Konstanz und Waldo von Freising zu nennen; aber auch weltliche Große aus Franken, Bayern und Sachsen waren am Hof anzutreffen, so daß man sagen konnte, »sogar der unmündige und ohnmächtige König« habe sich »noch als eine Klammer der Großen in Nord und Süd« erwiesen (J. Fleckenstein).

Der Hof scheint sich bis 907 bevorzugt in Bayern, besonders in Regensburg, der wichtigen Residenz Ludwigs des Deutschen und Arnulfs, aufgehalten zu haben. Dann – sporadisch bereits seit 905, dauernd seit 907 – tritt das Rhein-Main-Gebiet in den Vordergrund, wo Frankfurt, Tribur und Ingelheim als Aufenthaltsorte bezeugt sind. Einige Male ist der König auch in der Pfalz Bodman in Alemannien nachweisbar; hier war er in der Nähe von Bischof Salomo III. von Konstanz (890–919), der seit Anfang 909 die Kanzlei leitete.

Das Maingebiet war in den Jahren bis 906 der Schauplatz heftiger Kämpfe, die von den mächtigen ostfränkischen Adelsfamilien der Babenberger und der

Konradiner vielleicht geführt wurden, um sich einen möglichst günstigen Ausgangspunkt für die Zeit nach Ludwig zu verschaffen. Die Babenberger hatten unter Ludwig dem Jüngeren und Karl III. ihren wichtigsten Repräsentanten in Graf Heinrich, dessen kriegerische Tüchtigkeit sich in mehreren Schlachten gegen die Normannen bewährt hatte. Nachdem er im Sommer 886 vor Paris gefallen war, versuchten seine Söhne Adalbert, Adalhard und Heinrich II. die Positionen der Familie auszubauen. Ihre Hauptgegner waren die Konradiner, die unter Arnulf zahlreiche Vorteile erreichen konnten, weil Arnulfs Frau Oda aus dieser Familie kam. Nach Arnulfs Tod kam es bald zu längeren Kämpfen, in deren Verlauf Heinrich II. fiel und Adalhard gefangengenommen wurde. Nachdem der Konradiner Eberhard an seinen Wunden verstorben war, ließen die Konradiner den gefangenen Adalhard enthaupten (902/03). Ein Urteil von Großen aus Franken, Schwaben, Bayern, Thüringen und Sachsen übertrug den Besitz der toten babenbergischen Brüder an den König, der ihn an den konradinischen Bischof Rudolf von Würzburg weitergab.

Nachdem 906 Graf Konrad der Ältere in einer Schlacht gegen Adalbert gefallen war, konnte Adalbert auf einem neuen Kriegszug durch eine List gefangengenommen werden. Ein Adelsgericht verurteilte ihn zum Tode; das Urteil wurde auch auf Betreiben Konrads des Jüngeren, des späteren Königs Konrad I., vollstreckt. Dieser hatte sich mit seinem Vorgehen den Weg zum Königtum erkämpft; die Babenberger waren jetzt trotz ihrer Verwandtschaft mit den Karolingern und den sächsischen Liudolfingern ausgeschaltet.

Die zentrifugalen Tendenzen, die sich immer stärker bemerkbar machten, wurden durch die äußere Bedrohung verstärkt, die ein rasches Handeln der Machthaber an den Grenzen des Reiches erforderte. Die größte Bedrohung ging von den Ungarn aus, die seit dem Jahr 900 immer wieder den deutschen Südosten verwüsteten. Nachdem sie 905/06 den alten Gegner des Ostfränkischen Reiches, das Großmährische Reich, zerschlagen hatten, drangen sie 906 bis nach Sachsen vor. Markgraf Liutpold von Bayern versuchte im kommenden Jahr, durch einen Präventivschlag die Ungarn zu treffen, nachdem die Bayern schon 903 ein gemeinsames Gastmahl mit den Ungarn zu einem Massaker an diesen ausgenützt hatten. Der Feldzug, den Liutpold nach Osten führte, endete bei Preßburg mit einer verheerenden Niederlage; nicht nur der Markgraf selbst, sondern auch eine ganze Reihe von geistlichen und weltlichen Großen Bayerns, darunter Erzbischof Theotmar von Salzburg, fielen im Kampf. Merkwürdigerweise bedeutete aber diese Niederlage nicht das Ende der Machtstellung der Liutpoldinger in Bayern; vielmehr scheint Liutpolds Sohn Arnulf von Anfang an eine vom Königtum unabhängigere Stellung angestrebt und erreicht zu haben. Vielleicht gab es kurz nach 907 bereits Abmachungen der Bayern mit den Ungarn, die in den folgenden Jahren 909 und 910 vor allem Schwaben heimsuchten. Im Sommer 910 versuchte der junge König selbst, sich den Ungarn auf dem Lechfeld entgegenzustellen; er erlitt eine schwere Niederlage, die sein Königtum aufs äußerste gefährdete.

Ein Jahr später ist der kränkelnde junge Mann gestorben. Die Tatsache, daß keine zeitgenössische Quelle den Sterbeort und die Grabstätte Ludwigs des Kindes verzeichnet, muß als Hinweis darauf gelten, daß er sich nicht in das Bewußtsein seiner Nachwelt eingeprägt hat.

In St. Emmeram in Regensburg, wo er nach einer zuerst im 12. Jahrhundert greifbaren Tradition beigesetzt sein soll, ist sein Todestag völlig falsch überliefert (nämlich der 21. 1., der Tag, an dem Ludwig der Jüngere starb). Dies ist ein ziemlich starkes Argument dagegen, daß Ludwig das Kind in St. Emmeram begraben ist, denn das Mittelalter pflegte sich den Tag des Todes genau zu merken, da dieses Datum als Geburtstag zum ewigen Leben als das wichtigste Datum im Leben eines Menschen angesehen wurde.

Ende und Nachleben

Mit dem Tode Ludwigs des Kindes waren die ostfränkischen Karolinger ausgestorben. Nur noch zwei Töchter Zwentibolds, des illegitimen Sohns Arnulfs von Kärnten, waren am Leben; sie waren nacheinander Äbtissinnen im Kloster Süsteren in Lotharingien, in dessen Kirche ihr Vater bestattet worden war.

Auch von den männlichen Nachkommen Karls des Kahlen war seit 884 nur ein posthum geborener Sohn Ludwigs des Stammlers, Karl der Einfältige, übriggeblieben. Dieser wurde 893 als Nachfolger des Nichtkarolingers Odo zum westfränkischen König erhoben, aber 923 nach wenig glücklicher Regierung abgesetzt. Als er 929 starb, hinterließ er aus zwei legitimen Ehen sechs Töchter, aber nur einen Sohn, so daß die männliche Linie der Karolinger weiterhin auf zwei Augen ruhte. Dieser Sohn (Ludwig IV.) wurde 936 König des Westfrankenreichs und leitete damit eine nochmalige Restauration der Karolinger ein. Die letzten karolingischen Könige blieben jedoch schwach, denn sie mußten die tatsächliche Herrschaft in einem großen Teil des Reiches ihren Hauptrivalen, den Robertinern, überlassen. Als König Ludwig V. am 21. 5. 987 starb, wurde von der Mehrheit der westfränkischen Großen der Robertiner Hugo Capet zum König erhoben; mit ihm nahm die neue Dynastie der Kapetinger ihren Anfang. Der Onkel Ludwigs V., Karl von Niederlotharingien, hat noch die Thronansprüche seiner Familie vertreten; er konnte sich aber gegen Hugo nicht durchsetzen und wurde nach seiner Niederlage 991 in Orléans eingekerkert, wo er nach einigen Jahren starb.[1]

Das wenig heldenhafte Erlöschen der karolingischen Dynastie im Osten und im Westen des Frankenreichs ist gelegentlich mit einer Erbkrankheit der späten Karolinger erklärt worden. Wenn wir einen Blick auf das Lebensalter der karolingischen Könige und Kaiser werfen, so zeigt sich, daß Karl der Große mit 72 bzw. 67, Ludwig der Deutsche mit ungefähr 70 und Ludwig der Fromme mit 62 Jahren das höchste Lebensalter erreichten. Lothar I. starb mit 60, Karl der Kahle wie früher Pippin, der Vater Karls des Großen, mit 54 Jahren. Die drei Söhne Ludwigs des Deutschen erreichten alle ein Alter von ungefähr 50 Jahren. Der älteste Sohn Karls des Großen, der jüngere Karl, wurde ebenso wie der zweite Sohn Ludwigs des Frommen, Pippin, ungefähr 40 Jahre, während der Karlssohn Pippin und Ludwig der Stammler nur 33 bzw. 32 Jahre erreichten. Mit Anfang 20 verstarb Karlmann; der Bruder Karls des Großen, ein anderer Karlmann, ein

---

1   Zu Karl von Niederlotharingien und seinem Sohn Otto, dem letzten Karolinger, s. u. S. 151.

ENDE UND NACHLEBEN

Sohn Karls des Kahlen, wurde keine 30, und ein weiterer Sohn dieses westfränkischen Karolingers, der wie sein Vater Karl hieß, wurde gar nur 18 Jahre alt. Jedenfalls kennen wir auch schon unter den Söhnen Pippins im 8. Jahrhundert und unter denen Karls des Großen am Anfang des 9. einige, die recht jung verstarben. Man kann also in bezug auf das Lebensalter nicht von einer abnehmenden Vitalität sprechen. Aus den Angaben der Quellen können wir lediglich die Neigung zur Arteriosklerose entnehmen, an deren Folgen Karlmann, der Sohn Ludwigs des Deutschen, und dessen Sohn Arnulf von Kärnten gestorben sind.

Das recht ausgebreitete genealogische Nachleben der karolingischen Familie läuft über ihre weiblichen Glieder, und zwar vor allem über die Töchter Ludwigs des Frommen und Karls des Kahlen. Denn während Karl der Große es bewußt vermieden hatte, seine Töchter den adeligen Herren seines Reiches zur Frau zu geben, bestanden solche Vorbehalte bei Ludwig dem Frommen nicht. Dagegen hat Ludwig der Deutsche seine Töchter in Klöster eingewiesen, so daß sie keine ehelichen Nachkommen erhalten konnten. Der Widerstand Karls des Kahlen gegen mögliche Ehen seiner Töchter wurde in zwei Fällen durch Entführung überwunden, mit denen sich der König abfinden mußte. Aus den Ehen der Töchter der genannten Herrscher mit dem Adel des Frankenreichs gingen also jene Nachkommen Karls des Großen hervor, die sich bis zum heutigen Tag ihres karolingischen Blutes rühmen. Für die Geschichte des Mittelalters war dabei wichtig, daß sich die französischen Könige aus robertinisch-kapetingischem Geschlecht ebenso wie die deutschen Salier und über diese auch die Staufer auf die Karolinger zurückführen konnten. Vor allem die kapetingischen Könige des 12. Jahrhunderts haben versucht, von ihrer karolingischen Abkunft zu profitieren. Aber auch für die deutschen Herrscher des 11. Jahrhunderts war es wichtig, daß Gisela, die Gemahlin des ersten Salierkaisers Konrad II., von Karl dem Großen abstammte.

Zahlreiche weitere hochadelige Geschlechter können sich auf die Karolinger zurückführen; nur wenige von ihnen haben aber von dieser Abstammung profitiert oder sie herausgestellt. Daneben ist auch darauf zu verweisen, daß eine große Zahl von gefälschten Genealogien hergestellt wurde, um eine Abstammung entweder von Karl dem Großen selbst oder aber von einem der Helden seiner Umgebung, die man aus den Chansons de geste kannte, zu belegen. Im 13. Jahrhundert war Karl der Große so angesehen, daß ein Fürstengeschlecht, das wie die Wittelsbacher in ihrem bayerischen Territorium sich als Landesherren durchsetzen wollte, dies am ehesten dadurch erreichen zu können glaubte, daß sie auf ihre angebliche karolingische Abkunft verwiesen.

Die dynastische Geschlossenheit einer Familie zeigt sich vor allem auf zwei Gebieten, nämlich in der Namengebung und in der gemeinsamen Grablege, die oft mit dem Stammsitz der Familie identisch ist. Was die Namen der Nachkommen Karls des Großen anbetrifft, so ist für die aus legitimen Ehen stammenden Söhne ein eindeutiges Vorwiegen der beiden Namen Ludwig und Karl festzustellen, die allein schon über die Hälfte (12 und 10) der insgesamt 41 in Frage kommenden Personen trugen. Dazu kommen je fünf Belege für Lothar und Karlmann, vier für Pippin und je einer für Drogo und Bernhard. Bei den illegitimen Söhnen können wir keine so starke Konzentration auf wenige Namen erkennen, es ergibt sich aber die Merkwürdigkeit, daß die Namen aus der Frühzeit des Geschlechts, also Arnulf, Hugo und Drogo am häufigsten gewählt wurden; auch Pippin und Karlmann finden sich hier. Dazu kommen andere Namen, die vielleicht aus den Familien der jeweiligen Mütter genommen wurden: Theoderich, Zwentibold, Ratold, Rorico, Richard.

Auch bei den karolingischen Frauen können wir eine Konzentration auf einige wenige Namen feststellen, dabei wurden vor allem die Namen der Frauen um Karl den Großen bevorzugt. Neunmal findet sich der Name Gisla unter den Nachkommen Karls des Großen; so hieß schon seine Schwester; siebenmal findet sich Hildegard, der Name seiner für die Nachkommenschaft wichtigsten Gattin. Je fünf Belege fallen auf den Namen seiner Großmutter Rotrud und seiner Mutter Bertha. Außerdem kommen die Namen Ermentrud, Ermengard und Adela je dreimal und die Namen Adelheid, Alpais, Theodrada, Rothild und Hiltrud je zweimal vor.

Vor allem bei den wichtigsten Karolingernamen Ludwig und Karl können wir seit dem 12. Jahrhundert eine große Verbreitung in allen Herrscherhäusern Westeuropas feststellen, die vom französischen Königshaus ihren Ausgang nahm. Dort griff man zuerst auf den Karolingernamen Ludwig zurück, als die karolingische Tradition auch sonst wiederbelebt wurde.

Während also bei der Namenwahl tatsächlich eine große Geschlossenheit festzustellen ist, suchen wir vergeblich nach einer für alle oder wenigstens einen großen Teil der Karolinger verbindlichen Grabstätte. In St. Denis, der Grabkirche für einige merowingische Könige, waren auch Karl Martell und Pippin bestattet worden; Karl der Große wurde in St. Marien in Aachen beigesetzt; sein Sohn Ludwig der Fromme in St. Arnulf in Metz; Ludwig der Deutsche und Ludwig der Jüngere in St. Nazarius in Lorsch, Karl III. in Reichenau-Mittelzell, Arnulf in St. Emmeram in Regensburg. Karl der Kahle und zwei seiner Enkel wurden in St. Denis bestattet; damit knüpfte man wieder an ältere Versuche an, hier eine Familiengrabkirche zu schaffen. Erst unter den Kapetingern ist aber die Abteikirche von St. Denis auf Dauer zur Grablege der französischen Könige geworden.

Die Herrscher
der Ottonenzeit

König Konrad I.

König Konrad I.

* ca. 880/85

† 23. 12. 918

Grabstätte: Kloster Fulda neben dem Hl.-Kreuz-Altar

Eltern: Graf Konrad der Ältere vom (Ober-)Lahngau (* ca. 855, gefallen 27. 2. 906 in der Babenberger-Fehde, *Grabstätte:* Weilburg/Lahn) und Gräfin Glismoda

Eine mit Abstammungsnachweisen versehene Stammtafel der Konradiner, d. h. der Herkunftsfamilie Konrads I., gibt E. Hlawitschka, Wer waren Kuno und Richlind von Öhningen?, in: ders., Stirps regia. Forschungen zu Königtum und Führungsschichten im früheren Mittelalter (1988) S. 457ff. und 571f.; dort auch die Nachweise zu den Geschwistern.

Geschwister: Eberhard, Herzog von Franken (918–939), * ca. 885/90, † 2. 10. 939; Otto, Graf im Lahngau, bezeugt 912; NN, Gemahlin eines Grafen Burchard oder Bardo in Thüringen; wahrscheinlich NN, Gemahlin Graf Werners vom Speyergau (Eltern Herzog Konrads des Roten von Lotharingien, † 10. 8. 955 in der Lechfeldschlacht)

∞ 913

KUNIGUNDE, Witwe des 907 gefallenen Markgrafen Liutpold (von Bayern)

Vater: wahrscheinlich der schwäbische Pfalzgraf Berthold († nach 897)

Mutter: unbekannt (wohl aus dem elsässischen Geschlecht der Erchangare)

Zu Kunigundes Verwandten vgl. M. Borgolte, Die Grafen Alemanniens in merowingischer und karolingischer Zeit (1986) S. 79–82, 105–111; ders., Die Geschichte der Grafengewalt im Elsaß von Dagobert I. bis Otto d. Gr., ZGO 131 (1983) S. 25ff.

Geboren ist Kunigunde etwas vor 878 (aus der Großjährigkeit ihres erstehelichen Sohnes Arnulf 907 erschließbar), gestorben ist sie an einem 7. 2. unbekannten Jahres zwischen 915 und 936.

Grabstätte: Kloster Lorsch

Die Ehe Konrads I. und Kunigundes blieb kinderlos. Für die gelegentlich geäußerte Vermutung, Konrad sei vor 913 schon einmal verheiratet gewesen, fehlen stichhaltige Argumente.

Ab 906 ist Konrad in einer herzogsgleichen Stellung in Ostfranken.

Um den 7.–10. 11. 911 wird Konrad in Forchheim zum König erhoben.

Als der junge, gerade erst 18 Jahre alte König Ludwig das Kind am 24. 9. 911 verstarb, stürzte das seit dem Tode Kaiser Arnulfs von Kärnten in eine starke innere Umstrukturierung eingetretene Ostfränkische Reich ganz eklatant in eine tiefe Krise. Der jahrelang für den Kinderkönig tätige Regentschaftsrat, in dem die Konradiner als nahe Verwandte Ludwigs des Kindes (über dessen Mutter, die Konradinerin Oda) sehr einflußreich waren, hatte es nicht vermocht und wohl auch gar nicht erstrebt, das Heranwachsen von Mittelgewalten zu unterbinden. Als kampfbereite Anführer *(duces*/Herzöge) von Aufgeboten gegen die fast alljährlich in das Reichsgebiet einfallenden Ungarnscharen und kühnen Wikinger-piraten waren manche Adelige ganz unentbehrlich geworden; und sie hatten begonnen, sich zwischen die königliche Spitze der Reichsführung und den in der Reichsverwaltung sonst tätigen Grafenadel als faktisch unentbehrliche Ord-nungsinstanzen zu schieben. Was der junge König selbst zur Bewältigung der schweren Aufgaben nicht hatte leisten können, war mehr und mehr von einigen entschlossenen, durch Erfolge aber immer anspruchsvoller und selbstbewußter werdenden hohen Adeligen wahrgenommen und ausgeführt worden. Daß der besondere Einsatz zu einer geregelten Dauerakzeptanz der entstandenen Führer-positionen – als Herzogsamt im Reichsaufbau – hindrängte: wen sollte das verwundern? Eine innere Umschichtung der Machtverhältnisse im Reich Lud-wigs des Kindes, die auf die Etablierung von Herzogsherrschaften hintendierte, obschon die Verhinderung solcher starker Mittelgewalten seit der Zeit Karls des Großen zum politischen Credo der Karolinger gehört hatte, war also schon ganz unübersehbar in Gang gekommen.

Daß die Umstrukturierung der Herrschaft sich zur Krise auswachsen mußte, lag freilich nicht nur daran, daß die besonders von den Ungarneinfällen ausge-hende allgemeine Bedrohung auch durch die tapferste Gegenwehr der Regional-gewalten keine auf Dauer spürbare Verminderung erfuhr; noch wichtiger war, daß der einmal ausgelöste Prozeß der Hierarchisierung im Adel, in dem sich die künftigen Herzöge und Herzogsgeschlechter herausbildeten, als ein aufreibendes Kräftemessen im Inneren ablief. Während sich die Großen – so berichtet ein Zeitgenosse, der Geschichtsschreiber Regino von Prüm, anläßlich des Ausbruchs der sogenannten Babenberger-Fehde zwischen den Familien der Babenberger und der Konradiner um die Vormachtstellung in Ostfranken – »mit dem Adel ihres Blutes, mit der großen Anzahl ihrer Verwandten und der Größe ihrer irdischen Macht über Gebühr brüsteten, fielen sie in gegenseitigen Metzeleien übereinan-der her, unzählige gingen auf beiden Seiten durch das Schwert zugrunde, Ver-stümmelungen an Händen und Füßen wurden verübt, ganze Landschaften wur-den durch Raub und Brand zugrunde gerichtet«.

Die Konradiner, die im hessischen Rhein-Main-Gebiet mit Besitz und Ämtern schon seit den dreißiger Jahren des 9. Jahrhunderts verankert waren und ihren Einfluß in die oberen Mainlande auszudehnen versuchten, sich aber auch in Lotharingien seit einiger Zeit engagiert hatten, waren nicht lediglich Beteiligte, sondern sogar Hauptakteure in diesem gnadenlosen inneren Streit. In ihrer seit 897 aufgebrochenen Vorrangfehde gegen die am Obermain vorherrschenden Babenberger hatten die beiden Konradiner Graf Eberhard († 902) und Graf Konrad der Ältere († 906), der Vater des späteren Königs Konrad I., ihr Leben eingebüßt, während das Geschlecht ihrer Rivalen, teils durch den Kampfestod (Graf Heinrich † 902), durch Hinrichtung in Gefangenschaft (Graf Adalhard † 902) bzw. Enthauptung nach hinterlistiger Gefangensetzung (Graf Adalbert † 906), gleichsam ausgerottet wurde. Nach dem Tod Graf Konrads des Älteren war sein Sohn Konrad der Jüngere, der künftige König, an die Stelle des Vaters im Regentschaftsrat nachgerückt und hatte in Ostfranken eine Position als *dux/* Herzog – wie er das später selbst einmal bezeugen sollte – erlangt. In Lotharingien, dem ehemaligen Herrschaftsbereich König Lothars II., hatte der Konradiner Gebhard, ein Bruder der beiden 902 bzw. 906 ums Leben gekommenen Grafen Eberhard und Konrad, vom jungen König Ludwig dem Kind bzw. seinem Regentschaftsrat die Vorrangstellung als »Herzog im ehemaligen Lotharreich« sogar sanktioniert erhalten, nachdem er dort oberlotharingische und niederlotharingische Adelsgruppierungen – die Matfriedinger und die Reginare – hatte zurückdrängen können, bevor er 910 am Lech im Heer Ludwigs des Kindes gegen die Ungarn den Tod fand.

Die zurückgedrängten Kräfte waren, als Gebhards Tod bekannt wurde, sofort wieder auf dem Plan. Das machte schließlich die Krise ganz offenbar. Knapp gehaltene alemannische Annalen vermelden zum Jahr 911, daß »die Großen der Lotharingier sich von König Ludwig trennten«. Erst im nächsten Satz berichten sie den Tod Ludwigs und die Wahl seines Nachfolgers. Noch vor dem plötzlichen Ableben Ludwigs (24. 9. 911) hatten also die maßgeblichen Großen des einstigen Lotharreiches, voran der Markgraf Reginar, ihr Verbleiben im Staatsverband Ludwigs aufgekündigt und dazu den Karolinger Karl den Einfältigen vom Westreich in ihr Land gerufen, in dem dieser bereits am 1. 11. 911 seine Herrschaft antrat.

Was sollte nach Ludwigs des Kindes Tod mit dem karolingischen Ostreich geschehen? Ludwig war der letzte Karolinger der ostfränkischen Linie gewesen. Sollte man den 893 im Westreich zum König erhobenen und erst seit dem Tode seines Gegners Odo 898 das Westfränkische Reich allein regierenden Karl den Einfältigen zur Herrschaftsübernahme im Osten einladen? Ein virulentes Bewußtsein eines alleinigen karolingischen Geblütsanspruchs auf den Thron, wenn es bei allen Großen vorhanden gewesen wäre, hätte dies gewiß erwirkt. Jedoch schon 879 hatte man sich in der Provence mit der Erhebung des Nichtkarolingers Boso und dann Anfang 888 nach der Absetzung Kaiser Karls III. durch Arnulf von Kärnten bei der Thronsetzung eigener Könige im Westreich, in

Burgund und in Italien nicht mehr an das karolingische Geblütsvorrecht gebunden gefühlt. Ein karolingisch-legitimistisches Denken kann 911 auch im Osten nicht mehr sehr stark gewesen sein, obwohl es 900 beim Sturz des Lotharingierkönigs Zwentibold und der Einladung Ludwigs des Kindes noch einmal zum Zuge gekommen war. Aber konnte man überhaupt an Karl den Einfältigen denken? Dadurch, daß die lotharingischen Großen sich von Ludwig dem Kind und seiner konradinisch dominierten Beraterschaft »getrennt« und ihrerseits Karl den Einfältigen eingeladen hatten, war eine gleiche Entscheidung der anderen ostfränkischen Magnaten, die der erstarkten Position der Konradiner Rechnung tragen mußten, selbstverständlich ausgeschlossen. Der innere Zwist bedingte gleichsam eine Neuwahl. Zwischen dem 7. und 10. 11. 911 einigten sich die alle wichtigen Stammesbereiche und deren Bewohner – Franken, Sachsen, Alemannen und Bayern – repräsentierenden Großen, die im fränkischen Forchheim zusammengekommen waren, auf Konrad. Er war es, der – zumal er schon im Regentschaftsrat eine maßgebliche Rolle gespielt hatte und seit 906 der mächtigste Mann im Frankenstamm war – den Vorrang des Frankentums im Staat fortsetzen konnte, der aber auch am ehesten – als selbst Betroffener – die Abspaltung der Lotharingier aus dem seit 887 bestehenden und im Jahr 900 (durch die Rückgliederung des 895 verselbständigten Lotharreiches) gefestigten Ostreich rückgängig zu machen vermochte. Daß ein deutsch-völkisches Gemeinschaftsgefühl, das auf der gleichen germanischen Sprachgrundlage aller Ostreichsbewohner beruhte und eine größere Distanz zu den Romanen des Westens erstrebte, die Großen in Forchheim bei der Nichteinladung Karls des Einfältigen und der Erhebung Konrads I. bestimmt hätte, dafür gibt es keine Anhaltspunkte in den Quellen. Die Abspaltung jener Bereiche des alten Lotharingien, in denen – wie etwa im Elsaß, den Mosellanden um Trier, in der Eifel, im Kölner und Aachener Raum – unzweifelhaft deutsch gesprochen wurde, und deren Hinwendung zum romanischen Westen Karls des Einfältigen machten ganz deutlich, daß damals das völkisch-nationale Denken noch nicht die Gemüter erfüllte.

Wie die Wahl Konrads I. im einzelnen verlief, geben unsere kargen Quellen nicht zu erkennen.[1] Sicher ist nur, daß Konrad anschließend gesalbt wurde und daß er seine Regierungsaufgaben mit Schwung in Angriff nahm. Ihm stellten sich, wie schon aus dem bisher Gesagten erkennbar ist, drei Hauptaufgaben: 1. die Rückgewinnung Lotharingiens, 2. die Beseitigung der vor allem durch die Ungarn drohenden äußeren Gefahren und 3. die Lösung des Problems der neu aufkommenden Mittelgewalten und der angemessenen Verteilung der Macht im Staate.

Trotz persönlicher Tüchtigkeit und eifrigen Mühens hat er, der bewußt ein Fortsetzer karolingischer Tradition sein wollte, dabei aber zu starr auf die karo-

---

1   Ob die von Widukind von Corvey überlieferte Nachricht glaubhaft ist, daß man in Forchheim zunächst an die Wahl Herzog Ottos des Erlauchten von Sachsen gedacht habe, dieser jedoch Konrad vorschlug, wird in der Forschung bezweifelt.

KÖNIG KONRAD I.

lingischen Vorbilder fixiert war, die Bewältigung dieser Aufgaben nicht geschafft. Die Rückgewinnung Lotharingiens hat er zunächst angepackt; die beiden Feldzüge vom Frühjahr und Sommer 912 indessen, die ihn einerseits nach Straßburg und andererseits nach Aachen führten, wie ebenso ein dritter Kriegszug im Frühjahr 913, der wiederum über das Elsaß in das obere Lotharingien hinein ausgedehnt wurde, brachten keinen durchschlagenden Erfolg. Die Herrschaft Karls des Einfältigen blieb dort ungeschmälert bestehen. Vor allem der Verlust der Mittelmoselbereiche um Trier, in denen die Konradiner schon früher Einfluß genommen hatten, dürfte für Konrad schmerzhaft gewesen sein. Alle weiteren Versuche der Rückgewinnung mußten eingestellt werden, weil vom Sommer 913 an die Ungarneinfälle in Bayern und Alemannien seine Aufmerksamkeit erforderten und weil auch die Herzogsfrage immer drängender wurde. Zumal die Ungarnabwehr wiederum von den Regionalgewalten in Bayern und Schwaben organisiert wurde, stieg freilich auch deren Ansehen damit weiter. So haben die bayerischen Scharen des »Herzogs« Arnulf, des Sohnes des 907 gegen die Ungarn gefallenen Markgrafen Liutpold, zusammen mit alemannischen Aufgeboten der Grafenbrüder Erchanger und Berthold sowie des Grafen Udalrich 913 am Inn einen ansehnlichen Erfolg errungen. Dieser von den Mittelgewalten erfochtene Sieg entspannte aber die Krise nicht, er verschärfte sie offensichtlich sogar noch. Denn nachdem Konrad I. 912 in Sachsen nach dem Tode jenes Otto des »Erlauchten«, dem die Quellen schon eine einzigartige Vorrangstellung im Sachsenstamm und auch über weite Teile Thüringens zuschreiben, versucht hatte, bei der Nachfolge von Ottos Sohn Heinrich im väterlichen »herzoglichen« Machtkomplex einige Lehen einzuziehen, aber auf den Widerstand Heinrichs gestoßen war, der im Gegenzug die Besitzungen der Mainzer Kirche in Sachsen und Thüringen okkupierte und thüringische Verwandte Konrads verjagte, waren die durch ihren Sieg selbstbewußter gewordenen süddeutschen Großen nicht mehr bereit, ähnliche Maßnahmen ihres Königs hinzunehmen, die – wie in Sachsen – die herzogliche Macht schwächen konnten und sollten. Erchanger und Berthold stellten sich in diesem Zusammenhang vor allem gegen eine ihnen abträgliche Begünstigung Bischof Salomos III. von Konstanz, des Kanzlers Konrads I. »Ein Zwist brach aus zwischen dem König und Erchanger«, vermelden die alemannischen Annalen in lakonischer Kürze. Konrad hat diesen Gegensatz noch im gleichen Jahr 913 mit dem probaten Mittel der Heiratspolitik zu beheben versucht: Er heiratete »gleichsam als Faustpfand des Friedens« Erchangers und Bertholds Schwester Kunigunde, die Witwe des 907 gefallenen bayerischen Markgrafen Liutpold, womit er sich zugleich einen starken Einfluß auf Kunigundes Sohn »Herzog« Arnulf von Bayern erhofft haben dürfte. Doch schon 914 flammte der Streit wieder auf. Und nun begannen die Ereignisse sich gleichsam zu überschlagen: Erchanger nahm den Bischof Salomo in Haft; im Gegenzug befreite der König seinen Kanzler, setzte seinerseits Erchanger gefangen und verwies ihn dann des Landes. Darauf revoltierte Erchangers Neffe, Herzog Arnulf, in Bayern gegen Konrad, seinen Stiefvater. Arnulf konnte nach Ungarn vertrieben werden. Aber durch die Exilierung Erchangers erhielt in Alemannien nunmehr Burchard II., der Sohn des 911 – in den Tagen des Abfalls der Lotharingier und des Todes Ludwigs des Kindes – beim Aufbauversuch einer alemannischen Herzogsherrschaft hinterlistig auf Betreiben Salomos von Konstanz getöteten Burchard I., die Oberhand und geriet – als weiterer Gegner Salomos – mit dem König in Kampf. Die Verwirrung wurde noch gesteigert durch Ungarnhorden, die »Alemannien mit Feuer und Schwert verwüsteten«, dazu auch Thüringen und Sachsen heimsuchten, wo der Abt von Fulda – nicht der König – ihnen erbitterten Widerstand leistete und sie vertrieb. Statt gegen die Ungarn zu rüsten, hatte Konrad seinen Bruder Eberhard gegen Heinrich nach Sachsen geschickt. Eberhards Heer wurde jedoch aufgerieben, und Heinrich vergalt den Angriff seinerseits mit einem Einfall in Franken, so daß Konrad aus Alemannien nach Franken zurückkehren mußte, von wo er nach Sachsen vorstieß.[2] Von innerer Einheit war wahrlich jetzt nichts mehr zu spüren. Den Abzug Konrads nutzte Erchanger wiederum zur alsbaldigen Rückkehr und zu einem Bündnis mit seinem Rivalen Burchard; gemeinsam besiegten sie die Königsanhänger bei Wahlwies (westlich der Pfalz Bodman), und Erchanger wurde darauf zum *dux*/Herzog ausgerufen. Auch Arnulf kehrte nach Bayern zurück. Hier griff ihn Konrad im Frühjahr des folgenden Jahres 916 an. Regensburg als Hauptort Arnulfs wurde verwüstet und in Brand gesteckt, aber von Arnulf bald erneut befestigt.

Ein Niederringen der Mittelgewalten hat Konrad somit nicht erreicht. In Sachsen und Bayern hat er die Festigung, in Schwaben die erste Ausbildung des Herzogtums nicht verhindern können, durch seine Reaktionen eventuell sogar beschleunigt. Die weltlichen Großen verschwinden deshalb auch zusehends aus der Umgebung des Königs; als Urkunden-Intervenienten findet man seit dem offenen Ausbruch der Rebellion in Süddeutschland nur noch einige wenige Bischöfe – darunter bayerische, die den König in seiner ablehnenden Haltung gegenüber seinem Stiefsohn Arnulf wohl noch bestärkt haben werden, zumal Arnulf zur Festigung seiner eigenen Position und zur Verbesserung der Verteidigungskraft seines bayerischen Stammesgebietes in großer Menge Kirchengüter beschlagnahmte. Die Bischöfe sollten auch fortan eine feste Stütze der Königsherrschaft sein. Deshalb trat am 20. 9. 916 in Hohenaltheim (bei Nördlingen/Ries) eine »Generalsynode« – freilich nur der hohen Geistlichkeit aus Franken, Schwaben und Bayern, während die sächsische fernblieb – zusammen, der der König offenbar beiwohnte und auf der ein eigens hierfür entsandter päpstlicher Legat, Bischof Petrus von Orte, bei der Überwindung der anarchischen Zustände im Reich und in der Kirche mithelfen sollte. Hier stellten sich die Bischöfe zur Stärkung der Königsgewalt ausdrücklich hinter den König als einen »Gesalbten des Herrn«, gegen den sich aufzulehnen ein Sakrileg sei; die aufrührerischen

---

2 Daß Konrad nach seinem Gegenschlag, der ihn bis vor die sächsische Pfalz Grone führte, mit Heinrich zu einem förmlichen Abkommen der gegenseitigen Respektierung kam, wird oft vermutet, ist aber nicht in den Quellen bezeugt.

KÖNIG KONRAD I.

Grafenbrüder Erchanger und Berthold, also Konrads Schwäger, wurden zu lebenslanger Klosterhaft verurteilt und der bayerische Herzog Arnulf und sein Bruder Berthold, die beiden Stiefsöhne Konrads, die trotz Aufforderung nicht erschienen waren, vor eine neue Versammlung geladen. Die Wirkung war aber offenbar nur gering. Der Schwierigkeiten ist Konrad auch dadurch nicht Herr geworden, daß er nur drei Monate nach der Synode, am 21. 1. 917, seine Schwäger Erchanger und Berthold und dazu einen ihrer Neffen, Liutfried, die sich wohl in Hohenaltheim im Vertrauen auf eine Beilegung des Zwistes mit ihrem Verwandten gestellt haben dürften, unter eigenwilliger Verschärfung des Synodalspruchs hinrichten ließ. Denn das war nur das Signal für Erchangers bisherigen Rivalen Burchard II. Dieser erhob sich sogleich, besetzte die Güter der Hingerichteten und wurde von den schwäbischen Großen als *dux*/Herzog anerkannt, ohne daß der König dies verhindern konnte. In Bayern stellte sich Arnulf nicht etwa der angekündigten Synode, sondern begehrte wieder offen gegen den König auf, und er vertrieb den Königsbruder Eberhard aus Regensburg. Dazu erschienen 917 die Ungarn wieder plündernd in Süddeutschland, das sie bis weit nach Lotharingien hinein verheerten; von einer königlich organisierten Abwehr war nicht das geringste zu bemerken. In einer letzten Kraftanstrengung scheint Konrad im Herbst 918 nochmals gegen Regensburg gezogen zu sein. Erfolglos und verwundet kehrte er nach Franken zurück. An allen seinen großen Aufgaben gescheitert, starb dieser rechtschaffene, aber glücklose Regent am 23. 12. 918, ohne einen Sohn als möglichen Nachfolger zu hinterlassen. Im Kloster Fulda fand er sein Grab.

Die notwendige Konsequenz aus den schon unter seinem Amtsvorgänger in Gang gekommenen Entwicklungen im Inneren seines Reiches zu ziehen, nämlich einen sinnvollen Einbau der herangewachsenen Herzogsgewalten in den Staatsaufbau zu versuchen, hat Konrad nicht vermocht. Er wurde dadurch ein Regent, der sich nicht mehr ganz in die Grundvorstellungen der vergangenen Zeit einfügt, aber auch das unabänderliche Neue noch nicht begann: ein König an der Schwelle des Wandels von der fränkischen zur deutschen Geschichte. War er zu neuen Konzeptionen nicht fähig bzw. nicht einsichtig genug? Oder stand er dabei zu tief im Einfluß seiner bischöflichen Freunde, besonders des Erzbischofs Hatto von Mainz (891–913) und des Bischofs Salomo von Konstanz (890–919)? Unsere Quellen geben darauf keine Antwort. Erst auf dem Totenbett fand er zur längst erforderlichen Besonnenheit, ja sogar zu wahrer historischer Größe: Die herbeigerufenen Verwandten und Freunde beschwor er, jetzt vor allem an das Wohl des ganzen Reiches zu denken und keinen Zwiespalt bei der Bestimmung seines Nachfolgers aufkommen zu lassen. Seinen Bruder Eberhard bat er, auf die anstehende Nachfolge zu verzichten, diese vielmehr dem Sachsenherzog Heinrich anzutragen, dem sich – schon lange erkennbar – das Glück und der Erfolg zugewandt hätten. »So sehr« – schreibt angesichts dieses Verhaltens etwas später ein sächsischer Chronist – »lag ihm das Gemeinwohl am Herzen, daß er dasselbe – eine seltene Tugend – sogar durch den Feind zu fördern suchte.«

König Heinrich I.

König Heinrich I.

* ca. 876

† 2. 7. 936 in Memleben

Grabstätte: Vor dem Altar der damaligen St.-Peters-Kirche (späteren Stiftskirche St. Servatius, Dom) auf dem Burgberg in Quedlinburg

Eltern: Graf (Herzog/*dux*) Otto der Erlauchte (* ca. 836/40, † 30. 11. 912) und Gräfin Hadwig (* ca. 850/55, † 24. 12. 903) aus der Familie der Babenberger
Eine Quellen und Literatur gleichermaßen auswertende Untersuchung über die Vorfahren Heinrichs I. liefert E. Hlawitschka, Zur Herkunft der Liudolfinger, in: ders., Stirps regia, Forschungen zu Königtum und Führungsschichten im früheren Mittelalter, hg. von G. Thoma und W. Giese (1988) S. 313–354 (mit Stammtafel auf S. 351).

Geschwister: Thankmar und Liudolf (beide † vor 912) sowie Liudgard, Äbtissin von Gandersheim († 21. 1. 923), und Oda († 956?), Gemahlin 1. König Zwentibolds v. Lotharingien, 2. Graf Gerhards; Halbschwester NN, Gemahlin eines Thüringers Wido

1. ⚭ ca. 906

Hatheburg, Tochter des (Grafen) Erwin v. Merseburg; Ehetrennung ca. 908/09

2. ⚭ 909 in Wallhausen

Mathilde (aus dem Geschlecht des Sachsenherzogs Widukind), Tochter des Grafen Dietrich (Theoderich) in Westfalen und seiner Frau Reinhild; beide † nach 929
Zur Herkunft Dietrichs vgl. K. Schmid, Die Nachfahren Widukinds, DA 20 (1964) S. 1–47; zur Seitenverwandtschaft Mathildes auch E. Hlawitschka, Kontroverses aus dem Umfeld von Kg. Heinrichs I. Gemahlin Mathilde, in: ders., Stirps regia (wie oben) S. 355–376.
Geboren ist Mathilde um 895, gestorben ist sie am 14. 3. 968
Grabstätte: neben Heinrich I. in Quedlinburg

912: Nachfolge im väterlichen herzoglichen Machtbereich in Sachsen und Thüringen
919: zwischen 12. und 24. 5. Königserhebung in Fritzlar

Völlig offen war die Zukunft jenes Staatsgebildes, dessen Wohl König Konrad I. sterbend mit seinem Bruder Eberhard, seinen Verwandten und den übrigen fränkischen Großen beraten hat. Die Krise hatte sich in der Regierungszeit Konrads bis zur Katastrophe von »Reich« und »Königtum« gesteigert. War das Reich Konrads, d. h. der ihm östlich des Rheins verbliebene Staatskomplex, insofern schon kein vollwertiger Teil des alten Großfränkischen Reiches mehr gewesen, als ja die das Frankenreich und seine Teile repräsentierende Karolinger-dynastie im Ostteil mit Ludwig dem Kind schon 911 erloschen und dort das karolingische Erbrecht seither nicht mehr praktiziert worden war, so begann es jetzt mit der Designation des Sachsenherzogs Heinrich durch den sterbenden König Konrad auch noch seinen genuin fränkischen Charakter zu verlieren: denn ohne fränkische Reichsspitze und ohne Vorherrschaft des Frankentums konnte im Grunde dieser Staat kein Frankenreich mehr sein. Und auch das Königtum als solches war beim Tode Konrads nicht mehr das der Karolinger, nämlich die von allen akzeptierte politische und weitgehend auch religiöse Integrationsinstanz des Staates sowie dessen unentbehrliches oberstes Handlungsorgan nach innen und außen hin. Schien denn nicht vielmehr der König, der die äußeren Feinde nicht abzuwehren und die inneren Spannungen nicht einzugrenzen und auszugleichen vermochte, ganz entbehrlich? Und war überhaupt – beim gegebenen Zwist, der Bayern, Schwaben und auch Sachsen weitgehend eigene Wege gehen ließ – der Reichszusammenhalt unter einem gemeinsamen König weiterhin möglich?

Daß nicht alles auseinanderbrach, die Herzogsgewalten sich nicht auf Dauer ganz verselbständigten und daß keine eigenen Stammesreiche entstanden, war der Einsicht zu verdanken, mit der sich die fränkischen Großen dem letzten Rat Konrads nach dessen Tod fügten. Eberhard, der nunmehrige Hauptrepräsentant des fränkischen Stammes, nahm die ihm anempfohlenen Beziehungen mit dem Sachsenherzog Heinrich auf – wenngleich wohl erst nach langem Bedenken der gegebenen Situation. Denn erst Mitte Mai 919, nach knapp fünf Monaten, war alles so weit abgeklärt, daß der Ausführung der Nachfolgeempfehlung Kon-rads I. seitens der Repräsentanten des Frankenstammes nichts mehr im Wege stand. Eberhard hatte inzwischen Frieden und einen Freundschaftsbund mit dem Sachsenherzog Heinrich geschlossen, sich ihm, dem künftigen Herrn, zur Verfü-gung gestellt und die Königswahrzeichen seines Bruders ausgeliefert. So konnte nunmehr von Franken und Sachsen gemeinsam in Fritzlar – auf fränkischer Erde, doch nahe der sächsischen Grenze – die Königswahl Heinrichs I. erfolgen.

Wer war dieser Heinrich, dem nun die Fortführung des Reiches oblag? Er gehörte einer alten sächsischen, vornehmlich im Gebiet zwischen Leine und Harz verankerten Adelsfamilie an, die man in der Geschichtswissenschaft – nach dem ältesten gesicherten Ahnen Graf Liudolf († 866), dem Großvater Heinrichs I. – die »Liudolfinger« nennt oder auch – nach dem bedeutendsten aus ihr hervorgegangenen Mitglied, Heinrichs I. Sohn Otto dem Großen – als die »Ottonen« bezeichnet. Liudolf hatte bereits in der Mitte des 9. Jahrhunderts im östlichen Sachsen eine herausragende Stellung als *dux orientalium Saxonum* eingenommen und um 850 in Brunshausen auf altem Familiengrund zum Zeichen seiner christlichen Gesinnung und zugleich für die Versorgung einiger seiner Töchter ein Kanonissenstift gegründet, das 881 nach Gandersheim verlegt wurde. Liudolfs ältester Sohn Brun hatte 880 an der Spitze eines gesamtsächsischen Heeres gegen die Normannen den Tod gefunden; sein Bruder Otto der Erlauchte, der Vater Heinrichs I., war ihm daraufhin in seiner gesamtsächsischen Führungsposition nachgefolgt; er bewährte sich u. a. in Grenzkämpfen gegen benachbarte Slawenstämme. Die Ranghöhe dieser Familie zeigte sich auch daran, daß Liudolfs Tochter Liudgard von König Ludwigs des Deutschen Sohn, König Ludwig dem Jüngeren (876–882), in die Ehe geführt wurde und daß 897 der Lotharingierkönig Zwentibold (895–900) Ottos des Erlauchten Tochter Oda zur Frau nahm. Mit einem anderen angesehenen Geschlecht, den ostfränkischen Babenbergern, waren die Liudolfinger durch die Ehe Ottos des Erlauchten mit der Babenbergerin Hadwig verbunden. Otto hat seinen Einfluß bereits nach Thüringen (Eichsfeld und Südthüringgau) und Hessen (Abtei Hersfeld) auszubreiten vermocht, so daß ihm als einem der Vornehmsten nach dem Tode König Ludwigs des Kindes schon das Königtum im karolingischen Ostreich angetragen worden sein soll, was er aber aus Altersgründen abgelehnt habe. Da beim Tode Ottos des Erlauchten (912) zwei seiner Söhne, Thankmar und Liudolf, bereits verstorben waren – deren Nachkommen treten erst um die Jahrtausendwende wieder aktiv in der Geschichte hervor –, konnte Heinrich im väterlichen »Dukat« nachfolgen. Und darin hatte er sich auch gegen König Konrads I. Beeinträchtigungsversuche wacker behauptet. Eine Verschärfung der Spannungen hatte er aber, nachdem Konrads Maßnahmen abgewehrt waren, offenbar nicht betrieben. Und insofern konnte er den Konradinern als einsichtiger Partner bei der Aufarbeitung des »Erbes« Konrads I. erscheinen.

Eine erste Stärkung seiner Position hatte Heinrich übrigens besonders dadurch erreicht, daß er zuerst über eine Ehe mit der Merseburger Grafentochter Hatheburg weite Besitztümer im Merseburger Raum gewann, die er aber nach der alsbaldigen Ehetrennung (unter dem Vorwand eines die Ehe eigentlich verhindernden früheren Gelübdes Hatheburgs) nicht wieder herausgab, und danach (909) die westfälische Widukind-Nachfahrin Mathilde heiratete, die ihm weiteren großen Reichtum und Einfluß in Westsachsen eingebracht hat. So war Heinrich, als er sich nach Fritzlar begab, der mächtigste und angesehenste Mann Sachsens samt Thüringen und Friesland.

Diesen Sachsen Heinrich rief also der Franke Eberhard vor dem in Fritzlar versammelten »Volk der Franken und Sachsen« zum neuen König aus, und

Heinrich erhielt den Zuspruch der Anwesenden. Bayern, Alemannen oder gar Lotharingier waren nicht zugegen.

Zum feierlichen Akt der Königserhebung gehörte angesichts der unübersehbaren Bedeutung der Bischöfe im Staatsleben und wegen der seit den Tagen Ludwigs des Kindes auch im Ostreich üblich gewordenen kirchlichen Benediktion eines Herrschers, daß der neue König eine (zugleich die Gunst der Bischöfe aufzeigende) kirchliche Weihe und Salbung zur Verdeutlichung der auf ihm ruhenden heilswirksamen Gnade empfing. Hierin aber lagen für Heinrich bereits die ersten Probleme. Eine besondere Hervorhebung der Bischöfe durch die Annahme eines Weiheangebots konnte ja von den Großen, die – wie Herzog Arnulf von Bayern und sein Bruder Berthold – eben erst in Hohenaltheim vor den Richterstuhl der hohen Geistlichkeit geladen worden waren, als ein Zeichen für eine Fortführung der auf den Bischofseinfluß gestützten Politik Konrads I. gedeutet werden. Eine gefährliche Signalwirkung konnte hierin liegen. Heinrich hat deshalb eine Salbung und Krönung zwar nicht grundsätzlich abgelehnt, aber auch nicht angenommen. Und dies bekundete er – gewiß nach Absprachen mit den Beteiligten – am Wahltag. Durch das ihm öffentlich vom Erzbischof Heriger von Mainz (913–927) angetragene Salbungsangebot war er einerseits der kirchlichen Würdigkeit teilhaftig erwiesen, und mit seinem öffentlichen Verzicht – in die Bekundung gekleidet, er wolle vor seinen Großen *(maiores)* nur den Königsnamen, aber nicht mehr, voraushaben – war andererseits die für einen Neubeginn zur Aussöhnung und Vereinigung aller politischen Kräfte im Lande notwendige Weichenstellung sichtbar dokumentiert. Das ließ sich als Darlegung seiner Regierungsgrundsätze verstehen. Ohne die besondere Rücksichtnahme auf den Rat der Bischöfe und gleichsam nur in der Funktion eines *primus inter pares* sollte ein neuer Weg beschritten werden. Daß aber dieser Schritt nicht Ausdruck einer antikirchlichen Gesinnung war, hat Heinrich sogleich durch die Einsetzung des Mainzer Erzbischofs als Erzkaplan seiner Kanzlei untermauert.

Kurzfristiger Erfolg war demnach nicht das Ziel dieses Verhaltens. Ein solcher lag auch schon deshalb in weiter Ferne, weil um die gleiche Zeit, in der Heinrichs Wahl in Fritzlar erfolgte, auch der Bayernherzog Arnulf von seinen Gefolgsleuten und von einigen offenbar nicht zu Eberhards Freunden zählenden Franken zum König ausgerufen wurde. Eine Doppelwahl war also geschehen. Von den beiden Königen sah sich Heinrich gewiß von vornherein in der Pflicht für das ganze Reich; Arnulf dagegen scheint, da er nicht über Bayern hinaus aktiv wurde, lediglich ein bayerisches Sonderkönigtum – seine gleichsam zum Königsrang aufgewertete Herzogsstellung – vor Augen gehabt zu haben.

Die öffentliche Proklamation seiner Herrschaftsauffassung dürfte Heinrich – wenn überhaupt für die momentane Situation mitkonzipiert – vornehmlich an Herzog Burchard II. und seine Alemannen gerichtet haben, die weder an seiner noch an Arnulfs Königserhebung beteiligt waren. Sie waren wohl auch am ehesten für die Einordnung in die Reichseinheit wiederzugewinnen; denn Burchards Stammesherzogtum war das jüngste und damit sicherlich nicht sehr tief verwurzelt; und zudem stand Burchard in harter Bedrängnis durch König Rudolf II. von Hochburgund (912–937), der die Pfalz Zürich in seine Gewalt gebracht hatte und von dort zum Bodenseegebiet, dem damaligen politischen und kulturellen Zentrum Alemanniens, vorzustoßen begann. Bei Winterthur konnte Burchard ihn 919 zurückschlagen. Als nun aber auch Heinrich mit einem Truppenaufgebot anrückte und damit seine Entschlossenheit, das Reich wieder zu konsolidieren, demonstrierte, »übergab Burchard sich ihm mit allen seinen Burgen und seinem gesamten Volke«, wie der sächsische Geschichtsschreiber Widukind von Corvey berichtet. Die Huldigung erfolgte offenbar ehrenvoll in vasallitischen Formen, womit eine Anerkennung der in den letzten Jahren in Alemannien gewachsenen hierarchischen Strukturen verbunden war. Heinrich hat somit das vorhandene Herzogtum als Bauelement in die künftige Staatsordnung integriert; darüber hinaus hat er aber dem Herzog auch die Verfügungsgewalt über das in Alemannien gelegene Fiskalgut und die anderen materiellen Grundlagen des Königtums überlassen und desgleichen die Aufsicht über die Bischofssitze und Reichsklöster, womit die Nutzung von Teilen des Bistums- bzw. Klostergutes eingeschlossen war. Burchard wurde damit zu einem legitimierten Sachwalter des Königs in Alemannien. Der – nach der Einigung mit Eberhard von Franken – wichtigste Grundstein für die Aussöhnung und den Frieden im Innern des Reiches war so gelegt.

Länger brauchte Heinrich, seinen Führungsanspruch auch in Bayern durchzusetzen. Erst nach einem fehlgeschlagenen und einem unentschiedenen Feldzug wurde hier 921 ein Übereinkommen erzielt. Dabei wurde dem Bayernherzog als Gegenleistung für die vasallitische Huldigung und den Verzicht auf den Königstitel wohl noch deutlicher als in Alemannien die Verfügung über die Bistümer, Reichsklöster und das Reichsgut in seinem Stammesgebiet belassen und wiederum ein Freundschaftsbund, der dem Herzog das persönliche, in tiefster Gottesfurcht wurzelnde Vertrauen des Königs garantierte, geschlossen. Vielleicht kamen sogar bestimmte Berechtigungen in der Außenpolitik dazu. Damit war der nächste wichtige Schritt zur Bewahrung der Reichseinheit getan. Die Anerkennung der gewachsenen Realität und die über den Freundschaftsbund ermöglichte Einflußnahme des Herzogs in bisher königliche Verfügungsbereiche sind wiederum der sichtbare Ausdruck einer Verwirklichung der Wahltagsproklamation.

Bereits 920, noch während der Verständigungsbemühungen mit Arnulf von Bayern, boten sich Heinrich auch Möglichkeiten, Kontakte zu Giselbert, dem Sohn des 911 zum Westreich abgefallenen Lotharingier-*dux* Reginar, aufzunehmen, der mit seinem König, Karl dem Einfältigen, in Zwist geraten war. Ein Vorstoß des Westfranken gegen Worms war die Revanche. Zur Bereinigung der Spannungen sollte ein Vertrag dienen, der – nachdem inzwischen die Einigung mit Arnulf von Bayern erzielt war – am 7. 11. 921 auf einem mitten im Rhein bei Bonn verankerten Schiff, also genau auf der Grenze der beiden Herrschaftsbereiche, geschlossen wurde. Karl der Einfältige als *rex Francorum occidentalium* und

Heinrich als *rex Francorum orientalium* sicherten sich eidlich Frieden und Freundschaft zu. Für Heinrich bedeutete dies die Anerkennung seines (nichtkarolingischen) Königtums und den Verzicht des westfränkischen Karolingers auf die karolingischen Staats- und Erbrechtsansprüche gegenüber seinem neuen Staatsgebilde, das man gleichwohl traditionsgemäß weiterhin als Ostfränkisches Reich bezeichnete. Schien der Preis hierfür mit der Akzeptierung der bestehenden Grenzen der fortdauernde Verlust Lotharingiens zu sein, so schuf die Entwicklung im Westreich aber doch bald neue Fakten. 922 brach dort nämlich eine Rebellion gegen Karl den Einfältigen los, und ein Gegenkönig, Robert, wurde erhoben, der sich gleichfalls an Heinrich wandte; auch mit diesem kam es zu einem Freundschaftsbündnis. Indem Heinrich freilich keinem der westfränkischen Rivalen aktive Unterstützung gewährte, erschien er den Lotharingiern, die durch ihren Herzog Giselbert in die Auseinandersetzungen hineingerissen wurden, bald als Hort der Stabilität und des Friedens. Als aber König Robert am 15. 6. 923 bei Soissons gegen Karl den Einfältigen gefallen war und sein Schwiegersohn Rudolf (Raoul) v. d. Bourgogne die Nachfolge antrat (923–936), Karl bald danach in die Gefangenschaft seines eigenen Kronvasallen Heribert von Vermandois geriet, der ihn wiederum als Faustpfand seiner eigenen Politik gegen Rudolf (Raoul) einsetzte, und als die von den Wirren abgestoßenen Lotharingier unter Führung des Trierer Erzbischofs Ruotger und ihres Herzogs Giselbert um Hilfe baten, griff Heinrich militärisch ein. Die östliche Landeshälfte Lotharingiens erkannte darauf Heinrich als König an. Als Giselbert sich jedoch 925 wieder zum Westreich hin ausrichten wollte, packte Heinrich entschlossen zu, forderte die Huldigung aller Lotharingier ein und gliederte ihr Land seinem Reich an. Es gelang ihm ohne großes Blutvergießen. Die Sezession der Lotharingier aus dem Reich Ludwigs des Kindes war damit rückgängig gemacht und – wie die weitere Geschichte ergeben hat – die Westgrenze des mittelalterlichen Deutschen Reiches festgelegt. Auch Giselbert wurde – nach kurzer Kaltstellung, während der die zerstrittenen lotharingischen Kräftegruppierungen auch untereinander versöhnt wurden – nun von Heinrich in seiner Führungsrolle akzeptiert, in lehnrechtlichen Formen offiziell als Herzog eingesetzt und mit einer Verpflichtung zu gegenseitiger Freundschaft (*amicitia*) in sein Herrschaftssystem eingebunden; 928 erhielt er sogar Heinrichs Tochter Gerberga zur Frau. Lotharingien wurde damit ein Herzogtum im Reich Heinrichs I. wie Alemannien, Bayern, Franken und Sachsen auch. Der Wiedergewinn Lotharingiens bedeutete aber ebenso die Erneuerung des Umfangs des alten Ostfränkischen Reichs und – da es Aachen mit dem Karlsthron einschloß – einen bewußten Eintritt in die Karlstradition und in das Erbe der ostfränkischen Geschichte.

In Alemannien bot sich Heinrich schon 926 eine Möglichkeit, die Herzogsgewalt fester an die Krone zu binden. Herzog Burchard II., dessen Tochter Bertha der Hochburgunderkönig Rudolf II. zur Bereinigung des 919 aufgetretenen Konflikts zur Frau genommen hatte, war mit seinem Schwiegersohn nach Italien gezogen. Rudolf II. war 922 dorthin zur Übernahme des Königtums gegen den von vielen abgelehnten König und Kaiser Berengar I. (888–924) eingeladen worden, hatte dort aber auch Gegner vorgefunden, die – nach Berengars Tod – 926 einen anderen Prätendenten, nämlich Markgraf Hugo von der Provence, zur Thronübernahme einluden. Gegen sie hat Burchard II. Ende April 926 vor Novara den Tod gefunden, während Hugo anschließend von ihnen zum *rex Italiae* erhoben wurde. Heinrich konnte dadurch in die gewachsenen alemannischen Kräfteverhältnisse eingreifen. Auf einem noch 926 in Worms abgehaltenen Reichstag bestimmte er den Franken Hermann, einen Sohn des 910 als Lotharingierherzog gegen die Ungarn gefallenen Konradiners Gebhard, zum neuen Herzog von Alemannien, und dieser verheiratete sich seinerseits mit Burchards Witwe. Die 919 dem Herzog zugestandene Kirchenhoheit wurde bei dieser Neuregelung zurückgenommen und das Herzogtum sichtbarer als vorher vom König abgeleitet, die Verbindung zum Alemannenstamm durch die Heirat Hermanns aber ebenso bewahrt.

Auf dem Wormser Reichstag vom November 926, der zum ersten Mal seit Jahrzehnten wieder Große aus allen Reichsteilen zusammenführte, erschien indes auch König Rudolf II. von Hochburgund und übergab Heinrich die sogenannte Heilige Lanze, die Rudolf 921/22 von oberitalienischen Großen als Throninsignie des *regnum Italiae* mit der Aufforderung zur Herrschaftsübernahme (gegen Kaiser Berengar I.) erhalten hatte. Schon monatelang hatte sich Heinrich intensiv um ihre Überlassung bemüht, hatte gebeten, gefordert, gedroht; denn sie verkörperte nicht nur einen Anspruch auf Italien: von ihr hieß es ja, daß sie Teile der Nägel vom Leidenskreuz Christi enthalte, wodurch sie zugleich als unschätzbare Reliquie galt. Nachdem Rudolf in Italien gescheitert und die Lanze als Anspruchssymbol auf den italienischen Königsthron für ihn irrelevant geworden war, konnte er sich leichter auf ihre Übergabe an Heinrich verstehen, der seinerseits sogar bereit war, für dieses »unschätzbare Geschenk des Himmels« einen Teil Schwabens (Basel) hinzugeben, was ihm die Situation von 926 ermöglichte. Heinrich gelang hier mehreres auf einmal: Zunächst zeigte er sich damit erneut als Wahrer der Tradition seiner ostfränkischen Amtsvorgänger, besonders Arnulfs von Kärnten, der außer dem Ostreich und Lotharingien auch Hochburgund und Italien als zu seinem Kompetenzbereich gehörend betrachtet hatte. Auf Arnulfs Suprematiestellung meldete er also unmißverständlich seinen Anspruch an, und Rudolf II. beugte sich. Dem (aus der Arnulfstradition) »gerechterweise Gerechtes fordernden gerechten König übergab daher Rudolf die Lanze persönlich«, wie der Geschichtsschreiber Liudprand von Cremona berichtet, und »er überantwortete sich mit der Lanze zugleich selbst«, was Heinrich seinerseits mit einem Freundschaftsvertrag und eben einem Teil des Schwabenlandes belohnte. (Von Heinrich ab ist die Heilige Lanze in den Thronschatz der deutschen Könige eingegangen und noch heute in der Wiener Schatzkammer zu sehen.) Für Heinrich war die Lanze aber nicht nur als Anspruchssymbol auf Italien und als Zeichen der Unterordnung Hochburgunds von hohem Wert; noch vornehmlicher war sie für ihn »der Eckstein, durch den Gott das Irdische mit dem Himmlischen verknüpft hat«, eine »unüberwindliche Waffe« gegen sichtbare und unsichtbare Feinde. Eine solche brauchte er auch unübersehbar gegen die wieder gefährlich gewordenen Ungarn.

Diese hatten seit Heinrichs Regierungsantritt fast Jahr für Jahr neue Plünderungszüge nach Sachsen, Lotharingien, Burgund und Oberitalien unternommen. 924 war dabei ein ungarischer Anführer in die Hände der Leute Heinrichs gefallen, und Heinrich hatte für dessen Herausgabe einen 926 in Kraft tretenden neunjährigen Waffenstillstand bei gleichzeitiger Tributzahlung ausgehandelt. Der Wormser Reichstag hatte deshalb auch über einige von Heinrich beabsichtigte Abwehrmaßnahmen zu befinden. Sein ganzes Reich sollte an den Lasten und dem erhofften Sieg Anteil haben. Beschlossen wurden der rasche Ausbau und die Verproviantierung vorhandener älterer Befestigungen und deren ständige Belegung mit einer Besatzung, weniger der Neubau von Fluchtburgen. Jeder neunte der *agrarii milites,* der einfachen gestellungspflichtigen Landleute, hatte an diesem Burgenausbau mitzuwirken und ein Drittel aller Ernteerträge in Verwahrung zu nehmen, während die anderen acht sein Land mitzubebauen hatten. Entscheidender aber sollte die Neuorganisierung des Heeres durch den Aufbau und die Schulung einer Reitertruppe sein, mit der man den berittenen Ungarnscharen entgegentreten konnte. Hier hat Heinrich also entschlossen für das gesamte Reich zu handeln begonnen und damit das Wachsen eines neuen Einheitsbewußtseins in die Wege geleitet. Die nächsten Jahre waren deshalb auch gekennzeichnet von Grenzkämpfen mit den slawischen Nachbarn an der Elbe und Saale – Hevellern, Daleminziern, Wilzen, Abodriten und Redariern, dazu auch Böhmen –, um die neuen Reitertruppen zu erproben und zugleich die slawischen Nachbarn vor einer Unterstützung der Ungarn zu warnen.

Noch vor dem anvisierten Entscheidungskampf mit den Ungarn wollte Heinrich aber auch für sein Haus und das Reich sichere Vorsorge treffen. Im September 929 bestimmte er auf einem Hoftag zu Quedlinburg seinen in den Slawenkämpfen bereits bewährten Sohn Otto zu seinem künftigen Nachfolger, leitete dessen Vermählung mit einer englischen Königstochter (Edgith) in die Wege, bestimmte seinen jüngsten Sohn Brun für den Kirchendienst und setzte für seine Frau Mathilde ein Wittum fest. (Der ersteheliche Sohn Thankmar hat wahrscheinlich damals gleichfalls eine Abfindung erhalten, während der erst nach Heinrichs Königserhebung geborene Heinrich noch in der Familie blieb.) Symptomatisch an diesem Vorgang ist, daß Heinrich nur einen seiner drei Söhne – Otto, den ältesten aus seiner Ehe mit Mathilde – für die Nachfolge vorsah, während in der Karolingerzeit noch jeder der vorhandenen legitim geborenen Königssöhne einen Anteil am Reich als Erbe erhalten hatte. Dies war offenbar nicht mehr möglich. Die Reichsauffassung hatte sich – wie wir schon sahen – geändert. In der späten Karolingerzeit hatte man ja bereits begonnen, das Königsamt, das königliche *ministerium,* von der königlichen *persona* zu trennen. Die älteren Heils- und Geblütsrechtsvorstellungen, nach denen sich in der Vielzahl der Königskinder eine besondere Kraft zeige, ein Heil offenbare, das sich nur im

Königsgeblüt weitervererbe, waren daneben matt geworden. Das Reich wurde daher jetzt nicht mehr – wie noch zur Karolingerzeit – als ein großes, aufteilbares Familienbesitztum des Königs bzw. seiner Sippe angesehen, sondern von beiden gelöst. Seit Heinrichs Neuanfang beruhte es bereits auf der Mitträgerschaft der Herzöge und galt auch deshalb – abstrahiert von der Person und Familie des Königs – als ein eigenständiges, unteilbares Ganzes. Zudem hatten die bitteren Erfahrungen der letzten Jahrzehnte gelehrt, daß Macht durch Teilung nicht vermehrt, sondern aufgelöst wird. Dieser fundamentale, am Anfang der Entwicklung zur Unteilbarkeit des Reiches stehende Erkenntnisvorgang, daß Reich und Königsfamilie nicht ein und dasselbe sind, hatte schon Konrad I. auf dem Totenbett zu seinem spektakulären Verhalten gebracht, den Bruder zum Verzicht auf das bisher übliche königliche Erbrecht am Reich zu bewegen. Nun hatte der Gedanke des abstrakten, überpersönlichen, deshalb auch nicht mehr teilbaren Staates vollends Platz gegriffen. Er war keine Erfindung Heinrichs – denn solche Auffassungen hatten sich 907 bereits beim Nichtmehrteilen des bayerischen Herzogtums, 915 bei der Nichtteilung Lotharingiens und 912 auch beim Bewahren der Einheit des Königreichs Hochburgund trotz des Vorhandenseins mehrerer Herzogs- bzw. Königssöhne beim Tode des Vaters durchgesetzt –, aber er hat ihn jetzt ohne sichtbare Pression verwirklicht, ihn gleichsam als Ausdruck seiner zielbewußt seit 919 bekundeten Auffassung von der Einheit des Reiches im Zusammenwirken aller politisch verantwortlichen Kräfte in die Tat umgesetzt.

Auf der Basis der gesicherten inneren Einheit und nach genügendem Ausbau der Verteidigungsanlagen sowie der Erprobung des Panzerreiterheeres konnte nun dem Kampf mit den Ungarn entgegengesehen werden. 932 hat Heinrich den fälligen Jahrestribut verweigert und den dadurch herausgeforderten Ungarn, denen die Daleminzier keine Hilfe mehr zu leisten wagten, am 15. 3. 933 bei Riade (an der Unstrut?) mit seinen Panzerreitern eine achtunggebietende Niederlage beibringen können, während ein anderer ungarischer Heeresteil in Westthüringen aufgerieben wurde. Das Heer Heinrichs war aus Aufgeboten aller Stammesgebiete zusammengesetzt, und Heinrich hatte schon vorher die Ungarn als ihrer aller gemeinsamen Feind dargestellt, wie die Geschichtsschreiber Flodoard von Reims und Widukind von Corvey berichten. Das schon in der Überwindung der inneren Zwietracht geweckte Einheitsgefühl wurde durch den gemeinsamen Sieg gewiß enorm gestärkt.

Im folgenden Jahr, 934, hat Heinrich dann noch die Ukrer (i. d. Uckermark) tributpflichtig gemacht sowie den dänischen Kleinkönig Knuba in Haithabu unterworfen, womit die letzten Reste der Normannengefahr beseitigt und dort der christlichen Mission die Wege geebnet wurden.

Die innere Stabilisierung des Reiches und die Erfolge in der Abwehr der äußeren Feinde haben Heinrich auch in den Nachbarreichen zu einem hohen Ansehen verholfen. Dieses haben – neben einigen französischen Großen wie Graf Heribert von Vermandois – sowohl der französische König Rudolf (Raoul) als auch König Rudolf II. von Hochburgund akzeptiert. Bei einem Treffen der drei

Könige in Ivois a. d. Chiers an der Westgrenze Lotharingiens hat Heinrich nicht nur in innere Schwierigkeiten des Westreiches (zwischen König Rudolf/Raoul und Graf Heribert von Vermandois) schlichtend eingegriffen und dem Bruder des Königs, Graf Boso v. d. Bourgogne, einige eingezogene Besitzungen zur leichteren Versöhnung restituiert, sondern auch zwischen dem französischen und dem hochburgundischen König, der 926 Heinrichs Oberhoheit anerkannt hatte, vermittelt. Es ging bei deren Streit um das Niederburgundische Reich, das Erbe des 928 verstorbenen Kaisers Ludwig des Blinden, auf das der Hochburgunderkönig Rudolf II. als Sohn einer (Halb-)Schwester Ludwigs des Blinden den engsten Erbanspruch hatte, das sich aber der französische König Rudolf (Raoul) und Italiens König Hugo (v. d. Provence) schon geteilt hatten. Hier hat Heinrich offenbar das Zugeständnis der – nach einer gewissen Zeit vorzunehmenden – Übergabe an den Hochburgunder bewirkt, wenngleich er die Ausführung der Absprachen nicht mehr erleben sollte.

Nachdem er noch im gleichen Jahr bei der Jagd im Harz einen Schlaganfall erlitten und im darauffolgenden Frühjahr in Erfurt eine Reichsversammlung zur Bekräftigung der schon 929 erfolgten Nachfolgeregelung abgehalten hatte, starb er am 2. 7. 936 in Memleben. In der Kirche auf dem Burgberg zu Quedlinburg, wo Königin Mathilde – nach bereits mit Heinrich abgesprochenen Plänen – ein von Wendhausen hierher verlegtes Kloster errichten ließ, wurde er bestattet.

Von einem Romzug soll Heinrich – wie Widukind von Corvey überliefert – nur durch seine Erkrankung abgehalten worden sein. Unglaubwürdig ist diese Nachricht nicht. Zumal sich der Bayernherzog Arnulf und sein Sohn Eberhard 934 in den Zwist oberitalienischer Großer hatten hineinziehen lassen, bei dem sie eine von der Opposition gegen König Hugo betriebene Thronkandidatur Eberhards mit Waffengewalt zum Erfolg führen wollten, war ja ein Feld der Südpolitik berührt worden, das seine Aufmerksamkeit und Reaktion erforderte, sein Stehen in der karolingischen Tradition aber ebenso nochmals offenbart.

Die würdigste Bewertung Heinrichs I. hat uns Ruotger, der Biograph seines Sohnes Erzbischof Brun von Köln, hinterlassen. Er sagt, Heinrich habe »sein Reich allenthalben sowohl durch unaufhörliche Einfälle benachbarter Völker als auch durch schwerste Zerwürfnisse unter den Bewohnern, ja sogar unter Verwandten, zerrüttet und schrecklich leidend vorgefunden«. Die Großen des Reiches hätten sich unrettbar befehdet. Heinrichs einzigartige Tüchtigkeit aber habe rasch die äußeren Gefahren abgewendet, und im Innern habe nunmehr »eine solche Liebe die Einheimischen verbunden, daß wohl nie in einem noch so mächtigen Reich die Bande der Eintracht fester waren«. Mit seiner Politik hat Heinrich ein neues einiges Reich geschaffen. Schon seit der Mitte des 10. Jahrhunderts wird Heinrich – bei Hrotsvith von Gandersheim – als der »erste König« in einem edlen von den Franken auf die Sachsen transferierten Reich gepriesen, und Thietmar von Merseburg hat gleich nach der Jahrtausendwende in seiner Chronik von Heinrich als dem ersten König »in unserem Reich« gesprochen und mit ihm die Zählung der Herrscher begonnen. Das Heinrichsreich, dem zunächst

KÖNIG HEINRICH I.

kein eigener Name zukam, das aber mit ihm begann und für das unter seinen –
dieses Reich fortführenden – Nachfolgern im 11. Jahrhundert der Name *regnum
Teutonicum* aufkam, war also der Beginn von etwas Neuem: der deutschen
Geschichte und des mittelalterlichen Deutschen Reiches.[1]

---

1 Eine ausführliche Begründung dafür, daß sich in den beiden Jahrzehnten zwischen 900 und 920
   eine tiefgreifende Wandlung der Herrschaftsstruktur und der Staatsauffassung vollzieht und mit
   Heinrich I. ein fundamentaler Neubeginn, die deutsche Geschichte, ansetzt, liefert E. Hlawitschka, Von der großfränkischen zur deutschen Geschichte, Kriterien der Wende (= Sitzungs-
   ber. d. Sudetendeutschen Akademie d. Wissenschaften u. Künste, Geisteswiss. Kl., H. 2) (1988).

Die Nachkommen König Heinrichs I.

AUS DER EHE MIT HATHEBURG

1. THANKMAR

   * ca. 907

   † 28. 7. 938 in der Feste Eresburg (= Obermarsberg a. d. Diemel) im Aufstand gegen Otto den Großen

AUS DER EHE MIT MATHILDE

2. OTTO I. (DER GROSSE)

   * 22. 11. 912

   † 7. 5. 973 in Memleben

   Grabstätte: Dom zu Magdeburg

   Siehe unter Kaiser Otto der Große

3. GERBERGA

   * ca. 913/14

   † 5. 5. (969)

   Grabstätte: Chor der Kirche St. Remi in Reims

   1. ∞ 928

   GISELBERT, Herzog von Lotharingien

   * ca. 880

   † 2. 10. 939

   2. ∞ Ende 939

   LUDWIG IV., König von Frankreich

   * ca. 920/21

   † 10. 9. 954

   Grabstätte: Chor der Kirche St. Remi in Reims

4. HADWIG

   * ca. 916/18 oder ca. 922

   † 9. 1. oder 10. 5. wohl 959

   ∞ 937

   HUGO DER GROSSE, Herzog von Franzien

   * ca. 895

   † 16./17. 6. 956

KÖNIG HEINRICH I.

5. HEINRICH, Herzog von Bayern (947–955)
   * ca. 919/20
   † 1. 11. 955
   Grabstätte: Kloster Niedermünster in Regensburg

   ∞ 936/37
   JUDITH, Tochter Herzog Arnulfs von Bayern († 14. 7. 937)
   † 29. 6. nach 974, evtl. erst nach 980
   Grabstätte: Kloster Niedermünster in Regensburg

6. BRUN, Erzbischof von Köln (953–965)
   Kanzler bzw. Erzkanzler des Reiches (940 bzw. 951–965), Abt des Klosters Lorsch (948–950), ab 953 »archidux« in Lotharingien
   * 925 (erste Maihälfte)
   † 11. 10. 965 in Reims
   Grabstätte: Kirche St. Pantaleon in Köln

Kaiser Otto I. (der Große)

Kaiser Otto I. (der Große)

* 22. 11. 912
† 7. 5. 973 in Memleben
Grabstätte: St.-Mauritius-Dom in Magdeburg
Eltern: König Heinrich I. und Mathilde

1. ∞ September 929 in Quedlinburg (?)
EDGITH, Tochter König Edwards des Älteren aus dem angelsächsischen Königshaus von Wessex
* ca. 910/12
† 26. 1. 946
Grabstätte: Magdeburger Dom

2. ∞ Oktober/November 951 in Pavia
ADELHEID, Tochter König Rudolfs II. von Hochburgund, Witwe König Lothars
von Italien
* ca. 931/32
1. ∞ König Lothar 947, verwitwet seit 22. 11. 950
† 16./17. 12. 999
Grabstätte: Kloster Selz/Elsaß

Zu Daten und Fakten in der Familie Ottos I. vgl. zuletzt W. Glocker, Die
Verwandten der Ottonen und ihre Bedeutung in der Politik. Studien zur Familienpolitik und zur Genealogie des sächsischen Kaiserhauses (1989).

Im September 929 wird Otto von seinem Vater im Zusammenhang mit der
»Ordnung von Haus und Reich« als Nachfolger im Königtum empfohlen und mit
der englischen Königstochter Edgith vermählt.
7. 8. 936: Königserhebung Ottos I. in Aachen
2. 2. 962: Kaiserkrönung in Rom

»Der großmächtige Herr und größte unter den Königen Europas«, Heinrich I., hinterließ bei seinem Tode – wie der Geschichtsschreiber Widukind von Corvey sagt – »einen Sohn, noch größer als er selbst, und diesem Sohn ein großes, weites Reich, das er nicht von seinen Vätern ererbt, sondern durch eigene Kraft errungen hatte und das allein von Gott ihm gegeben war.« Dieser »größte und beste« der Heinrichkinder, Otto, der später der Große genannt wurde, mag in solchen Superlativen des Lobes und der Bewunderung eines Zeitgenossen sicherlich bis zur letztmöglichen Höhe panegyrisch emporgehoben sein; aber ebenso gewiß haben auch die Nachwelt und die gesamte Geschichtsforschung – bis in unsere Zeit – von dieser so hohen Einschätzung kaum etwas abstreichen müssen, obschon die Bewertungskriterien nicht allein auf die Leistung Ottos für den Staatsaufbau und das Kirchenleben, für den Schutz seines Reiches an den Grenzen wie für die Rechtssituation im Reichsinneren begrenzt, sondern auch auf Mission und Glaubensausbreitung, auf die Kultur und das Geistesleben, ja bis in die diffizilen Bereiche des Familiären hinein ausgedehnt wurden. Im persönlichsten Bereich – gegenüber seiner Frau, seinen Kindern, Geschwistern und seiner Mutter – dürfte er bestimmt nicht immer einfach, einfühlend, empfindsam und großzügig gewesen sein; das zeigen die wiederholten Konflikte mit eben diesen Familienangehörigen, denen er aber allemal auch Verzeihung gewährte; doch von der Gesamtleistung her, die aus klar gesehenen Konzeptionen sowie wohldurchdachten und dann auch konsequent durchgeführten Situationslösungen resultierte, ist er ohne jeden Zweifel unter die Großen der Weltgeschichte einzureihen. Weiterführung und Ausgestaltung der beharrlichen Aufbauarbeit Heinrichs I. ist dabei nur das eine Signum seines Wirkens, das andere und wichtigere ist das aus seiner eigenen neuen Staatsidee sich entfaltende zielsichere Vordringen zu einer europäischen Hegemonie.

Eine nahtlose Fortsetzung der Politik Heinrichs I., die auf Befriedung im Innern bei grundsätzlicher Respektierung der natürlich gewachsenen Rangverhältnisse im Adel aufgebaut war, hat man offenbar allgemein von Otto, der schon im Herbst 929 von seinem Vater für die Nachfolge im Königtum vorgesehen worden war, erwartet. So genügten nach Heinrichs I. Tod fünf Wochen für die Vorbereitung der offiziellen Thronerhebung Ottos am 7. 8. 936 in Aachen und für die Einladung aller das Reich mitrepräsentierenden Großen zur Mitwirkung an diesem Vorgang: ein Zeichen dafür, daß keine Zweifel am bisherigen Kurs bestanden. Mit der Bestimmung Aachens, des Pfalzortes Karls des Großen und Zentrale des einstigen *regnum Lotharii*, und mit der Anlegung fränkischer Königstracht zur Krönung gab Otto einerseits ein Bekenntnis zum karolingischfränkischen Traditionsstrang seines Königtums ab, bekräftigte aber auch andererseits, daß Lotharingien – entgegen den vermutbaren Ansprüchen des nur wenige Wochen vorher nach dem Tode König Rudolfs (Raouls) v. d. Bourgogne im Westreich mit der Thronerhebung Ludwigs IV. (des Überseeischen), eines Sohnes Karls des Einfältigen, in Laon erneuerten karolingischen Königtums – ein unabdingbarer Bestandteil des neuen bzw. werdenden deutschen Reiches ist, an dem nicht mehr zu rütteln sei. Aber Otto hat in diesem Zusammenhang auch bereits seine neue Staatskonzeption aufscheinen lassen.

Die »allgemeine Wahl« entsprach nämlich – nach offenbar genau festgelegtem Plan – eher einer Huldigung als einer Wahlhandlung: In der Säulenhalle vor dem Marienmünster folgten aufeinander Ottos Inthronisierung auf einem dort aufgestellten Thronsessel, vorgenommen von den Herzögen und hervorragendsten Grafen sowie den wichtigsten übrigen Gefolgsleuten, danach deren Handgang und Treueschwur samt einem Hilfsversprechen, womit Otto zum König erhoben war. Sodann zog Otto in die Kirche ein, wo er – nach Begrüßung durch den Mainzer Erzbischof – vom Volk akklamiert wurde. In der sich anschließenden geistlichen Zeremonie erfolgten Insignienübergabe, Salbung und Krönung durch den Mainzer Metropoliten unter Assistenz des für Aachen zuständigen Kölners sowie die Thronsetzung auf den hochragenden und gut sichtbaren Karlsthron im Obergeschoß des Münsters, von wo aus Otto die Krönungsmesse verfolgte. Den Abschluß bildete ein festliches Krönungsmahl in der nahegelegenen Aachener Pfalz, bei dem die vier Herzöge der Lotharingier, Franken, Schwaben und Bayern symbolisch die Hofämter versahen und – gleichsam der bewährten Geschlossenheit des altgermanischen Herrenhauses wie auch einer Lehenskurie entsprechend – den wohlgeordneten Zustand des Reiches und ein einhelliges Miteinander dokumentierten: Herzog Giselbert von Lotharingien »diente« als Kämmerer, Eberhard von Franken als Truchseß, Hermann von Schwaben als Mundschenk und Arnulf von Bayern als Marschall. Gerade hieran aber zeigte sich ganz deutlich Ottos neue Staatsvorstellung an: die Herzöge hatten – wenn auch nur symbolisch – zu »dienen«; der König ist ihr Herr und nicht lediglich Erster unter Ranggleichen wie in der Zeit Heinrichs I.; im Gottesgnadentum stehend, das er durch die Salbung und Krönung erfahren hat, ist er allein der nur Gott verantwortliche Repräsentant seines Volkes, gehalten zwar, den Rat seiner Großen zu hören, nicht jedoch auch zu dessen Annahme stets verpflichtet.

Daß davon alle Großen – auch seine näheren und weiteren Verwandten – tangiert waren, wurde bald deutlich. Als noch 936 die Grenze an der Unterelbe gegen die Slawen zu sichern war und 937 dazu die Einrichtung einer Grenzmark an der mittleren Elbe anstand, mögen letztere erwartet haben, daß Otto sie um Rat angehen und bevorzugt bei der Ämtervergabe berücksichtigen würde. Aber Otto entschied nach eigenen Kriterien – nach Eignung und Zuverlässigkeit –, als er hier Hermann (Billung) und dort Gero als Markgrafen einsetzte. Die Enttäuschung von Hermanns älterem Bruder Wichmann, der eine Schwester der Königin Mathilde zur Frau hatte, und von Ottos Vetter Ekkehard und ebenso von

Ottos Halbbruder Thankmar entlud sich teils im Verlassen des Heeresverbands, teils in eigenmächtigem todverachtenden Angriff bzw. in bitterem Groll. Otto hatte mit seinen Entscheidungen letztlich das Standesdenken und die innere Rangordnung im sächsischen Adel verletzt. Zusätzlich kam er 937 mit dem Frankenherzog Eberhard in Konflikt, da dieser – nach Ottos Auffassung – zu eigenherrlich gegen einen (sächsischen) Vasallen vorgegangen war. Völlig unübersehbar wurde indessen Ottos Bemühen um die Stärkung der Zentralgewalt durch Einschränkung der Adelsmacht beim Tode des Bayernherzogs Arnulf Mitte Juli 937: Er forderte von Arnulfs Sohn Eberhard, der schon 935 von seinem Vater zum Nachfolger designiert worden war, die 921 überlassene Kirchenhoheit als allein dem König zustehend zurück und dazu eine stärkere Eingliederung Eberhards in die Königsgefolgschaft. Eberhards Weigerung führte zu militärischen Aktionen Ottos, die indessen erfolglos blieben und nur alle Gegner Ottos zu Gegenschlägen ermutigten. Thankmar und Wichmann setzten gemeinsam mit Herzog Eberhard von Franken den Königsbruder Heinrich gefangen, der bei seiner Heirat 936/37 mit Judith, der Schwester Eberhards von Bayern, mit den von Heinrich I. einbehaltenen, um Merseburg gelegenen Erbgütern von Thankmars Mutter Hatheburg ausgestattet worden war. Zwar fand Thankmar bei dieser Auflehnung in der Eresburg (Obermarsberg a. d. Diemel) den Tod, und Wichmann und Eberhard von Franken mußten den Königsbruder Heinrich freilassen, auch konnte Eberhard von Bayern vertrieben und an seiner Stelle der Bruder des verstorbenen Herzogs Arnulf, Berthold, in Bayern zu den Bedingungen Ottos eingesetzt werden, aber durch Kontakte Eberhards mit seiner Geisel Heinrich waren schon die Grundlagen für eine noch gefährlichere Adelserhebung gelegt. Diese ging dann von Heinrich aus.

Heinrich, unterstützt von seiner Mutter Mathilde, scheint schon gleich nach dem Tode seines Vaters darauf gepocht zu haben, in der Königszeit des Vaters geboren zu sein und somit einen höheren Thronanspruch als Otto zu haben. Und deswegen war er auch ganz bewußt von der Aachener Thronerhebungsfeier ferngehalten worden. Die Erregung im Adel über Ottos stärkeren Zentralismus ließ ihn 939 offen mit seiner Absicht hervortreten, Otto zu stürzen und selbst König zu werden. Mit ihm verbündeten sich alsbald die Herzöge Eberhard von Franken und Giselbert von Lotharingien sowie etliche sächsische Adelige. Bei Birten am Niederrhein (südlich Xanten) konnten Truppen Ottos die nach Lotharingien ausgewichenen Gegner besiegen, obwohl Otto mit dem Hauptheer noch nicht den Fluß überschritten hatte und untätig bzw. auf sein Gebet vor der 926 von seinem Vater erworbenen »siegverleihenden« Heiligen Lanze vertrauend dem Geschehen auf der anderen Rheinseite zuschauen mußte. Heinrich und Giselbert suchten daraufhin Anlehnung an König Ludwig IV., der hierdurch Lotharingien zurückzugewinnen hoffte. Aber Otto parierte insofern, als er mit innenpolitischen Gegnern Ludwigs Kontakt aufnahm, voran mit Herzog Hugo von Franzien, der bereits 937 Ottos Schwester Hadwig geheiratet hatte, und Graf Heribert von Vermandois. Lotharingien blieb dennoch in Giselberts Hand; und dazu ließ Herzog Eberhard von Franken die Feste Breisach besetzen, die Otto anschließend belagerte. Als Giselbert und Eberhard dann von Metz aus den Krieg über den Rhein nach Sachsen vorantreiben wollten und sich ihnen auch der Erzbischof Friedrich von Mainz anschloß, der über Ottos Ablehnung seines ausgehandelten Vermittlungsergebnisses verärgert war, dazu auch andere Bischöfe Ottos Lager verließen, da drohte Otto die Katastrophe. Daß sie nicht eintrat, war nur der Tüchtigkeit des Schwabenherzogs Hermann und der Grafen Udo und Konrad Kurzbold – der eine Hermanns Bruder, der andere sein Vetter, alle drei aber auch nahe Verwandte Eberhards – zu verdanken: Bei Andernach überraschten ihre Aufgebote Giselbert und Eberhard und schlugen deren Truppen. Eberhard fiel im Kampf, Giselbert ertrank auf der Flucht im Rhein (2.10.939). Otto war damit aus schwierigster Bedrängnis gerettet; Breisach wurde ihm nach Bekanntwerden dieser Nachricht übergeben; und er konnte danach auch Lotharingien zügig unterwerfen, obgleich König Ludwig IV. hier erschienen war und rasch Giselberts Witwe Gerberga, die Schwester Ottos, geheiratet hatte, um sich Lotharingien dadurch zu sichern. Schließlich mußte sich auch Heinrich unterwerfen.

Die Konsequenzen aus diesen Auseinandersetzungen hat Otto rasch gezogen. Ihm war klar geworden, daß er mehr Rücksicht auf Verwandte und hohe Adelige nehmen, ihnen mehr Mitwirkungsmöglichkeiten einräumen mußte. Ihr Denken wurzelte offensichtlich noch mehr in althergebrachten Strukturen und war von den Amtsvorstellungen, wie Otto sie vertrat, noch wenig erfaßt. Insofern hat er seinem Bruder Heinrich rasch vergeben, ihn sogar 940 in der Nachfolge Giselberts als Herzog in Lotharingien eingesetzt, wo er sich allerdings nicht durchsetzen konnte, so daß Otto 941 den Grafen Otto von Verdun mit dieser Würde versah und nach dessen Tod († 944) Graf Konrad den Roten vom Worms- und Speyergau mit dem lotharingischen Herzogtum betraute. Den treuen Schwabenherzog Hermann band Otto noch stärker an sich, indem er seinen Sohn Liudolf mit Hermanns Tochter Ida verlobte. Und in ähnlicher Weise plante er, sich den Bayernherzog Berthold dadurch zu verpflichten, daß er ihm seine Schwester, die Giselbertwitwe Gerberga, zur Frau geben wollte, was aber am schnelleren Zugriff Ludwigs IV. scheiterte. Die Gefahren aus dem in allen Stammesgebieten zu Beginn des 10. Jahrhunderts autogen gewachsenen Herzogtum schien er auch damit meistern zu können, daß er Franken nach Eberhards Tod unbesetzt ließ und zusammen mit Sachsen in eigene Kronverwaltung nahm. Der Königsbruder Heinrich, der übrigens 941 noch einmal – und zwar durch einen Mordanschlag auf Otto – zum Thron zu kommen versuchte und nach dessen Entdeckung in Haft kam, erlangte abermals rasch Verzeihung und erhielt 947, nach Herzog Bertholds Tod, schließlich das bayerische Herzogtum. Diese am Jahresende 939 einsetzende innenpolitische Phase einer bewußten »Familienpolitik« rundete Otto 947 noch dadurch ab, daß Herzog Konrad der Rote von Lotharingien seine Tochter Liutgard zur Frau erhielt. Alle Herzogtümer befanden sich somit zu Ende der vierziger Jahre in königlicher oder königsnaher Hand.

Gefährlich war Otto 939 aber auch das Bündnis seiner innenpolitischen Gegner mit König Ludwig IV. von Frankreich geworden. Insofern mußte Ottos Politik fortan darauf gerichtet sein, eine weitere Bedrohung aus Frankreich unmöglich zu machen. Ein Heereszug führte ihn deshalb 940 nach Frankreich. Indem er sich in Attigny von Ludwigs IV. Gegnern, voran Herzog Hugo von Franzien und Heribert von Vermandois, huldigen ließ, begann er eine Westpolitik, die Ludwig zuerst in die Defensive drängte, dann aber sogar 942 Ludwigs Bitte an Otto um Vermittlung eines Friedens bewirkte. Bei einem Treffen in Visé a. d. Maas zu Ende 942 hat Otto die innerfranzösische Aussöhnung herbeigeführt. Als Schwager sowohl König Ludwigs wie Herzog Hugos war er dazu besonders prädestiniert. Er hat damit aber nicht nur das Ansehen wiederhergestellt, das König Heinrich I. schon 935 im Westen erlangt hatte, und Lotharingien stillschweigend gesichert, sondern auch die Fundamente gelegt für eine Hegemonie gegenüber dem Westen. Diese hat er zielsicher ausgebaut, als 943 Heribert von Vermandois gestorben und 945 König Ludwig in die Hände der Normannen gefallen und danach an Herzog Hugo von Franzien ausgeliefert worden war; denn jetzt intervenierte Otto für Ludwig bei Hugo und kam 946 sogar auf Bitten seiner Schwester Gerberga dem weiterhin bedrängten Ludwig IV., Gerbergas Gemahl, militärisch – mit einem Kriegszug bis vor Reims, Paris und Rouen – zu Hilfe. Die gänzliche Entmachtung Ludwigs durch seinen Großvasallen wurde so verhindert und ein Gleichgewicht, das außenpolitische Aktivitäten lähmte, erwirkt. Indem bis 952 fünf Treffen Ludwigs bzw. Gerbergas mit Otto auf deutschem Boden zur Eindämmung des Einflusses Hugos von Franzien zustande kamen und indem auf einer Synode in Ingelheim, bei der Ludwig gegen Hugo gestärkt und auch Hugos Kandidat für das wichtige Erzbistum Reims verworfen wurde, innere Angelegenheiten Frankreichs entschieden worden sind, ja indem Herzog Konrad der Rote wiederholt auf Weisung Ottos zugunsten Ludwigs IV. im Westen intervenieren mußte, zeichnete sich ab, daß das französische Königtum nur durch Ottos Stützung existieren konnte.

Dieser Anbahnung einer Hegemonie im Westen ging bereits die Aufrichtung einer Schutzherrschaft über Burgund voraus. Hatte König Heinrich I. bei der Erwerbung der Heiligen Lanze 926 eine Suprematie über Hochburgund durchgesetzt und war 929 die Schwester von Otto I. Gemahlin Edgith durch Heinrich I. an Ludwig, den jüngeren Bruder König Rudolfs II. von Hochburgund, zur Verehelichung weitervermittelt worden, so lag es nur nahe, daß Otto nach dem Tode Rudolfs II. (11. 8. 937) das Geschehen in Burgund aufmerksam verfolgte, obgleich sich damals die ersten Unruhen gegen ihn zusammenbrauten. Als nämlich König Hugo von Italien zu Jahresende 937 in Burgund erschien und Rudolfs II. Witwe Bertha zur Ehe nötigte und deren Tochter Adelheid mit seinem Sohn Lothar verlobte, um auf diese Weise Hochburgund an das *regnum Italiae* anzugliedern, nahm er Rudolfs II. jungen Sohn Konrad, der bereits vor Hugos Erscheinen zum Nachfolger geweiht worden war, an seinen Hof und durchkreuzte hierdurch Hugos Plan. Bis 942 blieb Konrad in Ottos Schutz. Großjährig geworden, konnte er mit Ottos Rückendeckung zurückkehren und dabei auch – offenbar in Verwirklichung der 935 noch von Heinrich I. in Ivois vermittelten Regelungen – seine Herrschaft in Niederburgund antreten und somit ein gesamtburgundisches Reich schaffen. So hatte sich Otto auch nach Südwesten hin eine Vormachtstellung gesichert.

Eng mit dieser Schutzrolle für Burgund und die burgundische Königsfamilie hängt auch zusammen, daß Otto 951 gegenüber König Berengar II. von Italien seine Hegemonie ausdehnen konnte. In Oberitalien hatte sich seit langem eine Adelsopposition gegen den seit 926 regierenden König Hugo gebildet. Ihr Hauptrepräsentant Markgraf Berengar von Ivrea war 941 an Ottos Hof geflüchtet, hatte sich in Ottos Lehnsabhängigkeit begeben und war schließlich 945 mit einer kleinen schwäbischen Schutztruppe nach Italien zurückgekehrt, wo er König Hugo aus der Macht verdrängen konnte. Hugo verstarb 948 in seiner provenzalischen Heimat. Hugos Sohn Lothar, der die ihm 937 anverlobte burgundische Königstochter Adelheid 947 geheiratet und als *consors regni* angenommen hatte, war danach nomineller Regent; er war jedoch 950 plötzlich verstorben, und Berengar hatte sich im Dezember 950 zum neuen König im *regnum Italiae* erheben lassen. Offensichtlich hatte Berengar II. damit seine Lehnsabhängigkeit abzuschütteln versucht. Als er auch noch Lothars Witwe Adelheid, die als *consors regni* Regierungsansprüche aufrechterhielt, gefangensetzte und ihre Anhänger um Hilfe baten, schritt Otto zugunsten der burgundischen Königstochter ein. Zumal er selbst seit 946 verwitwet war, bestärkte wohl auch noch ein persönliches Motiv, die Suche nach einer würdigen zweiten Gemahlin, seinen Entschluß. Und der Blick nach Rom, wohin der Weg zum Erwerb der Kaiserkrone nur über die Beherrschung Oberitaliens – in Weiterführung der schon 936 aufgenommenen fränkischen Reichstradition – führen konnte, mag den Entschluß außerdem gefördert haben.

Bevor Otto selbst nach Italien aufbrach, hatten schon der Königsbruder Herzog Heinrich von Bayern und der Königssohn Herzog Liudolf von Schwaben, den Otto nach dem Tode seiner Gemahlin Edgith auch schon zu seinem künftigen Nachfolger designiert hatte, die Zeit der aufwendigen Vorbereitungen zu eigenen Initiativen genutzt. Die schwäbischen und bayerischen Herzogsambitionen der zwanziger und dreißiger Jahre, die Einflußzonen über die Alpen hinweg auszudehnen, begannen sich zu wiederholen. Doch während Liudolfs – ohne den väterlichen Rat unternommener – Vorstoß ergebnislos blieb, da Heinrich durch Boten in Italien vor ihm gewarnt haben soll, war Heinrich der Ausgriff bis Aquileja gelungen. Dadurch brachen erneut Spannungen in der Königsfamilie auf. Durch Ottos raschen Erfolg wurden sie freilich zunächst noch überdeckt; denn Otto konnte ohne Schwierigkeiten Ende September 951 in Pavia einziehen, über oberitalienische Belange urkundlich zu entscheiden beginnen und im Oktober/November 951 die bereits aus Berengars Haft entflohene Königin Adelheid heiraten, was ihm – neben dem Anspruch des Lehnsherrn – einen weiteren Rechtstitel zur Wahrnehmung der Macht in Oberitalien einbrachte.

Ottos Pläne gingen damals freilich – in karolingischer Tradition – auch schon über Pavia hinaus. Nach Rom schickte er eine Gesandtschaft, die »über seine Aufnahme« – d. h. gewiß: über seine Kaiserkrönung – die nötigen Verhandlungen führen sollte. Aber der dortige Stadtherr Alberich, der nicht daran interessiert sein konnte, seine Macht an einen Kaiser abzutreten, scheint Papst Agapit II. zu einer Ablehnung genötigt zu haben. Otto hat die Absage hingenommen. Seinem Verhandlungsführer Erzbischof Friedrich von Mainz, der ihn schon einmal (939) in einer schwierigen Lage im Stich gelassen hatte, scheint er das Negativergebnis jedoch mit angelastet zu haben; denn ihn findet man ja alsbald unter den sich aus Mißmut und Verärgerung zusammenfindenden Akteuren des nächsten Aufstands wieder.

Dieser zweite große Aufstand gegen Ottos I. Herrschaft ging von Ottos eigenem Sohn Liudolf aus. Liudolf war nicht nur über die ihm von seinem Onkel Heinrich in Oberitalien verursachten Schwierigkeiten verärgert, sondern auch darüber, daß Heinrich rasch die Gunst der neuen Königin Adelheid erlangen konnte und außerdem von Otto die in seinem Zugriff gewonnenen Gebiete um Verona und Aquileja für sein bayerisches Herzogtum zugesichert erhielt. Liudolf kehrte – eventuell auch über die neue Ehe seines Vaters verstimmt, aus der ihm unter Umständen ein Rivale in der Thronfolge erwachsen konnte – jedenfalls vorzeitig nach Deutschland zurück. Als nach dem Abzug Ottos und Adelheids der zur Bekämpfung König Berengars II. in Oberitalien zurückgelassene Herzog Konrad der Rote mit seinem ungeschlagenen Gegner eine Vereinbarung über dessen Unterwerfung bei Belassung der Königswürde, als Reichslehen, getroffen hatte und Otto jene Zusage später, als Berengar im Sommer 952 zur Huldigung nach Deutschland gekommen war, nicht in allen Punkten guthieß, wodurch sich Konrad der Rote desavouiert fühlen mußte, wuchs der Groll in Ottos engster Umgebung weiter. Hinzu kam, daß Ende 952 mit der Geburt eines (freilich schon bald gestorbenen) Sohnes Ottos und Adelheids für Liudolf die Gefahr entstand, er könnte einmal aus seiner Thronfolgerstellung verdrängt werden. Deshalb schlossen sich jetzt der Königssohn und der königliche Schwiegersohn zum Vorgehen gegen den Königsbruder Heinrich, den sie als Hauptakteur gegen sich ansahen, damit aber auch indirekt gegen den König, zusammen. Im März 953 nutzten sie – mit Unterstützung Erzbischof Friedrichs – einen Aufenthalt Ottos in Mainz, ihm einen (leider nicht mehr erhaltenen) Vertrag abzunötigen; dieser enthielt offensichtlich die Ausschaltung Heinrichs und eine Garantieerklärung für Liudolfs Nachfolge. Aber anders als noch sein Vater Heinrich I. war Otto grundsätzlich nicht bereit, mit Untergebenen, zu denen er auch Sohn und Schwiegersohn als Herzöge rechnete, *pacta*, d. h. von der Gleichrangigkeit der Partner ausgehende Verträge, zu schließen. Sobald er sich in Dortmund in Sicherheit wußte, widerrief er den Vertrag als erpreßt, was Erzbischof Friedrich, den Vertragsvermittler, nun ganz offen auf die Seite der Empörer trieb. Wieder überstürzten sich jetzt – wie 937–939 – die Ereignisse. Otto entsetzte Konrad seines lotharingischen Herzogtums und nahm Friedrich sein Erzkapellanat. Mainz vermochte er allerdings nicht einzunehmen. So griff die offene Empörung gegen Otto rasch auf ganz Franken, Süddeutschland und auch auf Sachsen über. Nur in Lotharingien, wo Otto im September 953 seinen jüngsten Bruder Brun mit der Wahrnehmung der Herzogsaufgaben – zusätzlich zu seiner kurz zuvor übernommenen Kölner Erzbischofswürde – betraute, blieb es relativ ruhig: ein Erfolg der geschickten Amtsführung Bruns.

Ein Stimmungsumschwung trat erst ein, als im Frühjahr 954 ein Ungarneinfall bis an den Rhein und nach Lotharingien hinein Verheerungen brachte. Dem inneren Zwist wurde nämlich von vielen die Schuld daran zugeschrieben. Und da Konrad der Rote die Ungarn gar gegen Brun und andere lotharingische Gegner abzulenken wußte, verloren die Aufständischen jetzt alle Sympathie. Das Zusammengehen mit Reichsfeinden hatte sie diskreditiert: ein beachtenswertes Zeichen dafür, daß die innere Konsolidierung des deutschen Reiches sichtlich voranschritt! Auf einem Reichs- und Gerichtstag in Langenzenn (bei Nürnberg) mußte sich Konrad unterwerfen und Friedrich Frieden schließen. Liudolf gab erst im Herbst 954 auf, nachdem sein entschiedenster Helfer, der bayerische Pfalzgraf Arnulf aus der Familie der Liutpoldinger, vor Regensburg gefallen war. Auf einem Reichstag in Arnstadt (Thüringen) entsagte Liudolf Ende 954 seiner schwäbischen Herzogswürde. Nur ihre Eigengüter behielten Liudolf und Konrad.

Die Auflehnung des Sohnes und des Schwiegersohnes veranlaßte Otto nicht, von der in den vorangegangenen Jahren befolgten »Familienpolitik« abzugehen und dafür – wie vielfach zu lesen ist – vornehmlich Reichsbischöfe und -äbte mit Aufgaben der Reichsverwaltung zu betrauen. Auch Bischöfe wie Herold von Salzburg und Friedrich von Mainz hatten sich ja dem Aufstand angeschlossen und boten keine selbstverständliche Garantie für eine sichere Stärkung des Königtums. Indem Otto in Alemannien Burchard III., den Sohn des 926 in Oberitalien gefallenen Herzogs Burchard II., zum neuen Herzog einsetzte und ihm seine Nichte Hadwig, die Tochter Heinrichs von Bayern, zur Frau gab und Lotharingien in der Hand seines Bruders Brun beließ, der – wie Bruns Biograph Ruotger schreibt – als *archidux* Erzbischofs- und Herzogsaufgaben gleichermaßen wahrnahm, und indem dazu in Mainz, da Erzbischof Friedrich am 25. 10. 954 verstorben war, mit Wilhelm Ottos eigener (illegitimer) Sohn nachfolgte, wird deutlich, daß eine Abkehr von der »Familienpolitik« nicht eintrat. Das sollte auch in den nächsten Jahren so bleiben.

Vorerst aber drohte erneute Gefahr von den Ungarn. 955 fielen sie wiederum in Bayern ein und belagerten bald Augsburg, das Bischof Ulrich tapfer verteidigte. Mit einem rasch angeordneten Heeresaufgebot aus allen deutschen Stämmen – nur die Lotharingier wurden unter Brun zur Westverteidigung zurückgelassen, während andererseits der seit 950 unter die Oberhoheit des Reiches zurückgezwungene Böhmenherzog Hilfstruppen sandte – konnte Otto am 10. 8. 955 die Ungarn auf dem Lechfeld vor Augsburg vernichtend schlagen. Konrad der Rote fiel dabei zwar, seine früheren Verfehlungen gutmachend; aber der Sieg war so überwältigend, daß die Ungarn – drei ihrer gefangenen königlichen Anführer wurden auf Befehl Herzog Heinrichs in Regensburg gehenkt – fortan auf weitere Raubüberfälle verzichteten, ihr Nomadenleben aufgaben und in der Pannonischen Ebene seßhaft wurden, wo sie sich im Verlauf des nächsten halben Jahrhunderts auch der christlichen Mission öffneten. Dadurch wurde auch das östliche Vorfeld Bayerns, das Land von der Enns bis zum Wienerwald, als Kolonisationsland gesichert; und mit der Einrichtung einer Ostmark wurde die Grundlage für eine völlige Eindeutschung dieser Landstriche und für das künftige Österreich gelegt.

Nach dem Lechfeldsieg ist Otto – wie Widukind von Corvey berichtet – von seinem siegreichen Heer als »Vater des Vaterlandes« und als *imperator* gefeiert worden. Das Einheitsgefühl der zu *einem* Volk in *einem* Vaterland geeinten Stämme kam darin ebenso zum Ausdruck wie offenbar auch der Wunsch, daß dem großen Sieger, der mit seinem Erfolg außer den deutschen Landen gleichfalls Italien, Burgund und Frankreich von weiterer schwerer Not befreit hat, auch eine echte Anerkennung seiner nun für jedermann erkennbaren hegemonialen Stellung in Europa gebühre: als *imperator* bzw. Kaiser. Der Reflex dieser Ovation ging sogar in mehrere kalendarische Einträge ein, die Otto als *magnus imperator* zum Tag der Lechfeldschlacht nennen. Otto hat diese Huldigung allerdings nicht als staatsrechtlich verbindlich angesehen und sich auch weiterhin als *rex*/König bezeichnet. Er ließ diese Frage aber offensichtlich noch einmal in Rom sondieren – diesmal durch Abt Hadamar von Fulda, der jedoch ebenfalls nichts erreichte. Als letztes Wort wollte Otto das offenbar dennoch nicht betrachtet wissen. Da von nun an häufiger die Worte *imperium* und *imperialis* im Umkreis Ottos auftauchten, die von »Herrschaft, herrscherlich, befehlsgewaltig« schon zu »Kaisertum, Kaiserreich« und »kaiserlich« hintendieren, scheint es, daß man gegebenenfalls auch nach anderen Formen suchte, die gewonnene hegemoniale Stellung Ottos im Abendland doch zur Anerkennung zu bringen. Vermutlich hat man sogar eine Kaiserweihe ohne päpstliche Mitwirkung erwogen; denn im Mainzer St.-Albans-Kloster wurden um 960 zwei Ordines für Kaiserkrönungen aufgezeichnet: und zwar ein »Römischer Ordo zur Kaiserweihe beim Empfang der Krone«, der den Vollzug der Benediktionshandlungen durch den Papst in Rom festhält, und ein »Kaiserweiheordo nach westlicher Art«, in dem der Bezug auf Rom und das *Imperium Romanum* fehlt, dafür unbestimmt ein *ill. imperium* angesetzt ist.

Aber bevor sich Otto ganz auf dieses Problem konzentrieren konnte, standen noch andere Aufgaben an. Zuerst war noch einem letzten großen Aufbäumen der Ostseeslawen (Abodriten) zu begegnen, das mit einem großen Sieg an der Recknitz in Mecklenburg im Herbst 955 beendet wurde. Dadurch wurde nun auch im Nordosten die Hoheit des Reiches völlig gesichert. Und das bedingte, daß die Mission als Element der Nordost- und Ostpolitik, die seit 947/48 bereits mit der Einrichtung der drei Bistümer Schleswig, Ripen und Aarhus durch Erzbischof Adaldag von Hamburg/Bremen voranschritt und die Otto 948 mit der Einleitung der Bistumsgründungen in Brandenburg und Havelberg im Wendenland und deren Unterstellung unter das Erzbistum Mainz schon gefördert hatte, nun noch stärker in seinen Aufgabenbereich eintreten mußte. Dabei konnte die Ausbreitung des Glaubens bei den Heiden, die als hehrste Kaiserpflicht galt, Ottos Ansehen und seine dem Kaisertum zustrebende Stellung noch weiter sublimieren. Dazu kam, daß Otto vor der Lechfeldschlacht für den erhofften Sieg – in Reverenz vor dem Tagesheiligen Laurentius und vor der mit dem hl. Mauritius in Verbindung gebrachten Heiligen Lanze – die Gründung einer weiteren Bischofskirche in seiner Pfalz Merseburg und die Umwandlung des Magdeburger Mauritius-Klosters in ein Erzstift zu erwirken gelobt hatte; der Halberstädter Bischofssitz sollte nach Magdeburg verlegt und als Erzbistum erhöht werden. Aber hiergegen baute Erzbischof Wilhelm von Mainz, Ottos Sohn, vorerst Widerstände auf, da er durch die Ausgliederung Magdeburgs und Merseburgs eine Schmälerung seiner Mainzer Rechte und Möglichkeiten fürchtete.

Weitere Vorsorgen waren im Westen zu treffen. König Ludwig IV. von Frankreich war 954 bei einem Ausritt tödlich verunglückt, und seine Witwe Gerberga hatte nur durch große Zugeständnisse an Herzog Hugo von Franzien die Nachfolge ihres 13jährigen Sohnes Lothar erreichen können. Ihre Anlehnung an ihre Brüder Otto I. und den *archidux* Brun von Köln und Lotharingien wurde dadurch noch erforderlicher als früher. Als dann 956 Herzog Hugo verstarb und seine Söhne – der älteste war der spätere Hugo »Capet« – noch minderjährig waren, blieben der Ausgleich und die Weiterführung der königlich-karolingischen und der robertinisch-kapetingischen Machtinteressen vornehmlich den beiden Schwestern Gerberga und Hadwig als Aufgabe. Mit Rat und Unterstützung ihrer Brüder Otto und Brun ist dies gelungen. Brun, der dabei auch militärisch intervenierte, ist dabei gleichsam zu einem Mitregenten im Westen geworden; zu seiner Entlastung in Lotharingien bestimmte er – gleichsam als Unterherzöge – den im Raum Metz/Bar-le-Duc begüterten Grafen Friedrich (der mit Beatrix, einer Tochter seiner Schwester Hadwig und Hugos von Franzien, verheiratet war) und den Grafen Gottfried (einen Enkel von König Heinrichs I. Schwester Oda). Deren Zuständigkeitsbereiche sollten sich nach Bruns Tode (965) zu den getrennten Herzogtümern Ober- und Niederlotharingien entwickeln. Das Verharren in der »Familienpolitik« wird mit diesen Maßnahmen – wie gleichfalls darin, daß im bayerischen Herzogtum auf den noch 955 verstorbenen Königsbruder Heinrich dessen gleichnamiger Sohn Heinrich (der Zänker) nachfolgen konnte – nochmals unterstrichen. Ottos Vormacht trat mit all dem nur noch deutlicher hervor. Selbst der Kalif Abdarahman III. von Cordoba suchte damals die Verbindung zu Otto.

Der entscheidende Anstoß zur schon lange anvisierten Erneuerung der abendländischen Kaiserwürde kam dann 960 aus Italien und insbesondere aus Rom. Er enthob Otto der offenbar schon für den Fall einer länger fortdauernden Zurückhaltung Roms erwogenen Notwendigkeit, seine imperiale Gesamtposition eventuell in einer »nichtrömischen Kaiserweihe« sanktionieren zu lassen. – Was war dort geschehen? König Berengar II. und sein Sohn und Mitregent Adalbert hatten sich seit den Wirren des Liudolfaufstands kaum mehr um ihre 952 in Augsburg beeidete Lehnsabhängigkeit gekümmert. Deshalb hatte Otto im Herbst 956 schon seinen Sohn Liudolf gegen sie entsandt, der dort – so scheint es – nach karolingischem Vorbild ein Unterkönigtum aufrichten und sich damit wohl auch einen Ersatz für die durch seinen Aufstand offensichtlich verwirkte Thronfolge in Deutschland schaffen sollte. Im Herbst 957 war er jedoch nach einigen Erfolgen bei Pombia (südlich des Lago Maggiore) gestorben. Berengars harte Politik war aber auch danach weitergegangen und hatte sogar mehrere Große zur Flucht und zu Hilfsbitten an Otto veranlaßt. Als Berengar dann noch den Kirchenstaat bedrohte, wandte sich auch Papst Johannes XII., ein Sohn Alberichs II., der vom Vater zudem die Stadtherrschaft über Rom geerbt hatte, hilfesuchend an Otto.

Seinen Romzug hat Otto umsichtig vorbereitet. Noch im Mai 961 ließ er seinen und Adelheids jungen Sohn Otto II. in Worms zum Mitkönig wählen und darauf in Aachen krönen, damit für alle Fälle der Fortbestand der Dynastie gesichert sei. Unter der Betreuung Bruns von Köln und Wilhelms von Mainz blieb dieser dann in Sachsen zurück. Im August brach Otto mit einem ansehnlichen Heer nach Italien auf und kam über Pavia, das Berengar II. fluchtartig verlassen hatte, Ende Januar 962 vor Rom an. Nach Ableisten eines Sicherheitseides für den Papst erfolgte am 2. 2. – unter Akklamation der Römer – in der Peterskirche zu Rom die Kaisersalbung und -krönung, die Johannes XII. an Otto und Adelheid vornahm. Ottos seit Jahren aufgebaute hegemoniale Stellung im Abendland fand dadurch die würdigste Anerkennung. Anschließend nahm Otto vom Papst und dem römischen Volk einen Treueschwur entgegen. Und bald darauf, am 13. 2. 962, ließ Otto (auf der Basis der karolingischen Kaiserprivilegien) mit seinem prunkvollen *Pactum Ottonianum* dem Papst Rom und den Kirchenstaat mit allen verbrieften Rechten und Einkünften bestätigen und den Schutz darüber aussprechen: dies jedoch unter dem Vorbehalt, daß seine und seiner Nachfolger kaiserliche Hoheitsrechte in Rom wie schon zur Zeit der Karolingerkaiser bestehen bleiben, d. h. daß römischer Klerus und Adel schwören, einen Papst nur kanonisch wählen zu wollen und den Gewählten erst nach dessen Treueid auf den Kaiser weihen zu lassen. Am Vortag war schon ein neues Dekret ausgehandelt worden, mit dem die auf dem Lechfeld gelobte und nach ersten Verwirklichungsversuchen durch Erzbischof Wilhelm von Mainz blockierte Errichtung eines Erzbistums Magdeburg und eines Bistums Merseburg vorangebracht werden sollte. Von einer Verlegung des Halberstädter Bischofssitzes ist darin keine Rede mehr. Mit des Papstes Unterstützung meinte Otto, über alle kirchenrechtlichen Schwierigkeiten sein Ziel, das zugleich der Friedensgewinnung an der Ostgrenze dienen sollte, erreichen zu können. Indem nun in diesem für die Durchsetzung der Ostmission bestimmten Dokument der Ungarnsieg Ottos als die eigentliche Voraussetzung der Kaiserkrönung und des Romzugs erscheint, wird zweierlei deutlich: daß die Kaiserkrönung letztlich doch die für den Papst unumgängliche Konsequenz des Ungarnsieges war, daß aber auch eine erfolgversprechende, auf Mission gegründete Ostpolitik nur im Zusammenwirken eines Kaisers mit Rom möglich sein konnte. So hat also doch wohl nicht nur die Suche nach Anerkennung seiner Vormachtstellung in Europa durch Verleihung der Kaiserwürde, sondern nicht zuletzt auch die auf den Osten gerichtete Missionspolitik Otto notwendigerweise nach Rom gewiesen.

Mit dem Eingriff in Italien war jedoch auch das Erfordernis verbunden, die politischen und auch manche kirchlichen Verhältnisse dort neu zu gestalten. Das mußte vornehmlich von Pavia aus geschehen. Und vor allem: Berengar, der sich in San Leo verschanzt hatte, mußte niedergerungen werden. Als Otto seine Aufgaben anging und nicht sogleich nach Deutschland zurückkehrte, merkte Papst Johannes XII. bald, daß auch sein Handlungsspielraum enger wurde. In riskanter Kehrtwendung knüpfte er deshalb Verbindungen zu Berengars Sohn Adalbert an und bemühte sich, gleichfalls Byzanz und die Ungarn gegen Otto zu mobilisieren. Im Herbst 963 sah sich Otto, nachdem er schon zwei Jahre auf italienischem Boden stand, somit gezwungen, die Belagerung Berengars abzubrechen und nach Rom zurückzukehren. Johannes XII. floh; die Römer mußten nun – in Verschärfung des 962 festgelegten Privilegienvorbehalts – schwören, daß sie niemals mehr einen Papst wählen oder einsetzen würden, ohne Ottos oder seines Sohnes Genehmigung und einen entsprechenden Wahlhinweis eingeholt zu haben. Eine unter Ottos Vorsitz tagende Synode setzte Johannes XII. als unwürdig ab; der Rechtssatz, daß ein Papst keinem irdischen Richter unterstehe, spielte da keine Rolle. Als Nachfolger wurde der Protoskriniar Leo, ein Laie, als Leo VIII. erhoben. Obwohl fast zur gleichen Zeit Berengar II. zur Aufgabe gezwungen und nach Bamberg ins Exil geschickt werden konnte, verstand es Johannes XII. zu Anfang 964, die Römer zu einem Aufstand gegen Otto und Leo VIII. anzustacheln. Dessen Niederwerfung, Ottos Abzug, der Tod Johannes' XII., die Erhebung eines neuen Papstes (Benedikt V.) ohne Einwilligung Ottos sowie Ottos Strafgericht und die Rückführung des vertriebenen Leo VIII. schlossen sich im nächsten halben Jahr an. Erst danach kehrte wieder Ruhe in Rom ein, so daß Otto schließlich nach dreieinhalbjähriger Abwesenheit Anfang 965 nach Deutschland zurückkehren konnte.

Hier hatten inzwischen seine treuen Helfer, die Markgrafen Hermann (Billung) und Gero, sowie sein Bruder Erzbischof Brun von Köln wichtige Entwicklungen in Gang gesetzt, die Ottos Gesamtkonzept der auf Mission aufgebauten Ostpolitik und dazu eine Festigung der Staatsgewalt nach innen durch stärkere Heranziehung der Reichskirche betrafen.

Hermann und Gero hatten schon seit Jahren die Slawen an der Elbgrenze niedergehalten und dabei auch Ottos Vettern Wichmann d. J. und Egbert, die sich durch ihren Onkel Hermann um das Erbe ihres Vaters Wichmann d. Ä. betrogen meinten, ausgeschaltet. 963, als Otto in Italien stand, war Gero aber zusätzlich ein besonderer Erfolg gelungen: Er konnte den Slawenfürsten Mieszko (I.), der um 960 einige östlich der Oder an Warthe und Weichsel siedelnde Slawengruppen mit den Polanen als neuem Volkskern unter seiner Herrschaft vereint hatte und bei der weiteren Ausbreitung nach Westen mit den Redariern zusammengestoßen war, zu einem Vertrag mit dem Reich bringen. Mieszko nahm einerseits die Tributabhängigkeit für die »bis zur Warthe« gelegenen Teile seines bald als Polen bezeichneten Herrschaftsgebietes auf sich, wurde andererseits aber als »Freund und Getreuer« des Kaisers anerkannt. Dadurch wurde es ihm erleichtert, um 965/66 die Christin Dobrava, Tochter des Böhmenherzogs Boleslav I., zur Frau zu nehmen und sein Land mit der eigenen Taufannahme (966/67) der christlichen Mission zu öffnen. Den Missionsplänen Ottos, die von Magdeburg aus das Gebiet der Elbslawen zwischen Elbe und Oder erfassen sollten, kam das natürlich besonders entgegen. Es war dies auch der Anfang für das Hineinwachsen Polens in die römisch-christlich geprägte abendländische Kulturwelt und Staatengemeinschaft. Hingegen blieb es dem 961 auf Bitten der Großfürstin Olga von Kiew nach Rußland entsandten Missionar – es war der spätere erste Magdeburger Erzbischof Adalbert – versagt, Missionserfolge zu erringen. Olgas Sohn Swjatoslav, der noch vor Adalberts Ankunft großjährig geworden war und die Herrschaft in Kiew angetreten hatte, war nicht für das Christentum zu gewinnen, so daß Adalbert ergebnislos heimkehren mußte. (Erst Swjatoslavs Sohn Wladimir hat 988/89 bei seiner Hochzeit mit der byzantinischen Kaiserschwester Anna das Christentum – freilich in der byzantinisch-ostkirchlichen Ausprägung – angenommen, so daß zwischen Polen und Rußland eine bis heute fortdauernde Glaubens- und Kulturgrenze zu wachsen begann.) Ganz anders hatte Brun eine Stärkung des Reiches eingeleitet: Er zog aus der Tatsache, daß manche Bischöfe der Herrschaft seines Bruders Otto I. erhebliche Schwierigkeiten bereitet hatten, die Konsequenzen, nur solche Kleriker auf vakante Bischofsstühle zu bringen, die vorher gut ausgebildet und für ihren Dienst an Kirche und Reich sorgfältig vorbereitet worden waren. In Lotharingien hatte er in seiner Doppelfunktion als *archiepiscopus* und *dux* schon seit 953 diesbezüglich gute Erfahrungen gesammelt: die Befriedung und innere Aussöhnung dieser Region war ihm damit gelungen. Vor allem hatte er in seiner Kölner Domschule für die Ausbildung zu Kirchendienst und Reichstreue gesorgt, übrigens dabei auch junge (im Laienstand verbleibende) Adelige wie z. B. den späteren Herzog Gottfried von Niederlotharingien zu seinen Schülern gezählt.[1] Sein Beispiel und sein Erfolg haben nun Otto ermutigt, Bruns Maßnahmen fortzuset-

---

1   Mit dem Namen Bruns ist so auch ein gewisser erster Aufschwung der Bildung im ottonischen Reich verbunden. Bildung, Kunst und Literatur lagen freilich in der ersten Hälfte des 10. Jahrhunderts, als wegen der Überfälle der Ungarn, Wikinger und Slawen die Schärfe des Schwertes mehr gefragt war als die Schärfe des Geistes und die Tiefe der Bildung, arg darnieder. Nur kurz kann deshalb vermerkt werden, daß durch Ottos Befriedung des Reiches und seine Erfolge gegen äußere Feinde auch ein Erwachen der kulturellen Kräfte einsetzen konnte. Seit der Mitte des 10. Jahrhunderts läßt sich dies vor allem an der neu aufblühenden Geschichtsschreibung, der Baukunst und bald auch an der Buchmalerei sowie am Einsetzen monastischer Reformen konstatieren. Die »Lothringische Klosterreformbewegung« und das Aufkeimen einer »ottonischen Renaissance« seien somit zumindest stichwortartig angesprochen, auch wenn sie nicht zu Ottos I. direkten Leistungen zu zählen sind.

zen, als dieser während einer politischen Mission am 11. 10. 965 in Reims gestorben war. Er übernahm die besten Schüler in seine Hofkapelle, d. h. in den Kreis der den König/Kaiser dauernd begleitenden sowie ihm für den Meßdienst und den Schriftverkehr zur Verfügung stehenden Geistlichen, und wies ihnen die Aufgabe zu, geeignete Kandidaten für die Bischofsämter aufzunehmen und sich selbst zur zentralen Ausbildungsstätte für den Reichsepiskopat zu erweitern. Seit 966/67 läßt sich deshalb das Anwachsen der Hofkapelle zu einer sich im Personalbestand verdoppelnden und verdreifachenden zentralen Schaltstelle für eine neu zu organisierende Reichsverwaltung feststellen. Eine Herrschaftsweise wurde damit eingeleitet, die in einer immer enger werdenden gegenseitigen Zuordnung von Kirche und Reich ihr Ziel sah; in ihr sollte durch Ausdehnung der bischöflichen Immunitätsbezirke, durch Erweiterung der Münz- und Zollprivilegien und der sonstigen Einflußmöglichkeiten der auf Reichstreue und vertieftes Verständnis des Christentums hin ausgebildeten Bischöfe und Reichsäbte eine neue zusätzliche Stütze der Reichsgewalt erreicht und zusammen mit Herzögen und Grafen tätig werden. Was sich vor allem unter Kaiser Heinrich II. zur typischen »ottonisch-salischen Reichskirchenherrschaft« ausprägen sollte, wurde hier somit im letzten Jahrzehnt Ottos I. grundgelegt.

Hatte Otto gehofft, nach seiner Rückkehr vom zweiten Italienzug die Gründung des Erzbistums Magdeburg mit den erwirkten Papstdekreten zum Abschluß bringen zu können, so hatte er die Schwierigkeiten unterschätzt. Zwar konnte er auf einem Magdeburger Hoftag einen Ausgleich mit seinem Sohn Erzbischof Wilhelm von Mainz einleiten, der für die Ausgliederung von Brandenburg und Havelberg als Suffragane von Magdeburg das neu zu gründende Bistum Prag versprochen erhielt, und die Magdeburger Kirche reich mit Gütern ausstatten, aber Bischof Bernhard von Halberstadt, aus dessen Bistum der Magdeburger Sprengel ausscheren sollte, sperrte sich weiter. Die Vollendung des Magdeburger Erzbistumsplanes gelang schließlich erst während des dritten Italienaufenthalts Ottos ab 967.

Zu diesem dritten Italienzug ist Otto wiederum gerufen worden. Der Hilfesuchende war Papst Johannes XIII., Leos VIII. Nachfolger, der bald nach seiner im Beisein kaiserlicher Vertreter erfolgten Wahl und Weihe (September/Oktober 965) von den Römern gefangengesetzt worden war, aber nach einiger Zeit hatte fliehen können. Ein hartes Strafgericht traf die Römer bei Ottos Eintreffen im Dezember 966, obgleich sie sich dem Papst bereits wieder unterworfen hatten. Wichtiger ist aber, daß Otto nun, im April 967, auf einer Synode in Ravenna die Magdeburg-Frage nochmals verhandeln ließ. Die Synode billigte Ottos Pläne, und Papst Johannes XIII. verfügte jetzt die Errichtung des Erzbistums durch Erhebung des St.-Moritz-Klosters zur neuen Metropolitankirche, unterstellte ihr Brandenburg und Havelberg als Suffragane und genehmigte die Gründung weiterer Suffraganbistümer in Merseburg, Zeitz und Meißen. Die Verwirklichung dieser Anordnungen wurde dadurch erleichtert, daß 968 kurz nacheinander die so lange dagegen opponierenden Bischöfe Wilhelm von Mainz und Bernhard von

Halberstadt verstarben und durch Männer, die den Plänen zustimmten, ersetzt wurden. Zur Ergänzung des Missionsprogramms konnte 968 auch noch ein Bistum Oldenburg/Holstein gegründet und der Hamburger Kirchenprovinz zugeordnet werden.

Ottos dritter Italienaufenthalt währte fünf Jahre und zehn Monate. Es waren freilich keine übergroßen Schwierigkeiten, die ihn etwa in Oberitalien festgehalten hätten; dort hatte sich, zumal Berengars II. Sohn Adalbert rasch für immer verdrängt werden konnte, ein Gleichgewichtszustand zwischen den weltlichen und den mit Privilegien geförderten kirchlichen Kräften – also zwischen Markgrafen bzw. Grafen und Bischöfen – eingependelt, und dieser bewirkte Ruhe und Frieden. Hauptsächlich erforderten die süditalienischen Verhältnisse Ottos Aufmerksamkeit. Hier hat sich Otto zu Anfang 967 – im Rückgriff auf die Grenzen des Machtbereichs Karls des Großen, seines immer klarer werdenden Vorbildes – die langobardischen Fürsten von Capua und Benevent als Lehnsleute unterstellt. Für diese Fürstentümer, die sich nach Karls des Großen erstem Zugreifen als Relikte des 774 aufgelösten Langobardenreichs schließlich doch eine große Selbständigkeit hatten bewahren können, beanspruchte aber auch der Kaiser von Byzanz die Oberhoheit, so daß es mit ihm zu Spannungen kam. Otto versuchte, diese durch die Anregung einer Ehe seines Sohnes Otto II. mit einer byzantinischen Kaisertochter zu überwinden. Dafür ließ er Otto II. zu Weihnachten 967 in Rom durch Papst Johannes XIII. schon zum Mitkaiser krönen. Aber die Verhandlungen führten wegen Benevents und Capuas, auf die der Basileus Nikephoros Phokas nicht verzichten wollte, zu keinem Ergebnis. Ein Heereszug Ottos scheiterte zudem 968 vor Bari. Erst als in Byzanz Nikephoros Phokas in einer Palastrevolte gestürzt war und der neue Kaiser Johannes Tzimiskes (969–976) sich ausgleichsbereit zeigte, begannen neue Verhandlungen, in denen der Heiratsplan wieder aufgegriffen wurde. Aus Byzanz wurde dann freilich nicht die erbetene Kaisertochter, die Porphyrogenita Anna, sondern Theophanu, eine nicht in der Porphyra (= Kaiserpalast) geborene Nichte des neuen Kaisers Johannes Tzimiskes, geschickt, die Otto II. am 14. 4. 972 in Rom heiratete und zur Kaiserin krönen ließ. Apulien wurde in diesem Zusammenhang von Otto geräumt, Capua und Benevent blieben jedoch unter seiner Hoheit. Was aber noch wichtiger war: Die seit Karls des Großen Kaiserkrönung zu Weihnachten 800 bestehende und seit langem wieder hochgespielte Zweikaiserfrage wurde damit auch zugunsten des Westens entschieden; der Basileus des »Ostens« akzeptierte nunmehr einen Kaiser des »Westens«, dem Rom gehörte.

Im August 972 aus Italien zurückgekehrt, konnte Otto nicht nur die Zügel der Regierung in Deutschland wieder straffer anziehen – das war zumal in Sachsen erforderlich, wo Hermann (Billung) seine Prokuratorstellung großzügig ausgeweitet hatte –, er erhielt seine hegemoniale Stellung in Europa auch nochmals zu Ostern 973 in Quedlinburg auf einem großen Hoftag bestätigt: Gesandtschaften aus Dänemark, wo König Harald Blauzahn inzwischen das Christentum angenommen hatte, aus Polen, Böhmen, Rußland, Ungarn, Bulgarien, Byzanz, Benevent, Rom und Italien brachten ihm hier ihre Huldigung dar; bald darauf folgten solche aus der arabischen Welt nach. Daß auch Frankreich Ottos Vormacht akzeptierte, zeigt sich daran, daß der dortige König Lothar, sein Neffe (durch seine Schwester Gerberga), 966 Ottos Stieftochter Emma, das einzige Kind aus Adelheids erster Ehe mit König Lothar von Italien, zur Frau erhalten hat.

Wenige Wochen später – nachdem auch Hermann (Billung) verschieden war – verstarb Otto am 7. 5. 973 in der Pfalz Memleben. In der Magdeburger Dom-kirche, die er so sehr gefördert hatte, fand er neben seiner ersten Gemahlin Edgith sein Grab.

Den Zeitgenossen galt Otto schon seit seinem großen Ungarnsieg als der *magnus imperator.* »Seit den Tagen Karls des Großen hatte kein derartiger Regent und Schützer des Vaterlandes den Königsthron mehr innegehabt«, schrieb Bischof Thietmar von Merseburg um 1015 in seiner Chronik über ihn. Und er ist der einzige unserer mittelalterlichen deutschen Herrscher, dem die Geschichte den Beinamen »der Große« auf Dauer bewahrt hat.[2] Er hat sein Reich zur Hegemoniemacht in Europa erhöht.

---

2 Auch der schon über ein Jahrhundert währende Streit um Nutzen und Nachteile der mit Otto d. Gr. beginnenden mittelalterlichen deutschen Kaiser- und Italienpolitik, die eine angemessene Ostpolitik verhindert habe, hat letztlich der Hochschätzung Ottos nicht grundsätzlich schaden können; denn die Zeitgebundenheit der nachträglichen Anwürfe ist evident. Für die Menschen des 10. Jahrhunderts galten andere Kriterien und Prärogativen. Dazu vgl. zusammenfassend E. Hlawitschka, Vom Frankenreich . . . S. 220–223, und G. Althoff/H. Keller, Heinrich I. und Otto d. Gr. S. 241ff.

Die Nachkommen Kaiser Ottos I.

1. (außerehelich von einer vornehmen slawischen Kriegsgefangenen,
   möglicherweise der Schwester des Hevellerfürsten Tugumir)
   WILHELM, Erzbischof von Mainz (954–968) und Erzkanzler
   des Reiches (956–968)
   * 929
   † 2. 3. 968 in Rottleberode (s. Stolberg/Harz)
   Grabstätte: St. Alban in Mainz

AUS DER EHE MIT EDGITH VON ENGLAND

2. LIUDOLF, Herzog von Schwaben (950–954, abgesetzt)
   * 930
   † 6. 9. 957 in Pombia/Oberitalien
   Grabstätte: St. Alban in Mainz

   ∞ ca. 947/48
   IDA, Tochter Herzog Hermanns I. von Schwaben (Konradiner) und
   Reginlinds
   † 17. 5. 986
   Grabstätte: möglicherweise in Aschaffenburg

3. LIUDGARD
   * ca. 931
   † 18. 11. 953
   Grabstätte: St. Alban in Mainz

   ∞ ca. 947
   KONRAD (der Rote), Herzog von Lotharingien (944–954, abgesetzt)
   † 10. 8. 955 in der Lechfeldschlacht
   Grabstätte: Dom zu Worms

AUS DER EHE MIT ADELHEID

4. HEINRICH
   * Ende 952/Anfang 953
   † 7. 4. ca. 954

5. BRUN
   * Ende 953/Anfang 954
   † 8. 9. 957

6. MATHILDE, ab 966 Äbtissin des Kanonissenstifts Quedlinburg,
   996 Reichsverweserin *(matricia)* für Otto III.
   * Anfang 955 (kurz nach 8. 2.)
   † 7./8. 2. 999 in Quedlinburg
   Grabstätte: Quedlinburger Dom, neben Heinrich I. und seiner Frau
   Mathilde

7. OTTO II.
   * Ende 955
   † 7. 12. 983 in Rom
   Grabstätte: Vorhalle von St. Peter, seit 23. 4. 1618 in den Vatikanischen
   Grotten unter der Peterskirche in Rom
   Siehe unter Kaiser Otto II.

Kaiser Otto II.

Kaiser Otto II.

* Ende 955 (hierfür s. zuletzt W. Glocker, Die Verwandten . . . S. 28of.)
† 7. 12. 983 in Rom
Grabstätte: Vorhalle von St. Peter, seit 23. 4. 1618 in den Vatikanischen Grotten unter der Peterskirche in Rom
Eltern: Kaiser Otto I. und Adelheid

∞ 14. 4. 972 in Rom
THEOPHANU, Nichte des byzantinischen Kaisers Johannes Tzimiskes*)
* ca. 950/59
† 15. 6. 991 in Nimwegen
Grabstätte: Kirche St. Pantaleon in Köln
984–991 Regentin für ihren Sohn Otto III.
Zur Herkunftsfamilie Theophanus vgl. G. Wolf, Kaiserin Theophanu . . S. 59–78, und O. Kresten, Byzantinische Epilegomena zur Frage: Wer war Theophanu?, in: A. v. Euw und P. Schreiner, Kaiserin Theophanu . . . S. 403–410, 424.

26. 5. 961: Krönung zum (Mit)könig in Aachen, nachdem er zu Anfang dieses Monats auf einer Reichsversammlung in Worms zum König gewählt worden war
25. 12. 967: Krönung zum (Mit)kaiser durch Papst Johannes XIII. in Rom
 7. 5. 973: Beginn der selbständigen Regierung nach dem Tod des Vaters

*) Wahrscheinlich Tochter des byzantinischen Patrikios Konstantinos Skleros und seiner Frau Sophia aus dem Hause Phokas

Auf Söhne großer Väter kommt stets ein schweres Erbe zu, denn sie sollen die allgemein in sie gesetzten hohen Erwartungen nicht enttäuschen. Erreichen sie die Bedeutung ihres Vaters nicht, wird schnell von »Schwäche« oder »Versagen« gesprochen. Dabei wird aber oft nicht beachtet, ob ihnen ein ebenso langes Leben und die gleichen Chancen zur Bewährung ihrer Kraft beschieden waren. Bei der Betrachtung Ottos II. muß man dies, bevor man wertet, berücksichtigen.

Bereits seit 961 zum König gewählt und geweiht und seit 967 mit der Kaiserkrone ausgestattet, war Otto II. im Frühsommer 973 bei der Regierungsübernahme nach dem Tode seines Vaters gerade erst siebzehneinhalb Jahre alt. Er setzte zunächst auf eine nahtlose Fortsetzung der Politik Ottos des Großen und ließ deshalb auch seiner Mutter Adelheid und seinem Vetter, dem Herzog Heinrich (dem Zänker) von Bayern, weiten Einfluß. An vielen Urkundeninterventionen ist das ablesbar.

Ottos II. Regierung begann also ohne markante Zeichen eigener Initiativen. Heinrich der Zänker hat dies offenbar nutzen wollen, um rasch einen eigenen Machtblock aufzubauen. So ließ er listig durch den mit seiner Schwester Hadwig vermählten Herzog Burchard III. von Schwaben seinen liutpoldingischen Vetter Heinrich, einen Enkel des 937 verstorbenen Bayernherzogs Arnulf, auf den wichtigen Augsburger Bischofsstuhl, der im Sommer 973 durch den Tod des in der Ungarnabwehr bewährten Bischofs Ulrich freigeworden war, empfehlen. Als Otto II. merkte, daß damit sein Recht der Bischofsinvestitur überspielt worden war und sich ein schwäbisch-bayerisches Intrigenspiel anbahnte, dessen Weiterungen bedenklich werden konnten, drehte er den Spieß um. Nachdem am 1. 11. 973 Burchard III. kinderlos verstorben war, gab er nun das Herzogtum Schwaben nicht – wie es die bislang einflußreiche Gruppe erhofft zu haben scheint – an Heinrich, den Bruder der Burchard-Witwe, und bestimmte diesen auch nicht zu ihrem handlungsberechtigten Regentschaftsvertreter. Vielmehr setzte er seinen Neffen Otto, den Sohn seines 957 verstorbenen Halbbruders und einstigen Thronfolgers Liudolf, als neuen Herzog ein. Hadwig behielt allein die Hausgüter und zog sich auf den Hohentwiel zurück († 994). Dies scheint Heinrich indessen als grundlose Übergehung seiner Familienansprüche angesehen zu haben. Und da Otto II. ihm auch in der Festigung seiner Position gegen die jüngeren Babenberger in der bayerischen Nordmark nicht folgte, hielt er wohl den Aufbau von Verbindungen zum Sturz Ottos II. für die angemessene Reaktion. Als entsprechende Verbindungen zu den Herzögen Boleslaw II. von Böhmen und Mieszko von Polen ruchbar wurden, ließ Otto II. ihn im Sommer 974 in Haft nehmen. Heinrich wurde in Ingelheim festgesetzt, seine bayerischen Anhänger verbrachte man an andere Orte. Da nunmehr auch die Interventionen der Kaiserin Adelheid in Ottos II. Urkunden abbrechen, dafür solche seiner Gemahlin Theophanu und seines Neffen Herzog Otto von Schwaben zunehmen, ist es deutlich, daß Otto II. eine völlige Neuorientierung innerhalb seines engsten Vertrautenkreises vornahm.

Hand in Hand damit gingen Erfolge, die Otto Ende 973/Anfang 974 im Hennegau und bei Cambrai gegen die aufrührerischen Grafenbrüder Reginar und Lambert errang, deren Vater bereits durch den *archidux* Brun von Köln wegen Unruhestiftens außer Landes gedrängt worden war. Und auch der Einfall des Dänenkönigs Harald Blauzahn in das nordsächsische Siedlungsgebiet konnte im Sommer 974 mit einem Gegenstoß bis vor Schleswig und mit der Errichtung von Grenzbefestigungen beantwortet werden. Im Herbst 975 wurde sogar eine Strafexpedition gegen den Herzog Boleslaw II. von Böhmen wegen dessen Verwicklung in Herzog Heinrichs (des Zänkers) Komplott durchgeführt.

Schwierigkeiten brachen erst aus, als es Heinrich dem Zänker zu Anfang 976 gelungen war, aus seiner Haft zu entfliehen und in Bayern Anhänger für die Fortführung seines Aufstandes gegen den jungen Kaiser zu finden. Nach Kämpfen vor Regensburg, die mit der Einnahme der Stadt durch Otto II. endeten, floh Heinrich nach Böhmen. Einschneidende innenpolitische Veränderungen mußten nun ergriffen werden: Graf Burchard von der Ostmark, der Vater des 973 in Augsburg eingesetzten Bischofs Heinrich, wurde durch den Markgrafen Liutpold ersetzt (mit dem die fast 300jährige Herrschaft der Babenberger in der bayerischen Ostmark, dem späteren Österreich, begann); von Bayern selbst wurde – in Weiterführung der von Otto I. in Lotharingien eingeleiteten Zerteilung zu starker Herzogtümer – Kärnten samt den italienischen Marken Verona und Aquileja abgetrennt und als eigenständiges neues Herzogtum an Heinrich, den Sohn des 947 verstorbenen Herzogs Berthold von Bayern, gegeben; und das so auf seinen Kern verkleinerte Bayern kam zusätzlich als zweites Herzogtum an Herzog Otto von Schwaben. Im Beraterkreis Ottos II. tritt nun außerdem der Erzbischof Willigis von Mainz (975–1011) zusehends hervor.

Noch 976 wurde zudem ein erneuter Zug gegen Böhmen durchgeführt, der aber scheiterte. Doch während Otto II. im Sommer 977 zusammen mit Herzog Otto von Schwaben und Bayern seinen Angriff wiederholte, mußte er merken, daß Heinrich der Zänker schon zum Gegenschlag ausgeholt hatte. Es war dem »Zänker« gelungen, den frisch erhobenen Herzog Heinrich von Kärnten und den Augsburger Bischof Heinrich zum sogenannten Aufstand der drei Heinriche zu ermuntern. Trotzdem gelang es Otto II., zuerst den Böhmenherzog zur Unterwerfung zu zwingen und danach mit seinem gleichnamigen Neffen, dem Schwaben- und Bayernherzog, das von den zwei Herzögen namens Heinrich besetzte Passau niederzuringen. Im Frühjahr 978 wurden auf einem Magdeburger Hoftag die drei Heinriche zur Exilierung verurteilt. Das neue Herzogtum Kärnten erhielt Otto von Worms, der Sohn des 955 gefallenen Herzogs Konrad des Roten und Liudgards, der Halbschwester Ottos II.

Während dieser Auseinandersetzungen braute sich bereits im Westen ein neuer Konflikt zusammen. Um dort endlich Frieden einkehren zu lassen, hatte Otto II. vor seinem Aufbruch nach Böhmen, im Mai 977, den seit 976 wieder unruhig gewordenen Brüdern Reginar und Lambert ihre eingezogenen väterlichen Besitzungen – mit Ausnahme von Mons – zurückerstattet. Darüber hinaus war aus dem gleichen Grunde der mit ihnen verbündete Karl, ein Bruder des französischen Königs Lothar, mit dem Herzogtum Niederlothringien belehnt worden. Da aber Karl die Gemahlin seines Bruders, Kaiserin Adelheids erstehliche Tochter Emma, des Ehebruchs mit Bischof Adalbero von Laon bezichtigt hatte und dafür außer Landes gewiesen worden war, bedeutete dieser Schritt auch eine Brüskierung sowohl König Lothars als auch der Kaiserinmutter Adelheid. Jene zog sich, nun gründlich verärgert, nach Burgund zurück; Lothar aber drang – von Otto II. unvermutet – im Frühsommer 978 blitzartig in Lothringien ein und besetzte Aachen; den ehernen Adler auf dem Giebel der Kaiserpfalz ließ er – zum Zeichen seines Anspruchs auf Lothringien und der neuen Angriffsrichtung – nach Osten drehen. Otto entkam nur mit knapper Not. Auf einem Vergeltungszug konnte er zwar bis Paris vorrücken, jedoch erst im Mai 980 suchte König Lothar, als er erneut in Schwierigkeiten mit seinem Herzog Hugo (Capet) von Franzien geraten war, bei einer Zusammenkunft in Margut-sur-Chier, vor allem zur Sicherung der Nachfolge seines Sohnes Ludwig V., den Frieden mit Otto II. und verzichtete auf alle lothringischen Ambitionen.

Nördlich der Alpen hatte Otto II. so in sieben Jahren die Verhältnisse stabilisiert und auch die Vormacht des Reiches gegenüber dem französischen König wie auch gegenüber dem Böhmenherzog sichergestellt; dazu hatte er 979 auch noch in einem kurzen Feldzug gegen Polen die Reichsinteressen östlich der Elbe betont. Deshalb konnte er sich nun den italienischen Belangen zuwenden. In Rom war ja nach dem Abzug Ottos I. (972) der kaiserliche Einfluß abgebröckelt. Der Nachfolger Papst Johannes' XIII. († 972), Benedikt VI., war nach nicht einmal zwei Amtsjahren umgebracht, sein Rivale Bonifaz VII. bald wieder vertrieben und der mit Zustimmung Ottos II. danach erhobene Benedikt VII. (974–983) dann aber doch in neue Schwierigkeiten gebracht worden, so daß nach dem Rechten zu sehen war.

Auf dem im Oktober 980 begonnenen Italienzug traf Otto in Pavia mit seiner Mutter Adelheid zur Versöhnung zusammen, in Ravenna ließ er eine vielbeachtete Disputation seines Magdeburger Domscholasters Ohtrich mit dem aus Reims gekommenen Domschullehrer Gerbert von Aurillac über die Einteilung der Philosophie und damit über das damalige Bildungssystem durchführen, und zu Ostern 981 sorgte er in Rom für die Abhaltung einer Synode. Da bei dieser Gelegenheit nicht nur die Kaiserinnen Adelheid und Theophanu, sondern auch König Konrad von Burgund mit seiner Gemahlin Mathilde (von Frankreich), Herzog Hugo Capet von Franzien und viele deutsche, französische, spanische und italienische Kirchenfürsten zugegen waren, kann kein Zweifel bestehen, daß Otto im Begriffe stand, die volle väterliche Autorität im Abendland zu gewinnen.

Auf einer weiteren römischen Synode, ein halbes Jahr später, hat Otto II. dann – nachdem ihm der Tod des ersten Magdeburger Erzbischofs, Adalbert, gemeldet worden war – die Ernennung des bisherigen Merseburger Bischofs Giselher zum Nachfolger in Magdeburg vorgenommen und zugleich die Aufhebung des erst von seinem Vater mühsam durchgesetzten Merseburger Bistums – als zu klein – betrieben. Gerade diese Maßnahme hat aber, da der spätere Merseburger Bischof Thietmar sie als verfehlt ansah und Otto deswegen in seiner Chronik auch kritisierte, das Gesamtbild Ottos II. in der Nachwelt negativ zu färben begonnen.

Dieser negativen Wertungstendenz kam gewiß entgegen, daß Otto II. sich in die süditalienischen Verhältnisse hineinziehen ließ. Ein solcher Schritt aber lag nahe, da die Sarazenen seit 976 von Sizilien auf das italienische Festland vorgestoßen waren und die Abwehr der Heidengefahr in der Auffassung der Zeit zur vornehmsten Kaiseraufgabe gehörte. Außerdem war Theophanus Onkel, der byzantinische Kaiser Johannes Tzimiskes, mit dem 972 ein Ausgleich über die süditalienischen Hoheitsfragen gefunden worden war, 976 verstorben; und sein Nachfolger, Basileios II., hatte Theophanus Verwandte aus ihren Führungspositionen verdrängt. Nicht Zurückhaltung, sondern aktives Angehen der süditalienischen Angelegenheiten wird deshalb auch von Theophanu befürwortet worden sein. Wenn Otto seit 982 gelegentlich den Titel *imperator Romanorum augustus* aufgriff, dürfte sich darin die Rivalität mit dem byzantinischen Basileios widerspiegeln wie desgleichen der Anspruch zu erkennen geben, ganz Italien unter seinem Imperium vereinen zu wollen.

Seit Herbst 981 den Raum südöstlich Roms beobachtend und dann bis nach Apulien und Tarent vorstoßend, bereitete er sich, nachdem er noch 2100 Panzerreiter zur Verstärkung aus Deutschland angefordert hatte, auf eine große Auseinandersetzung vor. Am 13. 7. 982 traf sein Heer am Capo Colonne (südlich Cotrone) in Kalabrien auf die Schlachtreihen der Sarazenen. Der Endsieg schien schon sicher, der Emir Abul Kassim war gefallen, als ein sarazenisches Reserveaufgebot den bereits zur Verfolgung ansetzenden kaiserlichen Truppen eine vernichtende Niederlage zufügte. Otto konnte sich nur mit knapper Not auf ein vorbeisegelndes griechisches Schiff retten und von diesem in Rossano unerkannt wieder entfliehen. Die Verluste waren gewaltig; dennoch zogen sich die Sarazenen wegen des Todes ihres Emirs vom Festland zurück, so daß sich keine allgemeine Katastrophe für Otto und das Reich daraus entwickelte.

Auch ein rasch (für Ende Mai–Anfang Juni 983) nach Verona einberufener Reichstag, den die Fürsten nach der Niederlage vom Capo Colonne besorgt erbaten, richtete sich nicht gegen Otto II. Es ging hierbei um die Frage neuer Truppenaufgebote und – da Herzog Otto von Schwaben und Bayern Ende Oktober 982 auf dem Rückweg nach Deutschland in Lucca verstorben war – um die Neubesetzung zweier Herzogtümer, dazu um die erforderliche Sicherung der Thronfolge angesichts der eben überstandenen Situation, die auch ganz anders hätte enden können. Für Schwaben wurde der bisherige Rheingaugraf Konrad, ein Konradiner, zum neuen Herzog ernannt; Bayern erhielt der Liutpoldinger Heinrich, der das Herzogtum Kärnten nach dem Aufstand der drei Heinriche verloren hatte (und mit dem – wie mit dem Augsburger Bischof gleichen Namens – inzwischen ein Ausgleich erzielt worden war, während Heinrich der Zänker in Haft blieb); und zudem wurde der erst dreijährige Kaisersohn Otto III. von den anwesenden deutschen und italienischen Großen zum König gewählt. Am Weihnachtstag 983 sollte dieser gemeinsam – zum Zeichen der Zusammengehörigkeit der beiden Reiche – von den Erzbischöfen Willigis von Mainz und Johannes von Ravenna in Aachen zum König gesalbt und gekrönt werden.

Bereits während die deutschen Großen nach Verona zogen, begann es an der dänischen Grenze unruhig zu werden. Ob die Niederlage in Süditalien bekannt geworden war und auslösend wirkte, ist unbekannt. Im Sommer 983 brach aber dann ein Aufstand der gesamten Slawen östlich der mittleren Elbe, die sich zum Liutizenbund zusammengeschlossen hatten, gegen den von Otto I. aufgebauten Grenzschutz und sein Missionswerk aus. Brandenburg und Havelberg wurden zerstört, Hamburg von den Abodriten geplündert. An der Tanger (südlich von Stendal) konnte schließlich ein von Bischöfen, Markgrafen und Grafen in Sachsen rasch aufgebotenes Heer den Angriff stoppen und die Slawen vernichtend schlagen. Die Elbelinie wurde so zumindest als Ostgrenze des Reiches gerettet.

Zu eigenen Aktivitäten gegen die Elbslawen kam Otto II. nicht mehr. Er starb, erst 28 Jahre alt, an den Folgen einer falsch behandelten Malariainfektion am 7. 12. 983 in Rom. Seine zehnjährige Regierungszeit wird man trotz der Niederlage gegen die Sarazenen und trotz des Rückschlags an der Ostgrenze im ganzen als erfolgreich werten können. Er hat das Erbe des Vaters – die Hegemonialstellung in Europa – weitgehend gewahrt, das Reich im Innern und nach außen hin gesichert und die ihm vom Schicksal gewährte knappe Zeit nach Kräften genutzt.

Als zu Weihnachten 983, wie festgesetzt, die Königserhebung Ottos III. in Aachen gerade erfolgt war, traf die Nachricht vom Tode Ottos II. ein. Das Reich hatte zwar einen König, doch zeigte sich rasch die Wahrheit des Bibelwortes: »Wehe dir, Land, des König ein Kind ist« (Salomon 10,16)! Für das Kind mußte eine Regentschaft tätig werden. Ungeklärt war aber in der Rechtsanschauung jener Zeit, ob diese (sippenrechtlich) dem nächsten Schwertmagen – nämlich Heinrich dem Zänker als nächstem Verwandten der Vaterseite – zustand, oder ob dafür (familienrechtlich) die Mutter – Theophanu – in Frage kam, die außerdem auch, wie schon Adelheid, die Weihe als *consors imperii* erhalten hatte. Da sich Theophanu noch in Italien aufhielt und als Griechin manchem ungeeignet schien, war Heinrich der Zänker im Vorteil. Vom Bischof Folkmar von Utrecht aus der Haft entlassen, ließ er sich den jungen Otto III. überantworten und fand bei mehreren Bischöfen Unterstützung in seinem Anspruch auf Vormundschaft. Doch als bekannt wurde, daß er – gegen die künftige Aufgabe Lotharingiens – Unterstützung für eine eigene Thronkandidatur bei König Lothar von Frankreich

suchte, und als er sich zu Ostern 984 in Quedlinburg selbst zum König prokla-
mieren sowie von den wenig reichstreuen Fürsten Mieszko von Polen und Boleslaw II. von Böhmen und vom Abodritenfürsten Mistui huldigen ließ, was viele
stutzig machte, begann sich das Blatt zu wenden. Erzbischof Willigis von Mainz
forderte Theophanu und Adelheid zum Kommen auf und gewann geschickt
Anhänger für eine Regentschaft Theophanus: den Herzog Konrad von Schwaben, den Liutpoldinger Herzog Heinrich von Bayern, die Herzogin Beatrix von
Oberlotharingien, die seit dem Tode ihres Gemahls Friedrich für ihren Sohn
Dietrich amtierte, den Herzog Bernhard von Sachsen und andere. Angesichts
dieser immer stärker werdenden Gegnerschaft mußte sich Heinrich der Zänker
bei einem Treffen mit den wichtigsten Befürwortern Ottos III. in Bürstadt (bei
Worms) im Mai 984 bereit erklären, Otto an die inzwischen nach Deutschland
gekommenen Kaiserinnen Theophanu und Adelheid auszuliefern. Auf einer Fürstenversammlung zu Rohr (bei Meiningen) wurde Otto III. tatsächlich übergeben; Heinrich der Zänker verzichtete damit auf seine Königtumsambitionen.
Fortan hat Theophanu, beraten vom Erzkanzler Willigis von Mainz und dem
Kanzler Bischof Hildibald von Worms, die Geschicke des Reiches gelenkt.

Hatte sich Heinrich der Zänker für seinen Verzicht die Wiedereinsetzung in
das Herzogtum Bayern erhofft, so wurde er zunächst enttäuscht. Der seit Sommer 983 dort amtierende Liutpoldinger Heinrich sperrte sich gegen die Freigabe.
Die Beilegung der Spannungen wurde schließlich durch das Verhalten König
Lothars von Frankreich erforderlich. Da er Lotharingien nicht mehr über die
früheren Zusagen Heinrichs des Zänkers gewinnen konnte, strebte jener offenbar – als (durch seine Mutter Gerberga) ebenso naher Verwandter Ottos III. wie
Heinrich der Zänker – jetzt die Vormundschaft an, um sich auf diese Weise
Lotharingien zu sichern; doch scheiterte er am Widerstand der lotharingischen
Großen. Die Konsolidierung des seit Heinrich I. zusammengewachsenen Reiches
ließ also keinen Fremden – und sei er auch ottonenverwandt – mehr als Herrscher
zu. Lothar schuf sich indessen dadurch ein Faustpfand, daß er 984 Verdun
okkupierte und nach seiner Vertreibung die Besetzung wiederholte. Dadurch
aber wurde Theophanu gedrängt, den »Zänker« zufriedenzustellen und dem
inneren Frieden eine sichere Grundlage zu geben. So erhielt Heinrich der Zänker
im Juni 985 Bayern zurück und überdies die Zusage auf die Nachfolge in Kärnten, wohin der bisherige Bayernherzog, der Liutpoldinger Heinrich – er war
kinderlos –, zurückging; Herzog Otto von Kärnten verzichtete auf sein Herzogtum und wurde mit reichem Besitz und Rechten in Rheinfranken entschädigt,
behielt aber seinen Herzogtitel. Kaiserin Adelheid begab sich nach Italien.

Die Verhältnisse an der Westgrenze blieben indessen gespannt und der tap-
fere Verteidiger von Verdun, Graf Gottfried, weiter in französischer Gefangen-
schaft. Erst der Tod König Lothars 986 und der seines kinderlosen Sohnes und
Nachfolgers Ludwig V. 987 brachten die Wende. Als nämlich damals Lothars
Bruder Herzog Karl von Niederlotharingien Anspruch auf das französische
Königtum erhob, wodurch dem Reich – wenn er die französische Krone errang –

eigentlich der Verlust Lotharingiens noch akuter drohte, durchkreuzte Erzbischof Adalbero von Reims, der Bruder Graf Gottfrieds, des Gefangenen von Verdun, seinen Plan: er überspielte mit Rückendeckung des deutschen Hofes Karl und verhalf Herzog Hugo Capet von Franzien zum französischen Königsthron (Mai/Juni 987). Als neuer König gab Hugo Verdun und die Gefangenen frei und verzichtete auf Lotharingien. Die zugespitzte Westpolitik entspannte sich also mit diesem Dynastiewechsel, der in Frankreich eine neue Ära, die der Kapetinger, einleitete. (Herzog Karl geriet übrigens 991 in Hugos Gefangenschaft, die er nicht überlebte; mit seinem Sohn Otto, dem kinderlosen Nachfolger im Herzogtum Niederlotharingien, erlosch 1006 die karolingische Dynastie im Mannesstamm.) Indem Hugo Capet es aber bald verstand, sich der deutschen Beeinflussung zu entziehen, ging hier die Zeit der ottonischen Hegemonie zu Ende.

Auch im Osten gelang es nicht, die 983 gegen die Liutizen erlittenen Verluste wettzumachen. Das von Leuten Boleslaws II. von Böhmen besetzte Meißen konnte zwar zurückgewonnen werden; und bei einem Hoftag zu Ostern 986 haben sich auch die Herzöge Boleslaw von Böhmen und Mieszko von Polen eingefunden, um ihrer Tributpflicht nachzukommen; spürbare Entlastung kam aber nur dadurch auf, daß sich der Böhmen- und der Polenherzog über den Besitz Schlesiens verfeindeten und Mieszko deswegen wieder die Anlehnung an das Reich suchte, während der Böhme sich offen mit den Liutizen verbündete. Nur mühsam glätteten sich 990 die Wogen in einem deutsch-böhmischen Vertrag.

Daß in Italien die deutsche Herrschaft unangefochten blieb, war hauptsächlich der von Otto I. eingeleiteten Gleichgewichtspolitik zu verdanken und dazu dem Geschick, mit dem Adelheid seit 985 dort die Reichsregentschaft repräsentierte. Auf die Verhältnisse in Rom nahm Adelheid freilich keinen Einfluß. Dort war der noch von Otto II. nominierte Papst Johannes XIV. (983–984) von der Adelsfamilie der Crescentier beseitigt und durch den schon einmal vertriebenen Bonifaz VII. (984–985) ersetzt worden. Nach dessen Tod wirkte als weiteres Crescentiergeschöpf Papst Johannes XV. (985–996). Mit ihm trat Theophanu in Verbindung. Sie unternahm 989/90 sogar einen Italien- und Romzug, nachdem sie schon im Sommer 988 eine eigene Kanzlei für Italien angeordnet hatte. Ohne tiefer eingreifen zu wollen, ging es ihr offenbar nur darum, ihrem Sohn den Weg vorzubereiten.

Sie ist am 15. 6. 991 in Nimwegen gestorben, als nach der Gefangennahme Karls von Niederlotharingien durch Hugo Capet in jenen Landstrichen nach dem Rechten zu sehen war. Die Reichsregentschaft ging dadurch auf die alte Kaiserin Adelheid über. Für das Reich war Theophanus Tod ein schwerer Schlag, da sie doch mit viel Geschick alle wichtigen politischen Fäden in der Hand zu halten vermocht hatte. Ihrer Nachfolgerin gelang das nicht mehr. Die bis dahin noch mühsam bewahrte Vormachtstellung des Reiches in Mitteleuropa schwand in den drei folgenden Jahren der Regentschaft Adelheids (991–994) zusehends dahin. In Rom festigte Crescentius II. seine Stadtherrschaft; Frankreich entwand

KAISER OTTO II.

sich immer stärker dem deutschen Einfluß; die Elbgrenze blieb trotz einiger Angriffe gegen die Liutizen unsicher; die Nordseeküste zwischen Weser und Elbe wurde von dänischen Wikingern, die das Christentum abgeschüttelt hatten, heimgesucht; und Mieszko von Polen verlegte seine Residenz von Posen in das von Tributpflicht freie Gnesen und begann kurz vor seinem Tode († 992) durch Übereignung seines Landes in den Schutz des hl. Petrus eine eigene, von deutschem Einfluß unabhängige Kirchenprovinz vorzubereiten.[1] Vor allem aber flachte im Reichsinnern der von Otto I. durchgesetzte und seither mühsam bewahrte Amtscharakter der Herzogsherrschaft ganz ab, wie mehrere ungestörte Sohnesnachfolgen zeigen: in Bayern folgte 995 auf Heinrich den Zänker dessen Sohn Heinrich (der spätere Kaiser Heinrich II.), der schon 994 neben seinem Vater als *condux* auftrat; das 989 absprachegemäß an den »Zänker« gefallene Kärnten konnte dabei dem an den Mittelrhein ausgewichenen Salier Otto restituiert werden; in Schwaben ging das Herzogtum 997 von Herzog Konrad auf dessen Sohn Hermann II. über; in Ober- und Niederlotharingien waren schon zu Theophanus Zeiten die jeweiligen Herzogssöhne Dietrich und Otto nachgefolgt; und in Sachsen baute der Billunger Bernhard I. seine Markgrafenstellung nun zu einer vollen Herzogsposition aus. Als im September 994 Adelheids Regentschaft endete, da ihr Enkel Otto III. ins 15. Lebensjahr eingetreten war und die Mündigkeit erlangt hatte, war das einst so stattliche Vermächtnis Ottos des Großen, das Otto II. noch weitgehend zu sichern vermocht hatte, beinahe aufgezehrt.

---

1   Erwogen wird gelegentlich, daß damals schon eigene Bistumsgründungen – etwa in Krakau, Kolberg und Breslau – neben dem (mindestens seit 968) für Polen zuständigen Bistum Posen abgesprochen wurden.

Die Nachkommen Kaiser Ottos II.

(Zur Reihenfolge vgl. bes. O. Perst, Zur Reihenfolge der Kinder Ottos II. und der
Theophanu, DA 14 [1958] S. 230–236, und W. Glocker, Die Verwandten . . .
S. 294ff.)

1. SOPHIE, seit 989 Kanonissin in Gandersheim,
    seit 1002 Äbtissin des Stiftes Gandersheim,
    ab 1011 (?) auch von Stift Essen
    * Hochsommer/Herbst 975
    † 27. 1. 1039
    Grabstätte: in Gandersheim

2. ADELHEID, seit 999 Äbtissin des Stifts Quedlinburg,
    ab 1014 auch Äbtissin von Gernrode, Frose und Vreden,
    ab 1039 auch Äbtissin von Gandersheim
    * Mai (?) 977
    † 14. 1. 1043
    Grabstätte: Domkirche auf dem Schloßberg in Quedlinburg

3. MATHILDE
    * Sommer 978
    † 20. 11. 1025 in Esch
    Grabstätte: in Brauweiler
    ∞ ca. 991–993
    EHRENFRIED/EZZO, lotharingischer Pfalzgraf
    * ca. 954, † 21./22. 5. 1034
    Zur Familie Ezzos vgl. U. Lewald, Die Ezzonen. Das Schicksal eines
    rheinischen Fürstengeschlechts, RhVjbll 43 (1979) S. 120–168. Aus die-
    ser Ehe gingen zehn Kinder hervor.

4. NN (Mädchen)
    * Sommer 979
    † vor 8. 10. 980

5. OTTO III.
    * Ende Juni/Anfang Juli 980 im Reichswald Ketil (bei Nimwegen)
    † 24. (23.?) 1. 1002 in Paterno (nördlich von Rom)
    Grabstätte: 5. 4. 1002 im Chor des Aachener Marienmünsters
    Siehe unter Kaiser Otto III.

Kaiser Otto III.

Kaiser Otto III.

* Ende Juni/Anfang Juli 980 im Reichswald Ketil (bei Nimwegen)

† 24. (23.) 1. 1002 in Paterno (nördlich Rom)

Grabstätte: 5. 4. 1002 im Chor des Aachener Marienmünsters

Eltern: Kaiser Otto II. und Theophanu

Otto III. blieb unverheiratet und kinderlos.

Zur unhaltbaren These, Kaiser Konrad II. sei ein illegitimer Sohn Ottos III. aus einer Verbindung mit Adelheid von Metz, Witwe Heinrichs von Speyer, gewesen, vgl. K. A. Eckhardt, Genealogische Funde zur allgemeinen Geschichte (²1963) S. 91ff.

Ende Mai/Anfang Juni 983: Auf dem Reichstag von Verona einstimmige Wahl Ottos III. zum König durch deutsche und italienische Große

25. 12. 983: Krönung Ottos III. zum deutschen König und zum König Italiens durch Erzbischof Willigis von Mainz und Erzbischof Johannes von Ravenna in Aachen

Letzte Septemberwoche 994: Wehrhaftmachung Ottos III. nach Eintritt in das 15. Lebensjahr auf einem Reichstag in Sohlingen (bei Höxter) und Beginn der eigenen Regierungstätigkeit

21. 5. 996: Kaiserkrönung in Rom

Nicht Kriegszüge und entscheidungsschwere militärische Großtaten sind das Signum der Herrschaft Ottos III., sondern neue politische Ideen und die Suche nach einer neuen, die geschwundene Hegemonie seiner Vorgänger ersetzenden und überhöhenden Gesamtkonzeption für Europa kennzeichnen ihn und weisen ihm einen unverwechselbaren Platz in der europäischen Geschichte zu. Ein hoher geistiger Anspruch an sich selbst wie an seine engere Umgebung ist für ihn charakteristisch, ja, hebt ihn über andere frühmittelalterliche Könige und Kaiser hoch empor. Seine Erbanlagen von der klug agierenden griechisch-byzantinischen Mutter und dem (in den Jugendjahren) als sprunghaft und wenig selbstdiszipliniert geltenden Vater mögen für seine Persönlichkeitsentwicklung nicht weniger bedeutsam gewesen sein als der Einfluß seiner Erzieher, des kalabresischen Griechen Johannes Philagathos (seit 988 Erzbischof von Piacenza) und des Kaplans Bernward (seit 993 Bischof von Hildesheim). Aufgeschlossen für Philosophie, Geschichte, Literatur, Mathematik und Kunst, konnte er mit dem klaren Blick für die Erfordernisse des weltlich-politischen Lebens doch auch die stärksten, Spannung erzeugenden religiösen Impulse seiner Zeit verbinden. Seine geistige Spannweite vermochte sowohl den Gedanken an die Neubelebung eines europaweiten *Imperium Romanum* in der Nachfolge der antiken Cäsaren und auch Karls des Großen als auch die Verwirklichung eines urchristlichen, nur in strengster Askese und Wallfahrt erreichbaren Apostolats zu umfassen und sich selbst aufzuerlegen.

Bereits auf dem zu Ende September 994 in Sohlingen (bei Höxter) abgehaltenen Reichstag, auf dem Otto III. durch die Zeremonie der Schwertleite als mündig und nunmehr eigenverantwortlich handlungsfähig anerkannt wurde, ließ sich ein Neubeginn bemerken: Der junge König organisierte seine Kanzlei um, indem er unter Beibehaltung der wichtigsten Berater der Regentschaftszeit, des Erzkanzlers und Erzbischofs Willigis von Mainz und des Kanzlers Bischof Hildibald von Worms, den bisherigen Hofkaplan Heribert, einen Jugendfreund, zum Leiter der italienischen Kanzlei berief. Dazu wurde die Lage in Italien und Rom beraten, die Kaiserkrönung ins Auge gefaßt und sogleich Johannes Philagathos nach Byzanz abgesandt, um dort für den künftigen Kaiser um eine Braut aus kaiserlichem Geblüt zu werben. Da die dortige Makedonendynastie söhnelos war, könnte sogar bei der Lageanalyse eine künftige Vereinigung der beiden Imperien, zumindest aber eine Reichserweiterung in Süditalien, anvisiert worden sein. Auch dürfte die Situation an der durch normannische Seeräuber verheerten Nordseeküste beraten worden sein. Und zur Stabilisierung der Lage an der Ostgrenze, die für eine baldige Rom- und Kaiserkrönungsfahrt erforderlich war, wurde ein Feldzug gegen die Elbslawen vorbereitet, der auch im Sommer 995 mit Unterstützung von Truppen aus Polen und Böhmen durchgeführt wurde.

Als schließlich nach dem Tode Herzog Heinrichs »des Zänkers« († 28. 8. 995) die Nachfolge in den Herzogtümern Bayern und Kärnten geklärt war – sie ging auf dessen Sohn Heinrich (den späteren Kaiser Heinrich II.) und den seit Jahren nach Worms zurückgegangenen Salier Otto über – und als zudem ein Hilferuf des aus Rom vor den Nachstellungen der Crescentier geflüchteten Papstes Johannes XV. eintraf, trat Otto III. im Frühjahr 996 seine seit langem geplante Romfahrt an.

In Verona wurden durch Aufnahme der Firmpatenschaft für den Sohn des Dogen von Venedig die Beziehungen zu Venedig und zu Byzanz verbessert. In Pavia erhielt Otto die Huldigung der italienischen Großen. Dort bestimmte er auch, nachdem eine römische Delegation den Tod des Papstes Johannes XV. mitgeteilt und um die Nominierung eines Nachfolgers durch den künftigen Kaiser gebeten hatte, seinen Vetter Brun – und nicht mehr, wie bisher üblich, einen römischen Kleriker – zum neuen Papst. Als Gregor V. (996–999) wurde Brun, der Sohn Herzog Ottos von Kärnten (bzw. Worms) und Urenkel Ottos des Großen, der erste deutsche Inhaber der Kathedra Petri. Da Brun bisher Ottos Hofkaplan gewesen war, wird deutlich, daß eine enge Konkordanz von *regnum* und *sacerdotium* – vergleichbar dem Zusammenwirken eines deutschen Reichsbischofs mit seinem dabei stets bestimmend bleibenden König – angestrebt wurde. Schon wenige Wochen später, am 21. 5. 996, krönte Gregor V. den nun knapp sechzehnjährigen Otto III. zum Kaiser. Indem Otto alsbald den Titel *Romanorum imperator augustus* aufnahm, wurde auch gleich sichtbar, daß er entschlossen in die Italienpolitik seines Vaters eintrat, ja, daß Rom und der römische Reichsgedanke ins Zentrum seines Denkens rückten. Bereits das erste Diplom nach der Kaiserkrönung nennt neben dem Rat des Papstes Gregor den »der Römer, Franken, Bayern, Sachsen, Elsässer, Schwaben und Lotharingier«: die Römer sollten also sein erstes Reichsvolk sein! Roms wollte er sich auch zuerst annehmen; der zum Exil verurteilte Crescentius II. wurde auf Bitten des Papstes begnadigt; eine Synode zu verschiedenen kirchlichen Angelegenheiten wurde von ihm zusammen mit Papst Gregor geleitet; doch eine Bestätigung des traditionellen Kaiserprivilegs für die römische Kirche – zuletzt festgelegt im sogenannten Ottonianum von 962 – und eine damit verbundene Restituierung mehrerer vom Papsttum beanspruchter Grafschaften in der Pentapolis lehnte er vorerst ab. Rom und die Kirchenstaatsgebiete sollten seiner Führung nicht entgleiten.

In Rom traf Otto III. auf Männer, die seine Vorstellungen von Kaiserherrschaft, erneuerungswürdiger altrömischer Staatsidee und gegenseitiger Durchdringung von *Imperium Romanum* und *Ecclesia Romana* weiter beflügelten, aber auch seine religiöse Beeindruckbarkeit zu einem asketischen Rigorismus animierten. Zu ihnen gehörten der in der antiken Bildung und im römischen Recht vorzüglich bewanderte Norditaliener Leo (999–1026 Bischof von Vercelli), dann der als größter Gelehrter seiner Zeit geltende Reimser Domscholaster

Gerbert von Aurillac, welcher nach seiner Wahl zum Erzbischof von Reims (991) gegen den dort schon vorher erhobenen illegitimen Karolinger Arnulf (Sohn König Lothars) trotz der massiven Unterstützung durch König Hugo Capet als Eindringling galt und auch bei Papst Gregor V. in Rom vergeblich um Unterstützung nachsuchte, sowie der nach zwei Vertreibungen aus seinem Prager Bistum in Rom weilende Adalbert (Vojtěch), ein Angehöriger der mit dem Prager přemyslidischen Herzog Boleslaw II. konkurrierenden tschechischen Adelsfamilie der Slavniker, der den Kaiser durch seine asketische Strenge und tiefreligiöse Bußgesinnung zutiefst beeindruckte. An ihre Seite traten bald mit ähnlicher Vorbildwirkung die Eremiten Nilus von Rossano und Romuald von Camaldoli. Sie alle sollten – teils durch ihre Vorliebe für das geistige und politische Erbe der Antike, teils durch ihre konsequente Christusnachfolge – das weitere Leben Ottos III. mitformen.

Im August 996 nach Deutschland zurückgekehrt, verbrachte Otto 997 viele Monate in Aachen, das jetzt neben Rom zu einem zweiten Bezugspunkt seines Denkens aufrückte. Die dort lebendige Erinnerung an Karl den Großen schlug ihn in ihren Bann. An dessen Genius wollte er gleichfalls anknüpfen. Durch reiche Schenkungen von Gütern, Reliquien und Kunstwerken an die Aachener Marienkapelle, durch die Vermittlung des Status einer Kardinalskirche für diese und mit der Stiftung von zwei weiteren Klöstern in Aachen wollte er dies dokumentieren. Ein mythisch verklärtes Karlsbild wurde also neben dem idealisierten Romdenken, in dem sich die Erinnerung an das Zentrum des Römerreichs und an die Apostelkathedra verbanden, zusehends bestimmend für ihn. Deshalb brach er auch nach zwei kurzen im Sommer 997 zur Sicherung Sachsens unternommenen Feldzügen gegen die rebellischen Elbslawen sogleich wieder nach Rom auf. Seine Tante Mathilde, Äbtissin von Quedlinburg, betraute er mit seiner Stellvertretung in Deutschland.

Der Erzkanzler Willigis von Mainz und Bischof Hildibald von Worms wie ebenso der Magdeburger Erzbischof Giselher verloren von nun an, da sie die Romidee nicht voll geteilt zu haben scheinen, langsam ihren Einfluß.

In Rom hatte Crescentius II. 996 die Stadtherrschaft wieder an sich gerissen und Papst Gregor V. aus der Stadt verdrängt. Er hatte sogar den mit hinhaltendem Bescheid von der Brautwerbung aus Byzanz zurückgekehrten Erzbischof Johannes Philagathos bewogen, sich als Gegenpapst – mit dem Namen Johannes XVI. – gegen Gregor V. ausrufen zu lassen. Ein begleitender byzantinischer Gesandter hatte dabei die Hände mit im Spiel. Hiergegen griff Otto jetzt unerbittlich durch. Nach der Einnahme der Stadt im Februar 998 wurde Johannes XVI. grausam an Augen, Nase, Ohren und Zunge verstümmelt und zur Klosterhaft verdammt, Crescentius II., der sich zwei Monate in der Engelsburg verteidigt hatte, wurde enthauptet. Rom sollte nun in einer echten *Renovatio Imperii Romanorum* zum Zentrum der Herrschaft Ottos III. ausgebaut werden. Alle Crescentiusanhänger wurden aus ihren Positionen entfernt und dafür die crescentierfeindlichen Grafen von Tusculum stärker herangezogen. Auf dem

Palatin nahm man den Neubau einer Kaiserpfalz als künftige Zentralresidenz Ottos in Angriff, womit Otto unterstrich, daß er nicht den Bestimmungen der »Konstantinischen Schenkung« folgen und auf die Kaiserrechte in Rom verzichten werde. Indem er altrömisch klingende bzw. auch dem byzantinischen Hofzeremoniell entstammende Hofämter einführte – wie *patricius* und *matricia, logotheta imperii* und *archilogotheta sacri palacii* sowie *protospatharius* etc., um damit Stellvertreter, Kanzler und ersten Schwertträger etc. zu bezeichnen – sowie selbst bei staatspolitischen Anlässen an einer erhöhten halbkreisförmigen Tafel, von den anderen getrennt, speiste, jetzt auch an seine Urkunden Bleibullen, statt der bisherigen Wachssiegel, hängen und diese – nach dem Vorbild Karls des Großen – mit der Prägung *Renovatio Imperii Romanorum* versehen ließ, meinte er felsenfest, mit der Aufrichtung einer neuen Staatsordnung zu beginnen, die aus der Neubelebung des alten Römerreichs erwächst. Unter dem für Welt und Kirche klangvollen Rom-Namen und unter seinem gottbegnadeten Kaisertum – so meinte er offenbar – würden sich die Völker Europas in einer alle Unterschiede überwölbenden und schließlich auch überwindenden Einheit zusammenführen lassen. Viel gelehrter, aus Buchwissen geschöpfter Idealismus ist dabei zu spüren. »Unser, unser ist das Römische Reich«, triumphierte damals Gerbert von Reims; und Leo von Vercelli begann ein langes Jubelgedicht mit den Worten:

»Christe, uns erhöre, achte auf dein Rom,
erneure fromm die Römer, die Kräfte Roms treib an!
Mit Ottos des Dritten Reich erhebe sich Rom sogleich!«

Und an Papst Gregor gewandt, fordert er, da ja das erstrebte Universalreich nicht nur ein römisches, sondern vor allem ein christliches sein sollte:

»Römische Rechte erneure schnell,
in Rom selbst Rom wiedererstell,
daß Otto kann werden des Kaiserreichs Ruhm auf Erden.
Ihr zwei Himmelsleuchten, über die Erde weit
erhellet die Kirchen, verscheuchet die Dunkelheit!
Einer soll mit dem Schwert überwinden, der andere das Wort verkünden.«

Dieser literarisch und geschichtsbezogen inaugurierte und zugleich auf die frühe Kirche fixierte Romgedanke sollte sogar noch weiter erstarken, als Papst Gregor V. im Frühjahr 999 verstorben war und nach Ottos Willen nun der 997 aus Reims gänzlich verdrängte und dafür 998 zum Erzbischof von Ravenna ernannte Gerbert als Silvester II. den Papstthron bestieg. Wie einst Papst Silvester I. zu Konstantin dem Großen wollte jener zu Otto III. stehen. Die politische Erneuerung des Reiches und eine apostolische Erneuerung der Kirche sollten Hand in Hand gehen; in beiden wollte Otto aber führend bleiben.

Stärker noch als am Mitpräsidieren von Synoden, an der Mitunterzeichnung von Papsturkunden und an Bußwallfahrten des Jahres 999 zu Heiltumsstätten in Rom und dessen Umgebung, bis hin zum Monte Gargano, schlug sich Ottos III. Führungsanspruch für Reich und Kirche in seiner spektakulären Wallfahrt nach Gnesen nieder. Zu Jahresende 999 brach er zu diesem Zug auf, nachdem er im Sommer und Herbst 998 einige kleinere Widerstände gegen seine Herrschaft in Oberitalien bzw. im Sommer 999 solche in Benevent niedergeworfen hatte. Die Wallfahrt, bei der ihn hohe weltliche und geistliche Würdenträger begleiteten und während der er seinem Kaisertitel in den Urkunden die apostolische Devotionsformel »Knecht Jesu Christi« (servus Jesu Christi) voranstellen ließ, galt nur vordergründig seinem toten Freund Adalbert (Vojtěch); dieser war ja, da er in Prag seine Bischofsaufgaben gegen den Widerstand Herzog Boleslaws II. nicht hatte wahrnehmen können, nach zwei weiteren Besuchen bei Otto III. in Deutschland über Polen in das heidnische Preußenland gezogen und hatte dort als Missionar am 23. 6. 997 den Märtyrertod gefunden; und der Polenherzog Boleslaw Chrobry hatte seinen Leichnam erworben und in Gnesen beisetzen lassen. Die Reise galt nämlich zugleich auch der Neuordnung der Beziehungen zu Polen und damit dem Beginn der Verwirklichung seiner Neukonzeption für Europa. In Gnesen besuchte Otto Ende Februar/Anfang März 1000 ja nicht nur Adalberts Grab, er erklärte auch – gewiß nach vorheriger Absprache mit Silvester II. – die Kirche von Gnesen zum Erzbistum, vertraute dieses dem Halbbruder Adalberts, Gaudentius (Radim), an – er war schon vorher in Rom, woraus das Zusammenwirken mit dem Papst zu folgern ist, zum archiepiscopus S. Adalberti martyris geweiht worden – und wies dem neuen Erzbistum die Orte Kolberg, Breslau und Krakau als Suffraganbistümer zu. (Posen, dessen Bischof sich gegen das neue Erzbistum wehrte, blieb vorerst davon ausgenommen.) Otto löste damit – in Abkehr von Ottos des Großen mit Magdeburg verbundenen Missionsplänen – Polen aus dem deutschen Einflußbereich und schuf so den Rahmen für eine eigene polnische Kirchenorganisation. Da auch Boleslaw Chrobrys Eroberungen in Pomerellen, Schlesien und Krakovien anerkannt wurden, konnte jetzt ein innerlich und äußerlich gefestigter starker polnischer Staat entstehen. Aus Ottos Hand erhielt Boleslaw Chrobry, der Retter der Adalbertsgebeine, überdies eine Nachbildung der Heiligen Lanze; und überdies soll Otto ihn auch noch – wie freilich die erst um 1115 geschriebene, auf älteren Quellen fußende Polenchronik des Gallus Anonymus überliefert – mit seiner Krone geschmückt und als »Bruder und Mitarbeiter am Imperium« sowie als »Freund und Bundesgenosse des Römischen Volkes« bezeichnet, ja ihn sogar zum König erhoben haben. Wenn auch die Königserhebung als Übertreibung des Chronisten auszuschließen sein dürfte,[1] da Boleslaw Chrobry ja bis nach dem Tode Kaiser Heinrichs II. den Herzogstitel weiterführte und der gesamte Vorgang eher eine Freundesehrung mit Ermunte-

---

[1] Dieser Punkt ist in der neueren Forschung umstritten; für eine tatsächliche Königserhebung, die Heinrich II. dann freilich aus verschiedenen Gründen desavouierte, sprach sich zuletzt J. Fried, Otto III. und Boleslaw Chrobry (1989), aus. Vgl. dagegen DA 48 (1992), S. 749.

rung zur kräftigen Förderung der christlichen Mission – in Stellvertretung des Kaisers in Polen – bedeutet haben mag, so war doch mit allem ganz offenbar zumindest eine Vorstufe für eine Königserhebung beabsichtigt. Das Konzept ist deutlich: Polen sollte aus seiner rechtlichen Bindung an das deutsche *Regnum* heraus- und zu einem höherwertigen Glied des christlichen *Imperium Romanum* hinübergeführt werden. Unterwerfung und ehedem erzwungene Tributpflicht sollten durch diese Aufwertung einer freiwilligen Zuordnung zum *Imperium* weichen.

Ottos Vision, über Kirche und Mission ein höheres Ordnungskonzept für ganz Europa zu gewinnen, in dem einzelne *regna* bestehen, aber dem *Imperium* gleichsam auf höherer Ebene eingegliedert sein sollten, hatte auch Ungarn im Blickfeld. Bereits auf dem Weg nach Gnesen, »beim Berge Zobten«, war der Abt Anastasius (Ascherich), ein Freund Adalberts, zum Missionserzbischof für Ungarn geweiht worden. Seine Aufgabe war es, beim ungarischen Großfürsten Waik, der noch vom hl. Adalbert am 26. 12. 996 in Köln die Taufe auf den Namen Stephan empfangen hatte und dessen Taufpate Otto III. selber gewesen war, die Einrichtung einer flächendeckenden Kirchenorganisation vorzubereiten. Waik/Stephan I. hatte bereits 997 die Nachfolge seines Vaters Géza angetreten und auch Ottos III. Verwandte Gisela, die Schwester des Bayernherzogs Heinrich (des späteren Kaisers), zur Frau erhalten und selbst schon mit dem Bau einer Adalbertskirche in Gran begonnen, so daß auch hier über eine weitere Rangerhöhung die mittelbare Angliederung Ungarns (als *regnum*) an das *Imperium* ins Auge gefaßt werden konnte.

Symptomatisch dafür, daß es Otto III. mit dieser die Erweiterung des Imperiums betreffenden Konzeption um ein würdiges Bestehen vor der überragenden Tradition Karls des Großen, ja um eine mögliche Überhöhung von dessen Leistung ging, ist sein Aufsuchen Aachens in direktem Anschluß an die Gnesenfahrt. Als wollte er vor dem großmächtigen Vorbild Rechenschaft ablegen und Bestätigung finden, mutet es an, wenn er sich – zu Pfingsten des Jahres 1000 – heimlich Karls Grab öffnen ließ, zu Karl hinabstieg, ihm »mit gebeugtem Knie« seine Verehrung darbrachte und dessen Halskreuz und andere Reliquien zu seiner Stärkung mit sich nahm: eine Symbolhandlung von unerhörter Eindringlichkeit. Daß dieser Vorgang im Zusammenhang mit seiner umfassenden Imperiumskonzeption zu sehen ist, wird auch daran deutlich, daß er in Aachen noch seine Nichte Richeza (Tochter Ezzos und Mathildes) mit Mieszko II., dem Sohn des Polenherzogs, verlobte. Bald darauf fand sich auch der Burgunderkönig Rudolf III. mit seinem ganzen Hofstaat zu einer Huldigung bei Otto (in Bruchsal) ein.

Aber hat Ottos III. Idee der *Renovatio Imperii Romani*, die auf die Randvölker des Reiches ausgreifen sollte, schon in Sachsen keinen großen Anklang gefunden – Thietmar von Merseburg klagte ja vorwurfsvoll, der Kaiser habe Boleslaw Chrobry vom *tributarius* zum *dominus* gemacht –, so vermochte sie auch die Italiener, und vornehmlich die Römer, die er so sehr in den Mittelpunkt seines Denkens gerückt hatte, nicht zu begeistern. Im Sommer 1000 nach Rom zurückgekehrt, mußte Otto bald nach Jahresbeginn 1001 einen Aufstand der Bewohner von Tivoli niederwerfen. Unruhe scheint danach über die glimpfliche Behandlung der Tivolesen in Rom spürbar geworden zu sein. So entschloß Otto sich jetzt, das lange in der Schwebe gelassene Problem der Kaiserrechte in Rom und im Kirchenstaat definitiv zu klären. Mit einer von Leo von Vercelli – unter Mitwirkung Papst Silvesters II. – stilisierten Urkunde unterstellte er zwar dem Papsttum acht seit längerem reklamierte Grafschaften im Bereich der Pentapolis bzw. des Exarchats von Ravenna: doch mit welcher Begründung! Rom sehe er sehr wohl als das Haupt der Welt und die römische Kirche als die Mutter aller Kirchen an; aber durch die Leichtfertigkeit und Unwissenheit der Päpste seien die Grundlagen des Glanzes der römischen Kirche verdunkelt. Man habe sich daran gewöhnt, für den durch frühere Päpste verschleuderten Kirchenbesitz fremdes Gut, besonders das des Reiches, zu beanspruchen. Die Konstantinische Schenkung, auf die sich die Päpste bei ihren Ansprüchen stützten, sei eine Fälschung, und andere von Kaisern erschlichene Rechtstitel seien ungültig. Rom wird deshalb als »unsere Königsstadt« bezeichnet. Er schenke jetzt der römischen Kirche die umstrittenen Grafschaften – jedoch nicht, weil sie ihr gehörten, sondern aus Hochherzigkeit und aus Liebe zu seinem Lehrer Papst Silvester, den er aus Verehrung für den Apostelfürsten Petrus selbst zum Papst »gewählt, ordiniert und gemacht« habe. Er selber nannte sich dabei – indem er seinen üblichen Kaisertitel mit dem sinngleich zur päpstlichen Eigenbezeichnung »Knecht der Knechte Gottes« stehenden Ausdruck »Knecht der Apostel« erweiterte – »Otto, Knecht der Apostel und nach Gottes, des Erlösers, Willen erhabener Kaiser der Römer« und stellte sich so gleichsam in eine hierokratische, geistlich-weltliche Doppelfunktion. Und diese Titulatur wurde fortan beibehalten. Für Reich und Kirche zugleich wußte er sich also zuständig. Indem er letztlich beide in einer Art christlichem Universalreich lenken wollte, konnte er sogar darauf vertrauen, daß dieser Akt sowohl eine Festigung des Apostelamtes als auch eine »Mehrung seiner eigenen Herrschaft« darstelle. Noch höher ließ sich Ottos Kaiseridee schwerlich sublimieren!

Doch: je höher der Aufstieg, desto tiefer die Möglichkeit des Falls; und dies zeigte sich unmittelbar. Kaum daß diese Urkunde geschrieben war, formierte sich in Rom selbst ein Aufstand gegen Ottos Kaiserherrschaft. Er traf Otto in seiner innersten Überzeugung. Auch eine beschwörende, an den Stolz der Römer appellierende Rede von einem belagerten Turm herab an »seine Römer, deretwegen er sein Vaterland und seine Verwandten verlassen, seine Sachsen und alle Deutschen hintangestellt habe, . . . deren Namen und Ruhm er bis an die Grenzen der Erde ausbreiten wolle« – in der Vita des dabei anwesenden Bischofs Bernward von Hildesheim ist uns das überliefert –, brachte keinen nachhaltigen Wandel. Mit Silvester II. mußte er nach Ravenna ausweichen. Von dort forderte er Truppen für einen Rachezug aus Deutschland an, unternahm er Bußwallfahrten zu den Eremitensiedlungen Romualds von Camaldoli in Pomposa und Pereum (im Podelta) und begab sich auch unauffällig nach Venedig zu Verhandlungen mit dem Dogen, der – durch Übernahme der Taufpatenschaft an einer Dogentochter – ebenfalls in seine sich der byzantinischen Vorstellung von der »Familie der Könige« annähernde Vorstellung von einem durch ihn als Westkaiser geleiteten christlichen Universalreich zugeordnet werden sollte.

Wenige Tage vor den Gesprächen in Venedig, zu Ostern 1001, hat Otto zusammen mit Papst Silvester II. noch eine Synode in Ravenna abgehalten. Auf ihr wurde die schon während der Gnesenfahrt eingeleitete Grundordnung für die ungarische Kirche in Kraft gesetzt. Der Missionserzbischof Anastasius (Ascherich) erhielt die Billigung aller getroffenen Maßnahmen, in deren Mittelpunkt die Errichtung des Erzbistums Gran (Esztergom) und die Übereignung Ungarns an den hl. Petrus standen. Zugleich wurde Anastasius sogar – in Weiterführung des bereits in Gnesen erkennbar gewordenen Gesamtplans – mit der Königsweihe an Stephan (Waik) betraut. Die Krone stiftete wohl der Kaiser, so wie er auch Personal für den Aufbau einer ungarischen Königskanzlei und für den Ausbau Stuhlweißenburgs als Herrschaftssitz – nach dem Vorbild Aachens – zur Verfügung stellte. Ein christliches *regnum*, aber eben dem *imperium* eng zugeordnet, sollte Ungarn hinfort sein!

Im Sommer 1001 brach Otto zu seinem Strafzug gegen Rom auf, blieb aber erfolglos. Während dann zu Beginn des Jahres 1002 neue Verstärkungen aus Deutschland eintrafen, auch der zu abermaliger Brautwerbung nach Byzanz abgesandte Erzbischof Arnulf von Mailand mit einer Braut kaiserlichen Geblüts auf Bari zusegelte und ein erneuter Angriff auf Rom eingeleitet wurde, hat das Schicksal wiederum tief in das Geschehen eingegriffen. In der Burg Paterno (am Soracte, nördlich Rom) verstarb Otto am 24. (23.?) 1. 1002 an einer plötzlichen Fiebererkrankung, erst 21½ Jahre alt.

Sofort stand ganz Italien in Aufruhr, der unter der Führung des schon einige Jahre zuvor wegen verschiedener Übergriffe auf einige Bistümer am südlichen Alpenrand geächteten Markgrafen Arduin von Ivrea das gesamte Ordnungsgefüge gefährlich erschütterte. Nur mit Mühe gelang es, den toten Kaiser durch Mittel- und Oberitalien wunschgemäß zur Beisetzung im Aachener Marienmünster an der Seite Karls des Großen, seines großen Vorbildes, zu bringen.

Wie ist dieser Herrscher, dem nur etwas über sieben Jahre zur Verwirklichung seiner Vorstellungen zur Verfügung standen, zu bewerten? War er ein zu kühn denkender Idealist, ein Phantast, der über seinem historistisch gewonnenen Rombild die Realitäten übersah? Oder war die Verwirklichung seiner Konzeption eines universalen christlichen Imperiums, in dem die verschiedenen Randvölker Europas zusammen mit dem deutschen Staat als tragender Kraft und Rom als geistiger Mitte friedlich miteinander leben sollten, doch nicht ganz realitätsfern, hätte sein früher Tod das Werk nicht in seinen Anfängen abgebrochen? So wie schon manche Zeitgenossen Ottos III. Ostpolitik mit Kritik bedachten, andere seine Güte und Weitsicht lobten, ja ihn ob seines umfassenden Denkens als »Wunder der Welt« priesen, so ist auch die moderne Historiographie uneins in seiner Einschätzung.[2] Aber trotz aller unverkennbaren Kritikmöglichkeiten an seiner Rompolitik, an deren Richtigkeit ihm wahrscheinlich selbst schon kurz vor seinem Tode Zweifel kamen, und an der Begünstigung Polens und Ungarns bleibt eines bestehen: Sein Einsatz für die Errichtung eigenständiger Kirchenorganisationen in Polen und Ungarn hat jene tiefere Verankerung dieser beiden Länder und Völker im abendländischen Christentum und Kulturkreis bewirkt bzw. zumindest entscheidend gefördert, wodurch eine wesentliche Scheidelinie zwischen Mittel- und Osteuropa entstand, die heute wieder mehr denn in den vergangenen Jahrzehnten als ein Gliederungselement Europas aufscheint. Und indem seine christliche Universalreichsidee die stämmischen Unterschiede im deutschen Reich in ihrem Wert für das Ganze weit herabstufte und keine bestimmten Königslandschaften – wie vorher Franken und Sachsen – mehr herausstellte, die süddeutschen Fiskalgüter und Reichskirchen in seinem Itinerar nicht weniger bedeutsam waren als die sächsischen, hat er auch – trotz der so ganz anders aussehenden Gesamtkonzeption – eine neue Stufe der Vereinheitlichung des deutschen Reiches eingeleitet. Sein Erbe weiterzuführen oder auf ganz anderen Wegen die sofort offenbar werdenden Probleme anzupacken: das mußte gewiß eine schwierige Aufgabe werden.

2   Die Historiographie hat bis in die letzten Jahrzehnte hinein Otto III. vornehmlich unter nationalen Gesichtspunkten betrachtet und seine »Geburtshelferfunktion« bei der polnischen und ungarischen Staatsbildung bzw. Volkwerdung als den deutschen Interessen abträglich bewertet. Doch lebte Otto – was man zumeist übersieht – noch in einer eher von dynastischen Grundvorstellungen als von Nationsinteressen geprägten Zeit. Und er, der durch Herkunft (Theophanu) und Berater sowie Vorbilder (Gerbert von Aurillac, Leo von Vercelli, Vojtěch/Adalbert von Prag, Romuald von Camaldoli, Willigis von Mainz, Heribert von Köln etc.) die verschiedensten Völker- und Kultureinflüsse in sich aufnahm, suchte gerade mit seiner Konzeption eines *Imperium Christianum* in der Form eines erneuerten *Imperium Romanum* die völkischen Regungen zu überwinden.

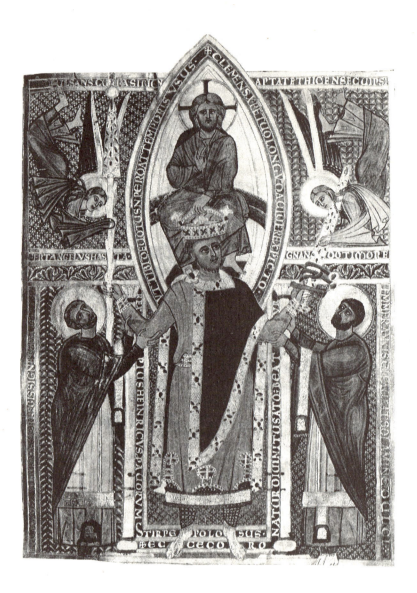

Kaiser Heinrich II.

Kaiser Heinrich II.

* 6. 5. 973 oder 978, evtl. in Hildesheim

† 13. 7. 1024 in Grone (bei Göttingen)

Grabstätte: Dom zu Bamberg

Eltern: Herzog Heinrich »der Zänker« von Bayern (durch seinen Vater Herzog Heinrich, den jüngeren Bruder Ottos des Großen, ein Nachkomme König Heinrichs I.), * 951, Herzog seit 955 unter der Regentschaft seiner Mutter Judith, selbständig wohl seit 967, † 28. 8. 995, und Gisela, Tochter König Konrads von Burgund (aus dessen erster Ehe mit Adela), * ca. 950/55, † 21. 7. 1007. Ihre Ehe wurde wahrscheinlich im Sommer 972 geschlossen.

Quellen- und Literaturhinweise zur Herkunft und zu den Lebensdaten Heinrichs d. Z. und Giselas gibt W. Glocker, Die Verwandten der Ottonen . . . S. 286f., 303f.; dort auch die Belege für die Geschwister.

Geschwister: Brun, * ca. 975/80, † 29. 4. 1029, 1005/06 Kanzler, seit 1006 Bischof von Augsburg; Gisela, * ca. 973/84, † 9. 5. (nach 1045), seit Ende 997 Gemahlin König Stephans I. von Ungarn (* Spätherbst 975, † 15. 8. 1038); Brigida, * ca. 985, zuerst Nonne im Kloster St. Paul zu Regensburg, später Äbtissin in St. Paul und/oder Kloster Andlau im Elsaß, dazwischen wohl kurzzeitig vermählt mit einem Mitglied der Grafenfamilie von Egisheim, † nach 1004; Arnold, seit 1013 Erzbischof von Ravenna, † 17. 11. 1018/19, wahrscheinlich nur (illegitimer) Halbbruder Heinrichs I.; (?) Gerberga, Äbtissin von Frauenchiemsee (nur in einer verunechteten Urkunde genannt)

∞ im Frühsommer 1000

Kunigunde

* ca. 975

† 3. 3. 1033 als Nonne in Kaufungen

Grabstätte: Dom zu Bamberg

Eltern: Siegfried Graf von Luxemburg (* ca. 919, † 28. 10. 998) und Hedwig († 13. 12. nach 993)

Zur Familie und Verwandtschaft der Luxemburger vgl. H. Renn, Das erste Luxemburger Grafenhaus (963–1136) (1941). Die Ehe blieb kinderlos.

995: Nachfolge im Herzogtum Bayern (994 bereits als *condux* genannt), Herzog bis 1004, nochmals von 1009 bis 1017

7. 6. 1002: Königskrönung in Mainz

14. 2. 1014: Kaiserkrönung in Rom

Mit Otto III. war die Mannesstammlinie der seit 919 in Deutschland regierenden Ottonen erloschen. Eine Nachfolgeempfehlung hatte der so jung und noch kinderlos dahingeraffte Kaiser nicht hinterlassen. Da damals noch ungebrochen die »geblütsrechtliche Grundüberzeugung« bestand, die Thietmar von Merseburg in seiner Chronik verzeichnet, daß nämlich im Falle des Fehlens eines Königssohnes der Nachfolger aus der bisherigen königlichen Blutsverwandtschaft genommen werden solle und erst beim Ausfallen auch der Blutsverwandten an einen würdigen Mann aus einer anderen Sippe zu denken sei, war jetzt die Frage, welchem der vorhandenen Verwandten Ottos III. es gelingen würde, die Nachfolge zu erlangen. Denn offenbar gab es keinen Konsens darüber, ob die Gradnähe der Verwandtschaft oder das erkennbare Charakterbild bzw. der entschlossenere Zugriff eines Mannes aus dem umgrenzten Kreis dieser Königsverwandten entscheiden sollte.

Als nächste Verwandte existierten zwar Söhne von Ottos III. Schwester Mathilde, doch waren sie noch minderjährig, und ihr Vater, Pfalzgraf Ezzo, dem die Vormundschaft zugekommen wäre, galt vielen Großen als unwürdig; deswegen hat man sie nicht weiter berücksichtigt. Herzog Otto von Kärnten, durch seine Mutter Liudgard ein Enkel Ottos des Großen, verzichtete seinerseits zugunsten des Bayernherzogs Heinrich, der durch seinen Vater, Heinrich »den Zänker«, vom gleichnamigen Bruder Ottos des Großen abstammte und somit ein Urenkel König Heinrichs I. im Mannesstamm war. Dieser sah sich auch selbst als Hauptberechtigten an, so daß die Herzöge Otto von Niederlotharingien und Dietrich von Oberlotharingien sowie die Könige Robert II. von Frankreich und Rudolf III. von Burgund, die Ottos des Großen Schwestern Gerberga und Hadwig unter ihren Ahnen hatten, gar nicht erst offen kandidierten; die französischen Zwischenglieder waren zudem in jener Zeit der langsam bewußter und virulenter werdenden Volksunterschiede für eine Kandidatur wohl auch weniger empfehlend. Neben Heinrich von Bayern meldeten aber auch Markgraf Ekkehard von Meißen und Herzog Hermann II. von Schwaben, die beide – wie erst in jüngster Zeit erwiesen werden konnte – von Geschwistern König Heinrichs I. abstammten und somit noch einen Generationsschritt entfernter als der Bayernherzog mit dem verstorbenen Otto III. verwandt waren, ihren Anspruch auf die Nachfolge an. Auf einem sächsischen Fürstentag in Frose (bei Magdeburg) machte Ekkehard Stimmung für sich; Herzog Hermann II. hingegen wurde fast vom ganzen über die Alpen nach Aachen ziehenden Totengeleit Ottos III., das Erzbischof Heribert von Köln anführte, und von mehreren niederlotharingischen Großen »wegen seiner Milde« als der rechte Kandidat betrachtet. Ein Gremium, das über die Ansprüche entscheiden oder auch eine gültige Einigung herbeiführen konnte, gab es jedoch nicht. So mußten – als Gottesurteil – die Waffen entscheiden. Da Ekkehard auf einer weiteren sächsischen Fürstenversammlung in Werla durch einen Anhänger Heinrichs, der »Heinrichs Erbrecht« zur Dominanz brachte, schon weitgehend überspielt wurde und schließlich am 30. 4. 1002 in einer Privatfehde, die mit der Thronfolgefrage nichts zu tun hatte, den Tod fand, hing alles bald vom sichtbaren Erfolg Heinrichs oder Hermanns ab.

Daß Heinrich sich durchsetzen konnte, war wesentlich dadurch mitbedingt, daß er einerseits schon beim Eintreffen des Trauerkondukts in Polling (bei Weilheim/Oberbayern) entschlossen seine Kandidatur anmeldete sowie die Auslieferung der Reichsinsignien, vor allem der von Erzbischof Heribert schon heimlich nach Köln vorausgeschickten Heiligen Lanze, zu erzwingen wagte und daß sich andererseits der in den letzten Jahren Ottos III. gerade von Heribert, der zur italienischen Kanzlei ab 998 auch die deutsche erhalten und 999 überdies das Erzbistum Köln übernommen hatte, deutlich überspielte und an den Rand gedrängte Erzbischof Willigis von Mainz für ihn einsetzte. Denn nachdem Heribert und sein Anhang bei der Beisetzung Ottos III. in Aachen dem Schwabenherzog ihren weiteren Beistand zugesichert hatten, lud Willigis – gestützt auf sein päpstlicherseits seinem Sitz verbrieftes Krönungsrecht – Heinrich nach Mainz ein. Dort wurde Heinrich von den anwesenden geistlichen und weltlichen Großen aus Franken, Oberlotharingien und Bayern eilends zum König gewählt, und anschließend nahm Willigis – am 7. 6. 1002 – unter Assistenz seiner Suffragane und im Beisein der Wähler an ihm die Königssalbung und -krönung vor.

Sachsen, Thüringer, Niederlotharingier und Schwaben waren an der Wahl nicht beteiligt. So mußte eine stufenweise zu gewinnende Anerkennung ins Auge gefaßt werden. Rasch ging Heinrich seine Aufgabe an. Auf der Basis des Mainzer Erhebungsaktes konnte er, obgleich eine sofortige Machtdemonstration in Alemannien nichts bewirkte, immerhin auf einem »Umritt« durch die anderen Reichsgebiete seine weitere Durchsetzung betreiben. Mitte Juli erlangte er die Huldigung der Thüringer, am 25. 7. die der in Merseburg zusammengekommenen Großen Sachsens, wobei ihr Herzog Bernhard – gleichsam als Ergebnis ihrer eigenen Wahl – symbolisch die Investitur mit der Heiligen Lanze vornahm. Am 10. 8. 1002 wurde in Paderborn Heinrichs Gemahlin Kunigunde von Erzbischof Willigis zur Königin gekrönt. Anschließend huldigten in Duisburg und Aachen (8. 9.) der Klerus und die hohen Adeligen vom Niederrhein und aus Niederlotharingien. Und schließlich unterwarf sich am 1. 10. 1002 in Bruchsal auch Hermann II., die Aussichtslosigkeit weiteren Widerstandes einsehend.

Die Aufgaben, die Heinrich zu übernehmen hatte, erforderten ein ganz pragmatisches Vorgehen ohne jede Illusion: in Italien tobte ja der Aufruhr, in Rom errichteten die Crescentier ihre Stadtherrschaft erneut, und an der Ostgrenze hatte der Polenherzog Boleslaw Chrobry inzwischen die Krise genutzt, die Gebiete der Markgrafschaft Ekkehards von Meißen zu besetzen. Für alle auf Rom, die Erhöhung der Kirche und auf ein christlich-universales Römerreich ausgerichteten Konzeptionen seines Vorgängers konnte kein Platz mehr sein, obgleich Heinrich schon durch seine Erziehung in der Hildesheimer Domschule und bei den Bischöfen Abraham von Freising und Wolfgang von Regensburg in der Kirche und im Glauben zutiefst verankert war.[1] Seit er 995 seinem Vater im bayerischen Herzogtum nachgefolgt war, hatte er zwar treu zu Otto III. gestanden, aber doch wohl auch schon manche in dessen enthusiastisch übersteigerten Ideen liegende Gefahr gesehen. So mußte in vielen wichtigen Bereichen der Politik eine radikale Umorientierung erfolgen, obwohl in manchem – wie etwa bei der weiteren Privilegierung der Bistümer, beim Heranziehen hoher Geistlicher zu Staatsaufgaben sowie bei der Verteilung der Lasten auf alle Stammesgebiete – die Initiativen seines Vorgängers durchaus fortführbar, ja sogar ausbaufähig waren. Sichtbar drückte sich das in der schon 1003 nachweisbaren Devise seiner Bullenstempel aus: an die Stelle von Ottos III. *renovatio imperii Romanorum* trat die *renovatio regni Francorum;* die Konzentration auf die deutschen Reichsbelange war das Gebot der Stunde!

Die deutlichste Umkehr erfolgte in der Ostpolitik. Zu seiner Besetzung der Markengebiete Ekkehards von Meißen mag sich Boleslaw Chrobry als »Mitarbeiter am Imperium«, der er im Gnesener Akt des Jahres 1000 geworden war, und als Verwandter der Ekkehardiner berechtigt gefühlt haben. (Ekkehards Bruder Gunzelin hatte eine Schwester Boleslaw Chrobrys zur Frau, und Ekkehards Sohn Hermann war mit einer Tochter Boleslaws verheiratet.) Heinrich II. mußte dieses Vorgehen beim Merseburger Huldigungsakt (25. 7. 1002), zu dem auch der Polenfürst erschienen war, angesichts der noch nicht völlig geklärten Gesamtlage insoweit hinnehmen, daß er Boleslaw mit der Lausitz und dem Milzener Land (bei Bautzen) belehnte, ihm aber die Mark Meißen nicht gab. Als freilich im Jahre darauf der Pole in innere Wirren in Böhmen eingriff, den Böhmenherzog Boleslaw III. (Sohn des 999 verstorbenen Fürsten Boleslaw II.) gefangensetzte und des Augenlichtes beraubte und die an Heinrich für Böhmen zu leistende Lehenshuldigung verweigerte, da mußte gehandelt werden. Denn nun wurde ja doch das Ziel Boleslaw Chrobrys, ein von der Ostsee bis zu den Karpaten und von der Weichsel bis zum Böhmerwald reichendes Großpolnisches Reich, in den Konturen sichtbar.[2] Und dieses konnte Heinrichs Herrschaft gefährlich werden, hatte sich doch der Nordgaugraf Heinrich von Schweinfurt, dem Heinrich II. trotz eines bei seiner Wahl gegebenen Versprechens die bayerische Herzogswürde zu geben zögerte, mit dem Polen verbündet, und der Königsbruder Brun und andere hatten sich ihm angeschlossen! Heinrich II. schloß nun,

1 Heinrichs II. Erziehung bei Bischof Abraham von Freising und sein Besuch der Hildesheimer Domschule dürften eine Folge der Verschwörung und Inhaftierung seines Vaters, Heinrichs des Zänkers, gewesen sein. Bischof Wolfgang von Regensburg hat wahrscheinlich erst nach der Wiedereinsetzung des Vaters ins bayerische Herzogtum die weitere Erziehung übernommen.
2 Ein solches Reich darf man nicht ohne weiteres auf ein nationales Entfaltungsstreben zurückführen. Auch bei Boleslaw Chrobry ist – wie oben schon für Otto III. (Anm. 2) bemerkt – der dynastische Impetus prägend.

im Frühjahr 1003, für den unvermeidbaren Kampf gegen Boleslaw Chrobry ein Bündnis mit den bislang bekämpften heidnischen Redariern und Liutizen ab. Zusammen mit Heiden gegen den neuen Christenstaat vorzugehen, war allerdings ein schwerer, ihm von vielen Zeitgenossen verübelter Vorgang. Er zeigt indessen, daß nüchterne Zweckmäßigkeitserwägungen und ein von religiösen Vorgaben gelöstes Staatsdenken bei Heinrich II. dominierten, ja überwiegen mußten, obwohl Heinrich dieses Bündnis als Gewissenslast empfand und später auch mit der Gründung des Bistums Bamberg (1007) zu sühnen suchte.

Die Auseinandersetzungen mit Polen haben Heinrich 15 Jahre lang – wenngleich mit Unterbrechungen – beansprucht und somit fast seine ganze Regierungszeit – gleichzeitig neben anderen Aktionen – ausgefüllt. Der besseren Übersichtlichkeit wegen werden deshalb fortan die Ereignisse in Komplexen, nicht mehr chronologisch, dargeboten. Die Kampfhandlungen begannen, nachdem zuvor der Aufstand des Nordgaugrafen Heinrich 1003 niedergerungen war, im Winter 1003/04. Zuerst gelang es (1004), Boleslaw Chrobry aus Böhmen zu verdrängen und dort Jaromir, einen Bruder Boleslaws III., einzusetzen und dessen Lehnshuldigung zu erhalten, dann (1005) bei einem weiteren Kriegszug bis vor Posen vorzudringen. Boleslaw Chrobry verzichtete daraufhin in Verhandlungen auf Böhmen, die Lausitz und das Milzener Land. Als eine Vorleistung Heinrichs für diese Regelung mag gegolten haben, daß schon 1004 der Einfluß Magdeburgs auf die polnische Kirche insofern begrenzt worden war, als das nach Magdeburg tendierende Bistum Posen[3] endgültig dem neuen polnischen Erzbistum Gnesen zugewiesen wurde, wobei übrigens auch das 981 aufgelöste Bistum Merseburg seine Wiedererrichtung erfuhr. Aber schon 1007 brach der Polenfürst dieses Abkommen durch Vorstöße in der Lausitz. Es war dies der Auftakt zu einer zweiten Kampfphase, die bis 1013 währte und in der es gegenseitige Verwüstungszüge, aber keine offenen Feldschlachten gab und auch die Kampfbereitschaft der Sachsen wegen vielfacher verwandtschaftlicher Verbindungen nach Polen zeitweise sehr erlahmte, in Böhmen außerdem 1012 der Přemyslide Udalrich seinen Bruder Jaromir stürzte und in der Herzogsposition von Heinrich II. anerkannt wurde. 1013 kam es in Merseburg schließlich zu einem neuen Friedensvertrag, der – gegen einen Vasalleneid – dem Polenherzog die umstrittene Lausitz und das Milzener Land beließ. Auch kam es damals zum Abschluß der schon im Jahre 1000 verabredeten Ehe des Boleslaw-Sohnes Mieszko II. mit Ottos III. Nichte Richeza, was einen guten Neuanfang der Beziehungen signalisieren sollte. Da jedoch Boleslaw Chrobry seine Zusage nicht einhielt, Heerfolge bei Heinrichs II. Kaiserkrönungszug (1013/14) zu leisten, brach 1015 eine dritte Kriegsphase aus. In dieser lief sich 1017 ein geplanter kombinierter Angriff, bei dem der Großfürst Jaroslaw von Kiew vom Osten her in Polen einfallen sollte, jedoch nicht vorankam, trotz böhmischer und liutizischer Unterstützung vor Nimptsch in Schlesien fest. Der schließlich Anfang 1018 in Bautzen geschlossene

---

3 Über die Frühgeschichte Posens gibt es in der neueren Forschung noch keine einheitliche Sicht.

Friede wiederholte nur die Merseburger Abmachungen von 1013. Immerhin blieben Meißen und Böhmen vor Boleslaw Chrobrys Zugriff bewahrt. Dafür unterstützten sogar sächsische Hilfstruppen Heinrichs II. den Polenherzog bei seinem noch 1018 unternommenen Vorstoß nach Kiew, wo Boleslaw Chrobry seinem Schwiegersohn Swjatopolk gegen dessen Bruder Jaroslaw – wenn auch nur kurzzeitig – zur Herrschaft verhelfen konnte. An die Stelle der imperialen Konstruktion Ottos III. war somit durch Heinrichs II. Politik wieder eine lehns-rechtliche Abhängigkeit Polens getreten. Erst nach Heinrichs Tod hat Boleslaw Chrobry die Lehnsbindung wieder negiert und Polen zum Königreich zu gestalten begonnen; er ist jedoch bald darauf (Juni 1025) verstorben.

Während die Beziehungen zu Ungarn durch die Verschwägerung Hein-richs II. mit König Stephan stets in ruhigen Bahnen verliefen und Heinrich zur Festigung der Herrschaft Stephans in Ungarn verschiedentlich beitrug, auch das Verhältnis zum kapetingischen Königtum in Frankreich, das keine Ambitionen auf Lotharingien erkennen ließ, problemlos blieb, gab es gewisse Schwierigkeiten mit dem französischen Kronvasallen Balduin IV. von Flandern. Da dieser auf Reichsgebiet in Niederlotharingien ausgriff und Valenciennes besetzte, mußte Heinrich zweimal (1006 und 1007) mit Heeresmacht eingreifen; dem Vorgehen gegen Balduin hatte sogar der französische König Robert II. bei einem persönli-chen Treffen mit Heinrich II. im August 1006 an der Maas zugestimmt. Die Lösung des Problems hat Heinrich hier – wie gegenüber Polen – letztlich durch Lehnsvergabe von Reichsgebiet zu finden getrachtet: 1009 wurde Balduin mit Valenciennes, 1012 mit Walcheren belehnt und damit deutsch-französischer Doppelvasall (Kronflandern/Reichsflandern). Zu einem weiteren Treffen mit dem französischen König kam es 1023 in Ivois, wo es um ein gemeinsames Vorgehen gegen den für den französischen König in der Champagne ebenso wie für Heinrich in seiner Burgundpolitik gefährlichen Grafen Odo II. von Blois/ Champagne ging.

Diese Burgundpolitik Heinrichs II. konzentrierte sich seit 1006 darauf, die Nachfolge im Königreich Burgund zu erhalten. Seine Mutter Gisela war ja die älteste (ersteheliche) Tochter König Konrads von Burgund und eine (Halb)schwester des dort seit 993 regierenden und in zwei Ehen kinderlosen Königs Rudolf III.; und außerdem war Burgund seit den Jahren Arnulfs von Kärnten und Heinrichs I., der 926 bei der Erwerbung der Heiligen Lanze auch König Rudolfs II. Lehnshuldigung erhalten hatte, sowie seit der von Otto I. über Konrad wahrgenommenen Schutzherrschaft sichtbar lehnsabhängig vom Reich. In Odo II. von Blois/Champagne, der ebenfalls eine Schwester Rudolfs III. zur Mutter hatte, erwuchs Heinrich indessen ein gefährlicher Rivale, als jener seine Ansprüche bekundete. Deshalb hat sich Heinrich schon 1006 von seinem Onkel Rudolf III. – bei Besetzung Basels als Faustpfand – die Nachfolge zusichern lassen. 1016 (Straßburg) und 1018 (Mainz) wurde Heinrichs Erbanspruch durch zwei lehnsrechtliche Formalakte zusätzlich bekräftigt, obgleich sich mehrere burgundische Große standhaft dagegen sträubten und Heinrich Strafexpeditionen durchführen mußte. Heinrich hat den Erbanfall Burgunds freilich nicht mehr erlebt, denn der Onkel überlebte den Neffen. Doch wurde hier der Grundstein für die künftige Trias der Reiche Deutschland, Italien und Burgund gelegt.

In Italien gestalteten sich die Verhältnisse für Heinrich II. am schwierigsten. Dort hatte sich bereits am 15. 2. 1002 der Markgraf Arduin von Ivrea in Pavia zum König von Italien ausrufen und krönen lassen. Um der kleinen deutschfreundlichen Partei, die sich um Bischof Leo von Vercelli und Markgraf Tedald von Canossa scharte und Heinrichs Hilfe erbat, Unterstützung zu gewähren, war Herzog Otto von Kärnten um die Jahreswende 1002/03 nach Oberitalien aufgebrochen, jedoch gegen Arduins Aufgebote gescheitert. Erst im Frühjahr 1004 kam Heinrich II. selbst nach Oberitalien. In Pavia wurde er am 14. 5. 1004 als *rex Langobardorum* akklamiert und vom Mailänder Erzbischof gekrönt, womit Heinrich II. – anders als die früheren Ottonen – eine gewisse Eigenständigkeit Italiens anerkannte. Noch am Abend des Krönungstages mußte jedoch ein Aufstand der Pavesen blutig niedergeschlagen werden. Heinrich hielt es dennoch für ratsam, nicht sofort Rache zu nehmen, sondern den Rückmarsch anzutreten und die Bekämpfung Arduins Leo von Vercelli und seinem Anhang anheimzustellen, denn der Polenkrieg hatte ja bereits begonnen.

Nach Rom zur Kaiserkrönung zu ziehen, war für Heinrich nicht das dringlichste. Dort hatten die Crescentier nach dem Tode Silvesters II. (1003) die Päpste Johannes XVIII. (1003–1009) und Sergius IV. (1009–1012) durchgesetzt, mit denen Heinrich bei der Wiederherstellung des Bistums Merseburg (1007) sachlich zusammenarbeitete. Auch als in Rom nach dem Tode des Johannes Crescentius (1012), des Sohnes des 998 hingerichteten Crescentius II., das Rivalengeschlecht der Tuskulaner-Grafen hochkam und einen der Ihren als Benedikt VIII. (1012 bis 1024) zum Papst machte, während die Crescentier jetzt um Heinrichs Hilfe nachsuchten, mischte er sich nicht ein. Erst als er nach der zweiten Phase des Polenkrieges die Hände freier hatte, intensivierte er seine Italienpolitik. Zum Jahresende 1013 zog er rasch über die Alpen und empfing zusammen mit seiner Gemahlin Kunigunde am 14. 2. 1014 aus den Händen Papst Benedikts VIII. die Kaiserkrönung. Ein Aufstand der Crescentier, die sich nun offen gegen ihn stellten und Verbindung mit Arduin aufnahmen, konnte indessen niedergeschlagen werden. An der Tuskulanerherrschaft rüttelte Heinrich nicht. Oberitalien war ihm wichtiger; und dort brachte er jetzt auch mehrere Deutsche auf wichtige Bischofsstühle – so u. a. seinen Halbbruder Arnold nach Ravenna – und stattete viele Bistümer mit ansehnlichen Privilegien aus, um die weltlichen Gewalten stärker zu neutralisieren. In eine direkte Bekämpfung Arduins trat er nicht ein. Dieser bäumte sich nach Heinrichs Abzug (Frühsommer 1014) zwar nochmals auf, wurde aber schließlich durch Truppen Tedalds von Canossa niedergerungen und zog sich in seine Klosterstiftung Fruttuaria zurück, wo er am 14. 12. 1015 als Mönch verstarb. Das brachte indes noch lange nicht den vollen Frieden für Oberitalien. Große Teile des Adels verharrten weiter in passiver Resistenz. Es wurden sogar Erwägungen über eine Gegenkönigserhebung König Rudolfs III.

von Burgund bzw. des Grafen Otto-Wilhelm aus dem nordwestlichen Burgund, eines Enkels des einstigen Königs Berengar II., angestellt, doch ließen sich beide nicht auf solche Pläne ein. Zumindest äußerlich kehrte dann 1016/17 wieder Ruhe ein.

Mit Papst Benedikt VIII. blieb Heinrich eng verbunden. Als Genuesen und Pisaner, die der Papst ebenso wie seine Bischöfe und Barone zum Kampf gegen die immer wieder das italienische Festland verheerenden spanischen Sarazenen aufgerufen hatte, 1016 in einer Seeschlacht vor Sardinien einen großen Sieg über die Feinde errungen hatten, sandte Benedikt VIII. sogar Beutestücke an Heinrich. In Süditalien ließ sich Benedikt jedoch in eine antibyzantinische Bewegung hineinziehen, die sich zunächst gegen die Untätigkeit des byzantinischen Kaisers in der Sarazenenabwehr richtete, bald aber auch eine Tendenz zur gänzlichen Unabhängigkeit von Byzanz entwickelte. Dieser Gruppierung, die sich um die beiden aus Bari stammenden Bürger Melus (Ismahel) und Datus sammelte, vermittelte er nämlich Hilfstruppen: französische Normannen, die 1016 auf der Rückfahrt von einem Jerusalem-Pilgerzug schon einmal dem langobardischen Fürsten Waimar III. von Salerno bei der Sarazenenabwehr geholfen hatten. 1017 gegen die Byzantiner erfolgreich, 1018 aber bei Cannae vom byzantinischen Statthalter geschlagen, mußte Melus als Führer des apulischen Aufstandes fliehen; der Papst jedoch hatte, zumal die Byzantiner Capua und Salerno rasch besetzten, wegen seiner Parteinahme das weitere Vordringen der Byzantiner nach Rom zu befürchten. Deshalb erschien Benedikt VIII. im April 1020 vor Heinrich II. in Bamberg, wohin schon Melus vorausgeeilt war, und bat um Hilfe. Diese hat Heinrich auch zugesagt. Er hat sogar zugleich das »Ottonianum« von 962 bestätigt, gegen das sich Otto III. wegen der darin eingegrenzten Kaiserherrschaft in der Pentapolis gewehrt hatte. Allerdings zog er erst Ende 1021 mit einem großen, in drei Marschsäulen geteilten Heer nach Apulien, wobei er selbst das an der Ostküste Italiens entlangziehende Korps anführte. Die apulische Festung Troja, in der sich der byzantinische Widerstand sammelte, konnte erst nach monatelanger Belagerung genommen werden, wurde aber auch bald wieder geräumt. Die Byzantiner waren so jedenfalls vor einem weiteren Vordringen gewarnt. Als größerer Erfolg blieb, daß Capua und Salerno wieder dem Herrschaftsbereich Heinrichs zufielen. Mit den Normannen waren hier bereits – ohne daß Heinrich dies schon ahnen konnte – jene Kräfte erschienen, die bald die Zukunft Süditaliens bestimmen sollten.

Die Stabilisierung an den überkommenen Grenzen und die Durchführung der verschiedensten Heereszüge war Heinrich nur möglich, weil er zugleich eine erfolgreiche Innenpolitik betrieb. Heinrich war – wie ehedem Otto der Große – auf eine Betonung des Amtscharakters der herzoglichen Gewalt bedacht; er mußte aber berücksichtigen, daß sich inzwischen ähnlich wie bei der Thronfolge des Königssohnes auf seinen königlichen Vater auch auf der Herzogsebene die Nachfolge des Sohnes, der als Lehnserbe angesehen wurde, als rechtens herausgebildet hatte und für den König unabänderlich galt, auch wenn dieser nach

Amtsrecht gern eine andere Person an die betreffende Stelle gesetzt hätte. Direkte Eingriffe in Herzogsnachfolgen und Grafensukzessionen mußten also vermieden werden bzw. konnten nur beim Fehlen eines Sohnes oder Bruders des bisherigen Herrschaftsinhabers erfolgen; andernfalls drohten Konflikte. So war in den wichtigsten Bereichen der Innenpolitik für Heinrich ein enger Rahmen gesteckt.

Die ersten derartigen Regelungen standen bereits bald nach Heinrichs II. Herrschaftsantritt an. Sein eigenes bayerisches Herzogtum hatte er offenbar während der Thronkrise dem Grafen Heinrich vom bayerischen Nordgau in Aussicht gestellt, ihn aber nach erreichter Königskrönung hingehalten. Der Aufstand des Nordgaugrafen, der – wie schon angeführt – breiteren Anhang fand und sogar den Polenfürsten Boleslaw Chrobry einbezog, war die Folge. Als die Auflehnung niedergeworfen war (Sommer 1003), entschied sich Heinrich II. – da weder ein Sohn noch ein (weltlicher) Bruder zu berücksichtigen war – nach Beratungen mit seinen Großen 1004 für die Vergabe Bayerns an einen Bruder seiner Gemahlin Kunigunde: Heinrich von Luxemburg, von dem als Stammesfremden eine enge Zusammenarbeit mit dem König zu erwarten war. In Schwaben hatte Heinrich II. nach dem Tode seines Thronrivalen Hermann II. († 1003) dessen unmündigen Sohn Hermann III. hinzunehmen, für den er aber selbst die Vormundschaft führte (durch gemeinsame Abstammung von König Konrad von Burgund waren sie ja Vettern). Als 1004 Herzog Otto von Kärnten verstarb, ging die Nachfolge an dessen Sohn Konrad; und auch in Sachsen gab es keine Eingriffsmöglichkeit, als dort 1011 Herzog Bernhard II. (1011–1059) seinem Vater Bernhard I. (973–1011) nachfolgte. Während in Oberlotharingien durch die lange Amtszeit Herzog Dietrichs I. (978–1027) ein Eingreifen des Königs in die Herzogtumsbesetzung ebenfalls nicht möglich war, ließ Heinrich in Niederlotharingien das Herzogsamt nach dem Tode des letzten Mannesstammkarolingers, Herzog Otto († 1006), zunächst unbesetzt. Hier bewogen ihn aber die bereits erwähnten, von Graf Balduin IV. von Flandern und den Reginar-Nachkommen ausgelösten Unruhen, zuerst zwei Grenzmarken – Eename und Antwerpen – einzurichten und schließlich (1012) doch wieder einen Herzog einzusetzen. Da der letzte Amtsinhaber söhnelos verstorben war, konnte Heinrich frei verfügen. Seine Wahl fiel auf Gottfried (1012–1023), einen Sohn »Gottfrieds des Gefangenen von Verdun«, einen Urenkel Odas, einer Schwester König Heinrichs I. Er vermochte es geschickt, die Ruhe wiederherzustellen, so daß Heinrich bei Gottfrieds Tod die Weiterführung des Herzogtums dessen Bruder Gozelo anvertraute.

Die Heranziehung von Verwandten bei Neubesetzungen brauchte indessen – wie schon Otto I. hatte feststellen müssen – nicht immer eine stärkere Absicherung der Königspolitik zu bewirken. Das zeigte sich auch nun wieder. Als sich nämlich Königin Kunigundes Bruder Dietrich 1006 ohne Heinrichs Zustimmung zum Bischof von Metz erheben und weihen ließ, nahm Heinrich es noch hin; die fast gleichzeitige Heirat der Kunigunde-Nichte Otgiva mit Balduin IV. von Flandern, deretwegen Balduin bei seinen Übergriffen auf Heinrichs Nachsicht spekuliert haben mag, ließen jedoch ebenso wie ein Widerspruch der Luxemburger

Sippe gegen Heinrichs Plan, das Bistum Bamberg auf Kunigundes Heiratsgut einzurichten, das Maß des Zumutbaren bei Heinrich überlaufen. Deshalb schritt er, als 1008 – ähnlich wie zuvor in Metz – nun Kunigundes Bruder Adalbero auf den Trierer Erzstuhl gebracht werden sollte, ein und bestallte dort den bisherigen Mainzer Dompropst Megingoz. Dadurch fühlte sich die gesamte Luxemburger Familie herausgefordert. Eine erbitterte Fehde brach aus, während der u. a. 1009 dem Bayernherzog Heinrich, dem erst 1004 eingesetzten Luxemburger, durch Urteil eines Stammeslandtags das Herzogtum abgesprochen werden mußte und in unmittelbare Thronverwaltung kam. Zeitweise waren an ihr auch der Pfalzgraf Ezzo, dessen Söhne 1002 bei der Königswahl übergangen worden waren, das Metzer Grafenhaus und holländische Verwandte der Luxemburger beteiligt. Von 1012 bis 1017 dauerten die Bemühungen, diese Fehde beizulegen, die sich am Schluß mehr vom Mittelmoselgebiet an den Niederrhein verlagert hatte. Letztlich setzte Heinrich sich aber gegen die Familie seiner Gemahlin durch, wenngleich er auch auf Ausgleich bedacht war und so den Bayernherzog Heinrich 1017 restituierte († 1026).

Nur an einer Stelle versuchte Heinrich II., die engen Grenzen der Herzogspolitik zu sprengen. Als noch während der Luxemburger-Fehde der Salier Herzog Konrad von Kärnten 1011 verstorben war, überging er dessen noch unmündigen Sohn Konrad den Jüngeren und gab Kärnten an Adalbero von Eppenstein. Er fürchtete offenbar einen der luxemburgischen Machtkonzentration ähnlichen konradinisch-salischen Zusammenschluß. Hatte sich doch der Kärntner schon vor 1002 mit der Konradinerin Mathilde, einer Tochter Herzog Hermanns II. von Schwaben, seines Rivalen von 1002, vermählt, und Heinrich II. hatte 1003 vergeblich mit dem Scheingrund zu naher Verwandtschaft eine Trennung dieser Ehe angestrebt. Auch war Herzog Konrads Neffe Konrad (der spätere Kaiser Konrad II.) in der Luxemburger-Fehde zeitweise auf der Seite der Luxemburger zu finden. Der Großjährigkeit Hermanns III. von Schwaben mag Heinrich deshalb mit Bangen entgegengesehen haben. Durch dessen frühen Tod (1012) erhielt Heinrich aber die Möglichkeit, Abhilfe zu schaffen: er gab Schwaben an den landfremden Babenberger Ernst I., der mit Hermanns III. Schwester Gisela (damals gerade Witwe aus einer kurzen Ehe mit einem Grafen Brun von Braunschweig) verheiratet wurde. Bereits bei der Einsetzung des Eppensteiners in Kärnten hatte sich Heinrich nicht ganz aus dem konradinischen Familienkreis entfernt, denn Adalbero von Eppenstein war ja mit Beatrix, einer weiteren Schwester Hermanns III., verheiratet; über alle Verwandten konnte sich der König eben doch nicht hinwegsetzen. Daß Heinrich aus dem Kreis der Konradiner-Salier Gefahren heranwachsen sah, wird vor allem daran deutlich, daß er nach dem jähen Unfalltod Herzog Ernsts I. (1015) und der Wiederverheiratung Giselas (1016) mit dem Salier Konrad (dem späteren Kaiser Konrad II.) die 1015 noch akzeptierte Vormundschaft Giselas über ihren unmündigen Sohn Ernst II. beendete, diese Aufgabe dem Erzbischof Poppo von Trier zusprach und das Herzogtum Schwaben in eigene Verwaltung nahm. Ab 1019 brach deshalb ein offener Zwist mit Konrad aus. Die Konradiner versuchte Heinrich auch dadurch zu schwächen, daß er den ihnen angehörenden Grafen Otto von Hammerstein von ca. 1017 an zur Scheidung von seiner Ehefrau Irmingard zwingen wollte. Der Vorwurf der zu nahen Verwandtschaft der Eheleute – es ging um eine Verwandtenehe im kirchlich eigentlich nicht erlaubten Gradverhältnis 3:4 – war sicher nur ein Vorwand für seine letztlich politische Zielsetzung: Es ging innenpolitisch genau darum, Machtzusammenballungen bei verschiedenen aufstrebenden Adelsfamilien im Interesse einer starken, von Adelsparteiungen unabhängigen Reichsgewalt zu verhindern.

Deutlichere Akzente konnte Heinrich in seiner Kirchenpolitik setzen. Viel bewußter als die frühen Ottonen griff er sein königliches Besetzungsrecht auf und brachte seine Vertrauten auf freigewordene Bischofssitze und Reichsabteien. Der behandelte Trierer Fall mag als Beispiel dienen. Die Hofkapelle wurde dabei noch entschiedener, als es sich seit den letzten Jahren Ottos I. ergeben hatte, herangezogen und wuchs zu einer wahren Schaltstelle der Kirchen- und Reichspolitik heran. Der Wahlmodus, die vielfach verbriefte »kanonische Wahl« durch den Klerus der Bischofskirche bzw. durch die Mönche einer Abtei, galt als reine Formsache und wurde praktisch als schlichtes Zustimmungsrecht eingestuft. Gelegentlich hat Heinrich vorhandene Zugeständnisse der Wahlfreiheit bei der Bestätigung älterer Privilegien auch einfach nicht mehr erneuert. Auf diese Weise konnte unliebsamen Entwicklungen in einzelnen Stammesbereichen – so etwa in Sachsen – durch die Förderung eigener Vertrauensleute gegengesteuert werden; und die gute Zusammenarbeit Heinrichs z. B. mit den auf den Mainzer Erzstuhl lancierten Erzbischöfen Erchenbald (1011–1021) und Aribo (1021–1032) in der Hammersteinschen Ehefrage wurde dadurch leicht möglich. Viele Hofkapläne gelangten übrigens so auf Bischofsstühle außerhalb ihrer Herkunftsbereiche, so daß sich auf diese Weise ganz unbeabsichtigt sogar ein intensiveres Zusammenwachsen der deutschen Stämme zum deutschen Volk ergab. Zur stärkeren Absicherung solcher Bischöfe erhielten die Bistümer freilich auch reichlich Reichsgut und manches Vorrecht. Die Begünstigung ging so weit, daß bischöfliche Freiräume, Immunitätsbezirke, gewaltig erweitert wurden, ja, daß ganze Grafschaften als Geschenk des Königs an Bistümer gelangten, um die Bischöfe mit höheren Einkünften auszustatten. Auch Klosterbesitz ging so an Bistümer. Manche seiner Kandidaten veranlaßte Heinrich überdies, ihre Erbansprüche am Familienbesitz den Bistümern einzubringen, womit zugleich die weltliche Adelsmacht hie und da beschnitten wurde. – »Wem jedoch viel gegeben wird, von dem kann wiederum auch viel gefordert werden«, bekannte Heinrich in mehreren seiner Urkunden. So verlagerte er seine Königsgastung zusehends von den Königspfalzen und Fiskalgütern auf die Bischofsstädte. Diese treten in seinem Itinerar immer stärker hervor. Auch für die Kriegszüge hatten die Kirchen – entsprechend ihrem reichen Grundbesitz als Grundlage aller Dienstpflichten – große Aufgebote beizusteuern. Heinrich hat offenbar zwischen Reichsgut und Reichskirchengut keinen großen Unterschied sehen wollen. Beide Bereiche sollten dem Königtum zur Verfügung stehen. So wuchsen Staat und Kirche immer enger zusammen. Dies wurde sicherlich noch dadurch begünstigt, daß Heinrich sich als geweihter König sowohl für das Wohlergehen des Reiches als auch der Kirche verantwortlich fühlen mochte. In der Geschichtswissenschaft bezeichnet man diesen von den Saliern weiter fortgeführten und ausgebauten Synergismus von Staat und Kirche als »ottonischsalische Reichskirchenherrschaft«.[4]

Seine tiefe Verankerung in der Auffassung, daß in seinem Handeln Gottes Gnade und Wille entsprechenden Ausdruck suche, er also nur ein Werkzeug in der Hand Gottes sei, ließ Heinrich auch gegenüber den Klöstern aktiv werden. Nach seinem Willen sollten vorhandene Mißstände beseitigt und eine strengere Befolgung der Regel des hl. Benedikt vorangebracht werden. Vielfach hatten ja Servitialleistungen und Verpflichtungen zum Reichsdienst die Äbte – und mit ihnen die Konvente – in ihren ureigensten Aufgaben – Regelbefolgung und Gebet – erlahmen lassen. Getragen von religiöser Verantwortung für das Ganze, die ihm als christlichem König oblag, trat Heinrich gleich zu Beginn seiner Regierung mit dem Reformkreis um die Äbte Godehard von Niederalteich und Ramwold von St. Emmeram/Regensburg in Verbindung und öffnete diesem verschiedene Reichsklöster zu einer internen Reform. Als er später von den Reformen Abt Richards von St. Vanne (Verdun) in Lotharingien gehört hatte, gewann er dessen Schüler Poppo von Stablo für solche Aufgaben. Obgleich er auch mit dem Abt des angesehensten Reformzentrums der damaligen Zeit, Odilo von Cluny (994 bis 1048), in Verbindung stand, entschied er sich aber doch nicht für die clunyazensische Art der Klosterreformierung; denn diese schloß die reformierten Klöster zu einer eigenen Kongregation zusammen und löste sie vor allem aus der Verbindung zum Reichsdienst wie aus den Diözesanhoheiten der Bischöfe heraus. Das jedoch fügte sich nicht harmonisch in Heinrichs II. Vorstellung vom Zusammenwirken von Staat und Kirche, die er beide fördern wollte. So hat er 1022 auf dem Rückweg aus Italien zusammen mit Papst Benedikt VIII. eine Reformsynode abgehalten, die in der gesamten Kirche die Ehelosigkeit der Priester forderte und die Sicherung des Kirchenbesitzes vor (erbenden) Klerikerkindern bezweckte, somit schon eine der künftigen Hauptforderungen der Kirchenreformer vorwegnahm. Mit dem französischen König wurde bereits ein weiteres Reformkonzil in Pavia festgelegt, zu dem es aber nicht mehr kam.

Auf seinem rastlosen Weg durch das Reich zur Vorsorge in allen Belangen starb Heinrich II. am 13. 7. 1024 in der Pfalz Grone (westlich Göttingen). Kinder waren aus seiner Ehe nicht hervorgegangen. An seinem Lieblingsort Bamberg fand er in der aus seinen Mitteln errichteten Domkirche – wie später auch seine Gemahlin Kunigunde, die alsbald in das 1017 von ihr gestiftete Kloster Kaufun-

---

4 Der früher viel gebrauchte Ausdruck »Reichskirchensystem« ist, zumal er u. a. eine zu starre und zugleich bewußt gesteuerte Systematik in der königlichen Kirchenpolitik suggeriert, in letzter Zeit auf zunehmende Kritik gestoßen; vgl. T. Reuter, The ›Imperial Church System‹ of the Ottonian and Salian Rulers: a Reconsideration, Journal of Ecclesiastical History 33 (1982) S. 347–374.

gen als Nonne eintrat – sein Grab. Dort hat man sein Gedächtnis besonders gepflegt und bald zu einem Kult gesteigert. 1146 wurde er, 1200 auch Kunigunde heiliggesprochen.

Heinrich hat – und das ist sein Verdienst für das Deutsche Reich – mit seiner sofortigen Rückverlegung des politischen Schwergewichtes aus Italien nach Deutschland, seinen entschlossenen Sicherungsmaßnahmen an der Ost- und Westgrenze, der weitblickenden Vorsorge in der Burgundpolitik und mit seiner Vertiefung der religiösen Wurzeln und wirtschaftlichen Fundamente seines theokratischen Weihekönigtums das Erbe Ottos des Großen gesichert. Das Reich war bei seinem Tode wieder völlig gefestigt. Wenn Politik »die Kunst des Möglichen« ist, hat er sie – Otto dem Großen vergleichbar – meisterhaft beherrscht.

Die Herrscher
der Salierzeit

Die Salier

Herkunftsgebiet der »Salier«, wie die altadelige fränkische Familie seit dem 12. Jahrhundert wohl in Erinnerung an das Stammvolk des Frankenkönigs Chlodwig († 511) genannt wurde, war der Moselraum. Mit Konrad dem Roten, der von 944 an Herzog in Lothringen war, tritt das Geschlecht voll in das Licht der Geschichte. Er heiratete eine Tochter Kaiser Ottos des Großen. Vom Wormser Raum aus betrieben die Salier eine erfolgreiche Erwerbspolitik, wobei sie auf enge Bindung an die Königsgewalt bedacht waren. Freilich kam es im Verhältnis zu den Ottonen auch zu Spannungen und Krisen. Konrad der Rote verlor 954 seine Herzogswürde, nachdem er sich einer Rebellion gegen Otto den Großen angeschlossen hatte. Sein Sohn Otto begegnet 978 bis 985 und nochmals 995 bis 1004 als Herzog von Kärnten. Eine Eheverbindung mit dem Haus der Grafen von Metz mehrte Besitz und Ansehen der Salier. 996 bestieg Brun, ein Sohn des Herzogs Otto, als Papst Gregor V. den Stuhl Petri. Sein Bruder Konrad trat 1004 in die kärntnerische Herzogswürde ein. Die folgenden Jahre brachten jedoch einen Niedergang der salischen Familie, die sich in Auseinandersetzungen mit Kaiser Heinrich II. verwickelte. Dieser übertrug 1011 die kärntnerische Herzogswürde an das Haus der Eppensteiner.

Das salische Geschlecht war um diese Zeit in zwei Linien gespalten[1] – repräsentiert durch die beiden Vettern Konrad »der Ältere«, dem allerdings nur ein geringer Anteil am Familienerbe zufiel, und Konrad »der Jüngere«. Vor allem der erste ist offen als Gegner Heinrichs II. hervorgetreten. Er mußte für einige Zeit ins Exil gehen. Aber auf den Tiefpunkt folgte bald der Aufstieg der Salier zur deutschen Königswürde und zum Kaisertum. Als mit dem Tode Heinrichs II. 1024 die liudolfingische Dynastie im Mannesstamm erlosch und die Fürsten zu einer »freien« Wahl zusammentraten, wurden offenbar nur die beiden Salier – Ururenkel Ottos des Großen – als ernsthafte Anwärter auf den Thron betrachtet. Die Wähler hielten sich an erb- und geblütsrechtliche Anschauungen. Die Wahl fiel auf Konrad den Älteren.

---

1 Vgl. die Stammtafel S. 825. – Die folgenden Lebensbilder wissen sich der reichhaltigen neuen Forschung zur salischen Geschichte verbunden (s. im Literaturverzeichnis die Arbeiten von Th. Schieffer, E. Boshof, R. Schieffer und anderen), auch wenn teilweise die Akzente abweichend gesetzt werden. Die eingeflochtenen Quellenauszüge folgen im allgemeinen den Übersetzungen in der Freiherr von Stein-Gedächtnisausgabe.

Kaiser Konrad II.

Kaiser Konrad II. (Konrad der Ältere)

* um 990 in ?
† 4. 6. 1039 in Utrecht
Grabstätte: Dom zu Speyer
Eltern: Heinrich, † wohl vor 1000, und Adelheid von Metz, † zwischen 1039 und 1046, Tochter des Grafen Richard von Metz

∞ 1016 in ?
Gisela
Eltern: Hermann II., Herzog von Schwaben, und Gerberga, Tochter des Königs Konrad von Burgund
* wohl um 989 in ?
† 15. 2. 1043 in Goslar
Grabstätte: Dom zu Speyer

4. 9. 1024: in Kamba (nahe Oppenheim) zum deutschen König gewählt
8. 9. 1024: in Mainz von Erzbischof Aribo gekrönt
1026: (wahrscheinlich) in Mailand von Erzbischof Aribert zum König von Italien gekrönt
26. 3. 1027: in Rom von Papst Johannes XIX. zum Kaiser gekrönt
2. 2. 1033: in Peterlingen (Payerne) zum König von Burgund gewählt und gekrönt

Hauptquelle ist das Geschichtswerk des Hofkaplans Wipo: Gesta Chuonradi, lateinisch-deutsch in: Freiherr vom Stein-Gedächtnisausgabe Bd. 11 (1961) S. 505ff.

Der erste Salier auf dem Thron hatte eine harte Jugend hinter sich. Nach dem frühen Tode seines Vaters wurde er von Bischof Burchard von Worms wie ein Adoptivsohn aufgenommen. Doch er mußte sich seine Stellung in der Adelsgesellschaft erkämpfen. Die Heirat mit der aus schwäbischer Herzogsfamilie stammenden Gisela, die ihre Abstammung auf die Karolinger und die Liudolfinger zurückführte,[1] bedeutete eine Erhöhung seines Ansehens. Er soll die Braut entführt haben. Die Ehe war wegen naher Verwandtschaft kanonisch unzulässig.[2] Konrad aber setzte sich über Bedenken hinweg. Er zeigte schon früh jene Willensstärke, die später seine Regierung kennzeichnete. Heinrich II. machte ihm das erhoffte schwäbische Erbe streitig. Nach einer Phase der Spannungen wurde aber eine Aussöhnung zwischen dem Liudolfinger und dem Salier erreicht.

Die Königserhebung Konrads des Älteren Anfang September 1024 war wesentlich das Werk des Erzbischofs Aribo von Mainz, dem sich die Mehrheit der Wähler anschloß. Die Lothringer unter Erzbischof Pilgrim von Köln neigten Konrad dem Jüngeren zu und beteiligten sich schließlich nicht an der Kur. Die Sachsen waren der Wahlversammlung großenteils ferngeblieben. Konrad empfing von der Kaiserinwitwe Kunigunde die Reichsinsignien, wodurch er dem Denken der Zeit gemäß als gottgewollter Herrscher erschien. Aribo nahm die Weihe des Gewählten vor, weigerte sich jedoch, auch seine Gemahlin Gisela zu krönen. Wahrscheinlich lag der Grund hierfür in der kanonisch anfechtbaren Ehe des Herrscherpaares. Konrad reagierte, indem er während des – nun schon traditionell üblichen – Königsumrittes Köln aufsuchte, wo Gisela von Erzbischof Pilgrim am 21. 9. 1024 gekrönt wurde. Dieser Vorgang hat dazu beigetragen, auf Jahrhunderte hinaus das Krönungsrecht der Kölner Oberhirten zu etablieren. Der Umritt führte weiter nach Aachen, wo der König den Thron Karls des Großen bestieg, und nach Sachsen. In Minden huldigten die sächsischen Magnaten, denen ihr ererbtes Stammesrecht bestätigt wurde. Konrad suchte sodann auch die bayerischen, fränkischen und schwäbischen Lande auf. Er erwies sich als Wahrer von Friede und Recht, wie es seinem Amt entsprach. Durch möglichst enge Anlehnung an das 1002 von seinem Vorgänger gegebene Beispiel zeigte der König die Absicht an, in die ottonische Herrschaftstradition einzutreten, die im

1 Gisela war vorher bereits zweimal verheiratet gewesen: mit Graf Bruno von Braunschweig und Herzog Ernst I. von Schwaben aus der Familie der Babenberger. Sie ging die dritte Ehe wohl im Alter von etwa 26 Jahren ein. Vgl. E. Hlawitschka, Untersuchungen zu den Thronwechseln der ersten Hälfte des 11. Jahrhunderts und zur Adelsgeschichte Süddeutschlands (1987) S. 128ff. Zu den verwandtschaftlichen Beziehungen Giselas s. auch oben S. 176.

2 Konrad stammte in vierter, Gisela in dritter Generation von König Heinrich I. ab.

Monarchen den Stellvertreter Christi auf Erden sah. Ende 1025 huldigten jene lothringischen Großen, die bis dahin noch abseits gestanden waren. Fortan wurde die Herrschaft Konrads in Deutschland einmütig anerkannt. Er konnte darangehen, das Selbstverständnis der neuen Dynastie zu manifestieren. Der salische Stammsitz Limburg a. d. Hardt wurde in ein Kloster umgewandelt. Und um 1030 begann ein weiteres Projekt Gestalt anzunehmen: der Neubau des Speyerer Domes, der zur Grablege des salischen Geschlechts werden sollte.

Während Konrad II. seine Position im deutschen Regnum festigte, wurde Italien von Wirren heimgesucht, die dringend das Eingreifen des Friedenswahrers erforderten. Zwar stellten die Bischöfe Oberitaliens 1024/25, wie schon früher, überwiegend eine Stütze für die Reichsgewalt dar. Aber die Tendenz zu einem einheimischen Königtum war nicht völlig erloschen. Mehrere Markgrafen traten an die Spitze einer Oppositionsbewegung. Symbolträchtig erscheint das Handeln der Bürger von Pavia, einer alten Hauptstadt Reichsitaliens, die nach dem Tode Heinrichs II. die Königspfalz innerhalb ihrer Mauern zerstörten und dies später Konrad gegenüber damit zu rechtfertigen suchten, sie hätten ja zu dieser Zeit keinen König gehabt und seien deshalb rechtlich nicht zu belangen. Wipo zufolge antwortete Konrad einer Gesandtschaft der Pavesen: »Ist der König tot, so bleibt doch das Reich bestehen, ebenso wie ein Schiff bleibt, dessen Steuermann gefallen ist. Es handelte sich um staatliche, nicht um private Gebäude. Sie unterstanden fremdem Recht, nicht eurem.« Der Salier wird hier zum Vertreter einer neuartigen »transpersonalen« Staatsauffassung, welche auf die Kontinuität der Reichsrechte über den Tod des Herrschers hinaus abhebt.

Im Februar 1026 trat Konrad seinen ersten Italienzug an. Der machtbewußte Erzbischof Aribert von Mailand erwies sich als zuverlässiger Helfer des Königs. Nach und nach wurden die oppositionellen Adeligen niedergeworfen. Anfang 1027 mußte Pavia kapitulieren. Der Zug ging weiter nach Rom, wo zu Ostern in glanzvollem Rahmen die Kaiserkrönung Konrads und Giselas stattfand. Neben zahlreichen Bischöfen und Fürsten waren auch die Könige Rudolf III. von Burgund und Knut von Dänemark und England anwesend, zu denen Konrad zukunftsweisende politische Kontakte aufnahm. Gemeinsam mit Papst Johannes XIX. entschied der Kaiser auf einer Synode die jahrhundertealte Streitfrage, ob Aquileja oder Grado der Sitz eines Patriarchats und damit Metropole von Venetien sein sollte, zugunsten von Aquileja – ohne damit freilich die Auseinandersetzungen um dieses Thema zu beenden. Hier wie bei der Behandlung anderer Streitfälle zeigte sich, daß die Reichsgewalt in Italien zwar ordnend und schlichtend eingreifen konnte, damit aber nicht immer eine dauerhafte Lösung verbunden war. So auch im langobardischen Süden, wo Konrad die Oberhoheit über die Fürstentümer Capua, Salerno und Benevent erneuerte und den Normannen die Grenzsicherung gegenüber den Byzantinern übertrug.[3] Die Verhältnisse dieses

---

3   Die Normannen hatten sich seit etwa 1016 in Süditalien festgesetzt und waren dabei, auf Kosten der Langobarden, Byzantiner und Sarazenen eigene Herrschaften aufzubauen.

Raumes waren damit nur oberflächlich geregelt. Im ganzen gesehen aber hatte der Kaiser, als er im Sommer 1027 nach Deutschland zurückkehrte, eindrücklich unter Beweis gestellt, daß er Herrschaft und Friedenssicherung in Italien mit Energie und Geschick wahrzunehmen wußte. Auch auf diesem Feld knüpfte er bruchlos an die Aktivitäten des Vorgängers an.

Verhandlungen mit Ostrom über eine Eheverbindung zwischen dem (1017 geborenen) Thronfolger Heinrich und einer byzantinischen Prinzessin blieben ohne Ergebnis. Und auch in der innerdeutschen Politik sowie in den Beziehungen zu den Randländern Dänemark, Polen, Böhmen und Ungarn fehlte es nicht an Mißerfolgen. Auf längere Sicht hat sich jedoch das beharrliche Bemühen des Kaisers um Stabilisierung der Verhältnisse weithin durchgesetzt. Im deutschen Regnum mußte er mehrfach der Rebellion seines Stiefsohnes, des Herzogs Ernst II. von Schwaben, entgegentreten. Die Motive für dessen Aufstand sind nicht deutlich zu erkennen.[4] Worin sie auch im einzelnen gründeten: Konrad II. stand jedenfalls wie seine Vorgänger vor dem allgemeineren Problem, daß es ihm aufgegeben war, sowohl die Reichsinteressen zu vertreten wie auch möglichst den Rechtsvorstellungen der Fürsten und des Stammesadels Rechnung zu tragen. Herzog Ernst wandte sich schon 1025 der Opposition zu, erlangte im Februar 1026 Verzeihung, schlug im Herbst dieses Jahres von neuem los. 1027 mußte er sich unterwerfen, weil den ihm anhängenden schwäbischen Grafen ihre Treuepflicht gegenüber dem Reichsoberhaupt höher stand als die Treue zum Herzog, dem sie nur »bedingungsweise« überlassen worden seien. Ernst wurde auf dem Giebichenstein bei Halle inhaftiert. 1028 erhielt er das Herzogtum Schwaben zurück. Doch die Aussöhnung mit Konrad II. war nicht von Dauer. Dieser mutete dem Herzog zu, persönlich gegen seinen Freund Werner von Kyburg vorzugehen, der noch im Widerstand verharrte. Als Ernst dies ablehnte, wurde er wegen Hochverrats abgesetzt. Im August 1030 fand er in einem Gefecht den Tod. Der Kaiser soll hierzu lediglich geäußert haben: »Selten haben bissige Hunde Junge.« Er zeigte sich unerbittlich. Die schwäbische Herzogsgewalt wurde beeinträchtigt, die Rolle des Reiches im Südwesten gestärkt. Mit ähnlicher Härte ging Konrad gegen Herzog Adalbero von Kärnten vor, dem ebenfalls Hochverrat angelastet wurde. Doch mag dabei auch der alte salisch-eppensteinische Gegensatz im Spiel gewesen sein. Adalbero wurde 1035 unter dem Druck Konrads von einer Fürstenversammlung abgesetzt, übrigens gegen den ausdrücklichen Widerspruch des Thronfolgers Heinrich. Kärnten fiel nun an die Salier: zunächst an Konrad den Jüngeren und nach dessen Tod 1039 an Heinrich (III.), der schon seit 1027 Herzog von Bayern und seit 1038 zudem Herzog von Schwaben war. So kam es über die Jahre hin zur Vereinigung der drei süddeutschen Herzogtümer in

---

4 Ernst war um 1010 geboren, seit dem Tode seines Vaters Ernst I. (1015) im Besitz von Schwaben. Die deutschen Herzogtümer waren nicht im strengen Rechtssinn »erblich«, doch stimmten die Könige meist der Sohnesfolge zu. An der amtsrechtlichen Verfügungsgewalt des Reiches wurde dabei prinzipiell festgehalten.

der Hand des Thronfolgers. Im Westen allerdings entstand ein potentielles Gegengewicht zu dieser salischen Machtkonzentration, als 1033 dem Herzog Gozelo von Niederlothringen (aus dem Hause Verdun) auch noch Oberlothringen übertragen wurde.

In der deutschen Reichskirche schuf ein heftiger Streit zwischen Erzbischof Aribo von Mainz und Bischof Godehard von Hildesheim beträchtliche Unruhe. Es ging um die Hoheit über das adelige Nonnenstift Gandersheim. 1030 verzichtete Mainz schließlich auf seinen Anspruch. Von dieser Auseinandersetzung abgesehen erfreuten sich Episkopat und Mönchtum im wesentlichen einer Phase der Ruhe und des Friedens. Konrad II. besetzte die Bistümer ganz nach seinem Willen, wobei das Erfordernis der kanonischen Wahl durch die Zustimmung von Klerus und Volk als erfüllt galt. Für personalpolitischen Zwist bot dieses System im allgemeinen keinen Raum. Der Kaiser nahm an den kirchlichen Synoden teil, wie es seines Amtes war, und auch wenn die von Heinrich II. aufgegriffenen Fragen der Klerikerreform vielleicht etwas zurücktraten, ist doch die religiösmoralische Verpflichtung im Handeln des Saliers nicht zu verkennen. Sie dokumentiert sich zusätzlich in der Förderung der monastischen Reform, wobei freilich eher an die lothringische Richtung eines Poppo von Stablo und Siegfried von Gorze zu denken ist als an das clunyazensische Mönchtum Burgunds. Immerhin unterhielt Konrad auch zu Abt Odilo von Cluny gelegentliche Beziehungen.

Im Hinblick auf die Nachbarstaaten des Ostens stellte sich die Frage: Würde die Machtposition des Saliers ausreichen, um die bestehenden Abhängigkeitsverhältnisse aufrechtzuerhalten, vielleicht neue Tribut- und Lehnsbindungen zu knüpfen, und um drohenden Gefahren erfolgreich zu begegnen? Konrad suchte schon frühzeitig Gemeinsamkeit mit Knut dem Großen († 1035), der von Dänemark aus ein Hegemonialreich im skandinavisch-angelsächsischen Nordwesten errichtete. Die Verlobung Heinrichs (III.) mit der dänischen Prinzessin Gunhild 1035 – ein Jahr später folgte die Vermählung – sollte das Zusammenwirken der beiden Reiche besiegeln. Das Entgegenkommen des Kaisers ging so weit, daß er die Mark zwischen Eider und Schlei an Dänemark abtrat. Die Rückversicherung im Norden war deshalb so wichtig, weil die elbslawischen Liutizen sowie Polen und Böhmen immer wieder die gespannte Aufmerksamkeit erforderten. Es galt, dem Aufbau einer slawischen Großmacht in diesem Raum entgegenzutreten. In Polen ließ sich Herzog Boleslaw Chrobry 1025 zum König erheben. Drei Jahre später fiel sein Sohn Mieszko II. in die sächsischen Grenzmarken ein. In langwierigen Kämpfen und im Zusammengehen mit dem Großfürsten von Kiew gelang es Konrad II., die Stellung Mieszkos zu unterminieren, ihn zur Ablegung der Königswürde und zur Herausgabe der Lausitz und des Milzener Landes zu zwingen. Nach dem Tode Mieszkos 1034 versank Polen in inneren Wirren und war kein ernsthafter Gegner mehr. Um diese Zeit gelang es dem Kaiser auch, Böhmen wieder enger an das Reich zu binden. Der Přemyslide Udalrich hatte dort nach 1030 einen Kurs der Unabhängigkeit gesteuert und dadurch einen Feldzug Heinrichs (III.) nach Böhmen herausgefordert. Herzog Bretislaw I. aber

KAISER KONRAD II. 187

huldigte 1035 dem Kaiser und nahm nicht nur Böhmen, sondern (wohl erstmals) auch Mähren zu Lehen. Unübersichtlich war die Lage im sächsisch-elbslawischen Grenzraum, wo das Heidentum noch eine sehr beträchtliche Position besaß. Konrad zwang 1036 mit Heeresmacht die Liutizen, von neuem Tribut an das Reich zu entrichten, und wurde von Wipo hierbei in der Rolle eines »Glaubensrächers« gesehen. Christlich-heidnisches Gegeneinander war unterschwellig auch noch bei den Kontaktnahmen des Reiches mit Ungarn wirksam. Offiziell allerdings war dieses Land bereits christianisiert. Die Feindseligkeiten, zu denen es 1030 kam, resultierten aus politischen Gegensätzen und Grenzstreitigkeiten. Der Kaiser rückte mit einem bedeutenden Heer in Ungarn ein, erlitt jedoch eine Niederlage. Als der Thronfolger im nächsten Jahr ohne Wissen Konrads einen Frieden abschloß, mußte er sich dazu verstehen, einen Landstrich zwischen Fischa und Leitha abzutreten. Von da an herrschte im Südosten für etliche Jahre Ruhe.

Konrad II. hat im ganzen gesehen die Lage an der Ostgrenze stabilisiert und gegenüber Böhmen und Mähren sogar die Oberherrschaft des Reiches deutlicher herausgestellt als seine Vorgänger. Dieses Ergebnis ist um so höher zu bewerten, als die Auseinandersetzungen im Osten großenteils in jene Jahre fielen, in denen das oberste Ziel des Kaisers die Durchsetzung des von Heinrich II. überkommenen Anspruches auf das Königreich Burgund sein mußte. Im Unterschied zu dem Liudolfinger berief sich Konrad, als 1032 mit dem söhnelosen Tod Rudolfs III. die burgundische Frage akut wurde, nicht auf das Erbrecht des Verwandten.[5] Er leitete seinen Anspruch auf Burgund aus der Rechtsnachfolge Heinrichs II. her. Schon 1027 hatte Rudolf III. diese »staatsrechtliche« Argumentation anerkannt, und auf dem Sterbebett gab er Auftrag, dem Salier die Reichsinsignien zu übersenden. Trotzdem mußte sich Konrad II. mit einem Rivalen auseinandersetzen, dem französischen Grafen Odo II. von Blois-Champagne,[6] der im burgundischen Adel beträchtlichen Anhang fand – wohl nicht zuletzt deshalb, weil die Herren eine harte Herrschaft des Saliers befürchteten. Konrad meisterte die schwierige Situation mit bemerkenswertem Geschick. Er marschierte Anfang 1033 in Burgund ein. Im altangesehenen kirchlichen Zentrum Peterlingen ließ er sich wählen und krönen, womit ein Mitwirkungsrecht der Aristokratie anerkannt war. Weitere Huldigungen erfolgten in Zürich. Die Anhängerschaft Konrads wuchs, und als es ihm gelang, mit dem französischen König Heinrich I. ein gegen Odo II. gerichtetes Bündnis abzuschließen, war dessen Position erschüttert. Im Sommer 1034 unterwarf der Kaiser die letzten Anhänger Odos in Burgund. Die dauerhafte Sicherung des neuen Besitzes war erreicht, als auf einem Hoftag zu Solothurn

5   Ein solches hätte für Heinrich (III.) geltend gemacht werden können, der über seine Mutter ein Urenkel König Konrads von Burgund (✝ 993) war. Daneben gab es eine Anzahl weiterer Großer, die von der burgundischen Königsfamilie abstammten. Vielleicht machte Herzog Ernst von Schwaben sich Hoffnungen auf Burgund und wurde dadurch zur Rebellion motiviert. S. auch Anmerkung 6.
6   Er war über seine Mutter ein Neffe Rudolfs III.

1038 Heinrich (III.) von seinem Vater das Regnum erhielt und von den Magnaten formgerecht als ihr König anerkannt wurde. Das Imperium im territorialen Sinn hatte nun eine bedeutende Vergrößerung erfahren; es beruhte fortan auf den drei Reichen Deutschland, Italien, Burgund. Die deutschen Könige mußten zwar die starke Position des einheimischen Adels respektieren und ihre Herrschaftsausübung im wesentlichen auf Hochburgund beschränken. Ein großer Erfolg der salischen Reichspolitik aber lag darin, daß sie nun die westlichen Alpenpässe kontrollierte und den Konnex zwischen dem oberitalienischen Adel und Frankreich weitgehend unterband. Dadurch wurde den autonomistischen Bestrebungen im *regnum Italiae* endgültig die Grundlage entzogen.

Auf dem zweiten Italienzug 1036–1038 stellte Konrad unter Beweis, daß er fähig war, seine Politik neuartigen Herausforderungen elastisch anzupassen. In Mailand und anderen Städten der Lombardei war es zu Unruhen gekommen, weil die bischöflichen Vasallen mit dem Regiment der großen Feudalbischöfe von der Art Ariberts unzufrieden waren. Die kleineren Lehnsleute (Valvassoren) forderten zudem vehement die ihnen bisher vorenthaltene Erblichkeit ihrer Lehen. Der Kaiser mußte sich zwischen den Bischöfen, die ihm treu gedient hatten, und den Lehnsträgern entscheiden – und er schlug sich auf die Seite der Valvassoren. Der Erzbischof von Mailand wurde vor dem kaiserlichen Gericht wegen zahlreicher Übergriffe zur Rechenschaft gezogen, wegen Gehorsamsverweigerung inhaftiert und schließlich gar ohne Synodalurteil abgesetzt. Anderen oberitalienischen Bischöfen widerfuhr Ähnliches. Papst Benedikt IX. exkommunizierte auf Betreiben Konrads den aus der Haft entkommenen Aribert, der Rückhalt im mailändischen Bürgertum fand und hochverräterische Beziehungen zu Odo II. aufnahm. Den Vasallen aber gewährte der Kaiser 1037 in einem Lehnsgesetz das Recht, ihre Lehen dürften ihnen nicht entzogen werden außer durch Urteilsspruch der ihnen gleichrangigen Lehnsgenossen. Konrad hat so die sozial aufsteigenden Valvassoren für sich gewonnen, die neben Angehörigen des weltlichen Hochadels – Markgraf Bonifaz von Tuszien tat sich als Parteigänger des Saliers hervor – zu Stützen der Reichsherrschaft in Italien wurden.[7] Die Situation der Jahre 1026/27 war damit gleichsam umgekehrt. Dies galt allerdings nicht für Süditalien, wohin sich der Kaiser im Frühjahr 1038 wandte. Dort prägte immer noch die Rivalität der langobardischen Fürsten untereinander und mit den Normannen das politische Kräftespiel. Konrad nahm dem Fürsten Pandulf IV. von Capua, der sich gegen die salische Oberhoheit gewandt hatte, seine Herrschaft und übertrug sie an den Fürsten Waimar IV. von Salerno. Auf dessen Wunsch wurde der normannische Anführer Rainulf als Herr der von Salerno lehnsabhängigen Grafschaft Aversa anerkannt. Damit hat Konrad II. einen

---

7 Vielleicht hing die Wendung des Kaisers zu den Valvassoren auch damit zusammen, daß manche Gegner Mailands im italienischen Hochadel über Familienverbindungen nach Deutschland verfügten; so war Azzo von Este mit einer Welfin, Adelheid von Turin mit einem Stiefsohn Konrads II. vermählt.

Schritt hin zur Verfestigung der normannischen Herrschaft getan – einen Schritt, der eine folgenreiche Neuformierung des süditalienischen Raumes in den nächsten Jahrzehnten einleitete. Der Kaiser konnte nicht voraussehen, zu welch gefährlichem Gegner die Normannenherrschaft sich entwickeln würde. Als Konrad im Sommer 1038 Italien verließ, war die Ordnung im Lande weithin hergestellt. Nur Erzbischof Aribert und das aufrührerische Mailand konnten nicht bezwungen werden.

Konrad II. starb, etwa 50 Jahre alt, am Tag nach Pfingsten 1039 in Utrecht. Er hinterließ seinem Nachfolger ein geordnetes Reich mit gesicherter Hegemonialposition in der abendländischen Staatenwelt. Da Konrad nicht für die Herrscheraufgabe erzogen worden war, verfügte er von Haus aus »nur« über die dem Adel allgemein geläufige Bildung. Er ist aber nicht der »vollsaftige Laie« gewesen, als den Historiker des 19. Jahrhunderts ihn sehen wollten. Vielmehr handelte er durchaus im Sinne der seinem Amt eigenen religiösen Verpflichtung und folgte der ottonischen Tradition auch in der Kirchenpolitik. Vielleicht lag ihm die zeitgenössische Diskussion um die monastische Reform nicht so nahe wie dem letzten Liudolfinger. Die Chronisten haben gerade sein praktisches Wirken zur Durchsetzung des Rechts hervorgehoben. »An Konrads Sattel hängen Karls (des Großen) Bügel«, wurde ihm nachgesagt. In diesen Zusammenhang darf man wohl auch sein Eintreten für die kleineren Vasallen oder gar die Dienstleute einfügen, das freilich in Italien deutlicher erkennbar ist als in Deutschland. Bei all dem sollte man Konrad aber nicht unterstellen, er sei von der Welt der Ideen wenig berührt gewesen, wie etwa Karl Hampe meinte. In der Regierungszeit des ersten Saliers wurde der »römische« Charakter des Reiches betont. Die Kaiserbulle wies die Umschrift *Roma caput mundi regit orbis frena rotundi*[8] auf. Die Reichskrone wurde mit einem neuen Bügel und einem Kreuz an der Stirnplatte versehen. Der Herrscher sollte, wenn er die Krone trug, unter das Kreuz gestellt und so deutlich über das christliche Volk, die Laien hinausgehoben sein.

Die strengen Kirchenreformer des mittleren und späteren 11. Jahrhunderts taten Konrad II. Unrecht, als sie von einer veränderten Rechts- und Bewußtseinslage her gerade in ihm den Prototyp des »Simonisten« sehen wollten.[9] Allerdings ist hinzuzufügen, daß auch am deutschen Königshof der Gedanke schon frühzeitig Fuß faßte, Konrad habe sich gelegentlich bei der Bischofseinsetzung simonistischen Mißbrauches schuldig gemacht. Wipo sieht dies so in seinen um 1040/46 entstandenen Gesta und sucht den Kaiser möglichst zu entschuldigen. Man sieht: Die Wurzeln der verschärften Rechtsauffassung, welche für die Zeit des Investiturstreites charakteristisch sein wird, reichen weit zurück.

---

8   Rom, das Haupt der Welt, lenkt die Zügel des Erdkreises.

9   Vgl. Th. Schieffer, Heinrich II. und Konrad II. Die Umprägung des Geschichtsbildes durch die Kirchenreform des 11. Jahrhunderts (Neudruck mit Nachwort 1969). Unter Simonie ist der Handel (Kauf, Verkauf, Tausch) mit geistlichen Dingen (z. B. Sakramenten, Weihungen) oder Ämtern zu verstehen. Die Reformkreise suchten dem Verbot der Simonie allgemein Geltung zu verschaffen.

Die Nachkommen Kaiser Konrads II.

1. HEINRICH III.
   1. ∞ GUNHILD von Dänemark
   2. ∞ AGNES von Poitou
   Siehe unter Kaiser Heinrich III.

2. BEATRIX
   * ?
   † vor 25. 10. 1036

3. MATHILDE
   * ?
   † Januar 1034, bestattet in Worms

   1032: Verlobung mit dem französischen König Heinrich I.

Kaiser Heinrich III.

Kaiser Heinrich III.

* 28. 10. 1017
† 5. 10. 1056 in Bodfeld am Harz
Grabstätte: Dom zu Speyer
Eltern: Kaiser Konrad II. und Gisela

1. ∞ Juni 1036 in Nimwegen
GUNHILD/KUNIGUNDE
Eltern: Knut der Große, König von Dänemark und England, und Emma/Aelfgifu,
Tochter Herzog Roberts I. von der Normandie
* um 1018
† um den 18. 7. 1038 in der Nähe der Adriaküste
Grabstätte: Kloster Limburg an der Hardt

2. ∞ Ende November 1043 in Ingelheim
AGNES
Eltern: Wilhelm V., Herzog von Aquitanien, und Agnes, Tochter des Grafen
Otto-Wilhelm von Burgund
* um 1025
† 14. 12. 1077 in Rom
Grabstätte: Petersdom zu Rom, Kapelle der hl. Petronella
1055–1061: Verwalterin Bayerns
1056–1062 bzw. 1065: Regentin für den minderjährigen Heinrich IV.

Februar 1026: in Augsburg zum deutschen König designiert
1027–1042: Herzog von Bayern
14. 4. 1028: in Aachen zum (Mit-)König gewählt und von Erzbischof Pilgrim von
Köln gekrönt
1038–1045: Herzog von Schwaben
1038: in Solothurn zum König von Burgund erhoben
1039–1047: Verwalter Kärntens
1039: Beginn der eigenständigen Regierung in Deutschland, Italien, Burgund
Weihnachtstag 1046: in Rom von Papst Clemens II. zum Kaiser gekrönt
Wichtige Quellen: Hermann von Reichenau, Chronik, lateinisch-deutsch in:
Freiherr vom Stein-Gedächtnisausgabe Bd. 11 (1961) S. 615ff. Die größeren Jahrbücher von Altaich, lateinisch in: MGH SS rer. Germ (²1891); deutsch in: Die
Geschichtschreiber der deutschen Vorzeit Bd. 46 (²1893).

Heinrich genoß eine sorgfältige Erziehung durch Männer wie den Bischof Bruno von Augsburg – einen Bruder Kaiser Heinrichs II. – und den Hofkaplan Wipo, die ihn sowohl mit den Erfordernissen der Regierungspraxis wie den ideellen Grundlagen des Herrschertums vertraut machten. Dem Thronfolger wurde seine hochedle Abstammung von den Karolingern und Ottonen als Anspruch und Verpflichtung nahegebracht. Wipo vermittelte ihm in mehreren Schriften[1] die Grundsätze der christlichen Königsethik und darüber hinaus ein Programm, demzufolge der Herrscher Recht, Gnade und Frieden verkörpern und sich so als Stellvertreter Gottes auf Erden erweisen sollte. Heinrich III. hat zeitlebens in idealistischer Hingabe diese Zielsetzung festgehalten. Zudem zeigte er sich aufgeschlossen für die großen Themen der Theologie und allgemein für Wissenschaft und Dichtung. Schon früh galt Heinrich als »Hoffnung des Reiches«, und man erwartete, er werde ein Zeitalter der Harmonie, des Friedens und nicht zuletzt auch der Kirchenreform heraufführen. In der Tat rief er wiederholt – so auf einer Konstanzer Synode 1043 – in öffentlichen Akten die Großen und das Volk zum Frieden auf und gewährte seinen Widersachern Verzeihung oder Begnadigung.[2] Alle sollten sich mit ihren Gegnern aussöhnen. Diese Haltung steht in eigenartigem Kontrast zu der Schroffheit im Umgang mit den Großen, die Heinrich von den Zeitgenossen nachgesagt wurde. Nicht zu bezweifeln ist, daß er sich bei seinen Maßnahmen von religiösem Ernst und asketischer Gesinnung leiten ließ. Anläßlich seiner Hochzeit mit Agnes von Poitou 1043 verwies er die Spielleute und Gaukler, welche sich wie bei großen Festlichkeiten üblich eingefunden hatten, ohne Lohn vom Hof. Sie wußten wohl fortan wenig Gutes über diesen König zu berichten. Mit der Frömmigkeit Heinrichs stand auch in Einklang, daß er sich streng von simonistischen Praktiken frei hielt und die Würde des priesterlichen Amtes hoch achtete. Aus dieser Einstellung heraus strebte er die Versöhnung mit Aribert von Mailand an und rehabilitierte diesen so bald als möglich.

Die Regierung Heinrichs III. begann mit einer Thronsetzung in Aachen und einem Umritt durch die Regionen des deutschen Regnums. Nirgendwo regten sich Widerstände. Doch gestaltete sich das Verhältnis des Saliers zu den einzelnen Herzogtümern recht unterschiedlich. Kärnten ging nach dem Tode Konrads des Jüngeren im Juli 1039 unmittelbar an den König über, so daß dieser nun die drei

1 Proverbia (= Sinnsprüche), wohl bald nach 1028 entstanden; Tetralogus (= Viergespräch), Weihnachten 1041 dem König überreicht; dazu die Gesta Chuonradi.
2 Möglicherweise wirkte hierbei das Vorbild der französischen Gottesfriedensbewegung ein, die sich allerdings auf das Ziel konzentrierte, bestimmte Zeiten und Tage von der Fehde freizuhalten.

süddeutschen Herzogtümer in seiner Hand vereinte. Allerdings hatte diese für die Reichsgewalt ungemein günstige Situation nicht lange Bestand. 1042 wurde Bayern an den Lützelburger Heinrich vergeben, 1045 Schwaben an den lothringischen Ezzonen Otto, 1047 Kärnten an den Schwaben Welf III. 1048 folgte in Schwaben der Babenberger Otto von Schweinfurt, 1049 in Bayern der Ezzone Konrad. Heinrich III. erwartete von diesen Männern, daß sie sich als zuverlässige Amtswalter an Brennpunkten des Geschehens bewähren würden. Da jeweils Landfremde die Herzogswürde erhielten, waren sie auf Rückhalt am Königshof angewiesen. Es ist trotzdem zu Auseinandersetzungen des Saliers mit den süddeutschen Herzogsgewalten gekommen. Größere Sorgen bereiteten ihm allerdings Lothringen und Sachsen. Herzog Gozelo von Lothringen huldigte 1039 erst nach einigem Zögern. Als er 1044 starb, beschränkte der König den älteren Sohn Gozelos, Gottfried den Bärtigen, auf Oberlothringen und gab Niederlothringen an den jüngeren, Gozelo II. Gottfried fand sich mit der neuerlichen Aufteilung Lothringens nicht ab, beanspruchte das Gesamtherzogtum für sich und griff zur Gewalt, um sich sein »Recht« zu nehmen. Heinrich III. ließ den rebellischen Herzog wegen Hochverrats absetzen. Aus diesen Vorgängen erwuchsen langwierige Auseinandersetzungen im lothringischen Raum, dessen innerer Zusammenhalt auf Dauer geschwächt wurde. Der spätere Übergang des westlichen Grenzherzogtums an Frankreich ist hierdurch jedenfalls begünstigt worden. Gottfried der Bärtige mußte sich 1045 unterwerfen, aber die Unruhe in Lothringen hielt an. So gab ihm der König ein Jahr später notgedrungen Oberlothringen zurück, während die nördlichen Landesteile nun an den Lützelburger Friedrich gingen. Wie tief sich Heinrich persönlich durch die Renitenz Gottfrieds getroffen fühlte, geht daraus hervor, daß er diesen ausdrücklich bei einer seiner Indulgenz-Verkündungen vom Frieden ausschloß. Der Lothringer fand in der Folge Unterstützung bei verschiedenen Fürsten des Westens, namentlich bei Balduin von Flandern. Im Grunde stellten nur die Bischöfe eine Stütze für die Reichsgewalt dar. Erst ein 1049 mit Unterstützung durch angelsächsische und dänische Schiffsbesatzungen durchgeführter Feldzug gegen die Aufrührer zwang schließlich Gottfried und Balduin zur Unterwerfung. Es blieb bei der Teilung Lothringens, dessen Süden nun einem elsässischen Grafen Gerhard (ein Stammvater des späteren Hauses Habsburg-Lothringen!) unterstand und leidlich befriedet wurde, während die nördlichen Gebiete weiterhin einen gefährlichen Unruheherd bildeten. In Sachsen führte Heinrich III. die Ansätze seiner Vorgänger zum Ausbau des Reichsgutes und Aufbau einer festen Königsposition im Harzgebiet intensiv fort. Das an Silber reiche Goslar wurde ein bevorzugter Pfalzort. Heinrich gründete dort das Stift St. Simon und Juda, das eine Pflanzstätte für den Reichsepiskopat werden sollte. All diese Maßnahmen riefen freilich beim sächsischen Stammesadel Mißtrauen oder gar Feindseligkeit hervor. Und der Umstand, daß Heinrich III. dem machtbewußten Erzbischof Adalbert von Hamburg-Bremen geradezu eine Überwachungsfunktion für den sächsischen Raum zudachte und den Bistümern des Nordens reiche Schenkungen zukommen ließ, öffnete eine Kluft zu

KAISER HEINRICH III.

dem Sachsenherzog Bernhard II. aus dem billungischen Hause. Es traten Gegensätze hervor, die überaus hemmend wirken mußten, wenn eine gemeinsame Anstrengung zur Sicherung der Ostgrenze erforderlich wurde.

Die Außenpolitik Heinrichs III. war in den Anfangsjahren vornehmlich auf die Aufrechterhaltung der Hegemonialstellung gegenüber den östlichen Nachbarn gerichtet. Er ebnete dem polnischen Thronfolger Kasimir (I.), der ins Exil hatte gehen müssen, den Weg zur Rückkehr. Als König blieb Kasimir – ohnehin Lehnsmann – in seinen Entscheidungen weithin vom Reich abhängig, zumal er sich böhmischer Expansionsbestrebungen erwehren mußte. Als Heinrich 1040 einen Feldzug nach Böhmen unternahm, um dessen Herzog Bretislaw I. am Aufbau einer westslawischen Großmacht zu hindern, mußte er eine schwere Niederlage hinnehmen. Aber im folgenden Jahr wurde Bretislaw militärisch zur Unterwerfung und erneuten Anerkennung der bestehenden Lehnsbindung gezwungen. Er konnte seine Ausdehnungspolitik fortan nicht wiederaufnehmen. Wie gegenüber Böhmen erzielte der Salier auch im Hinblick auf Ungarn schließlich einen großen Erfolg. Er führte den vertriebenen Ungarnkönig Peter zurück. Bei Menfö an der Raab errang das deutsche Heer im Juli 1044 einen entscheidenden Sieg über dessen Rivalen Samuel-Aba. Im Rahmen einer Sieges- und gleichzeitig Bußfeier auf dem Schlachtfeld verhieß der König allen seinen Gegnern Indulgenz, und die Anwesenden folgten seinem Beispiel. König Peter bekannte sich als Lehnsmann des Reiches. Der 1031 an Ungarn abgetretene Grenzstreifen war zurückgewonnen. Im ganzen eine sehr eindrucksvolle Neugestaltung der Verhältnisse im Südosten – doch sollte das Ergebnis hier nicht von Dauer sein. Die Westpolitik wurde intensiviert, als Heinrich III. vor der Eheschließung mit Agnes von Poitou 1043 Kontakte zu König Heinrich I. von Frankreich aufnahm und offenbar dessen Einwilligung einholte.[3] Die deutsch-poitevinische Eheverbindung sollte der Sicherung Burgunds dienen, indem sie darauf abzielte, die burgundischen Verwandten der Agnes vollends für die salische Herrschaft im Lande zu gewinnen. Die Einrichtung einer eigenen Kanzlei für Burgund trug überdies dem eigenständigen Herkommen des Königreiches Rechnung.

1046 erschienen die politischen Probleme der ersten Regierungsphase so weitgehend gelöst, daß Heinrich III. sich Höherem zuwenden konnte. Er trat einen Italienzug an, wurde auf dem Felde der Kirchenreform aktiv, griff ordnend in die Wirren der Stadt Rom und des Papsttums ein. Gegen Benedikt IX. aus dem Geschlecht der Grafen von Tusculum hatte die Adelsfamilie der Crescentier einen ihr nahestehenden Bischof zum Papst gemacht, der sich Silvester III. nannte. Benedikt IX. vertrieb diesen Rivalen, verzichtete aber dann – im Mai 1045 – auf seine Würde zugunsten des Erzpriesters Johannes Gratianus, der sich den Namen Gregor VI. beilegte. Dieser wurde zwar einer Reformströmung

---

3 Der Abt Siegfried von Gorze erhob Protest gegen diese Heirat wegen zu naher Verwandtschaft, doch blieb der Einspruch ohne größere Wirkung. Vgl. H. Thomas, Zur Kritik an der Ehe Heinrichs III. mit Agnes von Poitou, in: Festschrift H. Beumann (1977) S. 224ff.

zugerechnet, zahlte aber seinem Vorgänger eine hohe Summe und war deshalb mit dem Vorwurf der Simonie belastet. Heinrich III. stand seit geraumer Zeit in Kontakt zu monastischen Reformkreisen Italiens und auch zu Cluny. Als er im Herbst 1046 italischen Boden betrat, hielt er in Pavia eine Synode ab, die sich entschieden gegen den kirchlichen Ämterkauf wandte. Möglicherweise wurde der König erst um diese Zeit über die römischen Mißstände im einzelnen unterrichtet. Er berief für Dezember 1046 eine Kirchenversammlung nach Sutri, die Gregor VI. wegen seiner Verfehlung absetzte zusammen mit dem längst in seine Diözese zurückgekehrten Silvester III. Das gleiche Geschick traf wenig später Benedikt IX., obwohl dieser bereits resigniert hatte. Zum Papst erhoben wurde ein Vertrauter des Königs, der aus Sachsen stammende Bischof Suidger von Bamberg, welcher zum Zeichen der Rückbesinnung auf die frühe Kirche den Namen Clemens II. annahm. Er war der erste einer Reihe von deutschen Päpsten, denen Heinrich III. die Aufgabe zuwies, den Heiligen Stuhl aus seiner Abhängigkeit von römischen Adelsfamilien zu befreien und bei der Kirchenreform voranzugehen. Clemens II. nahm am Tage seiner Erhebung, Weihnachten 1046, die Kaiserkrönung an Heinrich III. und seiner Gemahlin vor. Überdies ließ sich der Salier von den Römern die Würde eines Patricius übertragen, deren Inhalt wohl vor allem ein Mitspracherecht bei kommenden Papstwahlen sein sollte.

Auch wenn das Vorgehen Heinrichs III. zur Erneuerung des Papsttums aus der augenblicklichen Situation erwuchs, entsprach es doch voll seinem theokratischen Selbst- und Sendungsbewußtsein, das enges Zusammenwirken von weltlicher und geistlicher Universalgewalt verlangte. Die Zeitgenossen haben das Eingreifen des Saliers in Rom weithin als selbstverständlich empfunden und gutgeheißen. Nur vereinzelt wurden kritische Stimmen laut. Heinrich hielt im Januar 1047 noch gemeinsam mit Clemens II. in Rom eine Reformsynode ab, die jede Form der Simonie streng verbot. Dann wandte er sich für einige Monate nach Süditalien, wo auf einem Hoftag zu Capua die Verhältnisse dieses Raumes neu geordnet wurden. Waimar V. von Salerno, der nach der Vormacht strebte, mußte das Fürstentum Capua herausgeben, in dessen Besitz wiederum Pandulf IV. kam. Einen Schritt von bedeutender Tragweite tat der Kaiser dadurch, daß er die Normannenführer Rainulf und Drogo – dieser aus dem Hause Hauteville – in ihrem eroberten Landbesitz anerkannte und sie von Reichs wegen damit belehnte. Die Normannen wurden so zu einem rechtlich sanktionierten Machtfaktor im politischen Kräftespiel des Südens. Vor Beginn des Sommers 1047 kehrte Heinrich III. nach Deutschland zurück.

Der Pontifikat Clemens' II. währte nicht einmal ein Jahr; seinem Nachfolger Damasus II. – vorher Bischof von Brixen – waren nur einige Wochen der Amtsausübung vergönnt. Im Dezember 1048 erhob Heinrich III. den Bischof Bruno von Toul, der sein entfernter Verwandter war, auf den Stuhl Petri. Er nannte sich Leo IX. In seinem Pontifikat setzte die römische Reform voll ein, wobei auf enges Zusammenwirken mit dem Kaiser geachtet wurde. Leo wandte sich gegen Simonie und Priesterehe, förderte die Synodaltätigkeit, ordnete die päpstliche Verwal-

tung, schuf Grundlagen für die Entstehung des Kardinalkollegiums. Der Juris-
diktionsprimat des Papstes gewann an Geltung in der westlichen Christenheit,
nicht zuletzt durch verschiedene Reisen, die Leo IX. nach Frankreich, Deutschland und sogar nach Ungarn führten. All dies wäre undenkbar gewesen ohne den
von Heinrich III. gegebenen Anstoß und den von ihm gewährten Schutz. In
Deutschland nahm das Voranschreiten der Kirchenreform seinen Ausgang von
einer feierlichen Synode, die Leo IX. 1049 in Mainz zusammen mit dem Kaiser
und dem fast vollzählig versammelten deutschen Episkopat abhielt. Besondere
Förderung fand diese Entwicklung auch bei der gebildeten und frommen Kaiserin
Agnes. Sie pflegte den Kontakt zu der Abtei Cluny, die von einem ihrer Vorfahren gegründet worden war. 1051 wählte Heinrich III. den Abt Hugo von Cluny
als Taufpaten für den Thronfolger Heinrich (IV.). Die Kirchenreformpolitik des
Kaisers zielte darauf, das Mönchtum aus der Bedrückung durch Bischöfe und
Laienadel herauszulösen, indem die Klöster verstärkt unter die Obhut des Herrschers genommen wurden. Sie konnten damit als reichsunmittelbar gelten. Aber
auch die Privilegierungen der Bischöfe setzten sich fort, und zwar in solchem
Maß, daß man von einer nochmaligen Intensivierung des ottonischen Systems
sprechen darf. Wie unmittelbar Heinrich sich angesprochen fühlte, für die Kirchen Sorge zu tragen, geht aus den Arengen seiner Urkunden hervor und auch aus
einer von ihm vorgenommenen Neuerung bei der Bischofsinvestitur. Neben dem
Stab wurde nun zusätzlich das geistliche Symbol des Ringes verwendet. Dabei
war es für Heinrich III. selbstverständlich, daß ihm, der die Verantwortung für
die Erneuerung des kirchlichen Lebens trug, die Auswahl der Oberhirten oblag.
Von den Bischöfen wurde eine Haltung erwartet, welche die wechselseitige
Zuordnung von geistlicher und weltlicher Sphäre förderte, und gerade hier ist
Heinrich im allgemeinen nicht enttäuscht worden.

Obwohl der Kaiser seine Herrschaftsausübung an hohen Idealen orientierte –
oder vielleicht gerade deshalb –, begann zu Anfang der fünfziger Jahre eine
gewisse Kritik an seinem Regierungsstil um sich zu greifen. Hermann von Reichenau verleiht dieser Stimmung zum Jahre 1053 deutlichen Ausdruck mit den
Worten, sowohl die Großen wie die Geringeren murrten mehr und mehr gegen
den Kaiser und klagten, er falle von seiner früheren Haltung der Gerechtigkeit,
Friedensliebe und anderer Tugenden ab und neige jetzt zu Gewinnsucht und
einer gewissen Sorglosigkeit. Wie ist es zu dem Stimmungsumschwung im Reich
gekommen?

Kein Zweifel, daß eine Reihe von außen- und innenpolitischen Mißerfolgen
eine Rolle spielte. Aus bayerisch-ungarischen Grenzstreitigkeiten erwuchs die
Notwendigkeit von Feldzügen gegen die Ungarn in den Jahren 1051 und 1052.
Heinrich III. handelte sich hierbei indes nur Niederlagen ein. Um die gleiche Zeit
und vermutlich aus Gründen, die mit der Ungarnpolitik zusammenhingen,
empörte sich der Bayernherzog Konrad gegen den Kaiser. Er wurde 1053 abgesetzt, machte gemeinsame Sache mit dem Ungarnkönig, fand Unterstützung bei
Teilen des bayerischen Adels und auch bei Welf III. von Kärnten. Der Kaiser

setzte nacheinander mehrere Mitglieder seiner eigenen Familie als Herzöge in Bayern ein. Aber die Unruhe im süddeutschen Raum hielt an. Eine schwierige Situation zeichnete sich auch in Süditalien ab, wo Papst Leo IX. 1053 militärisch gegen die expansionslüsternen Normannen vorging, dabei nicht die von Heinrich III. eigentlich zugesagte Truppenhilfe erhielt und in der Schlacht von Civitate unterlag. Leo geriet in die Gefangenschaft der Normannen und starb bald nach seiner Freilassung 1054. Heinrich bewirkte im folgenden Jahr die Erhebung eines vertrauten Ratgebers, des Bischofs Gebhard von Eichstätt, auf den Stuhl Petri. Dieser Papst Viktor II. führte die Reformpolitik seines Vorgängers weiter und bewährte sich als Statthalter der kaiserlichen Interessen in Italien. Weil Lothringen nicht zur Ruhe kam, brachte Heinrich III. dort von 1051 an den früheren Herzog Gottfried den Bärtigen wieder ins politische Spiel. Er sollte flandrischen Expansionsabsichten entgegentreten. Aber drei Jahre später wandte sich Gottfried nach Italien und heiratete Beatrix, die Witwe des Markgrafen Bonifaz von Tuszien-Canossa. Der Kaiser reagierte mit aller Schärfe auf die im Entstehen begriffene lothringisch-tuszische Machtposition und bewirkte, daß seine italienischen Anhänger Gottfried den Bärtigen vertrieben. Probleme gab es auch in Sachsen, wo man einerseits über ungerechtes Vorgehen Heinrichs klagte und andererseits seine Mitwirkung bei der Abwehr elbslawischer Einfälle vermißte.

Der Kaiser war an verschiedenen Fronten herausgefordert. Er trat im Frühjahr 1055 einen zweiten Italienzug an, um im Süden einen Befreiungsschlag zu führen. Durch Übertragung von Fermo und Spoleto an den Papst wurde dessen Stellung gestärkt. Gemeinsam mit Viktor II. hielt Heinrich zu Pfingsten eine von vielen Bischöfen besuchte Reformsynode in Florenz ab. Die salische Herrschaft in Ober- und Mittelitalien konnte als befestigt gelten. Mit den langobardischen Fürsten und dem Kaiserhof von Byzanz wurden Gespräche geführt, die offenbar eine Begrenzung des normannischen Expansionsdrangs zum Ziel hatten. Als Heinrich III. über die Alpen zurückkehrte, führte er Beatrix von Canossa und deren Tochter Mathilde gefangen mit sich. Im ganzen waren die Erfolge des Jahres 1055 beträchtlich. Es kam hinzu, daß Konrad von Bayern und Welf von Kärnten kurz nacheinander starben, wodurch der süddeutsche Widerstand zusammenbrach. Mit Gottfried dem Bärtigen, der nun wieder von Lothringen aus agitierte, erreichte Heinrich offenbar eine Verständigung, welche die Freilassung der beiden tuszischen Damen zur Folge hatte. Aber das Verhältnis zu Heinrich I. von Frankreich, das seit Abschluß eines Freundschaftsvertrags 1048 ziemlich stabil gewesen war, verschlechterte sich. Bei einem Zusammentreffen beider Herrscher bald nach Pfingsten 1056 kam es zu offenem Streit – vielleicht, weil der Kaiser eine Lehnshuldigung des Grafen Theobald von Blois angenommen hatte.

Angesichts der vielen politischen Schwierigkeiten war es Heinrich III. ein großes Anliegen, die salische Thronfolge zu sichern. Die Fürsten wählten seinen Sohn Heinrich (IV.) 1053 zum König – allerdings mit einer Einschränkung, die es bis dahin niemals gegeben hatte. Sie erklärten, ihm nur dann gehorchen zu wollen, wenn er sich als gerechter Herrscher erweise. Zwei Jahre später wurde der Thronfolger mit Bertha aus dem Geschlecht der Markgrafen von Turin verlobt, welches man gegen das Haus Tuszien-Canossa ausspielen konnte. Doch ergab sich für die künftige Position des jungen Heinrich eine noch gar nicht abzuschätzende Gefährdung dadurch, daß der Kaiser, der schon früher von schwerer Krankheit heimgesucht gewesen war, im September 1056 erneut aufs Krankenlager geworfen wurde und Anfang Oktober in der Pfalz Bodfeld am Harz starb. Heinrich hat den Thronfolger der Obhut des am Sterbebett weilenden Papstes Viktor II. anvertraut. Das Herz des Kaisers blieb im Stift von Goslar. Sein Leichnam wurde nach Speyer gebracht, wo die Beisetzung am 39. Geburtstag Heinrichs III. stattfand.

Die naheliegende Frage, ob es dem Kaiser bei längerer Regierung möglich gewesen wäre, mit den aufgehäuften Schwierigkeiten fertig zu werden, läßt sich im Grunde nicht beantworten. Seine Epoche wurde in der neueren Literatur als »Höhepunkt der Kaiserzeit« gesehen, als »Vollendung und Ausklang der frühmittelalterlichen Weltordnung«.[4] Andere Forschungen sprechen hingegen von der beginnenden »Krise der salischen Monarchie« in den Spätjahren Heinrichs[5] oder wollen »insgesamt ein eher ernüchterndes Fazit« ziehen.[6] Zweifellos mischt sich im Resultat der Jahre von 1039 bis 1056 Negatives mit Positivem. Wenn die Reichsgewalt nun auf stärkere Widerstände bei den Großen stieß als früher, mag dies mit einzelnen politischen Entscheidungen und mit der persönlichen Strenge des Kaisers zusammenhängen, war aber auch Ausdruck eines gewachsenen Verlangens nach Teilhabe der Aristokratie am »Staat«. Ob Herzöge und Adel mit ihrer Oppositionshaltung auch auf die Förderung von Ministerialen und Bürgern durch das Königtum reagierten, läßt sich nicht sicher erkennen. Die Politik Heinrichs III. hat wohl die Sachsen dem Reichsganzen entfremdet und die Ordnung in Lothringen beeinträchtigt. Zu betonen ist aber, daß der Kaiser fast immer politischen Rückhalt an der Reichskirche fand. Es war ein Ausnahmefall, als Bischof Gebhard von Regensburg, ein Oheim Heinrichs, sich 1055 der bayerischen Opposition anschloß. Die deutsche Vorrangstellung gegenüber Ungarn ließ sich, nach anfänglichen beträchtlichen Erfolgen im Südosten, nicht aufrechterhalten. Die Integration Böhmens in das Reich ist aber gerade durch Heinrich III. gefördert und zu einem Dauerzustand gemacht worden. An der salischen Herrschaft in Burgund war nicht mehr zu rütteln. Die Situation im süditalischen Grenzbereich gab dagegen Anlaß zu Besorgnis.

Von größter Nachwirkung war das Eingreifen Heinrichs III. in die römischen Verhältnisse 1046/47. Die Kirchenhoheit des ottonisch-salischen Herrschertums

---

4 Th. Schieffer, Kaiser Heinrich III., in: Die Großen Deutschen Bd. 1 (1956) S. 67.
5 E. Boshof (s. Literaturverzeichnis).
6 F. Prinz, Kaiser Heinrich III. . . . , HZ 246 (1988), der zudem die dem Salier zugeschriebenen »Markengründungen« gegenüber Böhmen/Mähren und Ungarn in Frage stellt, also seine staatsplanerischen Verdienste bezweifelt. Prinz verkennt im übrigen die idealistische Grundeinstellung Heinrichs III.

erreichte ihren Höhepunkt. Gleichzeitig gewann die Kirchenreform an Boden, dem Papsttum öffnete sich der Weg für seinen Wiederaufstieg. Wie eng das Papsttum durch Heinrich III. an die Reichskirche gebunden wurde, zeigt sich darin, daß die römischen Oberhirten von Clemens II. bis Viktor II. ihre deutschen Bistümer beibehielten. Doch schon in den nächsten Pontifikaten beschritt die römische Kirche jene Bahn, die das Sacerdotium zum unerbittlichen prinzipiellen Gegenspieler des sakralen Regnums werden ließ. Konnte Heinrich III. diese Entwicklung voraussehen? Hätte er nicht auf beunruhigende »Ansätze«, die schon in seiner Regierungszeit hervortraten, vorbeugend reagieren müssen?

Es gibt mancherlei Zeichen, die man in der Retrospektive als Vorboten der geistig-politischen Wandlungen in den nächsten Jahrzehnten deuten kann. So verfocht der Bischof Wazo von Lüttich den Standpunkt, die Bischöfe seien allein dem Papst Gehorsam schuldig, und er betonte den höheren Rang der Bischofsweihe gegenüber der Salbung des Königs. Der anonyme Verfasser einer Schrift »Über die Einsetzung des Papstes« tadelte scharf das Vorgehen Heinrichs III. in Sutri, weil es ihm als bloßem Laien nicht zugestanden habe, über den Papst zu urteilen. War auch der Inhalt solcher Äußerungen nicht neu, so lag doch im Ton eine ungewohnte Schärfe. Der Kaiser hat sich entschieden gegen die Auffassung des Bischofs Wazo gewandt. Es konnte ihm aber nicht darum gehen, nun etwa die Reformpolitik zu ändern, um das Aufkommen »neuer Kräfte« zu unterbinden. Heinrich III. hat im Einklang mit dem Denken seiner Zeit eine Grundaufgabe des Kaisertums darin gesehen, Kirche und Welt als zwei ungetrennte Sphären zu erneuern. Nach allem, was wir von seinen Taten wissen, hat er sich dieser Verpflichtung mit hohem Verantwortungsbewußtsein gestellt. Eine Tragik seines Lebens liegt darin, daß er, dem die Verwirklichung des Friedens so viel bedeutete, das Umsichgreifen von Unfriede und Streit in seinen späteren Jahren nicht hindern konnte.

Die Nachkommen Kaiser Heinrichs III.

AUS DER EHE MIT GUNHILD

1. BEATRIX

> * 1037
> † 13. 7. 1061
> *Grabstätte:* Stiftskirche zu Quedlinburg
> Ab 1044/45 Äbtissin von Gandersheim und Quedlinburg

AUS DER EHE MIT AGNES

2. MATHILDE

> * 1045
> † 12. 5. 1060
>
> ∞ 1059
> RUDOLF von Rheinfelden, Herzog von Schwaben

3. JUDITH/SOPHIE

> * 1047 in Oberitalien
> † 14. 3. um 1093/95
>
> 1. ∞ 1063
> SALOMON, König von Ungarn
>
> 2. ∞ 1088
> WLADISLAW/HERMANN, Herzog von Polen
> Judith wurde 1058 mit dem ungarischen Thronfolger/Mitkönig Salomon verlobt. 1060 mußte Salomon mit seiner Braut aus Ungarn nach Bayern fliehen. 1063 konnten beide mit deutscher Hilfe nach Ungarn zurückkehren. 1074 wurde Salomon gestürzt († um 1087). Die zweite Ehe der Judith mit dem Polenherzog trug dazu bei, die deutsch-polnischen Beziehungen friedlich zu gestalten.

4. ADELHEID

> * Oktober 1048
> † 11. 1. 1096
> *Grabstätte:* Stiftskirche zu Quedlinburg
> Äbtissin von Gandersheim (1061) und Quedlinburg (1063?)

5. HEINRICH IV.
1. ∞ BERTHA von Turin

2. ∞ PRAXEDIS von Kiew
Siehe unter Kaiser Heinrich IV.

6. KONRAD
* Sept./Okt. 1052
† 10. 4. 1055
1054: Herzog von Bayern

7. GISELA (?)

Kaiser Heinrich IV.

Kaiser Heinrich IV.

* 11. 11. 1050 wohl in Goslar
† 7. 8. 1106 in Lüttich
Grabstätte: Dom zu Speyer
Eltern: Kaiser Heinrich III. und Agnes

1. ∞ Juli 1066 in Tribur
BERTHA VON TURIN
Eltern: Otto, Markgraf von Turin-Savoyen, und Adelheid, Tochter des Markgrafen Odelrich Manfred II. von Turin
* 21. 9. 1051
† 27. 12. 1087
Grabstätte: Dom zu Speyer

2. ∞ Juni/Juli 1089 in Köln
PRAXEDIS (EUPRAXIA, ADELHEID)
Eltern: Wsewolod, Großfürst von Kiew, und dessen zweite Frau Anna
* ?
† 10. oder 11. 7. 1109 wohl in einem Kiewer Kloster
Grabstätte: ?

November 1053: in Tribur zum (Mit-)König gewählt
Dezember 1053 bis 1054: Herzog von Bayern
17. 7. 1054: in Aachen von Erzbischof Hermann von Köln gekrönt
1056: in Bodfeld zum deutschen König erhoben, in Aachen von Papst Viktor II. gekrönt
31. 3. 1084: in Rom von (Gegen-)Papst Clemens III. zum Kaiser gekrönt

Wichtige Quellen: Die Briefe Heinrichs IV., lateinisch-deutsch in: Freiherr vom Stein-Gedächtnisausgabe Bd. 12 (1963) S. 51ff. Das Leben Kaiser Heinrichs IV. ebd., S. 407ff. Lampert von Hersfeld, Annalen, lateinisch-deutsch, in: Freiherr vom Stein-Gedächtnisausgabe Bd. 13 (1957).

KAISER HEINRICH IV.

Nach dem Tode Heinrichs III. fiel die Regentschaft für den noch unmündigen Thronfolger der Kaiserin Agnes zu. Sie wollte die Politik in den traditionellen Bahnen weiterführen, geriet dabei aber bald in Abhängigkeit von ihren Ratgebern. Agnes verlehnte 1057 Schwaben an Rudolf von Rheinfelden sowie 1061 Bayern an den Sachsen Otto von Northeim und Kärnten an den Zähringer Berthold. Sie gab damit wichtige Positionen der Krongewalt aus der Hand. Die neuen Herren traten nach kurzer Zeit in Opposition zum Hof. Dieser ließ, als Schwierigkeiten sich häuften, Entschlußlosigkeit erkennen. Rivalitäten unter den Beratern der Kaiserin dürften hierzu beigetragen haben. Die Reichsgewalt wurde mit Aufständen in verschiedenen Gebieten, so zum Beispiel in Sachsen, nicht fertig. Auch nach außen hin fehlte es an energischem Durchgreifen. Zwar konnten die rebellischen Liutizen gezügelt werden, Ungarn aber löste sich mehr und mehr aus der Bindung an das Reich.

Anfangs kam der Regentin zugute, daß Papst Viktor II. ihr zur Seite stand. Nach dessen Tod im Juli 1057 verschlechterte sich indes das Verhältnis der Reichsregierung zum Papsttum und den römischen Reformkreisen. Deren verstärkt vorgetragene Forderungen nach Durchsetzung der kirchlichen Freiheit mußten den bis dahin eher latent vorhandenen Gegensatz zum ottonisch-salischen System aktivieren, auch wenn dieser erst allmählich voll in das Bewußtsein der Zeitgenossen getreten ist. Immerhin sah der Kardinal Humbert von Silva Candida schon gegen Ende der fünfziger Jahre in der Verfügungsgewalt der Laien über die Kirchen ein Hauptübel, eine Form der verhaßten Simonie. Als Papst Nikolaus II. 1059 eine neue Papstwahlordnung erließ, die den Kardinalbischöfen die entscheidende Rolle bei der Erhebung des Papstes einräumte, wurde das Patricius-Amt des Kaisers nicht mehr erwähnt und dessen Mitsprache davon abhängig gemacht, daß er in Rom um die Bestätigung seiner Befugnis nachsuchte. Damit sollte wohl kein Angriff auf das Herrschertum verbunden sein, aber die ungewohnten Formulierungen mußten doch eigentlich aufhorchen lassen. Das Papsttum zögerte auch nicht, neuartige politische Kontakte zu knüpfen, selbst wenn es dadurch zweifelhafte Bundesgenossen gewann und die Absprache auf Kosten des Reiches ging. Nikolaus II. belehnte 1059 die normannischen Anführer mit ihren italienischen Eroberungen, und um diese Zeit bahnten sich auch Verbindungen der Kurie zu der mailändischen »Pataria« an, einer religiös inspirierten Volksbewegung, die sich den Kampf gegen den Mailänder Erzbischof und seinen »feudalen« Klerus zum Ziel setzte. Nach dem Tode Nikolaus' II. im Juli 1061 erhoffte sich der konservative stadtrömische Adel vom deutschen Hof die Benennung eines neuen Papstes. Die Reformer aber wählten, ohne die Kaiserin und ihre Umgebung zu konsultieren, den ihnen nahestehenden Bischof Anselm von Lucca; er nannte sich Alexander II. Als einige Wochen darauf der Königshof den Bischof Cadalus von Parma zum Papst nominierte, der den Namen Honorius II. annahm, war es unversehens zum Schisma gekommen (Herbst 1061). Die fromme Kaiserin zog sich angesichts dieser von ihr nicht gewollten Entwicklung aus der Regentschaft zurück und nahm den Schleier, ohne Nonne zu werden. Später ging sie auf Dauer nach Rom und trat dort in enge Beziehung zu den Reformkreisen. In der deutschen Politik hatte nun der machtgewaltige und gleichzeitig für Reformen aufgeschlossene Erzbischof Anno von Köln maßgeblich die Zügel in der Hand. Er ließ 1064 den von Deutschland aus erhobenen Papst fallen. Damit war die kirchliche Einheit im wesentlichen wiederhergestellt. Der salische Hof aber hatte eine deutliche Schlappe hinnehmen müssen.

Anno hatte sich durch den »Staatsstreich« von Kaiserswerth im April 1062 in den Vordergrund gespielt, als er den jungen König Heinrich zur Besichtigung eines reichausgestatteten Rheinschiffes überredete, um ihn zu entführen. Der Knabe erkannte, was geplant war, stürzte sich kopfüber in den Fluß und wäre ertrunken, hätte ihn nicht ein Graf Ekbert, der wie auch Otto von Northeim zum Kreis der Verschwörer zählte, gerettet. Heinrich war bis dahin von Bischöfen und Ministerialen erzogen worden. Seine Lehrer vermittelten ihm Lateinkenntnisse, eine gelehrte Bildung, Sinn für das wissenschaftliche Gespräch. Nun wurde Anno von Köln sein Mentor, den der Knabe aber wohl innerlich ablehnte. Er fühlte sich mehr zu Erzbischof Adalbert von Hamburg-Bremen hingezogen, der von 1063 an neben dem Kölner im Reichsregiment stärker hervortrat. Freilich nützten beide Metropoliten ihre Stellung zu ungemessener Erwerbspolitik im Interesse ihrer Kirchen. Der junge König mußte mitansehen, wie Reichsrechte und -besitzungen an geistliche und weltliche Fürsten verschleudert wurden. Diese Kindheitseindrücke mögen für sein späteres Verhalten mitbestimmend geworden sein. Anläßlich der Schwertleite Heinrichs im März 1065 konnte – wie Lampert von Hersfeld berichtet – nur mit Mühe verhindert werden, daß der nun mündig gewordene König den Erzbischof Anno »mit Schwert und Feuer« verfolgte, weil er ihm den Gewaltakt von Kaiserswerth nicht verzieh. Heinrich IV. hielt es nun für seine Pflicht, selbst die Regierung zu lenken. Aber Anfang 1066 mußte er eine weitere Demütigung hinnehmen, als ihn die Fürsten zwangen, den Erzbischof Adalbert zu entlassen, dessen Machtposition ihnen übermächtig zu werden schien. Verständlich, daß der König fortan lieber auf Ministerialen hörte als auf die Magnaten. Durch seine Wendung zu den Niedriggeborenen entfremdete er sich den Hochadel. Es fällt schwer, die Handlungsweise Heinrichs in jeder Hinsicht zu erfassen. Wir hören, daß er hochgewachsen war und die Gabe gewinnenden Umgangs besaß. Aber es werden in den Quellen auch zahlreiche Vorwürfe gegen ihn erhoben, Gerüchte ausgestreut wegen eines angeblich leichtfertigen und zügellosen Lebenswandels. Als Heinrich neunzehn Jahre alt war, verlangte er von den Bischöfen die Auflösung seiner drei Jahre vorher geschlossenen Ehe mit

Bertha von Turin. Der Kardinal Petrus Damiani brachte als päpstlicher Legat den König dazu, von der Forderung Abstand zu nehmen. Später hat das Verhältnis Heinrichs zu seiner Gattin viele äußere Belastungen ausgehalten. Nicht alle wichtigen Ereignisse aus den ersten Jahren der selbständigen Regierung Heinrichs lassen sich wirklich durchleuchten und dementsprechend bewerten. Was soll man zu dem Vorgang sagen, daß 1070 Otto von Northeim von einem Mann namens Egino öffentlich beschuldigt wurde, er habe diesem die Ermordung des Königs aufgetragen? Steckte eine Intrige Heinrichs IV. dahinter? Wir wissen es nicht.

Der König unternahm energische Versuche, die während der Vormundschaftszeit eingetretenen Verluste wieder einzubringen. Er reizte dadurch die ohnehin zu Gewalttaten neigenden und ob der »neuen Politik« zusätzlich beunruhigten Fürsten zu Gegenaktionen. Eine Ausnahme bildete der Sohn Gottfrieds des Bärtigen, Gottfried der Bucklige, der seit 1069 im Besitz des Herzogtums Niederlothringen war und sich als getreuer Parteigänger des Königs erwies. Dagegen setzten die sächsischen Großen dem Vorgehen Heinrichs erbitterten Widerstand entgegen, als dieser vom Ende der sechziger Jahre an das alte Ziel der Salier wieder aufgriff, den Harzraum zu einer festen Königsposition auszubauen. Goslar und die Harzburg sollten vorrangige Stützpunkte sein; zur Rekuperation tatsächlicher oder angeblicher königlicher Rechte und zur Verwaltung des Gebietes wurden vor allem schwäbische Ministerialen herangezogen. Heinrich IV. hat damit Maßnahmen eingeleitet, die den Sachsen als willkürliche Übergriffe und Mißachtung ihres alten Rechtes erschienen. Eine weitere Herausforderung für den Stammesadel resultierte daraus, daß der König 1070 Otto von Northeim ächtete und ihm sowohl das bayerische Herzogtum wie seine sächsischen Besitzungen absprach. Otto wehrte sich im Bunde mit Magnus Billung, dem Sohn des Sachsenherzogs, doch mußten die beiden 1071 kapitulieren. Otto erhielt dann einen Teil seiner Eigengüter zurück. Magnus wurde in Haft gehalten.

Es folgte ein Konflikt des Königs mit Rudolf von Schwaben und Berthold von Kärnten, die sich zurückgesetzt fühlten. Auch das Verhältnis zu Welf IV., dem Begründer der jüngeren Welfenlinie,[1] der 1070 das Herzogtum Bayern erhalten hatte, sollte sich bald trüben. Die Situation wurde in Rom, wo man die Vorgänge aufmerksam beobachtete, für so bedenklich gehalten, daß die Kaiserin Agnes über die Alpen kam, um – mit gewissem Erfolg – zu vermitteln. Kaum war 1073 die Auseinandersetzung mit den süddeutschen Herzögen äußerlich bereinigt, als der Aufstand im östlichen Sachsen von neuem und diesmal auf breiterer Grundlage emporloderte. Neben Otto von Northeim und den Billungern beteiligten sich auch mehrere Bischöfe und schließlich eine große Zahl von Stammesangehörigen bis hin zu den freien Bauern. Auch Thüringer schlossen sich an. Die

---

1 Der ältere Zweig der Welfen war 1055 mit dem Tode Welfs III. im Mannesstamm erloschen. Welf IV. war ein Sohn des italienischen Markgrafen Azzo II. von Este und der Welfin Cuniza, einer Schwester Welfs III.

Aufständischen verlangten vor allem die Schleifung der verhaßten königlichen Burgen und die Wiederherstellung ihrer alten Freiheit. Es ging also um grundsätzliche Anliegen. Kein Zweifel aber, daß Heinrich IV. es versäumte, die Lage durch kluges Entgegenkommen gegenüber den persönlichen Wünschen mancher sächsischen Großen zu entschärfen. Er unterschätzte die Gefährlichkeit der Rebellion, wurde auf der Harzburg eingeschlossen und mußte sein Heil in überstürzter Flucht suchen. Heinrich machte nun die Erfahrung, daß es für ihn schwierig war, Freunde in der Not zu finden. Einen zukunftsweisenden Schritt taten allerdings die Bürger von Worms, die ihren bischöflichen Stadtherrn vertrieben hatten, indem sie dem König die Tore öffneten. Künftiges Zusammengehen der salischen Monarchie mit den rheinischen Bürgerschaften deutete sich an. Heinrich dankte den Wormsern durch Gewährung eines Zollprivilegs (Januar 1074) dafür, daß sie »in der größten Erregung des Reiches« ihm »mit größter und besonderer Treue« anhingen. Auch die Kölner Bürger suchten – freilich vergeblich – Kontakt zu Heinrich IV., als sie sich kurz darauf gegen den Erzbischof Anno erhoben, um ihre angestammten Rechte zu sichern. Die Fürsten dagegen verweigerten dem König weithin die Zusammenarbeit. Hierzu trug bei, daß einer der Höflinge öffentlich die Behauptung aufstellte, Heinrich habe ihn zur Ausführung von Attentaten auf die Herzöge von Schwaben und Kärnten gewinnen wollen. Als der »Ankläger«, der sich zum gerichtlichen Zweikampf erboten hatte, um die Richtigkeit seiner Aussage zu erweisen, plötzlich starb, sah man darin ein Gottesurteil. Der König schien entlastet. Es blieb aber vorerst dabei, daß ihm nur wenige Große gegen die Sachsen Zuzug leisteten. Die süddeutschen Herzöge verharrten in Feindseligkeit. So kam Heinrich 1074 über einen Kompromißfrieden mit den Aufständischen nicht hinaus, der im Februar zu Gerstungen abgeschlossen wurde. Den Sachsen war wichtig, daß ihnen die Wahrung ihres Rechts und die Schleifung von Burgen zugesichert wurde. Im übrigen aber sollte der Besitzstand des Königs nicht gemindert werden.

Erst im folgenden Jahr war die Position des Königtums soweit wiederhergestellt, daß militärisches Vorgehen gegen Sachsen und Thüringen mit Aussicht auf Erfolg möglich wurde. Zur Besserung der Lage trug bei, daß die Aufständischen beim Niederreißen der Harzburg die Kapelle und dort befindliche Gräber der Königsfamilie schändeten. Obwohl die Anführer der Empörung sich von dieser schlimmen Tat distanzierten, war ihre Sache nun schwer belastet. Geistliche und weltliche Große, darunter selbst die Herzöge von Schwaben und Kärnten, zeigten wieder Bereitschaft zur Zusammenarbeit mit dem Hof. Im Gefühl der neugewonnenen Stärke forderte der König von den Sachsen die bedingungslose Aufgabe ihres Widerstandes. Weil sie dem Ultimatum nicht nachkamen, rückte Heinrich im Juni 1075 mit seinem Heer in ihr Land ein. Der Reichskrieg war damit eröffnet, für den Heinrich nun eine bedeutende Streitmacht zur Verfügung stand. Die von Otto von Northeim geführten Aufständischen erlitten bei Homburg an der Unstrut eine schwere Niederlage. Im Oktober mußten sich die sächsischen Großen samt ihren Anhängern bei Spier (nahe Sondershausen) dem König in demütigender Form bedingungslos unterwerfen. Viele Aufrührer wurden in harte Gefangenschaft abgeführt, ihre Güter wurden eingezogen. Sogleich sollte wieder mit der Errichtung der Königsburgen im Harzgebiet begonnen werden. Heinrich IV. zeigte im ganzen gesehen weder Mäßigung noch Gnade. Lediglich mit Otto von Northeim, der zuletzt um Verständigung bemüht gewesen war, suchte er die Verständigung und übertrug ihm eine Vertrauensposition in Sachsen. Der Triumph des Saliers, die Wiederaufrichtung von Herrschaft und Ordnung schien vollkommen. Er beging das Weihnachtsfest 1075 mit den Seinen in Goslar und gestaltete es zur Siegesfeier. Die Fürsten sagten Heinrich zu, sein (noch nicht zweijähriges) Söhnchen Konrad solle einst sein Nachfolger werden. Man versteht, daß am Hof eine ungewöhnliche Hochstimmung herrschte. Doch sie wurde jäh getrübt durch ein Schreiben Papst Gregors VII. an den König, welches Anfang 1076 eintraf. Der römische Oberhirte warf Heinrich eklatantes Fehlverhalten vor und verlangte in scharfem Ton schuldigen Gehorsam. Sollte der König dieser Forderung zuwiderhandeln, wurde ihm die Verhängung des Banns angedroht. Welche Motive leiteten Gregor VII. bei diesem Vorstoß, wie kam es zu einer so herausfordernden Aktion des Papsttums?

Heinrich IV. hatte seit Beginn seiner selbständigen Regierung mehrfach den Plan eines Romzuges verfolgt, doch war dieser immer wieder aufgeschoben worden. Wenn ein mittelalterlicher König sich längere Zeit in einem seiner Herrschaftsgebiete nicht zeigte, bedeutete dies in aller Regel eine Minderung seiner Autorität. So auch in diesem Fall. Italien entglitt teilweise der Kontrolle des deutschen Hofes. Erschwerend kam hinzu, daß das Reformpapsttum weiter an Selbstbewußtsein gewann und vor Konflikten mit der Reichsgewalt nicht zurückscheute. Treibende Kraft hierbei war vor allem der aus der Toskana stammende Mönch Hildebrand, seit 1059 Archidiakon der römischen Kirche.[2] Die Situation in Mailand wurde zum Anlaß für einen ersten Zusammenstoß. Als 1070 der von der Pataria heftig bekämpfte Erzbischof Wido von seinem Amt zurücktrat, übertrug Heinrich IV. das Erzbistum dem aus vornehmer Familie stammenden Kleriker Gottfried. Damit war die nächste Phase der innermailändischen Auseinandersetzung programmiert und zusätzlich das Eingreifen der römischen Kurie absehbar. Papst Alexander II. verhängte über Gottfried den Bann. Die Pataria setzte die Erhebung eines ihr genehmen Kandidaten durch, der sich indes nicht behaupten konnte. Der König hielt an Gottfried fest und ließ ihn Anfang 1073 weihen. Die Antwort Alexanders II. bestand darin, daß er fünf königliche Räte unter dem Vorwurf der Simonie exkommunizierte. Dadurch war Heinrich der Umgang mit diesen seinen vertrauten Ratgebern untersagt. Der Ausbruch eines offenen Konflikts wurde wohl nur dadurch verhindert, daß der Papst kurz darauf starb. Nun erhoben die Römer in einem tumultuarischen Akt,

---

2   Zu seinen Grundvorstellungen: A. Nitschke, Die Wirksamkeit Gottes in der Welt Gregors VII., Studi Gregoriani 5 (1956) S. 115ff.; R. Schieffer, Gregor VII. Ein Versuch über die historische Größe, HJb 97/98 (1978) S. 87ff.

doch mit anschließender Zustimmung der Kardinäle den Archidiakon Hildebrand zum Papst. Er nahm den Namen Gregor VII. an (1073–1085). Es kennzeichnet die Haltung dieses Mannes, daß er glaubte, im unbedingten Gehorsam gegenüber dem Willen Gottes die »einmütige« Wahl annehmen zu müssen.[3] Die Briefe Gregors VII. lassen sein Amtsverständnis deutlich erkennen. Er sah sich geradezu in eins gesetzt mit dem hl. Petrus und gewann von daher die Kraft, die Forderung nach Freiheit der Kirche mit letztem Einsatz zu vertreten.

Heinrich IV. stand von 1073 an einem Papst gegenüber, der die nun schon herkömmlichen Forderungen der Reformpartei noch zusätzlich verschärfte. Der junge König scheint den in Rom eingetretenen Wandel in gewissem Maß erkannt zu haben. In einem Schreiben an Gregor wandte er im August 1073 zum erstenmal eine Taktik an, die er später noch wiederholt einzusetzen suchte: sich demütig zeigen, eigene Schuld anerkennen und Besserung versprechen, um auf diese Weise eine Atempause zu gewinnen. Der Papst war nach Erhalt dieses Briefes zu weiterem Zusammenwirken mit Heinrich, der in der Mailänder Angelegenheit vorübergehend nachgab, bereit. Gregor nahm verhängte Strafen zurück und zeigte sich in der Folge sogar willens, dem König den Schutz der römischen Kirche zu übertragen für den Fall, daß er selbst einen Zug gegen die Ungläubigen in Palästina unternehme. Hierzu ist es freilich nicht gekommen. Gregor hat zudem mehrfach zwischen Heinrich und seinen innerdeutschen Gegnern zu vermitteln gesucht. Doch traten 1074/75 auch die anwachsenden Gegensätze zwischen Rom auf der einen, König Heinrich und seiner Kirche auf der anderen Seite hervor. Der Versuch Gregors VII., den päpstlichen Primat im Verhältnis zu den deutschen Bischöfen zu aktivieren, reizte diese zum Widerstand. Der Erzbischof Liemar von Hamburg-Bremen, der gewiß kein Reformgegner war, nannte den Papst in einem Schreiben einen »gefährlichen Menschen«, der den Bischöfen wie seinen Amtleuten Befehle erteilen wolle. Die Situation und Stimmung in der deutschen Kirche war also wenig geeignet, dem Papst Freude zu bereiten, und es kam hinzu, daß der König bei den Bischofsinvestituren eher an die Interessen des Reiches als an die von den Reformern geforderte »geistliche« Idoneität der Kandidaten dachte. Es wurde üblich, daß die Kurie deutsche Bischöfe zur Verantwortung nach Rom vorlud. Und im Februar 1075 verhängte der Papst über mehrere von diesen, die nicht erschienen waren, die Suspension. Die Räte des Königs wurden wiederum in den Bann getan. Um eben diese Zeit ließ Gregor VII. den hochbedeutsamen *Dictatus papae* zusammenstellen, einen aus 27 Leitsätzen bestehenden Text von extrem hierokratischer Ausrichtung. Wenn auch die einzelnen Aussagen nicht unbedingt neu waren, ist doch hervorzuheben, daß sie nun in einheitlicher Fassung zusammengefügt erscheinen. Wie klingt es im *Dictatus papae*: der Papst ganz allein kann Bischöfe absetzen oder wieder einsetzen; er allein kann die kaiserlichen Insignien verwenden, er darf Kaiser absetzen; wer

---

3   Das mittelalterliche Denken kannte eine Wahlart *quasi per inspirationem*, einhellig ohne Formalität vollzogen, gleichsam vom Heiligen Geist gelenkt.

KAISER HEINRICH IV.   211

sich nicht in Übereinstimmung mit der römischen Kirche befindet, kann nicht als
rechtgläubig gelten . . .[4]

Im Juli 1075 wurde Heinrich IV. von Gregor noch gelobt, weil er den Simonisten entgegentrete und den Zölibat der Kleriker gewährleiste; Großes sei mit
Gottes Hilfe von ihm zu erhoffen. Heinrich seinerseits war entschlossen, den
Aufgaben des königlichen Amtes, wie er sie sah, gerecht zu werden. Die Überwindung der Schwierigkeiten in Sachsen und Thüringen zeichnete sich ab. Deshalb glaubte der König, nun endlich in Italien aktiv werden zu können. Er griff
von neuem in die Mailänder Verhältnisse ein, ließ den glücklosen Gottfried
endgültig fallen und benannte den Kleriker Tedald als Erzbischof. Gregor VII.
mußte sich herausgefordert fühlen, zumal der König auch noch über zwei weitere
italienische Bistümer verfügte. Zwei Gegner standen einander gegenüber, die sich
beide im Aufwind fühlten: die Kurie, welche zur kompromißlosen Durchsetzung
ihrer Rechtspositionen entschlossen war, und das Königtum, welches nun die
Wege der frühsalischen Politik mit Energie wiederum beschreiten wollte. Der
Papst verbot Tedald die Annahme der erzbischöflichen Würde und sandte an
Heinrich IV. das bereits erwähnte, Tadel und Drohung enthaltende Schreiben,
welches den Hof in Goslar erreichte. Wie würde der König reagieren? Er nahm
den Fehdehandschuh auf.

Halten wir einen Augenblick inne, um die Hintergründe zusätzlich zu
beleuchten. Im Jahre 1075 hat wohl nicht, wie die Forschung lange Zeit annahm,
ein generelles und umfassendes päpstliches Verbot der Laieninvestitur zum Bruch
zwischen Sacerdotium und Regnum beigetragen.[5] Beide Seiten glaubten, ein
offensives Vorgehen wagen zu können. Die Kritik am Anspruch der Könige,
Kirchen »übertragen« zu dürfen, spielte eine Rolle. Bei Heinrich IV. und seinen
Beratern werden Leichtsinn und Überschätzung der eigenen Möglichkeiten mit
im Spiel gewesen sein. Die große, fast ein halbes Jahrhundert – von den siebziger
Jahren bis 1122 – umfassende Auseinandersetzung, welche man herkömmlich
den Investiturstreit nennt, ist offenbar aus einer Verquickung von prinzipiellen
Sachfragen, individuellen Entscheidungen und persönlichen Unzulänglichkeiten
(E. Boshof) hervorgegangen.

Obwohl Gregor VII. weiterhin grundsätzlich zu Gesprächen bereit war, trat
Heinrich IV. am 24. 1. 1076 mit den Großen – namentlich den in beträchtlicher
Zahl erschienenen Reichsbischöfen – in Worms zu einer Synode zusammen, um
die päpstliche Attacke abzuwehren. Das Ergebnis war, daß die anwesenden
Bischöfe dem Papst den Gehorsam aufkündigten. Eine Vielzahl von Vorwürfen
wurde gegen Gregor erhoben, der unrechtmäßig in sein Amt gelangt sei, es durch
seinen Lebenswandel befleckt und die Ordnung der Kirche umgestürzt habe.

4 Der Dictatus papae (»Diktat des Papstes«), im Briefregister Gregors überliefert, wird von manchen Forschern als Index einer verlorengegangenen oder geplanten Canones-Sammlung aufgefaßt.
5 Neuerdings bestreitet R. Schieffer, Die Entstehung des päpstlichen Investiturverbots für den
   deutschen König (1981), daß ein solches Verbot vor 1078 erlassen wurde.

Man stützte sich bei diesen Anschuldigungen auf die Aussagen des Hugo Candidus, eines von Gregor abgefallenen Kardinals, der nach Worms gekommen war. Heinrich IV. trat dem Spruch bei – der Patriziat des Königs wurde als Grundlage hierfür in Anspruch genommen – und sandte ein Absageschreiben an Gregor VII. In einem weiteren Brief »an Hildebrand«, den die Hofkanzlei zu propagandistischen Zwecken im Reich verbreitete, wurde die Rechtsauffassung des Königs eingehend dargelegt. Dieses Schreiben enthält einerseits eine Zusammenstellung der Anklagen gegen Gregor; andererseits werden die Grundpositionen der Monarchie umschrieben: das Königtum stammt aus Gottes Hand, nicht aus der des Papstes; der gesalbte König kann nur von Gott gerichtet werden und ist wegen keines Verbrechens absetzbar, es sei denn, er wiche vom Glauben ab, was fern sei. Zum Schluß fordert Heinrich den Papst in rhetorisch eindrucksvoller Wendung auf, den Stuhl Petri zu verlassen: »Selbst der wahre Papst, der heilige Petrus, ruft aus: ›Fürchtet Gott und ehret den König‹; du aber entehrst mich, weil du Gott, der mich eingesetzt hat, nicht fürchtest. Daher nahm der heilige Paulus an der Stelle, an der er selbst den Engel vom Himmel, falls dieser etwas anderes verkündete, nicht schonte, auch dich nicht aus, der auf Erden etwas anderes lehrt. Er sagt nämlich: ›Wenn irgendeiner, ich oder ein Engel vom Himmel, euch ein anderes Evangelium verkündete, als wir verkündigt haben, dann sei er verflucht.‹ So steige du denn, der du durch diesen Fluch und das Urteil aller unserer Bischöfe und unser eigenes verdammt bist, herab, verlasse den apostolischen Stuhl, den du dir angemaßt hast. Ein anderer steige auf den Thron des heiligen Petrus, einer, der Gewalttat nicht mit Frömmigkeit bemäntelt, sondern die reine Lehre des heiligen Petrus lehrt. Ich, Heinrich, durch die Gnade Gottes König, sage dir zusammen mit allen meinen Bischöfen: Steige herab, steige herab!«

Heinrich IV. handelte aus dem theokratischen Selbstverständnis heraus, wie es auch seine Vorgänger vertreten hatten. In dem Urteil von Worms flossen königliche Argumentationslinien mit denen der Bischöfe zusammen, die sich auf ihr eigenes Rechts- und Amtsbewußtsein gestützt gegen die Anmaßung Gregors wandten. Die Versammelten rechneten wohl damit, daß eine römische Adelsopposition, die kürzlich gegen den Papst Gewalttaten verübt hatte, den Spruch »vollstrecken« würde. Schließlich besaßen ja die erhobenen Vorwürfe durchaus eine gewisse Basis, wenngleich eine Schwäche des Verfahrens darin lag, daß es zu spät kam und dem Beschuldigten keine Gelegenheit zur Verteidigung bot. Zudem wird man das Ergebnis von Worms als eine Überreaktion bezeichnen müssen, welche die ungewollte Wirkung hatte, daß Gregor VII. jetzt vor der abendländischen Öffentlichkeit als Angegriffener, nicht als Angreifer erschien. Heinrich und seine Anhänger mußten bald erkennen, daß sie sich über die politische Situation in Rom getäuscht hatten. Die Stellung des Papstes wurde durch seine Gegner im Adel nicht gefährdet, ja er konnte innerhalb kürzester Frist einen Gegenschlag einleiten. Am 15. 2. sprach er vor der römischen Fastensynode im Beisein der Kaiserin Agnes dem König die Lenkung seiner Reiche ab, verhängte den Bann über ihn und löste die Untertanen vom Treueid. Dies alles geschah in der heraus-

KAISER HEINRICH IV.   213

gehobenen Form eines Gebetes an den hl. Petrus – »darum binde ich ihn, an
deiner Stelle handelnd, mit dem Band des Anathems und binde ihn im Vertrauen
auf dich so, daß die Völker wissen und anerkennen, daß du bist Petrus und auf
deinen Felsen der Sohn des lebendigen Gottes seine Kirche errichtet hat und die
Pforten der Hölle sie nicht überwältigen werden«. Für die Zeitgenossen war es
ein kaum zu fassendes Geschehen, daß erstmals die Exkommunikation einen
römisch-deutschen König traf, den »zur Herrschaft Gesalbten«, wie Heinrich IV.
sich eben noch bezeichnet hatte. An der Erregung der Menschen änderte wenig,
daß der Papst nicht bis zum Äußersten gegangen war. Er hatte immerhin keine
formelle Deposition des Königs ausgesprochen. Das Verbot der Herrschaftsausübung mochte nach Auffassung Gregors eine spätere Versöhnung nicht ganz
ausschließen. Hierfür spricht, daß der Papst den Gebannten in der Folge noch als
rex tituliert hat.

Zum erstenmal war es geschehen, daß ein deutscher Herrscher die »Absetzung« eines Papstes aussprach, ohne den Beschluß durchführen zu können. Heinrich wähnte sich zunächst noch auf hohem Roß. In Utrecht ließ er, am Ostertag
1076, den Bann über »Hildebrand« aussprechen. Doch durch den plötzlichen
Tod des Bischofs Wilhelm von Utrecht, der den Spruch verkündet hatte, erschien
die Königspolitik für weite Kreise in düsterem Licht. Vorher schon war die Sache
Heinrichs durch die Ermordung des getreuen Gottfried des Buckligen von Niederlothringen geschwächt worden. Und nach und nach begann die Front der
Bischöfe abzubröckeln, denen Gregor VII. im Einzelfall klug entgegenkam, wenn
sie zum Parteiwechsel bereit waren. Einige Bischöfe hatten dem Beschluß von
Worms ohnehin nur unter Druck zugestimmt, andere waren nicht erschienen, um
solchem Druck aus dem Wege zu gehen. Im Frühjahr und Sommer 1076 zeichnete
sich immer deutlicher eine Oppositionsgruppe innerhalb des deutschen Episkopats ab. Und zu allem Unglück für Heinrich IV. formierte sich auch die sächsische Adelsopposition von neuem und nahm Kontakt zu unzufriedenen Großen in
Süddeutschland auf. So wurde der König rasch in die Defensive gedrängt und
mußte sogar mit der Absetzung rechnen, wofür der über ihn verhängte Bann
einen Rechtsgrund abgeben konnte.

Die Rebellen beriefen für Oktober eine Versammlung nach Tribur (nahe dem
Zusammenfluß von Rhein und Main) ein, zu der auch päpstliche Legaten erschienen. Ein Zusammengehen Gregors VII. mit der deutschen Oppositionsbewegung
kündigte sich an. Da zeigte der eben von stolzer Höhe auf das grausamste
herabgestürzte König seine Fähigkeit, die Reihen der Gegner zu spalten. Er
lagerte jenseits des Rheins in Oppenheim, trat von dort aus in Verhandlungen mit
den Teilnehmern des Triburer Tages ein und erreichte eine Absprache, die den
Ausgang des politischen Kräftemessens zumindest offen erscheinen ließ. Der
Papst hatte inzwischen eine gewisse Bereitschaft zur Rekonziliation mit Heinrich
erkennen lassen, wenn dieser Buße und Gehorsam leiste. Die Fürstenopposition
wies innere Gegensätze auf – man denke nur daran, daß sowohl Welf IV. wie
Otto von Northeim das bayerische Herzogtum beanspruchten. Heinrich hatte

wohl solch unterschiedlichen Interessenlagen der Magnaten zu verdanken, daß keine neue Königswahl vorgenommen wurde. Als er sich bereit erklärte, die Forderungen Gregors VII. anzunehmen, und als er überdies sowohl die gebannten Ratgeber wie die getreue Bürgerschaft von Worms preisgab, erreichte er ein vorläufiges Stillhalten der kirchlich-fürstlichen Gegenseite. Die Vertreter der Opposition brachten allerdings zum Ausdruck, sie würden in Heinrich nicht mehr ihren König sehen, wenn er am Jahrestag der Exkommunikation immer noch im Bann sei. Der Papst wurde eingeladen, einen Schiedsspruch in den deutschen Angelegenheiten zu fällen.

Heinrich hat also das Wormser Urteil über Gregor zurückgenommen und sich gleichzeitig die Möglichkeit zu einer neuen Initiative eröffnet. Er wollte persönlich nach Rom reisen. Dies aber lag nicht im Interesse des Papstes, der den Fürsten zusagte, zu einem Augsburger Tag im Februar des nächsten Jahres über die Alpen zu kommen. Wieder drohte die Vereinigung der Gegner Heinrichs IV. Da faßte der König den kühnen Entschluß, im strengen Winter – an der Jahreswende 1076/77 – nach Burgund und weiter über den Mont Cenis nach Oberitalien zu gehen, begleitet nur von seiner Gemahlin, dem Söhnchen Konrad und wenigen Getreuen. Die italienischen Anhänger glaubten, Heinrich komme mit kriegerischen Absichten, und waren bereit, sich ihm anzuschließen. In Wirklichkeit aber ging es dem Salier darum, den Papst von der geplanten Deutschlandreise abzubringen und von ihm die Wiederaufnahme in die Kirche zu erlangen. Gregor brach Anfang 1077 von Rom auf. Als er von der Ankunft des Königs hörte, zog er sich nach der Bergfeste Canossa (nahe Reggio) zurück, welche Besitz der Markgräfin Mathilde von Tuszien war. Diese hatte sich schon bisher als einsatzbereite Parteigängerin des Heiligen Stuhles erwiesen; unter ihrem Schutz wollte der Papst das Nahen Heinrichs abwarten. Dessen Haltung aber war durchaus friedlich. Es ging ihm darum, durch Bußleistungen den Papst von seiner starren Frontstellung abzubringen. Für dieses Ziel erlangte der König die Vermittlung Mathildes und auch des Abtes Hugo von Cluny, seines Taufpaten. Vom 25. 1. an – dem Festtag Pauli Bekehrung, der sicher nicht zufällig gewählt wurde – leistete Heinrich IV. auf Canossa öffentlich Kirchenbuße: »während dreier Tage vor dem Tor der Burg ohne jedes königliche Gepränge in mitleiderregender Weise ausharrend, nämlich unbeschuht und in wollener Kleidung«, wie Gregor wenig später den deutschen Fürsten schrieb. Der dem König wenig freundlich gesonnene Annalist Lampert von Hersfeld weiß zu berichten, wie die Vermittler heftig in den Papst drangen, »das zerstoßene Rohr nicht durch die Strenge seines Urteils völlig zu zerbrechen«, und nach langem Bemühen Gregor die Zustimmung abrangen, daß der König vor ihm erscheine, Buße tue und seine Schuld »nunmehr durch Gehorsam gegen die Verordnungen des apostolischen Stuhles sühne«. Lampert sagt, dies sei dem König befohlen worden. Es kann aber kein Zweifel sein, daß Heinrich sich aus eigenem Entschluß der Kirchenbuße unterzog.

Schließlich gab Gregor VII. nach und erteilte dem König am 28. 1. die Absolution, nachdem dieser sich noch eidlich verpflichtet hatte, er werde den deutschen Fürsten entweder Genugtuung gemäß dem Urteil Gregors gewähren oder Einvernehmen entsprechend seinem Rat schaffen. Für den Fall einer Deutschlandreise sollte der Papst vor jeder Schädigung sicher sein.[6]

Die bewegenden Vorgänge von Canossa sind im Lauf der Jahrhunderte und vor allem auch von den neueren Betrachtern sehr unterschiedlich gewertet worden. Die Urteile aus dem 19. und 20. Jahrhundert gipfeln in den Extremen »Kapitulation des Staates vor der Kirche« oder »Sieg Heinrichs IV.«.[7] Das Wort Bismarcks aus dem Jahre 1872, man werde nicht nach Canossa gehen, weder körperlich noch geistig, ist zu einer oft gebrauchten Wendung im politischen Leben geworden. Welche Folgen aber sind dem Geschehen vom Januar 1077 tatsächlich zuzuschreiben? Man wird zwischen den unmittelbaren Wirkungen und einer grundsätzlichen politisch-geistigen Wende, die sich nun vollzog, unterscheiden müssen.

Heinrich IV. war wieder in die Gemeinschaft der Kirche aufgenommen und wurde von Gregor VII. als »König« betrachtet. Das heißt: Der Papst war mit der Wiederausübung der Herrschaftsgewalt durch den Salier einverstanden. Wenn Heinrich davon ausging, er habe die Vereinigung Gregors mit der Fürstenopposition unterbinden können, so behielt er insofern recht, als es zu der Reise des Papstes über die Alpen nicht gekommen ist. Ein beträchtlicher diplomatischer Erfolg des Königs ist nicht zu verkennen – ein Ergebnis seines flexiblen und geschickten Taktierens und der neuerlichen Bereitschaft zur (diesmal überaus spektakulären) Selbstdemütigung. Die »Wende von Canossa«[8] aber manifestierte sich darin, daß der König nun den Papst als Richter anerkannt hatte. Dies lief auf eine Preisgabe des noch vor wenigen Monaten zum Ausdruck gebrachten theokratischen Selbstbewußtseins hinaus. Der König unterwarf sich dem Oberhaupt der Kirche und tat Buße als ein Laie wie jeder andere. So ließ Canossa die Entsakralisierung des Herrschertums den Zeitgenossen in einem symbolträchtigen Vorgang vor Augen treten. Eine Überordnung des Sacerdotiums über das Regnum zeichnete sich ab. »Canossa« bedeutet eine entscheidende Zäsur in der Auseinandersetzung um die rechte christliche Weltordnung, welche der Investiturstreit in erster Linie gewesen ist.

Heinrich IV. blieb zunächst in Oberitalien und nahm dort jene Regierungsaufgaben wahr, die er so lange vernachlässigt hatte. Aber bald wurde die Rückkehr nach Deutschland erforderlich. Eine radikale Gruppe unter den Fürsten zeigte sich mit der neuerlichen Hinwendung Gregors VII. zu Heinrich höchst unzufrieden und betrieb nun eine neue Königswahl, die im März auf einer

---

6 Nach Darstellung Gregors hatte Heinrich angeboten, in allem Abbitte zu tun und zur Besserung seines Lebens dem Papst vollen Gehorsam zu wahren, wenn er nur die Lossprechung erlange.

7 Einen Überblick bietet H. Zimmermann, Der Canossagang von 1077. Wirkungen und Wirklichkeit (1975, mit reichen Literaturangaben).

8 Vgl. H. Kämpf (Hg.), Canossa als Wende (1963) mit Beiträgen von A. Mayer-Pfannholz, A. Brackmann, C. Erdmann und anderen.

Versammlung in Forchheim tatsächlich zustande kam. Im Beisein zweier päpstlicher Legaten, die eigentlich den Wahlakt verhindern sollten, ihm jedoch schließlich zustimmten, wurde der Schwabenherzog Rudolf von Rheinfelden zum König erhoben (1077–1080).[9] Heinrich IV. galt den Versammelten, unter denen die Zahl der Bischöfe gegenüber den weltlichen Großen überwog, als vom Papst weiterhin nicht anerkannt. Außerdem wurde er von ihnen »abgesetzt« wegen mannigfachen Unrechts, das er den Magnaten und den Kirchen zugefügt habe. Der Grundton vor allem der sächsischen Opposition, die durch Otto von Northeim und andere vertreten war, schlug hier durch. Die anwesenden Bischöfe entschieden sich für den Rheinfeldener, weil er den Reformkreisen nahestand und für künftighin die freie kanonische Wahl der Oberhirten ohne Simonie zusagte. Überdies anerkannte er ein Recht des Volkes auf künftige freie Königswahl, also auf Loslösung von den bis dahin beobachteten erbrechtlichen Vorstellungen. Der Streit zwischen Heinrich IV. und Rudolf von Rheinfelden ist somit auch Ausdruck zweier gegensätzlicher Prinzipien im deutschen Königswahlrecht gewesen – auf der einen Seite die geblüts- und erbrechtliche Konzeption der Salier, auf der anderen Seite der nun hervortretende Grundsatz der freien Wahl, welcher dem kirchlichen Idoneitätsdenken nahestand.

Der Salier handelte entschlossen angesichts der unerwartet heraufgezogenen neuen Gefahr. Auf einem Tag in Ulm zu Pfingsten 1077 setzte er sowohl Rudolf als Herzog von Schwaben wie die beiden anderen süddeutschen Herzöge, die sich dem Gegenkönig zugewandt hatten, ab. Schwaben und Bayern sollten zunächst unmittelbar beim Reich bleiben; Kärnten wurde an Liutold von Eppenstein verliehen. Allerdings entschloß sich Heinrich zwei Jahre später, Schwaben an Friedrich von Büren/Staufen zu übertragen, der in der Folge sein Schwiegersohn wurde. Von der schwäbischen Herzogswürde ausgehend sind die Staufer im 12. Jahrhundert zum deutschen Königtum und römischen Kaisertum aufgestiegen.

Wie verhielt sich Papst Gregor angesichts des deutschen Doppelkönigtums? Er versuchte zunächst neutral zu bleiben, um als Schiedsrichter fungieren zu können, doch haben seine Legaten ihm das Durchhalten dieser Rolle nicht leicht

---

9 Rudolf von Rheinfelden (* ?) war ein Sohn des Grafen Kuno von Rheinfelden; die Mutter ist unbekannt. Rudolf heiratete in erster Ehe Mathilde, eine Tochter Kaiser Heinrichs III. (s. S. 204); in zweiter Ehe (vor Pfingsten 1066) Adelheid von Turin, eine Schwägerin König Heinrichs IV. Von den Kindern Rudolfs (aus der zweiten Ehe) seien genannt sein Sohn Berthold, Herzog von Schwaben († 1090, kinderlos), und zwei Töchter, die in südwestdeutsche Adelsfamilien einheirateten: Bertha ehelichte Graf Udalrich X. von Bregenz, Agnes den Herzog Berthold II. von Zähringen. Diese Töchter Rudolfs wurden Stammütter der späteren Bregenzer bzw. Zähringer. Rudolf von Rheinfelden wurde am 15. 3. 1077 zum König gewählt, am 26. 3. nn Mainz vom dortigen Erzbischof Siegfried geweiht und gekrönt. Zweifellos spielte bei der Erhebung Rudolfs auch der Umstand eine Rolle, daß er mit dem salischen Königshaus verschwägert war. Über eine mögliche Blutsverwandtschaft s. E. Kimpen, Zur Königsgenealogie der Karolinger- bis Stauferzeit, ZGO 103 (1955) S. 87–96. König Rudolf starb am 15. 10. 1080. *Grabstätte:* Dom zu Merseburg.

gemacht. Einer von ihnen verhängte Ende 1077 von neuem den Bann über Heinrich IV. König Rudolf galt allgemein als Repräsentant der »kirchlichen Partei«; der Salier dagegen konnte sich zunehmend auf den kleineren Adel, auf Bürger und Bauern und auch auf niedere Kleriker stützen. Viele Angehörige des Pfarrklerus fühlten sich durch die Zölibatsforderung der Reformer an die Seite der heinrizianischen Partei gedrängt. Der Gegenkönig vermochte nur in Sachsen eine feste Position zu gewinnen. Die politisch-militärische Taktik Heinrichs war darauf gerichtet, die Verbindung zwischen Sachsen und dem schwäbischen Stammland des Rheinfeldeners, wo dessen Sohn Berthold dem Staufer Friedrich gegenüberstand, zu unterbrechen. So wurde zwangsläufig Franken zum Kampffeld. Im August 1078 bei Mellrichstadt und im Januar 1080 bei Flarchheim an der Unstrut war jeweils der Gegenkönig siegreich, ohne jedoch einen entscheidenden Schlag führen zu können. Heinrich IV. tat sich bei diesen Kämpfen – wie schon früher – wohl nicht durch besondere militärische Führungsqualitäten hervor. Seiner Position kam aber zugute, daß er sich nunmehr auf zuverlässige Gefolgsleute aus dem Fürstenstand stützen konnte. Besondere Verdienste um die salische Sache erwarb sich der Herzog Wratislaw von Böhmen, dem hierfür 1085 die Königswürde ad personam zuteil wurde. Das Hineinwachsen Böhmens in das Reich hat durch die salisch-přemyslidische Waffenbrüderschaft zusätzliche Impulse erhalten.

Während die Entscheidung auf der politischen Bühne Deutschlands noch nicht gefallen war, ging Gregor VII. von 1078 an wiederum in die Offensive. Den Auftakt hierzu bildete die Verkündung eines allgemeingültigen Verbots jeder Laieninvestitur. Auf einer Lateransynode im November 1078 wurde dieser folgenschwere Schritt getan. Spätestens von jetzt an war Heinrich IV. unzweifelhaft in einen »Investiturstreit« mit dem Papsttum verwickelt. Auf der römischen Fastensynode 1080 verhängte sodann Gregor über den Salier von neuem die Exkommunikation. Möglicherweise konfrontierte Heinrich den Papst mit einer Forderung nach eindeutiger Unterstützung im Thronstreit – und provozierte hierdurch dessen Entscheidung gegen ihn. Die Verkündung des Banns erfolgte in Form eines Gebetes an beide Apostelfürsten, in dem der Papst die Behauptung aufstellte, er habe Heinrich in Canossa nicht wieder in sein Königtum eingesetzt; bei einem Kolloquium in Deutschland hätte die Thronfrage in Anwesenheit des Papstes entschieden werden sollen, Heinrich aber habe diese Zusammenkunft verhindert und sich dadurch selbst in das Anathem verstrickt. Gregor forderte die Apostelfürsten gleichzeitig auf, das Urteil möglichst bald zu vollstrecken. Rudolf von Rheinfelden sollte König sein. Am folgenden Osterfest ließ sich Gregor VII. sogar zu der Prophezeiung hinreißen, der Untergang Heinrichs werde bis zum 1. 8. erfolgen, und bat, ihm, dem Papst, künftig nicht mehr zu glauben, wenn dies nicht eintreffen sollte.

Der zweite Bannspruch rief in Deutschland und Italien bei weitem nicht einen so starken Eindruck hervor wie der erste, zumal der Papst jetzt von vielen als Angreifer gesehen wurde. Die prophetische Erwartung Gregors ging anders in

Erfüllung, als er es sich vorstellte. Heinrich IV. forderte im Oktober 1080 an der Elster den Gegenkönig zum Kampf heraus. Dessen Heer soll zwar einen Sieg davongetragen haben, aber Rudolf von Rheinfelden verlor die rechte Hand – die Hand, mit der er einst dem Salier den Treueid geleistet hatte – und starb noch am Tag der Schlacht an dieser Verwundung. Nun sprachen die Anhänger der salischen Partei von einem Gottesurteil. Die Inschrift am prächtigen Bronzegrabmal Rudolfs im Dom zu Merseburg rühmt ihn als einen König, der für das Gesetz der Väter und für die Kirche starb. Heinrich soll später geäußert haben: »Ach, wenn doch alle meine Feinde so ehrenvoll bestattet lägen!«

Schon vor der Entscheidung an der Elster hatte der Salier eine neue Initiative gegen Gregor VII. eingeleitet. Die Erbitterung über dessen Maßnahmen war auch bei deutschen und italienischen Bischöfen groß. Im Juni 1080 verurteilte eine von Heinrich IV. nach Brixen einberufene Synode den Papst, der nicht von Gott erwählt worden sei, sondern seine Würde mit Gewalt, Betrug und Bestechung erlangt habe. Sogar die Ermordung seiner Vorgänger wurde ihm vorgeworfen. »Die Ordnung der Kirche hat er umgestürzt, die Leitung des christlichen Imperiums hat er verwirrt, für den rechtgläubigen und friedliebenden König will er leiblichen und geistlichen Tod . . .« Der Spruch von Brixen ist ein Zeugnis des übergroßen Hasses, der sich gegen Gregor angestaut hatte. Dieser wurde zur Selbstdeposition aufgefordert, andernfalls er abzusetzen und zu vertreiben sei. Der Erzbischof Wibert von Ravenna, der früher als italischer Kanzler dem Regnum treue Dienste geleistet hatte, wurde als Nachfolger vorgesehen.

Im Jahre 1081 folgte dem Urteil die militärische Aktion. Heinrich brach im April mit einem Heer zum Romzug auf, der länger als drei Jahre währen sollte. Mathilde von Tuszien, die für den Papst die Waffen ergriffen und ihr gesamtes Eigengut der Kurie geschenkt hatte, wurde in Lucca durch Fürstenspruch geächtet. Weiter ging es nach Rom, doch konnte die Ewige Stadt 1081 und auch bei weiteren Versuchen im nächsten Jahr nicht eingenommen werden. Ein wesentliches Ziel wurde also vorerst nicht erreicht. Wenig erfolgreich war allerdings auch der von der »kirchlichen Partei« in Deutschland unternommene Versuch, eine Gegenaktion einzuleiten. Anfang August 1081 wählte eine Gruppe sächsischer und schwäbischer Großer, bei denen sich auch der (abgesetzte) Herzog Welf IV. von Bayern befand, einen Gegenkönig. Die Erhebung erfolgte zu Ochsenfurt am Main, erkoren wurde der Lützelburger Hermann von Salm (1081–1088).[10] Er konnte anfangs in Schwaben und Bayern, später im östlichen Sachsen eine

---

10 Hermann von Salm (* ?) war ein Sohn Graf Giselberts von Salm († 1056/59); seine Mutter ist unbekannt. Hermann hatte aus seiner Ehe mit Sophia (Herkunft nicht gesichert) zwei Söhne: Hermann Graf von Salm (zuletzt erwähnt 1135) und Otto Graf von Rheineck († 1150). Herzog Welf III. von Kärnten († 1055) war ein Vetter des Gegenkönigs. Dieser wurde am 26. 12. 1081 in Goslar (also unüblicherweise auf sächsischem Boden!) von Erzbischof Siegfried von Mainz geweiht.
1088 kehrte Hermann von Salm in sein Stammland Lothringen zurück; am 28. 9. dieses Jahres fand er dort beim Sturm auf eine Burg den Tod. *Grabstätte:* Metz.

gewisse Rolle spielen. Doch blieben seine Wirkungsmöglichkeiten im ganzen gesehen gering. Sein Königtum stellte für die Herrschaft Heinrichs IV. keine echte Bedrohung dar, denn die antisalische Opposition war inzwischen stark geschrumpft.

Im Frühjahr 1083 zeichneten sich für Heinrich IV., der von Oberitalien aus wiederum gegen Rom vorrückte, erstmals reale Chancen auf Besetzung der Stadt ab. Wenigstens die Leostadt rechts des Tibers konnte im Juni erobert werden. Die Römer wandten sich nun mehr und mehr von Gregor VII. ab, wobei auch byzantinisches Geld eine Rolle gespielt haben mag. Auf einer Kirchenversammlung sollte der Streit zwischen Regnum und Sacerdotium behandelt und entschieden werden. Die Synode fand schließlich im November statt, brachte aber kein greifbares Ergebnis. Gregor verweigerte die Teilnahme an Gesprächen mit der Gegenseite. Vermutlich war es diese Hartnäckigkeit des Papstes, welche ihm nach der Bürgerschaft auch den Klerus entfremdete. Schließlich fielen sogar 13 Kardinäle von ihm ab. Die Folge all dieser Wandlungen war, daß Heinrich IV. im März 1084 endlich in Rom seinen Einzug halten konnte. Der Papst suchte in der festen Engelsburg Zuflucht. Nun trat eine weitere Synode zusammen, die über Gregor die Absetzung und den Bann aussprach. Wibert von Ravenna wurde zum Papst gewählt und inthronisiert. Zu Ostern vollzog der (Gegen-)Papst, Clemens III. (1084–1100), an Heinrich und seiner Gemahlin Bertha in der Peterskirche die Kaiserkrönung. Gregor hatte bis dahin vergebens auf Hilfe durch die Markgräfin Mathilde oder den Normannenherzog Robert Guiscard, einen Lehnsmann des Heiligen Stuhles, gehofft. Aber Ende Mai rückten die Normannen heran und nahmen die Stadt Rom ein, aus der die Kaiserlichen vorher abgezogen waren. Guiscard kam nicht nur, um dem Papst beizustehen. Rom wurde von den Normannen auf das schlimmste geplündert, gebrandschatzt, verwüstet. Gregor konnte sich in der Stadt, deren Bewohner ihn für die Schrecknisse mitverantwortlich machten, nicht länger halten. Er ging mit dem Normannenherzog nach Salerno, wo er ein Jahr später – am 25. 5. 1085 – gestorben ist. Auch im Exil hat Gregor keine Abstriche an seinen Überzeugungen gemacht. Seine letzten Worte sollen gewesen sein: »Ich habe die Gerechtigkeit geliebt und gottloses Wesen gehaßt, deshalb sterbe ich in der Verbannung.« Welche Gefühle Heinrich IV. bewegten, als er die Nachricht vom Tode seines großen Gegenspielers erhielt, ist nicht überliefert.

Clemens III. konnte sich nach dem Abzug sowohl der Deutschen wie der Normannen geraume Zeit in Rom behaupten. Vordergründig mochte es so aussehen, als habe die Partei Heinrichs IV. nach einem Jahrzehnt bitteren Streites den Sieg davongetragen. Doch dieser Streit war über den politisch-militärischen Sektor längst hinausgewachsen und zu einer Auseinandersetzung der Ideen geworden, die ihren eigenen Gesetzen folgte. Auf kurialer wie auf königlicher Seite ist eine Publizistik herangewachsen, welche die jeweils eigene Position theoretisch abklärte und die gegnerischen Anschauungen ins Unrecht zu setzen suchte. Als Beispiel für eine heinrizianische Schrift sei der sogenannte *Liber de unitate ecclesiae conservanda* (»Buch über die Bewahrung der kirchlichen Einheit«) genannt, welchen ein Mönch von Hersfeld gegen Ende des 11. Jahrhunderts schrieb. Hier wird der Gedanke von der Gottunmittelbarkeit der weltlichen Gewalt aufgenommen, Papst Gregor die Zerstörung der *unitas ecclesiae* vorgeworfen. Von den achtziger Jahren an erreichte die literarische Auseinandersetzung eine Intensität, die den Fortgang des Streites auch im politischen Raum geradezu herausforderte.

1088 wurde von seiten der Reformpartei ein aus Frankreich stammender Clunyazenser zum – zweiten – Nachfolger Gregors VII. erhoben. Er nannte sich Urban II. († 1099). Von Gregor einst zum Bischof von Ostia gemacht, war es sein ausgesprochenes Ziel, dessen Lebenswerk weiterzuführen. Urban trat also gegen Clemens III. und Heinrich IV. an. Dabei bediente er sich, wie sich bald zeigen sollte, diplomatisch feiner und auch bedenklicher Mittel. Ganz deutlich ist nun eine Hinwendung der Kurie zu Frankreich erkennbar.

Heinrich IV. war Mitte 1084 nach Deutschland zurückgekehrt. Er hatte die Autorität der salischen Monarchie wiederhergestellt, so weit dies unter den gegebenen Umständen möglich war, und es standen ihm einige ruhigere Jahre bevor. Ein Kleinkrieg setzte sich allerdings sowohl in Rom – hier zwischen den Anhängern Clemens' und Urbans – wie in manchen deutschen Landschaften fort. Zu größeren Kämpfen kam es im Norden nicht, weil der Fürstenopposition seit dem Tod Ottos von Northeim 1083 ein wirklich führender Kopf fehlte. Zudem war das Friedensbedürfnis allgemein gewachsen. Als 1085 auf einem Reichstag zu Mainz ein Gottesfriede für das ganze Regnum verkündet wurde, war der Kaiser beteiligt. Er nützte im übrigen die relative Atempause, um die Zukunft der Dynastie abzusichern. 1087 wurde sein Sohn Konrad in aller Form zum Mitkönig erhoben. Zu Ende des Jahres traf den Kaiser ein harter Schlag, als seine Gemahlin Bertha starb, die all das Schwere mit ihm zusammen getragen hatte. 1089 schloß Heinrich eine zweite Ehe, mit Praxedis von Kiew, der Witwe des Grafen Heinrich von der Nordmark. In ebendiesem Jahre 1089 kündigte sich die Peripetie Heinrichs IV. an: der Umschwung von Macht und Geltung hin zu politischer Lähmung, außerdem zu Zerrissenheit innerhalb der königlichen Familie. Den Anstoß hierzu gab die diplomatische Kunst Urbans II., dem es gelang, eine politische Heirat zwischen dem 17jährigen Welf V., dem Sohn des – zwar abgesetzten, aber nicht verdrängten – Bayernherzogs, und der dreiundvierzigjährigen Mathilde von Tuszien zustande zu bringen. Die Welfen dachten an das reiche Erbe der Markgräfin. Dem Papst ging es darum, eine Allianz zwischen den antiheinrizianischen Kräften in Süddeutschland und Italien herbeizuführen.

Der Kaiser glaubte sich stark genug, seine Gegner niederwerfen und gleichzeitig das römische Schisma mit einem Sieg Clemens' III. beenden zu können. 1090 zog Heinrich IV. wiederum nach Italien. Zunächst verbuchte er beachtliche Erfolge. Urban II., der inzwischen in Rom das Heft in die Hand bekommen hatte, floh zu den Normannen; Wibert konnte seinen Sitz wieder in Rom nehmen, wo er immer noch über eine Anhängerschaft verfügte. Die Truppen Heinrichs zeigten sich denen der Markgräfin Mathilde und ihrer Vasallen überlegen. Aber Ende 1092 mußte der Kaiser ausgerechnet bei Canossa eine empfindliche Niederlage hinnehmen, und dann folgten rasch weitere Rückschläge. Viele Herren und Städte Oberitaliens traten zur »kirchlichen Partei« über. Im Frühjahr 1093 gelang es dieser, den jungen König Konrad zum Abfall von seinem Vater zu bewegen. Einige Monate später konnte Urban II. nach Rom zurückkehren. Und im nächsten Jahr nützten die Gegner Heinrichs den Umstand, daß dieser seine Gemahlin der Untreue verdächtigte und wie eine Gefangene hielt, zu einer niederträchtigen Aktion. Praxedis wurde durch einen Streifzug Welfs V. befreit, begab sich unter den Schutz der Mathilde von Tuszien und erhob öffentlich die ungeheuerlichsten Vorwürfe gegen ihren Gemahl. Den Gipfel erreichten diese Anschuldigungen mit der Behauptung, Heinrich selbst habe sie gezwungen, Ehebruch auf Ehebruch zu häufen. Es ging darum, den Ruf des Kaisers vor der Welt zu vernichten. Donizo von Canossa sagt in seiner Vita der Markgräfin Mathilde: »Wer von diesen Dingen hörte, wurde mit Abscheu gegen die Sekte des Königs und Wiberts erfüllt, und aller Orten erhob sich gewaltig die Partei des heiligen Petrus.« Ein Historiker des 19. Jahrhunderts, Wilhelm von Giesebrecht, meint: »In der Tat war es ihr [Praxedis] geglückt, den gebannten Kaiser als den verworfensten Menschen, als einen Frevler vor Gott und den Menschen darzustellen. Wie mußten die Kämpfe der Zeit alle Gefühle verwirrt haben, wenn die keusche Gräfin, um Heinrich zu verderben, einem Weibe die Hand reichte, welche ihre Buhlschaften und ihren Verrat mit frecher Stirn vor der Welt bekannte!« Urban II. erklärte auf einer Synode zu Piacenza die Klage der Praxedis als berechtigt und erließ ihr die Buße.

Heinrich IV. sah sich auf eine Schattenrolle beschränkt. Die Alpenpässe waren in der Hand seiner Gegner. Von Deutschland abgeschnitten und fast aller italienischen Bundesgenossen beraubt, verweilte der Kaiser im Raum von Padua und Verona in mehrjähriger Tatenlosigkeit. Es war die Zeit, in der französische und normannische Heere zum Ersten Kreuzzug (1096–1099) aufbrachen, um die heiligen Stätten in Palästina aus der Gewalt der Ungläubigen zu befreien. Der Kaiser hatte an dieser Bewegung keinen Anteil. Aber von 1095 an eröffneten sich ihm allmählich doch neue Perspektiven. In diesem Jahr kündigte Welf V., der seine Hoffnungen auf italienischen Besitzerwerb enttäuscht sah, die Ehe mit Mathilde von Tuszien auf. Heinrich IV. erkannte, daß sich ihm eine Chance bot, mit den Welfen zum Ausgleich zu kommen. Er unterstützte ihre Ansprüche auf das mathildische Gut und anerkannte Welf IV. wiederum als Herzog von Bayern. Damit schuf er die Voraussetzungen dafür, daß er schließlich 1097 nach Deutschland zurückkehren konnte. Die Spaltung im »kirchlichen« Lager wurde noch dadurch weiter vorangetrieben, daß Heinrich den Zähringer Berthold II., der in Schwaben seit 1092 als (Gegen-)Herzog dem Staufer Friedrich dessen Position streitig machte, auf seine Seite herüberzog. Berthold verzichtete auf die beanspruchte Würde, blieb aber im Besitz eines herzoglichen Titels, den er zum Aufbau eines zähringischen Territoriums im Schwarzwaldraum und darüber hinaus nützte.

Der Kaiser hat mit großem Geschick seine Stellung nördlich der Alpen wiedererrichtet. Dazu gehörte auch eine Neuregelung der deutschen Thronfolge. Durch Fürstenurteil wurde 1098 dem abtrünnigen Mitkönig Konrad die Herrschaft abgesprochen. Bald folgten Wahl und Krönung des jüngeren Sohnes, Heinrich (V.), der eidlich versprechen mußte, in der Zeit seiner Mitregierung nichts gegen den Vater zu unternehmen und nicht gegen dessen Willen tätig zu werden. Doch konnte die Befestigung der salischen Herrschaft nicht darüber hinwegtäuschen, daß mancherlei Risse das Regnum durchzogen. Verschiedene geistliche Zentren verbanden gregorianische Reformgesinnung mit scharf antiheinrizianischer Propaganda. In diesem Zusammenhang ist vor allem die in Anlehnung an Cluny neugeformte Schwarzwaldabtei Hirsau zu nennen, von der aus Wanderprediger aufwiegelnd durch die Lande zogen. Die Hirsauer Bewegung beeinflußte über Schwaben hinaus auch Bayern, Franken und andere Regionen. Daneben rückten verschiedene Chorherren-Stifter in die gregorianische Phalanx ein und schürten die Widersetzlichkeit gegen den salischen Hof.[11] Und nicht nur Mönche und Kanoniker nahmen eine Frontstellung gegen Heinrich IV. ein. Hinzu kam eine wachsende Unzufriedenheit der Fürsten mit einer Königspolitik, welche Ministerialen und Bürger auf Kosten des Hochadels zu begünstigen schien. Auch die Haltung Heinrichs gegenüber den Juden, die 1096 schwere Verfolgungen von seiten der durchziehenden Kreuzzugsteilnehmer hatten erdulden müssen, wurde nicht allgemein gutgeheißen. Viele Juden waren dem Tod nur durch die Zwangstaufe entgangen. Der Kaiser erlaubte ihnen später, zum angestammten Glauben zurückzukehren, und erhob überdies schwere Anschuldigungen gegen den Erzbischof Ruthard von Mainz, der die Juden nicht geschützt und sich an ihrem Gut bereichert habe. Der Mainzer Metropolit ging daraufhin zur Obödienz Urbans II. über.

Trotz der um sich greifenden Unruhe und mancher Mißhelligkeiten innerhalb der Führungsschicht versuchte Heinrich IV., Recht und Ordnung im Reich nachhaltig zur Anerkennung zu verhelfen. Er bekannte sich persönlich bereit zu Buße und Umkehr und nahm die früheren Ansätze zu einer Friedensbewegung wieder auf. 1103 verkündete er auf einem Reichstag zu Mainz einen Reichslandfrieden, der vier Jahre dauern sollte und – eine revolutionäre Neuerung – für Freie und Unfreie bei Gewalttaten die gleiche schwere Sühne vorsah, nämlich Strafen an Leib und Leben. Die Fehdeführung, an der dem Adel so viel lag, sollte wirksam unterbunden werden. »Dieses Friedensdekret brachte den Armen und Gutgesinnten ebenso großen Nutzen, wie es den Böswilligen und Machthabern schadete«, sagt die Vita Heinrici. Doch schadete das Gesetz auch dem Kaiser, denn die Einebnung des Standesunterschiedes verstärkte die Mißstimmung in der Aristokratie.

---

11 Manegold von Lautenbach, später Propst des Stiftes Marbach im Elsaß, schrieb in einem Traktat dem Volk das Recht zu, dem König die Herrschaft zu nehmen, wenn er sich unwürdig erweise – wie man einen Schweinehirten davonjagt, der die ihm anvertraute Herde nicht hütet. 1098 wurde Manegold von Heinrich IV. gefangengesetzt.

Man wird mit Karl Hampe sagen dürfen, daß Heinrich IV. sich aus schlimmster Notlage zu leidlich befriedigenden Verhältnissen emporrang. Aber eine Lösung der Spannungen in Deutschland zeichnete sich keineswegs ab. Wenn es dem Salier nicht gelang, eine Verständigung mit der römischen Kurie zu erreichen, blieb seine Position zutiefst gefährdet. Nach dem Tode Urbans II. (29. 7. 1099) bestieg mit dem Kardinalpriester Rainer von S. Clemente ein Mann den Stuhl Petri, der den gregorianischen Reformzielen eng verbunden war. Er hatte einem italienischen Kloster angehört, bevor Gregor VII. ihn mit seinem römischen Amt betraute. Rainer nannte sich Paschalis II. († 1118). Als ein Jahr nach seiner Erhebung der Gegenpapst Clemens III. starb (8. 9. 1100), suchte der Kaiser die Versöhnung mit dem Nachfolger Urbans. Die Wiederherstellung der kirchlichen Einheit war ihm nun eine vorrangige Aufgabe. Paschalis aber ging auf die Avancen nicht ein. Seine teils starre, teils ängstliche Politik unterschied sich von jener des weltläufigen Urban II. Dem Kaiser gegenüber zeigte sich Paschalis kompromißlos. Auch die Ankündigung Heinrichs, er wolle als Buße eine Pilgerfahrt in das Heilige Land unternehmen, änderte die Haltung des Papstes nicht. Der Salier galt als verstockter Sünder, und zur Begründung hierfür konnte man immerhin anführen, daß er zur Unterwerfung oder auch nur einem Entgegenkommen in der Investiturfrage nicht bereit war.

Spätestens im Jahre 1103 muß der deutsche Hof die Einsicht gewonnen haben, daß es wohl keine Chance für ein Zusammenfinden von Regnum und Sacerdotium gab. Wie aber sollte es denn mit der salischen Dynastie weitergehen, da doch eine Aufhebung des Bannes über den Kaiser nicht in Sicht war – des Bannes, den der von fast der gesamten westlichen Christenheit als legitim anerkannte Papst 1102 von neuem verhängt hatte. Für den Mitkönig Heinrich bestand jedenfalls Anlaß, um seine Zukunft besorgt zu sein. Anfang 1104 kam es bei einem Aufenthalt des Hofes in Regensburg zu einem Zwischenfall, der die Unzufriedenheit im Hochadel zusätzlich anfachte. Der Graf Sigehard von Burghausen hatte ein für seine Dienstleute ungünstiges Gerichtsurteil gefällt und so deren Unwillen erregt. Anläßlich des Regensburger Tages erfolgte nun ein Überfall von Ministerialen und Bürgern auf das Quartier des Grafen. Dieser wurde erschlagen. Der junge König Heinrich hatte Sigehard zu Hilfe kommen wollen. Der Kaiser aber hatte nichts unternommen – mit Absicht, wie die Fürsten meinten – und lehnte es ab, die Mörder des Grafen zu bestrafen. Zu Ende des Jahres sagte Heinrich (V.) sich von seinem Vater los und sammelte unzufriedene Große um sich. Er wollte von nun an Vorkämpfer der kirchlichen Sache sein und erreichte, daß er von dem bei seiner Königserhebung geleisteten Eid gelöst wurde. Bald konnte sich der Aufstand auf eine breite Basis vor allem in Bayern, Sachsen und Thüringen stützen. Die letzte Phase der langen und so wechselvollen Regierung Heinrichs IV. hatte begonnen.

Ein Brief des Kaisers an Paschalis II. aus dem Jahre 1105 zeigt an, daß es immer noch sein Ziel war, zu dem Zustand der Harmonie zwischen Reich und Kirche zurückzulenken, wie er vor dem Pontifikat Gregors VII. bestanden hatte.

Heinrich erhebt den Vorwurf, die römische Kirche habe das Regnum gegen ihn aufgewiegelt und bewaffnet, »und nun ist auch unser Sohn, den wir so zärtlich liebten, daß wir ihn auf den Thron unseres Reiches erhoben, von demselben Gift angesteckt und erhebt sich nach dem Rat wortbrüchiger und meineidiger Anhänger gegen uns«. Der Kaiser ruft den Papst zu gegenseitiger Vereinigung in Liebe und Freundschaft auf, »ohne daß dabei die Würde des Königtums, des Kaisertums und unserer ganzen Stellung angetastet wird, so wie es unser Großvater, Vater und unsere anderen Vorgänger hielten«. Man sieht: Die aus der älteren dynastischen Tradition stammenden Anschauungen sind für Heinrich IV. weiterhin maßgeblich. Man vermißt eine Würdigung der geistigen Kräfte, für die das gregorianische Papsttum steht. Paschalis II. hatte, als ihn das Schreiben des Kaisers erreichte, schon längst eine Hinwendung zu dem jungen Heinrich vorgenommen.

Hätte der Kaiser nicht, sobald ihm das Zusammenwirken der Kurie mit den Aufständischen bekannt wurde, nachgeben und die Vertretung der salischen Sache dem Sohn überlassen sollen? Wir wissen nicht, ob Heinrich IV. vielleicht vorübergehend hieran gedacht hat. Möglicherweise traute er jedoch dem bisher von den Geschäften ferngehaltenen Thronfolger die Fähigkeit zu hinreichender Bewahrung des Königsrechtes gar nicht zu. Wie auch immer: Der Kaiser zeigte sich jedenfalls entschlossen, auch mit dieser Herausforderung fertig zu werden und dem Schlag des Schicksals zu trotzen.

Im Oktober 1105 standen Vater und Sohn einander mit ihren Heeren bei Regensburg gegenüber, ohne daß es zum Kampf kam. Der Kaiser zog sich an den Rhein zurück. Er wollte auf einem Mainzer Reichstag, den Heinrich (V.) für Ende 1105 einberief, selbst sein Recht vertreten. Es gelang dem König, den Vater über seine wahren Absichten zu täuschen, ihn gefangenzunehmen, die Auslieferung der Reichsinsignien zu erreichen. Der Kaiser wurde in Ingelheim inhaftiert und dort von seinem Sohn, dessen Anhängern und einem päpstlichen Legaten in unmenschlicher Weise unter Druck gesetzt. Er schrieb später über diese Vorgänge: »Unter zahlreicher und bewaffneter Obhut wurde ich nach Ingelheim geführt, wo er [Heinrich] mich zu sich kommen ließ. Hier fand ich zahlreiche Feinde versammelt und mußte feststellen, daß mir auch mein Sohn nicht besser gesonnen war als die übrigen. Nun schien es ihm auf die Dauer sicherer, wenn sie mich persönlich zwängen, das Reich und alle Reichsrechte aufzugeben, und so drohten sie mir denn alle, es gebe keine Aussicht mehr für mein Leben, wenn ich nicht alle Befehle ausführte. Ich erwiderte darauf: Da es um mein nacktes Leben geht, das mein kostbarster Besitz ist, seht, will ich tun, was ihr befehlt, um wenigstens noch in diesem Leben vor Gott bereuen zu können. Als ich nun fragte, ob ich wenigstens so meines Lebens sicher und gewiß sein könne, antwortete der päpstliche Legat, der anwesend war – ich sage nicht, daß er dies alles angeordnet hatte –, ich könnte nur loskommen, wenn ich öffentlich bekennte, ich hätte Hildebrand zu Unrecht verfolgt, Wibert zu Unrecht an seine Stelle gesetzt und den apostolischen Stuhl und die ganze Kirche widerrechtlich verfolgt. Darauf

KAISER HEINRICH IV.

warf ich mich zu Boden und bat in tiefster Zerknirschung um Gottes, um eben der Gerechtigkeit willen, es möge mir Zeit und Gelegenheit gewährt werden, um mich im Beisein aller Fürsten und auf Grund des Urteils aller von dem zu reinigen, dessen ich nicht schuldig wäre; soweit ich dagegen eigene Schuld erkennen müßte, wollte ich nach dem Rat der Urteilsfähigeren Buße und Genugtuung zu leisten suchen, wie sie es für gut befänden, und ich sei daher bereit, den Reichsfürsten jeden beliebigen Geisel aus dem Kreis meiner Getreuen zu stellen. Aber jener Legat verweigerte mir Tag und Ort und sagte, entweder müsse alles hier entschieden werden oder es gebe für mich keine Hoffnung zu entkommen.«[12] Heinrich IV. versuchte eine Taktik ähnlich jener, die einst in Canossa zum Erfolg geführt hatte. Durch Bußleistungen hoffte er von dem Legaten die Absolution zu erlangen. Diese wurde ihm jedoch verweigert. Ein von den Gegnern aufgesetztes Sündenbekenntnis abzulegen, lehnte er ab. Zur »freiwilligen« Abdankung mußte sich der Kaiser aber bereitfinden. Heinrich V. übernahm auf dem Mainzer Reichstag Anfang 1106 formell die Regierung.

Damit hatte der letzte Akt des Dramas noch nicht sein Ende gefunden. Heinrich IV. entkam aus Ingelheim, wurde von den Kölner Bürgern aufgenommen und stellte durch eine Pilgerfahrt nach Aachen seine Bußfertigkeit unter Beweis. In Briefen an Abt Hugo von Cluny und König Philipp I. von Frankreich klagte er das ruchlose Verhalten seiner Gegner an und bat um Hilfe.[13] Das Schreiben an den Kapetinger enthält den Gedanken, es sei die Pflicht des französischen Königs und aller Könige der Erde, »das Unrecht und die Verachtung uns gegenüber zu rächen«. Hier klingt die Forderung nach Solidarität aller weltlichen Herrscher an, welche später vor allem der Stauferkaiser Friedrich II. in seinem Streit mit dem Papsttum erheben wird. Der Brief Heinrichs an Philipp wurde von Niederlothringen aus, wo der Kaiser bei Herzog Heinrich Zuflucht gefunden hatte, in propagandistischer Absicht verbreitet. Die Bereitstellung materieller Hilfe durch den Herzog und andere Getreue ermöglichte die Anwerbung von Truppen. Als Heinrich V. gegen das letzte kaiserliche Bollwerk um Lüttich vorrückte, mußte er am Gründonnerstag 1106 an der Maas eine Niederlage hinnehmen. Weitere Kämpfe standen bevor. Doch ehe es zu der entscheidenden militärischen Auseinandersetzung kam, starb Heinrich IV. am 7. 8. 1106 nach kurzer Krankheit in Lüttich. Er ließ Schwert und Ring dem Sohn überbringen mit der Bitte, seine Anhänger in Gnaden anzunehmen. Für sich selbst bat er um eine Grabstätte im Dom zu Speyer neben seinen Vorfahren.

Auf Verlangen der Bischöfe wurde der im Kirchenbann Verstorbene an ungeweihter Stätte beigesetzt, zunächst in einer nicht geweihten Kapelle vor den Mauern von Lüttich. Das Volk setzte durch, daß der Sarg in den Lütticher Dom gebracht wurde. Der König befahl sodann die Überführung des Leichnams nach

12 Brief Heinrichs IV. Nr. 39 an König Philipp I. von Frankreich, in: Freiherr vom Stein-Gedächtnisausgabe Bd. 12, S. 128–131. Vgl. auch ebd., Briefe 37 und 38 an Abt Hugo von Cluny.
13 Vgl. Anmerkung 12.

Speyer. Fünf Jahre lang stand dort der Sarkophag Heinrichs IV. in der ungeweihten Afra-Kapelle nahe dem Dom. Bürger und Bauern erzeigten dem Toten Liebe und Verehrung. Dabei wirkten uralte magische Vorstellungen ein. In Lüttich legten die Bauern Getreidekörner auf den Sarg, um die Fruchtbarkeit des Saatgutes zu steigern. In Speyer wurde die Afra-Kapelle als heilige Stätte betrachtet, zu der das Volk wallfahrtete. Die Vita Heinrici berichtet von der übergroßen Trauer der Menschen, als sich die Todesnachricht verbreitete, und preist den Verstorbenen als glückselig: »Zu seiner Bestattung strömten Witwen und Waisen und alle Armen des ganzen Landes herbei; sie weinen, weil sie den Vater verloren, ihre Tränen fließen über seinen Leichnam, sie küssen seine freigebigen Hände. Man konnte sie kaum davon abbringen, den entseelten Leib zu umarmen, ja, man konnte ihn kaum bestatten. Sie wichen auch nicht von seinem Grabe, sie harrten bei ihm in Nachtwachen, Tränen und Gebeten aus . . . Glückselig bist du, Kaiser Heinrich, der du dir solche Wachen und solche Fürbitter erworben hast, vielfältig erhältst du aus der Hand des Herrn nun zurück, was du im Verborgenen den Armen gabst. Das Reich der Unruhe hast du mit dem Reich der Ruhe, das endliche mit dem unendlichen, das irdische mit dem himmlischen vertauscht. Jetzt erst herrschest du in der Tat, jetzt trägst du ein Diadem, das dir dein Erbe nicht entreißt und kein Widersacher neidet. Man müßte den Tränenstrom hemmen, wenn es möglich wäre, Freude gebührt deiner Glückseligkeit und nicht Trauer, Frohlocken und nicht Klagen, Laute des Jubels und nicht des Schmerzes.«

Trotz einer Fülle vorliegender Quellenaussagen ist es kaum möglich, die Individualität, den Charakter Heinrichs IV. im ganzen zu umschreiben. Nur einzelne Eigenschaften des Saliers lassen sich erschließen.[14] Es besteht kein Grund, zu bezweifeln, daß er die zeitübliche Lebensform des christlichen Herrschers verwirklichen wollte und in diesem Sinn »fromm« war. Vom Beginn seiner Regierung an lassen sich Schenkungen und Seelstiftungen an Kirchen und Klöster nachweisen, wobei anfangs die Sorge um das Seelenheil seines Vaters voranstand. Der gewaltige Bau des Speyerer Doms wurde 1061 vollendet und geweiht. Später hat Heinrich IV. persönlich an der Konzeption der weiteren Ausgestaltung maßgeblichen Anteil genommen. Vielleicht war es innerliche Frömmigkeit, die ihn den Weg seines Lebens mit allem Wechsel von Notlage und Aufschwung, Überschwang und Sturz durchstehen ließ. Er hat unzweifelhaft schwere Fehler begangen. Von der Nachwelt ist ihm eine falsche Personalpolitik angelastet worden sowie unüberlegte Überschätzung der eigenen Möglichkeiten. Aber Heinrich hat jedenfalls aus Mißerfolgen gelernt und sich in den späteren Jahren als kluger Taktiker erwiesen. Seine Briefe lassen erkennen, daß bei der Auseinandersetzung mit dem Papsttum die Wahrung der Gottunmittelbarkeit des Herrschertums als zentrales Anliegen gesehen wurde. Heinrich und seine Berater – als

---

14 Vgl. hierzu die abwägende Betrachtung von G. Tellenbach, Der Charakter Kaiser Heinrichs IV., in: Person und Gemeinschaft im Mittelalter, Festschrift Karl Schmid (1988) S. 345ff.

Verfasser einer Reihe wichtiger Briefe läßt sich der (spätere) Propst Gottschalk von Aachen erweisen – haben also ein Gespür für die Grundsätzlichkeit des gregorianischen Angriffs besessen. Und wenn die von der Reichskanzlei ausgehende Verteidigung auch an der alten Ordnung der Welt festhielt, sollte man doch nicht verkennen, daß manche Überlegungen auf das Staatsdenken der Stauferzeit vorausweisen. Der Romgedanke als Stütze für das in Bedrängnis geratene Regnum ist Heinrich IV. und seinen Mitarbeitern nicht fremd gewesen. Einer seiner italienischen Anhänger, der zum Kreis um Wibert von Ravenna zählende Petrus Crassus, griff sogar auf das altrömische Privatrecht zurück, um dem Erbkaisertum ein außerkirchliches Fundament zu verschaffen. Heinrich IV. selbst hat stets an dem Grundprinzip der Wahrung seiner Würde und damit des *honor regni et imperii* festgehalten. Sogar der dem Salier so kritisch gegenüberstehende Lampert von Hersfeld äußerte über ihn, er habe in allen Widrigkeiten einen königlichen Sinn gezeigt, bereit, lieber zu sterben als zu unterliegen. Das Reich mußte in der Epoche Heinrichs IV. gewisse Einbußen an Machtmitteln und Herrschaftsansprüchen hinnehmen. Besitzübertragungen und sonstige Zugeständnisse an die Fürsten wurden notwendig, was deren Selbstbewußtsein und Selbständigkeit stärkte. Von einer Lehnsabhängigkeit Polens oder Ungarns konnte keine Rede mehr sein. Die Fürsten Mittel- und Süditaliens gingen ihre eigenen Wege. Man spricht wohl auch im Hinblick auf die letzten Jahre Heinrichs verallgemeinernd vom Sieg des Reformpapsttums. Unbestreitbar ist jedoch, daß der Kaiser seinem Sohn und Nachfolger eine Position hinterließ, die es diesem ermöglichte, den Kampf um das Königsrecht gegenüber Kirche und Hochadel weiterzuführen. Die Zukunft mußte zeigen, ob Heinrich V. in der Lage sein würde, das Reichsrecht zu vertreten und gleichzeitig den Kontakt zu der römischen Kurie nicht abreißen zu lassen.

Die Nachkommen Kaiser Heinrichs IV.

AUS DER EHE MIT BERTHA

1. ADELHEID
   * 1070
   † bald darauf

2. HEINRICH
   * 1071
   † bald darauf

3. AGNES
   * 1072/75
   † 24. 9. 1143
   1. ∞ 1079/89
   FRIEDRICH I. von Staufen, Herzog von Schwaben

   2. ∞ 1106
   LEOPOLD III. von Babenberg, Markgraf von Österreich

4. KONRAD
   * 12. 2. 1074
   † 27. 7. 1101 wohl in Florenz
   1076–1089: (weitgehend nominell) Herzog von Niederlothringen
   30. 5. 1087: in Aachen durch Erzbischof Siegwin von Köln zum
   (Mit-)König gekrönt
   1093: (nach dem Abfall von Heinrich IV.) in Monza und nochmals in
   Mailand von Erzbischof Anselm von Mailand zum König von Italien
   gekrönt
   1098: seiner Würden durch Kaiser Heinrich IV. enthoben

   ∞ (durch Vermittlung Papst Urbans II.)
   MAXIMILLA, Tochter des Grafen Roger I. von Sizilien

5. HEINRICH V.
   ∞ MATHILDE von England
   Siehe unter Kaiser Heinrich V.

Kaiser Heinrich V.

Kaiser Heinrich V.

* 1086
† 23. 5. 1125 in Utrecht
Grabstätte: Dom zu Speyer
Eltern: Kaiser Heinrich IV. und Bertha von Turin

∞ 7. 1. 1114 in Mainz
MATHILDE
Eltern: Heinrich I., König von England (1100–1135) und (seit 1106) Herzog der Normandie, und Mathilde (Edith), Tochter des Königs Malcolm III. von Schottland
* wohl 1102
† 10. 9. 1167 in Rouen
Grabstätte: Abtei Bec (Normandie)
Die Ehe blieb kinderlos

(Wohl) Mai 1098: in Mainz zum (Mit-)König gewählt, am 6. 1. 1099 in Aachen gekrönt
Anfang 1106: Antritt der selbständigen Regierung (nach vorhergegangenem Abfall von Kaiser Heinrich IV.), am 5. 1. in Mainz Entgegennahme der Reichsinsignien und Empfang erneuter Treueide
13. 4. 1111: in Rom von Papst Paschalis II. zum Kaiser gekrönt

Wichtige Quellen: Chronik Ekkehards von Aura, lateinisch-deutsch in: Freiherr vom Stein-Gedächtnisausgabe Bd. 15 (1972) S. 123ff. – Anonyme Kaiserchronik, ebd., S. 211ff. (für Heinrich V. geschrieben).

KAISER HEINRICH V.

Heinrich V. wurde, nachdem er im Alter von etwa zwölf Jahren[1] die Würde eines Mitkönigs erlangt hatte, mit der salischen Herrschaftspraxis vertraut gemacht. Wir hören, der Bischof Konrad von Utrecht sei sein Lehrer gewesen. Im April 1101 erfolgte zu Lüttich die Schwertleite des jüngeren Kaisersohnes. Er war nun für mündig erklärt, blieb aber von der Teilhabe an der großen Politik weithin ausgeschlossen. Der Gedanke liegt nahe, daß der junge König mit wachsender Unzufriedenheit verfolgte, wie sich die Fronten der salischen Politik weiter verhärteten und die Bedrohung der Dynastie zunahm, er dem allem aber tatenlos zusehen mußte. Der Abfall von Heinrich IV. Ende 1104 dürfte in kühler Berechnung und aus eigenem Antrieb erfolgt sein, wenngleich der Kaiser davon sprach, sein Sohn sei von falschen Ratgebern verführt worden.

Der König nahm sogleich Kontakt zu bayerischen und sächsischen Adelskreisen auf, die der Hirsauer Reformbewegung nahestanden. Er handelte mit bemerkenswerter Folgerichtigkeit. Indem er dem römischen Stuhl Gehorsam versprach, erlangte er die Billigung des Papstes für sein Vorgehen. Heinrich V. setzte sein dynastisches Interesse mit den reformkirchlichen Anliegen in eins – so schien es jedenfalls. Die Ausdehnung der Macht Heinrichs sollte der Einheit und inneren Erneuerung der Kirche zugute kommen. In Einklang mit dieser Politik wurden Bischöfe eingesetzt, die Papst Paschalis II. ergeben waren. Wie es scheint, wurde in den Anfängen der Regierung Heinrichs V. in Deutschland kein Widerspruch dagegen laut, daß er Bischofsinvestituren vornahm. Einen bedeutenden Erfolg konnte der König verzeichnen, als er im Mai 1105 auf einer Synode zu Nordhausen die Bischöfe und die Geistlichkeit Sachsens für seine Sache gewann. Dem sächsischen Stamm sagte er die Wahrung seines alten Rechtes zu. So konnte der König sich auf einen breiten Rückhalt in Kirche und Adel namentlich Sachsens stützen, als er den Kampf gegen seinen Vater aufnahm. Ein überraschender Schritt sicherte ihm zudem eine hochbedeutsame Anhängerschaft im Südosten. Nach dem Tode Herzog Friedrichs I. von Schwaben im Frühsommer 1105 arrangierte Heinrich V. eine Eheabsprache zwischen der Witwe – also seiner Schwester Agnes – und dem babenbergischen Markgrafen Leopold III. von Österreich. Allein schon die Aussicht auf diese Heirat, die 1106 tatsächlich zustande kam, veranlaßte den Babenberger, im Herbst 1105 von Heinrich IV. abzufallen.

Vom Epiphaniasfest des Jahres 1106 an, als zu Mainz die Reichsinsignien

---

1 Die neuere Forschung setzt die Geburt Heinrichs nicht mehr – wie eine zeitgenössische Quelle angibt – in das Jahr 1081, sondern nimmt 1086 an. Vgl. R. Gaettens, Das Geburtsjahr Heinrichs V. 1081 oder 1086? ZRG GA 79 (1962) S. 52ff.

dem jungen König überreicht wurden, päpstliche Legaten ihn durch Handauflegung weihten und die Fürsten ihm neuerlich Treue gelobten, datierte Heinrich V. seine Herrschaftsjahre. Nach dem Tode des Kaisers im August 1106 war er allgemein anerkannt, hatte aber prinzipiell dieselben politischen Lasten zu tragen wie in den Jahren vorher sein Vater. Hierbei stand der Streitpunkt der Laieninvestitur voran. Paschalis II. sandte 1105 an Erzbischof Ruthard von Mainz einen Brief, der erkennen ließ, daß die Kurie in dieser Frage zu keinem Entgegenkommen bereit war. Seit dem Pontifikat Urbans II. hatte sich der Konflikt zwischen den Königreichen und dem Papsttum auf die Investiturproblematik zugespitzt und gleichzeitig verengt. Vor der Synode von Clermont 1095 hatte dieser Papst das Homagium (= Handgang) und die Eidesleistung von Klerikern untersagt, weil nicht geduldet werden könne, daß diese ihre geweihten Hände in die blutbefleckten eines Laien legen. Ein Geistlicher sollte also nicht Lehnsmann werden dürfen. Diese Forderung tangierte insbesondere den König von England, dessen Bischöfe fast ausnahmslos die Position von geistlichen Kronvasallen einnahmen. Im »anglonormannischen Reich«, wie die Länderverbindung England/Normandie genannt wird,[2] und in Frankreich mußte man sich ebenso mit der Investiturfrage auseinandersetzen wie in Deutschland. Die Klärung der damit verbundenen Probleme wurde nun verstärkt von der kirchenrechtlichen Wissenschaft wahrgenommen. Die gelehrten Kanonisten konnten dabei an die schon früher gelegentlich geäußerte Auffassung anknüpfen, daß man zwischen den Spiritualien, also dem geistlichen Amt, und den Temporalien, dem von der Königsgewalt den Kirchen überlassenen Besitz, unterscheiden müsse. Der Kanonist Ivo von Chartres stellte 1097 in einem Brief fest, die Könige dürften, wenn eine kanonische Wahl vorgenommen sei, eine *concessio* (Übertragung) an den Elekten vornehmen. Diese beziehe sich nicht auf das geistliche Amt, sondern nur auf die weltlichen Güter der jeweiligen Kirche, die vom König herstammten. Allerdings dürften die Herrscher bei dieser Verleihung keine geistlichen Symbole benützen. Auf der von Ivo und anderen Gelehrten gebotenen gedanklichen Grundlage kam es zu einer Einigung zwischen Paschalis II. und König Philipp I. von Frankreich sowie bald auch König Heinrich I. von England. Die Herrscher der Westreiche sollten das Recht haben, eine Temporalieninvestitur im Sinne Ivos von Chartres vorzunehmen. Heinrich I. erreichte sogar für sich – vielleicht nicht auch für seine Nachfolger – das Zugeständnis, daß er vom Bischofselekten die vasallitische Huldigung fordern dürfe.

Diese westeuropäischen Entwicklungen sind zweifellos im Umkreis Heinrichs V. mit Aufmerksamkeit verfolgt worden. Namentlich die Übereinkunft

2 Herzog Wilhelm II. von der Normandie hatte nach dem Tode des angelsächsischen Königs Edward des Bekenners († 5. 1. 1066) Erbansprüche auf dessen Reich angemeldet und es erobert. Er regierte von da an als König Wilhelm I. über England und die Normandie (1066–1087). 1087 wurde das »anglonormannische Reich« unter zwei Söhne des Eroberers geteilt. 1100 bestieg der jüngste Sohn des Eroberers, Heinrich I., den englischen Thron. 1106 gelang ihm die Wiedervereinigung der Normandie mit England.

zwischen der Kurie und England, welche 1105 erzielt und 1107 auf einem Hoftag zu London öffentlich verkündet wurde, dürfte dem salischen Hof in den Einzelheiten bekannt geworden sein. Auch in Deutschland machte man sich Gedanken darüber, wie eine Absprache mit der Kurie – auf der Basis der Überlegungen Ivos? – aussehen könnte. Im Herbst 1106 ging eine Delegation unter Leitung des Erzbischofs Bruno von Trier nach Oberitalien. Auf einer Synode zu Guastalla wurde mit dem Papst über das »Recht des Reiches« gesprochen, ohne daß eine Einigung zustande kam. Paschalis erneuerte das von seinem Vorgänger verkündete Investiturverbot. Von Norditalien aus ging der Papst nach Frankreich. Dort haben Abgesandte des deutschen Hofes weitere Verhandlungen mit ihm geführt, doch blieben diese ohne Erfolg. Die Kontakte wurden deshalb für geraume Zeit unterbrochen.

Im deutschen Regnum herrschte während der ersten Regierungsjahre Heinrichs V. weitgehend Ruhe, sieht man von Niederlothringen ab, wo Heinrich IV. seine letzte Bastion fand und wo vom Frühjahr 1106 an zwei Rivalen im Kampf um die Herzogswürde einander gegenüberstanden. Heinrich V. setzte den Herzog Heinrich, der zum Kaiser hielt, ab und verlieh Niederlothringen an den Grafen Gottfried von Löwen. Beide führten fortan den Herzogstitel, keiner konnte den anderen verdrängen. In Sachsen erlosch mit dem Tode des Herzogs Magnus (August 1106) der Mannesstamm des billungischen Hauses. Damit bot sich dem König die Möglichkeit, im Norden Deutschlands eine Art Balance zwischen mehreren großen Familien herzustellen. Die Eigengüter des Billungers gingen an seine Schwiegersöhne, den Welfen Heinrich den Schwarzen[3] und den Askanier Otto von Ballenstedt; die sächsische Herzogswürde aber wurde dem Grafen Lothar von Supplinburg übertragen. Heinrich V. mochte glauben, mit der Zerschlagung der billungischen Machtbasis das »sächsische Problem« dauerhaft entschärft zu haben. Doch bald sollte sich zeigen, daß er mit Lothar einen ungemein machtbewußten Mann, der zum Mittelpunkt oppositioneller Kräfte werden konnte, in den Sattel gehoben hatte. Erfolgreich griff Heinrich in Böhmen ein, wo er Erbstreitigkeiten innerhalb des přemyslidischen Herzogshauses beilegte und die deutsche Lehnshoheit sicherte. Dagegen erreichten Feldzüge nach Ungarn 1108 und nach Polen 1109 nicht das Ziel, diese Reiche wieder enger an das deutsche Königtum zu binden. Von weitreichender Bedeutung war ein Bündnis, das der König 1110 mit England abschloß. Während das Papsttum sich in diesen Jahren deutlich an Frankreich anlehnte, setzte der Salier auf das finanzkräftige Reich der Anglonormannen. Er verlobte sich am Osterfest 1110 in Utrecht mit Mathilde, der achtjährigen Tochter König Heinrichs I. Am 25. 7. trug die Braut Heinrichs in Mainz erstmals die Königskrone. Für die nächsten Jahre wurde Mathilde der Obhut Brunos von Trier anvertraut.

Ende 1109 waren in Rom die Verhandlungen über die Investiturfrage wieder-

---

3   Heinrich der Schwarze war der jüngere Sohn des Bayernherzogs Welf IV. († 1101). Nach dessen Tod folgte Welf V., 1120 Heinrich der Schwarze in der herzoglichen Würde.

aufgenommen worden. Zu den Anführern der deutschen Gesandtschaft zählten nun neben dem bewährten Erzbischof Bruno von Trier auch der Kölner Metropolit Friedrich und der Kanzler Adalbert. Dieser, ein Angehöriger der Grafenfamilie von Saarbrücken, ist zweifellos einer der fähigsten Mitarbeiter Heinrichs gewesen. Allerdings war Adalbert von unstillbarem Ehrgeiz erfüllt, und hier liegt der Grund dafür, daß er sich innerhalb weniger Jahre vom vertrauten Berater zum schärfsten Gegner des Saliers wandelte. Die Gesandten waren offenbar autorisiert, dem Papst den Verzicht auf die geistlichen Symbole Ring und Stab in Aussicht zu stellen, wenn eine Übereinkunft erreicht werde. Der deutsche Hof machte sich die grundsätzliche Unterscheidung von Spiritualien und Temporalien (oder Regalien) zu eigen. An der Investitur mit den »Regalien«, das heißt den vom König herrührenden weltlichen Rechten und Gütern, sollte aber unbedingt festgehalten werden. Die Fühlungnahme mit der Kurie hatte wohl eher vorbereitenden Charakter, denn der Romzug Heinrichs V., der den Gewinn der Kaiserkrone bringen sollte, stand bevor.

Im August 1110 brach Heinrich V. mit einem bedeutenden Ritterheer zu der Fahrt nach dem Süden auf. Der Geschichtsschreiber Otto von Freising – ein Neffe Heinrichs – erzählt dreieinhalb Jahrzehnte später in seiner Weltchronik, wie in der Ebene am Po die Musterung stattfand – und welch überwältigenden Anblick das weitgespannte Lager bot, als des Nachts jeder Ritter vor seinem Zelt eine Fackel aufgesteckt hatte. Angesichts dieses Aufgebotes regte sich in Italien kein Widerstand. Auch die Markgräfin Mathilde war bereit, die Reichsautorität anzuerkennen. Anfang Februar 1111 stand das Heer vor Rom. Paschalis II. hatte bis dahin keinerlei Bereitschaft zu einem Kompromiß in der Investiturfrage gezeigt. Nun aber unterbreitete er einen radikalen Vorschlag, dem man kühne Folgerichtigkeit nicht absprechen kann. Eine völlige Trennung von Spiritualien und Temporalien sollte diesem Plan zufolge ins Werk gesetzt werden. Die Delegierten des Königshofes hatten argumentiert, das Reich könne auf die aus dem Reichskirchengut resultierenden Dienste der geistlichen Großen nicht verzichten. Hier nun setzte die Konzeption des Papstes an. Er bot die Rückgabe aller vom Reich stammenden Güter und Rechte an das Königtum an, wenn Heinrich V. im Gegenzug auf die Investitur verzichte. Den Kirchen sollten also nur die Schenkungen aus privater Hand sowie die Zehnten und Stolgebühren als finanzielle Ausstattung verbleiben. Der König hat das Angebot des Papstes angenommen. Paschalis war bereit, die deutschen Bischöfe und Äbte zur Zustimmung zu zwingen, notfalls durch Verhängung des Bannes über Widerspenstige. Die Rückgabe der Regalien konnte als Teil des kirchlichen Reformprogramms hingestellt werden, insofern dieses die Lösung des Klerus aus weltlichen Verstrickungen verlangte.

Sah Heinrich V. voraus, daß der päpstliche Vorschlag undurchführbar war? Mußte er dies nicht in Kenntnis der Mentalität seiner Reichsbischöfe und auch im Hinblick auf die Interessen der weltlichen Fürsten, die ebenfalls von den Konsequenzen betroffen waren, voraussetzen? Der König hat jedenfalls das Spiel mitgemacht, weshalb ihm die Nachwelt vielfach blanken Zynismus vorwarf. Am 4. 2. kam es in der römischen Kirche S. Maria in Turri zum Abschluß eines Vorvertrages mit päpstlichen Abgesandten, der von Heinrich wenige Tage später in Sutri bestätigt wurde. Der Salier leistete dem Papst einen Sicherheitseid. Paschalis II. sagte die Kaiserkrönung zu. Bei der Vornahme des Aktes sollten der Investiturverzicht des Reiches und der Verzicht der Kirche auf die Regalien öffentlich bekanntgemacht werden.

Der 12. 2. war der für die Kaiserkrönung in der Peterskirche vorgesehene Tag. Scharen des römischen Volkes zogen Heinrich entgegen und geleiteten ihn in die Leostadt. Als er während der Krönungshandlung, noch vor dem Empfang der imperialen Krone, zu seiner Erklärung ansetzte, bemächtigte sich der Umstehenden eine gewaltige Spannung. Die Verkündung Heinrichs, er werde sich nicht mehr in die Investitur einmischen, sobald der Papst seine Gegenzusage verwirklicht habe, wurde noch hingenommen. Als aber die Urkunde Paschalis' verlesen wurde, welche die Rückgabe der Regalien an das Reich anordnete, brach ein Sturm der Entrüstung los. Die deutschen Bischöfe und auch weltliche Große erhoben heftigen Widerspruch und Protest. Der allgemeine Tumult machte den Fortgang der feierlichen Handlung unmöglich. (Neben den Bischöfen beschuldigten auch die radikalen Anhänger der Kirchenreform den Papst der Häresie. Dem Episkopat galt der Schritt, der die weltliche Machtposition der geistlichen Großen beendet hätte, als ketzerisch. Und die Reformer gründeten ihren Vorwurf auf die nach ihrer Meinung unzulässige Entfremdung kirchlichen Gutes.) Als sich herausstellte, daß der Papst den Widerstand nicht überwinden und seine Zusage nicht einhalten konnte, forderte Heinrich V. von ihm die Anerkennung des königlichen Investiturrechtes und den weiteren Vollzug der Kaiserkrönung. Paschalis lehnte es ab, die Investitur zuzugestehen. Daraufhin ließ sich der König dazu hinreißen, den Papst in Haft zu nehmen. Die Kunde von dem Geschehen verbreitete sich währenddessen eilends in den Vierteln Roms. Überraschung und Empörung griffen bei den Bürgern um sich. Es kam zu heftigen Kämpfen zwischen der Stadtbevölkerung und den Deutschen. Nach Ablauf einiger Tage verließ Heinrich mit seinen Truppen die Ewige Stadt und führte den Papst samt einer Anzahl von Kardinälen als Gefangene mit.

In kalter Rücksichtslosigkeit nützte der Salier die Situation, welche er wohl nicht absichtlich herbeigeführt hatte, zu seinen Gunsten aus. Paschalis II. hielt den Entbehrungen in der Haft nicht stand und machte dem König in einer erzwungenen Urkunde, die am 12. 4. zu Ponte Mammolo ausgestellt wurde, weitgehende Zugeständnisse: Heinrich sollte demnach das Recht haben, einen kanonisch gewählten Bischof mit Ring und Stab zu investieren; dies sollte vor der Weihe geschehen, und ohne Investitur war eine Weihe nicht zulässig; überdies versprach der Papst, Heinrich zum Kaiser zu krönen und niemals die Exkommunikation über ihn zu verhängen. Selbst wenn nur eine Investitur mit den Temporalien gemeint war, stellte dieses Abkommen für den Augenblick einen großen Erfolg des Königs dar. Freilich waren Zweifel angebracht, ob die Zusagen des

Papstes, der nun wie auch sein Gefolge freigelassen wurde, dauerhafte Gültigkeit erlangen konnten.

Am 13. 4. 1111 fand die Kaiserkrönung in Rom statt. Bald darauf trat Heinrich V. den Rückweg nach Deutschland an. Bei einer Zusammenkunft mit der Markgräfin Mathilde wurde er von dieser als Erbe ihrer Hausgüter eingesetzt, wie immer sich dies mit der früheren Übertragung an die römische Kirche vereinbaren ließ. Die »mathildischen Güter« sind das gesamte 12. Jahrhundert hindurch ein Zankapfel zwischen Papsttum und Kaisertum geblieben. Anfang August 1111 war Heinrich V. in Speyer. Der Sieg über die Kurie fand symbolischen Ausdruck in einem Akt, der am 7. 8., dem Todestag Heinrichs IV., vorgenommen wurde. Im Rahmen einer mit allem liturgischen Prunk gestalteten Feier ließ der Salier nun den Leichnam seines Vaters in der Krypta des Domes, an der Seite seiner Vorgänger, beisetzen. War diese Handlung auch als ein Zeichen gedacht, daß der Kaiser nun ganz in die deutschlandpolitischen Bahnen seines Vaters und Großvaters einlenken würde?

So ist es jedenfalls von 1111/12 an geschehen. Heinrich V. nahm nach der Rückkehr aus Italien die salische Territorialpolitik in Sachsen wie im Mittelrheingebiet zielstrebig wieder auf. Er dachte wohl auch daran, ertragsstarke Steuern einzuführen, wobei ihm der Aufbau eines Administrativsystems nach englischem Vorbild vorgeschwebt haben mag. Der Neuansatz zur Stärkung der Reichsgewalt mußte allerdings fast zwangsläufig die davon betroffenen Fürsten auf den Plan rufen. Der Kaiser hat deren Widerstand gewiß vorausgesehen. Schmerzlich und unerwartet aber traf ihn, daß sein bisheriger Kanzler Adalbert, nachdem er ihn im Sommer 1111 als Erzbischof von Mainz investiert hatte, in die Front der Gegner eintrat und sogar deren Führung übernahm. Der hauptsächliche Grund lag darin, daß der Saarbrücker Grafensohn eine weitausgreifende mainzische Expansionspolitik einleitete, die mit den salischen Territorialinteressen zusammenstieß. Der Kaiser stützte sich bei seiner Erwerbs- und Rekuperationspolitik auf die Reichsministerialität. Ob er zu den rheinischen Bürgerschaften ein so enges Verhältnis anstrebte wie einst sein Vater, scheint nicht sicher. Er gewährte wohl den Städten Speyer und Worms Privilegien, welche das Eigenrecht der Bewohner gegenüber den bischöflichen Stadtherren ausweiteten. Doch kann man nur mit Einschränkung von einem bestehenden Bündnis sprechen. Es fällt auf, daß die Kölner Bürger zwischen Anlehnung an den Kaiser und Anschluß an ihren Erzbischof schwankten. Und die Mainzer Bürgerschaft stand im Konflikt zwischen Erzbischof Adalbert und Heinrich V. durchaus an der Seite ihres Stadtherrn – auch und gerade, als dieser Ende 1112 auf Befehl des Kaisers in Haft genommen wurde. Die salische Territorialpolitik ist in den Rheinlanden auf Widerstand und Abwehr gestoßen. Und was Sachsen betrifft, so ist dort wiederum eine weitverzweigte Oppositionsgruppe herangewachsen. Der alte salisch-sächsische Gegensatz flammte neu auf. Es kam zu militärischen Zusammenstößen, wobei die kaiserlichen Truppen zunächst das Feld behaupten konnten.

Obwohl in verschiedenen Landschaften dunkle Wolken aufzogen, fällt in das

Jahr 1114 doch noch ein Höhepunkt der Epoche Heinrichs V. Am Fest der Erscheinung des Herrn wurde in Mainz ein glanzvoller Hoftag abgehalten, an dem Bischöfe, Fürsten, sonstige Adelige und Kleriker in großer Zahl teilnahmen. Der Herzog Wladislaw von Böhmen amtierte als oberster Mundschenk, wodurch die nun schon selbstverständlich gewordene Position seiner Lande innerhalb des Reiches sinnfällig angezeigt wurde. Am 7. 1. heiratete der Kaiser seine englische Verlobte Mathilde. Die anonyme Kaiserchronik würdigt eingehend diese Verbindung, der freilich keine Kinder beschieden sein sollten. Die Chronik spricht von der Braut als »einer Jungfrau von adeligen Sitten und von schöner und lieblicher Gestalt, die man für die Zierde und die Ehre sowohl des römischen Kaiserreiches wie des englischen Königreiches *(decus et gloria tam Romani imperii quam Anglici regni)* hielt. Sie stammte nämlich beiderseits aus einem seit langem hochadeligen und königlichen Geschlecht,[4] und in ihren Worten und Werken erstrahlte das Beispiel zukünftiger überreicher Güte, so daß alle wünschten, sie werde die Mutter des Erben des römischen Reiches sein.«[5] Der Salier hat – anders als einst sein Großvater – Spielleute in großer Zahl zugelassen, die das Fest verschönten und reiche Geschenke erhielten.

Auf dem Mainzer Tag erschienen der Sachsenherzog Lothar, der am antisalischen Widerstand der letzten Jahre beteiligt gewesen war, und sein Bundesgenosse Ludwig von Thüringen, um ihren Frieden mit dem Kaiser zu machen. Beide baten um Vergebung für ihre Vergehen. Der Supplinburger wurde, nachdem er sich zu einer demütigenden Geste der Unterwerfung verstanden hatte, in Gnaden wiederaufgenommen. Der Thüringer aber wurde in Gefangenschaft abgeführt. Heinrich zeigte hier wie in anderen Fällen eine unkluge Härte, welche die Fürsten verstimmte. Vermutlich trug diese Strenge dazu bei, dem Kaiser manche seiner Anhänger zu entfremden, deren Rat und Hilfe er später bitter nötig gehabt hätte. Im Januar 1114 wurde eine Heerfahrt gegen die Friesen beschlossen, die Gehorsam und Abgaben verweigerten. Es fällt in der Retrospektive schwer, die Friesen als einen wirklich gefährlichen Gegner zu betrachten. Aber gerade dieser Feldzug im Nordwesten leitete binnen kurzer Zeit einen rapiden Niedergang der Stellung Heinrichs V. in Deutschland ein. Zahlreiche niederrheinische Große, darunter der Erzbischof Friedrich von Köln, machten mit den Aufrührern gemeinsame Sache. Als die Truppen Heinrichs im Oktober 1114 bei Andernach eine Schlappe

---

4   Mathilde stammte über ihren Vater von König Wilhelm I. dem Eroberer und den älteren Herzögen der Normandie ab. Ihre Mutter kam aus dem schottischen Königshaus. Über ihre Großmutter mütterlicherseits konnte sie die Abkunft auf das alte angelsächsische Königshaus zurückführen, denn diese war eine Enkelin des Königs Edmund Eisenseite († 1016).

5   Zu den Kindern Mathildes aus ihrer zweiten Ehe s. Anmerkung 8. Heinrich V. hatte – wenn ein Bericht des Chronisten Petrus Diaconus von Monte Cassino zutrifft – eine uneheliche Tochter Bertha, die mit Graf Ptolemäus von Tusculum vermählt wurde. – Die Königin Mathilde nahm in der Folge als *consors regni* an den Regierungsgeschäften teil. Sie präsidierte zum Beispiel 1116 zeitweise dem Hofgericht in Oberitalien. Über ihr Wirken an der Seite Heinrichs V.: K. Schnith, »Kaiserin« Mathilde, in: Großbritannien und Deutschland, Festschrift für J. W. P. Bourke (1974) S. 166ff.

erlitten, schlossen sich auch die Sachsen der Aufstandsbewegung an. Der Druck wurde so stark, daß der Kaiser es für geraten hielt, dem Verlangen der Mainzer Bürger nachzugeben und ihren Erzbischof freizulassen. Schließlich suchte Heinrich eine militärische Entscheidung an der sächsischen Front. Dort brachten die Rebellen, die unter dem Kommando Lothars von Supplinburg standen, am 11. 2. 1115 in der Schlacht am Welfesholz (bei Eisleben) dem kaiserlichen Heer eine schwere Niederlage bei; sein bewährter Anführer, Graf Hoyer von Mansfeld, fand den Tod. Die salische Position im Norden, und nicht nur dort, war stark erschüttert.

Offenbar wirkte bei dem 1115 rasch um sich greifenden Abfall von der kaiserlichen Sache auch der Umstand mit, daß ein päpstlicher Legat in Deutschland eigenmächtig den Bann über Heinrich verkündete. Paschalis II. hat sich zu diesem Schritt niemals durchgerungen, obwohl die Reformpartei ihn zu scharfem Vorgehen drängte. Die römischen Ereignisse des Jahres 1111 hatten den Papst in anhaltend schwere Bedrängnis gestürzt. Auf einer Synode im März 1112 gab er an, das Privileg von Ponte Mammolo nur unter Zwang ausgestellt zu haben. Die Versammlung verurteilte die Urkunde als »Pravileg« (= Versündigung) und erklärte den Inhalt für ungültig. Ein halbes Jahr darauf war es soweit, daß auf einer südfranzösischen Synode der Erzbischof Guido von Vienne die Exkommunikation über den Kaiser verhängte. Die Verkündung der Bannsentenz im deutschen Regnum schloß sich dem an. Das »gregorianische« Lager zeigte kompromißlose Härte. Jede Art von Laieninvestitur sollte streng verboten sein. So gab es um diese Zeit keine Grundlage für weitere Verhandlungen zwischen Imperium und Sacerdotium. Solche Kontakte kamen erst von 1116 an wieder in Sicht, als der Abt Pontius von Cluny auf Wunsch des Kaisers vermittelnd zu wirken begann. Diese Aktion war Teil eines größeren Planes. Heinrich dachte daran, selbst ein zweitesmal nach Rom zu gehen und dort Gespräche zu führen. Es war wieder einer der für die Zeitgenossen überraschenden Entschlüsse des Kaisers, daß er sich im März 1116 von neuem nach Italien wandte.

Der zweite Italienzug wurde möglich, weil immerhin der deutsche Süden dem Salier doch weitgehend treu geblieben war. Er konnte sich auf seine dortigen Parteigänger verlassen. Heinrich machte sich mit kleinem Gefolge auf den Weg. In Italien ging es zunächst darum, das Erbe der im Vorjahr verstorbenen Markgräfin von Tuszien anzutreten und so die Basis der Königsherrschaft entscheidend zu stärken. Dies gelang ohne größere Schwierigkeiten. Anfang 1117 zog der Kaiser, der von seiner Gemahlin begleitet wurde, in Rom ein. Der Papst war vorher nach Unteritalien ausgewichen. Trotzdem kam es im Lauf des Jahres 1117 zu verdeckten Verhandlungen mit der Kurie über das Investiturproblem. Nach dem Tode Paschalis' II. trat im Januar 1118 Johannes von Gaeta, der bisher schon als Kanzler der römischen Kirche für den Ausgleich eingetreten war, als Papst Gelasius II. die Nachfolge an. Nicht recht verständlich ist es, warum Heinrich V. diesem Papst, der sich zu weiteren Gesprächen bereit erklärte, einen Gegenpapst entgegenstellte: den Erzbischof Mauritius von Braga (in Portugal),

KAISER HEINRICH V.

der sich Gregor VIII. nannte. Vermutlich folgte der Kaiser bei dieser Entscheidung den Wünschen bestimmter Kreise des römischen Stadtadels. Er vereitelte damit jegliche Aussicht auf baldige Verständigung mit der Kurie. Es kam, wie es kommen mußte: Gelasius II. verhängte den Bann über Heinrich (Palmsonntag 1118). Als diese Wendung der Dinge in Deutschland bekannt wurde, nützte die Fürstenopposition sogleich die Chance, sich als »kirchliche Partei« auszugeben. Sogar die Absetzung Heinrichs V., der im August eilends über die Alpen zurückkehrte, wurde ernsthaft erwogen. Der Kaiser hat seinen Papst im Stich gelassen. Gregor VIII. fiel 1121 in die Hände seiner Gegner und wurde in ein Kloster eingewiesen. Das Gegenpapsttum war damit am Ende. Im deutschen Regnum aber konnte die salische Position stabilisiert werden.

Als nach dem kurzen Pontifikat Gelasius' II. († 29. 1. 1119) mit Guido von Vienne ein unerbittlicher Gegner des Kaisers zum Papst gewählt wurde, war schwerlich vorauszusehen, daß nun doch der Streit um die Investitur in seine letzte Phase eintrat. Guido nannte sich Calixtus II. (1119–1124). Die Gegensätze milderten sich, weil sowohl im Reich wie an der Kurie diejenigen Kräfte an Boden gewannen, die ein Ende der Auseinandersetzung forderten. Heinrich V. wie auch Calixtus II. mußten auf die wachsende Friedensneigung Rücksicht nehmen. Im Lauf des Jahres 1119 kam es – wiederum unter Beteiligung des Abtes von Cluny – zu Gesprächen zwischen beiden Seiten, und es wurde eine weitgehende Annäherung der Standpunkte erreicht, sogar schon ein Vertragsentwurf formuliert. Der Kaiser war bereit, auf den Akt der Investitur in der bisherigen Form zu verzichten, wenn im übrigen seine Rechte und Ansprüche gegenüber der Reichskirche bestehen blieben. Calixtus hielt im Oktober ein Konzil in Reims ab und reiste von dort nach Mouzon an der Maas, um bei einem persönlichen Treffen mit Heinrich V. – dessen entfernter Verwandter er übrigens war – das Abkommen zu besiegeln. Im letzten Augenblick aber scheiterte die Einigung. Der Grund hierfür läßt sich aus den Quellen nicht mit völliger Sicherheit erschließen. Wahrscheinlich war es so, daß die kuriale Seite ihre Forderungen verschärfte und von Heinrich die ausdrückliche Aufgabe auch der Temporalieninvestitur verlangte. Dies wäre ein Rückschritt hinter die Übereinkunft gewesen, welche der Schwiegervater Heinrichs längst schon erzielt hatte. Der Salier war nicht bereit, sich mit weniger zu begnügen, als Heinrich I. von England zugestanden worden war. Ohne eine feste Basis für die Servitialleistungen der Kirchen konnte es nach Auffassung des Kaiserhofes keinen Abschluß geben. Der Papst kehrte ohne Ergebnis nach Reims zurück und wollte im Zusammenwirken mit der Synode, die nun fortgesetzt wurde, ein absolutes Investiturverbot erlassen. Er stieß jedoch mit dieser starren Haltung auf Widerspruch. Viele Teilnehmer der Versammlung waren der Ansicht, daß die Temporalieninvestitur dem Kaiser zugestanden werden könne und solle. Calixtus II. mußte sich damit begnügen, die Laieninvestitur in allgemeiner Form zu verurteilen und den Bann über Heinrich zu erneuern.

Der in Gang gekommene Verhandlungsprozeß ließ sich nur noch zeitweise unterbrechen, nicht mehr gänzlich anhalten. In Deutschland unternahm zwar

Adalbert von Mainz alles, um die salische Position zu schwächen. Er war nun zum päpstlichen Legaten ernannt und konnte sich auf die apostolische Autorität berufen. Es gelang ihm aber nicht, die Herzöge von Bayern und Schwaben in das Lager der Opposition zu ziehen. Und manche von deren herausragenden Exponenten, wie der Erzbischof Friedrich von Köln, wünschten die Beilegung der innerdeutschen Auseinandersetzung. Als im Frühjahr 1121 Heinrich V. vom Elsaß her mit einem starken Aufgebot gegen Mainz vorstieß und Erzbischof Adalbert in Sachsen ein Heer aufstellte, um die Kaiserlichen zurückzuschlagen, griffen die Fürsten ein. Magnaten aus den gegnerischen Parteien traten zu Gesprächen zusammen und kamen überein, vom Kampf abzusehen. Daraufhin konnten auch Heinrich V. und Adalbert den Streit nicht weiterführen. Auf einem Tag zu Würzburg im September wurde die Auseinandersetzung im Reich für beendet erklärt und ein gemeinsames Vorgehen beschlossen, um zum Frieden mit der Kurie zu gelangen. Heinrich sollte dem Papst Gehorsam leisten; die Fürsten aber würden an einem Vergleich mitwirken, der die Rechte des Reiches wahrte. Für die künftige deutsche Verfassungsentwicklung ist es von großer Bedeutung gewesen, daß hier nach dem Verständnis der Fürsten das Reich erstmals nicht mehr durch den Herrscher, sondern durch die Magnaten repräsentiert wurde.

Der Papst mußte in Rechnung stellen, daß Kaiser und Reich in der Investiturfrage eine geschlossene Haltung einnahmen. Anfang 1122 war die Kurie bereit, die in Mouzon abgebrochenen Gespräche wiederaufzunehmen. Drei Kardinäle wurden nach Deutschland entsandt. Sie verfügten über weitgehende Vollmachten. Kein Zweifel, daß bei den nun folgenden Verhandlungen Heinrich V. nicht etwa durch die Fürsten ausgeschaltet war, sondern ein entscheidendes Wort mitzusprechen hatte. Er verhinderte den Plan der Legaten, ein Konzil nach Mainz, also in die Residenzstadt seines erklärten Gegners Adalbert, einzuberufen. Schließlich kam man überein, die Schlußverhandlungen vor den Toren einer »kaiserlichen« Stadt, nämlich auf der Ebene Lobwisen bei Worms, durchzuführen. Am 23. 9. 1122 konnte dort das sogenannte Wormser Konkordat öffentlich verkündet werden, welches den jahrzehntelangen Streit um das Investiturrecht in Deutschland, Italien und Burgund durch einen Kompromiß beendete. Die Regelung wurde in zwei Dokumenten niedergelegt: einer Urkunde Heinrichs V. für die römische Kirche und den Papst und einer Urkunde Calixtus' II. für Heinrich persönlich. Als die Übereinkunft erreicht war, wurde der Kaiser in die Gemeinschaft der Kirche wiederaufgenommen.

Das Wormser Konkordat ermöglichte es dem Königtum, zumindest in Deutschland weiterhin die Kirche in den Dienst des Reiches zu stellen. Die Einigung erfolgte auf der Grundlage der Trennung von Spiritualien und Temporalien. Der Salier verzichtete, wie es diesem Prinzip entsprach, auf den Gebrauch der geistlichen Symbole Ring und Stab. Er gestand zudem allen Kirchen kanonische Wahl und freie Weihe zu. Das Recht des Reiches wurde insofern gewahrt, als die Wahlen im deutschen Regnum – wie der Papst einräumte – in Gegenwart des Königs stattfinden sollten; bei zwiespältigen Wahlen wurde diesem sogar die

Entscheidung zugebilligt – gemeinsam mit dem zuständigen Metropoliten und den Suffraganbischöfen. Von größter Wichtigkeit für Heinrich war das Zugeständnis des Papstes, der Gewählte solle vom König »mit dem Zepter die Regalien erhalten« und dafür »das leisten, was er von Rechts wegen schuldig ist«. Das von kurialer Seite so lange bestrittene Recht der königlichen Temporalieninvestitur wurde also anerkannt. Den deutschen Bischöfen war es fortan erlaubt, dem Herrscher Homagium und Treueid zu leisten, auch wenn dies im Wormser Konkordat nicht ausdrücklich gesagt wird. Die Bischöfe sind in der Folgezeit ganz in das Lehnssystem des Reiches hineingenommen worden. In Deutschland sollte die Regalieninvestitur vor der kirchlichen Weihe erfolgen; in Italien und Burgund sollte sie der Weihe innerhalb von sechs Monaten nachfolgen, weshalb die Investitur dort an Bedeutsamkeit verlor. Am päpstlichen Hof wurde später die Ansicht vertreten, die Zugeständnisse des Papstes seien nur Heinrich V., nicht aber seinen Nachfolgern gemacht worden. Die Calixtus-Urkunde läßt sich in der Tat so verstehen. Dies ändert aber nichts daran, daß die Kurie 1122 deutsches Gewohnheitsrecht hinsichtlich der Bestellung von Bischöfen und Äbten anerkannt hat, und dieser Schritt ließ sich nicht mehr zurücknehmen.

Im Wormser Konkordat mußten beide Vertragspartner von ihren früher vertretenen Maximalpositionen Abstriche machen. Man sagt wohl, das geschichtlich gewordene Eigenkirchenrecht des Staates sei dem neuen kanonischen Recht der Kirche gewichen (K. Jordan) und das Papsttum habe sich in gewisser Weise als Sieger betrachten können. Daneben ist aber unbestreitbar, daß für Heinrich V. die gleiche Feststellung gilt wie für seinen Vater: Er hat das Reichsrecht gegenüber dem Papsttum klug und zäh verteidigt und das Fundament bewahrt, auf dem das deutsche Königtum ruhte. In den Jahren nach 1106 wurde der als unverzichtbar betrachtete Bestand an Reichsrechten gegenüber der Kirche definiert, und 1122 wurde über die Dienstpflichten der Bischöfe und Äbte eine interpretationsfähige Einigungsformel gefunden. So gesehen führte die Regierungszeit Heinrichs V. zu Ergebnissen, die allen Respekt verdienen.

Für den Sektor der innerdeutschen Politik läßt sich Ähnliches freilich kaum sagen. Der im Jahre 1121 verkündete Friede wurde in Niederlothringen nicht eingehalten. In Sachsen setzte Herzog Lothar von Supplinburg seinen Widerstand gegen die Reichsgewalt fort. Der Kaiser mußte die Erfahrung machen, daß die ihm zustehende Verfügungsgewalt über heimgefallene Lehen im Norden einfach mißachtet wurde. Er besaß nicht die Machtmittel, um sich dort durchzusetzen. Und auch in anderen Landschaften schwand die Anziehungskraft des salischen Herrschertums. Sogar die Staufer, die Söhne Friedrichs I. von Schwaben, scheinen sich dem Kaiser in gewissem Maß entfremdet zu haben; Herzog Friedrich II. und sein Bruder Konrad gingen in ihrer Territorialpolitik eigene Wege, ohne viel auf die salischen Interessen zu achten. Heinrich V. nahm in den letzten Lebensjahren seinen Aufenthalt oft am Oberrhein. Eine Blickrichtung nach dem Westen, auch über die deutschen Grenzen hinaus, wird erkennbar.

Heinrich I. von England stand, seitdem er die Normandie seinem Herrschaftsbereich hinzugefügt hatte, in einem scharfen machtpolitischen Gegensatz zu dem kapetingischen Königshof in Paris. Ziel der englischen Politik war es, den Besitz der Normandie abzusichern und vielleicht auch in umliegende Territorien auszugreifen. Die Hoffnung der anglonormannischen Dynastie ruhte auf dem Thronfolger, Prinz Wilhelm, dem einzigen ehelichen Sohn Heinrichs I. 1120 aber fand dieser Prinz bei einem Schiffsunglück vor der normannischen Küste den Tod. Heinrich I. betrachtete von da an seine Tochter Mathilde, nunmehr der einzige ehelich geborene Sproß der englischen Königslinie, als Nachfolgerin.[6] In diesem Zusammenhang schien sich eine gemeinsame englisch-deutsche Politik in Westeuropa anzubahnen. Für den Sommer 1124 wurde ein größeres Unternehmen geplant. Der Kaiser versuchte mit einem Heer in Frankreich einzufallen, um die militärischen Aktionen seines Schwiegervaters zu unterstützen. Aber das deutsche Aufgebot mußte schon in Lothringen umkehren, weil in seinem Rücken die Bürger von Worms einen Aufstand vom Zaun brachen. Vielleicht wurde dies sogar als willkommener Vorwand genommen, um den Feldzug abzubrechen, der zu diesem Zeitpunkt schon als aussichtslos erscheinen mußte. Bei der Kunde von dem bevorstehenden Angriff erfaßte nämlich ein patriotisches Gefühl den französischen Adel, der sich zur Abwehr der Gefahr um seinen König scharte. Das deutsche Heer war viel zu klein und wohl auch nicht entsprechend motiviert, um dieser nationalen Bewegung entgegentreten zu können. Das Vorhaben Heinrichs V. scheiterte also kläglich. Von da an hat der Kaiser keine größeren Aktionen mehr unternommen. Die Bürgerschaft von Worms wurde niedergeworfen. Im übrigen fällt auf, daß Heinrich sich jetzt ganz den Problemen der westlichsten Gebiete seines Herrschaftsbereiches zuwandte. Weihnachten 1124 beriet er in Straßburg mit burgundischen Großen über deren Angelegenheiten. Zu Ostern 1125 hielt er sich in Lüttich auf, wo er strenge, leider nur fragmentarisch überlieferte Landfriedensbestimmungen erließ.

Um diese Zeit war Heinrich V. bereits schwer erkrankt. Anfang Mai versprach er (»weil wir unter so schlimmer Krankheit leiden, daß wir keine sichere Hoffnung auf dieses zeitliche Leben mehr setzen können«), alle entfremdeten Kirchengüter zurückzugeben. Es war wohl ein krebsartiges Leiden, das nun voll zum Ausbruch kam. Heinrich begab sich nach Utrecht, wo sein Ahnherr Konrad II. gestorben war. Am Sterbelager des letzten Saliers weilten seine Gemahlin Mathilde, sein Neffe Friedrich II. von Schwaben und eine Anzahl weiterer Fürsten. Wie der Chronist Ekkehard von Aura berichtet, gab Heinrich V. den Umstehenden »Ratschläge zum Zustand des Reiches, so gut er konnte«. Der Staufer wurde als sein Erbe eingesetzt, Mathilde diesem anvertraut. Die Reichsinsignien sollten bis zum Zusammentreten der Fürsten auf der Burg Trifels (in der Pfalz) aufbewahrt werden. Am 23. 5., dem Samstag nach Pfingsten, starb der Kaiser in Utrecht. Sein Leichnam wurde nach Speyer überführt und in der

---

6 Der englische König heiratete zwar 1121 in zweiter Ehe Adelasia von Niederlothringen, doch waren dieser Verbindung keine Nachkommen beschieden.

Kaisergruft des Domes beigesetzt. Es fällt auf, daß die Quellen kaum etwas von spontaner Anteilnahme und Trauerbezeigungen weiterer Kreise des Volkes wissen. Ekkehard von Aura widmet dem Verstorbenen folgenden Nachruf: »Dieser nahm . . . zunächst unter dem Anschein der Frömmigkeit dem exkommunizierten Vater das Reich. Im festen Besitz der Würden änderte er sein Verhalten. Nachdem er dem apostolischen Stuhl zahlreiches Unrecht zugefügt hatte, blieb er stets hinter sich selbst zurück. Auf die Gerechtsame des Reiches wandte er wenig Sorgfalt. Er war von scharfem Verstand, tapfer und kühn, jedoch wenig glücklich im Kampf, versessen auf fremdes Gut. Wie man sagt, hatte er unendlich viel Geld zusammengetragen. Doch da er ohne Kinder starb, wußte er – ach! ach! – nicht, für wen er es gemäß der Schrift angehäuft hatte.«[7]

Die späteren Geschichtsschreiber haben Heinrich V. immer wieder Herzlosigkeit, Hinterlist, Brutalität vorgeworfen – verbunden freilich mit Weitblick, Mut und festem Willen. In solchen Urteilen wirkt die Erinnerung an seine »Frevel«, vor allem die Rebellion gegen den Vater und die Gefangennahme des Papstes, nach. Im Grunde wissen wir wenig über seine Persönlichkeit. Die Chronisten berichten kaum von der äußeren Erscheinung Heinrichs oder seinem Verhalten im Kreis der Vertrauten. Daß er mit Härte und Rücksichtslosigkeit zum Erfolg zu kommen suchte, ist nicht zu bezweifeln. Aber es konnte wohl nicht anders sein, als daß all die Maßlosigkeit und die Auflösung jeglicher Ordnung, welche Heinrich in seinen Jugendjahren erleben mußte, in ihm diese Härte wachsen ließ, die in den Inhalten und Aktionen seiner Politik zum Ausdruck kam.

Die salische Dynastie ist 1125 im Mannesstamm erloschen. Die Königswähler mußten entscheiden, ob der Staufer Friedrich II. nicht nur der Privaterbe Heinrichs V., sondern auch sein Nachfolger auf dem Thron sein sollte. Die Königin Mathilde lieferte die Reichsinsignien dem Erzbischof Adalbert von Mainz aus. Im Jahre 1126 kehrte Mathilde, einem dringenden Appell ihres Vaters folgend, an den englischen Königshof zurück.[8]

---

7 Bezugnahme auf Lukas 12,21: »Gott aber sprach zu ihm: Du Tor, noch in dieser Nacht wird man deine Seele von dir fordern! Wem wird dann das gehören, was du aufgespeichert hast? So geht es dem, der für sich Schätze aufhäuft, statt reich zu werden bei Gott.«

8 Obwohl offenbar nicht in Rom zur Kaiserin gekrönt, nannte sich Mathilde in den späteren Jahren doch *imperatrix*. Sie führte allerdings dabei das (in Deutschland oder Italien angefertigte?) Siegel einer Königin der Römer (DEI GRATIA ROMANORUM REGINA). In zweiter Ehe heiratete Mathilde 1128 den Grafen Gottfried von Anjou, dem sie drei Söhne schenkte (Heinrich, Gottfried und Wilhelm). Als Heinrich I. 1135 starb, beanspruchte die Kaiserin die Herrschaft über England und die Normandie. Sie suchte ihren Cousin Stephan von Blois, der sich überraschend zum König von England (1135–1154) ausrufen ließ, zu verdrängen. Es kam zu einem zerstörerischen Krieg zwischen Stephan und Mathilde. Man spricht vom Zeitalter der »Anarchie« in England. Obwohl das Haus Anjou schwere Rückschläge hinnehmen mußte, wurde der Thronanspruch nicht aufgegeben. Nach dem Tode König Stephans bestieg der älteste Sohn Mathildes als König Heinrich II. den englischen Thron († 1189). Er gilt mit Recht als der bedeutendste englische Herrscher des Hochmittelalters.

Nachleben und Wirkungen

Eine Reihe der späteren deutschen Königs- und Fürstendynastien stammt von den Saliern ab. Dies gilt unmittelbar für die Staufer und die Babenberger, die in enger verwandtschaftlicher Bindung zum salischen Geschlecht standen und – zumindest im 12. Jahrhundert – gar mit der früheren *stirps regia* in eins gesetzt wurden. Auf die Salier gehen zum Beispiel auch die Habsburger der neueren Zeit zurück, denn es läßt sich eine weitläufige Linie von Kaiser Heinrich IV. über die Staufer zu den Königen von Aragon und von da zu Kaiser Karl V. und Kaiser Ferdinand I. konstruieren.

Soweit die Salier im allgemeinen Geschichtsbewußtsein heute noch eine Stelle einnehmen, dominiert wohl – sieht man von dem Sonderfall »Canossa« ab – der Eindruck ihrer Schroffheit, Härte und Rücksichtslosigkeit. Dies, obwohl zu den vielleicht vorwaltenden Familieneigenschaften im Einzelfall eine jeweils besondere Ausrichtung hinzutritt: etwa bei Heinrich III. die Orientierung an idealistischen Zielsetzungen und sein hohes Verantwortungsbewußtsein, bei Heinrich IV. ein erstaunliches Maß an Flexibilität im politischen Kräftespiel. Allerdings: die heitere Liebenswürdigkeit, welche an den Staufern Friedrich Barbarossa oder Philipp von Schwaben gerühmt wird, ist für keinen der salischen Herrscher so recht bezeugt. Hier mag einer der Gründe dafür liegen, weshalb die Salier weniger als Repräsentanten »mittelalterlicher Kaiserherrlichkeit« in Anspruch genommen werden. Hinzu kommt, daß die Voraussetzungen etwa für die Gestaltung einer prunkvoll-heiteren Hofkultur im salischen Zeitalter kaum gegeben waren. Als Veranstalter großer Hoffeste lebten die Staufer im Gedächtnis der Nachwelt weiter, und an diese – nicht an die Salier – hat sich im Spätmittelalter der Mythos vom wiederkehrenden Kaiser geheftet.

Konrad II. vergrößerte das Imperium, legte dadurch den Grund für künftige Spannungen, sicherte aber gleichzeitig für überschaubare Zeit die gewonnene Hegemonialstellung ab. Mit Heinrich III. verbindet sich die Vorstellung vom »Höhepunkt des mittelalterlichen Imperialismus«, wenngleich hierzu schon in der älteren Forschung angemerkt wurde, weder die Persönlichkeit noch die Wirkung seiner Lebensarbeit rechtfertigten den Ruf (H. Günter). Das letzte Wort zur Einordnung Heinrichs III. ist wohl noch nicht gesprochen. Heinrich IV., dessen Leben »zu den unglücklichsten« gehört, »von denen die Weltgeschichte zu berichten weiß« (K. Hampe), darf die eigentlich tragische Gestalt unter den mittelalterlichen deutschen Herrschern genannt werden. Bei allem Auf und Ab hat er tragende Fundamente der Königsherrschaft bewahrt. In den Jahren Hein-

NACHLEBEN UND WIRKUNGEN

richs V. wurde der mit so großer Heftigkeit und Bitterkeit ausgefochtene »Investiturstreit« durch einen Kompromiß beigelegt. Das ottonisch-salische Reichskirchensystem hat an Geltung verloren; die Einflußnahme des Königtums auf den Episkopat hörte jedoch nicht auf. Ein praktischer Friede zwischen Regnum und Sacerdotium wurde erreicht. So weit die Auseinandersetzung um die Gestaltung einer gerechten christlichen Weltordnung gegangen war, blieb sie allerdings im Kern ungelöst. Die Verfassung des deutschen Regnums weist nun zukunftsträchtige Veränderungen auf. Es zeichnet sich jenes Auseinandertreten von Kaiser und »Reich« (= Fürsten) ab, das für das Spätmittelalter kennzeichnend sein wird. Insofern die Salier Königsgutsbezirke aufbauten und Kontakte zu den kleineren Vasallen knüpften oder sich auf Ministerialen und Bürger stützten, haben sie dem werdenden Dualismus in der Reichsverfassung – bewußt oder unbewußt – entgegengewirkt.

Das Geschehen im salischen Herrschaftsbereich ist vor dem größeren Hintergrund der europäischen Gesamtentwicklung zu sehen. Von der Mitte des 11. Jahrhunderts an sind in Politik, Kultur, Geistesleben und Wirtschaft zahlreiche neue Strömungen zum Zuge gekommen. Der Austausch zwischen den verschiedenen Ländern wurde intensiviert. Der Gesichtskreis der Menschen weitete sich. Paradigmatisch sei hier nur hervorgehoben, daß neue Orden – wie die Kartäuser und Zisterzienser – entstanden und erstmals häretische Bewegungen in bedeutendem Umfang auftraten. Die archaische Welt des Frühmittelalters mit ihrer engen Verbindung von Geistlichem und Weltlichem wurde endgültig überwunden. Als eine Konsequenz hieraus stellt sich die vom Reformpapsttum vertretene Tendenz zur Entsakralisierung des Herrschertums dar.[1]

Kein Zweifel, daß all diese Vorgänge für die Zeitgenossen nicht so deutlich erkennbar waren wie für uns Heutige im Rückblick. Es konnte wohl nicht anders sein, als daß ein Heinrich IV. oder Heinrich V. sich am alten orientierte, aber auch neue Wege zu beschreiten suchte. Die Spätsalier wollten Bewahrer ihrer überkommenen Traditionen sein und waren es. Manche herkömmlichen Positionen mußten geräumt werden. Daneben gab es jedoch auch ein Bestreben, durch Neuerungen die politische Entwicklung im Sinn der Dynastie zu lenken.

---

1 Papst Gregor VII. äußerte, jeder Exorzist (Inhaber einer der niederen Weihen) stehe höher als ein Kaiser.

Die Herrscher
der Stauferzeit

Kaiser Lothar III.

Kaiser Lothar III.

* Anfang Juni (vor 9. 6.?) 1075

† 4. 12. 1137 auf einer Hütte bei Breitenwang (Reutte, Tirol)

Grabstätte: Benediktinerabtei Königslutter, am 31. 12. 1137

Vater: Gebhard, Graf von Supplinburg, Sohn des Bernhard von Supplinburg, und der Ida von Querfurt

† 9. 6. 1075 in der Schlacht bei Homburg

Mutter: Hedwig, Tochter Friedrichs I., Grafen von Formbach († 1059), und der Gertrud von Haldensleben († 1116)

* um 1050

† vor 1100

∞ um 1100

RICHENZA

Eltern: Heinrich, Graf von Northeim, Markgraf von Friesland († 1101), und Gertrud von Braunschweig († 1117), Tochter des Ekbert I., Markgrafen von Meißen († 1068)

* 1095

† 10. 6. 1141

Grabstätte: Benediktinerabtei Königslutter

1106: Herzog von Sachsen

30. 8. 1125: in Mainz zum römischen König gewählt

13. 9. 1125: in Aachen zum römischen König gekrönt

29. 6. 1128: in Monza zum König des Regnum Italiae gekrönt

4. 6. 1133: in Rom von Papst Innozenz II. zum Kaiser gekrönt

Lothars Geburt fällt in die ersten Junitage des Jahres 1075. Sein Vater, Graf Gebhard, Lehensträger des Bischofs von Halberstadt und Abkömmling eines seit langem in Sachsen verwurzelten Adelsgeschlechts, starb wenige Tage nach der Geburt seines Sohnes am 9. 6. 1075 in der Schlacht bei Homburg an der Unstrut. Es war die Zeit der Auseinandersetzungen Heinrichs IV. mit den sächsischen Großen, die sich in Empörung über die Reichsgutpolitik des Königs gegen ihn erhoben hatten. Nach dem Tod ihres Gatten vermählte sich Lothars Mutter Hedwig in zweiter Ehe mit Herzog Dietrich II. von Oberlothringen.

Der Machtbereich Graf Gebhards und seines Sohnes, der später nach der Süpplingenburg bei Helmstedt, wohl einem seiner Stammsitze, benannt wurde,[1] war zunächst nicht so groß, als daß man schon damals den gewaltigen Aufstieg Lothars hätte erahnen können.[2] Um die Zeit seiner ersten urkundlichen Erwähnung im Jahr 1100 dürfte auch die Eheschließung mit einer Tochter Graf Heinrichs von Northeim, Richenza, stattgefunden haben, woraus um 1113 das einzige Kind Gertrud hervorging.

Wenig ist über die ersten dreißig Jahre Lothars bekannt, und so bedeutet das Jahr 1106, in dem er nach dem Tod des Magnus Billung durch Heinrich V. mit dem Herzogtum Sachsen belehnt wurde, einen Wendepunkt in seiner bis dahin eher unauffälligen Laufbahn. Zunächst konnte Lothar von den Billungern neben der Herzogswürde zahlreiche Grafschafts- und Vogteirechte zur Festigung seiner Stellung übernehmen. Bei der Ausübung seiner Aufgaben zur Grenzsicherung ist bereits für das Jahr 1110 ein Zug gegen die Slawen bezeugt, dem sich bis 1125 noch drei weitere Unternehmungen anschlossen.

Das anfänglich gute Verhältnis zu Heinrich V. wurde 1112 bei dem Nachfolgestreit um die Grafschaft Weimar schwer belastet, als sich Lothar der Opposition sächsischer Fürsten anschloß und daraufhin seiner Herzogswürde verlustig ging. Erst im Januar 1114 unterwarf er sich während der Hochzeitsfeierlichkeiten Heinrichs V. mit Mathilde von England in Mainz dem Kaiser und wurde wieder in seine Rechte eingesetzt. Doch noch im gleichen Jahr trat er als Haupt des sächsischen Widerstands gegen die Einführung einer neuen Steuer auf. Höhepunkt der damit verbundenen Auseinandersetzungen mit Heinrich V. war die Schlacht am Welfesholz (bei Mansfeld) im Februar 1115, wo die Sachsen gegen

---

1   W. Petke, Lothar von Süpplingenburg (1125–1137), in: Helmut Beumann (Hg.), Kaisergestalten des Mittelalters (1984) S. 157.

2   R. Hildebrand, Herzog Lothar von Sachsen (1986) S. 30–33, nimmt entgegen bisherigen Forschungen eine Übernahme der Bremer Vogtei durch Lothar im Jahr 1089 und damit den Gewinn einer schon bedeutenderen Stellung bereits vor 1106 an.

KAISER LOTHAR III.

251

eine kaiserliche Übermacht siegreich blieben. Aus dieser Zeit rührten auch
Lothars Kontakte zu Erzbischof Adalbert von Mainz (1109–1137) her, der 1112
auf dem Weg nach Sachsen von Heinrich V. gefangengesetzt und erst nach den
Ereignissen im Februar 1115 wieder freigelassen wurde. Als Folge seiner Niederlage verlor Heinrich V. in Sachsen fast jegliche Einflußmöglichkeit auf die Besetzung von Reichslehen und Bistümern, vor allem aber den Zugang zu den dortigen
reichen Krongütern.

Die Jahre nach 1115 brachten für Lothar bedeutende Zugewinne an Eigengü-
tern durch den Eintritt verschiedener Erbfälle. So kamen durch den Tod seiner
Großmutter Gertrud das Haldenslebener Erbe (dabei wohl auch das Stift Königslutter), dazu das der Katlenburger und Brunonen, schließlich 1117 nach dem Tod
seiner Schwiegermutter Gertrud von Braunschweig die northeimischen Güter in
seinen Besitz. Lothar nützte diese Gebietserweiterungen zum Ausbau einer starken persönlichen Machtbasis um Braunschweig, Königslutter und Halberstadt.

Damals sind auch Kontakte des Herzogs zu den gregorianischen Reformern
belegt. So fand etwa von 1117 bis 1121 Erzbischof Konrad I. von Salzburg, der
sich mit seiner strikten Reformpolitik in der eigenen Diözese nicht behaupten
konnte, Zuflucht in Ostsachsen. Daß sich Lothar freilich der kirchlichen Reformbewegung ganz verschrieben hätte, ist nicht nachweisbar,[3] und bei Bistumsbeset-
zungen, etwa der von Halberstadt im Jahr 1123, wußte er seine eigenen Vorstellungen durchaus gegenüber denen der Kirche und in diesem Fall auch gegenüber
dem ihm doch politisch nahestehenden Erzbischof Adalbert von Mainz zur
Geltung zu bringen.

Eine eigenständige Position nahm Lothar auch bei der seit alters als Königsrecht geltenden Vergabe von Reichslehen ein. Aus eigener Machtvollkommenheit
und entgegen dem Willen des Kaisers setzte er 1123 Konrad von Wettin in der
Mark Meißen und schließlich den Askanier Albrecht von Ballenstedt (den
»Bären«) als Markgrafen der (Nieder-)Lausitz ein. Lothar war es gelungen, sich
in Sachsen einen bedeutenden Eigengüterkomplex und eine der Reichsverwaltung weitgehend entzogene Machtstellung aufzubauen, als Heinrich V. 1125
starb.

Als Erben in seinem Hausgut hatte der Kaiser den Sohn seiner Schwester
Agnes, Herzog Friedrich II. von Schwaben (seit 1105) aus dem Geschlecht der
Staufer, eingesetzt. Eine Designation Friedrichs als Nachfolger auf dem deutschen Thron war freilich unterblieben, doch lag für den Herzog der Eintritt in die
Königsrechte nahe. Ein solcher Übergang in der salisch-staufischen Familie fand
freilich die entschiedene Gegnerschaft des bedeutendsten geistlichen Reichsfürsten der Zeit, Erzbischof Adalberts von Mainz. Dieser war nicht nur aufgrund
kirchlich-reformerischer Differenzen seit langem ein erklärter Feind des Kaisers
und hatte dem Wormser Konkordat nur widerwillig seine Zustimmung gegeben,
sondern war auch durch seine Territorialpolitik am Mittelrhein spätestens seit

3   W. Petke, Lothar von Süpplingenburg, S. 160.

1112 in scharfe Auseinandersetzungen mit Heinrich V. und seinem dortigen Vertreter für die Zeit des zweiten Italienzugs, dem Staufer Friedrich, geraten. Hierdurch gestalteten sich auch die Verbindungen zu Lothar von Sachsen enger, dem ebensowenig an einer Fortführung der salischen Politik lag. Freilich hatte sich auch das Verhältnis Lothars zu Adalbert in den letzten Jahren getrübt, während Adalberts Position in der Frage einer Besetzung des Würzburger Bischofsstuhls mit jener der staufischen Brüder Friedrich und Konrad in Einklang stand.

Jedenfalls war eine bedeutende Zahl von Reichsfürsten entschlossen, die Entscheidung über die Thronfolge allein in einer Wahlabstimmung zu treffen, deren Durchführung im August 1125 zu Mainz maßgeblich vom Mainzer Erzbischof beeinflußt worden sein dürfte. Glücklicherweise sind wir durch den Bericht eines Zeitgenossen, die *Narratio de electione Lotharii*,[4] die sich im Kloster Göttweig erhalten hat, recht gut über den Wahlhergang informiert. Als Adalbert die drei Kandidaten der Stämme (neben Herzog Friedrich von Schwaben noch Markgraf Leopold III. von Österreich und Lothar von Sachsen – eine Kandidatur Karls von Flandern war durch dessen Weigerung hinfällig geworden) befragte, ob sie das Wahlergebnis, wie immer dieses auch lauten sollte, anerkennen würden, beugten sich Lothar und Leopold sogleich dem hergebrachten Wahlritus und äußerten auch die Bitte, doch von ihrer Person abzusehen. Der Staufer hingegen, der sich hier um die Vorteile seiner Familienbande mit dem verstorbenen Kaiser gebracht sah,[5] antwortete ausweichend.

Da gelang es im weiteren Verlauf einigen Befürwortern der Wahl Lothars, den sächsischen Herzog in einer tumultuarischen Szene zum König ausrufen zu lassen. Dieses Vorgehen fand den entschiedenen Protest bayerischer Kirchenfürsten, die sich weigerten, eine Wahl, die in Abwesenheit ihres Herzogs getroffen war, anzuerkennen. Doch stimmte überraschenderweise bei einer späteren förmlichen Wahl der Bayernherzog Heinrich IX., der Schwarze, Schwiegervater Friedrichs von Schwaben, für Lothar. Ob sich zwischen dem Welfen und dem Staufer Differenzen ergeben hatten, denn beide waren dem Wahlgeschehen zeitweise ferngeblieben, oder ob Heinrich durch die Zusage einer späteren Heirat seines Sohnes Heinrich (des »Stolzen«) mit Lothars einziger Tochter Gertrud gewonnen wurde, einer Verbindung, die freilich erst zwei Jahre später zustande kam, läßt sich nicht mit Sicherheit klären. Jedenfalls sah sich Friedrich von Schwaben nun gezwungen, die Wahl seines Gegners zu akzeptieren, der den Fürsten wohl besonders auch dadurch willkommen war, daß er in keiner Verwandtschaft zum salischen Haus stand und aus der seit über zehn Jahren kinderlosen Ehe keine männlichen Erben mehr zu erwarten waren.

---

4 MGH SS 12 (1856) S. 509–512.
5 Die Narratio 3 (MGH SS 12, S. 510) schildert Friedrich als »von Ehrgeiz geblendet und in der Hoffnung, daß ihm folgerichtig vorbehalten und gleichsam ohne jeden Zweifel zu übertragen sei, was er von den beiden (anderen Kandidaten) demütig zurückgewiesen sah«.

Im September 1125 wurde Lothar in Aachen durch Erzbischof Friedrich von Köln gekrönt. Eine Wahlbenachrichtigung an Papst Honorius II. beantwortete dieser mit einer bis dahin unüblichen Wahlbestätigung. So unwahrscheinlich es sein dürfte, daß Lothar um eine solche Zustimmung gebeten hat, so ist zumindest von einer Zurückweisung der politischen Willenserklärung aus Rom nichts bekannt. Dieses möglicherweise unvorsichtige Verhalten hat Lothar zusammen mit der entscheidenden Einflußnahme geistlicher Fürsten auf seine Königswahl in der historischen Forschung seit dem 19. Jahrhundert den Ruf eines Pfaffenkönigs eingebracht.

Der König mußte nun zunächst versuchen, die Schwierigkeiten mit den Staufern zu lösen. Herzog Friedrich, der sich nicht mit seiner fehlgeschlagenen Kandidatur abfinden konnte, weigerte sich trotz Aufforderung, das Reichsgut herauszugeben, das in der Hand der Salier mit deren Hausgut verbunden worden war und nun den Staufern eine bedeutende Machtstellung auch außerhalb des Herzogtums verschafft hatte. König Lothar ließ Friedrich daraufhin sogleich durch ein Fürstengericht ächten und wenig später eine Heerfahrt gegen den Schwabenherzog ansagen. Bei den Kampfhandlungen gelang es aber weder Lothar noch dem mit ihm verbündeten Bayernherzog Heinrich dem Schwarzen, entscheidende Erfolge zu erringen, und sogar die Einnahme des von den Staufern besetzt gehaltenen Nürnberg schlug fehl.

Von staufischer Seite wurde nun Friedrichs jüngerer Bruder Konrad, der eben von einer Pilgerreise aus dem Heiligen Land zurückgekehrt war, im Dezember 1127 zum König ausgerufen. Die Erzbischöfe von Magdeburg, Mainz und Salzburg belegten daraufhin die staufischen Brüder mit dem Kirchenbann, den später Papst Honorius II. wiederholte, und dem neu gewählten Bischof von Würzburg und ehemaligen Propst des Marienstiftes in Erfurt, Embricho, wurden die in der Interessensphäre Konrads liegenden herzoglichen Rechte in Ostfranken übertragen.

Bei der Suche nach Unterstützung für seine Ansprüche wich Konrad nun zunächst nach Oberitalien aus, wo es ihm zumindest gelang, die lombardische Krone aus der Hand des mit der Kurie überworfenen Erzbischofs Anselm von Mailand zu gewinnen, doch scheiterte er an der Inbesitznahme der Mathildischen Güter. Schließlich sah sich der Gegenkönig im Frühjahr 1130 zur Rückkehr nach Deutschland gezwungen, wo im Kampf Lothars gegen die Staufer der Fall Speyers und die Einnahme von Nürnberg im Herbst 1130 bereits eine Vorentscheidung brachten.

Waren nun die Verhältnisse im Reich relativ stabil geworden, so konnte sich Lothar verstärkt der Italienpolitik zuwenden. In Rom war bei der Papstwahl im Februar 1130 ein Schisma entstanden, da ein Teil der Kardinäle sich für Innozenz II., ein anderer sich für Anaklet II. entschieden hatte. Beide Päpste ließen Lothar ihre Wahl mitteilen. Während Innozenz II. sich auf Norditalien (außer Mailand) und Frankreich (außer Aquitanien) stützen konnte, versicherte sich Anaklet II. durch die Anerkennung des Normannenstaates Rogers II. und der

Erhebung Siziliens, Apuliens und Kalabriens zu einem Königreich der Hilfe des neuen Königs.

Innozenz II. konnte sich in Rom nicht halten und wich hilfesuchend nach Frankreich aus, wo er besonders in Bernhard von Clairvaux, dem herausragenden Vertreter des noch jungen Zisterzienserordens, einen mächtigen Fürsprecher fand. In Deutschland hatten sich die Bischöfe mit König Lothar vor allem auf das Wirken des Erzbischofs von Magdeburg und Begründers des Prämonstratenserordens, Norbert von Xanten, hin im Oktober 1130 für Innozenz entschieden.

Während eines Treffens im März 1131 zu Lüttich zwischen Papst Innozenz und Lothar leistete der deutsche König nicht nur die Ehrenbezeugung des Stratordienstes, d. h. er führte das Pferd des Papstes am Zügel, sondern auch den Marschalldienst, indem er ihm beim Absteigen den Steigbügel hielt.[6] Diese Geste konnte die Kurie bei der Bedeutung, die Formalhandlungen beigemessen wurde, zu der Interpretation veranlassen, der König habe dem Papst die Dienste eines Lehnsmannes geleistet. Bei den Unterredungen in Lüttich versprach Lothar als Gegenleistung für seine künftige Kaiserkrönung, den Papst nach Rom zurückzuführen. Als Lothar dann auch das königliche Investiturrecht und damit eine Revidierung der Bestimmungen des Wormser Konkordats von 1122 forderte, gelang es Bernhard von Clairvaux, den König von diesem Vorhaben abzubringen, das sich bei den veränderten Bedingungen in der Reichskirche ohnehin kaum mehr hätte durchsetzen lassen.

Im Spätsommer des nächsten Jahres brach Lothar mit einem verhältnismäßig kleinen Heer nach Süden auf. Den Durchzug durch Oberitalien konnte er sich nur mit Mühe erkämpfen, und auch in Rom selbst gelang ihm nicht die Einnahme der Leostadt mit der Peterskirche, wo sich Anaklet II. behauptete. So mußte man zur Kaiserkrönung am 4. 6. 1133 in die Laterankirche ausweichen. Die bei dieser Gelegenheit erneuerte Forderung nach Rückgabe des Investiturrechts wurde Lothar diesmal auf Intervention Norberts von Magdeburg verweigert. Doch gelang immerhin der Abschluß eines Konkordats, das in Anlehnung an die Abmachungen von 1122 den Bischöfen die Verwaltung der Regalien untersagte, bevor sie den König nicht um deren Überlassung gebeten hätten. Dies war offenbar das einzig mögliche Zugeständnis seitens der Kirche in der Investiturfrage.

Bezüglich der wichtigen Mathildischen Güter einigten sich Papst und Kaiser auf eine Investitur mit dem Ring als geistlichem Symbol und die Zahlung eines jährlichen Zinses von 100 Pfund Silber durch Lothar sowie die Leistung eines Lehnseids gegenüber dem Papst durch Heinrich den Stolzen, an den der Kaiser die Güter sofort ausgegeben hatte. Der Kompromiß dieses Vorgehens verleitete päpstliche Kreise zu der vereinfachenden Auffassung, daß Lothar selbst den Lehnseid geschworen habe, und zwar für die Kaiserkrone. Eine solche Interpretation kam in der Umschrift zum Ausdruck, die über einer Darstellung der Ereig-

---

6 R. Holtzmann, Der Kaiser als Marschall des Papstes (1928).

KAISER LOTHAR III.

nisse bei der Kaiserkrönung auf einem Wandgemälde im Lateran angebracht wurde. Zu einem Vorgehen gegen Anaklet II. und einem Zug gegen dessen Verbündeten Roger II. von Sizilien ließ sich Lothar mit seinem doch beschränkten Heeresaufgebot nicht bewegen und kehrte nach Deutschland zurück.

Dort betrieb er nun die endgültige Niederschlagung der staufischen Rebellion. Die Eroberung Ulms im Herbst 1134 engte den Aktionsradius der staufischen Brüder derart ein, daß sich nach Herzog Friedrich im Herbst 1135 auch Konrad endgültig dem Kaiser unterwarf. Bedingung für eine Restituierung der beiden Aufständischen in ihre Rechte war die Zusicherung über eine Teilnahme am zweiten Italienzug des Königs für das darauffolgende Jahr.

Durch die realistische Einschätzung seiner Möglichkeiten und die konsequente Durchführung seiner Pläne hatte Lothar dem Reich im Inneren und nach außen wieder Ruhe verschafft. Zu diesen Maßnahmen zählten die Einsetzung Konrads von Zähringen als Rektor von Hochburgund (um Besançon) und die Walrams von Limburg im Herzogtum Niederlothringen. Die Einrichtung zweier Landgrafschaften im Unter- und Oberelsaß, die den Grafen von Habsburg und denen von Huneburg zufielen, und einer ebensolchen im Speyergau waren zur Zurückdrängung der territorialen Bestrebungen der Staufer einerseits und Erzbischof Adalberts von Mainz andererseits geeignet.

Die Ausdehnungsbestrebungen Albrechts des Bären lenkte Lothar 1134 durch die Betrauung des Askaniers mit der Nordmark (zwischen Stendal und Salzwedel) und der Konrads von Wettin mit der Mark Meißen und der Lausitz (1135) in feste Bahnen. Gegen Adalbert von Mainz zielte auch die Errichtung der Landgrafschaft Thüringen, die den Ludowingern übertragen wurde. Erfolgreich konnte Lothar 1131 in einen ungarischen Thronfolgestreit eingreifen, während Herzog Boleslaw von Polen gezwungen wurde, sein Reich auf einem Hoftag zu Merseburg im August 1135 zu Lehen zu nehmen. Der Kaiser stand nun auf dem Höhepunkt seiner Macht. Die Beziehungen zum byzantinischen Hof wurden intensiviert, nicht zuletzt unter dem Gesichtspunkt eines im gemeinsamen Interesse liegenden Vorgehens gegen Roger II., der seine Herrschaft bis nach Capua ausgedehnt hatte. Auf dem Merseburger Hoftag trafen griechische Gesandte ein, die ein gemeinsames Vorgehen gegen Roger zum Vorschlag brachten. Dies war ganz nach dem Sinn Papst Innozenz' II., der sich gegen seinen Rivalen Anaklet II. und dessen normannische Verbündete nur schwer zu behaupten vermochte.

Im Sommer 1136 brach Lothar mit einem großen Heeresaufgebot, dem sich neben Herzog Heinrich dem Stolzen von Bayern auch der Staufer Konrad anschloß, zum zweiten Mal nach Italien auf. Siegreich über mehrere oberitalienische Städte hielt der Kaiser zu Roncaglia einen Reichstag ab. Für den Weitermarsch nach Süden trennte sich dann das Heer in zwei Abteilungen, die sich erst vor Bari wieder vereinigten. Dorthin war auch Innozenz II. gekommen.

Nach der Einnahme Baris entstanden allerdings Unstimmigkeiten bezüglich des weiteren Vorgehens zwischen Lothar und dem Papst, der unbedingt eine Weiterführung der Kämpfe erreichen wollte. Ebensowenig konnte zunächst in der Frage, wem von beiden die Belehnung des Grafen Rainulf von Alife mit dem Herzogtum Apulien zustände, Einvernahme erzielt werden, und so übergaben schließlich in einer Kompromißlösung Lothar und Innozenz gemeinsam dem Grafen die Lanze zum Zeichen der Belehnung. Als dann auch noch die Truppen zunehmend unter dem heißen Klima litten und sich einem weiteren Vordringen nach Süden widersetzten, ordnete der Kaiser den Rückzug an.

In dessen Verlauf setzte Lothar gegen päpstlichen Widerstand Wibald von Stablo als Abt von Monte Cassino ein und belehnte Heinrich den Stolzen mit der Markgrafschaft Tuszien. Nach vereinzelten Gefechten in Oberitalien erreichte der Kaiser schließlich Deutschland. Doch beim strapaziösen Übergang über die Alpen erkrankte er schwer und starb, nachdem er noch vorher seinem Schwiegersohn die Reichsinsignien anvertraut und das Herzogtum Sachsen übertragen hatte, am 4. 12. 1137 auf einer Hütte in Breitenwang (bei Reutte/Tirol). Sein Leichnam wurde in das von ihm zwei Jahre zuvor den Benediktinern überlassene Kloster Königslutter überführt.

Gegenüber der früheren Auffassung, die Lothar wegen der massiven Unterstützung durch geistliche Fürsten bei seiner Königswahl und wegen seines Verhältnisses zum Papst als »Pfaffenkönig« charakterisierte, hat sich heute das Bild dieses Herrschers grundlegend gewandelt. Wichtiger erscheinen jetzt die erfolgreiche Wiedereinbindung Sachsens in das Reich, die Heinrich V. nicht mehr gelungen war. Durch überlegte Maßnahmen im Kampf gegen die Staufer und bei der Vergabe von Reichslehen (Burgund an die Zähringer, Oberelsaß an die Habsburger, Meißen an die Wettiner und Thüringen an die Ludowinger) gelang Lothar eine Beruhigung der inneren Situation. Nach außen sicherten vor allem seine Erfolge im Norden und Osten (Dänemark, Slawenstämme, Polen, Böhmen und Ungarn) die Grenze des Reiches. In der Kirchenpolitik gelang es Lothar, einer weiteren Aushöhlung des Wormser Konkordats entgegenzuwirken und dessen Bestimmungen fester zu verankern. Die Stellung des Königs gegenüber dem Papsttum war zwar nicht von einer Position übermäßiger Stärke bestimmt, aber doch von einer Haltung gegenseitiger Anerkennung, ohne durch Dauerkonflikte belastet zu sein. Hat Lothar seit seiner Herzogszeit die Festigung seiner eigenen Machtstellung immer im Vordergrund seines politischen Handelns gesehen und konsequent betrieben, so wirkte sich dieses Vorgehen gleichzeitig auch für das Reich positiv aus. Daß es dem Kaiser auch durch umsichtige Entscheidungen zugunsten seines Schwiegersohnes Heinrich des Stolzen nicht gelang, die doch offenkundig angestrebte Thronnachfolge für die Welfen zu sichern,[7] kann ihm nicht zur Last gelegt werden. So ist Lothars Regierungszeit insgesamt als eine an – wenn auch nicht eben spektakulären – persönlichen und politischen Erfolgen reiche Periode zu sehen. Im Zeichen einer stauferfreundlichen Geschichtsschreibung wurde Lothar meist nicht gebührend gewürdigt. Die neuere Forschung versucht hier zu einem ausgewogeneren Urteil zu kommen.

---

7 W. Petke, Lothar von Süpplingenburg, S. 176.

Die Nachkommen Kaiser Lothars III.

GERTRUD

> * um 1113
>
> † 18. 4. 1143 in Klosterneuburg (bei Wien)
>
> *Grabstätte:* Augustinerchorherrenstift Klosterneuburg, im 13. Jahrhundert in die Zisterzienserabtei Heiligenkreuz (bei Wien) überführt

> 1. ∞ 29. 5. 1127 auf dem Gunzenlee bei Augsburg
>
> HEINRICH X. DER STOLZE aus dem Hause der Welfen
>
> *Eltern:* Heinrich IX. der Schwarze, Herzog von Bayern († 1126), und Wulfhild, Tochter des Herzogs Magnus von Sachsen († 1126)
>
> * um 1100
>
> † 20. 10. 1139 in Quedlinburg
>
> *Grabstätte:* Benediktinerabtei Königslutter

> 1126–1138: Herzog von Bayern
>
> 1137–1138: Herzog von Sachsen
>
> 1138: von König Konrad III. geächtet

> *Sohn:* Heinrich der Löwe (s. S. 311)

> 2. ∞ 1. 5. 1142
>
> HEINRICH II. JASOMIRGOTT aus dem Hause der Babenberger
>
> *Eltern:* Markgraf Leopold III. (der Heilige) von Österreich († 1136) und Agnes († 1143), Tochter Kaiser Heinrichs IV.
>
> * um 1107
>
> † 13. 1. 1177 in Wien
>
> *Grabstätte:* Schottenkloster zu Wien

> 1140: Pfalzgraf am Rhein
>
> 1141–1156: Markgraf von Österreich
>
> 1143–1156: Herzog von Bayern (als Heinrich XI.)
>
> 1156–1177: Herzog von Österreich

König Konrad III.

König Konrad III.

* 1093
† 15. 2. 1152 in Bamberg
Grabstätte: Dom zu Bamberg (Ostkrypta)
Vater: Friedrich (I.) von Staufen, Herzog von Schwaben (seit 1079), Sohn Friedrichs von Büren († nach 1053) und der Hildegard von Bar-Mousson († 1094), deren Großmutter Hildegard, Gräfin von Egisheim, Schwester Papst Leos IX. war.
* um 1047/48
† 1105 (vor 21. 7.)
Grabstätte: Benediktinerabtei Lorch
Mutter: Agnes, Tochter Kaiser Heinrichs IV. († 1106) und Berthas von Savoyen († 1087)
* Sommer 1072/Anfang 1073
† 24. 9. 1143 in Österreich
Grabstätte: Augustinerchorherrenstift Klosterneuburg (bei Wien)
Sie war in zweiter Ehe (1106) mit Markgraf Leopold III. (dem Heiligen) von Österreich verheiratet. Ihre staufischen Kinder aus erster und ihre babenbergischen aus zweiter Ehe waren demnach Halbgeschwister – die Voraussetzung für die enge Zusammenarbeit der Staufer und Babenberger, die sich anfangs geradezu als Mitglieder eines einzigen Hauses empfanden.

○ um 1109/10 Konkubinat mit GERBERGA, vornehme Dame
(verwandt mit Přemysliden und Babenbergern?)
* um 1092
† nach 1120, vor 1144 (1166)

1. ∞ wohl Ende 1114/Anfang 1115
GERTRUD VON COMBURG
Eltern: Heinrich, Graf von Comburg und Rothenburg († 1116), und Geba/ Gertrud, Tochter des Grafen Ebo von Mergentheim
* um 1095
† um 1130/31
Grabstätte: Benediktinerabtei Lorch

2. ∞ um 1131/32, vor 1134
GERTRUD VON SULZBACH

Eltern: Berengar II., Graf von Sulzbach († 1125), und Adelheid von Wolfratshausen († 1126), Tochter des Grafen Otto II. von Dießen
* um 1113/16
† 14. 4. 1146 in Hersfeld
Grabstätte: Zisterzienserabtei Ebrach

Um 1116: Graf im Kochergau und herzogliche Rechte in Franken
18. 12. 1127: Wahl zum Gegenkönig (bis 1135)
22. 6. 1128: in Monza zum König des Regnum Italiae gekrönt
7. 3. 1138: in Koblenz zum römischen König gewählt
13. 3. 1138: in Aachen zum römischen König gekrönt

Bruder Konrads III.
FRIEDRICH (II.) DER EINÄUGIGE
* 1090 im südlichen Riesgau
† 4./6. 4. 1147 in Alzey
Grabstätte: Benediktinerabtei St. Walburg im Heiligen Forst (Unterelsaß)

1. ∞ um 1119/21
JUDITH, Tochter Herzog Heinrichs IX. des Schwarzen von Bayern († 1126) aus
dem Hause der Welfen und der Wulfhild von Sachsen († 1126), Schwester Herzog
Heinrichs X. des Stolzen von Bayern und Sachsen († 1139)
* um 1100
† 22. 2. (1130 oder 1131)
Grabstätte: Benediktinerabtei Lorch, das Herz wahrscheinlich in der Benediktinerabtei St. Walburg im Heiligen Forst (Unterelsaß)

2. ∞ um 1132/33
AGNES, Tochter des Grafen Friedrich I. von Saarbrücken und der Gisela von
Langenselbold-Gelnhausen
* um 1115
† wohl nach 1147
Grabstätte: Benediktinerabtei St. Walburg im Heiligen Forst (Unterelsaß)

Als treuer Gefolgsmann des salischen Hauses und Sohn der Kaisertochter Agnes,
der Schwester Heinrichs V., konnte sich Friedrich, Herzog von Schwaben (1105
bis 1147), nach dem Aussterben der Salier (1125) berechtigte Hoffnungen auf die
Nachfolge im Reich machen. Obendrein war er seit etwa 1120 mit Judith, der
Tochter des Bayernherzogs Heinrich des Schwarzen, vermählt, so daß die Unterstützung von welfischer Seite gewiß erschien. Da man jedoch eine Fortsetzung
der salischen Kirchenpolitik fürchtete, wurde unter der Regie Erzbischof Adalberts von Mainz nicht der Staufer, sondern der Sachsenherzog Lothar von Supplinburg zum neuen König gewählt, der die Hand seiner Tochter Gertrud Heinrich
dem Stolzen, dem Sohn des Bayernherzogs, in Aussicht stellte und somit die
Welfen auf seine Seite zog. In Unterstützung seines zum Gegenkönig gewählten

KÖNIG KONRAD III.

jüngeren Bruders Konrad konnte Friedrich freilich den staufischen Widerstand gegen Lothar in Deutschland auf die Dauer nicht aufrechterhalten und unterwarf sich 1134 dem Kaiser, der im Hinblick auf seinen bevorstehenden zweiten Italienzug die staufischen Besitzungen und Ämter nicht antastete.

Halbbrüder Konrads III.
(Söhne Markgraf Leopolds III. von Österreich und der Agnes, s. S. 262):

1. HEINRICH II. JASOMIRGOTT (s. S. 260)

1. ∞ 1. 5. 1142
GERTRUD VON SUPPLINBURG (s. S. 260)

2. ∞ 1148
THEODORA KOMNENA, Tochter des Sebastokrators Andronikos († 1142) und der Irene, Nichte Kaiser Manuels I. von Byzanz (1143–1180)
* 1133/34 (?)
† 2. 1. 1184 in Wien
Grabstätte: Schottenkloster zu Wien

2. LEOPOLD IV.
* um 1111
† 18. 10. 1141 in Niederalteich
Grabstätte: Zisterzienserabtei Heiligenkreuz (bei Wien)

∞ 29. 9. 1138
MARIA, Tochter von Herzog Sobjeslaw I. von Böhmen († 1140) und der Adelheid von Ungarn († 1140), Tochter des Almas, des Königs von Kroatien († 1129)

1136–1141: Markgraf von Österreich
1139–1141: Herzog von Bayern

3. OTTO VON FREISING
* um 1112 in Klosterneuburg (?)
† 22. 9. 1158 in Morimond
Grabstätte: Zisterzienserabtei Morimond, Reliquien (?) zur Zeit größtenteils in der Pfarrkirche zu Gaaden (Niederösterreich)

1133: Abt in Morimond
1138–1158: Bischof von Freising
Der bedeutendste Geschichtsschreiber und Geschichtsphilosoph des Mittelalters

4. KONRAD
* um 1115 in Klosterneuburg
† 28. 9. 1168 in Admont
Grabstätte: Benediktinerabtei Admont

1148–1164: Bischof von Passau
1164–1168: Erzbischof von Salzburg

Der Aufstieg des staufischen Hauses von der eher bescheidenen Stellung des Grafen Friedrich, der seit 1030 für den Riesgau bezeugt ist, und seines gleichnamigen Sohnes, der sich nach der Burg Büren (wohl Wäschenbeuren bei Göppingen)[1] nannte, hängt eng mit seiner Annäherung an das salische Königsgeschlecht zusammen. Nachdem sich der Herzog von Schwaben, Rudolf von Rheinfelden, 1077 als Gegenkönig an die Spitze der aufständischen Reichsfürsten gegen Heinrich IV. gestellt hatte, übertrug der König 1079 dem Sohn Friedrichs von Büren und Hildegards von Bar-Mousson, Friedrich (I.), die schwäbische Herzogswürde. Durch eine gleichzeitige Verlobung Friedrichs mit der Königstochter Agnes wurden die Bande zwischen beiden Familien enger geknüpft. Da sich die Hoffnungen Heinrichs IV. bezüglich der Loyalität der Staufer erfüllt hatten, bestellte er 1105 Friedrich (II.) zum Nachfolger seines Vaters im Herzogtum.

1116 wurde Friedrich zusammen mit seinem jüngeren Bruder Konrad und dem Grafen von Calw anläßlich des zweiten Italienzugs Heinrichs V. mit der Wahrung der kaiserlichen Interessen in Deutschland betraut. Während des Schwabenherzogs Aufgabenschwerpunkt im linksrheinischen Gebiet (Elsaß und Rheinpfalz) lag, fielen Konrad vor allem die herzoglichen Rechte in Ostfranken zu, die der Kaiser zuvor Bischof Erlung von Würzburg entzogen hatte.

Neben diesen Amtsbefugnissen verfügte Konrad nach seiner Heirat mit Gertrud von Rothenburg-Comburg über Grafschaftsrechte um Rothenburg und Schwäbisch Hall, die Vogtei über Kloster Comburg und das Stift St. Gumbert in Ansbach sowie Allodialgüter in Ostfranken. Während sein Bruder jenseits des Rheins mit großem Erfolg operierte, konnte sich Konrad in dem ihm zugewiesenen Bereich nur mit Mühe durchsetzen. 1120 wurden schließlich die Herzogsrechte in Ostfranken dem Würzburger Bischof restituiert. Der Streit um die Neubesetzung des Bistums zwei Jahre später, bei dem sich die Staufer gegen den kaiserlichen Kandidaten stellten, beeinträchtigte vorübergehend ihr gutes Verhältnis zu Heinrich V.

Von einer Pilgerfahrt nach Jerusalem kehrte Konrad offenbar erst nach der Königswahl von 1125 nach Deutschland zurück. Dort hatte sich währenddessen sein Bruder Friedrich nach seiner fehlgeschlagenen Königskandidatur in den Auseinandersetzungen mit Lothar III. und dem Bayernherzog Heinrich dem Schwarzen vorerst behaupten können. Zum Entsatz der Nürnberger Burg im Sommer trug Konrad entscheidend bei. Ermutigt durch die bisherigen Erfolge rief die Stauferpartei im Dezember 1127 Konrad zum König aus, um ihn Lothar entgegenzustellen.

---

1 H. Schwarzmaier, Büren, in: LdM 2 (1983) S. 957.

Dieser ließ über die Stauferbrüder die Reichsacht verhängen, während die Erzbischöfe von Magdeburg, Mainz und Salzburg den Kirchenbann über sie aussprachen. Der staufische Anhang in Deutschland war zunächst nicht ausreichend, um ihren Königsanspruch durchzusetzen, so daß Friedrich sich nur in Südwestdeutschland gegen Lothar halten konnte. Konrad brach indessen zu einem Zug nach Italien auf, um sich dort politische oder zumindest finanzielle Unterstützung zu sichern. Doch brachte ihm sein Unternehmen außer der Krönung mit der lombardischen Krone im Juni 1128 keinen entscheidenden Machtzuwachs. Im Jahr der Rückkehr Konrads nach Deutschland, 1130, verlagerten sich durch die Einnahme Speyers und Nürnbergs die Gewichte zugunsten Lothars. Doch erst fünf Jahre später, nachdem sich Lothar und sein welfischer Verbündeter Heinrich der Stolze durch die Eroberung Ulms 1134 den Zugang zum staufischen Stammland erzwungen hatten, resignierte nach seinem Bruder auch Konrad selbst und unterwarf sich im September 1135 dem Kaiser in Mühlhausen (Thüringen). Die Rechte der beiden Brüder blieben größtenteils gewahrt, und Konrad, der sich wie Friedrich als Herzog von Schwaben betiteln durfte, beteiligte sich absprachegemäß am zweiten Italienzug Lothars.

Konrads gute Beziehungen zu Erzbischof Albero von Trier, einem der Hauptgegner Lothars III., sollten für die weitere Entwicklung von Wichtigkeit sein. Nach dem Tod des Kaisers im Dezember 1137 war der aussichtsreichste Kandidat für den deutschen Königsthron dessen Schwiegersohn Heinrich der Stolze, Herzog von Bayern, dem Lothar vor seinem Tod zusätzlich die Herzogswürde in Sachsen übertragen und ihm die Reichsinsignien übergeben hatte.

Doch wie 1125 gelang es einem der dominierenden Kirchenfürsten, Erzbischof Albero von Trier – der Mainzer Stuhl war zu dieser Zeit vakant und der Kölner Erzbischof noch nicht geweiht –, die Königswahl in eine unerwartete Richtung zu lenken. Vor dem von den Fürsten auf Pfingsten anberaumten Wahltermin ließ Albero am 7. 3. 1138 in Koblenz Konrad von Staufen, den einstigen Gegenkönig, von einer Minderheit interessierter – besonders kirchlicher – Fürsten unter Ausschaltung Bayerns und Sachsens zum König wählen.

Ein päpstlicher Legat deutscher Herkunft, Kardinal Dietwin von S. Rufina, vollzog eine Woche später in Aachen statt des noch nicht geweihten Erzbischofs von Köln die Königskrönung. Überraschend schnell fanden sich die Fürsten mit dieser Wahl ab, und bei einem Hoftag in Bamberg zum ursprünglich anvisierten Wahltermin war sogar die Kaiserinwitwe Richenza anwesend. Konrad gelang es, die Herausgabe der Reichsinsignien durch Heinrich den Stolzen in Regensburg zu erwirken, doch verweigerte dieser dem König Treueid und Mannschaft, da er nicht zu der ihm abverlangten Herausgabe eines seiner beiden Herzogtümer, Bayern oder Sachsen, bereit war. Auf diese Weigerung hin wurde 1138 über Heinrich durch Fürstenspruch die Reichsacht verhängt und Sachsen Albrecht von Ballenstedt (dem »Bären«) verliehen. Auch die Markgrafschaft Tuszien wurde dem Welfen aberkannt und schließlich eine Reichsexekution gegen ihn angesagt.

Der staufisch-welfische Gegensatz hatte sich vertieft und sollte auch noch weiterhin die inneren Verhältnisse in Deutschland bestimmen. Heinrich der Stolze konnte sich zumindest in Sachsen weiterhin behaupten. Trotz eines Feldzugs Konrads blieb auf die Dauer doch die welfische Gruppe (auch nach dem Tod Heinrichs des Stolzen im Oktober 1139 und dem der Kaiserinwitwe Richenza 1141) erfolgreich. In Süddeutschland hatte sich Heinrichs des Stolzen Bruder Welf VI. gegen den vom König mit dem Herzogtum Bayern belehnten Babenberger Leopold IV. im August 1140 in einer Schlacht bei Valley behaupten können, doch noch im Dezember des gleichen Jahres fiel die Stadt Weinsberg (nahe Heilbronn) in die Hände Konrads III. Die Sage von den treuen Weinsberger Weibern, die mit königlicher Erlaubnis all das behalten durften, was sie beim Auszug aus der Stadt tragen könnten, und daraufhin die eigenen Männer auf ihrem Rücken durchs Tor schleppten, dürfte historischen Ursprungs sein.

Die Situation in Sachsen meisterte Konrad im Mai 1142 auf einem Hoftag in Frankfurt durch die Absetzung Albrechts des Bären und eine Belehnung Heinrichs des Löwen, Sohnes Heinrichs des Stolzen und Enkels der Richenza, mit dem Herzogtum. Heinrich mußte gleichzeitig eventuellen Ansprüchen auf Bayern entsagen. Welf VI. als Vertreter der welfischen Interessen in Süddeutschland ließ sich durch den Verzicht seines Neffen nicht beirren, beanspruchte mit Hinweis auf erbrechtliche Gründe selbst das bayerische Herzogtum[2] und setzte seinen Widerstand gegen den König fort. Als Bayernherzog folgte 1143 Konrads Halbbruder, der Babenberger Heinrich Jasomirgott, zuvor Pfalzgraf bei Rhein, seinem 1141 verstorbenen Bruder Leopold nach. Durch seine Ehe mit der Witwe Heinrichs des Stolzen, der Kaisertochter Gertrud, sollte die Kluft zwischen Staufern und Babenbergern einerseits und den Welfen andererseits überbrückt werden, doch der Tod Gertruds bereits einige Monate nach der Hochzeit machte diese Pläne zunichte.

Durch eine umfassende Heiratspolitik, bei der neben seinen babenbergischen Halbbrüdern eine besondere Rolle den Geschwistern seiner zweiten Frau Gertrud von Sulzbach zugedacht war, suchte Konrad seine Stellung auch im Westen des Reiches zu stärken, wo er im Elsaß bereits über eine feste Machtbasis verfügte. So setzte er in Niederlothringen als Nachfolger Herzog Walrams Graf Gottfried von Löwen ein, den Gatten seiner Schwägerin Liutgard. Die Pfalzgrafschaft bei Rhein übertrug er seinem Halbbruder Heinrich und belehnte nach dessen Übernahme der bayerischen Herzogswürde seinen Schwager Graf Hermann von Stahleck damit.

Außenpolitisch bemühte sich Konrad mit wechselndem Erfolg, in die böhmische und ungarische Thronfolge einzugreifen. In diesem Zusammenhang fällt auch die Niederlage Herzog Heinrichs Jasomirgott im September 1146 an der Leitha gegen König Geza II. von Ungarn, der sich mit Welf VI. verbündet hatte. Im Hinblick auf seine erstrebte Kaiserkrönung mußte der König verstärkt den

---

2   E. Boshof, Staufer und Welfen in der Regierungszeit Konrads III.: Die ersten Welfenprozesse und die Opposition Welfs VI., AKuG 70 (1988) S. 331.

Schwierigkeiten des Papstes in Rom Aufmerksamkeit schenken. Papst Eugen III. (1145–1153) vermochte dort einer Verselbständigung des Stadtbürgertums nicht mehr Herr zu werden, das sich in Anlehnung an antike Vorbilder einen »heiligen Senat« *(sacer senatus)* auf dem Kapitol eingerichtet hatte, und mußte nach Viterbo ausweichen. Vor allem Bernhard von Clairvaux ermahnte den deutschen König zu einem Italienzug, bei dem auch ein Vorstoß nach Sizilien geplant war. Der Staufer knüpfte zusätzlich enge Kontakte mit Byzanz an, die für ein gemeinsames militärisches Vorgehen die Ausgangsposition schaffen sollten. In diesen Zusammenhang fällt auch die 1146 erfolgte Eheschließung des byzantinischen Kaisers Manuel I. Komnenos mit Konrads Schwägerin Bertha von Sulzbach, die in Konstantinopel den Namen Irene erhielt. Als wichtiger Berater des Königs und führender Staatsmann war auch hier Abt Wibald von Stablo-Malmedy (seit 1146 zusätzlich von Corvey) tätig, dessen Briefbuch mit einer Fülle von Dokumenten zu den damaligen Geschehnissen sich glücklicherweise erhalten hat.[3]

Von einem baldigen Eingreifen in Italien wurde Konrad zunächst durch einen Umschwung der Verhältnisse in den Kreuzfahrerstaaten im Nahen Orient abgehalten. Am Weihnachtstag des Jahres 1144 war Edessa, Hauptort der gleichnamigen Grafschaft (im Grenzgebiet zwischen der heutigen Türkei und Syrien), durch den Atabeg von Mossul, Zengi, erstürmt worden. Die Kreuzritter hatten sich daraufhin in Sorge um den Fortbestand ihrer Herrschaft an den Papst gewandt. In Frankreich erklärte sich König Ludwig VII. zu einem Kreuzzugsunternehmen bereit. Die Sache machte sich Abt Bernhard von Clairvaux zu eigen und begann mit einer intensiven Predigttätigkeit, Begeisterung für einen neuen Kreuzzug zu wecken. Seine wirkungsvollen Aufrufe erreichten nicht nur in Frankreich, sondern auch in Deutschland zahlreiche Menschen. Vor allem eine Rede nach den Weihnachtstagen 1146 im Dom von Speyer übte große Wirkung auf seine deutsche Zuhörerschaft aus, die in Scharen das Kreuz nahm. Unter ihnen war auch König Konrad III., für den sich hier die Möglichkeit ergab, das Ansehen der deutschen Krone gegenüber Frankreich zu wahren, das ja bisher den größten Beitrag zur Kreuzzugsbewegung geleistet hatte.

Ein Reichstag zu Frankfurt im März 1147 suchte – im Beisein Bernhards von Clairvaux – die Verhältnisse im Reich zu regeln, so durch einen allgemeinen Landfrieden und die Wahl des zehnjährigen Königssohnes Heinrich zum Nachfolger für den Fall des Todes seines Vaters. Die Königskrönung erfolgte Ende März in Aachen. Die Regentschaft während der Abwesenheit Konrads sollte Erzbischof Heinrich von Mainz übernehmen. Eine Auseinandersetzung um den gelegentlich des Reichstags erhobenen Anspruch Heinrichs des Löwen auf das Herzogtum Bayern ließ sich vorerst verschieben, während es dem Abt von Clairvaux offenbar gelungen war, Welf VI. zu einer Waffenpause und zur Teilnahme am Kreuzzug zu bewegen.

Vom Versammlungsort Regensburg aus zogen die deutschen Scharen, unter

---

3 Ph. Jaffé (Hg.), Bibliotheca rerum Germanicarum 1: Monumenta Corbeiensia (1864).

ihnen Welf VI., Herzog Friedrich III. von Schwaben (der spätere Kaiser Barbarossa) und Heinrich Jasomirgott auf dem Landweg in Richtung Konstantinopel. Mit Kaiser Manuel kam es zu einer Übereinkunft bezüglich des weiteren Durchzugs durch sein Gebiet, wonach die an die Moslems verlorenen Gebiete dem byzantinischen Reich wieder zugeführt werden sollten. Als endlich unter Mühen Nikaia erreicht war, beschloß man eine Aufteilung des Zuges in zwei Gruppen, deren eine versuchen sollte, mit kriegerischen Mitteln durch das Landesinnere vorzudringen, während sich die andere an der Küste halten sollte. Erbittert über das zu langsame Vorwärtskommen und mißtrauisch gegen ihre griechischen Verbündeten suchten die deutschen Ritter ein Durchkommen auf eigene Faust und erlitten schließlich bei Dorylaion eine katastrophale Niederlage. Auf der Flucht zurück an die Küste erkrankte König Konrad. Der zweite Zug schlecht bewaffneter Pilger unter der Leitung des Bischofs Otto von Freising, Konrads Halbbruder, des größten mittelalterlichen Geschichtsschreibers und Geschichtsphilosophen wurde an der kleinasiatischen Küste bei Laodikaia nahezu vollständig aufgerieben. Der Bischof selbst entkam auf einem Schiff. Inzwischen waren auch die französischen Kreuzfahrer nach Kleinasien gelangt, und bei einem Treffen einigte man sich schließlich über eine Weiterfahrt auf dem Seeweg.

Im April 1148 traf Konrad III. in Akkon ein. War zunächst ein militärisches Eingreifen zur Stärkung der gefährdeten nördlichen Kreuzfahrerpositionen geplant, so kam man von diesem ausgreifenderen Projekt ab und entschloß sich Ende Juli wenigstens zu einer Unternehmung gegen Damaskus. Dessen Emir war freilich durch Verträge mit Jerusalem verbunden. Wegen der Uneinigkeit im Belagerungsheer der Deutschen, Franzosen, Jerusalemitaner und Templer mißlang wider Erwarten die Einnahme der Stadt. Enttäuscht über den Verlauf des Kreuzzugs mußten Konrad III. und der französische König Ludwig VII. schließlich die Rückkehr auf dem Seeweg antreten.

Ein Teil der deutschen Fürsten hatte sich auf dem Reichstag zu Frankfurt zu einem Wendenkreuzzug entschlossen. Doch blieben die Ergebnisse spärlich, da einerseits ein Teil der Slawen durch eine eher vordergründige Taufaktion weiteren Auseinandersetzungen auswich und andererseits durch die vorausgegangene Missionstätigkeit etwa Bischof Ottos von Bamberg das Christentum ohnehin bereits Fuß gefaßt hatte. Der Ausgang dieser Unternehmungen wurde von den Zeitgenossen eher zwiespältig aufgenommen.

König Konrad III. hielt sich bei seiner Rückkehr aus dem Heiligen Land zum Jahresende 1148 nochmals auf byzantinischem Gebiet auf, wohl in Thessalonike, wo er mit dem Kaiser seine früheren Abmachungen bezüglich eines Vorgehens gegen Roger II. wiederholte. Im Fall einer erfolgreichen Unternehmung in Unteritalien sollte Konrad III. bestimmte Gebiete (vermutlich in Apulien und Kalabrien) als Mitgift für Bertha-Irene an den Kaiser abtreten.[4] Bei dieser Gelegenheit

---

4   J. P. Niederkorn, Die Mitgift der Kaiserin Irene. Anmerkungen zur byzantinischen Politik Konrads III., RöHM 28 (1986) S. 125–139.

wurden die gegenseitigen Beziehungen durch die Eheschließung Herzog Heinrichs Jasomirgott mit einer Nichte Manuels I., Theodora Komnena, weiter gefestigt. Gern hätte Konrad auch Frankreich in eine Koalition gegen Roger einbezogen, doch gelang es dem Normannen, neben Welf VI., König Géza II. von Ungarn, den Seefahrerstädten Venedig und Pisa schließlich auch noch den französischen König Ludwig VII. auf seine Seite zu ziehen.

Im Mai 1149 kehrte Konrad nach Deutschland zurück, wo sich der Reichsverwalter Erzbischof Heinrich I. von Mainz nur schwer durchzusetzen vermochte. Heinrich der Löwe, der seinen Anspruch auf das Herzogtum Bayern nicht aufzugeben gewillt war und sich durch seine Ehe mit Klementia den Zähringern familiär verbunden hatte, konnte nicht einmal an einem Zug nach Süddeutschland gehindert werden. Im Februar 1150 kam es nochmals zu einem Kampf zwischen Welf VI. und dem kaiserlichen Heer unter der nominellen Leitung des dreizehnjährigen Königssohns Heinrich bei Flochberg (nahe Bopfingen), den der junge Staufer für sich entschied. Doch während Welf auf Vermittlung des Schwabenherzogs Friedrich zu einem Friedensschluß veranlaßt werden konnte, fruchteten die königlichen Bemühungen um einen Ausgleich mit dem Sachsenherzog, der sich auch weigerte, verschiedenen Ladungen Folge zu leisten, nichts.[5] Die Aktionen des durch eine langwierige Krankheit geschwächten Konrad III. und auch Albrechts des Bären blieben erfolglos.

Inzwischen hatte in Italien die stadtrömische Bewegung mit Arnold von Brescia, einem Schüler Abaelards, weitere Dynamik erlangt. Man ging sogar so weit, dem römischen König die Kaiserkrönung aus der Hand des Volkes anzubieten. Doch eine solche Abkehr von dem durch die Verbindung zum Papsttum legitimierten Kaisertum war nicht im Sinne Konrads. Ein für den Herbst 1152 geplanter Italienzug, der ihm als Gegenleistung für die Unterstützung Papst Eugens III. die Kaiserkrone bringen und sich zu einem Vorstoß gegen das Normannenreich hätte ausweiten sollen, wurde durch den Tod Konrads III., der zuvor statt seines minderjährigen Sohnes Friedrich seinen gleichnamigen Neffen, Herzog Friedrich (III.) von Schwaben, zum Nachfolger designiert hatte, am 15. 2. 1152 in Bamberg verhindert. Im dortigen Dom fand der König seine letzte Ruhestätte.

Konrads Regierungszeit war durch eine Zahl in Angriff genommener Projekte gekennzeichnet, die in ihrer Mehrheit scheiterten. Hatte er sich in der Zeit Lothars nicht als Gegenkönig durchsetzen können, so gelang es ihm auch später nicht, die welfische Opposition im Reich unter seine Kontrolle zu bringen. Das Kreuzzugsunternehmen von 1147 kostete einer großen Menge der Teilnehmer das Leben und schlug in seiner Zielsetzung doch fehl. Da der König die vom Papst gegen die Stadt Rom erhoffte Hilfe nicht bringen konnte, blieb ihm die Kaiserkrönung versagt, und an eine Expedition nach Sizilien war erst recht nicht zu denken. Neben seinen Bemühungen um den Ausbau seiner Hausmacht und

---

5 E. Boshof, Staufer und Welfen, S. 336ff.

die Vergabe von Reichslehen an seine Verwandten überließ er aber immerhin durch die Intensivierung der Kontakte zu Byzanz seinem Nachfolger und Neffen Friedrich Barbarossa gute Möglichkeiten für einen weiteren Ausbau der staufischen Position.

Die Nachkommen König Konrads III.

AUS DER FREIEN VERBINDUNG MIT GERBERGA

Das »Rote Buch« von Lorch nennt als Kinder der Gerberga: Sophia, Leopold, Constantin, Giselbert und Ludmilla.

AUS DER EHE MIT GERTRUD VON COMBURG

1. N (AGNES)

    * um 1115/16
    † 1151 in Kiew
    Grabstätte: Kiew

    ∞ um 1129/30
    ISJASLAW II. MITISLAWITCH, Großfürst von Kiew
    Eltern: Mitislaw I. (= Harald), Großfürst von Kiew, und Christina, Tochter des Königs Ingo von Schweden
    * um 1101/02, eher 1105/10
    † 13. 11. 1154 in Kiew
    Grabstätte: Kathedrale zu Kiew

2. BERTHA

    * um 1116/17
    † nach 1148 (nach 1153?)

    ∞ 1131/34
    HERMANN, Markgraf von Baden
    Eltern: Hermann, Markgraf von Baden, und Judith (Erbin des Uffgaus?)
    * um 1100/1105
    † um 1152
    Grabstätte: Chorherrenstift St. Pancratius in Backnang

3. GERTRUD

    * nach 1120
    † nach 1150 (?)

AUS DER EHE MIT GERTRUD VON SULZBACH

4. HEINRICH (VI.)
   * Januar/Juni 1137
   † April/Mai 1150
   Grabstätte: Benediktinerabtei Lorch

Vor Antritt des Zweiten Kreuzzuges wurde Heinrich zehnjährig im März 1147 auf einem Hoftag zu Frankfurt zur Sicherung der Nachfolge zum König gewählt. Erzbischof Heinrich von Mainz sollte die Regierungsgeschäfte führen. In den Auseinandersetzungen mit den Welfen gelang am 8.2.1150 einem Heer, das nominell unter der Führung des jungen Königs stand, ein Sieg über Welf VI., als dieser die staufische Burg Flochberg bei Bopfingen belagerte. 1148/50 war Heinrichs Verlobung mit einer Nichte Kaiser Manuels von Byzanz (wohl Maria Komnena) geplant.

5. FRIEDRICH (IV.) VON ROTHENBURG
   * Ende 1144/45
   † 19.8.1167 in der südlichen Toskana an Malaria auf dem Rückzug von Rom während des vierten Italienzuges Friedrich Barbarossas
   Grabstätte: Zisterzienserabtei Ebrach

   ∞ 1166
   GERTRUD VON SACHSEN
   Eltern: Heinrich der Löwe, Herzog von Sachsen und Bayern († 1195), und Klementia († 1167), Tochter Herzog Konrads I. von Zähringen († 1152)
   * um 1152/54–1155
   † 1.7.1196
   Grabstätte: Dom zu Roskilde
   Sie war in zweiter Ehe (1171/76) mit König Knut von Dänemark (1182 bis 1202), Sohn König Waldemars I. des Großen (1131–1182) und der Sophie von Nowgorod (1141–1198), verheiratet.

Nach der Wahl seines Vetters Friedrich Barbarossa zum König (1152) erhielt er das Herzogtum Schwaben, das der König freilich für die Zeit der Minderjährigkeit unter seiner Verwaltung behielt, und wurde mit einem großen Teil der staufischen Hausgüter in Franken, vor allem um die Burg Rothenburg, entschädigt. In den Quellen erscheint er deshalb oft als »Herzog von Rothenburg«. 1157 empfing er auf dem Hoftag zu Würzburg die Schwertleite. Er begegnet uns meist in der Umgebung des Kaisers, so auch während des zweiten Italienzuges. In der Auseinandersetzung zwischen dem Pfalzgrafen Hugo von Tübingen und den Welfen (1166) ergriff der junge Friedrich, der sich zunehmend verselbständigte, die Partei des ersteren. Der König entschied jedoch 1166 auf einem Hoftag in Ulm zugunsten der Welfen. Der baldige Tod des jungen Fürsten verhinderte mögliche Differenzen im staufischen Hause.

Kaiser Friedrich I. Barbarossa

Kaiser Friedrich I. Barbarossa

* 20.–23. 12. (?) 1122
† 10. 6. 1190, ertrunken im Fluß Saleph in Kleinasien
Grabstätte: Fleisch in der Kathedrale St. Peter in Antiochia, Herz und Eingeweide in Tarsus, Gebeine in der Kathedrale in Tyrus, ihre Beisetzung in Jerusalem war vorgesehen
Eltern: Friedrich (II.) der Einäugige († 1147), Herzog von Schwaben, und die
Welfin Judith († 1130/31)

um 1130–1145
freie Verbindung mit einer Hochfreien (?)

1. ∞ 1147 oder 1149 in Eger (?)
ADELA VON VOHBURG
Eltern: Markgraf Diepold III. von Vohburg († 1046) und eine Tochter des Polen-
königs Boleslaw III.
* Ende 1128/Anfang 1129
† wohl nach 1187, Prämonstratenserstift Weißenau bei Ravensburg (?)
Die Ehe wurde unter dem Vorwand zu naher Verwandtschaft im März 1153 im
Dom zu Konstanz in Anwesenheit der päpstlichen Legaten Bernhard von S. Cle-
mente und Gregor von S. Angelo und Bischof Hermann von Konstanz geschie-
den. Ende 1153/54 heiratete Adela Dietho von Ravensburg († nach 1187), einen
Ministerialen im Dienste Herzog Welfs VI., später Herzog Friedrichs V. von
Schwaben. Barbarossa warb in der Folge um Maria Komnena († nach 1154), eine
Nichte Kaiser Manuels von Byzanz.

2. ∞ 10.–17. 6. 1156 in Würzburg
BEATRIX VON BURGUND
Eltern: Rainald III., Graf von Hochburgund († 1148), und Agathe († nach 1161),
Tochter des Herzogs Simon I. von Lothringen
* um 1144
† 15. 11. 1184
Grabstätte: Dom zu Speyer

1147–1152: Herzog von Schwaben (als Friedrich III.)
4. 3. 1152: in Frankfurt zum römischen König gewählt
9. 3. 1152: in Aachen zum römischen König gekrönt
18. 6. 1155: in Rom von Papst Hadrian IV. zum Kaiser gekrönt
30. 7. 1178: Festkrönung im Dom zu Arles

Halbgeschwister Barbarossas
(aus der Ehe seines Vaters mit Agnes von Saarbrücken)

1. JUTTA
* um 1133/34
† 7. 7. 1191

∞ 1150
LUDWIG II., Landgraf von Thüringen
* um 1128
† 14. 10. 1172
Großmutter des Gegenkönigs Heinrich Raspe

2. KONRAD
* um 1134–1136
† 8. 11. 1195
Grabstätte: Zisterzienserabtei Schönau (bei Heidelberg)

1. ∞ Juni 1156 in Würzburg
(N) VON SPONHEIM
Eltern: Graf Gottfried von Sponheim und ?
* um 1139/40
† um 1159/60
Grabstätte: Zisterzienserabtei Schönau (bei Heidelberg)

2. ∞ nach 1160
IRMGARD VON HENNEBERG
Eltern: Berthold, Graf von Henneberg († 1157), und Bertha († 1190), Tochter des
Grafen Friedrich von Putelendorf († 1179, 1169–1179 Bischof von Prag)
* um 1146/47
† 1197
Grabstätte: Zisterzienserabtei Schönau (bei Heidelberg)
1156: Pfalzgraf am Rhein

Tochter Konrads (aus der Ehe mit Irmgard von Henneberg)

AGNES (Erbin der Pfalz)
* um 1176/77
† 7. (9.?) 5. 1204 in Stade (?)
Grabstätte: St. Marien in Stade

∞ (5. 11.) 1193 auf Burg Stahleck
HEINRICH VON BRAUNSCHWEIG (aus dem Hause der Welfen)
Eltern: Heinrich der Löwe, Herzog von Sachsen und Bayern († 1195), und Mathilde († 1189), Tochter König Heinrichs II. von England († 1189)
* um 1173
† 28. 4. 1227
1195–1213: Pfalzgraf bei Rhein (aus dem Erbe der Gattin)

Ihre Tochter Agnes von der Pfalz heiratet den Wittelsbacher Otto II., Herzog von Bayern, wodurch die Pfalz in bayerische Hand kommt. Deren Tochter Elisabeth heiratet König Konrad IV. und wird so Mutter Konradins

Konrad III. »starb am sechsten Tag nach Aschermittwoch, d. h. am 15. 2., nachdem er dem Herzog Friedrich die Insignien und seinen einzigen Sohn, der ebenfalls Friedrich hieß, übergeben hatte. Er war nämlich ein kluger Mann und machte sich keine Hoffnung darauf, daß sein Sohn, der ja noch ein Knabe war, zum König erhoben würde; deshalb glaubte er, für seine persönlichen Interessen wie für das Reich werde es besser sein, wenn lieber seines Bruders Sohn wegen der vielen Beweise seiner hervorragenden Eigenschaften sein Nachfolger würde.«[1] Mit diesen Worten berichtet uns Otto von Freising, Barbarossas Oheim, von dessen Designation durch den sterbenden König. Sehr wohl hatte Konrad erkannt, daß in Zeiten, wo der das Reich entzweiende staufisch-welfische Konflikt zuletzt nur mühsam gekittet worden war und jederzeit wieder voll ausbrechen konnte, ein vormundschaftliches Regime, das bei einem Knabenkönig unweigerlich die Folge sein mußte, nicht die anstehenden Probleme würde lösen können. Er legte deshalb seinem etwa 30jährigen Neffen, der 1147 als Friedrich (III.) seinem Vater im Herzogtum Schwaben nachgefolgt war, nahe, mit den Fürsten in Verhandlungen über die Nachfolge einzutreten. Die Designation durch Konrad bedeutete nämlich nur eine Absichtserklärung und nicht mehr, sie war rechtlich an sich unverbindlich. De facto freilich waren die Weichen gestellt, und schon knapp drei Wochen nach dem Tode des Königs wurde Friedrich am 4. 3. 1152 in Frankfurt von den Fürsten einmütig – so wenigstens läßt es uns der Bericht Ottos von Freising glauben[2] – zum neuen König gewählt und fünf Tage später in Aachen von Erzbischof Arnold von Köln gekrönt. Die für die deutsche Reichsverfassung vielfach so markante Verbindung von Geblütsrecht und dem entscheidenden Wahlakt der Fürsten war hier zum Ausdruck gekommen, im Unterschied zu den beiden vorangegangenen Königswahlen. Große Erwartungen und Hoffnungen knüpften sich an den »Friedreichen«. Er schien der geeignete Mann zu sein, die große Kluft im Reich zu überwinden: Der Enkel der salischen Kaisertochter Agnes war väterlicherseits zwar Staufer, aber als Sohn der Welfin Judith auch engstens mit dem welfischen Haus verbunden. Obendrein hatte er sich in den Auseinandersetzungen zwischen den Staufern und Welfen merklich zurückgehalten. Zum Jahreswechsel 1151/52 vermittelte er sogar zwischen seinen beiden Oheimen, König Konrad III. und Herzog Welf VI., eine Friedensregelung, die für den Welfen nicht ungünstig war. Zuvor hatte es allem Anschein nach sogar Versuche gegeben, Friedrich für die welfische Sache zu gewinnen.

1 Ottonis ep. Frising. Gesta Friderici I 71 (Freiherr vom Stein-Gedächtnisausgabe Bd. 17).
2 Ebd. II 1.

Nach all dem mußte er für die Welfen akzeptabel sein. Es steht zwar außer Frage, daß Otto von Freising, 1157 von Barbarossa ermuntert und durch einen in Briefform übermittelten Tatenbericht mit Informationsmaterial ausgestattet, an die Abfassung seiner »Gesta Friderici« gegangen war, um den Glanz des staufischen Hauses und die Selbstverständlichkeit der Herrschaft Friedrichs darzustellen, doch lassen sich spätere Quellen, die von Unstimmigkeiten während des Wahlaktes sprechen, ebenso die Vermutung, Heinrich der Löwe sei als Gegenkandidat des Staufers in Frankfurt aufgetreten,[3] wohl nur schwer verifizieren. Daß es intensive, ja sogar hektische Verhandlungen in der kurzen Zeit der Thronvakanz gegeben hat, geht aus den Quellen allerdings klar hervor. Von welfischer Seite wollte man ohne Zweifel für die Zustimmung zur Wahl des Schwabenherzogs ein Maximum an Zugeständnissen herausholen. Barbarossa hat dem Rechnung getragen. Zwei Wochen vor dem Tode Konrads III., ebenso wenige Tage vor der Wahl ist Friedrich mit seinem jungen Vetter Heinrich dem Löwen zusammengekommen.[4] Die Vermutung liegt nahe, daß der Löwe Zusagen hinsichtlich der Rückgabe des Herzogtums Bayern erwirken konnte. Die Voraussetzungen für die mehr als zwei Jahrzehnte während einvernehmliche Politik wie auch für die herausragende und vom König immer wieder begünstigte Rolle des Welfen im Kreise der Reichsfürsten wurden damals zweifellos grundgelegt. Friedrich ließ ihm weitestgehend freie Hand im Norden des Reiches sowie im Ostseeraum. 1154 erhielt Heinrich der Löwe mit dem Privileg der Investitur der Bischöfe von Oldenburg, Mecklenburg, Ratzeburg sowie der im »Heidenland jenseits der Elbe« noch zu errichtenden Bistümer königliche Rechte zugestanden, wenn sie auch im Namen des Königs ausgeübt werden sollten. Der Aufbau des »Staates« Heinrichs des Löwen ist jedenfalls ohne Duldung, ja Förderung des Königtums nicht denkbar. Heinrichs Schwager Berthold IV. aus dem Hause der mit den Staufern im Südwesten des Reiches rivalisierenden Zähringer überließ er wenige Wochen nach seiner Wahl gegen die Zusage der Teilnahme am Italienzug wesentliche Herrschaftsrechte in Vertretung des Königs in Burgund und in der Provence nebst dem Versprechen, bei der Unterwerfung dieser Länder sogar mitzuwirken. Dem zweiten Repräsentanten des Welfenhauses, Welf VI., verlieh Barbarossa die Markgrafschaft Tuszien, die Mathildischen Güter, das Herzogtum Spoleto sowie die Inseln Sardinien und Korsika. Mag auch diese Bestätigung der welfischen Position in Mittelitalien weitgehend mehr Rechtsanspruch als konkrete Machtbasis bedeutet haben, so war nichtsdestoweniger der Welfe in die Italienpolitik Friedrichs eingebunden.

Der generelle Ausgleich mit den großen Laienfürsten sowie ein bald in seinen Bestimmungen erweiterter Landfriede ließen erkennen, daß der junge König fähig war, die Zügel der Herrschaft fest in die Hand zu nehmen, den Gegeben-

---

3 So O. Engels, Beiträge zur Geschichte der Staufer im 12. Jahrhundert (I), DA 27 (1971) S. 399ff., und Die Staufer (⁴1989) S. 52.
4 Böhmer–Opll–Mayr, Reg. Imp. IV/II/1, Nr. 59 und 63.

KAISER FRIEDRICH I. BARBAROSSA 277

heiten Rechnung zu tragen und sie für seine Politik zu nutzen. Mag auch die eine
oder andere Vorgangsweise schon in der Spätzeit Konrads III., dessen maßgeblicher Staatsmann Wibald von Stablo vom König vorerst übernommen wurde,
vorgezeichnet gewesen sein, so ist doch der kraftvolle Aufbruch zu einer aktiven
Reichspolitik für uns sichtbar. Er ist aber auch für die Zeitgenossen unverkenn-
bar gewesen. In hellsten Farben pries Wibald in einem Schreiben an Papst
Eugen III. die Eigenschaften des neuen Königs: »Er war bisher von scharfsinniger
Begabung, entschlossen im Rat und glücklich im Krieg, strebte nach Erhabenem
und nach Ruhm, duldete überhaupt kein Unrecht, war leutselig, großzügig und in
glänzender Weise beredt in seiner Muttersprache.«[5] Zeitgenössische Schilderungen, insbesondere aber jener noch heute erhaltene, von Friedrich selbst in Auftrag
gegebene Bronzekopf, den er seinem Taufpaten Otto von Cappenberg zum
Geschenk gemacht hatte, lassen uns das dem ritterlichen Ideal verpflichtete
Erscheinungsbild des Königs in seinen Wesenszügen, aber auch im Aussehen
klarer erfassen als bei den Herrschern zuvor. Seine heitere und gewinnende Art
wurde hervorgehoben. Von Gestalt war er schlank und kaum mehr als mittelgroß; wallendes, rotblondes Haar umgab sein Gesicht, der gepflegte, rötliche
Wangen-, Lippen- und Kinnbart trugen ihm später bei den Italienern den Beina-
men »Barbarossa« ein.[6]
    Ohne Einfluß der Kurie war Friedrich zum Königtum gelangt. Durch eine
Gesandtschaft, an deren Spitze Bischof Eberhard II. von Bamberg stand, sein
besonderer Vertrauter in den ersten Regierungsjahren, unterrichtete er Papst
Eugen III. von seiner Wahl, freilich ohne eine Approbation zu erbitten. Mit dem
Ziel der Kaiserkrönung, die Konrad III. schon zum Greifen nahe hatte, trat
Barbarossa in der Folgezeit in Gespräche mit dem Papsttum ein. Die Themen-
kreise, die einer einvernehmlichen Vorgangsweise bedurften, waren keine anderen als in der Spätzeit Konrads III.: Normannenreich, Byzanz, stadtrömische
Bewegung. Die Verhandlungen in Rom erbrachten zum Jahreswechsel 1152/53
einen von den beiderseitigen Unterhändlern abgeschlossenen Vorvertrag, den
Barbarossa am 23. 3. 1153 in Konstanz ratifizierte – ein bilaterales Abkommen,
in dem der *honor regni* dem *honor papatus* expressis verbis gleichrangig, wenn
auch wohl der Substanz nach nicht gleichgewichtig gegenüberstand. Der König
versprach, weder mit den Normannen noch mit den Römern ohne päpstliche
Zustimmung eine Übereinkunft zu treffen, ja sogar zur Unterwerfung letzterer
beizutragen sowie als Schirmherr der Kirche die Besitzungen des Römischen
Stuhls zu verteidigen. Der Papst wiederum sagte die Kaiserkrönung zu und stellte
bei Verletzung der Gerechtsamen des Reiches den Einsatz kirchlicher Mittel in
Aussicht. Beide Seiten verpflichteten sich, die Byzantiner von Italien fernzuhalten. Diese »Forma concordiae et conventionis«, die in traditioneller Weise vom

5 MGH Const. 1, Nr. 138.
6 Vgl. dazu H. Grundmann, Der Cappenberger Barbarossakopf und die Anfänge des Stifts Cappenberg (1959) S. 46ff.

Papst und dem zum Kaiser berufenen König als gleichberechtigten übergeordneten Ordnungsmächten ausging und eine tragfähige Basis im Zusammenwirken bezweckte, sollte nicht allzu lange halten, vielmehr an den politischen Interessen und den Gegebenheiten einer in ihrem Kräftespiel vielschichtiger gewordenen Welt scheitern. Ausgespart blieben in den Vereinbarungen etwa die oberitalienischen Städte, allen voran Mailand. Mögen diese auch keineswegs jener einheitliche Block gewesen sein, als den sie die national-italienische Geschichtsschreibung früher so gerne sah, so hatten sie doch in den Jahrzehnten fehlender oder nur geringer königlicher Präsenz nicht nur zu wirtschaftlichem Wohlstand, sondern auch zu einem hohen Maß an Selbständigkeit und Selbstgefühl gefunden. Wollte Barbarossa dem Kaisertum neuen Glanz verleihen, so mußte dies in Italien geschehen. Der Konflikt war also vorprogrammiert. Auf sechs Italienzügen sollte er 16 Jahre seiner 38jährigen Regierungszeit südlich der Alpen zubringen.

Im Oktober 1154 brach Friedrich vom Lechfeld aus, wo sich das Heer versammelt hatte, über den Brenner zu seinem ersten Italienzug auf. Unter den Fürsten, die ihn mit ihren Kontingenten begleiteten, war auch Heinrich der Löwe, dem kurz zuvor das Herzogtum Bayern zugesprochen worden war. Seine Teilnahme am Zug war dem Kaiser wichtig gewesen. Auf einem großen Hoftag in Roncaglia Anfang Dezember 1154, den zahlreiche Fürsten und die Vertreter fast aller oberitalienischen Städte besuchten, wurde Friedrich erstmals hautnah mit den unübersichtlichen regionalen Problemen der Städte konfrontiert. Er nützte erstmals die Gelegenheit, seine herrscherliche Autorität südlich der Alpen zum Ausdruck zu bringen, und erließ ein Lehnsgesetz. Die Konsuln von Pavia, Lodi und Como führten bei ihm Klage gegen Mailand, das zuvor vergeblich den König für 4000 Mark Silber zu einem Bündnis zu bewegen versucht hatte. Dieser gebot Frieden, und als die Mailänder sich nicht seinem Gericht stellten, verfielen sie der Reichsacht, die allerdings mangels ausreichender Mittel nicht vollstreckt werden konnte. Lediglich das mit Mailand verbündete Tortona wurde nach längerer Belagerung im April 1155 zerstört. Auf dem Weitermarsch nach Rom trat Barbarossa bei Bologna erstmals mit den Professoren der berühmten Schule des Römischen Rechts in Kontakt (Mai 1155). Wohl bei dieser Gelegenheit wurde auch die Authentica »Habita«, jenes älteste Universitätsprivileg, erlassen, das den Scholaren und Professoren besonderen Schutz einräumte.

Bei Sutri trafen Friedrich und der Papst im Juni 1155 erstmals persönlich zusammen. Inzwischen hatte Hadrian IV. als erster und einziger Engländer den Stuhl Petri bestiegen. Ihm stand mit dem aus bürgerlicher sienesischer Familie stammenden Kardinalpriester Roland Bandinelli, dem späteren Alexander II., einer der bedeutendsten Kanonisten seiner Zeit als Kanzler zur Seite. Der neue Pontifex war geneigt, wesentlich kompromißloser als sein Vorgänger die Interessen der Kurie zu verfolgen. Das über die Stadt Rom verhängte Interdikt sollte die stadtrömische Bürgerschaft in die Knie zwingen. Mit dem König hatte man den Konstanzer Vertrag im Januar des Jahres 1155 erneuert. Man brauchte den Herrscher, um der gefährlichen Lage in der Stadt Rom Herr zu werden. Die

Auslieferung des in die Hände Friedrichs gefallenen Arnolds von Brescia, der Seele des stadtrömischen Widerstandes gegen den Papst, wurde verlangt und vom König auch erfüllt. Die Sorge des Papstes kam nicht von ungefähr. Wie schon in der Zeit Konrads III. suchte auch nun die römische Bürgerschaft den direkten Kontakt zum heranrückenden Herrscher und bot ihm die Kaiserkrone aus der Hand des Volkes an, was Friedrich aufgrund seiner fürstlich-feudalen Denkungs-art, insbesondere aber aufgrund seiner Vorstellung vom Zusammenwirken der beiden obersten Gewalten ablehnte. Wie sensibel jedoch das Verhältnis zwischen Imperium und Sacerdotium war, zeigt jener vielbehandelte Zwischenfall in Sutri: Friedrich verweigerte den vom Papst geforderten Marschall- und Stratordienst als charakteristische Leistungen eines Lehnsmannes gegenüber seinem Lehns-herrn. Erst als nach langwierigen Verhandlungen klargestellt war, daß es sich um altes Herkommen und den Ausdruck religiöser Ehrerbietung gegenüber dem Stellvertreter Christi handle, dadurch jedoch keine lehnsrechtliche Abhängigkeit des Imperiums vom Sacerdotium zum Ausdruck komme, war Friedrich bereit, einen Steinwurf weit das Pferd des Papstes am Zügel zu führen und ihm den Steigbügel beim Absitzen zu halten. Friedrich verlangte auch die Entfernung einer Inschrift auf einem Gemälde im Lateran, das Lothar III. als Lehnsmann des Papstes bezeichnete. Am 18. 6. endlich empfing Friedrich aus der Hand Hadrians IV. im Petersdom die Kaiserkrone. Ein Aufstand, der in der Stadt aus Empörung über die päpstlich-kaiserliche Zusammenarbeit ausbrach, wurde von den deut-schen Rittern, insbesondere von Heinrich dem Löwen, niedergeschlagen. Zu einem Feldzug gegen die Normannen, den die Vereinbarungen mit dem Papst erwarten ließen, kam es nicht mehr. Die klimatischen Bedingungen, besonders aber die Weigerung der deutschen Fürsten machten den von der Kurie gewünsch-ten Zug nach dem Süden unmöglich. An sich wäre der Zeitpunkt nicht ungünstig gewesen, da nach dem Tode König Rogers II. (1154) Aufstände in Apulien wüteten. Bei der Rückkehr von Rom kam es in Ancona zu einem Treffen Fried-richs mit den Gesandten Kaiser Manuels. Versuche der Byzantiner, die sich in Süditalien unter Ausnützung der Lage festzusetzen begannen, im Zeichen der seit der Zeit Konrads III. intensiveren deutsch-byzantinischen Zusammenarbeit Bar-barossa ihrerseits zu einem gemeinsamen Vorgehen gegen die Normannen zu bewegen, führten ebenfalls zu keinem Ergebnis. Freilich war der Handlungsspiel-raum Friedrichs gegenüber den Byzantinern nach den Abmachungen des Vertra-ges von Konstanz beträchtlich eingeengt. Auch die seit längerem geführten Ver-handlungen zum Zweck einer Eheverbindung des Kaisers, der 1153 mit päpstli-cher Unterstützung von seiner ersten Gattin Adela von Vohburg geschieden worden war, verliefen letztlich im Sande. Es war das gegenseitige Mißtrauen, vor allem aber die realpolitisch begrenzten Möglichkeiten der deutschen Könige, die eine wirksame Kooperation der beiden Kaisertümer letztlich unmöglich mach-ten. Was damals aber schwerer wog, war eine deutliche Enttäuschung auf seiten der Kurie, die wohl größere Erwartungen in den Italienzug Friedrichs gesetzt hatte. Die nächsten Monate brachten – nicht zuletzt bedingt durch die großen

280   KAISER FRIEDRICH I. BARBAROSSA

Erfolge des erstarkten Normannenkönigs Wilhelm I., der nicht nur die Griechen aus Süditalien vertreiben konnte, sondern zunehmend auf den Kirchenstaat Druck ausübte – ein völliges Revirement der politischen Landschaft. Im Vertrag von Benevent kam es im Juni 1156 zum Ausgleich zwischen Hadrian IV. und den Normannen. König Wilhelm erhielt seine Länder als Lehen aus der Hand des Papstes, obendrein weitgehende Zugeständnisse hinsichtlich der Kirchenhoheit auf der Insel Sizilien. Das Abkommen von Benevent bedeutete den endgültigen Friedensschluß zwischen dem Papsttum und dem südeuropäischen Königreich. Den Byzantinern war künftighin der Zugriff auf Unteritalien unmöglich gemacht, das Papsttum hatte Rückendeckung im Normannenstaat und eine freie Hand gegenüber dem Kaisertum gewonnen. Der Konstanzer Vertrag mit der darin formulierten päpstlich-kaiserlichen Zusammenarbeit war entscheidend ausgehöhlt.

Nach Deutschland zurückgekehrt, wandte sich der Kaiser nun der endgültigen Lösung der bayerischen Frage zu. Zwar hatte Barbarossa dem Löwen allem Anschein nach die Rückgabe des Herzogtums als Preis für seine Wahl in Aussicht gestellt, doch mußte die Realisierung des Vorhabens schwierig sein, da sich der Bayernherzog und österreichische Markgraf Heinrich Jasomirgott nicht nur nichts hatte zuschulden kommen lassen, sondern die Babenberger von Anfang an die engsten Verwandten und engagiertesten Parteigänger der Staufer gewesen waren. Jahrelange zähe Verhandlungen folgten. Mag auch Barbarossa durch Fürstenspruch auf dem Hoftag in Goslar vor Antritt des Italienzuges (Juni 1154) dem Welfen Bayern zugesprochen und dieser im Oktober 1155 de facto das Herzogtum in Besitz genommen haben, so war das Problem freilich noch keineswegs bereinigt. Die Lösung brachten persönliche Gespräche unter vier Augen zwischen dem Kaiser und seinem babenbergischen Oheim zu Pfingsten des Jahres 1156. Allem Anschein nach wurden bei dieser Gelegenheit die Bedingungen festgelegt, unter denen Heinrich Jasomirgott bereit war, auf Bayern zu verzichten. Otto von Freising, der als Babenberger und als bayerischer Kirchenfürst an einer endgültigen Lösung des schwelenden Konfliktes in höchstem Maße interessiert sein mußte, schilderte den symbolträchtigen lehnsrechtlichen Formalakt auf den Barbinger Wiesen vor den Toren Regensburgs am 8. 9. 1156[7]: Heinrich Jasomirgott resignierte das Herzogtum Bayern durch Übergabe von sieben Fahnen, welche der Kaiser an den Löwen weiterreichte. Dieser wieder gab zwei Fahnen, welche die *marchia orientalis* symbolisierten, an Barbarossa zurück, der sie nach Umwandlung der Markgrafschaft in ein Herzogtum an Heinrich und mit diesem gemeinsam an seine Gattin, die byzantinische Prinzessin Theodora Komnena, übergab. Wenige Tage nach der Belehnung wurden dem neuen Herzog im sogenannten Privilegium minus vom 17. 9. 1156 eine Reihe einzigartiger Vorrechte gewährt:[8] Das Herzogspaar erhielt die Erbfolge in männlicher und weibli-

---

7 Ottonis ep. Frising. Gesta Friderici II 57 (Freiherr vom Stein-Gedächtnisausgabe Bd. 17).
8 DF. I. 151 – S. H. Appelt, Das staufische Kaisertum und die Babenberger in Österreich (²1976).

cher Linie sowie das Vorschlagsrecht bei Kinderlosigkeit *(ius affectandi)* zugestanden. Der österreichische Herzog war künftighin nur mehr verpflichtet, bei Aufforderung Hoftage in Bayern zu besuchen, die Heerfahrtspflicht war auf die Nachbarländer beschränkt. Die Ausübung von Gerichtsbarkeitsrechten innerhalb des neuen Herzogtums sollte an die Zustimmung des Herzogs gebunden sein. Für die Verfassungsstruktur des Reiches war die gefundene Lösung eine wesentliche Station auf dem Wege von den alten Stammesherzogtümern hin zu den Territorien und somit zum Ausbau der Landesherrschaft in Deutschland. Politisch bedeutete die Lösung des auch zuvor bereits de facto weitestgehend unabhängigen Österreich aus dem bayerischen Lehnsverband die Voraussetzung für die Schwerpunktbildung im Südosten des Reiches in späteren Jahrhunderten.

Bereits zu Pfingsten des Jahres 1156 hatte sich Barbarossa während eines feierlichen Hoftages zu Würzburg mit Beatrix, der Tochter des Grafen Rainald III. von Burgund, vermählt und unter dem Rechtstitel seiner Frau Burgund und die Provence als Familieneigentum in Besitz genommen. Die Zähringer wurden für die erlittenen Einbußen mit der Vogtei und dem Investiturrecht über die Bistümer Lausanne, Genf und Sitten entschädigt. Die staufische Position war zumindest im nördlichen Teil dieses bedeutsamen Paßlandes so sehr gefestigt, daß sich nunmehr die Möglichkeit zu eröffnen schien, in dieser peripheren, seit langem sich selbst überlassenen Zone des Imperiums Reichsrechte wieder geltend zu machen. Auf einem glanzvollen Hoftag in Besançon im Oktober 1157, zu dem Gesandte in reicher Zahl selbst aus dem fernen England und Spanien erschienen, regelte Barbarossa die Angelegenheiten des arelatensischen Königreiches. Dieser Hoftag wurde auch zur Bühne eines Zwischenfalls höchst ideologischer Brisanz. In Angelegenheit des von kaiserlichen Parteigängern gefangengehaltenen Erzbischofs von Lund überbrachte eine päpstliche Gesandtschaft unter Führung des Kanzlers Roland ein Schreiben Hadrians IV., in dem dieser Friedrich unter anderem an die Kaiserkrönung erinnerte und zugleich betonte, er bereue nichts, ja er wäre sogar bereit gewesen, dem Kaiser noch größere *beneficia* zu gewähren. Rainald von Dassel, seit 1156 Kanzler des Reiches, übersetzte den wohl mit Absicht verwendeten zweideutigen Begriff in provokanter Weise mit »Lehen«, nicht mit »Wohltaten« ins Deutsche. Die heikle Frage des Verhältnisses zwischen Papsttum und dem seit dem Investiturstreit um sein Selbstverständnis ringenden Imperium war hiermit angesprochen. Ein Sturm der Entrüstung brach los. Die Fürsten, die nicht an einer Schmälerung ihrer Bedeutung als Wähler des zum künftigen Imperator bestimmten Königs interessiert sein konnten, standen – anders als in der Zeit Heinrichs IV. – geschlossen hinter dem Kaiser. Dies vor Augen, deutete der Papst in einer zweiten Gesandtschaft das Reizwort »beneficium« in der harmloseren Bedeutung als »bonum factum«. Der Zwischenfall zeigte jedoch, wie angespannt und zerbrechlich das Verhältnis zwischen Kaiser und Papst war. Besançon war der erste große Auftritt des aus sächsischem Grafenhause stammenden Rainald von Dassel. 1159 zum Erzbischof von Köln und somit zum Erzkanzler für Italien aufgestiegen, bestimmte er in den nächsten

282   KAISER FRIEDRICH I. BARBAROSSA

so entscheidenden Jahren die politische Linie Barbarossas. Nicht Ausgleich und Kooperation, vielmehr die Konfrontation sollte künftig ihr Inhalt sein. Die Herrschaftsidee Friedrich Barbarossas, die auf Basis der Zweischwerterlehre die Gottesunmittelbarkeit auch für das Kaisertum beanspruchte und somit auf eine neuerliche Sakralisierung der Kaiserherrschaft abzielte, ist zwar seit seinen Anfängen faßbar, verdichtete sich jedoch zunehmend – mit Formulierungen aus dem römischen Kaiserrecht verbrämt – zu glanzvollen Proklamationen, die die kaiserlichen Schriftstücke – vornehmlich solche für italienische und burgundische Empfänger – einleiteten. Eine verbale Übersteigerung des Machtanspruches gerade in den folgenden Jahren – gelegentlich bis hin zu einer freilich unscharf gefaßten Vorstellung von einer übergeordneten Weltherrschaft – war allerdings in den Augen der außerdeutschen Mächte, insbesondere in den aufstrebenden westlichen Monarchien, nichts anderes als Anmaßung. Die tatsächlichen Ressourcen des deutschen Königtums sollten letztlich auch die Grenzen der Möglichkeiten einer kaiserlichen Politik aufzeigen.

Im Juni 1158 brach Barbarossa mit beträchtlicher Truppenmacht zum zweiten Italienzug auf. Nicht Rom war das Ziel, sondern die machtvolle Wiederaufrichtung der königlichen Gewalt in Reichsitalien, insbesondere die Zähmung Mailands nach neuerlicher Verkündung des Bannspruchs über die Stadt. Nach etwa einmonatiger Belagerung, von Hunger und Krankheit bezwungen, ergab sich die mächtige Kommune. Harte Bedingungen hatte sie als Preis für die Wiedererlangung der kaiserlichen Gnade zu akzeptieren: Alle erwachsenen Bürger der Stadt mußten dem Kaiser einen Treueid leisten, und eine beträchtliche Geldbuße wurde der Stadt auferlegt. Zwar durfte sie ihre Konsuln weiterhin selbst wählen, doch bedurfte die Wahl der kaiserlichen Bestätigung. Im November 1158, auf einem Hoftag – wieder auf den Roncalischen Feldern nahe bei Lodi – sollte das kaiserliche Regiment durch eine Reihe von Maßnahmen neu fundiert werden. Barbarossa ließ durch eine Kommission von 28 Vertretern der italienischen Städte unter Beiziehung von vier Juristen der berühmten Rechtsschule von Bologna die Regalien, d. h. also jene nutzbaren Rechte, auf die das Königtum von alters her Anspruch erheben konnte, »definieren«. Dazu kamen Gesetze, die jegliche Gerichtsbarkeit und hoheitlichen Zwangsmaßnahmen als vom Kaiser abgeleitet erklärten sowie sein Recht, in jeder Stadt eine Pfalz anlegen zu dürfen, bekundeten. Durch die Rechtsgelehrten ließ er auch erheben, welche Steuern von den altrömischen Imperatoren eingefordert wurden. In den Maßnahmen Friedrichs verband sich altes fränkisch-deutsches und langobardisches Königsrecht »mit römischrechtlicher Gelehrsamkeit, die das römische Recht als das alte Kaiserrecht auffaßte und dem Imperator die Fülle der obersten Gewalt zuschrieb«.[9] Weiters wurden ein Landfrieden für das gesamte Reich erlassen sowie das Lehnsgesetz von 1154 erweitert und beträchtlich verschärft. Die Ron-

---

9   H. Appelt, Friedrich Barbarossa (1152–1190), in: Kaisergestalten des Mittelalters, hg. von H. Beumann (1984) S. 185.

calischen Gesetze sollten letztlich Ansprüche durchsetzen, wie sie bis zur Mitte des 11. Jahrhunderts bestanden hatten. Ihre Realisierung mußte einen beträchtlichen materiellen Machtzuwachs für das Königtum bedeuten – Rahewin sprach von einer jährlichen Summe von 30.000 Talenten[10] –, für die Stadtstaaten aber eine Gefährdung ihrer autonomen politischen und wirtschaftlichen Entwicklung. Die jeweilige politische Lage sowie die unterschiedlichen Beziehungen des Kaisers zu den einzelnen, vielfach miteinander rivalisierenden und verfeindeten Städten war dafür maßgebend, ob und in welcher Form er seine Forderungen durchzusetzen vermochte. Der harten Einforderung der Rechte, teilweise sogar durch kaiserliche Amtsträger direkt, standen günstige Abmachungen – zum Teil in vertraglicher Form – mit den mit ihm befreundeten Städten gegenüber bis hin zu den umfassenden Privilegien für die Seestädte Pisa und Genua, die bei einem ins Auge gefaßten Zug gegen das Normannenreich unentbehrlich waren. Die folgenden Monate widmete Friedrich kriegerischen Unternehmungen zur Durchsetzung seiner oberitalienischen Politik gegen aufsässige Kommunen, etwa gegen das kleine Crema, das erst nach halbjähriger Belagerung eingenommen werden konnte und dem Erdboden gleichgemacht wurde. Mailand, die große lombardische Metropole, die sich der neuen Ordnung letztlich nicht fügen wollte und im April 1159 neuerlich dem Bann verfiel, wurde zunehmend die Seele des Widerstandes gegen den Kaiser. Inzwischen war am 1. 9. 1159 in Anagni Papst Hadrian IV. gestorben. Das ohnedies gespannte Verhältnis zwischen Kaiser und Papst hatte sich zuvor weiter verschlechtert. Die Kurie förderte unverhohlen die kaiserfeindlichen Lombarden, Barbarossa wiederum versuchte, seine Rekuperationspolitik auch in der Toskana, ja sogar im Kirchenstaat durchzusetzen. In einer von Tumulten begleiteten Wahl erhob schließlich eine Kardinalmehrheit den Kanzler und Vertreter der bisherigen politischen Linie, Roland, zum Papst, der sich Alexander III. nannte. Eine deutschfreundliche Partei erkor den aus altrömischem Adel stammenden Kardinalpriester Octavian von Monticelli. Er gab sich den Namen Viktor IV. Barbarossa verhielt sich vorerst offiziell neutral, vielmehr berief er, antikem Kaiserrecht folgend, für den Jahresbeginn 1160 eine Kirchenversammlung nach Pavia ein, die die beiden Päpste vorladen und den Kirchenstreit beilegen sollte. Eine solche Vorgangsweise war noch in der Mitte des 11. Jahrhunderts möglich gewesen, nun aber keineswegs mehr. Alexander III. lehnte eine Teilnahme ab, da nach kanonischem Recht der Papst von niemandem gerichtet werden könne. Das schlecht besuchte, im wesentlichen von der deutschen Reichskirche bestimmte Konzil bestätigte daraufhin Viktor IV. und tat Alexander III. in den Bann, der seinerseits Viktor, den Kaiser und dessen Ratgeber bannte. Ein 18jähriges Schisma nahm seinen Anfang. Die internationale Verankerung der Kirche seit dem Investiturstreit sowie das Selbstbewußtsein der europäischen Monarchien ließen keinen dem Kaiser willfährigen Papst mehr zu. Die Anhängerschaft Viktors IV. beschränkte sich auf einen Großteil der Reichs-

10 Rahewini Gesta Friderici IV 8 (Freiherr vom Stein-Gedächtnisausgabe Bd. 17).

kirche sowie auf die dem staufischen Einfluß unmittelbar unterworfenen Länder wie Böhmen, Polen und Dänemark. Die Politik Barbarossas lag in der Folge in der Niederwerfung der Lombarden sowie im Wunsch, Viktor IV. eine allgemeine Anerkennung zu verschaffen, was mit militärischen, aber auch mit diplomatischen Mitteln erreicht werden sollte. Ersteres Ziel schien vorerst nahe, als Mailand im März 1162 nach langen Kämpfen zur Kapitulation gezwungen werden konnte. Das Strafgericht Friedrichs sah die Zerstörung der Stadt, die Auflösung der Kommune und die Ansiedlung der Bewohner als Bauern in vier Dörfern unter der Aufsicht eines kaiserlichen Podestà vor. Die anderen Städte, die mit dem Kaiser im Kampf lagen, unterwarfen sich daraufhin, mußten ebenfalls einen Podestà in ihre Stadt aufnehmen und die Befestigungsanlagen schleifen. Die kaisertreuen Städte, wie etwa Lodi, Pavia, Cremona, konnten durch selbstgewählte Konsuln die Regalien verwalten.

Was die Anerkennung des Gegenpapstes betrifft, war es vor allem das Ziel Barbarossas, Frankreich, wohin sich Alexander III. hilfesuchend nach dem Triumph des Kaisers in Italien gewandt hatte, und England zu gewinnen. Der Gegensatz zwischen Ludwig VII. von Frankreich und Heinrich II. von England, der fast die Hälfte Frankreichs als französische Lehen besaß, schien der kaiserlichen Diplomatie bald auf französischer, bald auf englischer Seite Möglichkeiten zu eröffnen. Durch eine Annäherung Alexanders III. an England und die daraus resultierende Entfremdung zu König Ludwig VII. bestand vorerst die Hoffnung, den französischen König für eine Beilegung des Schismas im kaiserlichen Sinne zu gewinnen. Für den 29. 8. 1162 vereinbarte man an der Saônebrücke bei St. Jean de Losne – an der Grenze zwischen Imperium und Frankreich – ein Treffen des Kaisers mit Ludwig VII. Beide sollten in Begleitung »ihrer« Päpste erscheinen, und ein Schiedsgericht sollte über deren Rechtmäßigkeit urteilen. Aufgrund der Weigerung Alexanders III. zur Teilnahme an dieser Begegnung, aber auch durch die schwankende Haltung des französischen Königs kam es schließlich nicht zum Treffen. Verärgert über das Scheitern seines Planes, ließ der Kaiser durch eine burgundische Synode in Dôle Alexander III. nochmals für abgesetzt erklären. Allerdings war gegenüber der gesamten Welt offenkundig geworden, daß Alexander III. trotz aller Bedrängnisse nicht bereit war, sich zu beugen, der Kaiser letztlich nicht die Macht hatte, seinen Standpunkt durchzusetzen. Je mehr die kaiserliche Sache in der Folge in die Isolation geriet, umso unbeugsamer und unflexibler wurde die von Rainald von Dassel bestimmte Politik Barbarossas. Man war zunehmend geneigt, die Frage des Schismas als internes Reichsproblem anzusehen. In Deutschland selbst stand die Salzburger Kirchenprovinz unter Erzbischof Eberhard I. auf der Seite Alexanders III. Der Mainzer Erzbischof Konrad von Wittelsbach, dessen Wahl Barbarossa nach der Ermordung seines Vorgängers Arnold von Selehofen hatte durchsetzen können (1163), näherte sich immer mehr der alexandrinischen Seite. In Italien regte sich wieder der Widerstand, der bedrohliche Formen annahm, als auf venezianische Initiative hin sich die Städte Verona, Padua und Vicenza zum Veroneser Bund zusammenschlossen

(1164). Der Tod Viktors IV. am 20. 4. 1164 hätte eine gute Möglichkeit zur Beilegung des Schismas eröffnet, um so mehr, als Alexander III. die Kontakte zu Barbarossa nicht hatte völlig abreißen lassen, sondern sogar im Sommer 1163 – freilich ohne Erfolg – Gesandte auf den Hoftag des Kaisers nach Nürnberg geschickt hatte. Ohne die Gunst des Augenblicks zu nützen, ließ Rainald von Dassel – ohne vorherige Abstimmung mit dem Kaiser – bereits zwei Tage nach Viktors Tod in Lucca Wido von Crema als Paschalis III. zum neuen Gegenpapst wählen. Der Anhang, den dieser finden konnte, war gering. Selbst in Deutschland bröckelte die Anhängerschaft des Gegenpapstes immer mehr ab. Neue außenpolitische Perspektiven schienen sich zu eröffnen, als sich der englische Kirchenkampf nach der Konstitution von Clarendon (Anfang 1164) verschärfte und Thomas Becket, als Erzbischof von Canterbury leidenschaftlicher Verfechter der Freiheit der Kirche, zu Alexander III. nach Frankreich floh, der zwar den offenen Bruch mit König Heinrich vermied, dessen Beziehungen zum englischen König sich jedoch deutlich verschlechterten. Rainald von Dassel nützte die Chance und ging im April 1165 als Gesandter an den Hof des englischen Königs nach Rouen. Es kam zu einem deutsch-englischen Bündnis. Man vereinbarte die Verlobung der zwei Töchter Heinrichs, Mathilde und Eleonore, mit Heinrich dem Löwen sowie dem erst einjährigen ältesten Sohn des Kaisers, Friedrich. Heinrich II. stellte die Anerkennung des kaiserlichen Papstes durch sein Land in Aussicht. Unter dem Eindruck dieses allem Anschein nach offenkundigen Erfolges sollte auf einem Hoftag in Würzburg, an dem auch englische Gesandte teilnahmen, zu Pfingsten des Jahres 1165 mit einem Kraftakt das Reich auf die Person Paschalis' III. festgelegt werden. Alle anwesenden weltlichen und geistlichen Fürsten mit Barbarossa an der Spitze leisteten den Eid, Alexander nie anerkennen zu wollen, vielmehr an Paschalis III. und seinen Nachfolgern festzuhalten. Innerhalb von sechs Wochen sollte eine Vereidigung dieser Art im ganzen Reich erfolgen; wer sich weigerte, würde Ämter und Lehen verlieren. Die Würzburger Eide wurden rigoros durchgeführt. Der Salzburger Erzbischof Konrad verfiel der Reichsacht, der Mainzer Oberhirte Konrad von Wittelsbach wurde abgesetzt und des Kaisers Kanzler Christian von Buch an seiner Stelle erhoben. Die Heiligsprechung Karls des Großen durch Paschalis III. und die Erhebung seiner Gebeine zur Ehre der Altäre im Aachener Münster am 29. 12. 1165, am Festtag Davids, bildete den Höhepunkt im herrscherlichen Selbstverständnis Barbarossas, der sich in der Tradition Karls des Großen sah, des ersten Herrschers des erneuerten westlichen Kaisertums. Alexander III., der sich in Frankreich nicht mehr sicher fühlte, war inzwischen nach Rom zurückgekehrt, um bei den Normannen Rückhalt zu finden. Gespräche mit dem byzantinischen Kaiser Manuel wurden aufgenommen, der ihm die Union von Ost- und Westkirche sowie seine eigene Krönung zum einzigen Kaiser vorschlug. Diese Verhandlungen verliefen freilich im Sande.

Barbarossa war nun klar, daß er die Entscheidung in Italien suchen mußte. Im Herbst 1166 brach er mit großer Streitmacht – darunter erstmals auch Söldnertruppen – auf, wobei er selbst an der Ostküste Italiens, Rainald von Dassel und

Christian von Buch direkt auf Rom marschierten. Nach einem glänzenden Sieg dieser Abteilung bei Tusculum floh Alexander III. verkleidet aus Rom. Nach harten Kämpfen wurde die Leostadt eingenommen und Paschalis III. inthronisiert, der am 1. 8. 1167 Beatrix, die Gattin Barbarossas, zur Kaiserin krönte. Barbarossa stand am Gipfel seiner Macht. Wie ein Gottesurteil erschien daher den Zeitgenossen jene katastrophale Seuche, die nur wenige Tage später das kaiserliche Heer heimsuchte. Ihr fielen Barbarossas Vettern, Friedrich von Rothenburg, der Sohn Konrads III., sowie Welf VII., der junge Sohn Welfs VI., ebenso Rainald von Dassel zum Opfer. Der Kaiser selbst erkrankte und konnte nur mit Mühe die Reste seiner Streitmacht nach Norden zurückführen. In der Lombardei loderte der Aufstand, auch nationale Töne klangen mit: »Nicht wollen wir, daß dieser über uns regiert und nicht sollen die Deutschen fürderhin uns beherrschen.«[11] Eine bereits seit Frühjahr 1167 bestehende Städtevereinigung um Cremona weitete sich zum »Lombardischen Bund« aus, dem sich der Veroneser Bund anschloß. Ziel war die Wiedererlangung der alten kommunalen Freiheiten. Eine Bundesfestung, die im Mai 1168 westlich von Tortona gegründet wurde, erhielt dem Papst zu Ehren den Namen Alessandria.

Barbarossas Kampf gegen Alexander III., ebenso seine bedingungslose Rekuperationspolitik in Italien war – zumindest vorerst – völlig gescheitert. Der Tod Rainalds von Dassel wog ohne Zweifel schwer, doch war Barbarossa nun auch von jener bedingungslosen Härte dieses Mannes frei und konnte wohl eigenen Intentionen gehorchend erfolgreicher den Weg des behutsamen Taktierens und den des Kompromisses gehen. Seine Position in Deutschland war ohnedies nicht beeinträchtigt. 1169 erreichte er die Wahl und Krönung seines erst dreijährigen Söhnchens Heinrich zum König durch die deutschen Fürsten. Mit zäher Geschicklichkeit baute der Kaiser in der Zeit bis zum Herbst 1174, übrigens dem längsten Zeitraum, in dem er sich nördlich der Alpen aufhielt, seine Position in Deutschland weiter aus. Ziel war die Schaffung geschlossener Königslandschaften vom Südwesten des Reiches, wo die staufische zentrale Macht in Schwaben und im Elsaß lag, bis hin in den mitteldeutschen Osten, wo die Pfalzen Eger und Altenburg die Schwerpunkte bildeten. Städtegründungen und der zunehmende Einsatz von Reichsministerialen in der Verwaltung der Haus- und Reichsgüter zeigen die planmäßige Vorgangsweise Friedrichs. Als der Gegenpapst Paschalis III. im Herbst 1168 verstarb und Barbarossa zögerte, den von dessen Kardinälen zum Nachfolger erkorenen Calixtus III. anzuerkennen, schien ein Ende des Schismas in den Bereich der Möglichkeit gerückt. Verhandlungen, die auf Vermittlung Bischof Eberhards II. von Bamberg und der Äbte von Clairvaux und Cîteaux aufgenommen wurden, scheiterten jedoch daran, daß Alexander die Lombarden in eine Friedensregelung einbezogen sehen wollte. So erneuerte Barbarossa im Juni 1170 am Hoftag zu Fulda die Würzburger Eide. Die enge Verbindung der lombardischen Frage mit dem Ausgleich mit Papst Alexander III.

11 DF. I. 538.

war offenkundig zutage getreten. Diplomatische Aktivitäten – Verhandlungen und Zusammentreffen mit Frankreichs König Ludwig VII. 1171 bei Vaucouleurs und die Entsendung Erzbischofs Christian von Mainz als Gesandten zu Kaiser Manuel (1170) – zielten darauf ab, den Kreis der Verbündeten Alexanders III. zu sprengen. In Italien gelang es dem als Reichslegaten entsandten Christian von Mainz mit einigem Erfolg, die Sache des Kaisers zu vertreten, Venedig vom Lombardenbund abzuziehen und Zwistigkeiten unter den kaisertreuen Städten zu bereinigen. Schließlich sollte aber nochmals die Entscheidung auf dem Schlachtfeld gesucht werden (1174). Hauptziel der Unternehmung war die Eroberung der symbolträchtigen Bundesfestung Alessandria. Als Friedrich trotz monatelanger Belagerung die Stadt nicht einnehmen konnte und ein Entsatzheer heranrückte, führte eine allgemeine Kriegsmüdigkeit zum Vorfrieden von Montebello (17. 4. 1175). Formal unterwarfen sich die Lombarden, de facto war es ein Kompromiß. Eine aus sechs Schiedsrichtern bestehende Kommission und der Spruch der Konsuln des kaiserfreundlichen Cremona sollten die Lösung des Konfliktes bringen. Die Verhandlungen scheiterten letztlich am kaiserlichen Wunsch nach der Preisgabe Alessandrias und einer Ausklammerung des Papstes aus dem Friedenswerk. Als im Oktober 1175 die Feindseligkeiten wieder ausbrachen, war Friedrich, der den Großteil seiner Truppen entlassen hatte, in einer schwierigen Lage. Bei einer Unterredung in Chiavenna bald nach Jahreswechsel 1176 wandte er sich – nach Aussage Späterer sogar kniefällig – an Heinrich den Löwen um Hilfe, die dieser nur gegen Abtretung des durch seinen Silberbergbau reichen Goslar zu gewähren bereit war, was der Kaiser ablehnte. Mag auch der Löwe rein rechtlich damals nicht zur Hilfeleistung verpflichtet gewesen sein, so war er es ohne Zweifel moralisch, hatte er doch seine königgleiche Position unter den wohlwollenden Augen des Kaisers aufgebaut. Der Bruch zwischen Friedrich und Heinrich dem Löwen sollte nicht mehr gekittet werden können. Die deutliche Niederlage, die Barbarossa in offener Feldschlacht bei Legnano am 29. 5. 1176 gegen das Lombardenheer erlitt, zwang ihn endgültig auf den Verhandlungsweg.

Da vorerst eine Friedensregelung mit den Lombarden trotz beträchtlicher kaiserlicher Zugeständnisse nicht möglich war, suchte Barbarossa den seit langem schon fälligen Ausgleich mit Alexander III. Im Vorvertrag von Anagni (November 1176) gab er endgültig die Würzburger Eide preis und akzeptierte Alexander III. als rechtmäßigen Papst. Er versprach, die dem Papst zustehenden Regalien und Besitzungen zurückzugeben und auf die Mathildischen Güter zu verzichten. Weiters erklärte er sich zum Frieden mit den Lombarden und mit dem Normannenstaat bereit. Der Papst seinerseits löste den Kaiser vom Bann und erkannte ihn und seinen Sohn als rechtmäßig an. Die während des Schismas in Deutschland getroffenen kirchlichen Maßnahmen sollten weitestgehend Bestand haben. So blieb Friedrichs Position im deutschen Bereich unangetastet, und die Reichskirche war ihrerseits bereit, die Übereinkunft mitzutragen. In den folgenden Verhandlungen zeigte sich das hervorragende diplomatische Geschick Friedrichs, dem es nicht nur gelang, in einer Reihe von Teilfragen sehr wesentliche

Verbesserungen zu erwirken, sondern auch die engen Bande zwischen dem Papst, den Lombarden und dem Königreich Sizilien aufzubrechen. Schließlich war dem Papst der Kirchenfriede nach den langen Jahren der Spaltung von so entscheidender Bedeutung, daß er sich damit zufrieden gab, daß Barbarossa den Lombarden vorerst nur einen sechsjährigen und dem Normannenstaat einen 15jährigen Waffenstillstand gewährte. Der Friede von Venedig besiegelte in feierlicher Zeremonie am 24. 7. 1177 auf dem Markusplatz den Friedensschluß und die endgültige Versöhnung. Mit Fußkuß und Leistung des Marschalldienstes erwies Barbarossa dem Papst seine Reverenz, der seinerseits ihm den Friedenskuß gab. Das Papsttum hatte sich glänzend behauptet, doch war die kaiserliche Auffassung von den beiden nebeneinander stehenden obersten Gewalten nicht grundsätzlich zusammengebrochen. Der Friedensschluß von Venedig stärkte vielmehr das Ansehen und die Autorität des vom Bann gelösten Kaisers und gab ihm den Handlungsspielraum wieder zurück. Barbarossa war zwar mit seiner strikten Rekuperationspolitik endgültig gescheitert und mußte den Realitäten Rechnung tragen, nach wie vor blieb aber ein beträchtlicher Spielraum für eine kaiserliche Politik in Italien gewahrt. Über Burgund zog Friedrich nach Deutschland zurück. In Arles erhielt er am 26. 7. 1178 die Krone des *Regnum Arelatense,* gleichsam als symbolischen Akt seines Anspruches auf ganz Burgund. In Vienne, in der alten Krönungsstadt Burgunds, wurde seine Gattin Beatrix am 15. 8. mit dem *diadema Burgundiae* gekrönt.

Heinrich der Löwe hatte sich durch eine rücksichtslose Machtpolitik zahlreiche Feinde geschaffen. Nachdem Friedrichs weit ausgreifende Italienpolitik in die Schranken gewiesen war, mußte er die übermächtige Position des Welfenherzogs in Deutschland nunmehr als bedrohlich ansehen. Die persönliche Kränkung, die er in Chiavenna erlebt hatte, tat das Ihre. So unterstützte er den Löwen nicht mehr wie früher in dessen Auseinandersetzungen mit seinen Gegnern, sondern ließ dem Rechtsverfahren seinen Lauf, als ihn die Klagen wegen Landfriedensbruchs erreichten. Da sich der Löwe mehrfach weigerte, vor dem Gericht des Königs zu erscheinen, tat ihn dieser auf einem Hoftag in Magdeburg im Juni 1179 in die Acht. In einem lehnsrechtlichen Verfahren wurden ihm auf einem Hoftag in Würzburg im Januar 1180 durch Fürstenspruch seine Lehen aberkannt. Im Juni 1180 verhängte Barbarossa über Heinrich den Löwen die Oberacht, was die Reichsexekution gegen ihn bedeutete. Unerwartet rasch zerbrach die Position Heinrichs. Im November 1181 mußte er sich der Gnade des Kaisers unterwerfen, der ihm von seinen Allodien Braunschweig und Lüneburg zurückgab. Im Sommer 1182 ging Heinrich der Löwe zu seinem Schwiegervater Heinrich II. von England ins Exil. Bereits auf dem Hoftag zu Gelnhausen im April 1180 hatte Barbarossa über die Lehen des Löwen verfügt: Bayern, von dem man die Steiermark abtrennte, die zu einem selbständigen Herzogtum erhoben wurde, erhielt der getreue Pfalzgraf Otto von Wittelsbach; Bernhard von Anhalt, ein Sohn Albrechts des Bären, wurde mit Sachsen belehnt, das freilich um Westfalen verkleinert wurde. Dort bekam der Kölner Erzbischof Philipp die herzogliche

Gewalt übertragen. Die Territorialisierung des Reiches hatte mit der Zerschlagung der beiden mächtigen Stammesherzogtümer einen weiteren wesentlichen Schritt getan.

Inzwischen lief der mit den Lombarden geschlossene Waffenstillstand aus. Die Verhandlungen führten in Piacenza zu einem von den Unterhändlern beschworenen Ergebnis (13. 4. 1183), das im Frieden von Konstanz ratifiziert wurde (25. 6. 1183). Wesentlich für das Zustandekommen dieser Übereinkunft war, daß Barbarossa von seiner Forderung nach der Zerstörung Alessandrias abging. Es gelang, durch Sonderabkommen eine Lösung zu finden, die dieser Stadt ein gedeihliches Leben ermöglichte. Sie wurde nach einer formellen Unterwerfung mit dem Namen Caesarea neu begründet und erhielt das Recht, sich die Konsuln selbst zu wählen, doch sollten diese von kaiserlicher Seite die Investitur empfangen. Die Stadt hatte dem kaiserlichen Fiskus eine Reihe von Abgaben zu leisten. Im Konstanzer Frieden anerkannte Barbarossa den Lombardenbund, der von seinen Mitgliedern auf dreißig Jahre beschworen wurde, und verzichtete auf die Durchführung der roncalischen Beschlüsse. Die Regalien blieben den Städten überlassen, teilweise mußten diese sie jedoch gegen beträchtliche Summen ablösen. Den Städten wurde zwar die freie Wahl der Konsuln gewährt, doch sollten diese vom Kaiser investiert werden und zusammen mit den Bürgern zur Leistung eines Untertaneneids verpflichtet sein. Die Möglichkeit zur Appellation an den Kaiser blieb aufrecht. Die Kommunen hatten ihren inneren Handlungsspielraum behauptet, die formelle Oberhoheit des Kaisers blieb freilich unangetastet. Alles in allem stellt der Konstanzer Vertrag einen Erfolg der Verhandlungsführung des Kaisers dar, dem es gelang, die Städte sogar in einem gewissen Sinn in seine Interessen einzuspannen. Sie sagten die Leistung des Fodrums zu, einer Abgabe zur Verpflegung des Kaisers und seines Heeres im Falle des Durchmarsches, und beschworen die Verpflichtung, den Kaiser bei der Wahrung und Wiedergewinnung der Reichsrechte – freilich außerhalb des Bundes – zu unterstützen. Die Möglichkeiten zu einer zielstrebigen kaiserlichen Politik südlich der Alpen blieben gewahrt, wenn sich nun auch zunehmend ihr Schwergewicht in die Mitte Italiens verlagerte. Friedrich stand auf dem Höhepunkt seines Ansehens. Das von zeitgenössischen Dichtern vielfach besungene, von Zehntausenden Teilnehmern besuchte Mainzer Hoffest zu Pfingsten des Jahres 1184, bei dem die Schwertleite seiner beiden ältesten Söhne Heinrich und Friedrich gefeiert wurde, zeigte Barbarossa als glanzvollen Mittelpunkt der ritterlichen Welt.

Auf einem sechsten Italienzug traf Barbarossa in Verona, wo er sich von Mitte Oktober bis Anfang November aufhielt, mit dem greisen Papst Lucius III. zusammen. Verhandlungen über die Mathildischen Güter, deren Nutzung nach dem Frieden von Konstanz dem Kaiser für 15 Jahre überlassen worden war, die dieser jedoch gegen die Zusage, ein Zehntel aller Reichseinkünfte in Italien dem Papst zu überlassen, für immer in der Hand behalten wollte, ebenso Gespräche über eine vorzeitige Krönung Heinrichs, des Sohnes Barbarossas, zum Kaiser, führten zu keinem Ergebnis. In diese Tage fällt ein Ereignis, das welthistorische

Dimensionen gewinnen sollte: Am 29. 10. 1184 verlobte sich Heinrich VI. mit der um elf Jahre älteren Konstanze, der Tante des sizilischen Königs Wilhelm II. Wenn auch damals die baldige Vereinigung der beiden Reiche noch nicht abzusehen war, so war doch durch die Bereinigung des lange schwelenden staufisch-sizilischen Konfliktes die politische Konstellation auf dem Boden der Apenninenhalbinsel grundlegend verändert. Am 27. 1. 1186 wurde in Mailand, der einstigen Todfeindin Barbarossas, mit der sich der Kaiser nun in einem Bündnis befand, die Hochzeit festlich begangen – auch dies der Ausdruck völlig gewandelter Verhältnisse. Anläßlich der Vermählung wurde das junge Paar gekrönt; aus der Hand des Patriarchen von Aquileja erhielt Heinrich die Krone des Regnum Italiae. Unklar bleibt freilich, ob er durch den Erhalt des Caesarentitels ohne päpstliche Mitwirkung zu imperialer Würde erhoben und seine Nachfolge im Imperium zum Ausdruck gebracht werden sollte. Nicht zuletzt durch die Mailänder Ereignisse erwuchs ein schwerer Konflikt mit dem Papsttum, das in zunehmendem Maße über die intensive Nutzung der Reichsrechte durch den Kaiser in Mittelitalien besorgt war. Der Nachfolger Lucius' III., der aus Mailand stammende Papst Urban III., versuchte dem Kaiser das gewohnheitsrechtlich ausgeübte Spolien- und Regalienrecht, den herrscherlichen Anspruch auf den beweglichen Nachlaß der geistlichen Fürsten sowie auf die Nutzung der Einkünfte aus den Bistümern während der Sedisvakanz, streitig zu machen. In einem Streit um die Besetzung des Trierer Erzstuhls entschied er gegen den Kaiser und suchte Kontakt zu oppositionellen Kreisen, die sich um Erzbischof Philipp von Köln, einst einem der getreuesten Gefolgsleute Barbarossas, gebildet hatten, während dieser seinem Sohn die Besetzung des Kirchenstaates befahl. Die Rückkehr des Kaisers nach Deutschland war erforderlich geworden, und es gelang ihm, den Kölner Erzbischof zur Unterwerfung zu zwingen (März 1188). Rückendeckung hatte ihm das mit dem französischen König Philipp II. im August 1187 abgeschlossene Bündnis verschafft, das die staufisch-kapetingische Kooperation der nächsten Jahrzehnte einleitete. Im April 1189 gelang es Barbarossa im Vertrag von Straßburg, den Streit mit dem zur Verständigung bereiten Papst Clemens III., der inzwischen den Stuhl Petri bestiegen hatte, in einer für ihn günstigen Weise zu bereinigen. Die besetzten Gebiete des Kirchenstaates wurden – freilich gegen den Vorbehalt der Reichsrechte – geräumt. Der Papst versprach die Kaiserkrönung Heinrichs VI. und beließ dem Kaiser das Regalien- und Spolienrecht. Über den rechtlichen Status der Mathildischen Güter konnte man sich zwar nicht einigen, de facto blieben sie jedoch in Friedrichs Hand.

Die rasche Einigung kam nicht von ungefähr. 1187 hatte Sultan Saladin die Streitmacht der christlichen Kreuzfahrer bei Hattin am See Genezareth vernichtend geschlagen und Jerusalem eingenommen. Die Hilferufe, die aus dem Heiligen Land nach dem Abendland gingen, hatten die Kreuzzugsbegeisterung wieder auflodern lassen. Auf einem »Hoftag Jesu Christi« im März 1188 zu Mainz nahm der Kaiser selbst das Kreuz, ebenso sein Sohn Friedrich V. von Schwaben und viele Große des Reiches. Auch die Könige Frankreichs und Englands waren unter

Beilegung ihrer Differenzen zur Kreuzfahrt entschlossen, so daß eine große, gemeinsame Aktion der Christenheit unter kaiserlicher Führung in Aussicht stand. Friedrich Barbarossa, der bereits als junger Schwabenherzog am erfolglosen Kreuzzug Konrads III. teilgenommen hatte, sah in dem Unternehmen wohl die Erfüllung seines Lebens als christlicher Kaiser. In Deutschland blieb der 24jährige Heinrich als Regent zurück. Heinrich der Löwe hatte auf eine Teilnahme am Kreuzzug verzichtet und die Rückkehr ins englische Exil vorgezogen. Nachdem also für geordnete Verhältnisse im Reich gesorgt war, brach das kaiserliche Kreuzfahrerheer am 11. 5. 1189 von Regensburg aus unter der tatkräftigen persönlichen Führung Barbarossas auf. Der Zug war durch diplomatische Abmachungen mit den auf dem Weg gelegenen Reichen ausgezeichnet vorbereitet worden. Nichtsdestoweniger stellten sich dem Marsch große Schwierigkeiten entgegen. In Konstantinopel hatte Isaak II. Angelos der Herrschaft der Komnenen ein Ende bereitet und verhielt sich den Kreuzfahrern gegenüber feindselig. Schon plante man einen Sturm auf Konstantinopel, als es im letzten Moment gelang, mit den Byzantinern zu einer vertraglichen Regelung zu kommen. Im März 1190 überquerte der Kaiser mit seinen Truppen den Hellespont. Mühsam wurde der Marsch durch Kleinasien fortgesetzt und bei Konya ein türkisches Heer geschlagen. Schon hatte man die kilikischen Berge überschritten und näherte sich dem christlichen Königreich Kleinarmenien, da ereilte den Kaiser am 10. 6. 1190 der Tod, als er bei glühender Hitze – offensichtlich um sich zu erfrischen – im Flusse Saleph ein Bad nahm.

Anders als die schillernde, ins Zwielicht geratene und alle Dimensionen sprengende Gestalt seines Enkels Friedrichs II. steht Barbarossa in klaren und Respekt gebietenden Konturen vor uns. Der Traum Späterer von deutscher Kaiserherrlichkeit des Hochmittelalters in ritterlich-höfischem Umfeld konnte sich an seiner Person entzünden – mehr als an dem Deutschland letztlich entfremdeten Spätstaufer. An ihm, dessen Schwerpunkt und Machtbasis noch eindeutig nördlich der Alpen lagen und dessen Herrschaftsverständnis noch tief in einer in die spätsalische Zeit zurückreichenden Kontinuität verwurzelt war,[12] und an seinen Italienzügen schieden sich die Geister in der Diskussion des vorigen Jahrhunderts um die Sinnhaftigkeit hochmittelalterlicher Kaiserpolitik und ihre Folgen für die deutsche Staatlichkeit. Mit dem Ziel, dem *honor imperii* – mit all den konkreten nutzbaren Rechten, die er enthielt – wieder die gebührende Geltung zu verleihen, war er angetreten – ein konservatives Wollen in einer Zeit rasanten Wandels in den verschiedensten Bereichen. Die Wege, die Friedrich beschritt, reichten vom klugen Ausnützen der neuen Gegebenheiten bis hin zur vorerst starren Konfrontation. Ein dem Kaisertum angemessenes Verhältnis zum Papsttum, der Wandel der Strukturen in der deutschen Feudalwelt und der

---

12 H. Appelt, Die Kaiseridee Friedrich Barbarossas, in: H. Appelt, Kaisertum, Königtum, Landesherrschaft. Gesammelte Studien zur mittelalterlichen Verfassungsgeschichte, hg. von O. Hageneder und H. Weigl (1988) S. 37.

Aufstieg neuer sozialer Schichten, vor allem die Rolle der finanzkräftigen freiheitlichen oberitalienischen Kommunen im Rahmen Reichsitaliens – alles Fragen, denen sich Barbarossa zu stellen hatte, Problemkreise, die das Kaisertum der Staufer bis an sein Ende nicht mehr loslassen sollten. Es ist Barbarossa nirgendwo gelungen, das Rad der Geschichte zurückzudrehen. Es ist aber seinem ausgeprägten Pragmatismus und seiner hohen politischen Begabung – Eigenschaften, die ohne Zweifel von Anfang an in seinem Wesen begründet lagen, die aber zeitweise, nicht zu seinem Vorteil, unter dem dominanten Einfluß Rainalds von Dassel zurückgetreten waren – sehr wohl gelungen, auf dem Weg des zielbewußten Kompromisses und des Erfassens von sich bietenden Gelegenheiten das Ansehen des Imperiums nicht nur zu wahren, sondern ihm sogar ein reiches Potential an Möglichkeiten offenzuhalten. Das Feld war jedenfalls für seine Nachfolger bestellt. Die Eheverbindung mit Sizilien, die Friedrichs diplomatisches Geschick zuwege brachte, sollte dem Kaisertum neue ungeahnte materielle und ideelle Ressourcen eröffnen, freilich auch eine zunehmende Verlagerung der staufischen Interessen in den Süden und somit eine Verschärfung der Probleme, mit denen das Kaisertum konfrontiert war, mit sich bringen.

Die Nachkommen Kaiser Friedrichs I. Barbarossa

AUS DER EHE MIT BEATRIX VON BURGUND*)

1. RAINALD
    * um 1159–1161
    † vor 1164
    Grabstätte: Benediktinerabtei Lorch

2. BEATRIX
    * um 1160–1162
    † nach 1175 (vor 1179)
    Grabstätte: Benediktinerabtei Lorch

3. WILHELM
    * um 1161–1163
    † vor 1164
    Grabstätte: Benediktinerabtei Lorch

4. FRIEDRICH
    * 16. 7. 1164 in Pavia
    † um 1170
    Grabstätte: Benediktinerabtei Lorch

    Verlobt (1165) mit Eleonore († 1214), Tochter König Heinrichs II. von England († 1189) und der Eleonore von Poitou († 1204), Tochter Wilhelms VIII., Grafen von Poitou, und geschiedenen Gattin König Ludwigs VII. von Frankreich
    1167/70: Herzog von Schwaben

5. HEINRICH VI.
    ∞ Konstanze von Sizilien
    Siehe unter Kaiser Heinrich VI.

---

*) Nach H. Decker-Hauff, Das staufische Haus, in: Die Zeit der Staufer. Geschichte, Kunst und Kultur. Katalog der Ausstellung Stuttgart 1977, Bd. 3, S. 354ff. Eine etwas andere Reihung s. bei E. Assmann, Friedrich Barbarossas Kinder, DA 33 (1977) S. 435–472.

KAISER FRIEDRICH I. BARBAROSSA

6. KONRAD, später FRIEDRICH (V.) genannt
   * Februar 1167 in Modigliana (bei Faënza)
   † 20. 1. 1191 bei der Belagerung Akkons
   Grabstätte: Akkon

   Verlobt (1189) mit Konstanze († 1240), Tochter König Bélas IV. von
   Ungarn († 1196) und der Agnes († 1184), Tochter des Rainald von Châtillon, Fürsten von Antiochia
   1170–1191: Herzog von Schwaben

7. OTTO von Burgund
   * um 1168–1171
   † 13. 1. 1200 in Besançon
   Grabstätte: St. Stephan zu Besançon

   ∞ um 1189/90
   MARGARETHE von Blois-Champagne
   Eltern: Thibaud V., Graf von Blois († 1191), und Alix, Tochter König
   Ludwigs VII. von Frankreich
   * um 1169
   † (4. 11.?) 1230
   1190–1200: Pfalzgraf von Burgund (Freigrafschaft)

   Tochter: BEATRIX (Erbin der Freigrafschaft Burgund)
   * nach 1193 (um 1194)
   † 7. 5. 1231
   Grabstätte: Zisterzienserabtei Langheim (bei Lichtenfels)

   ∞ 21. 6. 1208 in Bamberg
   OTTO, Herzog von Meranien, Sohn des Herzogs Berthold von Meranien
   und Dalmatien, Markgraf von Istrien und Graf von Andechs († 1204),
   und der Agnes († 1195), Tochter des Dedo von Wettin, Markgrafen von
   Niederlausitz, Grafen von Groitzsch, Herrn von Rochlitz

8. AGNES
   * um 1169–1172/74
   † 8. 10. 1184
   Grabstätte: Dom zu Speyer

   Verlobt (1183) mit Emmerich († 1204), Sohn König Belas III. von
   Ungarn und der Agnes von Châtillon. Verlobung 1184 gelöst. Zweite
   Verlobung (Sommer 1184) mit Richard Löwenherz, später König von
   England († 1199)

KAISER FRIEDRICH I. BARBAROSSA

9. KONRAD

* um 1171–1174
† 15. 8. 1196 in Durlach
Grabstätte: Benediktinerabtei Lorch

Verlobt (23. 4. 1188) mit Berengaria († 1246),
Tochter König Alfons' VIII. von Kastilien († 1214) und der Eleonore
von England († 1214)

1188–1191: »Herzog« von Rothenburg
1191–1196: Herzog von Schwaben

10. SOPHIA

* um 1173–1175
† um 1187–Anfang 1188

∞ 1187
WILHELM II. von Montferrat
Eltern: Bonifazius I., Markgraf von Montferrat, König von Thessaloniki
(† 1207), und NN

11. PHILIPP von Schwaben, der spätere König, s. S. 309

12. N (BERTHA?)

* um 1177–1179
† um 1190 (?)
Grabstätte: Benediktinerabtei Lorch

Kaiser Heinrich VI.

Kaiser Heinrich VI.

* (10.–12.) 1165 in Nimwegen
† 28. 9. 1197 in Messina
Grabstätte: Dom zu Palermo
Eltern: Kaiser Friedrich I. und Beatrix

∞ 27. 1. 1186 in Mailand
KONSTANZE VON SIZILIEN
Eltern: König Roger II. von Sizilien († 1154) und Beatrix († 1185),
Tochter des Grafen Günther von Rethel
* (nach 26. 2., vor September) 1154 (posthum geboren)
† 27./28. 11. 1198 in Palermo
Grabstätte: Dom zu Palermo

Juli 1169: in Bamberg zum römischen König gewählt
15. 8. 1169: in Aachen zum römischen König gekrönt
27. 1. 1186: in Mailand vom Patriarchen Gottfried von Aquileja gekrönt
und vom Vater zum Caesar erhoben
15. 4. 1191: in Rom von Papst Cölestin III. zum Kaiser gekrönt
25. 12. 1194: in Palermo zum König von Sizilien gekrönt

Als Friedrich Barbarossa im Mai 1189 zum Kreuzzug aufbrach, von dem er nicht mehr zurückkehren sollte, hatte er vorsorglich seinem Sohn Heinrich, der am 15. 8. 1169 in Aachen zum römischen König gekrönt worden war, die Regentschaft im Reich überlassen.

Heinrichs Geburt in der Pfalz Nimwegen fiel vermutlich in die letzten Monate des Jahres 1165. Als Dreijährigen ließ ihn sein Vater unter Umgehung eines älteren, kränklichen Bruders Friedrich zum römischen König wählen und krönen.[1] Am Pfingstfest 1184 empfing er mit einem jüngeren Bruder Friedrich anläßlich des großen Hoftags in Mainz die Schwertleite. Eine Eheverbindung mit der um elf Jahre älteren Tochter König Rogers II. von Sizilien, Konstanze, wurde durch eine Verlobung im Oktober 1184 zu Augsburg vorbereitet, die Vermählung erfolgte am 27. 1. 1186 in S. Ambrogio zu Mailand. Dabei wurde Heinrich, über dessen Krönung zum Mitkaiser sich der Papst bisher mit Friedrich Barbarossa noch nicht hatte einigen können, zum Caesar ausgerufen.

Heinrich war im Gegensatz zu seinem Vater nach zeitgenössischen Aussagen[2] nicht von sonderlich imponierendem Äußeren. Hager von Gestalt fesselte er seine Umgebung eher durch seine geistigen Vorzüge, nüchternes Kalkül und die Fähigkeit zu raschen und energischen Entschlüssen, wobei er freilich auch vor Rechtsbrüchen und grausamen Einzelaktionen nicht zurückschreckte. Mehr politisches als kriegerisches Geschick wird ihm bescheinigt. Seine literarische Bildung (dem König werden drei Minnelieder zugeschrieben) verdankte er nicht zuletzt Gottfried von Viterbo. Dem Kaiser widmete Petrus von Eboli seinen durch die recht anschaulichen Illustrationen berühmt gewordenen *Liber ad honorem Augusti*.[3]

Im Auftrag seines Vaters hatte er bereits in die italienischen Verhältnisse eingegriffen und in den Jahren 1186 und 1187 den Kirchenstaat besetzt, als er im Herbst 1189 die kaiserlichen Interessen auch in Sachsen vertreten mußte. Heinrich der Löwe war zuvor vertragsbrüchig aus England zurückgekehrt und darangegangen, mit Hilfe norddeutscher Fürsten seine frühere Machtposition wieder aufzubauen. Den Heerfahrten des Königs gegen ihn war zunächst nur wechselnder Erfolg beschieden, da erwuchsen ihm bereits neue Perspektiven in Süditalien. König Wilhelm II. von Sizilien war im November 1189 verstorben, ohne leibliche Nachkommen zu hinterlassen. Berechtigte Hoffnungen auf den Thron konnte

---

1 G. Baaken, Die Altersfolge der Söhne Friedrich Barbarossas und die Königserhebung Heinrichs VI., DA 24 (1968) S. 46–78.
2 Burchard von Ursperg, Chronicon, MGH SS rer. Germ. (16) S. 75.
3 Fonti per la storia d'Italia 39, hg. G. B. Siragusa (1906).

sich nun die Schwester Wilhelms I., Konstanze, und damit ihr Gatte Heinrich VI. machen. Die sizilischen Barone dagegen entschieden sich für den unebenbürtigen Halbbruder Wilhelms II., Graf Tankred von Lecce. Hierin fanden sie die Unterstützung Papst Clemens' III., der eine Verbindung Siziliens mit dem Kaiserreich *(Unio regni ad imperium)* zu Recht als eine Bedrohung des Kirchenstaates empfand. Mit päpstlichem Einverständnis ließ sich Tankred Anfang des Jahres 1190 in der Kathedrale zu Palermo krönen.

Um seine eigenen Vorstellungen in dieser Situation durchsetzen zu können, mußte Heinrich mit den Welfen in Deutschland rasch eine zumindest vorübergehende Verständigung anstreben. Im Juli 1190 einigten sich beide Parteien auf einen Kompromiß bezüglich Lübecks und die Geiselstellung zweier Söhne Heinrichs des Löwen als Garantie für eine Waffenpause. Um diese Zeit traf die Nachricht vom Tod Friedrich Barbarossas auf dem Kreuzzug ein, worauf Heinrich anscheinend ohne weitere Formalhandlungen und Bestätigung seitens der Fürsten die Nachfolge antrat. Freilich mußte zur Stabilisierung der deutschen Verhältnisse der geplante Italienzug zunächst verschoben werden. Erst zum Jahresende 1190 konnte der König nach Süden aufbrechen. Die politische Lage hatte sich dort inzwischen dadurch verschlechtert, daß der englische König Richard Löwenherz, der Schwager Wilhelms II., der auf dem Weg ins Heilige Land den Winter 1190/91 in Messina zubrachte, nach Erhalt einer ansehnlichen Abfindungssumme für seine nunmehr verwitwete Schwester im November 1190 mit Tankred ein Bündnis geschlossen hatte.

Die Pläne Heinrichs, der mit Papst Clemens bereits 1188 für einen künftigen Italienzug die Kaiserkrönung vereinbart hatte, wurden durch den plötzlichen Tod des Papstes zunächst vereitelt, denn der neue Papst Cölestin III. (1191–1198), der trotz seines hohen Alters zäh und unbeirrt seine Ziele zu verfolgen verstand, betrachtete die Übernahme des sizilischen Königreichs durch den Staufer mit Argwohn. Um wegen einer baldigen Kaiserkrönung nicht unter Druck zu geraten, verzögerte er seine eigene Weihe und verhinderte dadurch eine rasche Krönung des Staufers. Schließlich ging der König in seinem Bemühen, die Römer für sich zu gewinnen, so weit, die mit Rom rivalisierende und unter kaiserlichem Schutz stehende Stadt Tusculum seiner Politik zu opfern. Am Ostersonntag 1191 fand schließlich zunächst die Weihe des Papstes und einen Tag später, am 15. 4., die Kaiserkrönung Heinrichs VI. statt. Von der kaiserlichen Besatzung im Stich gelassen, wurde wenig später Tusculum durch die Römer dem Erdboden gleichgemacht.

Der Kaiser hatte sich nun den Weg nach Süditalien freigekauft. Bei der Belagerung Neapels unterstützten ihn die zuvor durch ein umfassendes Privileg gewonnenen Pisaner mit ihrer Flotte. Doch brach im Belagererheer bald eine typhusartige Krankheit aus, die auch den Kaiser befiel. Heimlich verließ der Sohn Heinrichs des Löwen, Heinrich von Braunschweig, das Heer, um nach Deutschland zurückzukehren. Heinrich VI. mußte die Belagerung abbrechen und sich zum Rückmarsch nach Norden aufmachen. Der Mißerfolg dieser süditalienischen Expedition verschlimmerte sich noch durch die Gefangennahme der Kaiserin Konstanze durch Parteigänger Tankreds in Salerno. Tankred selbst gelang es endlich auch, die Belehnung mit Sizilien durch Papst Cölestin zu erreichen, nachdem er ihm mit dem Konkordat von Gravina (1192) weitreichende Zugeständnisse bezüglich der Kirche im Königreich eingeräumt hatte.

Heinrich VI. war bei seinem Rückzug in Mailand mit König Philipp II. August von Frankreich zusammengetroffen und hatte das beiderseitige Bündnis von 1187 erneuert. Zum Jahresende 1191 kehrte er nach Deutschland zurück, wo in Sachsen wieder bewaffnete Auseinandersetzungen aufgeflammt waren. Heinrichs von mäßigem Erfolg gekrönte militärische Aktionen und seine starre persönliche Art verzögerten eine Niederschlagung der welfischen Opposition. Darüber hinaus belastete seine Haltung zur Besetzung zweier Bistümer am Niederrhein sein Verhältnis zu den dortigen Großen. Hatte er zunächst widerwillig die Wahl Brunos von Berg gegen seinen eigenen Kandidaten zum Erzbischof von Köln hingenommen, so setzte er sich in Lüttich gegen alle Widerstände durch. Er verwarf sowohl den brabantischen als auch den limburgischen Kandidaten, um Lothar von Hochstaden als Mann seiner Wahl einzusetzen. Einer der zurückgewiesenen Bewerber, Albert von Brabant, erreichte zwar die Bestätigung durch Papst Cölestin III., doch konnte er sich in Lüttich nicht halten und wich nach Reims aus, wo ihn der dortige Erzbischof weihte. Hier fiel er wenig später einem Mordanschlag Lütticher Ministerialen zum Opfer. Dem Kaiser, den man der Anstiftung zu dieser Tat bezichtigte, erwuchs nun neben der sächsischen Opposition auch eine niederrheinische, die immer weiter um sich griff, als sich ihr auch der Erzbischof von Mainz sowie die Herzöge von Zähringen und Böhmen anschlossen.

Ein Zufall löste endlich die schier ausweglose Situation für den Kaiser. Gemäß einer früheren Absprache mit Philipp II. August konnte die Gefangennahme des englischen Königs Richard Löwenherz ins Werk gesetzt werden. Richard war auf seiner Rückkehr vom Kreuzzug bei Aquileja nach einem Schiffbruch an Land gegangen und hatte versucht, in der Verkleidung als einfacher Pilger Deutschland zu durchqueren. Bei Wien wurde er jedoch erkannt und entgegen einer allgemeinen Übereinkunft hinsichtlich freien Geleits für heimkehrende Kreuzfahrer von dem mit ihm verfeindeten Herzog Leopold V. von Österreich gefangengesetzt. Leopold einigte sich mit Heinrich VI. über eine Aufteilung des Lösegeldes, das 100.000 Mark betragen sollte, und überstellte Richard an den Staufer. Der drohte seinem Gefangenen mit einer Auslieferung an Philipp II. August von Frankreich. Der englische König mußte sogar eine militärische Hilfeleistung gegen seinen eigenen Verbündeten Tankred versprechen, eine Bedingung, die ihm später erlassen wurde, als sich die Lösegeldforderung nochmals um 50.000 Mark erhöhte. Richard mußte sich schließlich noch dazu bereit erklären, sein Land vom Kaiser gegen einen Zins von 5000 Pfund jährlich zu Lehen zu nehmen, als sich die Zahlung des Lösegelds durch die Haltung Johanns, Richards Bruder, weiter verzögerte, der selbst Ambitionen auf den Thron hatte und wenig

Interesse an einer Freilassung seines Bruders erkennen ließ. Der englische König erlangte erst Anfang Februar 1194 seine Freiheit wieder.

Diese Vorgänge bewirkten eine allmähliche Auflösung der mit Richard in Verbindung stehenden deutschen Fürstenopposition, die sich durch die vorübergehende Entmachtung des englischen Königs und die damit verbundene Stärkung der kaiserlichen Position zum Einlenken veranlaßt sah. Schließlich zeichnete sich zu Beginn des Jahres 1194 die Einigung auch mit den Welfen ab. Eine Eheverbindung der Agnes, Tochter Konrads, des staufischen Pfalzgrafen bei Rhein und Cousine des Kaisers, mit dem Welfensohn Heinrich von Braunschweig hatte zwar zunächst die staufischen Hoffnungen auf eine abgesprochene Eheschließung mit dem französischen König vereitelt, doch bewirkte dieser staufisch-welfische Ausgleich eine Atempause für die weiteren Unternehmungen des Kaisers. Zu Tilleda am Kyffhäuser besiegelte ein Treffen im März 1194 die Versöhnung. Die Pfalzgrafschaft ging im folgenden Jahr an Heinrich von Braunschweig über.

Im Mai 1194 konnte Kaiser Heinrich mit dem finanziellen Rückhalt aus der englischen Lösegeldzahlung zu einem erneuten Italienzug aufbrechen. Inzwischen hatte sich auch die Situation in Sizilien verändert. Nach dem Tod des Kanzlers Matthäus von Aiello, neben seinem König das Haupt der antistaufischen Partei, waren der Thronerbe Roger und schließlich im Februar 1194 Tankred selbst gestorben. Den sizilischen Baronen blieb nur die Hoffnung auf den noch unmündigen Königssohn Wilhelm, für den seine Mutter Sibylle die Regentschaft ausübte. Während Heinrich VI. nun auf dem Festland nach Süden vorrückte, gelang dem Reichstruchseß Markward von Annweiler mit Hilfe genuesischer und pisanischer Schiffe die Landung im Osten Siziliens. Schließlich fiel Palermo, in das Heinrich am 20. 11. 1194 triumphal einziehen konnte. Am Weihnachtstag 1194 erfolgte die Königskrönung des Staufers in der dortigen Kathedrale. Sibylle, die zur Aushändigung von Krone und Normannenschatz gezwungen worden war, fand Heinrich zunächst mit der Grafschaft Lecce, ihren Sohn mit dem Fürstentum Tarent ab, doch ließ er beide wenig später nach der Aufdeckung einer angeblichen Verschwörung sizilischer Barone mit ihrer Familie und den engsten Vertrauten nach Deutschland deportieren. Dorthin wurde auch der riesige Normannenschatz gebracht. Für die Abwesenheit des Kaisers sollte ein großer Hoftag in Bari im März des folgenden Jahres die Verwaltung des Königreichs regeln. Dabei war der Kaiserin Konstanze, die einen Tag nach der Krönung ihres Gatten in Jesi (Provinz Ancona) den ersehnten Thronfolger, den späteren Friedrich II., geboren hatte, die Regentschaft zugedacht. Bei der Ausübung ihrer Herrschaft betonte Konstanze deutlich ihre Legitimierung als Normannenerbin. Konrad von Urslingen, Herzog von Spoleto, in dessen Familie Friedrich die ersten Lebensjahre verbrachte, übernahm das Reichsvikariat. Mit anderen hohen Ämtern wurden staufische Reichsministeriale, etwa Heinrich von Kalden und Heinrich von Lautern, betraut, während die Provinzialverwaltung als Bestandteil der überkommenen straffen Ordnung des Königreichs so weit wie möglich einheimischen Kräften belassen blieb.

Zurück in Deutschland ging Heinrich entschlossen an eine Festigung der Haus- und Reichsgüter. Einen besonders willkommenen Zugewinn hatte bereits 1191 das süddeutsche Erbe Welfs VI. erbracht, das den Staufern durch eine Erbabmachung zufiel. Günstige Gelegenheiten zu einer zielstrebigen Erweiterung des Reichsgutes durch Einziehung von Reichslehen parallel zum Vorgehen des französischen Königs ergaben sich in Mitteldeutschland. So hatte Heinrich versucht, die Landgrafschaft Thüringen nach dem Tod Landgraf Ludwigs III. auf dem Kreuzzug 1190 einzubehalten. Doch schließlich scheiterte er mit diesem Plan am Protest Hermanns, des Bruders des Verstorbenen. Reibungsloser ging die Einziehung der Markgrafschaft Meißen im Jahre 1195 vor sich, die der Kaiser vorerst nicht mehr ausgab. Ein Schwerpunkt der staufischen Herrschaft blieb auch nach dem Tod des Kaiserbruders Konrad 1196 das Herzogtum Schwaben, das Heinrich sogleich seinem jüngsten Bruder Philipp anvertraute.

Eine selbstbewußte und sehr flexible Politik kennzeichnet Heinrich auch in seinen Beziehungen zu auswärtigen Mächten. Erwähnt wurde bereits die erzwungene Lehnsnahme Englands durch König Richard im Jahr 1194. Trotz seines Bündnisvertrages mit dem französischen König ließ sich der Kaiser nicht davon abhalten, den englischen König zu Aktivitäten gegen Philipp August in Burgund zu verleiten. Wie ehedem Roger II. gelang es auch Heinrich, einen Almohadenkalifen, al-Mansur, zu Tributzahlungen für Tunis und Tripolis zu zwingen.

Als entschiedenes Eindringen in die byzantinische Interessensphäre müssen die Belehnungen zweier Länder der Levante gewertet werden. Empfing im Mai 1194 auf dem Gesandtschaftsweg Leo von Kleinarmenien (Kilikien) sein Königreich aus der Hand des Kaisers, so nahm 1195 Amalrich von Lusignan Zypern vom Kaiser zu Lehen. Zu einer familiären Annäherung an Byzanz hatte sich 1194 durch die Anwesenheit der Tochter Kaiser Isaaks II. Angelos, Irene, im eroberten Palermo eine günstige Gelegenheit geboten. Die nunmehr verwitwete Schwiegertochter Tankreds wurde mit Heinrichs Bruder Philipp verlobt. Als Irenes Vater Isaak durch den Usurpator Alexios III. vertrieben wurde, trat Heinrich als Sachwalter seiner Schwägerin auf und erzwang von Alexios eine jährliche Tributzahlung von sechzehn Zentner Gold, die dem Volk als Sondersteuer auferlegt wurde.

Bereits bei seinem Hoftag in Bari war in Heinrich der Plan zu einem Kreuzzugsunternehmen gereift. Die Bereitschaft dazu bewirkte auch eine Entspannung in den Beziehungen zu Papst Cölestin III. Neben religiösen Vorstellungen, die nicht zuletzt aus dem Kontakt des Kaisers mit dem kalabresischen Abt Joachim von Fiore und dessen eschatologischen Vorstellungen herrührten, übten vermutlich vage Eroberungspläne bezüglich Syriens oder gar Byzanz' nach alter Normannentradition ihre Anziehungskraft auf die kaiserliche Ideenwelt aus. Zu einem solchen Großunternehmen war aber zunächst die Sicherung der Nachfolge und die Stabilisierung der Verhältnisse in Deutschland notwendig. Dort hatten sich zahlreiche Menschen der Idee eines neuen Kreuzzugs angeschlossen. Die Durchführung der geplanten Nachfolgeregelung für seinen Sohn Friedrich, damals noch keine zwei Jahre alt, bereitete dem Kaiser freilich Schwierigkeiten.

Um die Fürsten für seine Ideen zu gewinnen, entwickelte er den Plan einer Erbmonarchie nach sizilischem und westeuropäischem Muster, den sogenannten Erbreichsplan, der gleichzeitig eine dauerhafte Verbindung Siziliens mit dem Reich gewährleisten sollte. Dafür versprach er den weltlichen Fürsten die Erblichkeit ihrer Lehen in männlicher und weiblicher Linie, auch für Seitenlinien. Gegenüber den geistlichen Fürsten erklärte er sich dazu bereit, auf das Spolienrecht zu verzichten, d. h. die Einziehung der beweglichen Habe der Prälaten nach ihrem Tod. Auf einem Hoftag in Würzburg im April 1196 zeigte sich auf kaiserlichen Druck hin tatsächlich die Fürstenmehrheit zu einem solchen Abkommen bereit, das ihr die Einflußnahme auf die Thronfolge durch Wahl in Zukunft verschlossen hätte. Eine Minderheit unter der Führung Adolfs von Altena, des Erzbischofs von Köln, sowie des Landgrafen von Thüringen agierte zwar entschieden gegen eine solche Regelung, doch Heinrich schien sich seiner Sache sicher zu sein und zog im Sommer 1196 nach Italien.

Dort war Papst Cölestin durch das Eindringen deutscher Truppenführer in den Kirchenstaat verbittert und zögerte die Erfüllung der kaiserlichen Wünsche hinaus. Überdies weigerte sich der Staufer, für Sizilien den Lehnseid zu leisten, und so sah er sich denn gezwungen, dem Papst auf einem anderen Gebiet entgegenzukommen. Der Inhalt des damals gemachten Vorschlags, des »höchsten Angebots an die römische Kurie«,[4] hat in der Forschung zu verschiedenen Thesen Anlaß gegeben. Die wahrscheinlichste basiert auf der Nachricht des Giraldus Cambrensis,[5] der berichtet, Heinrich habe dem Papst und den Kardinälen bei einer Annahme seiner Staatspläne die beste Pfründe aus allen Bischofskirchen des Reiches zugesichert.

Dagegen erwartete Heinrich einen Verzicht des Papstes auf alle Besitzansprüche außerhalb des eigentlichen Kirchenstaates, den kaiserliche Amtsträger ja großenteils besetzt hielten. Sich in eine solche materielle Abhängigkeit vom Kaiser zu begeben, war Cölestin allerdings nicht bereit, da er überdies noch eine feste Umklammerung des Kirchenstaates hätte hinnehmen müssen und auf seine Einwirkung bei der Königswahl verzichtet hätte. Parallel zur päpstlichen Weigerung wurde auch im Reich der Widerstand der Fürsten gegen den Erbreichsplan massiver. Auf einem Fürstentag in Erfurt im Oktober 1196 widerriefen sie die einmal gegebene Zustimmung, wählten schließlich aber immerhin im Dezember des gleichen Jahres Friedrich II. zum römischen König.

Bei der Vorbereitung zum Kreuzzug mußte der Kaiser erneut in Sizilien mit Waffengewalt eingreifen, als sich die dortigen Barone, erbittert über die staufische Verwaltung, Einziehung ihrer Lehen, erzwungene Überprüfung ihrer Privilegien und drückende Steuern im Mai 1197 in einem Aufstand erhoben. Vielleicht waren auch die Kurie und selbst die Kaiserin Konstanze an den Ereignissen beteiligt oder doch Mitwisser. Heinrich jedenfalls ließ die Rebellion durch Mark-

---

4 V. Pfaff, Kaiser Heinrichs VI. höchstes Angebot an die römische Kurie (1927).
5 Speculum ecclesiae, RS (21, 4) IV S. 19.

ward von Annweiler und den Marschall Heinrich von Kalden mit aller Härte niederschlagen und die Anführer hinrichten.

Endlich konnte mit der Durchführung des Kreuzzugsunternehmens unter maßgeblicher Beteiligung des Kanzlers Konrad von Querfurt, des Bischofs von Hildesheim, und Heinrichs von Kalden begonnen werden. Die italienischen Seefahrerstädte waren zur Übernahme der Transportaufgaben verpflichtet worden, die Kreuzfahrer hatte man zur Sammlung in den süditalienischen Häfen aufgefordert. Anfang September 1198 stachen die ersten Schiffe in See. Da erkrankte der Kaiser in Messina an Malaria und starb bereits am 28. 9. im Alter von 31 Jahren. Zunächst in Messina begraben, wurde sein Leichnam später in die Kathedrale von Palermo überführt.

Die in ihrer Gültigkeit umstrittenen testamentarischen Verfügungen des Kaisers, die sich bruchstückhaft in den *Gesta Innocentii III* erhalten haben, betreffen insbesondere die italienischen Verhältnisse.[6] So sollte die Kaiserinwitwe Konstanze mit ihrem Sohn das Königreich Sizilien vom Papst zu Lehen nehmen und dieser Friedrich das Imperium bestätigen. Die Mathildischen Güter und die besetzten Teile des Kirchenstaates sollten dem Papst restituiert werden, für das Herzogtum Ravenna und die Mark Ancona Markward von Annweiler den Lehnseid leisten.

Für den weiteren Fortgang der deutschen Geschichte bedeutete der frühe Tod des Kaisers einen jähen Abbruch des Prozesses einer Stabilisierung im Inneren und einer Behauptung nach außen. Heinrich hatte in Deutschland durch den Ausbau der staufischen Eigengüter einerseits und die Einbehaltung von Reichslehen andererseits die Fundamente des Königtums gestärkt. Der Erbreichsplan war zwar gescheitert, doch blieben weitere Schritte in diese Richtung einer künftigen Entwicklung vorbehalten. Nach außen zeigte sich das Reich mit seinen Beziehungen zu England, Frankreich, der Kurie und Byzanz in einer europäischen Vorrangstellung. Die kurze Periode der Regierung Heinrichs VI. gilt mit der Eröffnung so bedeutender Perspektiven für das Reich mit Recht als einer der Höhepunkte der deutschen Kaiserzeit.

Der Nachkomme Kaiser Heinrichs VI.

KONSTANTIN, bei der Taufe FRIEDRICH ROGER genannt = FRIEDRICH II. *Siehe unter Kaiser Friedrich II.*

---

[6] MGH Const. 2, Nr. 379.

König Philipp von Schwaben

König Philipp von Schwaben

* 1176 oder Sommer 1177 (in Oberitalien)
† 21. 6. 1208 in Bamberg (ermordet durch Otto von Wittelsbach)
Grabstätte: Dom zu Bamberg, 1213 in den Dom zu Speyer überführt
Eltern: Kaiser Friedrich I. und Beatrix

∞ Bari 2./3. 4. 1195
IRENE/MARIA
Eltern: Kaiser Isaak II. Angelos von Byzanz († 1204) und Irene († 1184), Tochter des Kaisers Andronikos Komnenos von Byzanz
* 1181 in Konstantinopel
† 27. 8. 1208 auf der Burg Hohenstaufen
Grabstätte: Benediktinerabtei Lorch

1189: Propst des Aachener Marienstifts
1190: Elekt von Würzburg
1195: Herzog von Tuszien
1196: Herzog von Schwaben
6./8. 3. 1198: in Ichtershausen und Mühlhausen zum römischen König gewählt
8. 9. 1198: in Mainz zum römischen König gekrönt
6. 1. 1205: in Aachen zum zweiten Mal zum römischen König gekrönt

Kaiser Otto IV.

Kaiser Otto IV.

* 1175/1177 in Sachsen (?)
† 19. 5. 1218 auf der Harzburg
Grabstätte: Dom zu Braunschweig
Vater: Heinrich der Löwe, Sohn Heinrichs des Stolzen, Herzogs von Bayern und Sachsen († 1139), und der Gertrud von Supplinburg († 1143), Tochter Kaiser Lothars III.
* 1132/33
† 6. 8. 1195 in Braunschweig
Grabstätte: Dom zu Braunschweig

1142–1180: Herzog von Sachsen
1156–1180: Herzog von Bayern
1180: geächtet von Kaiser Friedrich I.
Mutter: Mathilde († 1189), Tochter König Heinrichs II. von England († 1189), und der Eleonore von Poitou († 1204), Tochter des Guillaume, Grafen von Poitou, Herzogs von Aquitanien († 1137)
* 1156
† 28. 6. 1189 in Braunschweig
Grabstätte: Dom zu Braunschweig

1. ∞ 24. 5. 1209 in Würzburg (verlobt seit Sommer 1207)
Beatrix
Eltern: König Philipp von Schwaben und Irene, Tochter Kaiser Isaaks II. Angelos von Byzanz

2. ∞ 19. 5. 1214 in Aachen
Maria (mit ihr erstmals schon 1198 verlobt)
Eltern: Heinrich I., Herzog von Brabant († 1235), und Mathilde († 1210/11), Tochter des Matthäus vom Elsaß, Grafen von Boulogne
* (1191)
† (nach 9. 3., vor 14. 6.) 1260
Grabstätte: Löwen, St. Peter

9. 6. 1198: in Köln von niederrheinisch-westfälischen Fürsten zum römischen König gewählt
12. 7. 1198: in Aachen zum römischen König gekrönt
11. 11. 1208: Neuwahl in Frankfurt
4. 10. 1209: in Rom von Papst Innozenz III. zum Kaiser gekrönt

Geschwister Kaiser Ottos IV.

1. GERTRUD (Halbschwester)

⚭ 1166

FRIEDRICH (IV.) von Rothenburg

2. HEINRICH DER ÄLTERE von Braunschweig
* um 1173 in Braunschweig
† 28. 4. 1227
Grabstätte: Dom zu Braunschweig

⚭ AGNES, Tochter des Pfalzgrafen Konrad, eines Halbbruders Friedrich Barbarossas

1195–1213: Pfalzgraf am Rhein

3. WILHELM von Lüneburg
* 11. 4. 1184 in Braunschweig
† 13. 12. 1213

⚭ Juli 1202
HELENE von Dänemark
Eltern: König Waldemar I. von Dänemark († 1182) und Sophia Wolodarowna von Minsk († 1198)
† (22. 9.) 1233

Sohn

> OTTO das Kind
> * 1204
> † 9. 6. 1252
> ⚭ Ende 1228
> MATHILDE von Brandenburg
> *Eltern:* Markgraf Albrecht II. von Brandenburg († 1220) und Mathilde († 1255), Tochter des Markgrafen Konrad von der Lausitz
>
> † 10. 6. 1261
>
> Seit 1235: Herzog von Braunschweig und Lüneburg

Herzog Philipp von Schwaben war im September 1197 nach Italien aufgebrochen, um den kleinen Sohn Heinrichs VI., seinen Neffen Friedrich, der bereits 1196 in Frankfurt zum römischen König gewählt worden war, zur Krönung aus Foligno nach Deutschland zu holen. Doch waren auf die Kunde vom Tod des Kaisers in Mittelitalien, nicht zuletzt unter dem Einfluß päpstlicher Kreise, Aufstände ausgebrochen, die sich gegen die deutsche Herrschaft richteten. Philipp entkam mit knapper Not und mußte unverrichteter Dinge nach Deutschland zurückkehren, während Friedrichs Mutter Konstanze ihren Sohn nach Sizilien bringen ließ, um ihm das dortige Königtum zu sichern und ihn dem deutschen Einfluß zu entziehen.

Die Befürworter einer Fortsetzung des staufischen Königtums in Deutschland – und damit der Großteil der Reichsfürsten – konnten nun nicht mehr mit einer Ankunft des gewählten Thronfolgers in absehbarer Zeit rechnen und beschlossen, Philipp von Schwaben, der sich zunächst als Platzhalter für seinen Neffen betrachtete, selbst die Königswürde zu übertragen. Zwei rasch einberufene Wahlversammlungen in Thüringen im März 1198 unter maßgeblicher Beteiligung ostdeutscher Fürsten, unter ihnen Herzog Bernhard von Sachsen, erhoben Philipp zum römischen König.

Philipp war als jüngster Sohn Kaiser Friedrich Barbarossas geboren worden. Zunächst für die geistliche Laufbahn bestimmt, hatte er 1189 die Propststelle am Aachener Marienstift erlangt. Ein Jahr später wurde er Erwählter des Würzburger Bischofsstuhls, doch trat er 1193 in den Laienstand zurück. 1195 wurde er zur Festigung der Beziehungen zwischen Deutschland und Byzanz mit Irene, der Tochter Kaiser Isaaks II. Angelos vermählt, die Heinrich VI. als Ehekandidatin für den inzwischen verstorbenen Tankredsohn Roger in Palermo in die Hände gefallen war. Der Kaiser übertrug seinem Bruder 1195 das Herzogtum Tuszien und 1196 nach dem Tod seines anderen Bruders Konrad das schwäbische Herzogtum.

Während nun ein Teil der deutschen Fürsten, unter ihnen der Erzbischof von Mainz, noch immer im Orient weilte, beschloß eine Minderheit, allen voran Erzbischof Adolf von Köln, der sich durch seinen entschiedenen Widerstand gegen Heinrichs Erbreichspläne als Staufergegner erwiesen hatte, einem anderen Kandidaten den Vorzug zu geben.

Hatte man zunächst offenbar an Herzog Bernhard von Sachsen sowie an Herzog Berthold V. von Zähringen gedacht, so fiel schließlich die Wahl auf den Welfen Otto von Braunschweig, einen Sohn Heinrichs des Löwen. Unterstützt wurde diese Entscheidung vor allem durch den englischen König Richard Löwenherz, der nach seiner Gefangenschaft in Deutschland ein erbitterter Gegner des staufischen Kaisers und ein Freund der Welfen war. Am englischen Hof war Otto erzogen worden und hatte seit dem Jahr 1196 die Amtswürde für zwei englische Festlandbesitzungen, die Grafschaft Poitou und später das Herzogtum Aquitanien, erhalten. Mit Hilfe größerer englischer Zahlungen gelang es dem Kölner Erzbischof, für Otto neben den ohnehin dem Stauferhaus feindlich gesinnten Fürsten eine weitere Anhängerschaft am Niederrhein und in Westfalen zu gewinnen, die am 9. 6. 1198 den Welfen in Köln zum König wählte. Einen Monat später erfolgte am 12. 7. in Aachen die Königskrönung durch Erzbischof Adolf.

Konnte sich Otto IV. auf eine Krönung am rechten Ort berufen, so ließ sich Philipp von Schwaben, dessen Wahl in Abwesenheit aller drei rheinischen Erzbischöfe in Thüringen schon nicht wenig bedenklich anmutete, mit einer nachgebildeten Reichskrone in Mainz durch den gerade dort verweilenden Erzbischof von Tarentaise (Burgund) krönen. Beide Kandidaten übersandten dem wenige Monate zuvor gewählten Papst Innozenz III. (1198–1216) die herkömmliche Wahlanzeige. Innozenz entschied nicht sogleich, sondern stellte die Angelegenheit einer genaueren Prüfung anheim.

Der Papst hatte eine gründliche theologische und juristische Ausbildung in Paris bzw. Bologna genossen und war durch verschiedene Schriften, darunter das tief pessimistische »Vom Elend des Menschseins« *(De miseria humanae conditionis)* hervorgetreten. Neben juristischen Erwägungen sollten für seine Stellungnahme natürlich besonders kirchliche und politische Aspekte von Bedeutung sein. Neben den Freiheitsrechten der Kirche war Innozenz vor allem über die Gefahr einer Umklammerung des Kirchenstaats durch Reichsitalien im Norden und das Königreich Sizilien im Süden besorgt, umso mehr, als er energisch eine expansive Politik der sogenannten Rekuperationen betrieb, d. h. die Wiedereingliederung der angeblich seit karolingischer Zeit der römischen Kirche zustehenden Gebiete in Mittelitalien.

An ihrer Haltung zu diesen Forderungen mußten sich die beiden Könige bezüglich einer Anerkennung durch den Papst messen lassen. Otto IV. ging auch sofort auf die päpstlichen Vorstellungen ein und versprach die Anerkennung bereits geschehener und zukünftiger Rekuperationen, den Schutz der kirchlichen Besitzungen und Rechte, und bat um die Kaiserkrönung.[1] Von ganz anderer Art waren die Schreiben der staufischen Partei, darunter auch der Mehrheit des Reichsepiskopats, in denen Innozenz zur Anerkennung ihres Kandidaten aufgefordert wurde. Man verwahrte sich darin gegen eine Einmischung des Papstes in die Reichspolitik, warnte vor einer Verletzung der Reichsrechte in Italien und forderte Innozenz zu einer Unterstützung des Reichstruchsesses Markward von Annweiler auf, der sich den Interessen des Papstes in Mittelitalien ganz entschieden widersetzt hatte.[2] Doch nicht nur das Verhältnis zwischen Papst und Reich

---

1   MGH Const. 2, Nr. 16.
2   MGH Const. 2, Nr. 3.

sollte von ausschlaggebender Bedeutung für den Erfolg eines der beiden Könige sein, sondern auch die finanzielle und politische Unterstützung durch die europäischen Westmächte. So hatte Philipp mit dem französischen König, seinem Namensvetter Philipp II. August im Juni 1198 einen Bündnisvertrag gegen England und Flandern geschlossen. Otto IV. dagegen erfuhr von Anfang an die Unterstützung des englischen Königs Richard Löwenherz. So geriet die deutsche Thronfolgefrage in engen Zusammenhang mit dem Geschehen des um diese Zeit aufbrechenden kriegerischen Konflikts zwischen England und Frankreich. Nach dem Tod Richard Löwenherz' im April 1199 hatte zwar auch dessen Bruder und Nachfolger Johann (später »Ohneland« genannt) Otto IV. das Wohlwollen der englischen Krone unvermindert beibehalten, doch sah sich Johann im Mai 1200 zu einem Waffenstillstand mit Frankreich gezwungen, bei dem ihm eine weitere Unterstützung des Welfen untersagt wurde.

Nach wenig erfolgreichen Feldzügen der beiden deutschen Könige in die jeweiligen gegnerischen Kerngebiete bestimmte schließlich der Verlauf der Ereignisse im englisch-französischen Krieg und das damit verbundene Versiegen des englischen Geldes eine Stärkung der staufischen Position. Andererseits erfuhr nun Otto IV. die Unterstützung Papst Innozenz' III., der um die Jahreswende 1200/1201 seine Entscheidung zugunsten des Welfen bekanntgab. In seiner »Überlegung zur Angelegenheit des Kaiserreichs bezüglich der drei Gewählten« *(Deliberatio super facto imperii de tribus electis)* verwies er darauf, daß erstlich und letztlich das durch den Papst von den Griechen her übertragene Kaisertum im päpstlichen Zuständigkeitsbereich liege und ihm bei strittiger Wahl durch die Fürsten das Entscheidungsrecht zustehe. Da Friedrich II. noch ein Knabe sei und eine Verbindung des Königreichs Sizilien mit dem Kaiserreich der Kirche schädlich, Philipp aber wie seine Vorfahren als bekannter Verfolger der Kirche bei seiner Wahl exkommuniziert gewesen sei, müsse die Entscheidung zugunsten Ottos von Braunschweig ausfallen, einem Nachfahren Kaiser Lothars III., des Beschützers der Kirche.[3]

Während mit der Verkündung dieser Entscheidung durch den Kardinallegaten Guido im März 1201 zu Köln der Anhang Philipps von Schwaben mit dem Kirchenbann belegt wurde, verstand sich Otto IV. – als Gegenleistung für seine Anerkennung – im Juni des gleichen Jahres in Neuß zu einer für die Zukunft des Verhältnisses von König, Papsttum und Reichskirche wichtigen Eideserklärung. Darin erkannte er nicht nur die Rekuperationen des Papstes in Mittelitalien an, sondern sicherte auch noch die Unterstützung für künftige Gebietserweiterungen und für die Wahrung des päpstlichen Anspruches auf Sizilien zu, versprach, die politischen Entscheidungen der Kurie bezüglich der Stadt Rom sowie der Städtebünde in der Toskana und Lombardei als bindend anzusehen, mit Frankreich Frieden zu schließen und dem Papst diesen Schwur bei der Kaiserkrönung zu erneuern.

---

3   F. Kempf (Hg.), Regestum Innocentii III papae super negotio Romani imperii (1947) Nr. 29.

Mit der nun erlangten Rückenstärkung durch Papst Innozenz gelang es Otto IV., einige Fürsten in sein Lager zu ziehen, so etwa Landgraf Hermann von Thüringen und König Ottokar I. von Böhmen, der sich das ihm von Philipp 1198 verliehene Königtum vom Papst bestätigen ließ, und den Mainzer Erzstuhl mit einem Welfenfreund, Siegfried II. von Eppenstein, zu besetzen. Ein Heereszug Philipps nach Thüringen, wo sich der Landgraf zusammen mit dem Böhmenkönig zur Wehr setzte, verlief erfolglos.

Inzwischen hatten die mehrheitlich staufisch gesinnten Reichsfürsten dem Papst erneut die Einmischung in die deutschen Angelegenheiten verwiesen. Innozenz antwortete mit der Bulle *Venerabilem,* die später in die Dekretalen Gregors IX. einging und in der er zwar das Recht der Fürsten auf die Wahl des zukünftigen Kaisers anerkannte, sich jedoch bei strittigen Fällen die Entscheidung vorbehielt.[4]

Als sich nun die Niederlage König Johanns von England abzeichnete und dieser schließlich aus der Normandie, dem Anjou und Poitou vertrieben wurde, verschlechterte sich die Lage des welfischen Königs immer mehr, während sich auf der anderen Seite die Kontakte der Kurie zu Philipp von Schwaben wieder verstärkten. Bald mußte Otto IV. auch aus dem eigenen Lager Verbündete an die Staufer verlorengeben, so im Frühjahr 1204 seinen eigenen Bruder Heinrich von Braunschweig, Pfalzgrafen bei Rhein. Sogar sein ehemaliger Gönner, Erzbischof Adolf von Köln, den Otto durch die Unterstützung der Kölner Bürgerschaft gegen ihren Stadtherrn vergrämt hatte, wandte sich von ihm ab und krönte Philipp in Aachen zum König. Adolf bezahlte diesen Schritt freilich mit Absetzung und Kirchenbann. Schließlich gingen auch Landgraf Hermann von Thüringen und König Ottokar von Böhmen zu Philipp über.

Der Staufer versuchte nun, mit ähnlichen Zugeständnissen wie Otto IV. die Gunst des Papstes zu gewinnen. Er erklärte sich bereit, besetztes Kirchengut zurückzugeben, die Freiheit der Bischofswahlen anzuerkennen, auf das Spolienrecht (die Einziehung des beweglichen Besitzes verstorbener Prälaten) zu verzichten und einer Verbindung der Reichsacht mit dem Kirchenbann zuzustimmen. Die Ehe seiner Tochter mit einem Neffen des Papstes sollte die Übereinkunft besiegeln.[5]

Als päpstlicher Vermittler trat Patriarch Wolfger von Aquileja (zuvor Bischof von Passau) ein. Das Ergebnis dieser Verhandlungen war zunächst die Lösung Philipps vom Kirchenbann. Im September 1207 schlossen die beiden deutschen Könige einen Waffenstillstand. Päpstliche Legaten versuchten, den Welfen zum Thronverzicht zu bewegen. Als die Verhandlungen so weit gediehen waren, daß Philipp von der Kurie anerkannt und sein Gegenspieler zum Thronverzicht bereit war, zerschlugen sich alle Projekte durch die Ermordung Philipps von Schwaben am 21. 6. 1208 zu Bamberg. Der Staufer war einem Privatracheakt des Wittelsba-

4 MGH Const. 2, Nr. 398.
5 MGH Const. 2, Nr. 8.

cher Pfalzgrafen Otto zum Opfer gefallen, der sich in seiner Hoffnung auf eine Ehe mit einer Tochter des Königs betrogen sah.

Die staufischen Parteigänger in Deutschland entschieden sich nun überraschend einhellig dazu, Otto IV. anzuerkennen und auf die Wahl eines Gegenkönigs zu verzichten. Als Vermittler tat sich vor allem der Erzbischof von Magdeburg, Albrecht von Kefernburg, hervor. Ein Versuch König Philipps II. August von Frankreich, Herzog Heinrich von Brabant zum Gegenkönig zu erheben, schlug fehl. Am 11. 11. 1208 wurde das Königtum Ottos IV. bei einer (Nach-) Wahl zu Frankfurt einmütig bestätigt. Die Ehe des Welfen mit einer Tochter Philipps von Schwaben, Beatrix († 1212), im folgenden Jahr sollte zur Aussöhnung der beiden Parteien beitragen.

Papst Innozenz III., dem eine Revidierung seiner Entscheidung im Thronstreit erspart geblieben war, konnte der Entwicklung in Deutschland mit Befriedigung entgegensehen, zumal der Welfe sich auch weiterhin dem Papst für sein Königtum tief verpflichtet zeigte. Am 22. 3. 1209 erneuerte Otto IV. zu Speyer seine Neußer Zugeständnisse von 1201 im Hinblick auf eine Kaiserkrönung und erweiterte sie um die Zusätze Philipps von Schwaben, so daß mit der Zusicherung freier Bischofswahlen sowie ungehinderter Appellation an die Kurie, dem Verzicht auf das Spolienrecht, dem Versprechen zur Hilfe bei der Ketzerbekämpfung, der Anerkennung der Rekuperationen und der päpstlichen Lehnsherrschaft über Sizilien schließlich ein ganzer Katalog von Zugeständnissen[6] entstand, den wenige Jahre später auch Friedrich II. sich zu eigen machen mußte.

Doch das Einvernehmen mit dem Papst wurde bereits wenig später getrübt, als Otto IV. mit seinem Heer nach Italien zog, wo er zuvor durch Patriarch Wolfger von Aquileja als königlichem Legaten in der Lombardei, der Toskana und den rekuperierten Gebieten Reichsrechte einfordern ließ. Bei einer Begegnung mit Papst Innozenz in Viterbo verweigerte Otto die versprochene Wiederholung der Speyerer Zusagen und verschob Verhandlungen über die Anerkennung der Rekuperationen auf die Zeit nach seiner Krönung. Trotz eigener Bedenken, auch von seiten der Kardinäle, vollzog Innozenz III. am 4. 10. 1209 die Kaiserkrönung in Rom. Tätliche Auseinandersetzungen zwischen Deutschen und Römern veranlaßten den Welfen schon nach kurzer Zeit zum Verlassen der Stadt und zur Rückkehr nach Norden. Das Angebot zu einem weiteren Treffen mit dem Papst lehnte dieser mit dem Hinweis auf die Notwendigkeit vorheriger Aussagen zur Frage seiner Gebietsansprüche ab.

Als Otto IV. sich bereits in Pisa befand, ersuchten ihn dort apulische Barone um Unterstützung. Der Welfe entschloß sich nun unter grober Verletzung seiner vorausgegangenen Eide zu einem Eingreifen im Königreich Sizilien. Er ließ sich auch durch eine päpstliche Banndrohung nicht davon abhalten, in Norditalien Truppen zu sammeln und im Herbst 1210 den Zug nach Süden anzutreten. Über Aversa, Neapel und Salerno gelangte Otto an die Südspitze Kalabriens, wo er auf

6 MGH Const. 2, Nr. 31.

die Ankunft einer pisanischen Flotte wartete. In Palermo bereitete sich indessen Friedrich auf eine Flucht übers Meer nach Afrika vor.

Papst Innozenz, tief enttäuscht über den von ihm so lange unterstützten Welfen, verhängte am 18. 11. 1210 feierlich den Bann über den Kaiser. Nicht zuletzt auf eine gegen das englisch-welfische Bündnis gerichtete Initiative des französischen Königs hin versuchte der Papst nun, die deutschen Fürsten für eine Thronkandidatur des Staufers Friedrich zu gewinnen. Frankreichs Gelder bestärkten eine Reihe von ihnen, darunter die drei ehemaligen Anhänger Ottos IV., König Ottokar I. von Böhmen, Landgraf Hermann von Thüringen und Erzbischof Siegfried von Mainz, im September 1211 zu Nürnberg Friedrich als künftigen Kaiser zu wählen *(in imperatorem coronandum)*. Da Friedrich II. sich nun tatsächlich anschickte, nach Deutschland zu ziehen, unterbrach auch Otto IV. seine Heerfahrt und befahl den Rückzug.

In Deutschland waren inzwischen die schwäbischen Reichsministerialen und auch Bayern auf Friedrichs Seite getreten. Friedrich konnte sich durch ein Bündnis mit Frankreich finanzielle Hilfe sichern und ließ sich am 5. 12. 1212 in Frankfurt zum römischen König wählen, danach in Mainz durch den dortigen Erzbischof krönen. Otto zog währenddessen nach Köln und von dort nach Sachsen, wo er freilich in den Kämpfen mit dem Erzbischof von Magdeburg und dem Landgrafen von Thüringen erfolglos blieb.

Ausschlaggebend für die Entscheidung des neuerlichen Thronstreits sollte aber die Einwirkung der französischen und englischen Politik sein. 1209 war Johann von England wegen seiner Eingriffe in die Rechte der Kirche vom Papst gebannt worden. Schließlich plante der französische König die Eroberung Englands. Daraufhin hatte sich Johann im Mai 1213 unterworfen und sein Reich vom Papst zu Lehen genommen. Gemeinsam mit Otto IV. versuchte Johann nun eine Umklammerung Frankreichs von Süden und Norden. Während der englische König über das Poitou vorrückte, fiel der Welfe, unterstützt hauptsächlich durch niederrheinische Truppen von Norden her in französisches Gebiet ein. Am 27. 7. 1214 fiel bei Bouvines nach lange für Frankreich ungünstiger Kampfentwicklung die Entscheidung zugunsten des französischen Königs. Philipp August übersandte dem mit ihm verbündeten Friedrich II. den erbeuteten Reichsadler mit gebrochenen Schwingen. Der geschlagene Welfe verlor im Anschluß an diese Niederlage auch seine niederrheinischen Anhänger. Sein Bruder Heinrich von Braunschweig sah sich gezwungen, von der Würde eines Pfalzgrafen bei Rhein zurückzutreten und sie seinem Sohn zu überlassen.

König Friedrich zog nach Sachsen, wo sich die Askanier der staufischen Partei angeschlossen hatten, während Herzog Albrecht dem Welfen treu geblieben war. Gelang dem Staufer auch kein entscheidender militärischer Erfolg gegen Otto IV., so erreichte er doch, daß sich der Welfe auf seine braunschweigischen Besitzungen zurückziehen mußte. Von dort aus gelang ihm kein größeres Eingreifen in die reichspolitischen Entscheidungen mehr, und sein Tod am 19. 5. 1218 auf der Harzburg blieb von den Zeitgenossen weithin unbeachtet.

Besonders Ottos wechselhafte Haltung dem Papsttum gegenüber, die sich einerseits in Formen übertriebener Ergebenheit, andererseits in rücksichtslosem Bruch gegebener Versprechungen äußerte, hat bereits das Befremden der Zeitgenossen erweckt. Sein sizilisches Abenteuer und der fehlende Weitblick in der Italienpolitik verurteilten seine Versuche einer ausgreifenden Kaiserpolitik zum Scheitern.

Die Nachkommen König Philipps von Schwaben

1. MARIA
   * März/April 1196 in Arezzo (?)
   † 1235 in Brabant (?)
   1202 verlobt mit einem Neffen Papst Innozenz' III.

   ∞ um 1210/11
   HEINRICH II., Herzog von Brabant
   Eltern: Heinrich I., Herzog von Brabant († 1235), und Mathilde von Lothringen († 1210/11), Tochter des Matthäus vom Elsaß, Grafen von Boulogne
   * wohl um 1193/94
   † 1. 2. 1248

2. BEATRIX
   * April/Juni 1198 in Worms (?)
   † 11. 8. 1212 in Nordhausen
   Grabstätte: Dom zu Braunschweig
   Verlobt mit Otto von Wittelsbach († 1209), Pfalzgrafen in Bayern, der 1208 ihren Vater ermordete.

   ∞ 24. 5. 1209 in Würzburg (seit Sommer 1207 mit ihm verlobt)
   KAISER OTTO IV.

3. RAINALD (?)
   * Sommer 1200 – Anfang 1201
   † als Kleinkind

4. KUNIGUNDE/KATHARINA/KONSTANZE
   * Januar/März 1202 in Schwäbisch-Hall (?)
   † 13. 9. 1248 in Prag (?)
   Grabstätte: Veitsdom zu Prag

   ∞ 1221/24 (verlobt seit 1207)
   WENZEL I., König von Böhmen
   Eltern: König Přemysl I. Ottokar von Böhmen († 1230) und Konstanze († 1240), Tochter König Bélas III. von Ungarn
   * 1205
   † 22. 9. 1253 in Prag (?)
   Grabstätte: Veitsdom zu Prag

5. BEATRIX/ELISABETH/ISABELLA
  * März/Mai 1205 in Nürnberg (?)
  † (5. 11.?) 1235 in Kastilien
  Grabstätte: Kathedrale zu Burgos

  ∞ 30. 11. 1219
  FERDINAND III., König von Kastilien und León
  Eltern: Alfons IX., König von León († 1230), und Berengaria, Tochter
  König Alfons' VIII. von Kastilien, Erbin des Königreichs Kastilien
  * 1200
  † 30. 5. 1252
  Grabstätte: Kathedrale zu Burgos
  Sohn: König Alfons X. von Kastilien, römischer König

6. FRIEDRICH
  * Sommer 1206 in Giengen an der Brenz (?)
  † als Kleinkind
  Grabstätte: Benediktinerabtei Lorch

7. BEATRIX
  * 20./27. 8. 1208 auf der Burg Hohenstaufen (posthum geboren)
  † 20./27. 8. 1208 auf der Burg Hohenstaufen
  Grabstätte: Benediktinerabtei Lorch

Kaiser Friedrich II.

Kaiser Friedrich II.

* 26. 12. 1194 in Jesi (Provinz Ancona)
† 13. 12. 1250 in Castel Fiorentino bei Lucera (Provinz Foggia)
Grabstätte: Dom zu Palermo, Herz im Dom zu Foggia
Eltern: Kaiser Heinrich VI. und Konstanze

Verlobt vor 5. 6. 1202 mit Sancha, Tochter König Alfons' II. von Aragón († 1196)
und der Sancha von León-Kastilien († 1208), Tochter König Alfons' VII.,
Verlöbnis Ende 1204 gelöst

1. ∞ 5./15. 8. 1209 in Messina (?) (verlobt bereits Ende 1204/Anfang 1205,
Trauung per procurationem 1208 in Saragossa)
Konstanze von Aragón
Eltern: König Alfons II. von Aragón († 1196) und Sancha von León-Kastilien
(† 1208), Tochter König Alfons' VII.
* um 1182/83
† 23. 6. 1222 in Catania
Grabstätte: Dom zu Palermo

○ um 1211/12 Konkubinat mit
N (normannisch-sizilianische Gräfin)
* um 1190/95
† nach 1213

○ nach 1213/14 in Deutschland Konkubinat mit
Adelheid (aus schwäbischem Hochadel), Tochter des Konrad von Urslingen,
Herzogs von Spoleto (?)
* um 1194/95 in Spoleto (?)
† nach 1218 (oder 1223 bzw. 1234 ?)

○ um 1220 in Italien Konkubinat mit
Maria/Mathilde von Antiochia
* um 1200
† nach 1222/25

○ um 1220/22 Konkubinat mit
N (aus dem Hause der Grafen Lancia ?)

○ um 1220/25 Konkubinat mit
Manna, Nichte des Erzbischofs Berard von Messina

KAISER FRIEDRICH II. 321

2. ∞ 9. 11. 1225 (verlobt im März 1223)
ISABELLA/ELISABETH VON BRIENNE
Eltern: Johann, Graf von Brienne († 1237), König von Jerusalem (1212–1225), und Maria, Tochter des Markgrafen Konrad von Monferrat, Königin von Jerusalem (1191–1212)
* um 1211/12
† 5. 5. 1228 in Andria
Grabstätte: Dom zu Andria

○ November 1225 in Brindisi (?) Konkubinat mit
N (Verwandte der Isabella von Brienne, Beatrix ?)

○ um 1226 (?) in Oberitalien Konkubinat mit
N (vornehme Schwäbin, Tochter des Bertold von Beilstein ?)
* um 1205
† nach 1235

3. ∞ 1233/34 in Apulien, Gioia del Colle (?)
Markgräfin BIANCA LANCIA d. J. (spätestens seit 1227 in Verbindung mit dem Kaiser, die am Totenbett legalisiert wurde)
Mutter: Bianca Lancia d. Ä., Tochter des Manfred Lancia
* um 1210/11
† 1233/34 in Gioia del Colle (?)
Grabstätte: Gioia del Colle (?)

4. ∞ 15. 7. 1235 in Worms (per procurationem in Westminster 22. 2. 1235)
ISABELLA/ELISABETH VON ENGLAND
Eltern: König Johann ohne Land von England († 1216) und Isabella († 1246), Tochter des Grafen Aimar II. von Angoulême
* 1217
† 1. 12. 1241 in Foggia
Grabstätte: Dom zu Andria

25. 12. 1196: in Frankfurt zum römischen König gewählt
17. 5. 1198: in Palermo zum König von Sizilien gekrönt
September 1211: in Nürnberg zum künftigen Kaiser gewählt
 5. 12. 1212: in Frankfurt zum römischen König gewählt
 9. 12. 1212: in Mainz zum römischen König gekrönt
25. 7. 1215: in Aachen zum römischen König gekrönt
22. 11. 1220: in Rom von Papst Honorius III. zum Kaiser gekrönt
18. 3. 1229: Selbstkrönung in Jerusalem (Titel eines Königs von Jerusalem seit
     9. 11. 1225)

»Es steigt aus dem Meere die Bestie voller Namen der Lästerung, die mit den
Tatzen des Bären und mit dem Rachen des Löwen wütet und mit den übrigen
Gliedern wie ein Leopard ihren Mund zur Lästerung des göttlichen Namens
öffnet . . . Mit eisernen Krallen und Zähnen will sie alles zermalmen und mit
ihren Füßen die ganze Welt zerstampfen . . . Blicket auf das Haupt, die Mitte und
das Ende dieser Bestie: auf Friedrich, den sogenannten Kaiser!«[1] Mit diesen
Bildern aus der Apokalypse, die den Menschen die künftigen Schrecknisse vor
Augen halten sollten, ließ sich Papst Gregor IX. in einem Rundschreiben an die
Kardinäle über Friedrich II. aus. Ein – man kann geradezu sagen – ideologischer
Propagandafeldzug, der in seiner Härte und Kompromißlosigkeit bis dahin ohne
Beispiel gewesen ist, setzte nach der zweiten Bannung des Kaisers im Jahre 1239
ein, verstärkte sich nach dessen Absetzung auf dem Konzil von Lyon im Jahre
1245 und zielte auf die politische und wohl auch physische Vernichtung Friedrichs und seines Hauses ab. Das Schlagwort von den Staufern als dem *genus
persecutorum* – den Verfolgern der Kirche also –, das in den langjährigen Auseinandersetzungen Barbarossas mit Alexander III. sowie in der Erinnerung an die
salischen Vorgänger der Staufer, Heinrich IV. und Heinrich V., seine Wurzeln
hatte und gelegentlich schon im deutschen Thronstreit zwischen Philipp von
Schwaben und seinem welfischen Widersacher Otto IV. seitens der Kurie ins
Treffen geführt worden war, verband sich immer mehr mit der Vorstellung vom
Antichristen, als dessen Vorläufer der Kaiser, der immerhin dem traditionellen
Verständnis nach weltliche Schirmherr der Kirche, verteufelt wurde. Die Brisanz
jener Beschuldigung wird erst so recht deutlich, wenn man sich das 13. Jahrhundert mit seinen brodelnden religiösen Ideen und Endzeitvorstellungen vor Augen
hält. Die päpstliche Agitation, für die der Kaiser schlechtweg der Fürst der
Finsternis war, versteht sich vor dem geistesgeschichtlichen Hintergrund der
vielfach, wenn auch vergröbert aufgegriffenen eschatologischen Epochenlehre
des 1202 verstorbenen kalabresischen Abtes und Propheten Joachim von Fiore,
der nach einem Zeitalter des Vaters und einem des Sohnes der Dreifaltigkeit
folgend ein drittes, das des Heiligen Geistes, als Erfüllung der Menschheitsge-
schichte als nunmehr unmittelbar bevorstehend lehrte. Zuvor werde aber noch
der Antichrist, die Personifizierung der widergöttlichen Kraft, oder sein Vorläufer die Menschheit leidvoll bedrücken. Die verschiedensten Anschuldigungen,
nicht zuletzt der Vorwurf der Ketzerei, wurden von kurialer Seite gegen den
Kaiser erhoben und publizistisch wirksam in der christlichen Welt verbreitet.

---

1   MGH Epp. saec. XIII Bd. 1, Nr. 750.

War nun Friedrich für die eine Seite der fleischgewordene Antichrist und Ketzer, so nahm er für seine Anhänger priester-, ja sogar messiasähnliche Züge an. Signifikant ist in diesem Zusammenhang das Schreiben des Kaisers an seine Geburtsstadt: »Jesi, der Marken adelige Stadt, unseres Ursprungs erlauchter Anbeginn, wo unsere göttliche Mutter uns zum Leben gebracht hat ... unser Bethlehem, des Cäsars Land und Ursprung ... so bist du, Bethlehem, Stadt der Marken, nicht die geringste unter den Fürstenstädten unseres Geschlechts: denn aus dir ist der Herzog gekommen, des Römischen Reiches Kaiser.«[2] Diese Zeilen, die dem Matthäusevangelium (2,6) folgen, sind der stärkste Hinweis unter einer Fülle von Belegen, die die Exklusivität des staufischen Kaisers auf Erden dartun sollten – von der intimen Nähe zu Gott als *cooperator Dei* bis hin zur Christusähnlichkeit. Petrus de Vinea, der engste Vertraute und wichtigste Staatsmann Friedrichs, wurde mit dem Apostelfürsten Petrus, aber auch mit Moses gleichgesetzt, was natürlich Rückschlüsse auf seinen kaiserlichen Herrn, dem das Volk mit *ecce salvator* entgegenjubelte, haben mußte. Petrus de Vinea finden wir als »Schlüsselträger« des Reiches bezeichnet, aber auch als Gesetzesbringer, der die Gebote vom Himmel den Menschen brachte. All dies war mehr als die Schmeichelei von Höflingen. Immer wieder finden sich in den Briefen, Urkunden und Manifesten Friedrichs II. Wendungen und Ausdrücke, die in der biblischen und liturgischen Sprache Gott oder Christus vorbehalten waren und nun mit dem Kaiser verbunden wurden. Es sind dies Formulierungen, die auf eine neuerliche Sakralisierung des Kaisertums abzielten, einen Aspekt herrscherlichen Selbstverständnisses, den das Papsttum nach dem Investiturstreit mit Erfolg dem Kaiser streitig gemacht hatte. Wenn auch die Kanzlei bzw. die führenden Männer in der Umgebung Friedrichs, ein erlesener Kreis von Stilisten und Literaten mit Petrus de Vinea und Thaddeus de Suessa an der Spitze, für die sprachliche und kunstvolle rhetorische Gestaltung der kaiserlichen Verlautbarungen maßgeblich waren, so gaben sie in der Auseinandersetzung mit dem Papsttum einerseits und in der Formulierung der kaiserlichen Herrschaftsidee andererseits doch ohne Zweifel das wieder, was Friedrich dachte und wollte. Der Kaiser selbst – nicht selten als *sanctus* oder *sanctissimus* bezeichnet – predigte trotz Bannung am Weihnachtstag des Jahres 1239 im Dom zu Pisa zum Volk. Als er Anfang 1240 in päpstliches Gebiet – in die Mark Ancona und das Herzogtum Spoleto, also in jene wichtige Landbrücke zwischen dem *Regnum Siciliae* und Oberitalien – einmarschierte, ließ er sich ein Kreuz vorantragen und segnete das Volk entlang des Weges. Den Städten der Region wurde sein Kommen mit den Worten Johannes' des Täufers, der auf das Nahen des Erlösers hinwies, angekündigt.

Die Entrückung des Kaisers in irrationale, übermenschliche Höhen schon zu seinen Lebzeiten wurde also von seinen Gegnern nicht weniger betrieben als von der eigenen Seite.

Die Einzigartigkeit des Machtanspruches war Friedrich durch Herkunft und

---

2 MGH Const. 2, Nr. 219.

Geburt in die Wiege gelegt worden, seine Realisierung freilich war, wie die bewegten und dramatischen Umstände seines Aufstieges zeigen, alles andere als selbstverständlich. Geboren wurde er am 26. 12. 1194 in der kleinen Stadt Jesi in den Marken, wo Kaiserin Konstanze schwanger zurückgeblieben war. Der Kaisersohn hatte nur einen Tag, nachdem Heinrich VI. mit seiner Krönung zum König von Sizilien im Dom zu Palermo den Kampf um das Südreich erfolgreich zu Ende hatte führen können, das Licht der Welt erblickt. Nun erst mit der Geburt eines Erben schienen die weit ausgreifenden Pläne Heinrichs VI. einer Neufundierung der kaiserlichen Gewalt, die Deutschland und das unteritalienisch-sizilische Reich mit fester Klammer umfassen sollte, eine sichere Basis gewonnen zu haben. Darüber hinaus beruhte der Fortbestand des gesamten staufischen Hauses damals einzig und allein auf dem Neugeborenen. Vergessen wir nicht: Vom etwa 60jährigen Halbbruder Barbarossas, dem Pfalzgrafen Konrad († 1195), abgesehen, von dessen Kindern bloß noch eine Tochter lebte, gab es damals an männlichen Staufern nur mehr zwei Brüder Heinrichs VI. Von diesen war Philipp, der spätere König, eben erst wieder in den Laienstand zurückgetreten und noch unverheiratet, Konrad hingegen wohl verlobt, und zwar mit einer Prinzessin aus dem fernen Kastilien, sein früher Tod (1196) ließ aber keine Verwirklichung dieser Verbindung mehr zu. Petrus von Eboli und auch andere priesen demnach die Geburt des *benedictus filius* mit überschwenglichen Prophezeiungen.[3] Aber auch noch aus anderem Grunde erschien diese Geburt schicksalsgewollt: Die Kaiserin war bereits mehr als 40 Jahre alt, und der fast neunjährigen Eheverbindung mit Heinrich war bisher noch kein einziges Kind entsprossen. So war es kein Wunder, wenn sich Legende und Propaganda des ungewöhnlichen Ereignisses annahmen. Sie reichten vom Gerücht, Friedrich sei das unterschobene Kind eines Schlächters, bis hin zur Erzählung, Konstanze habe, um dem Gerede den Wind aus den Segeln zu nehmen, in aller Öffentlichkeit auf dem Marktplatz entbunden. Friedrich II. selbst scheint sich des Mirakels seiner Geburt bewußt gewesen zu sein. So soll er in späteren Jahren noch bei »dem Wunder, durch das ihn seine Mutter gebar«,[4] geschworen haben.

Von der Mutter anfangs Konstantin genannt – ungewiß, ob nach ihrem eigenen Namen oder symbolhaft nach dem ersten christlichen Kaiser, der im Mittelalter hohe Verehrung genoß –, erhielt der Knabe bei seiner Taufe im Dom zu Assisi mit Friedrich Roger die Namen seiner beiden Großväter – Friedrich nach dem ersten Kaiser aus staufischem Hause, nämlich Friedrich Barbarossa, und Roger nach Roger II., dem Begründer der *Monarchia Siciliae,* dem ersten normannischen König von Sizilien – und somit schicksalhaft den Lebensweg zwischen Imperium und normannischer Monarchie vorgezeichnet.

---

3   Vgl. etwa Petrus von Eboli, Liber ad honorem Augusti, Fonti per la storia d'Italia 39, hg. G. B. Siragusa (1906) vv. 1370ff. und 1505ff.
4   Benvenuto von Imola, Comentum 4, 378 (nach E. Kantorowicz, Kaiser Friedrich der Zweite, Ergänzungsband [²1980] S. 10).

Konnte Kaiser Heinrich VI. auch mit seinem Erbreichsplan nicht durchdringen, so erreichte er wenigstens die Wahl seines zweijährigen Sohnes zum deutschen König am Weihnachtstag des Jahres 1196. Der bevorstehende Kreuzzug, welcher mit der Wiedereroberung Jerusalems und der Befreiung des Heiligen Landes, darüber hinaus mit einer durchaus möglichen Einbeziehung der östlichen Welt in das westliche Imperium der Kaiseridee einen neuen, freilich erst in den Konturen erkennbaren Inhalt und Umfang verleihen sollte, war für Heinrich so bedeutsam, daß er sich für den Augenblick mit der Kompromißlösung zufrieden gab, um die Nachfolge seines Sohnes zu sichern. Zur Krönung des jungen Königs kam es freilich nicht mehr. Der frühzeitige Tod des noch nicht 32jährigen Kaisers ließ alle Pläne und Konzepte wie ein Kartenhaus zusammenstürzen. Es war dies eine der wahrhaft großen Katastrophen der deutschen Geschichte. Heinrichs jüngster Bruder Philipp war gerade auf dem Weg nach Foligno, um den kleinen Friedrich, der dort in der Obhut der Gattin Konrads von Urslingen, des Herzogs von Spoleto und eines der treuesten schwäbischen Gefolgsleute des Kaisers, lebte, nach Deutschland zu holen, als er in Viterbo – nicht weit von seinem Ziel entfernt – vom plötzlichen Ableben Heinrichs VI. erfuhr. Unter dem Eindruck der einsetzenden Wirren kehrte Philipp allein nach Deutschland zurück.

Der Tod des Vaters bedeutete für den noch nicht Dreijährigen eine grundlegende Veränderung aller seiner Aussichten, obwohl Heinrich VI. in seinem – freilich nicht ganz unumstrittenen – Testament von der Herrschaft seines Sohnes in Sizilien *und* im Reich ausgegangen war. Wohl wissend, daß die Haltung des Papstes von entscheidender Bedeutung sein würde, hatte er den Auftrag erteilt, Konstanze solle mit dem kleinen Friedrich dem Papst den traditionellen Lehnseid für das *Regnum Siciliae,* das als päpstliches Lehen galt, leisten. Dafür, daß der Papst seinem Sohn das Imperium zusichere, sollten die Mathildischen Güter der römischen Kirche zurückgegeben werden. Den Dukat von Ravenna und die Mark Ancona hätte der Reichstruchseß und Vertraute Heinrichs VI., Markward von Annweiler, vom Papst und der römischen Kirche zu Lehen zu nehmen. Heinrich VI. war Realist. Er wußte genau, daß nun weder der erstrebte staatsrechtliche Umbau und die Neufundierung des staufischen Machtkomplexes noch weitreichende imperiale Pläne durchführbar waren. Worum es ihm jetzt gehen mußte, war, für seinen Sohn den Status quo – das in der staufischen Herrschaft noch keineswegs konsolidierte sizilische Erbreich sowie die staufische Position in Deutschland – zu sichern und ihm auf diese Weise die Möglichkeiten für die Zukunft offen zu halten. Das Konzept Heinrichs VI. ließ sich in den einsetzenden Wirren jedoch nicht mehr verwirklichen, um so mehr, als die verwitwete Kaiserin, die als Normannin fühlte, Friedrich nach Palermo bringen ließ, wo er am Pfingsttag des Jahres 1198 zum König von Sizilien gekrönt wurde und dem deutschen Einfluß, d. h. in erster Linie dem Zugriff Markwards von Annweiler, entzogen werden sollte. Den Intentionen der päpstlichen Politik folgend, die eine Umklammerung der Mitte Italiens über alles fürchtete, verzichtete Konstanze de facto auf Friedrichs deutsches Königtum, das ja die Anwartschaft auf das Imperium beinhaltete. In dessen Urkunden fehlte nun fortan der Titel eines *Rex Romanorum*, vielmehr weisen die auf seinen Namen ausgestellten Diplome das Gepräge und die Intitulatio der Normannenurkunde auf: *Rex Siciliae, ducatus Apuliae et principatus Capuae.* Und als Sizilianer wuchs der junge König auch heran.

Inzwischen war in Deutschland der so verhängnisvolle Thronstreit ausgebrochen, nachdem rivalisierende Fürstengruppen Philipp von Schwaben, dem Bruder des Kaisers, als Repräsentanten der staufischen Seite den Welfen Otto von Braunschweig, einen Sohn Heinrichs des Löwen, entgegengestellt hatten. Der bereits zum deutschen König gewählte kleine Friedrich spielte in den Überlegungen der beiden rivalisierenden Parteien keine nennenswerte Rolle mehr. Noch nicht vierjährig, verlor er auch seine Mutter (28. 11. 1198). Testamentarisch hatte sie Papst Innozenz III. zum Vormund des jungen Königs und zum Verweser des Königreichs Sizilien eingesetzt und mit den Regierungsaufgaben das Familiarenkolleg betraut, an dessen Spitze der Kanzler Walter von Pagliara, Bischof von Troia, stand, der dieses Amt schon unter Heinrich VI. bekleidet hatte. Während ihrer kurzen Regentschaft hatte Konstanze bereits in einem Konkordat auf wichtige, mühsam erkämpfte kirchenpolitische Vorrechte der normannischen Könige zugunsten des Papstes verzichtet. Mit Innozenz III., der nur 37jährig – wenige Monate nach dem Tod Heinrichs VI. – zu Jahresbeginn 1198 als Nachfolger des mehr als 90jährigen Cölestin III. den Stuhl Petri bestieg, hatte eine der bedeutendsten Persönlichkeiten auf dem Papstthron die Zügel der Kirche in die Hand genommen, ein glänzender Jurist und Politiker, der die Prärogativa der Kirche in vollem Umfang zum Durchbruch zu bringen beabsichtigte.

In den Wirren der nächsten Jahre war das königliche Kind hilfloser Spielball der rivalisierenden Gruppen; die Quellen sprechen vom »Lamm unter Wölfen«.[5] Deutsche und päpstliche Truppenführer und Legaten, einheimische Barone und sizilische Sarazenen stritten um die Macht. 1201 fiel Palermo zusammen mit dem König in die Hand des Markward von Annweiler, der im Auftrag Philipps von Schwaben agierte, nach seinem Tod 1202 in die eines anderen Deutschen, des Wilhelm Capparone, der sich eigenmächtig zum Großkapitän Siziliens ernannte. 1206 konnte Walter von Pagliara Palermo wieder zurückerobern. In dieser an Demütigungen reichen Zeit litt der heranwachsende König auch materielle Not. Es ist überliefert, daß nach Verschleuderung des Krongutes sich Bürger von Palermo darin abwechselten, für den König zu sorgen, und ihn verköstigten. Diese Umstände brachten, wie es bei dem hochbegabten Kind nicht anders sein konnte, eine frühe Reifung und intellektuelle Wachheit und formten einen Menschen, der frühzeitig lernte, nur sich selbst verantwortlich zu sein. Sie prägten seinen Charakter, der die verschiedensten Eigenschaften – neben Großzügigkeit, Toleranz und Liebenswürdigkeit ebenso Mißtrauen, Grausamkeit und Skrupellosigkeit, irrationale Leidenschaft wie rationales Kalkül – umfaßte. Palermo, wo

---

5 Vgl. die Sammlung der Quellenbelege bei Kantorowicz, Ergänzungsband S. 15.

sich Normannen und Italiener, Griechen und Araber, Juden und Deutsche trafen, als Schmelztiegel der verschiedenen Kulturen, war der Nährboden für Friedrichs vielseitige und hohe Bildung und seine mannigfachen Interessen. Schilderungen aus dem Umfeld des kaum älter als zwölfjährigen Knaben lassen bereits recht eindringlich die Züge seiner Persönlichkeit in Konturen erkennen, sein ungestümes Wesen und seine rastlose Emsigkeit, sein unbändiges Selbstbewußtsein, das sich gegen jegliche Beeinträchtigung seiner Majestät unerbittlich zur Wehr setzte, ebenso seinen Scharfsinn, seine Gelehrigkeit und seine ausgeprägte Gerechtigkeitsliebe. So heißt es etwa: »Der König hat an Wissen und Kraft sein eigenes Alter so übertroffen, daß man an ihm nur finden kann, was einen reifen und vollkommenen Mann zieren würde, man muß ihm unverzüglich und ohne Zögern gehorchen, da er von sich aus zwischen Getreuen und Ungetreuen, zwischen Guten und Schlechten unterscheidet.«[6] Was sein Äußeres betrifft, so werden sein widerstandsfähiger Körper und seine kräftigen Gliedmaßen hervorgehoben, insbesondere aber wird auf seine anmutige Schönheit und die »Heiterkeit seiner Augen« hingewiesen.[7]

Mit Beendigung des 14. Lebensjahres wurde Friedrich vereinbarungsgemäß aus der päpstlichen Vormundschaft entlassen. Kaum drei Wochen später befand sich der tatendurstige junge König bereits in seinem ersten Konflikt mit dem Papst. Bei der Neubesetzung des Erzstuhls von Palermo waren drei Domherren mit der Entscheidung des Domkapitels nicht einverstanden gewesen und appellierten an den Papst, was Friedrich als persönliche Brüskierung empfand, so daß er die drei des Landes verwies. Innozenz III. ließ es damals bei väterlichen Ermahnungen bewenden. Der junge König war ohne Zweifel aufgrund des von Konstanze abgeschlossenen Konkordats im Unrecht und mußte in der Sache nachgeben. Er blieb damals weiterhin völlig in die päpstliche Politik eingebunden. Noch im gleichen Jahr heiratete er auf Veranlassung Innozenz' III. Konstanze, die Tochter des Königs Alfons II. von Aragón, dessen Reich ebenfalls Lehen des Papstes war. Offensichtlich sollte Friedrich in eine Zone unmittelbaren kurialen Einflusses im westlichen Mittelmeer verstärkt einbezogen werden. Er selbst hatte jedenfalls alle Hände voll zu tun, um die königliche Gewalt und die fiskalischen Grundlagen in seinem eigenen Erbreich nach den Jahren des Niedergangs während seiner Unmündigkeit mühsam wiederherzustellen. Schließlich gelang es Friedrich, einen Aufstand sizilischer Barone niederzuschlagen.

Es muß festgehalten werden, daß der staufische König des Normannenreiches, der mit der Konsolidierung seiner Herrschaft voll beschäftigt war, damals keine Bedrohung für das Papsttum darstellte und daß sich auch keinerlei weiterreichende Ambitionen mit seiner Person verbanden. Daß dies anders wurde, war die Folge von Initiativen, die man von außen an ihn herantrug. Der Thronstreit in Deutschland war nach den für die deutsche Geschichte so verheerenden Umstän-

---

6 K. Hampe, Aus der Kindheit Kaiser Friedrichs II., MIÖG 22 (1901) S. 597.
7 Ebd. S. 597f.

den mit der Ermordung Philipps von Schwaben zugunsten Ottos IV. ausgegangen. Dieser hatte nach wesentlichen verfassungsrechtlichen Zugeständnissen an den Papst, die eine Aushöhlung der kaiserlichen Rechte des Wormser Konkordats bedeuteten, und nach der Erfüllung der territorialen Forderungen der Kurie in Mittelitalien im Oktober 1209 die Kaiserkrone erlangt. Als aufständische Barone in Unteritalien ihn – den Kaiser, nicht den Welfen – gegen ihren König Friedrich zu Hilfe riefen, konnte er der Versuchung nicht widerstehen und marschierte mit beträchtlichem Erfolg zur Wahrung reichlich vager Reichsrechte dort ein. Innerhalb kurzer Zeit befand sich der gesamte festländische Teil des sizilischen Reiches in seiner Hand, nachdem fast der ganze Feudaladel zu ihm übergelaufen war. Als sich Otto im September 1211 anschickte, von Kalabrien aus auf die Insel überzusetzen, war Friedrichs Herrschaft dem Zusammenbruch nahe. Selbst seine Bereitschaft, dem Welfen die staufischen Rechte in Schwaben als Preis für einen Verzicht auf die Eroberung Siziliens zu übertragen, hatten diesen nicht aufhalten können. Eine Galeere stand schon im Hafen von Palermo bereit, um den flüchtigen König nach Nordafrika in Sicherheit zu bringen. Der Papst hingegen, der sich von seinem »Geschöpf« hintergangen fühlte und eine neuerliche Umfassung von Nord und Süd fürchtete, baute unermüdlich die Opposition gegen den von ihm sogleich gebannten Otto IV. auf und stellte ihm – gewiß nicht ohne Zögern – sein einstiges Mündel Friedrich, das »Chint von Pulle«, entgegen. Eine deutsche Fürstenopposition, darunter Erzbischof Siegfried von Mainz, König Ottokar I. von Böhmen und Landgraf Hermann von Thüringen, wählte im September 1211 den Staufer zum »zukünftigen Kaiser« – ihn, der schon als Zweijähriger zum *Rex Romanorum* erkoren worden war. Auf diese Nachricht hin brach Otto IV. sein Unternehmen ab und begab sich zurück nach Deutschland. Für den Augenblick war Friedrichs Position gerettet. Es war der Papst, der Friedrich, dessen er sich offenkundig damals völlig sicher war, wohl aus tagespolitischen Erwägungen und Nöten wieder ins Spiel der universalen Politik brachte. Schon aufgrund seiner Herkunft und seiner tatsächlichen und legitimen Herrschaft im Südreich mußte der junge König auf Dauer ganz andere Voraussetzungen als der Welfe haben und konnte deshalb auch für das päpstliche Ordnungssystem eines Tages gefährlicher werden. Damals im Jahre 1212 jedenfalls nahm vom Süden aus der kaum mehr als 17 Jahre zählende sizilische König aus staufischem Hause als »Sohn der Kirche« – die Gegner sprachen vom »Pfaffenkaiser« – seinen reichlich abenteuerlichen Kampf ums deutsche Königtum auf. Die Initiativen Philipps II. August von Frankreich, der den Sturz Ottos IV., des traditionellen welfischen Verbündeten der Engländer, betrieb, waren für die Entscheidung des Papstes von nicht unwesentlicher Bedeutung gewesen. Von Anfang an also, nicht erst auf dem Schlachtfeld von Bouvines, bestimmte der englisch-französische Gegensatz die Entscheidung um Deutschland und das Reich. Jedenfalls war nun für Friedrich auf einmal wieder eine Konstellation gegeben, die Möglichkeiten, wie sie beim Tod des Vaters bestanden, eröffnete. Ob und wie er sie unter den wesentlich erschwerten Bedingungen – Geltungsver-

KAISER FRIEDRICH II.

lust der deutschen Mitte Europas und der königlichen Gewalt, weitere Aushöhlung der kaiserlichen Position sowie Aufstieg des Papsttums auf den Höhepunkt seiner Macht – nutzen konnte, mußte die Zukunft erweisen.

Es war sicherlich kein leichter Entschluß gewesen, der den jungen König veranlaßte, diesen seine weitere Zukunft, aber auch die politische Landschaft Europas so nachhaltig bestimmenden Weg einzuschlagen. Friedrich, der gerade dem Zusammenbruch seiner Position entronnen war, stellte sich der Bestimmung seines Hauses. Gegen den Rat seiner Gattin, die er als Regentin in Sizilien zurückließ, und sizilischer Großer brach er mit kleinem Gefolge im März 1212 gegen Norden auf. Zuvor hatte er noch auf päpstlichen Wunsch sein wenige Monate altes Söhnchen Heinrich zum König von Sizilien krönen lassen – als deutliches Zeichen dafür, daß eine Vereinigung von Regnum und Imperium nicht geplant sei. Vielmehr sollte eine staufische Sekundogenitur im Südreich die päpstlichen Ängste zerstreuen. Auf der Durchreise durch Rom traf Friedrich das einzige Mal in seinem Leben persönlich mit Papst Innozenz III. zusammen. Er wurde ehrenvoll empfangen und von ihm, ebenso von Senat und Volk, als der künftige Cäsar begrüßt. Seinen normannischen Vorgängern folgend wiederholte Friedrich den Lehnseid für das *Regnum Siciliae* in die Hand des Papstes. Auf gefahrvollem Weg erreichte er abseits der großen Routen durch das Engadin deutschen Boden, wo er im September 1212, wenige Stunden nur vor Otto IV., der ihm den Weg absperren wollte, in Konstanz eintraf, dessen Tore der Bischof schließlich ihm und nicht Otto öffnete, nachdem Erzbischof Berard von Bari als päpstlicher Legat die Bannbulle gegen den Kaiser verlesen hatte. Später noch meinte der Chronist, Friedrich wäre nie in Deutschland hochgekommen, wenn er nur drei Stunden später in Konstanz angelangt wäre.[8] Die päpstliche Unterstützung, französisches Geld, die staufischen Parteigänger in Schwaben und am Oberrhein, die Hilfe der geistlichen Fürsten und nicht zuletzt der Glanz des staufischen Namens brachten ihn bald in den Besitz ganz Süddeutschlands, während sich Otto IV. an den Niederrhein zurückziehen mußte. Die traditionell enge Kooperation mit den Kapetingern wurde in einem Treffen mit dem französischen Thronfolger, dem späteren Ludwig VIII., am 12. 11. 1212 an der Reichsgrenze bei Vaucouleurs erneuert. Freilich mußte sich der Staufer verpflichten, ohne französische Zustimmung keinen Frieden mit dem Welfen oder dessen englischen Verbündeten einzugehen. Am 5. 12. 1212 wurde Friedrich in Frankfurt nochmals zum König gewählt, am 9. 12. mit nachgebildeten Insignien in Mainz gekrönt. Seine Anfänge in Deutschland sind vorerst durch die nicht zu umgehende Bestätigung aller Zugeständnisse Ottos IV. an die Kurie – den Verzicht auf das Spolien- und Regalienrecht sowie die Mitwirkung bei Bischofs- und Abtwahlen, weiters die Bestätigung der Kurie im Besitze der Mark Ancona und des Herzogtums Spoleto – gekennzeichnet. Dies erfolgte mit fürstlicher Zustimmung in der sogenannten Goldenen Bulle von Eger (Juli 1213). Selbst nannte

8 Wilhelmi Brittonis Gesta Francorum, MGH SS 26 (1882) S. 303.

Friedrich damals sein Königtum wie Otto IV. als von »Gottes und des Papstes Gnaden«. Es kam aber auch zu einer beträchtlichen Privilegierung der Fürsten, teils als Belohnung seiner Parteigänger, teils um sie an seine Seite zu ziehen. Erst allmählich mehrten sich die Aktivitäten, die darauf abzielten, das Gesetz des Handelns wieder stärker in die Hand zu bekommen. Eine wesentliche Station war jedenfalls eine neuerliche Krönung im Juli 1215 in Aachen, der Stadt Karls des Großen also, dem traditionellen Krönungsort der deutschen Könige, nunmehr mit den echten Insignien und am richtigen Ort, nachdem etwa ein Jahr zuvor (am 27. 6. 1214) der deutsche Thronstreit endgültig durch den Sieg der Franzosen über die Engländer und deren Verbündeten Otto IV. in der Schlacht von Bouvines (bei Lille) gegen den Welfen entschieden worden war. In besonderer Weise stellte sich Friedrich in den Aachener Tagen in die Tradition des 50 Jahre zuvor auf Initiative seines Großvaters Friedrich Barbarossa vom Gegenpapst Paschalis III. heiliggesprochenen Kaisers Karl. Dessen Gebeine wurden in einen kostbaren Silberschrein, der mit den Kaiserbildnissen – darunter auch dem Friedrichs – geschmückt war, umgebettet. Er selbst schlug den ersten Nagel in den Deckel, der den Schrein schließen sollte. Im Rahmen des Krönungsaktes nahm er das Kreuz im Gedenken an den Heidenbekämpfer Karl und in Nachfolge seines Großvaters und Vaters, für die die Kreuzzugsidee zentraler Inhalt universellen christlichen Herrschertums gewesen war. Wenn er auch dieses Kreuzzugsgelübde in die Hand des päpstlichen Legaten ablegte, so war doch der Entschluß des Königs dazu angetan, die Kreuzzugsbewegung, die seit dem Tod Heinrichs VI. völlig in die Kompetenz des Papstes geraten war, wieder stärker in die Zuständigkeit des zum Kaiser ausersehenen Herrschers zu ziehen. Diese Vorgangsweise scheint mir nicht untypisch zu sein und sollte sich wiederholen, der Versuch nämlich, nicht *gegen* das Papsttum, sondern mit Geschicklichkeit und auch mit neuen Ideen an ihm *vorbei* zu agieren. Dies verlief einigermaßen gut während des Pontifikates eines vornehmlich von religiösen Idealen beseelten Honorius III., mit dem es sogar zu einer – wenn auch nicht spannungsfreien – Kooperation kam und dem nicht die Kompromißlosigkeit seines Vorgängers und seiner Nachfolger zu eigen war, und es konnte gutgehen, solange nicht vitale machtpolitische Fragen, etwa das Problem der oberitalienischen Städte, akut waren. Noch aber lebte Innozenz III. Das 4. Laterankonzil, das im November 1215 eröffnet wurde, jene großartigste Kirchenversammlung des Hochmittelalters, zeigte Papst und Kirche auf dem Gipfelpunkt ihrer Macht. Für Friedrich brachte es die Anerkennung als König und zukünftiger Kaiser. Zugleich wurde Otto IV. vom Konzil für abgesetzt erklärt – eine Maßnahme kirchlichen Selbstverständnisses, die ein böses Omen für die Zukunft beinhalten mußte. Knapp vor seinem Tod hatte Innozenz III. sich von Friedrich II. das Versprechen geben lassen, daß sofort nach der Kaiserkrönung Sizilien Heinrich (VII.) überlassen werden sollte. Friedrich war aber nicht mehr bereit, sich irgendwelchen Auflagen verpflichtet zu fühlen. Bald nach dem Tod Innozenz' III. ließ er seine Gattin Konstanze und seinen Sohn Heinrich nach Deutschland kommen, übertrug letz-

KAISER FRIEDRICH II. 331

terem das Herzogtum Schwaben und betraute ihn nach dem Aussterben der Zähringer (1218) mit dem Rektorat über Burgund. Nach langwierigen Verhandlungen mit den Fürsten erreichte er schließlich im April 1220 die Wahl Heinrichs zum römischen König. Die Zustimmung der geistlichen Fürsten wurde durch die *Confoederatio cum principibus ecclesiasticis* gewonnen, die ihnen Sicherung gegen die expansive staufische Städtepolitik und die planmäßigen Maßnahmen des Königs als Territorialherrn im Zuge seiner Politik zur Wiederherstellung des Reichsgutes geben sollte.[9] Gegenüber Papst Honorius III. betonte Friedrich den freiwilligen Wahlakt der Fürsten und die Notwendigkeit geordneter Verhältnisse im Hinblick auf den bevorstehenden Kreuzzug. Auch sollte die eingegangene Verpflichtung erst für die Zeit nach der Kaiserkrönung gelten. Der Papst, der in der Durchführung des Kreuzzuges sein heiligstes Ziel sah, war geneigt, Friedrichs Aktivitäten im Reich zu übersehen.

Nachdem Friedrich nunmehr seine Nachfolge gesichert hatte, brach er im August 1220 in den Süden auf. Nur für kurze Zeit – 1235/36 und 1237 – sollte er wieder deutschen Boden betreten. Am 22. 11. 1220 erlangte er aus der Hand Papst Honorius' III. die Kaiserkrone. Intensive Verhandlungen, die das sensible Verhältnis zwischen Kaiser und Papst dartun, waren dem Krönungsakt vorausgegangen. Der Kaiser gelobte am Krönungstag, und zwar in die Hand des Kardinalbischofs Hugo von Ostia, des späteren Papstes Gregor IX., nochmals den immer wieder aufgeschobenen Kreuzzug und bekräftigte insbesondere die staatsrechtliche Trennung zwischen dem Imperium und dem Südreich. Der Papst hingegen fand sich seinerseits mit der tatsächlichen Personalunion ab. Als Kaiser und Familienoberhaupt beanspruchte Friedrich nämlich die Kontrolle über seinen unmündigen Sohn, der unter der Obhut von Reichsministerialen heranwuchs, während ein Regentschaftsrat, in dem anfangs Erzbischof Engelbert von Köln, nach dessen Ermordung (1225) Herzog Ludwig I. von Bayern dominierte, die Regierungsgeschäfte führte. Heinrich war de facto nicht mehr als der Stellvertreter seines Vaters in Deutschland, mag er auch am 8. 5. 1222 in Aachen gekrönt und somit de jure vollrechtmäßiger König geworden sein. Das Kaisertum war also die Klammer, die den gesamten Machtbereich Friedrichs zusammenhielt. Der Papst fand sich mit dieser Lösung ab, und Friedrich war sie beträchtliche Zugeständnisse wert. Eine Reihe von Gesetzen – ein kaiserliches Edikt gegen die Ketzer sowie weitreichende Verfügungen zugunsten der Kirche und des Klerus im Gerichts- und Steuerwesen – ist nach den Vorstellungen der Kurie, zum Teil bis in den Wortlaut von ihr diktiert, erlassen worden. Der Befehl an die Doktoren der Universität von Bologna, sie in die Codices des römischen Rechts als *Authentica* einzutragen, sollte ihnen dauerhafte Geltung verleihen und ließ den Kaiser als Gesetzgeber und Schirmherrn der Kirche zugleich hervortreten.

Die der Kaiserkrönung folgenden Jahre waren ohne Zweifel die Zeit der deutlichsten Kooperation zwischen den beiden obersten Gewalten, aber auch die

---

9 O. Engels, Die Staufer (⁴1989) S. 135.

Phase, in der Friedrich mit energischen Maßnahmen den Ausbau eines straffen, zentralistischen Herrschaftssystems im Regnum in Angriff nahm. Die anarchischen Zustände, in die sein noch wenig konsolidiertes Erbreich in den Jahren seiner Abwesenheit seit 1212 versunken war, machten ein rasches Eingreifen notwendig. Hierbei bot sich ihm, mit kaiserlicher Autorität ausgestattet, auf der Grundlage der Maßnahmen seiner normannischen Vorgänger die Möglichkeit, ein machtvolles Staatswesen nach seinen Vorstellungen und Bedürfnissen aufzubauen. Es ist erstaunlich, in welch kurzer Zeit es dem nur mit schwachen Kräften das Südreich betretenden Kaiser gelang, sein Programm kompromißlos zu verwirklichen. Bereits im Dezember 1220 wurde in Capua ein Landfrieden verkündet. Seine Beschlüsse (Assisen) zielten darauf ab, die Machtmittel des Staates wieder in die Hand des Herrschers zu bringen. Von zentraler Bedeutung war die Assise XV, das Gesetz *De resignandis privilegiis*, das die gesamten nach dem Tode König Wilhelms II. (1189) erteilten Privilegien für nichtig erklärte und ihre Erneuerung der Kontrolle des Königs unterwarf, der nun seinen Bedürfnissen entsprechend verfahren konnte. Eine Reihe weiterer Assisen, das Verbot der Ehe für Lehnsleute ohne kaiserliche Erlaubnis, ebenso die Vererbung von Lehnsbesitz oder eine Weiterverleihung nur mit seiner Zustimmung, insbesondere aber die Bestimmungen hinsichtlich der Übergabe bzw. Zerstörung der in den letzten 30 Jahren neu erbauten Kastelle und Burgen, boten Friedrich die Handhabe, auf dem Wege des Gesetzes den Lehnsadel in die Knie zu zwingen, der Krone entzogene Besitzungen und Einkünfte wieder in die unmittelbare Verfügungsgewalt des Staates zu ziehen und ein ihm zu Gebote stehendes Befestigungs- und Verwaltungssystem aufzubauen. Die Barone verloren obendrein ihre Gerichtsbarkeit. Vielmehr sollte die Rechtsprechung durch vom König eingesetzte Justitiare unmittelbar erfolgen, weiters wurde das Fehdewesen unterbunden. Nicht altererbte Rechte zeichneten fortan den Adel aus, nicht das Lehnsverhältnis verband ihn mit dem Herrscher, sondern die ihm persönlich geleisteten Dienste im Krieg oder als Beamte. Man hat dies als ein »Staatlichmachen des Adels und der Ritterschaft« bezeichnet.[10] Es sollte freilich zwei Jahre dauern, bis es Friedrich gelang, die Barone des Festlandes, insbesondere den mächtigsten unter ihnen, den Grafen Thomas von Celano, in teilweise grausamen Kämpfen zu unterwerfen und zur Emigration zu zwingen, nicht zuletzt dadurch, daß er es verstand, sie geschickt gegeneinander auszuspielen. Die Assisen von Capua lieferten auch die Voraussetzung für eine staatsorientierte Wirtschaftspolitik. Sizilien kam aufgrund seiner zentralen Lage im Mittelmeer eine dominierende Stellung als Zwischenstation im Levantehandel zu. Die rivalisierenden Seemächte, vor allem Pisa und Genua, hatten es verstanden, durch reiche Privilegierung – in erster Linie durch Befreiung von Zöllen und Handelsgebühren – die Kontrolle über den Fernhandel in den sizilianischen und unteritalienischen Häfen in ihre Hand zu bekommen. Während der Kindheit Friedrichs II. hatten sich die Pisaner

---

10 E. Kantorowicz, Kaiser Friedrich der Zweite (⁶1980) S. 112.

KAISER FRIEDRICH II. 333

sogar in Syrakus festgesetzt, das ihnen 1204 von den Genuesen abgejagt wurde. Friedrich entzog nun 1221 den Seemächten alle Vorrechte zugunsten der eigenen Wirtschaft. Genua half es nichts, daß es ihn einst in seinem Kampf gegen Otto IV. unterstützt hatte. Der Aufbau einer eigenen Handels- und Kriegsflotte – anfangs auch durch zwangsweise Miete und Ankauf fremder Schiffe – wurde rasch vorangetrieben. Eine alte normannische Seemannsordnung, welche die Stellung von Matrosen und von Bauholz regelte, wurde hierbei wieder ins Leben gerufen. Zwei Jahre dauerten die zum Teil mit höchster Grausamkeit geführten Kämpfe gegen die aufständischen Sarazenen, die im unwegsamen Bergland Siziliens seit Generationen unkontrolliert lebten und eine ständige Bedrohung darstellten. Nach ihrer Niederwerfung wurden etwa 16.000 an der Zahl in das nördliche Apulien umgesiedelt, und zwar nach Lucera, das Friedrich in eine sarazenische Militärkolonie verwandelte. In dieser Insellage, fernab von ihren Glaubensgenossen in Nordafrika, durften sie nach eigenen Sitten und in freier Religionsausübung unter dem persönlichen kaiserlichen Schutz leben. Aus den einstigen hartnäckigen Widersachern wurde eine Bevölkerung, die, von den Christen ihrer Umwelt angefeindet, in blindem Gehorsam dem Kaiser ergeben war. Sie dienten dem Herrscher als Arbeitskräfte auf seinen weitausgedehnten Domänen, als Leibwache und als Dienerschaft. Vor allem bildeten sie aber den Kern der kaiserlichen Streitmacht, einer Truppe von höchster Tapferkeit, die gegen päpstliche Bannflüche immun war. In kaum mehr als drei Jahren hatte Friedrich geordnete Verhältnisse im Regnum geschaffen und einen völligen Wandel der Strukturen herbeigeführt. Nun bedurfte es einer treu ergebenen hochgebildeten Beamtenschaft, deren Maxime Loyalität zum Herrscher und zum Staat war. Nicht in der Hand von Klerikern und Adeligen, vielmehr in der von wissenschaftlich und vor allem juristisch geschulten Laien sollte die Verwaltung des Staates liegen. Diesem Ziel diente die Gründung der Universität Neapel am 24. 6. 1224. Nicht primär der Wissenschaft wegen, sondern zum Dienst am Staat wurde sie gegründet und entsprechend organisiert. Der Erlaß,[11] der zum Besuch einlädt, spricht mit großer Deutlichkeit diese Absicht aus: Lehre und Wissenschaft zum Nutzen für das Staatswesen, Aufstiegsmöglichkeiten in reichem Maße für die Juristen, Förderung der Studenten durch Stipendien und sonstige Begünstigungen, Studienverbot für »Staatsbürger« im Ausland, aber bereitwillige Aufnahme von auswärtigen Studenten. Nicht scholastisches Tüfteln, nicht das freiheitliche Denken italienischer Städte sollte die Jugend des Reiches infizieren, in Neapel ging es darum, tüchtige Staatsbeamte heranzuziehen.

War nun Friedrich in diesen Jahren voll auf die Reorganisation seines Erbreiches konzentriert gewesen, so begannen latente Streitpunkte zwischen Kaiser und Papst inzwischen wieder mehr an Konturen zu gewinnen. Einer dieser Punkte war die Frage der Bischofseinsetzung im Regnum. Bei 145 Bischofssitzen mußte ein solches Thema ständig anstehen und Anlaß zu Reibereien bieten, da Friedrich

---

11 Ryccardi de Sancto Germano notarii Chronica, hg. C. A. Garufi, ²RIS VII/2 (1937) S. 113–116.

zunehmend in den Bischöfen Glieder seines Staatsneubaues zu sehen geneigt war. Er empfand die Prärogative des Papstes, der nicht nur berechtigt war, die vom Domkapitel gewählten Kandidaten zusammen mit dem König zu bestätigen, sondern nach einer sechsmonatigen Vakanz ein Bistum völlig frei besetzen durfte, als schwere Beeinträchtigung seiner Position. Da Papst und Kaiser in der Frage des Kreuzzuges aufeinander angewiesen waren, kam es vorerst zu keinen größeren Auseinandersetzungen. Die Situation spitzte sich ohne Zweifel zu, als Friedrich, seinem Großvater Barbarossa gleich, den Versuch unternahm, die kaiserlichen Rechte in Oberitalien wieder zur Geltung zu bringen und die Fiskalkraft der wohlhabenden, auf dem Höhepunkt ihrer Entwicklung stehenden Stadtstaaten zu nutzen. Das rief das Mißtrauen des Papstes hervor. Harte verbale Auseinandersetzungen gab es, als Friedrich die Mark Ancona und das Herzogtum Spoleto, die in der Zeit Innozenz' III. dem Papst überlassen worden waren, von Friedrich nun aber nur als kaiserliche Lehen in der Hand des Papstes gedeutet wurden, ohne Zustimmung der Kurie mit seinen Truppen auf dem Marsch nach Norden durchzog. Ein für Ostern 1226 nach Cremona angesagter Hoftag, zu dem die Vertreter der oberitalienischen Städte und die deutschen Fürsten geladen waren, sollte sich mit der Wiederherstellung der kaiserlichen Rechte in Reichsitalien, weiters – um nach Möglichkeit den Papst in Friedrichs Pläne einzubeziehen – auch mit der Frage der Bekämpfung der Ketzer und mit dem bevorstehenden Kreuzzug befassen. Da die Lombarden voll Sorge über die Entwicklung im Südreich ihren alten Bund erneuerten und den deutschen Fürsten die Veroneser Klause versperrten, konnte der Hoftag nicht stattfinden. Von kurialer Seite wurde das Scheitern dieses Unterfangens gewiß nicht ungern gesehen, doch erreichte der Kaiser, daß die lombardischen Städte nach der kaiserlichen Acht nun auch gebannt wurden, da sie die Vorbereitung des Kreuzzuges und die Bekämpfung der Ketzer behindert hätten. Diese erste Auseinandersetzung Friedrichs mit den lombardischen Kommunen war also ein Schlag ins Wasser. Zwei Maßnahmen jener Monate sollten jedoch für die deutsche Geschichte von weitreichender Bedeutung sein. Mit der Goldenen Bulle von Rimini (März 1226) schuf Friedrich die Grundlagen für den Deutschordensstaat in Preußen und seine Ausdehnung. Wenig später (Juni 1226) wurde Lübeck die Reichsfreiheit verliehen – die Voraussetzung für dessen späteren Aufstieg zum Vorort der Hanse.

Nachdem es Friedrich mit großem diplomatischen Geschick immer wieder gelungen war, den Kreuzzug hinauszuzögern und Zeit für seine Maßnahmen zuerst in Deutschland, danach in Sizilien zu gewinnen, wurde diese Frage nun immer drängender. Die Fahrt sollte nun 1227 angetreten werden. Bereits zwei Jahre zuvor hatte Friedrich einen solchen Termin genannt; bei Nichteinhaltung wollte er als gebannt gelten. Aufgrund seiner 1225 von Honorius III. vermittelten Heirat mit der erst 14jährigen Isabella, der Tochter Johanns von Brienne, Schwiegersohns des letzten Königs von Jerusalem, hatte sich Friedrich dessen Königstitel zugelegt und war daher noch enger mit den Problemen des Heiligen Landes verwoben und an der Eroberung »seines« Königreichs interessiert.

KAISER FRIEDRICH II.

Im August und September 1227 stach nun endlich die Flotte der Kreuzfahrer in See. Eine verheerende Seuche jedoch, der auch der Gatte der hl. Elisabeth, Landgraf Ludwig IV. von Thüringen, erlag, erforderte den Abbruch des Unternehmens. Der Kaiser selbst erkrankte. Den Stuhl Petri hatte inzwischen Gregor IX. bestiegen, ein Neffe Innozenz' III., der diesem in seinem politischen Denken vielfach verwandt war, zugleich jedoch enge Beziehungen zu Franz von Assisi unterhielt und von hoher mystischer Frömmigkeit erfüllt war. Im Unterschied zu dem zum Kompromiß immer wieder bereiten Honorius III. sah Gregor – als Kardinal einst Gönner Friedrichs – in den energischen Maßnahmen und Zielen des Kaisers eine echte Bedrohung der Rolle der Kirche, die damals auf dem Gipfel ihrer institutionellen Macht stand. Er mißtraute wohl aber auch dem kalten »Rationalismus« des Kaisers aus religiöser Sicht.[12] Gregor IX. war zur Konfrontation mit allen Mitteln bereit. Der Abbruch des Kreuzzuges bot ihm einen günstigen Anlaß hierfür. Er akzeptierte keinerlei Rechtfertigung des Kaisers, erklärte dessen Krankheit für erlogen und ließ unter verschiedenen Begründungen den Bann wirksam werden, den er am Gründonnerstag des Jahres 1228 erneuerte, als der Kaiser nun als Gebannter nicht davon abließ, den Kreuzzug für den Sommer dieses Jahres vorzubereiten. Insbesondere durch eine enge Kooperation mit den Lombarden versuchte der Papst, Friedrichs Kreuzzug zu verhindern. Der Kaiser, der am 6. 12. 1227 seinen Standpunkt vor der gesamten Christenheit in einer in gleicher Weise gemäßigten wie auch eindrucksvollen Rechtfertigungsschrift dargelegt hatte,[13] die in Rom auf Wunsch von Volk und Senat auf dem Kapitol verlesen wurde, beklagte in einem weiteren Schreiben vom April 1228[14] die Haltung des Papstes in einem für die Christenheit so zentralen Unternehmen. Mit äußerst geringen Truppenkontingenten brach er im Juni 1228 – wieder von Brindisi aus – ins Heilige Land auf, wo er am 8. 9. in Akkon landete. Seine Möglichkeiten an Ort und Stelle waren überaus bescheiden. Lediglich der Deutsche Ritterorden, anwesende Sizilianer, Pisaner und Genuesen unterstützten ihn. Die Templer und Johanniter sowie Patriarch Gerald von Jerusalem traten sehr bald dem Gebannten feindselig entgegen. Friedrich, der mit hohem Respekt der arabischen Bildungswelt gegenüberstand, erreichte jedoch in langwierigen Verhandlungen mit Sultan Al-Kamil, was niemand erwarten konnte, nämlich die Abtretung Jerusalems (mit Ausnahme des alten Tempelbezirkes), von Bethlehem und Nazareth mit einem Korridor zum Meer für einen Zeitraum von zehn Jahren. Dieses Abkommen, das ohne Schwertstreich zum Erfolg geführt hatte, fand freilich sowohl in der christlichen wie auch in der arabischen Welt manche Kritik. Die Kontakte Friedrichs zu den Muselmanen nährten die zahlreichen Gerüchte von Friedrichs Freigeistigkeit und seiner ketzerischen Gesinnung. Der

---

12 H. M. Schaller, Kaiser Friedrich II. Verwandler der Welt (1971) S. 34f.
13 MGH Const. 2, Nr. 116.
14 Historia diplomatica Friderici secundi sive Constitutiones, privilegia, mandata, instrumenta . . ., hg. J. L. A. Huillard-Bréholles 3, S. 57–60.

Patriarch belegte Jerusalem mit dem Interdikt und untersagte den Pilgern den Zutritt zur Stadt. Am 18. 3. 1229 nahm der gebannte Kaiser in feierlicher Zeremonie die Krone des Königreichs Jerusalem vom Altar und setzte sie sich selbst aufs Haupt. Hermann von Salza, der dem Kaiser treu ergebene Hochmeister des Deutschen Ritterordens, verlas hierbei das von hohem Selbstgefühl getragene Kreuzzugsmanifest des Kaisers an die Christenheit.[15] Dieser Tag war ein Wendepunkt im Leben des Kaisers, ohne Zweifel eine wesentliche Station in der Formulierung seiner Herrschaftsidee.

Als König von Jerusalem war Friedrich nun der Nachfolger Davids, gehörte dem Hause Davids an, aus dem auch Jesus Christus stammte. Die Verwandtschaft und Nähe zum Messias, sein Erfolg, errungen ohne, ja sogar gegen Papsttum und offizielle Kirche: nichts konnte seine Auserwähltheit und die unanfechtbare Gottesunmittelbarkeit seiner Herrschaft und seines kaiserlichen Hauses deutlicher vor aller Welt dartun! In der Folge flossen dann zusätzlich immer mehr heidnische und antike Elemente – der Vorbildcharakter des Augustus und die Rolle als Gesetzgeber – in seine Herrschaftsvorstellung ein, einschließlich einer zunehmenden Fixierung auf Rom und die Römer als ideelles Reichszentrum unter Umgehung der päpstlichen Rolle. In Lobpreisungen wurde Friedrich als Herr des Erdkreises und der vier Elemente, ja als Verkörperung der Sonne gefeiert, Vorstellungen, die in den hellenistisch-orientalischen Bereich zurückweisen. Alles in allem ergab sich schließlich die aus verschiedenen Wurzeln zehrende Vorstellung einer schrankenlosen kaiserlichen Autokratie, gegenüber den Menschen geradezu in der Naturnotwendigkeit begründet, eine in vielerlei Hinsicht sicherlich verschwommene Kaiseridee, deren Elemente zwar grundsätzlich nicht neu waren, sich aber nun in einer einzigen Person verdichteten – zu einem Zeitpunkt, wo man sie nicht mehr so recht erwarten durfte, in einer Welt, die in vielem den Schritt zu modernen Strukturen tat. Diese Vorstellungen mußten damals aus abendländischer Sicht vielfach eigenartig, ja bedrohlich anmuten. Sie sollten den vom Papst vertretenen Anspruch, daß der Kaiser seine hohe Würde dem Papst verdanke, unterlaufen und das Gottesgnadentum und die Unmittelbarkeit der obersten weltlichen Macht dartun.

Zurück in den März 1229. Gregor IX. war inzwischen mit den Lombarden ein Bündnis eingegangen. In Deutschland hatte er versucht, einen welfischen Gegenkönig zu installieren. Päpstliche Truppen waren unter Verbreitung des Gerüchts, Friedrich sei tot, bis tief nach Apulien vorgedrungen. Der Kaiser kehrte eilig aus dem Heiligen Land zurück und konnte rasch Apulien zurückgewinnen. Langwierige Friedensverhandlungen, bei denen als Vermittler Hermann von Salza, Thomas von Capua sowie die deutschen Fürsten – unter ihnen an vorderster Stelle der österreichische Herzog Leopold VI. – sich hohe Verdienste erwarben, führten im Sommer 1230 zu den Abmachungen von San Germano und Ceprano, die dem Kaiser die Absolution brachten, freilich um den Preis weitrei-

---

15 MGH Const. 2, Nr. 121.

chender Zugeständnisse: Die sizilische Geistlichkeit wurde völlig aus der staatlichen Gerichtsbarkeit ausgenommen und von den allgemeinen Steuern befreit. Weiters mußte Friedrich auf sein Konsensrecht bei den Bischofswahlen nun völlig verzichten. Immerhin war die Lage fürs erste bereinigt. Die Atempause nützte der Kaiser für den weiteren Ausbau des sizilischen Staates. Mit den im August 1231 publizierten Konstitutionen von Melfi, der bedeutendsten Rechtskodifikation seit Justinian, trat Friedrich nun in den Kreis der großen Gesetzgeber ein. Das Gesetzbuch, das als Norm für andere Herrscher gelten sollte, war von den Hofjuristen in beträchtlicher Hast erarbeitet worden, nicht zuletzt auch, um einer abschließenden Dekretalensammlung, an der Papst Gregor IX. Informationen zufolge arbeiten ließ, zuvorzukommen. Wie sehr Friedrich Justinian nacheiferte, zeigt nicht zuletzt die pompöse Gestalt des Kaisertitels am Eingang des Werkes, der dem antiken Vorbild gleich um die Triumphatorentitel bereichert war: *Imperator Fridericus Secundus Romanorum Caesar semper Augustus Italicus Siculus Hierosolymitanus Arelatensis felix victor ac triumphator.* Aber auch die lange Friedenszeit des Augustus schwebte dem Kaiser vor Augen. Die zentralen Motive waren *pax et iustitia,* die der Herrscher als Vollstrecker des göttlichen Willens zu gewährleisten, ja wenn nötig den Menschen im Interesse einer gottgewollten Ordnung aufzuzwingen habe. Dieser *Liber Augustalis* war der Ausdruck seines Herrschaftsverständnisses und regelte die Verwaltung und Rechtsprechung des zentralistischen Staates oft bis in das private Leben hinein. Neben die weitere »Verstaatlichung« des Rechts und der Rechtsausübung traten Bestimmungen, welche die Lebensführung der Untertanen betrafen. Ehebruch, Kuppelei, Glücksspiel sowie die Herstellung von Liebestränken wurden unter Strafe gestellt. Verfügungen zum Gesundheitswesen – strenge Kontrolle der Ausbildung und Finanzgebarung der Ärzte sowie Herstellung der Medikamente durch einen neuen Berufszweig, den des Apothekers –, weiters die staatliche Aufsicht über die Kaufleute und den Handwerkerstand sollten dem Wohle der Menschen dienen. Unter strenge Sanktion wurde die Ketzerei gestellt, selbst die Nachkommen von Verurteilten waren noch betroffen. Niemand sollte die Rolle des Kaisers, der von gegnerischer Seite oft der mangelnden Gläubigkeit beschuldigt wurde, als Schirmherr der Kirche in Zweifel ziehen. Obendrein bedrohten in seinen Augen die Ketzer als Majestätsverbrecher die staatliche Ordnung. Man hat in diesem *Liber Augustalis,* ebenso in der monopolisierten Wirtschaft und in der kaiserlichen Bautätigkeit – in den Kastellen und Schlössern Apuliens – vielfach Züge eines »aufgeklärten Absolutismus« sehen wollen. Der Hof des Kaisers – Foggia war zur bevorzugten Residenz ausgebaut worden – wurde Pflegestätte von Wissenschaft und Kunst, in deren Mitte der Herrscher selbst stand. Sein unstillbarer Wissensdrang war universell, galt jedoch in erster Linie dem mathematisch-naturwissenschaftlichen Bereich. Seine besonderen Kenntnisse auf dem Gebiet der Ornithologie – hauptsächlich aus der eigenen Beobachtung gewonnen – zeigt seine Schrift *De arte venandi cum avibus,* in welcher der leidenschaftliche Falkner die Lebensweise der Vögel, insbesondere die Jagd mit Hilfe der Falken, behandelt. In den Tugenden des Falkners – das Streben nach Vollkommenheit und die Fürsorge für die Vögel – klingen vorbildhaft die Herrschertugenden an. Die Fragestellungen und das Weltbild des Aristoteles, insbesondere nach den Kommentaren des arabischen Philosophen Averroës, wurden diskutiert. Es gelang, bedeutende Gelehrte – Christen, Juden und Muselmanen – an den Hof zu holen. Eine besondere Rolle unter ihnen spielte Michael Scotus als Astrologe, vor allem aber als Übersetzer. Intensiver Pflege erfreute sich die Sprachkunst. Die Gestaltung der amtlichen Schriftstücke, vor allem der Briefe und Manifeste, war in Konkurrenz zum kurialen Stil der päpstlichen Kanzlei Ausdruck herrscherlicher Selbstpräsentation und wurde vorbildhaft für spätere Zeiten. An der Spitze eines Kreises höchstgebildeter Juristen und Beamter stand der engste Vertraute des Kaisers, der Großhofrichter und Logothet Petrus de Vinea. Diese Beamten waren aber auch Zentrum eines Dichterkreises am Hofe, an dem der Kaiser selbst und einige seiner Söhne Anteil hatten. Mit ihren Sonetten und Kanzonen im Stile der provenzalischen Troubadourlyrik wurden sie maßgeblich für die Entwicklung des Volgare, der italienischen Volkssprache.

Durch eine Fülle von Maßnahmen, die im einzelnen gewiß nicht ohne Vorbilder waren, im gesamten jedoch etwas unverwechselbar Neues bewirkten, konnte Friedrich seine Vorstellungen vom Staat, einem laizistischen Staat, verwirklichen. Sollte sein Kaisertum jedoch mehr sein als ein leeres Wort, durfte er sich den zentralen Problemstellungen, in die es involviert war, nicht verschließen: Papsttum, oberitalienische Kommunen, deutsche Fürsten. Seine Erfolge im Südreich mögen ihn haben hoffen lassen, seine Herrschaftsvorstellungen auch in Reichsitalien zum Durchbruch bringen zu können. Doch sollte ihm gelingen, was sein Großvater Friedrich Barbarossa schon nicht mehr auf dem Wege der Gewalt durchzusetzen vermochte? Dieser war bekanntlich gezwungen, unter Anerkennung der Realitäten – nicht ohne Erfolg – den Weg des Kompromisses zu gehen. Die Entwicklung war inzwischen weitergegangen, und die Gegebenheiten hatten sich für das Kaisertum sicherlich nicht verbessert, umso mehr man in Oberitalien mit Mißtrauen und Angst die Gewaltmaßnahmen Friedrichs in Sizilien, die durch ständige Kontrollen die Freiheit der Menschen drastisch einschränkten, vor Augen hatte. Die Lombarden versperrten wie im Jahre 1226 wiederum die Veroneser Klause, so daß ein für November 1231 nach Ravenna einberufener Reichstag verschoben werden mußte, da die deutschen Fürsten nur auf Umwegen ihr Ziel erreichen konnten. Der Königssohn Heinrich (VII.) erschien vorerst überhaupt nicht. Ein politischer und menschlicher Konflikt zwischen Vater und Sohn begann sich allmählich abzuzeichnen. Der junge König, seit 1225 mit der wenig geliebten Babenbergerin Margarethe, der Tochter Herzog Leopolds VI. von Österreich, vermählt, hatte sich am 25. 12. 1228 der Vormundschaft Herzog Ludwigs I. von Bayern entledigt und selbständig die Regierung angetreten, als der Bayernherzog nach des Kaisers ersten Bannung auf die Seite des Papstes getreten war. In seinem Bemühen um die Festigung der königlichen Position in Deutschland stützte sich Heinrich auf den niederen Adel sowie die Reichsministerialen

KAISER FRIEDRICH II.

und förderte das Städtewesen. Wie sehr er auch hierbei Wege ging, die vom Vater
vorgezeichnet waren, so geriet er dennoch in Widerspruch zur imperialen Politik
des Kaisers, die gerade damals Rücksichtnahme auf die deutschen Fürsten erforderte. Die Unerfahrenheit, Ungeduld und Fahrigkeit im Handeln des jungen
Königs erzeugten Unruhe, die Friedrich nicht brauchen konnte und die in jener
sensiblen Phase des bereits vorgerückten Ausbaus der fürstlichen Territorialho-
heit dem Königtum mehr schaden als nützen mußte. Am 1. 5. 1231 rangen die
Fürsten Heinrich wesentliche Zugeständnisse – Befestigungs-, Zoll-, Münz- und
Marktrechte sowie Verfügungen gegen die aufstrebenden Städte – im *Statutum in
favorem principum* ab, das Friedrich im Mai 1232 in Cividale mit geringen
Modifikationen bestätigen mußte. Seinen Sohn verpflichtete er unter demütigenden Umständen zu einer künftig fürstenfreundlichen Politik. Die Rolle der Fürstengesetze von 1220 und 1231/32 für die Zersplitterung des Reiches wurde
vielfach erörtert. Es ist ohne Zweifel so, daß die einzelnen Verfügungen kaum
Neues beinhalteten. Zugeständnisse dieser Art sind auch zuvor schon erteilt
worden. Nun allerdings – und dies ist wesentlich – wurden sie den Fürsten als
Standesgruppe generell gewährt. In zunehmendem Maße wird in der Diskussion
der letzten Zeit zu Recht herausgestrichen,[16] daß die Fürsten weniger das Königtum beschränken als die zielstrebige staufische Territorialpolitik in Konkurrenz
zu ihren eigenen Interessen eindämmen wollten, da diese mit den königlichen
Prärogativen operieren konnten. Demnach waren weniger die Fürstengesetze als
der Zusammenbruch der kaiserlichen und staufischen Position nach dem Tod
Friedrichs II. das entscheidende Faktum für den endgültigen Sieg des Fürstentums
im Reich. Die schwankende Politik Heinrichs, der zeitweilige Versuch, seine alte
Vorgangsweise wieder aufzugreifen, vor allem aber sein Einschreiten gegen eine
übertriebene Ketzerpolitik ließen die persönlichen und politischen Differenzen
zwischen dem Sohn und seinem Vater, der oftmals dessen Verfügungen widerrufen mußte, wieder aufleben und führten am 5. 7. 1234 zur Bannung Heinrichs
durch den Papst, der vom Kaiser um Beistand gegen seinen Sohn gebeten worden
war. Im September 1234 kam es dann zur offenen Rebellion Heinrichs, der sich
im Dezember dieses Jahres sogar mit den Todfeinden des Kaisers, den lombardischen Städten, verbündete, um Friedrich die Alpenpässe nach Deutschland zu
sperren. Der Aufstand brach allerdings rasch zusammen, als der Kaiser im Mai
1235 zwar nur mit geringem Gefolge, jedoch mit orientalischer Prunkentfaltung,
die viel Bewunderung und Staunen erregte, über das Friaulische nach Deutschland marschierte. In der Pfalz von Wimpfen unterwarf sich Heinrich am 2. 7.
1235 dem Vater, der ihn als Gefangenen nach Worms mitführte und dort über
ihn zu Gericht saß. Während seine Anhänger Gnade fanden, wurde Heinrich
seiner Königswürde entkleidet und vorerst in Heidelberg eingekerkert, schließlich zu Beginn des Jahres 1236, wohl aus Sorge vor einem neuerlichen Aufstand,
nach Süditalien gebracht, wo er 1242, vielleicht durch Selbstmord, nach jahrelan-

---

16   O. Engels, a. a. O., S. 136.

ger Haft starb. Der tote Sohn wurde, vom Vater vielbeweint, mit königlichen Ehren bestattet. Der lebensfrohe junge König, der sich in der Zeit seiner Blüte mit einem Kreis von Minnesängern umgeben hatte, war nur eine Figur auf dem Schachbrett des Kaisers gewesen. Darin lag wohl letztlich die Tragödie seines Lebens.

Der Sommer 1235 war reich an glanzvollen Festlichkeiten, aber auch an kraftvollen Maßnahmen, die die Verhältnisse in Deutschland konsolidieren sollten. Noch in Worms fand am 15. 7. die Vermählung des Kaisers mit der Schwester des englischen Königs Heinrich III., Isabella, statt. Nach Vollzug der Ehe wurde die junge Gattin sarazenischen Eunuchen übergeben; sie teilte das Schicksal aller Frauen Friedrichs: sie waren lediglich die Mütter seiner Kinder, ohne daß ihnen irgendeine öffentliche Rolle zugestanden worden wäre. Die Ehe mit einer Engländerin deutete bereits die geplante Aussöhnung mit den Welfen an. Auf dem glanzvollen Mainzer Hoftag, der am 15. 8. eröffnet wurde, kam es nun zur endgültigen Bereinigung der welfischen Frage und zur Aussöhnung mit diesem Geschlecht. Sie brachte die Konsolidierung der Verhältnisse in Norddeutschland. Otto das Kind, der Enkel Heinrichs des Löwen, wurde in den Reichsfürstenstand erhoben und mit dem neugeschaffenen Herzogtum Braunschweig-Lüneburg belehnt. Das zentrale Ereignis war aber ohne Zweifel die Verkündung des Mainzer Reichslandfriedens, der erstmals, um eine entsprechende Breitenwirkung zu gewährleisten, auch in deutscher Sprache publiziert wurde und der den Kaiser nun auch in Deutschland als Gesetzgeber auftreten ließ. Das Gesetzeswerk sollte über friedensichernde Maßnahmen hinaus die Verfassungsstruktur des Reiches grundsätzlich ordnen, indem alle Rechte, auf welche Weise immer sie erworben waren, als vom Reich verliehen zu gelten hätten. Nach dem Vorbild der sizilischen Justitiare wurde das Amt eines Reichshofrichters mit einem Laiennotar an der Seite geschaffen. Er sollte als Vertreter des Kaisers zu Gericht sitzen und von jedem angerufen werden können. Wenn es auch Sizilien war, wo Friedrich seine Vorstellung vom Staat voll realisieren konnte, und Deutschland nur im Rahmen seiner gesamten imperialen Politik gesehen werden darf, so wäre es verfehlt zu meinen, Friedrich habe es desinteressiert sich selbst überlassen. Den Gegebenheiten entsprechend hat Friedrich auch im Norden Ansatzpunkte geschaffen, die einer zentralen königlichen Politik hätten dienen können. Daß sie im Zuge der Ereignisse nicht genutzt werden konnten, ist freilich eine andere Frage.

Aufgrund seines hohen Ansehens gelang es damals Friedrich, sich der Hilfe der deutschen Fürsten gegen die widerspenstigen lombardischen Kommunen – der Kaiser sprach von einer »Exekution des Reiches« – zu versichern. Die Beziehungen zum Papst verschlechterten sich in der Folge zusehends, da dieser mit allen Mitteln einen Reichskrieg des mit den Fürsten einigen Kaisers gegen die Lombarden zu verhindern suchte. Langwierige Verhandlungen, in denen der Hochmeister des Deutschen Ordens, Hermann von Salza, als Vermittler nach Rom eilte, führten zu keinem Ergebnis, nachdem der Kaiser es abgelehnt hatte, bedingungslos einen päpstlichen Schiedsspruch in der Lombardenfrage anzuerkennen. Ehe sich jedoch Friedrich – von seinen Anhängern in Oberitalien sehnsüchtig erwartet – im Herbst 1236 in den Süden begab, nahm er noch im Mai dieses Jahres an der Hebung der Gebeine der 1231 verstorbenen und unmittelbar darauf schon vom Papst heiliggesprochenen Elisabeth von Thüringen, die mit ihm blutsverwandt war, teil, wobei er in einer Mönchskutte demütig hinter dem Sarg der vom franziskanischen Armutsideal erfüllten Fürstin einherschritt. Diese fromme Haltung und die Nähe zur Heiligen sollten Zeugnis für seine fleckenlose Rechtgläubigkeit ablegen.

Eine intensive Kriegführung in Oberitalien verhinderte vorerst die Auseinandersetzung mit dem österreichischen Herzog Friedrich dem Streitbaren aus dem Hause der Babenberger, die an sich zu den treuesten Gefolgsleuten der Staufer gehört hatten. Klagen der Nachbarn gegen den ungestümen Fürsten, aber auch Beschwerden wegen Bedrückung im Inneren führten zur Ächtung des Herzogs, nachdem er es mehrmals unterlassen hatte, einer Vorladung des Kaisers Folge zu leisten. Er wurde seiner Länder für verlustig erklärt. Herzog Otto II. von Bayern und König Wladislaw I. von Böhmen fielen als Vollstrecker der Acht in Österreich ein. Friedrich hielt im Januar 1237 seinen Einzug in Wien, das zur freien Reichsstadt erhoben wurde. Auf einem Hoftag ließ er, um die Nachfolge zu sichern, seinen Sohn Konrad zum König wählen, der jedoch im Hinblick auf die Erfahrungen mit Heinrich (VII.) erst nach dem Tod des Vaters gekrönt werden sollte, vorerst aber dem Erzbischof Siegfried III. von Mainz als Reichsprokurator unterstellt wurde. Österreich und die Steiermark sollten nicht wieder als Lehen ausgegeben werden, sondern unter direkter Reichsverwaltung bleiben. Innerhalb der nächsten zwei Jahre konnte freilich der Babenbergerherzog unter veränderter politischer Lage seine Länder wieder zurückerobern, was der Kaiser stillschweigend akzeptierte.

In Oberitalien erreichte die Streitmacht Friedrichs, die aus deutschen und sizilischen Rittern, sarazenischen Bogenschützen, den Kontingenten aus der Toskana und reichstreuen oberitalienischen Städten sowie Söldnern aus ganz Europa bestand, am 27./28. 11. 1237 nach einem geschickten Täuschungsmanöver in offener Feldschlacht einen glänzenden Sieg bei Cortenuova (bei Bergamo) über die Truppen der lombardischen Liga. Im Stil eines antiken Triumphators zog Friedrich in das kaisertreue Cremona ein. Der Heerführer der Feinde, Pietro Tiepolo, Podestà von Mailand und Sohn des Dogen von Venedig, wurde im Siegeszug mitgeführt. Der symbolträchtige Fahnenwagen der Mailänder, der Carroccio, wurde auf kaiserlichen Befehl ohne Rücksicht auf den Papst auf dem Kapitol in Rom, das für Friedrich immer mehr zu einem ideellen Reichszentrum wurde, aufgestellt. Friedrich war auf dem Höhepunkt seiner Macht. Die Liga, selbst Mailand, war bereit, fast alle Forderungen des Kaisers zu erfüllen. Im blinden Haß jedoch, unfähig, die realen Machtverhältnisse abzuschätzen, oder in der Hoffnung, nun doch Oberitalien unter ein »sizilisches« Regiment zwingen zu können, lehnte Friedrich das Angebot ab und verlangte die bedingungslose Kapitulation. Es war einer jener Augenblicke, wo Maßlosigkeit über Völker und Jahrhunderte entschied, ein Wendepunkt im Leben des Kaisers. Mit höchster

Grausamkeit geführte Kämpfe, insbesondere die Belagerung von Brescia, führten zu keinem Ergebnis. Der Papst, der eine Allmacht des Kaisers in Italien und wiederum die Umklammerung des Kirchenstaates fürchtete, obendrein verbittert über die kaiserliche Aktivität in Rom, die Annahme des Titels eines Königs von Sardinien, das als päpstliches Lehen galt, durch den Kaisersohn Enzio, sowie die Hilfe Friedrichs für den byzantinischen Kaiser Johannes III. Vatatzes gegen den vom Papst unterstützten lateinischen Kaiser Balduin II. von Konstantinopel, trat nun auf den Plan, stärkte den Lombarden den Rücken und exkommunizierte schließlich Friedrich zum zweiten Mal unter fadenscheinigen Gründen am 20. 3. 1239. Der Endkampf zwischen Kaiser und Papst, der von beiden Seiten mit unerbittlichem propagandistischen Einsatz geführt wurde, setzte nun ein. Auf die päpstlichen Rundschreiben, die das Ketzertum des Kaisers in die Welt hinausriefen, antwortete Friedrich auf gleichem Wege. So berief er sich in einer Flugschrift auf die gottgewollte Ordnung, nach der – den zwei Lichtern des Firmaments entsprechend – Priestertum und Kaisertum geschaffen seien. Er klagt, daß der Pharisäer, der römische Priester, der Vertreter der verkehrten Lehre, diese himmlische Ordnung zerstören und die kaiserliche Majestät zur Verfinsterung bringen wolle.[17] Im Bewußtsein seines Rechtes reagierte Friedrich mit gewaltigen militärischen Anstrengungen. Um alle Ressourcen nützen zu können, sollte eine Straffung der Verwaltung im Königreich Sizilien durch Ernennung je eines Generalkapitäns und eines Großhofjustitiars als oberste militärische und zivile Befehlshaber auf der Insel und auf dem festländischen Teil die Voraussetzungen liefern. Die Bewachung der Bevölkerung wurde verstärkt, die Bettelorden, die vielfach die päpstliche Propaganda verbreiteten, vertrieben, ebenso sollten Geistliche, die sich an das Interdikt hielten, das Land verlassen. Die Besetzung der Bischofsstühle zog der Kaiser völlig an sich. Auch Reichsitalien sollte in rascher Folge einem straffen Regiment unterworfen und Rom Hauptstadt eines in »kaiserlichem Zeichen wiederhergestellten Italien«[18] werden. Es wurden zehn Vikariate mit meist süditalienischen Beamten an der Spitze installiert, denen der Lieblingssohn des Kaisers, Enzio, als Vertreter des Vaters vorstand. Während man in Oberitalien das kaiserliche Regiment als apulische Tyrannei ansah, wurde Friedrich 1240 bei seinem Einmarsch in Mittelitalien – im August 1239 hatte er das Herzogtum Spoleto und die Mark Ancona wieder in den Besitz des Reiches genommen – als Befreier und Friedensbringer begrüßt. In der Folge rückte er in den nördlichen Kirchenstaat ein. Inzwischen hatte Papst Gregor IX. für Ostern 1241 ein allgemeines Konzil nach Rom einberufen, das offensichtlich die Absetzung des Kaisers betreiben sollte. Es gelang jedoch einer kaiserlich-pisanischen Flotte, über 100 westeuropäische Konzilsteilnehmer, die sich in Genua eingeschifft hatten, bei der Insel Elba abzufangen. Der Zusammentritt des Konzils war damit vorerst verhindert – freilich um den Preis eines in Europa großes Aufsehen

---

17 Huillard-Bréholles 5, S. 348f.
18 MGH Const. 2, Nr. 218.

KAISER FRIEDRICH II.

erregenden Gewaltaktes. Die Prälaten wurden in Apulien als Faustpfand einge-kerkert. Am 22. 8. 1241 verstarb der greise Papst. Der Kaiser brach die Belage-rung Roms ab und zog sich nach Apulien zurück, um die Wahl eines neuen Papstes abzuwarten, in der Hoffnung, die Friedenspartei an der Kurie würde sich durchsetzen. Auf den zum Ausgleich bereiten Mailänder Papst Cölestin IV., dessen Pontifikat allerdings nur 17 Tage dauerte, folgte nach einer langen Sedis-vakanz am 25. 6. 1243 der Genuese Sinibald Fiesco, ein bedeutender Rechtsge-lehrter, auf dem Stuhl Petri nach, der den Namen Innozenz IV. annahm. Der Kaiser war mit dieser Papstwahl nicht unzufrieden, da der Genuese als Vertreter der Friedenspartei galt – eine verhängnisvolle Fehleinschätzung. Ende März schienen jedoch die auf Drängen der deutschen Fürsten und König Ludwigs IX. von Frankreich erfolgten Verhandlungen mit dem Papst – nach den von ihm genannten Bedingungen – zu einem positiven Abschluß gekommen zu sein. Ein vorläufiger Friede – der Kaiser sollte vom Bann gelöst werden, dafür den Kir-chenstaat räumen, Kirchenbuße tun, den Anhängern der Kirche Straffreiheit gewähren und den gefangenen Prälaten Genugtuung leisten – wurde bereits beschworen. Die Aussöhnung scheiterte letztlich am abgrundtiefen Mißtrauen zwischen den beiden Seiten, insbesondere aber an der lombardischen Frage, auf die man im geplanten Abkommen nur verklausuliert eingegangen war. Der Papst, von den Lombarden bedrängt, konnte die Städte nicht im Stich lassen, während für den Kaiser die Unterwerfung der Rebellen unabdingbar schien. Eine von Friedrich vorgeschlagene persönliche Zusammenkunft zwischen beiden kam nicht zustande, der Papst floh vielmehr nach Scheinverhandlungen am 28. 6. 1244 über seine Vaterstadt Genua nach Lyon, um sich der Macht des Kaisers zu entziehen, und berief für den 24. 6. 1245 ein allgemeines Konzil ein. Im letzten Moment schien sich das Blatt nochmals zu wenden. Nach dem neuerlichen Verlust Jerusalems im August 1244 unternahm der Kaiser einen letzten Versöh-nungsversuch, freilich ungewiß, ob dieser ernst gemeint war oder nur zum Zeit-gewinn dienen sollte. Friedrich bot einen dreijährigen Kreuzzug und die Räu-mung des Kirchenstaates an und erklärte sich mit einer päpstlichen Schiedsrich-terrolle in der Lombardei einverstanden. Mit diesem Angebot erzwang er noch-mals die Absolution (6. 5. 1245), die Innozenz IV. jedoch auf die Nachricht von Übergriffen im Kirchenstaat und aus Angst vor der Unberechenbarkeit des Kai-sers widerrief. Nach kurzen Verhandlungen verkündete der Papst am 17. 7. 1245 die Absetzung Friedrichs trotz der intensiven Bemühungen der unter der Führung des Großhofrichters Thaddeus von Suessa stehenden kaiserlichen Gesandtschaft, die die Zuständigkeit der zusammengetretenen Kirchenversammlung bestritt und schließlich wenigstens einen Zeitaufschub zu erwirken suchte, um dem Kaiser die Möglichkeit eines persönlichen Erscheinens zu geben. Er wurde des Meineids, des Friedensbruches, der Gotteslästerung und der Ketzerei bezichtigt, er sollte aller Ehren und Würden entkleidet sein, und die Untertanen wurden vom Treu-eid entbunden. Hatte Friedrich bisher gegen die Person des Papstes argumentiert, so wandte sich seine Propaganda nun gegen den korrupten Zustand der Kirche, die die Ideale der Armut und der Heiligkeit der Urkirche aufgegeben habe, und forderte die europäischen Fürsten zu monarchischer Solidarität auf. Die letzte Phase in diesem Vernichtungskampf setzte nun jegliche Form von Gewalt frei. Der Papst ließ gegen den Kaiser den Kreuzzug predigen und verband damit einen Ablaß, wobei das Kreuzzugsgelübde auch durch Geldzahlungen abgelöst werden konnte. Hingegen wurde die Kreuzzugspredigt für das Heilige Land unterbunden. Eine von päpstlicher Seite angezettelte Verschwörung in Sizilien mit dem Plan eines Attentats auf den Kaiser wurde im Juli 1246 auf grausamste Weise von Friedrich niedergeschlagen. Das Haupt der Verschwörung war einer der engsten Vertrauten des Kaisers, der Generalvikar Tibald Franciscus, gewesen. Der Einfall eines päpstlichen Heeres im Herzogtum Spoleto brachte allerdings den Invasoren eine vernichtende Niederlage.

Einige Erfolge gelangen der päpstlichen Partei in Deutschland: Am 22. 5. 1246 wählten die drei rheinischen Erzbischöfe und einige Bischöfe in Veitshöchheim bei Würzburg den Landgrafen Heinrich Raspe von Thüringen[19] zum Gegenkönig, der zuvor für 20.000 Mark Silber vom Kaiser abgefallen war, nach seinem baldigen Tod den Grafen Wilhelm von Holland (1247).[20] Freilich bedeutete dieses Königtum keine entscheidende Beeinträchtigung der staufischen Position in Deutschland, vielmehr nahm Friedrich den Versuch, sich im Südosten des Reiches festzusetzen, wieder auf: Als im Juni 1246 der letzte Babenbergerherzog Fried-

19 Der aus dem Hause der Ludowinger stammende Heinrich wurde um 1204 geboren und verstarb am 16. 2. 1247 auf der Wartburg. Seine Grabstätte fand er im Katharinenkloster zu Eisenach. Er war ein Enkel der Stauferin Jutta (s. S. 276), einer Tochter des Schwabenherzogs Friedrich (II.). Seine Eltern waren Landgraf Hermann I. von Thüringen († 1217) und die Wittelsbacherin Sophie († 1238), eine Tochter Herzog Ottos I. von Bayern († 1183). Die hl. Elisabeth war seine Schwägerin. Seine drei Ehen blieben kinderlos. In zweiter Ehe war er mit der Babenbergerin Gertrud († 1241), einer Schwester der Margarethe, der Gattin Heinrichs (VII.), vermählt. Nach dem Tode seines älteren Bruders, des Landgrafen Ludwig IV. von Thüringen († 1227, s. S. 338), übernahm er zunächst für dessen Sohn Hermann II. die Vormundschaft, ab 1238 regierte er gemeinsam mit seinem Neffen, nach dessen Tod († 1241) allein. Seine Beteiligung am Versuch der Fürsten, zwischen dem Kaiser und Gregor IX. zu vermitteln (1239), brachte ihm 1240 den päpstlichen Bann ein. 1241 ernannte ihn Friedrich II. zum Reichsprokurator für den jungen Kaisersohn Konrad IV. Heinrich erlangte die Zusage, daß Thüringen nach seinem Tode an den Markgrafen Heinrich den Erlauchten fallen solle, wodurch die spätere Vereinigung von Meißen und Thüringen im Hause der Wettiner vorbereitet wurde. Nach seiner Wahl zum Gegenkönig – 1243 hatte sich Heinrich Raspe der päpstlichen Seite genähert – gelang ihm zwar am 5. 8. 1246 bei Frankfurt ein Sieg über Konrad IV., nach einer vergeblichen Belagerung von Ulm mußte er jedoch nach Thüringen zurückkehren, wo ihn bald der Tod ereilte.

20 Der mittellose Graf Wilhelm II. von Holland verdankte seine Wahl lediglich der Unterstützung der niederrheinischen Kirchenfürsten sowie der seines Oheims, des Herzogs Heinrich II. von Brabant († 1248), der eine mögliche eigene Kandidatur ausgeschlagen hatte. Erst nach monatelanger Belagerung gelang Wilhelm die Eroberung Aachens, wo er sich am 1. 11. 1248 krönen ließ. Geboren wurde er 1228. Am 28. 1. 1256 ist er während eines Winterfeldzuges gegen die widerspenstigen Friesen bei Alkmaar gefallen, als das Eis der Sümpfe brach. Erst Jahre später wurde der zuerst unerkannt verscharrte König von seinem Sohn Florentius V. in der Abtei zu Middelburg beigesetzt. Wilhelms Eltern waren Graf Florentius IV. von Holland († 1234) und Mechtild von Brabant († 1267), eine Schwester der zweiten Gattin Ottos IV., Maria († 1260).

rich II. starb, zog er Österreich und die Steiermark als erledigte Reichslehen ein und ließ sie durch Generalkapitäne verwalten. Ein Jahr zuvor war auf einem Hoftag in Verona der Plan, die babenbergischen Länder in ein Königtum umzuwandeln, gescheitert, da die unter päpstlichem Einfluß stehende Nichte des letzten Babenbergers, Gertrud, sich geweigert hatte, den gebannten Kaiser zu heiraten.

Im Jahr 1247 hatte sich die Lage des Kaisers in Italien so sehr gebessert, daß er daran denken konnte, selbst nach Lyon zu marschieren, um sich für die gegen ihn erhobenen Beschuldigungen zu rechtfertigen. Danach wollte er nach Deutschland weiterziehen. Der Abfall des strategisch wichtigen Parma vereitelte jedoch den geplanten Zug. Friedrich brach sein Vorhaben ab und schloß Parma ein. Ein Ausfall der monatelang belagerten Parmesen fügte jedoch dem Kaiser eine empfindliche Niederlage zu. Dabei wurden sein Schatz, seine Herrschaftszeichen, das Siegel, die Bibliothek, das Falkenbuch und sein Tierpark erbeutet. Insbesondere hatte das Ansehen des Kaisers durch diese Niederlage schwer gelitten. Das Jahr 1249 brachte dem Kaiser Schläge, die ihn wohl auch menschlich betrafen: den Giftanschlag seines Arztes sowie die Gefangennahme seines Sohnes Enzio durch die Bolognesen. Unter nicht näher bekannten Umständen ließ Friedrich seinen engsten Vertrauten, den Großhofrichter und Logotheten Petrus de Vinea, als Verräter verhaften, der geblendet wurde und bald darauf in der Reichsburg San Miniato, wohl durch Selbstmord, starb. Zu Beginn des Jahres 1250 wendete sich die militärische Situation wieder zum Besseren, auch schien die Kurie finanziell erschöpft. Friedrich begann nun den Plan eines Zuges nach Lyon wieder aufzugreifen, verstarb jedoch unerwartet an einer ruhrähnlichen Krankheit im apulischen Castel Fiorentino, gehüllt in eine graue Zisterzienserkutte. Aus der Hand seines getreuen Freundes, des Erzbischofs Berard von Palermo, hatte er zuvor noch Absolution und Sterbesakramente erhalten. Nach seinem Testament,[21] das er wenige Tage vor seinem Ableben niederschreiben ließ, sollte sein Sohn Konrad IV. im Reich und in Sizilien die Nachfolge antreten, bei dessen Abwesenheit Manfred als Konrads Statthalter in Reichsitalien und in Sizilien regieren. Der Kirche sollten die Besitzungen und Rechte unter der Bedingung zurückgegeben werden, daß auch sie ihrerseits die Rechte des Reiches herausgebe. Die Steuerforderungen im Königreich, das durch die jahrelangen Kriege in schwerster Weise betroffen war, sollten auf jenes Maß reduziert werden, wie sie zur Zeit Wilhelms II. galten.

Unser Friedrich-Bild ist bis heute stärkstens von dem 1927 in erster Auflage erschienenen Buch von Ernst Kantorowicz geprägt.[22] Die Lektüre des auf profunder Quellenkenntnis aufbauenden Werkes ist aufgrund seiner geistigen Durchdringung sowie der gesehenen und erahnten Zusammenhänge und Perspektiven nach wie vor ein Erlebnis, wenn auch bereits bald nach dem Erscheinen die »mythische Schau«, mit welcher der Autor den Kaiser sah, mancherlei Kritik

---

21 MGH Const. 2, Nr. 274.
22 S. Anm. 10.

hervorrief.[23] Daß eine faszinierende und schillernde Gestalt wie Friedrich dies geradezu provozierte, ist nur allzu verständlich. Es soll auch keineswegs die Geschichtsmächtigkeit des Mythischen und seine Rolle im Handeln der Menschen unterschätzt werden. Gerade unser Jahrhundert hat dies erlebt, und es gehört hierher, wenn noch in unseren Tagen Formulierungen wie »das Reich des Bösen« in der politischen und weltanschaulichen Auseinandersetzung gebraucht wurden.[24] Doch dies ist nur die eine Seite der Medaille. Damals wie heute hat dieses irrationale Element seine Grenzen an den realen Gegebenheiten. Friedrichs Kaisertum spielte sich ab in einer Welt des institutionellen Höhepunkts der päpstlichen Macht, der korporativen Freiheit der aufblühenden oberitalienischen Kommunen, der im Aufbau ihrer landesherrlichen Stellung begriffenen deutschen Feudalwelt und der sich konsolidierenden nationalstaatlichen Monarchien. Dies war die reale Umwelt des Kaisers, teils als seine Partner, vornehmlich aber als seine Widersacher. In diesem Umfeld mußte er sich behaupten. An ihm sind seine Ansprüche, aber auch seine Möglichkeiten zu messen. Der institutionellen Fundierung des Papsttums und seinem zuletzt gewonnenen Selbstverständnis, seinem kanonistischen Instrumentarium, seiner globalen Einflußnahme in der christlichen Welt konnte letztlich nichts gleich Fundiertes entgegengesetzt werden. Man hatte realpolitische Möglichkeiten bei einem schwächeren Papst bzw. man konnte gegen den jeweiligen Vertreter der *Cathedra Petri* ad personam argumentieren, an die Installierung eines Gegenpapstes etwa, wie es noch Barbarossa tat, war nicht mehr zu denken. Wann immer Friedrich Abmachungen mit dem Papst zu treffen hatte, mußten diese jeweils mit weitreichenden Zugeständnissen erkauft werden. War bereits Barbarossa am Zusammenwirken der oberitalienischen Kommunen mit dem Papsttum gescheitert, das in der Freiheit der Städte eine Rückversicherung für seinen im Werden begriffenen Kirchenstaat sah, so galt dies deutlicher noch für Friedrich II., dem auch obendrein der realpolitische Pragmatismus und das Augenmaß seines Großvaters nicht in gleicher Weise zu eigen waren. Die geistig-kulturelle Bedeutung der Kommunen, ihre wirtschaftliche Macht und ihre modernen freiheitlichen Strukturen waren Friedrich fremd. Die Stadtstaaten waren für ihn Majestätsverbrecher und Ketzer, sie standen seiner andersartigen, wenn auch nicht weniger modernen Staatsschöpfung in Sizilien diametral gegenüber. In einer Welt des Umbruchs verband Friedrich uralte traditionelle Herrschaftsvorstellungen in höchster Übersteigerung mit zukunftsweisenden Ideen. Er war mit hohem Intellekt und unerbittlicher Konsequenz im Handeln ausgestattet, ein Mensch seiner Zeit, der freilich – in der Weltoffenheit Siziliens herangewachsen – in der Lage war, Tendenzen der Zukunft zu erkennen, aufzugreifen und vorwegzunehmen.

---

23 S. etwa A. Brackmann, Kaiser Friedrich II. in »mythischer Schau«, erstmals HZ 140 (1929) S. 534ff.

24 So Ronald Reagan über die Sowjetunion in einer am 8. 3. 1983 vor protestantischen Geistlichen in Orlando (Florida) gehaltenen Rede (»a devil empire«).

Die Nachkommen Kaiser Friedrichs II.

AUS DER EHE MIT KONSTANZE VON ARAGÓN

1. HEINRICH (VII.)
   * (Januar/Juni) 1211 (in Sizilien)
   † (12.?) 2. 1242 bei Martirano
   Grabstätte: Dom zu Cosenza

   ⚭ 29. 11. 1225 in Nürnberg
   MARGARETHE von Österreich
   Eltern: Leopold VI., Herzog von Österreich und Steiermark († 1230),
   und Theodora († 1246), Enkelin des Kaisers Isaak II. Angelos von
   Byzanz
   * um 1204 (oder eher erst 1210 ?)
   † 28. 10. 1267 in Krumau am Kamp (Niederösterreich)

   Februar 1212: in Palermo zum König von Sizilien gekrönt
   23. 4. 1220: in Frankfurt zum römischen König gewählt
    8. 5. 1222: in Aachen zum römischen König gekrönt
   2./4. 7. 1235: vom Vater abgesetzt, verbringt den Rest seines Lebens in
                deutschen und süditalienischen Gefängnissen

   Söhne:
   1. HEINRICH
      * 1228/34
      † Februar 1242–1245

   2. FRIEDRICH
      * Sommer 1229–1235
      † 1251 (Unteritalien)

AUS DER EHE MIT ISABELLA VON BRIENNE

1. N (Tochter)
   * November 1226/August 1227
   † als Kleinkind

2. KONRAD IV.
   * 25. (26.?) 4. 1228 in Andria
   † 21. 5. 1254 bei Lavello
   Grabstätte: Herz und Eingeweide in Melfi beigesetzt,
   Körper vor endgültiger Beisetzung in Messina verbrannt (1259)

   Verlobt mit N (Irmgard?), Tochter des Herzogs Otto II. von Bayern
   († 1253) und der Agnes von Braunschweig († 1267), Tochter Heinrichs
   von Braunschweig (Welfe) und der Stauferin Agnes
   * um 1227
   † nach Oktober 1235

   ∞ 1. 9. 1246 in Vohburg bei Ingolstadt
   ELISABETH von Bayern
   Eltern: Herzog Otto II. von Bayern († 1253) und Agnes von Braunschweig († 1267) (s. o.)
   * wohl um 1230/31
   † 9. 10. 1273
   Grabstätte: Zisterzienserabtei Stams

   Februar 1237: in Wien zum römischen König gewählt

   Kinder:
   1. KONRADIN
      * 25. 3. 1252 auf Burg Wolfstein bei Landshut
      † 29. 10. 1268 in Neapel (enthauptet)
      Grabstätte: zuerst am Strand von Neapel verscharrt, später Beiset-
      zung in S. Maria del Carmine in Neapel

      ∞ Anfang Oktober 1266 in Bamberg oder Nürnberg
      SOPHIA von Landsberg
      Eltern: Markgraf Dietrich der Weise von Landsberg († 1285) und
      Helene († 1304), Tochter des Markgrafen Johann I. von Branden-
      burg
      * um 1258/59
      † 14. 8. 1318 im Kloster Weißenfels

      1254–1268: Herzog von Schwaben, König von Jerusalem

   2. KONRADIN (aus illegitimer Verbindung)
      * um 1252 (in Italien)
      † 1269 in Lucera (gehenkt)

KAISER FRIEDRICH II.

AUS DER EHE MIT BIANCA LANCIA D. J.

1. KONSTANZE (als Kaiserin ANNA genannt)

   * um 1230

   † April 1307 in Valencia

   ∞ 1244

   JOHANNES III. DUKAS VATATZES, Kaiser von Nikaia

   * 1193

   † 30. 10 1254

2. MANFRED

   * 1232

   † 26. 2. 1266 (in der Schlacht von Benevent)

   Grabstätte: bei Calore-Brücke in Benevent verscharrt, dann in der Schlucht des Garigliano unterhalb von Rocca d'Evandro auf freiem Feld beigesetzt

   1. ∞ Dezember 1248/Januar 1249 (verlobt seit 21. 4. 1247)

   BEATRIX von Savoyen

   Eltern: Graf Amadeus IV. von Savoyen († 1253) und Anna († 1242), Tochter des Herzogs Hugo III. von Burgund

   * frühestens 1223

   † 10. 4. (spätestens 1257)

   Kind:

   > KONSTANZE
   >
   > * Herbst/Winter 1249
   >
   > † 1301 im Königreich Aragón
   >
   > ∞ 15. 7. 1262
   >
   > König PETER III. von Aragón
   >
   > *Eltern:* König Jakob I. von Aragón († 1276) und Jolanthe († 1251), Tochter König Andreas' II. von Ungarn
   >
   > * nach 1237/38
   >
   > † 11. 11. 1285

   2. ∞ um 1257, vor Februar 1258

   HELENA von Epiros

   Eltern: Despot Michael II. Angelos von Epiros und Theodora Petraliphe († nach 1251)

   * 1241/43 (vor 1244)

   † 1271 (vor 11. 3.)

   Kinder:

   > Von König Karl I. von Anjou in langjähriger Haft gehalten. Als letzter stirbt HEINRICH (* um 1260–1264) nach 52jähriger Gefangenschaft im Jahre 1318
   >
   > 10. 8. 1258: in Palermo zum König von Sizilien gekrönt

3. VIOLANTE

* 1228–1231, spätestens 1233
† nach Sommer 1264
∞ Ende 1245/Mitte 1246
RICHARD, Graf von Caserta
Eltern: Wilhelm de Limeta, Graf von Caserta († 1230/31), und Gräfin
Siegfridina (aus dem Haus Urslingen-Spoleto ?)
* 1215–1218
† nach 2. 3. 1265

AUS DER EHE MIT ISABELLA VON ENGLAND

1. MARGARETHE

* Ende 1237 (Deutschland)
† 8. 8. 1270 in Frankfurt a. M.

Verlobt 1238 mit Hermann, Landgrafen von Thüringen († 1241), Sohn
des Landgrafen Ludwig des Heiligen und der heiligen Elisabeth, Tochter
König Andreas' II. von Ungarn

∞ 1254/Juni 1255 (Deutschland) (Eheabsprache: 1245)
ALBRECHT, Markgraf von Meißen
Eltern: Heinrich der Erlauchte, Markgraf von Meißen, Landgraf von
Thüringen († 1287/88), und Konstanze († 1243), Tochter Herzog Leo-
polds VI. von Österreich und Steiermark
* 1240
† 13. 11. 1314 in Erfurt
Grabstätte: St. Marien zu Erfurt

Kinder (u. a.):
FRIEDRICH der Freidige († 1323), Markgraf von Meißen, Landgraf
von Thüringen

2. CARL-OTTO/HEINRICH

* 18. 2. 1238 in Vercelli (?)
† Dezember 1253/Januar 1254 (Unteritalien)
1247: Statthalter im Königreich Sizilien

3. F(RIEDRICH)

* 1239/40 (vor 3. 4. 1240)
† als Kind

4. N (Kind)

* um 1. 12. 1241 in Foggia
† kurz nach der Geburt
Grabstätte: Dom zu Andria

KAISER FRIEDRICH II.

AUS AUSSEREHELICHEN VERBINDUNGEN (in Auswahl)

1. König ENZIO (HEINRICH)
   * um 1215/16 (in Deutschland ?) oder um 1224
   † 11. 3. 1272 in Bologna (in Gefangenschaft)
   Grabstätte: Bologna, S. Domenico
   1. ∞ Oktober 1238 in Sardinien (ab 1243 vom Papst getrennt)
   ADELASIA von Torres, Erbin des größten Teils von Sardinien
   Eltern: Marianus, Judex von Torres, und Agnes, Tochter des
   Guglielmo, Judex von Gallura
   * spätestens um 1207 (Sardinien)
   † (Mitte) 1255
   2. ∞ Anfang 1249
   NN von Enne, Nichte des Ezzelino da Romano
   Eltern: Heinrich von Enne († 1247) und Schwester der Bianca Lancia
   * um 1230/32 in Verona oder Südtirol
   † nach 1250/51
   1238/39: König von Sardinien
   1239: Generallegat in Mittel- und Oberitalien

2. FRIEDRICH von Antiochia
   * um 1221/22 (in Unteritalien)
   † 1256 in Foggia
   ∞ spätestens 1239 (in Rom)
   MARGARETHA von Poli
   Vater: Johannes von Poli, Senator der Stadt Rom
   * um 1220–25 (in Rom)
   † nach 1246/49
   1244 (spätestens): Generalvikar der Mark Ancona
   Februar 1246: Generalvikar der Toskana, Podestà von Florenz

3. SELVAGGIA
   * um 1221–1223 (Italien)
   † 1244 (Verona)
   ∞ EZZELINO da Romano, Podestà von Verona
   Eltern: Ezzelino il Monaco, Podestà von Treviso, von Vicenza und von
   Verona († 1233), und Adelheid Gräfin Mangoni
   * 1194 (Vicenza?)
   † 27. 9. 1259 in Sarcino (im Kerker)

4. RICHARD von Theate
   * spätestens um 1224/25
   † 1249 (2. Jahreshälfte)
   Generalvikar in der Mark Ancona, Romagna und für das Herzogtum
   Spoleto

Das Ende des staufischen Hauses

Auf die Nachricht vom Tod Friedrichs II. hin entschloß sich der 1237 zum römischen König gewählte Konrad IV., der vom Vater zum Erben im Imperium und im Regnum ausersehen war, nach dem Süden aufzubrechen (Oktober 1251), um den Kampf um sein Erbe aufzunehmen. Seinen Schwiegervater, Herzog Otto II. von Bayern, setzte er in Deutschland als seinen Stellvertreter ein. Dieser verstarb allerdings schon 1253. Bereits am 13. 4. 1251 war Konrad, der die Politik seines Vaters fortzusetzen versuchte, von Papst Innozenz IV. exkommuniziert worden. Seine Situation war schwierig, als er zu Jahresbeginn 1252 in Apulien landete. Aufstände tobten, und die Kurie unternahm alles, um eine nochmalige staufische Herrschaft in ihrem Lehnsreich Sizilien unmöglich zu machen. Dazu kam das Mißtrauen Konrads gegenüber seinem Halbbruder Manfred, da dieser allem Anschein nach schon damals selbst nach der Krone strebte. Der Kaiser hatte bekanntlich dessen Geburt legitimiert und ihn für die Zeit der Abwesenheit Konrads zum Statthalter in Reichsitalien und Sizilien eingesetzt. Konrads Bemühungen, mit Papst Innozenz IV. zu einer einvernehmlichen Lösung zu kommen, scheiterten am päpstlichen Widerstand. Erfolgreich hingegen war der König in der Niederschlagung der Rebellion. Die Grafen von Caserta und Acerra wurden zur Unterwerfung gezwungen, Neapel und Capua eingenommen. Die Gründung der Stadt L'Aquila sollte das Erbreich nach dem Norden hin sichern. Als der tüchtige König, der sich als guter Feldherr und Politiker erwiesen hatte, als strenger, aber gerechter Richter galt und der Dichtkunst gewogen war, sich anschickte, mit militärischer Macht nach Oberitalien und weiter nach Deutschland aufzubrechen, verstarb er an einem fiebrigen Anfall am 21. 2. 1254 im Feldlager bei Lavello.

In Deutschland waren die Anhänger der staufischen Partei nach dem Aufbruch Konrads in den Süden weitestgehend sich selbst überlassen, Wilhelm von Holland vermochte hingegen zunehmend seine Position zu verbessern. Durch seine Heirat mit der Welfin Elisabeth von Braunschweig, der Tochter Ottos, des ersten Herzogs von Braunschweig und Lüneburg, fand er Anschluß an die großen Familien des Reiches, was am 25. 3. 1252 in Braunschweig zu einer Art Nachwahl führte, die nun den Norden Deutschlands mit dem Herzog von Sachsen und dem Markgrafen von Brandenburg an der Spitze auf seine Seite brachte. Nach Konrads IV. Tod anerkannten ihn auch die den Staufern treu gebliebenen Reichsstädte als König. Die zunehmende Selbständigkeit, die Wilhelm gewann, ließ ihn in Konflikt mit seinen einstigen Gönnern, den rheinischen Erzbischöfen, geraten.

DAS ENDE DES STAUFISCHEN HAUSES

Der Kölner Oberhirte Konrad von Hochstaden wollte sogar dem Böhmenkönig Ottokar II. die Krone zuwenden. Der Papst freilich stützte Wilhelm und stellte ihm sogar die Kaiserkrönung in Aussicht. Auf dem Wormser Reichstag im Februar 1255 anerkannte Wilhelm von Holland den großen rheinischen Städtebund, der wenige Monate zuvor unter der Führung von Mainz und Worms gegründet worden war und dem bald mehr als 70 Städte angehören sollten. Als Organisation zur Rechtssicherung unter der Kontrolle des Königs hätte der Bund als Gegengewicht gegen die Macht der Fürsten ein Mittel zur Reichsreform und zur Festigung der königlichen Position werden können, wenn nicht bald darauf der König den Schlachtentod gefunden hätte (s. S. 347).

Ein Jahr sollte es dauern, bis das sich konsolidierende Kollegium der Kurfürsten zur Neuwahl eines Königs schritt. Es kam zu einer Doppelwahl, wobei beide Gewählten Verwandtschaft bzw. Verschwägerung mit dem staufischen Hause ins Treffen führen konnten. Am 13. 1. 1257 wählten die Erzbischöfe von Mainz und Köln sowie der Pfalzgraf bei Rhein den Grafen Richard von Cornwall,[1] der am 17. 5. 1257 in Aachen zum römischen König gekrönt wurde. Der Erzbischof von Trier, der Herzog von Sachsen und der Markgraf von Brandenburg gaben ihre Stimme am 1. 4. 1257 König Alfons X. von Kastilien.[2] Zwei Ausländer – ein

---

[1] Er kam als Sohn des englischen Königs Johann »ohne Land« († 1216) und der Isabella von Angoulême († 1246) am 5. 1. 1209 in Winchester zur Welt. Gestorben ist er am 2. 4. 1272 und fand seine Ruhestätte im Zisterzienserkloster Hayles. Als Bruder Isabellas, der letzten Gattin Friedrichs II., war er Schwager des Stauferkaisers, als Vetter Ottos IV. aber auch mit den Welfen verwandt. Da der englische Hof damals als dem Papsttum besonders treu ergeben galt, war der überaus wohlhabende englische Graf bereits 1247 nach dem Tode Heinrich Raspes als Gegenkönig im Gespräch. Wohl schon im Frühjahr 1250, insbesondere jedoch 1252/53, verhandelte der Papst mit Richard wegen einer Übernahme der sizilischen Königskrone. Wegen der Sicherheiten, die Richard forderte, führten die Gespräche zu keinem Ergebnis. 1261 wählte ihn die stauferfeindliche Partei in Rom zum Senator. In Deutschland, das er viermal besuchte, vermochte er aufgrund seines Reichtums einige Aktivitäten zu entfalten, wenn er auch nie rechtsrheinischen Boden betrat. König Ottokar II. von Böhmen empfing von ihm die schriftliche Belehnung mit den Herzogtümern Österreich und Steiermark (1262).

[2] Alfons kam am 26. 11. 1221 als Sohn König Ferdinands III. des Heiligen von Kastilien und León († 1252) in Toledo zur Welt und verstarb am 4. 4. 1284 in Sevilla. Bestattet liegt er in der Kathedrale von Sevilla. Über seine Mutter Beatrix/Isabella von Hohenstaufen war er Enkel König Philipps von Schwaben. Die Krone Kastiliens trug er seit dem Tod seines Vaters im Jahr 1252. Als Erbe der Staufer beanspruchte er bereits 1255 das Herzogtum Schwaben. Schon im März 1256 hatte er das ghibellinische Pisa dazu gebracht, ihn »im Namen der Gemeinde Pisa, ganz Italiens und fast der ganzen Welt« (MG Const. 2, Nr. 392) als König und Kaiser anzuerkennen. Im Juni 1256 folgte diesem Beispiel auch das mächtige Marseille, das von Alfons gegen den Grafen der Provence, nämlich Karl von Anjou, unterstützt wurde. Die frühe Stellungnahme Pisas und Marseilles zugunsten Alfons' lag wohl in erster Linie in der Verfolgung ihrer Handelsinteressen und in der Rivalität mit Genua. Mag Alfons auch mit wechselhaftem Erfolg die Geschicke des Königreiches Kastilien gelenkt haben, so war er als Gelehrter, Gesetzgeber und Förderer der Wissenschaften und der Literatur der bedeutendste Herrscher seiner Zeit. Als »der Weise« ist er in die Geschichte eingegangen. Nach der Wahl Rudolfs von Habsburg zum römischen König am 1. 10. 1273 konnte Alfons im Sommer 1275 – Richard von Cornwall war bereits 1272 verstorben – in mühsamen Verhandlungen mit Papst Gregor XI. zum Verzicht auf die römisch-deutsche Königswürde und seinen Anspruch auf das Kaisertum bewogen werden.

Engländer und ein Spanier – »trugen« nun die deutsche Krone, wobei letzterer überhaupt nie deutschen Boden betreten sollte. Aber mit der deutschen Krone war die Aussicht auf das Kaisertum verbunden, und so war man durchaus bereit, sich die Wahl einiges kosten zu lassen. Die päpstliche Anerkennung vermochte keiner der beiden zu erlangen.

Die Lage in Italien – in jenem Machtvakuum nach dem Tode Friedrichs II. – gestaltete sich immer unübersichtlicher. Als Regent in Sizilien für sein unter der Obhut der wittelsbachischen Verwandtschaft in Bayern und Schwaben heranwachsendes Söhnchen Konrad – nach der italienischen Verkleinerungsform Corradino ging es als Konradin in die Geschichte ein – hatte Konrad IV. den Markgrafen Berthold von Hohenburg eingesetzt, der sich auf die Dauer gegen den ehrgeizigen Manfred, den Stiefbruder Konrads IV., nicht behaupten konnte, als dieser nach dem staufischen Erbe zu greifen begann. Nach der Eroberung Süditaliens ließ sich Manfred, ohne auf die Interessen seines Neffen Konradin Bedacht zu nehmen, am 10. 8. 1258 in Palermo zum König von Sizilien krönen. In seinen wissenschaftlichen Interessen und in seinen weitgespannten politischen Ambitionen kam er mehr als alle anderen seiner Geschwister seinem Vater Friedrich II. nahe. Vom Süden aus versuchte er einen italienischen Gesamtstaat zu begründen. Er unterstützte die ghibellinischen Städte Ober- und Mittelitaliens und fügte den guelfischen Florentinern 1260 bei Montaperti eine schwere Niederlage zu. In der Lombardei und in der Toskana setzte er Statthalter ein. Auch baute er die sizilische Seemacht aus. War auch seinen Bemühungen, östlich der Adria Fuß zu fassen, kein Erfolg beschieden, so gelang ihm mit der Vermählung Konstanzes, einer Tochter aus erster Ehe, mit König Peter III. von Aragón (1262) die Weichenstellung für eine politische Konstellation, die Jahrhunderte den Mittelmeerraum bestimmen sollte.

Hatte die päpstliche Kurie schon seit längerer Zeit mit verschiedenen Kandidaten für den sizilischen Königsthron, die ihr geeignet erschienen, Verhandlungen gepflogen, ja sogar den achtjährigen Sohn König Heinrichs III. von England, Edmund, mit dem Königreich belehnt, so verdichteten sich nun angesichts des Machtzuwachses Manfreds die Bemühungen der aus Frankreich stammenden Päpste Urban IV. (1261–1264) und Clemens IV. (1264–1268), dem Staufer eine kraftvolle Persönlichkeit entgegenzustellen. Die Entscheidung nach längeren Verhandlungen fiel zugunsten des jüngsten Bruders König Ludwigs IX. von Frankreich, Karl von Anjou, aus, der auch über die Provence und in Piemont gebot. Zu Lande und zu Wasser brach Karl in der Folge mit gewaltiger Truppenmacht in Italien ein, um den verhaßten staufischen »Häretiker« zu vernichten. Im Mai 1265 zog er in Rom ein. Gegen das Versprechen, nicht nach der deutschen Krone und dem Imperium zu greifen, die Lombardei oder die Toskana nicht unter seine Kontrolle bringen zu wollen, belehnte ihn 1265 der Papst mit dem Königreich Sizilien. Am 6. 1. 1266 wurde er im Lateran zum König gekrönt. In einem strategisch glänzend angelegten Feldzug eroberte Karl in der Folge Ort für Ort. Bei Benevent kam es zur Entscheidungsschlacht, die mit einer vollständigen

DAS ENDE DES STAUFISCHEN HAUSES 355

Niederlage Manfreds, der seinen Gegner wohl unterschätzt hatte, endete. Der Staufer fiel im Kampf. Die Schlacht bei Benevent war ein wesentlicher Markstein auf dem Weg zur Vormacht Frankreichs in Europa; zugleich bedeutete sie das endgültige Ende für die Stauferherrschaft in Italien.

Nur mehr ein tragisches Nachspiel bedeutete der Italienzug Konradins, den als letzten legitimen Sproß des staufischen Geschlechts ghibellinische Kreise und süditalienische Exulanten zur Wahrung seines Erbrechts nach Italien riefen. Als Fünfzehnjähriger überschritt er am 1. 10. 1267 den Brenner. Am 18. 11. 1267 verkündete Clemens IV. gegen ihn die Exkommunikation, falls er nicht binnen Monatsfrist Italien verlassen und alle Ambitionen auf das Kaisertum, Italien und das Königreich Sizilien aufgebe. Mancherlei Hilfe von ghibellinischer Seite kam ihm zu, insbesondere Pavia und Pisa unterstützten Konradin durch finanzielle Zuwendungen. Am 24. 6. 1268 wurde ihm ein glänzender Empfang in Siena zuteil, und am 24. 7. zog er in Rom ein. Als er jedoch mit seiner zusammengewürfelten Streitmacht sich anschickte, ins Regnum einzufallen, stellte sich ihm Karl von Anjou bei Tagliacozzo entgegen und entschied mit überlegener Taktik den Kampf für sich. Der flüchtende Konradin wurde aufgegriffen und an seinen Gegner ausgeliefert, der ihn am 29. 10. 1268 auf dem Marktplatz zu Neapel nach einem Prozeß, der die von Anfang an beschlossene Hinrichtung des letzten Staufers in eine legale Form kleiden sollte, enthaupten ließ.

Haß und Angst vor der »Vipernbrut« der Staufer hatten nach Friedrichs II. Tod innerhalb einer einzigen Generation zur Ausschaltung und geradezu Austilgung dieses Geschlechts geführt, das höher als jedes andere emporgestiegen war. Keine deutsche Dynastie fand ein Ende wie die Staufer, in Armut und Bedrängnis, im Kerker, auf dem Schafott und am Galgen. Im Süden – im Kampf um das sizilische Erbreich – erfüllte sich das staufische Schicksal. Deutschland spielte da keine Rolle mehr. Innozenz IV. und Alexander IV. hatten sogar den deutschen Fürsten untersagt, ein Mitglied dieses Hauses nochmals zum König zu wählen, und konstatierten damit geradezu eine »negative Legitimität«.[3]

Das Los, das dem einen oder anderen Stauferſproß widerfuhr, kann in seiner menschlichen Tragik noch heute berühren. Enzio, der Lieblingssohn Friedrichs II. aus einer illegitimen Verbindung, starb 1272 nach 23jähriger Haft in Bologneser Gefangenschaft. Friedrichs Enkel Konradin endete als 16jähriger, von seinem Widersacher zum Tode verurteilt, 1268 unter dem Beil des Henkers. Seinen Leichnam verscharrte man vorerst nahe dem Judenfriedhof im Sand der Küste. Sein Halbbruder gleichen Namens aus einer außerehelichen Verbindung Konrads IV. wurde 1269 auf Befehl Karls von Anjou in Lucera im Alter von 17 Jahren gehenkt. Helena von Epirus, die zweite Gattin König Manfreds, und die Kinder aus dieser Ehe gerieten nach seinem Tode (1266) in die Gefangenschaft des Angiovinen. Von der Tochter Beatrix abgesehen, die 1284 nach einem Seesieg der Aragonesen befreit werden konnte, beendeten alle ihr Leben im

---

3 Vgl. O. Engels, Die Staufer (⁴1989) S. 157f.

Kerker. Als letzter starb 1318 in Neapel Heinrich nach 52jähriger Gefangenschaft, in die er als etwa 4jähriges Kind zusammen mit seinen Geschwistern geraten war.

Die Reste der staufischen Partei trafen sich am Hof in Barcelona, wo der aragonesische König Peter III., Schwiegersohn Manfreds, zum Treffpunkt der Opposition gegen die harte Herrschaft des Anjou wurde. Der Volksaufstand der Sizilianischen Vesper gegen das französische Regime, der am 30. 3. 1282 vor den Toren Palermos seinen Anfang nahm, erleichterte dem Aragonesen die Intervention in Sizilien. Am 4. 9. 1282 zog Peter unter dem Jubel der Bevölkerung in Palermo ein. Künftig sollte das Erbe der Staufer in einen festländischen Teil in der Hand der Anjous und in die von den Aragonesen beherrschte Insel Sizilien aufgeteilt sein. Deutschland waren die Staufer schon zu sehr entfremdet, als daß Bemühungen ghibellinischer Kreise auf fruchtbaren Boden gefallen wären, die im Wettiner Friedrich dem Freidigen, dem Sohn des Markgrafen Albrecht von Meißen, die Person sahen, als »dritter Friedrich« die Herrschaft seines Großvaters, Kaiser Friedrichs II., wieder aufzurichten.

Der Haß und die Unerbittlichkeit, mit der die Kurie und ihre Parteigänger Friedrich und sein Geschlecht verfolgt hatten, erstaunen in ihrem Ausmaß. Es war wohl das Wissen oder die Sorge, daß kaiserliche Macht, so bedeutungslos sie war, wenn nicht eine entsprechende Persönlichkeit und die entsprechenden Ressourcen dahinterstanden, letztlich – im entgegengesetzten Fall – unbegrenzt und durch keinerlei Abkommen begrenzbar war, da sie immer wieder die uralten Quellen des Herrschertums ansprechen konnte. Das Papsttum duldete aber damals keine Universalidee mehr neben sich, um so mehr, als Friedrich und die Staufer als dynamisches Geschlecht erkennen ließen, daß sie Vorstellungen auch machtpolitisch umzusetzen entschlossen waren.

Der päpstliche Universalismus hatte auf ganzer Breite den Sieg davongetragen, freilich um den Preis des Zusammenbruchs eines jahrhundertealten Ordnungssystems. Der kaiserlichen Schutzfunktion beraubt, sollte das Papsttum schon wenige Jahrzehnte hernach der Idee des autonomen Nationalstaates, dem machtvoll aufgestiegenen Frankreich, erliegen. Die Staufer, aus der schwäbischen Enge erst in die deutsche Dimension aufgestiegen, schließlich zum Inbegriff des übernationalen Kaisertums schlechthin geworden, hatten in einer Zeit eines sich immer deutlicher abzeichnenden Aufstiegs der regionalen Kräfte noch einmal versucht, der Zersplitterung Einhalt zu gebieten. Ihre Vorgangsweise im Aufbau neuer Herrschaftsformen reichte vom geschickten Ausnützen der Gegebenheiten bis hin zur maßlosen Übersteigerung. Letztlich sind sie als Staatsschöpfer in entscheidenden Phasen an der Diskrepanz zwischen dem Anspruch eines im Konservativen begründeten Universalismus und den Möglichkeiten einer vielfältig gewordenen Welt gescheitert. Nichtsdestoweniger bedeutete erst ihr Untergang den endgültigen Sieg des Partikularismus in Deutschland, aber auch in Italien auf Jahrhunderte. In dieser Kleinräumigkeit freilich sehen wir Menschen des ausgehenden 20. Jahrhunderts, die wir gelernt haben, überdimensionierten

Machtballungen mit Mißtrauen gegenüberzustehen, aber auch die Voraussetzung für die reiche kulturelle Entfaltungsmöglichkeit die Zeiten hindurch. Nicht
weniger kontrovers wie noch zu Lebzeiten Friedrichs II. bemächtigte sich die
Geschichtsschreibung, aber auch die Literatur und Sage des staufischen Hauses,
insbesondere der beiden Friedriche, als glanzvollen Höhepunkts der Kaiserherrlichkeit – bis hin zu den tagespolitischen Auseinandersetzungen des 19. und
beginnenden 20. Jahrhunderts auf der Suche nach der Sinngebung der deutschen
Mitte Europas.

Die Herrscher
des Spätmittelalters

Das Spätmittelalter
Die Epoche der »springenden Königswahlen«

Mit Ende der staufischen Epoche beginnt die in der Geschichtsschreibung gemeinhin bezeichnete Zeit des Interregnums, womit eine kaiser- bzw. königslose Zeit umschrieben werden soll. Doch so königslos war sie nicht, denn ein Königtum gab es auch nach dem Tod Kaiser Friedrichs II. und König Konrads IV., wenn es auch »Gegenkönige« waren. Im historischen Bewußtsein hat sich dieses Interregnum übrigens in Österreich stärker verankert, als anderwärtig in Deutschland. Fast zeitgleich zu den Staufern starb auch in Österreich 1246 das dort herrschende Geschlecht der Babenberger aus. Der Böhmenkönig Ottokar II. Przemysl beanspruchte und beherrschte zwar zeitweise die babenbergischen Länder, was für die dortigen Bewohner unmittelbar nicht als Nachteil empfunden wurde. Jedoch die spätere Geschichtsschreibung hat diese Epoche bis zur Wahl und Krönung Rudolfs I. 1273 bzw. der Schlacht bei Dürnkrut 1278 ebenfalls als »rechtlose« Zeit qualifiziert.

Die Auseinandersetzungen Friedrichs II. mit dem Papst und seine Exkommunikation hatten ab Mitte der vierziger Jahre des 13. Jahrhunderts auch in Deutschland Folgen. So wurde am 22. 5. 1246 der Landgraf von Thüringen, Heinrich Raspe, in Veitshöchheim als Gegenkönig zu Konrad IV., dem Sohn Friedrichs II. und bereits König, gewählt. Nach dessen Tod am 16. 2. 1247 wurde wiederum auf Betreiben der drei geistlichen Kurfürsten am 1. 11. 1248 Graf Wilhelm von Holland als Gegenkönig gewählt, der sich vorerst nur im nördlichen Rheinland behaupten, jedoch ab 1249 einige Erfolge in seiner Durchsetzung erzielen konnte und ab Mai 1254 teilweise sogar anerkannt wurde.

Als Wilhelm am 28. 1. 1256 starb, wurde im Januar 1257 Richard von Cornwall, der Bruder des englischen Königs Heinrichs III. und Schwagers Friedrichs II., vor Frankfurt von Köln, Mainz, der Pfalz und nachträglich von Böhmen gewählt und sogar vom Erzbischof von Köln in Aachen zum König gekrönt (17. 5. 1257). Einige Wochen später, am 1. 4., wurde ebenfalls in Frankfurt Alfons X. von Kastilien, ein Enkel Philipps von Schwaben, von Trier, Sachsen, Brandenburg und ebenfalls von Böhmen gewählt. Während Richard, der sich im Rheingebiet einen gewissen Anhang schaffen konnte, nicht nur gekrönt wurde, sondern sich zeitweise sogar im Reich aufhielt, wurde Alfons hingegen nie gekrönt und betrat auch in dieser Zeit niemals deutschen Boden. Beide »Könige« konnten sich demnach nicht durchsetzen, was einerseits zum Gefühl eines Interregnums führte, andererseits aber auch das bereits in der Stauferzeit entstandene Territorialfürstenwesen sowie die Städte ungemein stärkte.

DAS SPÄTMITTELALTER

361

Das Interregnum war nicht nur eine politische Zäsur, es signalisierte auch die Wende vom Hoch- zum Spätmittelalter und hat daher auch wirtschaftliche, soziale und kulturelle Bedeutung. So ist etwa damit die Entstehung der städtischen Kultur mit ihren Städtebünden (Hanse) und die Entwicklung bisheriger Königsstädte zu Reichsstädten, also quasi direkt dem Reich unterstellten Territorien, verbunden. Das ist in der europäischen Geschichte einzigartig, vor allem im Hinblick auf das verfassungsrechtliche Konstrukt der »freien« Reichsstädte, die noch heute in den deutschen Bundesländern Hamburg und Bremen nachwirken. Aber auch der kleinere Adel organisierte sich beispielsweise in Ritterbünden. Daß die historische Landkarte Deutschlands bis 1789 sich wie ein bunter Flickenteppich ausmacht, hat u. a. seine Gründe in den damaligen Entwicklungen und Grundlegungen, die bis heute ihre politischen Auswirkungen zeigen: der im Vergleich zu anderen europäischen Staaten ausgeprägte Föderalismus im deutschen Sprachraum.

Mit dem Übergang vom Hoch- zum Spätmittelalter ist auch eine neue Stilepoche verbunden: die Gotik. Deutlich wird das vor allem durch große und eindrucksvolle gotische Kirchenbauten aus dieser Zeit: Die Dome von Wien, Regensburg, Straßburg, München, Münster und Freiburg seien als wenige Beispiele genannt. Für den Zeitcharakter des Spätmittelalters war übrigens der unfertige Kathedralbau, wie man ihn z. B. in Köln und Prag und teilweise in Wien (unausgebauter Nordturm) findet, vielleicht gar nicht so untypisch. Die zahlreichen (spät)gotischen Kirchen in den Städten und Dörfern des deutschen Sprachraums sind auch Zeugnisse des starken Bauwillens dieser Epoche. Die noch erhaltenen Profanbauten aus dieser Zeit, vor allem in den Städten, sind ebenfalls ein Beweis dafür. Aber im Spätmittelalter begannen sich bereits die Anzeichen einer Wende zu zeigen: Humanismus und Renaissance führten in die Neuzeit.

Politisch brachte diese Epoche eine Verschiebung des Machtzentrums des Reiches von der »Rheinschiene« nach Osten. Das zeichnete sich bereits während des Interregnums durch Ottokar II. Přemysl ab, der in diesem Machtvakuum von Böhmen ausgehend seinen Einfluß nach Norden (bis zur Ostsee) und nach Süden (bis zur Adria) kordonhaft auszudehnen wußte. Hier wurden bereits die Entwicklungslinien späterer Jahrhunderte deutlich. Die Luxemburger, vor allem unter Karl IV. und Sigismund, beschritten diesen Weg von Böhmen aus weiter und bezogen in ihre Überlegungen und ihre Hausmachtpolitik Ungarn, Polen und die österreichischen Erblande mit ein. Nicht umsonst wird der letzte Luxemburger Kaiser Sigismund als eigentlicher Begründer zumindest der Idee der Donaumonarchie bezeichnet. Unter ihm wurden, und das unterstreicht nur die »Ostverschiebung«, die Hohenzollern mit Brandenburg belehnt, aber auch die Wettiner konnten sich im Raum Sachsen festigen. Und bereits kurz vorher gelang es den Habsburgern, zu Österreich und Steiermark weitere Territorien hinzuzufügen. Damit waren die für die kommenden Jahrhunderte wichtigsten Territorialstaatsgebilde im Osten des Reiches grundgelegt: die der Habsburger, der Hohenzollern, der Wettiner und gewissermaßen auch die der Wittelsbacher (Bayern). Erst mit der Gründung der Bundesrepublik Deutschland 1949 und ihrer Hauptstadt Bonn verschob sich das innerdeutsche Machtgefüge wieder nach Westen an den Rhein, nicht zuletzt auch in Verbindung mit den Zentralen der EU (Brüssel) und der NATO (zuerst Paris, dann Brüssel). Schließlich wurde nicht umsonst sehr oft die EWG bei ihrer Gründung mit der karolingischen Reichsidee in Vergleich gebracht.

Die staufische Territorialstaatsbildung, die durch die relative Reichsmachtlosigkeit während des Interregnums einen starken Schub bekam, verhinderte in der Folge jedwede Versuche einer Stärkung der zentralen Königsmacht in Deutschland. Im Gegensatz zu England und Frankreich gelang es auch während des »alten Reiches« z. B. nie, eine Hauptstadt herauszubilden. Die Residenzen der Kaiser/Könige bekamen zwar manchmal einen solchen Charakter, wie z. B. Prag (etwa unter Karl IV. oder Rudolf II.) oder Wien (unter den Habsburgern), sie sind aber keineswegs mit den klassischen Hauptstädten dieser Zeit als zentrale Behördenorte zu vergleichen.

Die Zeit nach dem Interregnum wird auch als die Epoche der »springenden Königswahlen« bezeichnet. Während zwischen Karl dem Großen und Friedrich II., eine Epoche von 450 Jahren, im großen und ganzen gesehen nur vier Geschlechter (Karolinger, Ottonen, Salier, Staufer) regierten, so dauerte die Epoche zwischen den Habsburger Königen Rudolf I. und Albrecht II. zwar nur rund 150 Jahre, aber es regierten auch vier Familien mit zehn Kaisern/Königen. Dabei waren die Vertreter dieser vier Familien nicht der Reihe nach Könige wie vorher im Hochmittelalter, sondern ihre Abfolge gestaltete sich abwechslungsweise, geradezu verschachtelungsartig. Die in ihrem Territorialfürstentum gestärkten Königswähler (Kurfürsten) wollten aus vordergründigen Motiven keine starke Königs- und damit Reichsgewalt entstehen lassen. Daher wählte man erstens kleinere Territorialfürsten (wie Heinrich Raspe, Wilhelm von Holland, Rudolf und Albrecht von Habsburg, Adolf von Nassau und auch Heinrich von Luxemburg) und versuchte, eine geschlechtsgebundene Erbfolge zu verhindern.

Daher wurde 1273 der zwar nicht arme, jedoch ansonsten aber politisch nicht so gewichtige südwestdeutsche Territorialfürst Rudolf von Habsburg gewählt. Diesem gelang es auch nicht, seinem Sohn Albrecht I. direkt die Nachfolge zu sichern. So wählten die Kurfürsten nach Rudolfs Tod den unbedeutenden Nassauer Grafen Adolf, auf den dann schlußendlich doch der Habsburger Albrecht I. folgte. Diese sowie der Luxemburger Heinrich VII. – bei seiner Wahl auch nicht gerade Herr eines bedeutenden Territorialverbandes – verstanden sich von ihrer Herkunft noch als »rheinische Fürsten«. Erst durch Heinrichs Sohn, Johann dem Blinden, gelang den Luxemburgern mit dem Erwerb Böhmens nicht nur der Sprung an die Spitze der deutschen Territorialfürsten, sondern es vollzog sich damit auch die bereits erwähnte »Ostverschiebung«.

Heinrich gelang es, erstmals seit Friedrich II. wiederum die Kaiserkrone zu erlangen. Den bereits erwähnten Charakter der Epoche der »springenden Königswahlen« unterstreicht auch die Tatsache, daß von den zehn Königen zwischen Rudolf I. und Albrecht II. nur vier die Kaiserwürde erlangen konnten, die ja

DAS SPÄTMITTELALTER

immer auch mit einem Autoritätsgewinn nach innen verbunden war. Aber auch Heinrich VII. gelang es nicht, die Königswürde innerhalb seiner Familie zu halten. Ihm folgte der Wittelsbacher Ludwig der Bayer – noch dazu in Konkurrenz mit dem Habsburger Friedrich dem Schönen –, der zwar auch zum Kaiser gekrönt wurde, jedoch als Herrscher jener Zeit, die in Umberto Ecos »Im Namen der Rose« eindrucksvoll literarisch verarbeitet wurde, infolge – man würde heute sagen – innerkirchlicher Konflikte scheiterte.

Ihm folgte wiederum ein Luxemburger: Karl IV. Mit ihm zeichnete sich nun möglicherweise neuerlich ein machtvolles Königtum ab, das an das Hochmittelalter erinnerte. Doch sein Sohn und Nachfolger Wenzel verspielte das gründlich, so daß er abgesetzt und neuerlich ein Wittelsbacher, der Pfälzer Ruprecht, zum König gewählt wurde. Erst unter dem neuerlichen Luxemburger Sigismund schien sich die Linie Karls IV. fortzusetzen. Mit ihm ist jedoch dieses Geschlecht »im Mannesstamme erloschen«. So plötzlich diese Adelsfamilie Anfang des 13. Jahrhunderts an Bedeutung gewann, so rasch verschwand sie nicht einmal 150 Jahre später. Zweifelsohne waren die Luxemburger in dieser Epoche prägend und setzten Maßnahmen, die auch für die künftige Zeit große Bedeutung erlangen. Als Beispiele seien nur genannt die »Goldene Bulle« Karls IV., die als Reichsverfassungsgesetz im Prinzip bis zum Ende des alten Reiches 1806 galt, und das Eingreifen Sigismunds in innerkirchliche Angelegenheiten im Konzil von Konstanz, wo auf seine Initiative hin das Große Abendländische Schisma sein Ende fand.

Luxemburger, Wittelsbacher und Habsburger prägten also abwechselnd diese Zeit. Doch von diesen drei Familien sollten letztlich nur die Habsburger für die deutsche Reichsgeschichte sowie österreichische und damit auch die europäische Geschichte Bedeutung erlangen. Dieses schwäbische Geschlecht läßt sich bis in das 10. Jahrhundert zurückverfolgen, ein Guntram der Reiche war der erste aus dieser Familie, der erwähnt wurde. Dessen Nachfolger bauten nach und nach ihre Stellung beiderseits des Rheins ober- und unterhalb Basels aus, vor allem im südlichen Elsaß, dem Breisgau und in Gebieten der heutigen Schweiz. Im Aargau, am Zusammenfluß der Aare und der Reuß, errichtete Bischof Werner von Straßburg, ein Nachfahre Guntrams, Mitte des 11. Jahrhunderts die Habichtsburg, nach der sich um 1100 diese Familie nannte: Grafen von Habsburg.

Unter den Staufern, ebenfalls ein schwäbisches Geschlecht, konnten die Habsburger an Bedeutung gewinnen. Besonders Graf Rudolf II. stand Friedrich II. sehr nahe. Sein älterer Sohn Graf Albrecht IV. war der Vater des Grafen Rudolfs IV., besser bekannt als König Rudolf I. Mit ihm trat eine Adelsfamilie ins Rampenlicht der Geschichte, die mit Unterbrechungen mehr als 600 Jahre die europäische Geschichte prägen sollte.

Obwohl Ottokar II. Přemysl eine gute Ausgangsposition für die durch den am 2. 4. 1272 erfolgten Tod Richards von Cornwall notwendig gewordene Königswahl besaß, entschieden sich jedoch die Kurfürsten zugunsten des weitaus weniger mächtigen Grafen Rudolf von Habsburg. Es war die Gunst des Augenblicks: Ein Graf nützte seine Chance.

König Rudolf I.

König Rudolf I.

* 1. 5. 1218 auf Schloß Limburg i. Breisgau
† 15. 7. 1291 in Speyer
Grabstätte: Kaisergruft im Dom zu Speyer
Eltern: Graf Albrecht IV. von Habsburg und Gräfin Heilwig von Kyburg

1. ⚭ um 1253 im Elsaß
GERTRUD ANNA, Gräfin von Hohenberg
Eltern: Burchard III., Graf von Hohenberg, aus dem Geschlecht der Grafen von Zollern-Hohenberg in Schwaben
* um 1225 in Schwaben
† 16. 2. 1281 in Wien
Grabstätte: Heute unter der Hauptapsis der Stiftskirche St. Paul i. Lavanttal/ Kärnten, ursprünglich im Münster zu Basel, dann in St. Blasien im Schwarzwald. Nach der Säkularisation des Klosters von 1806/07 wurden auch die sterblichen Überreste von 15 Habsburgern der ersten bis vierten Generation nach St. Paul gebracht.

2. ⚭ Ende Mai 1284 in Besançon
AGNES (Isabella) von Burgund
Eltern: Hugo IV., Herzog von Burgund, und Beatrix, Prinzessin von Navarra, Tochter Theobalds I., König von Navarra
* um 1270 in Dijon
† um 1323 in Chambly
Grabstätte: Wahrscheinlich in Chambly

WAHLSPRUCH: Utrum lubet = Wie's beliebt

1. 10. 1273 in Frankfurt a. M. zum römisch-deutschen König gewählt.
24. 10. 1273 in Aachen zum römisch-deutschen König gekrönt durch den Kurfürsten und Erzbischof von Köln Engelbert II. von Falkenburg.

Nach dem Niedergang der Macht der Staufer und der am 17. 7. 1245 auf dem 1. Konzil von Lyon erfolgten Absetzung Kaiser Friedrichs II. begann die kaiserlose Zeit, die bis 1273 andauern sollte. Die während des Interregnums gewählten Könige (Richard von Cornwall und Alfons von Kastilien) konnten die tiefe Krise, in die das Reich geraten war, nicht überwinden. Seiner tragenden Institutionen beraubt, war das Reich dem Verfall preisgegeben. Rechtlosigkeit und Verwirrung griffen zunehmend um sich. Das Fehlen einer starken und führungsfähigen Reichsspitze machte sich immer stärker bemerkbar. Die territorialen Fürsten bereicherten sich am Reichsgut und förderten so die Anarchie. Der Niedergang des Reiches stürzte auch die Kirche in eine tiefe Krise. Es fehlte der Schutzherr der Kirche – der Kaiser. Die im Reich und in der Kirche eingerissenen Zustände veranlaßten Papst Gregor X., die Kurfürsten ultimativ aufzufordern, einen König zu wählen. Der Papst fügte gleich die Drohung hinzu, daß er einen Kaiser ernennen werde, falls die Kurfürsten sich in der Wahl eines Königs nicht einigen sollten.

Waren bis dahin die reichsunmittelbaren Fürsten als Königswähler aufgetreten, so nahmen – auf eine Idee Papst Urbans IV. aus dem Jahre 1263 zurückgreifend – von nun an die sieben Kurfürsten das Recht der Königswahl wahr. Es waren dies:

a) die geistlichen Kurfürsten:
   der Erzbischof von Mainz als Erzkanzler für Deutschland,
   der Erzbischof von Köln als Erzkanzler für Italien,
   der Erzbischof von Trier als Erzkanzler für Burgund,
b) die weltlichen Kurfürsten:
   der König von Böhmen als Erzmundschenk,
   der Pfalzgraf bei Rhein als Erztruchseß,
   der Herzog von Sachsen-Wittenberg als Erzmarschall,
   der Markgraf von Brandenburg als Erzkämmerer.

Bedeutendster geistlicher Kurfürst war der Erzbischof von Mainz. Er war verantwortlich für die Einberufung des Wahlkollegiums und gab als letzter die Stimme ab. Bei Stimmengleichheit entschied er über den Ausgang der Wahl.

Von den weltlichen Kurfürsten hatte der Pfalzgraf bei Rhein eine Vorzugsstellung, da er die Rechtsgewalt über den König ausübte und das Amt des Reichsverwesers innehatte.

Als der mächtigste Reichsfürst galt zweifellos der Böhmenkönig Ottokar II. Durch den Zerfall der Reichsgewalt begünstigt, hatte er sich während des Interregnums ein Großreich geschaffen, das die Länder Böhmen, Mähren,

Österreich, Steiermark, Kärnten und Krain umfaßte. Am 15. 6. 1246 war der letzte regierende Babenberger, Friedrich II., in der Schlacht an der Leitha gefallen. Das Geschlecht der Babenberger war im Mannesstamm erloschen. Kurz entschlossen heiratete der 22jährige Böhmenkönig die 47jährige Margarethe, Schwester des letzten Babenbergers, und brachte so die erledigten Reichslehen Österreich und Steiermark gegen den Widerstand der Kurfürsten in seinen Besitz. Seine Bemühungen, die deutsche Königswürde zu erlangen, blieben vergeblich. Er wurde von der Wahl ausgeschlossen. An seiner Stelle wählte Herzog Heinrich von Niederbayern.

Am 9. 9. 1273 entschieden sich die drei geistlichen Kurfürsten in einer Vorwahl für Graf Rudolf IV. von Habsburg, der gerade eine Fehde mit dem Bischof von Basel austrug. Als der Burggraf Friedrich von Zollern im Feldlager von Basel erschien, um Rudolf zu fragen, ob er bereit sei, die Wahl anzunehmen, wenn sie auf ihn falle, schloß der Habsburger unverzüglich einen Waffenstillstand mit Basel.

Am 1. 10. 1273 wählten die Kurfürsten Graf Rudolf IV. von Habsburg, Sohn des Grafen Albrecht IV. von Habsburg und der Gräfin Heilwig von Kyburg, in Frankfurt am Main einstimmig zum deutschen König. Die Kurfürsten mögen bei ihrer Wahl davon ausgegangen sein, daß dieser in der Reichspolitik bis dahin nicht sonderlich hervorgetretene Graf Rudolf von Habsburg sich den Wünschen der Kurfürsten gefügig zeigen werde. Sie sollten sich täuschen. Als der Bischof von Basel die Nachricht von der Wahl Rudolfs erhielt, soll er ausgerufen haben: *»Lieber Gott halte deinen Thron fest, sonst wird dieser Rudolf ihn dir nehmen.«*

Der Bischof von Basel scheint Rudolf richtiger eingeschätzt zu haben als die wahlberechtigten Kurfürsten.

Die Habsburger leiten ihren Namen von der bei Brugg im Aargau 1020 erbauten Habichtsburg ab. Das Geschlecht geht vermutlich auf Guntram den Reichen aus dem Elsässischen, der um 1150 in den Annalen des Klosters Muri genannt wird, zurück. Seit 1009 Grafen, wurden die Habsburger 1135 Landgrafen mit Besitz am Oberrhein und in der Mittelschweiz. Diesen Besitz vermehrte Rudolf durch erhebliche Teile des Schwarzwaldes mit dem Stift St. Blasien sowie durch den Erwerb großer Güter im Breisgau. Von seiner Mutter erbte er Wübberthin, Thurgau und Glarus. Von der Laufenburg-Habsburger Linie kaufte er Sempach, Stanz, Schwyz und die Gebiete um Brugg und Waldstätten. So entstammte Rudolf zwar einem nichtfürstlichen, aber doch reich begüterten Geschlecht, dessen Herrschaftsgebiet sich vom Jura, das Rheintal entlang bis in den Schwarzwald und von den Zentralalpen bis nach Burgund erstreckte. Der neue König war keineswegs das »arme Gräflein«, wie ihn sein Rivale Ottokar II. nannte.

Rudolf traf kurz nach seiner Wahl in Frankfurt ein und reiste von dort gemeinsam mit den Fürsten nach Aachen, wo er am 24. 10. 1273 im Münster Karls des Großen feierlich gekrönt wurde. Der Approbationsanspruch Papst Gregors X. wurde von Rudolf ignoriert. Erst am 20. 9. 1274 erkannte der Papst die Wahl Rudolfs gegen die Bedenken der Kurie an. In Rom hatte man dem Habsburger sein Eintreten für die Staufer, wofür er 1248 mit dem Kirchenbann belegt worden war, noch nicht vergessen. Am 20. 10. 1275 traf Rudolf anläßlich der Weihe des Doms von Lausanne mit Papst Gregor X. zusammen. Bei dieser Zusammenkunft erhielt der Papst die Zusage König Rudolfs, daß er die Rechte und Besitzungen der Kirche schützen werde und daß Sizilien und das Reich nicht vereinigt werden sollten. Diese verbindliche Zusage des Königs bedeutete die Abkehr von der Hausmachtpolitik der Staufer. Aus der Hand des Papstes nahm Rudolf das Kreuz und erhielt die endgültige Anerkennung als König mit der Einladung, zur Kaiserkrönung nach Rom zu kommen. Als Krönungstag wurde der 2. 2. 1276 fest vereinbart. Es sollte nie zur Kaiserkrönung in Rom kommen. Vor dem vereinbarten Termin starb Papst Gregor X. am 10. 1. 1276, und der König war zunächst mit der Beseitigung der Nachwirkungen des Interregnums beschäftigt und durch den Kampf gegen König Ottokar II. von Böhmen voll in Anspruch genommen.

Ottokar II. sollte Rudolfs größter Gegner werden. Das von ihm während des Interregnums geschaffene großböhmische Reich, zu dem vorübergehend auch Ungarn gehörte, bestand außer den Stammlanden Böhmen und Mähren aus dem Erbe der Staufer und aus Reichsgut, das Ottokar dem Reich entfremdet hatte. Durch eine gute Verwaltung und Wirtschaftspolitik, die unbestritten sind, hatte der Böhmenkönig seine Herrschaft gefestigt. Durch die Gründung deutscher Städte, u. a. Königsberg, das seinen Namen trägt, und durch die Heranziehung deutscher Einwanderer war es ihm gelungen, den Wohlstand zu heben. Sein Herrschaftsbereich reichte schließlich von der Adria bis zur Ostsee. Mit dieser Hausmacht im Rücken machte er seinen Anspruch auf die deutsche Krone geltend und erhob gegen die Wahl des Habsburgers Einspruch. Gleichzeitig beanspruchte er weiterhin den Besitz von Österreich, Steiermark, Kärnten und Krain. Da der Papst die Wahl Rudolfs inzwischen anerkannt hatte, ließ sich dieser auch durch das Versprechen Ottokars, einen Kreuzzug zu unternehmen, nicht mehr umstimmen. Mit Recht mußte der Böhmenkönig nunmehr befürchten, daß die Bemühungen König Rudolfs, verlorengegangene Rechte und Territorien für das Reich zurückzugewinnen, ihn am härtesten treffen würden. Auf einem Reichstag zu Nürnberg ermächtigten die deutschen Fürsten König Rudolf zur Einziehung der seit 1245 erledigten Reichslehen. Da König Ottokar es ablehnte, dem gewählten König zu huldigen, und eine zweimalige Vorladung, vor dem Reichstag zu erscheinen, ablehnte, wurde die Reichsacht über ihn verhängt. Nach einer neuerlichen Ächtung (Aberacht) beschloß der Reichstag den Reichsfeldzug gegen den Böhmenkönig. Dieser mußte nunmehr einsehen, daß er seine Macht überschätzt und die Lage falsch eingeschätzt hatte. Der König zog bis vor Wien, das auf der Seite Ottokars II. stand, der aber von Teilen seines Heeres verlassen wurde und sich Aufständen des steiermärkischen und des Kärntner Adels gegenübersah. Nunmehr wandte sich auch Wien von Ottokar II. ab, der dadurch genötigt wurde, nachzugeben. Im Wiener Frieden vom 26. 11. 1276 verzichtete Ottokar II. auf die babenbergischen und sponheimschen Länder, gab Eger dem Reich zurück und stimmte der von König Rudolf vorgeschlagenen Heirat seiner Kinder Agnes und Wenzel mit Rudolfs I. Kindern Rudolf und Jutta zu. Ottokar wurde mit seinen Stammländern, den alten Reichslehen Böhmen und Mähren, belehnt. Gleichzeitig verkündete König Rudolf I. für Österreich den Landfrieden.

Der Wiener Friede, dem Ottokar II. nur halbherzig beigetreten war, hatte nicht lange Bestand. Es war das Unglück Ottokars II., nicht wirklich zum Frieden bereit zu sein. Seinem Charakter entsprechend, trug er sich mit Revanchegedanken und begann im Sommer 1278 erneut zu rüsten. Zunächst zog er Polen auf seine Seite und sicherte sich dann die Unterstützung deutscher Fürsten, des österreichischen Adels und der Wiener Bürgerschaft, die mit der Steuerpolitik Rudolfs nicht einverstanden waren. König Rudolf I. befand sich in einer schwierigen Lage. Er stützte sich auf österreichische und steirische Ritter sowie auf Verbände aus Kärnten, Krain und Salzburg. Von den deutschen Fürsten, die den Machtzuwachs des Habsburgers fürchteten, war keine wesentliche Hilfe zu erwarten. Dagegen gelang es König Rudolf I., den König von Ungarn, Ladislaus IV., für den Kampf gegen Ottokar II. zu gewinnen. Dieses Bündnis mit Ungarn sollte entscheidend werden.

Am 26. 8. 1278 kam es auf dem Marchfeld bei Dürnkrut – 40 km nordöstlich von Wien – zur Entscheidungsschlacht. Das Heer Ottokars II. wurde vernichtend geschlagen und er selbst von persönlichen Feinden ermordet. Sein Reich ging mit ihm unter. Die ungarischen Verbände hatten entscheidenden Anteil an diesem Sieg, zu dessen Folgen die Beendigung der jahrhundertealten Feindschaft Ungarns gehörte. König Ladislaus IV. und König Rudolf I. schlossen ein längeres Bündnis, und Karl I. Martell aus dem Hause Anjou, ein Neffe des Ungarnkönigs, erhielt Rudolfs Tochter Clementia zur Frau.

Der Sieg König Rudolfs I. bei Dürnkrut hatte weittragende Folgen für Österreich, Deutschland und Europa. Der einzige gefährliche Gegner des habsburgischen Königtums wurde ausgeschaltet. Es war eine Entscheidung für die nächsten 650 Jahre. Habsburg blieb in diesem Raum, den König Rudolf I. mit dieser einzigen Schlacht gewonnen hatte, bis 1918. Es war die Geburtsstunde des »Hauses Österreich«, das die Geschicke des Reiches in den kommenden Jahrhunderten entscheidend beeinflussen sollte. Die Herrschaft der Habsburger verschob sich von Westen nach Osten. Der Donauraum wurde zum Mittelpunkt. Er bestimmte fortan das politische Handeln der Habsburger. Mit dem Begriff »Vorderösterreich« für die Besitzungen im Westen machte Österreich seinen Einfluß bis an den Rhein geltend. Prag und Wien wurden die Zentren des Reiches.

Bedächtig und vorsichtig baute König Rudolf I. die ihm zugefallene Macht aus. Bereits 1273 hatte er die habsburgische Macht über Uri, Schwyz und Unterwalden wiederhergestellt. Sie sollte bis zur Gründung des »Ewigen Bundes« der drei Urkantone im Jahre 1291 Bestand haben.

1279 erhielt Meinhard II. von Tirol Kärnten, Krain und die Windische Mark als Pfand für die Unterstützung des Königs im Kampf gegen Ottokar II. Als weitere Belohnung für seine Hilfe wurde Meinhard II. schließlich mit der Herzogswürde von Kärnten belehnt.

Zu den Kurfürsten hatte Rudolf I. inzwischen enge verwandtschaftliche Beziehungen geknüpft. Seine Tochter Mathilde war die Gemahlin Ludwigs II., Pfalzgraf bei Rhein, seine Tochter Gertrud die Gemahlin Albrechts II., Herzog von Sachsen-Wittenberg, und seine Tochter Hedwig hatte Otto VI., Markgraf von Brandenburg, geheiratet. So waren die Voraussetzungen geschaffen, daß der König auf dem Augsburger Reichstag am 27. 12. 1282 mit Zustimmung der Kurfürsten die Belehnung seiner Söhne Albrecht und Rudolf mit Österreich, Steiermark, Krain und der Windischen Mark zu gesamter Hand vornehmen konnte. Für diese Belehnung hatten die Kurfürsten für König Rudolf I. eigens den nachstehenden »Willebrief« ausgestellt:

»Wir stimmen ausdrücklich bei und erteilen dazu unsere freie Einwilligung, daß König Rudolf die Fürstentümer Österreich, Steiermark, Krain und Kärnten mit allen ihren Rechten und Zubehör, die er, einst dem Reiche entfremdet und verschleudert, mit vielem Schweiß und Blut wieder unter die Gewalt des Reiches gebracht hat, den erlauchten Albrecht und Rudolf, seinen Söhnen, übertrage und zu Lehen gebe, wann es immer sein Wille sein wird.«

Die Belehnung seiner Söhne zu gesamter Hand stieß schon bald bei den Ständen auf Widerstand. Im Vertrag von Rheinfelden vom 1. 6. 1283 erhielt Albrecht für sich und seine Erben die Alleinherrschaft zugesprochen. Rudolf sollte mit einem Königreich oder einer noch zu bestimmenden Geldsumme abgefunden werden. Er erhielt weder das eine noch das andere. Mit dem Vertrag von Rheinfelden wurde die Konsolidierung für den Aufstieg des Hauses Habsburg eingeleitet. Albrecht wurde der erste Herrscher aus dem Hause Habsburg in Österreich.

1290 erhob König Rudolf I. nach der Ermordung seines Schwiegersohnes, König Ladislaus IV. von Ungarn, Lehnsansprüche des deutschen Reiches auf Ungarn, denen der Papst widersprach. Trotzdem belehnte der König seinen Sohn Albrecht mit Ungarn. Dieser erste Versuch, ein habsburgisches Erbkönigtum in Ungarn zu errichten, scheiterte an dem Widerstand des ungarischen Adels, der Andreas III. zum ungarischen König wählte und krönte.

Rudolf von Habsburg, persönlich fromm, klug und zielstrebig in allem, was er sich vornahm, gewann durch seine bescheidene und betont schlichte Art die Gunst des Volkes. 1253 hatte er die Gräfin Gertrud Anna von Hohenberg aus dem Geschlecht der Grafen Zollern-Hohenberg in Schwaben geheiratet. Nach der Krönung Rudolfs in Aachen nahm sie den Namen »Königin Anna« an. Sie wurde die königs- und kaiserreichste Ahnfrau der Weltgeschichte. Als sie im Alter von 56 Jahren starb, wurde sie am 20. 3. 1281 im Beisein ihres königlichen Gemahls mit königlichen Ehren ihrem Wunsch entsprechend im Dom zu Basel beigesetzt. Später wurden ihre Gebeine nach St. Blasien im Schwarzwald gebracht. Nach der

Säkularisation der Abtei St. Blasien brachten die Mönche ihren Leichnam 1807 nach St. Paul im Lavanttal in Kärnten, wo die Königin in der Stiftskirche ihre endgültige Ruhestätte fand.

Im Alter von 66 Jahren heiratete König Rudolf I. Prinzessin Agnes (Isabella) von Burgund. Er hoffte, durch diese Heirat die gefährdeten Reichsrechte in Burgund sichern zu können. Trotzdem mußte der König 1289 einen Feldzug gegen Besançon führen, um zu verhindern, daß Burgund an Frankreich fiel.

König Rudolf I. fühlte sich noch nicht als Österreicher, wenn er auch bestrebt war, in den neu erworbenen Gebieten die Macht seines Hauses zu sichern. Sein Blick galt vornehmlich dem Reich. Schon die nächste Generation sah Österreich als Stammland und Ausgangspunkt aller Herrscherziele. Wenn auch die Hoffnungen König Rudolfs I., die Dynastie Habsburg im deutschen Königtum zu begründen, noch nicht in Erfüllung gingen, so hat der König doch mit Klugheit und Beharrlichkeit den Grundstein zum unaufhaltsamen Aufstieg des Hauses Habsburg, dessen Stammvater er wurde, gelegt. Er war 73 Jahre alt und hatte fast zwei Jahrzehnte erfolgreich regiert. In Begleitung seiner Gemahlin und vieler seiner Getreuen ritt er nach Speyer, wo viele seiner Vorgänger, die auch Könige waren, ihre letzte Ruhestätte gefunden hatten. Hier starb König Rudolf I. am 15. 7. 1291. In der Krypta des Doms in Speyer ruht der erste König aus dem Hause Habsburg in einem schmucklosen Steinsarg. An der Stirnseite der Königsgräber steht das Epitaph Rudolfs von Habsburg mit dem ersten Porträt eines deutschen Königs.

Die Nachkommen König Rudolfs I.

1. MATHILDE, Gräfin von Habsburg
   * um 1253 in Rheinfelden
   † 23. 12. 1304 in München
   Grabstätte: Unter dem Priesterchor der ehemaligen Zisterzienserklosterkirche in Fürstenfeld/Bayern

   ⚭ 24. 10. 1273 in Heidelberg
   LUDWIG II., »Der Strenge«, Pfalzgraf bei Rhein, Herzog in Bayern
   Eltern: Otto II., Pfalzgraf bei Rhein, Herzog in Bayern, und Agnes,
   Prinzessin von Sachsen, Tochter Heinrichs von Sachsen
   * 13. 4. 1229 in Heidelberg
   † 3. 2. 1294 in Heidelberg
   Grabstätte: Unter dem Priesterchor der ehemaligen Zisterzienserkloster-
   kirche in Fürstenfeld/Bayern.

Nach dem Tode Herzog Ottos II. regierten seine Söhne Ludwig und
Heinrich gemeinsam in Bayern. Am 18. 3. 1255 erfolgte eine Länderteil-
lung. Ludwig erhielt die Rheinpfalz und Oberbayern, das sich damals bis
zu den Kitzbühler Alpen erstreckte. Heinrich blieb auf Niederbayern
beschränkt.
Als Vormund seines Neffen Konradin, des letzten Staufers, unterstützte
Ludwig dessen Ansprüche in Sizilien und wurde von Konradin zum
Erben eingesetzt. Dadurch erzielte Bayern nach der Hinrichtung Konradins in Neapel große territoriale Gewinne aus dem Besitz der Staufer.
1273 setzte Ludwig sich für die Wahl Rudolfs von Habsburg zum König
ein. Für diese Unterstützung bekam er seine staufischen Erwerbungen
durch König Rudolf bestätigt und dessen Tochter Mathilde zur Frau.
Nach dem Tode Rudolfs konnte Ludwig die Wahl Albrechts zum König
nicht durchsetzen. Er behauptete aber die Kurfürstenwürde für die Pfalz.
Am 18. 1. 1256 hatte Ludwig II. seine erste Gemahlin, Maria von
Brabant, wegen des Verdachts der Untreue in Donauwörth enthaupten
lassen. Als sich die Unschuld Marias herausstellte, errichtete er für die
nun bereute Tat, die schon seine Zeitgenossen als Mord werteten, das
Zisterzienserkloster Fürstenfeld, das später das Wittelsbacher Hausklo-
ster wurde.

KÖNIG RUDOLF I. 373

2. ALBRECHT, Herzog von Österreich und Steiermark
   ∞ ELISABETH, Prinzessin von Kärnten, Görz und Tirol
   Siehe unter König Albrecht I.

3. KATHARINA, Gräfin von Habsburg
   * um 1256 (oder 1265) in Rheinfelden
   † 4. 4. 1282 in Landshut
   Grabstätte: Kloster Seligenthal b. Landshut/Bayern

   ∞ um 1279 in Wien
   OTTO III., Herzog von Niederbayern
   Eltern: Heinrich I., Herzog von Niederbayern, und Elisabeth, Prinzessin
   von Ungarn, Tochter Belas IV., König von Ungarn
   * 11. 2. 1261 in Burghausen
   † 9. 9. 1312 in Landshut
   Grabstätte: Kloster Seligenthal b. Landshut/Bayern

   Otto III. übernahm 1290 zunächst die Alleinregierung in Niederbayern.
   Seit 1294 regierte er gemeinsam mit seinen Brüdern Ludwig III. und
   Stephan I.
   Die bereits von seinem Vater, Herzog Heinrich I. von Niederbayern,
   begonnene antihabsburgische Politik setzte er zunächst konsequent fort
   und verbündete sich mit König Wenzel II. von Böhmen gegen die
   Habsburger. Diese Politik war auf den Gewinn der Steiermark gerichtet.
   Der späteren Versöhnung mit König Albrecht I. folgte 1304 eine erneute
   Annäherung an den Böhmenkönig, dessen Sohn Wenzel ihm die
   ungarische Königskrone abtrat. Am 6. 12. 1305 wurde Otto in Stuhlweißenburg zum König von Ungarn gekrönt. Da auch Karl Robert von
   Anjou, unterstützt von der Kurie, Anspruch auf die ungarische Königskrone erhob, mußte Otto, nachdem er sich anfänglich behauptet hatte,
   im Oktober 1307 Karl Robert von Anjou als König von Ungarn
   anerkennen.

4. AGNES GERTRUD, Gräfin von Habsburg
   * um 1257 in Rheinfelden
   † 11. 10. 1322 in Wittenberg
   Grabstätte: Schloßkirche in Wittenberg im Bezirk Halle

   ∞ um 10. 1273 in Wittenberg
   ALBRECHT II. von Anhalt, Herzog von Sachsen-Wittenberg
   Eltern: Albrecht I., Herzog von Sachsen-Wittenberg, und Helene,
   Prinzessin von Braunschweig-Lüneburg, Tochter Ottos I., Herzog von
   Braunschweig-Lüneburg
   * um 1250 in Wittenberg
   † 25. 8. 1298 in Wittenberg
   Grabstätte: Schloßkirche in Wittenberg im Bezirk Halle

5. HEDWIG, Gräfin von Habsburg
   * um 1259 in Rheinfelden
   † um 1303 in Brandenburg
   Grabstätte: Ehem. Zisterzienserklosterkirche in Lehnin bei Brandenburg

   ∞ im Februar 1279 in Lehnin
   OTTO IV., Markgraf von Brandenburg
   Eltern: Otto III., Markgraf von Brandenburg, und Beatrix, Prinzessin
   von Böhmen, Tochter Wenzels I., König von Böhmen
   * um 1238 in Brandenburg
   † 27. 11. 1309 in Lehnin
   Grabstätte: Ehem. Zisterzienserklosterkirche in Lehnin bei Brandenburg

6. CLEMENTIA, Gräfin von Habsburg
   * um 1262 in Rheinfelden
   † nach 7. 2. 1293 in Neapel
   Grabstätte: Gruft in der Kirche San Domenico Maggiore in Neapel

   ∞ um 1. 1281 in Neapel
   KARL I. MARTELL
   Eltern: Karl II., König von Neapel, und Marie, Prinzessin von Ungarn,
   Tochter Stephans V., König von Ungarn
   * 9. 1271 in Neapel
   † 12. 8. 1295 in Stuhlweißenburg
   Grabstätte: Basilika in Stuhlweißenburg

7. HARTMANN, Graf von Habsburg
   * um 1263 in Rheinfelden
   † 20. 12. 1281, zwischen Breisach und Straßburg im Rhein ertrunken
   Grabstätte: Unter der Hauptapsis der Stiftskirche St. Paul i. Lavanttal/
   Kärnten

   Hartmann war der Lieblingssohn König Rudolfs I. Von seinem Vater
   laufend zu den Staatsgeschäften hinzugezogen, bewährte Hartmann sich
   so vortrefflich, daß König Rudolf erwog, die römische Königswürde auf
   ihn und nicht auf seinen ältesten Sohn Albrecht zu übertragen. Auch die
   Verlobung Hartmanns mit Prinzessin Johanna, Tochter König Eduards I.
   von England, läßt erkennen, welche Hoffnungen Rudolf auf Hartmann
   setzte. Auf der Fahrt zum Hofe seines Vaters kenterte das Boot
   Hartmanns, und er ertrank mit 13 adeligen Gefährten zwischen Breisach
   und Straßburg in den Fluten des Rheins. In der Kirche der Benediktinerabtei in Rheinau erinnert eine Gedenktafel an dieses tragische Ereignis.

8. RUDOLF II., Herzog von Österreich
   * um 1270 in Rheinfelden
   † 10. 5. 1290 in Prag
   Grabstätte: Fürstengruft im St.-Veits-Dom in Prag

⚭ im März 1289 in Prag
AGNES, Prinzessin von Böhmen
Eltern: Ottokar II., König von Böhmen, und Kunigunde von Halicz,
Tochter Rostislaws, Fürst von Halicz
* 5. 9. 1269 in Prag
† 17. 5. 1296 in Prag
Grabstätte: Gruft in der St.-Franziskus-Kirche in Prag

VON RUDOLF II. STAMMT AB:

JOHANN (genannt: Parricida = Verwandtenmörder)
* um 1290 in Prag
† 13. 12. 1313 in Pisa
Grabstätte: wahrscheinlich Kloster San Augusto in Pisa

In der Rheinfeldener Hausordnung vom 1. 6. 1283 war Rudolf II. von der
Mitherrschaft über Österreich, Steiermark, Krain und der Windischen Mark ausgeschlossen worden. Er sollte innerhalb von vier
Jahren mit einem Königreich oder durch eine Barsumme entschädigt
werden. Nach dem Tode seines Vaters forderte Johann als Erbe von
seinem Onkel, König Albrecht I., die bis dahin nicht gezahlte Entschädigung. Johann wurde von Albrecht I. immer wieder vertröstet und
hingehalten. Letztmalig forderte Johann sein Erbe am 1. 5. 1308. Da
Albrecht I. der Forderung seines Neffen erneut auswich, ermordete
Johann seinen Onkel am gleichen Tage bei Brugg a. d. Aare. Johann
flüchtete und wurde zuletzt 1312 in einem Kloster bei Pisa gesehen, wo er
wahrscheinlich auch gestorben ist.

9. JUTTA, Gräfin von Habsburg
* 13. 3. 1271 in Rheinfelden
† 18. 6. 1297 in Prag
Grabstätte: Fürstengruft im St.-Veits-Dom in Prag

⚭ 24. 1. 1285 in Prag
WENZEL II., König von Böhmen
Eltern: Ottokar II., König von Böhmen, und Kunigunde von Halicz,
Tochter Rostislaws, Fürst von Halicz
* 17. 9. 1271 in Prag
† 21. 6. 1305 in Prag
Grabstätte: Gruft in der St.-Jacobs-Kirche zu Zbraslav (Königsaal bei
Prag)

10. KARL, Graf von Habsburg
* 14. 2. 1276 in Rheinfelden
† 16. 8. 1276 in Rheinfelden
Grabstätte: Unter der Hauptapsis der Stiftskirche St. Paul i. Lavanttal/
Kärnten

König Adolf von Nassau

ADOLPHVS NASSĂVIVS, ROM.
IMPERATOR etc.

König Adolf von Nassau

* um 1250 in ?
† 2. 7. 1298 in Hasenbühel bei Göllheim (Rheinpfalz)
Grabstätte: Dom zu Speyer, Krypta
Eltern: Graf Walram II. von Nassau und Adelheid von Katzenelnbogen, Tochter
von Graf Dieter IV. von Katzenelnbogen

∞ um 1271
Imagina von Isenburg-Limburg
Eltern: Gerlach I. von Isenburg-Limburg und ?
* ?
† 29. 7. ? (nach 1279)
Grabstätte: Klarissinnenkloster in Klarenthal bei Wiesbaden

1288 Graf von Nassau-Idstein-Wiesbaden (Walramische Linie)
5. 5. 1292 in Frankfurt a. M. zum römisch-deutschen König gewählt
24. 6. 1292 in Aachen zum römisch-deutschen König gekrönt

Adolf war der Sohn des Grafen Walram II., dessen Geschlecht sich früher nach Laurenburg, dann nach Nassau benannte. Dudo-Heinrich, Sohn von Graf Rupprecht, eines Vogtes des Erzbischofs von Köln im Siegerland, übernahm vom Bischof von Worms das Gebiet um Nassau und Idstein als Lehen des Erzbischofs von Mainz. Er nannte sich Graf von Laurenburg und starb um 1123. Mit ihm begann dieses Geschlecht, im Nassauischen zu wirken, und nannte sich seitdem auch so. Sein Ururenkel war Walram II. (1220–1276), ein Sohn Graf Heinrichs II. († um 1251). Walram begründete die Linie Nassau zu Wiesbaden-Idstein (Gebiete südlich der Lahn), dessen Bruder Otto I. die ottonische Linie Dillenburg-Hadamar (Gebiete nördlich der Lahn). Diese Teilung erfolgte 1255. Damit beginnt eine jahrhundertelange politische und geographische Trennung des Hauses Nassau, das sich im Laufe der Zeit noch weiter verzweigte. Nassauer waren später die Stammväter der Könige der Niederlande und der Großherzöge von Luxemburg und erlangten somit stärkere Bedeutung.

Adolfs Vater Walram II., der 1276 angeblich in geistiger Umnachtung starb, heiratete Adelheid, die Tochter des Grafen Dieter II. von Katzenelnbogen. Aus dieser Ehe entsprangen sieben Kinder. Verheiratet war Adolf mit Imagina, einer Tochter Gerlachs I. von Isenburg-Limburg. Aus dieser Ehe entsprangen zehn (acht?) Kinder, darunter Rupprecht, der Agnes, die Tochter des Königs von Böhmen, Wenzel II., heiraten sollte, und Mechthild, die die Frau Rudolfs, des Pfalzgrafen bei Rhein, wurde. Adolfs Bruder Dieter war Erzbischof von Trier († 1307). Seine Schwester Richardis wurde 1298 die erste Äbtissin des Klosters Klarenthal, das von Adolf gestiftet worden war.

Adolf, mittelgroß, liebenswürdig, waffengewandt, tapfer, für seinen Stand außergewöhnlich gebildet – er verstand Latein und Französisch –, folgte 1276 seinem Vater Walram II. Das Erbe umfaßte die Herrschaften Idstein und Weilburg, Hof und Stadt Wiesbaden und die Vogtei Bleidenstadt. Bald stellte er die Landverbindung zwischen Idstein und Wiesbaden her, was zu Fehden besonders mit den Erzbischöfen von Mainz (Haus Eppstein), mit Katzenelnbogen und Solms führte. Um seine Einkünfte zu verbessern, stellte sich Adolf mit seinem Heer in den Dienst anderer, so u. a. für den mit ihm verwandten Kölner Erzbischof Siegfried von Westerburg. In dieser Funktion nahm er ab 1280 am limburgischen Erbkrieg auf kurkölnischer Seite teil. In der für die Stadtgeschichte Kölns bedeutsamen Schlacht von Worringen im Jahr 1288 kämpfte er zusammen mit seinem Vetter Heinrich und Erzbischof Siegfried von Westerburg gegen den Herzog von Brabant und dessen Verbündete (u. a. die Stadt Köln). Adolf geriet in dieser Schlacht für kurze Zeit in Brabanter Gefangenschaft.

Besitz und Machtstellung derer von Nassau waren eher bescheiden. Das mag mit ein Grund gewesen sein, daß vor allem Siegfried von Westerburg Adolfs Wahl durchsetzte, nachdem nur der Pfalzgraf von Rhein für Habsburg eintrat. König Rudolf I. von Habsburg war es nicht gelungen, seinem Sohn Albrecht, den späteren König Albrecht I., die Nachfolge im Reich zu sichern. Vor allem die drei geistlichen Kurfürsten vereitelten einen solchen Plan, da sie sich durch die Habsburger territorial bedroht sahen. Durch die Wahl Adolfs wollte der Kölner Erzbischof seine Niederlage von 1288 wettmachen. Auch konnte Adolf einer oligarchischen Regierung des Reiches und der Territorialpolitik der Kurfürsten mangels Eigenmacht nicht gefährlich werden.

Am 5. 5. 1292 wurde Adolf nun in der Dominikanerkirche zu Frankfurt am Main in Übereinstimmung mit dem Erzbischof von Köln und dem König von Böhmen und mit stillschweigender Duldung der anderen Kurfürsten gewählt, von Gerhard von Eppenstein, Erzbischof von Mainz, zum König proklamiert und am 24. 6. zu Aachen vom Erzbischof von Köln zum König gekrönt. Die Königswahl verlief ohne Störungen, auch nicht seitens des Habsburgers Albrecht. Denn dieser war durch Aufstände in der Schweiz gebunden und mußte der Entwicklung tatenlos zusehen. Er huldigte dem neuen König und übergab ihm im November 1292 in Hagenau die Reichsinsignien, die bislang auf der Kyburg waren. Von dieser Seite drohte also dem neuen König vorerst keine Gefahr.

König Adolf hat den Wählern derart große Zugeständnisse machen müssen, daß ihm praktisch die Hände gebunden waren. Das Königtum des bis dahin unbedeutenden Grafen sollte den Kurfürsten helfen, die Erfolge König Rudolfs I. bei der Stärkung der Zentralgewalt zunichte zu machen. Diese Situation versuchte Adolf zu seinen Gunsten zu ändern, indem er seinen Sohn Rupprecht mit Agnes, der Tochter des Königs von Böhmen, zu vermählen (allerdings vergeblich) suchte und seine Tochter Mechthild mit dem Sohn des Pfalzgrafen bei Rhein vermählte. Damit konnte er den Ring der Kurfürsten um sich sprengen, was sich vor allem gegen den Mainzer Erzbischof richtete. Dadurch gewann er auch Herzog Otto von Niederbayern für sich. In Umkehr der Situation des Jahres 1288 unterstützte er nun Brabant gegen Köln und versuchte, durch Verpfändung von Reichsgut Anhänger im mittleren und niederen Adel für sich zu gewinnen.

Außenpolitisch stützte sich Adolf auf ein im August 1294 abgeschlossenes Bündnis mit König Eduard I. von England. Damit versuchte er, ein Vorrücken Frankreichs unter König Philipp IV. an der Westgrenze des Reiches zu verhindern. Eine wesentliche Vorraussetzung für einen innenpolitischen Erfolg war jedoch der dauerhafte Aufbau einer königlichen Territorialmacht vor allem in der Mitte Deutschlands. Auf dieser Linie lag 1291 die Einbehaltung des erledigten Lehens der Markgrafschaft Meißen nach dem Tod des Wettiner Markgrafen Friedrich Tuta. 1294 kaufte er dem geldgierigen Landgrafen Albrecht von Thüringen dessen Erbansprüche auf Meißen und Thüringen ab, mußte aber dessen widerstrebende Söhne Friedrich den Freidigen und Dietrich bekämpfen. Mit Hilfe englischer Subsidiengelder konnte er nun 1294/95 Meißen und Thüringen besetzen.

Adolf besaß weder die Mittel noch die Durchschlagskraft, um die Ziele seines Bündnisses mit England zu realisieren. Eduard I. von England wollte Adolf und die rheinischen Fürsten nur als Schachfiguren seiner Interessen benützen. Hingegen besaß Frankreich damals beträchtliche finanzielle Mittel. Als Adolf im Sinne der Vertragsverpflichtungen mit England in Flandern einfallen wollte, zeigte sich die politische Schwäche des Königs Adolfs.

Adolfs Territorialpolitik in Mitteldeutschland tangierte jedoch die Interessen von Mainz und Böhmen. Ab Mitte 1296 begann sich ein Bündnis zwischen dem Herzog Albrecht von Österreich, dem späteren König Albrecht I., König Wenzel II. von Böhmen, dem Mainzer Erzbischof und den Kurfürsten von Sachsen und Brandenburg abzuzeichnen. Anläßlich der Krönung Wenzels zu Pfingsten 1297 in Prag wurde beschlossen, dieses Bündnis in die Tat umzusetzen, während Adolf sich anschickte, mit einem Heer nach Flandern zu ziehen, um der Bündnispflicht gegenüber Eduard I. nachzukommen. Albrecht hingegen marschierte gleichsam hinter dem Rücken Adolfs mit seinem Heer an den Rhein.

Unter dem Einfluß dieser Koalition und auf Initiative des Erzbischofs Gerhard von Mainz beschloß der dorthin einberufene Fürstentag in einem rechtlich nicht einwandfreien Verfahren ohne den Erzbischof von Trier und den Pfalzgrafen bei Rhein am 23. 6. 1298 die Absetzung Adolfs und wählte am nächsten Tag Albrecht von Habsburg zum König. Bei der Absetzung Adolfs in Mainz spielten die Beschlüsse des Konzils von Lyon unter Papst Innozenz IV. eine große Rolle, als dort 1245 im Zusammenhang mit der Absetzung Kaiser Friedrichs II. gewissermaßen Verfahrensbestimmungen für Herrscherdepositionen erlassen wurden, die jedoch dem Papst zustehen. Da Erzbischof Gerhard von Mainz in diesem Absetzungsverfahren eine Befugnis an sich zog, die nach Ansicht der Kanonisten dem Papst zusteht, geriet er in Konflikt mit Bonifaz VIII.

Gerhard berief sich allerdings angesichts einer Ausnahmesituation auf ein Notrecht, als er wegen offenkundiger Vergehen Adolf als »untauglich und unnütz« (insufficiens et inutilis) bezeichnete und die Beschlüsse der Kurfürsten verkündete: »Wir erklären mit einhelliger Zustimmung der Anwesenden, daß dem Herrn Adolf, der sich des Königtums so unwürdig erwiesen hat und der wegen seiner Ungerechtigkeiten und der zuvor genannten Gründe von Gott vertrieben wurde, damit er nicht weiter regiert, vom Herrgott das Königtum, das er bisher innehatte, entzogen wurde. Wir entziehen es ihm und verbieten, daß ihm jemand künftig als König gehorcht.«

Es mußte nun zu einer militärischen Entscheidung zwischen Adolf und Albrecht kommen: In Hasenbühel bei Göllheim (Rheinpfalz) unterlag Adolf am 2. 7. 1298 in einer Ritter-Schlacht und fand dabei den Tod. Er wurde vorerst im Zisterzienserkloster Rosenthal beigesetzt. Auf Veranlassung Kaiser Heinrichs VII. fand er dann im Beisein der Witwe Imagina 1309 seine letzte Ruhestätte in der Krypta des Domes zu Speyer, übrigens auch sein Gegner Albrecht I.

Adolfs kurze Regierungszeit war von den vergeblichen Versuchen gekennzeichnet, ein territorial abgestütztes Königtum aufzurichten. Doch konnte er sich der territorialen Zersplitterung des Reiches vor allem am Mittelrhein nicht widersetzen und keine kraftvolle Politik entfalten, um damit der kurfürstlichen Beherrschung des Reiches Paroli bieten zu können. Er wurde ein Opfer der eigensüchtigen Interessen jener Kurfürsten, die ihn seinerzeit auf den Schild gehoben hatten.

Die Nachkommen König Adolfs

1. HEINRICH
   * ?
   † ? (jung)
2. RUPRECHT, Graf von Nassau-Idstein-Wiesbaden
   * ?
   † 2. 12. 1304
   Grabstätte: Prag (?)
3. MECHTHILD
   * um 1280
   † 19. 6. 1323 in Heidelberg
   Grabstätte: Klarissinnenkloster in Klarenthal bei Wiesbaden

   ∞ 1. 9. 1294 in Nürnberg
   RUDOLF I., Herzog von Bayern, Pfalzgraf bei Rhein
   Eltern: Ludwig II. der Strenge, Herzog von Bayern und Pfalzgraf bei Rhein, und Mechthild von Habsburg, Tochter König Rudolfs I. von Habsburg
   * 4. 10. 1274 in Basel
   † 12. 8. 1319 vielleicht in England

4. ADELHEID, Äbtissin von Klarenthal

    * ?

    † 26. 5. 1338 in Klarenthal
    Grabstätte: Klarissinnenkloster in Klarenthal bei Wiesbaden

5. GERLACH I., Graf von Nassau-Idstein-Wiesbaden

    vor 1288

    † 1. 1. 1371
    Grabstätte: Kloster Liebenau

    1. ∞ 1./13. 5. 1307
    AGNES von Hessen
    Eltern: Heinrich »der Ungehorsame«, Landgraf von Hessen, und Agnes
    von Bayern, Tochter Herzog Ludwigs II. von Bayern
    * ?

    † 13. 1. 1332
    Grabstätte: Klarissinnenkloster in Klarenthal bei Wiesbaden

    2. ∞ vor 4. 1. 1337
    IRMGARD von Hohenlohe, Witwe nach
    Konrad III. von Hohenzollern, Burggraf von Nürnberg
    Eltern: Graf Kraft II. zu Hohenlohe-Weikersheim und Adelheid von
    Württemberg, Tochter Eberhards II., des Erlauchten, von Württem-
    berg
    * ?

    † 11. 5. 1372

6. ADOLF

    * 1292

    † 1294

7. WALRAM III.

    * ?

    † nach 22. 12. 1324
    Grabstätte: Klarissinnenkloster in Klarenthal bei Wiesbaden

König Albrecht I.

König Albrecht I.

* nach 1255 in Rheinfelden
† 1. 5. 1308 in Königsfelden bei Brugg a. d. Aare (ermordet)
Grabstätte: Kaisergruft im Dom zu Speyer
Eltern: König Rudolf I. und Gertrud Anna von Hohenberg

∞ um 1276 in Wien
ELISABETH, Prinzessin von Kärnten, Görz und Tirol
Eltern: Meinhard II., Herzog von Kärnten, Graf von Görz und Tirol, und
Elisabeth, Prinzessin von Bayern, Tochter Ottos II., Herzog von Bayern
* um 1262 in München
† 28. 10. 1313 in Wien
Grabstätte: Unter der Hauptapsis der Stiftskirche St. Paul i. Lavanttal/Kärnten

WAHLSPRUCH: Fugam victoriam nescit = Der Sieg kennt keine Flucht
Quod optimum, idem jucundissimum = Das Beste ist das Angenehmste
24. 6. 1298   in Mainz zum römisch-deutschen König gewählt.
24. 8. 1298   in Aachen zum römisch-deutschen König gekrönt durch den
Kurfürsten und Erzbischof von Mainz Gerhard II. von Eppstein.

Vom ersten Tag seiner Regierung an war der führungsstarke und politisch begabte Albrecht bestrebt, die landesfürstliche Gewalt, die ihm durch den Vertrag von Rheinfelden zugefallen war, in Österreich durchzusetzen. In der Wahl seiner Mittel, dieses Ziel zu erreichen, war er nicht wählerisch. Da die Herrscher der Nachbarländer sich gegen eine Ausweitung der habsburgischen Macht wehrten, mußte es zu inneren und äußeren Schwierigkeiten kommen. Hinzu kam die ablehnende Haltung von Adel und Bevölkerung der ehemals babenbergischen Länder. So konnte es nicht ausbleiben, daß es zu Aufständen kam. 1287 erhob sich die Wiener Bürgerschaft gegen die Herrschaft des Herzogs. Der Aufstand wurde mit Gewalt niedergeschlagen. Albrecht nahm der Stadt die ihr von König Rudolf verliehene Sonderstellung einer freien Reichsstadt und erzwang von den Wiener Bürgern den Treueeid. Wien wurde wieder landesfürstliche Stadt. Kaum war der Aufstand in Wien niedergeschlagen, erhoben sich der ober- und niederösterreichische Adel, dem sich der steirische Adel und der Erzbischof von Salzburg sowie der Herzog von Bayern anschlossen. In einem schnellen Zugriff gelang es Albrecht, die Streitkräfte seiner Gegner bei Bruck a. d. Mur zu zerschlagen. Großzügig verzichtete der Herzog auf Repressalien und konnte so seine Herrschaft in den Alpenländern festigen. Die Konsolidierung seiner Macht war eine Voraussetzung dafür, die Vorbereitungen für den Erwerb der deutschen Königskrone zu treffen.

König Rudolf I. war es nicht gelungen, seinem Sohn Albrecht die Nachfolge im Reich zu sichern. Nach dem Tode des Königs vereitelten die drei geistlichen Kurfürsten den Plan, Albrecht zum König zu wählen, da sie sich durch die Habsburger territorial bedroht sahen. Unter Führung des Kölner Erzbischofs Siegfried von Westerburg schlossen die Kurfürsten ein Bündnis, das sich gegen die Wahl Albrechts und damit gegen eine Erbmonarchie der Habsburger richtete.

Die am 5. 5. 1292 in Frankfurt a. Main erfolgte einstimmige Wahl des bedeutungslosen rheinischen Grafen Adolf von Nassau war im wesentlichen ein Werk der Erzbischöfe von Köln und Mainz. Der Erzbischof von Köln, ein Verwandter Adolfs von Nassau, gelangte durch die Unterstützung Adolfs von Nassau vorübergehend in den Besitz der Vogtei Essen und der Reichsstädte Dortmund und Duisburg. Durch Aufstände in der Schweiz bedrängt, mußte Albrecht der Entwicklung tatenlos zusehen. Er huldigte dem neuen König und händigte ihm die Reichsinsignien aus. Es war ein Akt der politischen Klugheit des Herzogs, der dabei sicher nicht an eine Unterwerfung gedacht hat. Von Albrecht an konnten die Habsburger sich nie damit abfinden, wenn die deutsche Krone einem anderen Geschlecht zufiel.

1295 mußte Albrecht sich erneut einer Empörung des österreichischen und steirischen Adels erwehren. Die Aufständischen fanden die Unterstützung König Adolfs von Nassau, König Wenzels II. von Böhmen und des Erzbischofs von Salzburg. Die Auseinandersetzungen zogen sich bis 1297 hin. Erst die Aussöhnung des Herzogs mit Böhmen, Bayern und Salzburg ermöglichte die Niederwerfung des Adelsaufstandes.

Nach dem Aussterben der dortigen Wettiner hatte König Adolf von Nassau die Mark Meißen als erledigtes Reichslehen an sich genommen und 1294 die Landgrafschaft Thüringen durch Kauf erworben. Es war der Versuch, durch Bildung einer eigenen Hausmacht die Voraussetzungen für eine von den Kurfürsten unabhängige Politik zu schaffen. Durch diese Maßnahmen geriet der König in Gegensatz zu dem Kurfürsten von Mainz, der seine Interessen bedroht sah. Unter Hinzuziehung Herzog Albrechts wurde 1297 eine Koalition von Böhmen, Österreich und Mainz gegen den König gebildet. Unter dem Einfluß dieser Koalition beschloß der nach Mainz einberufene Fürstentag am 23. 6. 1298 die Absetzung König Adolfs von Nassau und wählte am 24. 6. 1298 Herzog Albrecht von Österreich zum deutschen König. Zwischen dem abgesetzten Adolf von Nassau und dem erwählten König Albrecht kam es am 2. 7. 1298 bei Göllheim zur Entscheidungsschlacht, in der Albrecht siegte und Adolf von Nassau den Tod fand. Nach einer vorübergehenden Beisetzung im Zisterzienserkloster Rosenthal fand König Adolf von Nassau später seine letzte Ruhestätte in der Krypta des Doms zu Speyer.

Der Sieg in der Schlacht bei Göllheim brachte in der Königsfrage die endgültige Entscheidung zugunsten Herzog Albrechts, der am 24. 8. 1298 im Aachener Münster zum römisch-deutschen König gekrönt wurde.

Mit der ihm eigenen Energie wandte der König sich seiner neuen Aufgabe zu. Durch Bündnisverträge mit Brandenburg, Böhmen und Frankreich festigte er seine Machtstellung. In dem Bestreben, die Macht der Kurfürsten zu brechen, übertrug der König die sich in den Händen der Kurfürsten befindlichen Rheinzölle den Städten am Rhein. Diese Maßnahme führte zu schwerwiegenden Konflikten mit den rheinischen Kurfürsten, deren Widerstand in verschiedenen Feldzügen in den Jahren 1301/1302 gebrochen wurde.

Am 21. 11. 1298 hatte Albrecht seine Söhne zur gesamten Hand mit Österreich und der Steiermark belehnt. Da der Besitz Böhmens für die Erhaltung der Macht im Reich von entscheidender Bedeutung wurde, zog Albrecht nach dem Tode König Wenzels III. von Böhmen – mit seinem Tode war das Herrschergeschlecht der Přemysliden im Mannesstamm erloschen – Böhmen sofort als erledigtes Reichslehen für sein Haus ein. Rudolf III., der älteste Sohn König Albrechts I., verzichtete auf die Herzogswürde von Österreich und Steiermark, die auf seinen Bruder Friedrich I. unter Mitregentschaft Leopolds I. überging. Rudolf III. wurde mit Böhmen und Mähren belehnt und in Prag zum König von Böhmen gekrönt. Gleichzeitig erhielt Böhmen die Kurwürde.

Nach der Niederwerfung der rheinischen Kurfürsten hatte Albrecht das Bündnis mit Frankreich überraschend aufgegeben. Papst Bonifatius VIII., der die

KÖNIG ALBRECHT I.

Wahl Albrechts nicht anerkannt hatte, benötigte die Hilfe des deutschen Königs gegen Frankreich. In der Hoffnung, die Kaiserkrönung durch den Papst erreichen zu können, leistete Albrecht dem Papst den Treue- und Gehorsamseid, nicht aber den Lehenseid und erreichte so die Anerkennung durch den Papst. Da Albrecht den Papst vor den Angriffen des französischen Königs nicht schützen konnte, ging die Aussicht auf die Kaiserkrönung verloren.

Seine nächste Aufgabe sah der König in der Festigung der Herrschaft seiner Söhne in den Donauländern. Adel und Kirche wurden einer strengen herzoglichen Oberaufsicht unterstellt. Das Verlangen des Papstes nach Steuerfreiheit für den Klerus wurde abgelehnt und die geistliche Gerichtsbarkeit eingeschränkt.

Der frühzeitige Tod König Rudolfs von Böhmen brachte neue Kämpfe um die Herrschaft in diesem Land. Die böhmischen Stände schalteten die Habsburger aus und wählten Herzog Heinrich von Kärnten zu ihrem König. Dieser wurde von den Habsburgern erst nach dem Tode König Albrechts I. anerkannt, konnte sich in Böhmen jedoch nicht durchsetzen.

Eine weitere Sorge Albrechts war die Erhaltung des Hausbesitzes in den Gebieten der heutigen Schweiz und den Vorlanden, wo die Waldstätten Uri, Schwyz und Unterwalden – zusammengeschlossen im »Ewigen Bund« – eine absolute Herrschaft der Habsburger verhinderten. Nicht minder bedrohlich für die Habsburger Interessen war das Bündnis zwischen Zürich, Savoyen und St. Gallen. Mittels Patronats- und Vogteirechten setzte Albrecht sich durch, ohne allerdings einen dauerhaften Erfolg erringen zu können.

Man darf König Albrecht I. den großen Realisten auf dem deutschen Königsthron nennen. Seine ihm angeborene politische Begabung in Verbindung mit Klugheit und kriegerischer Härte machte ihn zu einer der kraftvollsten und temperamentvollsten Persönlichkeiten in der langen Reihe der Habsburger.

1276 hatte Albrecht Elisabeth von Kärnten, Görz und Tirol geheiratet, die ihm 21 Kinder schenkte, von denen 10 kurz nach der Geburt starben. Diese von Natur aus friedliebende Frau bildete eine ideale Ergänzung zu dem streitbaren Albrecht. 1299 wurde sie in Nürnberg zur Königin gekrönt. Nach dem Tode ihres Gemahls wurde sie zur furchtbaren Rächerin an den Mördern Albrechts.

Auf dem Wege zur Habichtsburg, wohin Albrecht die Reichsfürsten geladen hatte, um sich für einen erneuten Kampf in Böhmen zu rüsten, wurde er am 1. 5. 1308 von seinem Neffen Johann (Parricida), einem Sohn Rudolfs II., bei Brugg a. d. Aare ermordet, da Johann sich wegen Nichterfüllung von Erbansprüchen, die auf dem Rheinfeldener Vertrag beruhten, von Albrecht hintergangen sah.

Die Witwe Albrechts, Königin Elisabeth, ließ an der Stelle, wo Albrecht ermordet wurde, das Kloster Königsfelden errichten, wo sie nach ihrem Tode auch bestattet wurde. Über St. Blasien kamen ihre Gebeine später nach St. Paul im Lavanttal in Kärnten, wo sie in der Stiftskirche beigesetzt wurden.

König Albrecht I. fand seine letzte Ruhestätte zwischen seinem Vater, König Rudolf I., und seinem Vorgänger, König Adolf von Nassau, in der Krypta des Doms zu Speyer.

Die Nachkommen König Albrechts I.

1. RUDOLF III., Herzog von Österreich, 1306 König von Böhmen
   * um 1282 in Wien
   † 4. 7. 1307 in Horažd'owitz bei Prag
   Grabstätte: Fürstengruft im St.-Veits-Dom in Prag

   1. ∞ 29. 5. 1300 in Wien
   BLANKA, Prinzessin von Frankreich
   Eltern: Philipp III., König von Frankreich, und Maria, Prinzessin von Brabant, Tochter Heinrichs III., Herzog von Brabant
   * um 1285 in Paris
   † 19. 3. 1305 in Wien
   Grabstätte: Krypta der Minoritenkirche in Wien

   2. ∞ 16. 10. 1306 in Prag
   ELISABETH, Prinzessin von Polen, Königin-Witwe von Böhmen
   Eltern: Přemislaw II., König von Polen, und Richiza, Prinzessin von Schweden, Tochter Waldemars, König von Schweden
   * um 1286 in Lemberg
   † 18. 10. 1335 in Brünn
   Grabstätte: Marienkirche zu Brünn

   Elisabeth war die Witwe König Wenzels II. von Böhmen, des letzten Přemysliden. Nach dessen Tod heiratete Rudolf III. die Witwe des Böhmenkönigs und wurde 1306 als König von Böhmen anerkannt.

2. FRIEDRICH »der Schöne«, Herzog von Österreich
   ∞ ELISABETH von Aragonien
   Siehe unter König Friedrich »der Schöne«

3. LEOPOLD I. »der Glorwürdige«, Herzog von Österreich
   * vor 4. 8. 1290 in Wien
   † 28. 2. 1326 in Straßburg
   Grabstätte: Unter der Hauptapsis der Stiftskirche St. Paul i. Lavanttal/ Kärnten

   ∞ 26. 5. 1315 in Wien
   KATHARINA ELISABETH, Prinzessin von Savoyen
   Eltern: Amadeus V., Graf von Savoyen, und Maria, Prinzessin von Brabant, Tochter Johanns I., Herzog von Brabant
   * um 1298 in Brabant
   † 30. 9. 1336 in Rheinfelden
   Grabstätte: Unter der Hauptapsis der Stiftskirche St. Paul i. Lavanttal/ Kärnten

4. ALBRECHT II. »der Weise«, Herzog von Österreich
   * 12. 12. 1298 auf der Habsburg
   † 20. 7. 1358 in Wien
   Grabstätte: Unter dem Hochaltar der Pfarrkirche in Gaming

   ∞ 26. 3. 1324 in Wien
   JOHANNA, Gräfin von Pfirt
   Eltern: Ulrich II., letzter Graf von Pfirt, und Johanna, Gräfin von Mömpelgard
   * um 1300 in Basel
   † 15. 11. 1351 in Wien
   Grabstätte: Unter dem Hochaltar der Pfarrkirche in Gaming

5. HEINRICH »der Freundliche«, Herzog von Österreich
   * um 1299 in Wien
   † 3. 2. 1327 in Bruck a. d. Mur
   Grabstätte: Unter der Hauptapsis der Stiftskirche St. Paul i. Lavanttal/ Kärnten

   ∞ im Oktober 1314 in Wien
   ELISABETH, Gräfin von Virneburg
   Eltern: Rupert II., Graf von Virneburg, und Kunigunde von Cuyk, Tochter Johanns von Cuyk
   * um 1298 in Virneburg/Pfalz
   † 14. 9. 1343 in Königsfelden
   Grabstätte: Unter der Hauptapsis der Stiftskirche St. Paul i. Lavanttal/ Kärnten

6. MEINHARD, Herzog von Österreich
   * um 1300 in Wien
   † um 1301 in Wien
   Grabstätte: Gruftraum der Dreikönigskapelle in Tulln/Niederösterreich

7. OTTO »der Fröhliche«, Herzog von Österreich
   * 23. 7. 1301 in Wien
   † 17. 2. 1339 in Neuberg
   Grabstätte: Stiftergruft unter dem Kapitelsaal des Stiftes Neuberg a. d. Mürz

   1. ∞ 15. 5. 1325 in Wien
   ELISABETH, Prinzessin von Niederbayern
   Eltern: Stephan I., Herzog von Niederbayern, und Jutta, Herzogin von Schweidnitz, Tochter Bolkos III., Herzog von Schweidnitz
   * um 1306 in Nürnberg
   † 25. 3. 1330 in Wien
   Grabstätte: Stiftergruft unter dem Kapitelsaal des Stiftes Neuberg a. d. Mürz

2. ⚭ 16. 2. 1335 in Prag
ANNA, Prinzessin von Böhmen
Eltern: Johann, König von Böhmen a. d. H. Luxemburg, und Elisabeth, Prinzessin von Böhmen, Tochter Wenzels II., König von Böhmen
* 27. 3. 1319 in Prag
† 3. 9. 1338 in Neuberg
Grabstätte: Stiftergruft unter dem Kapitelsaal des Stiftes Neuberg a. d. Mürz

8. ANNA, Herzogin von Österreich
* um 1280 in Wien
† 19. 3. 1328 in Breslau, Polen
Grabstätte: Gruft im Jungfrauenkloster St. Klara in Breslau

1. ⚭ im Dezember 1295 in Brandenburg
HERMANN, Markgraf von Brandenburg
Eltern: Otto V. »der Lange«, Markgraf von Brandenburg, und Judith, Prinzessin von Henneberg, Tochter Hermanns I., Graf von Henneberg
* um 1280 in Brandenburg
† im Jänner 1308 in Brandenburg
Grabstätte: Kloster Lehnin bei Brandenburg

2. ⚭ um 1310 in Breslau
HEINRICH VI., Herzog von Schlesien-Breslau
Eltern: Heinrich V., Herzog von Schlesien, und Elisabeth von Kalisch, Tochter Boleslaws, Herzog von Kalisch
* 28. 3. 1294 in Breslau
† 24. 11. 1335 in Breslau
Grabstätte: Gruft im Jungfrauenkloster St. Klara in Breslau

9. AGNES, Herzogin von Österreich
* 18. 5. 1281 in Wien
† 10. 6. 1364 in Königsfelden
Grabstätte: Unter der Hauptapsis der Stiftskirche St. Paul i. Lavanttal/ Kärnten

⚭ 13. 2. 1296 in Wien
ANDREAS III., König von Ungarn
Eltern: Stephan, Herzog von Slawonien, und Katharina Thomasina, Tochter des Michael Morosini
* um 1275 in Slawonien
† 14. 1. 1301 in Stuhlweißenburg
Grabstätte: Basilika von Stuhlweißenburg

KÖNIG ALBRECHT I.

10. ELISABETH, Herzogin von Österreich
   * um 1285 in Wien
   † 19. 5. 1352 in Nancy
   Grabstätte: Unter der Hauptapsis der Stiftskirche St. Paul i. Lavanttal/
   Kärnten

   ∞ im Juni 1306 in Nancy
   FRIEDRICH IV., Herzog von Lothringen
   Eltern: Theobald II., Herzog von Lothringen, und Isabella von Rumigny,
   Tochter Hugos II. von Rumigny
   * 15. 4. 1282 in Nancy
   † 23. 8. 1328 bei Kassel (gefallen)
   Grabstätte: Herzogliche Kapelle in der Kirche des Cordelièrs in Nancy

11. KATHARINA, Herzogin von Österreich
   * im Oktober 1295 in Wien
   † 18. 1. 1323 in Neapel
   Grabstätte: Rechts im Chor der Kirche San Lorenzo Maggiore in Neapel

   ∞ um 1316 in Neapel
   KARL, Herzog von Calabrien a. d. H. Anjou
   Eltern: Robert, König von Neapel und Sizilien, und Jolanthe von
   Aragonien, Tochter Peters III., König von Aragonien
   * um 1298 in Neapel
   † 10. 11. 1328 in Neapel
   Grabstätte: An der rechten Chorwand in der Kirche Santa Chiara in
   Neapel

12. JUTTA, Herzogin von Österreich
   * um 1300 in Wien
   † im März 1329 in Wien
   Grabstätte: Unter der Hauptapsis der Stiftskirche St. Paul i. Lavanttal/
   Kärnten

   ∞ 26. 4. 1319 in Wien
   LUDWIG VII., Graf von Öttingen
   Eltern: Ludwig VI., Graf von Öttingen, und Agnes, Gräfin von
   Württemberg, Tochter Ulrichs III., Graf von Württemberg
   * um 1300 in Harburg
   † 29. 9. 1346 in Weitra/Niederösterreich
   Grabstätte: Beim Sakristeieingang der Stiftskirche in Zwettl/Nieder-
   österreich.

Neun weitere Kinder König Albrechts I. starben unmittelbar nach der
Geburt. Sie blieben namenlos und wurden in der Dreikönigskapelle in
Tulln in Niederösterreich bestattet.

Kaiser Heinrich VII.

Kaiser Heinrich VII.

* 12. 7. 1274 oder 1275 in Valenciennes
† 24. 8. 1313 in Buonconvento bei Siena
Grabstätte: Dom zu Pisa
Eltern: Heinrich III. der Verdammte, Graf von Luxemburg, und Beatrix, Tochter des Grafen Balduin von Beaumont und Avesnes

∞ 9. 6. 1292 in Tervueren
Margarethe
Eltern: Johann I., Herzog von Lothringen und Brabant, und Margarete von Flandern
* 4. 10. 1276
† 14. 12. 1311 in Genua
Grabstätte: Dom zu Pisa

27. 11. 1308 in Frankfurt a. M. zum römisch-deutschen König gewählt
 6. 1. 1309 in Aachen zum römisch-deutschen König gekrönt
 6. 1. 1311 in Mailand lombardischer König (»Eiserne Krone«)
29. 6. 1312 in Rom (Lateranbasilika) von drei durch Papst Clemens V. bestimmte Kardinäle zum Kaiser gekrönt

Heinrich VII. entstammte der Ehe zwischen Graf Heinrich III. von Luxemburg und Laroche, Markgraf Arlon, der in der Schlacht von Worringen 1288 fiel, und Beatrix, der Tochter des Grafen Balduin von Beaumont und Avesnes. Sie übernahm 1288 die Regentschaft für den minderjährigen Erben. Seine Brüder waren Erzbischof Balduin von Trier († 1354) und Graf Walram von Luxemburg († 1311). Die Luxemburger (oder Lützelburger) waren ein Grafengeschlecht, das eine mittlere Rangstellung unter den Feudalherren im politisch zersplitterten Westen des Reiches einnahm und seit 963 in Luxemburg die Herrschaft ausübte.

Heinrich verbrachte seine Kindheit und Jugend größtenteils am französischen Hof, wodurch seine Muttersprache Französisch wurde. Zwangsläufig ergaben sich enge Beziehungen zum Königshaus Capet, so daß Heinrich 1294 Vasall des französischen Königs Philipp IV. wurde. Bereits 1292 heiratete er dessen Cousine Margaretha, eine Tochter des Herzogs Johann I. von Brabant und der Margarete von Flandern, was auch den Ausgleich im Verhältnis zum Herzogtum Brabant begünstigte.

Trotz der französischen Abhängigkeit konnte Heinrich bis zu seiner Königswahl seine Selbständigkeit behaupten. Größere Probleme bereiteten dem jungen Heinrich jedoch finanzielle und interne Schwierigkeiten in der Grafschaft Luxemburg. Mit französischer Hilfe gelang 1308 die Wahl seines Bruders Balduin zum Erzbischof von Trier. Das trug wesentlich dazu bei, daß in der Folge die Luxemburger zur führenden Dynastie im Reich aufstiegen. Darüber hinaus stärkte diese Wahl auch die Position Luxemburgs, das durch seine Mittellage zwischen den Herzogtümern Limburg und Lothringen sowie dem Hochstift und der Grafschaft Lüttich Rückhalt benötigte.

Heinrichs Bruder Balduin wurde nun sein wichtigster Helfer in der Erreichung seines Hauptzieles: die Königskrone. Nach der Ermordung König Albrechts I. 1308 versuchten die geistlichen Kurfürsten, neben Balduin war auch der Mainzer Erzbischof Peter Aspelt eine treibende Kraft, eine habsburgische Nachfolge zu verhindern. Nach der Kandidatur des Grafen von Anhalt und Versuchen französischer Einflußnahme wählten sechs Kurfürsten am 27. 11. 1308 Heinrich im Dominikanerkloster zu Frankfurt am Main zum König, die Krönung erfolgte am 6. 1. 1309 in Aachen.

Nach seiner Wahl und Krönung konnte sich Heinrich in Süddeutschland durchsetzen. Im Frühjahr und im Sommer 1309 zog er reitend durch Schwaben, Franken und durch die Gebiete des Mittel- und Oberrheins. Dabei organisierte er das Reichsgut neu und wirkte befriedend. Am 17. 9. konnte er sich mit den habsburgischen Herzögen einigen und ächtete Johannes Parricida, den Mörder

König Albrechts I. Ein besonderes Zeichen der Versöhnung gelang ihm, als er in Speyer die Leichname der kontrahierenden Könige Adolf von Nassau und Albrecht I. gemeinsam bestatten ließ. Diese Einigung mit den Habsburgern war die Vorraussetzung für die Absicherung der Königsmacht und die weiteren Pläne.

Trotz dieser Aussöhnung mit den Habsburgern setzten es die Einwohner von Schwyz und Unterwalden, die in gleicher Weise wie die des benachbarten Uri schon lange nach völliger Selbständigkeit strebten (»ewiger Bund« vom 1. 8. 1291), durch, daß ihnen die Reichsunmittelbarkeit verliehen wurde. Das war in der Folge für sie der Anreiz, ihre Abfallsbewegung von den Habsburgern zu verstärken (Schlacht bei Morgarten 1315).

Die böhmische Frage war damals politisch von besonderer Bedeutung und harrte der Lösung, denn 1306 starben die Przemysliden mit Wenzel III. im Mannesstamme aus. Bereits Albrecht I. betrachtete Böhmen als erledigtes Reichslehen. Heinrich schloß sich diesem Standpunkt an und konnte den auf eine weibliche Erbfolge basierenden Anspruch Herzog Heinrichs von Kärnten zurückweisen und diesen aus Böhmen vertreiben. Auf den Reichstagen im September 1309 in Speyer und im Juni 1310 in Frankfurt am Main konnte sich Heinrich mit den Reichsfürsten und den böhmischen Ständen einigen, so daß er am 31. 8. 1310 seinen Sohn Johann mit Böhmen belehnen konnte. Um das abzusichern, vermählte er ihn mit Elisabeth, einer Tochter Wenzels II. und Schwester Wenzels III. Beide wurden dann am 11. 2. 1311 in Prag gekrönt. Damit wurde der Grundstein der luxemburgischen Hauspolitik gelegt, die die mitteleuropäische Geschichte jeweils rund 40 Jahre vor und nach der Wende vom 14. zum 15. Jahrhundert prägte.

Heinrichs wichtigste politische Berater und eigentliche Leiter der böhmischen Politik waren zu dieser Zeit Erzbischof Peter Aspelt von Mainz, der mit zu den Organisatoren der Königswahl Heinrichs gehörte, und der 1310 gefürstete Graf Berthold VII. von Henneberg-Schleusingen. Beide übten für den minderjährigen König Johann von Böhmen die Regentschaft aus. In dieser Zeit gelang auch Heinrich der Ausgleich zwischen den Landgrafen von Thüringen und der Stadt Erfurt im Frieden von Gotha am 17. 7. 1310. Wie mit den Habsburgern so söhnte er sich auch mit den Wettinern aus, im Dezember 1310 belehnte er sie mit Meißen und Thüringen. Ebenso vereitelte er Versuche des Grafen von Württemberg, die schwäbischen Reichsstädte zu unterwerfen.

Das war die Voraussetzung für sein wichtigstes Vorhaben. Denn anders als die bisherigen Könige seit dem Interregnum – Rudolf I., Adolf von Nassau und Albrecht I. – war Heinrich bald von dem Wunsch beseelt, nach Italien zu ziehen. Es ging ihm dabei um die seit Friedrich II. nicht mehr erfolgte Kaiserkrönung, und durch seinen Zug nach Italien entzog er sich auch gleichzeitig den politischen Gegensätzen in Deutschland. Papst Clemens V. hat Heinrich bereits 1309 als röm. König und zukünftigen Kaiser anerkannt, wobei für den 2. 2. 1312 die Kaiserkrönung vereinbart wurde. Das lag auch im Interesse des Papstes, der sich seit 1309 im »babylonischen Exil« befand, in der französischen Zwangsresidenz Avignon. Denn durch eine solche Krönung würde möglicherweise der französische Einfluß auf das Papsttum etwas geschwächt werden. Ohne nun eigentlich die Verhältnisse und Machtgegensätze in Italien zu kennen, beschloß Heinrich, einen Italienzug zu unternehmen. Bereits im Mai 1310 wurden zwei Gesandtschaften nach Italien geschickt, um seine Reise vorzubereiten und anzukündigen.

Im September 1310 brach nun Heinrich von Colmar auf und erreichte am 11. 10. Lausanne, wo er dem Papst das Schutzversprechen erneuerte und die Besitzungen der Kirche in Mittelitalien garantierte. Ende Oktober zog er über Savoyen, er war mit Graf Amadeus V. verschwägert, und den Mont Cenis in die Gegend des oberen Po, um die alten Königsrechte wieder zu organisieren und für sich zu festigen. Anfang 1311 erreichte er Mailand und empfing dort am 6. 1. die lombardische Krone. Dante und viele Ghibellinen begrüßten ihn überschwenglich.

Doch nun türmten sich trotz aller Ausgleichsbemühungen die Schwierigkeiten auf dem Weg nach Rom auf. Heinrich wurde in die italienischen Auseinandersetzungen hineingezogen und somit Führer der Ghibellinen. Aufstände und Kämpfe dauerten das ganze Jahr 1311 über an, und Seuchen schwächten das deutsche Heer. Heinrichs Bruder Walram fiel durch einen Pfeilschuß.

Papst Clemens V., vorher Erzbischof von Bordeaux, wurde 1305 zum Papst gewählt und nahm danach ständigen Aufenthalt in Avignon (Südfrankreich). Damit begann das sg. »Babylonische Exil« der Päpste, das mit erheblichem französischem Einfluß auf die Kirche verbunden war. Aufgrund dieser Lage und des starken französischen Drucks, dem der Papst ausgesetzt war, mußte Heinrich erkennen, daß der ursprünglich vereinbarte Krönungstermin nicht einzuhalten war. Er überwinterte nun mit seinem Heer, das durch neue deutsche und burgundische Kontingente aufgestockt wurde, in Genua. Dort starb auch seine Frau Margaretha am 13. 12. 1311. Sie hatte in den letzten Jahren immer wieder mäßigend auf ihn eingewirkt. Ende Februar 1312 erreichte das deutsche Heer auf dem Seeweg Pisa und blieb dort vorerst zwei Monate, dann zog es über Viterbo nach Süden und erschien am 7. 5. vor den Mauern Roms. Doch wurde Heinrich der Einzug in die Stadt verwehrt, so daß er ihn in sechs Wochen dauernden Kämpfen erzwingen mußte.

Da St. Peter nicht eingenommen werden konnte, wurde er am 29. 6. 1312 in der Lateranbasilika zu Rom von drei Kardinälen, die vom Papst bestimmt wurden, zum Kaiser gekrönt, denn Clemens V. war ja nicht anwesend. Das war 92 Jahre nach der letzten Kaiserkrönung Friedrichs II. Damit hatte Heinrich das eigentliche Ziel seines Romzuges erreicht.

Nach der Krönung nahm er den aussichtslosen Kampf gegen den Hauptfeind Florenz in der Toskana auf und wandte sich auch gegen Robert von Anjou, der von Papst Clemens V. zum Reichsvikar von Italien bestellt wurde. Der Papst verlangte von Heinrich unter Androhung der Exkommunikation, daß er sofort Rom verlassen müsse, in diese Stadt nur mit Erlaubnis der Kurie zurückkehren und nicht Neapel angreifen dürfe. Der Kaiser erklärte daraufhin, daß er durch die Kaiserkrönung nunmehr kein Vasall des Papstes bzw. in weltlichen Dingen diesem Untertan geworden sei.

Bereits im Herbst 1312 während der Belagerung von Florenz erkrankte er zeitweise an Malaria. Anfang März 1313 mußte er diese Belagerung aufgeben und wollte danach gegen Neapel ziehen. Am 8. 8. brach das Heer von Pisa, der zeitweiligen Residenz Heinrichs, auf, doch zwei Wochen später erkrankte er neuerlich an Malaria. Nicht einmal 40jährig starb er dann am 24. 8. 1313 im Kloster Buonconvento bei Siena, am 2. 9. fand er im Dom zu Pisa seine letzte Ruhestätte.

Heinrich VII. kann als Begründer der luxemburgischen Königs- und Kaiserdynastie angesehen werden. Er begann als Graf von Luxemburg unter starkem französischen Einfluß, konnte sich jedoch davon im Laufe der Zeit weitgehend befreien und wurde nicht zuletzt durch den Einsatz seines Bruders Erzbischof Balduin von Trier zum König gewählt. Für die weitere Entwicklung des Reiches im 14. Jahrhundert war zweifellos die Belehnung seines Sohnes mit Böhmen von großer Bedeutung. Damit verschob sich in der Folge das Machtzentrum des Reiches vom Westen nach dem Osten. Jedoch scheiterte sein Versuch, die alte kaiserliche Politik in Italien wie zu Zeiten der Staufer fortzusetzen. Sie war in dieser alten Form so nicht mehr zu betreiben. Zwar gelang es ihm, nach 62 Jahren wiederum die Kaiserwürde mit dem deutschen Königtum zu vereinen, doch seine in weiten Strecken maßlose wie unrealistische Italienpolitik war letztlich die Ursache für seinen frühen Tod.

Die Nachkommen Kaiser Heinrichs VII.

1. JOHANN der Blinde, Graf von Luxemburg, König von Böhmen
   * 10. 8. 1296 in Luxemburg
   † 26. 8. 1346 in der Schlacht von Crécy
   Grabstätte: St. Marien-Kathedrale, Luxemburg

   1. ∞ 30. 8. 1310 in Speyer
   ELISABETH
   Eltern: Wenzel II., König von Böhmen, und Jutta von Habsburg
   * 20. 1. 1292 in Prag
   † 28. 9. 1330 in Višehrad

   2. ∞ 1334
   BEATRIX von Bourbon
   * ? (1320)
   † 15. 12. 1383 in Danvillers

2. MARIA
   * 1304
   † 25. 3. 1324

   ∞ 1322
   KARL IV., der Schöne, König von Frankreich
   Eltern: Philipp der Schöne und Johanna von Navarra
   * 1294
   † 1. 2. 1328

3. BEATRIX
   * 1305
   † 11. 11. 1319

   ∞ 1318
   KARL I. Robert von Anjou, König von Ungarn
   Eltern: Karl I. Martell von Anjou und Clementia von Habsburg
   * 1288
   † 16. 7. 1342 in Višehrad

König Friedrich »der Schöne«

König Friedrich »der Schöne«

* um 1289 in Wien
† 13. 1. 1330 in Gutenstein/Niederösterreich
Grabstätte: Stephansdom in Wien – Herzogsgruft
Eltern: König Albrecht I. und Elisabeth von Kärnten

∞ 11. 5. 1314 auf Schloß Gutenstein
ELISABETH, Infantin von Aragonien
Eltern: Jakob II., König von Aragonien, und Blanka, Prinzessin von Neapel und
Sizilien, Tochter Karls II., König von Neapel und Sizilien
* um 1296 in Montpellier
† 25. 3. 1330 in Wien
Grabstätte: Krypta in der Minoritenkirche in Wien

WAHLSPRUCH: Ad huc stat = Noch steht er

19. 10. 1314 in Frankfurt a. Main zum römisch-deutschen König gewählt.
25. 11. 1314 in Bonn im Münster zum römisch-deutschen König gekrönt durch
    den Kurfürsten und Erzbischof von Köln Heinrich II. Graf von
    Virneburg.

KÖNIG FRIEDRICH »DER SCHÖNE«

Der unerwartete Tod König Albrechts I. verhinderte die mögliche und endgültige Lösung der deutschen Königsfrage durch Stärkung der Hausmacht, der Überwindung der Vorherrschaft der Kurfürsten und die Schaffung eines erblichen Königtums.

Um den Einfluß Habsburgs zurückzudrängen, wählten die Kurfürsten am 27. 11. 1308 in Frankfurt a. Main Heinrich von Lützelburg (Luxemburg) als Heinrich VII. zum deutschen König. Ursprünglich hatte dieser zugesagt, Friedrich mit den habsburgischen Ländern zu belehnen, zog aber diese Zusage schon bald nach seiner Wahl zurück. Initiator der Wahl Heinrichs war dessen jüngerer Bruder Balduin, der 1307 Erzbischof von Trier geworden war und die Wahl seines Bruders gemeinsam mit Kur-Köln durchsetzte. Erst nach einem feierlichen Verzicht auf alle Ansprüche auf die deutsche Krone erhielten Friedrich und sein Bruder Leopold die Belehnung mit Österreich, Steiermark, Krain und die Windische Mark. Ebenso erhielten sie die österreichischen Besitzungen in Schwaben und im Elsaß bestätigt. Da Heinrich VII. 1310 seinen Sohn Johann mit Böhmen und Mähren belehnte, mußten die Habsburger den Anspruch auf Böhmen aufgeben. Böhmen wurde nunmehr Hausmacht der Luxemburger und Grundlage der Machtstellung dieses Hauses im Reich.

In der Annahme, Herzog Friedrich würde nicht belehnt werden, hatten die Wiener wieder einmal den Aufstand gegen die Habsburger geprobt und Herzog Otto von Bayern zum Landesherrn ausgerufen. Friedrich eilte unverzüglich nach Wien und hielt Gericht über die Rädelsführer, die gefoltert und hingerichtet wurden.

In den westlichen Besitzungen der Habsburger sah es nicht viel besser aus. Hier versuchte Friedrichs Bruder Leopold, sich mit Gewalt die Herrschaft in der Schweiz zu sichern. 1315 wollte er der Reichsunmittelbarkeit der Waldstätten ein Ende setzen. In der Schlacht bei Morgarten am 15. 11. 1315 brachten die Schweizer Leopold eine vernichtende Niederlage bei. Nach dieser Niederlage gaben die Habsburger ihre Rechte auf Schwyz und Unterwalden stillschweigend auf. Es war der Beginn des Aufstiegs der Eidgenossenschaft und ihrer Trennung von Deutschland.

Am 24. 8. 1313 starb unerwartet König Heinrich VII. während eines Feldzuges in Pisa und wurde im dortigen Dom beigesetzt. Sofort machte Herzog Friedrich seinen Anspruch auf die deutsche Krone geltend. Sein vermeintlicher Anspruch wurde ihm von dem Wittelsbacher Ludwig von Bayern streitig gemacht. Im Oktober 1314 standen sich die beiden Thronanwärter in Frankfurt a. Main gegenüber. Am rechten Mainufer in Sachsenhausen lagerte Herzog Ludwig von

Bayern mit seinem Gefolge, während Herzog Friedrich das linke Mainufer besetzt hielt.

Am 19. 10. 1314 wählten die Gegner Ludwigs den österreichischen Herzog zum König, der am 25. 11. 1314 im Bonner Münster gekrönt wurde.

Die Kurfürsten und Erzbischöfe von Mainz und Trier im Verein mit dem König von Böhmen und Markgraf Heinrich I. von Brandenburg wählten einen Tag später Ludwig von Bayern als Ludwig IV. zum König, der im Aachener Dom gekrönt wurde.

Da sich das Mehrheitswahlrecht der Kurfürsten noch nicht durchgesetzt hatte, bescherte diese Doppelwahl Deutschland zwei Könige. Der Thronstreit wogte jahrelang hin und her. Schließlich mußten wieder einmal die Waffen entscheiden. Am 28. 9. 1322 kam es in Mühldorf am Inn zur Entscheidungsschlacht. Ohne die Ankunft seines Bruders Leopold abzuwarten, nahm König Friedrich die von König Ludwig angesagte Schlacht an. Auf seiten Ludwigs IV. standen König Johann von Böhmen und Burggraf Friedrich VI. von Nürnberg. König Friedrich bot Ungarn und Kumanen als Hilfstruppen auf. Die Reiterverbände des Burggrafen Friedrich VI. brachten die Entscheidung zugunsten König Ludwigs IV. In dieser letzten großen Ritterschlacht auf deutschem Boden wurden König Friedrich und sein Bruder Heinrich gefangengenommen.

Friedrich wurde auf die Burg Trausnitz bei Landshut verbracht, wo er drei Jahre als Gefangener zubrachte. Der tatkräftige und entschlossene Herzog Leopold nahm sofort Verbindung zu Frankreich und dem Papst auf. Er fand die Unterstützung dieser beiden Mächte und führte einen Vernichtungskrieg gegen Bayern mit dem Ziel, seinen Bruder Friedrich zu befreien. Unter dem Eindruck der Einkreisung nahm König Ludwig Verhandlungen mit König Friedrich auf. Friedrich erkannte Ludwig als König an und erklärte sich bereit, die habsburgischen Besitzungen als Lehen zu empfangen. Nach seiner Freilassung scheiterten die Versuche Friedrichs, seine Brüder für diese Vereinbarung zu gewinnen, an dem Widerstand der Brüder. Friedrich kehrte freiwillig in die Gefangenschaft zurück. Die von Friedrich gezeigte Treue zu seinem gegebenen Wort bewogen König Ludwig, Friedrich endgültig freizulassen und ihn zum Mitregenten zu bestimmen. Am 5. 9. 1325 kam es zu einem in der deutschen Königs- und Kaisergeschichte einmaligen Vorgang: Friedrich und Ludwig schlossen einen Vertrag, wonach sie fortan gemeinsam den Titel »Römischer König« und ein Siegel führten und die Lehen gemeinsam bewilligten.

Nach dem Tode seines Bruders Leopold kehrte König Friedrich III. nach Österreich zurück und beschränkte sich auf die Regierung seiner Erbländer. Da auch sein jüngster Bruder Otto die Herrschaft in Österreich verlangte, zog Friedrich sich schließlich ganz zurück und übergab die Regierung seinem Bruder Albrecht II.

König Friedrich war ein völlig unbegabter Politiker. Unsicher in seinen Handlungen, vertrat er kaum eine eigene Meinung und war von seiner Umwelt leicht zu beeinflussen. Den Mord an seinem Vater, König Albrecht I., rächte er gemeinsam mit seinem Bruder Leopold. Unter dem Einfluß der einst so friedliebenden Königin-Witwe Elisabeth richteten die Brüder in ihrem Stammland ein furchtbares Blutbad an, das Schuldige und Unschuldige gleichermaßen traf.

1314 hatte König Friedrich Elisabeth von Aragonien geheiratet. Beide starben innerhalb von acht Wochen, Friedrich am 13. 1. 1330 in Gutenstein, Elisabeth am 25. 3. 1330 in Wien.

Die Nachkommen König Friedrichs »des Schönen«

1. FRIEDRICH, Herzog von Österreich
    * um 1316 in Wien
    † um 1322 in Rheinfelden
    Grabstätte: Unter der Hauptapsis der Stiftskirche St. Paul i. Lavanttal/ Kärnten

2. ELISABETH, Herzogin von Österreich
    * um 1317 in Wien
    † 23. 10. 1336 in Wien
    Grabstätte: Stephansdom in Wien – Herzogsgruft

3. ANNA, Herzogin von Österreich
    * um 1318 in Wien
    † 14. 12. 1343 in Wien
    Grabstätte: St.-Clara-Kloster in Wien

    1. ∞ 21. 9. 1328 in Landshut
    HEINRICH III., Herzog von Niederbayern
    Eltern: Otto III., Herzog von Niederbayern, und Agnes, Prinzessin von Schlesien-Glogau, Tochter Heinrichs III., Herzog von Schlesien-Glogau
    * 28. 8. 1312 in Nürnberg
    † 18. 6. 1333 in Landshut
    Grabstätte: Kloster Seligenthal b. Landshut

    2. ∞ 29. 9. 1336 in Görz
    JOHANN, Graf von Görz
    Eltern: Heinrich II., Graf von Görz, und Beatrix, Prinzessin von Niederbayern, Tochter Stephans I., Herzog von Niederbayern
    * um 1322 in Görz
    † 17. 3. 1338 in Görz
    Grabstätte: Pfarrkirche in Rosazzo/Udine

Kaiser Ludwig IV. der Bayer

Kaiser Ludwig IV. der Bayer

* Februar/März 1282 in München (Forschungen W. Schlögl)
† 11. 10. 1347 bei Kloster Fürstenfeld
Grabstätte: Dom in München
Eltern: Herzog Ludwig II. von Bayern und Mechthild/Mathilde von Habsburg, Tochter König Rudolfs I.

1. ∞ um 1308 in Schlesien?
BEATRIX
Eltern: Heinrich III., Herzog von Schlesien-Glogau, und Mechthild, Tochter Herzogs Albrechts von Braunschweig-Lüneburg
* um 1290 in ?
† 24. 8. 1322 in München
Grabstätte: Dom in München

2. ∞ 25. 2. 1324 in Köln
MARGARETE
Eltern: Wilhelm III., Graf von Holland, und Johanna, Tochter Graf Karls I. von Valois
* um 1293 in ?
† 23. 6. 1356 in Quesnoy
Grabstätte: Minoritenkirche in Valenciennes

2. 2. 1294 Herzog von Bayern (unter Vormundschaft seines älteren Bruders Rudolf)
20. 10. 1314 in Frankfurt a. M. zum römisch-deutsche König gewählt
25. 11. 1314 in Aachen zum römisch-deutschen König gekrönt
31. 5. 1327 in Mailand mit der »Eisernen Krone« gekrönt
17. 1. 1328 in Rom zum römischen Kaiser gekrönt

Hatten die ersten drei Wittelsbacher Herzöge Bayern, zwei die Pfalzgrafschaft bei Rhein als modernes Landesfürstentum aufzubauen begonnen, so führte der auf sie folgende Pfalzgraf und Herzog Ludwig II. die schon von den beiden ersten Wittelsbachern begonnene Mitarbeit am Reich in ein entscheidendes Stadium, als er die Königswahl zugunsten Rudolfs von Habsburg entschied. Seine Söhne aus der Ehe mit der Tochter dieses Königs sind Rudolf und Ludwig, der spätere Kaiser Ludwig der Bayer. Beide erstrebten, selbst an die Spitze des Reiches zu treten. Der jüngere der Brüder, zeitweise bei den Verwandten seiner Mutter in Wien erzogen, hatte unter der (auch von der Mutter beanspruchten) Vormundschaft seines Bruders gestanden, bevor er 1302 Mitregent wurde und zusammen mit Rudolf in die Schneitbacher Urkunde zugunsten der privilegierten Ritter willigte. Beide Brüder erhielten eine Steuer und erkannten das Recht der Ritter an, sich zu versammeln – auch zum Widerstand gegen eine nicht vereinbarte Steuer.

Ludwig, der 1308 eine Tochter des Herzogs von Schlesien-Glogau geheiratet hatte, setzte bei seinem älteren Bruder durch, daß Bayern am 1. Oktober 1310 durch eine Nutzungsteilung gemäß dem Erbrecht an freiem Eigentum in einen Landesteil Bayern-Ingolstadt-Amberg, wo Ludwig regierte, und in einen Teil München-Burglengenfeld für Rudolf zerlegt wurde. Der noch 1310 verstorbene Herzog Stephan von Niederbayern und der sich 1312 zum Sterben legende niederbayerische Herzog Otto III. machten Ludwig zum Vormund ihrer Kinder. Dieser schloß sich nun mit den Herzögen von Österreich zusammen, trieb aber durch seine Politik und die Belastung mit Steuern die niederbayerischen Städte Rudolf in die Arme, der mit ihnen einen Vertrag zu ihrem Schutz schloß. Jetzt aber wandte sich Ludwig mit wachsender politischer Einsicht auch gegen die Einmischung der Habsburger in dem selbständigen Herzogtum Niederbayern und schlug sie 1313 bei Gammelsdorf (durch Aussterben der Linie Heinrichs XIII. fiel 1340 Niederbayern an Ludwig zurück).

Als am 19. Oktober 1314 sein Bruder und der Kölner Kurfürst, der Herzog von Sachsen-Wittenberg und der freilich vertriebene Böhmenkönig aus dem Haus der Herzöge von Kärnten den Habsburger Friedrich den Schönen zum König wählten, erkürten am Tag darauf die Kurfürsten von Mainz, von Trier und von Brandenburg sowie der Herzog Johann von Sachsen-Lauenburg den durch den Sieg über die Habsburger 1313 schnell berühmt gewordenen Pfalzgrafen und Herzog Ludwig zum König. Er vermochte den Kölner nicht auszuschalten und zog nach Bayern. Vor München empfingen ihn Rudolf und die Bürgerschaft. Die Brüder vereinbarten 1315, in Güte zusammenzuwirken.

Ludwig wurde von Rudolf als König anerkannt. Beide ernannten nun gemeinsam die entscheidenden höchsten Beamten in Bayern und am Rhein. Alle Ritter, Dienstmannen und Städte Bayerns standen in ihrer beider Diensten. Keiner der Brüder sollte mehr als die Hälfte Bayerns und der Pfalz ohne Zustimmung des andern veräußern. Die Vormundschaft in Niederbayern übten beide gemeinsam aus. Als sich Rudolf nicht an die Verträge hielt und den Krieg gegen Ludwig verlor, vereinbarten beide am 26. Februar 1317 mit Hilfe ihrer Vertrauensleute: solange Ludwig gegen Friedrich den Schönen Krieg führt, überläßt Rudolf dem königlichen Bruder Bayern und die Pfalz zur Regierung und erhält bestimmte Güter und Burgen zu seinem Unterhalt. Sobald die sieben Schiedsleute den Krieg für beendet erklären, gibt Ludwig dem Bruder dessen Lande zur Regierung zurück. Es ist falsch, von einer Abdankung Rudolfs zu sprechen. Beide Brüder stellten noch 1317 in Regensburg für denselben Empfänger Urkunden aus. Rudolf erlebte das Kriegsende nicht, da er 1319 starb. Ludwig bezwang den gleichfalls zum König gewählten Habsburger Vetter Friedrich militärisch 1322 bei Mühldorf.

Der tapfere und geschickte Feldherr trieb aber auch planvolle Politik als Herrscher, schon als er 1317 durch den Rheinischen Landfrieden eine Landfriedensorganisation im Reich begann und sich im Glauben an eine Wittelsbacher Königsdynastie verschiedene Stützpunkte im Reich schuf. Dieses Ziel erreichte er schon, als er 1323 in der erledigten Markgrafschaft Brandenburg seinen gleichnamigen Sohn unter Bildung einer zuverlässigen Regentschaft einsetzte und als er, seit 1322 Witwer, 1324 die Tochter Margarete des Grafen von Holland heiratete. Margarete war die Tochter des Grafen Wilhelm III. von Holland und der Gräfin Johanna von Valois. Wilhelm war seit Ludwigs Wahl zum König seine beste Stütze gegen die Kurfürsten von Köln. Die neue Gattin war durch ihre Mutter eine Nichte des französischen Königs Philipp VI. und wurde ebenso wie ihr Gemahl Ludwig durch die Ehe ihrer Schwester Philippine am 25. Januar 1328 mit König Eduard III. von England verschwägert.

Wenn Ludwig 1323 seine Tochter Mechthild mit dem Markgrafen Friedrich II. von Meißen vermählte, stützte er wenigstens zunächst die Wittelsbacher Position in Brandenburg und hielt Sachsen von einer Verbindung mit Böhmen ab, wo die ihm gefährlichen Luxemburger regierten.

Ludwigs Sieg 1322 hatte den in Avignon residierenden Papst Johannes XXII. zu einem kirchenpolitischen Kampf veranlaßt, da dieser selbst die Entscheidung über die Thronfolge im Reich als päpstliches Recht beanspruchte und deshalb den Wittelsbacher 1324 exkommunizierte. Alsbald bannte er ihn als Ketzer wegen Zusammenarbeit mit dem zum Ketzer erklärten Matteo Visconti in Mailand und belegte das Reich mit dem Interdikt, das heißt mit dem Verbot der Spendung der Sakramente. Wenn diese nur politisch verursachte Kirchenstrafe von vielen Priestern, vor allem solchen aus dem Minoritenorden, nicht durchgeführt wurde, ist das mit Ludwigs wachsender Beliebtheit durch seine Förderung der gesellschaftlichen und rechtlichen Entwicklung vor allem in den Städten

KAISER LUDWIG IV. DER BAYER

überall im Reich, aber auch mit seiner engen Verbindung mit geistig bedeutenden Minoriten zu erklären. Er schuf in München eine Art Hofakademie, in deren Rahmen er sich selbst im Alten Hof Vorträge halten ließ und Gespräche veranstaltete.

Durch zwei befristete und bedingte Abdankungen 1326 und 1333 für den Fall, daß er vom Kirchenbann gelöst werde, stellte er in aller Öffentlichkeit seine Bereitschaft zur kirchlichen Versöhnung klar. Eine tatsächliche Versöhnung gelang ihm mit Friedrich dem Schönen. Er machte ihn darauf zum dauernden Mitregenten im Reich, so daß er sich 1328 in Rom unter Salbung durch zwei Bischöfe nach dem alten Krönungsritus zum Kaiser krönen lassen konnte. Die Krönung geschah durch Sciarra Colonna an der Spitze der vier Syndici von Rom, die Weihe durch einen Bischof.

Auf diesem Höhepunkt der Erfolge versöhnte er sich 1329 durch den Hausvertrag von Pavia mit den Söhnen seines inzwischen verstorbenen Bruders Rudolf und räumte ihnen die Pfalz am Rhein und die seit dem 16. Jahrhundert so genannte Oberpfalz als eigenes Landesfürstentum ein. Bei einer Kaiserwahl sollten ihre und seine Linie einander abwechseln, beim Aussterben der einen Linie sollte die andere ihre Territorien erben, was noch die Erbfälle von 1777 und 1799 entschied. Auf der Heimkehr stiftete er 1330 das Kloster Ettal. Durch Privilegien von 1329 und 1330 legte er eine gleiche Rechtsstellung aller Klöster in seinem Herzogtum fest. Die allgemeine Rechtslage darin ordnete Ludwig 1334/35 und 1346 in einer der Zeit entsprechenden Weise, indem er durch seine Richter im Herzogtum das von ihnen angewandte Recht aufzeichnen ließ, mit ihrer Hilfe ordnete und als Landrecht verkündete. Durch jeweils zeitgerechte Verbesserungen von 1519, 1616 und 1753 gewandelt, wirkte es als Zivilrecht im rechtsrheinischen Bayern bis 1900. Für München bestätigte Ludwig das aus den Satzungsbüchern des Stadtrats gestaltete Stadtrecht. Als sein Schwiegervater Graf Wilhelm III. von Holland im Juni 1337 starb, setzte er auf dem Reichstag in Frankfurt durch, daß dessen Stellung als Reichsvikar in den Niederlanden nun dem englischen König übertragen wurde. Dieser aber unterstützte den Kaiser zu einem wichtigen Zeitpunkt: Ludwig manifestierte im Mai 1338 die Unabhängigkeit des gewählten Römischen Königs von einer Anerkennung durch den Papst mittels einer betont kirchlichen Erklärung: Fidem catholicam profitentes. Ludwig erreichte kurze Zeit nach diesem Manifest, daß sich in Rhens(e) die Kurfürsten unabhängig von Ludwigs Person in demselben Sinn grundsätzlich festlegten. Der königliche Schwager aus England erschien im September 1338 in Koblenz als Bundesgenosse Ludwigs, und dieser erließ in dessen Gegenwart feierlich fünf Reichsgesetze, die den Vollzug dieser reichspolitischen Festlegung, aber auch den Frieden im Reich durch Beschneidung des Fehdewesens betrafen. Die beiden verschwägerten Herrscher Kaiser Ludwig und Eduard III. wurden sich 1338 eine gegenseitige Stütze in der europäischen Öffentlichkeit.

Durch das Gesetz und die Erklärungen von 1338 setzte Ludwig einen Markstein in der Verfassungsgeschichte des Reiches.

KAISER LUDWIG IV. DER BAYER

Am 18. März 1339 bestätigte die 1329 festgelegte, zwischen Rudolfs und Ludwigs Nachkommen wechselnde Ausübung der Kur der auch als europäischer Dynast wichtige König Johann, der zwei Tage später die Krone Böhmens von Kaiser Ludwig zu Lehen nahm. Auch Johanns Onkel Balduin von Trier, der dort von 1307 bis 1354 regierte, erklärte am 7. September 1340 mit denselben Worten wie der Erzbischof von Mainz seine Zustimmung. Diese Rechtsakte von zwei Mitgliedern des Hauses Luxemburg, das weitab von Böhmen Positionen in verschiedenen Staaten besaß, waren umso wichtiger, als der Wittelsbacher Schwiegersohn des Königs Johann von Böhmen, Heinrich der Ältere von Niederbayern, am 1. September 1339 in Landshut starb, seine Witwe aber von Vater Johann noch als Braut für seinen seit 1335 siegreichen Konkurrenten, König Kasimir III. den Großen von Polen, ausersehen wurde – sie starb aber bereits am 11. Juli 1341 in Prag. Noch Kaiser Ludwig verlobte 1345 seinen Sohn Ludwig (VI.) den Römer mit Kasimirs Tochter Kunigunde. Sie war aus Kasimirs Ehe mit Anna von Litauen, Tochter des Fürsten Gedemin von Litauen, hervorgegangen und heiratete 1352 Ludwig den Römer.

1341 begann sich Ludwig auf Frankreich zu stützen, da England wirtschaftlich den sogenannten Hundertjährigen Krieg gegen Frankreich nicht durchhalten konnte. Er schloß 1341 mit dem Onkel seiner Frau, König Philipp VI. von Frankreich, in Vilshofen ein Bündnis, hatte aber bereits Helfer auch in der romanischen, besonders der italienischen Welt. Bereits 1326 verlobte er, bald nach der Kaiserkrönung vermählte er 1328 seinen jüngeren Sohn Stefan II. mit Elisabeth, der Tochter des Königs Friedrich II. von Sizilien aus dem Hause Aragon. Dieser war für den Kaiser ein naturgegebener Bundesgenosse gegen den 1309 bis 1343 in Neapel regierenden König Robert aus dem Hause Anjou, der den Wittelsbacher Kaiser geradezu mit Erbitterung bekämpfte. Sein vormaliger Kanzler setzte als Papst Johannes XXII. diesen Kampf von Avignon aus fort. König Friedrich II. von Sizilien war ein außerordentlich fortschrittlicher und erfolgreicher italienischer Herrscher. Er heiratete 1295 die Tochter des Anjou-Königs von Neapel und wurde ein Jahr später von der Bevölkerung Siziliens zum König gewählt, als sein Bruder Jakob II. von Aragon der Probleme nicht Herr wurde, die die Anjous geschaffen hatten. Seine Ehe mit der Anjou-Prinzessin Blanca aus Neapel legitimierte gewissermaßen die neuen Wege, die schon Peter III. von Aragon 1282 beschritten hatte, als sich das sizilianische Volk in der berühmt gewordenen Sizilianischen Vesper gegen die französischen Beamten Karls I. von Anjou erhob; Peter unterstützte das und wurde nun als König anerkannt.

Dieser Friedrich II. von Sizilien trat also zu Ludwig dem Bayern schon 1326 in eine dynastische Beziehung, als er seine Tochter Elisabeth Ludwigs jüngerem Sohn Stefan II. verlobte. Die Vermählung fand am 27. Juni 1328, also kurz nach der Kaiserkrönung Ludwigs, statt. Sie war eine Absage an Papst Johannes XXII. in Avignon, der dem Anjou-König Robert von Neapel als Kanzler gedient hatte und dessen politische Richtung sich in seiner Auseinandersetzung mit den

KAISER LUDWIG IV. DER BAYER   411

Visconti in Mailand und mit Ludwig dem Bayern fortsetzte. Die nunmehrige Gattin des Kaisersohnes Stefan II. hatte Konstanze zur Schwester, die den König Heinrich II. von Cypern heiratete. Zur Witwe geworden, vermählte sie sich 1331 mit dem Fürsten Hugo von Armenien. Durch seine Ehe erhielt der jugendliche Wittelsbacher zu Schwägern die beiden Brüder seiner Frau, die hintereinander Herzöge von Athen wurden, und deren Bruder König Peter II. von Sizilien, der dort 1336 bis 1342 regierte.

1341 tat Ludwig der Bayer einen Schritt, der zwar realpolitisch ein großer Vorteil für Bayern und die Stellung des Kaisers im Reich war, aber von seinen Gegnern psychologisch-propagandistisch wirkungsvoll gegen ihn ausgenützt wurde. Als nämlich Tirols Erbin Gräfin Margarete Maultasch ihrem Gatten Johann Heinrich von Luxemburg bei seiner Heimkehr von der Jagd den Eintritt ins Schloß verwehrte und sich von ihm trennte, erklärte Kaiser Ludwig diese Ehe als nicht vollzogen und ließ 1342 seinen eigenen Sohn Ludwig den Brandenburger durch einen Priester mit Margarete trauen. Wenn auch die Kirche selbst 1359 – nach Ludwigs Tod – die erste Ehe Margaretes annullierte, forderte 1342 der damalige Papst Ludwig auf, selbst alle seine Amtshandlungen für ungültig zu erklären. Die Kränkung des Luxemburgers nahm zwar nicht König Johann von Böhmen, aber dessen Sohn Karl sehr übel und benützte sie, um sich zum Gegenkönig wählen zu lassen – sein eigentliches Ziel. Ludwig gelang es jedoch, ihn militärisch in die Enge zu treiben, so daß der Sieg über Karl ihm gewiß schien. Da ereilte den Wittelsbacher Kaiser auf der Jagd bei Kloster Fürstenfeld im Oktober 1347 der Tod. Ludwig starb unter Anrufung der Fürbitte der heiligen Maria.

Obwohl der Kaiser nur 1328/29 das Reich längere Zeit verließ, gestaltete und benützte er neben anderen Kräften auch seine dynastischen Beziehungen in ganz Europa für seine Familie und seine Politik geschickt. Das wurde auch durch seine ziemlich lange Regierungszeit immer besser möglich, denn er stand über drei Jahrzehnte lang an der Spitze des Reiches. Andererseits wurden Ludwigs dynastische Beziehungen in Europa durch den Kampf der Päpste in Avignon gegen ihn oft auch kompliziert und erschwert. Die in Europa maßgebenden dynastischen Kräfte brachten Gegensätze, aber auch immer wieder Kräfte der Versöhnung ins Spiel. Einseitige Vorteile und Nachteile, Härten und Schärfen wurden durch sie begrenzt. Schon zur Zeit Kaiser Ludwigs wuchsen die Dynastien Europas oft zu einer Art Großfamilie zusammen.

Die Nachkommen Kaiser Ludwigs IV. des Bayern

AUS DER EHE MIT BEATRIX

1. MECHTHILD (Mathilde)
   * nach dem 21.6.1313 in? (Forschungen Pater Alfons Gervasius Sprinkart)
   † 3. 7. 1346 in Meißen
   Grabstätte: Klosterkirche Altenzelle (heute Altzella im Ortsteil Zella der Stadt Nossen in Sachsen)

   ∞ Anfang Mai 1323 in Nürnberg
   FRIEDRICH II., Landgraf von Thüringen aus dem Hause Wettin
   Eltern: Friedrich Il., Landgraf von Thüringen, und Elisabeth, Tochter des Grafen Hartmann XI. von Lobdaburg-Arnshaugk
   * 1310 in Gotha
   † 18. 11. 1349 auf der Wartburg
   Grabstätte: Klosterkirche Altenzelle (heute Altzella im Ortsteil Zella der Stadt Nossen in Sachsen)

2. LUDWIG V. der Brandenburger
   * Mitte Mai 1315 in ?
   † 18. 9. 1361 in Zorneding
   Grabstätte: Dom in München

   1. ∞ 30. 11. 1324 in Wordingborg [dän. o. erstes]
   MARGARETE
   Eltern: Christoph II., König von Dänemark, und Eufemia, Tochter des Herzogs Boguslav IV. von Pommern
   * um 1305 in ?
   † zwischen Ende März und Ende Mai 1340 in Berlin

   2. ∞ 10. 2. 1342 auf Schloß Tirol
   MARGARETE, genannt Maultasch, verwitwete Gräfin von Bogen
   Eltern: Heinrich, Herzog von Kärnten, und Gräfin Beatrix, Tochter des Grafen Amadeus V. von Savoyen
   * 1318 auf Schloß Maultasch in Tirol
   † 3. 10. 1369 in Wien
   Grabstätte: Minoritenkirche in Wien

3. STEFAN II. mit der Hafte (Spange)
* im Herbst 1319 in ?
† 13. (19. ?) 5. 1375 in Landshut
Grabstätte: Dom in München

1. ∞27. 6. 1328
ELISABETH
Eltern: Friedrichs II., König von Sizilien aus dem Hause Aragon, und
Eleonore, Prinzessin von Sizilien aus dem Hause Anjou
* 1309? in ?
† 21. 3. 1349 in Landshut?
Grabstätte: Dom in München

2. ∞14. 2. 1359 in Landshut
MARGARETE
Eltern: Johann II., Burggraf von Nürnberg, und Elisabeth, Gräfin von
Henneberg
* um 1333 in ?
† 19. 8. 1377 in München?
Grabstätte: Dom in München

4. TOCHTER
* Ende September 1314 in ?
† ?

5. ANNA I.
* um 1316 in ?
† 29. 1. 1319 in Kastl/Oberpfalz
Grabstätte: ehemalige Klosterkirche Kastl/Oberpfalz

6. AGNES I.
* um 1318 in ?
† ?

AUS DER EHE MIT MARGARETE

7. MARGARETE
* 1325 in ?
† ? in München ?
Grabstätte: Dom in München

1. ∞Januar 1351 in Ofen
STEFAN von Kroatien, Dalmatien und Slavonien aus dem Hause Anjou
Eltern: Karl II. Robert, König von Ungarn, und Elisabeth, Tochter König Wladislaws I. von Polen
* 26. 12. 1332 in ?
† ? 1353/54 in ?

Grabstätte: Stuhlweißenburg (Székesféhervár)

2. ∞ 1358
GERLACH, Graf von Hohenlohe, Kaiserlicher Land- und Hofrichter
Eltern: ?
* ?
† nach dem 16. 10. 1387
Grabstätte: ?

8. ANNA

* um 1326 in ?
† 3. 6. 1361 im Kloster Fontenelles bei Valenciennes
Grabstätte: Zisterzienserinnenkloster Fontenelles bei Valenciennes

∞ 18. 2. 1339 in München
JOHANN I., Herzog von Niederbayern
Eltern: Heinrich II., Herzog von Niederbayern, und Margarete, Tochter
König Johanns von Böhmen
* 29. 11. 1329 in ?
† 20. 12. 1340 in Landshut
Grabstätte: Zisterzienserinnenkloster Seligenthal bei Landshut

9. LUDWIG VI. der Römer

* 7. 5. 1328 in Rom
† 17. 5. 1365 in Berlin
Grabstätte: Franziskanerkirche in Berlin

1. ∞ vor dem 19. 5. 1352 in Krakau

KUNIGUNDE
Eltern: Kasimir III., König von Polen (letzter Piast), und Anna, Tochter
Gedemins, Fürst von Litauen
* um 1334 in ?
† 1357 in Berlin
Grabstätte: Franziskanerkirche in Berlin

2. ∞ 15.? 2. 1360 in Berlin

INGEBURG
Eltern: Albrecht I., Herzog von Mecklenburg, und Eufemia, Tochter
Herzog Erichs von Schweden
* um 1340 in ?
† nach dem 25. 7. 1395 in ?
Grabstätte: Erbgruft der Grafen von Holnstein in Itzehoe

10. Elisabeth

* 1329 in ?
† 2. 8. 1402 in Stuttgart
Grabstätte: Stiftskirche in Stuttgart

1. ⚭ 22. 11. 1350 in Verona
CANGRANDE II., Fürst von Verona aus dem Hause della Scala
Eltern: Mastino II., Fürst von Verona, und Taddea, Tochter des Jakob von Carrara
* 8. 6. 1332 in ?
† 14. 12. 1359 ermordet in Verona
Grabstätte: S. Maria Antica in Verona

2. ⚭ 1362 in Donauwörth?
ULRICH von Württemberg
Eltern: Eberhard II., Graf von Württemberg, und Elisabeth, Tochter des Grafen Heinrich XII. von Henneberg-Schleusingen
* 1342 in ?
† 23. 8. 1388 gefallen in der Schlacht bei Döffingen
Grabstätte: Stiftskirche in Stuttgart

11. WILHELM
* 12. 5. 1330 in Frankfurt am Main
† 15. 4. 1388 in Quesnoy
Grabstätte: Minoritenkirche in Valenciennes

⚭ Sommer 1352 in London
MECHTHILD
Eltern: Heinrich I., Herzog von Lancaster, Graf von Derby und Lincoln und...?
* 1339 in ?
† 1362 in ?
Grabstätte: Benediktinerinnenkloster Rhijnsburg bei Leiden

12. ALBRECHT I.
* 25. 7. 1336 in München
† 13. 12. 1404 im Haag (Den Haag)
Grabstätte: Hof und Kollegiatkapelle im Haag (später franz. Kirche)

1. ⚭ 19. 7. 1353 in Passau
MARGARETE
Eltern: Ludwig I., Herzog zu Brieg in Schlesien und...?
* 1336 in ?
† zwischen 18. und 22. 2. 1386 im Haag (Den Haag)
Grabstätte: Hof- und Kollegiatkapelle im Haag (später franz. Kirche)

2. ⚭ 30. 3. 1394 in Köln
MARGARETE
Eltern: Adolf V., Graf von Kleve und der Mark und...?
* um 1375 in ?
† 1412 in Huis de Kleef bei Harlem
Grabstätte: Klosterkirche im Haag (Den Haag)

13. OTTO V.
* 1340 oder 1342 in München
† 15. 11. 1379 auf Schloß Wolfstein a. d. Isar
Grabstätte: Zisterzienserinnenkloster Seligenthal bei Landshut

∞ vor dem 1. 11. 1366
KATHARINA
Eltern: Karl IV., röm.-dt. Kaiser, und Blanka, Tochter des Herzogs Karl I. von Valois
* August 1342 in Prag
† 26. 4. 1395 in Wien
Grabstätte: Stephansdom in Wien

14. BEATRIX
* 1344 in ?
† 25. 12. 1359
Grabstätte: Stockholm?

∞ Frühjahr 1356 in Berlin? oder Dezember 1355?
ERICH XII., König von Schweden aus dem Hause der Folkunger
Eltern: Magnus II. Smek, König von Schweden, und Blanka, Tochter Johanns, Graf von Namur
* 1339 in ?
† 21. 6. 1359 an Gift
Grabstätte: Stockholm?

15. AGNES II.
* 1345 in München
† 11. 11. 1352 in München
Grabstätte: Dom in München

16. LUDWIG
* Anfang Oktober 1347 in München
† 1348 in München?
Grabstätte: Dom in München

Das Haus Wittelsbach – Oberbayern und Pfalz

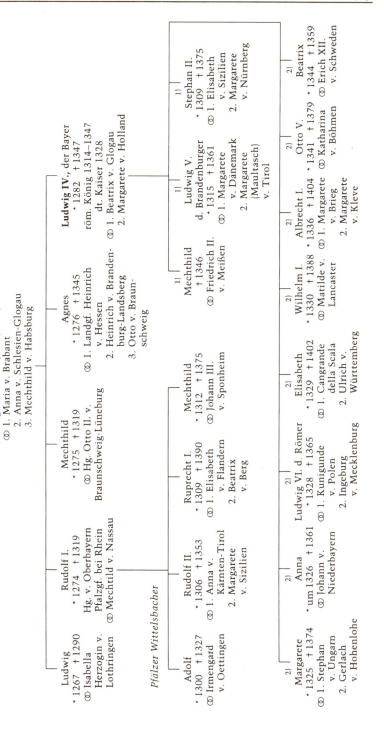

Kaiser Karl IV.

Kaiser Karl IV.

* 14. 5. 1316 in Prag
† 29. 11. 1378 in Prag
Grabstätte: Prag, Veitsdom
Eltern: Johann, König von Böhmen, und Elisabeth Przemysl

1. ∞ 1323 (Verlobung) bzw. 1329 (offizielle Vermählung)
Margareta (gen. BLANCHE bzw. Blanka)
Eltern: Karl, Herzog von Valois, und Mathilde von Châtillon
* 1317
† 1348
Grabstätte: Prag, Veitsdom

2. ∞ 4. 3. 1349 in Bacharach
ANNA
Eltern: Rudolf (II.) von der Pfalz und Anna von Kärnten
* 1329
† 1353

3. ∞ 27. 5. 1353 in Ofen
ANNA
Eltern: Herzog Heinrich II. von Schweidnitz-Jauer und Katharina von Ungarn (Anjou)
* ca. 1339
† 1362

4. ∞ Mai 1363
ELISABETH
Eltern: Herzog Bogislaw V. von Pommern-Wolgast und Elisabeth von Polen
* ?
† 1393

11. 7. 1346 in Rhense zum römisch-deutschen König gewählt
26. 8. 1346 Sukzession als König von Böhmen
26. 11. 1346 in Bonn zum römisch-deutschen König gekrönt
 2. 9. 1347 in Prag zum König von Böhmen gekrönt

17. 6. 1349 in Frankfurt a. M. neuerliche Wahl zum römisch-deutschen König

25. 7. 1349 in Aachen neuerliche Krönung zum römisch-deutschen König

6. 1. 1355 in Mailand zum König der Lombardei gekrönt (»Eiserne Krone«)

5. 4. 1355 in Rom, Lateranbasilika, zum römischen Kaiser von Kardinal Peter von Ostia gekrönt

4. 6. 1365 in Arles zum König von Burgund gekrönt

KAISER KARL IV.   421

Eigentlich auf den Namen Wenzel getauft, erhielt er als Siebenjähriger am Hof
seines Onkels, des französischen Königs Karl IV. und seines Paten, bei der Fir-
mung den Namen Karl. Der Namenspatron war Karl der Große. Durch einen
politischen Zwiespalt der Eltern – König Johann kapitulierte vor dem böhmischen
Adel, während Karls Mutter weiterhin die Königspartei repräsentierte – erlebte er
eine getrübte Jugend. So wurde er 1319 als Dreijähriger der mütterlichen Aufsicht
gewaltsam entzogen, zeitweise in einen finsteren Burgkeller gesteckt und hat
vermutlich seine Mutter nie wieder gesehen.

1323 wurde er dann zur weiteren Erziehung an den Pariser Hof geschickt. Sein
Lehrer dort ab 1326 war der Abt Pierre Roger von Fécamp, der spätere Papst
Clemens VI. 1323 wurde er als Siebenjähriger mit der Nichte des französischen
Königs Karls IV. Blanka (Blanche) verlobt, 1329 wurde dann die feierliche Hochzeit vollzogen. Dieser hatte übrigens kurz zuvor Maria, die Schwester König
Johanns geheiratet. Die Bekanntschaft mit französischer Bildung, Kultur und Politik, die damals europaweit war und im engsten Zusammenhang mit dem avignonesischen Papsttum Johannes' XXII. stand, hat den Luxemburger stark geprägt.
1330 wurde er dann in Luxemburg von seinem Großonkel, Erzbischof Balduin
von Trier, in die deutschen Verhältnisse eingeführt.

Ab 1331 versuchte er als Regentschaftsverweser zusammen mit seinem Vater,
in Oberitalien eine luxemburgische Herrschaft aufzubauen, was aber kläglich
scheiterte, obwohl Karl am 25. 11. 1332 bei San Felice in Modena siegte. Während
seines Aufenthaltes in Italien vollendete er auch seine Ausbildung in romanischem
Geiste und in westlicher Form. 1333 kehrte er nach Prag zurück und erhielt um
Neujahr 1334 von seinem Vater den Titel eines Markgrafen von Mähren. 1334 bis
1346 wirkte er als dessen Stellvertreter in Böhmen. Seit der Erblindung seines
Vaters 1340 leitete er praktisch die gesamte Politik. Es kamen nun die entscheidenden Jahre der Bewährung in praktischer Verwaltung, Herrschaft und Politik eines
mächtigen Königreiches bzw. eines bedeutenden Kurfürstentums. Das hat ihn
geprägt und als erfolgreichen Territorialpolitiker erwiesen, der die »Krone Böhmens« so weit stärkte, daß nach seinem Konzept auf ihr des »Reiches Krone«
»aufruhen« konnte. Er übernahm 1336 für seinen Bruder Johann Heinrich, den
Gemahl der Margarete Maultasch von Tirol, die Regierung dieser Grafschaft und
wurde damit in Streitigkeiten mit den Wittelsbachern um dieses Land verwickelt.
Das brachte ihn zunehmend in den Gegensatz zu Kaiser Ludwig IV. dem Bayern,
der seinerseits wiederum von dem 1342 gewählten Papst Clemens VI. bekämpft
wurde.

Unter der Anleitung seines unruhigen Vaters wuchs er immer mehr in die Reichspolitik hinein. Sein früherer Lehrer, Papst Clemens VI., und die Wittelsbachgegner unter den Reichsfürsten setzten am 11. 7. 1346 in Rhense seine Wahl (fünf Kurfürsten waren für ihn) gegen Ludwig IV. den Bayern durch. Der Bund mit dem Papst und den drei geistlichen Kurfürsten brachte ihm das Schimpfwort »Pfaffenkönig« ein. Der Theologe Wilhelm von Ockham bezeichnete den neuen König als »Söldling und Botengänger des Papstes«. Bei der Königswahl hatten Versprechungen für die Kurie und Wahlgelder für die Kurfürsten ihre gute Wirkung getan, und es hatte sich auch Karls Großonkel, Erzbischof Balduin von Trier, sehr stark für ihn eingesetzt. Sein Vater König Johann fiel kurze Zeit später am 26. 8. 1346 als Bundesgenosse Frankreichs gegen England in der Ritter-Schlacht bei Crécy, an der er auch selber teilnahm und verwundet vom Schlacht-feld floh. Karl sukzessierte nun zusätzlich im Alter von 30 Jahren auf den böhmi-schen Thron. In Bonn wurde er dann am 26. 11. 1346 zum König gekrönt und anfangs nur von seinen Wählern und deren Vasallen anerkannt. Die übrigen Reichsfürsten und die meisten Reichsstädte standen auf der Seite des durch den Papst gebannten Kaisers Ludwig.

Dessen Tod am 11. 10. 1347 ersparte ihm als »Gegenkönig« weitere harte Auseinandersetzungen um die Krone. Und auch den von den Wittelsbachern favorisierten Kandidaten Graf Günter von Schwarzburg (er wurde am 30. 1. 1349 in Frankfurt zum König gewählt) konnte er im Frieden von Eltville am 26. 5. 1349 durch eine beträchtliche Ablösesumme zum Verzicht auf die Krone bewegen. In der Folge konnte er allgemeine Anerkennung finden. Durch eine neuerliche, ein-stimmige Wahl in Frankfurt und eine neuerliche Krönung in Aachen 1349 sanierte er gewissermaßen die betreffenden Vorgänge des Jahres 1346. Eine wichtige Hilfe war ihm die Heirat mit der Tochter des mächtigen Kurfürsten Rudolf II. von der Pfalz. Es zeugt für sein politisches Geschick und seine Fähigkeit zum waffenlosen Ausgleich, daß er auch Markgraf Ludwig den Brandenburger, den Sohn seines Vorgängers, auf seine Seite zog, nachdem er ihm durch den sog. falschen »Walde-mar«, einen betrügerischen askanischen Thronprätendenten, im Innern seines Landes genug Unruhe gemacht hatte.

Der Beginn der Regierung Karls ist überschattet von der wohl schwersten sozialen und wirtschaftlichen Krise des deutschen Spätmittelalters, nämlich der Pest, mit all ihren Folgen und Begleitumständen. Sie tauchte ab Mitte des 14. Jahrhunderts in mehreren Wellen auf, und obwohl Böhmen eher davon verschont wurde, dürften nach Schätzungen rund ein Drittel der Reichsbevölkerung dieser Seuche zum Opfer gefallen sein. Das 14. Jahrhundert ist aber auch durch das Erstarken der Städte gekennzeichnet. Gegenüber den bischöflichen Stadtherren emanzipierten sich die »Freien« Reichsstädte (etwa Köln, Mainz, Straßburg, Augs-burg u. a.), und auch aus den staufischen Königsstädten (z. B. Nürnberg, Frankfurt am Main, Lübeck) wurden Reichsstädte. Teilweise gelang das auch landesherrli-chen Städten (wie z. B. Hamburg). Mit dieser wachsenden Städtekultur ist eng die Hanse verbunden, die in dieser Zeit zweifelsohne ihre Blütezeit erlebt. Zur Wah-

KAISER KARL IV.   423

rung des Landfriedens gegen das Rittertum (Raubritter), die fürstlichen Bestrebungen einer Territorialbildung und die Politik der Städteverpfändung durch die
Könige in Ermangelung anderer finanzieller Einnahmen bildeten sich Städtebünde
heraus: 1254 der rheinische, 1376 der schwäbische und der elsässische und 1382 der
niedersächsische. Seit den siebziger Jahren entstanden auch Ritterbünde.
    Nach den Jahren der inneren Konsolidierung wollte sich nun Karl in Rom die
Kaiserkrone holen. 1350 besuchte der römische Volkstribun Cola di Rienzi Prag
und drängte ihn zu einem Italienzug. Der Dichter Petrarca und die Florentiner
baten ihn ebenfalls um sein Erscheinen. Nüchterner und realistischer bzw. unro-
mantischer als alle seine Vorgänger, ging dieser erste »moderne« römisch-deutsche
König dabei zu Werke. Er sperrte Cola di Rienzi zunächst ein Jahr ein und lieferte
ihn an Papst Clemens VI. in Avignon aus. Im Oktober 1354 zog er dann ohne ein
Reichsheer über die Alpen, empfing am 6. 1. 1355 zu Mailand die »eiserne Krone«
der Lombarden und wurde am Ostertag des 5. 4. 1355 in Rom von Kardinal Peter
von Ostia gekrönt. Er hielt sich nur an dem einzigen Tag der Zeremonie in der
Stadt auf, Ende Juni hatte er Italien bereits wieder verlassen. In den Streit der
Ghibellinen und Guelfen mischte er sich überhaupt nicht ein und blieb auch von
den Ideologien von römischer Größe unberührt. Interessant ist, daß ihm die
Mächte Italiens Eide leisteten und Steuern zahlten und sich dadurch zur integrie-
renden Kraft und Funktion des Kaisertums in der Uneinigkeit Italiens neben und
gegen den Papst bekannten.
    Untrennbar ist aber der Name Karls IV. mit der Goldenen Bulle verbunden,
dem wohl wichtigsten Vefassungstext des alten Reiches, der bis 1806 seine Gültigkeit bewahrte. Dieses Reichsgesetz wurde später nach dem der Urkunde ange-
hängten goldenen Siegel so benannt. Sie wurde im November 1355 in Nürnberg
begonnen und am 10. 1. 1356 auf dem Reichstag zu Nürnberg und am 25. 12. 1356
auf dem Reichstag zu Metz abgeschlossen und publiziert, obwohl sie als Verfas-
sungsgesetz letztlich ein Torso blieb. Sie sanktionierte erstens einmal das seit der
Stauferzeit ausgebildete föderalistische Territorialprinzip in Deutschland – im
Gegensatz zum zentralistischen Modell in Westeuropa – und sicherte das Verfahren der Königswahl, womit das Wahlrecht der Kurfürsten reichsgesetzlich festgelegt wurde. Damit wurden die zahlreichen Wirrungen durch Doppelwahlen und
Kandidatenwechsel, die seit dem Ende der Stauferzeit signifikant waren, beendet.
Entscheidend für die bereits vollzogene Territorialisierung des Reiches wurde das
Verbot der Teilung der Kurfürstentümer und die Einführung der Primogenitur,
die allmählich auch die anderen Reichsfürsten für sich in Anspruch nahmen. Dem
König von Böhmen wurde übrigens der erste Rang unter den weltlichen Kurfürsten zugewiesen.
    Obwohl die Goldene Bulle keineswegs eine Neuschöpfung war und im we-
sentlichen bereits in Geltung befindliches Reichsrecht bestätigte, hatte sie vor
allem für das Verfahren der Königswahl klare Normierungen geschaffen. Die
Siebenzahl der Kurfürsten wurde, wie bereits bisher, beibehalten. (Die Erzbischöfe von Köln, Mainz und Trier; der König von Böhmen, der Herzog von Sachsen,

der Pfalzgraf bei Rhein und der Markgraf von Brandenburg.) Wahlort war Frankfurt am Main, wo sich die Kurfürsten binnen dreier Monate auf Einladung des Erzbischofs von Mainz zu versammeln hatten. Wahlort war die Kirche St. Bartholomäus (der heutige katholische Dom). Zur Gültigkeit der Wahl war die Anwesenheit von mindestens vier Kurfürsten oder ihrer Vertreter erforderlich. Die Leitung der Wahl hatte der Erzbischof von Mainz inne, der auch zuletzt die Stimme abgab und damit zugleich stichentscheidend war. Die Mehrheit der Stimmen genügte zur Wahl. Krönungsstätte war wie bisher Aachen (bis Ferdinand I., danach Frankfurt). Die Krönung vollzog der Erzbischof von Köln, zu dessen Diözese Aachen gehörte. Der erste Reichstag des neuen Königs sollte in Nürnberg stattfinden.

In der Goldenen Bulle wurde auch das Reichsvikariat geregelt, d. h. das Recht, bei Thronerledigung bis zur Neuwahl die Reichsgeschäfte zu führen. Die seit dem 13. Jahrhundert geübte Regelung wurde nun Gesetz. Für die rheinisch-schwäbischen Länder und das Gebiet des fränkischen Rechts übte das Reichsvikariat der Pfalzgraf bei Rhein aus, für das Gebiet des sächsischen Rechts der Herzog von Sachen.

Auch wurde durch die Goldene Bulle jegliche päpstliche Mitwirkung bei der Königswahl ausgeschlossen. Ebenso wurde der Anspruch des gewählten römisch-deutschen Königs auf die Kaiserkrönung gesichert. Mit Ausnahme des Jahres 1410 gab es für die folgenden 450 Jahre des Heiligen Römischen Reiches keine nennenswerten Rechtsprobleme bei der Königswahl. Die Kurfürsten, nun gestärkt in ihrer Position hinsichtlich der Erbfolge wie in der verfassungsrechtlichen Stellung gegenüber dem Reich, fanden sich danach zunehmend bereit, bei der Königswahl eine Thronfolge innerhalb derselben Dynastie anzuerkennen. Auch eine Landfriedensgesetzgebung wurde in der Goldenen Bulle verankert und eine gewisse Vorrangstellung der Zentralgewalt normiert.

Die Tatsache, daß in der Goldenen Bulle der Herzog von Österreich nicht unter den Kurfürsten aufgezählt wurde, war 1359 für den Habsburger Rudolf IV., unbestreitbar eine der bedeutendsten Fürstengestalten des Mittelalters, Anlaß für eine, im Mittelalter durchaus übliche Dokumentenfälschung: das Privilegium Maius. Karl IV. durchschaute jedoch mit Hilfe des Humanisten Petrarca diese Fälschung und lehnte ihre Bestätigung ab. Da Kaiser Friedrich III. 1453 mit Zustimmung der Kurfürsten dieses Privilegium Maius anerkannte, war die Frage der Fälschung in der Folge ohne praktische Bedeutung.

Die besondere Obsorge Karls IV. galt dem Erwerb anderer Territorien in der Erkenntnis, daß in der Situation Deutschlands nur der stärkste Landesherr auch Kaiser sein und Autorität besitzen konnte. Ein weiteres Ziel seiner Politik war der Ausbau seiner böhmischen Monarchie, wo er im Gegensatz zum Reich um die Zentralisierung der luxemburgischen Länder bemüht war, obwohl der Versuch seiner »Maiestas Carolina«, ein böhmisches Staatsgrundgesetz, 1355 am Widerstand des böhmischen Adels scheiterte. Um eine Querverbindung zu dem politisch und wirtschaftlich an Bedeutung sehr vorrangigen Frankfurt und dem Mittelrheingebiet zu schaffen, gewann er 1355 einen Teil des großen Eisenbergbaugebietes der

Oberpfalz (»Neuböhmen«) und annektierte 1368 die Niederlausitz für Böhmen. Er schloß Erbverträge mit den Wittelsbachern und Habsburgern ab und erwarb auf diese Weise 1373 die Markgrafschaft (Kurfürstentum) Brandenburg für seinen Sohn Wenzel. Durch seine dritte Ehe mit Anna von Schweidnitz 1353 erwarb er 1368 die Herzogtümer Schweidnitz und Jauer und vollendete damit die Annexion Schlesiens für die böhmische Krone.

Die große luxemburgische Hausmacht aber schwächte der alternde Kaiser ein Jahr vor seinem Tod, indem er sie nach damals üblicher Methode 1377 unter seinen Söhnen und Neffen teilte: Wenzel erhielt Böhmen, Schlesien, Luxemburg; Sigismund Brandenburg; Johann Heinrich wurde mit dem Herzogtum Görlitz belehnt, und Mähren wurde unter Karls Neffen Jobst und Prokop geteilt. In seine politischen Pläne hatte Karl auch Ungarn und Polen einbezogen, das Mittel der Ehe bewährte sich in dieser aristokratisch-feudalen Welt immer wieder. Karl IV. verlobte seinen Sohn Sigismund mit der Tochter und Erbprinzessin des ungarischen bzw. polnischen Königs Ludwig von Anjou, womit er auf eine gewaltige Ausdehnung der luxemburgischen Dynastie hoffte.

In seinen Plänen spielte auch ein Vorstoß zur Ostsee eine Rolle. 1375 besuchte er Lübeck und knüpfte auch Beziehungen zu dem Vorort der Hanse an. Gleich gute Bundesgenossenschaft pflegte er mit dem Deutschen Ritterorden. Der Kaiser, der auch wirtschaftliche Interessen hatte, untermauerte durch seine vierte Ehe mit Elisabeth von Pommern (1363) seine Politik, sicherte sich aber auch im Brünner Vertrag von 1363 im Süden durch einen Erbvertrag mit dem habsburgischen Herzog Rudolf IV., dem Stifter, von Österreich die Anwartschaft auf Österreich, Steiermark, Tirol, Kärnten und Krain. Eine gewaltige luxemburgische Macht war im Osten des Reiches im Entstehen begriffen oder aufgebaut.

Für Karl IV. war ein starkes Böhmen die Basis einer gesunden Reichspolitik. Unter diesem Aspekt ist letztere zu beurteilen. Er besuchte 1365 Papst Urban V. in Avignon, um über dessen Rückkehr nach Rom zu verhandeln, Karl sagte zu dessen Unterstützung einen Romzug zu. Trotz heftiger Interventionen seitens der französischen Seite zog Urban 1367 zwar nach Rom, konnte sich aber dort nicht halten, kehrte 1369 nach Avignon zurück, machte u. a. den Kaiser dafür wegen mangelnder Unterstützung verantwortlich und starb dort 1370. Mit reichen Einnahmen aus Steueraufkommen der Städte des alten Reichsitaliens kehrte Karl aus Italien nach Prag zurück, ohne auch nur einen Finger im Streit der Parteien gerührt zu haben. Er blieb der kühle Rechner, der seine Risiken kalkulierte und die gesicherte Hausmachtbasis nie aus den Augen verlor.

Seit Friedrich I. wurde Karl erstmals wieder am 4. 6. 1365 in Arles zum König von Burgund gekrönt. Das konnte auch als Fingerzeig auf deutsche Herrschaftsrechte in Burgund gegen den französischen König gedacht gewesen sein. Doch gab er 1378 noch selber die Statthalterschaft dieses Königreichs in französische Hände. Die endgültige Rückkehr Papst Gregors XI. 1377 von Avignon nach Rom, d. h. die Befreiung der Römischen Kirche von der französischen Bevormundung, war letztlich auch ein Erfolg Karls IV., obwohl Gregor XI. ebenfalls vor Schwierigkeiten in Rom stand und nur sein Tod 1378 ihn daran hinderte, wieder nach Avignon zurückzukehren.

Karl IV. erlebte 1378 noch kurz vor seinem Tod, als man daran ging, für Gregor XI. einen Nachfolger zu wählen, den Beginn des »Großen abendländischen Schismas« und zögerte, dabei einzugreifen. Als einziger wäre er möglicherweise imstande gewesen, diese verhängnisvolle innerkirchliche Entwicklung des späten Mittelalters zu verhindern. Als Nachfolger Gregors XI. wurde in einer sicherlich formal nicht ganz lupenreinen Wahl Urban VI. zum Papst gewählt. In Frankreich hingegen war man von der Ungültigkeit der Papstwahl überzeugt und unterstützte eine Gegenwahl, nicht zuletzt auch wegen des Endes des avignonesischen Aufenthalts. Bei dieser Gegenwahl wurde Clemens VII. gekürt, der von Frankreich, Neapel, Schottland, den iberischen Königreichen, Sizilien und Savoyen anerkannt wurde. Der Großteil der deutschen Territorien stand hinter Urban, lediglich die innerösterreichische Linie der Habsburger stand anfänglich hinter Clemens, der nun in Avignon seine Residenz aufschlug.

In seinen letzten Lebensjahren mischte Karl sich auch immer weniger in die deutsche Politik ein. Das deutsche Gleichgewicht hielt er durch eine äußerst geschickte Diplomatie zwischen Papst und Kurfürsten aufrecht, die ihm die Wahl seines Sohnes Wenzel zum römisch-deutsche König 1376 ermöglichte. Zum ersten Mal seit der Stauferzeit gelang es wiederum einem Kaiser, noch zu seinen Lebzeiten die Nachfolge zu regeln. Im Jahr seines Todes handelte er auch einen Frieden zwischen dem Schwäbischen Bund und den Grafen von Württemberg aus.

Karls Hauptinteresse galt Böhmen und seiner Hauptstadt Prag, die einen bedeutenden Aufschwung erlebte, er förderte sie wirtschaftlich und kulturell. Prag wurde auch die Hauptstadt des Reiches unter seiner Regierung. Erstmals im mittelalterlichen Reich gab es nun eine ständige Residenz des Kaisers/Königs. Bereits als Markgraf begann er mit dem Wiederaufbau des Hradschin und eröffnete zusammen mit seinem Vater den Bau des Veitsdomes, den er dann durch die Berufung französischer und deutscher Baumeister (Matthias von Arras, Peter Parler aus Gmünd seit 1353) weiterbauen ließ. Ebenfalls noch als Markgraf erreichte er 1344 die Erhebung Prags zum Erzbistum. Nach französischem Muster ließ er Burgen wie Karlstein errichten, das die Reichskleinodien aufnehmen sollte. Er plante 1347 die Prager Neustadt (Nove mesto), und ein heute noch zu bewunderndes Meisterwerk ist die Karlsbrücke, die die Prager Altstadt mit der Kleinseite verbindet. Karl IV. zählt zweifelsohne zu den großen Mäzenen auf den europäischen Thronen.

Karl war dem italienischen Frühhumanismus sehr aufgeschlossen. Cola di Rienzi kam nach Prag, Petrarca wurde von Karl herzlich aufgenommen und unterhalten. Karl selber sprach fließend lateinisch, französisch, deutsch, tschechisch und italienisch. Durch die Einladung an den großen Prediger Konrad Waldhauser nach Prag trug Karl nicht wenig dazu bei, die große böhmische Kirchenreform in Gang zu bringen. Sein Interesse für Bildung und Geist bezeugte vor allem die Gründung der ersten deutschen Universität 1348 in Prag, um Studenten aus seinen Ländern es zu ersparen, nach den französischen und italienischen Universitäten reisen zu müssen. Durch Johann von Neumarkt wurde die königliche Kanzlei die Pflegestätte für Recht, Verwaltung und Sprache. Eine für die Selbständigkeit seines Königreiches entscheidende Tat war die bereits erwähnte Erhebung Prags 1344 zum Erzbistum. Damit verbunden war die Loslösung aus dem Metropolitanverband Mainz. Seinen Namen trägt auch das von ihm gegründete Karlsbad, auch förderte er das Großgewerbe (Glasbläserei).

Von der Gicht geplagt und von dem für damalige Verhältnisse hohen Alter gekennzeichnet verstarb Karl IV. am 29. 11. 1378 in Prag nach 32jähriger Regierungszeit als Kaiser/König. Er wurde elf Tage aufgebahrt, dann durch fünf Tage hindurch in Prozessionen durch die Stadt gebracht und schließlich am 16. 12. im Veitsdom beigesetzt.

Karl IV. zeigte einen neuen »modernen« Stil des deutschen Königtums und auch eine neue Art der nüchternen Verbindung von Landes-, Reichs-, Europa- und Kirchenpolitik. Er hatte einen Blick für die wirtschaftlichen Kräfte und ein Gespür für die Entwicklung des Geistes und der Bildung. Dadurch, daß er den Schwerpunkt des Reiches nach Osten verlegte, inaugurierte er auch eine neue Phase der deutschen Politik und Kultur. Sein Reich zeichnete die Grundlinien einer Verbindung der späteren österreichischen und preußischen Macht ab. Wenn der spätere Kaiser Maximilian I. Karl IV. nicht ganz zurecht »des heiligen römischen Reiches Erzstiefvater« genannt hat, dann bezeichnete er ihn dafür um so treffender als »Böhmens Vater«. »Zwiespalt und Tragik im Leben dieses zweiten luxemburgischen Kaisers hemmen uns, das Urteil über diesen differenzierten Charakter weiter zu spannen. Unter den spätmittelalterlichen Kaisern hatte er wirklich universalen, den ganzen Kulturkreis überspannenden Rang. Die Deutschen wie die Böhmen, die Burgunder wie die Niederländer, ja selbst die Franzosen und die Italiener haben ihn als den Ihren angesprochen, so weit stand er über dem damals (wie heute) unzeitgemäßen Streit nationaler Interessen. Ein Europäer nach Geist und Handeln – also doch für uns ein Mann, der zu Recht unvergessen bleiben soll.« (Heinz Stoob)

Die Nachkommen Kaiser Karls IV.

AUS DER 1. EHE

1. Margarete
* 1335
† 1349
∞ 1338
Ludwig I. der Große, König von Ungarn und Polen
Eltern: Karl I. Robert von Anjou und Elisabeth von Polen
* 1326
† 1382

2. Katharina
* August 1342 in Prag
† 25. 4. 1395 in Wien
Grabstätte: Wien, Stephansdom-Herzogsgruft

1. ∞ 13. 7. 1357 in Wien
Rudolf IV. der Stifter, Herzog von Österreich
Eltern: Albrecht II., Herzog von Österreich, und Johanna von Pfirt
* 1. 11. 1339 in Wien
† 27. 7. 1365 in Mailand
Grabstätte: Wien, Stephansdom-Herzogsgruft

2. ∞ 1366
Otto, Markgraf von Brandenburg
* 1346
† 1379

AUS DER 2. EHE

3. Wenzel
* 1350
† 1351

AUS DER 3. EHE

4. Elisabeth
* 19. 3. 1358 in Prag
† 19. 9. 1373 in Wien
Grabstätte: Gaming (Niederösterreich), unter dem Hochaltar der Pfarrkirche

∞ 19. 3. 1366 in Wien
Albrecht III., Herzog von Österreich
Eltern: Albrecht II., Herzog von Österreich, und Johanna von Pfirt
* 9. 9. 1348 in Wien
† 29. 8. 1395 in Laxenburg bei Wien
Grabstätte: Wien, Stephansdom, Herzogsgruft

5. Wenzel
Siehe unter König Wenzel

AUS DER 4. EHE

6. Anna
* 1366
† 1394

∞

Richard II., König von England
Eltern: Eduard, der schwarze Prinz, und Johanna von Kent
* 1367
† 1400

7. Sigismund
Siehe unter Kaiser Sigismund

8. Johann Herzog von Görlitz
* 1370
† 1396

∞ 1388
Richardis von Schweden
Eltern: Albrecht II. von Mecklenburg, König von Schweden, und Elisabeth von Meißen

9. Karl
* 1372
† 1373

10. MARGARETE
    * 1373
    † 1410

    ∞

    JOHANN III., Burggraf von Nürnberg
    Eltern: Friedrich V., Burggraf von Nürnberg, und Elisabeth von Meißen
    * 1369
    † 1420

11. HEINRICH
    * 1377
    † 1378

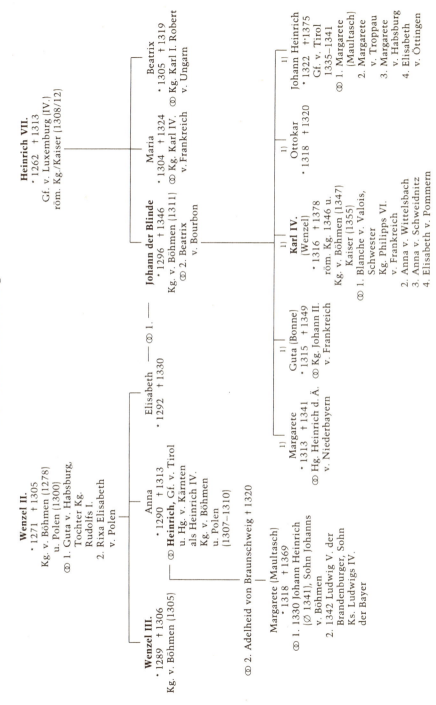

König Wenzel

König Wenzel

* 26. 2. 1361 in Nürnberg
† 16. 8. 1419 Wenzelstein bei Kundratitz (Böhmen)
Grabstätte: zuerst Zisterzienserkloster Königsaal bei Prag, später Prag
Eltern: Kaiser Karl IV. und Anna von Schweidnitz-Jauer

1. ∞ 29. 9. 1370
JOHANNA von Bayern
Eltern: Albrecht I., Herzog von Bayern, Graf von Holland, und Margarethe von Brieg-Schlesien
* 1356
† 1386

2. ∞ 1389
SOPHIE von Bayern
Eltern: Johann II., Herzog von Bayern-München, und Katharina von Görz-Tirol
* 1376
† 1425

15. 6. 1363 in Prag zum böhmischen König gekrönt
10. 6. 1376 in Frankfurt a. M. zum römisch-deutschen König gewählt
 6. 7. 1376 in Aachen zum römisch-deutschen König gekrönt
29. 11. 1378 Regierungsantritt im Reich, in Böhmen und im Großteil der luxemburgischen Länder
20. 8. 1400 in Oberlahnstein von den Kurfürsten als römisch-deutscher König abgesetzt

Wenzel wurde als Sohn Kaiser Karls IV. und seiner dritten Frau Anna von Schweidnitz geboren. Die Taufe am 11. 4. in der Sebalduskirche zu Nürnberg, Wenzel hieß ursprünglich Karl, gestaltete sich zu einem riesigen Spektakel und Volksfest. Der glanzvolle Beginn des Lebens Wenzels wurde bereits zwei Jahre später (1363) durch die Krönung zum König von Böhmen in Prag fortgesetzt. Die bereits bei der Geburt Wenzels erfolgte Verlobung mit der dreijährigen Tochter des Burggrafen von Nürnberg so wie auch eine weitere zerschlugen sich, so daß er als Neunjähriger mit Johanna von Bayern vermählt wurde.

Kaiser Karl IV. sorgte für eine gediegene Bildung seines Sohnes Wenzel, der die deutsche, lateinische und tschechische Sprache beherrschte, und nahm ihn auf seine Fahrten durchs Reich mit. Nachdem er 1373 durch die Erwerbung Brandenburgs zwei Kurstimmen besaß, gewann er bald die übrigen Kurfürsten dazu, Wenzel zum römisch-deutsche König zu wählen, wobei er Ruprecht I., Pfalzgraf bei Rhein, besonders entgegenkommen mußte. Die Wahl erfolgte dann am 10. 6. 1376. Papst Gregor XI. versuchte, die Wahl zunächst zu verhindern, stimmte aber dann nachträglich zu. Im folgenden Jahr ernannte Karl Wenzel zum Reichsverweser, und 1378 trat er nach dem Tod Karls IV. im Reich und in Böhmen die Regierung an.

Wenzel übernahm ein schweres Erbe. Bereits zu Anfang seiner Regierung wurde klar, daß nach der zielbewußten Regierung Karls IV. nun wieder die Kurfürsten stärker die Initiative ergreifen wollten, wobei Pfalzgraf Ruprecht I. der Gegenspieler Wenzels wurde und versuchte, auf den jungen König Einfluß zu gewinnen. Es war dies die Zeit des sg. »Großen abendländischen Schismas«, wobei sich Wenzel zugunsten des römischen Papstes Urban VI. (Urbansbund 1379) und gegen den avignonesischen Papst Clemens VII. entschied. Für diese Position hatte er auch König Ludwig von Ungarn und seinen Bruder Sigismund gewonnen.

Die Mehrheit im Reich folgte ihm auch, allein Herzog Leopold III. von Österreich (Innerösterreich) hielt zum avignonesischen Papst Clemens VII. 1381 schloß Wenzel unter päpstlichem Einfluß ein Bündnis mit König Richard II. von England, der 1382 Wenzels Schwester Anna heiratete. Damit griff er im Hundertjährigen Krieg eindeutig die Partei Englands, das Wenzel ein großzügiges Darlehen für einen Romzug gewährte. Doch dieser Plan, verbunden mit einer Kaiserkrönung, geriet aufgrund wichtigerer innerdeutscher Probleme bald in den Hintergrund.

Im letzten Viertel des 14. Jahrhunderts befand sich Deutschland im Zustand eines gewissen Aufruhrs und der Gärung. Ursache war u. a. das Autonomiebestreben der Städte, das zu Konflikten mit den Fürsten und dem niederen Adel führte.

KÖNIG WENZEL

Am 4. 7. 1376 wurde der Schwäbische Städtebund gegründet, dem sich 1381 der Rheinische Städtebund anschloß. Das verschaffte den Städten eine eindeutige Überlegenheit im Krieg mit den Ritterschaften, der 1382 durch Vermittlung Graf Eberhards von Württemberg und Herzog Leopolds von Österreich beendet wurde.

Wenzel, der in diesem Konflikt auf seiten der Fürsten stand, begegnete dieser Bewegung zunächst mit einer Landfriedensgesetzgebung nach dem Vorbild seines Vaters, was aber Mißtrauen bei den Städten hervorrief. In seinem Bemühen um die Überwindung der Gegensätze tauchte erstmals in einem Landfriedensgesetz vom 11. 3. 1383 die Idee einer Einteilung des Reiches in (vier) größere Bezirke auf. Doch die Städte machten dabei nicht mit, so daß aus diesem Frieden ein »Herrenbund« wurde. »Herren« und Städte schlossen dann 1384 doch einen Frieden für vier Jahre (»Heidelberger Stallung«), dem aber Wenzel nicht beitrat. Deswegen scheiterten 1384 und 1385 seine Versuche, einen näheren Kontakt zu den Städten herzustellen, deren Geld er brauchte. Unter dem Eindruck der Niederlagen der Habsburger gegen die Schweizer (1386 Sempach und 1388 Näfels) versuchte er nochmals den Kontakt zu den Städten. Doch die weiter bestehenden Gegensätze führten unweigerlich zum Krieg (»Erster Städtekrieg«). Am 24. 8. 1388 siegte Eberhard von Württemberg gegen den Schwäbischen Städtebund bei Döffingen (heute Grafenau) und am 6. 11. 1388 Pfalzgraf Ruprecht II. bei Worms gegen die rheinischen Städte. Die beiden Siege waren zwar deutlich, doch der Kleinkrieg wurde fortgesetzt. Trotzdem konnte Wenzel am 5. 5. 1389 zu Eger für sechs Jahre einen Reichslandfrieden durchsetzen. Aber Wenzels politische Schwäche führte dazu, daß die Landfriedensbewahrung zunehmend in die Hände der Territorialfürsten gelangte. Im Gegensatz zur Hanse gelang den Städten kein derartiger Zusammenschluß. Obwohl sie zunehmend Mittelpunkt von Kultur und Wirtschaft waren, behielten die Fürsten weiter die Macht in ihrer Hand.

Doch Wenzels Hauptinteresse galt eher seiner Hausmachtpolitik als dem Reich. Anfänglich konnte er sich gegen den böhmischen Adel behaupten und 1383 das Stammland Luxemburg erben. Durch sein Eingreifen konnte in Ungarn auch sein Bruder Sigismund Fuß fassen. Aber im zweiten Jahrzehnt seiner Regierung wurde die Opposition des böhmischen Adels stärker, und es verschlechterten sich auch die Beziehungen zum hohen Klerus des Landes. 1393 kam es zu Auseinandersetzungen mit dem hohen Klerus, vor allem mit dem Erzbischof von Prag. Wenzel ließ einige seiner Vertrauten verhaften und foltern, wobei er nach einem seiner gefürchteten Wutanfälle selbst Hand an die Gefangenen gelegt haben soll. Der dem König besonders verhaßte Generalvikar Johannes Nepomuk wurde auf Betreiben Wenzels in der Moldau ertränkt. Er wurde 1729 heiliggesprochen, obwohl die Weigerung Johannes Nepomuks, das Beichtgeheimnis nicht zu verraten (er war der Beichtvater Königin Sophies), erst später als Grund seiner Hinrichtung auftauchte. Sein 1693 auf der Karlsbrücke errichtetes Standbild fand vor allem im österreichisch-süddeutschen Raum viele Nachbildungen und machte ihn zum bekanntesten Brückenheiligen des Barock.

Wenzels Vetter Jobst (Jost, Jodocus) von Mähren trat nun an die Spitze einer aufständischen Bewegung und nahm am 8. 5. 1394 für einige Monate den König sogar gefangen. Er wurde dann auf dem Schloß Wildberg bei Linz gefangen gehalten. Infolge Drucks von Ruprecht II. von der Pfalz als Reichsverweser und von Wenzels Bruder Johann von Görlitz kam er wieder frei. Seine Lage blieb aber kritisch, denn Albrecht III. von Österreich eröffnete gegen ihn den Krieg, und nur der plötzliche Tod des Habsburgers am 29. 8. 1395 verhinderte den endgültigen Sturz des Königs. Nach der Niederlage Sigismunds 1396 gegen die Türken bei Nikopolis mußte er Jobst nun endgültig mit Brandenburg belehnen. All das führte dazu, daß Wenzel im Reich die Zügel schleifen ließ und ihm zwischen 1388 und 1396 fernblieb. Das Sechser-Kollegium zur Durchführung des Egerer Reichslandfriedens von 1389 führte daher zu einer provisorischen Reichsverweserschaft.

Wenzels Schwäche offenbarte sich auch dadurch, daß er als römisch-deutscher König dem päpstlichen Schisma, das sich nach dem Tod von Urban VI. und Clemens VII. fortsetzte, kein Ende bereiten konnte, obwohl er im März 1398 mit König Karl VI. von Frankreich in Reims darüber Verhandlungen führte. Doch dort kam es auch zu einer peinlichen Szene, als am 24. 3. 1398 Wenzel derart betrunken war, daß er nicht an einem festlichen Mahl mit dem französischen König teilnehmen konnte. Als es dann aufgrund des Konzils zu Pisa sogar zu drei Papstlinien kam, unterstütze Wenzel das pisanische Papsttum, während sein Gegner, der römisch-deutsche König Ruprecht von der Pfalz, für die römische Obödienz war.

Auch in der Italienpolitik, wo französische und reichische Interessen aufeinanderprallten, versagte Wenzel weitgehend. Die Ernennung des Reichsvikars auf Zeit in Italien, Giovanni Galeazzo Visconti von Mailand, zum erblichen Herzog schadete dem König sehr.

Die kurfürstliche Revolution gegen Wenzel hatte ihre Wurzel auch in der Vernachlässigung der Reichsgeschäfte durch den König, in seinem Versagen bei der Lösung der Kirchenspaltung und in der italienischen Politik, jedoch der Hauptgrund war die Feindschaft der westdeutschen (rheinländischen) Kurfürsten und ihr Neid auf das machtvolle Hauskönigtum im Osten. Bereits seit 1387/88 gewannen die auf eine Veränderung an der Reichsspitze zielenden Pläne einiger Kurfürsten deutlichere Konturen. Ab 1394, der kurzen Gefangeschaft Wenzels, liefen Verhandlungen. Im Oktober 1395 richteten die Kurfürsten an Wenzel die Aufforderung, endlich ins Reich zu kommen, »sonst würden sie gedenken, was sie zu tun hätten«. Als Wenzel nicht erschien, hielten sie im Mai 1397 in Frankfurt eine Reichsversammlung ab und erreichten damit tatsächlich, daß Wenzel die Einsetzung eines Reichsvikars gegen seinen Willen hintertrieb. Doch im September 1397 erschien er nach fast zehnjähriger Abwesenheit von Deutschland in Nürnberg und zog dann Ende des Jahres zu den Kurfürsten nach Frankfurt, die ihm die Beschwerden überreichten.

Der entscheidende Anlaß für die kurfürstliche Verschwörung gegen Wenzel war jedoch das Bündnis der Häuser Wittelsbach und Nassau am 24. 1. 1396 in

Oppenheim. Zuerst verhalf Pfalzgraf Ruprecht II. 1397 Johann von Nassau auf den Mainzer Erzstuhl, dann schlossen am 11. 4. 1399 Mainz, Köln und Kurpfalz in Boppard eine Einigung zur Wahrung ihrer Kurrechte, der später u. a. auch Trier beitrat. Lediglich Sachsen nahm daran nicht teil. Auf einem Mainzer Tag im September 1399 wurde erstmals unverhohlen über die Neuwahl eines römischen Königs gesprochen. Aus dem Recht der Königswahl leiteten die Kurfürsten auch ein Recht der Königsabsetzung ab. »Die Fronde gegen Wenzel formierte sich zu abschließender Aktion.« (Karl Schnith) Am 4. 6. 1400 luden Mainz, Köln, Trier und Pfalz den König für den 10. 8. 1400 nach Oberlahnstein ein. Als Wenzel nicht erschien, setzten ihn die vier Kurfürsten nach zehntägiger Wartezeit am 20. 8. als »unnützlich, träg und für das römische Reich durchaus ungeschickt« ab. Erzbischof Johann II. von Mainz bestieg in Oberlahnstein am Ostufer des Rheins – im Angesicht des gegenüberliegenden Königsstuhls von Rhense – den Urteilssitz und verkündete öffentlich die Deposition Wenzels. Er gab die Lösung der Treueeide bekannt und forderte auf, Wenzel nicht mehr als römischem König zu gehorchen. Gleichzeitig wurden die Vorwürfe verlesen, die sich inhaltlich mit den schon 1397 formulierten Anklagepunkten deckten. Man warf ihm Unfähigkeit in der Lösung der Kirchenfrage, Vergabe von Gebieten des Reiches an Fremde, Untätigkeit gegenüber Verletzungen des Landfriedens sowie persönliche Grausamkeit und Ausschreitungen vor. Am nächsten Tag begaben sich die vier Kurfürsten nach Rhense und wählten Pfalzgraf Ruprecht III. zum König.

Wenzel betrachtete die Handlungsweise dieser vier Kurfürsten als Rebellion (crimen lese regie maiestatis et sacrilegium), versuchte aber später, mit Ruprecht zu einem Übereinkommen zu gelangen. Papst Bonifaz IX. erklärte zuerst, die Absetzung eines Königs stehe grundsätzlich nur ihm zu, gab sich jedoch später mit der Fiktion zufrieden, die Kurfürsten hätten in seinem Auftrag gehandelt und war bereit, Ruprecht anzuerkennen.

Das Verfahren dieser Königsabsetzung wurde in der Geschichtsschreibung hinsichtlich der Rechtmäßigkeit und etwaiger Vorbilder (Konzil von Lyon, Adolf von Nassau, Eduard II. und Richard II. von England) diskutiert, doch scheint bei Wenzel ein genuines Vorgehen angewandt worden zu sein. »Das Verhalten der zur Königsabsetzung schreitenden ›Rebellen‹ stellte wohl ein bewußtes oder unbewußtes Wiederanknüpfen an die germanische Tradition des Widerstandsrechts gegen den ungerechten Herrscher dar, und es wird erst voll verständlich aus der vielfältig Recht und Politik ineinander verschlingenden und fortentwickelten Situation des Spätmittelalters, die zur Ausbildung des neueren europäischen Staatensystems hindrängte.« (Karl Schnith)

Unter der Beibehaltung des Titels eines römischen Königs verbrachte Wenzel den Rest seines Lebens auf dem böhmischen Thron. Er hoffte zwar, nach dem Tod Ruprechts (18. 5. 1410) wieder als König anerkannt zu werden, doch 1411 stimmte er letztlich der Wahl seines Bruders Sigismund zu.

Aber auch in Böhmen versagte er angesichts des zunehmenden Einflusses von Johann (Jan) Hus, der anfänglich von Wenzel toleriert wurde. Hus war ein selbstbewußter bis schwärmerischer, jedoch angesehener Professor der Universität Prag, der in seinen Predigten an offene Wunden der Kirche rührte. Er forderte die Priesterehe, eine nationale Liturgie sowie den Laienkelch. Theologisch lag Hus in der Tradition des Wyclifitismus, den er aber nicht nur bloß übernommen hatte, sondern in seiner Art weiterentwickelte. Gleichzeitig handelte es sich beim Hussitismus um die Bündelung starker nationaler böhmischer Reformbestrebungen, aus denen die breite Resonanz in der Bevölkerung resultierte. Auf Drängen seines Bruders Sigismund ging Wenzel später gegen Hus und dessen Anhänger vor, am 6. 7. 1415 wurde er dann in Konstanz (Konzil) verbrannt. In der Folge entstand der Hussitenbund, was zu verstärkten Gegensätzen zwischen Deutschen und Tschechen führte. Bereits 1409 gründeten deutsche Studenten und Professoren, die aus Prag abgewandert waren, die Universität Leipzig. Die Konflikte wegen Hus eskalierten, und es kam in Prag 1419 zu einem Aufruhr – so wurden am 30. 7. sieben Ratsherrn aus dem Neustädter Rathaus geworfen (Erster Prager Fenstersturz). Das setzte Wenzel so zu, daß er nach zwei Schlaganfällen am 16. 8. 1419 verstarb. Da er aus seinen zwei Ehen keine Nachkommen hinterließ, wurde sein Bruder Sigismund, inzwischen bereits römisch-deutscher König, sein Erbe.

Das Bild dieses von seinem Vater selber in die Politik eingeführten, gebildeten und geistig interessierten Königs mit dem ursprünglichen Namen Karl in der Überlieferung ist nicht gut. Legende und öffentliche Meinung zeichnen ihn als Toren, Bösewicht, Despoten, Trunksüchtigen und Faulenzer. Dabei war er begabt, sorgfältig erzogen und gebildet. Er hatte eine genügend starke Hausmacht, als er zu regieren begann, um sich als König durchsetzen zu können. Die Handschriften seiner Bibliothek – es sei nur die berühmte Wenzelsbibel genannt – verraten seine Neigungen auf vielen Wissensgebieten, für Kunst und Literatur. Auch zeigte er in seinen ersten Regierungsjahren durchaus jugendlichen Eifer, doch fehlte ihm die eigentliche politische Leidenschaft seines Vaters. Die Schwierigkeiten des Königsamtes überforderten seine Kräfte, und er war den großen Problemen der Reichspolitik nicht gewachsen. Da er sich seines Versagens bewußt war, brachen aus Minderwertigkeitskomplexen Jähzorn, Egoismus, Genußsucht und Trägheit auf, was u. a. zur Katastrophe seiner Absetzung (1400) führte. Der Tod seiner ersten Frau (1386), angeblich an Pest gestorben, dürfte ihn wahrscheinlich derart aus der Bahn geworfen haben, daß er zunehmend dem Alkohol verfiel. Das Bild Wenzels weist aber nicht nur negative Züge auf. Er hatte, obwohl keine Kinder, ein inniges Verhältnis zu seinen beiden Frauen, aber auch anfänglich zu seinen Brüdern und übrigen Verwandten, obwohl die ihm das nicht immer in gleicher Weise entgegenbrachten. Und im nüchternen Zustand wurde Wenzel durchaus als umgänglich und leutselig geschildert. »Des Heiligen Römischen Reiches Erzschlafmütze« wurde er bereits in der Geschichtsschreibung des Humanismus genannt. Vielfach zurecht, aber pauschal betrachtet zu unrecht.

König Ruprecht von der Pfalz

König Ruprecht von der Pfalz

* 5. 5. 1352 in Amberg/Oberpfalz
† 18. 5. 1410 auf Schloß Landskron bei Oppenheim
Grabstätte: Heiliggeistkirche in Heidelberg
Eltern: Kurfürst Ruprecht II. von der Pfalz und Beatrix, Tochter Peters II., Königs
von Sizilien aus dem Hause Aragon

∞ 27. 6. 1374 in Amberg
ELISABETH
Eltern: Friedrich V., Burggraf von Nürnberg, und Elisabeth, Tochter Friedrichs II.
des Ernsthaften, Markgrafen von Meißen und Landgrafen von Thüringen
* 1358 in ?
† 26. 6. 1411 in Heidelberg
Grabstätte: Heiliggeistkirche in Heidelberg

6. 1. 1398 Pfalzgraf bei Rhein
21. 8. 1400 in Rhense zum römisch-deutschen König gewählt
6. 1. 1401 in Köln zum römisch-deutschen König gekrönt

KÖNIG RUPRECHT VON DER PFALZ

Ruprecht III. hatte Jahrzehnte der Gestaltung der Pfalzgrafschaft durch seinen Großonkel Ruprecht I. und ihrer Mitgestaltung durch den eigenen Vater miterlebt, als dieser 1390 zur Regierung kam. Er war selbst in die Politik der Sicherung dieses Werkes hineingestellt worden, als er 1374 in Amberg die Tochter des Burggrafen von Nürnberg heiratete und sich die meiste Zeit dort aufhielt. Er hatte seinen ältesten Sohn Ruprecht Pipan in große weltpolitische Kombinationen hineingestellt, als er ihn als Dreijährigen mit der Tochter des Königs von Frankreich verlobte. Als er ihn 1392 mit der Erbtochter des Grafen von Sponheim und Vianden vermählte, gewann er eine nähergelegene Position, denn die Grafschaft Sponheim spielte von 1423 bis 1830 immer wieder bei den Fragen der Ausgestaltung der Pfalzgrafschaft und noch der Wittelsbacher Rechte darauf im 19. Jahrhundert eine gewichtige Rolle. Ruprechts Tochter Margarete wurde 1393 in Kaiserslautern mit Herzog Karl dem Kühnen von Lothringen, seine Tochter Agnes im März 1400 in Heidelberg, als er als Kurfürst dort regierte, mit Herzog Adolf I. von Kleve und der Mark vermählt. Stützpunkte für die Pfalzgrafschaft bei Rhein waren damit gewonnen, die immer wieder eine Rolle spielen sollten. Doch wurden diese hauspolitischen Überlegungen in den letzten Jahren der Regierung König Wenzels zurückgestellt. Als er 1399 die Grafschaft Solms als Lehen vergab, handelte er noch einmal als Landespolitiker und nicht unter dem Zwang des Geschehens im Reich. Da setzten die Kurfürsten durch den von Mainz, den Erzkanzler des Reichs, König Wenzel ab und wählten am 21. August 1400 in Rhense vom Königstuhl aus Ruprecht III. zum Römischen König. Seine Lage wurde durch die Position des Hauses Luxemburg in Böhmen und die Auseinandersetzungen zwischen Frankreich und Lothringen und zwischen Lothringen und der Wittelsbacher Linie Bayern-Straubing-Holland immer wieder schwierig. Als er seinen ersten Reichstag nach Nürnberg berief, verhandelte er umsichtig nach allen Seiten. Nach Oberitalien schickte er Albrecht von Thanheim und betrieb dort seine Anerkennung. Ludwig, sein nunmehr ältester Sohn, drang im Bunde mit aufständischen böhmischen Herren bis an die Mauern von Prag vor, erreichte aber keinen endgültigen Erfolg.

Unmittelbar nach seiner Königswahl hatten die Kurfürsten, dann er selbst, den Papst in Rom um Approbation seiner Person gebeten, um die Voraussetzung für seine Kaiserkrönung zu schaffen. Weder Ruprecht noch die Kurfürsten wollten dadurch Grundsätze in der Reichsverfassung festlegen. Papst Bonifaz IX. aber hielt sich angesichts der Macht der Luxemburger zurück. Er billigte das Vorgehen der Kurfürsten nur, um sich selbst ein Recht zur Absetzung eines Römischen Königs zu sichern. Er stellte Ruprecht Bedingungen, die dieser nicht annehmen konnte. Gleichwohl entschloß sich Ruprecht, zu einer Kaiserkrönung nach Rom zu ziehen. Doch mußte er in Oberitalien auf die Visconti, die der König Wenzel 1395 zu Herzögen über Mailand gemacht hatte, und ihre Gegner eingehen. Am 29. Juni 1401 stimmte der Reichstag in Mainz dem Plan Ruprechts zu, nach Italien zu ziehen. Er hatte also das Reich hinter sich. Bereits am 15. August gewann er England, als er seinen nun ältesten Sohn Ludwig in Köln mit Blanca, der Tochter des neuen Königs Heinrich IV. von England aus dem Hause Lancaster, vermählte. An diese Wittelsbacher Beziehung mit England erinnert heute noch in der Schatzkammer der Münchner Residenz die von Blanca mitgebrachte Krone, die sogenannte Pfalzkrone. Sie ist heute die einzige englische Krone, die von der Verunstaltung der englischen Kronen durch Cromwell, den Diktator der kurzlebigen englischen Republik, verschont geblieben war.

Florenz stellte dem König 200.000 Gulden zur Verfügung und gewährte ihm eine Anleihe in derselben Höhe. So brach König Ruprecht am 8. September 1401 von Augsburg nach Italien auf. Er konnte freilich das zum Mailänder Machtbereich gehörige und stark befestigte Verona nicht nehmen und rückte deshalb gegen Brescia vor. Dabei diente ihm Franz von Carrara als kundiger Feldherr. Er verhinderte durch sein mutiges Eingreifen ein größeres Unglück, als Ruprecht am 21. Oktober eine Schlacht verlor, in der der Nürnberger Burggraf zu ungestüm gekämpft hatte. Leopold von Österreich wurde gefangengenommen, zwar schnell entlassen, aber des Verrats beschuldigt. Er verließ das Heer. Die italienischen Truppen zogen sich nach Padua zurück. Ein schlimmes Vorzeichen war, daß Kurfürst Friedrich von Köln nach Hause marschierte. Auf Bitten von Franz von Carrara und aus Florenz blieb Ruprecht in Italien und marschierte von Padua nach Venedig. Die Verhandlungen mit dem Papst über eine Kaiserkrönung brachten freilich keinen Erfolg. Der altbayerische Vetter Ludwig im Bart, der in Ingolstadt noch seinen Vater Stefan III. als Stütze hatte und selbst durch seine Schwester, die Königin von Frankreich, in Paris Einfluß besaß, unterstützte Ruprecht tatkräftig. Nach den Winterquartieren in Padua eröffneten sich aber Ruprecht weder finanziell noch politisch günstige Aussichten. Er trat deshalb im April 1402 über Venedig den Rückmarsch an und traf am 2. Mai in München ein. Der hier regierende Herzog lebte aber in Konflikt mit Stefan und Ludwig von Bayern-Ingolstadt. Ruprechts Kurprinz Ludwig hatte als Reichsverweser die Auseinandersetzung des Herzogs Ernst von Bayern-München mit Bayern-Ingolstadt nicht verhindern können. Ruprecht trat nun mit großer Energie hier und am Rhein für den Landfrieden ein. Er scheute sich nicht, die Raubschlösser einiger Vasallen des Kurfürsten von Mainz zu brechen. Das hielten aber einige Reichsstände für eine Bedrohung ihrer Freiheiten. Sie leisteten Ruprecht Widerstand. Dessen Autorität war freilich nun so stark, daß ihn der Papst im Oktober 1403 in einem öffentlichen Konsistorium als König approbierte. Bonifaz IX., der die Erklärung der Kurfürsten von 1338 in Rhense austilgen wollte, deutete dabei Ruprechts Ansuchen als eine Bitte, vom Papst die Absetzung Wenzels und seine

KÖNIG RUPRECHT VON DER PFALZ

eigene Königswahl förmlich bestätigt zu bekommen. Freilich bedeutete diese Formulierung der Kurie nun nicht mehr so viel wie früher.

Viel schwieriger für Ruprecht wurde, daß sich am 14. September 1405 Markgraf Bernhard von Baden, Graf Eberhard III. von Württemberg und die Reichsstadt Straßburg mit 17 schwäbischen Reichsstädten in Marbach zusammentaten. Sie vermieden jedes feindselige Wort gegen den König, doch richtete sich ihr Bund gegen seine Schritte zur Wahrung des Reichs- und Landfriedens. Seit den Tagen des Saliers Heinrich IV. waren aber große Bünde im Reich eigene Faktoren geworden. Sie wirkten abgehoben von der Zentralgewalt und von den Einzelstaaten, die sich ja auf einem Reichstag zusammenfinden konnten. Ruprecht betonte jetzt aus seiner eigenen aufrichtigen religiösen Überzeugung das Recht überhaupt, auf der praktischen Ebene unterstrich er die Reichsrechte. Er hoffte, dadurch Anhänger zu gewinnen. Als er einen Reichstag nach Mainz berief, erschienen die Fürsten des Marbacher Bundes nicht. So rief Ruprecht die Reichsstände zu einer Tagung für den 6. Januar 1406 zusammen. Er ging hier offen auf die Beschwerden des Kurfürsten Johann von Mainz ein und widerlegte sie. Zugleich stellte er den Reichsständen seine ganze bisherige Regierung vor Augen. Der Zwiespalt im Reich wurde so groß, daß Ruprecht nicht vermochte, den Marbacher Bund aufzulösen. Der Kurfürst von Mainz, wiewohl Reichserzkanzler, schickte dem König einen Absagebrief. Ein Raubritter aus der Wetterau, den Ruprecht früher bestraft hatte, folgte dem Beispiel des Erzbischofs und Kurfürsten. Der Marbacher Bund dehnte sich weiter aus. Der abgesetzte König Wenzel näherte sich ihm. Da gestand Ruprecht im September 1406 zu, ohne besondere Erlaubnis Bündnisse und Einigungen zu schließen, wie er selbst vormals getan habe.

Er verglich sich mit Johann von Mainz, schloß Sonderverträge mit einigen Reichsständen und sprengte so die Koalition, die auch sein Pfälzer Landesfürstentum umklammerte. Am 14. November 1407 konnte er endlich den Thron Karls des Großen in Aachen besteigen. Denn die Stadt Aachen hatte sich bisher geweigert, ihm als Krönungsort zu dienen. Ruprecht erließ nun wichtige Regelungen für den Landfrieden. Er vergaß dabei nicht, schwierigste Probleme anzupacken, wie die Judensteuer und das Münzwesen. Er drang damit freilich nicht überall durch. Auch konnte er nicht verhindern, daß durch die Machenschaften Wenzels die Fürstentümer Brabant und Limburg dem Reich verlorengingen, aber er vermochte 1407 seine Tochter Elisabeth in Innsbruck mit Herzog Friedrich IV. von Österreich zu vermählen. Die Witwe seines frühverstorbenen erstgeborenen Sohnes bewog er 1408 zu dem Versprechen, nach ihrem Tode den fünften Teil der Grafschaft Sponheim den Wittelsbacher Pfalzgrafen zuzuwenden. Zu diesen dynastischen Positionen konnte er 1408 einen realen Gewinn fügen: er erwarb die Grafschaft Kirchberg auf dem Hunsrück. Überhaupt gelang ihm, gestützt auf das Königtum, der Kurpfalz eine führende Stellung im Südwesten des Reiches zu sichern.

In den geistespolitischen Fragen der Zeit vermochte Ruprecht bedeutende

Männer einzuschalten. An die Universität Heidelberg berief er Nikolaus Bovin und Mathäus von Krakau. Er brach mit solchen Kräften auch der kirchlichen Reform Bahn. Das Problem der Ordnung in der Kirche wurde erneut aufgerollt, als auf dem Konzil von Pisa ein dritter Papst gewählt wurde und auch der abgesetzte König Wenzel auf diese Karte setzte. König Ruprecht hielt unerschütterlich am Papst in Rom fest. Als auf einer Tagung in Frankfurt im Januar 1409 Legaten des römischen Papstes ihre Linie festlegten, entwickelte König Ruprecht selbst seine Gedanken in der Kirchenfrage und ließ sie durch seine Heidelberger Gelehrten weiter ausführen. Er ließ sie auch in Pisa vortragen.

Doch das Konzil dort wählte als dritten Papst Alexander V. Wenzel erkannte ihn an, und Johann von Mainz betrieb nun als Legat Alexanders sogar Ruprechts Absetzung. Da rüstete Ruprecht. Es gelang ihm, die Erneuerung des Marbacher Bundes und auch den vollen Erfolg des Konzils von Pisa zu verhindern. Beim römischen Papst Gregor XII. erreichte er, daß dieser ihn selber und den König Ladislaus von Neapel zu Verhandlungen über die Beendigung des Schismas bevollmächtigte und beiden für den Notfall das Recht zugestand, mit den Gegnern ein allgemeines Konzil zu vereinbaren. Das war ein außerordentlicher Erfolg des Königs.

Am 4. März 1410 zog er in Marburg den Landgrafen von Hessen und die Herzöge von Braunschweig auf seine Seite. Auf dem Fürstentag in Nürnberg im April gewann er die fränkischen Bischöfe. Ruprechts Aussichten auf weitere Erfolge waren nicht gering, da keinesfalls alle Anhänger des Konzils von Pisa oder des Papstes Alexander V. zugleich auch politisch mit Wenzel zusammengingen. Da erkrankte Ruprecht auf seinem Schloß Landskron bei Oppenheim. Nur in Eile konnte er sein Haus bestellen.

Weder sein Vater noch sein Großonkel hatten das Primogeniturrecht als Grundsatz der Nachfolge durchsetzen können, da das allgemeine eigentumsrechtliche Denken Teilungen, also auch Landesteilungen, forderte. Er entschloß sich deshalb, diesem Denken Rechnung zu tragen und die Gefahr gewaltsamer Auseinandersetzungen zu verhindern. Deshalb beauftragte er sieben Männer seines besonderen Vertrauens, die Pfälzer Gebiete mit Ausnahme des von Ruprecht I. 1368 festgelegten Kurpräzipuums um Heidelberg, Alzey, Neustadt und Amberg durch ein Schiedsgericht unter seine vier Söhne zu teilen. Der Älteste sollte außer seinem Kurpräzipuum ebenfalls ein Teilgebiet erhalten. Ruprecht entschied als Landesfürst und konnte nur mehr den Rechtsakt vorbereiten, der am 3. Oktober 1410 stattfand. Ein schneller Tod raffte ihn am 18. Mai 1410 hinweg.

König Ruprecht war kein so erfolgreicher Kriegsmann wie Kaiser Ludwig. Doch hatte er mit ihm die Zähigkeit und Wendigkeit im Handeln gemeinsam. Bei beiden ist die Aufrichtigkeit der Gesinnung, auch der religiösen, nicht zu bezweifeln. Beide fielen einem plötzlichen Tod zum Opfer. Ruprecht wurde in der Heiliggeistkirche in Heidelberg beigesetzt, Ludwig in der alten Liebfrauenkirche in München, doch focht das bald der Freisinger Bischof an, da Ludwig im

Bann gestorben war. Kurfürst Maximilian I. versuchte den Toten vergeblich vom Bann zu lösen. Ruprechts Wirken in der Kirchenfrage wurde dagegen von Mit- und Nachwelt immer wieder anerkannt. Kaiser Ludwig und die Wittelsbacher bis zu König Ruprecht bleiben ein farbenreiches und bedeutendes Kapitel der Wittelsbacher Geschichte.

Die Nachkommen König Ruprechts von der Pfalz

1. RUPRECHT (Pipan)
   * 20. 2. 1375 in Amberg
   † 25. 1. 1397 in Amberg
   Grabstätte: St.-Martins-Kirche in Amberg

   ∞ 30. 8. 1392 in Alzey
   ELISABETH, Witwe Engelberts III., Grafen von der Mark
   Eltern: Simon III., Graf von Sponheim und Vianden, und . . . ?
   * 1365 in ?
   † 3. 9. 1417 in Kreuznach
   Grabstätte: Pfarrkirche in Kreuznach

2. MARGARETE
   * 1376 in ?
   † 27. 8. 1434 in Einville bei Lunéville
   Grabstätte: St. Georg in Nancy

   ∞ 6. 2. 1393 in Kaiserslautern
   KARL I. DER KÜHNE, Herzog von Lothringen
   Eltern: Johann I., Herzog von Lothringen, und Sofie,
   Tochter des Grafen Eberhard III. von Württemberg
   * 1364 in ?
   † 25. 1. 1431 in ?
   Grabstätte: St. Georg in Nancy

3. FRIEDRICH
   * um 1377 in Amberg
   † vor dem 7. 3. 1401 in Amberg
   Grabstätte: St.-Martins-Kirche in Amberg

4. Ludwig III.

* 23. 1. 1378 in ?
† 30. 12. 1436 in Heidelberg
Grabstätte: Heiliggeistkirche in Heidelberg

1. ∞ 15. 8. 1401 in Köln
BLANCA
Eltern: Heinrich IV. von England und Maria, Tochter Humfrieds X. von
Bohun, Earl of Hereford
* um 1382 in ?
† 13. 5. 1409 in Hagenau
Grabstätte: St.-Aegidius-Kirche in Neustadt a. d. Hardt

2. ∞ 30. 11. 1417 in Pignerol
MECHTHILD
Eltern: Amadeus, Herzog von Savoyen und Fürst von Achaja, und
Katharina, Tochter des Grafen Amadeus III. von Genf
* 1390? in ?
† 4. 5. 1438 in Germersheim
Grabstätte: Heiliggeistkirche in Heidelberg

5. Agnes

* 1379 in ?
† 9. 2.? 1401 in Köln
Grabstätte: St. Johann in Köln

∞ 7. 3. 1400 in Heidelberg
ADOLF I., Herzog von Kleve und der Mark
Eltern: Adolf I., Graf von Kleve und der Mark, und Margarete, Tochter
des Grafen Gerhard von Jülich, Berg und Ravensberg
* 2. 8. 1373 in Kleve
† 10. 9. 1448 in ?
Grabstätte: Dominikanerkirche in Wesel

6. Elisabeth

* um 1381 in Amberg?
† 31. 12. 1409 in Innsbruck
Grabstätte: Zisterzienserkloster Stams in Tirol

∞ 24. 12. 1407 in Innsbruck
FRIEDRICH IV., Herzog von Österreich

KÖNIG RUPRECHT VON DER PFALZ   447

Eltern: Leopold III., Herzog von Österreich, und Viridis, Tochter des Signore Barnabas von Mailand aus dem Hause Visconti
* nach dem 2. 10. 1382
† 24. 6. 1439 in Innsbruck
Grabstätte: Zisterzienserkloster Stams in Tirol

7. JOHANN
    * um 1383 in Neunburg vorm Wald
    † 13. 3. 1443 im Benediktinerkloster Kastl (Oberpfalz)
    Grabstätte: St. Georg in Neunburg vorm Wald

    1. ∞ 15. 8. 1407 in Kopenhagen
    KATHARINA
    Eltern: Wratislaw VII., Herzog von Pommern, und Maria, Tochter Heinrichs III., Herzog von Mecklenburg-Schwerin
    * um 1390 in ?
    † 12. 3. 1426 im Brigittinnenkloster Gnadenberg
    Grabstätte: Brigittinnenkloster Gnadenberg

    2. ∞ 7. 9. 1428 in Riedenburg
    BEATRIX, Witwe Hermanns III., Grafen von Cilley und in dem Säger
    Eltern: Ernst, Herzog von Bayern-München, und Elisabeth, Tochter des Signore Barnabas von Mailand aus dem Hause Visconti
    * um 1403 in ?
    † 12. 3. 1447 in Neumarkt/Oberpfalz
    Grabstätte: Brigittinnenkloster Gnadenberg

    Regiert als Pfalzgraf und Herzog in Neumarkt/Oberpfalz

8. STEFAN
    * 23. 6. 1385
    † 14. 2. 1459 in Simmern
    Grabstätte: Ehemalige Deutschordenskirche – Veldenzsches Erbbegräbnis – in Meisenheim

    ∞ 13. 6. 1410 in Heidelberg
    ANNA
    Eltern: Friedrich III., Graf von Veldenz, und ?
    * um 1390 in ?
    † 16. 11. 1439 in Wachenheim
    Grabstätte: Ehemalige Deutschordenskirche – Veldenzsches Erbbegrägnis – in Meisenheim

9. OTTO

* 24. 8. 1387 in ?
† 5. 7. 1461 im Benediktinerkloster Reichenbach/Oberpfalz
Grabstätte: Benediktinerkloster Reichenbach

∞ Mitte Januar 1430 in Burghausen
JOHANNA
Eltern: Heinrich der Reiche, Herzog von Bayern-Landshut, und Margarete, Tochter des Herzogs Albrecht IV. von Österreich
* 1413 in ?
† 20. 7. 1444 in Mosbach
Grabstätte: Stiftskirche in Mosbach

Regiert als Pfalzgraf und Herzog in Mosbach von 1410 bis 1461, als vormundschaftlicher Regent für seinen Neffen, Kurfürst Ludwig IV. von der Pfalz, von 1436 bis 1445

Kaiser Sigismund

Kaiser Sigismund

* 14. 2. 1368 vermutlich Nürnberg
† 9. 12. 1437 in Znaim (Südmähren)
Grabstätte: Großwardein, Dom (Nagyvarad; Oradea)
Eltern: Kaiser Karl IV. und Elisabeth von Pommern

1. ∞ Oktober oder November 1385 in Ofen (Buda)
MARIA von Ungarn
Eltern: Ludwig I. der Große, König von Ungarn und Polen, und Elisabeth von Bosnien
* 1370
† 17. 5. 1395 in Großwardein

2. ∞ Ende 1405
BARBARA von Cilli
Eltern: Hermann II., Graf von Cilli und Anna von Schaunberg
* 1391/92
† 1451

31. 3. 1387 in Stuhlweißenburg zum König von Ungarn gekrönt
20. 9. 1410 und am 21. 7. 1411 in Frankfurt a. M. zum römisch-deutschen König gewählt
8. 11. 1414 in Aachen zum römisch-deutschen König gekrönt
28. 7. 1420 in Prag zum König von Böhmen gekrönt
25. 11. 1431 in Mailand zum lombardischen König (»Eiserne Krone«) gekrönt
31. 5. 1433 in Rom durch Papst Eugen IV. zum römischen Kaiser gekrönt

Sigismund, der sich in deutschen Urkunden immer Sigmund schreiben ließ, wurde bereits drei Tage nach seiner Geburt mit einer Tochter des Nürnberger Burggrafen Friedrich verlobt. Diese Verlobung wurde jedoch bald aufgelöst, da Sigismunds Vater Kaiser Karl IV. ihn mit Maria, der Tochter des ungarischen und polnischen Königs Ludwig von Anjou verehelichen wollte. Der diesbezügliche Vertrag wurde Ende 1374 geschlossen. Der sorgfältig erzogene und breit gebildete sowie sprachgewandte Sigismund wurde schon als Achtjähriger 1376 mit der Markgrafschaft Brandenburg belehnt. Nach dem Tod Karls IV. 1378 wurde König Wenzel sein Vormund.

Nach der Bekräftigung der Verlobung mit Maria von Ungarn im Juni 1379 und dem Tod ihrer älteren Schwester, der bisherigen Erbin, kam Sigismund 1380 an den ungarischen Hof, um für seine künftige Stellung erzogen zu werden. Seit dieser Zeit hielt er sich auf der Ofener Burg (Buda) auf. Nach dem Tod Ludwigs am 11. 9. 1382 gelang es Sigismund nicht, sich in Polen gegen Jagiello von Litauen, dem Ehemann von Hedwig, der jüngeren Schwester seiner Frau, durchzusetzen (1384 Polenfeldzug). Und in Ungarn gelang es ihm nur mit Hilfe seines älteren Bruders König Wenzel, langsam Fuß zu fassen, so daß er schließlich 1387 in Stuhlweißenburg gekrönt werden konnte.

Sowohl für seine Politik in Ungarn wie auch aufgrund der Türkenabwehr brauchte Sigismund Geld. Deswegen verpfändete er 1388 die Mark Brandenburg an seinen Vetter Jobst von Mähren für vorerst fünf Jahre für die damals ungeheure Summe von 565.263 Gulden. Als seine (erste) Frau Maria 1395 kinderlos starb, konnte er sich danach nur mühsam in Ungarn gegen die Magnaten und gegen die Ansprüche seiner Schwägerin Hedwig sowie der Anjous in Neapel durchsetzen.

Am 2. 2. 1394 schlossen der kinderlose König Wenzel und Sigismund einen gegenseitigen Erbfolgevertrag, und dieser wurde auch zum Generalvikar des Reiches mit königlichen Rechten ernannt. Bevor er dieses Amt antrat, wollte oder mußte er gegen die Türken kämpfen und drang nach Bulgarien vor. Er wurde jedoch am 28. 9. 1396 in Nikopolis (heute Nikopol an der Donau) in einer verlustreichen Schlacht von Sultan Bajezid besiegt, der bereits 1389 nach Serbien vorgerückt war. Über Konstantinopel, Rhodos und Ragusa kehrte Sigismund erst Anfang 1397 zurück. Seinen Gegnern in Ungarn gelang es, ihn am 28. 4. 1401 in der Ofener Burg gefangenzunehmen, jedoch konnten ihn seine Anhänger Ende August 1401 befreien, weil man sich nicht auf einen neuen König geeint hatte. Am 4. 2. 1402 bestätigte der als römisch-deutschen König abgesetzte Wenzel das Generalvikariat Sigismunds und übertrug ihm die Regierung in Böhmen. Am 16. 8. 1402 konnte dieser dann auf einem Reichstag in Preßburg die Nachfolge für den mit ihm befreundeteten Habsburger Albrecht IV. für den Fall durchsetzen, falls er ohne männliche Erben sterben sollte. Albrecht starb jedoch bereits 1404.

Sigismund spielte gegen die Magnaten Ungarns den niederen Komitatsadel und die Städte aus. Sie waren bereits 1397 beim Reichstag von Temesvár vertreten, endgültig durchgesetzt wurde ihre Ladung zu den Reichstagen erst 1405. Mit ihrer Hilfe gelang es ihm 1410, daß das Erbrecht für sein einziges Kind (geboren 1409) aus seiner 1408 mit Barbara von Cilli geschlossenen zweiten Ehe anerkannt wurde, übrigens eine schöne und ehrgeizige aber auch verschlagene Frau.

Nun suchte Sigismund, sich immer stärker in Deutschland zu engagieren. Erstens brauchte er dort und in Böhmen Rückendeckung zur Sicherung seines ungarischen Königtums, sowohl gegen den Adel wie auch gegen die türkische Expansion, und zweitens war sein älterer Bruder König Wenzel kinderlos geblieben. Somit war Sigismund bestrebt, in Deutschland keine Chancen zu versäumen. Schneller als beabsichtigt war er in ein übles Intrigenspiel verwickelt, das sein Vetter Jobst von Mähren, der König Wenzel verdrängen wollte, und dessen Bruder Prokop spannte. Das erreichte seinen Höhepunkt beim Tod des wittelsbachischen Königs Ruprecht von der Pfalz am 18. 5. 1410.

In einer fehlerhaften Wahl wurde Sigismund am 20. 9. 1410 in Frankfurt zum römisch-deutschen König gewählt, die andere Partei des durch das »abendländische Schisma« gespaltenen Kurfürstenkollegiums wählte in einer formal gültigen Wahl Jobst von Mähren am 1. 10. 1410 zum römisch-deutschen König. Sein bald darauf erfolgter Tod am 18. 1. 1411 und der Kompromiß mit dem noch lebenden und abgesetzten Wenzel, der sich mit dem Königstitel begnügte, ermöglichte eine neuerliche gültige Königswahl durch fünf Kurfürsten am 21. 7. 1411. Somit stand einer allgemeinen Anerkennung und der Königskrönung, die allerdings erst 1414 erfolgte, nichts im Wege.

Sigismund machte als gewandter Ritter und geborener Herrscher auf seine Zeitgenossen einen starken Eindruck, er fand auch im damals aufstrebenden städtischen Bürgertum zahlreiche Anhänger. Er war schlagfertig, redegewandt und ein weitblickender sowie vielgewandter Staatsmann. Mit Ritterschaft und Religiosität wußte er zügelloses Genußleben und Verschwendung zu vereinen. Auch war er groß verschuldet, was ihm aber mehr oder minder gleichgültig war.

Wie sehr sich das Machtverhältnis zwischen Papsttum und römisch-deutschem Königtum bereits verschoben hatte, zeigt u. a., daß Sigismund seine Wahl dem Papst nicht angezeigt hatte und auch keine Notiz von der unaufgeforderten päpstlichen Approbation nahm. Erst an Papst Martin V. richtete er 1417 ein formelles Gesuch um Approbation, die dieser am 24. 1. 1418 erteilte.

Sigismunds politische Ziele und Leistungen waren die Vereinigung Ungarns mit dem Reich, die Beseitigung des »abendländischen Schismas« bzw. die Wiederherstellung der kirchlichen Einheit. Damit verbunden war eine Koalition der europäischen Mächte gegen die Türken sowie die Sicherung einer starken Hausmacht, die sich auf die luxemburgischen Erbländer Böhmen und Ungarn sowie die habsburgischen Länder Österreichs stützte. Damit wurden auch die Konturen der späteren Einigung dieses Raumes unter der Monarchie der Habsburger sichtbar. Ja noch mehr: Die Donaumonarchie ist nach mancher Meinung eher sogar das Werk Sigismunds.

Sigismunds größte historische Leistung war zweifelsohne die Überwindung des kirchlichen Schismas, damit erwies er – obwohl ein Laie – sich als Schirmherr der Kirche zu einer Zeit, als diese von innen her nicht imstande war, ihre elementare Krise zu bewältigen.

Die Ansprüche der Anjous aus Neapel schürten neuerlich den Streit mit Venedig und gefährdeten damit alte ungarische Positionen im Nordwesten des Balkans (Dalmatien, Kroatien, Serbien). Nachdem die Türken 1389 Serbien und 1393 Bulgarien erobert hatten, waren sie für Ungarn ein zunehmender Bedrohungsfaktor geworden.

Nach dem Tod Jobsts von Mähren setzte 1411 Sigismund den hohenzollerischen Burggrafen Friedrich von Nürnberg zum Verweser Brandenburgs ein, erhob ihn 1415 auf dem Konzil von Konstanz zum Markgrafen und belehnte ihn am 17. 4. 1417 mit der Kurwürde. Damit steht Sigismund nicht nur am Beginn der staatlichen Einigung des Donauraums (Österreich, Ungarn, Böhmen), sondern auch am Beginn der hohenzollerschen Hausmachtpolitik in Brandenburg. Beide – Österreich und Preußen – sollten Jahrhunderte später mit ihrem Gegensatz die deutsche bzw. mitteleuropäische Geschichte prägen.

Diese Rückendeckung im Norden war notwendig, weil ihn damals die italienische Politik voll in Anspruch nahm. Fünf Mächte waren dort beherrschend (Mailand, Venedig, Florenz, Neapel und der Kirchenstaat), so daß der Versuch Sigismunds, die alte Reichsherrschaft in Italien wieder herzustellen, mißlingen mußte. Mangel an Geld sowie ungenügende Unterstützung seitens Deutschlands und Ungarns kamen dabei noch hinzu.

Zur Lösung der Kirchenfrage drängte Sigismund auf ein allgemeines Konzil. Die Lösung des Schismas auf dem Konzil zu Pisa 1409 und die dortige Wahl Alexanders V. scheiterte. Es gab nun drei »Papstlinien«. Sigismund bediente sich nun der Autorität Johannes XXIII., des Nachfolgers Alexanders V. Auf sein Drängen berief dieser das Konzil am 9. 12. 1413 nach Konstanz ein, wobei er auch den byzantinischen Kaiser und vor allem Frankreich und England als Teilnehmer wünschte. Es war dies die bisher größte Kirchenversammlung des Mittelalters. Nachdem Sigismund endlich am 8. 11. 1414 in Aachen durch den Kölner Erzbischof Dietrich von Moers zum König gekrönt wurde, reiste er nach Konstanz rechtzeitig zum Weihnachtsfest. Dort tagte das Konzil bereits seit dem 5. 11. Aber nicht nur die Kirchenspaltung, auch der böhmische Hussitismus machte seine Einberufung notwendig. Einheit (causa unionis), Reform (causa reformationis) und Jan Hus (causa fidei) waren daher die drei großen Themen des Konzils. Da die Fragen der Reform unerledigt blieben, kam es nicht zuletzt auch deswegen hundert Jahre später zur Reformation.

Über Jan Hus wurde nun von Papst Johannes XXIII. der Kirchenbann verhängt, so daß jener an ein allgemeines Konzil appellierte. Sigismund wollte die

Angelegenheit Hus auf dem Konstanzer Konzil behandelt wissen und gab ihm daher einen Geleitbrief. Er traf am 3. 11. 1414 in Konstanz ein. Hus feierte trotz seiner Bannung die Messe und predigte, so daß er eingesperrt wurde und man ihm den Widerruf nahelegte. Daraufhin wurde er gefangengenommen. Aus politischem Kalkül wagte Sigismund es nicht, seine Freilassung zu erzwingen. Am 6. 6. 1415 wurde er als hartnäckiger Ketzer verurteilt und am 6. 7. 1415 verbrannt. Daraufhin kam es zu größeren Unruhen in Böhmen und vor allem in Prag, aufgrund derer infolge Aufregungen König Wenzel 1419 starb.

Sigismund war es klar, daß nur die Absetzung Johannes XXIII. den Weg für die Beendigung des Schismas freimachte. Dieser floh am 20. 3. 1415 aus Konstanz; er wurde dann am 29. 5. 1415 für abgesetzt erklärt, nachdem am 6. 4. 1415 in dem Konzilsdekret »Haec sanctae« die Superiorität des im Heiligen Geist versammelten Konzils über den Papst ausdrücklich festgehalten wurde. In der Folge gelang es Sigismund, Papst Gregor XII. zum Rücktritt zu bewegen (1415), und Benedikt XIII., wenn auch zum Teil mit erheblichen Schwierigkeiten, absetzen zu lassen (1417). Mit der am 11. 11. 1417 erfolgten Wahl des Papstes Martin V. fand das Schisma endgültig sein Ende.

Im Mai 1418 verließ Sigismund Konstanz. Sein dortiger mehrjähriger Aufenthalt (1416 unterbrochen durch eine Reise nach England zu König Heinrich V.) zwang ihn dazu, eine Reorganisation der innerdeutschen Verhältnisse zu versuchen. Um die königliche Autorität zu stärken, wollte Sigismund seine Reichsgewalt und ihre Reorganisation in den Reichsstädten und im Reichsadel, die unmittelbare Untertanen des Reiches waren, stärken. Er nahm Wenzels Idee einer Einteilung des Reiches in vier große Kreise wieder auf, entwickelte seit 1415 den Gedanken eines machtvollen Städtebundes unter königlicher Führung und trat mit einem Landfriedensplan hervor. Erstmals wurden diese Gedanken 1422 auf dem Reichstag zu Nürnberg behandelt. Die schlechten Beziehungen zu den Kurfürsten zwangen Sigismund, auf den Plan eines großen Städtebundes zurückzugreifen, und in einem Privileg vom 13. 9. 1422 gewährte er der gesamten deutschen Ritterschaft das Recht der korporativen Einigung und des Bündnisses mit den Städten. Damit legte er die Entwicklung zu einer »Reichsritterschaft« zugrunde, die dadurch eine Stütze für das Königtum wurde. Von diesem Reichstag ist die älteste »Reichsmatrikel« erhalten.

Inzwischen wuchsen aber die Spannungen mit Friedrich von Brandenburg, wodurch Sigismund die Grundlagen für einen neuen Aufstieg des Hauses Wettin legte, das nun Konkurrent zu den Hohenzollern-Markgrafen in Nordostdeutschland wurde. 1423 wurde nach dem Aussterben der Askanier die sächsische Kurwürde dem Wettiner Markgrafen von Meißen, Friedrich IV., übertragen. In den Jahren danach bis 1430 war Sigismund größtenteils vom Reich ähnlich wie sein Bruder Wenzel abwesend.

Auf einem Reichstag von Nürnberg 1431 sicherte er in einem Gesetz den Besitzstand des Adels aber auch der Einigungen von Städten, Bauern und Armen gegen ihre Herren. Außerdem erließ er ein Reichsfriedensgesetz, das alle bestehenden oder neuen Fehden für eineinhalb Jahre verbot, womit er Ansätze einer unmittelbaren königlichen Friedensgewalt zeigte.

Die Bemühungen Sigismunds um die politische und gesellschaftliche Neugestaltung Deutschlands wurden immer wieder durch dringende Angelegenheiten seiner Erbländer Böhmen und Ungarn unterbrochen. Auch hielt ihn die Hussitische Bewegung lange in Atem. Nach dem Tod seines Bruders Wenzel am 6. 8. 1419 wurde Sigismund als Erbe Böhmens vor eine schwere Aufgabe gestellt. Er konnte den Hussiten nicht entgegenkommen, und so wählte er Krieg und Gewalt als Lösung des Problems. Unterstützt wurde er von der wieder geeinten kirchlichen Gewalt, als Papst Martin V. am 1. 3. 1420 zu einem Kreuzzug gegen die Hussiten aufrief. Das ermöglichte u. a. auch die Krönung Sigismunds zum König von Böhmen im Prager Veitsdom am 28. 7. 1420 durch den Erzbischof von Prag. Doch danach mußte er mehrere Niederlagen in Böhmen einstecken (1422 bei Deutschbrod, 1426 bei Aussig, 1427 bei Mies, 1431 bei Taus), und auf einem Landtag in Tschaslau im Juni 1421 wurde er sogar für abgesetzt erklärt, wobei aber zu seinem Glück die Gegensätze innerhalb der Hussiten immer stärker wurden (zwischen den gemäßigten Utraquisten und den radikalen Taboriten).

Trotz aller Widrigkeiten in Böhmen und Ungarn verfolgte Sigismund seine Italienpolitik. So bestätigte er Filippo Maria Visconti als Herzog von Mailand, wo er am 25. 11. 1431 mit der lombardischen »Eisernen Krone« gekrönt wurde. Zugleich trat der Streit zwischen Papst Eugen IV. und dem Konzil von Basel (1431–1449; ab 1437 in Ferrara) wegen des Konziliarismus – d. h. des Supremats des Konzils über den Papst, wie in Konstanz (s. o.) beschlossen – in den Vordergrund. Mit der Unterstützung Frankreichs und Englands zwang er den Papst zu teilweisen Zugeständnissen an das Konzil. Eugen IV. krönte dann Sigismund am 31. 5. 1433 persönlich (seit 200 Jahren wieder das erste Mal) zum Kaiser, was eine Stärkung der Autorität Sigismunds bedeutete, der nun die böhmische Frage lösen konnte. Nikolaus von Kues legte diesem Konzil übrigens auch seine Gedanken zu einer Reichsreform vor, die eine starke Zentralgewalt vorsah, doch im Reich fehlten die Kräfte, um diese Reformgedanken zu verwirklichen.

In Basel konnte er 1433 mit den gemäßigten Hussiten (Calixtiner) den Abschluß der Prager Kompaktaten (Laienkelch) erzielen, in denen sich der katholische Standpunkt weitgehend durchsetzte. Die radikalen Taboriten wurden dann 1434 östlich von Prag (Lipan) geschlagen. Die Iglauer Kompaktaten vom 5. 7. 1436 zwischen dem Kaiser, den Basler Gesandten und Vertretern des Königreichs Böhmen besiegelten dann endgültig den Frieden. Die Hussitenkriege haben den deutschen Bevölkerungsanteil Böhmens sehr geschwächt und dem nationalen Selbstbewußtsein der Tschechen einen mächtigen Auftrieb gegeben.

Die Kirchenfragen traten zu Ende von Sigismunds Lebensjahren etwas stärker in den Hintergrund, dafür beschäftigte er sich noch immer mit der Reichsreform. 1434 trat er selber mit einem Programm von 16 Artikeln hervor, aber auf dem Reichstag von Eger 1437 zerstritten sich die Fürsten und Städte darüber. Der Territorialismus hatte die Reichsgewalt praktisch aufgelöst, nur der stärkste Territorialherr konnte sich demnach als König durchsetzen. Wehrlosigkeit nach außen und Friedlosigkeit nach innen waren die Folgen dieser Entwicklung. Daher der allgemeine Ruf nach einem gesicherten Landfrieden.

Als Sigismund sein Ende fühlte, wurde die Nachfolge im Reich und seinen Erbländern seine größte Sorge. Kurz vor seinem Tod ließ er noch seine zweite Frau Barbara von Cilli verhaften, weil sie die Regentschaft beanspruchte und sich an Intrigen beteiligte, die dem jungen König Wladislaw von Polen die böhmische Krone bringen sollte. Am 9. 12. 1437 starb er im südmährischen Znaim.

Mit seinem Tod endete die spätmittelalterliche Periode der »springenden Königswahlen«. Sein Schwiegersohn und Nachfolger Albrecht II. wurde römisch-deutscher König, aber auch König von Böhmen und Ungarn. Die Habsburger behielten nun die römisch-deutsche Königs- bzw. Kaiserwürde, die sie – nur kurz unterbrochen durch den Wittelsbacher-Kaiser Karl VII. und ab Franz I. als Lothringer bzw. Habsburg-Lothringer – durch mehr als 350 Jahre bis 1806 innehatten und führten sie in der österreichischen Kaiserwürde bis 1918, zusammen 480 Jahre, fort.

Die europäische Bedeutung Sigismunds lag vor allem darin, daß er durch das Drängen auf Einberufung eines Konzils die Einheit der Kirche wieder herstellen konnte. Ihm und seiner konsequenten Politik war es auch zu verdanken, daß sich die hussitische Bewegung in Böhmen wieder beruhigte. Sigismund lebte in einer Phase des Übergangs vom Mittelalter in die Neuzeit. Auf der einen Seite war er in seinem Denken und Fühlen ein zutiefst mittelalterlicher Mensch, der auch einen Kreuzzug ins Heilige Land in die Wege leiten wollte, auf der anderen Seite war er jedoch schon eine Gestalt der frühen Renaissance. Sein Umgang mit den Menschen, seine pragmatische Politik und seine Aufgeschlossenheit für das Neue sowie die Wissenschaften und Künste zeigen den Kaiser, der sieben Sprachen beherrschte, bereits als frühen Vertreter der Epoche des Humanismus. Eine gewisse Tragik in seiner Person liegt darin begründet, daß mit ihm in einer Zeit, die dynastisch dachte, das Haus Luxemburg »im Mannesstamm« erloschen ist.

Viele seiner Vorhaben blieben Stückwerk, doch was bleibt, »reicht noch immer, um Sigismund als den bedeutendsten deutschen Kaiser des 15. Jahrhunderts zu bezeichnen, ja vielleicht sogar als die interessanteste Gestalt unter den Herrschern des späten Mittelalters überhaupt.« (Wilhelm Baum)

Die Nachkommin Kaiser Sigismunds

AUS 2. EHE:

ELISABETH
* um 1409 in Prag
† 25. 12. 1442 in Raab (Györ), Ungarn
Grabstätte: Basilika in Stuhlweißenburg (Szekesféhervár), Ungarn

∞ 28. 9. 1421 in Prag
König ALBRECHT II. *(siehe dort)*

Die Epoche
der Habsburger

Die Habsburger als europäischer Faktor

Mit der Wahl des Habsburgers Albrecht II. am 18. 3. 1438 in Frankfurt a. M. zum »rex Romanorum« beginnt die fast 370jährige Epoche, in der Vertreter dieser Familie die römisch-deutsche Kaiser(Königs)würde innehatten, die lediglich zwischen 1742 und 1745 durch den Wittelsbacher-Kaiser Karl VII. Albrecht unterbrochen wurde. Als Schwiegersohn des letzten Luxemburgers, Kaiser Sigismund, ist er aber eher der Epoche der »springenden Königswahlen« zuzuordnen. Denn zu sehr ist er in der Nachfolge Sigismunds zu sehen, und als solcher wurde er auch Ende 1437 König von Ungarn und Böhmen. Als erster Habsburger vereinte er somit Österreich, Böhmen und Ungarn und erfüllte somit die Intentionen einer politischen Vereinigung des Donauraumes.

Eigentlich kann man erst unter dessen Nachfolger Friedrich III. von einer eigenständigen habsburgischen Gestaltungskraft sprechen. Dieser konnte ja zwar die Kronen Böhmens und Ungarns vorerst nicht für Habsburg erringen, aber durch einen eigenständigen Gestaltungswillen, sinnfällig ausgedrückt durch sein Motto A. E. I. O. U. (Austria erit in orbe ultimo), und durch den Beginn einer gezielten Heiratspolitik (Tu felix Austria nube) wurde in den folgenden Generationen die Idee eines politisch geeinten Donauraums und noch mehr (Spanien) wieder in die Tat umgesetzt.

Durch den Neuburger Hausvertrag vom 25. 9. 1379 wurde der habsburgische Besitz einer Realteilung unterzogen. Herzog Albrecht III., Bruder und Nachfolger Herzog Rudolfs IV., des Stifters, war der Sohn Herzog Albrechts II. Dieser war wiederum der Bruder und Nachfolger Friedrichs des Schönen. Diese beiden wiederum waren Söhne König Albrechts I. und so Enkel König Rudolfs I. Somit war König Albrecht II., ein Enkel Herzog Albrechts III., ein Urururenkel Rudolfs I. Herzog Albrechts II. Söhne, die Herzöge Albrecht III. und Leopold III., vereinbarten nun in diesem Neuburger Hausvertrag folgende Realteilung: Albrecht erhielt Österreich ob und unter der Enns, Leopold den Rest. Damit wurde das Haus Habsburg in eine albertinische und eine leopoldinische Linie geteilt. Die albertinische Linie ist mit König Albrechts II. Sohn Ladislaus Posthumus »im Mannesstamme erloschen«, so daß sich die beiden Linien bei Kaiser Friedrich III., einem Enkel Herzog Leopolds III. und somit Vetter 2. Grades König Albrechts II., vereinten. Vorläufig zumindest, denn nach Philipp I. dem Schönen teilten sich die Habsburger in eine spanische und österreichische Linie, und nach Kaiser Ferdinand I. diese dann noch in drei weitere Linien, die erst im 17. Jahrhundert vereint wurden.

DIE HABSBURGER ALS EUROPÄISCHER FAKTOR 461

In der nun folgenden Lebensbilderserie wird durch deren Repräsentanten die Bedeutung des Hauses Habsburg für die deutsche und europäische Geschichte sichtbar. Nicht einmal 100 Jahre nach der Wahl Albrechts II. zum römisch-deutschen König beherrschten die Habsburger ein »Reich, in dem die Sonne nicht unterging«. Doch war es klar, daß sich dieses Machtgebilde nicht halten konnte. Wie bereits erwähnt, teilten sich die Habsburger in eine spanische und österreichische Linie. Die spanische war zweifelsohne real gesehen die mächtigere, jedoch behielt die österreichische die Kaiserkrone. Nach dem Aussterben der spanischen Linie schien es, als ob die Habsburger Anfang des 18. Jahrhunderts wieder ein Reich beherrschen würden, in dem die Sonne nicht unterging. Doch die europäische Mächtekonstellation verhinderte dies. Frankreich und England waren inzwischen stark genug dazu.

Trotz alledem erreichte Habsburg-Österreich unter Karl VI. nach dem Spanischen Erbfolgekrieg die größte Ausdehnung, die es je hatte. Diese barocke Großmacht, durch die Erfolge der Gegenreformation und der Türkenabwehr gestärkt, geriet durch die Erbfolgefrage nach Karl VI. in eine Krise, die auch Regelungen, wie die »Pragmatische Sanktion« nicht verhindern konnten. In den Österreichischen Erbfolgekriegen mußte Österreich Verluste (Schlesien) hinnehmen, die u. a. durch den neuen Gegensatz zu Preußen hervorgerufen wurden. Durch die Heirat der Erbtochter Karls VI., Maria Theresia, mit Franz Stephan von Lothringen wurden aus den Habsburgern nunmehr Habsburg-Lothringer. Verbunden war damit auch eine weitgehende Stabilisierung des Erbproblems (Maria Theresia hatte ja 16 Kinder).

Österreich ging nicht zuletzt durch das meisterhafte Agieren des Staatskanzlers Klemens Fürst Metternich an Ansehen und Bedeutung gestärkt aus dem Wiener Kongreß 1815 hervor, doch im Laufe des 19. Jahrhunderts zeichnete sich der »Tod des Doppeladlers« (Manfried Rauchensteiner) ab.

Am 27. 12. 1282 belehnte König Rudolf I. seine Söhne Rudolf und Albrecht mit Österreich. Mit diesem Datum begann die Herrschaft und das Wirken dieses Herrschergeschlechts in Österreich. Am 11. 11. 1918 unterzeichnete Kaiser Karl I. seinen Verzicht »auf jeden Anteil an den Staatsgeschäften«. Die Habsburger herrschten also in Österreich genau 635 Jahre, zehn Monate und 15 Tage. Von allen vergleichbaren Ländern regierten nur die Wittelsbacher in Bayern länger. Sowohl am Anfang wie auch am Ende ihrer Herrschaft hielt sich die Begeisterung der Österreicher für die Habsburger deutlich in Grenzen (so schrieb z. B. Karl Kraus über Österreich von einem Land, in dem die Sonne nicht aufgeht). Und zumindest für das Ende steht das in einem deutlichen Kontrast zu der nach 1945 einsetzenden Habsburger-Nostalgie, die sich nicht nur auf Österreich beschränkte und auch literarischen Niederschlag fand (z. B. Joseph Roth, Claudio Magris).

König Albrecht II.

König Albrecht II.

* 16. 8. 1397 in Wien
† 27. 10. 1439 in Neszmély bei Gran
Grabstätte: Basilika in Stuhlweißenburg
Eltern: Herzog Albrecht IV. von Österreich und Johanna Sophie von Bayern

∞ 28. 9. 1421 in Prag
ELISABETH, Prinzessin von Böhmen und Ungarn a. d. H. Luxemburg
Eltern: Sigismund, Römischer Kaiser, König von Böhmen und Ungarn, und Barbara, Gräfin von Cilli, a. d. H. der Grafen Cilli/Steiermark, Tochter Hermanns II., Graf von Cilli
* um 1409 in Prag
† 25. 12. 1442 in Raab
Grabstätte: Basilika in Stuhlweißenburg/Ungarn

WAHLSPRUCH: Amicus optimae vitae possessio = Ein Freund, das beste Besitztum des Lebens

18. 12. 1437 in Ofen zum König von Ungarn gewählt.
27. 12. 1437 in Prag im St.-Veits-Dom zum König von Böhmen gekrönt.
 1. 1. 1438 in Stuhlweißenburg in der Basilika zum König von Ungarn gekrönt.
18. 3. 1438 in Frankfurt a. Main zum römisch-deutschen König gewählt.
Eine Krönung Albrechts II. zum römisch-deutschen König erfolgte nicht.

Als Herzog Albrecht IV. starb, hinterließ er neben seiner Tochter Margarethe den 7jährigen Sohn und Nachfolger Albrecht V. Die Vormundschaft über den minderjährigen Herzog wurde zunächst Herzog Wilhelm aus der leopoldinischen Linie und nach dessen Tod seinem Bruder Leopold IV. übertragen.

Der Tod Herzog Wilhelms im Jahre 1406 führte zu neuen Auseinandersetzungen zwischen seinen Brüdern Leopold IV., Ernst und Friedrich IV. Diese waren sich sowohl in der Frage der Vormundschaft über Herzog Albrecht V. als auch über die Aufteilung des Landbesitzes uneinig. Schließlich kam es zum Bürgerkrieg, der das Volk in zwei Lager spaltete. Während die Patrizier und Landesherren für Herzog Ernst eintraten, unterstützten die Handwerker und Ritter Herzog Leopold IV. Beide Parteien riefen fremde Söldnerscharen ins Land, die die österreichischen Länder verwüsteten. Auf Betreiben König Sigismunds von Ungarn, der dem Bürgerkrieg an den Grenzen seines Landes nicht länger zusehen wollte, übernahmen Ernst und Leopold IV. die Vormundschaft über Herzog Albrecht V. gemeinsam. Da auch nach Ablauf der Frist für die Vormundschaft die Brüder ihren Einfluß nicht aufgeben wollten, entführten die Stände Herzog Albrecht V. 1411 nach Eggenburg in Niederösterreich, hoben die Vormundschaft auf und huldigten Albrecht V. Darüber erregte sich Herzog Leopold IV. so sehr, daß er einen Schlaganfall erlitt und starb. In einem neuen Vertrag wurden die Besitzverhältnisse nunmehr wie folgt geregelt:

Albrecht V. herrschte über die niederösterreichischen Länder,

Ernst übernahm die Steiermark und die übrigen innerösterreichischen Länder,

Friedrich IV. regierte in Tirol und den vorderösterreichischen Ländern.

Jede dieser drei Linien des Hauses Habsburg verfolgte unterschiedliche und zum Teil entgegengesetzte politische Ziele.

Der mit der 2jährigen Tochter König Sigismunds von Ungarn verlobte Herzog Albrecht V. setzte mit Blick auf Böhmen und Ungarn die luxemburgische Politik fort.

Herzog Ernst stellte sich den Türken.

Herzog Friedrich IV. schließlich verfolgte die alte staufische Politik und war bemüht, die schwäbischen Besitzungen zu erhalten.

Am 20. 9. 1410 war König Sigismund von Ungarn von einer Minderheit der Kurfürsten zum römisch-deutschen König gewählt worden. Die Mehrheit der Kurfürsten hatte am 1. 10. 1410 Jobst von Mähren gewählt. Nach dessen Tod am 18. 1. 1411 wurde Sigismund allgemein anerkannt.

Auf Betreiben König Sigismunds wurde am 5. 11. 1414 das Konstanzer Konzil einberufen, um die unhaltbaren schismatischen Zustände in der Kirche zu

KÖNIG ALBRECHT II.

beseitigen. Johannes Hus, ein an der Prager Universität lehrender Priester, hatte in seiner Schrift »De ecclesia« einen der Tradition widersprechenden Kirchenbegriff entwickelt und wurde vor das Konzil geladen. In den meisten Anklagepunkten für schuldig befunden und nicht zum Widerruf bereit, wurde er vom Konzil verurteilt und trotz der Zusage freien Geleits auf dem Scheiterhaufen verbrannt. Der gewaltsame Tod des Johannes Hus führte zu einer ungeheuren Erregung in Böhmen und war der Anlaß zu den sich von 1419 bis 1436 hinziehenden Hussitenkriegen.

Durch den Rücktritt Papst Gregors XII. und die Absetzung der Gegenpäpste Benedikt XIII. und Johannes XXIII. wurde der Weg frei für die Wahl Papst Martins V. und die Beseitigung des Schismas. Herzog Friedrich IV. von Tirol verhalf dem Gegenpapst Johannes XXIII., den er unterstützte, zur Flucht und verfiel der Ächtung durch den König. Die Eidgenossen benutzten diese Gelegenheit, weitere Besitzungen der Habsburger in der Schweiz an sich zu ziehen. Der Stammsitz mit der Habichtsburg ging verloren.

Noch schlimmer sah es in Tirol aus. Schon bei der Übernahme Tirols hatte Herzog Friedrich IV. große Schwierigkeiten mit den Adelsbünden, die die Loslösung Tirols von der habsburgischen Dynastie und die Reichsunmittelbarkeit anstrebten. Nach der Ächtung des Herzogs kam es zu erneuten Aufständen, die von Friedrich IV. erst 1426 endgültig niedergeschlagen werden konnten.

Am 28. 9. 1421 erfolgte die Vermählung Herzog Albrechts V. mit Elisabeth von Ungarn, der Tochter König Sigismunds. Albrecht wurde 1423 vom König mit Mähren belehnt. Diese Belehnung sicherte ihm den Anspruch auf die Krone Böhmens.

1424 starb Herzog Ernst. Die Vormundschaft über seine minderjährigen Söhne Friedrich V. und Albrecht VI. übernahm Herzog Friedrich IV. von Tirol.

In den unruhigen Jahren von 1424 bis 1431 fielen die Hussiten immer wieder in Österreich ein und verwüsteten die Gebiete nördlich der Donau. 1425 eroberten sie Retz in Niederösterreich, und bei Zwettl mußten die Österreicher 1427 eine schwere Niederlage hinnehmen. Auch die Belagerung und Zerstörung Eggenburgs im Jahre 1429 konnten die Österreicher nicht verhindern. Unter dem Eindruck der durch die Hussiten angerichteten Verwüstungen blieb die Lehre des Johannes Hus in Österreich wirkungslos.

Am 9. 12. 1437 starb Kaiser Sigismund, den Papst Eugen IV. 1433 zum Kaiser gekrönt hatte. Mit seinem Tod starb das Haus Luxemburg im Mannesstamm aus. Durch die Ehe Herzog Albrechts V. mit der Kaisertochter Elisabeth ging die Hausmacht der Luxemburger auf die Habsburger über.

Nach seiner Wahl zum König von Ungarn am 18. 12. 1437 wurde Albrecht am 1. 1. 1438 in Stuhlweißenburg zum König von Ungarn gekrönt. Wenige Tage vorher war er bereits zum König von Böhmen gekrönt worden, nachdem er den Hussiten Zugeständnisse, die sich im wesentlichen auf die Gewährung des Laienkelches bezogen, gemacht hatte. Nach 165 Jahren Habsburger Herrschaft befanden sich die Länder Böhmen, Mähren, Ungarn, Österreich ob der Enns und Österreich unter der Enns in einer Hand.

Die Wahl Albrechts zum deutschen König am 18. 3. 1438 erfolgte ohne größeren Widerstand der Kurfürsten mit der Maßgabe, daß der Gewählte auch ohne päpstliche Krönung den Kaisertitel führen durfte. Nach 130 Jahren fiel die Krone des Heiligen Römischen Reiches Deutscher Nation wieder an das Haus Habsburg. Mit Ausnahme der Jahre 1742–1745 (Kaiser Karl VII. aus dem Hause Wittelsbach) blieben die Habsburger im Besitz der deutschen Königskrone und der römischen Kaiserwürde, bis das Reich 1806 erlosch.

Am 24. 6. 1439 starb Herzog Friedrich IV. von Tirol. Die Vormundschaft über seinen minderjährigen Sohn Sigismund übernahm Herzog Friedrich V., ein Sohn von Herzog Ernst.

In Böhmen hatte König Albrecht II. starke Widerstände der tschechischen Opposition, die Verbindung zu Polen aufgenommen hatte, zu überwinden. Die Schwierigkeiten waren noch nicht beseitigt, da erreichte König Albrecht die Nachricht vom Einfall der Osmanen in Ungarn. Mitten in den Vorbereitungen für den Feldzug gegen die Osmanen starb König Albrecht II. in der Nähe von Gran.

Im Gegensatz zu seinen Vettern aus der leopoldinischen Linie war König Albrecht II. nicht nur hervorragend erzogen, sondern auch von einer gediegenen Gelehrsamkeit. Ein dunkler Punkt in seinem Geschichtsbild bleiben die Judenverfolgungen, die mit seinem sonstigen Auftreten nicht in Einklang zu bringen sind. Im Mai/Juni 1420 wurden die Juden auf Befehl des Herzogs aus Stadt und Land vertrieben. Sie fanden größtenteils Aufnahme in Ungarn. Die in Wien zurückgebliebenen Juden mußten ihr Vermögen herausgeben und fanden größtenteils nach langen Qualen den Tod. In Gegenwart des Herzogs wurden sie in dem Wiener Vorort Erdberg öffentlich verbrannt.

Während seiner Herrschaft als Herzog und später als König von Böhmen und Ungarn sowie als deutscher König hatte Albrecht II. seine Stellung in den Erblanden und im Reich so ausgebaut, daß er der mächtigste der Reichsfürsten war.

Seine Gemahlin Elisabeth schenkte ihm zwei Söhne und zwei Töchter. Sohn Georg starb bei der Geburt. Der zweite Sohn, Ladislaus Postumus, wurde vier Monate nach dem Tode Albrechts II. geboren. In seinem Testament hatte König Albrecht bestimmt, daß sein Kind, falls es ein Knabe sein werde, die Thronfolge in Ungarn und Böhmen in Personalunion mit dem Herzogtum Österreich antreten sollte. Zum Vormund bestimmte er das älteste Mitglied des Hauses Habsburg, Herzog Friedrich V. (der spätere Kaiser Friedrich III.).

Die Nachkommen König Albrechts II.

1. ANNA, Herzogin von Österreich
   * 12. 4. 1432 in Wien
   † 14. 11. 1462 in Altenburg
   Grabstätte: Gruft in der Schloßkirche in Altenburg

   ∞ 20. 6. 1446 in Altenburg
   WILHELM III., Herzog von Sachsen, Markgraf von Meißen
   Eltern: Friedrich I. »der Streitbare«, Kurfürst von Sachsen, und Katharina, Prinzessin von Braunschweig-Lüneburg, Tochter Heinrichs, Herzogs von Braunschweig-Lüneburg
   * 30. 4. 1425 in Altenburg
   † 17. 9. 1482 in Altenburg
   Grabstätte: Gruft in der Schloßkirche in Altenburg

2. GEORG, Herzog von Österreich
   * 16. 2. 1435 in Wien
   † 16. 2. 1435 in Wien
   Grabstätte: Stephansdom in Wien – Herzogsgruft

3. ELISABETH, Herzogin von Österreich
   * um 1437 in Wien
   † 30. 8. 1505 in Grodno
   Grabstätte: Heilig-Kreuz-Kapelle in der Kathedrale auf dem Wawel in Krakau
   ∞ 10. 2. 1454 in Krakau
   KASIMIR IV. Jagello, König von Polen, Großfürst von Litauen
   Eltern: Wladislaw II., König von Polen, und Sofie, Fürstin von Kiew, Tochter Andreas', Fürst von Holszany
   * 30. 11. 1427 in Krakau
   † 7. 6. 1492 in Grodno
   Grabstätte: Heilig-Kreuz-Kapelle in der Kathedrale auf dem Wawel in Krakau

   Kasimir IV. erlangte 1466 im zweiten Thorner Frieden vom Deutschen Orden Westpreußen und die Lehnshoheit über Preußen.
   Elisabeth war die Mutter Wladislaws V., König von Böhmen und Ungarn, sowie der polnischen Könige Jan Olbracht, Alexander und

Sigismund I. Weitere Söhne Elisabeths waren der Erzbischof von Gnesen und Bischof von Krakau Kardinal Friedrich sowie der hl. Kasimir. Außer den vorgenannten Söhnen schenkte Elisabeth ihrem Gemahl noch sieben Töchter.

4. Ladislaus Postumus, Herzog von Österreich, König von Böhmen und Ungarn
   * 22. 2. 1440 in Komárom
   † 23. 11. 1457 in Prag
   Grabstätte: Fürstengruft im St.-Veits-Dom in Prag

Nach dem unerwarteten Tod König Albrechts II. hatte seine Gemahlin Elisabeth die Stephanskrone in ihren Besitz gebracht. Sie ließ den drei Monate alten Ladislaus am 15. 5. 1440 zum König von Ungarn krönen, obwohl die ungarischen Stände Wladislaw IV. von Polen zum Nachfolger König Albrechts II. vorgesehen und der 31jährigen Elisabeth die Zusage abgerungen hatten, den erst 15 Jahre alten König von Polen zu heiraten. Elisabeth widersetzte sich dem gleichfalls zum König von Ungarn gekrönten Wladislaw, mußte aber unter dem Druck der römischen Kurie 1442 mit Wladislaw verhandeln, der die ungarische Krone bis zu seinem Tode behaupten konnte.

Der 1452 aus der Vormundschaft Herzog Friedrichs V. aus der leopoldinischen Linie entlassene Ladislaus wurde 1453 König von Böhmen. 1457 wurde Ladislaus mit Magdalena, Tochter König Karls VII. von Frankreich, verlobt, starb aber noch im gleichen Jahr. Mit dem Tode des Ladislaus Postumus starb die albertinische Linie des Hauses Habsburg aus. Die albertinischen Länder gelangten an Herzog Friedrich V. (Kaiser Friedrich III.).

Die Königswürde von Böhmen und Ungarn ging für die Habsburger nach dem Tode des Ladislaus Postumus vorläufig verloren.

Kaiser Friedrich III.

Kaiser Friedrich III.

* 21. 9. 1415 in Innsbruck
† 19. 8. 1493 in Linz
Grabstätte: Grabmal im südlichen Seitenschiff des Stephansdoms in Wien,
Herzurne in der Stadtpfarrkirche in Linz
Eltern: Herzog Ernst von Innerösterreich und Zymburgis von Masowien

∞ 16. 3. 1452 in Rom
ELEONORE HELENA, Infantin von Portugal
Eltern: Eduard, König von Portugal, und Eleonore, Infantin von Aragon, Tochter
Ferdinands I., König von Aragon
* 18. 9. 1436 in Torres Vedras/Portugal
† 3. 9. 1467 in Wiener Neustadt
Grabstätte: Neuklosterkirche – Stadtpfarrkirche Wiener Neustadt

WAHLSPRUCH: Hic regit, ille tuetur = Dies (die Weisheit) regiert, jenes (das
Schwert) beschützt

2. 2. 1440	in Frankfurt a. Main als Friedrich IV. zum römisch-deutschen König gewählt.
17. 6. 1442	in Aachen als Friedrich IV. zum römisch-deutschen König gekrönt durch den Kurfürsten und Erzbischof Dietrich I. (Theodorich) Graf von Erbach.
19. 3. 1452	in Rom als Friedrich III. zum »Römischen Kaiser« gekrönt durch Papst Nikolaus V.
	Die Krönung Friedrichs III. war die letzte Kaiserkrönung in Rom.

Drei Monate nach dem Tode König Albrechts II. wurde als nächster Agnat Herzog Friedrich V. von Steiermark, Kärnten und Krain, ältester Sohn Herzog Ernsts des Eisernen von Österreich, als Friedrich IV. zum deutschen König gewählt.

Am 22. 2. 1440 wurde Ladislaus Postumus geboren. Entsprechend den testamentarischen Bestimmungen König Albrechts II. übernahmen König Friedrich IV. und die Witwe König Albrechts II. gemeinsam die Vormundschaft. Wie nicht anders zu erwarten war, begann mit der Geburt von Ladislaus der Streit um das Erbe Albrechts II. Knapp drei Monate alt, wurde Ladislaus am 15. 5. 1440 in Stuhlweißenburg zum König von Ungarn gekrönt. Dagegen erhob sich in Ungarn Widerstand. Die nationale Gegenpartei wählte König Wladislaw III. von Polen am 17. 7. 1440 zum König von Ungarn. Ladislaus wurde von den Ungarn erst anerkannt, nachdem Wladislaw im Kampf gegen die Osmanen 1444 bei Warna am Schwarzen Meer gefallen war. Da Friedrich IV. die Herausgabe seines Mündels verweigerte, bestellten die Ungarn 1446 Johann Hunyadi zum Reichsverweser.

Als Schlesien, Lausitz und Mähren die Erbrechte von Ladislaus anerkannten, boten die böhmischen Stände Friedrich IV. die böhmische Königskrone an. Friedrich lehnte dieses Ansinnen ab und widersprach auch der Herausgabe von Ladislaus sowie der Bestellung eines Landesverwesers für Böhmen. Daraufhin setzten die böhmischen Stände Georg von Podiebrad als Reichsverweser ein. Dieser marschierte gegen Prag, eroberte 1448 die Stadt, wurde 1452 zum Landesverweser gewählt und 1458 zum König von Böhmen gekrönt.

Ungarn und Böhmen waren damit zunächst einmal für die Habsburger verloren.

1443 kam es zu erneuten Auseinandersetzungen mit der Schweiz, die sich bis 1450 hinzogen und damit endeten, daß der Versuch, die Stammgüter im Aargau mit der Habichtsburg zurückzuerobern, scheiterten. Die Tiroler benutzten die Händel in der Schweiz dazu, Friedrich IV. zu zwingen, Sigismund, den Sohn Friedrichs IV. von Tirol, aus der Vormundschaft zu entlassen.

Auseinandersetzungen innerhalb des Hauses Habsburg führten 1446 wieder einmal zur Teilung der habsburgischen Länder. Der Bruder des Königs, Herzog Albrecht VI., erhielt die Vorlande. Erzherzog Sigismund wurde Tirol zugewiesen. Friedrich selbst behielt Innerösterreich und verwaltete Österreich ober und unter der Enns für sein Mündel Ladislaus Postumus.

Ständige Einfälle Johann Hunyadis in Niederösterreich verfolgten das Ziel, die Herausgabe des Ladislaus Postumus zu erzwingen.

Da Friedrich IV. sich durchsetzen konnte, scheiterten diese Versuche und führten 1450 zu der Vereinbarung, daß Ladislaus Postumus bis zu seinem 18. Lebensjahr bei König Friedrich IV. bleiben und Hunyadi bis dahin weiterhin Landesverweser bleiben sollte.

Die Inangriffnahme der kirchlichen Neuordnung in Österreich führte zu dem von Enea Silvio Piccolomini, dem späteren Papst Pius II., entworfenen und wesentlich beeinflußten Konkordat, das der König 1448 mit Papst Nikolaus V. abschloß. Das Konkordat, das kein Reichsgesetz geworden ist, räumte dem Heiligen Stuhl Rechte an deutschen Kirchen ein und sah die Errichtung von Bistümern in Laibach, Wien und Wiener Neustadt vor.

1452 unternahm König Friedrich IV. eine Romfahrt. Um die Sicherstellung des Ladislaus Postumus zu gewährleisten, wurde dieser mitgenommen. In Rom vermählte sich der König mit Eleonore von Portugal und wurde drei Tage nach seiner Vermählung in einer glanzvollen Zeremonie im Petersdom als Friedrich III. zum Kaiser gekrönt. Er war der erste und einzige Habsburger, zugleich aber auch der letzte deutsche König, der die Kaiserkrone in Rom aus den Händen des Papstes empfangen hat.

Eine der ersten Amtshandlungen des Kaisers nach der Rückkehr von Rom erhielt für die Dynastie Habsburg besondere Bedeutung. Kaiser Friedrich III. bestätigte das von Herzog Rudolf IV. ausgefertigte »Privilegium maius«, das 1453 auch von den Kurfürsten anerkannt wurde. Alle Bestimmungen des »Privilegium maius« – auch der Titel Erzherzog – wurden damit gültiges Reichsrecht.

Die österreichischen Stände hatten den Romaufenthalt des Kaisers dazu benutzt, mit böhmischen und ungarischen Ständen ein Bündnis gegen den Kaiser einzugehen, um die Herausgabe des Ladislaus Postumus zu erzwingen. Der Kaiser kehrte nicht nach Wien zurück. Er begab sich in das »allzeit getreue« Wiener Neustadt, wo er von einem Heer der verbündeten Stände belagert wurde, aber erfolgreichen Widerstand leisten konnte. Erneut verweigerte er die Herausgabe des Ladislaus Postumus und übergab diesen seinem Onkel, Graf Ulrich II. von Cilli. Nach längeren Verhandlungen mit den Ständen erreichten diese von Graf Ulrich II. von Cilli die Herausgabe des Ladislaus und feierten ihn in Wien als Landesfürst. Der so mündig gewordene Ladislaus wurde 1453 zum König von Böhmen gekrönt. Die Länder Böhmen, Mähren, Ungarn, Österreich ob der Enns und Österreich unter der Enns kamen noch einmal kurzfristig in eine Hand. Diese noch einmal erreichte Personalunion zerbrach mit dem Tode von Ladislaus Postumus am 23. 11. 1457. Mit ihm starb die albertinische Linie der Habsburger aus.

In Böhmen und Ungarn erfolgte die Wahl nationaler Könige. Georg Podiebrad wurde König von Böhmen und Matthias Hunyadi Corvinus König von Ungarn.

Im Erzherzogtum Österreich brach nun der Streit um die Nachfolge in Österreich ob und unter der Enns aus. 1458 kam es zu einem Vertrag, wonach Kaiser Friedrich III. das Land unter der Enns (Niederösterreich) und sein Bruder, Erzherzog Albrecht VI., das Land ob der Enns (Oberösterreich) zum erblichen

KAISER FRIEDRICH III.   473

Besitz erhielten. Diese Lösung war möglich geworden, weil Sigismund von Tirol
zugunsten Albrechts VI. auf seinen Anteil an den österreichischen Ländern
verzichtet hatte. Damit war der Streit zwischen den Brüdern aber nicht beendet.
Grundlegende unterschiedliche Auffassungen über die Rechtsgrundlage ihrer
Herrschaft führten zum Bruderkrieg. Der Kaiser machte das Ältestenrecht
geltend, während Albrecht VI. eine gemeinsame Regierung verlangte. Da
Friedrich III. auch den Landfrieden nicht wahren konnte, kam es fast zur
Auflösung jeglicher Ordnung. 1462 unternahm Herzog Albrecht VI. den Versuch,
gegen seinen Bruder einen Vernichtungsfeldzug zu führen. Mit Unterstützung
Böhmens, Ungarns, Tirols und der Eidgenossen belagerte er Wien. Schließlich
traten auch die Wiener Bürger, die zunächst kaisertreu geblieben waren, über die
Politik und Untätigkeit des Kaisers verärgert, auf die Seite Albrechts und
belagerten die Hofburg, in die der Kaiser sich zurückgezogen hatte. Der
Böhmenkönig Georg von Podiebrad zwang die Brüder im Vertrag von Korneuburg zu einem Kompromiß. Friedrich III. blieb zwar im Besitz des Landes unter
der Enns, mußte aber die Regierung des Landes gegen eine Zahlung von jährlich
4000 Gulden an Albrecht VI. abtreten. Erst der Tod Erzherzog Albrechts VI., der
von Friedrich III. geächtet und zum Reichsfeind erklärt worden war, machte dem
Bruderkampf ein Ende. Im Vertrag von Wiener Neustadt verzichtete Sigismund
von Tirol zugunsten Friedrichs III. auf seinen Anteil am Erbe Albrechts VI., der
keine Erben hinterlassen hatte.

   Während der Auseinandersetzungen mit Erzherzog Albrecht VI. hatten
westungarische Magnaten, die mit König Matthias Corvinus unzufrieden waren,
Friedrich III. zum Gegenkönig in Ungarn gewählt. Auch hier konnte der Kaiser
sich nicht durchsetzen. In den Verträgen von Ödenburg vom 19. 7. 1463 und
Wiener Neustadt vom 24. 7. 1463 mußte der Kaiser Matthias Corvinus anerkennen und diesem die Stephanskrone übertragen. Der Kaiser behielt aber den
nominellen Titel »König von Ungarn«. Gleichzeitig kam es zu einem einseitigen
Erbvertrag zwischen dem Kaiser und Matthias Corvinus. Nach diesem Erbvertrag
sollten Friedrich III. oder seine Nachkommen Ungarn erben, falls Matthias
Corvinus oder seine Söhne ohne Erben blieben. Der Kaiser verzichtete auf
Ödenburg, konnte aber westungarische Gebiete (heutiges Burgenland) behalten.

   Im Jahre 1468 unternahm Kaiser Friedrich III. seine zweite Romreise. In
Verhandlungen mit Papst Paul II. erhielt er von diesem die Zusage zur Gründung
des bereits im Konkordat von 1448 vereinbarten Bistums Wien. Damit endete die
bisherige Betreuung Wiens durch das Bistum Passau.

   Die Abwesenheit des Kaisers wurde wieder einmal zu einem Aufstand benutzt.
Dieses Mal war es der steirische Adel. Die Aufständischen besetzten große Teile
der Steiermark. Führer der Rebellen war Andreas Baumkircher, der sich bis dahin
kaisertreu verhalten und große Verdienste erworben hatte. Er sah seine Verdienste
nicht genügend durch den Kaiser gewürdigt und belohnt. Erst 1470 kam es zu
einer Verständigung. Die Aufständischen wurden von Friedrich III. großzügig
begnadigt. Als dem Kaiser jedoch 1471 Gerüchte von einem geplanten Anschlag

gegen ihn zu Ohren kamen, wurden Baumkircher und seine Gefährten ohne Gerichtsverfahren in Graz hingerichtet. Nicht nur diesen Auseinandersetzungen, sondern auch den sich nun häufenden Einfällen der Osmanen sah Friedrich III. tatenlos und ziemlich hilflos zu. Er ließ den Dingen ihren Lauf und wandte sich einer ganz anderen Aufgabe zu, deren Lösung für das Haus Habsburg weltgeschichtliche Bedeutung erhalten sollte.

In Begleitung seines Sohnes Maximilian traf Kaiser Friedrich III. sich 1473 in Trier mit Karl dem Kühnen, Herzog von Burgund. Es wurde über eine Verlobung Maximilians mit Maria von Burgund, Tochter und Alleinerbin Karls des Kühnen, verhandelt. Der Erwerb des Burgundischen Reiches, das sich von den Niederlanden über Luxemburg, Lothringen und das Elsaß bis zu den Alpen erstreckte (es entsprach in etwa dem Mittelreich Lothars I. von 843–875), hätte Friedrich III. eine Stärkung seiner Macht gegenüber den Reichsfürsten gebracht. Die geplante Ehe des Kaisersohnes mit Maria von Burgund sollte gleichzeitig den Plan einer Vermählung der Erbin von Burgund mit dem französischen Thronfolger verhindern. Karl der Kühne hatte den Plan des Kaisers durchschaut und verlangte für seine Tochter einen Preis, den zu zahlen der Kaiser nicht bereit war – die römische Königswürde. Da sich auch die Kurfürsten solchen Plänen widersetzten, wartete der Kaiser lieber erst einmal ab, zumal sich auf beiden Seiten ein gewisses Mißtrauen breitgemacht hatte. 1476 war es dann soweit. Erneut hatte das geduldige Abwarten des Kaisers sich gelohnt. Karl der Kühne, in ständige Händel und Fehden verstrickt, bezog verschiedene Niederlagen und wurde auch von den Schweizern besiegt. Der Herzog befand sich in äußerster Bedrängnis, als das Eheversprechen zwischen Kaiser Friedrich III. und Herzog Karl dem Kühnen für ihre Kinder Maximilian und Maria zustande kam. Von einem Preis war seitens Karls des Kühnen keine Rede mehr. Am 6. 1. 1477 fiel Karl der Kühne bei Nancy. Die Herrlichkeit Burgunds fiel an seine Tochter und Alleinerbin, Maria von Burgund, die am 19. 8. 1477 Erzherzog Maximilian heiratete. Diese Ehe brachte den Habsburgern nicht nur einen großen Machtzuwachs, sondern auch einen bedeutenden Ländergewinn. Allerdings zogen sie sich auch die erbitterte Feindschaft Frankreichs zu. Die sich über Jahrhunderte immer wiederholenden Auseinandersetzungen zwischen den »Erbfeinden« Frankreich und Deutschland erwuchsen zum Teil auch aus der Ehe Maximilians mit Maria von Burgund. Die Verbindung Habsburg-Burgund wurde der Grundstein der österreichisch-habsburgischen Weltmacht.

Nach erfolgreichen Kämpfen gegen die Osmanen nahm Matthias Corvinus den Kampf gegen den Kaiser wieder auf. Er besetzte weite Landstriche in Österreich unter der Enns. Nach einer vorübergehenden Beruhigung setzte Matthias Corvinus den Kampf gegen Friedrich III. bis zu seinem Tode fort. Das seit 1483 belagerte Wien wurde 1485 erobert, und Matthias Corvinus regierte bis 1490 in der Wiener Hofburg. Erzherzog Maximilian war mit der Sicherung des burgundischen Erbes seiner Gemahlin beschäftigt und konnte nur wenig zur Unterstützung des Kaisers beitragen. Nach dem Tode seiner Gemahlin kam der

Erzherzog erst recht in erhebliche Schwierigkeiten und konnte erst nach dem Tode von Matthias Corvinus nach Wien eilen und die Wiedereroberung des Landes unter der Enns in Angriff nehmen.

Versuche Sigismunds von Tirol, der ohne Erben geblieben war, Tirol und Vorarlberg an die Wittelsbacher zu verkaufen, wurden von Kaiser Friedrich III. verhindert. Es gelang dem Kaiser, Sigismund von Tirol gegen eine Lebensrente von ca. 50.000 Gulden zu einem Verzicht auf seinen Besitz zu zwingen. Nach 125 Jahren kam der gesamte Länderbesitz der Habsburger wieder in eine Hand.

Im Alter von 78 Jahren starb Kaiser Friedrich III. am 19. 8. 1493 in Linz a. d. Donau. 58 Jahre regierte er in Innerösterreich, 53 Jahre als deutscher König und 41 Jahre als römischer Kaiser. Friedrich III. hatte viele sympathische menschliche Züge. Immer wieder ist ihm der Vorwurf gemacht worden, er habe in den Regierungsgeschäften nachlässig und gleichgültig gehandelt und die Dinge treiben lassen. Daran mag manches wahr sein. Es ist aber ebenso unbestreitbar, daß der Kaiser mit viel Geduld immer wieder die schwierigsten Situationen gemeistert hat und die sich ihm bietenden Sternstunden zum Wohle seines Hauses und Österreichs zu nutzen wußte.

Das übersteigerte Bedürfnis nach kaiserlicher Repräsentation diente ebenso der Erhöhung und dem Ansehen seines Hauses wie der stillschweigend geduldete A. E. I. O. U.-Kult. Diese vom Kaiser erfundene Buchstabenkombination, mit der alle Gegenstände aus kaiserlichem Besitz gekennzeichnet wurden, erhielt unter anderen die Auslegung: »Austria Erit In Orbe Ultima ... Österreich wird ewig bestehen.«

Bis in unser Jahrhundert hat sich diese Buchstabenkombination erhalten. Auf dem Sarkophag des 1962 verstorbenen Herzogs Maximilian von Hohenberg (ältester Sohn des 1914 in Sarajevo ermordeten österreichischen Thronfolgers Franz Ferdinand) wurde das A. E. I. O. U. auf ausdrücklichen Wunsch des Herzogs eingraviert.

Kaiser Friedrich III. konnte am Ende seines Lebens zufrieden sein. Durch den Erwerb Burgunds und die Sicherung der erblichen Ansprüche auf Böhmen und Ungarn hatte er die habsburgische Hausmacht entscheidend vergrößert. Am Ende seines Lebens standen die Wiedervereinigung Österreichs und der beginnende Aufstieg zur Weltmacht.

Die Nachkommen Kaiser Friedrichs III.

1. N. N.
   * 1. 6. 1454
   † bald nach der Geburt

2. CHRISTOPH, Erzherzog
   * 16. 11. 1455 in Wiener Neustadt
   † 25. 3. 1456 in Wiener Neustadt
   Grabstätte: Neukloster, Wiener Neustadt

3. MAXIMILLIAN I., Erzherzog
   Siehe unter Kaiser Maximilian I.

4. HELENA, Erzherzogin
   * 3. 11. 1460 in Wien
   † 27. 1. 1462 in Wien
   Grabstätte: Neukloster, Wiener Neustadt

5. KUNIGUNDE, Erzherzogin
   * 16. 3. 1465 in Wiener Neustadt
   † 6. 8. 1520 in München
   Grabstätte: In der Krypta des Liebfrauendomes in München

   ∞ 3. 1. 1487 in München
   ALBRECHT IV., Herzog von Bayern
   Eltern: Albrecht III., Herzog von Bayern, und Anna, Herzogin von Braunschweig-Grubenhagen, Tochter Erichs I., Herzog von Braunschweig-Grubenhagen
   * 15. 12. 1447 in München
   † 18. 3. 1508 in München
   Grabstätte: In der Krypta des Liebfrauendoms in München

   Kunigunde heiratete den Herzog von Bayern gegen den Willen ihres Vaters, aber mit Zustimmung Erzherzog Maximilians. Albrecht versprach sich von dieser Ehe Erbansprüche auf Österreich. Seine Bemühungen, die auf den Erwerb Tirols und Vorderösterreichs gerichtet waren, vereitelte der Kaiser.

6. JOHANNES
   * 9. 8. 1466 in Wiener Neustadt
   † 10. 2. 1467 in Wiener Neustadt
   Grabstätte: Neukloster, Wiener Neustadt

Kaiser Maximilian I.

Kaiser Maximilian I.

* 22. 3. 1459 in Wiener Neustadt
† 12. 1. 1519 in Wels
Grabstätte: Unter dem Hochaltar der St.-Georgs-Kapelle in der Hofburg Wiener Neustadt, Herzurne im Sarkophag Marias von Burgund
Eltern: Kaiser Friedrich III. und Eleonore Helena von Portugal

1. ⚭ 19. 8. 1477 in Gent – Schloß Ten Walle
MARIA, Herzogin von Burgund
Eltern: Karl der Kühne, Herzog von Burgund, und Isabella, Prinzessin von Bourbon, Tochter Karls I., Herzog von Bourbon
* 13. 12. 1457 in Brüssel
† 27. 3. 1482 in Brügge
Grabstätte: In der Liebfrauenkirche in Brügge/Belgien

2. ⚭ 16. 3. 1494 in Hall i. Tirol
BIANCA MARIA SFORZA, Prinzessin von Mailand
Eltern: Galeazzo Maria Sforza, Herzog von Mailand, und Bona, Prinzessin von Savoyen, Tochter Ludwigs, Herzog von Savoyen
* 5. 4. 1472 in Mailand
† 31. 12. 1510 in Innsbruck
Grabstätte: Sigismundgruft in der Stiftskirche in Stams/Tirol

WAHLSPRUCH: Per tot discrimina rerum = Durch so viele Gefahren

16. 2. 1486 in Frankfurt a. Main zum römisch-deutschen König gewählt.
9. 4. 1486 in Aachen zum römisch-deutschen König gekrönt durch den Kurfürsten und Erzbischof von Mainz Berthold von Henneberg.
7. 11. 1491 Wladislaw V., König von Böhmen und Ungarn, bestätigt Maximilian im Frieden von Preßburg den Titel eines Königs von Ungarn und die Mitherrschaft über das westliche Ungarn.
4. 2. 1508 in Trient Annahme des Titels »Erwählter Römischer Kaiser«, da Venedig den Durchzug nach Rom zur Kaiserkrönung verweigerte.

Erzherzog Maximilian, der einzige überlebende Sohn Kaiser Friedrichs III., verbrachte seine Kindheit in Wiener Neustadt, dort, wo er auch geboren worden war. Mit acht Jahren verlor er seine Mutter Eleonore von Portugal und mußte auf die mütterliche Fürsorge verzichten. Der junge Erzherzog hat nie die Geborgenheit einer Familie kennengelernt und wuchs ziemlich unbekümmert ohne einen Berater oder Erzieher, der ihm Vorbild hätte sein können, heran. Als er die Nachfolge seines Vaters antrat, hatte er bereits 16 sehr bewegte Jahre hinter sich und schmerzliche Erfahrungen sammeln müssen.

Nach dem Tode Herzog Karls des Kühnen von Burgund wurde Erzherzog Maximilian von seiner Braut nach Burgund gerufen. Beide hatten sich noch nie gesehen, doch verband sie, von denen keiner die Sprache des anderen verstand, vom ersten Augenblick ihres Kennenlernens eine tiefe Zuneigung und Liebe. Die Hochzeit wurde am 19. 8. 1477 im Schloß Ten Walle bei Gent ohne großen Prunk gefeiert. Man wußte um die kommenden Schwierigkeiten und Kämpfe mit dem König von Frankreich, der sein begehrliches Auge auf Burgund gerichtet hatte. Schon bald nach der Hochzeit Maximilians brach König Ludwig XI. von Frankreich in die burgundischen Länder ein und ließ sie durch seine Truppen verwüsten und brandschatzen. Erzherzog Maximilian stellte sich dem Kampf um das Erbe seiner Gemahlin und konnte, von den Engländern mit Hilfsgeldern unterstützt, am 7. 8. 1479 bei Guinegate einen glänzenden Sieg gegen die überlegene Streitmacht Ludwigs XI. erringen.

Am 27. 3. 1482 starb Maria von Burgund an den Folgen eines Reitunfalls. Diesen Verlust hat Maximilian bis zu seinem Tod nicht überwinden können. Wenige Tage vor ihrem Tod hatte Maria von Burgund ihre Kinder Philipp und Margarete zu Gesamterben ihres Besitzes eingesetzt und ihren Gemahl zum Vormund bestellt. Die Stellung Maximilians in Burgund wurde nun noch schwieriger. Unterstützt von Frankreich lehnten sich die Burgunder gegen die Vormundschaft Maximilians auf.

In den Erbländern sah es nicht viel besser aus. Während Kaiser Friedrich III. sich in Burgund aufhielt, residierte der König von Ungarn, Matthias Corvinus, in der Wiener Hofburg und hielt weite Teile Österreichs besetzt. Der Unmut der Wiener wurde so groß, daß man nach einem neuen König rief. Nach anfänglichem Zögern gab Kaiser Friedrich III. nach. 1486 erfolgte die Wahl Erzherzog Maximilians zum römisch-deutschen König. Er wurde damit der designierte Nachfolger seines Vaters in der römischen Kaiserwürde.

Nach seiner Wahl zum König zog Maximilian I. gegen den Willen seines Vaters erneut nach Burgund. In Brügge wurde er von den Ständen gefangengenommen. Drei Monate mußte der römisch-deutsche König hinter vergitterten Fenstern verbringen. Unter entwürdigenden Umständen wurde dem eingeschüchterten Maximilian ein Vertrag abgezwungen, in dem er auf Flandern verzichten und die Schutzherrschaft Frankreichs über die burgundischen Länder anerkennen mußte. Erst nach dem Feldzug eines Reichsheeres unter Kaiser Friedrich III. wurde Maximilian I. freigelassen. 1489 schloß er in Frankfurt a. M. mit König Karl VIII. von Frankreich Frieden. Flandern mußte die Regentschaft König Maximilians I. wieder anerkennen.

Die Klärung und Festigung der Machtverhältnisse in Burgund verschafften dem König die notwendige Handlungsfreiheit, die Verhältnisse in Tirol und den Erbländern zu bereinigen. Sein Vetter Sigismund wurde gezwungen, auf Tirol zu verzichten, und Maximilian I. empfing die Huldigung der Tiroler Stände. Tirol wurde mit Innsbruck der Lieblingsaufenthalt des Königs und durfte sich seines besonderen Wohlwollens erfreuen.

Nach dem Tode des in der Wiener Hofburg residierenden Königs von Ungarn zog Maximilian I. unverzüglich nach Wien und begann mit der Wiedereroberung des Landes unter der Enns. Niederösterreich, Steiermark und Kärnten wurden von den Ungarn befreit. Bis nach Stuhlweißenburg, der Krönungsstadt der ungarischen Könige, drangen die Streitkräfte Maximilians I. vor. Der Plan des Königs, ganz Ungarn zu erobern, scheiterte mangels Geld und Söldnern. Der nach dem Tode von Matthias Corvinus in Ungarn zum König gewählte Wladislaw Jagello schloß 1491 mit Maximilian I. den Frieden von Preßburg, der Maximilian den ungarischen Königstitel sowie die Thronfolge in Ungarn und Böhmen sicherte.

Mit König Karl VIII. von Frankreich kam es 1491 zu einem erneuten Konflikt. 1482 war Margarete, die 2jährige Tochter des damaligen Erzherzogs Maximilian, mit dem französischen Thronfolger Karl verlobt und am 24. 4. 1483 nach Amboise gebracht worden. Unter Lösung dieses Verlöbnisses heiratete Karl VIII. 1491 Anna von Bretagne, die 1490 per procuratorem mit König Maximilian I. vermählt worden war. Der König forderte die Mitgift Margaretes, die Freigrafschaft Burgund und die Grafschaft Artois, zurück. Der Streit konnte im Frieden von Senlis am 23. 5. 1493 beigelegt werden. König Karl VIII. mußte eine ehrenvolle Rückkehr Margaretes in die Niederlande sicherstellen und die reiche Mitgift an Habsburg zurückgeben.

Nach dem Tode Kaiser Friedrichs III. trat Maximilian I. auch die Nachfolge im Reich an. Er war nun der unbestrittene Herrscher im Reich und Herr über sämtliche habsburgischen Besitzungen.

Nach dem Vorbild Burgunds führte Maximilian I. zunächst eine Verwaltungsreform in den habsburgischen Erbländern durch und wandelte den bisherigen Lehensstaat in einen Beamtenstaat um. Das Herrschaftsgebiet wurde in zwei selbständige Verwaltungsgebiete geteilt:

Oberösterreich:	Niederösterreich:
Grafschaft Tirol	Österreich unter der Enns
Windische Mark	Österreich ob der Enns
Istrien mit Triest	Teile des Salzkammerguts
Grafschaft Görz	Steiermark
Teile Friauls	Kärnten
habsburgische Besitzungen	Krain
vor dem Arlberg	
Vorderösterreich mit Besitzungen	
in Schwaben und im Elsaß	

Beide Verwaltungsgebiete erhielten eine eigene Finanzbehörde.

Sitz der Verwaltungsbehörden für Oberösterreich wurde Innsbruck und für Niederösterreich Linz, später Wien.

Vorderösterreich erhielt einen den Behörden in Innsbruck unterstellten Verwaltungssitz in Ensisheim i. Elsaß.

1494 heiratete Maximilian I. Bianca Maria, Tochter des Herzogs Galeazzo Maria Sforza von Mailand. Es war eine politische Heirat, die zugleich den Vorteil hatte, daß sie dem in ständigen Geldnöten schwebenden König eine Mitgift von 300.000 Dukaten in bar brachte. Im Kampf um die Vorherrschaft in Italien zwischen Österreich und Frankreich konnte Maximilian I. dank der ihm auf einem Reichstag in Worms bewilligten Geldmittel die Franzosen aus Mailand vertreiben und bis Pisa vordringen. Zum Schutze Italiens bildeten der König, Papst Alexander VI., Herzog Lodovico il Moro von Mailand, Venedig und König Ferdinand von Aragonien am 31. 3. 1495 die Liga von Venedig, der 1496 auch König Heinrich VII. von England beitrat. Dieses gegen König Karl VIII. von Frankreich gerichtete Bündnis löste sich schon bald wieder auf, und Maximilian I. konnte die Eroberung Mailands 1500 durch den Nachfolger König Karls VIII. nicht verhindern. Letztlich blieb die Politik Maximilians I. in Italien ohne nachhaltigen Erfolg.

Auf dem Reichstag in Worms proklamierte der König die Errichtung eines ewigen Landfriedens, der im Gegensatz zu früheren Landfrieden dauernde Gültigkeit haben sollte. Das feudale Fehderecht und die bewaffnete Selbsthilfe des Adels wurden für rechtswidrig erklärt. Die Bekämpfung schwerer Verbrechen wurde den einzelnen Territorialstaaten zugewiesen. Der ewige Landfriede blieb bis zum Ende des Heiligen Römischen Reiches in Kraft. Als allgemeine Reichssteuer wurde die Einführung des Gemeinen Pfennigs beschlossen. Das bisherige königliche Kammergericht wurde in ein Reichskammergericht umgewandelt. Es war zuständig für das Verbrechen des Landfriedensbruchs und für Prozesse gegen Reichsunmittelbare.

Da die Eidgenossen die Beschlüsse des Wormser Reichstages (Gemeiner Reichspfennig und Reichskammergericht) nicht anerkannten, kam es 1499 zum Schwäbischen Krieg. Am 22. 4. 1499 erklärte Maximilian I. den Eidgenossen den

Reichskrieg. Er kam mit seinem Aufgebot jedoch zu spät und konnte die Niederlage gegen die Eidgenossen nicht mehr verhindern. Der Friede von Basel am 22. 9. 1499 brachte den Schweizern die Freistellung vom Gemeinen Reichspfennig, und das Reichskammergericht wurde für die Schweiz für unverbindlich erklärt. Es war der Beginn der endgültigen Loslösung der Schweiz vom Reich.

Nach dem Aussterben der Grafen von Görz erhielt Maximilian I. aufgrund des Erbvertrages von 1361 die Grafschaft Görz, Teile Osttirols sowie verschiedene Besitzungen im Pustertal, Krain und Friaul. Dadurch verschärften sich die Gegensätze zu Venedig.

Auf die Kaiserkrönung in Rom mußte König Maximilian I. verzichten. Infolge des lang anhaltenden Krieges mit Venedig verweigerte die Adelsrepublik den Durchzug Maximilians I. nach Rom. Daraufhin nahm der König am 4. 2. 1508 im Dom zu Trient den Titel »Erwählter Römischer Kaiser« an, der vom Papst bestätigt wurde. Da die Reichsfürsten dem Kaiser die Unterstützung im Kampf gegen Venedig verweigerten, mußte Maximilian I. im Frieden von Brüssel auf Gebiete im Vorland der Alpen zugunsten Venedigs verzichten, behielt aber seine Eroberungen im Alpenland.

Maximilians Bedeutung für das Haus Habsburg liegt nicht zuletzt in seinen ständigen Bemühungen, durch eine weit ausgreifende Heirats- und Vertragspolitik die Macht des Hauses Habsburg zu stärken, getreu dem Matthias Corvinus zugeschriebenen Ausspruch:

»Bella gerant fortes, tu felix Austria nube.
Nam quae Mars aliis, da tibi regnat Venus.«
»Die Mächtigen führen Kriege, du, glückliches Österreich, heiratest.
Was den anderen der Krieg gibt, das schenkt dir die Liebe.«

1494 schloß Maximilian I. sein Bündnis mit den katholischen Majestäten Spaniens König Ferdinand und Königin Isabella. Als Garant dieses Bündnisses wurden die Kinder Maximilians I. – Erzherzog Philipp I. und Erzherzogin Margarete – mit den Kindern des spanischen Königshauses – Infant Johann und Infantin Johanna – vermählt. Es war eine der weit vorausschauenden politischen Entscheidungen, die heute so selten geworden sind. Es war auch eine gegen Frankreich gerichtete Entscheidung. Die Könige Frankreichs nannten sich zwar die »Allerchristlichsten Könige«, kannten jedoch keine Skrupel, mit den Osmanen jene unheilige Allianz zu bilden, die sich gegen das christliche Abendland richtete und dieses oft genug in äußerste Gefahr brachte. Durch die habsburgisch-spanische Doppelvermählung wurde die Erbfolge in Spanien abgesichert und die Habsburger Weltmachtstellung begründet.

Nicht weniger bedeutend war die habsburgisch-jagellonische Doppelhochzeit. Der 1491 in Preßburg zwischen Maximilian I. und König Wladislaw IV. von Böhmen (als König von Ungarn Wladislaw II.) geschlossene Erbvertrag sah vor, daß die Kronen Böhmens und Ungarns an das Haus Habsburg fallen sollten, wenn Wladislaw ohne Erben bleiben sollte. Da Wladislaw aus seiner Ehe mit Anna von Foix zwischenzeitlich die 1503 geborene Tochter Anna und den 1506 geborenen

Sohn Ludwig als Nachkommen hatte, wurden die Vereinbarungen von Preßburg 1506 in Wien durch konkrete Heiratspläne erweitert und gefestigt. Maximilian I. schlug nun vor, den Sohn Wladislaws mit seiner Enkelin Maria und Wladislaws Tochter Anna mit einem noch zu bestimmenden Enkel des Kaisers zu vermählen. Auf dem Fürstenkongreß in Wien kam es am 22. 7. 1515 im Stephansdom zu dem Verlöbnis der habsburgischen und jagellonischen Thronanwärter. Der Kaiser selbst legte neben der 12jährigen Prinzessin Anna von Böhmen das Versprechen ab, die Prinzessin selbst zur Frau zu nehmen und zur Kaiserin zu machen, falls innerhalb eines Jahres nicht einer seiner Enkel – Ferdinand oder Karl – die Eheerklärung abgegeben habe. Die geforderte Erklärung wurde 1516 von Erzherzog Ferdinand abgegeben. Diese Doppelverlobung und die spätere Doppelvermählung schafften die politische Voraussetzung, die zur Begründung der österreichisch-ungarischen Monarchie führte.

Im Sommer 1478 hatte sich Maximilian I. zum Oberhaupt des Ordens vom Goldenen Vlies bestellt. Der Orden war 1429 von Herzog Philipp dem Guten, dem Großvater Marias von Burgund, anläßlich seiner Hochzeit mit Isabella von Portugal gegründet worden. Nach dem Ableben des letzten Herzogs von Burgund ging der Orden auf Maria von Burgund und nach ihrem Tod auf ihren Sohn Philipp den Schönen über. Da Philipp noch minderjährig war, führte Maximilian I. die Vormundschaft im Orden. Von Maximilian an war stets ein Habsburger Großmeister des Ordens. In der Erbfolge rangierte das jeweilige Oberhaupt des spanischen Zweiges der Habsburger vor dem österreichischen Zweig. Nach dem Erlöschen der spanischen Linie der Habsburger beanspruchten sowohl Philipp V. aus dem Hause Bourbon als auch Karl III. (Kaiser Karl VI.) die Führung des Ordens, an dessen alte Statuten sich bis heute nur der österreichische Zweig des Ordens vom Goldenen Vlies gehalten hat. Die Edelleute, aus denen dieser höchst exklusive Ritterorden bestand – gentilhommes de nom et d'armes et sans reproche – Männer von Namen, wappenführend und ohne Fehl – schworen, ihrem Herrscher unerschütterlich treu zu sein und die Insignien des Ordens jederzeit deutlich sichtbar zu tragen: eine goldene, mit Steinen besetzte Gliederkette, von der das Abbild des Vlieses herabhängt. Der Ordensschatz wurde 1794 nach Wien überführt.

Noch einmal versuchte der Kaiser, die Landesverwaltung weiter zu vereinheitlichen. Zu diesem Zweck berief er den Generallandtag nach Innsbruck, das dem Kaiser den Einzug verwehrte. Auf der Rückreise nach Wien starb »der letzte Ritter« am 12. 1. 1519 in Wels.

Von Wels wurde der Leichnam nach Wien gebracht, wo am 28. 1. 1519 im Stephansdom die Totenfeier stattfand. Entsprechend den Bestimmungen seines Testaments erfolgte die Beisetzung des Kaisers unter dem Hochaltar der St.-Georgs-Kapelle der Burg in Wiener Neustadt. Sein Herz aber wurde seinem Wunsch entsprechend nach Brügge gebracht und im Sarkophag Marias von Burgund, der geliebten und unvergessenen Frau seiner Jugendtage, beigesetzt. Das vor seinem Tod vom Kaiser in Auftrag gegebene prächtige und wohl schönste

Grabmal eines deutschen Kaisers diesseits der Alpen in der Hofkirche in Innsbruck blieb leer.

Das Leben Kaiser Maximilians I. wurde von drei Gedanken beherrscht, die ihn immer wieder beschäftigten: das Heilige Römische Reich, das Haus Habsburg und seine eigene Person.

Sein Reichsgedanke entsprach dem der Kaiser Karl dem Großen und Otto dem Großen.

Der Glaube des Kaisers an die Mission des Hauses Habsburg war in dem Glauben an die uralte Herkunft seines Geschlechts begründet. Von Maximilian I. an sprach man in Deutschland vom »Haus Österreich«, in Spanien von der »Casa de Austria« und in Frankreich vom »Maison d'Autriche«. Die Weltmachtstellung des Hauses Habsburg wurde von Maximilian I. begründet. Sein Enkel Karl sollte der Vollender werden.

Die angeborene Prachtliebe des Kaisers war ein Erbteil seiner Mutter Eleonore von Portugal, die an Pracht und Luxus in ihrer Heimat gewöhnt war und sich mit den landesfürstlichen Verhältnissen in Österreich nie abfinden konnte. Maximilian I. war davon überzeugt, eine umfassende Kenntnis auf allen Wissensgebieten zu haben. Entsprechend schätzte er seine eigene Persönlichkeit ein. Nicht frei von Popularitätssucht und Eitelkeit, trug er sich in seinen späten Jahren ernstlich mit dem Gedanken, sich zum Papst wählen zu lassen und so die weltliche und geistliche Gewalt in einer Hand zu vereinigen. Er verlangte Ehrenbezeigungen, weil er letztlich alle Mühsal auf sich nahm. Beeinflußt von Burgund, entwickelte er Österreich zu einem der ersten Kulturländer Europas.

Die Nachkommen Kaiser Maximilians I.

1. PHILIPP I. »der Schöne«, Erzherzog, König von Kastilien 1504–1506
   * 22. 7. 1478 im Schloß zu Brügge
   † 25. 9. 1506 in Burgos
   Grabstätte: Krypta der königlichen Kapelle in der Kathedrale in Granada

   ⚭ 21. 8. 1496 in Lille
   JOHANNA, Infantin von Kastilien-Aragonien
   Eltern: Die katholischen Könige Ferdinand I., König von Aragonien, und
   Isabella I., Königin von Kastilien, Tochter Johanns II., König von
   Kastilien
   * 6. 11. 1479 in Toledo
   † 13. 4. 1555 in Tordesillas
   Grabstätte: Krypta der königlichen Kapelle in der Kathedrale in Granada

   Nach dem Tode seiner Mutter, Maria von Burgund, erbte Philipp I. die
   burgundischen Länder und wurde 1482 mit vier Jahren Herzog von
   Burgund. Der von den burgundischen Ständen eingerichtete Regentschaftsrat wurde von Maximilian I., der als Vormund Philipps I. die
   Regierung übernahm, ausgeschaltet. Von seinem Vater mit 16 Jahren für
   volljährig erklärt, übergab dieser seinem Sohn die Regierung in den
   Niederlanden. Die Bemühungen Maximilians I., eine gegen Frankreich
   gerichtete Verbindung zu Spanien herzustellen, führten zu der habsbur-
   gisch-spanischen Doppelheirat Philipps I. mit Johanna von Kastilien-
   Aragonien und der Tochter Maximilians I. mit Johann von Kastilien-
   Aragonien. Da dieser bereits 1497 starb, wurde Johanna Erbin von
   Kastilien-Aragonien.
   Nach dem Tode Isabellas I. von Kastilien beanspruchte deren Gemahl
   König Ferdinand von Aragonien die alleinige Regentschaft, die er jedoch
   mit Philipp I. und seiner Gemahlin teilen mußte. Mit Unterstützung des
   kastilischen Adels erreichte Philipp I. 1506 die alleinige Regierung, die
   ohne praktische Bedeutung blieb, da der König wenige Monate später
   starb. Seine Söhne, Kaiser Karl V. und Kaiser Ferdinand I., sollten das 16.
   Jahrhundert entscheidend beeinflussen.
   Nach dem Tode Philipps I. verfiel seine Gemahlin Johanna dem
   Wahnsinn und lebte bis zu ihrem Tode zurückgezogen in Tordesillas. Ihr
   Vater übernahm für die unglückliche Johanna die Regierung und nach
   dessen Tod ihr Sohn Kaiser Karl V.

2. MARGARETE, Erzherzogin

* 10. 1. 1480 in Brüssel
† 30. 11. 1530 in Mecheln
Grabstätte: Marmorsarkophag in der Kirche in Bourg-en-Bresse/Frankreich

1. ⚭ 3. 4. 1497 in Burgos
JOHANN, Infant von Kastilien-Aragonien
Eltern: Die katholischen Könige Ferdinand I., König von Aragonien, und Isabella I., Königin von Kastilien, Tochter Johanns II., König von Kastilien
* 28. 6. 1478 in Burgos
† 4. 10. 1497 in Burgos
Grabstätte: Dominikanerkloster Santo Tomás in Avila

2. ⚭ 2. 12. 1501 in Romainmôtier/Frankreich
PHILIBERT II., Herzog von Savoyen
Eltern: Philibert, Herzog von Savoyen, und Margarethe, Prinzessin von Bourbon, Tochter Karls I., Herzog von Bourbon
* 10. 4. 1480 in Chambéry
† 10. 9. 1504 auf Schloß Pont d'Ain in Bourg-en-Bresse
Grabstätte: Marmorsarkophag in der Kirche in Bourg-en-Bresse/Frankreich

Bereits mit zwei Jahren wurde Margarete mit dem Dauphin Karl von Frankreich verlobt. Auf Verlangen des französischen Königs wurde die junge Prinzessin am 24. 4. 1483 nach Amboise gebracht, wo sie die nächsten zehn Jahre verbringen sollte. Die nicht vollzogene Ehe mit dem Dauphin wurde gelöst, als dieser 1491 Anna von Bretagne heiratete, die 1490 per procuratorem mit dem Vater Margaretes vermählt worden war. Margarete war alt genug, zu erkennen, welche Schmach ihr zugefügt worden war. Sie hatte den Wunsch, sofort nach Burgund zurückzukehren, wurde aber von den Franzosen als Pfand zurückgehalten. Erst im Juni 1493 wurde ihr die Rückkehr nach Burgund gestattet. Bei Margarethe von York, der Witwe Herzog Karls des Kühnen, die rührend um ihre Enkelin besorgt war, fand sie Aufnahme. Erst 1494 traf sie wieder mit ihrem Vater, der inzwischen die römisch-deutsche Königswürde trug, zusammen.

Drei Jahre später kam es zu der habsburgisch-spanischen Doppelhochzeit, und Margarete wurde mit Johann, Infant von Kastilien-Aragonien, vermählt. Bereits sechs Monate nach der Hochzeit starb Johann. Während der Witwenjahre am spanischen Hof blieb das Königspaar Margarete in herzlicher Zuneigung verbunden. Oft reiste sie mit der Königin nach Avila, um das Grab ihres Gemahls aufzusuchen. Hier traf sie auch den Großinquisitor Torquemada und erfuhr von den Greueln der Inquisition, denen sie verständnislos gegenüberstand. Sie war entsetzt über die Grausamkeiten, mit denen die Kirche Menschen verfolgte, die einer anderen als der katholischen Religion angehörten oder eine abweichende Meinung gegenüber der offiziellen Lehre der Kirche vertraten. Margaretes spätere Bemühungen, in ihrem Urteil vorsichtig zu sein und stets die Vermittlung zu suchen, dürfte in den spanischen Erlebnissen um den Großinquisitor Torquemada ihre Wurzeln haben.

Im Herbst 1499 erhielt Margarete die Erlaubnis, Spanien zu verlassen. Ihr Vater hatte auf eine schnelle Heimkehr gedrängt, damit sie die Patenschaft über das zweite zu erwartende Kind ihres Bruders Philipp übernehme. Am 4. 3. 1500 traf Margarete in Gent ein und nahm am 7. 3. 1500 in der Kirche St. Jean an der Taufe ihres Neffen Karl als Patin teil. Am Tage darauf leistete sie den Verzicht auf alle Ansprüche als Infantin von Spanien und zog sich auf das ihr von ihrem Bruder zur Verfügung gestellte Schloß Quesnoy zurück.

Neue Pläne Maximilians I., Margarete wieder zu verehelichen, zielten, da geeignete Könige nicht zur Verfügung standen, auf das Haus Savoyen. Als Ende 1499 die junge Gemahlin Herzog Philiberts von Savoyen starb, nahmen die Heiratspläne konkrete Formen an. Die Verhandlungen zogen sich bis 1501 hin. Dann setzte Philipp I. seine Schwester in Kenntnis und forderte ihr die Erklärung ab, daß sie diese Ehe »ohne Zwang und Überredung« eingehe. Margarete verweigerte zwar die Unterschrift, beugte sich aber dem Willen ihres Vaters und ihres Bruders. Um die Ebenbürtigkeit herzustellen, wurde Philibert in den Orden vom Goldenen Vlies aufgenommen. Am 2. 12. 1501 um Mitternacht nahm der Bischof Louis de Correvod in der Kirche von Romainmôtier die Trauung des Paares vor.

Ihrem Gatten in allen Belangen überlegen, übernahm Margarete die Regierungsgeschäfte in dem Herzogtum Savoyen. Tolerant gegenüber Andersdenkenden, außenpolitisch neutral gegenüber Deutschland und Frankreich, regierte sie mit geschickter Hand. Ihrem Gatten zugetan und von diesem verehrt, hatte die Herzogin das Glück gefunden, das ihr das Schicksal bisher vorenthalten hatte. Dieses Glück sollte wiederum nicht von Dauer sein. Nach einem Jagdunfall starb der Herzog im September 1504.

In Erfüllung eines Gelübdes der Mutter Philiberts baute Margarete in Bourg ein Kloster und die großartige spätgotische Kirche, in der Philibert beigesetzt wurde.

Zwei Jahre nach dem Tode ihres Gemahls Philibert starb auch Margaretes Bruder Philipp I. Erneut änderte sich das Leben der Herzogin-Witwe. Ihr Vater berief sie zur Regentin der Niederlande, und wiederum folgte Margarete ohne Widerspruch. In Mecheln richtete sie ihren Hof ein, der der altburgundischen Tradition entsprach. Sie holte ihre zu Waisen gewordenen Nichten Eleonore, Isabella und Maria sowie ihren Neffen Karl an ihren Hof, wo die Erziehung der Kinder erfolgte. Sie fanden in Margarete eine wahre Mutter, die sich schnell das Vertrauen der Kinder erwarb.

Von der Zuneigung der Niederländer getragen, regierte sie das Land mit glücklicher Hand und wurde ihrem Vater und später ihrem Neffen Karl eine unentbehrliche Ratgeberin. Die Regentin erwies sich auch als geschickte Diplomatin. Auf ihre Initiative geht die Bildung der Liga von Cambrai – das Offensivbündnis Papst Julius' II., Kaiser Maximilians I., König Ludwigs XII. von Frankreich und König Ferdinands von Aragonien gegen Venedig – am 10. 12. 1508 zurück.

Nach der Niederlage der Franzosen im zweiten Krieg Kaiser Karls V. gegen König Franz I. von Frankreich lehnten beide Parteien es ab, miteinander zu verhandeln. Kurz entschlossen nahm Margarete Verhandlungen mit der Herzogin Luise von Savoyen, der Mutter des französischen Königs, über einen Frieden auf. So kam am 5. 8. 1529 der Friede von Cambrai (Damenfrieden) zustande, der den Verzicht Frankreichs auf Burgund, Mailand, Genua, Neapel und auf die Souveränität über Flandern und Artois brachte. Kaiser Karl V. erhielt dadurch freie Hand in Italien.

Ein altes Beinleiden – mit starkem Fieber einhergehend – warf die Regentin Ende November 1530 aufs Krankenlager. Sie sollte sich von ihrer Krankheit nicht mehr erholen. Schriftlich nahm sie am 30. 11. 1530 von Kaiser Karl V. Abschied. Der Brief ist es wert, festgehalten zu werden, da er mehr über diese edle Fürstin aussagt, als es Worte vermögen.

»Monseigneur, die Stunde ist gekommen, da ich Euch nicht mehr mit eigener Hand schreiben kann, denn ich befinde mich so schlecht, daß zweifellos mein Leben nur noch kurz sein wird. Versehen und im Gewissen beruhigt, hinterlasse ich Euch Eure Länder, die ich in Eurer Abwesenheit nicht nur gehütet, sondern erheblich gemehrt habe, und gebe Euch deren Regierung zurück, die ich loyal ausgeübt, so daß ich dafür von Gott Vergeltung, von Euch Zufriedenheit und von Euren Untertanen Anerkennung erhoffe. Euch angelegentlichst den Frieden empfehlend, besonders mit den Königen von Frankreich und England, sage ich Euch das letzte Lebewohl.«

Um die Mitternachtsstunde des gleichen Tages starb die Regentin. An der Seite des von ihr unvergessenen Gemahls Philibert fand sie ihre letzte Ruhestätte. In die Geschichte ist sie eingegangen als »Margarete von Österreich«.

KAISER MAXIMILIAN I.   489

3. FRANZ, Erzherzog
* 2. 9. 1481 in Brüssel
† 26. 12. 1481 in Brüssel
Grabstätte: In der 1773 zerstörten Kirche St. Jakob du Coudenberg/
Belgien

Die Nachkommen Philipps I. »des Schönen«

1. ELEONORE, Erzherzogin
* 15. 11. 1498 in Brüssel
† 18. 2. 1558 in Talaveruela/Spanien
Grabstätte: Monasterio de San Lorenzo de el Escorial – Pantheon der
Infanten

1. ∞ 7. 3. 1519 in Lissabon
MANUEL I., König von Portugal a. d. H. Aviz 1495–1521
Eltern: Fernando, Herzog von Viseu, und Beatrix, Infantin von Portugal,
Tochter Johannes', Prinz von Portugal
* 1. 6. 1469 in Lissabon
† 13. 12. 1521 in Lissabon
Grabstätte: Kirche Santa Maria beim Jeronimuskloster in Lissabon

2. ∞ 5. 8. 1530 in Paris
FRANZ I., König von Frankreich a. d. H. Valois 1515–1547
Eltern: Karl, Graf von Angoulême, und Luise, Prinzessin von Savoyen,
Tochter Philipps I., Herzog von Savoyen
* 12. 9. 1494 in Cognac
† 31. 3. 1547 in Rambouillet
Grabstätte: Kathedrale von Saint Denis b. Paris

2. KARL I., Erzherzog
∞ ISABELLA von Portugal
Siehe unter Kaiser Karl V.

3. ISABELLA, Erzherzogin
* 18. 7. 1501 in Gent
† 19. 1. 1526 in Lierre (Lier)/Belgien
Grabstätte: St.-Knuds-Kirche in Odense/Dänemark

∞ 12. 8. 1515 in Oslo
CHRISTIAN II., König von Dänemark 1513–1523
Eltern: Johann I., König von Dänemark, und Christine, Prinzessin von
Sachsen, Tochter Ernsts, Kurfürst von Sachsen
* 2. 7. 1481 in Nyborg
† 25. 1. 1559 in Kalundborg
Grabstätte: St.-Knuds-Kirche in Odense/Dänemark

Nach der per procuratorem in Brüssel erfolgten Vermählung Isabellas mit König Christian II. von Dänemark reiste die 14jährige Erzherzogin im Sommer 1515 in Begleitung einer dänischen Gesandtschaft in ihre neue Heimat, wo die Ehe, die für Isabella ein leidvoller Weg werden sollte, vollzogen wurde. Christian II. hatte in Oslo die niederländische Wirtin Willems kennengelernt und nahm sie mit nach Kopenhagen. Isabella mußte dieses offene Verhältnis ihres Gemahls, das sie aufs tiefste verletzte, hinnehmen und dulden.

Der König verstand es, sich schon bald innerhalb der nordischen Union mit allen zu überwerfen. Am 14. 4. 1523 mußte er mit Frau und Kindern fliehen und suchte in der Heimat Isabellas Zuflucht. Er wurde für die Niederländer ein höchst unerwünschter Gast. Auch die Bemühungen Isabellas, bei ihrem kaiserlichen Bruder Unterstützung für ihren Gemahl zu finden, scheiterten. Als 1524 auch Kopenhagen verlorenging, fiel die letzte Stütze des Dänenkönigs. Als Emigrant lebte er fortan mit seiner Familie in dem Städtchen Lierre (Lier). Die Rückkehr nach Dänemark erlebte Isabella nicht mehr.

4. FERDINAND I., Erzherzog
    ∞ ANNA, Prinzessin von Böhmen und Ungarn
    Siehe unter Kaiser Ferdinand I.

5. MARIA, Erzherzogin
    * 17. 9. 1505 in Brüssel
    † 18. 10. 1558 in Cigales bei Valladolid
    Grabstätte: Monasterio de San Lorenzo de el Escorial – Pantheon der Infanten

    ∞ 13. 1. 1522 in Prag
    LUDWIG II., König von Böhmen und Ungarn a. d. H. Jagello
    Eltern: Wladislaw II., König von Ungarn, als IV. König von Böhmen, und Anna, Gräfin von Foix, Tochter Gastons II., Graf von Foix
    * 1. 7. 1506 in Prag
    † 29. 8. 1526 bei Mohács, gefallen
    Grabstätte: Basilika in Stuhlweißenburg/Ungarn

Unter der Leitung ihrer Tante Margarete von Österreich wuchs Maria am Brüsseler Hof in Mecheln auf. Von ihrem Großvater, Kaiser Maximilian I., wurde sie bereits Anfang 1506 dem noch nicht geborenen Sohn König Wladislaws von Böhmen und Ungarn versprochen. Auf dem Fürstenkongreß in Wien kam es am 22. 7. 1515 im Stephansdom zum offiziellen Verlöbnis der habsburgischen und jagellonischen Thronanwärter. Die Vermählung Marias mit König Ludwig II. von Ungarn war bereits von den drohenden Türkenkriegen überschattet. Am 28. 7. 1526 eroberte Sultan Süleiman Peterwardein und zog entlang der Donau auf Ofen zu. In der Ebene von Mohács kam es zur Schlacht. Das weit

KAISER MAXIMILIAN I.

unterlegene Heer des ungarischen Königs wurde vernichtend geschlagen. König Ludwig II. ertrank auf der Flucht. Da Ludwig kinderlos starb, traten die Erbverträge des Wiener Fürstenkongresses in Kraft. Ferdinand I. konnte sich in Böhmen durchsetzen. In Ungarn kam es durch die Doppelwahl von 1527 zu langwierigen Kämpfen mit dem siebenbürgischen Fürsten Johann Zápolya. Die Königin-Witwe Maria stellte sich ganz in den Dienst ihres Bruders Ferdinand und versuchte, die Geschehnisse in Ungarn nach bestem Vermögen und mit viel Geschick zu beeinflussen.

Nach dem Tode Margaretes von Österreich stellte sich für Kaiser Karl V. die Frage der Nachfolge in den Niederlanden. Er entschied sich für seine Schwester Maria, die am 3.1.1531 berufen wurde. Der Kaiser ließ es sich nicht nehmen, seine Schwester vor den zusammengerufenen Generalständen der Niederlande persönlich in ihr Amt einzuführen. Die Zusammenarbeit führte zu dem gleichen Vertrauensverhältnis, das den Kaiser mit seiner Tante Margarete verbunden hatte. Für den Fall seines Ablebens übertrug der Kaiser Maria alle Regentschafts- und Vormundschaftsrechte. In allem die weltweiten Interessen ihres kaiserlichen Bruders fördernd, wurde ihre Regierungszeit zu einer Ära wirtschaftlicher und kultureller Blüte in den Niederlanden.

Zusammen mit dem Kaiser trat sie 1555 von ihrem Amt zurück. Später wurde sie von ihrem Neffen, König Philipp II. von Spanien, erneut zur Regentin der Niederlande berufen. Ihr plötzlicher Tod verhinderte den erneuten Regierungsantritt in den Niederlanden.

6. KATHARINA, Erzherzogin

* 14.1.1507 in Torquemada/Spanien
† 12.2.1578 in Lissabon
Grabstätte: Kirche Santa Maria beim Jeronimuskloster in Lissabon

∞ 15.2.1525 in Lissabon
JOHANN III., König von Portugal a. d. H. Aviz 1521–1557
Eltern: Manuel I., König von Portugal, und Maria, Infantin von Aragonien, Tochter Ferdinands V., König von Aragonien
* 6.6.1502 in Lissabon
† 11.6.1557 in Lissabon
Grabstätte: Kirche Santa Maria beim Jeronimuskloster in Lissabon

Katharina wurde mit ihrem Bruder Ferdinand am spanischen Hof erzogen. Als Karl V. 1517 nach Spanien kam, galt sein erster Besuch seiner ihm bis dahin unbekannten Mutter. In seiner Begleitung befand sich seine Schwester Eleonore. Bei der Mutter in Tordesillas sah er auch erstmals seine Schwester Katharina, die bei ihrer in geistiger Umnachtung dahindämmernden Mutter lebte. Um Katharina eine fürstliche Erziehung zu ermöglichen, beschlossen die Geschwister, sie von der

Mutter zu trennen. Katharina kehrte aber schon nach kurzer Zeit zurück, da die Mutter die Trennung nicht überwinden konnte. Nun erhielt Katharina einen eigenen Hofstaat, der über eine standesgemäße Erziehung zu wachen hatte. In den Wahlverhandlungen, die der Kaiserwahl vorausgingen, hatte Karl V. seine Schwester Katharina zunächst dem Kurprinzen von Brandenburg versprochen. Es ist kaum anzunehmen, daß der Kaiser die gemachten Versprechungen ernst genommen hat. Habsburger Prinzessinnen waren für Könige und Kaiser bestimmt. So heiratete Katharina schließlich den König von Portugal. Nach dem Tode ihres Gemahls übernahm die Königin aufgrund einer Entscheidung des Kaisers die Vormundschaft über ihren noch nicht mündigen Enkel Sebastian.

Kaiser Karl V.

Kaiser Karl V.

* 24. 2. 1500 in Gent
† 21. 9. 1558 in San Jeronimo de Yuste
Grabstätte: Monasterio de San Lorenzo de el Escorial – Pantheon der Könige
Eltern: Philipp I. »der Schöne« und Johanna »die Wahnsinnige«

∞ 10. 3. 1526 in Sevilla
ISABELLA, Infantin von Portugal
Eltern: Manuel I., König von Portugal, und Maria, Infantin von Aragonien,
Tochter Ferdinands V., König von Aragonien
* 4. 10. 1503 in Lissabon
† 1. 5. 1539 in Toledo
Grabstätte: Monasterio de San Lorenzo de el Escorial – Pantheon der Könige
WAHLSPRUCH: Plus ultra = Immer weiter

23. 1. 1516 als Karl I. König von Spanien.
28. 6. 1519 in Frankfurt a. M. zum römisch-deutschen König gewählt.
23. 10. 1520 in Aachen zum römisch-deutschen König gekrönt durch den Kurfürsten und Erzbischof von Köln Hermann V. Graf von Wied-Runkel.
26. 10. 1520 Bekanntgabe der Einwilligung Papst Leos X. zur Annahme des Titels »Erwählter Römischer Kaiser«.
22. 2. 1530 In Bologna Empfang der »Eisernen Krone« der Langobarden aus den Händen Papst Clemens' VII.
24. 2. 1530 In Bologna in der Kirche San Petronio zum »Römischen Kaiser« gekrönt durch Papst Clemens VII.
    Die Krönung Kaiser Karls V. war die letzte Krönung eines Kaisers des Heiligen Römischen Reiches Deutscher Nation durch den Papst.
22. 10. 1555 Bekanntgabe der Abdankung als Souverän des Ordens vom Goldenen Vlies.
25. 10. 1555 In einem feierlichen Staatsakt in Brüssel gab Kaiser Karl V. seine Abdankung bekannt.
12. 9. 1556 Niederlegung der römischen Kaiserkrone zur Verfügung seines Bruders Ferdinand.

KAISER KARL V.

Als König Philipp I. »der Schöne« von Kastilien 1506 in Burgos verstarb, war sein ältester Sohn, Erzherzog Karl, sechs Jahre alt. Mit seinen Geschwistern Eleonore, Isabella und Maria wuchs er unter der Obhut seiner Tante, Margarete von Österreich, heran. Diese kluge Fürstin verstand es, unter den wallonischen Edelleuten hervorragende Erzieher und Berater für den jungen Erzherzog zu gewinnen. Unter ihnen nahm der an der Universität zu Löwen lehrende Niederländer Professor Adrian Florszoon aus Utrecht, der spätere Papst Hadrian VI., eine bevorzugte Stellung ein. Für den Herzog von Burgund und Erben der Niederlande übernahm Margarete die Regentschaft und führte sie mit großem Erfolg. Man kann nur ahnen, was Karl seiner Tante alles zu verdanken hat.

Am 5. 1. 1515 wurde die Großjährigkeit Erzherzog Karls am Hof zu Brüssel proklamiert. Der junge Herrscher trat die Huldigungsfahrt durch die Niederlande an und wurde überall jubelnd empfangen. Die Nachfolge seines Vaters als König von Kastilien konnte er noch nicht antreten. Aufgrund bestehender Verträge wurde Erzherzog Karl in Kastilien durch seinen Großvater Ferdinand vertreten.

Fast zur gleichen Zeit gab es eine Veränderung auf dem französischen Thron. Auf den am 1. 1. 1515 verstorbenen König Ludwig XII. folgte König Franz I., der eine besondere Rolle im Leben Karls spielen sollte.

Ein Jahr nach der Großjährigkeitserklärung Erzherzog Karls fand in der Kirche St. Gudule in Brüssel die prunkvolle Trauerfeier für seinen Großvater, König Ferdinand von Aragonien, statt, der am 23. 1. 1516 verstorben war. Nachdem während der Trauerfeier die Königsstandarte von Aragonien eingeholt worden war, verkündete der Herold des Ordens vom Goldenen Vlies den Regierungsantritt des katholischen Königs Karl I. von Spanien, der am 13. 3. 1516 offiziell in Brüssel proklamiert wurde. Da seine Mutter Johanna auf ihre Rechte noch nicht verzichtet hatte, forderten die Regenten in Spanien die Proklamation König Karls I. auch in Spanien. Zunächst aber suchte der König den Ausgleich mit Frankreich, der im Vertrag von Noyon am 13. 8. 1516 zustande kam. Neben der Versicherung gegenseitiger Freundschaft vereinbarte man die Vermählung der einjährigen Tochter des französischen Königs mit König Karl I. Als Mitgift sollte die Braut die französischen Ansprüche auf Neapel erhalten. König Karl I. versprach die Zahlung von jährlich 100.000 Kronen an Frankreich bis zur Heirat und jährlich 50.000 Kronen bis zur Geburt eines Kindes. Nach langen Verhandlungen trat auch Kaiser Maximilian I. diesem Vertrag am 3. 12. 1516 bei. Nach Abschluß der Vereinbarungen glaubte König Karl I., seine Interessen in den Niederlanden und Burgund soweit abgesichert zu haben, daß er nunmehr unbesorgt die Regierung in Spanien antreten konnte. Am 8. 9. 1517 segelte Karl I.

mit seiner Schwester Eleonore und einem großen Gefolge von Vlissingen aus nach Spanien, wo er Ende September bei Villaviciosa landete.

Bevor der König die Huldigung in Spanien entgegennahm, besuchte er am 4. 11. 1517 mit der Erzherzogin Eleonore seine ihm bis dahin unbekannte Mutter in Tordesillas. Verständlicherweise hatte der junge Herrscher zu seiner Mutter kein besonderes Verhältnis. In Tordesillas lernte er auch seine 10jährige Schwester Katharina kennen und sorgte für ihre fürstliche Erziehung.

Nachdem Karl I. seiner Mutter die Vollmacht abgezwungen hatte, an ihrer Stelle die Regierung zu führen, nahm er in Valladolid die Huldigung entgegen. Hier traf er erstmals seinen am spanischen Hof erzogenen Bruder Ferdinand, der nach einer alten Vereinbarung Spanien nach dem Eintreffen König Karls I. verlassen sollte. So wurde jede Parteinahme für den in Spanien erzogenen Infanten Ferdinand seitens der Spanier vermieden. Erzherzog Ferdinand reiste schon bald in die Niederlande, wo er von seiner Tante Margarete liebevoll empfangen wurde.

Ende Jänner 1519 erhielt der in Lérida tagende spanische Hof die Nachricht vom Tode Kaiser Maximilians I. Dessen Bemühungen, seinen Enkel Karl noch zu seinen Lebzeiten zum römisch-deutschen König wählen zu lassen, waren erfolglos geblieben. König Karl I., der nun auch Herr über die österreichischen Länder war, ließ sofort erkennen, daß er beabsichtigte, das Kaisertum anzustreben. Zunächst aber blieb die Nachfolge im Reich in der Schwebe. Als König Franz I. von Frankreich gleichfalls seinen Anspruch auf die Kaiserkrone anmeldete, begann ein monatelanges Feilschen mit den Kurfürsten. Von Frankreich aus flossen erhebliche Geldmittel an die Kurfürsten, um sie für die Wahl des französischen Königs geneigt zu machen. Unterstützung erhielt König Franz I. auch durch Papst Leo X. Der neunzehnjährige Karl zeigte sich nicht weniger skrupellos. Seine Verbindungen zu dem Bankhaus Fugger in Augsburg brachten letztlich die Entscheidung. Mit 800.000 Gulden, die das Bankhaus zur Verfügung gestellt hatte, wurden die Kurfürsten bestochen (Handsalben nannte man das), und der Wahl König Karls I. von Spanien zum römisch-deutschen König stand nichts mehr im Wege. Die Wahl erfolgte am 28. 6. 1519 in Frankfurt a. M. Da das Eheversprechen Karls gegenüber der Tochter Franz' I. aus dem Vertrag von Noyon noch bestand, überwand der französische König seine Enttäuschung und tröstete sich damit, daß Karls Wahl diesem erheblich mehr gekostet hatte als die Bemühungen Frankreichs.

Am 22. 10. 1520 zog der von den Kurfürsten gewählte König in Aachen ein, wo er am darauffolgenden Tag als Karl V. zum römisch-deutschen König gekrönt wurde. Zum ersten Mal sah er die Fürsten und sonstigen Größen des Reiches, die ihm huldigten. Mit Einwilligung Papst Leos X. nahm der römisch-deutsche König den Titel »Erwählter Römischer Kaiser« an.

Kaiser Karl V. trug nun die Titel:

»Römisch-deutscher König, Erwählter Römischer Kaiser, immer Augustus, König von Spanien, Sizilien, Jerusalem, der Balearen, der kanarischen und indianischen Inseln sowie des Festlandes jenseits des Ozeans, Erzherzog von

Österreich, Herzog von Burgund, Brabant, Steier, Kärnten, Krain, Luxemburg, Limburg, Athen und Neopatria, Graf von Habsburg, Flandern, Tirol, Pfalzgraf von Burgund, Hennegau, Pfirt, Roussilon, Landgraf im Elsaß, Fürst in Schwaben, Herr in Asien und Afrika.«

Nach 250 Jahren hatte das Haus Habsburg eine unbestrittene Weltmachtstellung erreicht. Der Habsburger Kaiser Karl V. war Herrscher in einem Reich, in dem die Sonne nicht unterging.

Bei der Krönungsfeier in Aachen hatte der Kaiser u. a. geschworen, den wahren Glauben zu erhalten und die Kirche zu schützen. Schon bald nach seiner Krönung wurde Karl V. abverlangt, diesen Schwur zu bekräftigen und zu halten.

Am 31. 10. 1517 hatte Martin Luther seine 95 Thesen an der Schloßkirche in Wittenberg angeschlagen. Es war der Beginn der Reformation und jener Tragödie, die das Reich in jahrhundertelange und sinnlose Auseinandersetzungen und Kriege stürzte. Am 27. 1. 1521 eröffnete der Kaiser den Wormser Reichstag und lud Luther unter Zusicherung freien Geleits vor den Reichstag, damit er sich rechtfertige. Da Luther seine Lehre standhaft verteidigte, wurde am 8. 5. 1521 die Reichsacht über ihn verhängt. Die Herstellung und Verbreitung der Schriften Luthers wurden verboten.

Durch Erbvertrag, der noch während des Wormser Reichstages geschlossen wurde, überließ der Kaiser seinem Bruder Ferdinand die ererbten habsburgischen Besitzungen im Reich.

Es folgte der erste Krieg gegen den französischen König Franz I., der sich von den Habsburgern eingekreist sah. Die 1521 begonnenen Auseinandersetzungen endeten mit einem überlegenen Sieg des Kaisers in der Schlacht bei Pavia am 24. 2. 1525. König Franz I. geriet in Gefangenschaft und mußte sich dem von Kaiser Karl V. diktierten Frieden von Madrid vom 14. 1. 1526 beugen. Frankreich verzichtete auf alle Ansprüche in Italien, Flandern und Artois sowie auf alle Verbindungen mit Gegnern des Kaisers in Deutschland und willigte gleichzeitig in eine Heirat mit Karls V. Schwester Eleonore ein. Im Mai 1526 erklärte Franz I. den Vertrag als erzwungen und schloß mit dem Papst, dem Herzog von Mailand sowie Florenz und Venedig am 22. 5. 1526 die Liga von Cognac. Der französische König hatte in Madrid vieles versprochen und schließlich nichts gehalten.

Kaiser Karl V. griff erneut zu den Waffen. Anfängliche Erfolge der Liga in der Lombardei wurden von den Landsknechten Frundsbergs, der im November 1526 die Alpen überquert hatte, zunichte gemacht. Das von grenzenlosem Haß erfüllte Landsknechtsheer rückte auf Rom vor, erstürmte am 6. 5. 1527 die Stadt und schloß den Papst in der Engelsburg ein, wo er am 5. 6. 1527 kapitulierte. Die Landsknechte ergossen sich in die Stadt, und Rom wurde mit deutscher Gründlichkeit barbarisch geplündert und gebrandschatzt. Der »Sacco di Roma« wirkte in Rom noch Jahrhunderte nach. Ein Denkmal für die 147 vor den Stufen von St. Peter gefallenen Schweizergardisten im Ehrenhof der Schweizer im Vatikan hält die Erinnerung an diese Schreckenstage Roms wach. Alljährlich findet vor diesem Denkmal am 6. 5. die Vereidigung der neuen Rekruten der

Schweizergarde statt. Der zweite Krieg gegen König Franz I. endete mit dem Sieg der Kaiserlichen bei Landriano am 21. 6. 1529. Mit dem Damenfrieden von Cambrai vom 5. 8. 1529 – ausgehandelt von Margarete von Österreich und Luise von Orléans – wurden die Auseinandersetzungen, die Kaiser Karl V. in Italien freie Hand brachten, beendet. Der Kaiser kam nun selbst nach Italien und regelte die italienischen Verhältnisse in persönlichen Gesprächen mit Papst Clemens VII. Nach erfolgter Versöhnung mit dem Papst krönte dieser Karl V. in Bologna zum »Römischen Kaiser«. Es war die letzte Krönung eines deutschen Kaisers durch den Papst.

Von Bologna aus begab sich Karl V. zu seinem zweiten Aufenthalt nach Deutschland und nahm an dem von ihm einberufenen Reichstag in Augsburg teil, wo die protestantischen Stände ihre Bekenntnisschrift überreichten.

Am 5. 1. 1531 konnte der Kaiser die Wahl seines Bruders Ferdinand zum römisch-deutschen König durchsetzen. Die Regierung der Niederlande übertrug er seiner Schwester Maria, der Königin-Witwe von Ungarn.

Da die protestantischen Stände nach dem Augsburger Reichstag ein militärisches Eingreifen des Kaisers befürchteten, schlossen sie sich am 27. 2. 1531 im Schmalkadischen Bund zu einem Defensivbündnis zusammen, dem sich zahlreiche Reichsfürsten und Reichsstädte anschlossen. Die von Kaiser Karl V. beabsichtigte militärische Unterwerfung der Lutheraner mußte er wegen der Organisation der Protestanten im Schmalkaldischen Bund und wegen der drohenden Türkengefahr zunächst aufgeben. Im Nürnberger Religionsfrieden vom 23. 7. 1532 wurde der gegenwärtige Zustand bis zur Einberufung eines Konzils innerhalb eines halben Jahres und dem Zusammentritt desselben innerhalb eines Jahres bestätigt. Alle Religionsprozesse wurden eingestellt. Die Protestanten ihrerseits versprachen dem Kaiser Hilfe im Feldzug gegen die Türken. Gewinner dieser Vereinbarung waren die Protestanten, die zunächst vor einem militärischen Eingreifen des Kaisers sicher waren.

1534 führte Karl V. einen erfolglosen Krieg gegen den Sultan Süleiman. Er kehrte nach Spanien zurück und unternahm zur Sicherung der Schiffahrt im Mittelmeer den Feldzug gegen Tunis.

Der dritte Krieg gegen König Franz I. von Frankreich konnte schon nach knapp zwei Jahren durch den Waffenstillstand von Nizza 1538 beendet werden. Bei einem persönlichen Treffen des Kaisers mit König Franz I. schien es, als sei der Friede nunmehr endgültig gesichert.

Das nächste Ziel des Kaisers waren die Niederlande, wo eine große Opposition gegen die Steuerforderungen des in Geldnöten schwebenden Kaisers rebellierte und der Regentin große Schwierigkeiten bereitete. Es gelang Karl V., die Wogen zu glätten.

In diesen Jahren blieb der Kaiser ständig bemüht, die konfessionellen Gegensätze zu überbrücken. Lange war Karl V. sich nicht schlüssig, welchen Weg er einschlagen sollte. Er schwankte zwischen einer direkten militärischen Unterwerfung der Protestanten und der Suche nach einer friedlichen Einigung.

KAISER KARL V.

1541 zeichnete sich seine Entscheidung erstmals ab. Auf dem Reichstag zu
Regensburg schloß der Kaiser Bündnisse mit Hessen und Brandenburg, wodurch
das protestantische Bündnis erheblich geschwächt wurde. Da die auf dem
Reichstag geführten Religionsgespräche erfolglos geblieben waren, wurde im
Reichsabschied vom 29. 7. 1541 der Nürnberger Religionsfriede von 1532
bestätigt.

Vergeblich hatte Karl V. mehrfach versucht, Papst Clemens VII. zur
Einberufung eines Konzils zu bewegen. Erst der Nachfolger, Papst Paul III., berief
zum 23. 5. 1537 ein Konzil nach Mantua und verlegte es wegen zu hoher
finanzieller Forderungen des Herzogs von Mantua am 8. 10. 1537 nach Vicenza.
Wegen mangelnder Beteiligung wurde die Eröffnung auf spätere Zeiten vertagt.
Nach dem Scheitern der Religionsgespräche auf dem Reichstag zu Regensburg
und nach Rücksprache mit den Reichsständen berief der Papst am 22. 5. 1542 das
Konzil nach Trient ein. Die Eröffnung des Konzils mußte nochmals verschoben
werden, da es im gleichen Jahr zu der vierten Auseinandersetzung des Kaisers mit
König Franz I. von Frankreich kam.

Als der Kaiser die dem französischen König im Vertrag von Nizza versprochene Belehnung mit Mailand ablehnte, verbündete sich König Franz I. mit dem
Herzog von Kleve, dem Papst sowie dem türkischen Sultan und eröffnete an
mehreren Stellen zugleich den vierten Krieg gegen Kaiser Karl V. Bereits 1543
mußte sich der Herzog Wilhelm von Jülich dem Kaiser unterwerfen. Im Bunde mit
England zog Kaiser Karl V. gegen Frankreich und bedrohte Paris. Ohne größere
Kampfhandlungen kam es am 18. 9. 1544 zum Frieden von Crépy. Im
wesentlichen wurden die Verträge von Madrid und Cambrai bestätigt. Frankreich
mußte sich zur Türkenhilfe verpflichten und die Rechte Spaniens und Portugals in
allen »indischen Ländern« respektieren. Außerdem mußte der französische König
das Versprechen abgeben, am Konzil teilzunehmen und den Kaiser bei der
Abstellung der Mißbräuche in der Kirche sowie bei der Unterwerfung der
Protestanten in Deutschland behilflich zu sein.

Am 13. 12. 1545 wurde das 19. Allgemeine Konzil von Trient (Tridentinum)
eröffnet. Die Weigerung der Protestanten, am Konzil teilzunehmen, führte zum
Schmalkaldischen Krieg. Am 6. 6. 1546 schloß der Papst mit dem Kaiser ein
Bündnis zur Vernichtung der Protestanten, dem sich Bayern und Moritz von
Sachsen anschlossen. Nach Ächtung des Landgrafen Philipp von Hessen und des
Kurfürsten Friedrich Johann von Sachsen übertrug der Kaiser die sächsische
Kurwürde an Moritz von Sachsen. Nach mehreren Gefechten konnte Karl V. mit
Unterstützung König Ferdinands das Aufgebot der Schmalkaldener am 24. 4. 1547
bei Mühlberg vernichtend schlagen. Eine Entscheidung gegen die Protestanten
war allerdings nicht gefallen, zumal Moritz von Sachsen schon bald die Fronten
wechseln sollte. Auf dem »geharnischten« Reichstag zu Augsburg stimmten die
protestantischen Stände dem Augsburger Interim vom 15. 5. 1548 zu, durch das
Laienkelch und Priesterehe den Protestanten zugestanden wurden, im übrigen
aber die Rückkehr zum alten Glauben gefordert wurde. Moritz von Sachsen

lehnte als einziger ab und versuchte, den Protestantismus in seinem Lande abzusichern.

Inzwischen hatte das Konzil von Trient eine scharfe Abgrenzung zu den Protestanten vorgenommen, die vom Kaiser zur Teilnahme am Konzil verpflichtet wurden. Um das Konzil dem Einfluß des Kaisers zu entziehen, erfolgte 1547 die Verlegung nach Bologna. Der Kaiser forderte ultimativ die Rückkehr nach Trient, wo Papst Julius III. mit der Eröffnung der zweiten Tagungsperiode am 1. 5. 1551 das Konzil fortsetzte. Die teilnehmenden Protestanten forderten die Unterwerfung des Papstes unter das Konzil und die Aufhebung der in der ersten Tagungsperiode verabschiedeten Glaubensdekrete. Die Fürstenverschwörung von 1551 veranlaßte Papst Julius III., das Konzil am 28. 4. 1552 auf einen günstigeren Zeitpunkt zu vertagen.

Nach dem »geharnischten Reichstag« zu Augsburg befand sich Kaiser Karl V. auf dem Höhepunkt seiner Macht. Eigenmächtig löste er die Niederlande vom Reich und verband sie mit der spanischen Krone. Der Versuch des Kaisers, seinem Sohn Philipp die deutsche Kaiserkrone zu verschaffen, scheiterte an dem entschiedenen Widerstand König Ferdinands und der Kurfürsten, die eine spanische Herrschaft im Reich heraufziehen sahen. Die Gefangenhaltung der protestantischen Fürsten durch den Kaiser und die weitere Stationierung spanischer Truppen im Reich führte zur Fürstenverschwörung von 1551. Kurfürst Moritz von Sachsen ging ein Bündnis mit seinen früheren Gegnern ein, dem sich auch Frankreich anschloß. Der Abfall des Kurfürsten Moritz, dem der Kaiser unbedingtes Vertrauen entgegengebracht hatte, traf Karl V. schwer. Der auch von seinem Bruder, König Ferdinand, vorgewarnte Kaiser wurde von dem Feldzug völlig überrascht. Die Franzosen besetzten die ihnen von den Verbündeten zugesprochenen Städte in Lothringen, und die verbündeten Streitkräfte eroberten Franken und Schwaben. Verhandlungen König Ferdinands mit Moritz von Sachsen in Linz führten zu der Vereinbarung, einen Friedenskongreß nach Passau einzuberufen, an dem alle Kurfürsten und weitere Reichsstände unter der Zusicherung freien Geleits teilnehmen sollten. In den sachlichen Fragen, die zur Fürstenverschwörung geführt hatten, blieben die Verhandlungen ohne greifbare Ergebnisse. Am 23. 5. 1551 besetzte Moritz von Sachsen Innsbruck. Kaiser Karl V., der sich krank in der Stadt aufhielt, konnte sich erst im letzten Augenblick mit Hilfe seines Bruders Ferdinand retten und mußte bis nach Villach fliehen. Seine verzweifelte Lage bewog den Kaiser, König Ferdinand zu beauftragen, mit den rebellierenden Fürsten zu verhandeln. Am 2. 8. 1552 kam es zum Vertrag von Passau. Das Augsburger Interim wurde aufgehoben, eine allgemeine Amnestie verkündet und ein paritätischer Ausschuß gebildet, der über die Beendigung der Religionsstreitigkeiten befinden sollte. Nach der Freilassung der bei Mühlberg gefangengenommenen Fürsten verpflichtete sich Moritz von Sachsen zur Auflösung und Entlassung seiner Truppen. Dieser Vertrag, der am 15. 8. 1552 ratifiziert wurde, war ein Schritt zum Augsburger Religionsfrieden.

Die Bemühungen des Kaisers, die Eroberungen Frankreichs im Reich

KAISER KARL V. 501

rückgängig zu machen, scheiterten. Von den Fuggern mit erheblichen Geldmitteln unterstützt, versuchte Karl V. noch einmal das Kriegsglück zu zwingen. Er scheiterte in Italien und mußte 1553 auch die Belagerung von Metz aufgeben. Nunmehr überließ er die Reichsgeschäfte König Ferdinand I.

Auf dem seit Februar 1555 tagenden Augsburger Reichstag kam es zum Augsburger Religionsfrieden, der am 25. 9. 1555 als Reichsgesetz verkündet wurde. Nach vorausgegangenen langen Verhandlungen zwischen König Ferdinand I. und den Reichsständen wurde der Gedanke der Religionseinheit aufgegeben. Der Kampf gegen den Protestantismus war gescheitert, die Glaubensspaltung in Deutschland besiegelt.

Das 1562 fortgesetzte Trienter Konzil beschäftigte sich im wesentlichen mit innerkirchlichen Reformmaßnahmen und stellte der protestantischen Reformation die katholische Reformation entgegen. Als das Konzil 1563 beendet wurde, waren die Entscheidungen in Deutschland längst gefallen.

Mit der Anerkennung des Protestantismus, die König Ferdinand I. im Namen des Kaisers vollziehen mußte, sah Karl V. sein Lebenswerk gescheitert. Unter dem Eindruck der sich abzeichnenden Türkengefahr glaubte König Ferdinand I. nicht anders handeln zu können. Kaiser Karl V. hingegen urteilte:

»Die Fürsten werden das Kaisertum zerstören; dann wird die Demokratie über sie kommen und sie vernichten.«

Der Kaiser war mit 55 Jahren ein alter und verbrauchter Mann. Die Gicht bereitete ihm so große Schmerzen, daß er sich kaum noch bewegen konnte. Als Karl V. im Mai 1555 die Nachricht erhielt, daß seine Mutter am 13. 4. 1555 in Tordesillas verstorben war, entschloß er sich, abzudanken.

Am 25. 10. 1555 versammelten sich – von Kaiser Karl V. nach Brüssel beordert – im großen Saal des Schlosses, in welchem einst Maria von Burgund ihren Bräutigam Maximilian erwartet hatte, die Großen des Reiches. Unter ihnen befanden sich die Ritter des Ordens vom Goldenen Vlies, die Generäle, die Statthalter und Generalstände der Niederlande, der Sohn des Kaisers, seine Schwestern, die Königinnen Eleonore und Maria, Erzherzog Maximilian von Österreich, Philibert Emanuel von Savoyen und Herzogin Christine von Lothringen. Als der Kaiser – gestützt auf Wilhelm von Oranien – den Saal betrat, empfing ihn lang anhaltender Beifall. Ein Rat der niederländischen Regierung sprach einige Worte zur Einleitung des Staatsaktes und kündigte an, daß der Kaiser in eigener Sache zu sprechen wünsche. Erst jetzt bemächtigte sich der Versammlung eine gewisse Unruhe, die sich erst legte, als Karl V. – einen Zettel in der Hand haltend – zu sprechen begann:

»Vor vierzig Jahren ist in diesem Saal meine Großjährigkeitserklärung ausgesprochen worden. Dann bin ich berufen worden zur Nachfolge meines Großvaters Ferdinand in Spanien, meines Großvaters Maximilian im Reich. Ich fand die Christenheit zerstritten, meine Reiche umgeben von feindlichen Nachbarn, deren ich mich zeitlebens zu erwehren gehabt habe. Ich war neunmal in Deutschland, sechsmal in Spanien, siebenmal in Italien, viermal in

Frankreich und kam zehnmal hierher nach Flandern. Ich war zweimal in England und zweimal in Afrika. Das sind 40 große Unternehmungen im Krieg und im Frieden. Achtmal habe ich das Mittelmeer durchquert, dreimal den Ozean, und bald wird es das viertemal sein, wenn ich nach Spanien gehe, um mir ein Grab zu suchen.

Ich rüste mich zu meiner letzten Fahrt. Es schmerzt mich tief, daß ich den Meinen nicht den Frieden hinterlasse, der stets mein letztes Ziel gewesen ist. Ich habe alles eingesetzt, Ruhe, Leben und die Mittel meiner Staaten. Jetzt versagen meine Kräfte, meine Gesundheit ist zerstört; schon vor der letzten Fahrt ins Reich habe ich mich am Ende gefühlt. Aber die unendlichen Sorgen und Unruhen in der Christenheit haben mich immer wieder angetrieben, alles aufs Spiel zu setzen, was ich habe. Nachdem es dem König von Frankreich und einigen Fürsten mißlungen ist, mich gefangenzunehmen, habe ich versucht, Metz für das Reich wiederzugewinnen mitten im Winter. Kälte, Nässe und Schnee haben das Unternehmen zum Stehen gebracht. Es liegt in Gottes Hand, zu nehmen und zu geben. Ich danke Gott, daß er mir so oft geholfen hat. Nun aber fühle ich mich sterbensmüde. Nun will ich die Niederlande an meinen Sohn Philipp und das Reich an König Ferdinand geben.«

In einem ergreifenden Schlußakt ermahnte der Kaiser sodann seinen Sohn Philipp, unbeirrt am Glauben der Väter festzuhalten und den Frieden zu wahren.

Als der Kaiser geendet hatte, kniete Philipp zu Füßen seines Vaters und gelobte, im Sinne des Kaisers zu handeln.

Dann trat Königin Maria vor, verabschiedete sich gleichfalls und gab bekannt, daß sie mit Königin Eleonore dem Bruder nach Spanien folge.

Am 16. 1. 1556 übergab Karl V. Neapel, Sizilien, Mailand und Spanien mit seinen Kolonien seinem Sohn Philipp und mit Schreiben vom 12. 9. 1556 das Kaisertum an seinen Bruder Ferdinand und überließ es diesem, den Zeitpunkt der Übergabe zu bestimmen.

Anläßlich der Abdankung Kaiser Karls V. schrieb Ignatius von Loyola, Gründer des Jesuitenordens, über den Kaiser:

»Der Kaiser gibt seinen Nachfolgern ein seltenes Vorbild. Denn während andere gern ihr Leben verlängern würden, um sich an der Staatsgewalt zu erlaben, gibt er sie schon zu Lebzeiten auf. Er erweist sich damit als ein wahrhaft christlicher Fürst. Denn weil er deutlich sieht, daß er den Mühen seiner Königsherrschaft nicht mehr gewachsen ist, gibt er demjenigen, der diese Last nun auf seinen Rücken nimmt, die Ehre . . . Wahrlich, die Welt kann Gott unserem Herrn nicht genug Dank sagen für ein solches Beispiel, das man so wenig glauben würde, sähe man es nicht vor sich! . . . Gebe Gottes höchste Güte dem Kaiser nun auch die Freiheit, die er sich ausbedungen hat, die Freiheit, Gott ungeteilt zu dienen . . . Mit Recht fühlen wir alle uns getröstet, eine solche Tat in unseren Tagen zu erleben.«

Mit dem Staatsakt in Brüssel am 25. 10. 1555 begann die Trennung der Habsburger in eine spanische und eine österreichische Linie.

KAISER KARL V.

Von Seeland aus trat der Kaiser am 28. 8. 1556 seine letzte Reise nach Spanien an und landete am 28. 9. in Laredo bei Santander. Karl V. hatte sich jede Empfangsfeierlichkeit verbeten. Trotzdem läuteten in Burgos alle Glocken, und die Fenster der Häuser waren illuminiert. Nach einem kurzen Aufenthalt auf dem Schloß des Grafen von Oropesa zog der kaiserliche Hof am 5. 2. 1557 in Yuste ein, wo neben dem Hieronymitenkloster eine Villa für den Kaiser erbaut worden war. Hier verbrachte Kaiser Karl V. seine letzten eineinhalb Lebensjahre in tiefer Zurückgezogenheit.

Als Kaiser Karl V. seine letzte Stunde kommen fühlte, empfing er die Sterbesakramente und bat um ein kleines Kruzifix, das schon seine Gemahlin Isabella in ihrer Sterbestunde in den Händen gehalten hatte. In den Abendstunden des 21. 9. 1558 starb dieser große Habsburger unter dem Beistand der Brüder des Hieronymitenklosters. In seinem Testament hatte der Kaiser bestimmt, seinen Leichnam neben dem der Kaiserin unter dem Hochaltar von San Jeronimo beizusetzen, verfügte jedoch gleichzeitig, daß die letzte Entscheidung seinem Sohn Philipp zufalle.

Der Sohn des Kaisers, König Philipp II. von Spanien, erbaute in der gewaltigen Landschaft von Hochkastilien das Monasterio de San Lorenzo de el Escorial, ein Stein gewordenes Zeugnis des alten Glaubens. Hier fanden Kaiser Karl V., seine Gemahlin Isabella und viele seiner Familienangehörigen ihre letzte Ruhestätte.

Die Nachkommen Kaiser Karls V.

1. PHILIPP II., König von Spanien 1556–1598
   * 21. 5. 1527 in Valladolid
   † 13. 9. 1598 in Escorial b. Madrid
   Grabstätte: Monasterio de San Lorenzo de el Escorial – Pantheon der
   Könige

   1. ∞ 15. 11. 1543 in Salamanca
   MARIA, Infantin von Portugal
   Eltern: Johann III., König von Portugal, und Katharina, Infantin von
   Kastilien, Erzherzogin von Österreich, Tochter Philipps I., König von
   Kastilien
   * 15. 10. 1527 in Coimbra
   † 12. 7. 1545 in Valladolid
   Grabstätte: Monasterio de San Lorenzo de el Escorial – Pantheon der
   Infanten

   2. ∞ 25. 7. 1554 in Winchester
   MARIA I. Tudor von England – »die Blutige«
   Eltern: Heinrich VIII., König von England, und Katharina, Infantin von
   Aragon, Tochter Ferdinands V., König von Aragon
   * 18. 2. 1516 in Greenwich
   † 17. 11. 1558 in London
   Grabstätte: Im nördlichen Seitenschiff der Westminster Abbey in
   London

   3. ∞ 2. 2. 1560 in Toledo
   ELISABETH, Prinzessin von Frankreich a. d. H. Valois
   Eltern: Heinrich II., König von Frankreich, und Katharina von Medici,
   Tochter Lorenzos II., Großherzog von Urbino
   * 2. 4. 1545 in Fontainebleau
   † 3. 10. 1568 in Madrid
   Grabstätte: Monasterio de San Lorenzo de el Escorial – Pantheon der
   Infanten

   4. ∞ 12. 11. 1570 in Segovia
   ANNA, Erzherzogin von Österreich
   Eltern: Maximilian II., Römischer Kaiser, und Maria, Infantin von
   Spanien, Tochter Karls V., Römischer Kaiser

* 2. 11. 1549 in Cigales b. Valladolid
† 26. 10. 1580 in Badajoz
Grabstätte: Monasterio de San Lorenzo de el Escorial – Pantheon der Könige

16. 1. 1556 Philipp II. folgte Kaiser Karl V. nach dessen Abdankung als König von Spanien.
1. 2. 1580 Philipp II. folgte König Heinrich I. als König von Portugal. Personalunion zwischen Spanien und Portugal bis 1640.

2. MARIA, Infantin von Spanien
* 21. 6. 1528 in Madrid
† 26. 2. 1603 in Villa Monte/Spanien
Grabstätte: Kloster der Descalzas Reales der Klarissen in Madrid

∞ 13. 9. 1548 in Valladolid
MAXIMILIAN II., Römischer Kaiser
Eltern: Ferdinand I., Römischer Kaiser, und Anna, Prinzessin von Böhmen und Ungarn, Tochter Wladislaws V., König von Böhmen
* 31. 7. 1527 in Wien
† 12. 10. 1576 in Regensburg
Grabstätte: Hochgrab im Mittelschiff des St.-Veits-Doms in Prag

Von Kaiser Karl V. berufen, übte Maria mit ihrem Gemahl während der häufigen Abwesenheit des Kaisers die Regentschaft in Spanien aus. Ab 1552 nahm Maria ihren ständigen Aufenthalt in Wien. Seit 1576 verwitwet, kehrte sie 1582 nach Spanien zurück, wo sie bis zu ihrem Tode zurückgezogen lebte. Sie war die Mutter der späteren Kaiser Rudolf II. und Matthias.

3. FERDINAND, Infant von Spanien
* 1530 in Bologna
† 1530 in Bologna
Grabstätte: Monasterio de San Lorenzo de el Escorial – Pantheon der Infanten

4. JOHANNA, Infantin von Spanien
* 26. 6. 1537 in Madrid
† 7. 9. 1573 in Escorial
Grabstätte: Kloster der Descalzas Reales der Klarissen in Madrid
∞ 7. 12. 1552 in Toro
JOHANN MANUEL, Infant von Portugal
Eltern: Johann III., König von Portugal, und Katharina, Infantin von Kastilien und Erzherzogin von Österreich, Tochter Philipps I., König von Kastilien

* 3. 6. 1537 in Évora
† 2. 1. 1554 in Lissabon
Grabstätte: Im Querschiff der Kirche Santa Maria beim Jeronimuskloster in Lissabon

Nach dem Tode ihres Gemahls kehrte Johanna 1554 nach Spanien zurück und übernahm dort die Regentschaft für ihren Bruder König Philipp II. für die Zeit des Aufenthalts des Königs in England zur Vermählung mit Maria I. Tudor, Königin von England. Unter Mitwirkung von Francisco de Borja gründete Johanna in der Zeit von 1557–1560 das königliche Klarissenkloster der Descalzas Reales in Madrid.

Der einzige Sohn Johannas war:

SEBASTIAN, König von Portugal 1557–1578
* 20. 1. 1554 in Lissabon
† 4. 8. 1578 in Alcazarquivir/Marokko gefallen
Grabstätte: unbekannt

Sebastian wurde am 11. 6. 1557 als Nachfolger seines Großvaters Johann III. König von Portugal. Schon bald nach seiner Geburt von seiner verwitweten Mutter alleingelassen, führten zunächst seine Großmutter Katharina und später deren Schwager, Kardinal-Infant Heinrich, Erzbischof von Lissabon, die Regentschaft für den dreijährigen König. 1568 übernahm Sebastian die Regierung. Der König lebte jenseits aller Wirklichkeit. Sein Großvater Johann III. hatte die marokkanischen Besitzungen Portugals preisgegeben. Sebastians Ziel war es, diese zurückzuerobern. Dabei konnte er sich auf die Volksstimmung in Portugal stützen. So beschloß er gegen alle Warnungen seiner Ratgeber, einen Kreuzzug zu führen mit dem Ziel der Gründung eines portugiesischen Afrikareiches. 1578 segelte Sebastian mit seiner Streitmacht nach Marokko und griff bei Alcazarquivir im Inneren des Landes das ihm weit überlegene Heer des Sultans Muley Abd-el Melik an. Der König erlitt eine vernichtende Niederlage und fand in der Schlacht den Tod. Sein Leichnam blieb auf dem Schlachtfeld verschollen.

Nachfolger Sebastians wurde Kardinal-Infant Heinrich, der nach nur kurzer Regierungszeit am 31. 1. 1580 starb.

Weit vorausschauend und beseelt von dem Gedanken, Portugal mit Spanien zu einem Gesamtstaat zu vereinigen, hatte Kaiser Karl V. 1557 von Yuste aus bereits versucht, für den Fall eines frühzeitigen Todes Sebastians die Erbfolge in Portugal in seinem Sinne zu regeln. Er sandte den Jesuitenpater Francisco de Borja (hl. Franz de Borja), vormals Herzog von Gandia, nach Portugal zu seiner Schwester Katharina, um deren Einverständnis zu einer Vereinbarung zu erreichen, die die Erbfolge des Don Carlos in Portugal sicherstellen sollte. Borja erreichte die Zustimmung Katharinas zu den Plänen ihres Bruders. Auf eine Verwirklichung der Vereinbarung mußte Katharina allerdings wegen der gegensätzlichen Strömungen in Portugal verzichten.

Nach dem Tode König Heinrichs erhob König Philipp II. von Spanien als Sohn der ältesten Tochter König Manuels I. Anspruch auf den portugiesischen Thron. Während der Adel und die Geistlichkeit den Anspruch Philipps unterstützten, stand das Bürgertum auf seiten Dom Antonios, Prior von Crato, einem unehelichen Enkel König Manuels I. Ein unter dem Oberbefehl des Herzogs von Alba stehendes Heer besiegte die Anhänger Dom Antonios, und König Philipp II. konnte die Huldigung der portugiesischen Stände entgegennehmen. Portugal wurde mit Spanien zu einer bis 1640 währenden Personalunion verbunden.

5. JUAN, Infant von Spanien

   * 20. 4. 1539 in Toledo

   † 20. 4. 1539 in Toledo

   Grabstätte: Monasterio de San Lorenzo de el Escorial – Pantheon der Infanten

Natürliche Abkömmlinge Kaiser Karls V.

Von den zahlreichen natürlichen Abkömmlingen Kaiser Karls V. haben zwei im Leben des Kaisers eine besondere Rolle gespielt:

1. MARGARETHE VON PARMA

   Mutter: Johanna van der Gheenst aus Oudenaarde (Niederlande)

   * 28. 12. 1522 in Oudenaarde

   † 18. 1. (o. 31. 1.) 1586 in Ortona/Italien

   Grabstätte: Mausoleum in der Kirche S. Sisto in Piacenza

   1. ∞ 31. 5. 1536 in Florenz

   ALESSANDRO VON MEDICI, Herzog von Florenz

   Vater: natürlicher Sohn Lorenzos II. von Medici, Herzog von Urbino

   * um 1511 in Florenz

   † 7. 1. 1537 in Florenz

   Grabstätte: Neue Sakristei in der Basilika San Lorenzo in Florenz

   2. ∞ 4. 11. 1538 in Parma

   OTTAVIO FARNESE, Herzog von Parma und Piacenza

   Eltern: Pierre Luigi Farnese, Herzog von Parma und Piacenza, und Gerolama, Prinzessin Orsini, Tochter Ludwigs, Fürst von Orsini

   * 9. 10. 1524 in Parma

   † 18. 11. 1586 in Parma

   Grabstätte: Krypta in der Kirche Mag. della Steccata in Parma

Bereits 1529 von ihrem kaiserlichen Vater als Tochter anerkannt, wurde Margarethe am Brüsseler Hof von ihrer Großtante, Margarete von Österreich, und der Schwester des Kaisers, der Königin-Witwe Maria von Ungarn, erzogen.

Nach der Kaiserkrönung Karls V. in Bologna zogen kaiserliche Truppen auf Verlangen Papst Clemens' VII. gegen Florenz, eroberten die Stadt und zwangen sie erneut unter die Herrschaft des Hauses Medici. Am 5. 7. 1531 setzte Papst Clemens VII. seinen Neffen Alessandro von Medici zum Herzog von Florenz ein. Alessandro wurde für die Florentiner zum Alptraum. Von minderwertigem Gesindel umgeben, scheute er vor keiner Gewalttat zurück. Auf Wunsch des Kaisers wurde die noch nicht 14 Jahre alte Margarethe mit dem Gewaltverbrecher Alessandro, auf den sie keinerlei Einfluß ausüben konnte, vermählt. Sieben Monate nach der Eheschließung wurde Alessandro von seinem Weggefährten Lorenzino aus der jüngeren Medici-Linie ermordet.

Nach dem Tode Alessandros floh Margarethe aus Florenz und wandte sich an Papst Paul III., um sich Rat zu holen. Dieser vereinbarte mit dem Kaiser die Vermählung seines 14jährigen Enkels mit der Kaisertochter. Auch diese Ehe, die durch das Verhältnis des Kaisers zu Papst Paul III. schweren Belastungen ausgesetzt war, wurde unglücklich.

Nach der Übernahme der Regierung in Spanien berief König Philipp II. seine Halbschwester zur Generalstatthalterin der Niederlande. In Zusammenarbeit mit der Inquisition verfolgte Philipp II. die Anhänger der lutherischen Lehre mit Folter und Tod. Margarethe tat alles, um das Los der Niederländer zu erleichtern, und versuchte zwischen dem protestantischen Adel und der katholischen spanischen Regierung zu vermitteln. 1567 entsandte Philipp II. Herzog Alba in die Niederlande, wo er im Auftrag des spanischen Königs die Bevölkerung aufs schwerste verfolgte. Margarethe empfand die Entsendung Herzog Albas als Mißgriff und dankte unverzüglich ab.

Gemeinsam mit ihrem Sohn Alessandro Farnese übernahm Margarethe auf Bitten ihres königlichen Bruders 1580 erneut die Regentschaft. Ohne Erfolg gegen die niederländischen Aufständischen legte sie im Juli 1583 die Regentschaft endgültig nieder.

In seinem Drama Egmont hat Goethe der Kaisertochter als »Margarethe von Parma« ein bleibendes Denkmal gesetzt.

2. DON JUAN DE AUSTRIA (als Kind Jeronimo)
Mutter: Barbara Blomberg, Regensburger Bürgertochter
* 24. 2. 1547 in Regensburg
† 1. 10. 1578 bei Namur/Belgien
Grabstätte: Monasterio de San Lorenzo de el Escorial – Pantheon der Infanten

Don Juan de Austria entstammte einer Verbindung Kaiser Karls V. zu der Regensburger Bürgertochter Barbara Blomberg. Am 10. 4. 1546 kam Kaiser Karl V. nach Regensburg. Im Verlauf der Regensburger Tage, die zu dem Bündnis des Kaisers mit König Ferdinand I. und Herzog Wilhelm von Bayern gegen den Schmalkaldischen Bund führten, lernte Karl V. im Hoflager Barbara Blomberg kennen. Wir wissen nur wenig von ihr, wohl aber, daß sie in diesen Wochen vom Kaiser das Kind empfing, das als Don Juan de Austria über das Abendland hinaus berühmt werden sollte. Auf Veranlassung des Kaisers heiratete Barbara Blomberg einen in den Niederlanden stationierten Offizier und erhielt eine kaiserliche Rente zugesprochen. Nach dem Tod ihres Gemahls wurde sie von Don Juan, nachdem dieser Statthalter der Niederlande geworden war, aus den Niederlanden verbannt und nach Spanien geschickt, das sie nicht mehr verließ.

Die Erziehung des Don Juan erfolgte durch einen Vertrauten des Kaisers in Spanien. 1559 von König Philipp II. als Halbbruder anerkannt, kam Don Juan als kaiserlicher Prinz an den spanischen Hof. 1568 übernahm er ein militärisches Kommando und schlug 1569/70 den Moriskenaufstand in Granada nieder. Am 7. 10. 1571 führte Don Juan als Oberbefehlshaber das aus venezianischen, spanischen und päpstlichen Schiffen bestehende christliche Geschwader bei Lepanto am Sund von Korinth zu einem glänzenden Seesieg über die Türken. Dieser Sieg, der in Europa mit ungeheurem Jubel begrüßt wurde, brachte dem Kaisersohn Ruhm und Anerkennung über das Abendland hinaus. Papst Pius V. verordnete, daß zum ewigen Gedächtnis dieses Sieges alljährlich am 7. Oktober das Fest »Unserer lieben Frau vom Siege« gefeiert werde. Sein Nachfolger, Papst Gregor XIII., verlegte dieses Fest als Rosenkranzfest auf den ersten Sonntag im Oktober.

1576 als Generalstatthalter in den Niederlanden eingesetzt, versagten die niederländischen Stände im Dezember 1577 Don Juan den Gehorsam. Er rief spanische Truppen ins Land und schlug die Aufständischen am 31. 1. 1578 bei Gembloux.

In einem Feldlager bei Namur starb Don Juan de Austria am 1. 10. 1578 an der Pest.

In der Kathedrale von Barcelona (Kapelle des Santissimo Christo) wird heute noch die Christusstatue verehrt, die Don Juan am Bug seines Flaggschiffes in der Seeschlacht bei Lepanto mitführte.

Im Dom Sant' Erasmo e Marciano in Gaeta/Italien befindet sich am Hochaltar die Standarte, die während der Seeschlacht bei Lepanto am Flaggschiff wehte.

Kaiser Ferdinand I.

Kaiser Ferdinand I.

* 10. 3. 1503 auf Schloß Alcalá de Henares b. Madrid
† 25. 7. 1564 in Wien
Grabstätte: Hochgrab im Mittelschiff des St.-Veits-Doms in Prag
Eltern: Philipp I. »der Schöne« und Johanna »die Wahnsinnige«

∞ 26. 5. 1521 in Linz/Donau
ANNA, Prinzessin von Böhmen und Ungarn
Eltern: Wladislaw IV., König von Böhmen (Wladislaw II., König von Ungarn),
Anna, Gräfin von Foix, Tochter Gastons II., Graf von Foix
* 23. 7. 1503 in Prag
† 27. 1. 1547 in Prag
Grabstätte: Hochgrab im Mittelschiff des St.-Veits-Doms in Prag

WAHLSPRUCH: Fiat justitia aut pereat mundus = Gerechtigkeit muß sein, oder die
Welt geht zugrunde

17. 12. 1526 in Preßburg vom westungarischen Adel zum König von Ungarn
gewählt.
24. 2. 1527 in Prag im St.-Veits-Dom zum König von Böhmen gekrönt.
3. 11. 1527 nach Anerkennung der Wahl Ferdinands durch den ungarischen
Reichstag in der Basilika in Stuhlweißenburg zum König von
Ungarn gekrönt.
5. 1. 1531 in Köln zum römisch-deutschen König gewählt.
11. 1. 1531 in Aachen zum römisch-deutschen König gekrönt durch den
Kurfürsten und Erzbischof von Köln Hermann V. Graf von Wied-
Runkel.
Die Krönung Ferdinands I. war die letzte Krönung in Aachen.
12. 9. 1556 »Römischer Kaiser«.
15. 3. 1558 in Frankfurt a. Main feierliche Anerkennung Ferdinands I. als
»Römischer Kaiser«.

Im Gegensatz zu seinen Geschwistern Eleonore, Karl und Maria, die ihre Jugendzeit in Brüssel am Hof ihrer Tante Margarete von Österreich verbrachten, wurde Ferdinand nach dem Tode seines Vaters und der Internierung seiner Mutter am spanischen Hof erzogen. Er hatte die gedrungene Gestalt seines Bruders Karl sowie den stechenden Blick aus tiefliegenden Augen. In zeitgenössischen Berichten wird Ferdinand aber als lebhafter und freundlicher junger Mann geschildert, der nicht frei von einem starken Ehrgeiz war, der ihn häufig in einen Gegensatz zu seinem kaiserlichen Bruder brachte. Nach dem Regierungsantritt Karls V. in Spanien mußte Ferdinand das Land verlassen und begab sich nun seinerseits nach Brüssel, wo er 1518 eintraf.

Im Vertrag von Worms überließ Karl V. nach seiner Wahl zum römisch-deutschen König seinem 18jährigen Bruder Ferdinand am 28. 4. 1521 die Herrschaft in den österreichischen Ländern ohne die Vorlande, Tirol und die oberitalienischen Besitzungen, die Ferdinand erst im Vertrag von Brüssel am 7. 2. 1522 übertragen wurden, nachdem er am 26. 5. 1521 in Linz die Ehe mit Anna von Böhmen und Ungarn vollzogen und damit das von seinem Großvater Maximilian I. am 22. 7. 1515 im Stephansdom in Wien gegebene Eheversprechen eingelöst hatte. Mit der Übergabe dieser Länder an Ferdinand wurde praktisch die Teilung des habsburgischen Besitzes in eine spanische und österreichische Linie vollzogen.

Am 13. 1. 1522 wurde auch die Ehe der Schwester Ferdinands, Maria, mit König Ludwig II. von Ungarn vollzogen, die gleichfalls auf dem von Maximilian I. gegebenen Heiratsversprechen beruhte.

Bei seinem Regierungsantritt in den österreichischen Ländern sah der Erzherzog sich großen Schwierigkeiten gegenüber. Wieder einmal rebellierten die Stände, die nach Absetzung der von Kaiser Maximilian I. eingesetzten Räte eigene Regierungen gebildet hatten. Das spanische Gefolge des Erzherzogs griff mit Zustimmung Ferdinands hart durch. Die Führer des Aufstandes und weitere Wiener Bürger wurden in Wiener Neustadt hingerichtet. Ebenso hart und rücksichtslos wurde während der Bauernunruhen im Jahre 1525 durchgegriffen. Die Bauern wurden mit empfindlichen Kontributionen belegt. Ihre politischen und konfessionellen Forderungen blieben unerfüllt.

Am 29. 8. 1526 siegten die Osmanen in der Schlacht bei Mohács über die Ungarn. Der junge Ungarkönig Ludwig II. ertrank während der Schlacht. Aufgrund der bestehenden Erbverträge beanspruchte Erzherzog Ferdinand die Thronfolge in Böhmen und Ungarn für das Haus Habsburg. Ohne große Widerstände wurde er in Böhmen als König anerkannt. In Ungarn dagegen mußte er sich der Osmanen und des Gegenkönigs Johann Zápolya erwehren.

Ferdinand konnte sich nur in Westungarn behaupten. Während Zápolya am 11. 11. 1526 in Stuhlweißenburg zum König von Ungarn gekrönt wurde, wählte der westungarische Adel Ferdinand in Preßburg zum König von Ungarn. Erst nach dem Sieg über Zápolya am 21. 8. 1527 bei Tokai wurde die Wahl Ferdinands anerkannt, und die Krönung konnte in Stuhlweißenburg erfolgen. Die Vergrößerung des Habsburger Länderbesitzes brachte vermehrte Regierungsaufgaben mit sich und erforderte eine Neuordnung der Verwaltung. Am 1. 1. 1527 erließ Ferdinand die Hofstaatsordnung. Sie brachte die Zentralverwaltung der österreichischen, böhmischen und ungarischen Länder und blieb in ihren wesentlichen Teilen bis 1848 verbindlich. Es wurden gebildet:

der Geheime Rat für die Familien- und Außenpolitik,
der Hofrat als oberste Justizbehörde,
die Hofkammer für Finanzen und Verrechnung,
der Hofkriegsrat für die Erfordernisse der Landesverteidigung und
die Hofkanzlei als ausführendes Amt.

Die sich immer noch hinziehenden Auseinandersetzungen um die Herrschaft in Ungarn begünstigten das Eingreifen der Osmanen, die nach wie vor Zápolya unterstützten. Der 1529 einsetzende Kampf gegen die Osmanen wurde durch die religiösen Auseinandersetzungen im Reich und in den habsburgischen Ländern stark beeinträchtigt. Am 8. 9. 1529 gelang Sultan Süleiman die Eroberung Ofens, und am 25. 9. konnte er Wien einschließen, dessen Belagerung er aber am 15. 10. wegen ausgebrochener Seuchen abbrechen mußte. Ferdinand konnte den Westen und Norden Ungarns behaupten, mußte aber die osmanische Herrschaft in Mittelungarn hinnehmen und dulden, daß auch Siebenbürgen als selbständiges Fürstentum unter der Oberhoheit der Osmanen verblieb. Den Habsburgern ist es zu verdanken, daß das weitere Vordringen der Osmanen nach Mitteleuropa verhindert wurde. Die Hauptlast des Abwehrkampfes gegen die Osmanen, der sich über die nächsten 150 Jahre erstrecken sollte, lag beim Hause Habsburg.

Am 5. 1. 1531 wurde Erzherzog Ferdinand als Ferdinand I. zum römisch-deutschen König gewählt. Er sicherte sich damit den Anspruch auf die Kaiserwürde und erhielt mitbestimmenden Einfluß im Reich.

Der nochmalige Versuch Ferdinands I., seine Herrschaft in Ungarn auszubauen, endete mit einer schweren Niederlage des Königs durch die osmanischen Streitkräfte. Nunmehr bekannte sich auch Zápolya zu König Ferdinand I. und erkannte das Erbrecht der Habsburger in Ungarn an. Dieses Anerkenntnis widerrief er allerdings nach der Geburt seines Sohnes Johann Sigmund am 7. 7. 1540. Wenige Wochen später, am 21. 7. 1540, starb Zápolya, und es kam zu neuen Spannungen. Der Sultan besetzte Ofen und erklärte Ungarn zu einer Provinz des Osmanischen Reiches. Ofen wurde für die nächsten 145 Jahre Sitz eines Paschas. Trotz dieser Rückschläge konnte der König sich aber im Westen und im Norden Ungarns, die habsburgisch blieben, behaupten. Der 1547 zwischen Ferdinand I. und dem Sultan abgeschlossene Waffenstillstand gegen eine Zahlung von 30.000

Dukaten jährlich brachte dem König die notwendige Entlastung in Ungarn als Voraussetzung für die Unterstützung Kaiser Karls V. im Reich gegen die Protestanten. Dieser Kampf des Kaisers scheiterte letztlich auch an der Uneinsichtigkeit der römischen Kurie und des Konzils von Trient. Gegen den Willen des Kaisers setzte König Ferdinand I. im Passauer Vertrag von 1552 den Ausgleich mit den protestantischen Fürsten durch und bereitete so den Augsburger Religionsfrieden vor.

Auch in den habsburgischen Ländern hatte der Protestantismus zahlreiche Anhänger gefunden. Abgeschreckt von den Glaubenskämpfen im Reich, wollte Ferdinand I. in den österreichischen Erbländern keine gewaltsamen Auseinandersetzungen mit den Neugläubigen. Durch die Berufung der Jesuiten nach Österreich leitete er behutsam die Gegenreformation ein. Der König baute darauf, die Bekehrung durch Erziehung und Belehrung der Ketzer zu erreichen.

In einer Hausordnung vom 25. 2. 1554 regelte Ferdinand I. die Erbfolge in den österreichischen Ländern. Das Erbe wurde unter seinen drei Söhnen Maximilian, Ferdinand und Karl geteilt.

Maximilian sollte in den österreichischen Ländern sowie in Böhmen und Ungarn regieren.

Ferdinand erhielt Tirol und die Vorlande. Ohne Wissen seines Vaters heiratete Erzherzog Ferdinand 1557 die Bürgertochter Philippine Welser aus Augsburg. Die nicht standesgemäße Ehe wurde später von Ferdinand I. anerkannt, jedoch blieben die Nachkommen aus dieser Ehe von der Erbfolge ausgeschlossen.

Karl erhielt die Steiermark, Kärnten, Krain, Görz, Triest und Istrien.

Nach der Hausordnung waren die drei Linien gleichberechtigt, und jedes Mitglied des Hauses durfte alle Titel und Wappen führen.

Am 25. 9. 1555 kam es zur endgültigen Einigung mit den Protestanten durch den Augsburger Religionsfrieden auf dem Reichstag zu Augsburg, den Kaiser Karl V. noch einberufen hatte, an dem er aber nicht mehr teilnahm. König Ferdinand I. blieb es überlassen, den Frieden mit den Protestanten im Reich herzustellen. Die protestantischen Stände erhielten die volle Religionsfreiheit und wurden politisch den Katholiken gleichgestellt.

Nochmalige Versuche Kaiser Karls V., seinem Sohn Philipp II. und damit der spanischen Linie des Hauses Habsburg die Kaiserwürde zu sichern, scheiterten am entschiedenen Widerstand König Ferdinands I., seines Sohnes Maximilian und der Kurfürsten. Die Abdankung Kaiser Karls V. wurde von den Kurfürsten erst im Februar 1558 angenommen, und am 15. 3. 1558 erfolgte in Frankfurt a. M. die feierliche Anerkennung Ferdinands I. als »Römischer Kaiser«.

Am 24. 11. 1562 setzte Kaiser Ferdinand I. die Wahl seines dem Protestantismus zuneigenden Sohnes Maximilian zum römisch-deutschen König als Maximilian II. durch. Vor der Wahl hatte Maximilian II. sich seinem Vater gegenüber verpflichtet, der katholischen Kirche und damit der alten Lehre treu zu bleiben.

Noch einmal unternahm Kaiser Ferdinand I. einen letzten Versuch, die Kluft zwischen Katholiken und Protestanten zu überbrücken. Vor Beginn der dritten und letzten Konzilsperiode des Konzils von Trient unterbreitete er folgende, bereits 1561 ausgearbeitete Vorschläge:

Reform der Kurie, Verbot der Pfründenanhäufung, Volkssprache beim Gottesdienst, Unentgeltlichkeit der Sakramente, Kommunion unter beiden Gestalten, Aufteilung der großen Bistümer und die Priesterehe.

Die Vorschläge des Kaisers wurden vom Konzil ausnahmslos abgelehnt. Damit war die Trennung der evangelischen von der katholischen Kirche endgültig vollzogen. In den habsburgischen Ländern wurden die in Trient beschlossenen Dekrete nach Abschluß des Konzils anerkannt.

Nach längerer Krankheit starb Kaiser Ferdinand I. am 25. 7. 1564.

Der Kaiser war eine anspruchslose Persönlichkeit. Fundament seines Handelns war sein überzeugter katholischer Glaube, wenn ihm dogmatische Zänkereien auch zutiefst zuwider waren. Es gelang ihm, seine Erblande weitgehend von den Einflüssen des Protestantismus freizuhalten. Besonders in seinen jungen Jahren wirkte seine Gemahlin Anna von Böhmen und Ungarn, der er aufrichtig und herzlich zugetan war, versöhnlich und besänftigend auf den Kaiser. Kaiserin Anna schenkte ihrem Gemahl 15 Kinder, von denen 13 das Kaiserpaar überlebten. Auf vielen Reisen wurde Ferdinand I. von Kaiserin Anna begleitet. Dem Vorwurf, damit würden nur unnötige Kosten verursacht, soll der Kaiser mit den Worten begegnet sein:

»Einem frommen Herrn gebührt, seinen Ehestand zu halten; es ist besser, einige Unkosten auf seine Ehegattin zu verwenden als auf Buhlerei.«

Die Nachkommen Kaiser Ferdinands I.

1. ELISABETH, Erzherzogin
   * 9. 6. 1526 in Prag
   † 15. 6. 1545 in Wilna
   Grabstätte: Gruft in der Kirche St. Stanislaus in Wilna/Litauen

   ∞ 6. 5. 1543 in Krakau
   SIGISMUND II. AUGUST, König von Polen
   Eltern: Sigismund I., König von Polen, und Bona Sforza, Prinzessin von Mailand, Tochter Johann Galeazzos II., Herzog von Mailand
   * 2. 8. 1520 in Krakau
   † 7. 7. 1572 in Knyszyn
   Grabstätte: Im Gruftgewölbe der Wawelkathedrale in Krakau

   Als letzter Jagellone war Sigismund ein hochgebildeter Vertreter der polnisch-italienischen Renaissance. Seit 1529 Großfürst von Litauen, konnte er 1569 durch die Lubliner Union die staatsrechtliche Verbindung Polens mit Litauen herbeiführen.

2. MAXIMILIAN II., Erzherzog
   ∞ MARIA, Infantin von Spanien
   Siehe unter Kaiser Maximilian II.

3. ANNA, Erzherzogin
   * 7. 7. 1528 in Prag
   † 16. 10. 1590 in München
   Grabstätte: Gruft in der Krypta des Liebfrauendoms in München

   ∞ 4. 7. 1546 in München
   ALBRECHT V., Herzog von Bayern
   Eltern: Wilhelm IV., Herzog von Bayern a. d. H. Wittelsbach, und Maria Jacobäa, Prinzessin von Baden, Tochter Philipps I., Markgraf von Baden
   * 29. 2. 1528 in München
   † 24. 10. 1579 in München
   Grabstätte: Gruft in der Krypta des Liebfrauendoms in München

   Herzog Albrecht V. begründete mit seiner Gemahlin den Ruhm Münchens als Kunststadt. Im Schmalkaldischen Krieg blieb der Herzog neutral, bis der Augsburger Religionsfriede ihm 1555 die Rekatholisierung seines Landes ermöglichte. Albrecht V. wurde zu einem der Hauptträger der Gegenreformation in Deutschland.

4. FERDINAND II., Erzherzog von Österreich-Tirol
* 14. 6. 1529 in Linz
† 24. 1. 1595 in Innsbruck
Grabstätte: Evangelienseite im Altarraum der Silbernen Kapelle der Hofkirche in Innsbruck
1. ⚭ im Jänner 1557 in Augsburg

PHILIPPINE WELSER, Augsburger Patriziertochter
Eltern: Franz Anton Welser und Anna Adler
* um 1527 in Augsburg
† 24. 4. 1580 in Innsbruck
Grabstätte: Im Vorraum der Silbernen Kapelle der Hofkirche in Innsbruck

2. ⚭ 9. 5. 1582 in Innsbruck
ANNA KATHARINA, Prinzessin von Mantua a. d. H. Gonzaga
Eltern: Wilhelm III., Herzog von Mantua-Montferrat a. d. H. Gonzaga, Eleonore, Erzherzogin von Österreich, Tochter Ferdinands I., Römischer Kaiser
* 27. 1. 1566 in Mantua
† 3. 8. 1621 in Innsbruck
Grabstätte: Kreuzgang im Klostergebäude der Servitenpatres in Innsbruck

Ferdinand war Statthalter in Böhmen, Tirol und den Vorlanden. Seine zweite Gemahlin, Anna Katharina, ging nach dem Tode Ferdinands als Nonne ins Kloster der Servitinnen in Innsbruck, das auf ihre Gründung zurückgeht. Unter dem Namen Mater Anna Juliana wurde sie die erste Äbtissin des Klosters. Sie war die Mutter der 1618 verstorbenen Kaiserin Anna.

5. MARIA, Erzherzogin
* 15. 5. 1531 in Innsbruck
† 11. 12. 1581 auf Schloß Hambach b. Jülich/Niederrhein
Grabstätte: Ehemalige Stiftskirche St. Mariä Himmelfahrt in Kleve/Niederrhein

⚭ 17. 7. 1546 in Regensburg
WILHELM »der Reiche«, Herzog von Jülich und Berg
Eltern: Johann III., Herzog von Jülich und Berg, und Maria von Jülich und Berg, Tochter Wilhelms III., Herzog von Jülich und Berg
* 28. 7. 1516 in Kleve/Niederrhein
† 5. 1. 1592 in Düsseldorf
Grabstätte: Fürstengruft in der St.-Lambertus-Kirche in Düsseldorf

6. MAGDALENA, Erzherzogin

* 14. 8. 1532 in Innsbruck

† 10. 9. 1590 in Hall/Tirol

Grabstätte: Gruft in der Herz-Jesu-Basilika in Hall/Tirol

Magdalena gründete 1563 das Damenstift in Hall/Tirol, dessen Oberin sie war. Sie starb im Rufe der Heiligkeit. Als »Ehrwürdige Dienerin Gottes« wurde für sie in Rom der Seligsprechungsprozeß eingeleitet.

7. KATHARINA, Erzherzogin

* 15. 9. 1533 in Innsbruck

† 28. 2. 1572 in Linz

Grabstätte: Gruft im Kloster des Stiftes St. Florian/Oberösterreich

1. ⚭ 22. 10. 1549 in Mantua

FRANZ III., Herzog von Mantua-Montferrat a. d. H. Gonzaga

Eltern: Friedrich II., Herzog von Mantua a. d. H. Gonzaga, und Margareta Paleologa, Markgräfin von Montferrat, Tochter Wilhelms IX., Markgraf von Montferrat

* 10. 3. 1533 in Mantua

† 21. 2. 1550 in Mantua

Grabstätte: Gonzaga-Gruft in der Kirche St. Paula in Mantua

2. ⚭ 31. 7. 1553 in Krakau

SIGISMUND II. AUGUST, König von Polen

Eltern: Sigismund I., König von Polen, und Bona Sforza, Prinzessin von Mailand, Tochter Johann Galeazzos II., Herzog von Mailand

* 2. 8. 1520 in Krakau

† 7. 7. 1572 in Knyszyn

Grabstätte: Im Gruftgewölbe der Wawelkathedrale in Krakau

Sigismund II. war zuvor mit der Erzherzogin Elisabeth – Schwester der Erzherzogin Katharina – vermählt.

8. ELEONORE, Erzherzogin

* 2. 11. 1534 in Innsbruck

† 5. 8. 1594 in Mantua

Grabstätte: Gonzaga-Gruft in der Kapelle dell' Incoronata im Dom San Pietro in Mantua

⚭ 27. 4. 1561 in Mantua

WILHELM III., Herzog von Mantua-Montferrat a. d. H. Gonzaga

Eltern: Friedrich II., Herzog von Mantua a. d. H. Gonzaga, und Margareta Paleologa, Markgräfin von Montferrat, Tochter Wilhelms IX., Markgraf von Montferrat

* 24. 4. 1538 in Mantua

† 14. 8. 1587 in Goito

Grabstätte: Gonzaga-Gruft in der Basilika S. Barbara in Mantua

KAISER FERDINAND I.

9. MARGARETHE, Erzherzogin
   * 16. 12. 1536 in Innsbruck
   † 12. 3. 1566 in Hall/Tirol
   Grabstätte: Gruft in der Herz-Jesu-Basilika in Hall/Tirol

   Margarethe war seit 1563 Nonne im Damenstift in Hall/Tirol

10. JOHANN, Erzherzog
    * 10. 4. 1538 in Innsbruck
    † 20. 3. 1539 in Innsbruck
    Grabstätte: Sigismundgruft in der Stiftskirche in Stams/Tirol

11. BARBARA, Erzherzogin
    * 30. 4. 1539 in Innsbruck
    † 19. 9. 1572 in Ferrara
    Grabstätte: d'Este-Gruft in der Kirche del Gesu in Ferrara

    ∞ 5. 12. 1565 in Ferrara
    ALFONS II. d'ESTE, Herzog von Ferrara
    Eltern: Herkules II. d'Este, Herzog von Ferrara, und Renate, Prinzessin
    von Orléans, Tochter Ludwigs XII., König von Frankreich
    * 28. 11. 1533 in Ferrara
    † 27. 10. 1597 in Ferrara
    Grabstätte: d'Este-Gruft in der Kirche del Corpus Domini in Ferrara

    Herkules II., der Vater Alfons' II. d'Este, war der älteste Sohn der
    Lukrezia Borgia, einer Tochter Papst Alexanders VI.

12. KARL II., Erzherzog von Innerösterreich
    * 3. 6. 1540 in Wien
    † 10. 7. 1590 in Graz
    Grabstätte: Gruft unter dem Mausoleum der Benediktinerabtei Seckau/
    Steiermark

    ∞ 26. 8. 1571 in Wien
    MARIA ANNA, Prinzessin von Bayern
    Eltern: Albrecht V., Herzog von Bayern a. d. H. Wittelsbach, und Anna,
    Erzherzogin von Österreich, Tochter Ferdinands I., Römischer Kaiser
    * 21. 3. 1551 in München
    † 29. 4. 1608 in Graz
    Grabstätte: In der Mitte des Gruftraums im Habsburger Mausoleum in
    Graz

13. URSULA, Erzherzogin
    * 24. 7. 1541 in Wien
    † 30. 4. 1543 in Innsbruck
    Grabstätte: Sigismundgruft in der Stiftskirche in Stams/Tirol

14. HELENA, Erzherzogin

* 7. 1. 1543 in Innsbruck
† 5. 3. 1574 in Hall/Tirol
Grabstätte: Gruft in der Herz-Jesu-Basilika in Hall/Tirol

Helena war Nonne im Damenstift in Hall/Tirol

15. JOHANNA, Erzherzogin

* 24. 1. 1547 in Wien
† 10. 4. 1578 in Florenz
Grabstätte: Medici-Kapelle in der Basilika San Lorenzo in Florenz

∞ 15. 12. 1565 in Florenz
FRANZ I. VON MEDICI, Großherzog von Toskana
Eltern: Cosimo I. von Medici, Großherzog von Toskana, und Eleonore, Prinzessin von Toledo, Tochter Peter Alvarez' von Toledo, Markgraf von Villafranca
* 25. 3. 1541 in Florenz
† 19. 10. 1587 in Florenz
Grabstätte: Medici-Kapelle in der Basilika San Lorenzo in Florenz

Franz I., Großherzog von Toskana, wurde 1574 Nachfolger seines Vaters. Nach dem Tode der Erzherzogin Johanna heiratete er seine Mätresse Bianca Capello, die wie Franz I. im Jahre 1587 verstarb.

Kaiser Maximilian II.

Kaiser Maximilian II.

* 31. 7. 1527 in Wien
† 12. 10. 1576 in Regensburg
Grabstätte: Hochgrab im Mittelschiff des St.-Veits-Doms in Prag
Eltern: Kaiser Ferdinand I. und Anna von Böhmen und Ungarn

∞ 13. 9. 1548 in Valladolid/Spanien
MARIA, Infantin von Spanien
Eltern: Karl V., Römischer Kaiser, und Isabella, Infantin von Portugal, Tochter
Manuels I., König von Portugal
* 21. 6. 1528 in Madrid
† 26. 2. 1603 in Villa Monte/Spanien
Grabstätte: Gruft in der Kirche S. Clara in Madrid

WAHLSPRUCH: Providebit Deus = Gott wird schützen

14. 5. 1562   in Prag im St.-Veits-Dom zum König von Böhmen gekrönt.
24. 11. 1562   in Frankfurt a. M. zum römisch-deutschen König gewählt und
gekrönt durch den Kurfürsten und Erzbischof von Mainz Daniel
Brendel von Homburg.
16. 7. 1563   in Preßburg in der St.-Martins-Kirche zum König von Ungarn
gekrönt.
25. 7. 1564   »Römischer Kaiser«.

Am 25. 7. 1564 trat der römisch-deutsche König Maximilian II. die Nachfolge seines Vaters als Römischer Kaiser im Reich an.

Seine Kindheit verbrachte Maximilian im Hause seiner Eltern in Innsbruck. Hier lernte er die tirolerische Mundart, die er auch in seinen späteren Lebensjahren sprach. Mit 17 Jahren holte Kaiser Karl V. den von ihm sehr geschätzten Neffen nach Spanien und vermählte ihn mit der Kaisertochter Maria. Mit seiner Gemahlin regierte Maximilian während der Abwesenheit Kaiser Karls V. als Statthalter in Spanien. An geistiger Regsamkeit und Anpassungsfähigkeit seinen Brüdern weit überlegen, galt Maximilian schon in jungen Jahren als ein Mensch mit hervorragender Bildung. In der Schlacht bei Mühlberg gegen den Schmalkaldischen Bund stand der junge Erzherzog an der Seite Kaiser Karls V. Er schloß mit verschiedenen jungen protestantischen Fürsten eine enge Freundschaft und kam so mit der protestantischen Lehre in Berührung, die seine religiöse Entwicklung in der Folge immer stärker beeinflußte. Sein späterer Aufenthalt in Spanien in einer streng katholischen Umgebung brachte in der religiösen Entwicklung Maximilians keine Änderung. Nach seiner Rückkehr aus Spanien im Jahre 1552 machte sich seine Neigung zum Protestantismus immer stärker bemerkbar. Schließlich wandte sich Papst Paul IV. an Kaiser Ferdinand I. und machte ihm schwere Vorwürfe wegen der lutherischen Gesinnung des Thronfolgers, der an seinem Hof einen lutherisch gesinnten Prediger duldete und die lutherischen Fürsten in ihrer Haltung bestärkte. Nicht weniger heftige Vorwürfe kamen aus Spanien, die in der Forderung gipfelten, seine Gemahlin Maria solle sich von Erzherzog Maximilian scheiden lassen. Aus der Sicht des Papstes und der Tradition des Hauses Habsburg waren diese Vorwürfe verständlich. Das Kaisertum und das Heilige Römische Reich konnten ihre Berechtigung nur aus der Einheit mit der römischen Kirche herleiten. Ein Protestant konnte die römische Kaiserkrone nicht tragen. Da Maximilian bei den protestantischen Fürsten, die es sich nicht mit dem Kaiser verderben wollten, keine Unterstützung fand, gab er schließlich nach und versprach seinem Vater in Gegenwart seiner Brüder Karl und Ferdinand, der katholischen Kirche treu zu bleiben. Nunmehr konnte Kaiser Ferdinand I. 1562 die Wahl Maximilians zum römisch-deutschen König durchsetzen.

Wie nur wenige seiner Zeitgenossen sah Maximilian II. die schweren Folgen voraus, die sich aus den Glaubenskämpfen für das ganze Reich ergeben mußten. Mit tiefem Abscheu verfolgte er den Kirchensturm in den Niederlanden und die grausame Unterdrückung der Protestanten durch spanische Söldner unter Herzog Alba. Nicht weniger abstoßend empfand er die Bartholomäusnacht in Frankreich.

Wiederholt intervenierte er bei seinem Vetter und Schwager König Philipp II. von Spanien und weigerte sich, dem Verlangen des Spaniers nach einer Gegenreformation in Böhmen nachzugeben. Nicht weniger nachhaltig setzte er sich bei König Philipp II. für die Freilassung des gefangengenommenen spanischen Thronfolgers Don Carlos ein. Alle Proteste des Kaisers verhallten wirkungslos. Maximilian II. empfand es empörend, daß der Papst und Spanien Vernichtungsfeldzüge gegen Christen führten und für die Abwehr der Türken keine Unterstützung gewährten. Trotz der sich immer wiederholenden Vorstellungen Roms und Spaniens ließ Maximilian II. sich in seiner Versöhnungspolitik gegenüber den Protestanten nicht beirren. In seinen Erblanden gestattete er dem österreichischen Adel auf seinen Gütern den protestantischen Gottesdienst. Seinen verheirateten Beichtvater und den Empfang der Kommunion unter beiderlei Gestalten verteidigte er mit dem Hinweis, daß sein Vater für beide Anliegen auf dem Konzil zu Trient gekämpft habe.

Kleinere Feldzüge des Kaisers gegen die Osmanen brachten keine entscheidenden Erfolge. Daran konnte auch der Tod Sultan Süleimans II. nichts ändern, da der Kaiser es nicht verstand, die dadurch entstandene vorteilhafte Lage auszunutzen. Mit dem Nachfolger Süleimans II., Sultan Selim II., schloß Maximilian II. 1568 den Frieden zu Adrianopel, der den beiderseitigen Besitzstand bestätigte.

Unter Maximilian II. begann das Heiraten der Habsburger untereinander. Das Netz zwischen den österreichischen und den spanischen Habsburgern wurde immer enger geknüpft. Seine Lieblingstochter Anna vermählte der Kaiser mit seinem Vetter, König Philipp II. von Spanien. Erzherzogin Margarethe, eine Tochter Erzherzog Karls II. von Innerösterreich, heiratete König Philipp III. von Spanien. Aus dieser Ehe wurden nur zwei von insgesamt dreizehn Kindern erwachsen, der Knabe Philipp und die Tochter Maria Anna. Diese machte die Brautfahrt nach Wien und vermählte sich mit ihrem Vetter, Kaiser Ferdinand III. Eine Tochter aus dieser Ehe – Erzherzogin Maria Anna – heiratete 1649 ihren Onkel, König Philipp IV. von Spanien. Deren Tochter – Margaretha Theresia – unternahm die letzte Brautfahrt von Madrid nach Wien und heiratete dort 1666 ihren Onkel, Kaiser Leopold I. Nach zeitgenössischen Schilderungen wurden alle diese Ehen überaus glücklich. Die Heiraten der Habsburger untereinander waren unter Berücksichtigung der politischen Verhältnisse logisch und klug. Die so geschaffenen verwandtschaftlichen Bindungen zwischen den beiden Linien stärkten die gemeinschaftlichen Interessen – den Kampf gegen die Osmanen und Habsburgs Erzfeind Frankreich.

An diesen Heiraten ist eigentlich nur erstaunlich, daß die beiden Zweige des Hauses Habsburg die ständige Vereinigung ihrer Erbmassen so lange aushielten. Große und bedeutende Dynastien, wie die Tudor in England und die Valois in Frankreich, starben daran aus. Die spanischen Habsburger überlebten bis 1700, die österreichischen im Frauenstamm bis in unsere Zeit.

Ein Jahr vor seinem Tode konnte Kaiser Maximilian II. die Wahl seines Sohnes, Erzherzog Rudolfs V., zum römisch-deutschen König als Rudolf II.

durchsetzen und sicherte damit auch für die folgende Generation den Anspruch des Hauses Habsburg auf die römische Kaiserwürde.

Bereits Kaiser Ferdinand I. hatte Versuche unternommen, die habsburgische Hausmacht auf Polen auszudehnen. Diesem Zweck diente die Vermählung seiner Tochter Elisabeth mit König Sigismund II. August von Polen. Nach dem Tode Elisabeths wurde die Kaisertochter Katharina mit dem König von Polen vermählt. Nach dem Tode des polnischen Königs wählte der polnische Adel Heinrich von Anjou zum König, der schon vier Monate später nach Frankreich zurückkehrte und die Nachfolge seines Bruders Karl IX. als französischer König antrat. Maximilian II. trat erneut als Thronkandidat auf und wurde auch vom Senat gewählt. Die Mehrheit des polnischen Adels aber wählte Anna, die Tochter Sigismunds II. August und deren zukünftigen Gemahl Stephan Báthory, Fürst von Siebenbürgen. Diese Doppelwahl blieb ohne Folgen, da es zu der notwendig gewordenen militärischen Auseinandersetzung nicht mehr kam. Während des Reichstags zu Regensburg, der die militärischen Voraussetzungen für einen Feldzug in Polen schaffen sollte, starb Maximilian II. am 12. 10. 1576 in Regensburg.

Der Tod dieses geistig hochstehenden und toleranten Habsburgers wurde bei Katholiken und Protestanten gleichermaßen bedauert. Er verstand sich weder als Katholik noch als Protestant. Er fühlte sich als Christ, und als solcher handelte er. Nach außen hin katholisch, dürfte Maximilian II. in seinem Inneren seiner protestantischen Neigung wohl treu geblieben sein. Selbst auf dem Sterbebett blieb der Kaiser von dem Glaubenshader, der ihn immer wieder beschäftigt und den er immer wieder verabscheut hatte, nicht verschont. Die Spanier drängten ihn, sich zu bekehren. Seine Gattin Maria, der Maximilian II. sich herzlich verbunden fühlte, bat ihn kniend, aus den Händen des Hofpredigers die Sterbesakramente zu empfangen. Mit den Worten: »Mein Prediger ist im Himmel«, lehnte der Kaiser ab. Auch die Bitten seiner Schwester Anna waren vergeblich.

»Ich ergebe mich in den Willen Gottes, da ich weiß, daß ich meine Pflicht gegen den Schöpfer erfüllt habe«, waren die letzten Worte Maximilians II. an seine Umgebung.

Die Nachkommen Kaiser Maximilians II.

1. ANNA, Erzherzogin
   * 2. 11. 1549 in Cigales b. Valladolid
   † 26. 10. 1580 in Badajoz
   Grabstätte: Monasterio de San Lorenzo de el Escorial – Pantheon der Könige

   ∞ 12. 11. 1570 in Segovia
   PHILIPP II., König von Spanien
   Eltern: Karl V., Römischer Kaiser, und Isabella, Infantin von Portugal, Tochter Manuels I., König von Portugal
   * 21. 5. 1527 in Valladolid
   † 13. 9. 1598 in Madrid
   Grabstätte: Monasterio de San Lorenzo de el Escorial – Pantheon der Könige

2. FERDINAND, Erzherzog
   *28. 3. 1551 in Cigales
   † 25. 6. 1552 in Wien
   Grabstätte: Stephansdom in Wien – Herzogsgruft

3. RUDOLF V., Erzherzog
   Siehe unter Kaiser Rudolf II.

4. ERNST, Erzherzog
   * 15. 6. 1553 in Wien
   † 20. 2. 1595 in Brüssel
   Grabstätte: Gruft in der Kathedrale Saints Michèle et Gudule in Brüssel

   1578 Statthalter in Österreich, Steiermark und Ungarn.
   1594 Statthalter in den Niederlanden.

5. ELISABETH, Erzherzogin
   * 5. 6. 1554 in Wien
   † 22. 1. 1592 in Wien
   Grabstätte: Stephansdom in Wien – Herzogsgruft

∞ 26. 11. 1570 in Paris
KARL IX., König von Frankreich a. d. H. Valois
Eltern: Heinrich II., König von Frankreich a. d. H. Valois, und Katharina
von Medici, Tochter Lorenz' II., Herzog von Urbino
* 27. 6. 1550 in Saint Germain-en-Laye
† 20. 11. 1574 in Vincennes
Grabstätte: Gruft in der Kirche Saint Sauveur in Blois

6. MARIE, Erzherzogin
   * 27. 7. 1555 in Wien
   † 25. 6. 1556 in Linz
   Grabstätte: Wahrscheinlich Stephansdom in Wien – Herzogsgruft

7. MATTHIAS, Erzherzog
   ∞ ANNA, Erzherzogin von Österreich-Tirol
   Siehe unter Kaiser Matthias.

8. TOTGEBORENER SOHN
   * 20. 10. 1557 in Wien
   † 20. 10. 1557 in Wien
   Grabstätte: Wahrscheinlich Stephansdom in Wien – Herzogsgruft

9. MAXIMILIAN III., Erzherzog
   * 12. 10. 1558 in Wiener Neustadt
   † 2. 11. 1618 in Wien
   Grabstätte: Maximilian-Mausoleum im Dom St. Jacob in Innsbruck

   8. 7. 1602 Gubernator von Tirol
   20. 1. 1612 Übernahme Tirols als Landesfürst

10. ALBRECHT VII., Erzherzog
    * 13. 11. 1559 in Wiener Neustadt
    † 15. 11. 1621 in Brüssel
    Grabstätte: Gruft in der Kathedrale Saints Michèle et Gudule in Brüssel
    ∞ 18. 4. 1599 in Valencia
    ISABELLA CLARA EUGENIA, Infantin von Spanien
    Eltern: Philipp II., König von Spanien, und Elisabeth, Prinzessin von
    Frankreich a. d. H. Valois, Tochter Heinrichs II., König von Frankreich
    * 12. 8. 1566 in Segovia
    † 1. 12. 1633 in Brüssel
    Grabstätte: Gruft in der Kathedrale Saints Michèle et Gudule in Brüssel

Vor seiner Eheschließung war Erzherzog Albrecht VII. Erzbischof von
Toledo und Koadjutor des Primas von Spanien. 1577 wurde er zum
Kardinal erhoben. Aus politischen Gründen laisiert, regierte er ab 1585
als Vizekönig in Portugal. Seit dem 6. 3. 1598 war er souveräner Fürst der
Niederlande. Seine Regierung wurde zu einer fruchtbaren Friedenszeit
für die südlichen Provinzen der Niederlande.

11. WENZEL, Erzherzog
    * 9. 3. 1561 in Wiener Neustadt
    † 22. 9. 1578 in Madrid
    Grabstätte: Monasterio de San Lorenzo de el Escorial – Pantheon der Infanten

    1577 Großprior des Johanniterordens von Kastilien

12. FRIEDRICH, Erzherzog
    * 21. 6. 1562 in Wiener Neustadt
    † 17. 1. 1563 in Innsbruck
    Grabstätte: Sigismundgruft in der Stiftskirche in Stams/Tirol

13. MARIA, Erzherzogin
    * 19. 2. 1564 in Wien
    † 26. 3. 1564 in Wien
    Grabstätte: Stephansdom in Wien – Herzogsgruft

14. KARL, Erzherzog
    * 26. 9. 1565 in Wien
    † 23. 5. 1566 in Wien
    Grabstätte: Stephansdom in Wien – Herzogsgruft

15. MARGARETHA, Erzherzogin
    * 25. 1. 1567 in Wien
    † 5. 7. 1633 in Madrid
    Grabstätte: Kloster S. Clara in Madrid

16. ELEONORE, Erzherzogin
    * 4. 11. 1568 in Wien
    † 12. 3. 1580 in Prag
    Grabstätte: Fürstengruft im St.-Veits-Dom in Prag

Kaiser Rudolf II.

Kaiser Rudolf II.

* 18. 7. 1552 in Wien
† 20. 1. 1612 in Prag
Grabstätte: Fürstengruft im St.-Veits-Dom in Prag
Eltern: Kaiser Maximilian II. und Maria von Spanien

WAHLSPRUCH: Fulget caesaris astrum – Es leuchtet des Kaisers Gestirn

25. 9. 1572 in Preßburg in der St.-Martins-Kirche zum König von Ungarn gekrönt.
22. 9. 1575 in Prag im St.-Veits-Dom zum König von Böhmen gekrönt.
27. 10. 1575 in Regensburg zum römisch-deutschen König gewählt.
1. 12. 1575 in Regensburg zum römisch-deutschen König gekrönt durch den Kurfürsten und Erzbischof von Mainz Daniel Brendel von Homburg.
12. 10. 1576 »Römischer Kaiser«.

KAISER RUDOLF II.

Auf Maximilian II. folgte sein ältester Sohn Rudolf II. Am 14. 4. 1552 war Maximilian II. mit seiner Gemahlin Maria und zwei in Spanien geborenen Kindern nach Wien zurückgekehrt, wo Erzherzog Rudolf am 18. 7. 1552 geboren wurde. Mit seinen Geschwistern verlebte er ungetrübte Kinderjahre, bis er mit 14 Jahren mit seinem Bruder Ernst an den spanischen Hof geschickt wurde mit dem Ziel, die Geschwister der protestantischen Lehre zu entziehen. Die Erziehung der Brüder erfolgte unter dem Einfluß ihres Onkels, König Philipps II. von Spanien, streng nach den Grundsätzen der katholischen Kirche. Aus dieser Zeit rührt auch die Vorliebe Rudolfs II. für die spanische Tracht und das spanische Hofzeremoniell. Während ihres Aufenthaltes in Spanien wurden die Brüder Zeugen des geheimnisvollen Todes ihres Vetters Don Carlos, ein Ereignis, das die Erinnerung der Brüder an den Aufenthalt in Spanien, der sechs Jahre dauerte, weitgehend geprägt hat. Erst nach der Geburt des neuen spanischen Thronfolgers Ferdinand konnte Rudolf mit seinem Bruder Ernst nach Österreich zurückkehren.

Rudolf II. genoß eine hervorragende Ausbildung und sprach fünf Sprachen fließend. Neben Geschichte und Altertumskunde besaß er eine besondere Vorliebe für Astronomie und Astrologie. Kepler widmete ihm die neu berechnete »Tabulae Rudolphinae« (Planetentafel).

Noch zu Lebzeiten Kaiser Maximilians II. wurde der hochgebildete Rudolf II. 1572 zum König von Ungarn und 1575 zum König von Böhmen gekrönt. Von seinem Vater nur selten zu den Regierungsgeschäften herangezogen, erfolgte 1575 die Wahl Rudolfs II. zum römisch-deutschen König. Er erwarb sich damit die Anwartschaft auf die römische Kaiserwürde und trat nach dem Tode seines Vaters dessen Nachfolge als Römischer Kaiser an.

Eine der ersten Amtshandlungen Rudolfs II. war die Verlegung des Regierungssitzes von Wien nach Prag. Es war eine wohl im Hinblick auf die häufigen Einfälle der Ungarn nach Österreich durchgeführte praktische Maßnahme, die allerdings die Bedeutung Böhmens erhöhte und Prag für einige Jahre zum Mittelpunkt der europäischen Politik machte.

Seinem Bruder Ernst übertrug der Kaiser die Statthalterschaft in Ober- und Niederösterreich. Mit Zustimmung seines Bruders leitete Erzherzog Ernst die katholische Erneuerung in den österreichischen Ländern ein. Er fand dabei die nachhaltige Unterstützung des zur katholischen Kirche übergetretenen Melchior Khlesl, Generalvikar des Bistums Passau und Sohn eines protestantischen Bäckermeisters aus Wien. Der 1602 zum Bischof von Wien erhobene Khlesl trug wesentlich zum Sturz Kaiser Rudolfs II. bei und gewann so das

Vertrauen des späteren Kaisers Matthias, dessen intimer Berater der Bischof und seit 1615 auch Kardinal wurde.

Während Ernst und die anderen Brüder des Kaisers in den österreichischen Ländern den Protestantismus wirksam bekämpfen konnten, war Rudolf II. in Böhmen weniger erfolgreich und konnte die Ausbreitung der evangelischen Lehre im Königreich nicht verhindern. In Ungarn herrschte wegen der Glaubensfrage allgemeine Unzufriedenheit mit der deutschen Herrschaft, da Rudolf II. 1604 auf einem Reichstag zu Preßburg alle Zugeständnisse in Fragen der kirchlichen Lehre abgelehnt hatte. Gleichzeitig gab er seine Absicht bekannt, den katholischen Charakter Ungarns wiederherzustellen. Die starre Haltung des Kaisers trieb die bisher kaisertreuen Städte Oberungarns in die Arme des protestantischen Adels. Der bis dahin dem Kaiser treu ergebene Calvinist Stephan Bocskay suchte Hilfe bei den Türken. Der Sultan verlieh ihm Siebenbürgen und Ungarn als türkisches Lehen. Die ihm gleichzeitig angebotene Königswürde Ungarns lehnte Bocskay ab. Nun drohte den Habsburgern der Verlust Ungarns. Der sich seit 1598 immer mehr isolierende und wohl an einer geistigen Erkrankung leidende Kaiser hatte sich den wiederholten Wünschen seiner Brüder, die Nachfolge zu regeln, immer widersetzt. Am 28. 5. 1605 konnten sie dem Kaiser eine Teillösung abtrotzen. Nach dem Tode des liebenswürdigen Erzherzogs Ernst im Jahre 1595 war Erzherzog Matthias der Erbe. Er erhielt vom Kaiser die Vollmacht zur Führung des Krieges gegen die Ungarn. Das unter seinem Kommando stehende kaiserliche Heer mußte sich nach Preßburg zurückziehen, und Erzherzog Matthias sah sich zu Verhandlungen gezwungen. Nur unter großen Zugeständnissen konnte er den Wiener Frieden vom 23. 6. 1606 erreichen. Den Ungarn wurde die freie Religionsausübung zugesichert. Bocskay wurde als Führer Siebenbürgens unter der Oberhoheit des ungarischen Königs aus dem Hause Habsburg anerkannt. Da die ungarischen Stände Rudolf II. ablehnten, übernahm Erzherzog Matthias die Herrschaft in Ungarn. Der Kaiser mußte sich außerdem verpflichten, Verhandlungen über eine Beendigung des Krieges gegen die Türken aufzunehmen. 1593 hatte die Hohe Pforte (Palast und Hof des Sultans in Konstantinopel) dem Kaiser den Krieg erklärt. In wechselvollen Kämpfen war es im Laufe der Jahre im ungarischen Raum zu zahlreichen Verwüstungen gekommen, ohne daß sich an den Besitzverhältnissen etwas geändert hatte. Am 11. 11. 1606 wurde der Friede von Zsitva-Torok geschlossen, der die Auseinandersetzungen beendete. Erstmals wurde der Kaiser als gleichberechtigter Partner des Sultans anerkannt. Der gegenseitige Besitzstand wurde garantiert, und Rudolf II. zahlte an den Sultan ein einmaliges Ehrengeschenk von 200.000 Gulden, das den bisherigen jährlichen Tribut ablöste.

Die Opposition Kaiser Rudolfs II. gegen die von Erzherzog Matthias abgeschlossenen und vom Kaiser notgedrungen ratifizierten Verträge führten zum Bruderzwist im Hause Habsburg.

Auf Anraten Khlesls führten die Brüder des Kaisers mit Ausnahme von Erzherzog Albrecht 1607 geheime Verhandlungen und ernannten Erzherzog

KAISER RUDOLF II.

Matthias zum Oberhaupt des Hauses Habsburg. Dieser berief 1608 einen Reichstag nach Preßburg und verbündete sich mit den protestantischen Ständen Ungarns gegen Kaiser Rudolf II., der seinerseits Unterstützung bei den protestantischen Ständen im Königreich Böhmen fand. Ohne daß es zu kriegerischen Auseinandersetzungen kam, wurde Kaiser Rudolf II. im Vertrag von Lieben vom 25. 6. 1608 gezwungen, Österreich, Ungarn und Mähren an Erzherzog Matthias abzutreten und ihm die Anwartschaft auf die Krone Böhmens zu bestätigen. Die Unterstützung der böhmischen protestantischen Stände mußte der Kaiser mit dem Erlaß des böhmischen Majestätsbriefes vom 9. 7. 1609 bezahlen. Allen Bewohnern Böhmens wurde Gewissensfreiheit gewährt. Den Rittern, Herren und Bewohnern königlicher Städte wurde freie Religionsausübung gestattet. Die Protestanten erhielten das Recht zum Bau von Kirchen und Schulen. Sie erhielten weiterhin das Recht, Lehrstühle an der Universität in Prag zu besetzen. Die katholischen und protestantischen Stände sicherten sich gegenseitige Duldung zu. Auch für Schlesien mußte der Kaiser einen entsprechenden Majestätsbrief erlassen.

In der Folgezeit warb Rudolf II. mit Hilfe seines Neffen Erzherzog Leopold, Koadjutor des Bistums Passau, ein eigenes Heer an und suchte Verbindung zu den protestantischen Fürsten mit dem Ziel, verlorengegangenes Terrain wiederzugewinnen. Erneut zog Erzherzog Matthias gegen Prag und wurde, nachdem er seinen Bruder zum Verzicht auf die Krone Böhmens gezwungen hatte, am 23. 5. 1611 zum König von Böhmen gekrönt. Rudolf II., der sich der Gewalt beugte, behielt nur noch die Kaiserwürde und zog sich verbittert auf den Hradschin zurück. Die Nachfolge seines ehrgeizigen Bruders, den er abgrundtief haßte, im Reich sicherzustellen, lehnte der Kaiser wütend ab.

Kaiser Rudolf II. blieb unvermählt. Die geplante Ehe mit der Infantin Isabella Clara Eugenia, Tochter König Philipps II. von Spanien, wurde von Rudolf II. immer wieder hinausgeschoben. Als die Infantin schließlich den Bruder des Kaisers, Erzherzog Albrecht VII., heiratete, geriet Rudolf II. in einen maßlosen Zorn. Als Privatmann lebte der alternde Kaiser auf dem Hradschin in Prag und schmiedete in den letzten Monaten seines Lebens utopische Pläne, die verlorengegangene Macht wiederzugewinnen. Am 20. 1. 1612 starb dieser unglückliche Habsburger.

Dieser oft schwankende und schwächliche Monarch war eine der außergewöhnlichsten Erscheinungen unter den Herrschern aus dem Hause Habsburg. Er war nicht nur ein großer Förderer von Kunst und Wissenschaft, sondern auch, von Natur aus abergläubisch, ein Freund des Okkultismus und der Geheimwissenschaften, in die er sich ganz versenken konnte.

Die Haltung Rudolfs II. zur katholischen Kirche war von Unsicherheit geprägt und sein Verhältnis zum protestantischen Lager ohne Sympathie. Zwischen beiden Lagern bezog er eine unabhängige Position mit der Folge, beide Seiten zu verletzen. Wie sein Vater Maximilian II. hat auch Rudolf II. es abgelehnt, vor seinem Tode die Sterbesakramente zu empfangen.

Kaiser Matthias

Kaiser Matthias

* 24. 2. 1557 in Wien
† 20. 3. 1619 in Wien
Grabstätte: Kaisergruft Wien – Gründergruft
Eltern: Kaiser Maximilian II. und Maria von Spanien

∞ 4. 12. 1611 in Wien
ANNA, Erzherzogin von Österreich-Tirol
Eltern: Ferdinand II., Erzherzog von Österreich-Tirol, und Anna Katharina, Herzogin von Mantua a. d. H. Gonzaga, Tochter Wilhelms III., Herzog von Mantua-Montferrat
* 4. 10. 1585 in Innsbruck
† 15. 12. 1618 in Wien
Grabstätte: Kaisergruft Wien – Gründergruft

WAHLSPRUCH: Concordia lumine major = Eintracht ist stärker als Licht

25. 6. 1608 Im Vertrag von Lieben mußte Kaiser Rudolf II. die Herrscherrechte in Österreich, Ungarn und Mähren an Erzherzog Matthias abtreten.
19. 11. 1608 in Preßburg in der St.-Martins-Kirche zum König von Ungarn gekrönt.
23. 5. 1611 in Prag im St.-Veits-Dom zum König von Böhmen gekrönt.
13. 6. 1612 in Frankfurt a. M. zum römisch-deutschen Kaiser gewählt und gekrönt durch den Kurfürsten und Erzbischof von Mainz Johann Schweikard von Kronberg.

Als drittältester Sohn Kaiser Maximilians II. folgte Erzherzog Matthias seinem Bruder Rudolf II. Im Gegensatz zu seinen Brüdern Rudolf und Ernst, die mehrere Jahre am spanischen Hof zubrachten, verlebte Matthias seine Jugend in Wien im Kreise zahlreicher Geschwister. Er war von schlanker Statur mit breiten Gesichtszügen, buschigen Augenbrauen und hinterließ einen soldatischen Eindruck. Schon als Kind gutmütig und friedfertig, brachte er keine besonderen Geistesgaben mit. Von Jugend an bestand gegenüber seinem hochbegabten Bruder Rudolf ein Minderwertigkeitsgefühl. Große Hoffnungen konnten an die Regierungszeit des neuen bereits 55jährigen Herrschers nicht geknüpft werden.

Kaiser Maximilian II. hatte eine Erbteilung vorgenommen. Zum Alleinerben hatte er seinen Sohn Rudolf II. bestimmt. Dieser hatte versprochen, seinen Brüdern Ernst, Matthias, Maximilian III. und Albrecht VII. als Entschädigung jährlich 45.000 Gulden zukommen zu lassen. Da Rudolf II. sich ständig in Geldnöten befand, konnte er die zugesagten Gelder nur selten aufbringen, so daß die Erzherzöge ihren Unterhalt aus den Einkünften in Böhmen und Ungarn gesichert sehen wollten. Mit dieser Forderung stießen sie bei Rudolf II. auf taube Ohren. Schließlich übertrug Rudolf II. seinem Bruder Ernst die Statthalterschaft in Ober- und Niederösterreich und bestellte seinen Bruder Maximilian III. zum Gubernator von Tirol. Erzherzog Albrecht VII. wurde von König Philipp II. von Spanien zum Regenten der Niederlande bestimmt. Erzherzog Matthias, den Rudolf II. nie leiden konnte, wurde ganz übergangen.

Immer auf der Suche, seine Einkünfte zu verbessern, ließ Erzherzog Matthias sich auf ein Abenteuer ein, das ihm nicht nur teuer zu stehen kam, sondern auch noch den Spott seines Bruders eintrug. Der ehrgeizige und unzufriedene Prinz wurde von niederländischen Edelleuten aufgefordert, in den Niederlanden die Macht zu ergreifen. Im Oktober 1577 verließ er heimlich Wien, begab sich nach den Niederlanden und wurde von den rebellierenden Niederländern zum Statthalter ernannt. Mit der Übernahme dieses Amtes stellte er sich gegen seine eigene Dynastie. In seiner Stellung blieb er ohne jeden Einfluß und mußte, nachdem man ihm jegliche Einkünfte vorenthielt, mit Schimpf und Schande nach Wien zurückkehren. Über den eigenmächtigen Schritt seines Bruders war Kaiser Rudolf II. so verärgert, daß er Matthias aus Wien verbannte und ihm Linz als Wohnort zuwies.

Erst 1593 erhielt Erzherzog Matthias durch Vermittlung seiner Mutter die Statthalterschaft in Ober- und Niederösterreich, da der bis dahin als Statthalter tätige Erzherzog Ernst die Vormundschaft über die Kinder Erzherzog Karls II. von Innerösterreich übernahm, der 1590 verstorben war. Matthias setzte die von

KAISER MATTHIAS

seinem Bruder Ernst begonnene Gegenreformation fort und ließ sich im wesentlichen nur noch von Melchior Khlesl beraten. Dieser brachte alle Voraussetzungen mit, die Erzherzog Matthias fehlten. Er verfügte nicht nur über eine klare Regierungskonzeption, sondern verstand es auch, die politischen Verhältnisse zu seinen Gunsten auszunutzen. Schon bald wurde Khlesl auch Berater in allen Angelegenheiten, die das Haus Habsburg betrafen. Nachdem Matthias sich im Kampf gegen Rudolf II. die Herrscherrechte in Ungarn und die Königskrone in Böhmen sowie die Herrschaft in Österreich und Mähren gesichert hatte, galt er als das unbestrittene Oberhaupt des Hauses Habsburg.

Nach dem Tode Kaiser Rudolfs II. war die Nachfolge im Reich zunächst offen, da der Kaiser zu seinen Lebzeiten die Sicherung der Nachfolge in der Kaiserwürde abgelehnt hatte, weil er seinen Bruder Matthias nicht als Nachfolger haben wollte. Den vereinten Bemühungen des spanischen Gesandten und Melchior Khlesls gelang es schließlich, die Wahl Matthias' und seine Krönung zum römisch-deutschen Kaiser durchzusetzen. Der Kaiser sah sich am Ziel seiner Wünsche, und damit war sein Ehrgeiz befriedigt. Die Führung der Staatsgeschäfte überließ er nunmehr weitgehend seinem Vertrauten Khlesl.

Am 10. 7. 1609 war es zur Gründung der katholischen Liga gekommen. Unter Führung Maximilians I., des späteren Kurfürsten von Bayern, hatten sich die Kurfürsten und Erzbischöfe von Mainz, Köln und Trier sowie fast alle katholischen süddeutschen Stände zu einem Defensivpakt zur Verteidigung des Landfriedens und der katholischen Religion zusammengeschlossen. Die Liga war als Gegengewicht zur protestantischen Union von 1608 gedacht, deren Führer Kurfürst Friedrich von der Pfalz war. Während die katholische Liga von Spanien und dem Papst unterstützt wurde, stellten sich England, Frankreich und die Generalstaaten auf seiten der Union. Die Einflußnahme des Kaisers auf die Liga und die Union blieb bedeutungslos, da er sich beiden Bündnissen gegenüber nicht durchsetzen konnte.

In den habsburgischen Ländern nahm die Macht der Stände wieder zu. Die nationalen ungarischen Stände wählten mit Zustimmung der Hohen Pforte den Habsburg feindlich gesinnten Gabriel Bethlen am 27. 10. 1613 zum Fürsten von Siebenbürgen, der Stephan Báthory ablöste. Erneut war der Friede an den ungarischen Grenzen gefährdet. Der Kaiser berief die Stände aller ihm unterstehenden Länder zu einem Generallandtag nach Linz. Entgegen den Wünschen des Kaisers setzten sich die Stände auf diesem Generallandtag für die Anerkennung Gabriel Bethlens ein, der als Fürst von Siebenbürgen anerkannt wurde. Bethlen mußte die Zugehörigkeit Siebenbürgens zum Königreich Ungarn anerkennen und sich in einer geheimen Abmachung verpflichten, den Kaiser gegen die Türken zu unterstützen für den Fall, daß diese eingreifen sollten. 1615 wurde der Türkenfriede von Zsitva-Torok bis zum Jahre 1635 verlängert.

Da die österreichische Linie der Habsburger ohne männliche Erben war, zogen die böhmischen und österreichischen Stände auf einem Generallandtag in Prag einen Wechsel der Dynastie in Erwägung. Nunmehr beeilte der Kaiser sich, die Erbfolge im Hause Österreich dahingehend zu regeln, daß er selbst und seine Brüder die Nachfolge Ferdinands III. von Innerösterreich und seiner Nachkommen in den österreichischen Ländern, Böhmen, Mähren, Schlesien und Ungarn anerkannten. Diese Entscheidung rief König Philipp III. von Spanien auf den Plan, der als Enkel Kaiser Maximilians II. das Erbrecht der innerösterreichisch-steirischen Linie bestritt, aber 1617 gegen Landabtretungen in den Vorlanden und im Elsaß auf sein vermeintliches Erbrecht verzichtete. Das Vorrecht der männlichen Nachkommen der spanischen Habsburger gegenüber den weiblichen Nachkommen der österreichischen Habsburger wurde durch den Verzicht nicht berührt.

In Böhmen kam es 1616 zu neuen Streitigkeiten um Kirchenbauten der Protestanten in Braunau und Klostergrab. Der Kaiser wurde angerufen, eine Entscheidung zu fällen, und verbot die Kirchenbauten. Es kam zu stürmischen Protesten der Protestanten, die sich auf den Majestätsbrief Kaiser Rudolfs II. beriefen. Der radikale Führer der Protestanten Heinrich Matthias Thurn von Valsassina gewann die Oberhand, und die konfessionellen Gegensätze in Böhmen verschärften sich zusehends. Im Juni 1617 wählten die böhmischen Stände Erzherzog Ferdinand III., einen Sohn Erzherzog Karls II. von Innerösterreich, als Ferdinand II. zum König von Böhmen, der den Majestätsbrief Kaiser Rudolfs II. anerkennen und bestätigen mußte. Die Stärkung der katholischen Stände durch die Wahl Ferdinands führte zu einer erheblichen Verschärfung der Gegensätze. 1618 wurde König Ferdinand II. nach langwierigen Verhandlungen auch zum König von Ungarn gewählt.

König Ferdinand II. von Böhmen und Ungarn und Kaiser Matthias verlegten ihre Residenz von Prag nach Wien. In Böhmen wurden Statthalter eingesetzt.

Das im böhmischen Majestätsbrief zugestandene Kollegium der Defensoren hatte am 5. 3. 1618 eine Versammlung nach Prag einberufen. Der Kaiser wurde aufgefordert, alle Beschwerden der Protestanten unverzüglich abzustellen. Gleichzeitig wurde trotz Verbots des Kaisers zum 21. 5. 1618 eine neue Versammlung einberufen. Zwei Tage später zogen die Delegierten unter Führung des Heinrich Matthias Thurn zum Schloß. Nach einer Auseinandersetzung mit den königlichen Statthaltern auf dem Hradschin wurden die Statthalter Martinitz und Slavata sowie der Sekretär Fabricius aus dem Fenster in den 17 Meter tiefen Burggraben gestürzt, wo sie verletzt liegen blieben. Der Prager Fenstersturz war ein geplanter revolutionärer Akt und der Beginn des böhmischen Aufstandes, der sich zum politischen Umsturz ausweitete. Es wurde ein 30köpfiges Direktorium eingesetzt und unter Führung des Heinrich Matthias Thurn ein Heer aufgestellt. Die Jesuiten wurden des Landes verwiesen, der Erzbischof von Prag vertrieben. Nicht besser erging es dem Abt des Prämonstratenserklosters Strahov und dem Abt der Benediktinerabtei Braunau. Die Stände kämpften gegen den König und die Protestanten gegen die königstreuen Katholiken. Am Wiener Hof sah man den Ereignissen in Böhmen unentschlossen zu. Kaiser Matthias und sein Berater Khlesl neigten dazu, mit den Aufständischen Verhandlungen aufzunehmen und einen Ausgleich mit den böhmischen Ständen zu suchen. König Ferdinand II.

KAISER MATTHIAS

dagegen wollte die militärische Entscheidung und wurde in seiner Haltung von Spanien unterstützt. Schließlich wurde Khlesl von König Ferdinand II. gefangengenommen und des Landes verwiesen. Da der Kaiser seinen getreuesten Diener fallen ließ, gewann die Kriegspartei am Wiener Hof das Übergewicht. Zum offenen Ausbruch der Feindseligkeiten kam es jedoch erst nach dem Tode des Kaisers, der am 20. 3. 1619 in der Wiener Hofburg starb. Wie ein Wetterleuchten zeichnete sich ein Krieg ab, der weite Teile Europas erfassen und verwüsten sollte.

Kaiser Matthias ist vielfach an Widersprüchen und mehr noch an Unzulänglichkeiten gescheitert. In der Begabung seinem Bruder Rudolf weit unterlegen, bedurfte er stets einer führenden Hand, die ihm die zu treffenden Entscheidungen abnahm. Erst mit 54 Jahren hatte er sich schon bald nach der Abdankung Kaiser Rudolfs II. mit seiner Cousine, Erzherzogin Anna von Österreich-Tirol, vermählt, nachdem ihm bis dahin sein Bruder verboten hatte zu heiraten. In der gutmütigen Kaiserin Anna fand Kaiser Matthias eine liebevolle Gefährtin, die drei Monate vor dem Kaiser starb. Die sehr fromme Kaiserin holte die Kapuziner nach Wien und ließ das Kapuzinerkloster erbauen. Sie gab den Auftrag, unter der Klosterkirche für sich und ihren Gemahl eine Gruft zu errichten, die im Laufe der Jahrhunderte mehrfach ausgebaut und als Kaisergruft Familiengrabstätte der Habsburger wurde. Hier ruhen die sterblichen Überreste fast aller Habsburger Herrscher und ihrer Nachkommen von Kaiser Matthias an.

Kaiser Ferdinand II.

Kaiser Ferdinand II.

* 9. 7. 1578 in Graz
† 15. 2. 1637 in Wien
Grabstätte: Habsburger Mausoleum in Graz
Eltern: Erzherzog Karl II. von Innerösterreich und Maria Anna von Bayern

1. ⚭ 23. 4. 1600 in Graz
MARIA ANNA, Prinzessin von Bayern
Eltern: Wilhelm V., Herzog von Bayern, und Renate, Prinzessin von Lothringen,
Tochter Franz' I., Herzog von Lothringen
* 18. 12. 1574 in München
† 8. 3. 1616 in Graz
Grabstätte: Habsburger Mausoleum in Graz

2. ⚭ 2. 2. 1622 in Innsbruck
ELEONORE, Prinzessin von Mantua a. d. H. Gonzaga
Eltern: Vinzenz I., Herzog von Mantua, und Eleonore von Medici, Prinzessin von
Toskana, Tochter Franz' I., Großherzog von Toskana
* 23. 9. 1598 in Mantua
† 27. 6. 1655 in Wien
Grabstätte: Stephansdom in Wien – Herzogsgruft, Herzurne im Habsburger
Mausoleum in Graz

WAHLSPRUCH: Legitime certantibus = Mit den ehrlich Kämpfenden

29. 6. 1617   in Prag im St.-Veits-Dom zum König von Böhmen gekrönt.
1. 7. 1618   in Preßburg in der St.-Martins-Kirche nach Anerkennung seiner
Wahl durch den ungarischen Reichstag zum König von Ungarn
gekrönt.
28. 8. 1619   in Frankfurt a. M. zum römisch-deutschen Kaiser gewählt.
9. 9. 1619   in Frankfurt a. M. zum römisch-deutschen Kaiser gekrönt durch den
Kurfürsten und Erzbischof von Mainz Johann Schweikard von
Kronberg.

Nach dem Tode von Kaiser Matthias wurde Erzherzog Ferdinand III., ein Sohn Erzherzog Karls II. von Innerösterreich-Steiermark, Oberhaupt des Hauses Habsburg. In Graz geboren, erhielt der Erzherzog bei der Taufe den Namen seines Großvaters, der mütterlicherseits auch sein Urgroßvater war. In den ersten Jahren seiner Kindheit wurde er ausschließlich von seiner Mutter Maria Anna erzogen, die sorgsam darauf achtete, daß das Kind zu einem frommen Katholiken heranwuchs. Die strenge Erziehung durch die Erzherzogin hinterließ bei Ferdinand einen besonderen Respekt vor der Mutter, den er auch in späteren Jahren nicht ablegen konnte. Bereits mit acht Jahren wurde Ferdinand an der von seinem Vater gegründeten Universität in Graz immatrikuliert. Da der Einfluß des Protestantismus in Graz zu stark wurde, sorgte wiederum die Mutter dafür, daß Ferdinand diesem Einfluß entzogen wurde. Nach langen internen Beratungen wurde er nach Ingolstadt geschickt, wo der Erzherzog unter der Aufsicht seines Onkels, Herzog Wilhelm von Bayern, die von Jesuiten geleitete Universität besuchte. Am 11. 1.1590 reiste er nach Ingolstadt, wo er am 9. 3. 1590 seine Studien aufnahm. Der streng katholischen Erziehung stand nichts mehr im Wege. Im Sommer 1594 lernte Ferdinand in Regensburg seinen ihm bis dahin unbekannten Vetter, Kaiser Rudolf II., kennen. Das Treffen kam auf Wunsch Ferdinands zustande. Der Kaiser fand Gefallen an Ferdinand und stellte ihm eine baldige Rückkehr nach Graz in Aussicht. Fünf Monate später erhielt er die Erlaubnis zur Heimreise und kehrte über München nach Graz zurück, wo er im März 1595 eintraf. Er wurde vom innerösterreichischen Adel, unter dem sich viele Protestanten befanden, freundlich willkommen geheißen. Noch ahnten die Protestanten nicht, daß die Rückkehr des Erzherzogs ihnen schon bald schwere Zeiten bescheren sollte.

1596 übernahm Erzherzog Ferdinand III. die Regierung in Innerösterreich, nachdem das Erbe Erzherzog Ferdinands II. von Tirol, dessen Söhne aus der Ehe mit Philippine Welser von der Nachfolge ausgeschlossen blieben, an die steirische Linie gefallen war. Eine der ersten Maßnahmen Ferdinands in Innerösterreich war die Aufhebung der von seinem Vater den Ritterständen und Herrschaften 1572 zugebilligten vollen Gewissensfreiheit. Die Ausübung des protestantischen Bekenntnisses wurde unmöglich gemacht. In Innerösterreich begann eine gewaltsame und brutale Unterdrückung der Protestanten, die das Land verlassen mußten. Ferdinand handelte nicht zuletzt unter dem starken Einfluß seines Beichtvaters, des Jesuitenpaters Bartholomäus Viller. Die Spätfolgen der von Ferdinand getroffenen Maßnahmen waren schwere wirtschaftliche Schäden im ganzen Land. Trotzdem folgte der Erzherzog in der Durchführung der Gegenreformation der unvertretbaren Härte seines Vetters, König Philipps III. von Spanien, der die Rekatholisierung mit allen Mitteln förderte.

Noch zu Lebzeiten von Kaiser Matthias war es zwischen der österreichischen und spanischen Linie der Habsburger zu Auseinandersetzungen über die Erbfolge nach dem Tode des Kaisers gekommen. Um seine Wahl zum König von Ungarn und Böhmen nicht unnötig zu verzögern, schloß Erzherzog Ferdinand am 20. 3. 1617 mit dem spanischen Gesandten Oñate einen Vertrag, wonach der König von Spanien gegen die Abtretung des Elsaß mit Hagenau und Ortenburg zugunsten Ferdinands und seiner männlichen Nachkommen auf die Nachfolge in Böhmen und Ungarn verzichtete. In einem geheimen Zusatzabkommen wurde das Vorrecht des Mannesstammes der spanischen Habsburger gegenüber dem Frauenstamm der österreichischen Linie vereinbart. Dieser Vertrag war mit ein Anlaß für den späteren Eintritt Frankreichs in den Dreißigjährigen Krieg, da Frankreich sich nicht zu Unrecht von den Habsburgern eingekreist sah.

Im Juni 1617 wurde Erzherzog Ferdinand zum König von Böhmen und im Juli 1618 zum König von Ungarn gekrönt. Vor der Krönung hatte Ferdinand feierlich versprechen müssen, den böhmischen Majestätsbrief und alle den böhmischen Ständen gewährten Privilegien anzuerkennen. Da die Versprechungen nicht eingehalten wurden, kam es nach dem Tode von Kaiser Matthias in Innerösterreich und besonders in Böhmen zu einer äußerst kritischen Lage. Am 5. 6. 1619 standen die böhmischen Rebellen unter Thurn vor den Stadttoren Wiens. Eine Abordnung der protestantischen Stände verlangte von König Ferdinand Entgegenkommen in Glaubenssachen und einen Verzichtfrieden mit Böhmen. Diesen Forderungen schlossen sich auch die österreichischen Stände an. Durch das Eingreifen der verstärkten Stadtgarde konnte der König sich den Forderungen entziehen und nach Unterstützung des Königs durch die Wiener Bevölkerung mußte Thurn sich nach Prag zurückziehen.

Am 28. 8. 1619 erfolgte die Wahl Ferdinands zum römisch-deutschen Kaiser als Ferdinand II. Die infolge der Kaiserwahl bedingte Abwesenheit Ferdinands benutzten die protestantischen Stände Ober- und Niederösterreichs, mit den protestantischen Ständen in Böhmen ein Bündnis einzugehen. Am 26. 8. 1619 erklärte der böhmische Landtag das Königreich Böhmen zum Wahlreich. Kaiser Ferdinand wurde als Feind der wahren Religion abgesetzt und Kurfürst Friedrich V. von der Pfalz, der in Frankfurt noch für die Wahl Ferdinands zum Kaiser stimmte, zum König von Böhmen gewählt und am 4. 11. 1619 im St.-Veitsdom gekrönt. Noch im gleichen Monat nahm der Fürst von Siebenbürgen, Gabriel Bethlen, der die Protestanten in Ungarn bevorzugte, den Titel eines erwählten Königs von Ungarn an.

Aufgrund der Vorgänge in Böhmen bildeten sich in Europa zwei große politische Gruppierungen.

Kaiser Ferdinand II. fand Unterstützung bei Papst Paul V., König Philipp III. von Spanien, dem Großherzog Cosimo von Toskana und der katholischen Liga unter Führung Herzog Maximilians von Bayern. Da der Kaiser kein eigenes Heer hatte, war er weitgehend von der katholischen Liga abhängig. Die Unterstützung der katholischen Liga hatte Ferdinand II. sich gegen weitreichende Zugeständnisse am 8. 10. 1619 im Vertrag von München gesichert. Kernstück dieses Vertrages war die Ächtung Friedrichs V. von der Pfalz und die Übertragung der erblichen pfälzischen Kurwürde auf Herzog Maximilian von Bayern.

Die protestantische Union wurde unterstützt von König Gustav Adolf II. von Schweden, König Christian IV. von Dänemark und dem katholischen Fürsten Karl Emanuel von Savoyen. Die Könige von England und Frankreich hielten sich zunächst noch zurück.

Nach einem vergeblichen Versuch des Königs von Frankreich, zwischen der katholischen Liga und der protestantischen Union zu vermitteln, zogen die Truppen des Kaisers und der Liga unter Führung des bayrischen Generals Tilly gegen Prag. Die dort stehenden Verbände der protestantischen Union wurden von Herzog Maximilian von Bayern und Tilly angegriffen und am 8. 11. 1620 am Weißen Berg bei Prag vernichtend geschlagen. Der Winterkönig Friedrich V. von der Pfalz flüchtete bis in die Niederlande. Für den Kaiser nahm Herzog Maximilian von Bayern die Huldigung der böhmischen Stände entgegen. Durch den kaiserlichen Erfolg änderte sich auch die Lage in Ungarn. Nach der Eroberung von Preßburg am 6. 5. 1621 nahm Gabriel Bethlen Verhandlungen mit dem Kaiser auf, die am 31. 12. 1621 mit dem Frieden von Nikolsburg beendet wurden. Während der Kaiser den Ungarn Freiheiten und Privilegien einräumte, verzichtete Gabriel Bethlen auf die Königswürde von Ungarn und wurde zum Reichsfürsten ernannt. Durch eine großzügige Amnestie wurde den ungarischen Ständen Straffreiheit zugesichert.

Über Böhmen entlud sich ein grausames Strafgericht des Kaisers. Die Führer des Aufstandes wurden – soweit sie nicht ins Ausland geflohen waren – hingerichtet. Ihr Besitz wurde eingezogen, und 30.000 Familien mußten auswandern. Annähernd 650 Güter wurden konfisziert. In Böhmen und den österreichischen Erbländern wurde die Gegenreformation brutaler denn je durchgeführt. Die protestantischen Adeligen mußten Österreich verlassen. Unter ihnen befanden sich so bedeutende Familien wie die von Dietrichstein und von Khevenhüller, die sich in ganz besonderem Maße um das Haus Habsburg verdient gemacht hatten, sie gingen nach Deutschland, und für die Ausgewanderten kamen katholische italienische und spanische Familien ins Land, die die den Protestanten enteigneten Güter erhielten.

Kurfürst Friedrich V. wurde die Kurwürde aberkannt und auf Herzog Maximilian von Bayern übertragen. Gegen diese Maßnahme erhob der Schwiegervater Friedrichs V., König Jakob I. von England, Einspruch, und auch der französische König änderte seine Haltung, weil spanische Truppen und Verbände der katholischen Liga die Pfalz und den Westen Deutschlands besetzt hielten.

1624 übernahm König Christian IV. von Dänemark die Führung innerhalb des protestantischen Lagers. Der einem böhmischen Adelsgeschlecht entstammende Albrecht Eusebius Wenzel Wallenstein wurde vom Kaiser beauftragt, ein Heer

KAISER FERDINAND II.

aufzustellen. Der ursprünglich protestantisch erzogene Wallenstein war 1606 zum katholischen Glauben übergetreten. Bereits nach der Schlacht am Weißen Berg hatte er aus dem Ankauf beschlagnahmter Güter erhebliche Vorteile gezogen. 1623 wurde er in den Reichsfürstenstand erhoben und erhielt 1624 die Würde eines Herzogs von Friedland in Nordböhmen. Als der Krieg wieder aufflackerte, stellte Wallenstein ein starkes Heer auf und zog gemeinsam mit General Tilly, der das Aufgebot der katholischen Liga führte, gegen die Dänen, die bei Tangermünde geschlagen wurden. Die protestantischen Verbände wurden bis nach Oberungarn verfolgt, wo Gabriel Bethlen an einem Vormarsch nach Westen gehindert werden konnte. Der Friede von Preßburg am 20. 12. 1626 brachte erneut einen Ausgleich zwischen Kaiser Ferdinand II. und Gabriel Bethlen.

Nach dem Abzug Wallensteins aus Norddeutschland versuchte der Dänenkönig einen erneuten Angriff und wurde von den Truppen der Liga unter General Tilly in Lutter am Barenberg entscheidend geschlagen. Nach ihrer Vereinigung zogen die Verbände des Kaisers und der Liga, ohne Widerstand zu finden, nach Schleswig und Jütland. Der mit König Christian IV. verbündete Herzog Friedrich Ulrich von Braunschweig-Kalenberg unterwarf sich dem Kaiser. Der Friede von Lübeck am 22. 5. 1629 beendete die Auseinandersetzungen. Dänemark schied aus dem Dreißigjährigen Krieg aus, und König Christian IV. verpflichtete sich, in Reichsangelegenheiten nur noch in seiner Eigenschaft als Reichsfürst und Herzog von Holstein mitzureden.

Am 10. 5. 1627 wurde vom Kaiser die »Verneuerte Landesordnung« für Böhmen erlassen, die als königliches Gesetz mit entsprechenden Bestimmungen auch für Mähren galt. Das Erbrecht des Hauses Habsburg wurde festgeschrieben. Ein Wahlrecht wurde den böhmischen Ständen nur für den Fall des Aussterbens des Hauses Habsburg zugestanden. Die böhmische Hofkanzlei wurde endgültig nach Wien verlegt.

Kaiser Ferdinand II. befand sich nun auf der Höhe seiner Macht. Unter dem Eindruck seiner Erfolge erließ der Kaiser ohne Rücksprache mit den Kurfürsten am 6. 3. 1629 das Restitutionsedikt, mit dem alle den Katholiken seit 1552 entzogenen und den Protestanten übereigneten Kirchengüter, Stifte, Klöster und Bistümer zurückgefordert wurden. Durch die Übernahme zahlreicher norddeutscher Bistümer sollte das Haus Habsburg gestärkt werden. Neben zahlreichen Kirchengütern waren vom Restitutionsedikt 2 Erzbistümer, 11 Bistümer und über 500 Klöster betroffen. Die Verweigerung der Restitution wurde mit der Acht und Aberacht bedroht. Kaiserliche Kommissare sorgten für die Durchführung der Anordnung. Die Maßnahmen stärkten den Widerstandswillen der Protestanten und forderten Frankreich und Schweden heraus. Die Pläne des Kaisers und Wallensteins, gegen Schweden und die Niederlande einen Seekrieg zu führen und so die Gegenreformation militärisch zu erzwingen, wurden von König Gustav II. Adolf von Schweden, der am 6. 7. 1630 mit 20.000 Mann in Vorpommern landete, durchkreuzt. Ein Übergreifen der Gegenreformation auf Schweden wurde damit vereitelt. Frankreich stellte sich auf die Seite Schwedens und zahlte Hilfsgelder.

Die Machtstellung des Kaisers und Wallensteins förderte nun auch den Widerstand der Kurfürsten, die trotz der schwedischen Invasion die Absetzung Wallensteins betrieben. Auf dem Kurfürstentag in Regensburg wurde Wallenstein am 13. 8. 1630 vom Kaiser abgesetzt. Der Kaiser mußte sich dem Willen der Kurfürsten beugen, da die Nachfolge seines Sohnes Ferdinand noch nicht gesichert war. Kaiser Ferdinand war erneut ohne Heer und von der katholischen Liga abhängig.

Thüringen, Brandenburg und Sachsen traten auf die Seite des Schwedenkönigs, der über Mitteldeutschland nach Süddeutschland vorrückte. Der Sohn des Kaisers, Erzherzog Ferdinand IV., übernahm den Oberbefehl über die kaiserlichen Truppen. Am 17. 9. 1631 wurden die Verbände der katholischen Liga unter General Tilly bei Breitenfeld besiegt. In der Schlacht bei Rain a. Lech mußte Tilly am 15. 4. 1632 erneut eine Niederlage hinnehmen und wurde während des Kampfes so schwer verwundet, daß er am 30. 4. verstarb. Die Sachsen drangen bis nach Böhmen vor und besetzten Prag. Gleichzeitig konnte König Gustav II. Adolf München erobern und die Truppen der katholischen Liga zerschlagen. Nunmehr waren die bisher verschont gebliebenen österreichisch-habsburgischen Länder unmittelbar bedroht. Unter dem Eindruck der schlechten militärischen Lage nahm Kaiser Ferdinand II. den tief beleidigten Wallenstein erneut in seine Dienste. Dieser vertrieb die sächsischen Truppen aus Prag und Böhmen und konnte Nürnberg gegen die Schweden erfolgreich verteidigen. Wallenstein wurde von den Schweden nach Sachsen verfolgt. In der Schlacht bei Lützen in der Nähe von Leipzig wurde Wallenstein am 16. 11. 1632 zwar besiegt, erlebte aber zugleich den Tod König Gustavs II. Adolf während der Schlacht.

Wallensteins nächstes Ziel war es, unter allen Umständen eine Ausweitung des Krieges zu verhindern. Er führte eigenmächtig Friedensverhandlungen mit Schweden. Diese Eigenmächtigkeit nahm Fürst Piccolomini zum Anlaß, mit Unterstützung der spanischen Gesandten am Wiener Hof beim Kaiser gegen Wallenstein zu intrigieren und den Vorwurf des Hochverrats zu erheben. Mit mehreren Getreuen wurde Wallenstein am 25. 2. 1634 in Eger ermordet. Ob Kaiser Ferdinand II. Mitwisser der hinterhältigen Mordtat an Wallenstein war, wurde nie geklärt. Dafür spricht, daß der Kaiser die Güter des Ermordeten beschlagnahmen und an die am Sturz Wallensteins Beteiligten verteilen ließ.

Als alleiniger Oberbefehlshaber der kaiserlichen Heere konnte Erzherzog Ferdinand IV. Regensburg erobern und die Schweden bei Nördlingen schlagen.

Am 30. 5. 1635 wurde zwischen dem Kaiser und dem Kurfürsten von Sachsen der Friede von Prag geschlossen, dem sich viele protestantische Reichsstände anschlossen. Der Kaiser verzichtete auf die Durchführung des Restitutionsedikts, lehnte aber die Anerkennung des Protestantismus in den kaiserlichen Erbländern ab. Die Übertragung der pfälzischen Kur und die Abtretung der rechtsrheinischen Pfalz wurden bestätigt. Alle fremden Mächte hatten den Reichsboden zu verlassen und alle Sonderbündnisse bis auf den Kurfürstenverein und Erbverbrüderungen wurden aufgelöst. Damit waren auch die protestantische Union und die katholische Liga aufgehoben. Zur Durchführung und Sicherung des Friedensvertrages sollte das kaiserliche Heer bestehen bleiben. Es schien, als sollte der Friede endgültig gesichert sein. Da schwedische und französische Interessen in den Friedensverhandlungen nicht berücksichtigt wurden, hatte Frankreich bereits am 19. 5. 1635 Spanien den Krieg erklärt, der nun mit aller Härte und Brutalität weitergeführt wurde, sich noch 13 Jahre hinziehen sollte und zu großen Verwüstungen in Deutschland führte. Es begann buchstäblich ein Kampf, den jeder gegen jeden führte und durch den weite Gebiete Deutschlands entvölkert wurden.

Es gelang dem Kaiser noch, die Nachfolge seines Sohnes zu sichern. Wenige Wochen vor dem Tode des Kaisers, der am 15. 2. 1637 starb, wurde Erzherzog Ferdinand IV. als Ferdinand III. zum römisch-deutschen König gewählt.

Kaiser Ferdinand II. war von freundlichem Äußeren und einer heiteren Gemütsbeschaffenheit. Seine sprichwörtliche Großzügigkeit, die von seiner nicht immer uneigennützig handelnden Umgebung oft genug ausgenutzt wurde, stand in einem krassen Gegensatz zu seiner religiösen Unduldsamkeit. Von Jesuiten erzogen, übten diese auch in den späteren Jahren einen entscheidenden und nicht immer günstigen Einfluß auf den Kaiser aus. Im letzten war Ferdinand II. ein unfreier Mensch, der laufend von Gewissensskrupeln geplagt wurde. Ohne den erzieherischen Einfluß der Jesuiten wäre er in seinen Entscheidungen in Glaubensfragen sicher freier gewesen. Von den Jesuiten und den Spaniern in seiner unbeugsamen Haltung gegenüber den Protestanten beeinflußt und bestärkt, muß Kaiser Ferdinand II. eine erhebliche Mitschuld am Ausbruch des Dreißigjährigen Krieges zugemessen werden. Letztlich scheiterte der Kaiser aber nicht nur an der Glaubensfrage, sondern auch in seinem Bemühen, die Reichsgewalt im absolutistischen Sinne zu stärken, da die Reichsfürsten eifersüchtig auf ihre Unabhängigkeit bedacht waren.

In erster Ehe war Ferdinand II. mit Maria Anna, Tochter Herzog Wilhelms V. von Bayern, vermählt. Mit dieser Vermählung wurde erneut die Verbindung der Habsburger mit dem Hause Wittelsbach bekräftigt. Die Hochzeit fand in der Grazer Hofkirche statt, wo der päpstliche Legat Kardinal Dietrichstein die Trauung vornahm. Ohne sich in die Politik einzumischen, lebte Maria Anna an der Seite ihres Gemahls. Sie schenkte ihrem Gemahl sieben Kinder und starb noch vor der Erhebung Ferdinands in die Kaiserwürde.

Mit 44 Jahren heiratete Ferdinand II. die Prinzessin Eleonore von Mantua. Die Ehe wurde nicht weniger glücklich als die mit Maria Anna von Bayern.

Es war dem Kaiser noch vergönnt, die Wahl und Krönung seines Sohnes zum römisch-deutschen König zu erleben. Bei dieser Gelegenheit erklärte er:

»Mit der Ehre und Pracht von Kaisern und Königen ist es wie bei einem Schauspiel. Ich finde keinen Unterschied zwischen den Theaterkönigen und den wirklichen, nur daß die einen Stunden und die anderen Jahre regieren. Die Ehrenbezeigungen dauern bei beiden nur, solange sie auf der Bühne stehen. Nach ihrem Tode sind sie vergessen wie alle anderen.«

Die Nachkommen Kaiser Ferdinands II.

AUS DER EHE MIT MARIA ANNA VON BAYERN

1. CHRISTINE, Erzherzogin
   * 25. 5. 1601 in Graz
   † 12. 6. 1601 in Graz
   Grabstätte: Gruft unter dem Mausoleum der Benediktinerabtei Seckau/
   Steiermark

2. KARL, Erzherzog
   * 25. 5. 1603 in Graz
   † 25. 5. 1603 in Graz
   Grabstätte: Gruft unter dem Mausoleum der Benediktinerabtei Seckau/
   Steiermark

3. JOHANN KARL, Erzherzog
   * 1. 11. 1605 in Graz
   † 26. 12. 1619 in Graz
   Grabstätte: Habsburger Mausoleum in Graz

4. FERDINAND IV., Erzherzog
   1. ∞ MARIA ANNA, Infantin von Spanien
   2. ∞ MARIA LEOPOLDINA, Erzherzogin von Österreich-Tirol
   3. ∞ ELEONORE GONZAGA II., Prinzessin von Mantua
   Siehe unter Kaiser Ferdinand III.

5. MARIA ANNA, Erzherzogin
   * 13. 1. 1610 in Graz
   † 25. 9. 1665 in München
   Grabstätte: Fürstengruft in der St.-Michaels-Kirche in München

   ∞ 15. 7. 1635 in München
   MAXIMILIAN I., Kurfürst von Bayern a. d. H. Wittelsbach
   Eltern: Wilhelm V., Herzog von Bayern, und Renate, Prinzessin von
   Lothringen, Tochter Franz' I., Herzog von Lothringen
   * 17. 4. 1573 in München
   † 27. 9. 1651 in Ingolstadt
   Grabstätte: Fürstengruft in der St.-Michaels-Kirche in München

Bei ihrer Eheschließung mit dem 62jährigen Kurfürsten von Bayern
richtete sich Erzherzogin Maria Anna nach einer Entscheidung ihres

KAISER FERDINAND II.

549

Vaters. Sie teilte den politischen Weg ihres Gemahls mit klugem Verständnis. Sie nahm an den geheimen Ratssitzungen teil und wurde dem Kurfürsten eine unentbehrliche Ratgeberin. In seinen letztwilligen Verfügungen ordnete Maximilian I. an, daß seine Gemahlin neben seinem Bruder Albrecht Mitregentin werden sollte. Maria Anna stand nach dem Ableben des Kurfürsten bis 1654 tatsächlich an der Spitze des Vormundschaftsrates für ihren ältesten Sohn und zeigte sich als pflichtbewußte Persönlichkeit. Als Regentin gab sie am 31. 5. 1653 die Kurstimme Bayerns bei der Wahl des römisch-deutschen Königs ihrem Bruder, Erzherzog Ferdinand IV. Nach Beendigung ihrer Regentschaft erlosch auch ihr Einfluß auf die Regierung. Sie war die Nichte ihres Gemahls, dessen Schwester die Mutter Maria Annas war.

6. CÄCILIA RENATA, Erzherzogin
   * 16. 7. 1611 in Graz
   † 24. 3. 1644 in Krakau
   Grabstätte: Langes Gruftgewölbe in der Wawelkathedrale in Krakau

   ∞ 13. 9. 1637 in Krakau
   WLADISLAW IV. a. d. H. Wasa, König von Polen 1632–1648
   Eltern: Sigismund III., König von Polen, und Anna, Erzherzogin von Österreich, Tochter Karls II., Erzherzog von Innerösterreich-Steiermark
   * 19. 4. 1594 in Lobzow bei Krakau
   † 20. 5. 1648 in Merecz/Litauen
   Grabstätte: Langes Gruftgewölbe in der Wawelkathedrale in Krakau

7. LEOPOLD WILHELM, Erzherzog
   * 16. 1. 1614 in Graz
   † 20. 11. 1662 in Wien
   Grabstätte: Kaisergruft Wien – neue Gruft, Bischofsreihe

   1625 Bischof von Passau und Straßburg.
   1628 Bischof von Halberstadt.
   1637 Bischof von Olmütz.
   1642 Hochmeister des Deutschen Ordens.
   1646–1656 Generalstatthalter in den spanischen Niederlanden.
   1655 Bischof von Breslau.
   Leopold Wilhelm war überaus vielseitig begabt. Bereits im Alter von elf Jahren Bischof von Passau und Straßburg, erhielt er später auch die Bischofssitze von Halberstadt und Olmütz. Als kaiserlichem General gelang es ihm, die Schweden aus Böhmen und Schlesien zu verdrängen. Am 2. 11. 1642 mußte er in der Schlacht bei Breitenfeld eine empfindliche Niederlage hinnehmen. Er verlor vorübergehend den Oberbefehl, den er aber 1654 wieder übernahm.
   Als Statthalter der spanischen Niederlande konnte er den Frieden mit den

Vereinigten Niederlanden zugunsten eines Kampfes gegen Frankreich zustande bringen.

Nach dem Tode Kaiser Ferdinands III. von den Kurfürsten vorübergehend als Nachfolger des Kaisers ins Gespräch gebracht, widmete er sich in seinen letzten Lebensjahren ausschließlich der Kunst. Seine Gemälde- und Gobelinsammlung wurde zu einem Grundstock des Kunsthistorischen Museums in Wien.

Kaiser Ferdinand III.

Kaiser Ferdinand III.

* 13. 7. 1608 in Graz
† 2. 4. 1657 in Wien
Grabstätte: Kaisergruft Wien – Leopolds-Gruft
Eltern: Kaiser Ferdinand II. und Maria Anna von Bayern

1. ∞ 26. 2. 1631 in Wien
MARIA ANNA, Infantin von Spanien
Eltern: Philipp III., König von Spanien, und Margarethe, Erzherzogin von Österreich, Tochter Karls II., Erzherzog von Österreich-Steiermark
* 18. 8. 1608 in Escorial bei Madrid
† 13. 5. 1646 in Linz
Grabstätte: Kaisergruft Wien – Leopolds-Gruft

2. ∞ 2. 7. 1648 in Linz
MARIA LEOPOLDINA, Erzherzogin von Österreich-Tirol
Eltern: Leopold V., Erzherzog von Österreich-Tirol, und Claudia von Medici, Prinzessin von Toskana, Tochter Ferdinands I., Großherzog von Toskana
* 6. 4. 1632 in Innsbruck
† 7. 8. 1649 in Wien
Grabstätte: Kaisergruft Wien – Leopolds-Gruft

3. ∞ 30. 4. 1651 in Wien
ELEONORE GONZAGA, Prinzessin von Mantua
Eltern: Karl II., Prinz von Mantua-Nevers, Herzog von Rethel, und Maria Gonzaga, Prinzessin von Mantua, Tochter Franz' IV., Herzog von Mantua
* 18. 11. 1630 in Mantua
† 6. 12. 1686 in Wien
Grabstätte: Kaisergruft Wien – Leopolds-Gruft

WAHLSPRUCH: Pietate et justitia = Mit Frömmigkeit und Gerechtigkeit

8. 12. 1625 in Preßburg in der St.-Martins-Kirche zum König von Ungarn gekrönt.

26. 11. 1627 in Prag im St.-Veits-Dom zum erblichen König von Böhmen gekrönt.

22. 12. 1636 in Regensburg zum römisch-deutschen König gewählt und gekrönt durch den Kurfürsten und Erzbischof von Mainz Anselm Kasimir von Wamboldt zu Umstadt.

15. 2. 1637 »Römischer Kaiser«.

KAISER FERDINAND III.

Nach dem frühen Tod seiner älteren Brüder Karl und Johann Karl war Ferdinand III. der nächste Agnat in der Nachfolge seines Vaters. Ihm war keine lange und sorglose Jugend beschieden. Dafür waren die Zeiten zu ernst. Wie sein Vater wurde der junge Erzherzog von Jesuiten erzogen, die aber keinen maßgeblichen Einfluß auf die Entwicklung Erzherzog Ferdinands gewinnen konnten. Noch nicht 18 Jahre alt, wurde Ferdinand zum König von Ungarn gewählt und zwei Jahre später auch zum König von Böhmen gekrönt. Er studierte Kriegswissenschaften und konnte sich ein so umfangreiches Wissen aneignen, daß er schon bald in einen Gegensatz zu Wallenstein geriet. An dessen Absetzung war er maßgeblich beteiligt. Ferdinand III. war sicher keine so charakteristische Persönlichkeit wie sein Vater. Er war aber schon in seinen frühen Jahren gewinnend im Umgang mit Menschen und würdig in seinem Auftreten.

Kein anderer Habsburger fand bei seinem Regierungsantritt ein schwereres Erbe vor als Kaiser Ferdinand III., dem als römisch-deutschem König nach dem Ableben seines Vaters die Kaiserkrone zugefallen war.

Die Hoffnung, nach dem Prager Frieden von 1635 den Krieg in Deutschland beenden zu können, hatte getrogen, nachdem Frankreich im Bündnis mit Schweden und dem protestantischen Fürsten Georg Rákóczi von Siebenbürgen in das Kriegsgeschehen eingriff. Der wiederauflammende Krieg war schließlich nichts anderes mehr als ein Machtkampf zwischen den Dynastien Habsburg und Bourbon. Der leitende Minister Frankreichs, Kardinal Richelieu, hatte sich das Ziel gesetzt, das Haus Habsburg aus Deutschland und Spanien zu vertreiben und so den habsburgischen Ring um Frankreich zu sprengen. Zunächst kämpften die kaiserlichen Heere gegen die Schweden und Franzosen mit wechselndem Erfolg. Erst der Sieg der Schweden bei Breitenfeld unweit von Leipzig leitete eine für den Kaiser und das Reich ungünstige Entwicklung ein. Nach diesem Sieg zog der schwedische Oberbefehlshaber Torstenson über Schlesien, Böhmen und Mähren bis vor Wien. Die Bedrohung der habsburgischen Erblande zwang den Kaiser, im Oktober 1643 mit Schweden einen Waffenstillstand abzuschließen. Der gleichzeitige Einmarsch der Franzosen in die spanischen Niederlande leitete den Niedergang der spanisch-habsburgischen Macht ein.

Am 10. 4. 1644 wurden die Friedensverhandlungen mit Schweden in Osnabrück und mit Frankreich in Münster aufgenommen. Vier Jahre sollte der Krieg noch weitergehen, bis nach zähem Verhandeln und Feilschen der Westfälische Friede zustande kam. In diesen vier Jahren wurden in Deutschland mehr Verwüstungen angerichtet als in den 26 Jahren zuvor.

Nach der Schlacht bei Jankau in Mittelböhmen am 24. 3. 1645 drangen die

Schweden bis zur Donau vor und besetzten die Städte Krems und Stein. Das von den Schweden geplante Bündnis mit Rákóczi kam nicht zustande, da Ferdinand III. es verstand, durch politische und konfessionelle Zugeständnisse Rákóczi auf seine Seite zu ziehen. Damit war die Absicht der Schweden, die Macht des Kaisers durch konzentrierte Angriffe von Osten und Westen zu brechen, gescheitert. Die Schweden zogen sich nach Böhmen zurück. In Süddeutschland wurde mit wechselnden Erfolgen gekämpft. Das Jahr 1646 brachte neue Vorstöße der Schweden unter General Wrangel nach Bayern und Vorarlberg. Bregenz wurde erobert. Kurfürst Maximilian I. von Bayern schloß einen Neutralitätspakt mit Schweden und Frankreich. Die freigewordenen schwedischen Verbände zogen erneut nach Böhmen und eroberten Eger. Die militärische Lage des Kaisers wurde immer ungünstiger, wenn auch Kurfürst Maximilian I. nach der Eroberung von Eger wieder auf die Seite Ferdinands III. trat. Anfang 1648 erhielt Octavio Piccolomini, Herzog von Amalfi, den Oberbefehl über das kaiserliche Heer. Nach wechselvollen Kämpfen gelang die Befreiung Bayerns. Die schwedischen Verbände besetzten die Oberpfalz und rückten von dort unter Graf Königsmarck erneut gegen Böhmen vor. Andere schwedische Streitkräfte unter General Wittenberg marschierten auf Prag zu. Am 26. 7. 1648 eroberten die Schweden den Hradschin und besetzten die Prager Kleinseite, während die Altstadt und Neustadt sich behaupten konnten. Die Belagerung Prags unter dem schwedischen Thronanwärter Karl Gustav Pfalzgraf von Zweibrücken blieb ohne Erfolg. Noch während der Belagerung der Stadt traf die Nachricht vom Waffenstillstand und dem bevorstehenden Frieden ein. In Prag, wo der Krieg 30 Jahre zuvor mit dem Prager Fenstersturz begonnen hatte, wurden die Auseinandersetzungen vor den Wachttürmen der Karlsbrücke auch beendet.

Die Friedensverhandlungen hatten in dem katholischen Münster und dem protestantischen Osnabrück stattgefunden. Als Vermittler zwischen den kriegführenden Parteien nahmen der päpstliche Gesandte Fabio Chigi und der venezianische Gesandte Contarini teil. Das erste Ergebnis dieser Verhandlungen war der am 30. 1. 1648 erfolgte Friedensschluß zwischen den Generalstaaten und Spanien. Die niederländischen Nordprovinzen lösten sich vom Reich und wurden souverän. Am 24. 10. 1648 wurde der Westfälische Friede gleichzeitig in Münster und Osnabrück unterzeichnet. Als »Instrumentum pacis« galt der Westfälische Friede bis 1806 als Reichsgrundgesetz. Das Friedenswerk regelte:

1. Die territorialen Veränderungen:
Den Habsburgern wurde der Besitzstand in den östlichen Erbländern garantiert. Frankreich mußte in den habsburgischen Vorlanden die vier Waldstädte am Hochrhein – Rheinfelden, Säckingen, Laufenburg und Waldshut –, die Grafschaft Hauenstein, den Schwarzwald, den Breisgau und Ortenau an die Habsburger herausgeben.
Frankreich konnte den größten Teil der habsburgischen Vorlande mit dem Elsaß, Sundgau und Breisach, die Landvogtei in zehn elsässischen Reichsstädten sowie die Bistümer Metz, Toul und Verdun behalten.

Bayern wurde als Kurfürstentum bestätigt und erhielt die Oberpfalz.

Die Rheinpfalz wurde mit der neuen achten Kurwürde an Karl Ludwig von der Pfalz zurückgegeben.

Brandenburg erhielt für seine Erbansprüche auf Vorderpommern, das bei Schweden verblieb, Hinterpommern und Cammin sowie die Bistümer Halberstadt und Minden.

Schweden erhielt Vorpommern, Wismar und die Stifte Bremen und Verden als Reichslehen mit Sitz und Stimme im Reichstag.

Dänemark bekam aufgrund seiner norddeutschen Besitzungen Sitz und Stimme im Reichstag.

Mecklenburg erhielt für das an Schweden abgetretene Wismar die Bistümer Schwerin und Ratzeburg.

Hessen-Kassel wurde die Abtei Hersfeld und die Grafschaft Schaumburg zugesprochen.

Kursachsen erhielt die Ober- und Niederlausitz als böhmisches Lehen.

Die Schweiz und die Niederlande wurden selbständige Staaten und schieden aus dem Reichsverband aus.

2. *Die konfessionellen Regelungen:*

Das Jahr 1624 wurde als Normaljahr für den Besitzstand geistlicher Güter und die Konfessionszugehörigkeit festgelegt.

Der Passauer Vertrag von 1552 und der Augsburger Religionsfriede von 1555 wurden bestätigt und allgemein anerkannt.

Die Oberpfalz, die Kurpfalz und die habsburgischen Erblande wurden von den konfessionellen Bestimmungen ausgenommen. Die Erblande und die Oberpfalz blieben katholisch, die Kurpfalz wurde wieder evangelisch.

3. *Fragen der Reichsverfassung:*

Kurfürsten und Fürsten wurden neben dem Kaiser als gleichberechtigt anerkannt.

Der Reichstag, der sich ab 1663 als »Immerwährender Reichstag« von wenigen Ausnahmen abgesehen regelmäßig in Regensburg versammelte, wurde in drei Kurien gegliedert.

Die erste Kurie bestand aus den acht Kurfürsten.

In der zweiten Kurie saßen 165 Fürsten, davon allein 69 geistliche Fürsten.

Die dritte Kurie umfaßte die 61 Reichsstädte, die nunmehr auch Sitz und Stimme im Reichstag hatten.

Für Beschlüsse des Reichstages war die Einstimmigkeit aller drei Kurien erforderlich.

Nach dem Westfälischen Frieden war das Reich nur noch ein lockerer Staatenbund mit einem Kaiser ohne Macht an der Spitze.

Bereits während der Verhandlungen in Münster und Osnabrück hatte der päpstliche Gesandte Chigi Proteste gegen das beabsichtigte Vertragswerk eingelegt, weil den Protestanten freie Religionsausübung und Zugang zu allen öffentlichen Ämtern gestattet wurde. Vier Wochen nach Unterzeichnung des Friedensvertrages veröffentlichte Papst Innozenz X. seine wohl schon vorher vorbereitete Bulle »Zelo domus Dei«, in der er schärfstens Protest erhob und das Vertragswerk von Münster und Osnabrück für null und nichtig erklärte. Ungeachtet der päpstlichen Bulle wurden am 8. 2. 1649 unter den Signatarmächten die Ratifikationsurkunden zu dem Vertragswerk von Münster und Osnabrück ausgetauscht. Der päpstliche Protest verhallte im Aufatmen aller, daß dieser furchtbare Krieg zu Ende war. Rom und die katholische Kirche waren die großen Verlierer.

Nach dem Westfälischen Frieden übten die Habsburger wie alle anderen Reichsfürsten in ihren Ländern die absolute Landeshoheit aus und behielten die Kaiserwürde. Die Stände in Ungarn behielten ihre seit 1222 verbrieften Rechte. Für die habsburgischen Länder wurde in Wien eine eigene Hofkanzlei eingerichtet. Die Reichskanzlei kam nach Mainz. Aus dem bisherigen Nebeneinander der österreichisch-habsburgischen Länder wurde durch Zusammenfassung dieser Länder das »Haus Österreich« als eine Idee des habsburgischen Gesamtstaates ermöglicht. Es war der Beginn einer eigenstaatlichen Entwicklung in Österreich.

Der Kaiser konnte am 31. 5. 1653 die Wahl seines Sohnes, Erzherzog Ferdinands V., zum römisch-deutschen König durchsetzen. Als König Ferdinand IV. erfolgte die Krönung am 18. 6. 1653 in Regensburg. Der König starb schon ein Jahr später an den Blattern. Nach dem Tode seines Sohnes zog sich Kaiser Ferdinand III. ganz zurück und sorgte nur noch für die Krönung seines zweitgeborenen Sohnes Leopold zum König von Böhmen und Ungarn.

Am 2. 4. 1657 starb Kaiser Ferdinand III. in Wien.

Der als Kronprinz sehr ehrgeizige und auch tatkräftige Ferdinand überließ nach seinem Regierungsantritt die Staatsgeschäfte weitgehend seinem Staatskanzler Maximilian Graf von Trautmannsdorff, der sich im Dienst des Kaisers große Verdienste erwarb. Später wurde Johann Weikart Fürst Auersperg als Obersthofmeister des Kaisers der mächtigste Mann bei Hofe.

Obwohl von Jesuiten erzogen, konnten diese und auch andere geistliche Ratgeber nur wenig Einfluß bei Kaiser Ferdinand III. gewinnen. Im Gegensatz zu seinem Vater stand er allen geistlichen Ratgebern äußerst skeptisch gegenüber und war darauf bedacht, seine Unabhängigkeit zu wahren. Jede bischöfliche Anordnung erhielt erst nach kaiserlicher Zustimmung Rechtskraft. Die Frömmigkeit des Kaisers war echt, jedoch nicht frei von bizarren Zügen. Seine besondere Vorliebe galt der Marienverehrung. Die Gottesmutter war für ihn seine »Generalissima«, der er mehr vertraute als seinen Generälen. Die Verdienste Kaiser Ferdinands III. bestehen ohne Zweifel darin, daß er ständig bemüht war, das von seinem Vater übernommene Erbe des Dreißigjährigen Krieges mit Anstand zu liquidieren. Wenn auch mit großen Verlusten für das Haus Habsburg, ist ihm das mit dem Abschluß des Westfälischen Friedens auch gelungen.

Kaiser Ferdinand III. war dreimal verheiratet. Seine Ehe mit der Infantin Maria Anna, Tochter König Philipps III. von Spanien und der Erzherzogin

Margarethe, war eine jener wenigen politischen Ehen, die überaus glücklich wurden. Auf dem Wege nach Wien – mitten im Dreißigjährigen Krieg ein gefährliches Unternehmen – erfolgte am 26. 1. 1631 in Triest die feierliche Übergabe der Braut durch das spanische Gefolge an ihren Schwager Leopold, der die Prinzessin nach Wien geleitete. Noch am Tage der Ankunft in Wien wurde das Paar am 26. 2. 1631 in der Augustinerkirche getraut. Die anschließenden Hochzeitsfeierlichkeiten zogen sich über einen Monat hin. Maria Anna war dem Kaiser eine zuverlässige Ratgeberin. Häufig begleitete sie ihren Gemahl auf Reisen, wurde aber auch mehrfach während der Abwesenheit Ferdinands III. von diesem zur Regentin bestellt. Sie gebar ihrem Gemahl sechs Kinder, darunter den Kronprinzen Ferdinand und den späteren Kaiser Leopold I.

In zweiter Ehe war der Kaiser mit Maria Leopoldina von Tirol, einer Tochter Erzherzog Leopolds V. von Tirol und Claudia von Medici, verheiratet. Die Gemahlin des Kaisers starb nach einjähriger Ehe bei der Geburt ihres ersten Kindes.

Die dritte Gemahlin des Kaisers war die prachtliebende Eleonore, Prinzessin von Mantua. Sie stiftete den Sternkreuzorden, der für Werke der Barmherzigkeit und tugendhaftes Leben verliehen wird, und erbaute den von ihr nach Wien berufenen Ursulinen Kirche und Kloster. Sie schenkte dem Kaiser vier Kinder.

Die zeitgenössischen Berichte bezeugen, daß der Kaiser seiner Familie ein wahrer Vater war, der um seine Gemahlinnen und Kinder rührend besorgt war.

In der von ihm ausgebauten Kaisergruft unter der Kapuzinerkirche in Wien fanden der Kaiser, seine drei Gemahlinnen und zehn seiner Kinder ihre letzte Ruhestätte.

Die Nachkommen Kaiser Ferdinands III.

AUS DER EHE MIT MARIA ANNA VON SPANIEN

1. FERDINAND V. Franz, Erzherzog
   * 8. 9. 1633 in Wien
   † 9. 7. 1654 in Wien
   Grabstätte: Kaisergruft Wien – Leopolds-Gruft

   1646 als Ferdinand IV. König von Böhmen.
   1647 als Ferdinand IV. König von Ungarn.
   Im Oktober 1652 wurde anläßlich des Besuchs mehrerer Kurfürsten bei Kaiser Ferdinand III. in Prag die Wahl Erzherzog Ferdinands V. zum römisch-deutschen König vereinbart.
   31. 5. 1653 in Augsburg als Ferdinand IV. zum römisch-deutschen König gewählt.
   18. 6. 1653 in Regensburg als Ferdinand IV. zum römisch-deutschen König gekrönt durch den Kurfürsten und Erzbischof von Mainz Philipp von Schönborn.
   Da König Ferdinand IV. bereits ein Jahr nach seiner Krönung zum römisch-deutschen König starb, blieb er ohne politisches und persönliches Profil.

2. MARIA ANNA, Erzherzogin
   * 24. 12. 1635 in Wiener Neustadt
   † 16. 5. 1696 in Madrid
   Grabstätte: Monasterio de San Lorenzo de el Escorial – Pantheon der Könige

   ∞ 8. 11. 1649 in Navalcarnero bei Madrid
   PHILIPP IV., König von Spanien 1621–1665
   Eltern: Philipp III., König von Spanien, und Margarethe, Erzherzogin von Österreich-Steiermark, Tochter Karls II., Erzherzog von Österreich-Steiermark
   * 8. 4. 1605 in Valladolid
   † 17. 9. 1665 in Madrid
   Grabstätte: Monasterio de San Lorenzo de el Escorial – Pantheon der Könige

KAISER FERDINAND III.

3. **PHILIPP AUGUST**, Erzherzog
* 15. 7. 1637 in Wien
† 22. 6. 1639 in Wien
Grabstätte: Kaisergruft Wien – Nische Leopolds-Gruft

4. **MAXIMILIAN THOMAS**, Erzherzog
*21. 12. 1638 in Wien
† 29. 6. 1639 in Wien
Grabstätte: Kaisergruft Wien – Nische Leopolds-Gruft

5. **LEOPOLD VI.**, Erzherzog
    1. ⚭ **MARGARETHA THERESIA**, Infantin von Spanien
    2. ⚭ **CLAUDIA FELIZITAS**, Erzherzogin von Österreich-Tirol
    3. ⚭ **ELEONORE MAGDALENE**, Pfalzgräfin von Pfalz-Neuburg
    Siehe unter Kaiser Leopold I.

6. **MARIA**, Erzherzogin
* 13. 5. 1646 in Linz
† 13. 5. 1646 in Linz
Grabstätte: Kaisergruft Wien – Leopolds-Gruft (im Sarg ihrer Mutter)

AUS DER EHE MIT MARIA LEOPOLDINE VON TIROL

7. **KARL JOSEF**, Erzherzog
* 7. 8. 1649 in Wien
† 27. 1. 1664 in Wien
Grabstätte: Kaisergruft Wien – neue Gruft, Bischofsreihe

1662 Hochmeister des Deutschen Ordens.
1663 Bischof von Olmütz.

AUS DER EHE MIT ELEONORE GONZAGA VON MANTUA

8. **THERESIA MARIA JOSEFA**, Erzherzogin
* 27. 3. 1652 in Wien
† 26. 7. 1653 in Wien
Grabstätte: Kaisergruft Wien – Nische Leopolds-Gruft

9. **ELEONORE MARIA JOSEFA**, Erzherzogin
* 31. 5. 1653 in Wien
† 17. 12. 1697 in Wien
Grabstätte: Kaisergruft – Leopolds-Gruft.
    1. ⚭ 27. 2. 1670 in Lemberg.
    MICHAEL Korybut (Wisniowiecki) König von Polen 1669–1673
    Eltern: Jeremias Michael Wisniowiecki und Griselde Zamoyska
    * 31. 7. 1640 in Krakau
    † 10. 11. 1673 in Lemberg
    Grabstätte: Krypta des hl. Leonhard in der Wawelkathedrale in Krakau

560   KAISER FERDINAND III.

2. ⚭ 6. 2. 1678 in Wien

KARL V. LEOPOLD, Herzog von Lothringen
Eltern: Nikolaus Franz, Herzog von Lothringen, und Claude, Herzogin
von Lothringen, Tochter Heinrichs, Herzog von Lothringen
* 3. 4. 1643 in Wien
† 18. 4. 1690 in Wels
Grabstätte: Herzogliche Kapelle der Kirche des Cordelièrs in Nancy

Karl V. von Lothringen erwarb sich in den Feldzügen Österreichs gegen
die Türken unvergänglichen Ruhm. Im Verein mit dem König von Polen,
Johann Sobieski, schlug er am 12. 9. 1683 die Türken in der entscheidenden Schlacht am Kahlenberg vor Wien. 1689 gelang ihm im Krieg gegen
Frankreich die Einnahme von Mainz und Bonn. Sein Sohn Leopold
erhielt das 1679 an Frankreich verlorengegangene Herzogtum Lothringen im Frieden von Rijswijk 1697 zurück. Eleonore und Karl V. von
Lothringen waren die Großeltern Franz' III. Stephan von Lothringen,
dem Gemahl der Kaiserin Maria Theresia.
Karl Josef, Prinz von Lothringen, ein Sohn Karls V. Leopold und
Eleonores, war von 1711 bis 1715 Erzbischof und Kurfürst von Trier. Er
starb am 4. 12. 1715 in Wien und wurde in der Kaisergruft – neue Gruft,
Bischofsreihe – beigesetzt.

10. MARIA ANNA JOSEFA, Erzherzogin
* 30. 12. 1654 in Wien
† 14. 4. 1689 in Wien
Grabstätte: Kaisergruft Wien – Leopolds-Gruft

⚭ 25. 10. 1678 in Düsseldorf

JOHANN WILHELM, Kurfürst von Pfalz-Neuburg
Eltern: Philipp Wilhelm, Kurfürst von Pfalz-Neuburg, und Elisabeth,
Prinzessin von Hessen-Darmstadt, Tochter Georgs II., Landgraf von
Hessen-Darmstadt
* 19. 4. 1658 in Düsseldorf
† 8. 6. 1716 in Düsseldorf
Grabstätte: Gruft im Mausoleum der St.-Andreas-Kirche in Düsseldorf

Johann Wilhelm wurde bekannt unter dem Namen »Jan Wellem«. Er
war ein entschiedener Gegner der Reformation und vertrat daher die
Gegenreformation mit aller Härte. Dadurch schuf er sich unter den
protestantischen Reichsfürsten zahlreiche Gegner. Aufgrund von Inter-
ventionen Brandenburgs und Hannovers mußte er 1705 den anderen
Konfessionen völlige Gleichberechtigung einräumen. Im Spanischen
Erbfolgekrieg stand er auf der Seite Habsburgs. In zweiter Ehe heiratete
er am 5. 6. 1691 Anna Maria von Medici, Tochter Cosimos III.,
Großherzog von Toskana. Nach dem Tode Johann Wilhelms ging die
Medici-Tochter in die Toskana zurück und starb am 18. 2. 1743 als letzte

Angehörige des Hauses Medici, nachdem das Haus mit dem Tode des Großherzogs Johann Gaston am 9. 7. 1737 bereits im Mannesstamm erloschen und das Großherzogtum Toskana Franz III. Stephan von Lothringen (Kaiser Franz I.) als Ersatz für das Herzogtum Lothringen übertragen worden war.

11. FERDINAND JOSEF ALOIS, Erzherzog
* 11. 2. 1657 in Wien
† 16. 6. 1658 in Wien
Grabstätte: Kaisergruft Wien – Nische Leopolds-Gruft

Kaiser Leopold I.

Kaiser Leopold I.

* 9. 6. 1640 in Wien
† 5. 5. 1705 in Wien
Grabstätte: Kaisergruft Wien – Leopolds-Gruft
Eltern: Kaiser Ferdinand III. und Maria Anna von Spanien

1. ∞ 12. 12. 1666 in Wien
MARGARETHA THERESIA, Infantin von Spanien
Eltern: Philipp IV., König von Spanien, und Maria Anna, Erzherzogin von Österreich, Tochter Ferdinands III., Römischer Kaiser
* 12. 7. 1651 in Madrid
† 22. 3. 1673 in Wien
Grabstätte: Kaisergruft Wien – Leopolds-Gruft

2. ∞ 15. 10. 1673 in Wien
CLAUDIA FELIZITAS, Erzherzogin von Österreich-Tirol
Eltern: Ferdinand Karl, Erzherzog von Österreich-Tirol, und Anna von Medici, Prinzessin von Toskana, Tochter Cosimos II., Großherzog von Toskana
* 30. 5. 1653 in Innsbruck
† 8. 4. 1676 in Wien
Grabstätte: Gruftgewölbe unter dem Altar der Dominikanerkirche in Wien, Herzurne in der Kaisergruft Wien – Leopolds-Gruft

3. ∞ 14. 12. 1676 in Wien
ELEONORE MAGDALENA, Prinzessin von Pfalz-Neuburg
Eltern: Philipp Wilhelm, Kurfürst von Pfalz-Neuburg, und Elisabeth, Prinzessin von Hessen-Darmstadt, Tochter Georgs II., Landgraf von Hessen-Darmstadt
* 6. 1. 1655 in Düsseldorf
† 19. 1. 1720 in Wien
Grabstätte: Kaisergruft Wien – Leopolds-Gruft

WAHLSPRUCH: Consilio et industria = Klug und beharrlich

27. 6. 1655 in Preßburg in der St.-Martins-Kirche zum König von Ungarn gekrönt.
14. 9. 1656 in Prag im St.-Veits-Dom zum König von Böhmen gekrönt.
18. 7. 1658 in Frankfurt a. M. zum römisch-deutschen Kaiser gewählt.
31. 7. 1658 in Frankfurt a. M. zum römisch-deutschen Kaiser gekrönt durch den Kurfürsten und Erzbischof von Köln Maximilian Heinrich von Bayern.

Nach dem Tode Kaiser Ferdinands III. entstanden für das Haus Habsburg und das Reich neue Schwierigkeiten. Dem Kaiser war es vor seinem Tode nicht mehr gelungen, die Wahl seines Sohnes Erzherzog Leopold VI. zum römisch-deutschen König durchzusetzen und so die Nachfolge in der Kaiserwürde sicherzustellen. Das Reich blieb zunächst ohne König und Kaiser. Diesen Zustand hatten Streitigkeiten innerhalb des Hauses Habsburg mit verursacht. Mehrere Mitglieder des Hauses hätten es gern gesehen, wenn die Wahl auf den attraktiven und begabten Erzherzog Leopold Wilhelm, den jüngsten Bruder Kaiser Ferdinands III., gefallen wäre. Da Erzherzog Leopold VI. jedoch nicht bereit war, auf seine Ansprüche zu verzichten, mußte sein Onkel zurücktreten, und Erzherzog Leopold VI. trat die Nachfolge seines Vaters als Familienoberhaupt an.

Seine Kindheit verbrachte der junge Erzherzog bei seiner Mutter Maria Anna, die ihr letztes Kind ganz besonders in ihr Herz geschlossen hatte. So entstand auf beiden Seiten eine besonders starke Mutter-Kind-Beziehung. Als Leopold seine Mutter mit sechs Jahren durch den Tod verlor, übertrug er seine Liebe auf die Stiefmutter Maria Leopoldine von Tirol und später auch auf die Stiefmutter Eleonore von Mantua. Beide erwiderten die Zuneigung Leopolds. Als Zweitgeborener war er schon früh für den geistlichen Stand bestimmt worden. Mit zunehmendem Alter entwickelte sich der Erzherzog, der nach dem Tode seiner Mutter einen eigenen Hofstaat erhalten hatte, zu einem bescheidenen und ruhigen jungen Mann. Bei der Auswahl der Lehrer und Erzieher wurde auf seine Ausbildung für den geistlichen Stand besondere Rücksicht genommen. Erziehung zu Frömmigkeit und Ergebenheit war mehr gefragt als politische und militärische Ausbildung. Die Entwicklung des jungen Mannes lief ganz in die vom Vater gewünschte Richtung, und wie seinem Onkel Leopold schien auch Erzherzog Leopold eine glänzende geistliche Karriere vorherbestimmt. Der Tod seines Bruders Ferdinand lenkte seinen Werdegang in eine andere Richtung. Er wurde eilends von den Jesuiten zurückgeholt und mußte mit 18 Jahren die Nachfolge seines Vaters antreten. Zunächst suchte der unerfahrene Herrscher Rat und Hilfe bei seinem Onkel Erzherzog Ludwig Wilhelm und bei seinem Erzieher Johann Ferdinand Graf Portia.

Erneut setzte Frankreich alle politischen und finanziellen Mittel ein, die Wahl eines Habsburgers zum Kaiser zu verhindern. Den Vorschlag, Kurfürst Ferdinand Maria von Bayern zu wählen, lehnte der Kurfürst von Bayern selbst ab. Die Bemühungen Kardinal Mazarins, König Ludwig XIV. von Frankreich zum römisch-deutschen König zu wählen, scheiterten an dem Widerstand der Kurfürsten. Erst nach langem Feilschen und nach Zahlung erheblicher Gelder an die Kurfürsten wurde der Erzherzog am 18. 7. 1658 als Leopold I. zum römisch-deutschen Kaiser gewählt. In einer demütigenden Wahlkapitulation hatte Leopold vor der Wahl darauf verzichten müssen, die spanischen Habsburger im Kampf gegen Frankreich zu unterstützen. Um diese Wahlkapitulation abzusichern, schlossen sich am 14. 8. 1658 die geistlichen Kurfürsten von Mainz, Köln, Trier und der Pfalz, die Herzöge von Bayern, Jülich, Kleve und Berg, der König von Schweden als Herzog von Bremen und Verden, die Herzöge von Braunschweig-Lüneburg und der Landgraf von Hessen-Kassel zum Rheinbund zusammen. Unter dem Einfluß von Kardinal Mazarin, der in der Allianz ein Mittel zur Bekämpfung der Habsburger sah, trat einen Tag später auch der französische König dem Rheinbund bei. Der Hindernisse nicht genug, auch die Jesuiten versuchten, ihren politischen Einfluß im Fürstenkollegium auf ihre Weise zu stärken. Ständig bemüht, die protestantischen deutschen Fürsten zum katholischen Glauben zurückzuführen, sorgten sie für andauernde Unruhe. Im Laufe der Jahre gelang es ihnen, die Herzöge von Braunschweig-Lüneburg, Mecklenburg-Schwerin, Württemberg sowie den Kurfürsten von Pfalz-Neuburg zum Übertritt zur katholischen Kirche zu bewegen. Schließlich folgte der Kurfürst von Sachsen, August der Starke, dem die polnische Königskrone auch noch eine Messe wert war.

Der in der Zwischenzeit ausgebrochene schwedisch-polnische Erbfolgekrieg konnte den Habsburgern nicht gleichgültig sein. Die Eroberung weiter Teile Polens bis nach Krakau durch die Schweden führte am 27. 5. 1657 zu einem Bündnis der Habsburger mit Polen. Die Habsburger griffen zunächst den auf der Seite der Schweden stehenden Fürsten Georg II. Rákóczi an und zwangen ihn zum Frieden mit Polen. Im Vertrag von Wehlau mußte Polen die Souveränität Brandenburgs über das Herzogtum Preußen anerkennen und auf seine Lehnshoheit verzichten.

Infolge der Wahlkapitulation des Kaisers waren die spanischen Habsburger genötigt, mit Frankreich Frieden zu schließen. Dadurch bekamen die Franzosen freie Hand im schwedisch-polnischen Erbfolgekrieg und unterstützten Schweden. Die kaiserlichen Truppen unter Raimund Fürst Montecuccoli und die Verbände des Großen Kurfürsten Friedrich Wilhelm drangen bis nach Jütland und in Pommern bis zur Ostsee vor. Der Tod des schwedischen Königs und eine allgemeine Kriegsmüdigkeit verhinderten weitere Kämpfe und führten zum Frieden von Oliva b. Danzig, der am 3. 5. 1660 abgeschlossen wurde. Bei unverändertem territorialem Besitzstand der kriegführenden Mächte hatte Frankreich in Europa eine Vorrangstellung erreicht. Die Bestätigung der Souveränität Brandenburgs über Preußen durch die Großmächte leitete den Aufstieg des Hauses Brandenburg-Preußen ein.

Der erneute Anspruch der Hohen Pforte auf Siebenbürgen führte wiederum zu kriegerischen Auseinandersetzungen mit den Osmanen, die 1662 die Feindseligkeiten gegen die Habsburger eröffneten. Die Besetzung des habsburgischen Teils von Ungarn brachte den Wiener Hof in erhebliche Schwierigkeiten. Der Kaiser beschränkte sich zunächst darauf, Wien abzusichern. Auf dem Regensburger

Reichstag erreichte Leopold die Aufstellung von Reichstruppen und eines französischen Hilfskorps. Bei Mogersdorf im Burgenland wurde die Entscheidung herbeigeführt. Die Osmanen wurden zwar geschlagen – aber nicht vernichtet. Am 10. 8. 1664 kam es zum Frieden von Eisenburg, der für 20 Jahre abgeschlossen wurde. Siebenbürgen wurde von den kaiserlichen und osmanischen Truppen geräumt. Die Osmanen konnten den größten Teil Ungarns behalten, mußten sich aber verpflichten, alle kriegerischen Handlungen gegen das habsburgische Ungarn zu unterlassen.

Eine allgemeine Unzufriedenheit der Ungarn, die ihre Selbständigkeit durch den Frieden von Eisenburg gefährdet sahen, führte 1666 zu einer Verschwörung des ungarischen Adels gegen den Kaiser. Unter Führung des Erzbischofs von Gran plante der katholische Hochadel die Einsetzung eines nichthabsburgischen Königs und suchte für diesen Plan die Unterstützung des Großfürsten von Siebenbürgen, des Königs von Frankreich und des Sultans. Nach Aufdeckung der Verschwörung wurden die Anführer Zrinyi, Frangepáni und Nádasdy hingerichtet. Das Vermögen der Hingerichteten wurde eingezogen und dem Wiener Hofadel zugewiesen. Die strengen Maßnahmen des Kaisers und die Beauftragung der Jesuiten mit der Durchführung der Gegenreformation in Ungarn führten 1671 zu einem erneuten Aufstand, der als Kuruzzenaufstand mit Unterbrechungen bis 1705 dauern sollte. Die Kuruzzen fanden die Unterstützung des Königs von Frankreich, des Fürsten von Siebenbürgen und des polnischen Königs.

Den Tod König Philipps IV. von Spanien am 17. 9. 1665 hatte König Ludwig XIV. von Frankreich zum Anlaß genommen, die französischen Erbansprüche auf die spanischen Niederlande anzumelden. Im ersten Raubkrieg von 1667/1668 besetzten französische Truppen die südlichen Niederlande. Da die deutschen Fürsten die Auseinandersetzung als eine dynastische Angelegenheit der Häuser Habsburg und Bourbon ansahen, verweigerten sie dem Kaiser jegliche Unterstützung. Kaiser Leopold I. sah sich daher genötigt, mit Frankreich einen Ausgleich zu suchen. In einem Geheimvertrag vom 19. 1. 1668 einigten sich beide Parteien dahingehend, daß das spanische Erbe beim Aussterben der männlichen Linie der spanischen Habsburger zwischen Bourbonen und österreichischen Habsburgern geteilt werden sollte. Damit war der Kaiser an die französische Politik gebunden, und Frankreich hatte das Ziel, die beiden habsburgischen Linien zu trennen, erreicht. Daraufhin schlossen die Vereinigten Niederlande, England und Schweden am 23. 1. 1668 einen Dreibund und zwangen den französischen König, die südlichen Niederlande zu räumen.

Im zweiten Raubkrieg drang Frankreich 1670 in Lothringen ein, das seit 925 zum Reich gehörte, und eroberte das Land. Herzog Karl IV. von Lothringen wurde aus seinem Land vertrieben.

Aufgrund der politischen Lage war der Kaiser gezwungen, Defensivbündnisse mit den Vereinigten Niederlanden am 25. 7. 1672 und mit Brandenburg bereits am 23. 6. 1672 abzuschließen. Unter der Führung Montecuccolis wurden Truppen an den Niederrhein entsandt. Eine Vereinigung mit den niederländischen Truppen

KAISER LEOPOLD I.

konnten die Franzosen verhindern. Der Sonderfriede Brandenburgs mit Frankreich, das die Erbansprüche des Hauses Hohenzollern anerkannte, führte zu einer grundlegenden Änderung der kaiserlichen Politik. Nach dem Abschluß neuer Verträge mit Spanien und den Vereinigten Niederlanden gelang es den Truppen Montecuccolis und des Prinzen Wilhelm von Oranien, die Franzosen über Lothringen ins Elsaß zurückzudrängen. Nachdem auch Dänemark, England, die Generalstaaten und Brandenburg sich dem Bündnis gegen Frankreich angeschlossen hatten, erklärte der Kaiser Frankreich den Reichskrieg. Der sofortige Gegenangriff Frankreichs bis zum Rhein zwang die kaiserlichen Truppen, das Elsaß mit Straßburg freizugeben. Durch den schon bald darauf erfolgten Friedensschluß Frankreichs mit Spanien und den Generalstaaten gelang es Frankreich erneut, die Habsburger Linien zu trennen. Der Druck Frankreichs zwang auch den Kaiser zum Frieden. Ohne Befragung des Reichstags schloß er am 5. 2. 1679 in Nijmegen Frieden mit Frankreich und Schweden. Der Friede von Nijmegen bestätigte im wesentlichen die territorialen Bestimmungen des Westfälischen Friedens. Der Kaiser behielt das eroberte Philippsburg, mußte aber Freiburg i. Breisgau Frankreich überlassen. Die vom Kaiser eingegangene Verpflichtung, keine Verbündete gegen Schweden und Frankreich zu unterstützen, führte zur Isolierung des Großen Kurfürsten von Brandenburg, der die Annäherung an Frankreich suchte und seine Erbansprüche auf die schlesischen Herzogtümer Jägerndorf, Brieg, Liegnitz und Wohlau erneuerte. Frankreich gegenüber verpflichtete sich der Brandenburger, bei einer künftigen Kaiserwahl nur Frankreich genehme Bewerber zu unterstützen. Da Bayern und Kursachsen diese Verpflichtung Frankreich gegenüber bereits eingegangen waren, verfügte Frankreich nunmehr über drei Kurstimmen gegen das Haus Habsburg.

In den von 1679 bis 1681 dauernden Reunionskriegen unterwarf Ludwig XIV. eine große Zahl von Städten und die freie Reichsstadt Straßburg. Die maßlose und imperialistische Politik des französischen Königs führte Bayern, Sachsen und Braunschweig-Lüneburg wieder an die Seite des Kaisers. Gegen die Reunionspolitik Ludwigs XIV. richtete sich auch das Bündnis mit den Generalstaaten, Schweden und Spanien. Mit der Union der kleinen deutschen Stände gewann Leopold I. neue Verbündete. Der Papst und auch die italienischen Staaten unterstützten Leopold I. mit bedeutenden finanziellen Mitteln. Nachdem die Reichsfürsten auch auf die Seite des Kaisers getreten waren, standen nur noch Brandenburg und Dänemark auf seiten Frankreichs. Die Expansionspolitik König Ludwigs XIV. von Frankreich hatte die »Auferstehung des Reiches« bewirkt.

1681 nahm Kaiser Leopold I. Verhandlungen mit Ungarn über die Wiederherstellung der früheren Verfassung auf. Paul IV., der erste Fürst des Hauses Esterházy, wurde als Palatin für Ungarn eingesetzt. Da die gegenreformatorischen Bestrebungen Habsburgs durch die Jesuiten erneut gescheitert waren, mußten die Zugeständnisse an die Protestanten erneuert werden. Den Bestrebungen des Kaisers widersetzte sich der Anführer der Kuruzzen, Emmerich Graf Thököly, der unter Täuschung des Kaisers in Oberungarn einfiel und vom Sultan zum König von Ungarn ausgerufen wurde. Damit wurde der Krieg gegen die Osmanen unausweichlich.

Schon seit dem Herbst 1682 sammelte Sultan Mehmed IV. seine Truppen und hielt im Frühjahr 1683 eine große Heerschau bei Belgrad ab. Er fand Unterstützung bei Frankreich, das die Kräfte des Kaisers im Osten binden wollte, um so im Westen freie Hand für seine Reunionspolitik zu behalten. Für König Ludwig XIV. von Frankreich wäre die Eroberung der Kaiserstadt Wien durch die Osmanen das Signal gewesen, sich die Herrschaft über das Heilige Römische Reich Deutscher Nation zu sichern. Was schon König Franz I. von Frankreich gegen Kaiser Karl V. vergeblich versucht hatte, die Kaiserkrone des Reiches zu erringen, der Fall Wiens hätte sie Ludwig XIV. gebracht. Verlor der Kaiser seine östlichen Erblande, so mußte das das Ende des Reiches bedeuten, nachdem ihm Ungarn entglitten war und die auf ihre Libertät bedachten Reichsfürsten ihm jede Unterstützung versagten. Erst nach langen und schwierigen Verhandlungen konnte ein Reichskontingent zusammengestellt werden. Zunächst jedoch lag die Last des Kampfes allein bei den Erblanden.

Den Oberbefehl über das kaiserliche Heer erhielt Herzog Karl V. von Lothringen. Die angebotene Unterstützung des Großen Kurfürsten von Brandenburg lehnte der Kaiser wegen der unerfüllbaren Bedingungen (Erbansprüche in Schlesien, Anerkennung der französischen Reunionen und freie Religionsausübung für alle Ungarn) ab.

Unter Führung des Großwesirs Kara Mustafa erreichte das Heer der Osmanen am 12. 7. 1683 Wien, schloß die Stadt bis zur Donau ein und begann mit der Belagerung. Noch vor Eintreffen der Osmanen hatte der kaiserliche Hof Wien verlassen und sich nach Passau begeben. Hier kam es zu der für das Haus Habsburg so bedeutsamen und denkwürdigen Begegnung zwischen Kaiser Leopold I. und Prinz Eugen von Savoyen-Carignan. Der Prinz entstammte der Nebenlinie Carignan des regierenden Hauses von Savoyen. Sein Vater war Herzog Eugen Moritz, Befehlshaber der Schweizer Garde. Seine Mutter, Olympia Mancini, war eine Nichte Kardinal Mazarins. Wegen eines Giftmordprozesses mußte sie Frankreich verlassen. So lag die Erziehung Eugens bei seiner Großmutter, Maria von Bourbon, der Erbin von Soissons. Als jüngster Sohn für den geistlichen Stand bestimmt, fühlte er sich dazu nicht berufen und legte das geistliche Kleid mit 19 Jahren ab. Darübe+war seine Großmutter so erbost, daß sie ihn des Hauses verwies. Auf sich allein gestellt, wandte der Prinz sich an den französischen König Ludwig XIV. und verlangte von ihm das Kommando über eine Kompagnie. Verächtlich, mit verletzenden Worten und beißendem Spott wurde er vom Sonnenkönig abgewiesen. Eugen war tödlich beleidigt und hat die ihm angetane Schmach nie vergessen. Als er die Nachricht erhielt, daß sein Bruder Ludwig Julius im Kampf vor Wien gegen die Osmanen gefallen sei, brach er kurz entschlossen nach Österreich auf. Im Hoflager zu Passau bot er Kaiser Leopold I. seine Dienste an und versprach dem Kaiser standhafte Treue und den Einsatz aller Kräfte für Seine kaiserliche Majestät und das Erzhaus Habsburg. Damals soll

KAISER LEOPOLD I.

Eugen geschworen haben, den Boden Frankreichs niemals mehr anders als mit dem Schwert in der Hand zu betreten. Diesen Schwur hat er wahrlich gehalten. An der Schlacht um Wien nahm er noch als Volontär im Stabe Herzog Karls V. von Lothringen teil. Im Dezember 1683 wurde er Oberst des von seinem gefallenen Bruder geführten Dragonerregiments, das bis 1918 den Namen »Prinz Eugen« trug. Mit 22 Jahren wurde er General, mit 25 Jahren Feldmarschalleutnant und als 30jähriger Reichsfeldmarschall. Sein treuer und hingebungsvoller Dienst unter drei Kaisern des Hauses Habsburg sichert dem Prinzen einen unvergänglichen Platz in der Geschichte des Hauses Österreich.

Mit Karl V. von Lothringen stand der Prinz im Wienerwalde bereit, um die Vereinigung der Truppen des Grafen von Thököly mit dem osmanischen Heer zu verhindern. Am 30. 8. konnten die Osmanen die Vorwerke der Stadt Wien erobern. Am 9. 9. wurde ein letzter Ansturm der Osmanen auf die Bastionen der Stadt von den Belagerten abgewiesen. Am 11. 9. besetzten die kaiserlichen und polnischen Verbände die Höhen des Kahlenbergs bei Wien. Ein Entsatzheer ging im Rücken der Belagerer in Stellung. In den frühen Morgenstunden des 12. 9. – einem Sonntag – las Marco d'Aviano, päpstlicher Legat beim Heer der Verbündeten, in der heutigen Sobieski-Kapelle auf dem Kahlenberg die heilige Messe, bei der der polnische König persönlich ministrierte und mit den anderen Heerführern die Kommunion empfing. Nach der Messe segnete der päpstliche Legat von einem weithin sichtbaren Punkt des Kahlenbergs mit dem Kruzifix die christlichen Armeen. Sodann erfolgte in drei Heeressäulen der Angriff. Die Belagerten unternahmen beim Herannahen der kaiserlichen Verbände, angeführt von Ernst Rüdiger Graf von Starhemberg, einen Ausfall und vereinigten sich mit den Angreifern. Nach erbitterten Kämpfen und schweren Verlusten auf beiden Seiten war die Schlacht in den Abendstunden des 12. 9. entschieden. Das zahlenmäßig weit überlegene Heer der Osmanen war vernichtend geschlagen und befand sich ungeordnet und regellos auf der Flucht. Jubel und Freude über den grandiosen Sieg waren im christlichen Abendland allgemein. Als die Siegesnachricht in Rom eintraf, erhob Papst Innozenz XI., dem König Sobieski die erbeutete grüne Fahne des Propheten mit den Worten »Veni, vidi, Deus vicit« übersandt hatte, den 12. 9., den Tag des glorreichen Sieges, zu einem allgemeinen Kirchenfest unter dem Titel »Mariä Namensfest«.

Die Beute der Sieger war gewaltig. Der große Sieg hatte aber auch schwere Opfer gekostet. Die Stadt und ihre Umgebung waren verwüstet, und mehr als die Hälfte der Verteidiger der Stadt war gefallen. Die sofortige Verfolgung des geschlagenen und fliehenden Gegners scheiterte zunächst daran, daß verschiedene Reichsstände nach der Befreiung Wiens ihre Truppen zurückzogen. Ende September konnte die Verfolgung dann doch noch aufgenommen werden. Am 9. 10. siegten die Verbündeten bei Párkány, und am 24. 10. wurde die Festung Gran erobert. Westungarn befand sich wieder in der Hand der Habsburger.

Im März 1684 kam in Linz die Heilige Allianz zwischen Kaiser Leopold I., König Johann III. Sobieski und der Republik Venedig zustande. Initiator dieses

Bündnisses war der Papst, der die Allianz mit Geldmitteln der Kirche unterstützte. Es war ein Angriffs- und Verteidigungspakt, der ausschließlich gegen die Türken gerichtet war und die Verpflichtung des gegenseitigen Beistandes beinhaltete. Diese Allianz führte den Krieg gegen die Türken bis zum Frieden von Karlowitz. Nunmehr entschloß sich der Kaiser, alle Kräfte zum Kampf gegen die Türken zusammenzufassen. Er schloß unter Verzicht auf Straßburg und Luxemburg am 15. 8. 1684 in Regensburg einen auf zwanzig Jahre befristeten Waffenstillstand mit Frankreich, um den Rücken frei zu haben.

Die Festung Neuhäusel wurde am 19. 8. 1685 erobert. Nach einem weiteren Sieg am 16. 10. 1685 bei Gran zeigte sich die Hohe Pforte erstmals friedensbereit. Unter Verzicht auf die vermeintlichen Erbansprüche in Schlesien und gegen das Versprechen, Habsburg seine Kurstimme zu geben, trat Brandenburg der Heiligen Allianz bei. Für die Verzichtleistung auf die Ansprüche in Schlesien erhielt Brandenburg Schwiebus und verschiedene Rechte in Ostfriesland. In einem Geheimvertrag mit dem Kurprinzen Friedrich sicherte dieser Habsburg die Rückerstattung von Schwiebus gegen eine einmalige Zahlung von 10.000 Dukaten zu. Das Abkommen mit dem Kurprinzen war eine der Ursachen der Schlesischen Kriege zwischen Friedrich II. von Preußen und Maria Theresia.

Am 2. 9. 1686 nahmen Karl V. von Lothringen und Max Emanuel von Bayern Stadt und Festung Ofen ein und beendeten die seit 1541 bestehende Herrschaft der Hohen Pforte über die Hauptstadt Ungarns. Auch Mittelungarn konnten sich die Habsburger sichern. In Südungarn fielen Peterwardein und Esseg in die Hände der Kaiserlichen, die im Oktober 1687 auch Siebenbürgen besetzen konnten. Fürst Apáfi trat auf die Seite des Kaisers. Die siebenbürgischen Stände erhielten freies Wahlrecht und freie Religionsausübung für alle. Der Kaiser nahm das Land unter seinen Schutz und anerkannte die Fürstenwürde für Apáfi und seinen Sohn.

Auf dem Reichstag zu Preßburg wurde die Erblichkeit der ungarischen Krone für das Haus Habsburg im Mannesstamm durch die ungarischen Stände anerkannt. Der Adel verzichtete auf die Privilegien von 1222. Die freie Religionsausübung der Protestanten wurde bestätigt. Am 9. 12. 1687 wurde der älteste Sohn Kaiser Leopolds I., Erzherzog Josef I., zum König von Ungarn gekrönt.

Nach weiteren Erfolgen gegen die Türken schlossen sich auch die Kurfürsten von Mainz, Köln, Trier und der Pfalz dem Kaiser an. Da König Ludwig XIV. nunmehr mit dem Verlust der in den Reunionskriegen eroberten Gebiete rechnen mußte, ging er erneut zum Angriff über. Unerwartet für den Kaiser und das Reich begann er den pfälzischen Erbfolgekrieg, um die Erbansprüche seiner Schwägerin, Liselotte von der Pfalz, durchzusetzen. Die Pfalz wurde durch französische Truppen total verwüstet. Die Städte Mannheim und Worms wurden gebrandschatzt und das Heidelberger Schloß gesprengt. Speyer wurde zerstört und die Kaisergräber im Dom erbrochen und nach Schätzen durchwühlt. Der Kaiser verkündete den Reichskrieg gegen Frankreich und übertrug Herzog Karl V. von Lothringen den Oberbefehl im Westen. Den Oberbefehl im Kampf gegen die Türken übernahm Markgraf Ludwig von Baden. Sultan Süleiman III. erneuerte

KAISER LEOPOLD I.

das Bündnis mit König Ludwig XIV., der den Sultan mit Hilfsgeldern unterstützte und so eine Gegenoffensive der Türken ermöglichte. Die kaiserliche Armee mußte Siebenbürgen wieder räumen und die Belagerung von Belgrad abbrechen.

Auf dem Kurfürstentag in Augsburg konnte Kaiser Leopold I. am 24. 1. 1690 die Wahl seines Sohnes Josef zum römisch-deutschen König als Josef I. erreichen. Das Jahr 1691 brachte neue Erfolge gegen die Türken. Siebenbürgen kam wieder in die Hände der Habsburger. Im Dezember 1691 bestätigte der Kaiser den siebenbürgischen Ständen die freie Religionsausübung und den ungarischen Königen Besitz, Titel, Würden, Rechte und alle Privilegien in Siebenbürgen. Die Einrichtung einer eigenen siebenbürgischen Hofkanzlei in Wien sicherte die Sonderstellung Siebenbürgens gegenüber Ungarn.

Um den Einfluß des evangelischen Kurfürsten von Brandenburg auf die protestantischen Gebiete des Reiches nicht zu stark werden zu lassen, erhielt das gleichfalls evangelische Haus Hannover 1692 die neunte Kurwürde.

Nach dem Tode Herzog Karls V. von Lothringen, der sich in den Feldzügen gegen die Türken europäischen Ruhm erworben hatte, übernahm Markgraf Ludwig von Baden den Oberbefehl im Westen über die Reichsarmee. Sein Nachfolger im Osten wurde der Kurfürst von Sachsen Friedrich August II., der 1697 vom polnischen Adel zum König von Polen gewählt wurde.

Nach Siegen der Türken unter Sultan Mustafa II. im Banat über die kaiserlichen Truppen wurde Prinz Eugen von Savoyen am 5. 4. 1697 zum Oberbefehlshaber im Krieg gegen die Türken ernannt. Die Ernennung war nicht nur der Beginn großer militärischer Erfolge, sondern auch der Aufstieg des Prinzen zum bedeutendsten Feldherrn des Hauses Habsburg. Nach einer Neuordnung der kaiserlichen Armee bereitete Prinz Eugen seine erste selbständige Schlacht gegen die Türken vor. Das Verhältnis der türkischen zu den deutschen Streitkräften war drei zu eins. Mehr als 120.000 Türken standen etwas mehr als 40.000 Deutsche gegenüber. Der Hofkriegsrat in Wien hatte deshalb eine defensive Haltung der kaiserlichen Streitkräfte angeordnet. Das versiegelte Schreiben aus Wien wurde von Eugen nicht geöffnet, da er den Inhalt ahnte. Unter voller Übernahme des persönlichen Risikos eröffnete der Prinz die Kampfhandlungen und stellte das türkische Heer am 11. 9. 1697 bei Zenta am rechten Ufer der Theiß. Als die Türken sich anschickten, über den Fluß zu setzen, gab Prinz Eugen den Befehl zum Angriff auf den Brückenkopf und ordnete gleichzeitig ein Umgehungsmanöver an. Mit dem Prinzen an der Spitze stürmten die Deutschen unter dem Ruf »Vivat Eugenius« in das Türkenlager und entschieden innerhalb weniger Stunden die Schlacht zu ihren Gunsten. Bei eigenen Verlusten von knapp 2000 Toten und Verwundeten verloren die Türken annähernd 20.000 Tote. 10.000 Türken ertranken in der Theiß. Die Beute der Sieger war unübersehbar. Nicht nur die Kriegskasse der Türken mit 3,000.000 Piaster, auch eine ungeheure Menge von Wagen, Geschützen, Fahnen, Kamelherden und Pferden fiel in die Hände der Sieger. Ohne seinen überragenden Anteil an diesem Sieg zu erwähnen, berichtete Prinz Eugen seinem kaiserlichen Herrn, der ihn mit einem juwelengeschmückten

Degen auszeichnete. Der große Sieg von Zenta wird oft auch heute noch in seiner Bedeutung verkannt. Er war einer der bedeutendsten Siege in der Geschichte Europas. Für den südosteuropäischen Raum erlangte dieser Sieg entscheidende Bedeutung. Zenta war die Geburtsstunde der österreichisch-ungarischen Monarchie.

Am 30. 10. 1697 kam der Friede von Rijswijk zustande. Frankreich mußte auf seine Eroberungen aus den Reunionskriegen verzichten und konnte nur das Elsaß mit Straßburg behaupten. Das rechte Rheinufer mußte geräumt werden. Ebenso mußte Frankreich auf seine Ansprüche im Erzbistum Köln und in der Pfalz verzichten. Holland, England und Spanien erhielten alle von den Franzosen eroberten Gebiete zurück. Der Zusammenbruch der französischen Vorherrschaft zeichnete sich ab.

Eineinhalb Jahre nach dem Sieg bei Zenta war auch die Hohe Pforte zum Frieden bereit. Am 26. 1. 1699 wurde vor den Toren von Karlowitz der Friede geschlossen. Zum ersten Mal wurde eine christliche Macht von den Türken als gleichberechtigt anerkannt, einen Friedensvertrag zu unterschreiben. Der Friede von Karlowitz brachte die Erfüllung der Erbverträge von 1491 zwischen Kaiser Maximilian I. und König Wladislaw II. Jagello. Aus den Kriegen, die Österreich nach zwei Seiten gewagt hatte, ging es um ein Drittel vergrößert hervor. Siebenbürgen wurde kaiserlich. Das Königreich Ungarn war zu zwei Dritteln frei von der türkischen Herrschaft. Nur Temeschwar und das umliegende Banat waren türkisch geblieben. Der Friede von Rijswijk und der von Karlowitz mit der Hohen Pforte machten Österreich zu einem machtvollen Gebilde. Aus der Hausmacht des Kaisers war ein gewaltiger Staat geworden. Österreich war die Großmacht im Südosten Europas. Es wird wohl immer rätselhaft bleiben, wie dieses Österreich im 17. und 18. Jahrhundert mit einem so kleinen Heer nicht nur sich selbst, sondern zugleich auch Deutschland und Europa zu verteidigen vermochte.

Neue Probleme für das Haus Habsburg brachte der Tod König Karls II. von Spanien am 1. 11. 1700. Mit seinem Tod starb die spanische Linie des Hauses Habsburg aus. Von drei Seiten wurde Anspruch auf das ungeteilte spanische Erbe erhoben.

König Ludwig XIV. von Frankreich leitete den französischen Anspruch aus seiner Ehe mit der Infantin Maria Theresia – Tochter König Philipps IV. von Spanien – ab, obwohl die Infantin bei ihrer Vermählung eindeutig auf ihr Erbrecht verzichtet hatte.

Kaiser Leopold I. gründete seinen Anspruch gleichfalls auf enge Familienbande zur spanischen Linie der Habsburger. Seine Mutter war eine Tochter König Philipps III. von Spanien und seine erste Gemahlin eine Tochter König Philipps IV. von Spanien.

Weit hergeholt war der Anspruch des Kurfürsten von Bayern für den am 6. 2. 1699 an den Pocken verstorbenen Kurprinzen Joseph Ferdinand, dessen Mutter die Tochter Kaiser Leopolds aus der ersten Ehe mit der Infantin Margaretha

Theresia war. Nach einer ursprünglichen Verfügung König Karls II. von Spanien sollte bei einem vorzeitigen Tod des Kurprinzen der Kurfürst als Erbe an seine Stelle treten.

Die französische Partei am spanischen Hof war nicht müßig gewesen. Auf Veranlassung des Erzbischofs von Toledo wurde dem sterbenskranken spanischen König ein Testament abgenötigt, in dem auf Verlangen des Papstes Philipp von Anjou, der Sohn König Ludwigs XIV., zum Erben des ungeteilten spanischen Reiches eingesetzt war. Damit waren die kriegerischen Auseinandersetzungen zwischen den Dynastien der Habsburger, Wittelsbacher und Bourbonen vorprogrammiert.

Um die Hilfe Preußens um das spanische Erbe zu gewinnen, erhob Kaiser Leopold I. gegen den Rat und entschiedenen Widerspruch des Prinzen Eugen den Kurfürsten von Brandenburg, Friedrich III., zum König *in* Preußen. Friedrich II. wandelte diesen Titel 1772 eigenmächtig in König *von* Preußen um.

Der Ausbruch des Spanischen Erbfolgekrieges machte Spanien, die spanischen Niederlande, Italien, Süddeutschland und die überseeischen Kolonien Spaniens zu Kriegsschauplätzen. Man hat diesen Krieg seiner ständigen Ausdehnung wegen nicht zu Unrecht den »Ersten Weltkrieg« genannt. Der Kaiser übertrug Prinz Eugen den Oberbefehl über die Südarmee. Die Siege des Prinzen über die Franzosen am 9. 7. 1701 bei Carpi und am 1. 9. 1701 bei Chiari sicherten den Habsburgern Oberitalien mit der Lombardei und Mailand. Englische und niederländische Truppen befreiten die schon vor Ausbruch des Krieges von den Franzosen besetzten spanischen Niederlande. Unter dem Eindruck dieser Erfolge kam am 7. 9. 1701 die »Große Allianz« von Den Haag zwischen Österreich, den Seemächten England und Holland zustande. Der Allianz schlossen sich das Reich und auch Preußen, Savoyen und Portugal an. Die Wittelsbacher und der dem Hause Wittelsbach entstammende Kurfürst und Erzbischof Josef Clemens von Köln verbündeten sich mit Frankreich. Nach einem neuerlichen Sieg bei Luzarra am 15. 8. 1702 kehrte Prinz Eugen nach Wien zurück und wurde auf Betreiben König Josefs I. zum Präsidenten des Hofkriegsrates ernannt. Am 28. 9. 1702 erklärte der Kaiser Frankreich den Reichskrieg. Der Versuch der bayrischen Truppen, Tirol zu erobern und eine Vereinigung mit den französischen Verbänden in Oberitalien zu erreichen, scheiterte am Aufstand der Tiroler Bauernschaft, die die bayrischen Truppen bis nach München verfolgten. Die französischen Truppen mußten sich aus Südtirol zurückziehen. Ein neuer Aufstand in Ungarn kam den Bayern und Franzosen, die den Aufstand mit Hilfsgeldern unterstützten, entgegen. Als der Kurfürst von Bayern Passau eroberte und die Gefahr einer Vereinigung der bayrischen Verbände mit den Aufständischen in Ungarn bestand, verlangten die Seemächte vom Kaiser eine klare Entscheidung und die Einsetzung seines Sohnes Karl als König von Spanien.

Am 12. 9. 1703 wurde im Sommerpalais in Wien – der Favorita – der 18jährige Erzherzog Karl von seinem Vater für großjährig erklärt. Im »pactum mutuae successionis« übertrugen Kaiser Leopold I. und König Josef I. ihre Rechte auf

Spanien an Erzherzog Karl und nahmen eine umfassende Regelung der Erbfolge für die österreichische und die neue spanische Linie des Hauses Habsburg vor. Am 19. 9. 1703 begab sich Erzherzog Karl nach Spanien. Da König Ludwig XIV. seinen Enkel Philipp von Anjou bereits nach dem Tode König Karls II. von Spanien auf die Iberische Halbinsel geschickt hatte, war diesem Zeit genug geblieben, seine Position in Madrid zu stärken und auszubauen.

Unterdessen gingen die Kämpfe in Europa weiter. Im Sommer 1704 trafen sich in Mindelheim der englische General John Churchill, Herzog von Marlborough, und Prinz Eugen. In einem langen Gespräch vereinbarten sie ein gemeinsames Vorgehen gegen Frankreich und Bayern. Der Engländer übernahm das strategische Konzept Eugens, zunächst die Bayern zu schlagen und dann die Franzosen über den Rhein zu jagen. Bevor es dazu kam, zogen die Verbündeten zunächst einmal durch Bayern und verwüsteten das Land. Am 13. 8. 1704 kam es bei Höchstädt und Blindheim zur Entscheidungsschlacht. Nach der Vereinigung der Streitkräfte des Prinzen Eugen mit denen des Herzogs von Marlborough wurden die bayrischen und französischen Truppen vernichtend geschlagen. Die Franzosen wurden bis über den Rhein verfolgt, der Kurfürst von Bayern verlor sein Land und mußte sich nach Brüssel ins Exil begeben. Das Reich war weitgehend von Feinden frei geworden.

In Spanien begannen die Kämpfe zwischen Erzherzog Karl von Österreich und Philipp von Anjou mit der Eroberung von Gibraltar durch die englische Flotte. Mitten in den noch nicht beendeten Auseinandersetzungen starb Kaiser Leopold I. am 5. 5. 1705 nach einer 47jährigen Regierungszeit als deutscher König und »Römischer Kaiser«.

Dem intelligenten und vielseitig begabten Kaiser Leopold I., der ein ausgesprochenes Talent für Kunst und Musik hatte, mangelte es im politischen Handeln oft genug an Entschlußkraft. Dafür hatte er ein ausgesprochenes Geschick, tüchtige Feldherren und Mitarbeiter an sich zu binden. Der ihm gestellten schweren Aufgabe, als Schirm und Schild die Erblande, das Reich und das Haus Habsburg gegen seine gefährlichsten Gegner Frankreich und die Türken zu bewahren, ist er trotz vieler Schwierigkeiten gerecht geworden. Mit Prinz Eugen von Savoyen an seiner Seite gelang es ihm, Österreich zu einer europäischen Großmacht zu machen. Den Wienern ist er als der »Türkenpoldl« in Erinnerung.

Wie so viele Habsburger, fühlte sich auch Leopold jenseits der großen Etikette im Kreise seiner Familie am wohlsten. Als seine Vermählung in Aussicht genommen wurde, kam er erstmals mit seinem späteren Gegner Frankreich in Berührung. König Ludwig XIV. heiratete die ursprünglich Leopold vorbehaltene und erstrebenswertere spanische Infantin Maria Theresia. So mußte Leopold sich mit der jüngeren Infantin, seiner Nichte Margaretha Theresia, begnügen. Erst nachdem die 15jährige Infantin für ehetauglich erklärt worden war, stand der Vermählung mit der sehr frommen Margaretha Theresia nichts mehr im Wege. Sie gebar ihrem Gemahl vier Kinder und starb während der fünften Schwangerschaft im Alter von 22 Jahren.

Schon sieben Monate später heiratete der Kaiser die Tochter des Erzherzogs Karl von Tirol, Claudia Felizitas. Diese kunstliebende Frau war eine Cousine zweiten Grades von Leopold. Sie schenkte dem Kaiser zwei Töchter und starb glcichfalls im frühen Alter von 23 Jahren.

Wiederum nur sieben Monate nach dem Tode seiner zweiten Gemahlin vermählte Leopold sich mit Eleonore Magdalena von Pfalz-Neuburg. Die strenge, fromme und sehr gebildete Eleonore lebte sehr zurückgezogen und nahm an den Hoffesten nur selten und widerwillig teil. Im stillen ging sie dem Kaiser in vielen Dingen zur Hand. Sie gebar ihrem Gemahl drei Söhne – unter ihnen die Kaiser Josef I. und Karl VI. – und sieben Töchter. Von seinen insgesamt 16 Kindern überlebten den Kaiser nur fünf. Leopold I., seine erste und seine dritte Gemahlin sowie seine Kinder bis auf die Tochter Maria Anna Josefa, Königin von Portugal, fanden ihre letzte Ruhestätte in der Kaisergruft.

Die Nachkommen Kaiser Leopolds I.

AUS DER EHE MIT MARGARETHA THERESIA VON SPANIEN

1. FERDINAND WENZEL, Erzherzog
   * 28. 9. 1667 in Wien
   † 13. 1. 1668 in Wien
   Grabstätte: Kaisergruft Wien – Nische in der Leopolds-Gruft

2. MARIA ANTONIE, Erzherzogin
   * 18. 1. 1669 in Wien
   † 24. 12. 1692 in Wien
   Grabstätte: Kaisergruft Wien – Leopolds-Gruft

   ∞ 15. 7. 1685 in München
   MAXIMILIAN II., Kurfürst von Bayern
   Eltern: Ferdinand Maria, Kurfürst von Bayern, und Adelheid Henriette, Prinzessin von Savoyen, Tochter Victor Amadeus' I., Herzog von Savoyen
   * 11. 7. 1662 in München
   † 26. 2. 1726 in München
   Grabstätte: Fürstengruft in der Theatinerkirche in München

3. JOHANN LEOPOLD, Erzherzog
   * 20. 2. 1670 in Wien
   † 20. 2. 1670 in Wien
   Grabstätte: Kaisergruft Wien – Nische in der Leopolds-Gruft

4. MARIA ANNA ANTONIE, Erzherzogin
   * 9. 2. 1672 in Wien
   † 23. 2. 1672 in Wien
   Grabstätte: Kaisergruft Wien – Nische in der Leopolds-Gruft

AUS DER EHE MIT CLAUDIA FELIZITAS VON ÖSTERREICH-TIROL

5. ANNA MARIA SOPHIE, Erzherzogin
   * 10. 9. 1674 in Wien
   † 21. 12. 1674 in Wien
   Grabstätte: Kaisergruft Wien – Nische in der Leopolds-Gruft, die Herzurne befindet sich auf dem Sarg ihrer Mutter in der Dominikanerkirche in Wien.

KAISER LEOPOLD I. 577

6. Maria Josefa Klementine, Erzherzogin
    * 11. 10. 1675 in Wien
    † 11. 7. 1676 in Wien
    Grabstätte: Kaisergruft Wien – Nische in der Leopolds-Gruft

AUS DER EHE MIT ELEONORE MAGDALENA VON PFALZ-NEUBURG

7. Josef I., Erzherzog
    ∞ Amalia Wilhelmine, Prinzessin von Braunschweig-Lüneburg
    Siehe unter Kaiser Josef I.

8. Christine, Erzherzogin
    * 18. 6. 1679 in Wien
    † 18. 6. 1679 in Wien
    Grabstätte: Kaisergruft Wien – Nische in der Leopolds-Gruft

9. Maria Elisabeth, Erzherzogin
    * 13. 12. 1680 in Wien
    † 26. 8. 1741 in Brüssel
    Grabstätte: Kaisergruft Wien – Karls-Gruft

    Maria Elisabeth war 1725 unter Kaiser Karl VI. Statthalterin der Niederlande. Sie blieb unvermählt.

10. Leopold Josef, Erzherzog
    * 2. 6. 1682 in Wien
    † 2. 8. 1684 in Wien
    Grabstätte: Kaisergruft Wien – Nische in der Leopolds-Gruft

11. Maria Anna Josepha, Erzherzogin
    * 7. 9. 1683 in Wien
    † 14. 8. 1754 in Lissabon
    Grabstätte: Gruft in der Kirche der Theresianerinnen in Lissabon, Herzurnenepitaph in der Kaisergruft Wien – Leopolds-Gruft

    ∞ 27. 10. 1708 in Lissabon
    Johann V., König von Portugal a. d. H. Braganza 1706–1750
    Eltern: Peter II., König von Portugal, und Marie Sophie, Prinzessin von Pfalz-Neuburg, Tochter Philipp Wilhelms, Kurfürst von der Pfalz
    * 22. 10. 1689 in Lissabon
    † 31. 7. 1750 in Lissabon
    Grabstätte: Gruft in der Kirche der Theresianerinnen in Lissabon

12. Maria Theresia, Erzherzogin
    * 22. 8. 1684 in Wien
    † 28. 9. 1696 in Wien
    Grabstätte: Kaisergruft Wien – Leopolds-Gruft

13. KARL III., Erzherzog
   ∞ ELISABETH CHRISTINE, Herzogin von Braunschweig-Wolfenbüttel
   Siehe unter Kaiser Karl VI.

14. MARIA JOSEPHA, Erzherzogin
   * 6. 3. 1687 in Wien
   † 11. 4. 1703 in Wien
   Grabstätte: Kaisergruft Wien – Leopolds-Gruft

15. MARIA MAGDALENA Josepha, Erzherzogin
   * 26. 3. 1689 in Wien
   † 1. 5. 1743 in Wien
   Grabstätte: Kaisergruft Wien – Leopolds-Gruft

16. MARIA MARGARETHE, Erzherzogin
   * 22. 7. 1690 in Wien
   † 22. 4. 1691 in Wien
   Grabstätte: Kaisergruft Wien – Nische in der Leopolds-Gruft

Kaiser Josef I.

Kaiser Josef I.

* 26. 7. 1678 in Wien
† 17. 4. 1711 in Wien
Grabstätte: Kaisergruft Wien – Karls-Gruft
Eltern: Kaiser Leopold I. und Eleonora Magdalena von Pfalz-Neuburg

∞ 24. 2. 1699 in Wien
AMALIA WILHELMINE, Prinzessin von Braunschweig-Lüneburg
Eltern: Johann Friedrich, Herzog von Braunschweig-Lüneburg, und Benedicta Henrica, Prinzessin von Pfalz-Simmern, Tochter Eduards, Pfalzgraf von Simmern
* 21. 4. 1673 in Lüneburg
† 10. 4. 1742 in Wien
Grabstätte: Klosterkirche der Salesianerinnen am Rennweg in Wien, Herzurne in der Kaisergruft Wien – Karls-Gruft

WAHLSPRUCH: Amore et timore = Durch Liebe und Furcht

9. 12. 1687 nach Anerkennung der Erblichkeit des habsburgischen Königtums durch die ungarischen Stände in Preßburg in der St.-Martins-Kirche zum König von Ungarn gekrönt.

24. 1. 1690 in Augsburg auf dem Kurfürstentag zum römisch-deutschen König gewählt.

26. 1. 1690 in Augsburg in der St.-Ulrichs-Kirche zum römisch-deutschen König gekrönt durch den Kurfürsten und Erzbischof von Mainz Anselm Franz von Ingelheim.

5. 5. 1705 König von Böhmen – nicht gekrönt.

5. 5. 1705 »Römischer Kaiser«.

KAISER JOSEF I.

Am 5. 5. 1705 folgte der römisch-deutsche König Josef I. seinem Vater in der Kaiserwürde. Schon in jungen Jahren zeigte sich bei diesem Habsburger ein ausgeprägtes Selbstbewußtsein. Die Jahre seiner frühen Kindheit verbrachte er bei seiner Mutter Eleonore Magdalena von Pfalz-Neuburg, deren umfassende Bildung bei dem jungen Erzherzog ihren Niederschlag fand. Als Josef sieben Jahre alt wurde, erhielt er bedeutende und kenntnisreiche Lehrer und Erzieher. Unter ihnen nahm als »Ajo« der aufgeklärte Otto Fürst von Salm einen hervorragenden Platz ein. Hauptlehrer war der Weltpriester Franz Freiherr von Rummel. Erzherzog Josef war neun Jahre alt, als er zum Erbkönig von Ungarn gekrönt wurde. Mit dreizehn Jahren erhielt er die römisch-deutsche Königskrone und war so der designierte Nachfolger seines Vaters in der Kaiserwürde. Nach Abschluß seiner Studien wurde der hochbegabte römisch-deutsche König von seinem Vater laufend zu den Regierungsgeschäften herangezogen. Er nahm an den Sitzungen des Staatsrates teil und hatte so Gelegenheit, sich über die politischen und wirtschaftlichen Verhältnisse im Reich und in den Erbländern umfassende Kenntnisse anzueignen. Seinem Einfluß auf den Kaiser war auch die Ernennung Prinz Eugens, dem er freundschaftlich verbunden war, zum Präsidenten des Hofkriegsrates zu verdanken. Gewissenhaft auf sein Amt vorbereitet, konnte Josef I. nach dem Tode seines Vaters reibungslos die Regierungsgeschäfte übernehmen.

Eine der ersten Amtshandlungen Josefs I. war die Reorganisation und Straffung der obersten Behörden. Die Hofkanzlei, die oberste Justizbehörde blieb, erhielt die Durchführung des Verkehrs mit den ausländischen Regierungen übertragen. Die militärischen Angelegenheiten Inner-, Ober- und Vorderösterreichs wurden dem Hofkriegsrat unterstellt. In der Geheimen Konferenz, der die Beratung von Reichs- und Kriegsangelegenheiten sowie auswärtige Fragen übertragen wurden, führte der Kaiser den Vorsitz, der auch der Spanischen Konferenz vorstand, in der die geheimsten Angelegenheiten beraten wurden. Die Gründung einer Staatsbank diente der Sanierung des von seinem Vater stark vernachlässigten Finanzwesens.

Mit dem Prinzen Eugen einig, die bei Höchstädt und Blindheim geschlagene Dynastie der Bourbonen vollständig zu vernichten, führte er den Kampf gegen König Ludwig XIV. im Spanischen Erbfolgekrieg entschlossen weiter. In Oberitalien blieben die Erfolge zunächst aus. Dagegen konnten die Engländer Barcelona erobern, und der Bruder des Kaisers, König Karl III. von Spanien, empfing die Huldigung. Er bestätigte alle Rechte und Pflichten sowie die Freiheiten der spanischen Provinzen.

Am 20. 9. 1705 schlossen die ungarischen Stände unter Führung Franz' II. Rákóczi einen Bund zum Schutze der Rechte und Freiheiten mit dem Ziel, das Haus Habsburg in Ungarn abzusetzen. Der Sieg der kaiserlichen Truppen endete mit der Rückeroberung von Siebenbürgen.

Der Sendlinger Bauernaufstand am 25. 12. 1705 im besetzten Bayern wurde mit Gewalt gebrochen. Die Wittelsbacher mußten mit ansehen, wie ihre Prinzen nach Klagenfurt in Gefangenschaft gebracht wurden. Über die Kurfürsten von Bayern und Köln wurde die Reichsacht verhängt.

Nach dem Sieg Marlboroughs über die Franzosen in den spanischen Niederlanden und der Eroberung der Städte Brüssel, Gent, Brügge und Antwerpen huldigten die spanischen Niederlande König Karl III. von Spanien, der inzwischen mit schwachen Kräften Madrid besetzt hatte.

Die ungarischen und siebenbürgischen Stände erklärten unter dem Einfluß Frankreichs im Juni 1707 Josef I. und das Haus Habsburg in Ungarn für abgesetzt. Der Versuch des Kaisers, mit den Rebellen einen Ausgleich zu erreichen, scheiterte, und erneut mußten die Waffen sprechen. Da die von den Ungarn erhoffte Unterstützung durch das Ausland ausblieb, konnten die militärischen Verbände unter Führung Guido Graf von Starhembergs Siebenbürgen kampflos besetzen. Den auf Anraten des Prinzen Eugen geschlossenen milden Frieden von Szatmár vom 29. 4. 1711, der allen am Aufstand Beteiligten volle Amnestie gewährte, erlebte der Kaiser nicht mehr.

Um dem in Madrid bedrängten König Karl III. von Spanien Entlastung zuteil werden zu lassen, waren die spanischen Besitzungen in Unteritalien das nächste Angriffsziel. Dieses Unternehmen rief Papst Clemens XI. auf den Plan, der den französischen Thronanwärter Philipp V. von Anjou als König von Spanien anerkannt hatte. Nach Eroberung Neapels und Gaetas durch kaiserliche Truppen drohte der Papst dem Kaiser mit dem Kirchenbann und schloß das Eingreifen päpstlicher Truppen nicht aus. Das war allerdings nicht die Sprache, die Kaiser Josef I. hätte beeindrucken können. Selbstbewußt wies er den Papst auf die Verdienste des Hauses Habsburg um die Erhaltung des Papsttums hin und drohte seinerseits, mit seinen Truppen und denen der »ketzerischen« Preußen Rom zu besetzen, falls der Papst weiterhin eine antihabsburgische Politik betreibe. Papst Clemens XI. mußte nachgeben, erkannte Karl III. als König von Spanien an und belehnte ihn mit den Königreichen Sizilien und Neapel (Königreich beider Sizilien). Damit hatte Habsburg die Herrschaft über Italien erreicht und den Einfluß des Papstes erheblich eingeschränkt.

In den von König Karl XII. von Schweden begonnenen Nordischen Krieg konnte Kaiser Josef I. nicht entscheidend eingreifen. Mit Rücksicht auf den Spanischen Erbfolgekrieg mußte er am 1. 9. 1707 die demütigende Konvention von Altranstädt abschließen. Nur so konnte er den Kriegseintritt Schwedens auf seiten Frankreichs abwenden. Die Konfiszierung der Rechte der Lutheraner in den Herzogtümern Liegnitz, Brieg, Wohlau, Öls, Münsterberg und Breslau nach dem Westfälischen Frieden wurde rückgängig gemacht. Kirchen und Schulen der

Lutheraner wurden wieder geöffnet. In katholischen Gebieten durften vor den Toren der Städte Freystadt, Hirschberg, Landshut, Militsch, Sagan und Teschen sechs sogenannte Gnadenkirchen (von des Kaisers Gnaden) errichtet werden.

Im weiteren Verlauf des Spanischen Erbfolgekrieges wurden die Franzosen am 11. 7. 1708 von Marlborough und Prinz Eugen bei Oudenaarde in der Nähe von Brüssel besiegt. Unter dem Eindruck weiterer Kriegsanstrengungen, insbesondere in Großbritannien, zeigte sich König Ludwig bereit, auf seine Ansprüche in Spanien zu verzichten. Da er es aber ablehnte, seinen Enkel Philipp von Anjou aus Spanien abzuberufen, ging der Krieg weiter. Am 11. 9. 1709 kam es bei Malplaquet in der Nähe von Cambrai zur vorläufig letzten Schlacht. Prinz Eugen und Marlborough erkämpften einen mit großen Verlusten bezahlten Sieg gegen die Franzosen, die den Rückzug antreten mußten. Diese Niederlage bedeutete für Frankreich das Ende seiner militärischen und wirtschaftlichen Kräfte. Auch in England zeichnete sich ein Meinungsumschwung ab. Neuwahlen brachten die Partei des grundbesitzenden Adels an die Macht, die für einen Frieden mit Frankreich eintrat und Geheimverhandlungen mit den Franzosen aufnahm.

Völlig unerwartet starb Kaiser Josef I. am 17. 4. 1711. Der Tod des Kaisers war für das Haus Habsburg und für das Reich ein schwerer Schicksalsschlag, der Folgen für ganz Europa hatte. In vielfacher Hinsicht unterschied Josef I. sich von seinen bedächtigen Vorfahren. Mit überschäumendem Temperament nahm er die notwendigen Reformen in Angriff und führte sie auch zu Ende. Eine sprichwörtliche Geduld konnte er bei Audienzen aufbringen und niemand verließ den Kaiser, ohne daß dieser seine Entscheidung begründete. Sein scharfer Verstand und eine schnelle Auffassungsgabe erkannten das Notwendige, das dann auch unverzüglich und unbürokratisch erledigt wurde. Seine Politik war nicht nur auf seine Hausmacht ausgerichtet, sie galt gleichermaßen der Stärkung des Reiches. Unter Kaiser Josef I. erhielt der Reichsgedanke noch einmal neue Impulse.

In religiösen Fragen zeigte der Kaiser eine weitgehende Toleranz. Der katholischen Lehre treu ergeben, zeigte er kaum Entgegenkommen, wenn es um die Abwehr kirchlicher Machtansprüche im Reich oder in den Erblanden ging.

Der Kaiser verschloß sich keinem fremden Rat, hielt aber zu seiner Umgebung weitgehend Distanz. Nur mit Prinz Eugen von Savoyen verband ihn eine vertrauensvolle Freundschaft. Der Prinz nannte den Kaiser seinen Bruder.

Mit 21 Jahren heiratete Josef I. die Prinzessin Amalia Wilhelmine von Braunschweig-Lüneburg. Vor ihrer Vermählung trat die protestantische Prinzessin zum katholischen Glauben über. Die schöne und hochgebildete Fürstin konnte auf den selbstbewußten, heiteren und lebensfrohen Kaiser nur wenig Einfluß gewinnen. Sie schenkte ihrem Gemahl drei Kinder, von denen der Thronfolger Leopold Josef schon wenige Monate nach der Geburt starb. Die Töchter Maria Josefa und Amalia Maria heirateten die Kurfürsten von Sachsen und Bayern. Kaiserin Amalia Wilhelmine stiftete das Salesianerinnenkloster am Rennweg in Wien, wo sie auch begraben wurde. Josef I. fand seine letzte Ruhestätte in der Kaisergruft in Wien.

Die Nachkommen Kaiser Josefs I.

1. MARIA JOSEFA, Erzherzogin
   * 8. 12. 1699 in Wien
   † 17. 11. 1757 in Dresden
   Grabstätte: Gruft unter der Sakramentskapelle der kath. Hofkirche in Dresden

   ∞ 20. 8. 1719 in Wien
   FRIEDRICH AUGUST II., Kurfürst von Sachsen
   Eltern: Friedrich August I., Kurfürst von Sachsen und als August II., »der Starke«, König von Polen, und Eberhardine, Markgräfin von Brandenburg-Bayreuth, Tochter Christian Ernsts, Markgraf von Brandenburg-Bayreuth
   * 17. 10. 1696 in Dresden
   † 5. 10. 1763 in Warschau
   Grabstätte: Gruft unter der Sakramentskapelle der kath. Hofkirche in Dresden

   Friedrich August II. war von 1733 bis 1763 als August III. König von Polen. Mit ihm endete die sächsisch-polnische Personalunion.

2. LEOPOLD JOSEF, Erzherzog
   * 29. 10. 1700 in Wien
   † 4. 8. 1701 in Wien
   Grabstätte: Kaisergruft Wien – Leopolds-Gruft

3. AMALIA MARIA, Erzherzogin
   * 22. 10. 1701 in Wien
   † 11. 12. 1756 in München
   Grabstätte: Fürstengruft in der Theatinerkirche in München

   ∞ 5. 10. 1722 in München
   KARL ALBRECHT, Kurfürst von Bayern
   Eltern: Maximilian II. Emanuel, Kurfürst von Bayern, und Therese Kunigunde, Prinzessin von Polen, Tochter Johanns III., König von Polen
   * 6. 8. 1697 in Brüssel
   † 20. 1. 1745 in München
   Grabstätte: Fürstengruft in der Theatinerkirche in München

KAISER JOSEF I.

Die Vermählung Amalia Marias mit dem Kurfürsten Karl Albrecht erfolgte aus politischen Gründen. Sie teilte den politischen Weg ihres Gatten aus voller Überzeugung. Auch die Ansprüche Karl Albrechts auf das Erbe der Habsburger wurden von Amalia Maria geteilt, obwohl diese nicht gerechtfertigt waren. Während des österreichischen Erbfolgekrieges wurde Karl Albrecht am 24. 1. 1742 von den Kurfürsten einstimmig zum Römischen Kaiser gewählt und am 12. 2. 1742 in Frankfurt a. M. gekrönt. Zwei Tage später eroberten die österreichischen Truppen München. Nach dem Ausscheiden Preußens aus der antihabsburgischen Koalition mußte der Kaiser in Friedensverhandlungen eintreten, die aber scheiterten, da Österreich auf den Erwerb Bayerns bestand. Da auch Preußen, die Pfalz und Hessen-Kassel unterstützt von Frankreich dem österreichischen Machtzuwachs ablehnend gegenüberstanden, kam es zu weiteren kriegerischen Auseinandersetzungen. Der plötzliche Tod Kaiser Karls VII. beendete die militärischen Aktionen. Im Frieden von Füssen verzichtete der Sohn des Kaisers, Maximilian III. Josef, auf das vermeintliche habsburgische Erbe.

Kaiser Karl VI.

Kaiser Karl VI.

* 1. 10. 1685 in Wien
† 20. 10. 1740 in Wien
Grabstätte: Kaisergruft Wien – Karls-Gruft
Eltern: Kaiser Leopold I. und Eleonora Magdalena von Pfalz-Neuburg

∞ 1. 8. 1708 in Barcelona
ELISABETH CHRISTINE, Prinzessin von Braunschweig-Wolfenbüttel
Eltern: Ludwig Rudolf, Herzog von Braunschweig-Wolfenbüttel, und Christine Luise, Prinzessin von Öttingen, Tochter Albert Ernsts, Fürst von Öttingen
* 28. 8. 1691 in Wolfenbüttel
† 21. 12. 1750 in Wien
Grabstätte: Kaisergruft Wien – Karls-Gruft

WAHLSPRUCH: Constanter continet orbem – Fest hält er das Weltreich zusammen

2. 7. 1706 in Madrid als Karl III. zum König von Spanien gewählt.
12. 10. 1711 in Frankfurt a. M. zum römisch-deutschen Kaiser gewählt.
22. 12. 1711 in Frankfurt a. M. zum römisch-deutschen Kaiser gekrönt durch den Kurfürsten und Erzbischof von Mainz Lothar Franz von Schönborn.
22. 5. 1712 in Preßburg in der St.-Martins-Kirche zum Apostolischen König von Ungarn gekrönt.
5. 6. 1723 in Prag im St.-Veits-Dom zum König von Böhmen gekrönt.
20. 10. 1740 Mit dem Tode Kaiser Karls VI. starb das Haus Habsburg im Mannesstamm aus.

Auf den lebensfrohen Kaiser Josef I. folgte sein ernster, bedächtiger und pedantischer Bruder Karl, der der Lieblingssohn Kaiser Leopolds I. gewesen war. Als Zweitgeborener wurde er nach altem Habsburger-Brauch für den geistlichen Stand bestimmt und von Jesuiten erzogen, die seine guten geistigen Anlagen förderten und dem jungen Erzherzog eine gediegene Ausbildung und eine echte Religiosität vermittelten. Wie viele Habsburger vor ihm hatte er eine besondere musikalische Begabung, die durch den Unterricht des berühmten österreichischen Organisten und Hofkapellmeisters Johann Joseph Fux gefördert wurde. Ein besonderes Vertrauensverhältnis bestand zu seiner Mutter, deren Einfluß auf die Erziehung des jungen Prinzen nicht gering war. Schon früh wurde die große Verantwortung auf seine Schultern gelegt, das Habsburger Erbe in Spanien zu sichern. Nach dem Tode König Karls II. von Spanien, der kinderlos gestorben war, übertrugen sein Vater, Kaiser Leopold I., und sein Bruder, König Josef I., ihr Erbrecht auf Spanien auf Erzherzog Karl, der von seinem Vater zum König von Spanien ernannt wurde. Am 19. 9. 1703 kam es zu einem schmerzlichen Abschied von der Familie. Die Kaiserin nannte die Trennung von ihrem Sohn »ein Opfer im Dienst am Volk«. Mit großem Gefolge reiste Karl durch Europa nach Spanien. Hier kämpfte er mit wechselndem Erfolg. Als er die Nachricht vom Tode seines Bruders Josef I. erhielt, war Karl in Barcelona eingeschlossen. Auf Verlangen des Wiener Hofes kehrte er nach Österreich zurück, um die Regierung in den Erblanden anzutreten. Schweren Herzens verließ er Spanien und das belagerte Barcelona, wo er seine Gemahlin mit wenigen Getreuen als Regentin zurücklassen mußte.

Auf der Rückreise nach Wien wurde Erzherzog Karl am 12. 10. 1711 in Frankfurt a. M. als Karl VI. von den Kurfürsten einstimmig zum römisch-deutschen Kaiser gewählt. Die schnelle und reibungslose Wahl war der geschickten Verhandlung des Prinzen Eugen zu verdanken, der den Plan des katholischen Frankreich durchkreuzte, den protestantischen König in Preußen zum Kaiser wählen zu lassen. Erneut trug ein Habsburger die noch nicht gesicherte Krone Spaniens und die römisch-deutsche Krone. Nun beschäftigte den Kaiser erst recht der Gedanke, das Reich Kaiser Karls V. wiedererstehen zu lassen. Schon bald mußte Karl VI. erkennen, daß die politischen Realitäten stärker waren als seine diesbezüglichen Wünsche. Die große Allianz der europäischen Mächte zeigte Auflösungserscheinungen, da besonders in England die Meinung vertreten wurde, daß es nicht vertretbar sei, das spanische Weltreich und Österreich verbunden mit der Kaiserkrone dem Hause Habsburg zu überlassen. Das schon geschlagene Frankreich nutzte die Gunst der Stunde und griff wieder zu den Waffen. Im Jänner

1712 versuchte Prinz Eugen bei Königin Anna von England eine Änderung der britischen Haltung zu erreichen. Seine Bemühungen blieben erfolglos. Die Königin richtete an die Verbündeten eine Einladung zu einem Friedenskongreß nach Utrecht. Da auch die Generalstaaten zu einem Bündnis mit dem Kaiser nicht mehr bereit waren, bedeutete das die Auflösung der »Großen Allianz«.

Am 11. 4. 1713 kam es zwischen Frankreich und den Verbündeten zum Friedensvertrag von Utrecht. Philipp V. von Spanien erhielt die Anerkennung als rechtmäßiger Herrscher über Spanien und die spanischen Kolonien unter der Auflage, daß eine Vereinigung Spaniens mit Frankreich nicht erfolgen durfte. Das Haus Habsburg erhielt die spanischen Niederlande (nunmehr österreichische Niederlande), Mailand und das Königreich Neapel. Dem Herzog von Savoyen wurde das Königreich Sizilien unter Verleihung des Königstitels zugesprochen. Der Besitzstand Frankreichs blieb unverändert.

Den größten Vorteil aus dem Frieden von Utrecht zog Großbritannien, dem die Mittelmeerstützpunkte Gibraltar und Menorca sowie Neufundland und Neuschottland in Amerika zufielen. Die noch folgenden europäischen Kriege brachten England die ungestörte Entwicklung zur Weltmacht. Unter dem Einfluß der spanischen Höflinge am Wiener Hof lehnte der Kaiser eine Anerkennung des Friedensvertrages von Utrecht ab. Auch der Reichstag in Regensburg sprach sich für eine Fortsetzung des Krieges aus.

Wenige Tage nach Abschluß des Utrechter Friedensvertrages berief der Kaiser zum 19. 4. 1713 auf Vorschlag der Geheimen Konferenz seine Räte in das Schloß Favorita und verkündete die »Pragmatische Sanktion«, die sowohl eine Erbteilung als auch die Loslösung eines Erblandes vom Ganzen verhindern sollte. Die Erbfolge wurde nach dem Gesetz der Primogenitur in männlicher Linie und nach Aussterben des Mannesstammes auch in weiblicher Linie geregelt. Nach dieser Regelung wurden die Töchter Kaiser Karls VI. vor denen seines Bruders Kaiser Josef I. erbberechtigt. Im »pactum mutuae successionis« Kaiser Leopolds I. war es genau umgekehrt gewesen. In der Folge wurde das innen- und außenpolitische Handeln des Kaisers wesentlich von seinem Bemühen um die Anerkennung der »Pragmatischen Sanktion« beeinflußt.

Am 6. und 7. 3. 1714 kam es in Rastatt zum Friedensschluß zwischen den Dynastien Habsburg und Bourbon. Die trostlose Finanzlage und ein sich abzeichnender Krieg mit der Hohen Pforte hatten den Kaiser auf Anraten des Prinzen Eugen zum Einlenken bewogen. Grundlage des Rastatter Friedensvertrages waren der Westfälische Friede von 1648 und die Abkommen von Nijmegen und Rijswijk. Unter Beibehaltung der rechtsrheinischen Gebiete verzichtete der Kaiser endgültig auf das Elsaß und verpflichtete sich, die Wittelsbacher Kurfürsten von Bayern und Köln wieder in ihre alten Rechte einzusetzen. Habsburg erhielt aus dem spanischen Erbe den Erwerb der spanischen Niederlande und der spanischen Besitzungen in Italien bestätigt sowie Teile der Toskana zugesprochen. Damit hatte Österreich eine führende Stellung in Italien erreicht. Dem Friedensschluß von Rastatt folgte am 7. 9. 1714 der Friedensvertrag zwischen

Frankreich und dem Reich. Trotz der Friedensverträge blieben die Spannungen zwischen den Westmächten und den Habsburgern bestehen, da der Kaiser es abgelehnt hatte, Philipp V. als König von Spanien anzuerkennen, und dieser den Verlust der spanischen Gebiete in Italien nicht hinnehmen wollte.

Die ihm zugesprochenen spanischen Niederlande konnte der Kaiser wegen mangelnder Unterstützung durch Holland und Großbritannien nicht in Besitz nehmen. In den Erbländern waren erhebliche Mißstände in der Verwaltung, im Heerwesen und in der Wirtschaft aufgetreten. Diese Umstände und das Streben Preußens und Sachsens nach Unabhängigkeit brachten einen erheblichen Verlust des kaiserlichen Ansehens mit sich. Im Osten standen neue Auseinandersetzungen mit den Türken bevor. Alles in allem war die Lage Kaiser Karls VI. sehr ungünstig. Erst der Tod der Königin Anna von England und das Ableben König Ludwigs XIV. von Frankreich brachte dem Kaiser Entlastung und Europa eine grundlegende Änderung der politischen Verhältnisse. Nach dem Tode der Königin Anna wurde Kurfürst Georg von Hannover als Georg I. König von England in Personalunion mit Hannover. Georg I. unternahm sofort den Versuch, zwischen Habsburg und den Generalstaaten zu vermitteln und strebte mit beiden Mächten ein neues Bündnis an.

Im Krieg zwischen der Hohen Pforte und Venedig konnten die Türken den zu Venedig gehörenden Peloponnes mit Korinth erobern. Der Hilferuf Venedigs führte auf Anraten Prinz Eugens am 13. 4. 1716 zu dem vom Papst unterstützten Bündnis zwischen dem Kaiser und Venedig. Die Forderung Österreichs an die Hohe Pforte, die Bestimmungen des Friedens von Karlowitz einzuhalten und die eroberten Gebiete an Venedig zurückzugeben, führten zur Kriegserklärung der Hohen Pforte. Der Großwesir Damad Ali marschierte mit seinem Heer nach Peterwardein, wo Prinz Eugen mit einem gut ausgebildeten 70.000 Mann starken Heer lagerte. Am 5. 8. 1716 konnte Prinz Eugen bei Peterwardein für seinen kaiserlichen Herrn und das Haus Habsburg einen glänzenden Sieg erringen. Er verfolgte die fliehenden Türken, eroberte Temeschwar, das Banat und drang über Bosnien bis in die Walachei vor. Wie schon die Erfolge über die Türken Jahrzehnte zuvor wurde auch der überwältigende Sieg bei Peterwardein im ganzen Abendland bejubelt. Papst Clemens XI. ließ dem Feldherrn Eugen einen mit Juwelen und Diamanten besetzten Degen und Hut überreichen. Das aus Anlaß des Seesieges bei Lepanto eingesetzte Rosenkranzfest erhob der Papst zur ewigen Erinnerung an den Sieg bei Peterwardein zu einem allgemeinen Fest der ganzen katholischen Kirche. Der Sieg hatte das Selbstvertrauen des kaiserlichen Heeres so gestärkt, daß der Prinz den Kaiser bewegen konnte, zur Eroberung Belgrads zu schreiten. Mitte Juni 1717 setzte Prinz Eugen mit seinem Heer nordöstlich von Belgrad über die Donau und schloß die Festung Belgrad ein. Die Belagerten hatten in den nächsten Wochen schwere Kämpfe zu bestehen. Mit Allah, Allah begrüßten sie am 30. 7. ein türkisches Entsatzheer, das sich im Rücken der Kaiserlichen festsetzte. Am 16. 8. 1717 griff Prinz Eugen mit allen verfügbaren Streitkräften die Festung an. Zwei Tage wogte der Kampf hin und

KAISER KARL VI. 591

her. Am 18. 8. drangen die Österreicher in Belgrad ein und errangen nicht zuletzt durch den persönlichen Einsatz Prinz Eugens, der sich ständig in der vordersten Linie befand, einen vollständigen Sieg gegen den viermal stärkeren Gegner. Während der Prinz wie ein Soldat unter vielen Soldaten, seine eigene Verwundung nicht beachtend, durch das Feldlager ging, die abgekämpfte Truppe besichtigte und Verwundete tröstete, sangen die am Lagerfeuer liegenden Soldaten das von einem unbekannten Grenadier im Feldlager vor Belgrad erdachte Lied:

»Prinz Eugen, der edle Ritter,
wollt dem Kaiser wiederum kriegen
Stadt und Festung Belgerad.
Er ließ schlagen eine Brucken,
daß man kunnt hinüberrucken
mit der Armee wohl für die Stadt.«

Die Türkengefahr war endgültig von Europa abgewandt. Trotz der noch folgenden zwei Türkenkriege unter den Kaisern Karl VI. und Josef II. sind die Türken nie mehr zu einer wirklichen Gefahr für das christliche Abendland geworden. Wieder einmal hatte Österreich mit seinem kleinen Heer nicht nur sich selbst, sondern auch Deutschland und Europa verteidigt.

Ein Jahr nach der Eroberung Belgrads wurde zwischen Österreich und der Hohen Pforte am 21. 7. 1718 der Friede von Passarowitz geschlossen. Es war der günstigste Friedensvertrag, den Österreich jemals mit der Hohen Pforte abgeschlossen hat. Die Habsburger gewannen fünf Distrikte der Walachei, Temeschwar, das Banat, Teile Serbiens mit Belgrad bis an die Morava und Drina, die Save, Jassenowitz, Dubica sowie Alt- und Neu-Novi. Österreich erreichte damit seine größte Ausdehnung. Die Siege Prinz Eugens hatten das Haus Habsburg auf den Gipfel seiner Macht gebracht. Der Herrschaftsbereich Habsburgs erstreckte sich nun vom Balkan über Ungarn, die Erbländer und die Besitzungen in Italien bis zu den österreichischen Niederlanden. Dazu kam als schützendes Dach die deutsche Kaiserkrone.

Mit der endgültigen Befreiung des südöstlichen Europas begannen die Habsburger mit der Kolonisation. Belgrad wurde für lange Zeit eine deutsche Stadt, in der die Deutschen im Stadtkern wohnten. Die Serben durften sich nur in den Vororten niederlassen. In Ungarn entstanden zahlreiche kleine und geschlossene deutsche Sprachgebiete, für die sich später die Bezeichnung »Donauschwaben« einbürgerte.

Noch im Jahr seiner großen Siege bei Peterwardein und Belgrad fiel Prinz Eugen unter dem Einfluß spanischer Intriganten am Wiener Hof beim Kaiser in Ungnade. Zornig, rücksichtslos und entschlossen trat der Prinz vor den Kaiser und deckte das von der spanischen Hofkamarilla gegen ihn geschmiedete Komplott auf. Unter der Androhung, alle Würden niederzulegen und Österreich zu verlassen, verlangte der Prinz vom Kaiser volle Genugtuung. Die Schuldigen wurden zur Verantwortung gezogen und streng bestraft.

Am 2. 8. 1718 schloß der Kaiser mit Großbritannien und Frankreich ein

Bündnis (Quadrupel-Allianz), dem auch die Generalstaaten beitreten sollten. Der Kaiser verzichtete auf Spanien und die ihm eingeordneten Länder. Karl VI. erhielt aus dem spanischen Erbe Sizilien. Dafür mußte Österreich Sardinien als Entschädigung für Sizilien an den Herzog von Savoyen abtreten.

Vor ihrer Vermählung mit den Kurprinzen von Sachsen und Bayern mußten die Erzherzoginnen Maria Josefa und Maria Amalia, die Töchter Kaiser Josefs I., auf ihr Erbrecht zugunsten der weiblichen Nachkommen Kaiser Karls VI. verzichten. Die beiden Kurprinzen erkannten den Verzicht ihrer Gemahlinnen auf das Erbrecht in Österreich nicht an.

Nach dem Frieden von Passarowitz hatte der Kaiser zur Förderung des Handels mit den Türken einen gegenseitigen Handelsvertrag abgeschlossen. Zur Stärkung der Wirtschaft in den österreichischen Niederlanden gründete Karl VI. 1719 die Ostendische Handelsgesellschaft, der er das Privileg verlieh, mit Ost- und Westindien, China und Afrika Handel zu treiben.

Anfang 1720 mußte König Philipp V. von Spanien endgültig einsehen, daß seine Großmachtpolitik zum Scheitern verurteilt war. Er trat der Quadrupel-Allianz bei, erkannte den Frieden von Utrecht an und verzichtete auf die spanischen Ansprüche in Italien. Schon im folgenden Jahr entschloß sich Spanien zu einem Bündnis mit Frankreich, dem auch Großbritannien beitrat. Da auch Rußland sich Frankreich näherte, kam der Kaiser in eine schwierige Lage, aus der er sich erst lösen konnte, nachdem Spanien einsah, daß es seine Ansprüche auf Gibraltar England gegenüber nicht durchsetzen konnte. Am 30. 4. 1725 kam es zu einem Bündnis zwischen Kaiser Karl VI. und König Philipp V. von Spanien. Der Kaiser unterstützte die Forderung der Spanier auf Gibraltar und verzichtete nunmehr endgültig auf die Krone Spaniens. Philipp V. seinerseits mußte endgültig auf die spanischen Niederlande und die spanischen Besitzungen in Italien verzichten und Parma, Piacenza und Toskana als Reichslehen anerkennen. Der spanische König übernahm außerdem die Bürgschaft für die »Pragmatische Sanktion«. In der Folge erkannten Rußland, die Wittelsbacher Kurfürsten von Bayern und Köln, Preußen und Sachsen die »Pragmatische Sanktion« gleichfalls an.

Anfang 1727 bestanden somit in Europa zwei große Bündnisse: Großbritannien war mit Frankreich, Holland, Schweden, Dänemark und Norwegen verbündet. Der Kaiser befand sich im Bündnis mit Rußland, Spanien, Preußen, Sachsen und Bayern.

Da Karl VI. Spanien bei der Belagerung Gibraltars nicht unterstützt hatte, zog Spanien sich aus dem Bündnis mit dem Kaiser zurück und schloß neue Vereinbarungen mit Frankreich und Großbritannien, das, um den Verlust Gibraltars besorgt, die Ansprüche Spaniens in Italien erneut ins Spiel brachte und für den Fall unterstützte, daß Spanien auf Gibraltar verzichten sollte. Der Kaiser brach daraufhin die diplomatischen Beziehungen zu Großbritannien ab. Da die Reichsfürsten die Haltung des Kaisers nicht unterstützten und die Mächte einen Krieg nicht für sinnvoll hielten, kam es unter Vermittlung des Prinzen Eugen am

KAISER KARL VI.

16. 3. 1731 zum Wiener Vertrag zwischen Österreich und Großbritannien. Um die Anerkennung der »Pragmatischen Sanktion« auch durch Großbritannien zu erreichen, fand sich Karl VI. zu großen Zugeständnissen bereit. Die Kaisertochter Maria Theresia durfte keine Ehe mit einem Angehörigen eines bedeutenden europäischen Herrscherhauses eingehen. In Parma und Toskana mußte der Kaiser spanische Garnisonen dulden. Die Ostendische Handelskompagnie wurde liquidiert und den Bewohnern der habsburgischen Länder wurde der Export nach Ostindien untersagt. Damit waren die Habsburger aus dem kolonialen Welthandel ausgeschlossen. Gegen diese erheblichen Zugeständnisse des Kaisers übernahm nunmehr auch Großbritannien die Bürgschaft für die »Pragmatische Sanktion«. Dem Vertrag schlossen sich am 22. 6. 1731 Spanien und am 20. 2. 1732 auch die Generalstaaten an.

Nach langen und schwierigen Verhandlungen erreichte der Kaiser am 11. 1. 1732 die Anerkennung der »Pragmatischen Sanktion« durch den deutschen Reichstag. Obwohl Sachsen und Bayern 1726 die »Pragmatische Sanktion« anerkannt hatten, verweigerten sie vor dem Reichstag ihre Zustimmung.

In diesen Jahren kam es erneut zu Verfolgungen der Protestanten. Trotz der gegenreformatorischen Bestrebungen unter den Kaisern Leopold I. und Josef I. war es nicht gelungen, den Protestantismus auszurotten. In Böhmen wurde ein Patent gegen die Protestanten erlassen, die so gezwungen wurden, katholisch zu werden oder auszuwandern. Der ständigen Zunahme der Protestanten in Österreich wurde trotz Einspruchs der protestantischen Reichsstände mit großen Umsiedlungsmaßnahmen begegnet. Besonders die Protestanten der Steiermark und Kärntens wurden zwangsweise nach Siebenbürgen ausgesiedelt. In Ungarn wurde weitgehend auf Maßnahmen gegen die Protestanten verzichtet, da die Bemühungen, die Anerkennung Ungarns für die »Pragmatische Sanktion« zu erreichen, noch nicht abgeschlossen waren.

Nach dem Tode König Augusts II. von Polen wurde die polnische Thronfolge akut. Frankreich trat für die Wahl Stanislaus Leszczyńskis, des Schwiegervaters König Ludwigs XV. von Frankreich, ein. Der Anspruch des Kurprinzen Friedrich August von Sachsen, der versprochen hatte, die »Pragmatische Sanktion« anzuerkennen, wurde von Österreich und Rußland unterstützt. Der vom polnischen Reichstag gewählte Stanislaus Leszczyński wurde von den in Polen einmarschierenden sächsischen und russischen Truppen vertrieben. Unter dem Druck dieser einmarschierenden Truppen wählte der polnische Reichstag Friedrich August von Sachsen zum König. Mit der Kriegserklärung Frankreichs an den Kaiser begann im Oktober 1733 der polnische Erbfolgekrieg. Das Vorgehen Frankreichs wurde nicht zuletzt auch durch die geplante Vermählung der Kaisertochter Maria Theresia mit Herzog Franz III. Stephan von Lothringen ausgelöst. Der französische König hatte schon lange ein Auge auf Lothringen geworfen und befürchtete eine Vereinigung des Herzogtums mit den Habsburger Ländern, wenn erst einmal die Vermählung Maria Theresias mit dem Herzog von Lothringen erfolgt war. Die Wittelsbacher stellten sich wieder einmal auf die Seite

Frankreichs. Der polnische Erbfolgekrieg brachte den Habsburgern den Verlust der Lombardei und der Königreiche Neapel und Sizilien. Durch Vermittlung der Seemächte kam es schließlich zu direkten Verhandlungen zwischen Österreich und Frankreich, die am 3. 10. 1735 zum Vorfrieden von Wien führten, der am 18. 11. 1738 im Frieden von Wien bestätigt wurde. Kurfürst Friedrich August von Sachsen wurde als König August III. von Polen anerkannt. Stanislaus Leszczyński erhielt den Ehrentitel »König von Polen« und das Herzogtum Bar, mußte aber zunächst auf Sitz und Stimme für das Herzogtum Lothringen im Reichstag verzichten. Nach dem Erlöschen des Hauses Medici sollte die Toskana an das Haus Lothringen fallen, das dann sein Stammland Lothringen an Stanislaus Leszczyński abzutreten hatte. Nach dem Tode Leszczyńskis sollten Lothringen und Bar an Frankreich fallen. Der spanische Prinz Karl erhielt Neapel und Sizilien und wurde von den Vertragspartnern als König anerkannt. Der Kaiser erhielt alle vor dem Krieg in Italien innegehabten Besitzungen mit Ausnahme Neapels und Sizilien zurück. Als Ersatz für Neapel und Sizilien wurden ihm Parma und Piacenza zugesprochen. Frankreich erkannte die »Pragmatische Sanktion« an.

Herzog Franz III. Stephan von Lothringen hatte 1729 die Nachfolge seines verstorbenen Vaters Leopold in Lothringen angetreten und erhielt 1730 die Belehnung mit Bar. Vor seiner Vermählung mit Maria Theresia hatte Franz Stephan schweren Herzens und gegen den erbitterten Widerstand seiner Familie dem Kaiser gegenüber die Erklärung abgegeben, auf das Herzogtum Lothringen zu verzichten. Die Verzichtsurkunde wurde erst am 11. 4. 1736 unterzeichnet. Am 31. 1. 1736 trat Maria Theresia vor den großen Staatsrat und beschwor feierlich, auf die Erbfolge zu verzichten, falls ihr Vater noch einen männlichen Thronfolger erhalten sollte. Franz Stephan unterschrieb gleichzeitig, daß er für seine Person in den österreichischen Erblanden keine Erbansprüche stellen werde.

Nunmehr stand der Vermählung der Kaisertochter mit dem Herzog von Lothringen nichts mehr im Wege. Am 12. 2. 1736 entfaltete der Wiener Hof zur Hochzeit Maria Theresias allen kaiserlichen Prunk. Vor dem Hochaltar der Augustinerkirche in Wien, unweit der Wiener Hofburg, nahm der Apostolische Nuntius Passionei die Trauung des wohl schönsten Paares seiner Zeit vor. Als der Nuntius darauf bestand, während der Trauung und des Gottesdienstes sitzen zu bleiben, erließ Kaiser Karl eine Anordnung zum Protokoll, wonach der Nuntius vor der Thronerbin der Habsburger Reiche zu stehen habe. Der Nuntius beugte sich und nahm die Trauung stehend vor. Unter den zahlreichen illustren Gästen, die an der Hochzeit teilnahmen, fehlte Prinz Eugen von Savoyen. Zu seinem eigenen und dem Leidwesen Maria Theresias konnte der Prinz wegen Krankheit nicht an den Feierlichkeiten teilnehmen.

Im Tagebuch Kaiser Karls VI. finden wir knapp drei Monate später am 21. 4. 1736 die Eintragung:

»Um halb 9 Uhr Nachricht, Prinz Eugen von Savoyen, der seit 83 in meines Hauses Dienst stand, im Feld seit 97 im Kommando Aktionen große Dienste getan, 1703 Kriegspräsident geworden, mir seit 1711 in allem dient, im Bett tot

gefunden worden, nach langer Krankheit. Gott sei der Seele gnädig. In seinem 73. Jahr.«

Prinz Eugen von Savoyen, der drei Herrschern des Hauses Habsburg, von denen er in feiner Unterscheidung Leopold I. seinen Vater, Josef I. seinen Bruder und Karl VI. seinen Herrn genannt hatte, treu und ergeben diente, war tot. Unter ihm hatte der Reichsgedanke am Wiener Hof neue Kraft und Gestalt bekommen. Immer war es Eugen darum gegangen, die Macht des Kaisers und des Hauses Habsburg so zu mehren, daß beide vom Reich her unangreifbar wurden. Preußen und das sich immer wieder mit Frankreich verbindende Bayern waren die wirkliche Gefahr für das Reich. Preußens gefährlicher Aufstieg war nur zu verhindern, wenn Bayern gewonnen wurde. Das war die große politische Konzeption des Prinzen. Wenige Jahre vor seinem Tod hatte er dem Kaiser den Rat gegeben, Maria Theresia mit dem Kurprinzen von Bayern zu vermählen. Wäre diese Ehe zustande gekommen, wäre das Reich wahrscheinlich unangreifbar geworden. Das große und so ungemein gefährliche Bayern wäre an Österreich gefallen. Ohne Blutvergießen hätte die Einigung des Reiches erfolgen können. Als Friedrich II. von Preußen wenige Jahre später Maria Theresia Schlesien entriß, war ihm das nur möglich, weil Bayern gleichzeitig in die österreichischen Erblande einfiel. Karl VI. entschied sich hinsichtlich der Vermählung seiner Tochter für den Herzog Franz III. Stephan von Lothringen. Für diese Entscheidung Kaiser Karls VI. war sicher nicht nur der große Altersunterschied zwischen Maria Theresia und dem Kurprinzen Karl Albrecht maßgebend, sondern wohl auch die Befürchtung des Kaisers, daß bei seinem frühen Tod der franzosenhörige Bayer Herr in Österreich und dem Reich werden könnte. Mit Sicherheit hat bei der Entscheidung des Kaisers aber auch der Vater mitgesprochen. Karl VI. wußte um die große Liebe seiner Tochter zu dem Lothringer Franz Stephan und wohl auch, daß die junge, aber sehr selbstbewußte Erzherzogin sich einer politischen Heirat nicht ohne weiteres beugen würde. Der Kaiser war nicht der Vater, der seine Tochter zu einer ihr Glück zerstörenden Ehe gezwungen hätte. So entschied der Kaiser gegen den wohl weitblickenden Plan des Prinzen Eugen für das Glück seiner Tochter.

Prinz Eugen von Savoyen gehört zu den großen abendländischen Gestalten, von denen unsere Zeit lernen kann zu begreifen, was Europa einst war, was es bedeutete und was es wieder werden muß, um in der Welt von heute bestehen zu können. Als Retter des christlichen Abendlandes bewahrte Prinz Eugen Österreich und das Heilige Römische Reich Deutscher Nation vor dem Osten und den Gefahren des Islams, den er weit über Mitteleuropa hinaus zurückwarf.

Der Kaiser ordnete für den verstorbenen Prinzen ein Staatsbegräbnis an. Der Leichnam Eugens, bekleidet mit der Uniform seines Dragonerregiments, war drei Tage feierlich aufgebahrt. Die in seinen Feldzügen vorangetragenen Fahnen umgaben den Prunksarg, auf dem seine Degen lagen. Das Bahrtuch des Sarges, auf das der Kaiser die Siege des Prinzen hatte einsticken lassen, wurde von Generälen getragen. Am 26. 4. 1736 wurde Prinz Eugen von Savoyen in der Gruft der Kreuzkapelle des Stephansdoms in Wien beigesetzt.

Noch im Jahre des Ablebens des Prinzen Eugen wurde der Kaiser aufgrund der Verträge mit Rußland zum Eintritt in den zwischen Rußland und der Hohen Pforte ausgebrochenen Krieg gezwungen. Der nach dem Tode des Prinzen Eugen auf die Entscheidungen des Kaisers Einfluß gewinnende Johann Christoph Freiherr von Bartenstein setzte sich für eine selbständige Kriegführung gegen die Türken ein. Nach anfänglichen unbedeutenden Erfolgen mußte die kaiserliche Armee mehrere Niederlagen und die Einschließung Belgrads durch die Türken hinnehmen. Am 18. 9. 1739 mußte Karl VI. in Belgrad Frieden schließen. Mit Ausnahme des Banats gingen alle Erwerbungen verloren, die dem Hause Österreich im Frieden von Passarowitz zugefallen waren.

Am 20. 10. 1740 starb Kaiser Karl VI. Das Haus Habsburg war im Mannesstamm erloschen. Neue und schwere Erschütterungen standen den Erblanden und Europa bevor.

Kaiser Karl VI. war von der bedächtigen Art seines Vaters. Seine Entscheidungen fielen immer erst nach sorgfältigem Abwägen und langen Prüfungen. Das entsprach nun einmal seinem schwerfälligen Temperament. Mit zunehmendem Alter schob er notwendige Entscheidungen oft so lange vor sich her, daß er manche sich ihm bietende günstige Gelegenheit verpaßte. Seine politischen Erfolge waren wechselvoll und unbeständig. Innenpolitisch setzte er die von seinem Bruder begonnenen Reformen fort und setzte für die italienischen Provinzen den »Spanischen Rat« als Regierungsbehörde ein.

Karl befand sich bereits in Spanien, als man in Wien eine Frau für ihn suchte. Herzog Anton Ulrich von Braunschweig-Wolfenbüttel setzte alle Hebel in Bewegung, seine Enkelin Elisabeth Christine, auf die schließlich die Wahl des Wiener Hofes fiel, zur Königin von Spanien zu machen. Die streng protestantisch erzogene Prinzessin weigerte sich zunächst, ihren Glauben, den sie bei ihrer Konfirmation noch feierlich beschworen hatte, zu verleugnen. Der protestantische Abt von Königslutter hatte große Mühe, die Prinzessin davon zu überzeugen, daß es ihr von Gott vorherbestimmt sei, die Königskrone Spaniens zu tragen, mit der der katholische Glaube nun einmal verbunden sei. Am 1. 5. 1707 legte die Prinzessin im Bamberger Dom vor dem Erzbischof von Mainz das katholische Glaubensbekenntnis ab. Am 28. 7. 1708 traf Elisabeth Christine in Mataro erstmals mit ihrem Gatten zusammen und hielt am 1. 8. ihren Einzug in Barcelona. Diese von ehrgeizigen Verwandten gestiftete Ehe war überaus glücklich. Nachdem Karl VI. seine Gemahlin Anfang 1713 nach Wien zurückgerufen hatte, hielt Elisabeth Christine am 11. 7. 1713 gemeinsam mit ihrem Gemahl als Kaiserin ihren Einzug in Wien. Die Geburt von drei Töchtern, von denen Maria Amalia im Alter von sechs Jahren starb, konnte den Kaiser nicht über den Tod des erstgeborenen Sohnes Leopold, der schon wenige Monate nach der Geburt starb, hinwegtrösten.

Die letzten Lebensjahre Karls VI. waren Jahre der Sorgen und Enttäuschungen. Verlorengegangene Kriege und zerrüttete Finanzen bedrückten den Kaiser ebenso wie die Sorge um den fehlenden Erben, auf den er bis in die letzten Jahre seines Lebens noch hoffte.

Von einem Jagdausflug zum Neusiedler See kehrte der Kaiser krank nach Wien zurück. Sein Gesundheitszustand verschlimmerte sich schon bald so sehr, daß für das Leben des Kaisers keine Hoffnung mehr bestand. Die Kaisertochter und Erbin Maria Theresia war im sechsten Monat schwanger und konnte nicht am Sterbebett ihres Vaters weilen. Die Ärzte hatten der Erzherzogin mit Rücksicht auf ihren Zustand verboten, sich von ihrem Vater zu verabschieden. In der Nacht auf den 20. 10. 1740 starb der letzte männliche Habsburger wohl ahnend, daß alle seine Bemühungen, durch die unter großen Opfern erkaufte »Pragmatische Sanktion« die reibungslose Nachfolge seiner Tochter gesichert zu haben, vergebens sein würden. In seiner Todesstunde konnte der Kaiser nicht wissen, daß schon bald ein neuer Stern über Österreich aufgehen sollte: *Maria Theresia*.

Die Nachkommen Kaiser Karls VI.

1. LEOPOLD JOHANN, Erzherzog
   * 12. 4. 1716 in Wien
   † 4. 11. 1716 in Wien
   Grabstätte: Kaisergruft Wien – Leopolds-Gruft

2. MARIA THERESIA, Erzherzogin
   ⚭ FRANZ III. STEPHAN, Herzog von Lothringen
   Siehe unter Kaiserin-Königin Maria Theresia.

3. MARIA ANNA, Erzherzogin
   * 14. 9. 1718 in Wien
   † 16. 12. 1744 in Brüssel
   Grabstätte: Kaisergruft Wien – Karls-Gruft

   ⚭ 7. 1. 1744 in Wien
   KARL, Herzog von Lothringen
   Eltern: Leopold Josef, Herzog von Lothringen, und Elisabeth Charlotte,
   Prinzessin von Orléans, Tochter Philipps II., Herzog von Orléans
   * 12. 12. 1712 in Lunéville
   † 4. 7. 1780 in Tervueren/Brabant
   Grabstätte: Gruft in der Kathedrale Saints Michèle et Gudule in Brüssel

   Als jüngerer Bruder Franz' III. Stephan war Herzog Karl von Lothringen
   mit Maria Theresia verschwägert. 1736–1739 kämpfte er gegen die
   Türken. Die ihm in den Schlesischen Kriegen übertragenen Kommando-
   stellen konnte er nicht voll ausfüllen. Nach der Niederlage bei Leuthen
   mußte er zurücktreten. 1748 wurde er mit der Statthalterschaft in den
   österreichischen Niederlanden betraut. Hier konnte Herzog Karl bedeutende Erfolge in kultureller und wirtschaftlicher Hinsicht erzielen.

4. MARIA AMALIA, Erzherzogin
   * 5. 4. 1724 in Wien
   † 19. 4. 1730 in Wien
   Grabstätte: Kaisergruft Wien – Leopolds-Gruft

Kaiser Karl VII. Albrecht

Kaiser Karl VII. Albrecht

* 6. 8. 1697 in Brüssel
† 20. 1. 1745 in München
Grabstätte: Theatinerkirche in München
Eltern: Kurfürst Maximilian II. Emanuel von Bayern-München und Therese Kunigunde, Tochter Johanns III. Sobieski von Polen

∞ 5. 10. 1722 in Wien
AMALIA MARIA
Eltern: Kaiser Josef I. und Amalia Wilhelmine von Braunschweig-Lüneburg
* 22. 10. 1701 in Wien
† 11. 12. 1756 in München
Grabstätte: Theatinerkirche in München

26. 2. 1726 Kurfürst und Herzog von Bayern (bis 1680 unter Vormundschaft seines Onkels Maximilian Philipp)
 8. 12. 1741 in Prag zum König von Böhmen gewählt
29. 12. 1741 in Prag, Veitsdom, zum König von Böhmen gekrönt
24. 1. 1742 in Frankfurt a. M. zum römisch-deutschen Kaiser gewählt
12. 2. 1742 in Frankfurt a. M. zum römisch-deutschen Kaiser gekrönt

Als Karl Albrecht mit sieben Jahren die militärisch-politische Katastrophe seines Vaters 1704/05 bei der Mutter miterlebte, mochte alles davor verblassen, was er seit seiner Geburt in Brüssel, wo Kurfürst Max Emanuel Statthalter des Königs von Spanien war, an Glück, Glanz und farbiger Kultur erlebt hatte. Sein Weihnachtsbrief 1705 an den Vater war noch aus Bayern geschrieben, aus dem er im folgenden Jahr zusammen mit seinen im Alter folgenden drei Brüdern durch die österreichische Besatzungsmacht nach Klagenfurt, 1712 nach Graz verbracht wurde. Die Trennung von seiner Mutter wie von seiner einzigen älteren Schwester und den jüngeren Brüdern war schmerzlich. Doch wurden Karl Albrecht und seine nächsten Brüder in Österreich sehr gut erzogen. Der 1714 in Bayern wieder eingesetzte Kurfürst kümmerte sich viel um seine Kinder, vor allem um den ältesten Sohn. Durch die Schicksalsschläge war das Verhältnis zwischen Vater und Kindern noch enger geworden. Schon das Wiedersehen 1715 bewegte beide. Als Max Emanuel Ende dieses Jahres seinen achtzehnjährigen Ältesten als Grafen von Trausnitz eine Reise nach Italien machen ließ, begleiteten ihn die mit ihm erzogenen Brüder bis Salzburg, dann aber eilte Karl Albrecht allein mit seiner Begleitung über Südtirol nach Italien, besuchte Verona, Padua, genoß den Karneval in Venedig und erlebte Ostern in Rom, wo ihn Papst Klemens XI. mehrmals empfing. Beim Anblick der Werke Raffaels und anderer Künstler erwachte mit jugendlicher Erlebniskraft sein künstlerischer Geschmack. Doch besuchte er in Rom auch einen Gerichtsprozeß, bevor er nach Neapel weiterreiste. Von dort bestieg er auch den Vesuv. 1717 ließ Max Emanuel den Kurprinzen zusammen mit seinem Bruder Ferdinand Maria Innozenz im kaiserlichen Kriegslager des Prinzen Eugen von Savoyen, der mit den jungen Prinzen durch Kurfürstin Henriette Adelheid, ihre Großmutter, verwandt war, am Türkenkrieg teilnehmen. Es kam zur Eroberung Belgrads, das Max Emanuel einst erstürmt hatte, das aber dem Kaiser wieder verlorengegangen war. Karl Albrecht hatte bereits mehr als ein anderer seines Alters erlebt, als ihn der Vater 1722 mit Amalie Maria, der Tochter des ihm so feindlich gesinnt gewesenen Kaisers Josef I., vermählte. Wenn Max Emanuel damals auch die Pragmatische Sanktion zugunsten der weiblichen Erbfolge der Habsburger anerkannte, wurden in Karl Albrecht doch Hoffnungen durch diese Ehe geweckt. Denn das bevorstehende Aussterben der Habsburger im Mannesstamm eröffnete Bayern den Blick auf Wege, die 1156 durch die Abtrennung der Ostmark vom bayerischen Stammesherzogtum verschlossen worden waren, wenn auch Karl Albrechts Vater und Voreltern erbrechtliche Abmachungen zu ihrem Wiedergewinn getroffen hatten. Zugleich ergab sich auch eine gewisse Perspektive auf die seit Generationen von den Habsburgern getragene Kaiserkrone.

Der junge Kurfürst Karl Albrecht durchschaute 1726 noch nicht die Selbst-sucht der Privilegierten und die Gefahren aus dem durch lange Besatzungszeit verdorbenen Beamtentum. So kam es noch 1726 zur Beseitigung des Verbots des Bierzwangs, und die Hofmarksherrn konnten wieder Bier von beliebiger Quali-tät den Hofmarksuntertanen aufzwingen. Doch setzte er nach dem Tod des Vaters aus vier Räten eine Geheime Konferenz zusammen und reorganisierte mit Hilfe des Kanzlers Unertl den Staat. Alsbald, 1729, machte Karl Albrecht Front gegen Verwendung landesherrlicher Beamter im Sonderinteresse der privilegier-ten Landstände, indem er verbot, daß ein Beamter diesen und zugleich dem Landesherrn diente. 1735 brandmarkte er durch ein Reskript die Versuche der Prälaten und Ritter überhaupt, ihre Privilegien auszuweiten, und traf durch eine Taxordnung Regelungen, die Mißstände wenigstens im Prinzip ausschlossen. Doch vermochte er weder 1738 eine Stadt- und Marktordnung noch im folgenden Jahr die landesherrliche Oberhoheit über Bodenschätze durchzuset-zen. Beides gelang erst Max III. 1748 und 1752. Karl Albrecht empfand als Angehöriger einer jüngeren Generation den Stil des Rokoko als Ausdruck seiner Zeit. Als Gegengewicht zur Magdalenenklause seines Vaters ließ er durch François Cuvilliés den Älteren die seiner Gemahlin gewidmete Amalienburg im Nymphenburger Park und vor der Eingangstür des Schlosses das große Rondell bauen, das Ausgangspunkt einer geplanten »Carlstadt« werden sollte. Die 1729 abgebrannten Teile der Residenz stellte er großartig und mit Geschmack wieder her. In der Musik ließ er neben F. X. Murschhauser Pietro Torri noch ein Jahrzehnt lang, dann neue Kräfte wie Giovanni Porta und Andrea Bernasconi zur Geltung kommen. Karl Albrecht, in seiner Jugend leichtfertig, aber stets von außerordentlichem künstlerischen Geschmack, wurde immer mehr ein einsatzbe-reiter, unermüdlich auch am Schreibtisch arbeitender, militärisch tapferer Mann und entwickelte eine persönlich ausgeprägte Religiosität. In einem Mandat von 1738 bekannte er sich erneut zum Grundsatz der ausschließlichen Katholizität seines Landes. Zum Erzieher seines Sohnes Max aber bestimmte er den katholischen Aufklärer Ickstatt.

Obwohl Amalie Maria die Tochter des mit ihrem Schwiegervater verfeindet gewesenen Kaiser Josefs I. war und ihre Vermählung aus politischen Gründen erfolgte, fügte sie sich mit religiös begründeter Disziplin in ihren neuen Aufgabenkreis. Bei der Erneuerung des bayerischen Ritterordens des hl. Georg durch ihren Gatten 1729 wirkte sie tatkräftig mit. Als Karl Albrecht 1733 in Gegenwart seiner Gemahlin durch seinen Kanzler Unertl seine Ansprüche auf das Erbe der Habsburger vor allem auf die Eheabmachungen stützte, die bei der Vermählung des späteren Herzogs Albrecht V. mit Anna, der Tochter des späteren Kaisers Ferdinand I. getroffen wurden, ging sie den politischen Weg ihres Gatten mit. Sie wußte wohl aber so wenig wie er selbst, daß Annas Vater 1547 seine Willenskundgabe im Ehevertrag von 1546 durch das Kodizill seines Testaments dahin geändert hatte, daß der Erbfall für die Wittelsbacher nicht schon beim Aussterben der männlichen Habsburger eintreten sollte. Ferdinand sah das Erbrecht aller ehelichen ebenbürtigen Habsburger, d. h. auch der Töchter, vor. Durch Verträge mit Frankreich sicherten Karl Albrecht und der Pfälzer Karl Philipp ihre Außenpolitik; beide schlossen 1728 und 1734 Wittelsbacher Hausunionen miteinander. Den Kaiser unterstützte Karl Albrecht in dessen unglücklichem Türkenkrieg.

Als Kaiser Karl VI. 1740 starb, erhob Amalias Cousine, Maria Theresia, Ansprüche und führte gegen Karl Albrecht, der im Glauben an seine Rechtsansprüche sich zum Kaiser wählen ließ, einen harten Krieg. Die nunmehrige Kaiserin Amalie Maria stellte sich ganz auf die Seite ihres Gatten. Im gesellschaftlichen Leben des bayerischen Hofes zeichnete sie sich als gute Reiterin und Jägerin aus. Schon in den ersten Jahren nach dem Regierungsantritt baute ihr Gatte für sie die nach ihr benannte Amalienburg im Park des Nymphenburger Schlosses. Die fromme Kaiserin beschenkte die Wallfahrtskirchen Altötting, Padua und Loretto mit kostbaren Votivgaben.

Als 1740 der letzte männliche Habsburger mit Kaiser Karl VI. starb, schrieb Karl Albrecht an den leitenden französischen Staatsmann Kardinal Fleury, daß die großartige Gelegenheit zur Herstellung des Gleichgewichts im Reich gekommen sei, das die bei den Friedensverträgen von 1714 zu kurz gekommenen Staaten wünschten. Er bat den König Ludwig XV. von Frankreich um Hilfe. Dieser versprach militärische Unterstützung, wenn auch nicht in einem förmlichen Vertrag. Auf der Wittelsbacher Doppelhochzeit noch im Mannheim des Kurfürsten Karl Philipp erfuhr Karl Albrecht 1742 seine Wahl zum Kaiser, zu der vor allem Brandenburg-Preußen und Frankreich gedrängt hatten.

Am 12. Februar 1742 empfing er aus den Händen seines Bruders, des Kurfürsten Klemens August von Köln, die Kaiserkrone. »Seine Erhebung hätte an sich noch einmal ein bedeutendes Ereignis für Deutschland werden können«, urteilt der Geschichtsschreiber Leopold von Ranke. Karl Albrecht versuchte überall den neuen Kräften der Zeit Rechnung zu tragen. In Prag, das er nach Ausbruch des Krieges mit der Kaisertochter Maria Theresia im November 1741 im Sturm genommen hatte, berief er Einheimische in die Regierung. Als Kaiser setzte er sich mutig in dem bunten Spiel der Möglichkeiten ein, doch hatte er kaum eigene Macht. Als er im Sommer 1741 nur mehr 60 Kilometer vor Wien gestanden war, hatte ihn der französische Bundesgenosse zum Abschwenken nach Böhmen gezwungen. Zwei Tage nach seiner Kaiserkrönung in Frankfurt marschierten österreichische Truppen in die Hauptstadt seines Kurfürstentums ein. Er eroberte sie zwar im selben Jahr zurück, doch wechselte das Kriegsschicksal häufig. Karl Albrecht erkannte richtig, daß die Entscheidung über den Bestand seines Kaisertums in England-Hannover fiel. Er versuchte deshalb den englischen König für sich zu gewinnen. Im Gegensatz zu König Friedrich II. von Preußen, der eine Auflösung des Reichstags, also der Versammlung der Vertreter der Staaten des Reichs, gewünscht hatte, stützte der Wittelsbacher Kaiser die Existenz der Reichsstände und schlug ein Reformdekret für das Reichskammergericht vor, das von den Reichsständen gebildet wurde. Das Reichslehenrecht reformierte er. Er hatte aber weder als Kurfürst noch als Kaiser entsprechende Organe der Exekutive. Weder im Felde noch bei der Regierungsarbeit schonte er seine Person. Er glaubte bei seinem Einsatz für seine Ziele geradezu mit religiösem Sinn an sein Recht. Ranke rühmte an ihm, wieviel er persönlich leistete. Fast alle Regierungssachen schrieb er selbst. In Böhmen gewann er durch Aufhebung der Leibeigenschaft und Gewährung einer Steuerfreiheit von drei Jahren neue Soldaten. In Bayern gelang es ihm, durch Zusammenwirken mit den Landständen zwischen 1728 und 1741 7,5 Millionen Gulden Schulden zu tilgen.

Doch brachte der Wechsel des Kriegsschicksals Bayern in äußerste Not. Wie 1705 regte sich im Volk der Wille zur Selbstbehauptung gegen die Ausbeutung durch die österreichische Besatzung und Verwaltung. Bayerische Patrioten sandten das letzte Geld ihrem Landesherrn, und selbst Beamte, die jetzt im Dienste der österreichischen Administration die landesherrlichen Einnahmen einziehen sollten, ließen diese an Karl Albrecht gelangen. Dieser stellte mit Hilfe des Preußenkönigs eine Neutralitätsarmee auf. Der Sieg Georgs II. von Hannover-England 1743 traf Frankreich, nicht ihn. Friedrich II., der 1742 vorzeitig mit Maria Theresia Frieden geschlossen hatte, marschierte schließlich 1744 wieder, wie er erklärte, zur Verteidigung der Reichsfreiheit und der Kaiserwürde, natürlich aber auch zur Sicherung seines Gewinns in Schlesien. Maria Theresia bewertete Karl Albrechts Möglichkeiten noch so hoch, daß sie versuchte, ihn zu einem gemeinsamen Feldzug gegen Preußen und Frankreich zu gewinnen. Französische Projekte einer Vertauschung Bayerns wies Karl Albrecht eindeutig von sich. Der Kaiser des Rokoko, der Politiker mit den vielen Möglichkeiten ohne Macht, starb im Januar 1745.

Die Nachkommen Kaiser Karls VII. Albrecht

1. Maximiliana Maria
   * 12. 4. 1723 in München
   † bald darauf
   Grabstätte: Theatinerkirche in München

2. Antonia Maria Walburga Symphorosa
   * 18. 7. 1724 in Nymphenburg
   † 23. 4. 1780 in Dresden
   Grabstätte: Hofkirche zur Hl. Dreieinigkeit in Dresden

   ∞ 20. 6. 1747 in Dresden
   Friedrich Christian Leopold (später Kurfürst von Sachsen)
   Eltern: Friedrich August II., Kurfürst von Sachsen und König von Polen, und Maria Josefa, Tochter Kaiser Josefs I.
   * 5. 9. 1722 in Dresden
   † 17. 12. 1763 in Dresden
   Grabstätte: Hofkirche zur Hl. Dreieinigkeit in Dresden

3. Theresia Benedicte Maria
   * 6. 12. 1725 in München
   † 29. 3. 1743 in Frankfurt am Main
   Grabstätte: St.-Michaels-Kirche in München

4. Maximilian III. Joseph Karl
   * 28. 3. 1727 in München
   † 30. 12. 1777 in München
   Grabstätte: Theatinerkirche in München

   ∞ 9. 7. 1747 in München
   Maria Anna Sophie
   Eltern: Friedrich August II. (III.), König von Polen und Kurfürst von Sachsen, und Maria Josefa, Tochter Kaiser Josefs I.
   * 29. 8. 1728 in Dresden
   † 17. 2. 1797 in München
   Grabstätte: Theatinerkirche in München

5. Joseph Ludwig Leopold
   * 25. 8. 1728 in Nymphenburg
   † 2. 12. 1733 in München
   Grabstätte: Theatinerkirche in München

6. Maria Anna Josepha Auguste
   * 7. 8. 1734 in Nymphenburg
   † 7. 5. 1776 in München
   Grabstätte: Theatinerkirche in München

⚭ 20. 7. 1755 in Ettlingen
LUDWIG GEORG, Markgraf von Baden-Baden
Eltern: Ludwig Wilhelm, Markgraf von Baden-Baden, und Sibylle
Auguste, Tochter des Herzogs Julius Franz von Sachsen-Lauenburg
* 7. 6. 1702 in Ettlingen
† 22. 10. 1761 in Rastatt
Grabstätte: Stiftskirche in Baden-Baden

7. JOSEPHA MARIA ANTONIA WALBURGA
    * 30. 3. 1739 in München
    † 28. 5. 1767 in Wien
    Grabstätte: Kapuzinergruft in Wien

    ⚭ 23. 1. 1765 in Schönbrunn
    KAISER JOSEPH II. (als seine zweite Gemahlin)
    Eltern: Franz III. Stephan, Herzog von Lothringen, später Kaiser
    Franz I., und Maria Theresia
    * 13. 3. 1741 in Wien
    † 20. 2. 1790 in Wien
    Grabstätte: Kapuzinergruft in Wien

Kaiser Franz I. Stephan

Kaiser Franz I. Stephan

* 8. 12. 1708 in Nancy (Nanzig)
† 18. 8. 1765 in Innsbruck
Grabstätte: Kaisergruft Wien – Maria-Theresia-Gruft
Eltern: Leopold Josef, Herzog von Lothringen, und Elisabeth Charlotte, Tochter
Philipps I., Herzogs von Orléans

∞ 12. 2. 1736 in Wien
MARIA THERESIA
Eltern: Kaiser Karl VI. und Elisabeth Christine von Braunschweig-Wolfenbüttel
* 13. 5. 1717 in Wien
† 29. 11. 1780 in Wien
Grabstätte: Kaisergruft Wien – Maria-Theresia-Gruft

27. 3. 1729 als Franz III. Herzog von Lothringen
11. 4. 1736 Verzicht auf Lothringen,
24. 1. 1737 Belehnung mit dem Großherzogtum Toskana
 9. 7. 1737 Großherzog der Toskana
21. 11. 1740 Mitregent in den österreichischen Erblanden
21. 9. 1741 Mitregent in Ungarn
13. 9. 1745 in Frankfurt a. M. zum römisch-deutschen Kaiser gewählt
 4. 10. 1745 in Frankfurt a. M. zum Kaiser gekrönt

Lothringen gehörte als Herzogtum zwar zum Reich, stand jedoch als Land zwischen Deutschland und Frankreich öfters im Mittelpunkt von Konflikten und Besitzwechseln, die bis Mitte des 20. Jahrhunderts dauerten. Die wechselvolle Geschichte dieses Landes »d'entre deux« begann mit dem Tod Ludwigs des Frommen (840), dessen Söhne das Reich Karls des Großen teilten. Lothar I. bekam die Kaiserwürde und neben Oberitalien jenen streifen Landes zwischen dem ost- und westfränkischen Reich, das von ihm den Namen erhielt. In spätkarolingischer Zeit war dann dieses Gebiet von den Ost- und Westfranken umkämpft, fiel dann aber dem Osten, dem späteren Deutschland, zu, das damit mit Metz, Toul und Verdun weit nach Westen über die Sprachgrenze hinaus reichte. Unter den Ottonen kam es zur Teilung in ein Niederlothringen (Niederlande, Niederrhein) und ein Oberlothringen, aus dem dann das jahrhundertelang umkämpfte Gebiet Lothringen westlich des Oberrheins entstand.

Im Hochmittelalter und beginnenden Spätmittelalter kam es bereits zu ersten Versuchen Frankreichs, Einfluß auf dieses Gebiet zu erlangen. So wurde die Westhälfte Lothringens (Herzogtum Bar) der französischen Krone lehenspflichtig. Im 14. und 15. Jahrhundert konnte sich das Herzogtum aber vor allem während des Hundertjährigen Krieges behaupten. Mit Karl II. dem Kühnen stirbt 1431 die herzogliche Linie ohne männliche Nachkommen aus. Seine Tochter Isabella heiratete René (Renatus) von Anjou, der die Nachfolge antrat. Dessen Tochter Jolanthe wiederum heiratete 1445 Friedrich von Vaudemont-Joinville, aus dieser Ehe entsprang René II., Herzog von Lothringen, und somit direkter männlicher Vorfahre Franz Stephans.

Herzog Karl V. (1643–1690), durch seine Siege in kaiserlichen Diensten gegen die Türken und Franzosen als Feldherr ausgewiesen, konnte seine Heimat nicht betreten, da dieses Land die Franzosen wieder einmal besetzt hielten. Sein Sohn Leopold wurde daher am 11. 9. 1679 in Innsbruck geboren und wuchs gemeinsam mit seinen Vettern mütterlicherseits, Josef I. und Karl VI., in Wien auf. Erst der Friede von Rijswijk (1697) ermöglichte die Rückkehr des nunmehrigen jungen Herzogs im Mai 1698. Im Oktober desselben Jahres heiratete er Elisabeth von Orléans, die Tochter Philipps von Orléans (Bruder Ludwigs XIII.) und der berühmten Liselotte von der Pfalz. Die Mutter Herzog Leopolds und Frau Herzog Karls V. war Marie Eleonore, die Tochter Kaiser Ferdinands III. Die Verwandtschaftsverzweigungen der Lothringer dieser Zeit waren also – wie damals üblich – vielfältig. Eine Verwandtschaft mit den Habsburgern im Hochmittelalter, wie von manchen Genealogen behauptet wird, läßt sich jedoch nicht nachweisen.

Elisabeth von Orléans schenkte Leopold 13 Kinder. Leopold Clemens war der älteste Sohn, der teilweise in Wien erzogen wurde und als Gemahl für Maria Theresia, der Erbtochter Kaiser Karls VI., vorgesehen war. Doch Leopold Clemens starb bereits am 4. 6. 1723 an Pocken. Damit wurde Franz Stephan, der jüngere Bruder, Erbprinz von Lothringen. Im Dezember desselben Jahres kam er nach Wien zur weiteren Erziehung, die er vorher von seiner Mutter in französischem Geist erhielt. Nach dem Tode seines Vaters Leopold am 27. 3. 1729, der ihm auch das gegen Verzicht auf Montferrat erworbene schlesische Kronlehen Teschen (Herzogtum) hinterließ, kehrte Franz Stephan von Wien nach Lothringen (Lunéville) zurück, übernahm die Regierung des Herzogtums und wurde 1730 auch von Frankreich mit Bar belehnt. Drei Jahre später übergab er die Regentschaft an seine Mutter Charlotte von Orléans und kehrte nach einer ausgedehnten Reise über Frankreich, England, Holland und Hannover nach Wien zurück, wo er nur kurz Aufenthalt nahm und von Kaiser Karl VI. am 22. 5. 1732 mit dem Amt eines Statthalters von Ungarn betraut wurde.

Der Tod August des Starken von Sachsen und Polen am 1. 2. 1733 löste den Polnischen Erbfolgekrieg aus, im Verlauf dessen im Oktober 1733 Frankreich wiederum einmal Lothringen besetzte. Nun wurde die lang erwogene habsburgisch-lothringische Heirat im Rahmen eines europäischen Ländertausches verwirklicht. Am 3. 10. 1735 kam es zum Vorfrieden zwischen Österreich und Frankreich und am 12. 2. 1736 zur Vermählung zwischen Franz Stephan und Maria Theresia. Am 11. 4. 1736 verzichtete Franz Stephan auf Lothringen, wurde aber dafür am 24. 1. 1737 von Karl VI. mit dem Großherzogtum Toskana belehnt, dessen Herrschaft er mit dem Tod des letzten Medici-Großherzogs, Gian Gastone, am 9. 7. 1737 offiziell antrat. Im Rahmen dieses Ländertausches behielt er als Reichsfürst lediglich die Grafschaft Falkenstein (nördlich von Kaiserslautern).

Mit der Heirat Maria Theresias, der Tochter und Erbin Karls VI., ist Franz Stephans folgendes Leben und Wirken in vielfacher Weise lediglich aus dieser Beziehung heraus zu erklären. Die Titelformulierungen seiner Biographien, wie »Und sitzet zur linken Hand« (Fred Hennings, 1961) und »An der Seite einer großen Frau« (Georg Schreiber, 1986), deuten das in sinnfällige Weise an. Daher ist es nur konsequent, auf weiten Strecken die Biographien Maria Theresias und Franz Stephans zu verknüpfen. Sie war ja die Erbin in Österreich und Königin in Ungarn sowie in Böhmen. Franz wurde zwar Kaiser, aber ohne die eheliche Verbindung mit Maria Theresia wäre er das nicht geworden. Sie war zwar nur Kaiserin, weil ihr Mann Kaiser war, aber ihr Leben und Wirken wurde schließlich in der Geschichte einprägender.

Solange Kaiser Karl VI. noch auf die Geburt eines Thronerben hoffen konnte, standen seine Töchter am Wiener Hof im Hintergrund. Das erklärt wohl, warum wir über die Kindheit Maria Theresias nur wenig wissen. Es blieb ihr vorerst erspart, das Schicksal jener Thronfolger zu teilen, die schon im frühesten Kindesalter auf ihre spätere Aufgabe vorbereitet wurden. Abseits vom höfischen Getriebe konnte die Kaisertochter eine unbeschwerte Kindheit verbringen. Sie wuchs zu einem schönen Mädchen heran, das blond, gesund, lebhaft und fröhlich war. Mit zunehmendem Alter machte sich neben ihrer Anmut auch ihr ehrliches und großherziges Wesen bemerkbar, das von einem feurigen Temperament und Charakter begleitet war. In ihrer unbändigen Lebensfreude ließ sie kein Fest und keinen Maskenball aus.

Mit der Erziehung der jungen Erzherzogin wurden die Jesuiten betraut. Neben Religion standen auf dem Stundenplan Geschichte, Sprachen, Kunst, Musik und Tanz. Maria Theresia lernte ein ausgezeichnetes Latein – die Amtssprache in Ungarn – und fließend französisch sprechen. Deutsch sprach sie nur im Wiener Dialekt, und über eine unbeholfene Orthographie kam sie in der deutschen Sprache nicht hinaus. Mit elf Jahren wurde die Erziehung der jungen Erzherzogin der Gräfin Charlotte Fuchs anvertraut. Zwischen beiden bildete sich schon bald ein Vertrauensverhältnis heraus, das der Gräfin Fuchs nicht nur ihre Aufgabe erleichterte, sondern auch die späteren Jahre Maria Theresias überdauerte. Mit behutsamer Hand förderte die Erzieherin schon frühzeitig das sich anbahnende Verhältnis der Erzherzogin zu dem gleichfalls am Wiener Hof erzogenen Franz III. Stephan von Lothringen. Maria Theresia nannte die Gräfin später nur die »Füchsin« und Dritten gegenüber auch vertraulich »Mami«. Sie ehrte sie dadurch, daß die Gräfin Fuchs als einzige Nicht-Habsburgerin in der Kaisergruft in Wien in unmittelbarer Nähe des Kaiserpaares beigesetzt wurde.

Franz III. Stephan von Lothringen war bereits mit 15 Jahren an den Wiener Hof gekommen. Kaiser Karl VI. faßte schon bald eine besondere Zuneigung zu dem Lothringer, der fast ständig in der Umgebung des Kaisers zu finden war. Als der Kaiser erstmals beobachtete, daß sich zwischen seiner Tochter und dem Lothringer eine engere Bindung anbahnte, überwogen bei ihm vorerst wegen der lothringischen Situation wohl noch die Bedenken gegen eine solche Verbindung. Die Rückkehr des Herzogs nach Wien brachte für Maria Theresia die Entscheidung. Aus der Schwärmerei der 12jährigen war die stürmische Liebe der 17jährigen, nun voll erblühten Maria Theresia, die als eine der schönsten Frauen Europas galt, geworden. Für sie war es die erste und sollte es die einzige Liebe ihres Lebens bleiben. Am 30. 1. 1736 fand die offizielle Brautwerbung statt, die freudig angenommen und durch den Hof bekanntgemacht wurde. Der Herzog begab sich dann nach Preßburg, wo er sich bis zur Hochzeit aufhielt.

Die Briefe, die das Brautpaar während dieser Zeit wechselte, sind ein schönes Zeugnis der innigen Zuneigung zwischen Maria Theresia und Franz Stephan. Da schrieb der Herzog: »Ihm seynt die Täge unerträglich da sie getrennt seien und er sei höchst obligiert für die Gnad seine Zeilen so gütigst beantwortet zu sehen.« Maria Theresia antwortete: »Was man gern tut, macht keine ungelegenheit«, wünschte »glückliche Reise und gutes Wetter, hoffe das dises die letzte sein wird, die Euer liebden ohne ihrer so ergebnen braut machen werden« und zum Schluß so ganz gegen die höfische Etikette »Adieu mäusl«. Franz Stephan hat in seinen späteren Ehejahren sicher nicht das gehalten, was man von ihm erwartet hatte. Der Liebe Maria Theresias hat das keinen Abbruch getan.

Wenige Jahre nach ihrer Vermählung mußte die 23 Jahre alte Erzherzogin die Nachfolge ihres Vaters in den Erbländern antreten. Von Kaiser Karl VI. bis dahin zu den Regierungsgeschäften kaum herangezogen, war Maria Theresia für die zu übernehmende schwere Aufgabe nur unvollkommen vorbereitet. So war sie weitgehend auf die Ratgeber ihres Vaters angewiesen, auf Männer, die größtenteils schon im Greisenalter standen und ihrem Großvater, Kaiser Leopold I., noch gedient hatten. Zur Generation ihres verstorbenen Vaters gehörte nur der loyale Johann Christoph Frhr. von Bartenstein, mit dessen Entlassung allgemein gerechnet wurde. Seine überraschende Bestätigung im Amt machte ihn für 15 Jahre zum engsten Berater der Herrscherin. Schon wenige Stunden nach dem Tod Kaiser Karls VI. empfing die ganz in Schwarz gekleidete Maria Theresia im Thronsaal den Ministerrat. Hofkanzler Philipp Ludwig Graf Sinzendorf würdigte die Regierungszeit des verstorbenen Kaisers und wies darauf hin, daß es die vornehmste Aufgabe der Herrscherin sei, dem Hause Habsburg die Krone des Reiches zu erhalten. In ihrer Antwort dankte Maria Theresia dem Ministerrat für die ihrem Vater geleisteten Dienste und bat, auch sie bei der Bewältigung der vor ihr liegenden schweren Aufgaben zu unterstützen.

Klarer als der Ministerrat sah die Erzherzogin die Schwere der vor ihr liegenden Aufgaben. Große und reiche Provinzen waren in den letzten Lebensjahren ihres Vaters verlorengegangen. Die politischen Verhältnisse waren unklar und die Finanzen zerrüttet. Die Kaiserkrone, die eine Frau nicht tragen konnte, schien für das Haus Habsburg verloren. Bald schon zeigte sich auch die Wertlosigkeit der von ihrem Vater unter schwersten Opfern erkauften Anerkennung der Pragmatischen Sanktion, die die reibungslose Erbfolge Maria Theresias sichern sollte. Es war eine fast unlösbare Aufgabe, der sich die junge Fürstin stellen mußte.

Den ersten Anspruch auf die Erbfolge in Österreich erhob der Kurfürst Karl Albrecht von Bayern aufgrund seiner Ehe mit Maria Amalie, der Tochter Kaiser Josefs I. Da die Gemahlin des Kurfürsten bei ihrer Eheschließung ausdrücklich auf jeglichen Erbanspruch in Österreich verzichtet hatte, war der vom bayrischen Kurfürsten erhobene Erbanspruch unbegründet. Frankreich trat sofort an die Seite Bayerns und unterstützte den von Karl Albrecht erhobenen Anspruch. Der leitende Minister des französischen Königs Ludwig XV., André Hercule Kardinal de Fleury, sprach unverblümt aus, was die europäischen Mächte dachten und wünschten, als er verkündete: »Es gibt keine Habsburger mehr.« Der Gedanke, daß die junge Herrscherin ihnen Widerstand entgegensetzen könnte, war den europäischen Mächten so fremd, daß sie ihn nicht einmal in Erwägung zogen. Welche Enttäuschung, als die Erzherzogin mit Mut, Entschlossenheit und Verantwortlichkeit antrat, den Kampf um das Erbe ihres Vaters aufzunehmen. An dieser sich selbst gestellten Aufgabe wuchs Maria Theresia über sich selbst hinaus. Ganz allein auf sich gestellt – in den folgenden Jahren in der Tat von allen verlassen – und beseelt von einem unbändigen Willen und einem tiefen und unerschütterlichen Gottvertrauen auf die Gerechtigkeit ihrer Sache stellte sie sich ihren Gegnern.

Die von Friedrich II. von Preußen erhobenen und ebenfalls unbegründeten Ansprüche auf Teile Schlesiens lehnte Maria ohne Zögern brüsk ab. Noch am 6. 12. 1740 hatte der König sich in freundschaftlichen Briefen an Großherzog Franz Stephan und Maria Theresia gewandt und den Wiener Hof so in Sicherheit gewiegt. Während die Briefe noch unterwegs waren, begab sich Friedrich II. zu seinen Truppen und marschierte ohne Vorwarnung oder Kriegserklärung am 16. 12. 1740 nach heftigen Auseinandersetzungen mit seinen Generälen, die den Rechtsbruch nicht sanktionieren wollten, in Schlesien ein. Als die Nachricht vom Einmarsch der preußischen Truppen nach Schlesien in Wien eintraf, wurde sie ungläubig aufgenommen. Der Überfall auf Schlesien war für die europäischen Mächte das Signal, sich auf die Beute Österreich zu stürzen. Am 3. 1. 1741 eroberten die Preußen Breslau und wurden von den protestantischen Bewohnern als Befreier begrüßt. Nun rückte auch das nur 15.000 Mann starke österreichische Heer in Schlesien ein. Die völlig unvorbereiteten und ungenügend ausgerüsteten österreichischen Streitkräfte wurden von den zahlenmäßig weit überlegenen Preußen am 10. 4. 1741 bei Mollwitz geschlagen.

Der preußische Sieg führte zu Bündnissen fast aller europäischen Großmächte gegen Österreich. Frankreich ging ein Bündnis mit Bayern und Spanien ein, dem ein Bündnisvertrag Preußens mit Frankreich und Bayern folgte. Alle waren sich einig in dem erklärten Ziel, Österreich aufzuteilen und die Macht der Habsburger in Europa auszuschalten.

Im Juni 1741 trat Maria Theresia die Reise nach Ungarn an, um sich zur Königin von Ungarn krönen zu lassen. Erst nach langen und hartnäckigen Verhandlungen, und nachdem Maria Theresia den Ungarn alle Privilegien und Sonderrechte bestätigt hatte, wurde der Krönungstag auf den 25. 6. 1741 festgelegt. An diesem Tage empfing der Primas von Ungarn, Emmerich Graf Esterházy, die Erzherzogin vor dem Portal der Martinskirche in Preßburg und geleitete sie in den Dom. Nach Ablegung des Krönungseides legte der Erzbischof ihr den Mantel des hl. Stephan um die Schultern, umgürtete sie mit dem Schwert und setzte ihr das Symbol des ungarischen Königtums, die heilige Stephanskrone, aufs Haupt. Maria Theresia, Erzherzogin von Österreich, war nun als Apostolische Majestät Königin von Ungarn.

Nach dem Krönungshochamt ritt sie den Krönungshügel hinauf, zog das Schwert des hl. Stephan und schwang es in die vier Himmelsrichtungen, um anzudeuten, daß sie das Land gegen jedermann standhaft verteidigen werde. In die Freude der jungen Königin von Ungarn fiel ein bitterer Wermutstropfen. Sie mußte sich damit abfinden, daß die ungarischen Magnaten ihr die Bitte, ihren Gemahl Franz Stephan zum Mitregenten zu ernennen, abgeschlagen hatten. Noch während des Aufenthalts in Preßburg traf die Nachricht von dem Bündnisvertrag zwischen Preußen und Frankreich ein. Die Ratgeber der Königin fielen in tiefste Resignation. Von allen Seiten wurde Maria Theresia geraten, Schlesien aufzugeben und sich mit Friedrich II. zu verständigen. Selbst ihr Gemahl Franz Stephan war auf der Seite derer zu finden, die kleinmütig die Sache Maria Theresias verloren gaben. »Ich allein« – so schrieb die Königin später – »ohne mich zu rühmen, habe unter allen diesen Drangsalen den meisten Mut behalten.«

In dieser ihrer äußersten Not und Gefahr wandte Maria Theresia sich als Königin von Ungarn an den ungarischen Reichstag und fuhr zum zweitenmal nach Preßburg. Am 11. 9. 1741 stand die Königin in Trauergewändern mit der Stephanskrone auf dem Haupt vor dem ungarischen Reichstag und erklärte: »Es geht um das Königreich Ungarn, um unsere Person, um unsere Kinder und unsere Krone. Von allen verlassen suchen wir Hilfe bei den treuen Ungarn und ihrer Tapferkeit. Wir bitten in der großen Gefahr, in der wir stehen, die Stände, für unsere Kinder, für unsere Person und für das Reich alles zu tun.«

Als die Königin mit Tränen in den Augen geendet hatte, brauste ihr ein Jubel entgegen, wie er wohl selten einem Monarchen in einer so ernsten Stunde entgegengeschlagen ist. Johann Graf Pálffy hat die dann folgende Szene später beschrieben, wie die ungarischen Magnaten vor ihrer Königin niederknieten, ihre Säbel zogen und ihr unter dem Ruf »Vitam et sanguinem pro majestate vostra« (Unser Leben und Blut für Eure Majestät) die Treue schworen. Der Reichstag ordnete die Mobilmachung an und stellte der Königin ein Heer von 100.000 Mann zur Verfügung, von denen allerdings kurzfristig nur 40.000 bereitgestellt werden konnten.

Und noch eine Genugtuung wurde der Königin zuteil. Die ungarischen Magnaten ernannten ihren Gemahl Franz Stephan zum Mitregenten. Für die stolzen und selbstbewußten Ungarn war es ein Gefühl des Triumphes, daß die Habsburgerin Maria Theresia sich dem Schutz Ungarns anvertraute.

Mit der Eroberung Passaus durch bayrische Truppen am 31. 7. 1741 weitete sich der Österreichische Erbfolgekrieg aus. Sachsen trat am 31. 8. 1741 auf die Seite der Gegner Maria Theresias. Nach der Besetzung von Linz am 15. 9. 1741 ließ der bayrische Kurfürst Karl Albrecht sich von den oberösterreichischen Ständen als Erzherzog von Österreich huldigen. Während Preußen nach Mähren eindrang und Olmütz besetzte, zog Karl Albrecht nach Böhmen und wurde am 19. 12. 1741 von den böhmischen Ständen zum König von Böhmen ausgerufen. Ungeachtet der Erfolge König Friedrichs II. und des Kurfürsten Karl Albrecht entschloß sich Maria Theresia, mit den ihr zur Verfügung gestellten ungarischen Truppen gegen die Bayern und Franzosen anzutreten. Ihr Schwager, Karl von Lothringen, erhielt den Oberbefehl in Böhmen, und Ludwig Graf Khevenhüller wurde die österreichische Armee anvertraut. Linz und Passau konnten am 23. und 24. 1. 1742 zurückerobert werden.

Die Anfangserfolge des Kurfürsten Karl Albrecht waren bei den Verbündeten nicht ohne Eindruck geblieben. Auf Drängen Frankreichs wurde Karl Albrecht am 24. 1. 1742 in Frankfurt a. M. zum römisch-deutschen Kaiser gewählt und dort am 12. 2. 1742 gekrönt. Zwei Tage nach seiner Krönung mußte Kaiser Karl VII. die Eroberung seiner Hauptstadt München durch österreichische Truppen und die Vertreibung aus seinen Stammlanden hinnehmen. Weniger glücklich kämpfte Karl von Lothringen in Mähren, wo er am 17. 5. 1742 bei Chotusitz eine Niederlage hinnehmen mußte.

KAISER FRANZ I. STEPHAN　　　615

Das weitere Vorgehen gegen Bayern und Frankreich bestimmte die Königin, durch politische Maßnahmen die Koalition ihrer Gegner zu sprengen. Ein unter persönlichen Opfern erreichbarer Sonderfriede mit Preußen schien ihr der geeignetste Weg, das angestrebte Ziel zu erreichen. Da auch Friedrich II. es eilig hatte, seine Beute in Sicherheit zu bringen, kam es am 28. 7. 1742 in Berlin zum Friedensschluß, der den Ersten Schlesischen Krieg beendete. Schweren Herzens verzichtete Maria Theresia auf Nieder- und Oberschlesien. Die Titel eines Herzogs von Schlesien und Grafen von Glatz übertrug sie auf den preußischen König mit der Bestimmung, daß sie und ihre Nachkommen die Titel weiterführen durften. Die Herzogtümer Troppau, Teschen und Jägerndorf verblieben unter der Bezeichnung Österreich-Schlesien bei den Erblanden. Am 11. 9. 1742 schloß sich auch Sachsen dem Frieden von Berlin an und schied aus der Koalition der Gegner der Königin aus. Nun hatte Maria Theresia freie Hand im Kampf gegen Bayern und Frankreich.

Von ihren Bundesgenossen schmählich im Stich gelassen, befanden sich die Franzosen in Böhmen in einer wenig beneidenswerten Lage. In der demütigsten Form versuchte Kardinal Fleury, für den es zwei Jahre zuvor keine Habsburger mehr gegeben hatte, mit den Österreichern einen Frieden auszuhandeln. Lange hatte die Königin mit sich gerungen, bis sie die angebotenen Verhandlungen ablehnte.

Während französische Truppen Bayern zurückgewinnen konnten, gelang es Karl von Lothringen, Böhmen wieder in den Besitz der Königin zu bringen. Am 29. 4. 1743 zog Maria Theresia mit ihrem Gemahl feierlich in Prag ein. Über die Karlsbrücke gelangte der Zug zur Burg auf dem Hradschin, wo die Königin am 11. 5. die Huldigung der böhmischen Stände entgegennahm. Am darauffolgenden Tag wurde sie im Veitsdom zur Königin von Böhmen gekrönt. Der Erzbischof von Olmütz, Jakob Graf Liechtenstein, salbte die Königin und krönte sie mit der Krone des hl. Wenzel. Noch am Tag der Krönung erreichte Maria Theresia die Nachricht von Sieg Karls von Lothringen über die Bayern bei Braunau.

Mit 25 Jahren – nur zwei Jahre nach ihrem Regierungsantritt – war Maria Theresia allen Widerständen und Widerwärtigkeiten zum Trotz wieder Herrin ihrer Erbländer. Als sie einen Monat später nach Wien zurückkehrte, war ihre Fahrt über den Donaukanal ein einziger Triumphzug. Bei ihrem Einzug in Wien wurde sie wie kein Herrscher vor ihr von den Wienern bejubelt. Mit 25 Jahren hatte sie sich die Herzen ihres Volkes erobert, das seiner Königin die Liebe und Verehrung bis in den Tod bewahrt hat.

Einen Tag nach den Krönungsfeierlichkeiten in Prag kapitulierte die bayrische Armee und übergab das Land Bayern an Maria Theresia. König Georg II. von England konnte als Oberbefehlshaber der »Pragmatischen Armee« (England, Holland, Hannover, Hessen und Österreich) die Franzosen bei Dettingen (27. 6. 1743) schlagen.

Auf dem Höhepunkt seines Glücks erhielt Karl von Lothringen, der so viele Schlachten für die Königin geschlagen hatte, die Schwester Maria Theresias, die von vielen Fürstenhäusern umworbene Erzherzogin Maria Anna, zur Gemahlin. Die Königin selbst führte ihre Schwester zum Traualtar in der Wiener Augustiner-kirche, wo am 7. 1. 1744 die Trauung stattfand. Gleichzeitig wurde dem jungen Paar, dessen Glück noch im gleichen Jahr durch den Tod der Erzherzogin ein jähes Ende fand, die Statthalterschaft in den österreichischen Niederlanden übertragen.

Am 26. 3. 1744 erklärte der König von Frankreich Maria Theresia offiziell den Krieg. Karl von Lothringen überquerte am 2. 7. 1744 den Rhein, warf die Franzosen weit zurück und näherte sich mit seinen Streitkräften seiner Heimat Lothringen. Einen Sieg der Österreicher und Engländer über Frankreich befürchtend, beging Friedrich II. von Preußen den wohl schwersten Treuebruch seines Lebens. Er schloß am 5. 6. 1744 ein Bündnis mit Frankreich und am 24. 7. 1744 mit Kaiser Karl VII. Ausschließlich der Vorbereitung dieser Bündnisse und der Verschleierung der wahren Absichten des preußischen Königs hatte die Bildung des Fürstenbundes zwischen dem Kaiser, Hessen, der Kurpfalz und Preußen am 22. 5. 1744 gedient. Dieser Verrat des preußischen Königs traf nicht nur Maria Theresia, sondern in viel härterem Maße Deutschland. In dem Augenblick, da österreichische Verbände im Begriff standen, die deutschen Länder jenseits des Rheins für das Reich zurückzuerwerben, eröffnete der Preußenkönig den Zweiten Schlesischen Krieg. Es war Friedrich II. von Preußen, der das Wiedererstehen einer starken deutschen Macht im Westen durch die Habsburger verhinderte. Er sah nur Preußen – nicht aber Deutschland. Die Macht Maria Theresias zu brechen, war sein vorrangigstes Ziel.

Karl von Lothringen mußte die Unternehmungen im Westen abbrechen und eilte nach Böhmen, wo er seine Kräfte mit sächsischen und ungarischen Aufgeboten vereinigte. Unter schweren Verlusten mußte Friedrich II. Böhmen räumen und konnte ein Eindringen der Österreicher nach Oberschlesien nicht verhindern. Der Vormarsch nach Bayern trieb Kaiser Karl VII. zur Flucht aus München.

Wenige Wochen später, am 20. 1. 1745, starb Karl VII., der wohl unglücklichste deutsche Kaiser, dessen Unterhalt von Frankreich bestritten wurde. Seine letzten Worte waren: »Meine armen Kinder, mein armes Land, vergebt einem armen Vater.«

Die sich durch den Tod des Kaisers für Maria Theresia ergebende günstige Lage nutzte diese entschlossen aus. Am 22. 4. 1745 schloß sie mit dem Sohn und Nachfolger Karl Albrechts, Kurfürst Maximilian III. Josef, den Frieden von Füssen. Der Kurfürst erkannte die Pragmatische Sanktion an, verzichtete ausdrücklich auf alle damit nicht zu vereinbarenden Rechte und verpflichtete sich, bei der Kaiserwahl seine Kurstimme für den Gemahl Maria Theresias abzugeben. Großzügig verzichtete die Königin auf Reparationen und gab Maximilian III. Josef sein Land, das sie ursprünglich als Ersatz für Schlesien behalten wollte, in den Grenzen von 1741 zurück.

Nun sah Maria Theresia das Ziel ihrer Wünsche, die Kaiserwürde für Franz Stephan zu erlangen, greifbar nahe vor sich. Unter dem Oberbefehl ihres Mannes wurden die Franzosen aus dem Frankfurter Raum vertrieben. Die Versuche des

Königs von Preußen, die Kaiserwahl zu verschleppen, wurden vereitelt. Am 13. 9. 1745 war es endlich soweit: Gegen den Einspruch des Königs von Preußen und der Kurpfalz wählten die verbliebenen sieben Wahlbotschafter der Kurfürsten den Großherzog Franz Stephan als Franz I. zum römisch-deutschen Kaiser.

Nun unternahm die Königin die erste und letzte Reise, die sie über die Grenzen ihres Herrschaftsbereiches hinausführte. Sie rüstete sich zur Fahrt nach Frankfurt, wo am 25. 9. 1745 die feierliche Krönung stattfand. Vorher aber gab es noch einen Streit zwischen dem Kaiser und seiner Gemahlin. Maria Theresia weigerte sich, den mehrfach vorgebrachten Wunsch des Kaisers zu erfüllen, sich als Kaiserin krönen zu lassen. Als Grund schob sie ihre Schwangerschaft vor, obwohl auch der Kaiser wußte, daß Schwangerschaften für Maria Theresia kein Grund waren, sich Schonung aufzuerlegen. Schließlich bat der Kaiser den österreichischen Hofkanzler, Corfitz Graf Ulfeld, der Königin die Zusage abzuringen. Auch dieser Versuch blieb vergeblich, und der Kaiser fügte sich wie so oft in das Unvermeidliche. Die Weigerung Maria Theresias, sich zur Kaiserin krönen zu lassen, findet ihre Erklärung in dem Selbstbewußtsein der Königin. Die Kronen des hl. Stephan als Königin von Ungarn und des hl. Wenzel als Königin von Böhmen trug sie aus eigenem Recht. Die Krone des Reiches aber konnte sie nur als Gemahlin des Kaisers tragen. Da mochte sie selbst dem Drängen Franz Stephans, dem sie sonst jeden Wunsch erfüllte, nicht nachgeben. Die Fahrt nach Frankfurt war für Maria Theresia ein einzigartiger Triumphzug. Wo immer die Königin ihre Reise unterbrach, wurden ihr stürmische Ovationen entgegengebracht. In Aschaffenburg begrüßte der Kaiser seine Gemahlin aufs herzlichste, und gemeinsam führen sie über den Main nach Frankfurt.

Die Krönungszeremonie im Dom verfolgte Maria Theresia vom Oratorium aus, nachdem sie zuvor den Krönungszug zum Dom vom Balkon des Hauses zum Frauenstein beobachtet hatte. In seinen Lebenserinnerungen »Dichtung und Wahrheit« schildert Johann Wolfgang von Goethe die Krönung Franz Stephans, wie sie durch Erzählung älterer Menschen überliefert wurde, wie folgt: »Maria Theresia, über die Maßen schön, habe jener Feierlichkeit an einem Balkonfenster des Hauses Frauenstein, gleich neben dem Römer, zugesehen. Als nun ihr Gemahl in der seltsamen Verkleidung aus dem Dome zurückgekommen und sich ihr sozusagen als ein Gespenst Karls des Großen dargestellt, habe er wie zum Scherz beide Hände erhoben und ihr den Reichsapfel, den Szepter und die wundersamen Handschuh hingewiesen, worüber sie in ein unendliches Lachen ausgebrochen; welches dem ganzen zuschauendem Volk zur größten Freude und Erbauung gedient, indem es darin das gute und natürliche Ehegattenverhältnis des allerhöchsten Paares der Christenheit mit Augen zu sehen gewürdigt worden. Als aber die Kaiserin, ihrem Gemahl zu begrüßen, das Schnupftuch geschwungen und ihm selbst ein lautet Vivat zugerufen, sei der Enthusiasmus und der Jubel des Volkes aufs höchste gestiegen, so daß Freudengeschrei gar kein Ende finden können.«

Argwöhnisch beobachtete der Preußenkönig den Machtzuwachs Maria Theresias, und als ihm dieser unheimlich wurde, nahm er im Sommer 1745 die Kampfhandlungen gegen Österreich wieder auf. Bei Hohenfriedberg wurden die Österreicher geschlagen und mußten sich neuerlich aus Schlesien zurückziehen. Auch Karl von Lothringen mußte am 30. 9. 1745 in Nordostböhmen eine Niederlage hinnehmen. Als die sächsische Armee am 15. 12. 1745 bei Kesselsdorf geschlagen wurde und Sachsen aus dem Krieg ausscheiden mußte, hatte sich die Hoffnung der Kaiserin, Schlesien zurückzugewinnen, zerschlagen. Auf Vermittlung Englands kam es am 25. 12. 1745 zum Frieden von Dresden, der den Zweiten Schlesischen Krieg beendete. Wie im Berliner Frieden nach dem Ersten Schlesischen Krieg behielt Preußen Schlesien. König Friedrich II. erkannte Kaiser Franz I. als römisch-deutschen Kaiser an. Die Friedensvermittlungen Englands waren nicht gerade uneigennützig. Durch den Frieden erhielt Österreich die für den Kampf gegen den Erzfeind Frankreich notwendige Handlungsfreiheit, und Frankreich wurde daran gehindert, die politischen Ziele Englands zu gefährden.

Die Jahre 1746 und 1747 brachten keine größeren Kampfhandlungen. Ein Defensivbündnis zwischen Österreich und Rußland sowie die Entfremdung zwischen den französischen und den spanischen Bourbonen stärkten die Stellung Maria Theresias, die in Oberitalien die Lombardei zurückgewinnen konnte.

Allgemeine Kriegsmüdigkeit und das Schwinden der Aussichten auf weitere militärische Erfolge führten am 18. 10. 1748 zum Frieden von Aachen, der den Österreichischen Erbfolgekrieg (die zwei Schlesischen Kriege) beendete. Maria Theresia verzichtete auf die Herzogtümer Parma, Piacenza und Guastalla zugunsten des spanischen Infanten Philipp. Frankreich mußte die besetzten österreichischen Niederlande (Belgien) an Österreich zurückgeben. Schlesien und die Grafschaft Glatz kamen endgültig zu Preußen. Die Pragmatische Sanktion wurde international anerkannt und bedeutete zugleich die Anerkennung des Hauses Habsburg-Lothringen. Das Kriegsziel der Gegner Österreichs, das Habsburger-Reich zu zerschlagen, wurde nicht erreicht. Kraftvoll und erfolgreich hatte Maria Theresia die Machtstellung ihres Hauses verteidigt.

Maria Theresia hatte nun Zeit, schon längst überfällige Reformen, deren Notwendigkeit sie seit langem erkannt hatte, in Angriff zu nehmen. Friedrich Wilhelm Graf Haugwitz wurde mit der Erarbeitung einer umfassenden Verwaltungsreform beauftragt. Die böhmische Hofkanzlei wurde mit der österreichischen zur böhmisch-österreichischen Hofkanzlei vereinigt. Aufgrund der Zusagen Maria Theresias blieb die ungarische Hofkanzlei selbständig und wurde der böhmisch-österreichischen Hofkanzlei gleichgestellt. Sitz der ungarischen Hofkanzlei wurde allerdings Wien. In Preßburg wurde eine Statthalterei eingerichtet, die dem Palatin von Ungarn unterstand. Die Reformen zogen sich bis 1762 hin. Bis dahin waren acht Zentralbehörden geschaffen:

die vereinigte böhmisch-österreichische Hofkanzlei,

die Staatskanzlei für Haus,- Hof- und Staatsangelegenheiten,

die oberste Justizstelle,

die Hofkammer,

die Hofrechenkammer,

KAISER FRANZ I. STEPHAN 619

der Hofkriegsrat,
die kommerzielle Hofkommission und
die Ministerialbankodeputation.
Diese Zentralbehörden blieben im wesentlichen bis 1848 bestehen. Auch auf dem
Gebiet des Finanzwesens wurden umfangreiche Reformen, von denen Ungarn
gleichfalls ausgenommen blieb, durchgeführt. Die Steuerfreiheit der Kirche und
des Adels wurde aufgehoben. Die Aufsicht über das Steuerwesen ging auf den
Staat über. Während Adel und Kirchen 18,75 Prozent von ihren Bruttoerträgen als
Steuern abführen mußten, zahlten die Bauern eine Grundsteuer, die nach der
Größe des Grundbesitzes bemessen wurde. Grundlage für die Steuerbemessung
wurde der 1748 erstellte Maria-Theresianische Kataster. 1750 wurde eine neue
Währung eingeführt, die feine Kölner Mark zu 20 Gulden = 10 Taler. 1751 erfolgte
die Einführung des Maria-Theresien-Talers, der bis 1858 gültig blieb und in afrikanischen Ländern z. T. heute noch als gültiges Zahlungsmittel entgegengenommen
wird.

1749 beauftragte Maria Theresia die Geheime Konferenz, ihr Vorschläge für
eine Neuorientierung der österreichischen Außenpolitik zu unterbreiten. Wenzel
Anton Graf Kaunitz gab der Wiedergewinnung Schlesiens den Vorrang vor allen
anderen politischen Zielen Österreichs und lag damit ganz auf der politischen
Linie der Kaiserin. Um dieses Ziel zu erreichen, plädierte Kaunitz für ein Bündnis
mit Frankreich, für das aber die Voraussetzungen in Österreich noch nicht gegeben waren. Erst 1750 wurde er als Botschafter nach Paris entsandt und nahm dort
seine Bemühungen auf, Frankreich zu einem Bündnis mit Österreich zu bewegen.
Er mußte feststellen, daß auch in Frankreich die Zeit für ein solches Bündnis noch
nicht reif war.

Zur Sicherung ihrer Besitzungen in Italien schloß die Kaiserin am 14. 6. 1752
ein Bündnis mit Spanien und Sardinien, dem am 11. 5. 1753 ein Heirats- und
Erbvertrag mit Franz Herzog von Modena-d'Este folgte. Dieser Vertrag ebnete
Erzherzog Ferdinand den Weg zur Vermählung mit Maria Beatrix von Modena-
d'Este.

1753 wurde Graf Kaunitz zum Staatskanzler ernannt und somit als Leiter der
österreichischen Außenpolitik berufen. Er hielt an seinen Plänen, ein Bündnis mit
Frankreich herbeizuführen, fest. Diese Pläne nahmen erste konkrete Formen an,
als die Verhandlungen Friedrichs II. von Preußen mit England zum Abschluß
eines Defensivbündnisses führten. Nach langen Vorbereitungen durch Kaunitz
schloß Frankreich am 1. 5. 1756 das angestrebte Defensivbündnis (Umsturz der
Bündnisse) mit Österreich ab. König Friedrich II. unternahm nun immer häufiger
den Versuch, die Bevölkerung in Österreich und Ungarn durch Flugblätter aufzu-
wiegeln, und war sich auch nicht zu schade, die Türken gegen Österreich aufzu-
hetzen.

Obwohl diese Aktionen in Österreich aufmerksam verfolgt wurden, war der
Wiener Hof doch überrascht, als Friedrich II. am 29. 8. 1756 in Sachsen einmarschierte und den Dritten Schlesischen Krieg oder auch Siebenjährigen Krieg eröff-

nete. Erst nach dem Einmarsch in Sachsen leitete der Preußenkönig Verständigungsversuche mit Österreich ein, die von Maria Theresia abgelehnt wurden. Die verstärkten Bemühungen Österreichs führten zu einem Offensivbündnis mit Rußland. Am 13. 9. 1756 marschierte Friedrich II. in Böhmen ein und drang bis nach Prag vor. Der eingeschlossene Karl von Lothringen erhielt den persönlichen, in scharfem Ton gehaltenen Befehl Maria Theresias, Prag so lange zu halten, bis Feldmarschall Leopold Graf Daun zum Einsatz eingetroffen sei. Am 10. 1. 1757 erklärte der Reichstag Preußen den Reichskrieg. Die protestantischen Reichsfürsten schlossen sich der Kriegserklärung nicht an und unterstützten weiterhin Friedrich II. Am 1. 5. 1757 versprach Frankreich, Österreich bei der Wiedergewinnung Schlesiens und der Zerschlagung Preußens zu unterstützen. Als Gegenleistung wurde die Abtretung eines Teils der österreichischen Niederlande an Frankreich und des restlichen Teils an die spanischen Bourbonen gefordert.

Am 18. 6. 1757 wurde Friedrich II. von den Österreichern unter Feldmarschall Graf Daun erstmals in offener Feldschlacht bei Kolin besiegt und mußte die Belagerung Prags abbrechen. Als die Nachricht von dem Sieg bei Kolin in Wien eintraf, kannte die Freude der Kaiserin keine Grenzen mehr. Nach einem großen »Te Deum« im Stephansdom, an dem Franz I. und Maria Theresia mit ihrem Gefolge teilnahmen, stiftete die Kaiserin den Maria-Theresien-Orden, der bis 1918 die höchste militärische Auszeichnung Österreichs blieb. Erster Träger dieses Ordens wurde Feldmarschall Graf Daun, dem die Kaiserin den Sieg von Kolin nie vergessen hat.

Niederlagen auf den verschiedensten Kriegsschauplätzen gegen Frankreich, Rußland und Schweden verschlechterten die Lage Preußens von Tag zu Tag. Mühelos gelang es den österreichischen Truppen, am 16./17. 10. 1757 Berlin, die Hauptstadt Preußens, zu besetzen. Auf ausdrücklichen Befehl der Kaiserin durfte weder das königliche Eigentum noch das der Bürger angetastet werden. Während die Österreicher in Schlesien weitere Erfolge erringen konnten, zog Friedrich nach Thüringen und schlug die schlecht ausgebildeten Reichstruppen bei Roßbach. Um den Erfolgen der Österreicher in Schlesien Einhalt zu gebieten, zog Friedrich II. dorthin und konnte das weithin überlegene Heer der Österreicher unter Karl von Lothringen am 5. 12. 1757 bei Leuthen vernichtend schlagen. Die Reste der sich in völliger Auflösung befindlichen Armee des Herzogs konnten sich im Schutz der Dunkelheit retten, waren aber nicht mehr einsatzfähig.

Zwei Tage vor der Schlacht hatte der König von Preußen vor seiner versammelten Generalität gesagt: »Ich werde gegen alle Regeln der Kriegskunst die beinahe dreimal stärkere Armee des Prinzen Karl angreifen, wo ich sie finde. Ich muß diesen Schritt wagen, oder alles ist verloren. Wir müssen den Feind schlagen oder uns alle unter seinen Kanonen begraben lassen.«

Aus der vernichtenden Niederlage bei Leuthen zog Maria Theresia unverzüglich die Konsequenzen. Sie berief den glücklos kämpfenden Karl von Lothringen von seinem Kommando ab und übertrug den Oberbefehl an Felmarschall Graf Daun, der allerdings an der Niederlage auch nicht ganz schuldlos war.

Die im Frühjahr 1758 unternommenen Versuche Friedrichs II., Mähren zu besetzen und Olmütz zu belagern, um sich den Weg nach Wien freizumachen, wurden durch das Eingreifen Gideon Frhr. von Laudons verhindert, der die preußischen Truppen nach Schlesien abdrängen konnte. Nach dem unter schweren Verlusten erkämpften Sieg gegen die Russen bei Zorndorf begab sich der König von Preußen sofort nach Sachsen, wo Felmarschall Daun im Begriff stand, Dresden zu erobern. Die Ankunft der Preußen ließ ihn von diesem Plan Abstand nehmen. Anfang Oktober standen sich die beiden Heere bei Bautzen gegenüber. Friedrich II. rechnete mit der Unentschlossenheit Feldmarschall Dauns. Die Warnungen seiner Generäle und die Forderung, ein festes Feldlager einzurichten, ignorierte der König. Unerwartet und hart schlug Feldmarschall Daun zu.

In der Schlacht bei Hochkirch mußte Friedrich II. am 14. 10. 1758 eine seiner schwersten Niederlagen hinnehmen. Hochkirch wurde zu einem der ruhmvollsten Siege der österreichischen Armee. Die fliehenden preußischen Truppen mußten das ganze Feldlager mit Kanonen, Fahnen, Standarten und Proviant im Stich lassen. Auf dem Schlachtfeld fand man die Leichen der preußischen Feldmarschälle Keith und Franz von Braunschweig. Moritz Fürst von Anhalt geriet in Gefangenschaft.

Am späten Abend des 15. 10. 1758 ritten die Kuriere des Feldmarschalls Daun durch die Tore von Schloß Schönbrunn, wo der Hof den Namenstag der Kaiserin feierte. Als die Siegesfanfaren der Kuriere ertönten, ließ die Kaiserin in ihrer überschäumenden Freude die Kinder aus den Betten holen und alle zusammenrufen, die sich noch im Schloß befanden. Es war eine bunte Gesellschaft, die unter Anführung des Kaiserpaares in die Schloßkapelle zog, wo der Erzbischof von Wien, der an der Namenstagsfeier teilgenommen hatte, das feierliche »Te Deum« anstimmte. Der Sieg der Österreicher bei Hochkirch hatte Preußen in eine verzweifelte Lage gebracht. Das Jahr 1759 sollte das schwärzeste Jahr für Preußen in dem nun schon drei Jahre dauernden Krieg werden. Russische Verbände bereiteten den Preußen am 23. 7. 1759 bei Kay eine blutige Niederlage und vereinigten sich bei Frankfurt a. d. Oder mit den österreichischen Truppen.

Am 12. 8. 1759 wurden die Preußen bei Kunersdorf erneut vernichtend geschlagen. Die preußische Armee löste sich fast ganz auf. Nur die Differenzen zwischen der russischen und der österreichischen Führung über das weitere Vorgehen verhinderten die Besetzung ganz Preußens und die wahrscheinliche Beendigung des Krieges. Noch am Abend nach der Schlacht bei Kunersdorf und unter dem Eindruck der vernichtenden Niederlage erklärte Friedrich II., daß der Krieg verloren sei. Das Kriegsglück hatte den König von Preußen verlassen.

Das Jahr 1760 brachte die erneute Besetzung Berlins. Die Russen drangen in die Hauptstadt ein, und die Österreicher besetzten Potsdam, die Residenz des preußischen Königs. Erneut gab Maria Theresia den strikten Befehl, das königliche und private Eigentum unangetastet zu lassen.

Mit dem Rücken zur Wand kämpfend konnte Friedrich II. sich in den Jahren 1760 und 1761 noch halten. Ein Regierungswechsel in England – die neue Regierung kündigte die Subsidienverträge mit Preußen – brachte Friedrich II. in eine ausweglose Lage. Preußen konnte das Schicksal nicht mehr aus eigener Kraft wenden. In der Stunde der größten Not geschah das »Wunder des Hauses Brandenburg«. Am 5. 1. 1762 starb die Zarin Elisabeth von Rußland. Ihr Tod brachte eine völlig veränderte Lage. Zar Peter III., ein Bewunderer König Friedrichs II., beendete den Krieg mit Preußen und schloß mit Friedrich II. am 5. 5. 1762 einen Bündnisvertrag. Schweden verließ nach einem Separatfrieden am 22. 5. 1762 gleichfalls die österreichische Allianz. Der Sturz Zar Peters III. durch seine ihm folgende Gemahlin Zarin Katharina II. konnte an den geänderten Kräfteverhältnissen nichts mehr ändern. Unter Zurückziehung ihrer Truppen hielt Katharina II. am Frieden mit Preußen fest. Es kam zu keinen größeren Kampfhandlungen mehr. Auch Maria Theresia sah ein, daß sie eine Entscheidung nicht mehr erzwingen konnte. Unter Vermittlung des Kurfürsten von Sachsen wurden am 30. 12. 1762 die Friedensverhandlungen auf Schloß Hubertusburg in Sachsen aufgenommen. Mit dem dortigen Frieden vom 15. 2. 1763 wurde der Krieg beendet.

Österreich verlor endgültig Schlesien und die Grafschaft Glatz an Preußen. Die Vertragspartner verbürgten sich gegenseitig ihre Territorien, und Friedrich II. verpflichtete sich, dem Sohn und Erben der Kaiserin, Erzherzog Josef, seine Kurstimme bei der Wahl zum römischen König zu geben. Damit erkannte der preußische König die Vormachtstellung des Hauses Habsburg-Lothringen in Deutschland für die Zukunft an.

Am 27. 3. 1764 wurde nun Erzherzog Josef als Josef II. von den Kurfürsten in Frankfurt a. M. einstimmig zum König gewählt und war damit der designierte Nachfolger seines Vaters als Kaiser. Auch über die Krönung König Josefs II. besitzen wir eine lebendige Schilderung in Goethes »Dichtung und Wahrheit«. Aus eigener Anschauung schildert der Dichter den Ablauf des Ereignisses u. a. wie folgt: »Endlich kamen auch die beiden Majestäten herauf. Vater und Sohn waren wie Menächmen gekleidet. Des Kaisers Hausornat von purpurfarbner Seide, mit Perlen und Steinen reich geziert, sowie Krone, Szepter und Reichsapfel fielen wohl in die Augen: denn alles war neu daran, und die Nachahmung des Altertums geschmackvoll daran. So bewegte er sich auch in seinem Anzug ganz bequem, und sein treuherzig würdiges Gesicht gab zugleich den Vater und den Kaiser zu erkennen. Der junge König hingegen schleppte sich in den ungeheuren Gewandstücken mit den Kleinodien Karls des Großen wie in einer Verkleidung einher, so daß er selbst, von Zeit zu Zeit seinen Vater ansehend, sich des Lächelns nicht enthalten konnte. Die Krone, welche man sehr hatte füttern müssen, stand wie ein übergreifendes Dach vom Kopf ab. Die Dalmatika, die Stola, so gut sie auch eingepaßt und eingenäht worden, gewährte doch keineswegs ein vorteilhaftes Aussehen. Szepter und Reichsapfel setzten in Verwunderung; aber man konnte sich nicht leugnen, daß man lieber eine mächtige, dem Anzuge gewachsene Gestalt, um der günstigeren Wirkung willen, damit bekleidet und ausgeschmückt gesehen hätte.«

Die Beendigung des Siebenjährigen Krieges brachte eine grundsätzliche Änderung in der Bündnispolitik der Großmächte. Jeder war von dem anderen enttäuscht und suchte nach neuen Partnern. Einem russisch-preußischen Bündnis setzte Österreich verstärkte Bemühungen um ein gutes Verhältnis zur Hohen Pforte entgegen mit dem Ziel, den Einfluß Rußlands auf dem Balkan zu neutralisieren. Der Tod Königs Augusts III. von Polen aus dem Hause Sachsen-Wettin am 5. 10. 1763 rückte die polnische Frage in den Vordergrund. Der am 7. 9. 1764 als Stanislaus II. zum König von Polen gewählte August Poniatowski trachtete mit Unterstützung der Zarin Katharina II. danach, durch eine eigenständige Politik die Stellung Polens zu stärken.

Wenige Tage nach der Teilnahme an der Hochzeit seines Sohnes Leopold starb Kaiser Franz I. unerwartet in Innsbruck. Der Tod des Kaisers veränderte das Leben Maria Theresias grundlegend. König Josef II., der die Nachfolge seines Vaters in der Kaiserwürde antrat, wurde von Maria Theresia zum Mitregenten in den österreichischen und habsburgischen Ländern ernannt. Da seine Mutter die Macht weiterhin fest in ihren Händen hielt, ist es zu einer echten Mitregentschaft, auf die auch Kaiser Franz I. hatte verzichten müssen, nie gekommen. Das häufige Gegeneinander von Mutter und Sohn, die sich trotz aller Gegensätze stets zugetan waren, wurde von der Polarisierung der gegenseitigen Standpunkte beherrscht und hat der Kaiserin ihre späten Lebensjahre, die durch den Tod des Gemahls schon mehr als verdunkelt waren, schwer gemacht.

Die außenpolitische Einstellung Maria Theresias nach dem Hubertusburger Frieden beruhte auf dem festen Entschluß, ihren Völkern in Zukunft jeden Krieg zu ersparen. Dieser Beschluß bestimmte auch ihre Haltung in der polnischen Frage. Die Politik König Stanislaus' II. in Polen führte zum Widerstand des polnischen Adels, der sich mit den Türken verband und diese im Krieg gegen Rußland unterstützte, da sich Stanislaus II. nach Meinung des Adels den Wünschen seiner ehemaligen Geliebten, der Zarin Katharina II., allzu willfährig zeigte. Preußen und Rußland waren entschlossen, Polen zu teilen. Da Kaiser Josef II. sich zwischenzeitlich gegen den Widerstand Maria Theresias dem König von Preußen genähert hatte – er traf 1769 in Neiße und 1770 in Mährisch-Neustadt mit Friedrich II. zusammen –, wurde auch Österreich an der Teilung Polens berücksichtigt.

Maria Theresia hat sich lange gegen diese Pläne gewehrt und in vielen Schreiben ihren Sohn gewarnt, sich an diesem Rechtsbruch zu beteiligen. Schließlich mußte sie sich den vereinten Bemühungen des Kaisers und des Staatskanzlers Kaunitz beugen. Die von diesem entworfene Denkschrift über die Gebietsforderungen Österreichs aus Anlaß der Ersten Teilung Polens wurde von der Kaiserin mit dem Bemerken unterzeichnet: »Will es approbieren wie alles übrige, das sehr wohl verfehlt ist und eine Sache, die so verwickelt und nicht nach unserer sonstigen Denkungsart ist.«

Am 5. 8. 1772 wurden die Petersburger Verträge, die die Erste Teilung Polens besiegelten, unterzeichnet. Österreich erhielt Galizien und behielt die schon vorher besetzten Gebiete der ungarischen Zips, die an Polen verpfändet waren. Wenn Maria Theresia schließlich dem zugestimmt hatte, trug sie doch für den Rest ihres Lebens schwer an dieser Entscheidung, die sie sich selbst nie verziehen hat.

KAISER FRANZ I. STEPHAN

Noch ein weiteres Mal gelang es Maria Theresia, ihren Völkern den Frieden zu erhalten. Bereits 1770 hatte Kaiser Josef II. sein Augenmerk auf die bayrische Erbfolge gerichtet, da das Erlöschen der bayrischen Linie der Wittelsbacher zu erwarten war. Die Verhandlungen über die spätere Erbfolge mit dem nächsten Agnaten aufgrund der wittelsbachschen Hausverträge, Kurfürst Karl Theodor von der Pfalz, waren schon ziemlich weit gediehen, als Kurfürst Maximilian III. Josef am 30. 12. 1777 starb. Karl Theodor sollte für den Verzicht auf Bayern die österreichischen Niederlande erhalten. Der Kaiser leitete seinen Anspruch auf Bayern aus seiner Ehe mit der ungeliebten Schwester des bayrischen Kurfürsten ab, der selbst mit einer Tochter des Kurfürsten Friedrich August II. von Sachsen vermählt war. Da eine andere Schwester Maximilians III. Josef mit dem Kurfürsten Friedrich Christian von Sachsen verheiratet war, erhob auch Sachsen Ansprüche auf Bayern. Maria Theresia sah die sich anbahnenden Verwicklungen voraus und war ständig bemüht, den Kaiser von seinem wohl kaum begründeten Anspruch abzubringen. Staatskanzler Kaunitz gelang es, Kurfürst Karl Theodor nach dem Tode des kinderlos gestorbenen Maximilian III. Josef zu bewegen, auf Niederbayern, Teile der Oberpfalz und Mindelheim in Schwaben zu verzichten. Nach der Besetzung dieser Gebiete durch österreichische Truppen ließ sich Kaiser Josef II. huldigen.

Dem Protest Preußens, das eine Vergrößerung Österreichs ablehnte, folgte am 3. 7. 1778 die Kriegserklärung an Österreich, nachdem diplomatische Verhandlungen zwischen Österreich und Preußen gescheitert waren. Mit dem Einmarsch preußischer und sächsischer Truppen nach Böhmen begann der Bayrische Erbfolgekrieg, auch »Kartoffelkrieg« oder »Zwetschkenrummel« genannt, weil es in diesem Krieg zu keinen Kampfhandlungen gekommen war. Die kriegerischen Auseinandersetzungen vor Augen, überwand Maria Theresia sich selbst. In einem eigenhändigen Schreiben wandte sie sich an den ihr verhaßten Preußenkönig und versuchte, den Frieden zu retten. Sie hatte den Kaiser von ihrem Schritt vorher nicht unterrichtet und selbst das Zerwürfnis mit ihrem Sohn in Kauf genommen.

Auch nach dem Scheitern ihrer Bemühungen unternahm sie alles, um den Frieden zu bewahren. Als die Zarin Katharina II. unverblümt mit Krieg drohte, überwand die Kaiserin sich noch einmal und schrieb an die Zarin, wo sie Katharina II. bat, zwischen ihr und dem preußischen König zu vermitteln. Die Zarin nahm den Vorschlag Maria Theresias an, und trotz verschiedener Störungsversuche Friedrichs II. am Petersburger Hof konnten die Delegierten Frankreichs und Rußlands als Vermittler am 10. 3. 1779 den Friedenskongreß von Teschen eröffnen. Nach zähen Verhandlungen wurden die Friedensvereinbarungen von Teschen am 13. 5. 1779, dem Geburtstag der Kaiserin, feierlich unterzeichnet. Von den hochfliegenden Plänen Kaiser Josefs II. blieb nicht viel übrig. Das Innviertel kam zu Österreich und ist bis heute oberösterreichisch geblieben.

Die Friedensliebe der Kaiserin hatte schließlich gesiegt. Zehn Tage später, am 23. 5. 1779, zog die Kaiserin noch einmal an der Spitze ihres Hofes in den Wiener Stephansdom, wo sie einem feierlichen Te Deum beiwohnte. Noch am gleichen

Tag schrieb sie an Staatskanzler Kaunitz: »Ich habe heüt gloriose meine carriere geendigt und mit einem te Deum, was wegen der ruhr meiner landen mit freuden übernohmen, so schwäre es mit gekostet, mit seiner hillff geendigt. das übrige wird nicht mehr in villen bestehen.«

Die Kraft Maria Theresias war erschöpft, ihr Lebenswerk erfüllt. Beim Tode ihres Gemahls hatte sie noch in Innsbruck an ihre Kinder geschrieben: »Mein hertz haben nichts geliebt gekant und Verehrte als disen grossen und liebwährtesten gemahl von 5 jahren an wurden unsere hertzen zusam gewohnt und erzohen und wird Vor mich keine Vergnügtere stund mehr sein als jene die mich wiederumb mit selben auff ewig Verbinden wird.«

Die Stunde der Erfüllung kam am 29. 11. 1780 gegen 9 Uhr abends. Als letzte Angehörige des Hauses Habsburg war Maria Theresia in die Ewigkeit eingegangen.

Dank ihrer hervorragenden geistigen Gaben hat Maria Theresia pflichtgetreu und seelenstark die Prüfungen ihres Lebens bestanden. Die Maxime ihres politischen und menschlichen Verhaltens war das Wohlergehen ihrer Länder. Man darf es der Kaiserin abnehmen, wenn sie bei einer Gelegenheit schrieb: »Und so lieb ich auch meine Familie und Kinder habe, dergestalten, daß kein Fleiss, Kummer, Sorgen, noch Arbeit vor selber spahre, so hätte jedoch deren länder allgemeines Beste denenselben allezeit vorgezogen, wann in meinen Gewissen überzeugt gewesen wäre, dass solches thun könne, oder derselben Wohlstand dieses erheischt, indeme sothaner Länder allgemeine und erste Mutter bin.«

Ein schöneres Denkmal konnte sie sich selbst nicht setzen als die Feststellung, daß sie ihrer »Länder allgemeine und erste Mutter« sei. Danach hat sie gehandelt und gelebt. In diesem Bewußtsein ist sie in die Ewigkeit eingegangen.

Maria Theresia wurzelte fest im katholischen Glauben, der die Grundlage ihres Handelns war. Immer wieder forderte sie zum Gebet auf und bat in den Stunden der Gefahr um Gottes Hilfe und Segen, wie sie keinen Augenblick vergaß, Gott für den Erfolg ihrer Arbeit zu danken. Sie war stolz darauf, daß die katholische Religion in ihren Landen die blühendste war, und vergriff sich unentschuldbar in den Mitteln, wenn sie in ihrem Eifer und der mütterlichen Sorge um das Seelenheil ihrer Untertanen und Andersgläubigen nicht gerade zimperlich umging. Streng trennte sie ihren Glauben von der Amtskirche, mit der sie unerbittlich ins Gericht ging. Sie forderte förmlich dazu auf, der Kirche keine Geschenke zu machen. Auch in den Klöster schaffte Maria Theresia Ordnung, da ihr dort zu viele Müßiggänger saßen.

Von ihren landesfürstlichen Rechten der Kirche gegenüber machte sie vollen Gebrauch. Jede Verlautbarung der Bischöfe oder Anordnungen aus Rom durften erst dann den Gläubigen zur Kenntnis gebracht werden, wenn die Kaiserin ihr »placet« gegeben hatte. Sie verbat sich jegliche römische Einmischung und Visitation in einheimische Ordensangelegenheiten. Das ganze Schulwesen erklärte sie zu einer Angelegenheit, die ausschließlich den Staat angehe. Als ihr Sohn Leopold als Großherzog die Regierung in der Toskana antrat, ermahnte ihn seine Mutter, der

Kirche und dem Heiligen Vater treu ergeben zu sein, aber niemals zu dulden, daß Rom oder die Kirche seine landesfürstlichen Rechte beeinträchtige. Wenn auch den Ideen der Aufklärung abhold, darf Maria Theresia doch als Wegbereiterin des josefinischen Staatskirchentums angesehen werden.

Der Mittelpunkt im Leben der Kaiserin war ihr Gemahl. Sie hat das selbst einmal mit den Worten ausgedrückt: »Mit ihm alles, ohne ihn nichts.« In der langen Reihe der römisch-deutschen Kaiser nimmt Kaiser Franz I. einen untergeordneten Platz ein. Bis zu seinem Tode stand sein Kaisertum im tiefen Schatten der Kaiserin Maria Theresia. Er war ein leidenschaftsloser, zur Bequemlichkeit neigender Mann. Er liebte die Behaglichkeit, hatte keinen besonderen Ehrgeiz und verbrachte seine Zeit lieber bei der Jagd und am Spieltisch. Das Regieren überließ er zunächst gern seiner Frau. Als ihm seine nebensächliche Rolle in der Mitregentschaft später bewußt wurde und er Versuche unternahm, an der Macht teilzuhaben, war es zu spät. Inzwischen war Maria Theresia, die nie an sich selbst gezweifelt hatte, sich ihrer eigenen Fähigkeiten voll bewußt geworden. Sie regierte selbstherrlich und war nicht mehr bereit, auch nur ein Stück der Macht aus den Händen zu geben. Da der Kaiser über hohe Geistesgaben verfügte und von einer ungeheuren Selbstdisziplin und Menschengüte war, muß man die Haltung der Kaiserin bedauern.

Franz I. erwarb sich große Verdienste in der Finanz- und Wirtschaftspolitik. Nach 1763 wurde er Oberster Leiter der Finanzen und des Staatsschuldenwesens, deren Sanierung ihm bis zu seinem Tod gelang. Durch die zielstrebige Verwaltung des Familienvermögens schaffte er auch die Grundlagen für das Vermögen des Hauses Habsburg-Lothringen und das Vorbild für Manufakturen. Die Verdienste Franz Stephans um Volkswirtschaft, Finanzen aber auch die Kultur sind von der Forschung und Geschichtsschreibung lange unterschätzt worden.

Ungeachtet seiner Schwächen liebte Maria Theresia Franz in einer hingebungsvollen Liebe, aber auch mit einem absoluten Besitzanspruch. Dem Kaiser gegenüber wurde sie nur dann zornig, wenn sie glaubte, Anzeichen dafür entdeckt zu haben, daß der Herr Gemahl im Begriff stand, aus dem sorgsam gehüteten ehelichen Verhältnis auszubrechen. Dann konnte die Kaiserin rasend eifersüchtig werden, obwohl dafür bei Franz I. kaum Anlaß bestand. Das gilt auch für seine spätere Freundschaft zur Prinzessin Auersperg. Wie in allem fehlte dem Kaiser wohl auch hier die letzte Leidenschaft.

Die Liebe zu Kaiser Franz I. war für Maria Theresia letzter Sinn und Inhalt ihres Lebens. Bei ihrem »Franzl« fand sie in schweren Tagen jenen Trost, den ihr andere nicht zu geben vermochten, und allein mit ihm teilte sie die Freuden ihres Daseins. Umso vernichtender traf Maria Theresia der jähe und völlig unerwartete Tod des Kaisers. Dieser Schicksalsschlag traf sie nicht nur seelisch, sondern auch physisch mit ungemeiner Härte. Als man der Kaiserin zunächst die Nachricht von einem Unwohlsein des Kaisers überbrachte, begab sie sich unverzüglich in die Gemächer ihres Gemahls und stand vor dem Totenbett des Kaisers. Mit Gewalt mußte sie aus dem Zimmer entfernt werden. Sie schloß sich in ihre Gemächer ein und war tagelang für niemanden zu sprechen. Bis zu ihrem Tode legte sie die Trauerkleidung nicht mehr ab. Ihren Schmuck verteilte sie an ihre Kinder, und ihre Kleider erhielten die Kammerfrauen. Das Sterbezimmer des Kaisers wurde in eine Kapelle umgewandelt, in der am Todestag des Kaisers auch heute noch die Messe zelebriert wird. Maria Theresia gab sich nur noch dem Schmerz über das verlorengegangene Glück hin. Aus einer Haarsträhne des Verstorbenen ließ sie sich ein Armband flechten. Drei Monate später sagte sie: »Selbst die Sonne erscheint mir schwarz.«

Nach ihrem Tode fand man im Gebetbuch der Kaiserin einen Zettel, auf dem sie drei Jahre nach dem Tode des Kaisers die Zeitspanne vermerkt hatte, die ihre Ehe dauerte. Unter Berücksichtigung der Schaltjahre hatte sie die Stunden, Tage und Wochen ihrer Ehe verzeichnet: »29 Jahre, 6 Monate, 6 Tage, macht also Jahr 29, Monate 335, Wochen 1540, Tage 10.781, Stunden 258.744.«

Maria Theresia und Josef II., Gemahlin und Sohn, »haben Kaiser Franz I. Stephan in den Hintergrund gedrängt, nicht so sehr zu seiner Zeit wie in der späteren Geschichtsschreibung. Erst das 20. Jahrhundert gelangte dazu, die Leistung Franz Stephans anzuerkennen, sowohl als Berater Maria Theresias wie als Finanzmann und Begründer von unschätzbaren Sammlungen. Aber auch seine rein menschlichen Eigenschaften als liebevolles Familienmitglied und fürsorglicher Hausvater, als nicht nur lebensfroher, sondern auch ernster, mitunter melancholischer, dabei vielfältiger interessierter Mann machen ihn genauerer Betrachtungen wert. Er war keine der ruhmreichsten, doch sicherlich eine der sympathischesten Herrschergestalten unserer Geschichte.« (Georg Schreiber)

Nicht unerwähnt darf bleiben, daß durch den Ländertausch Lothringen-Toskana die toskanische Linie des Hauses Habsburg-Lothringens begründet wurde. Der zweitälteste Sohn von Franz, Leopold, wurde nach dessen Tod 1765 Großherzog der Toskana, und nachdem dieser dann 1790 Kaiser wurde, ist wiederum dessen zweitältester Sohn Ferdinand dort Großherzog geworden. Mit ihm begann dann die eigentliche Linie Habsburg-Toskana, die in diesem Großherzogtum durchaus erfolgreich und anerkannt bis 1860 regierte.

Die kaiserliche Familie führte ein großbürgerliches Haus. Die Kaiserin hielt nicht allzuviel von der Etikette. Mittelpunkt des häuslichen Lebens des Kaiserpaares und zugleich sein ganzes Glück waren die 16 Kinder, die Maria Theresia in knapp 20 Jahren geboren hatte. Sicherlich waren die Söhne und Töchter, denen das Kaiserpaar herzlich verbunden war, auch ein willkommenes Mittel, den Einfluß des Herrscherhauses auszuweiten und durch vorteilhafte Eheschließungen die Macht des nunmehrigen Hauses Habsburg-Lothringen zu stärken. Die Kaiserin verbrachte Jahrzehnte damit, Heiratspläne zu schmieden. Von den fünf Söhnen starb der Zweitgeborene, Erzherzog Karl, im Alter von 14 Jahren.

Josef II. vermählte sich mit der Prinzessin Isabella von Parma, einer Enkelin König Ludwigs XV. von Frankreich, die 1763 an den Pocken starb. In zweiter Ehe heiratete er eine Schwester des bayrischen Kurfürsten, Prinzessin Maria Josefa von Bayern, die gleichfalls schon bald an den Pocken starb. Bei der Pflege dieser

Schwiegertochter steckte sich die Kaiserin an und erkrankte gleichfalls schwer an dieser Krankheit, konnte sie aber dank ihrer robusten Natur überwinden.

Sohn Leopold heiratete die Tochter König Karls III. von Spanien, Infantin Ludovika von Bourbon-Spanien, und übernahm nach dem Tode seines Vaters die Regierung im Großherzogtum Toskana. Nach dem Tode Kaiser Josefs II. folgte er seinem Bruder als Leopold II. in der Kaiserwürde. Erzherzog Ferdinand vermählte sich mit Beatrix, Herzogin von Modena-d'Este und Erbin von Modena.

Der jüngste Sohn Maximilian Franz wurde für den geistlichen Stand bestimmt, er wurde Kurfürst und Erzbischof von Köln und auch gleichzeitig Fürstbischof von Münster.

Die Töchter Maria Karoline und Karoline starben im Kindesalter. Drei weitere Töchter starben im Alter von zwölf, dreizehn und sechzehn Jahren. Die Tochter Maria Anna war von Geburt an körperbehindert und wurde Äbtissin in dem von Maria Theresia gestifteten Damenstift in Prag. Erzherzogin Elisabeth, die an Schönheit ihrer Mutter nicht nachstand, erkrankte an den Pocken. Sie überwand zwar die Krankheit, war im Gesicht aber so entstellt, daß eine Heirat für sie nicht mehr in Betracht kam. Sie wurde Äbtissin in dem von Maria Theresia gestifteten Damenstift in Innsbruck.

Die zweitjüngste Tochter Karoline wurde mit Ferdinand, König beider Sizilien, vermählt und residierte als Königin in Neapel. Die Lieblingstochter der Kaiserin, Erzherzogin Maria Christine, vermählte sich mit Herzog Albert von Sachsen-Teschen. Mit der Erzherzogin Amalie kam eine weitere Tochter des Kaiserpaares als Herzogin von Parma auf einen italienischen Thron. Sie wurde mit dem Herzog Ferdinand von Parma vermählt.

Der Höhepunkt aller Heiratspläne Maria Theresias war die Vermählung der jüngsten Tochter Maria Antonia (Marie Antoinette) mit dem Dauphin von Frankreich, dem späteren König Ludwig XVI. Diese Eheschließung sollte die Versöhnung zwischen Habsburg und den Bourbon bringen und den Schlußstein zu einer großen habsburgisch-französischen Allianz bilden. Das tragische Ende dieser Ehe ist bekannt. König und Königin endeten während der Französischen Revolution auf dem Schafott.

Mit ihren Kindern hielt die Kaiserin engsten brieflichen Kontakt. Ein großer Teil dieser Briefe ist erhalten geblieben und zeugt von der ständigen mütterlichen Fürsorge bis in die letzten Tage vor dem Tod der Kaiserin. Immer wieder ermahnt sie ihre Töchter, und Ratschläge wechseln mit Ermahnungen ab. In den Briefen an ihre Söhne vergleicht die Kaiserin deren Haltung immer wieder mit der des Kaisers. Sie ermuntert ihre Söhne, dem verstorbenen Vater nachzueifern.

Ihre letzte Ruhestätte fand die große Kaiserin in der von ihr in imperialem Zuschnitt erbauten Maria-Theresia-Gruft innerhalb der Kaisergruft bei den Kapuzinern in Wien. Dort ruht sie gemeinsam mit ihrem Ehemann in dem großen Doppelsarkophag, den sie im Alter von 32 Jahren hatte anfertigen lassen. Dieser Doppelsarkophag, ein Denkmal des tiefen Glaubens Maria Theresias, wird gekrönt von einem Engel, der die Posaune erschallen läßt, die zur Auferstehung ruft.

Maria Theresia und Franz I. erheben sich von ihrem Totenbett und schauen sich freudig in die Augen. Rund um den Sarkophag dieser mütterlichen Frau liegen ihre Familienangehörigen, als wollten sie auch im Tode den mütterlichen Schutz nicht entbehren.

Die Nachkommen Kaiser Franz' I. Stephan

1. MARIA ELISABETH, Erzherzogin
   * 5. 2. 1737 in Wien
   † 7. 6. 1740 in Wien
   Grabstätte: Kaisergruft Wien – Maria-Theresia-Gruft

2. MARIA ANNA, Erzherzogin
   * 6. 10. 1738 in Wien
   † 19. 11. 1789 in Klagenfurt
   Grabstätte: Gruft in der Elisabethinen-Klosterkirche St. Lorenzen in Klagenfurt

   1766 wurde Maria Anna Äbtissin in dem von Kaiserin Maria Theresia in Prag gegründeten Damenstift, dem Maria Anna bis zu ihrem Tode vorstand. Sie lebte fast ausschließlich in Klagenfurt in dem von ihr erbauten Palais, in dem sich heute die Bischöfliche Residenz befindet.

3. MARIA KAROLINE, Erzherzogin
   * 12. 1. 1740 in Wien
   † 25. 1. 1741 in Wien
   Grabstätte: Kaisergruft Wien – Maria-Theresia-Gruft

4. JOSEF II., Erzherzog
   1. ⚭ MARIA ISABELLA, Prinzessin von Bourbon-Parma, Infantin von Spanien
   2. ⚭ MARIA JOSEFA, Prinzessin von Bayern
   Siehe unter Kaiser Josef II.

5. MARIA CHRISTINE, Erzherzogin
   * 13. 5. 1742 in Wien
   † 24. 6. 1798 in Wien
   Grabstätte: Kaisergruft Wien – Maria-Theresia-Gruft

   ⚭ 8. 4. 1766 in Wien
   ALBERT II., Herzog von Sachsen-Teschen
   Eltern: Friedrich August II., Kurfürst von Sachsen, König von Polen, und Maria Josefa, Erzherzogin von Österreich, Tochter Josefs I., Römischer Kaiser
   * 11. 7. 1738 in Moritzburg b. Dresden
   † 10. 2. 1822 in Wien
   Grabstätte: Kaisergruft Wien – Maria-Theresia-Gruft

KAISER FRANZ I. STEPHAN 631

Maria Christine war die Lieblingstochter Maria Theresias, und auch Herzog Albert stand bei der Kaiserin in hohem Ansehen. Nach dem Ableben Maria Christines ließ Herzog Albert seiner Gemahlin in der Augustinerkirche in Wien ein von Canova geschaffenes Denkmal errichten, das zu den bedeutendsten Werken des Künstlers zu zählen ist.

Herzog Albert erhielt als Lehen das Fürstentum Teschen in Schlesien und war von 1765 bis 1780 Statthalter in Ungarn. Anschließend weilte er bis 1792 als Generalgouverneur der österreichischen Niederlande in Belgien. Nach dem Verlust Belgiens übernahm er als Reichsfeldmarschall den Oberbefehl über die deutsche Reichsarmee. In Ungarn und Belgien betätigte er sich vorwiegend in der Armenfürsorge und versuchte die theresianischen Reformen durchzusetzen.

Seine bedeutenden Kunstsammlungen werden in der nach ihm benannten Wiener Albertina aufbewahrt.

6. ELISABETH, Erzherzogin
   * 13. 8. 1743 in Wien
   † 22. 9. 1808 in Linz
   Grabstätte: Gruft in der Jesuitenkirche (Alter Dom) in Linz
   Vom 2. 1. 1781 bis 20. 3. 1806 war Erzherzogin Elisabeth Äbtissin des von Maria Theresia gegründeten Damenstifts in Innsbruck.

7. KARL JOSEF, Erzherzog
   * 31. 1. 1745 in Wien
   † 18. 1. 1761 in Wien
   Grabstätte: Kaisergruft Wien – Maria-Theresia-Gruft

8. MARIA AMALIE, Erzherzogin
   * 26. 2. 1746 in Wien
   † 18. 6. 1804 in Prag
   Grabstätte: Fürstengruft im St.-Veits-Dom in Prag

   ⚭ 19. 7. 1769 in Colorno
   FERDINAND II., Herzog von Parma, Piacenza, Guastalla, Infant von Spanien
   Eltern: Philipp, Herzog von Parma, Piacenza, Guastalla, und Luise Elisabeth, Prinzessin von Frankreich, Tochter Ludwigs XV., König von Frankreich
   * 20. 1. 1751 in Parma
   † 9. 10. 1802 in Fontevivo
   Grabstätte: Krypta der Kirche della Madonna della Steccata in Parma

9. LEOPOLD II., Erzherzog, Großherzog von Toskana
   ⚭ MARIA LUDOVIKA, Infantin von Spanien a. d. H. Bourbon
   Siehe unter Kaiser Leopold II.

632 KAISER FRANZ I. STEPHAN

10. KAROLINE, Erzherzogin
    * 17. 9. 1748 in Wien
    † 17. 9. 1748 in Wien
    Grabstätte: Kaisergruft Wien – Maria-Theresia-Gruft

11. JOHANNA GABRIELE, Erzherzogin
    * 4. 2. 1750 in Wien
    † 23. 12. 1762 in Wien
    Grabstätte: Kaisergruft Wien – Maria-Theresia-Gruft

12. MARIA JOSEPHA, Erzherzogin
    * 19. 3. 1751 in Wien
    † 15. 10. 1767 in Wien
    Grabstätte: Kaisergruft Wien – Maria-Theresia-Gruft

13. MARIA KAROLINE, Erzherzogin
    * 13. 8. 1752 in Wien-Schönbrunn
    † 8. 9. 1814 in Hetzendorf b. Wien
    Grabstätte: Kaisergruft Wien – Maria-Theresia-Gruft

    ⚭ 12. 5. 1768 in Caserta
    FERDINAND III., König von Bourbon-Sizilien
    Eltern: Karl III., König von Spanien, Neapel, Sizilien, und Maria Amalia,
    Prinzessin von Sachsen, Tochter Friedrich Augusts II., Kurfürst von
    Sachsen
    * 12. 1. 1751 in Neapel
    † 4. 1. 1825 in Neapel
    Grabstätte: Grabkapelle der Bourbonen in der Kirche Santa Chiara in
    Neapel

    Ferdinand III. vereinigte am 8. 12. 1816 die Kronen Neapels und Siziliens
    zum Königreich beider Sizilien (Bourbon-Neapel) und regierte als König
    Ferdinand I.

14. FERDINAND KARL, Erzherzog
    * 1. 6. 1754 in Wien
    † 24. 12. 1806 in Wien
    Grabstätte: Kaisergruft Wien – Maria-Theresia-Gruft

    ⚭ 15. 10. 1771 in Modena
    MARIA BEATRIX, Herzogin von Modena d'Este
    Eltern: Herkules III., Herzog von Modena d'Este, und Marie Therese
    Cybo von Massa und Carrara, Tochter Alberigos, Herzog von Massa
    und Carrara
    * 6. 4. 1750 in Modena
    † 14. 11. 1829 in Wien
    Grabstätte: Kaisergruft Wien – Maria-Theresia-Gruft

KAISER FRANZ I. STEPHAN 633

Herzogin Maria Beatrix war die letzte Überlebende aus dem Hause d'Este. Durch die Vermählung mit Beatrix wurde Erzherzog Ferdinand Karl Erbe von Modena und begründete nach dem Tode von Herzog Herkules III. als Ferdinand Karl d'Este das Haus Österreich-Modena d'Este.

15. MARIA ANTONIA (Maria Antoinette), Erzherzogin
    * 2. 11. 1755 in Wien
    † 16. 10. 1793 in Paris
    Grabstätte: Gruftgewölbe der Bourbonen in der Kathedrale Saint Denis bei Paris

    ∞ 16. 5. 1770 in Versailles
    LUDWIG XVI., König von Frankreich
    Eltern: Ludwig, Herzog von Bourbon, und Maria Josefa, Prinzessin von Sachsen, Tochter Friedrich Augusts II., Kurfürst von Sachsen
    * 23. 8. 1754 in Versailles
    † 21. 1. 1793 in Paris
    Grabstätte: Gruftgewölbe der Bourbonen in der Kathedrale Saint Denis bei Paris.

Als Habsburgerin war Maria Antoinette bei den Franzosen nicht beliebt. Politisch konservativ eingestellt, machte sie sich bei den Franzosen immer verhaßter. Als völlig Unbeteiligte wurde sie 1785 in den Skandal um die Halsbandaffäre verwickelt und beschuldigt, durch eine Liebschaft mit dem sittenlosen französischen Kardinal Louis Prinz von Rohan-Guéméné habe sie sich ein kostbares Diamantenhalsband verschaffen wollen. Als entschiedene Gegnerin der französischen Nationalversammlung und der konstitutionellen Verfassung wurde sie wegen angeblicher Verbindungen zum Ausland verhaftet und nach einem Schauprozeß hingerichtet.

16. MAXIMILIAN FRANZ, Erzherzog
    * 8. 12. 1756 in Wien
    † 27. 7. 1801 in Hetzendorf b. Wien
    Grabstätte: Kaisergruft Wien – neue Gruft, Bischofsreihe

    7. 8. 1780 Wahl zum Erzbischof-Koadjutor in Köln.
    16. 8. 1780 Wahl zum Bischof-Koadjutor in Münster.
    28. 9. 1780 päpstliche Bestätigung der Wahlen zum Koadjutor in Köln und Münster.
    23. 10. 1780 Nachfolger seines Onkels, des Prinzen Karl von Lothringen, als Hochmeister des Deutschen Ordens.
    27. 4. 1784 Übernahme der Regierung in Bonn nach dem Tode seines Vorgängers, des Kurfürsten und Erzbischofs Maximilian Friedrich.

19. 12. 1784 Priesterweihe durch den Kölner Nuntius Bellisomi.
8. 5. 1785 Bischofsweihe im Bonner Münster durch den Erzbischof von Trier Clemens Wenzeslaus.

Als jüngstes Kind Maria Theresias war Maximilian Franz ursprünglich für die Statthalterschaft in Ungarn vorgesehen. Wegen einer schweren Erkrankung des Erzherzogs mußte dieser Plan fallengelassen werden. Zunächst sträubte Maximilian sich entschieden gegen den dann vorgebrachten Wunsch, die geistliche Laufbahn einzuschlagen. Schließlich gab er aber nach und bereitete sich sorgfältig auf die neue Aufgabe vor.

Sofort nach seinem Regierungsantritt ließ er sich in seiner Residenz in Bonn nieder und nahm im Gegensatz zu seinem Vorgänger die Zügel fest in die Hand. Hervorzuheben ist die unter seiner Regierung erfolgte Neuordnung des Justizwesens. Ebenso waren seine Bemühungen, das Volksschulwesen zu reformieren, von Erfolg gekrönt. Im Jahre 1786 konnte der Kurfürst die feierliche Eröffnung der Bonner Universität vornehmen.

Am 3. 10. 1794 mußte Maximilian vor den herannahenden französischen Revolutionstruppen fliehen und kehrte nicht mehr zurück. Die letzten Lebensjahre verbrachte er in Hetzendorf bei Wien. Maximilian war der letzte Kurfürst und Erzbischof von Köln, der beide Würden in einer Person vereinigte.

Kaiser Josef II.

Kaiser Josef II.

* 13. 3. 1741 in Wien
† 20. 2. 1790 in Wien
Grabstätte: Kaisergruft Wien – Maria-Theresia-Gruft
Eltern: Kaiser Franz I. und Maria Theresia

1. ⚭ 6. 10. 1760 in Wien
MARIA ISABELLA, Prinzessin von Bourbon-Parma, Infantin von Spanien
Eltern: Philipp, Herzog von Parma, Piacenza, Guastalla, Infant von Spanien, und Elisabeth, Prinzessin von Frankreich a. d. H. Bourbon, Tochter Ludwigs XV., König von Frankreich
* 31. 12. 1741 in Buen Retiro bei Madrid
† 27. 11. 1763 in Wien
Grabstätte: Kaisergruft Wien – Maria-Theresia-Gruft

2. ⚭ 23. 1. 1765 in Wien-Schönbrunn
MARIA JOSEFA, Prinzessin von Bayern
Eltern: Karl Albrecht, Kurfürst von Bayern (Kaiser Karl VII.), und Amalia Maria, Erzherzogin von Österreich, Tochter Josefs I., Römischer Kaiser
* 20. 3. 1739 in München
† 28. 5. 1767 in Wien
Grabstätte: Kaisergruft Wien – Maria-Theresia-Gruft

WAHLSPRUCH: Virtute et exemplo – Mit Tugend und Beispiel

27. 3. 1764 in Frankfurt a. M. zum römisch-deutschen König gewählt.
3. 4. 1764 in Frankfurt a. M. zum römisch-deutschen König gekrönt durch den Kurfürsten und Erzbischof von Mainz Emmerich Josef von Breidbach.
18. 8. 1765 »Römischer Kaiser«.
19. 9. 1765 in den Erbländern von Kaiserin Maria Theresia zum Mitregenten bestimmt.
29. 11. 1780 Apostolischer König von Ungarn – nicht gekrönt.
29. 11. 1780 König von Böhmen – nicht gekrönt.

Mit Kaiser Josef II. trat der erste Herrscher aus dem Hause Habsburg-Lothringen nach den Jahren der Mitregentschaft unter Maria Theresia deren Nachfolge als Alleinherrscher in den habsburgischen Ländern an.

Große Teile Europas hatten sich gegen Österreich erhoben, und die gegnerischen Heere standen weit in den österreichischen Erblanden, als Josef II. wenige Monate nach dem Tode Kaiser Karls VI., der vergeblich auf die Geburt eines Thronfolgers gehofft hatte, geboren wurde (nach 25 Jahren wieder ein männlicher Nachkomme). Dem Neugeborenen war keine ruhige Kindheit beschieden. Sechs Monate nach seiner Geburt nahm seine Mutter Josef II. mit nach Preßburg und hielt ihn den ungarischen Magnaten entgegen, als sie um die Unterstützung Ungarns im Kampf um ihr Erbe bat. In den folgenden Jahren zwischen 1742 und 1748 wurden dem kleinen Erzherzog sechs Geschwister geboren. So blieb den Eltern nur wenig Zeit für die Erziehung ihres Erstgeborenen. Mit zunehmendem Alter wurde Josef II. störrisch und hochfahrend. Die Erziehung lag in Händen seines Obersthofmeisters Karl Graf Batthyány, der oft genug vor dem Eigensinn des Prinzen kapitulieren mußte. Erst nach seiner Genesung von den Blattern trat im Wesen Josefs II. eine Änderung ein. War er bis dahin phlegmatisch und wenig ehrgeizig gewesen, so betrieb er nun mit großem Eifer sein Studium, im wesentlichen Geschichte und Staatswissenschaften. Er erhielt Musikunterricht und lernte im Selbststudium Latein, Mathematik und Kriegswissenschaften. Unterricht in Religion und Philosophie ergänzten die Ausbildung. Seine schon in jungen Jahren sich bemerkbar machenden, in der Aufklärung wurzelnden Ansichten brachten ihn häufig in einen Gegensatz zu seiner Mutter, die sich den Ansichten ihres Sohnes, daß die Herrschaft der reinen Vernunft den Menschen glücklich mache, widersetzte. Dabei scheute Maria Theresia sich nicht, mit den Ansichten Josefs hart ins Gericht zu gehen. So schrieb sie bei einer Gelegenheit:

»Du bist eine Geisteskokette und läufst urteilslos hinterher, wo Du was von Geist und Witz zu erhaschen können glaubst. Ein Witzwort, eine gute Wendung, das ist es, was Dich gefangennimmt; und wo Du es findest in einem Brief oder einem Gespräch, gleich mußt Du es bei der ersten Gelegenheit verwenden ohne zu bedenken, ob es am Platz ist oder nicht – ganz wie Deine Schwester Elisabeth, die mit ihrer Schönheit Eindruck machen will, ob auf einen Torwart oder einen Fürsten ist ihr gleich.«

Mit 23 Jahren zum römisch-deutschen König gekrönt, mußte Josef II. schon eineinhalb Jahre später die Nachfolge seines Vaters als Kaiser des Heiligen Römischen Reiches antreten. Es sollte noch 15 Jahre dauern, bis der Kaiser die so sehnsüchtig erwartete Alleinherrschaft antreten konnte.

Aufgeschlossen und besessen die Ideen der Aufklärung aufgreifend, begann der Kaiser sofort nach seinem Regierungsantritt mit den Vorbereitungen zu grundlegenden innenpolitischen Reformen. Von den Fesseln der Mitregentschaft befreit, wandte er sich mit besonderem Nachdruck der Frage der Toleranz, die zu vielen unerquicklichen Auseinandersetzungen mit seiner Mutter geführt hatte, zu. Am 13. 10. 1781 erließ Josef II. das zum Kernstück seiner kirchenpolitischen Maßnahmen gewordene Toleranzpatent. Jeder Gemeinde mit mehr als 100 nichtkatholischen Christen wurde die Errichtung eines Gotteshauses und die freie Religionsausübung gestattet. Wenn auch die volle Gleichberechtigung noch nicht durchgesetzt wurde, so erhielten die Nichtkatholiken doch die gleichen bürgerlichen Rechte wie die Katholiken. Auch von Vertretern der höheren Geistlichkeit, wie den Bischöfen von Seckau und Laibach, wurden die Maßnahmen des Kaisers unterstützt. 1782 erfolgte die Toleranz für die Wiener Juden und wenig später auch für die Juden der anderen Provinzen.

Am 29. 11. 1781 schrieb der Kaiser bei einer Gelegenheit:

»...jene Orden können Gott nicht gefällig sein, die sich nicht mit Krankenpflege und Jugenderziehung beschäftigen...«

Am 12. 1. 1782 erfolgte durch eine Verfügung des Kaisers die Aufhebung und Auflösung aller Klöster, die sich nicht mit der Krankenpflege und Jugenderziehung beschäftigten. Von dieser Maßnahme wurden annähernd 750 Klöster und Ordensgemeinschaften betroffen. Das war mehr als ein Drittel aller Klöster in Österreich und Ungarn. Betroffen waren vor allem die Gemeinschaften der Karthäuser, Kamaldulenser, Karmeliter und Kapuziner sowie deren weiblichen Zweige und die Klarissinnen. Das Vermögen der Gemeinschaften wurde einem Religionsfonds zugeführt, der zum Bau von Schulen und zur Besoldung der Geistlichen herangezogen wurde.

Wie schon zu Zeiten Maria Theresias bedurften Erlässe und bischöfliche Verordnungen der landesherrlichen Genehmigung. Die bischöflichen Seminarien wurden durch Generalseminarien ersetzt. Es folgten das Verbot von Wallfahrten und Prozessionen sowie die Vereinfachung des Gottesdienstes und die Verringerung der kirchlichen Feiertage. Die zum Teil sehr rigorosen Maßnahmen riefen den Zorn eines Teils der Bischöfe hervor und führten schließlich zum Protest des Wiener Erzbischofs beim Kaiser, der sich um diese Proteste herzlich wenig kümmerte. Als auch die Proteste Roms ungehört verhallten, entschloß sich Papst Pius VI., nach Wien zu fahren und an Ort und Stelle mit dem Kaiser zu sprechen und den Versuch zu unternehmen, Josef II. zum Einlenken zu bewegen. In Wien wurde Papst Pius VI. vom Kaiser mit allen ihm zustehenden Ehren empfangen. In mehreren Unterredungen trug der Papst dem Kaiser seine Bedenken vor und verlangte die Rücknahme der getroffenen kirchenpolitischen Maßnahmen. Unterstützt von Staatskanzler Fürst Kaunitz widersprach Josef II. dem Papst und war nicht bereit, Pius VI. Konzessionen zu machen. Dieser mußte schließlich das Scheitern seiner Bemühungen einsehen und kehrte unverrichteter Dinge nach Rom zurück. Der Kaiser begleitete seinen Gast bis nach Maria Brunn und

KAISER JOSEF II.   639

schenkte ihm zum Abschied ein mit Diamanten besetztes Brustkreuz und einen neuen Reisewagen. Sobald der Papst außer Sichtweite war, nahm der Kaiser die Auflösung des Augustinerklosters in Maria Brunn vor.

Der Erlaß eines Ehepatents gab der Ehe den Status eines bürgerlichen Vertrages unter der verpflichtenden Beibehaltung der kirchlichen Trauung und Zulassung der Ehescheidung.

Die weitere Reformtätigkeit des Kaisers folgte der Linie der Kaiserin Maria Theresia im Sinne des Zentralismus. Es fehlte dem Kaiser jedoch die Behutsamkeit seiner Mutter, die nicht nur wie Josef II. stürmisch reformierte, sondern immer bestrebt war, das Neue mit dem Alten kontinuierlich zu verbinden.

1784 wurde die deutsche Sprache in Ungarn zur Gesetz- und Amtssprache erhoben mit der Maßgabe, daß alle Beamten innerhalb von drei Jahren die deutsche Sprache zu erlernen hatten. Das war mehr, als man den selbstbewußten Ungarn zumuten durfte. Sie lehnten die Sprachenverordnung ab. Die gesamte Reformtätigkeit machte den Kaiser in Ungarn unbeliebt, zumal er zu Beginn seiner Regierung die Huldigung und Krönung sowohl in Ungarn als auch in Böhmen abgelehnt hatte. Schließlich beging Josef II. den Ungarn gegenüber die größte Sünde, die er nur begehen konnte – er ließ die hl. Stephanskrone von Ungarn nach Wien bringen. Die bisher schon nicht geringe Unzufriedenheit in Ungarn schlug in blanken Haß um. Preußen nutzte diese Gelegenheit, durch Agenten in Ungarn gegen das Haus Habsburg zu agitieren und die Unzufriedenheit zu schüren.

Auch im Reich regte sich zunehmender Widerstand gegen die Politik des Kaisers. Trotz dieser Schwierigkeiten griff Josef II. noch einmal sein Lieblingsprojekt auf, die österreichischen Niederlande gegen Bayern einzutauschen, das ihm das verlorengegangene Schlesien ersetzen sollte. Kurfürst Karl Theodor von Bayern erklärte sich einverstanden. Der Plan fand auch die Unterstützung und Billigung Rußlands. Nun wurden die protestantischen Reichsfürsten hellhörig. Ihnen war an einer übermächtigen katholischen Macht im Süden des Reiches nicht gelegen. Auf Veranlassung König Friedrichs II. von Preußen kam es zur Bildung des deutschen Fürstenbundes zwischen Preußen, Sachsen und dem König von Großbritannien als Kurfürst von Hannover, dem sich später zahlreiche andere Reichsfürsten anschlossen, die aus dem protestantischen Lager kamen. Sie verpflichteten sich, den gegenwärtigen Zustand des Reiches zu wahren und den Tausch der österreichischen Niederlande gegen Bayern zu verhindern. Alle Veränderungen, die die Reichsordnung beeinträchtigten, wurden verboten. Da sich auch Frankreich gegen die Pläne Kaiser Josefs II. stellte, mußte dieser seine Bemühungen einstellen.

Am 17. 8. 1786 starb König Friedrich II. von Preußen. Der Plan Josefs II., eine Annäherung an Preußen herbeizuführen, scheiterte an dem energischen Widerstand des Staatskanzlers Fürst Kaunitz, der entschieden für die Beibehaltung der bisherigen Außenpolitik eintrat.

Das Jahr 1786 brachte die Weiterführung der von Maria Theresia auf dem

Gebiet des Rechtswesens begonnenen Reformen. Adel und Klerus wurden der öffentlichen Gerichtsbarkeit unterstellt, nur dem Militär wurde weiterhin eine eigene Gerichtsbarkeit zugestanden. Die Bestrafung erfolgte nach dem Grundsatz der Abschreckung. Am 11. 5. 1786 wurde für die habsburgischen Länder ein einheitliches Erbfolgegesetz erlassen, das allen ehelichen Kindern den gleichen Erbanspruch zusicherte. Damit wurde die Anhäufung von zu großer Macht in einer Hand verhindert. Dem Adel wurde das Rechtswesen weitgehend entzogen und ausschließlich in die Hand des Staates gelegt, dem die alleinige Gerichtshoheit zufiel.

Wie in fast allen seinen Ländern führte die überstürzte Reformtätigkeit auch in den österreichischen Niederlanden zu Aufständen. Die als Regenten in den Niederlanden eingesetzten Herzog Albert von Sachsen-Teschen und seine Gemahlin Maria Christine, eine Schwester Kaiser Josefs II., sahen sich schließlich gezwungen, den Aufständischen die Rücknahme der vom Kaiser erlassenen Anordnungen zuzusichern. Josef II. berief daraufhin das Herzogspaar aus den Niederlanden ab. Das Land wurde als Generalgouvernement einer Militärdiktatur unterstellt.

Die durch den Kurfürsten Karl Theodor von Bayern bei Papst Pius VI. erwirkte Einrichtung einer Nuntiatur in München stieß auf erhebliche Bedenken der geistlichen Kurfürsten. Von Kaiser Josef II. mehrfach ermuntert, vereinigten sich Friedrich Karl von Erthal, Erzbischof von Mainz, Maximilian Franz Xaver, Erzbischof von Köln, Clemens Wenzeslaus, Erzbischof von Trier, und der Erzbischof von Salzburg am 25. 8. 1786 in Ems an der Lahn zur Emser Punktation und opponierten gegen das willkürliche Vorgehen des Papstes. Sie verlangten die Autonomie in ihren Diözesen, die Abschaffung der Nuntiaturen und der Appellationen an den Heiligen Stuhl ohne ihre Zustimmung sowie die Unterstellung der Klöster unter den jeweiligen Diözesanbischof und eine Umbildung des Pfründen- und Prozeßwesens zu ihrem Vorteil. Die Emser Punktation stieß auf den entschiedenen Widerstand der Suffraganbischöfe, die den Machtzuwachs der Erzbischöfe, die zugleich Kurfürsten waren, fürchteten. Trotz Unterstützung durch den Kaiser wurde die Emser Punktation nie verwirklicht.

Im Mai 1787 trafen sich Zarin Katharina II. und Kaiser Josef II. in Cherson auf der Krim und vereinbarten ein gemeinsames Vorgehen gegen die Türken. Der Krieg zwischen Rußland und der Hohen Pforte brach noch im gleichen Jahr aus. Obwohl Staatskanzler Kaunitz gegen diesen Krieg war, trat Österreich auf die Seite Rußlands. Den Oberbefehl über die 300.000 Mann starke Armee übernahm der Kaiser selbst. Er mußte, die Hauptlast des Krieges tragend, in Serbien, Galizien und Siebenbürgen kämpfen. Am Eisernen Tor siegten die Türken und drangen in das Banat vor. Eine schwere Erkrankung zwang Kaiser Josef II., den Oberbefehl über die kaiserliche Armee an Feldmarschall Laudon zu übertragen, der in mehreren Gefechten die Türken besiegen konnte und am 8. 10. 1789 Belgrad eroberte, nachdem der Kaiser mit dem Ausbruch der Französischen Revolution 1789 Frankreich als Bündnispartner verloren hatte. Erst unter Kaiser Leopold II. sollte dieser Krieg beendet werden.

KAISER JOSEF II.

Auch in den österreichischen Niederlanden hatte sich die Lage nicht beruhigt. Am 26. 10. 1789 wurden die österreichischen Truppen von den Aufständischen besiegt. Die Bereitschaft Kaiser Josefs II., die Reformen in den Niederlanden zu widerrufen, kam zu spät. Mit der Unabhängigkeitserklärung der Niederlande wurde das Haus Habsburg abgesetzt und die Republik Belgien ausgerufen, die am 9. 1. 1790 von Holland, Großbritannien und Preußen anerkannt wurde.

Offener Aufruhr herrschte auch in Ungarn, wo der Kaiser auf Anraten seines Staatskanzlers die meisten seiner Reformen zurücknahm und die alte Verfassung wiederherstellte. Unter dem Jubel der ganzen Nation kehrte die Stephanskrone von Wien nach Ungarn zurück.

Als der Kaiser am 20. 2. 1790 starb, befanden sich seine Länder in offenem Aufruhr.

Es ist schwierig, dem vielschichtigen Charakter Kaiser Josefs II. gerecht zu werden. Mit seinem Tode ging eine modern anmutende und weit in die Zukunft blickende Persönlichkeit in die Ewigkeit. Alle von Josef II. durchgeführten Reformen waren im Prinzip richtig und wohl auch notwendig. Maria Theresia blieb für Josef II. das große Vorbild, dem er immer wieder nacheiferte, das er aber in seiner Wirksamkeit nie erreicht hat. Der Fehler lag in der gewaltsamen und rücksichtslosen Durchführung der Reformen. Wo Maria Theresia bei ihren Reformen auf alte Bräuche und Gewohnheiten Rücksicht nahm, da ging Josef II. rigoros unter voller Ausnutzung seiner Macht vor und gefährdete so letztlich die gesamte Habsburger Monarchie. Später hat sich die Richtigkeit vieler Reformen des Kaisers erwiesen. Die unter den Begriff »Josefinismus« fallenden Reformen haben Gesellschaft und Staat geprägt. Die Nachwirkungen sind auch heute noch deutlich erkennbar.

Als 19jähriger Prinz hatte Josef II. die anmutige und schöne Prinzessin Isabella von Parma, eine Enkelin König Ludwigs XV. von Frankreich, der er in inniger Liebe zugetan war, geheiratet. Sie suchte am Wiener Hof eine enge Bindung zu der Schwester des Kaisers, der Erzherzogin Maria Christine, der Isabella eine schwärmerische Zuneigung entgegenbrachte. Den Briefen Isabellas an die Erzherzogin haftet etwas Unnatürliches an. Da finden wir überschwengliche Worte der Zuneigung zu der Erzherzogin Maria Christine und andererseits zum Ausdruck gebrachte Sehnsucht nach dem Tod. Es ist kaum anzunehmen, daß Isabella jene Gefühle für Josef II. aufgebracht hat, die dieser seiner Gemahlin entgegenbrachte. Als die Prinzessin bei der Geburt ihrer zweiten Tochter starb, war der Kronprinz untröstlich. Seinem Schwiegervater schrieb er:

»Alles habe ich verloren. Meine angebetete Gattin, der Gegenstand meiner ganzen Zärtlichkeit, meine einzige Freundin ist nicht mehr.«

Die Ehe mit Isabella war eine der wenigen glücklichen Zeiten, die Josef II. beschieden waren. Der Tod seiner Gemahlin ließ in Josef II. jedes Gefühl der Mitmenschlichkeit ersterben. Als später auch seine erstgeborene Tochter Maria Theresia starb, blieb ein durch sein privates Schicksal verhärteter Herrscher zurück. An die Stelle seiner Familie traten der Staat, seine Völker und das Reich.

Auf Wunsch Maria Theresias vermählte sich Josef II. ein zweites Mal mit der Prinzessin Maria Josefa von Bayern, die die Kaiserin für ihren Sohn ausgesucht hatte. Es war eine politische Heirat mit der Absicht, eine enge Verbindung zu Bayern herzustellen. Die Prinzessin war von unvorteilhaftem Äußeren und konnte das Herz des Kaisers, der ihr völlig gleichgültig gegenüberstand, nie gewinnen. Es ist sehr unwahrscheinlich, daß Josef II. diese Ehe je vollzogen hat. Als am Hof die Möglichkeit einer Schwangerschaft Maria Josefas angedeutet wurde, bemerkte der Kaiser spöttisch: »Das müßte ich eigentlich wissen.« Drei Jahre später starb Maria Josefa an den Blattern. Josef II. blieb nicht nur dem Krankenbett der Kaiserin fern, er nahm auch an der Beisetzung seiner Gemahlin in der Kaisergruft nicht teil.

1784 hatte Josef II. seinen Neffen Franz, Sohn des Großherzogs Leopold von Toskana, zu seinem Nachfolger bestimmt und seine Übersiedlung von Florenz nach Wien veranlaßt.

Die letzten Worte Kaiser Josefs II. vor seinem Tode waren:

»Ich glaube, meine Pflicht getan zu haben als Mensch und Fürst.«

In der Frühe des 20. 2. 1790 gegen 5 Uhr 30 ging der reformfreudige Habsburger nach Empfang der Krankenölung in die Ewigkeit ein.

Bei seinem Tode schrieb Johann Gottfried Herder den Nachruf:

»Vor neuen Jahren, da er auf den Thron stieg, wurde er als ein Hilfsgott angebetet. Jetzt trägt man ihn als ein Sühneopfer der Zeit zu Grabe. Hat je ein Kaiser, hat je ein Sterblicher mehr gewollt und rastloser gewirkt als er? Und welch' ein Schicksal, vor dem Angesicht des Todes, in den besten Lebensjahren, die ganze Mühe und Arbeit seines Lebens feierlich ausstreichen zu müssen und so zu sterben.«

Die Nachwelt hat diesen mit visionärer Kraft ausgestatteten Habsburger gerechter beurteilt als seine Zeitgenossen, die ihn einen Gescheiterten nannten.

Die Nachkommen Kaiser Josefs II.

AUS DER EHE MIT MARIA ISABELLA VON BOURBON-PARMA

1. MARIA THERESIA, Erzherzogin
    * 20. 3. 1762 in Wien
    † 23. 1. 1770 in Wien
    Grabstätte: Kaisergruft Wien – Maria-Theresia-Gruft
2. CHRISTINE, Erzherzogin
    * 20. 11. 1763 in Wien
    † 20. 11. 1763 in Wien
    Grabstätte: Kaisergruft Wien – Maria-Theresia-Gruft

Kaiser Leopold II.

Kaiser Leopold II.

* 5. 5. 1747 in Wien-Schönbrunn
† 1. 3. 1792 in Wien
Grabstätte: Kaisergruft Wien – Toskana-Gruft
Eltern: Kaiser Franz I. und Maria Theresia

∞ 5. 8. 1765 in Innsbruck
MARIA LUDOVIKA, Infantin von Spanien a. d. H. Bourbon
Eltern: Karl III., König von Spanien, und Maria Amalia, Prinzessin von Sachsen,
Tochter Friedrich Augusts II., Kurfürst von Sachsen
* 24. 11. 1745 in Neapel
† 15. 5. 1792 in Wien
Grabstätte: Kaisergruft Wien – Toskana-Gruft

WAHLSPRUCH: Pietate et concordia = Durch Frömmigkeit und Eintracht

18. 8. 1765 – 21. 7. 1790 Großherzog von Toskana – Sekundogenitur.
 9. 10. 1790 in Frankfurt a. Main zum römisch-deutschen Kaiser gewählt und
             gekrönt durch den Kurfürsten und Erzbischof von Mainz Friedrich
             Karl Josef von Erthal.
15. 11. 1790 in Preßburg in der St.-Martins-Kirche zum Apostolischen König von
             Ungarn gekrönt.
 6. 9. 1791 in Prag im St.-Veits-Dom zum König von Böhmen gekrönt.

Nach dem überraschenden Tod Kaiser Josefs II. fiel die Nachfolge in den Erbländern und im Reich an den drittältesten Sohn Maria Theresias, der als Großherzog Leopold I. im Großherzogtum Toskana regierte und dem seine Mutter besonders zugetan war. Leopold genoß die gleiche sorgfältige Ausbildung wie sein Bruder Josef. Im Gegensatz zu seinem Bruder mit der straffen und soldatischen Gestalt hatte Leopold eine gemächliche Haltung und neigte zur Korpulenz. Beide vertraten die gleiche Staatsphilosophie. Schon in jungen Jahren zeigten sich bei Leopold Ansätze zu einer demokratischen Staatsauffassung.

Als Leopold die Regierung in Wien antrat, hatte er bereits 24 Jahre als Großherzog in der Toskana regiert. Hier war er seinem Vater, Kaiser Franz I., dem nach Aussterben des Hauses Medici das Großherzogtum Toskana als Ersatz für das Herzogtum Lothringen zugesprochen worden war, kurz nach seiner Hochzeit mit 18 Jahren als erster Großherzog aus dem Hause Habsburg-Lothringen gefolgt. Vor seiner Eheschließung mit der Infantin Maria Ludovika von Spanien war zwischen Kaiser Franz I. Stephan von Lothringen und dem Vater der Braut, König Karl III. von Spanien, vereinbart worden, daß das Großherzogtum Toskana an Leopold abzutreten sei, daß es unabhängig und von den österreichischen Staaten für immer getrennt bleiben sollte. Die Bedeutung dieses Habsburgers kann nicht allein an seiner nur zwei Jahre dauernden Regierung als Kaiser Leopold II. gemessen werden. Sein Wirken in der Toskana bedarf einer besonderen Würdigung.

Kaiser Franz I. hatte in der Toskana 28 Jahre durch Stellvertreter regiert und das Großherzogtum nur selten besucht. Leopold nahm nach dem Tode seines Vaters mit seiner Gemahlin sofort in Florenz seinen Aufenthalt. In den dann folgenden 24 Jahren hat sich österreichische Regierungs- und Verwaltungskunst in keinem Land Europas so hervorragend bewährt wie in dem Großherzogtum Toskana. Leopold wurde für die großen Reformwerke, die in der Toskana ihre Spuren bis heute hinterlassen haben, Initiator, Wegbereiter und zum Teil auch der Vollender. Als der 18jährige Großherzog die Regierung in der Toskana antrat, betrachtete er sich nach seinen eigenen Worten als der erste Diener seines Staates und Beauftragter des Volkes. Er übernahm eine erhebliche Schuldenlast, die größtenteils noch aus der Zeit des Großherzogs Cosimus III., der 1723 gestorben war, herrührten. Johann Gaston, der letzte Großherzog aus dem Hause Medici, hatte verschwenderisch gelebt und so die Schuldenlast noch vermehrt. Auch unter Kaiser Franz I. wuchs die Schuldenlast weiter an, da die wesentlichen Staatseinnahmen nach Wien abgeführt wurden. Die Aussichten für eine erfolgreiche Regierung des jungen Großherzogs waren also wenig günstig.

KAISER LEOPOLD II.

Die Ankunft Leopolds in Florenz war überschattet von der großen Hungersnot im Jahre 1765, die ihre Ursache in dem Feudalsystem hatte. Je ein Drittel des Grundbesitzes befand sich in den Händen der Großgrundbesitzer, der Kirche und der Bauern. Da letztere für die Großgrundbesitzer und die Kirche schwerste Frondienste leisten mußten, blieb ihnen für die Bestellung ihres eigenen Bodens keine Zeit. So wurden die Bauern in einer dauernden Abhängigkeit gehalten. Um die Preise in die Höhe zu treiben, wurde das Korn von den Großgrundbesitzern zurückgehalten. Leopold gab sofort nach seiner Ankunft in Florenz den Befehl, alle Getreidespeicher zu durchsuchen und das vorgefundene Getreide zu beschlagnahmen. Unter Zuhilfenahme zusätzlicher Einkäufe im Ausland erreichte er so eine ausreichende Versorgung der Toskaner. Diese ersten Erfahrungen waren für den Großherzog das Signal, die Bauern von der Feudalherrschaft zu befreien. Der Handel mit allen Landesprodukten wurde freigegeben, und alle Abgaben auf diese Produkte wurden aufgehoben. Die Dienstbarkeit der Bauern wurde beseitigt, und es wurde erreicht, daß die Bauern ihr Land ordnungsgemäß bebauen und über ihr Eigentum frei verfügen konnten. Eine Landwirtschaftsreform wurde in Angriff genommen. Unter Gewährung zahlreicher Vergünstigungen und Vorteile wurden Bauern auf neu kultiviertem Boden angesiedelt. Hand in Hand mit der Landwirtschaftsreform ging eine umfangreiche Wirtschaftsreform, deren Kernstück die Beseitigung aller Taxen, Abgaben und Zölle war. Die freie Ein- und Ausfuhr aller Handelsprodukte wurde gewährleistet. Der Ausbau des Straßennetzes und die Anlegung schiffbarer Kanäle verbesserte die Handelswege zu den österreichischen Erbländern. Durch die Aufhebung der Zünfte wurde es allen Bürgern ermöglicht, einen Beruf ihrer Wahl auszuüben. Mit der Freigabe des An- und Verkaufs von Grundstücken rundete der Großherzog seine Maßnahmen ab.

In der Zivil- und Strafgesetzgebung wurde eine ständige Kommission mit der Ausarbeitung eines neuen und einheitlichen Gesetzbuches beauftragt, durch das die bisherigen römischen, kanonischen, deutschen und Provinzialgesetze ersetzt wurden. Durch die Abschaffung aller Privilegien des Adels, der reichen Grundbesitzer und der Geistlichkeit konnte erstmals die Gleichheit aller vor dem Gesetz hergestellt werden. Durch die Heranbildung einsichtsvoller und kenntnisreicher Richter sollte ein pflichtbewußter Richterstand geschaffen werden. Gleichzeitig wurden alle Privilegien der Justiz aufgehoben. Den Richtern wurde verboten, sich durch Nebeneinkünfte zusätzliche Bezüge zu schaffen. Die Abschaffung der Gerichtsgebühren ermöglichte es fortan jedem Staatsbürger, ohne finanzielle Belastung sein Recht vor Gericht zu suchen. Zum Kernstück der Justizreform wurde das neue Strafgesetzbuch, das am 30. 5. 1786 eingeführt wurde und für die damalige Zeit geradezu revolutionären Charakter hatte. Die Folter wurde verboten und die Todesstrafe abgeschafft. Die Möglichkeit der Vermögenseinziehung wurde beseitigt und damit der Vermögensverfall des Verurteilten verhindert. Geheimprozesse wurden untersagt und die Verurteilung von Angeklagten in deren Abwesenheit verboten.

Ein ganz wesentlicher Punkt der Strafrechtsreform war die Aufhebung des

Straftatbestandes von Hochverrat. Die Begründung der Maßnahme Leopolds, daß der Begriff Hochverrat viel zu weit und willkürlich ausgedehnt und je nach Belieben auf die gleichgültigsten Handlungen der Staatsbürger angewandt werde, könnte auch für unsere Zeit wegweisend sein. Um einen solchen Mißbrauch in der Toskana unmöglich zu machen, hob Leopold lieber das ganze Gesetz auf.

Schließlich wurden alle ungerecht Verdächtigten oder Verurteilten voll entschädigt. Jede Kränkung, jede erlittene Tortur oder Schmähung wurde wieder gutgemacht. Alle direkten und indirekten finanziellen Einbußen wurden aus einer dafür eingerichteten Entschädigungskasse auf Heller und Pfennig zurückerstattet.

Großherzog Leopold hatte angeordnet, schon vor der Bekanntmachung des neuen Strafgesetzbuches nach diesem zu verfahren. Als es schließlich veröffentlicht wurde, hatte die Entwicklung dem Großherzog in vollem Umfang recht gegeben. Die Auswirkungen der Reform lassen sich am besten durch einige Zahlen belegen. 1766 betrug die Zahl der Verbrechen in der Toskana nahezu 2400. In den folgenden Jahren sank die Zahl ständig und betrug im Jahre 1784 nur noch 570 Delikte. 1787 befanden sich bei einer Einwohnerzahl von einer Million in den toskanischen Gefängnissen 64 Gefangene, von denen ein Teil noch Ausländer waren. Die Toskana war so ruhig, daß die Versuche revolutionärer Kräfte aus Frankreich, beim Ausbruch der Französischen Revolution auch unter der toskanischen Bevölkerung Unruhe zu stiften, ergebnislos blieben.

Das neue Strafgesetzbuch konnte nur deshalb ein so großer Erfolg werden, weil der Großherzog gleichzeitig umfangreiche Reformen auf den Gebieten des Polizei-, Schul- und Armenwesens in Angriff nahm. Das ganze Land wurde in Polizeidistrikte eingeteilt, denen jeweils ein Polizeikommissar vorstand. Diese unterstanden dem in Florenz residierenden Polizeipräsidenten, dem alle Polizeiangelegenheiten in der Toskana unterstanden.

Zur vorbeugenden Verbrechensbekämpfung gehörte vornehmlich die Errichtung zahlreicher Volksschulen. Die Erziehung und Ausbildung der Mädchen war ein vordringliches Anliegen des Großherzogs, da es für Mädchen weder in der Toskana noch in Italien öffentliche Schulen gab. Um das angestrebte Ziel zu erreichen, verfügte Leopold die Aufhebung der meisten Klöster und ordnete ihre Umwandlung in Schulen, Besserungsanstalten und Krankenhäuser an. Die Aufnahme in diesen Anstalten und die Erteilung des Unterrichts erfolgten kostenlos.

1767 zählte man in der Toskana 561 Klöster mit annähernd 7900 Nonnen und 5800 Mönchen. Durch die Umwandlung der meisten Klöster in Schulen und andere Institute zog Leopold sich mannigfache Feindschaft aus den Reihen des Klerus und der Mönche zu. Der Großherzog ließ sich dadurch nicht an der Durchführung seiner Pläne hindern. Wie alle seine Maßnahmen begründete er auch diese:

»Ich wollte die Klöster nur auf ihren ursprünglichen Zweck zurückführen, Religiosität und Tugend in der Welt zu verbreiten. Deshalb wandelte ich sie in Schulen um.«

KAISER LEOPOLD II. 649

Ein besonderes Anliegen des Großherzogs war die Verminderung der Anzahl der Nonnen und Mönche. Durch strenge Auflagen und Bestimmungen wurde die Aufnahme in die Klöster geregelt. Das Mindestalter für die Aufnahme von Jünglingen wurde auf 24 Jahre und für Mädchen auf 20 Jahre festgesetzt. Jeder Novize und jede Novizin, die in ein Kloster aufgenommen werden wollten, bedurften dazu einer ausdrücklichen Genehmigung des Ministers in Florenz. Den weiterbestehenden Klöstern wurde streng verboten, von einem Novizen oder einer Novizin ein Geschenk oder auch nur einen Bruchteil vom Erbteil des Eintretenden anzunehmen. Alle bis zum Erlaß dieser Anordnung erfolgten Vermächtnisse an Klöster, die 100 Zechinen überschritten, wurden für nichtig erklärt. Bereits geleistete Zahlungen mußten zurückerstattet werden. Der Erfolg dieser Maßnahmen war durchschlagend. Die Berufungen zum Klosterleben gingen schlagartig und ganz erheblich zurück. Nonnen, die bereits ihr Gelübde abgelegt hatten, wurde es freigestellt, als Lehrerinnen in den neuen Anstalten und Schulen zu wirken oder in andere nicht aufgelöste Klöster zu gehen.

Die bestehenden Kirchenfonds ließ der Großherzog einer strengen Prüfung unterziehen. Soweit diese Fonds unnützen Zwecken dienten, zog Leopold sie zur Unterstützung der armen Landgeistlichkeit heran. So konnte das Zehentrecht der Geistlichen aufgehoben werden. Eine weitere Folge dieser Maßnahme war die Einstellung der von den Gemeinden vorgenommenen Zahlungen für Nebenbeschäftigungen der Geistlichen.

Die religiöse Toleranz den Bürgern gegenüber war in der Toskana vorbildlich. Jeder konnte die Religion ausüben, die er wollte. Protestanten und Juden hatten in der Toskana die gleichen Rechte wie die Katholiken und waren wie diese zu allen öffentlichen Ämtern zugelassen.

Parallel mit allen Reformen ging die Reform des Finanzwesens und der Steueraufbringung. Schon 1768, nachdem der Großherzog das ganze Ausmaß der Staatsverschuldung erkannt hatte, beschäftigte Leopold sich mit dieser Reform. An die Stelle der Verpachtung der Staatseinkünfte an den Meistbietenden wurde das Obersteueramt gesetzt, das allein die Steuereinnahmen zu überwachen und die Staatseinkünfte zu verwalten hatte. Viele Abgaben wurden aufgehoben oder herabgesetzt. So wurden die Regalien des Stempelpapiers gestrichen. Weder in der Kriminaljustiz noch bei Bittschriften oder Vorstellungen bei Behörden durfte auf ein Stempelpapier gedrungen werden. Bei seinem Regierungsantritt hatte Leopold Staatsschulden in Höhe von 87,000.000 Lire vorgefunden. Von diesen Schulden konnte er im Laufe seiner 24jährigen Regierungszeit 67,000.000 Lire abtragen und einen reinen Überschuß von annähernd 39,000.000 Lire erwirtschaften. Von dem Überschuß schenkte der Großherzog im Laufe der Zeit dem Staate 30,000.000 Lire. Trotzdem konnte Leopold seinem Sohn und Nachfolger bare 5,000.000 Lire in der Schatzkammer hinterlassen. Erreicht wurde dieses Ziel, indem Leopold die ganze Schuldenlast auf alle Grundbesitzer Toskanas im Verhältnis zu dem Wert ihrer Grundstücke aufteilen ließ. Da die Grundbesitzer gleichzeitig von allen anderen Abgaben befreit wurden, übernahmen sie bereitwillig und gern die

Tilgung der enormen Schuldenlast. Im letzten Jahr seiner Regierung schenkte Leopold dem Staat aus seinem Privatvermögen nochmals 5,000.000 Lire.

Um seinen Staat von einer Menge unnützer Kostgänger zu befreien, wie der Großherzog sagte, verringerte er das Militär ganz erheblich. Da Leopold sich als Gesetzgeber und nicht als Soldat fühlte, konnte er durch Einsparungen auf dem militärischen Sektor einen erheblichen Beitrag zur Förderung der allgemeinen Volkswohlfahrt leisten.

Als Großherzog Leopold nach dem Tode seines Bruders Josef II. die Toskana verlassen mußte, um dessen Nachfolge anzutreten, fand man Unzufriedenheit in der Toskana fast nur unter dem Adel, der Geistlichkeit und den Mönchen, denen er die meisten Privilegien genommen hatte. Die überwiegende Mehrheit der Toskaner sah den Großherzog nur mit Wehmut scheiden, hatte dieser doch aus der Toskana durch maßvolle Reformen ein blühendes Land geschaffen.

Am 1. 3. 1790 verließ Großherzog Leopold die Toskana, um die Nachfolge seines Bruders Josef in den Erbländern und auf dem Kaiserthron anzutreten. Am 21. 7. 1790 verzichtete er zugunsten seines zweitgeborenen Sohnes Ferdinand auf den großherzoglichen Thron.

Der Regierungsantritt Leopolds II. war begleitet von Beschwerden über die reformerischen Maßnahmen des verstorbenen Kaisers Josef II. Behutsam ging der neue Herrscher die schwierige innen- und außenpolitische Lage an. Er wandte sich zunächst Belgien zu und bot die Rücknahme fast aller Maßnahmen seines Vorgängers und eine allgemeine Amnestie an. Die ablehnende Haltung der Belgier veranlaßte Leopold, einen Ausgleich mit Preußen zu suchen, um in Belgien freie Hand zu bekommen. Am 27. 7. 1790 kam es zwischen Österreich und Preußen zur Konvention von Reichenbach, durch die die Feindseligkeiten zwischen den beiden Ländern beendigt wurden. Leopold II. verpflichtete sich, mit der Türkei Waffenstillstand und Frieden auf der Basis des Status quo zu schließen, und verzichtete gleichzeitig auf alle österreichischen Eroberungen. Preußen verzichtete auf Danzig und Thorn und gab die Unterstützung der Aufständischen in den österreichischen Niederlanden auf. Damit war die Gefahr eines Krieges zwischen Österreich und Preußen gebannt.

Am 9. 10. 1790 wurde Leopold in Frankfurt a. Main als Leopold II. zum römisch-deutschen Kaiser gewählt und gekrönt.

Der Kaiser hatte nun freie Hand, die Hoheit seines Hauses über die österreichischen Niederlande wiederherzustellen. Am 3. 12. 1790 besetzten österreichische Truppen Brüssel. Auf dem Haager Kongreß vom 10. 12. 1790 kam es zum Frieden mit den Ständen, und die Habsburger kamen noch einmal in den ungeschmälerten Besitz der österreichischen Niederlande. Unter der Auflage, Belgien nicht gegen Bayern einzutauschen, garantierten Großbritannien, Holland und Preußen die Vereinbarungen von Den Haag.

Bereits am 4. 8. 1791 war es in Sistowa zum Friedensschluß zwischen Habsburg und der Hohen Pforte gekommen.

Die innen- und außenpolitische Stellung Kaiser Leopolds II. war soweit

KAISER LEOPOLD II.

gestärkt, daß der Kaiser sich der Lage in Frankreich zuwenden konnte. Die Französische Revolution bewog auch Großbritannien, seine bisherige Politik einer Revision zu unterziehen und eine Annäherung zwischen Österreich und Preußen zu fördern. Nach einem Treffen zwischen Kaiser Leopold II. und König Friedrich Wilhelm II. von Preußen in Pillnitz wurde am 27. 8. 1791 die Pillnitzer Konvention, die zur Grundlage für die erste Koalition gegen das revolutionäre Frankreich wurde, abgeschlossen.

Die Forderung der französischen Nationalversammlung, die Unterstützung des französischen Königs aufzugeben, und die Befürchtung des Übergreifens der Revolution auf Preußen und Österreich veranlaßten die beiden Mächte, am 7. 2. 1792 ein Defensivbündnis zur gemeinsamen Verteidigung des Reiches abzuschließen.

Drei Wochen nach Abschluß des Defensivbündnisses starb Kaiser Leopold II. völlig unerwartet am 1. 3. 1792.

Leopold II. war von seiner Veranlagung her einer der liebenswürdigsten Habsburger. Getragen von Toleranz und Nachsicht gegen die Menschen, kannte er nur das Bestreben, sein Volk glücklich zu machen. Er war von einer unerschütterlichen Gerechtigkeitsliebe gegen alle seine Untertanen. Jeder Bürger war für ihn ein Glied in der Kette, dessen erstes Glied er selbst war. Bei ihm zählten nur persönliches Verdienst, Kenntnisse, Erfahrungen und Rechtschaffenheit. Er war nicht weniger fortschrittlich gesinnt als sein Bruder Josef, verstand es aber im Gegensatz zu diesem, seine Ideen mit Beharrlichkeit und Klugheit in die Tat umzusetzen. Der frühe Tod dieses begabten Herrschers war für das Haus Habsburg und das Reich ein unersetzlicher Verlust.

Mit 18 Jahren hatte Leopold die zwei Jahre ältere Infantin Maria Ludovika von Spanien geheiratet. Beide waren sich herzlich zugetan. Die Kaiserin schenkte ihrem Gemahl zwölf Söhne und vier Töchter, unter ihnen so bedeutende Habsburger wie Erzherzog Karl, der Held von Aspern, Erzherzog Johann, der spätere Reichsverweser, und Erzherzog Franz, der nach dem Willen Kaiser Josefs II. als Thronerbe vorgesehen war, aber zunächst noch seinem Vater den Vortritt lassen mußte.

Elisabeth von Württemberg, die Gemahlin von Erzherzog Franz, war zwei Tage vor Kaiser Josef II. während der Geburt ihrer Tochter Ludovika gestorben. Schon bald nach dem Tode Elisabeths drängte Kaiser Leopold II. auf eine Wiedervermählung des Thronfolgers. Die Wahl des Kaisers fiel auf Maria Theresia, die älteste Tochter seiner Schwester Karoline, der Königin von Neapel. Außer Erzherzog Franz heirateten sein jüngerer Bruder Ferdinand, Nachfolger Kaiser Leopolds II. in der Toskana, und seine Schwester Klementine eine andere Tochter bzw. einen Sohn aus der neapolitanischen Verwandtschaft. Diese drei Brautpaare waren Cousins und Cousinen ersten Grades im doppelten Sinne. Sie waren nicht nur durch Leopold II. und dessen Schwester Karoline miteinander blutsverwandt, sondern auch durch die Gemahlin Kaiser Leopolds II., die eine Schwester des Königs beider Sizilien, des Gemahls von Karoline, war. Die von

Papst Pius VI. erteilte Dispens zu diesen drei Vermählungen dürfte die weitest-
gehende gewesen sein, die jemals von Rom erteilt worden ist. Die Eheschließungen
der doppelten Cousins und Cousinen ersten Grades zeigte in der Nachkommenschaft verheerende Wirkungen. Allein von den zwölf Kindern Kaiser Franz' II., bei
denen die Gefahr doppelter Erbanlagen bestand, blieben nur fünf am Leben. Von
diesen Überlebenden war der spätere österreichische Kaiser Ferdinand I. Epileptiker und von unterdurchschnittlicher Intelligenz. Die Tochter Maria Anna war
schwachsinnig.

Kaiser Leopold II. starb als letzter Herrscher aus dem Hause Habsburg-
Lothringen als amtierender Kaiser des Heiligen Römischen Reiches Deutscher
Nation.

Die Nachkommen Kaiser Leopolds II.

1. MARIA THERESIA, Erzherzogin
   * 14. 1. 1767 in Wien
   † 7. 11. 1827 in Leipzig
   Grabstätte: Gruft unter dem NW-Schiff der kath. Hofkirche in Dresden

   ∞ 18. 10. 1787 in Wien
   ANTON I., König von Sachsen 1827–1836
   Eltern: Friedrich Christian, Kurfürst von Sachsen, und Maria Antonia, Prinzessin von Bayern, Tochter Karls VII., Römischer Kaiser
   * 27. 12. 1755 in Dresden
   † 6. 6. 1836 in Pillnitz
   Grabstätte: Gruft unter dem NW-Schiff der kath. Hofkirche in Dresden

2. FRANZ, Erzherzog
   1. ∞ ELISABETH WILHELMINE, Prinzessin von Württemberg
   2. ∞ MARIA THERESIA, Prinzessin beider Sizilien a. d. H. Bourbon
   3. ∞ MARIA LUDOVIKA, Erzherzogin von Österreich-Modena d'Este
   4. ∞ KAROLINE AUGUSTE CHARLOTTE, Prinzessin von Bayern
   Siehe unter Kaiser Franz II./I.

3. FERDINAND III., Erzherzog
   * 6. 5. 1769 in Florenz
   † 18. 6. 1824 in Florenz
   Grabstätte: Lothringer Kapelle der Basilika San Lorenzo in Florenz

   1. ∞ 19. 9. 1790
   LUISE MARIA, Prinzessin beider Sizilien a. d. H. Bourbon
   Eltern: Ferdinand I., König beider Sizilien a. d. H. Bourbon, und Maria Karoline, Erzherzogin von Österreich, Tochter Kaiser Franz I. Stephan
   * 27. 7. 1773 in Neapel
   † 19. 9. 1802 in Wien
   Grabstätte: Kaisergruft Wien – Nische C Ferdinands-Gruft – mit unbenanntem Kind

   2. ∞ 6. 5. 1821 in Florenz
   MARIA ANNA FERDINANDA, Prinzessin von Sachsen
   Eltern: Maximilian, Prinz von Sachsen, und Karoline, Prinzessin von Parma, Tochter Ferdinands I., Herzog von Parma

* 27. 4. 1796 in Dresden
† 3. 1. 1865 in Brandeis a. d. Elbe
Grabstätte: Kaisergruft Wien

Ferdinand III. wurde der Begründer der Linie Österreich-Toskana. Als Großherzog der Toskana übernahm er am 21. 7. 1790 die Regierung als Nachfolger seines Vaters. Er setzte die Reformtätigkeit Leopolds in der Toskana unbeirrt fort und bediente sich dabei im wesentlichen der Ratgeber seines Vaters. Ferdinand hatte zwar versucht, sich aus den Kriegswirren der napoleonischen Zeit herauszuhalten, konnte es jedoch nicht verhindern, daß Frankreich auch der Toskana den Krieg erklärte. Im März 1799 mußte der Großherzog das Land verlassen und begab sich nach Wien. Im Frieden von Lunéville mußte Ferdinand auf die Toskana verzichten. Das Land wurde in das Königreich Etrurien umgewandelt und dem Infanten Ludwig von Parma zugesprochen. Nach der Vereinigung der Toskana mit Frankreich erhielt die Schwester Napoleons, Elisa Bacciochi, den Titel einer Großherzogin von Toskana.

Als Ersatz für die Toskana erhielt Ferdinand III. die Gebiete Salzburg, Berchtesgaden, Passau und Eichstädt, die er als Kurfürst von Salzburg von 1802 bis 1805 regierte. Im Preßburger Frieden von 1805 mußte er diese Gebiete an Österreich und Bayern abtreten. Als Ersatz erhielt er als Großherzog Würzburg mit dem Kurfürstentitel. Der Sturz Napoleons ermöglichte die Rückkehr Ferdinands III. in die Toskana. Bis zu seinem Tode gelang es dem Großherzog, die Wunden des Krieges in seinem Land zu heilen und die Toskana aus allen kriegerischen Verstrickungen herauszuhalten.

4. MARIA ANNA, Erzherzogin
    * 21. 4. 1770 in Florenz
    † 1. 10. 1809 in Neudorf/Banat
    Grabstätte: Gruft in der Kirche von Neudorf/Banat

5. KARL LUDWIG JOHANN, Erzherzog und Herzog von Teschen
    * 5. 9. 1771 in Florenz
    † 30. 4. 1847 in Wien
    Grabstätte: Kaisergruft Wien – neue Gruft

    ∞ 17. 9. 1815 in Weilburg/Nassau
    HENRIETTE, Prinzessin von Nassau-Weilburg
    Eltern: Friedrich Wilhelm, Fürst von Nassau-Weilburg, und Luise, Burggräfin von Kirchberg, Tochter Wilhelm Georgs, Burggraf von Kirchberg
    * 30. 10. 1797 in Weilburg/Nassau
    † 29. 12. 1829 in Wien
    Grabstätte: Kaisergruft Wien – neue Gruft, ebenso Herzurne und Eingeweidebecher

KAISER LEOPOLD II. 655

Karl Ludwig Johann wurde 1796 Reichsfeldmarschall. Nachdem er sich bereits in verschiedenen Kriegen hervorragend bewährt hatte, konnte er 1809 Napoleon in der Schlacht von Aspern in offener Feldschlacht die erste Niederlage beibringen. Er verstand es nicht, den Sieg zu nutzen. Nach der Niederlage bei Wagram leitete er vorzeitig Friedensverhandlungen ein und verlor den Oberbefehl. Als Kriegsminister war er für die Reform des österreichischen Heeres verantwortlich.

Als Adoptivsohn Herzog Alberts von Sachsen-Teschen – Schwiegersohn Maria Theresias – war er als Nachfolger Alberts von 1793 bis 1794 in Brüssel als Statthalter der österreichischen Niederlande tätig.

6. LEOPOLD ALEXANDER, Erzherzog
* 14. 8. 1772 in Florenz
† 2. 7. 1795 in Wien
Grabstätte: Kaisergruft Wien – Toskana-Gruft

7. ALBRECHT, Erzherzog
* 19. 12. 1773 in Florenz
† 22. 7. 1774 in Florenz
Grabstätte: Lothringer Kapelle der Basilika San Lorenzo in Florenz

8. MAXIMILIAN, Erzherzog
* 23. 12. 1774 in Florenz
† 9. 3. 1778 in Florenz
Grabstätte: Lothringer Kapelle der Basilika San Lorenzo in Florenz

9. JOSEF, Erzherzog und Palatin von Ungarn
* 9. 3. 1776 in Florenz
† 13. 1. 1847 in Ofen
Grabstätte: Gruft in der Krypta des königlichen Schlosses in Budapest

1. ⚭ 30. 10. 1799 in Ofen
ALEXANDRA, Großfürstin von Rußland a. d. H. Holstein-Gottorp
Eltern: Paul I., Kaiser von Rußland, und Sophie Dorothea, Prinzessin von Württemberg, Tochter Friedrichs II. Eugen, Herzog von Württemberg
* 9. 8. 1783 in St. Petersburg
† 16. 3. 1801 in Alcsuth
Grabstätte: Orthodoxe Kapelle in Üröm, Vorort von Budapest

2. ⚭ 30. 8. 1815 in Ofen
HERMINE, Prinzessin von Anhalt-Bernburg-Hoym
Eltern: Victor III., Fürst von Anhalt-Bernburg-Hoym, und Amalia, Fürstin von Nassau-Weilburg, Tochter Karl Christians, Fürst von Nassau-Weilburg
* 2. 12. 1797 in Bernburg
† 14. 9. 1817 in Alcsuth
Grabstätte: Gruft in der Krypta des königlichen Schlosses in Budapest

3. ⚭ 24. 8. 1819 in Ofen
MARIE, Prinzessin von Württemberg
Eltern: Ludwig, Herzog von Württemberg, und Henriette, Prinzessin von
Nassau-Weilburg, Tochter Karl Christians, Fürst von Nassau-Weilburg
* 1. 11. 1797 in Stuttgart
† 30. 3. 1855 in Alcsuth
Grabstätte: Gruft in der Krypta des königlichen Schlosses in Budapest

Erzherzog Josef wurde der Begründer und Stammvater der ungarischen
Linie des Hauses Habsburg-Lothringen.

10. KLEMENTINE, Erzherzogin
   * 24. 4. 1777 in Poggio b. Florenz
   † 15. 11. 1801 in Neapel
   Grabstätte: Grabkapelle der Bourbonen in der Kirche Santa Chiara in
   Neapel

   ⚭ 25. 6. 1797 in Foggia b. Neapel
   FRANZ I., König beider Sizilien a. d. H. Bourbon
   Eltern: Ferdinand I., König beider Sizilien a. d. H. Bourbon, und
   Karoline, Erzherzogin von Österreich, Tochter Franz' I., Römischer
   Kaiser
   * 20. 8. 1777 in Neapel
   † 8. 11. 1830 in Palermo
   Grabstätte: Grabkapelle der Bourbonen in der Kirche Santa Chiara in
   Neapel

11. ANTON VICTOR, Erzherzog
   * 31. 8. 1779 in Florenz
   † 2. 4. 1835 in Wien
   Grabstätte: Kaisergruft Wien – Toskana-Gruft

   Erzherzog Anton Victor blieb unvermählt.

   1804 Hoch- und Deutschmeister.
   1809 Großmeister des Deutschen Ordens in Österreich.
   1816–1828 Vizekönig des Lombardo-Venetianischen Königreiches.

12. MARIA AMALIA, Erzherzogin
   * 15. 10. 1780 in Florenz
   † 25. 12. 1798 in Wien
   Grabstätte: Kaisergruft Wien – Nische A Ferdinands-Gruft

13. JOHANN, Erzherzog
   * 20. 1. 1782 in Florenz
   † 11. 5. 1859 in Graz
   Grabstätte: Gruft in der Krypta des Mausoleums neben Schloß Schenna
   bei Meran

∞ 18. 2. 1829 auf Gut Brandhof
ANNA PLOCHL, ernannte Freifrau von Brandhof und Gräfin von Meran
Eltern: Jakob Plochl, Postmeister von Aussee, und Maria Anna Pilz
* 6. 1. 1804 in Aussee
† 4. 8. 1885 in Aussee
Grabstätte: Gruft in der Krypta des Mausoleums neben Schloß Schenna
bei Meran

Erzherzog Johann war als Heerführer in den Napoleonischen Kriegen
nicht besonders erfolgreich. 1809 rief er die Tiroler zur Erhebung auf. Er
erhielt den Auftrag, das Heer zu organisieren und eine Landwehr
aufzustellen, deren Proklamation zum Beginn der Freiheitskriege wurde.
Am 24. 6. 1848 wurde Erzherzog Johann von der Frankfurter Nationalversammlung zum deutschen Reichsverweser gewählt. In Vertretung
Kaiser Ferdinands I. eröffnete er am 22. 7. 1848 den konstituierenden
Reichstag in Österreich und begab sich dann nach Frankfurt und
verwaltete bis zum 20. 12. 1849 das ihm übertragene Amt als Reichsverweser.

Große Verdienste erwarb Erzherzog Johann sich um seine Wahlheimat
Steiermark. In Graz gründete er das Joanneum und in Vordernberg die
Montanschule. Die Wirtschaft und die Kultur der Steiermark verdanken
ihm zahlreiche Anregungen, die ihre Spuren in der Steiermark bis heute
hinterlassen haben.

Die Nachkommen aus der Verbindung Erzherzog Johanns und Anna
Plochls sind die Grafen von Meran. Begründer der Linie der Grafen von
Meran aus dem Stamme Habsburg-Lothringen wurde der einzige Sohn
des Ehepaares:
FRANZ LUDWIG JOHANN BAPTIST, Graf von Meran
* 11. 3. 1839 in Wien
† 27. 3. 1891 in Abbazzia
Grabstätte: Gruft in der Krypta des Mausoleums neben Schloß Schenna
bei Meran

∞ 8. 7. 1862 in Ottenstein/Niederösterreich
THERESIA, Gräfin von Lamberg
Eltern: Franz Graf von Lamberg auf Ottenstein und Karoline Gräfin
Hoyos
* 16. 8. 1836 in Preßburg
† 11. 9. 1913 in Grundlsee
Grabstätte: Gruft in der Krypta des Mausoleums neben Schloß Schenna
bei Meran

14. RAINER, Erzherzog
> * 30. 9. 1783 in Pisa
> † 16. 1. 1853 in Bozen
> *Grabstätte:* Gruft hinter dem Hochaltar der Mariä-Himmelfahrts-Kirche in Bozen
>
> ∞ 28. 5. 1820 in Prag
> ELISABETH, Prinzessin von Savoyen-Carignan
> *Eltern:* Karl Emanuel, Prinz von Savoyen-Carignan, und Marie, Prinzessin von Sachsen, Tochter Karls, Prinz von Sachsen und Herzog von Kurland
> * 13. 4. 1800 in Paris
> † 25. 12. 1856 in Bozen
> *Grabstätte:* Gruft hinter dem Hochaltar der Mariä-Himmelfahrts-Kirche in Bozen

Erzherzog Rainer folgte Erzherzog Anton Victor als Vizekönig des Lombardo-Venetianischen Königreiches. Seit 1848 in Bozen ansässig, wurde er der Begründer der Linie Erzherzog Rainer.

15. LUDWIG JOSEF, Erzherzog
> * 13. 12. 1784 in Florenz
> † 21. 12. 1864 in Wien
> *Grabstätte:* Kaisergruft Wien – Toskana-Gruft

Erzherzog Ludwig war Vorsitzender der Staatskonferenz unter Kaiser Ferdinand I. und führte als solcher die Staatsgeschäfte von 1835 bis 1848.

16. RUDOLF, Erzherzog
> * 8. 1. 1788 in Florenz
> † 23. 7. 1831 in Olmütz
> *Grabstätte:* Kaisergruft Wien – neue Gruft, Bischofsreihe

1819 wurde Erzherzog Rudolf Fürsterzbischof von Olmütz und Kardinal. Als Gönner und Schüler Beethovens widmete ihm dieser aus Anlaß der Erhebung zum Kardinal und Fürsterzbischof von Olmütz die von ihm komponierte »Missa solemnis«.

Kaiser Franz II./I.

Kaiser Franz II./I.

* 12. 2. 1768 in Florenz
† 2. 3. 1835 in Wien
Grabstätte: Kaisergruft Wien – Franzens-Gruft
Eltern: Kaiser Leopold II. und Maria Ludovika von Spanien a. d. H. Bourbon

1. ∞ 6. 1. 1788 in Wien
ELISABETH WILHELMINE, Prinzessin von Württemberg
Eltern: Friedrich II. Eugen, Herzog von Württemberg, und Dorothea, Prinzessin von Brandenburg-Schwedt, Tochter Friedrich Wilhelms, Markgraf von Brandenburg-Schwedt
* 21. 4. 1767 in Treptow
† 18. 2. 1790 in Wien
Grabstätte: Kaisergruft Wien – Franzens-Gruft

2. ∞ 19. 9. 1790 in Wien
MARIA THERESIA, Prinzessin beider Sizilien a. d. H. Bourbon
Eltern: Ferdinand I., König beider Sizilien a. d. H. Bourbon, und Maria Karoline, Erzherzogin von Österreich, Tochter Franz' I., Römischer Kaiser
* 6. 6. 1772 in Neapel
† 13. 4. 1807 in Wien
Grabstätte: Kaisergruft Wien – Franzens-Gruft

3. ∞ 6. 1. 1808 in Wien
MARIA LUDOVIKA, Erzherzogin von Österreich-Modena d'Este
Eltern: Ferdinand, Erzherzog von Österreich-Modena d'Este, und Beatrix Maria, Prinzessin von Modena d'Este, Tochter Herkules' III., Herzog von Modena d'Este
* 14. 12. 1787 in Mailand
† 7. 4. 1816 in Verona
Grabstätte: Kaisergruft Wien – Franzens-Gruft

4. ∞ 10. 11. 1816 in Wien
KAROLINE AUGUSTE CHARLOTTE, Prinzessin von Bayern
Eltern: Maximilian I. Josef, König von Bayern, und Wilhelmine, Prinzessin von Hessen-Darmstadt, Tochter Georg Wilhelms, Landgraf von Hessen-Darmstadt
* 8. 2. 1792 in Mannheim
† 9. 2. 1873 in Wien
Grabstätte: Kaisergruft Wien – Franzens-Gruft

WAHLSPRUCH: Justitia regnorum fundamentum = Gerechtigkeit ist das Fundament der Königreiche
Lege et fide = Durch Gesetz und Glauben

6. 6. 1792   in Buda in der St.-Matthias-Kirche zum Apostolischen König von Ungarn gekrönt.
14. 7. 1792   in Frankfurt a. Main zum römisch-deutschen Kaiser gewählt und gekrönt durch den Kurfürsten und Erzbischof von Mainz Friedrich Karl Josef von Erthal.
9. 8. 1792   in Prag im St.-Veits-Dom zum König von Böhmen gekrönt.
11. 8. 1804   als Franz I. Annahme des erblichen Titels »Kaiser von Österreich«.
6. 8. 1806   Niederlegung der Würde eines Kaisers des Reiches und Bekanntgabe der Auflösung des Heiligen Römischen Reiches Deutscher Nation.

Nach dem frühzeitigen Tod Kaiser Leopolds II. folgte diesem sein 24jähriger Sohn als Franz II. in der Regierung.

Franz II. wurde als ältester Sohn Leopolds II. in Florenz geboren, wo sein Vater als Großherzog von Toskana regierte. Als die Nachricht von seiner Geburt in Wien eintraf, eilte Kaiserin Maria Theresia ins Burgtheater und rief von der kaiserlichen Loge ins Publikum: »Kinder, Kinder, der Poldl hat an Buam.« Die Vorstellung wurde unterbrochen, und die Besucher jubelten der Großmutter zu – die Freude war verständlich. Mit der Geburt des jüngsten Sprosses der Familie war die Thronfolge im Hause Habsburg-Lothringen gesichert. Am Hof von Florenz verbrachte der junge Erzherzog im Kreise zahlreicher Geschwister eine glückliche und ungetrübte Kindheit. Die liberale Auffassung seines Vaters bescherte ihm viel Freiheit und ließ ihn mit den breitesten Schichten der Bevölkerung in Berührung kommen. Auf dieser Linie lag auch die Erziehungsarbeit der von Leopold II. bestellten Erzieher Franz de Paula Reichsgraf von Colloredo-Waldsee und Sigmund Anton Graf von Hohenwart, der später zum Fürsterzbischof von Wien berufen wurde. Mit 16 Jahren kam Erzherzog Franz an den Hof von Wien. Nach dem Willen seines Onkels, Kaiser Josefs II., sollte sein Neffe eines Tages seine Nachfolge antreten. Deshalb nahm der Kaiser die Erziehung seines Neffen selbst in die Hand, und unter persönlicher Anleitung seines Onkels wurde Erzherzog Franz in die Staatsgeschäfte eingewiesen. Es waren zwei ganz unterschiedliche Charaktere, die es miteinander zu tun hatten. Auf der einen Seite der feurige, hochfliegende und immer wieder vorwärts strebende Geist des Kaisers, und auf der anderen Seite der etwas schwerfällige, gleichgültige und biedere Franz. Da konnten Tadel des Kaisers, die Franz sich sehr wohl zu Herzen nahm, nicht ausbleiben. Durch Eifer und Fleiß ersetzte der Kronprinz, was ihm an Talent mangelte. Er sprach fast alle Sprachen des Kaiserreiches und kannte dessen Verwaltungsaufbau bis ins Detail.

Nach seinem Regierungsantritt folgte Franz II. zunächst im wesentlichen der politischen Linie Kaiser Josefs II.

Das von Kaiser Leopold II. abgeschlossene österreichisch-preußische Defensivbündnis beunruhigte in zunehmendem Maße Frankreich. Schon drei Wochen nach dem Regierungsantritt des jungen Herrschers forderte Frankreich ultimativ die Entwaffnung Österreichs und die Aufgabe des Bündnisses mit Preußen. Die Ablehnung des Ultimatums durch Franz II. nahm Frankreich zum Anlaß, Österreich am 20. 4. 1792 den Krieg zu erklären. Aufgrund des Defensivbündnisses trat Preußen an die Seite Österreichs, was am 23. 6. 1792 den Ausbruch des ersten Koalitionskrieges zur Folge hatte. Im Koblenzer Manifest vom 25. 7. 1792 wurde als Kriegsziel die Beseitigung der Anarchie in Frankreich und die Befreiung des gefangengenommenen französischen Königs festgelegt. Für den Fall, daß der König oder die Königin verletzt oder bedroht würden, drohten die Koalitionspartner die Zerstörung der Hauptstadt Paris an. Unter dem Eindruck der Ereignisse in Frankreich war Franz II. am 14. 7. 1792 überraschend einmütig zum Kaiser gewählt worden.

Ende Juli standen die ersten Koalitionstruppen auf linksrheinischem Gebiet und konnten weit in französisches Gebiet eindringen. Die Einschüchterungsversuche im Koblenzer Manifest schlugen allerdings fehl und erreichten das Gegenteil von dem, was beabsichtigt war. Der Widerstandswille der französischen Bevölkerung wurde gestärkt, und die französischen Revolutionstruppen warfen die Koalitionsarmee bis an den Rhein zurück. Gleichzeitig besetzte eine andere französische Armee Belgien. Die Hinrichtung König Ludwigs XVI. von Frankreich am 21. 1. 1793 führte zur Ausweitung des Krieges, dem nun auch Großbritannien, Holland, Spanien, Sardinien, Neapel, Portugal und das Reich beitraten. Mit vereinten Kräften gelang es den Koalitionstruppen, Belgien zurückzuerobern und weite Teile Nordfrankreichs zu besetzen. Die französischen Niederlagen veranlaßten Robespièrre, die Diktatur einzuführen. Den nun folgenden Massenhinrichtungen fiel auch Königin Maria Antoinette, Tochter der Kaiserin Maria Theresia, zum Opfer. Am 16. 10. 1793 wurde sie nach einem Schauprozeß hingerichtet. Erneut gelang es den französischen Truppen, die Koalitionsarmee bis an den Rhein zurückzudrängen. Erstmals machte ein Anhänger der Jakobiner, Hauptmann Napoleon Bonaparte, von sich reden. Mit der Einnahme von Toulon und seiner Beförderung zum Brigadegeneral begann sein beispielloser militärischer und politischer Aufstieg.

Im Osten war inzwischen die zweite Teilung Polens erfolgt. Mit der Begründung, revolutionäre Umtriebe in Polen verhindern und das Übergreifen der Französischen Revolution verhüten zu wollen, nahmen Rußland und Preußen die zweite Teilung Polens vor. Polen verlor an Rußland 228.000 Quadratkilometer mit Litauen, Wolhynien, Podolien, Polozk und Minsk. Preußen erhielt 58.000 Quadratkilometer mit Danzig, Thorn, Posen, Gnesen, Dobrzyń und Tschenstochau. Die geraubten Gebiete wurden zu der Provinz Südpreußen zusammengefaßt.

Da Österreich von der zweiten Teilung Polens ausgeschlossen blieb und nur die unbestimmte Zusicherung erhielt, durch französische Gebiete entschädigt zu werden, verschlechterte sich das Verhältnis Österreichs zu Preußen, das sein Augenmerk nun wieder nach Osten richtete. Der Versuch, die Koalition zu verlassen, konnte nur durch die Zusage Englands, an Preußen Subsidien zu zahlen, verhindert werden. Nach weiteren wechselvollen Kämpfen mußten die Koalitionstruppen die österreichischen Niederlande und das linke Rheinufer räumen. Nach der Besetzung Hollands durch französische Truppen wurde in Holland die »Batavische Republik« ausgerufen.

Am 5. 4. 1795 schloß Preußen in Basel einen Sonderfrieden mit Frankreich und schied aus der Koalition aus. Gegen Entschädigungen auf rechtsrheinischem

Gebiet verzichtete Preußen auf die linksrheinischen Territorien. Nach dem Ausscheiden Spaniens und der Toskana aus dem Krieg zeichnete sich die Auflösung der Koalition ab. Den Versuch Frankreichs, nach Österreich vorzustoßen, konnte der Bruder des Kaisers, Erzherzog Karl, zunächst verhindern. In Italien wurden die Österreicher durch die Franzosen nach Südtirol und Kärnten abgedrängt. Die bald darauf erfolgte Besetzung weiter Teile Kärntens mit Villach und Klagenfurt durch die Franzosen zwang Österreich zum Frieden, der am 17. 10. 1797 in Campo Formido geschlossen wurde. Österreich mußte große Gebietsverluste hinnehmen und auf die Niederlande, die Lombardei und die Ligurische Republik verzichten. Aus den Gebieten von Mailand, Modena, Ferrara, Bologna und Romagna wurde die Cisalpinische Republik geschaffen. Den Breisgau mußten die Österreicher an den Herzog von Modena abtreten. Der Gewinn Venedigs konnte die den Österreichern in Oberitalien verlorengegangene Macht nicht ausgleichen. Österreich mußte außerdem das Versprechen abgeben, sich dafür einzusetzen, Frankreich das linke Rheinufer von Basel bis Andernach einschließlich Mannheim und der Festung Mainz zu überlassen. Die deutschen Fürsten sollten für die linksrheinischen Verluste in Deutschland anderweitig entschädigt werden. Die Anerkennung dieser Bestimmungen des Friedensvertrages durch Kaiser Franz II. bereitete die spätere Säkularisation vor.

Nach der Besetzung Roms durch französische Truppen und nach der Gefangennahme von Papst Pius VI., der nach Frankreich verbracht wurde, sowie nach der Besetzung des Königreiches Neapel kam auf Betreiben Großbritanniens eine erneute Koalition gegen Frankreich zustande. Zu dieser Koalition trafen sich Österreich, Rußland, Portugal, Neapel und das Osmanische Reich, während Preußen neutral blieb. Ziel war die Brechung des Hegemonieanspruchs Napoleons. Da die unterschiedlichsten Interessen die Koalition zusammengeführt hatten, war sie von vornherein zum Scheitern verurteilt. Dabei waren die Umstände, das angestrebte Ziel zu erreichen, äußerst günstig. Napoleon hatte gerade bei Abukir seine Transportflotte verloren und war praktisch von Europa abgeschnitten. Zunächst konnten die Verbündeten Erfolge in Oberitalien erringen und Erzherzog Karl war in der Schweiz siegreich. Die bestehende Uneinigkeit unter den Verbündeten bewog Rußland, die Koalition schon bald zu verlassen. Auch Napoleon war sich seiner Sache nicht sicher und unterbreitete Kaiser Franz II. ein Friedensangebot, das dieser ablehnte. Nunmehr ging der Korse zum Angriff über. Am 14. 6. 1800 wurden die Österreicher in der Schlacht von Marengo besiegt und mußten auch am Oberrhein Niederlagen hinnehmen. Die militärischen Mißerfolge des Kaisers führten schon wenige Monate später, am 9. 2. 1801, zum Frieden von Lunéville, der den zweiten Koalitionskrieg beendete. Der Friede von Campo Formido, dem nun auch das Reich beitrat, wurde weitgehend bestätigt. Franz II. konnte die oberitalienischen Besitzungen Venedig, Istrien und Dalmatien behaupten. Für den Großherzog von Toskana aus der Habsburger Nebenlinie war eine Entschädigung im Reich vorgesehen. Österreichs Truppen mußten sich auf die Erblande zurückziehen, und Frankreich räumte das Reich.

Im Jänner 1801 ernannte der Kaiser seinen Bruder Erzherzog Karl zum Präsidenten des Hofkriegsrates. Der Erzherzog unternahm sofort alle Anstrengungen, das Heer zu reformieren und die Verwaltung zu erneuern.

Die Friedensverträge von Campo Formido und Lunéville sahen eine Entschädigung der deutschen Fürsten für die linksrheinischen Gebietsverluste an Frankreich im rechtsrheinischen Gebiet vor. Am 2. 10. 1801 beschloß der Reichstag, aus den Kurfürsten von Mainz, Sachsen, Brandenburg, Böhmen und Bayern sowie dem Herzog von Württemberg und dem Hoch- und Deutschmeister eine Reichsdeputation zu bilden, die den Auftrag erhielt, einen Entschädigungsplan auszuarbeiten. Da sich Frankreich und Rußland bereits vorher über die territoriale Neugestaltung des Reiches verständigt hatten, wurden diese Vereinbarungen in die Überlegungen der Reichsdeputation einbezogen, die dem Reichstag den Reichsdeputationshauptschluß vorlegte. Als letztes Reichsgrundgesetz wurde der Reichsdeputationshauptschluß am 25. 2. 1803 vom Reichstag beschlossen und am 24. 3. 1803 verabschiedet.

Nach dem Reichsdeputationshauptschluß wurden aus der durch die Säkularisation geschaffenen Ländermasse neben Österreich, dem Großherzog von Toskana und dem Herzog von Modena eine große Zahl von Reichsfürsten entschädigt. Neben Kurpfalz, Kurköln und Kurtrier wurden 19 Reichsbistümer, 44 Reichsabteien und 41 Reichsstädte säkularisiert oder in landesfürstlichen Besitz umgewandelt. An die Stelle der aufgelösten Kurfürstentümer traten Salzburg, Württemberg, Baden und Hessen-Kassel als neue Kurfürstentümer. Augsburg, Bremen, Frankfurt a. Main, Hamburg, Lübeck und Nürnberg blieben als freie Reichsstädte bestehen. Der erzbischöfliche Stuhl von Mainz wurde auf das Bistum Regensburg übertragen und bildete mit dem Fürstentum Aschaffenburg das neue Territorium des Kurfürsten und Reichs-Erzkanzlers Karl Theodor von Dalberg. Im Reichsfürstenrat und im Kurfürstenkollegium entstanden starke protestantische Mehrheiten. Da diese jede Wahl eines zukünftigen Kaisers in ihrem Sinne beeinflussen konnten, zeichnete sich immer stärker die Auflösung des Heiligen Römischen Reiches ab, dessen Kaiser wohl kaum ein protestantischer Fürst sein konnte. Vergeblich hatten der Kaiser und der Papst gegen die weitgehende Säkularisierung protestiert. Die Landesherren erhielten die Ermächtigung, über das Vermögen, Eigentum und sonstige Besitztum der Stifte, Abteien und Klöster zu verfügen. Dafür übernahmen sie die Ausstattungen der Kirchen, die Pensionen der Geistlichen und waren auch zum Unterhalt der Schulen und der allgemeinen Wohlfahrt verpflichtet. Diese ganz erheblichen finanziellen Verpflichtungen haben sich als staatliche Leistungen an die Kirchen in der Bundesrepublik Deutschland bis heute erhalten.

Gebietsmäßig konnten sich Baden, Bayern, Württemberg und Preußen, das sich bis zum Rhein ausdehnte, am stärksten vergrößern.

Nach dem Reichsdeputationshauptschluß war der Einfluß Österreichs im Reich so stark gesunken, daß sich die deutschen Fürsten immer stärker Frankreich zuwandten.

Am 18. 5. 1804 wurde Napoleon zum erblichen Kaiser der Franzosen ausgerufen. Im Gegenzug nahm Franz II., Kaiser des Heiligen Römischen Reiches Deutscher Nation, zusätzlich den Titel eines erblichen Kaisers von Österreich an und bildete am 11. 8. 1804 das Kaisertum Österreich, das die alten habsburgischen Erbländer, das Königreich Böhmen und das Königreich Ungarn umfaßte, wobei die Erbländer und Böhmen zum Reich und zum Kaisertum Österreich gehörten. Die Verfassung und die Rechte der einzelnen österreichischen Länder wurden nicht berührt. Kaiser Franz II., als österreichischer Kaiser Franz I., hatte weder seine Länder noch die Kurfürsten oder den Reichstag vor der Proklamation des Kaiserreiches Österreich befragt oder um Zustimmung nachgesucht. Das Heilige Römische Reich Deutscher Nation befand sich in voller Auflösung. Das Wappen des Reiches – der schwarze Doppeladler auf goldenem Grund – wurde das Wappen Österreichs, wo sich auch die Reichsinsignien befanden, die Franz II. bereits 1800 von Nürnberg nach Wien hatte bringen lassen, um sie vor dem Zugriff der Franzosen zu schützen.

Gegen den Widerstand Erzherzog Karls, der das Amt des Präsidenten des Hofkriegsrates niederlegte, schloß Kaiser Franz II. am 6. 11. 1804 ein Defensivbündnis mit Rußland. Der Wunsch nach Wiederherstellung des europäischen Gleichgewichts führte schließlich zu einem Bündnis zwischen Großbritannien, Rußland, Schweden und Österreich, dem Preußen erneut fernblieb. Bei Ausbruch des dritten Koalitionskrieges standen Spanien, Bayern, Baden, Hessen, Nassau und Württemberg auf der Seite Frankreichs. Dem österreichischen Einmarsch nach Bayern folgte am 23. 9. 1805 die Kriegserklärung Frankreichs an Österreich. Die französischen Truppen zwangen die Österreicher bei Ulm zur Kapitulation und konnten am 13. 11. 1805 Wien besetzen. Die Übergabe der Stadt erfolgte kampflos. Auch die schwere Niederlage Napoleons in der Seeschlacht bei Trafalgar gegen die Engländer konnte den Korsen nicht beirren. In der Dreikaiserschlacht bei Austerlitz am 2. 12. 1805 wurden die Russen und Österreicher entscheidend besiegt. Schon vier Tage später kam es bei Znaim zum Waffenstillstand, der am 26. 12. 1805 zum Frieden von Preßburg führte. Erneut mußte Österreich erhebliche Gebietsverluste hinnehmen. Venetien, Dalmatien und Istrien kamen an das Königreich Italien. Bayern erhielt Tirol mit Brixen, Trient, Vorarlberg sowie Eichstätt, Passau und Burgau. Österreich mußte ferner die Könige von Bayern und Württemberg und Napoleon als König von Italien anerkennen. Das Kurfürstentum Salzburg mit Berchtesgaden kam an Österreich. Der als Kurfürst in Salzburg residierende und aus der Toskana vertriebene Ferdinand von Österreich-Toskana erhielt als Ersatz das Kurfürstentum Würzburg.

Die schweren und folgenreichen Niederlagen der Österreicher verlangten nach einer grundlegenden Reform des Heereswesens, die von Erzherzog Karl, der vom Kaiser erneut zum Präsidenten des Hofkriegsrates ernannt wurde, eingeleitet und mit einer Neuorientierung in der Außenpolitik verbunden wurde.

In der Folge wandelte Napoleon die Batavische Republik (Belgien und

Holland) in das Königreich Holland um und erhob seinen Bruder Louis zum König von Holland.

Am 12. 7. 1806 unterzeichneten in Paris 16 Reichsstände die Rheinbundakte, sagten sich vom deutschen Reich los und unterstellten sich dem Protektorat Napoleons, mit dem sie ein Defensiv- und Offensivbündnis unterhielten. Deutsche Reichsfürsten ließen Kaiser und Reich schmählich im Stich. Diesen Verrat am Reich ließen diese deutschen Fürsten sich von dem französischen Usurpator mit Rangerhöhungen und Vergrößerungen ihrer Territorien bezahlen. Diese treulosen und nur auf ihr eigenes Wohl bedachten deutschen Fürsten waren:

der König von Bayern,
der König von Württemberg,
der Kurfürst und Erzbischof von Mainz als Erzkanzler des Reiches,
der Großherzog von Baden,
der Herzog von Kleve und Berg,
der Herzog von Arenberg,
der Landgraf von Hessen-Darmstadt,
der Fürst von Nassau-Usingen,
der Fürst von Nassau-Weilburg,
der Fürst von Hohenzollern-Sigmaringen,
der Fürst von Hohenzollern-Hechingen,
der Fürst von Salm-Salm,
der Fürst von Salm-Kyburg,
der Fürst von Isenburg-Birstein,
der Fürst von Liechtenstein,
der Fürst von der Leyen.

Bayern und Württemberg wurden Königreiche, der Kurfürst und Erzbischof von Mainz erhielt die Ernennung zum Fürstprimas. Der Kurfürst von Baden, der Herzog von Berg und der Landgraf von Hessen-Darmstadt durften sich von nun an Großherzöge nennen. Der Chef des Hauses Nassau erhielt die Herzogswürde und von der Leyen wurde Fürst. Ihre Territorien wurden auf Kosten des Reiches erheblich vergrößert. Diesem Schacher fielen die freien Reichsstädte Nürnberg und Frankfurt a. Main zum Opfer. Alle nahmen, und keiner dachte mehr an Kaiser und Reich. Dem Rheinbund traten nach und nach alle deutschen Einzelstaaten bei. Nur Österreich, Preußen, Dänisch-Holstein und Schwedisch-Pommern widerstanden. Am 1. 8. 1806 zeigten die Rheinbundfürsten dem Reichstag in Regensburg ihren Austritt aus dem Reichsverband an. Gleichzeitig ließ Napoleon erklären, daß er die Reichsverfassung nicht mehr anerkenne.

Mit der Bildung des Rheinbundes und dem Austritt der ihm angehörenden Fürsten aus dem Reichsverband war das Ende des „Heiligen Römischen Reiches Deutscher Nation" gekommen. Kaiser Franz II. sah in der Kaiserkrone keinen Sinn mehr.

Am 6. 8. 1806 ließ Kaiser Franz II. durch den Herold des Reiches von der Balustrade der Kirche »Zu den neun Chören der Engel« am Hof in Wien seine

Abdankung als Kaiser des „Heiligen Römischen Reiches Deutscher Nation" bekanntgeben. Gleichzeitig erklärte er das römisch-deutsche Kaisertum für erloschen und das Reich für aufgelöst. Das ideelle Weiterbestehen der Kaiser- und Reichsidee war damit ausgeschlossen. Die Reichsinsignien, von Kaiser Franz II. dem Zugriff Napoleons entzogen, kamen in die Schatzkammer der Wiener Hofburg, wo sie als Reliquien des untergegangenen Reiches der Deutschen als Schaustück in großen Glasvitrinen auch heute noch zu bewundern sind.

Die glanzvolle, fast 850jährige Geschichte des „Heiligen Römischen Reiches Deutscher Nation" war zu Ende gegangen. Keine Dynastie hat die Geschicke dieses Reiches mehr beeinflußt und größere Opfer für seinen Bestand gebracht als die Habsburger, die dem Reich allein 21 deutsche Könige und Kaiser stellten, fast so viele wie alle anderen Dynastien, die in den 850 Jahren im Reich geherrscht haben, zusammen. Es waren sicher nicht alles Idealgestalten, die uns da begegnen. Man kann ihnen aber nicht absprechen, daß sie – bei aller Vorliebe für ihre Stammländer – bemüht waren, dem Reiche zu geben, was des Reiches war. Nicht an seinen Königen und Kaisern ist dieses Reich zugrunde gegangen, sondern an dem engstirnigen Egoismus der Reichsfürsten und an dem imperialistischen Streben Preußens nach der Vorherrschaft in Deutschland.

In der Zwischenzeit schaltete und waltete Napoleon in Europa, wie es ihm gerade in den Sinn kam. Im vierten Koalitionskrieg 1806/1807 wurde Preußen im Bündnis mit Rußland und Sachsen gegen Frankreich von diesem vernichtend geschlagen. Der Plan Napoleons, Preußen restlos aufzuteilen, wurde nur durch den Einspruch Rußlands verhindert. Die Verwandten Napoleons wurden mit Königreichen bedacht und herrschten in weiten Teilen Deutschlands. Im Vertrag von Fontainebleau mußte Österreich am 10. 10. 1807 die von Napoleon geschaffenen Veränderungen anerkennen. Auf dem Erfurter Fürstentag vom 27. 9. bis 4. 10. 1808, der von Napoleon einberufen worden war, huldigten vier Könige und vierunddreißig Fürsten der Rheinbundstaaten dem französischen Kaiser als dem tatsächlichen Herrscher Europas. Kaiser Franz I. hatte die Teilnahme an dem Fürstentag abgelehnt und mußte sich in einem Brief von Napoleon sagen lassen: *»In meiner Macht hat es gestanden, die österreichische Monarchie zu vernichten. Was Eure Majestät sind, sind Sie durch Unseren Willen.«*

Das war selbst dem beherrschten und gutmütigen Kaiser Franz I. zuviel. Er entschloß sich zum Krieg gegen Napoleon. Da der Umbau der Armee noch nicht abgeschlossen war, widersprach Erzherzog Karl den Plänen des Kaisers. Franz I. hoffte auf einen Volksaufstand in Tirol und auf die Unterstützung der vom französischen Kaiser so tief gedemütigten Preußen. Der Bruder des Kaisers, Erzherzog Johann, bereitete mit Andreas Hofer den Aufstand in Tirol vor. Es folgten Aufrufe zum Widerstand gegen Napoleon in Deutschland, Polen und Italien. Am 9. 4. 1809 erklärte Österreich an Frankreich den Krieg. Nach verschiedenen Gefechten mußte Erzherzog Karl sich zurückziehen, und Napoleon zog über Linz nach Wien, das sich am 13. 5. 1809 ergeben mußte. Der französische Kaiser bezog Schönbrunn als Residenz. Erzherzog Karl rückte inzwischen am linken Donauufer vor. Am 21. 5. 1809 kam es bei Aspern zu einer erbitterten Schlacht, in der Napoleon zum ersten Mal in offener Feldschlacht besiegt wurde. Nur die Erschöpfung der österreichischen Truppen verhinderte eine Verfolgung und Vernichtung des Gegners, der seine Truppen sammeln konnte und den Österreichern am 6. 7. 1809 bei Deutsch-Wagram eine Niederlage bereitete, durch die Erzherzog Karl gezwungen wurde, am 12. 7. 1809 bei Znaim einen Waffenstillstand abzuschließen. Nur widerstrebend fand Kaiser Franz I. sich bereit, den Waffenstillstand zu billigen. Erzherzog Karl wurde als Oberbefehlshaber abgelöst. Im Frieden von Schönbrunn mußte Österreich am 14. 10. 1809 den Alleingang gegen Frankreich mit harten Friedensbedingungen bezahlen. Salzburg mit Berchtesgaden, das Innviertel, Nordtirol und Vorarlberg mußten an das Königreich Bayern abgetreten werden. Das Königreich Italien erhielt Südtirol. Westgalizien mit Krakau wurde dem Großherzogtum Warschau zugeschlagen, und Rußland erhielt Ostgalizien mit Tarnopol. Der Kreis Villach mit Oberkärnten und Gebieten südlich der Save wurden als »Illyrische Provinz« Frankreich unterstellt. Österreich mußte eine Kriegsentschädigung von 85,000.000 Francs zahlen und sein Heer auf eine Stärke von 150.000 Mann reduzieren. Nunmehr war auch Kaiser Franz I. in die Abhängigkeit von Napoleon geraten.

Nach dem Waffenstillstand von Znaim verließen die österreichischen Truppen Tirol, das nun allein auf sich gestellt war. Nach verschiedenen siegreichen Gefechten konnte Andreas Hofer am 15. 8. 1809 die Landesregierung in Tirol übernehmen, erlitt aber bereits am 1. 11. 1809 in der Schlacht am Berg Isel eine entscheidende Niederlage, die den Zusammenbruch des Tiroler Volksaufstandes zur Folge hatte. Durch Verrat gefangengenommen, wurde Andreas Hofer am 20. 2. 1810 auf Befehl des französischen Kaisers in Mantua erschossen.

Am 8. 10. 1809 berief Kaiser Franz I. Klemens Wenzel Nepomuk Lothar Graf von Metternich zum neuen Außenminister. Vater Metternichs war der Staatsminister Franz Georg Graf von Metternich im Kurfürstentum Trier, der zugleich auch Erbkämmerer des Erzstiftes Mainz war. Nach seinen Studien in Straßburg und Mainz vermählte sich Metternich mit der Enkelin des österreichischen Staatsministers Fürst von Kaunitz. 1801 wurde Metternich österreichischer Gesandter in Dresden, 1803 in Berlin und 1806 in Paris. Er war ein entschiedener Gegner revolutionärer Ideen und des sich aus den Revolutionen entwickelnden nationalen Gedankens.

Kaiser Franz I. hatte dem neuen Außenminister die Aufgabe gestellt, eine realistische Politik gegenüber dem napoleonischen Frankreich einzuleiten. Metternich steuerte zunächst behutsam auf einen Frieden mit Frankreich hin, der Österreich bis zur endgültigen Abrechnung mit Napoleon Bewegungsfreiheit schaffen sollte. Dazu schien ihm eine Ehe des Korsen mit einer habsburgischen Prinzessin das geeignete Mittel zu sein. Napoleon hatte sich 1809 von seiner Gemahlin Josephine wegen Kinderlosigkeit scheiden lassen. Seine Werbung um die Hand einer russischen Großfürstin war an der Ablehnung des Zaren gescheitert. Metternich brachte Maria Luise, die Tochter Kaiser Franz' I., ins

Gespräch. Er verstand es, den Kaiser von den Vorzügen einer solchen Ehe zu überzeugen. Nach anfänglichem Widerstand gab Franz I. schließlich seine Zustimmung zu dieser Ehe, und am 2. 4. 1810 fand die kirchliche Trauung der Erzherzogin Maria Luise mit Napoleon in Paris statt. Der Zweck dieser Ehe, Napoleon einen legitimen Nachfolger zu schenken, wurde schon bald erfüllt. Am 20. 3. 1811 wurde Napoleon II. Franz geboren und erhielt von seinem Vater den Titel »König von Rom« – jenen Titel also, der im Heiligen Römischen Reich die Anwartschaft auf die römische Kaiserwürde sicherte.

Durch die vergebliche Brautwerbung Napoleons am Hofe des Zaren kam es zu Spannungen zwischen Frankreich und Rußland. Versuche Österreichs, sich aus dem am 24. 6. 1812 beginnenden Feldzug Napoleons gegen Rußland herauszuhalten, schlugen fehl. Ebenso wie Preußen wurde auch Österreich gezwungen, sich an dem Unternehmen zu beteiligen. Nach Siegen bei Smolensk und Borodino konnte Napoleon am 14. 9. 1812 den Einmarsch nach Moskau erzwingen. Hier wurde er von einem früh einsetzenden Winter überrascht und mußte, nachdem die Russen am 18. 9. 1812 Moskau in Brand gesteckt hatten, am 18. 10. 1812 mitten im Winter bei Temperaturen von mehr als minus 30 Grad den Rückzug anordnen. Unvorstellbare Strapazen, Hunger, Kälte und schließlich der verlustreiche Übergang am 28. 11. 1812 über die Beresina führten zur völligen Auflösung der Grande Armée. Nur wenige tausend Soldaten überlebten die Katastrophe. Rußland versuchte nun, Preußen und Österreich zu gewinnen. Preußen sollte Gebietszuwachs in Sachsen und Österreich die Donaufürstentümer Moldau und Walachei sowie Gebiete in Italien erhalten. Rußland beanspruchte für sich ganz Polen. Da Österreich an einem solchen Machtzuwachs Rußlands nicht interessiert war, verhielt er sich dem Werben Rußlands gegenüber abwartend und änderte seine Haltung auch nicht, als Rußland und Preußen ein Bündnis schlossen. Ebenso abwartend verhielt sich Österreich, das einen Garantievertrag mit Sachsen abgeschlossen hatte, Napoleon gegenüber, der gleichfalls ein Bündnisangebot unterbreitete, das der geschmeidige Metternich aber ablehnte.

Erst am 27. 6. 1813 trat Österreich in einem Geheimvertrag an die Seite Preußens, Rußlands und Großbritanniens. In ultimativer Form schlug der inzwischen in den Fürstenstand erhobene Metternich den Franzosen einen Ausgleich vor und forderte die Auflösung des Rheinbundes, die Wiederherstellung Preußens, die Wiederaufteilung des Herzogtums Warschau an Österreich, Preußen und Rußland sowie die Rückgabe der »Illyrischen Provinzen« an Österreich. Die Ablehnung Napoleons beantwortete Österreich am 11. 8. 1813 mit der Kriegserklärung an Frankreich und dem offenen Beitritt zum Bündnis gegen Napoleon. Diesem war es nach der Vernichtung seiner Armeen in Rußland gelungen, in Frankreich neue Verbände zu rekrutieren, mit denen er nach Mitteldeutschland zog. In der Völkerschlacht bei Leipzig vom 16. bis 18. 10. 1813 erlitt der Franzose eine schwere Niederlage, konnte aber einen geordneten Rückzug über den Rhein antreten. Die Verbündeten nahmen die Verfolgung auf und zogen am 31. 3. 1814 in Paris ein. Während Rußland sofort die Rückkehr der

KAISER FRANZ II./I. 671

Bourbonen forderte, war Österreich aus familiären Gründen an einer Aufrechterhaltung der Herrschaft Napoleons in Frankreich interessiert, die sich aber nicht
mehr durchsetzen ließ. Zwei Tage nach dem Einmarsch der Verbündeten in Paris
wurde Napoleon vom Senat abgesetzt. Am 4. 4. 1814 dankte der Korse zugunsten
seines Sohnes ab, mußte jedoch am 6. 4. 1814 die bedingungslose Abdankung
akzeptieren. Noch am gleichen Tage kehrten die Bourbonen nach Frankreich
zurück, und der Senat erkannte Ludwig XVIII. als König von Frankreich an.
Napoleon erhielt die Insel Elba als unabhängiges Fürstentum und trat am 4. 5.
1814 die Reise dorthin an. Seine Gemahlin Maria Luise kehrte mit ihrem Sohn
nach Wien zurück.

Am 30. 5. 1814 wurde der erste Friede von Paris geschlossen. Frankreich
erhielt die Grenzen von 1792; die Rheinschiffahrt wurde für frei erklärt; Holland,
um Belgien vergrößert, kam unter die Souveränität des Hauses Oranien. Bayern
mußte Tirol, Vorarlberg und Salzburg an Österreich zurückgeben, und Kaiser
Franz I. konnte 1816 die Wiederinbesitznahme dieser Gebiete verkünden.
Ferner wurde festgelegt, daß die deutschen Staaten, durch ein föderatives Band
vereinigt, unabhängig bleiben sollten. Die Schweiz behielt die Selbstverwaltung,
und die souveränen Staaten Italiens sollten zusammengeschlossen werden. Alle
seit 1792 entstandenen gegenseitigen finanziellen Forderungen wurden gestrichen.
Von besonderer Bedeutung wurde Art. 32 des Vertrages, der bestimmte, daß die
Vertragspartner Österreich, Preußen, Rußland, Großbritannien und Frankreich
sich verpflichteten, innerhalb von zwei Monaten ihre Bevollmächtigten zu einem
Kongreß nach Wien zur Regelung weiterer Einzelheiten zu entsenden.

Am 18. 9. 1814 wurde in Wien das wohl bedeutendste Ereignis des 19.
Jahrhunderts – der Wiener Kongreß – eröffnet. Neun Monate wurde die Stadt von
Kaisern, Königen, Fürsten und Diplomaten beherrscht. Auf dem Wiener Kongreß
waren fast 200 Staaten, Städte, Herrschaften und sonstige Körperschaften
vertreten. Man war entschlossen, für das beginnende 19. Jahrhundert auf dem
Kongreß einen neuen Anfang zu setzen. Es war wie ein Symbol, als wenige Tage
vor der Eröffnung des Kongresses das letzte der 16 Kinder Maria Theresias, Maria
Karoline, Königin beider Sizilien, in der Kaisergruft beigesetzt und damit das 18.
Jahrhundert zu Grabe getragen wurde. Bis zur formellen Eröffnung am 1. 11. 1814
– die Einberufung des Kongresses erfolgte durch Kaiser Franz I. von Österreich –
wurde in Vorgesprächen festgelegt, den Themenkreis der Konferenz in europäi-
sche und deutsche Angelegenheiten aufzuteilen. Die Hauptlast der Arbeiten lag
bei dem Komitee, das aus den Siegermächten Österreich, Preußen, Rußland und
Großbritannien bestand. Charles Maurice Talleyrand als Vertreter des besiegten
Frankreich verstand es geschickt, die gegensätzlichen Auffassungen der vier
Großmächte auszunutzen. Einem deutschen Komitee, bestehend aus Österreich,
Preußen, Hannover, Bayern und Württemberg, fiel unter Vorsitz Metternichs die
Aufgabe zu, für Deutschland eine Verfassung auszuarbeiten. Der Erfolg der
Konferenz wurde mehrfach durch die machtpolitischen Gegensätze der Groß-
mächte gefährdet. Insbesondere die polnisch-sächsische Frage barg viel Zündstoff

KAISER FRANZ II./I.

in sich. Rußland wollte ganz Polen einschließlich der aus den Teilungen Polens an Österreich und Preußen gefallenen Landesteile. Preußen sollte dafür mit Sachsen entschädigt werden. Gegen diese Absicht Rußlands bildeten Österreich, Frankreich und Großbritannien am 3. 1. 1815 ein Defensivbündnis. Die Auseinandersetzungen hätten noch wesentlich länger gedauert, wenn der Kongreß durch die Rückkehr Napoleons von der Insel Elba nicht in Zugzwang geraten wäre. Am 9. 6. 1815 wurde die Kongreßakte, der alle Teilnehmer schriftlich beipflichteten, beschlossen. Das Gleichgewicht der Großmächte wurde hergestellt. Die Neuordnung blieb in ihren Grundzügen bis zum Ersten Weltkrieg bestehen.

Rußland erhielt den Großteil des Herzogtums Warschau (Kongreßpolen).

Preußen wurde mit der nördlichen Hälfte Sachsens, der Rheinprovinz, Westfalen, Schwedisch-Pommern, Posen und Thorn bedacht. Ihm fiel für die Zukunft die Sicherung (West)deutschlands zu.

Bayern mußte Tirol, Vorarlberg, Salzburg, das Inn- und Hausruckviertel an Österreich abtreten, das auch die aus dem westlichen Kärnten, Krain, Triest, Istrien und Dalmatien bestehenden »Illyrischen Provinzen« zurückerhielt und mit dem Gewinn der Lombardei und Venetien die Vorherrschaft in Italien erreichte.

Österreich verzichtete auf die habsburgischen Niederlande und ermöglichte damit die Bildung des Königreiches der Vereinigten Niederlande.

Großbritannien mit dem neuen Königreich Hannover behielt Helgoland, Malta, das Kapland und Ceylon.

Das Königreich Sardinien-Piemont wurde um Genua vergrößert.

Der Schweiz wurde »Ewige Neutralität« garantiert.

Der entthronten Kaiserin von Frankreich, Maria Luise, wurde das Herzogtum Parma zugewiesen.

In der Bundesakte vom 8. 6. 1815, die der Kongreßakte beigegeben wurde, war die vom deutschen Komitee ausgearbeitete Verfassung des Deutschen Bundes angenommen worden. Die Hoffnungen der Deutschen auf eine Wiedererrichtung des deutschen Reiches scheiterten an dem Widerstand der Großmächte, die nicht bereit waren, dem Verlangen vieler Deutscher nachzugeben. So wurde ein unauflöslicher Staatenbund der souveränen Fürsten und Freien Städte Deutschlands gebildet. Von den 41 Mitgliedern des Deutschen Bundes gehörten Österreich und Preußen dem Bund nur mit ihren früheren Reichsteilen an. Zum Deutschen Bund gehörten auch der König von Großbritannien für das Königreich Hannover, der König von Dänemark für Holstein und der König des Königreiches der Vereinigten Niederlande für Luxemburg. Einziges Bundesorgan war die Bundesversammlung in Frankfurt a. Main unter dem Präsidium Österreichs.

Trotz heftiger Proteste des päpstlichen Gesandten Consalvi wurden die säkularisierten geistlichen Kurfürstentümer nicht wiederhergestellt.

Österreich hatte auf dem Wiener Kongreß seinen Führungsanspruch im Deutschen Bund durchgesetzt und behielt seine Großmachtstellung.

Preußen, das geographisch und konfessionell gespalten war, konnte sich im Westen eine starke Stellung verschaffen.

Der Deutsche Bund war letztlich ein Kompromiß, der sich aus dem österreichisch-preußischen Dualismus ergab. Die Entscheidung, wer in Deutschland die Führung übernehmen sollte, wurde praktisch auf spätere Zeiten vertagt.

Der Wiener Kongreß brachte für die mehr als 250 Angehörigen fürstlicher Familien und ihren Anhang eine Reihe glanzvoller Empfänge. Diese Veranstaltungen nützte Metternich geschickt aus, um seine politischen Entscheidungen vorzubereiten. Natürlich konnte es nicht ausbleiben, daß sich am Rande des Kongresses zahlreiche Liebesgeschichten und Affären abspielten. Nur eine sei hier erwähnt, die Romanze der Schwester des Zaren – der Großfürstin Katharina – mit dem Kronprinzen Wilhelm von Württemberg, der aus politischen Gründen mit Karoline, der Tochter König Maximilians I. von Bayern, vermählt worden war. Der Appell des Kronprinzen an den Papst, die immerhin schon sechs Jahre bestehende Ehe mit Karoline für ungültig zu erklären, da sie nie konsumiert worden sei, fand bei Papst Pius VII. ein offenes Ohr. Die Ehe wurde für ungültig erklärt, und schon sechs Monate nach Abschluß des Kongresses konnte der württembergische Kronprinz die Großfürstin Katharina heiraten. Die verstoßene Karoline kehrte nach München zurück. Sie hatte Glück im Unglück. Am 10. 11. 1816 heiratete sie Kaiser Franz I. von Österreich und residierte in der Wiener Hofburg als Kaiserin von Österreich.

Noch während des Wiener Kongresses hatte Napoleon die Insel Elba verlassen und war am 1. 3. 1815 in Südfrankreich gelandet. Napoleon konnte am 20. 3. 1815 in die französische Hauptstadt einziehen. Als die Nachricht in Wien eintraf, entzogen die Großmächte Napoleon den Schutz der Gesetze und erneuerten einmütig ihre Bündnisverpflichtungen. Nach Aufstellung einer Armee zog Napoleon unverzüglich nach Norden und konnte am 15. 6. 1815 die belgische Grenze überschreiten. Am 18. 6. 1815 eröffnete er gegen Wellington die Schlacht bei Waterloo. Die englischen Truppen konnten dem Angriff standhalten, bis Feldmarschall Blücher mit den preußischen Streitkräften im Rücken Napoleons erschien. Das Heer Napoleons wurde geschlagen und löste sich vollständig auf. Am 10. 7. 1815 konnten der Zar von Rußland, der Kaiser von Österreich und der König von Preußen in Paris einziehen. Napoleon dankte zum zweiten Mal ab und begab sich am 15. 7. 1815 in englische Gefangenschaft. Er wurde auf die Insel St. Helena verbannt, wo er am 5. 5. 1821 starb.

Im zweiten Pariser Frieden vom 20. 11. 1815 wurden die Grenzen Frankreichs auf das Jahr 1790 zurückgeführt. Neben den damit verbundenen Gebietsverlusten mußten die Franzosen eine Kriegsentschädigung in Höhe von 700,000.000 Francs zahlen. Der deutsche Wunsch, Erzherzog Karl an die Spitze eines aus Burgund, Lothringen und Elsaß gebildeten Staates zu stellen, scheiterte am Widerspruch der Großmächte.

Während der Verhandlungen über den zweiten Pariser Frieden schlossen der römisch-katholische Kaiser von Österreich, der protestantische König von Preußen und der orthodoxe Zar von Rußland am 26. 9. 1815 die Heilige Allianz. Die Vertragspartner verpflichteten sich, die christlichen Gebote auch in der

Politik als Richtschnur des politischen Handelns anzuerkennen. Sie betrachteten sich als Glieder ein und derselben christlichen Nation und stellten Gott als obersten Souverän dieser Nation heraus. Die Gliedstaaten des Deutschen Bundes sowie Frankreich und die Schweiz traten der Allianz bei, während England, Amerika und der Papst den Beitritt ablehnten. Dem Sultan war der Beitritt zur Allianz als nichtchristlicher Macht verwehrt. Gleichzeitig schlossen die Verbündeten den Vierbund und bekräftigten am 20. 11. 1815 den Machtausschluß Napoleons und seiner Familie. Sie verpflichteten sich weiterhin, während der Besetzung Frankreichs notfalls ihre gesamten Streitkräfte zu erhöhen. Zur Wahrung des Friedens in Europa wurde für die Zukunft die regelmäßige Abhaltung von Monarchenkongressen vereinbart. Frankreich trat dem Vierbund durch das Aachener Protokoll vom 15. 11. 1818 bei.

Mit dem Wiener Kongreß begann die eigentliche Ära Metternichs, dessen Ziel die Ausschaltung aller revolutionären Bewegungen war. Besonders für den Vielvölkerstaat Österreich konnte liberales und nationales Gedankengut äußerst gefährlich werden. Diese Ideen wurden daher konsequent bekämpft. Die weiteren Bemühungen Metternichs galten der Aufrechterhaltung des Gleichgewichts der Kräfte in Europa und dem Ausgleich zwischen Frankreich und Rußland, wobei Rußland durch seine zahlreichen Verwandtschaften mit deutschen protestantischen Fürstenhäusern ein politisches Übergewicht hatte. Das dadurch entstandene militärische Übergewicht Rußlands konnte Metternich durch kluge politische Maßnahmen weitgehend ausgleichen.

Die erste deutsche Bundesversammlung unter dem Vorsitz Österreichs wurde am 5. 11. 1816 in Frankfurt a. Main eröffnet. Der Bundestag als ständige Einrichtung der Bundesversammlung wurde ein Instrument der Politik Metternichs, die zunehmend von Studenten kritisiert wurde.

In Vollzug der Verpflichtung des Viererbundes fand der erste Monarchenkongreß vom 29. 9. bis 21. 11. 1818 in Aachen statt. Hier wurde der 30. 11. 1818 als spätester Termin für die Räumung Frankreichs festgesetzt. Die Kriegsentschädigung von 700,000.000 Francs wurde auf 265,000.000 Francs herabgesetzt. Behandelt wurden auch die Unruhen an den deutschen Universitäten und der badisch-bayrische Territorialstreit, der zugunsten Badens beigelegt werden konnte.

Auf der von Metternich einberufenen Ministerkonferenz von Karlsbad kam es am 20. 9. 1819 zu weitreichenden Beschlüssen, die eine Überwachung der Studenten durch ein Universitätsgesetz vorsahen. Die 1815 von nationalen Studenten gegründeten Deutschen Burschenschaften wurden aufgelöst. Durch ein strenges Pressegesetz wurde die Zensur eingeführt und die Möglichkeit eines Berufsverbots für Redakteure geschaffen. Diese reaktionären Beschlüsse gegen nationale und liberale Bewegungen führten zu einem Bewachungssystem durch Polizeispitzel und schränkten die Autonomie der Einzelstaaten stark ein. Der österreichische Einfluß im Deutschen Bund hatte seinen Höhepunkt erreicht. Die Karlsbader Beschlüsse blieben bis 1848 in Kraft.

KAISER FRANZ II./I. 675

Revolutionäre Ereignisse in Spanien, Portugal und Neapel-Sizilien veranlaßten Metternich, den nächsten Monarchenkongreß für die Zeit vom 20. 10. bis 20. 12. 1820 nach Troppau einzuberufen. Das Troppauer Protokoll vom 19. 11. 1820 hielt an dem Prinzip der bewaffneten Intervention in allen Ländern, in denen ein revolutionärer Umsturz drohte, fest. England, das durch einen Gesandten an diesem Kongreß teilnahm, protestierte gegen das Prinzip der bewaffneten Intervention. Es wurde vereinbart, die Beratungen zu einem späteren Zeitpunkt in Laibach fortzusetzen und zu diesen Beratungen den König von Neapel hinzuzuziehen. Vom 26. 1. bis 12. 5. 1821 traf man sich zur Fortsetzung des Troppauer Kongresses in Laibach. Teilnehmer waren Zar Alexander von Rußland, Kaiser Franz I. von Österreich und König Ferdinand I. von Neapel-Sizilien. Weiter waren aus Italien der Kirchenstaat, Sardinien und die Toskana vertreten. Frankreich und Preußen entsandten Diplomaten. Englands Vertreter hatten den Status von diplomatischen Beobachtern. Den Beschluß der Mächte der Heiligen Allianz, Österreich zu beauftragen, in Neapel durch eine bewaffnete Intervention einzugreifen, nahmen England und Frankreich zum Anlaß, die Konferenz zu verlassen. Nach der Besetzung Neapels wurde das Königtum in Neapel am 15. 5. 1821 restituiert. Es wurde vereinbart, die Verhältnisse in Spanien und Griechenland auf einem weiteren Kongreß in Verona zu behandeln.

Durch seine Ernennung zum Hof- und Staatskanzler erhielt Metternich am 25. 5. 1821 unumschränkte Vollmachten und versuchte nun verstärkt, sein politisches System, das sich auf den Katholizismus, die Armee und die Polizei stützte, durchzusetzen.

Vom 20. 10. bis 14. 12. 1822 fand der in Laibach beschlossene Monarchenkongreß von Verona statt. Neben Kaiser Franz I. von Österreich nahmen der Kaiser von Rußland sowie die Könige von Preußen und Neapel-Sizilien teil. England und Frankreich waren diplomatisch vertreten. Auf diesem Kongreß wurde beschlossen, die österreichische Besetzung Piemonts zu befristen und die österreichischen Besatzungstruppen in Neapel zu reduzieren, auch die Erhebung der Griechen gegen die Türken wurde scharf mißbilligt. Frankreich erhielt den Auftrag, durch eine militärische Intervention in Spanien das bourbonische Königtum wiedereinzusetzen. Auf dem Kongreß von Verona zeichnete sich erstmals das Ende der Heiligen Allianz ab. Zunächst aber hatten die Gegenrevolution des Absolutismus und die Vormachtstellung der Großmächte den Sieg davongetragen. In der Folge führte diese Politik wie in allen anderen Staaten auch in Österreich zu immer mehr sich ausbreitenden nationalen und liberalen Gegenströmungen, die eine Reform im Sinne des Josefinismus forderten.

Der erste Gegenspieler erwuchs Metternich in der Person von Franz Anton Graf von Kolowrat, der 1826 zum Staatsminister mit unumschränktem Einfluß auf die Innen- und Finanzpolitik Österreichs ernannt wurde. Der dem böhmischen Hochadel entstammende Kolowrat stand seit 1799 in österreichischen Diensten und war ein Förderer der kulturellen Bestrebungen der Tschechen. Metternich gegenüber war Kolowrat nicht frei von Ressentiments.

Von 1830 bis 1832 zeigten sich, begünstigt durch die Juli-Revolution von 1830 in Frankreich, verstärkt freiheitliche und nationale Bestrebungen, die in dem Verlangen gipfelten, für Deutschland vereinigte republikanische Freistaaten und ein republikanisch vereintes Europa zu schaffen. Am 3. 4. 1833 stürmten Studenten die Stadtwache in Frankfurt a. Main. Daraufhin beschloß der Bundestag am 30. 6. 1833 auf Antrag Österreichs, jede revolutionäre Bewegung mit allen zur Verfügung stehenden Mitteln zu unterdrücken. Unter Vorsitz Metternichs wurde ein gemeinsames Vorgehen gegen die revolutionären Kräfte und die Stärkung der absolutistischen Staatsgewalt beschlossen. Die Gewaltentrennung wurde beseitigt. Alle Gewalt wurde in die Hände des Herrschers gelegt, der nur noch an die Beschlüsse des Bundestages gebunden war. Eine nochmalige Verschärfung der Zensur machte nun praktisch jede Kritik unmöglich.

Vor dem Tod des Kaisers gelang es Metternich noch, eine Annäherung zwischen Franz I. und dem Zaren herbeizuführen.

Nach einer Regierungszeit von genau 43 Jahren starb Kaiser Franz II./I. am 2. 3. 1835 als erster österreichischer Kaiser, zugleich aber auch als letzter Kaiser, der die Krone des „Heiligen Römischen Reiches Deutscher Nation" getragen hat.

Kaiser Franz I. kann nicht zu den großen Herrschern aus dem Hause Habsburg gezählt werden. Er übte sein Amt getreu seiner Devise »Justitia regnorum fundamentum« gewissenhaft und gerecht aus. Im wesentlichen verfolgte er die politische Linie seines Onkels, Kaiser Josefs II. Von ihm übernahm er auch die spartanische Lebensweise. Wenn auch oft unwillig, unterwarf er sich dem stärkeren Willen Metternichs, der aber niemals die kaiserliche Autorität in Frage stellte. Angst und Mißtrauen gegenüber der aus Frankreich heranziehenden Revolution veranlaßten ihn, die Geheimpolizei zu verstärken und strenge Zensurmaßnahmen einzuführen. Es war der untaugliche Versuch, sein Land vor der Revolution zu schützen, die in Frankreich und im übrigen Europa soviel Unheil verursachte.

Als gläubiger Katholik war der Kaiser auf ein karitatives Christentum ausgerichtet, das seiner Veranlagung mehr entsprach als starrer Dogmatismus. Er behielt die Linie des Staatskirchentums aus der josefinischen Zeit bei. Den Juden erließ er die Toleranzsteuer und erhob viele von ihnen in den Adelsstand. Der Kaiser fühlte sich als Patriarch einer großen Familie, der er ein strenger, aber auch fürsorglicher Landesvater war, der sich nicht scheute, auch die Details der Lebensführung seiner Familie und Untertanen wie ein Staatsbeamter zu regeln. Sein guter Wille wurde von seinem Volk anerkannt, das dem Kaiser Liebe und Verehrung entgegenbrachte. Trotz seiner vielen Niederlagen und Verluste an Menschen, Land und Gut stieg seine Popularität im Volke ständig. Für die Wiener war er »der gute Kaiser Franz«. Zu Beginn der Napoleonischen Kriege hatte Josef Haydn die österreichische Nationalhymne »Gott erhalte Franz, den Kaiser, unsern guten Kaiser Franz« komponiert. Zu Ehren des Geburtstages des Kaisers wurde die Hymne erstmals am 12. 2. 1797 in allen Theatern Wiens gesungen.

Am wohlsten fühlte Kaiser Franz sich im Kreise seiner vielköpfigen Familie, der er in großer Zuneigung verbunden war. Franz II./I. war viermal verheiratet. Auf Vermittlung seines Onkels, Kaiser Josefs II., heiratete Franz II./I. seine erste Gemahlin, Prinzessin Elisabeth Wilhelmine von Württemberg. Sie war erst 15 Jahre alt, als sie nach Wien kam und im Kloster der Salesianerinnen katholisch erzogen wurde. Mehrfach hatte Kaiser Josef II. die Hochzeit verschoben, da ihm sein Neffe noch nicht reif genug erschien. Erst Anfang 1788 gab Josef II. seine Erlaubnis zur Vermählung. Die Trauung nahm der jüngste Sohn der Kaiserin Maria Theresia, der Kurfürst und Erzbischof von Köln, Maximilian Franz, vor. Bei der Geburt ihres ersten Kindes starb Elisabeth Wilhelmine wenige Tage vor dem ihr besonders zugetanen Kaiser Josef II. Am Abend des Todestages Kaiser Josefs II. wurde die Kronprinzessin in der Kaisergruft bei den Kapuzinern beigesetzt.

Bereits sieben Monate nach dem Tode seiner ersten Gemahlin heiratete Franz seine Cousine Maria Theresia von Sizilien. Die sehr lebenslustige und verspielte Prinzessin schenkte ihrem Gemahl vier Söhne und acht Töchter. Die Ehe war überaus glücklich, und der Kaiser führte mit seiner Familie einen großbürgerlichen Haushalt. Die Lebensfreude Maria Theresias steckte auch den Kaiser an, und man konnte das Ehepaar in Laxenburg oder bei Maskenbällen ausgelassen tanzen sehen. Als Maria Theresia 1807 nach einer Frühgeburt starb, war der Kaiser untröstlich und mußte mit Gewalt von der Leiche seiner Gemahlin entfernt werden.

Neun Monate nach dem Tode seiner zweiten Gemahlin heiratete der Kaiser erneut. Dieses Mal war es eine andere Cousine, Maria Ludovika von Modena d'Este. Über dieser Ehe lag von vornherein der Schatten der schweren Erkrankung der 21jährigen Prinzessin. Sie litt an der Schwindsucht und mußte sich so weitgehend schonen, daß an eine normale Ehe schon mit Rücksicht auf die Gesundheit des Kaisers nicht zu denken war. Die schwere Erkrankung der Kaiserin brachte die gegenseitige Zuneigung in einen nicht lösbaren Konflikt. Aus der Korrespondenz des Kaiserpaares wissen wir, daß der Kaiser von Zeit zu Zeit eine Geliebte aufsuchte. So schrieb Maria Ludovika einmal:

»Ich werde versuchen, Dir zuliebe sehr dick zu werden, um die Reize der mageren Spintin zu verdunkeln. Hast Du sie wieder aufsuchen müssen, Du Lump?«

1815 war Maria Ludovikas Gesundheitszustand so gefestigt, daß sie den Kaiser nach Italien begleiten und in Venedig an Bällen und Veranstaltungen teilnehmen konnte. Von dort reiste sie in ihre Heimat nach Modena und besuchte ihre Familie, die nach Modena zurückgekehrt war und die Herrschaft wieder angetreten hatte. Anschließend sollte die Kaiserin sich in Verona von ihrer Erkrankung erholen. Hier starb Maria Ludovika nach einem unerwarteten Rückfall am 7. 4. 1816.

Kaiser Franz II./I. war nun zum drittenmal Witwer. Wiederum ließ er sich nur sieben Monate Zeit und vermählte sich zum viertenmal. Die Auserkorene war

Prinzessin Karoline von Bayern, deren Ehe mit dem Kronprinzen von Württemberg wenige Monate vorher durch Papst Pius VII. für ungültig erklärt worden war. So hatte die Scheidung Karoline letztlich doch noch Glück gebracht. Von nun an residierte sie als Kaiserin Karoline von Österreich in der Wiener Hofburg. Sie war nicht schön, aber doch charmant und von einem blühenden Aussehen. Dieses gesunde Aussehen soll es dem Kaiser besonders angetan haben. Seiner Umgebung gegenüber machte er die Bemerkung:

»Dann hab' ich nicht in ein paar Jahren gleich wieder eine Leich'.«

Diese sehr harmonisch verlaufene Ehe blieb kinderlos.

In seinem Testament hielt Kaiser Franz II./I. auf Vorschlag Metternichs am Legalitätsprinzip fest und bestimmte seinen kranken und wenig begabten Sohn Ferdinand als Nachfolger.

Die Nachkommen Kaiser Franz' II./I.

AUS DER EHE MIT ELISABETH VON WÜRTTEMBERG

1. LUDOVIKA, Erzherzogin
   * 18. 2. 1790 in Wien
   † 24. 6. 1791 in Wien
   Grabstätte: Kaisergruft Wien – Nische A, Ferdinands-Gruft

AUS DER EHE MIT MARIA THERESIA VON NEAPEL-SIZILIEN

2. MARIA LUISE, Erzherzogin, Kaiserin von Frankreich
   * 12. 12. 1791 in Wien
   † 17. 12. 1847 in Parma
   Grabstätte: Kaisergruft Wien – neue Gruft

   1. ⚭ 2. 4. 1810 in Paris
   NAPOLEON I., Kaiser von Frankreich a. d. H. Bonaparte
   Eltern: Carlo Bonaparte, Advokat in Ajaccio/Korsika, und Letizia Ramolino
   * 15. 8. 1769 in Ajaccio
   † 5. 5. 1821 in Longwood auf St. Helena
   Grabstätte: Mausoleum im Invalidendom in Paris

   2. ⚭ 7. 9. 1821 in Parma
   ADAM ADALBERT, Graf von Neipperg, Feldmarschall-Leutnant
   Eltern: Leopold Johann, Graf von Neipperg, und Wilhelmine, Gräfin von Hetzfeld-Wilfenburg, Tochter Karl Ferdinands, Graf in Werther
   * 8. 4. 1775 in Wien
   † 22. 2. 1829 in Parma
   Grabstätte: Gruft in der Kirche della Madonna della Steccata in Parma

   3. ⚭ 17. 2. 1834 in Wien-Schönbrunn
   KARL, Graf von Bombelles
   Eltern: Marc Marie Marquis de Bombelles und Angélique Charlotte de Mackau, Tochter des Louis, Baron de Mackau
   * 6. 11. 1784 in Versailles
   † 30. 5. 1856 in Versailles
   Grabstätte: Kapelle in Grisy-sur-Seine (Département de Seine et Marne)

Aus der Verbindung mit Kaiser Napoleon I. stammt:

NAPOLEON II. Franz Josef Karl, König von Rom, Herzog von Reichstadt
* 20. 3. 1811 in Paris
† 22. 7. 1832 in Wien-Schönbrunn
Grabstätte: Seitenkapelle im Invalidendom in Paris

Napoleon II. erhielt bei seiner Geburt von seinem Vater den Titel »König von Rom« und wurde 1818 zum Herzog von Reichstadt ernannt. Aus der Verbindung Maria Luises mit dem Grafen Neipperg stammten die Tochter Albertine Marie und der Sohn Wilhelm Adalbert. Da die Kaisertochter die Liaison mit dem Grafen Neipperg vor ihrem Vater geheimhalten mußte, wurden beide Kinder vorehelich geboren. Wilhelm Adalbert erhielt 1864 den Titel eines 1. Fürsten von Montenuovo. Dessen Sohn Alfred, 2. Fürst von Montenuovo, war Obersthofmeister am Hofe Kaiser Franz Josephs I. und spielte bei den Vorgängen um die Vermählung Erzherzog Franz Ferdinands mit der Gräfin Sophie Chotek sowie nach der Ermordung des Ehepaares bei der Beisetzung desselben eine unrühmliche Rolle.

3. FERDINAND, Erzherzog
∞ MARIA ANNA, Prinzessin von Sardinien
Siehe unter Kaiser Ferdinand I. von Österreich

4. KAROLINE LEOPOLDINE, Erzherzogin
* 8. 6. 1794 in Wien
† 16. 3. 1795 in Wien
Grabstätte: Kaisergruft Wien – Nische D, Ferdinands-Gruft

5. KAROLINE LUISE, Erzherzogin
* 4. 12. 1795 in Wien
† 30. 6. 1799 in Wien
Grabstätte: Kaisergruft Wien – Nische C, Ferdinands-Gruft

6. LEOPOLDINE, Erzherzogin, Kaiserin von Brasilien
* 22. 1. 1797 in Wien
† 11. 12. 1826 im Palast von Boa Vista bei Rio de Janeiro
Grabstätte: Gruft in der Krypta des Unabhängigkeitsdenkmals im Vorort Ipiranga von São Paulo/Brasilien

∞ 6. 11. 1817 in Rio de Janeiro
DOM PEDRO, Kronprinz von Portugal, als Pedro I. Kaiser von Brasilien
Eltern: Johann IV., König von Portugal, und Charlotte, Infantin von Spanien, Tochter Karls IV., König von Spanien
* 12. 10. 1798 in Lissabon
† 24. 9. 1834 in Lissabon
Grabstätte: Gruft in der Krypta des Unabhängigkeitsdenkmals im Vorort Ipiranga von São Paulo/Brasilien

Erzherzogin Leopoldine war auch ihrer äußeren Erscheinung nach eine echte Habsburgerin. Dem väterlichen Wunsch entsprechend, der von Staatskanzler Metternich unterstützt wurde, mußte sie den portugiesischen Kronprinzen Dom Pedro, Erbe eines gewaltigen Reiches, heiraten. Am 9. 1. 1817 wurde Dom Pedro zum Thronerben des Vereinigten Königreiches von Portugal, Brasilien und Algarbien erklärt. Dieser hochintelligente, aber jähzornige und unberechenbare Epileptiker war an einem vom Sittenverfall gezeichneten Hof aufgewachsen. Schon früh hatte Dom Pedro zahlreiche Liebschaften mit Sklavinnen und Andersfarbigen. Auch nach seiner Vermählung mit der aus einem behüteten Elternhaus kommenden Erzherzogin Leopoldine setzte der Kronprinz seinen zügellosen Lebenswandel fort. Die beim brasilianischen Volk sehr beliebte Leopoldine war maßgeblich an der Gründung des Kaiserreiches Brasilien beteiligt und führte in der Sitzung des Staatsrates, der am 2. 9. 1822 die Trennung Brasiliens von Portugal beschloß, den Vorsitz.

Zu diesem Zeitpunkt hatte der Kaiser bereits seine Geliebte Dona Domitila, der er immer mehr verfiel und die zum Ruin der Ehe Leopoldines wurde. Auch die Geburt eines Thronfolgers vermochte an der sittenlosen Haltung Dom Pedros nichts zu ändern. Er zerstörte das Leben Leopoldines, wie es gründlicher nicht ging. Das ganze Ausmaß der Leiden der Kaiserin geht aus dem Briefwechsel hervor, den sie mit ihrer Schwester Marie Luise führte, zu der sie engen und vertraulichen Kontakt hatte. Schließlich versank Leopoldine in Depressionen und verfiel nach einer Fehlgeburt dem Siechtum. Nach einem längeren Krankenlager verstarb diese edle Habsburgerin im Alter von 29 Jahren. Nach vorübergehender Beisetzung im Ajuda-Kloster und seit dem 1. 11. 1911 im Santo-Antonio-Kloster wurde Kaiserin Leopoldine am 7. 9. 1954 nach einem Requiem in der Kathedrale von São Paulo mit großem Prunk und Zeremoniell in der Krypta des Nationaldenkmals in Ipiranga, einer Vorstadt São Paulos, beigesetzt. Nach der Überführung von Lissabon wurden hier am 6. 9. 1972 auch die sterblichen Überreste Dom Pedros beigesetzt. Der Sarkophag Leopoldines trägt die Inschrift:

> *Ihr Geist, so glauben wir, wohnt im Himmel;*
> *Ihr Gedächtnis werden die Jahrhunderte nicht verwischen.*

In der Heimat hält die von Kaiser Franz I. von Österreich ins Leben gerufene Leopoldinenstiftung von 1829 zur Förderung der katholischen Missionen in Amerika die Erinnerung an Leopoldine aufrecht. Nach dem Verzicht Dom Pedros auf die Krone Portugals zugunsten seiner aus der Ehe mit Leopoldine hervorgegangenen und mit Prinz Ferdinand von Sachsen-Coburg-Gotha vermählten Tochter Maria da Gloria regierte diese ab 2. 5. 1826 unter dem Namen Maria II. als Königin von Portugal. Deren Nachkommen waren bis 1910 die Könige von Portugal aus dem Hause Sachsen-Coburg-Gotha.

682 KAISER FRANZ II./I.

7. KLEMENTINE, Erzherzogin
  * 1. 3. 1798 in Wien
  † 3. 9. 1881 in Chantilly
  Grabstätte: Kaisergruft Wien

  ⚭ 28. 7. 1818 in Wien
  LEOPOLD, Prinz von Salerno
  Eltern: Ferdinand I., König beider Sizilien, und Karoline, Erzherzogin
  von Österreich, Tochter Franz' I., Römischer Kaiser
  * 2. 7. 1790 in Neapel
  † 10. 3. 1851 in Neapel
  Grabstätte: Grabkapelle der Bourbonen in der Kirche Santa Chiara in
  Neapel

8. JOSEF FRANZ, Erzherzog
  * 9. 4. 1799 in Wien
  † 30. 6. 1807 in Wien
  Grabstätte: Kaisergruft Wien – Nische A, Ferdinands-Gruft

9. FRANZ KARL, Erzherzog
  * 7. 12. 1802 in Wien
  † 8. 3. 1878 in Wien
  Grabstätte: Kaisergruft Wien – neue Gruft

  ⚭ 4. 11. 1824 in Wien
  SOPHIE FRIEDERIKE, Prinzessin von Bayern a. d. H. Pfalz-Zweibrücken–
  Birkenfeld
  Eltern: Maximilian I. Josef, König von Bayern, und Karoline, Prinzessin
  von Baden, Tochter Karl Ludwigs, Erbprinz von Baden
  * 27. 1. 1805 in München
  † 28. 5. 1872 in Wien
  Grabstätte: Kaisergruft Wien – neue Gruft

  Erzherzog Franz Karl und die Erzherzogin Sophie waren die Eltern des
  späteren Kaisers Franz Joseph I.
  Erzherzog Franz Karl verzichtete 1848 in Olmütz zugunsten seines
  Sohnes auf die Thronfolge.

10. KAROLINE FERDINANDA, Erzherzogin
  * 8. 4. 1801 in Wien
  † 22. 5. 1832 in Dresden
  Grabstätte: Gruft unter dem NW-Schiff der kath. Hofkirche in Dresden

  ⚭ 7. 10. 1819 in Dresden
  FRIEDRICH AUGUST II., König von Sachsen
  Eltern: Maximilian, Herzog von Sachsen, und Karoline, Prinzessin von
  Parma, Tochter Ferdinands I., Herzog von Parma

* 12. 5. 1797 in Dresden
† 9. 8. 1854 in Bremsbüchl bei Imst/Tirol
Grabstätte: Gruft unter der Kreuzkapelle der kath. Hofkirche in Dresden

11. MARIA ANNA, Erzherzogin
    * 8. 6. 1804 in Wien
    † 28. 12. 1858 in Wien
    Grabstätte: Kaisergruft Wien – Nische C, Ferdinands-Gruft

12. JOHANN NEPOMUK, Erzherzog
    * 30. 8. 1805 in Wien
    † 19. 2. 1809 in Wien
    Grabstätte: Kaisergruft Wien – Nische A, Ferdinands-Gruft

13. AMALIA THERESIA, Erzherzogin
    * 6. 4. 1807 in Wien
    † 9. 4. 1807 in Wien
    Grabstätte: Kaisergruft Wien – Toskana-Gruft

Kaiser Ferdinand I.

Kaiser Ferdinand I.

* 19. 4. 1793 in Wien
† 29. 6. 1875 in Prag
Grabstätte: Kaisergruft Wien – Ferdinands-Gruft
Eltern: Kaiser Franz II./I. und Maria Theresia von Sizilien

∞ 27. 2. 1831 in Wien-Schönbrunn
MARIA ANNA, Prinzessin von Sardinien-Piemont
Eltern: Victor Emanuel I., König von Sardinien-Piemont, und Maria Theresia, Erzherzogin von Österreich-Modena d'Este, Tochter Ferdinands, Erzherzog von Österreich-Modena d'Este
* 19. 9. 1803 in Rom
† 4. 5. 1884 in Prag
Grabstätte: Kaisergruft Wien – Ferdinands-Gruft

WAHLSPRUCH: Recta tueri = Das Recht schützen

28. 9. 1830 in Preßburg in der St.-Martins-Kirche als Ferdinand V. zum Apostolischen König von Ungarn gekrönt.
2. 3. 1835 König von Böhmen.
2. 3. 1835 Kaiser von Österreich.
7. 9. 1836 in Prag im St.-Veits-Dom als Ferdinand V. zum König von Böhmen gekrönt.
6. 9. 1838 in Mailand mit der „eisernen Krone" zum König von Lombardei-Venetien gekrönt.
2. 12. 1848 in Olmütz Abdankung zugunsten seines Neffen Erzherzog Franz Joseph.

Als ältester Sohn des Kaisers war Ferdinand I. zur Thronfolge bestimmt. Wohl waren Überlegungen vorausgegangen, Ferdinand wegen seiner geistigen und physischen Gebrechen von der Thronfolge auszuschließen und seinen Bruder, Erzherzog Franz Karl, zum Nachfolger zu bestimmen. Das entscheidende Wort in der Nachfolgefrage sprach letztlich Staatskanzler Metternich, der Kaiser Franz bewog, am Legalitätsprinzip festzuhalten. Hinter der Einflußnahme Metternichs verbarg sich das Streben desselben nach der alleinigen Staatsführung. So kam es, daß der Kaiser seinem Sohn und Nachfolger in seinem Testament empfahl:

»*Übertrage auf den Fürsten Metternich, meinen treuen Diener und Freund, das Vertrauen, welches ich ihm während einer so langen Reihe von Jahren gewidmet habe, verrücke nichts in den Grundlagen des Staatsgebäudes, regiere, verändere nichts.*«

Als Kind wuchs Ferdinand im Kreise zahlreicher Geschwister in einer heiteren Welt heran. Besonders die fünf älteren Geschwister, Maria Luise, Karoline, Leopoldine, Klementine und Ferdinand, fühlten sich besonders miteinander verbunden. Die Kinderjahre verbrachte der junge Erzherzog mit seiner Familie vorzugsweise in der Hofburg, in Schönbrunn und im Sommer in Laxenburg mit seinen herrlichen Parkanlagen. Bereits in jungen Jahren waren die körperliche Behinderung und die geistige Schwerfälligkeit Ferdinands nicht zu übersehen. Sein Körper war zart, seine Haltung schlaff – dazu kam sein phlegmatisches Temperament. Diese Umstände machten seine Erziehung nicht problemlos. Sie wurde allerdings mit Sorgfalt vorgenommen und von der Kaiserin persönlich überwacht. Diese zögerte nicht, einzugreifen und Ferdinand gegebenenfalls auch wegen seiner Trägheit zu tadeln und zu bestrafen. Schon frühzeitig machte sich bei ihm wie bei vielen Habsburgern eine besondere Vorliebe für die Musik bemerkbar. Seine ausgeprägte technische Begabung, sein Hang zu den Naturwissenschaften und seine Veranlagung zu künstlerischem Wirken konnten infolge seiner Erkrankung kaum gefördert werden.

Mit 22 Jahren nahm Ferdinand am 10. 7. 1815 an der Seite seines Vaters am feierlichen Einzug in Paris teil. 1830 wurde er zum König von Ungarn gekrönt und konnte 1836 die Krone Böhmens in Empfang nehmen. Infolge seiner gesundheitlichen Unzulänglichkeiten waren solche Feierlichkeiten für den Kronprinzen immer eine große körperliche Belastung. Beim Regierungsantritt brachte Ferdinand nur wenig Voraussetzungen für sein Amt mit. Er mußte sich einer Art Vormundschaft unterwerfen.

Am 12. 2. 1836 wurde die Staatskonferenz gebildet, die für Kaiser Ferdinand I. die Leitung der Staatsgeschäfte übernahm. Den Vorsitz führte Erzherzog Ludwig als Bruder Kaiser Franz' I. Der Staatskonferenz gehörten ferner an: Staatskanzler Metternich, Minister Kolowrat und Erzherzog Franz Karl.

Sowohl Kaiser Ferdinand I. als auch die sehr begabten Brüder Kaiser Franz' I., die Erzherzöge Karl und Johann, blieben von der Regierung weitgehend ausgeschlossen.

Am 15. 7. 1840 schlossen die Großmächte Österreich, Großbritannien, Rußland und Preußen die erste Londoner Konvention zum bewaffneten Eingreifen in den Konflikt zwischen Ägypten und der Hohen Pforte. Im Zuge der getroffenen militärischen Maßnahmen besetzte eine englisch-österreichische Flotte Beirut. Ägypten mußte sich dem Druck der Großmächte beugen und schloß am 13. 7. 1841 in der zweiten Londoner Konvention Frieden.

Der Liberalismus in Österreich nahm immer mehr Form an. Diese Bestrebungen wurden durch die Bildung von liberalen Vereinen gestärkt. Der Ruf nach Teilnahme an politischer Verantwortung wurde in der Sorge um den Staat immer stärker. Einer der ersten Vereine dieser Art war der politische Leseverein, der in seinen Statuten die Durchsetzung liberaler Ideen aufnahm. Die Gründung dieses Vereins, dessen Vorsitzender ein ehemaliger Lehrer des Kaisers wurde, erhielt die Genehmigung Kaiser Ferdinands I. Im gleichen Jahr 1840 schlossen sich im Verein Concordia Schauspieler, Dichter und andere Künstler zusammen. Der Ruf nach Reformen im Sinne Maria Theresias und Josefs II. wurden immer lauter. Da Metternich Reformen mit allen Mitteln zu verhindern suchte und die Reformbestrebungen an der Haltung des Staatskanzlers scheiterten, kam es schließlich zum Ausbruch der Revolution. Während die Arbeiter aus wirtschaftlicher Not und wegen völlig unzulänglicher sozialer Verhältnisse zu Revolutionären wurden, kämpfte die übrige Bevölkerung um das politische Mitspracherecht.

Die ersten revolutionären Ansätze zeigten sich in Galizien, wo der polnische Adel sich gegen die österreichische Unterdrückung erhob. Die polnischen Bauern verhielten sich ablehnend, da sie sich vor dem Entzug des österreichischen Schutzes fürchteten. Am 18. 2. 1846 konnte der Aufstand von österreichischen Truppen niedergeworfen werden. Bei dieser Gelegenheit annektierte Österreich mit Billigung Preußens und Rußlands, aber gegen den Widerspruch Großbritanniens und Frankreichs den Freistaat Krakau, der 1815 unter den Schutz Österreichs, Preußens und Rußlands gestellt worden war.

Die liberalen Bewegungen konnten 1847 in ganz Mitteleuropa die ersten sichtbaren Fortschritte erzielen. Auch in Österreich kam es infolge der sich verschlechternden wirtschaftlichen Lage insbesondere in den Arbeiterstädten zu Demonstrationen. In Ungarn und Böhmen wurde der Ruf nach weitgehender nationaler Selbständigkeit und einer eigenen Verfassung laut. In Italien wurde die Forderung nach einem eigenen Nationalstaat erhoben.

Von Italien ging auch der Beginn der Revolution von 1848 aus. Am 1. 1. 1848 kam es zu Erhebungen im Königreich Lombardo-Venetien. Zentren des Aufstandes wurden Mailand, Brescia und Padua. Kaiserliche Truppen unter dem Oberbefehl von Generalfeldmarschall Johann Joseph Wenzel Graf Radetzky erhielten den Auftrag, die Aufstände niederzuschlagen. An die Spitze der revolutionären Bewegung in Italien setzte sich König Albert von Sardinien-Piemont, der seinem Land eine freiheitliche Verfassung gab und zum Kampf gegen die Habsburger aufrief. Am 22. 2. 1848 wurde über das Königreich Lombardo-Venetien der Kriegszustand verhängt. Einen Tag später brach auch in Frankreich die Revolution aus und führte zur Absetzung König Ludwig Philipps I., der ins Ausland fliehen mußte.

Die revolutionären Strömungen in Europa ermunterten nunmehr auch die ungarischen Nationalisten, die unter Führung von Ludwig Kossuth auf einem Reichstag für das gesamte Kaiserreich eine demokratische Verfassung forderten. Der geistige Urheber dieser Forderungen, der junge Freiherr Joseph von Eötvös, der von Ludwig Graf Batthyány und Stephan Graf Széchényi sowie Franz von Déak unterstützt wurde, blieb mit seinen Gesinnungsfreunden allerdings der habsburgischen Dynastie gegenüber loyal.

Vom 31. 3. 1848 bis zum 3. 4. 1848 tagte in der Paulskirche zu Frankfurt a. Main das Vorparlament, bestehend aus 500 Vertrauensmännern aus den deutschen Staaten. Aus Preußen nahmen 141, aus Österreich dagegen nur zwei Vertreter teil. Man beschloß die Einberufung der Frankfurter Nationalversammlung nach einem allgemeinen, direkten und gleichen Wahlrecht. Tschechen und Slowenen lehnten die Entsendung von Vertretern ins Frankfurter Vorparlament ab. Diese Haltung wurde von dem tschechischen Nationalisten Franz Palacký in einem Schreiben an den Präsidenten des Vorparlaments wie folgt begründet:

»Ich bin ein Tscheche slawischer Herkunft und mit dem Wenigen, das ich besitze und das mir gehört, habe ich mich ganz und für immer dem Dienst meines Volkes gewidmet. Wohl ist dieses Volk klein, aber seit unvordenklichen Zeiten ist es ein unabhängiges Land mit eigenem Charakter gewesen; seine Herrscher haben seit alten Zeiten am Bund der deutschen Fürsten teilgenommen, aber das Volk fühlt sich deshalb niemals als Teil des deutschen Volkes und wurde von anderen durch die Jahrhunderte hindurch niemals dafür gehalten. Die Verbindung der tschechischen Länder erst mit dem Heiligen Römischen Reich und dann mit dem Deutschen Bund war immer eine rein dynastische, von der die tschechische Nation, die tschechischen Stände nicht viel wissen wollten und die sie kaum beachteten. Der zweite Grund, der mich davon abhält, an Ihren Beratungen teilzunehmen, ist die Tatsache, daß Sie nach allem, was bisher öffentlich von Ihren Zielen und Absichten bekannt geworden ist, jetzt und künftig unwiderruflich danach streben, Österreichs Unabhängigkeit zu vernichten und sein Weiterbestehen unmöglich zu machen – ein Reich, dessen Erhaltung, Integrität und Festigung eine große und wichtige Angelegenheit nicht nur für meine eigene Nation, sondern für ganz Europa, sogar für die Menschheit und für die Kultur selbst ist und sein muß.

Wenn ich über die böhmische Grenze sehe, wende ich mich aus historischen und natürlichen Gründen nicht nach Frankfurt, sondern nach Wien, um dort

KAISER FERDINAND I.

den Mittelpunkt zu suchen, der geeignet wäre, den Frieden, die Freiheit und das Recht meines Volkes zu sichern und zu verteidigen. Um Europas willen darf Wien nicht zur Rolle einer Provinzstadt herabsinken. Wenn es in Wien selbst Leute gibt, die ihr Frankfurt haben wollen, dann müssen wir rufen: ›Herr, vergib ihnen, denn sie wissen nicht, was sie verlangen.‹

Endlich gibt es einen dritten Grund, weshalb ich es ablehne, an Ihrer Versammlung teilzunehmen; ich halte alle die bisher gemachten Versuche, dem deutschen Volk eine neue, auf den Willen des Volkes begründete Verfassung zu geben, für undurchführbar und als nicht sicher genug für die Zukunft, solange Sie sich nicht wirklich für die Operation auf Leben oder Tod entscheiden, womit ich die Proklamierung einer deutschen Republik meine. Jedoch muß ich im voraus energisch und eindeutig jede Idee einer Republik innerhalb der Grenzen Österreichs zurückweisen. Denken Sie an ein in zahlreiche Republiken und Zwergrepubliken geteiltes Österreich – was für eine großartige Basis für eine russische Universalmonarchie.«

In den böhmischen Ländern herrschte eine nicht weniger revolutionäre Stimmung als in den anderen Landesteilen. In Wien richteten Bürger und Studenten mehrere Bittschriften an Ferdinand I. und verlangten eine freiheitliche Verfassung für alle Länder der Monarchie. Mit allen ihm zur Verfügung stehenden Mitteln versuchte Metternich, die Ziele der »Umstürzler« zu verhindern, und verfolgte eine hinhaltende Taktik. Im Hintergrund arbeitete die ehrgeizige Erzherzogin Sophie am Sturz Metternichs und unternahm mehrmals den Versuch, Ferdinand I. zur Abdankung zugunsten ihres Sohnes Franz Joseph zu bewegen. Durch diese unverhohlen zur Schau getragene Uneinigkeit am Wiener Hof wurden die liberalen Kräfte nur gestärkt. Zusehends verschärfte sich die Lage in Wien. Schließlich glich die Hofburg einer belagerten Festung. Polizei und Militär konnten Plünderungen und Brandstiftungen nicht mehr verhindern. Der sich abzeichnende Sturz der Monarchie veranlaßte Erzherzog Ludwig, den als Symbol für Unterdrückung und Unfreiheit geltenden Staatskanzler Metternich zu opfern. In den Abendstunden des 13. 3. 1848 erhielt Metternich die Aufforderung von seinem Amt zurückzutreten.

Nach dem der Kaiserin Anna gegebenen Rat, einem Thronwechsel nicht zuzustimmen, verließ Metternich noch am gleichen Abend Wien und begab sich in Begleitung seiner Gemahlin nach London ins Exil. Die Nachricht vom Sturz des Staatskanzlers wurde von den Wienern begeistert gefeiert. Studenten und Bürger konnten die Ruhe zwar einigermaßen wiederherstellen, doch behielten die Revolutionäre die Initiative.

Am Tage nach der Flucht Metternichs versprach der Kaiser den Bürgern, sie bei der Ausarbeitung der Verfassung zu beteiligen.

Im Lombardo-Venetianischen Königreich hielten die Unruhen gleichfalls an. Am 22. 3. 1848 mußte Radetzky Mailand räumen. Auch Venetien war nicht mehr zu halten. Die Herzöge von Parma und Modena sowie der Großherzog von Toskana mußten ihre Residenzen verlassen und begaben sich ins Ausland.

Böhmen verlangte die völlige Gleichstellung des tschechischen Volksteils mit den deutschen Bewohnern sowie eine gemeinsame Ständeversammlung für Böhmen, Mähren und Österreichisch-Schlesien. Der Kaiser genehmigte die Gleichstellung der beiden Landessprachen, lehnte aber eine Verfassung für die Länder der Wenzelskrone ab. Die Ablehnung führte zu der weitergehenden Forderung nach einer staatsrechtlichen Sonderstellung der Länder innerhalb der Gesamtmonarchie. Sowohl diese als auch die später erhobene Forderung der Tschechen nach einem Staatsgrundgesetz mit nationaler Gleichberechtigung und einem gemeinsamen Parlament für Böhmen, Mähren und Schlesien verfiel der Ablehnung durch Ferdinand I. in seiner Eigenschaft als König von Böhmen.

Am 25. 3. 1848 erklärte König Albert von Sardinien-Piemont Österreich den Krieg. Sardinische Truppen marschierten in die Lombardei ein und besetzten Mailand.

Nach der Bildung einer liberal-nationalen Regierung durch Graf Batthyány in Ungarn erhielt das Land am 11. 4. 1848 seine 48er Verfassung. Die ungarische Hofkanzlei, die Preßburger Hofkammer und die königliche Statthalterei wurden in Ministerien umgewandelt. Die ungarische Regierung erhielt eigene Machtbefugnisse im gesamten Bereich der Stephanskrone. Mit dem Ziel der Bildung eines ungarischen Nationalstaates wurde die magyarische Sprache alleinige diplomatische Sprache.

Für das Kaisertum Österreich wurde die oktroyierte Verfassung proklamiert, die gegenüber der Zeit Metternichs erhebliche Fortschritte brachte und dennoch als undemokratisch abgelehnt wurde. Alle Staaten des Kaisertums Österreich mit Ausnahme von Ungarn wurden unter einer zentralistischen Regierung in einem Staat zusammengefaßt. In der Gesetzgebung an den Reichstag gebunden, lag die oberste mit einem Vetorecht ausgestattete Gewalt allein beim Kaiser. Den Volksstämmen und Nationalitäten des Kaiserreiches wurde Unverletzlichkeit garantiert. Die Grundrechte wurden durch die Verfassung geschützt. Bereits Anfang Mai kam es in Wien zu Demonstrationen gegen die neue Verfassung. Die sich in den Straßen Wiens ausdehnenden Kämpfe veranlaßten den Kaiser, das allgemeine und freie Wahlrecht sowie eine neue Verfassung zu bewilligen. Am 17. 5. 1848 floh die kaiserliche Familie nach Innsbruck. Der Kaiser begründete die Flucht mit der Suche nach unblutigen Lösungen der verworrenen Verhältnisse und machte Studenten und in die Irre geleitete Bürger für die Unruhen verantwortlich.

Am 29. 5. 1848 wurde in Prag eine provisorische Regierung für Böhmen gebildet. Leo Graf von Thun übernahm die Leitung der Regierung, der auch Franz Palacký angehörte. Delegierte der slawischen Völker trafen sich am 2. 6. 1848 zum Slawenkongreß in Prag. Die Forderung der tschechischen Delegierten nach einem aus Böhmen, Mähren und dem österreichischen Schlesien bestehenden selbständigen Königreich mit eigener Verfassung wurde von Ferdinand I. abgelehnt. Die daraufhin in Prag ausgebrochene Revolution wurde von Alfred Fürst zu Windischgrätz grausam niedergeschlagen und endete mit der Auflösung des

KAISER FERDINAND I.   691

Slawenkongresses und der Gefangennahme des Grafen Thun und anderer
Teilnehmer des Kongresses.

Am 26. 6. 1848 ernannte der Kaiser seinen Onkel, Erzherzog Johann, zu
seinem Stellvertreter in Wien. Drei Tage später wurde der Erzherzog von der
Deutschen Nationalversammlung zum Reichsverweser gewählt.

Mit Beginn der zweiten Jahreshälfte 1848 zeichnete sich eine Besserung der
Lage zugunsten der Dynastie Habsburg ab. Am 22. 7. 1848 wurde der
konstituierende Reichstag eröffnet. Damit sah man das Ziel der revolutionären
Bewegung als erreicht an und wandte sich gegen weitere radikale Ausschreitungen. Auch die Bauern schwenkten nach Aufhebung des Untertänigkeitsverhältnis-
ses in das konservative Lager.

Die Verhältnisse in Italien brachten gleichfalls eine Besserung der Lage. Nach
vorübergehenden Erfolgen wurde König Karl Albert von Sardinien-Piemont am
25. 7. 1848 bei Custozza von Radetzky entscheidend besiegt. Nach Abschluß des
Waffenstillstandes mußte Karl Albert die Lombardei räumen, und Radetzky
konnte am 6. 8. 1848 wieder in Mailand einziehen. Die Besetzung Parmas und
Modenas ermöglichte die Rückkehr der Herzöge in ihre Fürstentümer. Auch der
Großherzog von Toskana konnte in sein Land zurückkehren. Aufgrund dieser
Erfolge der Österreicher kehrte Kaiser Ferdinand I. mit seinem Hof am 12. 8. 1848
nach Wien zurück und feierte am 13. 8. 1848 im St.-Stephans-Dom einen
Dankgottesdienst.

Im September verschärfte sich die Lage in Ungarn. Am 12. 9. 1848 trat Graf
Batthyány zurück und Ludwig Kossuth übernahm das Amt des Ministerpräsidenten. Daraufhin trat der Palatin von Ungarn, Erzherzog Stephan, von seinem Amt
zurück und ging nach Wien. Mit der Ermordung des vom Kaiser zu seinem
Stellvertreter ernannten Franz Philipp Graf Lamberg brach die Revolution in
Ungarn aus. Ferdinand I. löste den ungarischen Reichstag auf und verhängte den
Ausnahmezustand über das Land. Alle vom Kaiser in seiner Eigenschaft als König
von Ungarn nicht bestätigten Beschlüsse des ungarischen Reichstags wurden für
ungültig erklärt. Josef Freiherr von Jellačić wurde zum Oberbefehlshaber der
kaiserlichen Truppen und zum Statthalter des Kaisers in Ungarn ernannt. Da der
ungarische Reichstag sich den Verfügungen des Kaisers widersetzte, kam es zum
Kriegszustand. Gleichzeitig kam es in Wien zu neuen Aufständen. Der kaiserliche
Hof verließ fluchtartig die Stadt und begab sich nach Olmütz. Die Aufstände
wurden von Fürst Windischgrätz gebrochen, der die Stadt am 30. 10. 1848
besetzen konnte. Die Revolution war damit endgültig niedergeschlagen. Die
Rädelsführer wurden hart bestraft. Von den verhafteten Revolutionären wurden
24 standrechtlich erschossen. In der Folge konnten die konservativen Kräfte sich
in allen Landesteilen durchsetzen.

Der vom Kaiser neu ernannte Ministerpräsident Felix Fürst zu Schwarzenberg
mit Franz Graf von Stadion als Innenminister, Alexander Freiherr von Bach als
Justizminister, Karl Ludwig Freiherr von Bruck als Handelsminister und Leo Graf
von Thun als Unterrichtsminister legte ein Regierungsprogramm vor, das neben

der Gleichberechtigung aller Nationalitäten auch die Gleichheit aller Bürger vor dem Gesetz vorsah.

Der vom Kaiser am 22. 10. 1848 von Wien nach Kremsier verlegte Reichstag wurde am 22. 11. 1848 eröffnet. In diesem Parlament hatten sich Slawen und Deutsche angesichts der gemeinsamen Bedrohung durch die militärische Konterrevolution zusammengefunden. Unter maßgeblicher Mitarbeit des Tschechen Palacký wurde der Versuch unternommen, die Monarchie auf demokratischer und föderativer Basis neu zu gestalten. In dem Entwurf wurde den historisch gewachsenen Provinzen und den nationalen Kräften Raum zur Selbstentfaltung gegeben. Es war der bedeutendste Versuch österreichischer Volksvertreter, das Nationalitätenproblem verfassungsrechtlich einvernehmlich zu lösen. Die Gegenrevolution war stärker, und die Wiener Regierung löste den Reichstag am 7. 3. 1849 auf, ohne daß die Ideen der Volksvertreter zum Tragen gekommen wären.

Die in Frankfurt a. Main tagende Nationalversammlung war überschattet von dem Gegensatz zwischen den Großdeutschen und den Kleindeutschen. Schließlich kam es bei den entscheidenden Abstimmungen zu einer knappen Mehrheit für die kleindeutsche Lösung unter Ausschluß Österreichs. Es schien, als habe die nationalstaatliche preußische Idee über die großdeutsche österreichische Idee gesiegt. Mit 290 Stimmen bei 248 Enthaltungen wurde König Friedrich Wilhelm IV. von Preußen zum erblichen Kaiser gewählt. Am 3. 4. 1849 wurde dem preußischen König von einer Deputation der Frankfurter Nationalversammlung die deutsche Kaiserkrone angeboten. Der preußische König lehnte das Angebot der durch die Revolution nach oben gekommenen Männer ab. Damit konnte die offene Konfrontation mit Österreich vermieden werden. Das Werk der Frankfurter Nationalversammlung war gescheitert.

Nach der Niederschlagung der Revolution war es die erste Aufgabe der Verantwortlichen, das Kaisertum und damit die Dynastie Habsburg zu stärken. Im Einvernehmen mit Ministerpräsident Schwarzenberg bereitete Erzherzogin Sophie die Abdankung Kaiser Ferdinands I. vor.

Am 2. 12. 1848 versammelte sich der Wiener Hof im Erzbischöflichen Palais in Olmütz. Nach der Volljährigkeitserklärung des kaiserlichen Neffen Franz Joseph verzichtete Erzherzog Franz Karl, der Vater Franz Josephs, auf sein Thronfolgerecht. Sodann verlas Kaiser Ferdinand I. seine Abdankungsurkunde und verzichtete zugunsten seines Neffen Franz Joseph auf den Thron. Als der 18jährige Kaiser Franz Joseph I. vor seinem Onkel das Knie beugte, bemerkte Kaiser Ferdinand I. schlicht: »Sei nur brav, es ist gerne geschehen.«

Kaiser Ferdinand I. war in seinen 13 Regierungsjahren nur ein Schattenkaiser. Die Fäden der Macht hielten andere in ihren Händen. Vom Schicksal durch krankhafte Anlagen schwer geprüft, war er trotz seiner sorgfältigen Erziehung nicht in der Lage, die Gestaltung der österreichischen Monarchie und der mit der Krone verbundenen Länder zu beeinflussen. Hervorgehoben werden muß seine auch von seinen Zeitgenossen gerühmte Herzensgüte, die ihm den Beinamen »der Gütige« eintrug.

KAISER FERDINAND I.   693

Die Vermählung Ferdinands I. war ein Werk des Staatskanzlers Metternich, der unter allen Umständen die Einsetzung eines der Brüder Kaiser Franz' I., Erzherzog Karl oder Erzherzog Johann, als Regent für den Fall vermeiden wollte, daß Ferdinand und sein Bruder Franz Karl von der Thronfolge ausgeschlossen werden sollten. So erklärte Metternich Ende 1830 zum Entsetzen der Erzherzogin Sophie, es gäbe keinen Grund, warum der Thronfolger nicht heiraten sollte. Die Braut war bereits gefunden und ausgewählt worden. Es war die Prinzessin Maria Anna von Sardinien-Piemont. So konnte Metternich sich später in der Frage der Nachfolge auf das Legitimitätsprinzip berufen und behielt bei den geistigen Unzulänglichkeiten Ferdinands I. die Fäden der Politik weiter in seinen Händen.

Prinzessin Anna war weder schön noch charmant, dafür aber bescheiden und fügsam. Ihren Bräutigam, den unglücklichen Ferdinand, sah sie erst wenige Tage vor der Hochzeit. Natürlich war die Ehe durch die Krankheit Ferdinands von vornherein schwer belastet und glich eher dem Verhältnis einer Pflegerin zu einem Kranken als dem von Ehegatten. Dennoch wurde das Paar glücklich, weil die Prinzessin die Neigungen und Interessen des Kaisers teilte.

Nach seiner Abdankung lebte Ferdinand I. mit seiner Gemahlin auf dem Prager Hradschin. Dort erfreute das Paar sich an Musik und pflegte die Blumen und Anlagen im Garten des Königsschlosses. Trotz seiner Gebrechen lebte Ferdinand noch 27 Jahre und starb im hohen Alter von 82 Jahren am 29. 6. 1875 in Prag.

Ihm, der durch seinen Tod kaum eine Lücke hinterließ, widmete eine tschechische Zeitung als König Ferdinand V. von Böhmen einen kaum erwarteten Nachruf:

»Die Krone des heiligen Wenzel ist verwaist, unser König ist tot, wir sind Waisen, denn unser Vater ging zu seinen Vätern. Der königliche Vertreter unserer geheiligten unveräußerlichen Rechte ward zu seinen Ahnen versammelt, der gekrönte König von Böhmen starb. Keiner seiner Vorgänger aus dem Hause Habsburg liebte das tschechische Volk so wie er. Er gab uns alle unsere Rechte, die uns nach Recht und Gerechtigkeit gebühren, und er wollte das Königreich herstellen in allem seinem Ruhme. Er entsagte aber lieber dem Throne und wollte nicht Kaiser des österreichischen Staates sein, als den Tschechen nicht ihr Recht zuteil werden zu lassen. Obwohl stets in unseren Herzen das unvergängliche Streben nach unserem Recht leben wird, das uns niemand nehmen kann, so erfüllte uns doch bisher der süße Trost, daß wir einen gekrönten König hatten und daß Gott ihn uns erhalten wird, damit die heilige Wenzelskrone nicht verwaise. Nun aber warten wir, auf dem Boden dieses Königreiches stehend, ruhig und gefaßt ab, was kommen soll. Unser gekrönter König entsagte dem österreichischen Throne, weil ihm Hindernisse die Erfüllung der den getreuen Tschechen gemachten Gelöbnisse verwehrten. Der Kaiser von Österreich übernahm die Erbschaft seines Oheims, Ferdinands des Gütigen; er herrscht und gebietet jetzt über uns. Auch der Kaiser von Österreich hat ein feierliches Gelöbnis, und das Volk ist dessen eingedenk.

Wenn doch dieses Gelöbnis eine Erfüllung gelangte, nachdem die heilige Wenzelskrone verwaist ist. Wenn die Belebung des dynastischen Gefühls in Böhmen oder mindestens dessen Erhaltung auch nur einen kleinen Teil seines Programms bildet, welches man an entscheidender Stelle in Wien für die nächste Zukunft entworfen hat, dann wird der Tod König Ferdinands V. eine Folge haben. Die Königsburg in Prag wird nicht leer bleiben. Und dürfen wir einen Wunsch beifügen, von dem wir überzeugt sind, daß er die Zustimmung der ganzen Nation findet, so ist es der, daß Kronprinz Rudolf für längere Zeit in der Königsburg verweile und daß so, wie einstens sein hoher Vater, Kaiser Franz Joseph I., sich als Gouverneur für Böhmen für seinen zukünftigen Herrscherberuf vorbereiten sollte, auch der Kronprinz, dem vor vier Jahren das ganze Königreich zujubelte, in Böhmen, im Prager Schlosse, an dem Wohnsitz weiland seines gütigen Vorfahren seine politische Laufbahn beginne.«

Die Nachkommen des Erzherzogs Franz Karl
Sohn Kaiser Franz' I. von Österreich
Bruder Kaiser Ferdinands I. von Österreich

1. FRANZ JOSEPH, Erzherzog von Österreich
   ⚭ ELISABETH, Prinzessin in Bayern
   Siehe unter Kaiser Franz Joseph I.

2. MAXIMILIAN FERDINAND JOSEPH, Erzherzog, Kaiser von Mexiko
   * 6. 7. 1832 in Wien-Schönbrunn
   † 19. 6. 1867 in Querétaro/Mexiko
   Grabstätte: Kaisergruft Wien – neue Gruft

   ⚭ 27. 7. 1857 in Wien
   CHARLOTTE, Prinzessin von Belgien a. d. H. Sachsen-Coburg-Saalfeld
   Eltern: Leopold I., König der Belgier a. d. H. Sachsen-Coburg-Saalfeld,
   und Louise Marie, Prinzessin von Frankreich, Tochter Ludwig Philipps
   I., König der Franzosen
   * 7. 6. 1840 auf Schloß Laeken/Belgien
   † 19. 1. 1927 auf Schloß Bouchout/Belgien
   Grabstätte: Königliche Krypta in der Kirche in Laeken/Belgien

   1. 10. 1854 Maximilian wird Konteradmiral und übernimmt das Ober-
   kommando der österreichischen Kriegsmarine in Triest.
   28. 2. 1857 Maximilian wird Generalgouverneur des Lombardo-Venetia-
   nischen Königreiches. Dieses Amt mußte Maximilian kurz vor dem
   Ausbruch des italienischen Freiheitskrieges am 20. 4. 1859 niederlegen.
   Während seiner Amtszeit war der liberalem Gedankengut zugängliche
   Erzherzog immer wieder in Gegensatz zum Kaiser geraten. Nach
   Aufgabe seines Amtes nahm er mit seiner Gemahlin seinen ständigen
   Wohnsitz in dem von ihm erbauten Schloß »Miramare« in Triest.
   Nunmehr trat Maximilian seinem kaiserlichen Bruder offen und kritisch
   entgegen. Er begehrte einen seiner Stellung im Kaiserhaus angemessenen
   Wirkungskreis.
   Anfang Juli 1863 kam eine mexikanische Abordnung unter Führung des
   Erzbischofs Pelagio Antonio de Lavastida von Mexiko-City nach
   Miramare und bot dem Erzherzog die Kaiserkrone von Mexiko an. Ohne
   die Hintergründe dieses Anerbietens näher zu untersuchen, nahm
   Maximilian das Angebot wohl in dem Bestreben an, seinem Bruder

ebenbürtig zu sein. Der Regierungsausschuß in Mexiko proklamierte daraufhin den Sturz der Republik, setzte die Monarchie ein und bot Maximilian am 3. 10. 1863 offiziell die Kaiserkrone an.

Am 10. 4. 1864 verzichtete Maximilian auf seine Rechte als Erzherzog von Österreich und Mitglied des Hauses Habsburg-Lothringen, legte den Treueid auf Mexiko ab und nahm die Rechte, Pflichten und den Titel eines Kaisers von Mexiko an.

Auf der Fregatte »Novara« verließen Maximilian und Charlotte am 14. 4. 1864 Triest und trafen am 28. 5. 1864 in Vera Cruz ein. Der Kaiser sah schon bald sein Fehlverhalten ein. Der Bürgerkrieg in Mexiko ging weiter. Die Macht Kaiser Maximilians stützte sich ausschließlich auf die französischen Besatzungstruppen. Als diese auf Drängen der Vereinigten Staaten von Nordamerika zurückgezogen wurden, mußte auch Maximilian das mexikanische Unternehmen als gescheitert betrachten. Die ehrgeizige Kaiserin Charlotte versuchte noch einmal, Kaiser Napoleon III. zu bewegen, seine Truppen in Mexiko zu belassen und die Monarchie auch finanziell zu unterstützen. Regierung und Parlament in Frankreich widersetzten sich diesem Versuch, und es blieb bei der einmal getroffenen Entscheidung. Charlotte, den Abgrund vor sich sehend, verfiel in Wahnsinn. Sie konnte nicht mehr zu Maximilian zurückkehren und wurde auf Schloß Miramare interniert. Von dort brachte ihre Schwägerin Marie, Königin der Belgier, sie nach Schloß Tervueren, 1879 nach Bouchout, wo sie am 19. 1. 1927 in geistiger Umnachtung starb.

Im Oktober 1866 entschloß sich Maximilian, abzudanken. Er wurde noch einmal überredet, zu bleiben, und übernahm den Oberbefehl über die in der Stadt Querétaro stationierten Truppen. Am 15. 5. 1867 gelang es den republikanischen Truppen, die Stadt einzunehmen. Maximilian wurde gefangengenommen, vor ein Militärgericht gestellt und zum Tode verurteilt. Am 19. 6. 1867 um sieben Uhr morgens wurde das Todesurteil auf dem »Cerro de las Campanas« vor Querétaro vollstreckt. Am Ort der Hinrichtung wurde am 10. 4. 1901 eine Sühne-Kapelle eingeweiht. Erst nach langwierigen Verhandlungen konnte eine Überführung der sterblichen Hülle des Kaisers in seine Heimat erreicht werden. Auf der Fregatte »Novara« kam der Leichnam am 17. 1. 1868 nach Triest, von wo der Kaiser vier Jahre vorher nach Mexiko aufgebrochen war.

3. KARL LUDWIG, Erzherzog
    * 30. 7. 1833 in Wien-Schönbrunn
    † 19. 5. 1896 in Wien-Schönbrunn
    Grabstätte: Kaisergruft Wien – neue Gruft

1. ⚭ 4. 11. 1856 in Dresden
MARGARETHE, Prinzessin von Sachsen
Eltern: Johann I., König von Sachsen, und Amalie, Prinzessin von
Bayern, Tochter Maximilians I. Josef, König von Bayern
* 24. 5. 1840 in Dresden
† 15. 9. 1858 in Monza/Italien
Grabstätte: Kaisergruft Wien – Ferdinands-Gruft

2. ⚭ 21. 10. 1862 in Venedig
MARIA ANNUNZIATA, Prinzessin beider Sizilien a. d. H. Bourbon
Eltern: Ferdinand II. Karl, König beider Sizilien a. d. H. Bourbon, und
Maria Theresia, Erzherzogin von Österreich, Tochter Karls, Erzherzog
v. Österreich, Herzog von Teschen
* 24. 3. 1843 in Caserta
† 4. 5. 1871 in Wien
Grabstätte: Kaisergruft Wien – neue Gruft

3. ⚭ 23. 7. 1873 in Kleinheubach
MARIA THERESIA, Infantin von Portugal a. d. H. Braganza
Eltern: Michael, König von Portugal, und Adelhaid, Prinzessin von
Löwenstein-Wertheim-Rosenberg, Tochter von Constantin, Erbprinz
von Löwenstein-Wertheim-Rosenberg
* 24. 8. 1855 in Kleinheubach
† 12. 2. 1944 in Wien
Grabstätte: Kaisergruft Wien – Nische D, Ferdinands-Gruft

4. MARIA ANNA, Erzherzogin
* 27. 10. 1835 in Wien-Schönbrunn
† 5. 2. 1840 in Wien
Grabstätte: Kaisergruft Wien – Nische B, Ferdinands-Gruft

5. TOTGEBORENER SOHN
* / † 24. 10. 1840 in Wien-Schönbrunn
Grabstätte: Kaisergruft Wien

6. LUDWIG VICTOR, Erzherzog
* 15. 5. 1842 in Wien-Schönbrunn
† 18. 1. 1919 auf Schloß Kleßheim bei Salzburg
Grabstätte: Gruft auf dem Friedhof in Siezenheim bei Salzburg

Kaiser Franz Joseph I.

Kaiser Franz Joseph I.

* 18. 8. 1830 in Wien-Schönbrunn
† 21. 11. 1916 in Wien-Schönbrunn
Grabstätte: Kaisergruft Wien – Franz-Josephs-Gruft
Eltern: Erzherzog Franz Karl und Sophie Friederike von Bayern

∞ 24. 4. 1854 in Wien
ELISABETH, Prinzessin in Bayern
Eltern: Maximilian, Herzog in Bayern, und Ludovika, Prinzessin von Bayern, Tochter Maximilians I. Josef, König von Bayern
* 24. 12. 1837 in München
† 10. 9. 1898 in Genf (ermordet)
Grabstätte: Kaisergruft Wien – Franz-Josephs-Gruft

WAHLSPRUCH: Viribus unitis = Mit vereinten Kräften

2. 12. 1848   Kaiser von Österreich – nicht gekrönt
2. 12. 1848   Apostolischer König von Ungarn.
8. 6. 1867   in Budapest in der Matthiaskirche nach dem Ausgleich mit Ungarn zum Apostolischen König von Ungarn gekrönt.

Nach der Abdankung Kaiser Ferdinands I. übernahm sein erst 18jähriger Neffe als Kaiser Franz Joseph I. die Regierung in den von der Revolution aufgewühlten Ländern.

Der am 18. 8. 1830 im Schloß Schönbrunn geborene jüngste Sproß des Hauses Habsburg-Lothringen erhielt in der Taufe die Namen Franz Joseph Karl. Die Vornamen sollten die Erinnerung an verschiedene große Kaiser dieser Namen aus dem Hause Habsburg wachhalten. Taufpate wurde Kaiser Franz I. von Österreich als Großvater des Neugeborenen. Die ersten Lebensjahre Franz Josephs, der in einem glücklichen und liebevollen Elternhaus aufwuchs, begleitete die zur Erzieherin berufene »Aja« Luise Freiin von Sturmfeder. Als Franz Joseph sechs Jahre alt wurde, übertrug Erzherzogin Sophie im Einverständnis mit Metternich die Erziehung ihres Sohnes dem einem portugiesischen Grafengeschlecht entstammenden Karl Graf von Bombelles. In 13 Wochenstunden erhielt Franz Joseph zunächst Unterricht in Religion, Deutsch, Französisch und Geographie. Er zeigte ein ausgeprägtes Pflichtbewußtsein und gehorchte seinen Erziehern aufs Wort. Die konservative Grundhaltung in der Erziehung wurde von der Mutter Franz Josephs, die das Lebensbild ihres Sohnes nachhaltig prägte und allmählich zur einzigen Bezugsperson ihres Sohnes wurde, voll unterstützt. In späteren Jahren erhielt Franz Joseph auch Unterricht in Musik, die er weniger schätzte, und Zeichnen, das zu seiner Lieblingsbeschäftigung wurde. Für Erzherzogin Sophie blieben die Fächer Religion und Geschichte die Grundlagen der Erziehung. An diesen Unterrichtsstunden nahm sie selbst regelmäßig teil, und nicht selten war auch der Erzbischof von Wien, Othmar Kardinal von Rauscher, beteiligt. Schon früh beherrschte Franz Joseph alle Sprachen des Vielvölkerstaates, kam aber infolge seines frühen Regierungsantritts über eine gute Allgemeinbildung nicht hinaus. Erst ein Jahr vor seinem Regierungsantritt wurde er in Rechtslehre und Staatswissenschaften unterrichtet und mit der Technologie und dem Kunstleben vertraut gemacht. Er lernte in dieser Zeit die hervorragenden Künstler seiner Zeit kennen. Die dem jungen Erzherzog von frühester Jugend an am Wiener Hof entgegengebrachte Verehrung bestärkte ihn in seinem anerzogenen autokratischen Selbstverständnis. Die militärische Erziehung lag in Händen des Majors Franz von Haustal. Die Vorliebe Franz Josephs für alles Militärische ließ ihn selten anders als in Uniform in der Öffentlichkeit erscheinen. An seinem 13. Geburtstag wurde er zum Oberst eines Dragonerregiments ernannt und unterschrieb von diesem Zeitpunkt an wie selbstverständlich nur noch mit »Franz, Oberst«.

Der vorzeitige Regierungsantritt Franz Josephs beendete den Unterricht, und so bedurfte der in seinen Ansichten noch nicht ausgereifte 18jährige Kaiser

KAISER FRANZ JOSEPH I. 701

erfahrener Mitarbeiter, die ihm zur Seite standen. Der am 11. 11. 1848 noch durch
Kaiser Ferdinand I. zum Ministerpräsidenten ernannte Felix Fürst zu Schwarzenberg wurde in seinem Amt bestätigt und der erste politische Führer Franz Josephs,
dem der junge Monarch sein volles Vertrauen schenkte.

Zentrale Themen der nächsten zwei Jahrzehnte waren die Lösung der
deutschen Frage und die Herbeiführung eines Ausgleichs mit Ungarn.

Der am 2. 12. 1848 vollzogene Thronwechsel wurde vom ungarischen
Reichstag nicht anerkannt. Der Kaiser lehnte sowohl den von den Ungarn
verlangten Eid auf die Verfassung als auch die gewünschte Krönung zum König
von Ungarn ab, da Franz Joseph I. die Forderungen der Ungarn mit seiner
Auffassung von der unteilbaren Einheit des Staates nicht vereinbaren konnte. Der
vom Kaiser vorgenommenen Auflösung des ungarischen Reichstages folgte im
Dezember 1848 der Ausbruch der Revolution in Ungarn. Feldmarschall Fürst
Windischgrätz marschierte noch am gleichen Tage nach Ungarn ein und rückte
bis Budapest vor. Ludwig Kossuth und der ungarische Reichstag flohen unter
Mitnahme der Stephanskrone nach Debrecen. Am 5. 1. 1849 wurde Budapest
besetzt. Der Widerstand der Ungarn aber hielt an. Nur wenige Wochen später
konnten die ungarischen Truppen die ersten Erfolge erzielen und rückten nun
ihrerseits nach Budapest vor. Am 13. 4. 1849 wurde das Haus Habsburg in Ungarn
für abgesetzt erklärt und die Republik, deren Führer Ludwig Kossuth wurde,
ausgerufen. Die sich verschlechternde Lage – am 23. 4. 1849 befand sich nur noch
die Festung Ofen im Besitz des Kaisers – veranlaßte Franz Joseph I., sich nach
Ungarn zu begeben, wo er mit Zar Nikolaus I. zusammentraf. Der Zar sagte dem
Kaiser russische Unterstützung im Kampf gegen die aufsässigen Ungarn zu. Nach
der Eroberung von Ofen kehrten Ludwig Kossuth und der Reichstag nach
Budapest zurück. Ministerpräsident Schwarzenberg trat nunmehr für die blutige
Niederschlagung der Revolution in Ungarn und die Einführung der Diktatur ein.
Nach mehreren Niederlagen floh Kossuth in die Türkei. Sein Nachfolger wurde
der ungarische Freiheitskämpfer General Arthur von Görgey. Die Entscheidung in
diesem Kampf fiel am 13. 8. 1849. Die russische Armee, die zur Unterstützung der
österreichischen Verbände in die Kämpfe eingriff, konnte die ungarische
Revolutionsarmee bei Világos zur Kapitulation zwingen. Damit gingen die
kriegerischen Auseinandersetzungen nach relativ kurzer Zeit zu Ende. Gegen
die Führer der Revolution folgte ein blutiges Strafgericht. Hohe Offiziere und
Staatsbeamte, unter ihnen der ungarische Ministerpräsident Graf Batthyány,
wurden hingerichtet. Die Schuld an diesen Ereignissen, die den Stolz der Ungarn
zutiefst verletzten, wurde dem Kaiser beigemessen. Kossuth, Andrássy und andere
Führer der Revolution konnten noch frühzeitig genug ins Ausland fliehen.

Verhältnismäßig schnell gelang es dem Kaiser, die Verhältnisse in Italien zu
konsolidieren. König Karl Albert von Sardinien-Piemont kündigte am 12. 3. 1849
den noch bestehenden Waffenstillstand und griff erneut zu den Waffen. Nach
zwei Siegen Radetzkys bei Mortara und Novara mußte Karl Albert zu Gunsten
seines Sohnes Viktor Emanuel II. abdanken. Der Ausgang dieses Waffengangs

brachte keine territorialen Veränderungen in Italien für Habsburg, jedoch die Restitution der Sekundogenitur im Großherzogtum Toskana.

Am 7. 3. 1849 zwang der Kaiser dem Volk die neue Verfassung für das Kaisertum Österreich auf und erließ am gleichen Tag eine Verordnung über die Auflösung des Reichstags von Kremsier, der seit November 1848 an einer föderalistischen Verfassung arbeitete. Nach der aufgezwungenen Verfassung bildete der Kaiserstaat Österreich einschließlich Ungarns eine unteilbare Einheit. Gegenüber dem aus Ober- und Unterhaus bestehenden Reichstag besaß der Kaiser das Vetorecht. Da der Reichstag nie einberufen wurde, regierte Franz Joseph I. absolutistisch.

Nunmehr griff der Kaiser die deutsche Frage wieder auf. Am 15. 1. 1849 hatte die deutsche Nationalversammlung für das von dem Bayern Heinrich Freiherr von Gagern vorgelegte Programm der Kleindeutschen gestimmt und dieses Programm mit der knappen Mehrheit von 261 gegen 224 Stimmen angenommen. Franz Joseph I. stand den Plänen der Kleindeutschen ablehnend gegenüber und war auch nicht bereit, sich einem anderen Fürsten unterzuordnen. In die Debatte um die zukünftige Gestaltung Deutschlands brachte Ministerpräsident Schwarzenberg den Plan ein, unter Führung eines erweiterten Bundestages ein österreichisch-deutsches Großreich zu schaffen, in das Österreich mit allen Ländern und Völkern eintreten sollte. Für die Ausübung der Regierung war ein Direktorium aus sechs Mitgliedern (Österreich, Preußen, Bayern und drei andere deutsche Mitgliedstaaten) mit einem Reichsstatthalter an der Spitze vorgesehen. Die Statthalterschaft sollte jährlich wechselnd vom Kaiser von Österreich und vom König von Preußen ausgeübt werden. Die Verwirklichung dieses Gedankens scheiterte letztlich am Einspruch Großbritanniens und Frankreichs. Am 3. 4. 1849 scheiterte aber auch die kleindeutsche Lösung, da der zum »Kaiser der Deutschen« von der deutschen Nationalversammlung gewählte König Friedrich Wilhelm IV. von Preußen die Annahme der Wahl ablehnte. Damit gewann Österreich erneut Zeit, nach einer anderweitigen Lösung der deutschen Frage zu suchen.

Am 9. 9. 1849 kam es zu einem Zusammentreffen Kaiser Franz Josephs I. mit dem König von Preußen in Pillnitz. In der Pillnitzer Vereinbarung wurde eine vorläufige Lösung für die Einigung Deutschlands getroffen. Je zwei Bundeskommissare als Vertreter Österreichs und Preußens sollten die Zentralgewalt ausüben. Aufgrund dieser Vereinbarung legte Erzherzog Johann am 20. 12. 1849 sein Amt als Reichsverweser nieder. Preußen hielt sich nicht an diese Vereinbarung und unternahm weitere Versuche, die deutsche Frage allein zu lösen. Unter Umgehung und Ausschluß Österreichs lud Preußen alle deutschen Staaten zu einem Unionsparlament nach Erfurt ein. Nach Protest berief Österreich den Deutschen Bund nach Frankfurt a. Main ein. Das Erfurter Unionsparlament blieb ohne Bedeutung, da Österreich seine Auffassung durchsetzen konnte, die vorläufige Zentralgewalt durch endgültige Bundesorgane zu ersetzen. Preußen aber lehnte die Frankfurter Bundesversammlung ab und berief einen Kongreß der Unionsmitglieder zum 1. 5. 1850 nach Berlin. Auch dieser Kongreß brachte keine Einigung.

KAISER FRANZ JOSEPH I. 703

Auf Initiative Österreichs und gegen den Widerspruch Preußens wurde am 1. 9. 1850 ein deutscher Bundestag in Frankfurt a. Main eröffnet. Auf dieser Tagung wurde der Gedanke an ein österreichisch-deutsches Großreich fallengelassen. Österreich hielt aber weiterhin seinen Anspruch auf Vorrang im Deutschen Bund aufrecht. Preußen hielt an der kleindeutschen Lösung fest. Bei einem Treffen mit Zar Nikolaus I. von Rußland sicherte sich Kaiser Franz Joseph I. dessen Unterstützung gegen Preußen.

Im Streit um den Kurfürsten von Hessen, der innenpolitisch in Schwierigkeiten geraten war und gegen den Preußen Stellung bezogen hatte, gewährte der Deutsche Bund dem Kurfürsten Schutz gegen Preußen und beschloß die Entsendung eines Exekutionsheeres in das Kurfürstentum. Darüber kam es fast zum Kriege zwischen Österreich und Preußen – nur die russische Haltung in dieser Frage bewog Preußen zum Nachgeben. Ministerpräsident Schwarzenberg stellte Preußen das Ultimatum, seine Truppen innerhalb von zwei Tagen aus dem hessischen Gebiet zurückzuziehen. Im Vertrag von Olmütz mußte Preußen am 29. 11. 1850 den Österreichern weitgehende Zugeständnisse machen. Preußen verpflichtete sich, der Wiedereinsetzung des Kurfürsten von Hessen zuzustimmen, das Großherzogtum Baden zu räumen, die Unionspolitik aufzugeben und alle deutschen Regierungen zur Klärung der deutschen Bundesangelegenheiten heranzuziehen. Am 16. 5. 1851 erfolgte der Abschluß eines auf drei Jahre befristeten Geheimvertrages, wonach Österreich und Preußen unter Einbeziehung der österreichischen Besitzungen in Italien sich ihren Besitzstand gegenseitig garantierten. Am 30. 5. 1851 wurde in Dresden die Wiederherstellung des Deutschen Bundes beschlossen. Damit war es Österreich gelungen, seinen Standpunkt in der deutschen Frage weitgehend durchzusetzen.

Bereits im Jahre 1850 hatte der Kaiser versucht, durch die Neueinrichtung von Landtagen und die Beseitigung der Vorrangstellung des Adels die Gunst seiner Völker zu gewinnen. Leider konnte Franz Joseph I. nicht über seinen eigenen Schatten springen. Das in ihm wurzelnde Mißtrauen gegen das Bürgertum verhinderte die Inkraftsetzung der Landtagsordnungen. Der Kaiser stützte sich weiterhin auf eine starke Armee, die Beamtenschaft und die Kirche. Es begann aber ein planvoller, mit Reformen einhergehender Aufbau. Alle Bewohner erhielten innerhalb der Monarchie ein einheitliches Staatsbürgerrecht. Die Justiz wurde von der Verwaltung getrennt. Es folgte die Einrichtung von Geschworenengerichten. Die Bauernbefreiung wurde durchgeführt. Unter Aufhebung der Zollgrenze zwischen Österreich und Ungarn wurde ein einheitliches Zollsystem geschaffen und das österreichische Steuersystem auf Ungarn übertragen. In Ungarn hob der Kaiser die Verfassung auf und verfügte mit Erlaß vom 26. 6. 1850 eine vorläufige Neuordnung Ungarns. Siebenbürgen, Kroatien, Slawonien und das Banat wurden von Ungarn getrennt und zu eigenen Kronländern erhoben. Julius Freiherr von Haynau und später Erzherzog Albrecht wurden mit diktatorischen Vollmachten als Generalgouverneure von Ungarn eingesetzt. Diese Maßnahmen führten zu großer Unzufriedenheit unter der ungarischen Bevölkerung. In der Folge baute der Kaiser seine Macht als absolutistisch regierender Monarch immer weiter aus. Das »Sylvesterpatent« vom 31. 12. 1851 hob die aufgezwungene Verfassung auf. Der dynastische Absolutismus wurde begründet und gesetzlich verankert.

Am 5. 4. 1852 starb Ministerpräsident Schwarzenberg – sein Nachfolger wurde Alexander Freiherr von Bach. Der Tod Schwarzenbergs war für Franz Joseph I. Veranlassung, alle Macht im Staate selbst zu übernehmen. Obwohl Schwarzenbergs Politik nicht unumstritten war, hatte er Österreich wieder zur Großmacht geführt. Von nun an hatte die Öffentlichkeit die Entscheidungen des Kaisers ohne Widerspruch hinzunehmen. Kriegsgerichte und Standrecht sorgten dafür, daß jeder Widerspruch im Keime erstickt wurde. In dieser Zeit übten die Erzherzogin Sophie, Othmar Kardinal von Rauscher und Karl Ludwig Graf Grünne einen erheblichen und nicht immer günstigen Einfluß auf den Herrscher aus. Nach Einführung einer obersten Polizeibehörde am 25. 4. 1852 kam es in Wien zu Verschwörungen und Anschlägen.

Am 18. 2. 1853 wurde auf den wegen seiner Härte unbeliebten Kaiser durch den Ungarn János Libényi ein Mordanschlag ausgeführt. Franz Joseph I. wurde nur leicht verletzt, und zum ersten Mal zeigte sich in der Bevölkerung eine gewisse Sympathie für den Kaiser, dessen Popularität nach dem Anschlag größer wurde. Unter dem Eindruck des auf ihn verübten Attentats drängte der Kaiser auf die Aufhebung des seit 1848 bestehenden Belagerungszustandes über Wien.

Die Auseinandersetzungen zwischen Rußland und den Fürstentümern Moldau und Walachei brachten Österreich, das sich zunächst abwartend verhielt, in eine schwierige außenpolitische Lage. Nachdem Österreich und Preußen ihre Neutralität in dem Konflikt erklärt hatten, erfolgte am 23. 10. 1853 die Kriegserklärung der Hohen Pforte an Rußland. Die Hohe Pforte fand die Unterstützung Großbritanniens und Frankreichs, die am 27. 3. 1854 Rußland den Krieg erklärten. Die folgende Besetzung der Dobrudscha durch Rußland führte zu einem Schutz- und Trutzbündnis zwischen Österreich und Preußen. Am 3. 6. 1854 forderte Österreich von Rußland die Räumung der Fürstentümer und schloß am 14. 6. 1854 mit der Hohen Pforte einen Vertrag, der Österreich die Besetzung der Fürstentümer zusicherte. Nach Besetzung Moldaus und der Walachei durch österreichische Truppen fiel die Entscheidung zwischen Rußland und den Westmächten auf der Halbinsel Krim (Krimkrieg). Nach fast einjähriger Belagerung wurde Sewastopol am 8. 9. 1855 erstürmt. Ohne in den noch fortdauernden Krieg einzutreten, schloß Österreich am 2. 12. 1854 ein Bündnis mit den Westmächten in der Hoffnung, mit deren Hilfe das Protektorat über Moldau, Walachei und Serbien zu erhalten. Nach dem Tode Zar Nikolaus' I. setzte sein Nachfolger Zar Alexander II. den Kampf gegen die Westmächte fort. Friedensverhandlungen in Wien scheiterten an der Haltung Rußlands, das der geforderten Einschränkung seiner Seeherrschaft im Schwarzen Meer nicht zustimmen wollte. Schließlich gelang es Österreich doch, die Russen zum Einlenken zu bewegen. Mit dem Frieden von Paris wurde die Vorherrschaft

KAISER FRANZ JOSEPH I.

Rußlands in Europa am 30. 3. 1856 beendet. Rußland mußte auf seine Schutzfunktionen über die Fürstentümer Moldau und Walachei und über die griechisch-orthodoxen Christen auf dem Balkan verzichten, durfte keine Kriegsschiffe im Schwarzen Meer unterhalten und mußte der freien Donauschiffahrt zustimmen. Das Streben Österreichs nach dem Protektorat über die Donaufürstentümer scheiterte am Widerspruch der Westmächte.

Nach langwierigen Verhandlungen wurde am 18. 8. 1855 durch kaiserliches Patent der Abschluß eines Konkordats mit dem Heiligen Stuhl bekanntgegeben. Der Kirche wurden weitgehende Sonderrechte eingeräumt, wodurch sie die Freiheit zurückerhielt und der »Josefinismus« im wesentlichen beseitigt wurde.

Am 20. 12. 1857 verfügte der Kaiser die Schleifung der Befestigungsanlagen von Wien und ordnete die Erweiterung der Stadt an. Es entstand der Ring mit seinen privaten und öffentlichen Bauten, Gärten und Parkanlagen.

Der bekannte und beliebte Heerführer Joseph Graf Radetzky von Radetz starb am 5. 1. 1858 in Mailand, wo er noch im hohen Alter als Generalgouverneur des Lombardo-Venetianischen Königreiches residiert hatte.

Das Lombardo-Venetianische Königreich war der nächste Schauplatz, auf dem es dann für Österreich zu Schwierigkeiten kam. Camillo Graf Cavour, Minister Viktor Emanuels II., richtete sein ganzes Augenmerk auf die Einigung Italiens. Als er von Kaiser Napoleon III. von Frankreich die geheime Zusicherung erhielt, gegen Abtretung Savoyens und Nizzas die Bestrebungen Italiens zu unterstützen, kam es zum Krieg zwischen Österreich und Sardinien-Piemont. Die Erklärung König Viktor Emanuels II. vom 10. 1. 1859, er sei nicht mehr bereit, die Verhältnisse in Italien tatenlos hinzunehmen, veranlaßte Kaiser Franz Joseph I., über die Lombardei das Kriegsrecht zu verhängen und im April mit seinen Truppen in das Königreich Sardinien-Piemont einzumarschieren. Preußen verhielt sich zwar neutral, jedoch votierte der preußische Gesandte in St. Petersburg, Otto Graf von Bismarck, für ein Bündnis Preußens mit Rußland und Frankreich gegen Österreich. Am 26. 4. 1859 erklärte Kaiser Napoleon III. Österreich den Krieg. Von den Ereignissen überrollt, trat der österreichische Außenminister Karl Graf Buol-Schauenstein zurück. Seine diplomatischen Fehler waren die Hauptursache dafür, daß Österreich im Krieg gegen Sardinien-Piemont und Frankreich allein stand. Nach der Niederlage bei Magenta am 4. 6. 1859 mußte Österreich die Lombardei räumen, und die Verbündeten konnten am 8. 6. 1859 in Mailand einziehen. Nun übernahm Kaiser Franz Joseph I. den Oberbefehl selbst und ordnete die allgemeine Mobilmachung an. Am 24. 6. 1859 erlitten die Österreicher bei Solferino erneut eine schwere Niederlage, die auch Rückwirkungen auf das Prestige des Kaisers hatte, der den Oberbefehl während der Schlacht selbst geführt hatte. Bereits am 8. 7. 1859 kam es zum Waffenstillstand von Villafranca, dem am 10. 11. 1859 der Friede von Zürich folgte. Österreich verlor die Lombardei an Frankreich, das diese an Sardinien-Piemont übergab und dafür wie vereinbart Savoyen und Nizza (1860) erhielt. Dem am 21. 8. 1859 zurückgetretenen leitenden Minister Bach folgte der föderalistisch gesinnte Agenor Graf Goluchowski d. Ä.

Die schwerwiegende Niederlage in Italien führte sowohl bei Kaiser Franz Joseph I. als auch bei der österreichischen Regierung zu einem Umdenken in der Innen- und Außenpolitik. Der Kaiser war endlich zu weitreichenden Änderungen und Reformen im Staat bereit. Als erste Maßnahme erfolgte am 15. 3. 1860 die Einberufung des Reichsrates, der durch Vertreter der Landtage verstärkt wurde. Er erhielt den Auftrag, unter Berücksichtigung der nationalen Sonderinteressen eine neue Verfassung auszuarbeiten. Unter Berufung auf die »Pragmatische Sanktion« als Rechtsgrundlage erließ der Kaiser am 20. 10. 1860 das Oktoberdiplom als beständiges und unwiderrufliches Staatsgrundgesetz. Um die Autonomie der Länder und die Einheit des Reiches zu sichern, erhielten die Landtage und der Reichsrat das Recht zur Mitwirkung an der Gesetzgebung. Ungarn und die Deutschösterreicher lehnten das Oktoberdiplom ab. Die Ungarn bestanden auf ihren Forderungen von 1848 nach voller nationaler Selbständigkeit und Demokratisierung. Die Deutschösterreicher befürchteten ein Übergewicht der slawischen Volksstämme, und die liberalen Bürger lehnten die Vorherrschaft des Adels und der Geistlichkeit in den Landtagen ab. Der leitende Minister Graf Goluchowski wurde am 13. 12. 1860 entlassen. Die Regierungsgeschäfte wurden nunmehr Anton Ritter von Schmerling als Staatsminister übertragen. Er erhielt vom Kaiser den Auftrag, das Oktoberdiplom umzugestalten. Schmerling arbeitete einen Verfassungsentwurf aus, der auf einer zentralistischen Grundlage basierte und am 26. 2. 1861 als Februarpatent bekanntgegeben wurde. Diese zentralistische Verfassung sah zusätzliche Landtage für die Kronländer vor. In den Landtagen waren der Großgrundbesitz, die Handels- und Gewerbekammern sowie die Städte und Märkte vertreten. Die Wahlberechtigung wurde an die Steuerleistung gebunden. Nach dieser Verfassung war das Kaisertum Österreich nunmehr ein konstitutioneller Staat. Neben den Ungarn und Slawen lehnten auch der Adel, der Klerus und das Beamtentum die Verfassung ab.

Durch kaiserliches Patent vom 8. 4. 1861 erhielten die Protestanten die Gleichheit vor dem Gesetz garantiert. Ihnen wurde das Recht zugestanden, kirchliche Angelegenheiten selbständig zu ordnen, zu leiten und zu verwalten. Unwiderruflich wurde ihnen die volle Freiheit des Bekenntnisses zugesichert.

Dem am 1. 5. 1861 in Wien eröffneten Reichsrat blieben die Landtage Ungarns, Istriens, Venetiens und Kroatiens fern. Die Slowenen, Polen und deutsch-konservativen Kreise traten in Opposition zu Staatsminister Schmerling. Auch die zweite Sitzung des Reichsrates im Juni 1863 blieb erfolglos. Die Tschechen, auf die historischen Rechte der böhmischen Krone pochend, verließen die Sitzung.

Die gemäßigten Ungarn traten in der Folge für eine Realunion mit Österreich ein. Starke und sich immer wieder erneuernde Bemühungen der Kaiserin Elisabeth, die sich zu den Ungarn hingezogen fühlte und infolgedessen in Ungarn über ein hohes Ansehen verfügte, führten zur Aufnahme von Verhandlungen des Kaisers mit Franz von Deák und Julius Graf Andrássy d. Ä., denen sich Staatsminister von Schmerling, der die Versuche, den Zentralismus aufrechtzuerhalten, nicht aufgegeben hatte, widersetzte. Ein Besuch des Kaisers in Ungarn im Juni 1865 brachte die Aussöhnung mit den ungarischen Nationalisten. Der Kaiser verzichtete auf die Durchführung der zentralistischen Verfassung in Ungarn und stimmte der Wiedervereinigung Siebenbürgens und Kroatiens mit Ungarn zu. Daraufhin trat Staatsminister von Schmerling am 27. 7. 1865 zurück. Nachfolger wurde Richard Graf von Belcredi, der bis dahin Statthalter in Böhmen war.

Ein für die weitere Entwicklung der deutschen Frage bedeutsamer Vorgang ereignete sich in Preußen. Am 23. 9. 1862 wurde der preußische Gesandte in St. Petersburg, Otto Graf von Bismarck, zum preußischen Ministerpräsidenten ernannt, der am 8. 10. 1862 auch das preußische Außenministerium übernahm. An der Spitze der preußischen Regierung stand nun mit Bismarck ein Vertreter der Lösung der deutschen Frage ganz im Sinne Preußens. Als typischer Vertreter Preußens und der kleindeutschen Lösung war er bereit, die deutsche Frage gegen Österreich, das sich als Wahrer der Reichsidee gegen Preußen verstand, mit »Blut und Eisen« zu lösen. Wie er das deutsche Problem sah, hat er in einer Rede mit dem Satz: »Es gibt kein deutsches Volk. Unsere Politik ist das Aufgehen Deutschlands in Preußen und damit die Umgestaltung Preußens zu Deutschland«, zu erkennen gegeben.

Hinter dieser Gesinnung des arroganten, dem kleindeutschen Denken verhafteten Preußen verbarg sich neben Überheblichkeit seine ganze Rücksichtslosigkeit, mit der er die sich gesteckten politischen Ziele verfolgte und zu erreichen versuchte. Die Bestrebungen Österreichs, durch eine defensive Haltung eine großdeutsche Lösung zu finden, waren damit so gut wie aussichtslos geworden.

Kaiser Franz Joseph I. berief am 4. 8. 1863 zur Beratung über die Reform des Deutschen Bundes einen Fürstentag nach Frankfurt a. Main, der am 17. 8. 1863 zusammentrat und bis zum 1. 9. 1863 tagte. Auf Anraten Bismarcks nahm König Wilhelm I. von Preußen an den Beratungen nicht teil. Österreich schlug dem Fürstentag vor, als oberstes Organ des Bundes ein Direktorium von fünf Fürsten zu bilden. Diesem Direktorium sollten Österreich, Preußen, Bayern und zwei weitere deutsche Fürsten angehören. Österreich behielt sich den Vorsitz im Direktorium vor. Außerdem war die Bildung eines Bundesrates von 300 Mitgliedern als gesetzgebende Versammlung vorgesehen. Die Vorschläge wurden von der Mehrzahl der deutschen Fürsten angenommen. Die Verwirklichung scheiterte jedoch am Widerstand Preußens, das die Gleichberechtigung mit Österreich forderte.

Während der Fürstentag in Frankfurt noch debattierte, waren die Gedanken Bismarcks in Schleswig-Holstein. Seine wahre Absicht, das Land Preußen einzugliedern, konnte Bismarck zunächst noch verschleiern. Am 30. 3. 1863 legte König Christian IX. von Dänemark dem dänischen Reichstag eine Verfassung vor, die Schleswig dem Königreich Dänemark einverleibte. Neben Preußen und Österreich protestierte auch Prinz Friedrich von Augustenburg, der Erbansprüche sowohl auf Schleswig als auch auf Holstein erhob. Trotz der vorgebrachten Proteste nahm der dänische Reichstag die neue Verfassung an, die am 1. 1. 1864 in

Kraft trat. Die Aufforderung Österreichs und Preußens an Dänemark, die neue Verfassung zurückzunehmen, wurde von Dänemark abgelehnt. Daraufhin erfolgte am 1. 2. 1864 die Kriegserklärung Preußens und Österreichs an Dänemark. Da die Dänen bei den anderweitig verpflichteten Großmächten nicht die erhoffte Unterstützung fanden, mußten sie im Frieden von Wien-Schönbrunn auf alle Rechte in den Herzogtümern Schleswig-Holstein und Lauenburg zugunsten des Kaisers von Österreich und des Königs von Preußen verzichten. Da die beiden Mächte sich über die weitere Zukunft der Herzogtümer nicht verständigen konnten, forderte Bismarck nun den Krieg gegen Österreich. Dieser Forderung konnten sich König Wilhelm I. und der preußische Hof noch widersetzen. In der Konvention von Gastein, die am 20. 8. 1865 von den beiden Monarchen bestätigt wurde, verständigte man sich dahingehend, daß Schleswig von Preußen und Holstein von Österreich verwaltet wurde. Gegen eine Zahlung von 2,5 Millionen dänische Taler trat Österreich das Herzogtum Lauenburg an Preußen ab, das auch den Kriegshafen Kiel erhielt. An der Frage um die Zukunft Schleswig-Holsteins spitzte sich das Verhältnis zwischen Österreich und Preußen zu. Das Verlangen des österreichischen Statthalters Ludwig Freiherr von Gablenz, die Stände beider Herzogtümer einzuberufen und über die Zukunft Schleswig-Holsteins selbst entscheiden zu lassen, führte zu einer Protestnote Preußens, die vom österreichischen Außenminister am 7. 2. 1866 zurückgewiesen wurde. Bismarck, nunmehr fest entschlossen, den Krieg gegen Österreich zu führen, schloß am 8. 4. 1866 ein Bündnis mit Italien und versprach diesem für seine Hilfe das österreichische Venetien. Hinweise Kaiser Franz Josephs I. auf den in der deutschen Bundesakte festgelegten Frieden zwischen den deutschen Staaten blieben bei Bismarck, der den deutschen Krieg haben wollte, ohne Wirkung. Am 26. 4. 1866 ordnete König Viktor Emanuel II. von Italien die Mobilmachung an. Österreich mobilisierte am 27. 4. 1866 seine unter dem Oberbefehl des Feldmarschalleutnants Ludwig Freiherr Ritter von Benedek stehende Nordarmee gegen Preußen und schloß ein Neutralitätsabkommen mit Frankreich, das teuer erkauft werden mußte. Österreich verpflichtete sich in diesem Abkommen, auch im Falle eines Sieges gegen Preußen Venetien an Frankreich abzutreten, und mußte außerdem die Verpflichtung eingehen, in Deutschland keine Gebietsveränderungen ohne Zustimmung Frankreichs vorzunehmen. Nach einer Einberufung der Landstände Holsteins für den 11. 6. 1866 erklärte Preußen die Konvention von Gastein für gebrochen, und preußische Truppen marschierten am 7. 6. 1866 in Holstein ein, das von Österreich kampflos geräumt wurde. Auf Antrag Österreichs wurde am 14. 6. 1866 die Bundesarmee gegen Preußen mobil gemacht. Preußen erklärte den Deutschen Bund für aufgelöst und verlangte unter Androhung einer militärischen Intervention von Sachsen, Hannover und Hessen den Rücktritt vom Bundesbeschluß. Nach Ablehnung dieser preußischen Forderung traten auch Bayern, Württemberg und Baden auf die Seite Österreichs. Die Kriegserklärung Italiens am 20. 6. 1866 zwang Österreich zu einem Zweifrontenkrieg. Während die preußische Armee in Böhmen einrückte, konnte die österreichische Südarmee unter dem Oberkommando von Erzherzog Albrecht am 24. 6. 1866 bei Custozza einen überzeugenden Sieg gegen die italienischen Verbände erringen. Der Kapitulation der hannoverischen Armee bei Langensalza am 29. 6. 1866 folgte bereits am 3. 7. 1866 die alles entscheidende Schlacht bei Königgrätz, die für Österreich verlorenging. Preußische Truppen besetzten Prag und Brünn und standen am 17. 7. 1866 vor Wien. Auch die in letzter Stunde erfolgte Ernennung Erzherzog Albrechts zum Oberkommandierenden aller kaiserlichen Truppen konnte das Verhängnis nicht mehr aufhalten. Dem vorläufigen Frieden von Nikolsburg am 26. 7. 1866 folgte am 23. 8. 1866 in Prag der Friedensschluß zwischen Österreich und Preußen. Österreich anerkannte die Auflösung des Deutschen Bundes und gab Preußen freie Hand in Norddeutschland. Österreich erklärte sich mit der Neugestaltung Deutschlands einverstanden und verzichtete auf jegliche Mitbestimmung in Deutschland. Die Rechte Österreichs in Schleswig-Holstein wurden auf Preußen übertragen. Neben einer Kriegsentschädigung von 20 Millionen Talern stimmte Österreich der Vereinigung Schleswig-Holsteins, Kurhessens und Hannovers mit Preußen zu.

Im Frieden von Wien anerkannte Österreich das Königreich Italien.

Mit dem Ausscheiden Österreichs aus Deutschland hatte Preußen sein lange angestrebtes Ziel erreicht. Aber um welchen Preis? Im Laufe der Jahrhunderte waren den Deutschen viele bedeutende Landstriche verlorengegangen. Entweder beruhte das Ausscheiden aus dem Reichsverband auf einem freiwilligen Entschluß, oder die Veränderung wurde durch Waffengewalt der Nachbarn herbeigeführt. Nach Königgrätz aber wurde acht Millionen Deutschen durch Preußen unmißverständlich klar gemacht, daß sie in dem kommenden, von Preußen ins Auge gefaßten Reich nicht erwünscht waren. Die bis dahin überlieferten deutschen Verhältnisse waren durch Preußen umgestürzt worden.

Am 30. 10. 1866 trat der österreichische Außenminister Alexander Graf Mensdorff-Pouilly zurück, und Friedrich Ferdinand Graf Beust, ein engagierter Gegner Bismarcks, trat an die Spitze des Außenministeriums.

Die Gespräche mit den Ungarn waren durch immer wieder neue Vermittlungen der Kaiserin Elisabeth nie ganz abgerissen und wurden im Oktober 1866 zwischen dem Außenminister Beust einerseits und Julius Andrássy sowie Franz Deák andererseits wiederaufgenommen. Die Verhandlungen machten schnelle Fortschritte und wurden insbesondere von der Kaiserin mit größtem Interesse verfolgt. Anfang des Jahres 1867 schrieb Elisabeth an ihren Gemahl:

»Hoffe, bald von Dir hören zu können, daß die ungarische Sache endlich ins Reine kam und wir uns bald in Ös-Budávara befinden werden. Wenn Du schreiben wirst, daß wir hingehen, wird mein Herz beruhigt sein, da ich dann weis, daß das ersehnte Ziel erreicht ist.«

Unter dem Einfluß seiner Gemahlin näherte sich Franz Joseph I. immer mehr dem Deákschen Dualismus, was zum Bruch mit dem Ministerpräsidenten Belcredi führte, der zurücktreten und sein Amt an Beust, der auch das Amt des Außenministers beibehielt, abtreten mußte. Der Weg für den Ausgleich mit

Ungarn war frei. Am 18. 2. 1867 wurde im ungarischen Abgeordnetenhaus das Handschreiben des Kaisers verlesen, mit dem Julius Graf Andrássy d. Ä. zum Ministerpräsidenten ernannt und dem ungarischen Volk die Verfassung wiedergegeben wurde. Die überwiegende Mehrheit des ungarischen Volkes stellte sich auf die Seite von Andrássy und Deák. Mit größter Freude hatte Kaiserin Elisabeth die Entwicklung verfolgt und durfte den Abschluß des Ausgleichs mit Ungarn als einen persönlichen Triumph betrachten. Im März besuchte der Kaiser Pest und wurde mit großem Jubel empfangen. Ministerpräsident Andrássy teilte dem Kaiser mit, daß die ungarische Nation über die Freude, die Aussöhnung mit dem Herrscher erreicht zu haben, für das Kaiserpaar Schloß Gödöllö, für das Elisabeth bei einem früheren Besuch geschwärmt hatte, als Sommersitz erworben habe. Dem Kaiser wurde weiter mitgeteilt, daß man seine Gemahlin gleichzeitig mit ihm krönen werde. Da die ungarischen Königinnen bisher immer erst einige Tage nach dem Herrscher gekrönt wurden, bedeutete die Änderung des Krönungsprotokolls eine einmalige und unerhörte Bevorzugung Elisabeths durch die ungarischen Magnaten. Man wußte, wem man den zustande gekommenen Ausgleich zu verdanken hatte. Am 8. 5. 1867 fuhr das Herrscherpaar nach Budapest und wurde dort mit unbeschreiblicher Begeisterung und nicht endenwollenden Eljen-Rufen empfangen. Joseph Freiherr von Eötvös, der stets im oppositionellen Lager Ungarns stand, ließ sich von der allgemeinen Begeisterung mitreißen und schrieb:

»Drei Jahrhunderte versuchten wir es mit dem Glauben, dann mehrmals mit der Hoffnung, nun blieb nur noch eines übrig, daß die Nation irgendein Mitglied des Erzhauses wirklich aus tiefstem Herzen lieben möge. Nun wir dies erreicht haben, bangt mir vor der Zukunft nicht mehr.«

Gemeint war Kaiserin Elisabeth, die mit der ungarischen Nation gelitten und gekämpft hatte, bis das Ziel erreicht war.

Am 8. 6. 1867 wurde das Herrscherpaar in der Matthiaskirche in Budapest gekrönt. Nach der Salbung durch den Fürstprimas von Ungarn setzte Ministerpräsident Graf Andrássy als stellvertretender Palatin von Ungarn Franz Joseph I. die Krone des heiligen Stephan aufs Haupt und krönte ihn zum Apostolischen König von Ungarn. Nach alter Sitte hielt der stellvertretende Palatin anschließend die Krone über Elisabeths Schulter und krönte sie so zur Apostolischen Königin von Ungarn.

Am fünften Tag der Feierlichkeiten erhielten die Majestäten in kunstvollen silbernen Kassetten je 50.000 Golddukaten als Krönungsgeschenk der Nation. Man wußte, daß dieses Geschenk in irgendeiner Form den Ungarn wieder zugute kommen würde, war aber doch überrascht, als das Königspaar verfügte, das Geschenk den Witwen und Waisen jener Männer und den Invaliden zukommen zu lassen, die einst für die Selbständigkeit Ungarns gegen Österreich gekämpft hatten. Die Bevölkerung war allgemein der Überzeugung, daß dieser Entschluß auf Kaiserin Elisabeth zurückzuführen war.

Durch den Ausgleich mit Ungarn wurde das Kaisertum Österreich in eine Doppelmonarchie umgestaltet. Die österreichische Reichshälfte (Cisleithanien)

KAISER FRANZ JOSEPH I. 711

und die ungarische Reichshälfte (Transleithanien) wurden gleichberechtigt und selbständige Staaten, die nur durch die Person des Herrschers miteinander verbunden waren. Auswärtige Angelegenheiten sowie das Kriegs- und Finanzwesen waren gemeinsame Reichsangelegenheiten. Beide Landesteile waren durch Währungs- und Zollunion miteinander verbunden. Am 21. 12. 1867 bestätigte der Kaiser die vom cisleithanischen Reichsrat ausgearbeiteten Staatsgrundgesetze, die die allgemeinen Rechte der Bürger, die Ausübung der Regierungs- und Vollzugsgewalt, die richterliche Gewalt und die Errichtung eines Reichsgerichts regelten. Die Februarverfassung von 1861 wurde wieder in Kraft gesetzt. Am 1. 1. 1868 übertrug der Kaiser dem deutsch-liberalen Karl Fürst Auersperg das Amt des Ministerpräsidenten. Das Außenministerium blieb in Händen des bewährten Grafen von Beust. Nunmehr begann in der österreichischen Reichshälfte die deutsch-liberale Ära.

Nach der erfolgten Neuordnung legte der Kaiser am 14. 11. 1868 den zukünftigen Titel des Herrschers und den Namen des Staates fest:
Bei im Namen des Kaisers abgeschlossenen Verträgen lautete der Titel:
»Kaiser von Österreich und Apostolischer König von Ungarn«
Persönliche Bezeichnung:
»Se. K. u. k. Apostolische Majestät«
Staatsname:
»Österreichisch-ungarische Monarchie«
Ungarn begann mit dem Ausbau seines Nationalstaates. Rücksichtslos wurden die in Ungarn ansässigen Minderheiten magyarisiert. Nur den Kroaten wurde eine begrenzte Autonomie zugestanden.

Slawen und Tschechen lehnten nach wie vor den Dualismus ab. Insbesondere die Tschechen verlangten nun gleichfalls den Ausgleich und die Krönung des Herrschers mit der Wenzelskrone.

Am 19. 7. 1870 erfolgte die Kriegserklärung Frankreichs an Preußen. Auf Antrag des ungarischen Ministerpräsidenten Andrássy hatte der Kronrat bereits am 18. 7. 1870 für den Fall eines Krieges zwischen Frankreich und Preußen eine neutrale Haltung beschlossen. Die geheimen Hoffnungen Österreichs auf eine Niederlage Preußens erfüllten sich nicht. Nach dem Sieg der Preußen bei Sedan wurde Kaiser Napoleon III. gefangengenommen und am 4. 9. 1870 die Republik in Frankreich ausgerufen.

Bismarck schloß mit den deutschen Einzelstaaten Verträge zur Gründung eines deutschen Kaiserreiches. Am 18. 1. 1871 wurde König Wilhelm I. von Preußen als Wilhelm I. im Spiegelsaal des Schlosses von Versailles zum deutschen Kaiser proklamiert. Lange hatte Wilhelm I. sich geweigert, den Titel eines deutschen Kaisers anzunehmen, da ihm der Titel »König von Preußen« mehr bedeutete. Auf eine Krönung des deutschen Kaisers Wilhelm wurde verzichtet. Selbst Bismarck war der Auffassung, daß die echte Krone in Wien liege. Die Anfrage der Hohenzollern nach der alten Reichskrone wurde vom Wiener Hof mit Recht abschlägig beschieden. Das preußisch-deutsche Kaiserreich konnte für sich nicht das Erbe des Heiligen Römischen Reiches Deutscher Nation in Anspruch nehmen, es war nicht das Reich, in dem die Deutschen sich geborgen fühlen konnten. Das preußisch-deutsche Kaiserreich wurde ein parlamentarisch verbrämter Militärstaat, der durch sein imperialistisches Machtstreben knapp 50 Jahre nach seiner Gründung ruhmlos zugrunde ging.

Einen Tag vor Ausbruch des deutsch-französischen Krieges verkündete Papst Pius IX. auf dem in Rom tagenden ersten Vatikanischen Konzil das Dogma von der Unfehlbarkeit des Papstes. Zu den entschiedensten Gegnern der Dogmatisierung der päpstlichen Unfehlbarkeit gehörten die österreichischen Konzilsväter. Der Wiener Hof sah in der Verkündigung des Dogmas eine wesentliche Veränderung in der Person des Vertragspartners beim Abschluß des Konkordats von 1855 und betrachtete die damals geschlossenen Vereinbarungen als hinfällig.

Noch im Sommer 1871 kam es zu einem Treffen zwischen Kaiser Franz Joseph I. und Kaiser Wilhelm I. Beide Monarchen waren bemüht, die Beziehungen zwischen ihren Staaten wieder auf eine normale Basis zu stellen. Die Berufung Andrássys zum österreichisch-ungarischen Außenminister ließ den Wandel in den Beziehungen erkennen, da Andrássy einen eindeutig deutschen Kurs vertrat und eine Kooperation mit dem preußisch-deutschen Kaiserreich suchte. Ausdruck der verbesserten Beziehungen war das im September 1872 abgeschlossene Dreikaiserbündnis zwischen Österreich-Ungarn, Rußland und Deutschland, das bei einem Besuch des Zaren in Schönbrunn am 6. 6. 1873 durch ein Konsultationsabkommen zwischen Österreich und Rußland, dem auch Kaiser Wilhelm I. beitrat, ergänzt wurde. Das Abkommen war ein Defensivbündnis, das der Aufrechterhaltung des Friedens dienen sollte und bei einem Angriff Dritter die schnelle Verständigung zwischen den Partnern vorsah.

Zu Beginn des Jahres 1875 kam es zu Aufständen in Bosnien, der Herzegowina und Bulgarien gegen die Herrschaft der Türken. Nach Konsultationen zwischen Bismarck, Andrássy und dem russischen Außenminister wurde die Hohe Pforte zur Abstellung der bestehenden Mißstände aufgefordert und mit einer Intervention der drei Kaiserreiche gedroht. Rußland, das zur Auflösung des Osmanischen Reiches entschlossen war, forderte die Serben auf, von der Hohen Pforte die völlige Unabhängigkeit zu verlangen. Da diese sich weigerte, erklärten Serbien und Montenegro der Türkei am 2. 7. 1876 den Krieg. Vermittlungsversuche europäischer Mächte wurden von der Hohen Pforte zurückgewiesen. Nach einem Zusammentreffen Franz Josephs I. mit Zar Alexander II. am 8. 7. 1876 in Reichstadt in Böhmen versprach der Kaiser Neutralität in einem Krieg Rußlands gegen die Hohe Pforte. Der Zar anerkannte das Recht Österreichs auf Besetzung der Herzegowina und Bosniens. Die getroffenen Absprachen wurden am 15. 1. 1877 in einem Geheimvertrag zwischen Österreich und Rußland bestätigt. Nach der Kriegserklärung Rußlands an die Hohe Pforte drangen die Russen bis Konstantinopel vor und konnten der Hohen Pforte am 3. 3. 1878 den Frieden von San Stefano aufzwingen, der auf dem Berliner Kongreß vom 13. 6. bis 13. 7. 1878 revidiert wurde. Bosnien und die Herzegowina wurden unter den Schutz und die

KAISER FRANZ JOSEPH I. 713

Verwaltung Österreich-Ungarns gestellt. Zu diesem Entschluß bemerkte der russische Delegierte: »Dieser Schritt wird eines Tages zum Grab der Monarchie werden.«

Am 29. 7. 1878 marschierten österreichisch-ungarische Truppen in Bosnien und die Herzegowina ein. Sie mußten sich die Besetzung der Länder gegen starken Widerstand erkämpfen und konnten erst am 19. 8. 1878 Sarajevo erobern. Wegen der Verstärkung des slawischen Bevölkerungsteils wurde die Okkupation von den Deutschen und Ungarn abgelehnt.

Bei den Neuwahlen zum Abgeordnetenhaus im Juli 1879 verloren die Liberalen die Mehrheit und mußten den Konservativen weichen. Ein Jugendfreund des Kaisers und Vertreter der Reichspolitik, Eduard Graf Taaffe, wurde zum leitenden Minister berufen. Um die von ihm gebildete Koalition der Rechten zusammenzuhalten, war er zu laufenden Kompromissen genötigt und förderte dadurch nur den Radikalismus bei den Nationalitäten. Aus Protest gegen die neue Innenpolitik Taaffes trat Andrássy vom Amt des Außenministers zurück, nachdem er zuvor noch am 7. 10. 1879 den Zweibund zwischen Österreich-Ungarn und Deutschland, der bis 1918 in Kraft blieb, abgeschlossen hatte. Der Zweibund verpflichtete die Vertragspartner zur gegenseitigen Hilfe für den Fall eines russischen Angriffs. Am 20. 5. 1882 wurde der Zweibund unter Hinzuziehung Italiens zum Dreibund erweitert, wodurch sich Italien gegen Frankreich und Österreich-Ungarn gegen Rußland absicherten. Der Bündnisfall trat ein, wenn eine oder zwei der Vertragsmächte von zwei oder mehreren Staaten angegriffen wurden.

Nach mehreren Attentaten wurde am 30. 1. 1884 über Wiener Neustadt, Wien-Floridsdorf und Korneuburg der Ausnahmezustand verhängt. Es kam zu Sozialistenprozessen, die mit schweren Bestrafungen der Sozialisten endeten und fast zum vollständigen Zusammenbruch der Arbeiterbewegung führten.

Am 18. 6. 1887 wurde auf Wunsch Bismarcks der Rückversicherungsvertrag zwischen dem deutschen Reich und Rußland abgeschlossen, in dem sich die beiden Vertragsmächte gegenseitige Neutralität zusicherten für den Fall eines Angriffs Frankreichs auf Deutschland oder Österreich-Ungarns auf Rußland.

Am 9. 3. 1888 starb der deutsche Kaiser Wilhelm I. Sein schwerkranker Sohn und Nachfolger, Kaiser Friedrich III., folgte ihm bereits am 15. 6. 1888 in den Tod. Nachfolger Friedrichs III. wurde dessen 29jähriger Sohn, der als Wilhelm II. den deutschen Kaiserthron bestieg. Als der österreichische Kronprinz Rudolf die Nachricht von der Thronbesteigung Kaiser Wilhelms II. erhielt, bemerkte er sarkastisch, aber wohl zutreffend:

»Dieser Wilhelm II. wird sich schon machen. Er dürfte schon bald die größte Konfusion in Europa anrichten, denn dafür ist er der geeignete Mann. Er hält sich selbst für ein großes Genie – mehr kann man nicht verlangen. In wenigen Jahren wird er das hohenzollernsche Deutschland dahin bringen, wo es hingehört.«

Knapp zwei Jahre später entließ Wilhelm II. seinen Reichskanzler Bismarck, mit dessen politischem Kurs er nicht mehr einverstanden war. Der Rückversicherungsvertrag von 1887 wurde nicht mehr erneuert. Rußland wurde damit von seinen Verpflichtungen frei und Österreich-Ungarn zwangsläufig stärker an Deutschland gebunden.

Nach der Erschießung des kaiserlichen Bruders Maximilian am 19. 6. 1867 in Mexiko traf das Kaiserhaus am 30. 1. 1889 ein noch härterer Schicksalsschlag. Kronprinz Rudolf, auf den so große Hoffnungen gesetzt wurden, schied mit seiner Geliebten Mary Freiin von Vetsera im Jagdschloß Mayerling freiwillig aus dem Leben. Das Thronfolgerecht ging auf den Bruder des Kaisers, Erzherzog Karl Ludwig, über.

Am 1. 1. 1889 wurde auf dem Hainfelder Parteitag die Sozialdemokratische Partei Österreichs mit einem Programm auf marxistischer Grundlage gegründet. Erster Vorsitzender der Sozialdemokratischen Partei Österreichs wurde Dr. Victor Adler, der den Vorsitz bis zu seinem Tode am 11. 11. 1918 behielt. Es war das Verdienst Adlers, die Einigung der Arbeiterbewegung herbeigeführt und die Partei zu einer politischen Macht entwickelt zu haben.

Mit der Verkündigung des neuen Wehrgesetzes erfolgte die Neuordnung der österreichisch-ungarischen Armee. Auf der Basis der allgemeinen Wehrpflicht gliederte sich die Armee Österreich-Ungarns in:

Gemeinsame Streitkräfte:

»k. u. k. Heer und k. u. k. Marine«

Österreichische Streitkräfte:

»k. k. österreichische Landwehr«, Landsturm

Ungarische Streitkräfte:

»kgl. ungarische Honvéd«, Landsturm

Der Nationalitätenstreit kam in der Monarchie nicht zur Ruhe. Die gemäßigt operierenden Alttschechen wurden ab 1889 von den Jungtschechen aus ihren Positionen verdrängt, und es trat eine zunehmende Radikalisierung ein. Die Jungtschechen forderten eine völlige Lösung von der Monarchie und konnten bei den Reichsratswahlen im Jahre 1891 erhebliche Stimmengewinne verbuchen. An den Jungtschechen scheiterte auch die von Taaffe vorbereitete Wahlrechtsreform. Daraufhin trat die Regierung Taaffe am 29. 10. 1893 zurück. Bis zum Ausbruch des Ersten Weltkrieges wechselten nunmehr die Ministerpräsidenten in immer schnellerer Reihenfolge.

1895 konnte die Christlichsoziale Partei unter Führung von Dr. Karl Lueger im Wiener Gemeinderat eine Zweidrittelmehrheit erringen. Lueger war es gelungen, das kleine und mittlere Bürgertum auf seine Seite zu ziehen. Der Kaiser, die Kirche und das Großbürgertum lehnten ihn ab. Da der Kaiser die Ernennung Luegers zum Bürgermeister von Wien ablehnte, kam es nach jeweils voraufgegangener Auflösung des Gemeindeparlaments am 29. 10. 1895 und am 8. 4. 1896 zu Neuwahlen, die Lueger einen steigenden Stimmenanteil brachten. Nach der dritten Wahl zwang Kaiser Franz Joseph I. Lueger zum Verzicht. Er mußte sich mit dem Amt des Vizebürgermeisters begnügen und konnte erst 1897 die

KAISER FRANZ JOSEPH I.

Bestätigung durch den Kaiser als Bürgermeister erreichen. In der Folge erwarb Karl Lueger sich große Verdienste um die Stadt Wien. Sein politisches Wirken wird aber durch den von Lueger und den Christlichsozialen vertretenen Antisemitismus erheblich verdunkelt.

Am 9. 5. 1896 starb der Bruder des Kaisers, Thronfolger Erzherzog Karl Ludwig. Allgemein wurde nun dessen Sohn, Erzherzog Franz Ferdinand, als Thronfolger angesehen, ohne jedoch von Kaiser Franz Joseph I. offiziell ernannt zu werden.

Hatte den Kaiser schon der Tod seines Bruders Maximilian und der des Kronprinzen Rudolf schmerzlich getroffen, so wurde durch die Ermordung seiner Gemahlin im Jahre 1898 die Seele des Kaisers tief verwundet.

Der Thronfolger, Erzherzog Franz Ferdinand, heiratete am 1. 7. 1900 Sophie Gräfin Chotek von Chotkova in nicht hausgesetzgemäßer Ehe. Erst nach langen Auseinandersetzungen mit Erzherzog Franz Ferdinand gab der Kaiser seine Zustimmung zu dieser Eheschließung. War das Verhältnis Franz Josephs I. schon aufgrund der unterschiedlichen politischen Auffassungen zu seinem Thronfolger gespannt, so verschlechterte es sich nach der vom Kaiser zwar geduldeten, aber innerlich abgelehnten Ehe Franz Ferdinands zusehends.

In den folgenden Jahren wurde die Nationalitätenfrage zu einem immer größeren Problem der Monarchie. An der Lösung dieser Frage scheiterten der Kaiser, die Regierung und auch das Parlament. Erschwert wurde die Lösung der Nationalitätenfrage durch das Fehlen einer demokratischen Entwicklung im Kaiserreich, obwohl Ansätze zu einer solchen Entwicklung vorhanden waren.

Die Annexion Bosniens und der Herzegowina durch österreichisch-ungarische Armeeverbände erfolgte am 5. 10. 1908. Rußland erklärte sich mit dem Vorgehen Österreichs einverstanden und erwartete dafür von Österreich Unterstützung in der Bosporus-Dardanellen-Frage, deren Lösung am Widerstand Großbritanniens scheiterte. Von Österreich enttäuscht, unterstützte Rußland nun zusammen mit Italien und Großbritannien die Pläne Serbiens nach einem »Großserbischen Reich« mit Bosnien, Kroatien, Slawonien und Kärnten. Auf Anraten Rußlands stellte Serbien diese Pläne zunächst noch zurück, da der k. u. k. Generalstabschef Freiherr Conrad von Hötzendorf mit einem Krieg gegen Serbien drohte und Rußland, noch geschwächt durch die Niederlage gegen Japan, keine Möglichkeit sah, Serbien militärisch zu unterstützen. So mußte Serbien die Annexion unter Aufrechterhaltung seiner Forderungen am 31. 3. 1909 anerkennen. Die Gegensätze zwischen Österreich-Ungarn und Serbien wurden durch die Balkankriege 1912/1913 noch verschärft.

Trotz vorheriger Warnungen und unter unzulänglichen Schutzmaßnahmen besuchte der Thronfolger in Vertretung des Kaisers die Manöver in Bosnien und wurde am 28. 6. 1914 bei einer Fahrt durch Sarajevo mit seiner Gemahlin von einem Attentäter erschossen. Die Ermordung des österreichischen Thronfolgerpaares wurde nicht nur in der österreichischen Öffentlichkeit, sondern auch in allen Hauptstädten Europas aufs schärfste verurteilt. Die Gelegenheit zu einer schnellen Strafaktion gegen Serbien war günstig und hätte unter dem frischen Eindruck des Meuchelmordes wohl kaum zu größeren Reaktionen zugunsten Serbiens geführt. Man ließ in Wien kostbare Zeit verstreichen und leitete umständliche diplomatische Schritte ein, deren Vorbereitungen vier Wochen in Anspruch nahmen. Ein am 23. 7. 1914 an Serbien überreichtes und auf 48 Stunden befristetes Ultimatum wurde von Serbien nur unzureichend beantwortet. Noch vor Überreichung der Antwortnote hatte Serbien, von Rußland unterstützt, seine Streitkräfte mobilisiert. Dem Abbruch der diplomatischen Beziehungen folgte am 28. 7. 1914 die Kriegserklärung Österreich-Ungarns an Serbien. Die ausgeklügelten Bündnissysteme der vergangenen Jahrzehnte traten in Kraft und machten jeden Versuch, den Konflikt zu lokalisieren, aussichtslos. In der Zeit vom 1. bis 27. 8. 1914 erklärten den Krieg:

Deutschland an Rußland, Frankreich und Belgien,
Großbritannien an Deutschland,
Montenegro an Österreich-Ungarn und Deutschland,
Serbien an Deutschland,
Österreich-Ungarn an Rußland,
Frankreich an Österreich-Ungarn,
Großbritannien an Österreich-Ungarn und
Japan an Deutschland und Österreich-Ungarn.

Mitten im Ersten Weltkrieg, im November 1916, als sich die Niederlage der Mittelmächte schon abzeichnete, starb Kaiser Franz Joseph I.

Das politische Handeln Kaiser Franz Josephs I. in seiner langen Regierungszeit wurde weitgehend von der Erhaltung der habsburgischen Macht diktiert. Von seiner Mutter, die den Kaiser in dieser Haltung unterstützte, übernahm er auch das dynastische Denken, das in der Gleichung Vaterland = Habsburg bestand. Bis zu seinem Tode blieb er ein deutsch gesinnter Fürst, der als absoluter Monarch allein die Verantwortung trug. Seine Stützen waren die konservativ geprägte katholische Kirche, eine regierungstreue Beamtenschaft und die zentralistisch geführte Armee. In der Ausübung der Regierungsgeschäfte war Franz Joseph I. von einer nicht zu überbietenden Gewissenhaftigkeit und Pflichttreue. Bestrebt, kleinste Kleinigkeiten nach Möglichkeit selbst zu regeln, ließen ihn oft den Blick für die große Linie und die Anliegen seiner Zeit verlieren. Die Impulsivität seiner Jugend legte er bald ab und wurde mit zunehmendem Alter maßvoll und duldsam. In der Lebensführung spartanisch einfach und sparsam, kannte er außer der Jagd, der er leidenschaftlich nachging, keine Vergnügen. Wie viele Habsburger sehnte auch Kaiser Franz Joseph I. sich nach einem glücklichen Familienleben und einem gemütlichen Heim. Beides blieb ihm letztlich versagt.

In der langen Geschichte der Habsburger hat kein Herrscher aus diesem Hause so harte familiäre Schicksalsschläge hinnehmen müssen wie Kaiser Franz Joseph I.

1857 starb die erstgeborene Tochter Kaiser Franz Josephs I. auf einer Reise nach Ungarn in Budapest.

1867 wurde des Kaisers ehrgeiziger Bruder Maximilian, der sich auf das mexikanische Abenteuer eingelassen hatte, bei Querétaro erschossen. 1889 wurden der Freitod des Kronprinzen Rudolf und die Begleitumstände für das katholische Erzhaus Habsburg zu einem ausgesprochenen Skandal. Der Kaiser war vor allem über die Todesart seines Sohnes zutiefst erschüttert. Äußerst kritisch über den Mord und Selbstmord Kronprinz Rudolfs äußerte sich in Rom Kardinalstaatssekretär Rampolla. Auf sein Betreiben blieben alle in Rom anwesenden Kardinäle den feierlichen Exequien für den Kronprinzen in Rom fern. 14 Jahre später, beim Konklave nach dem Tode Papst Leos XIII., sollte Rampolla den weitreichenden Arm des Kaisers von Österreich und Apostolischen Königs von Ungarn zu spüren bekommen und an seine Haltung beim Tode des Kronprinzen unangenehm erinnert werden. Der politisch den Franzosen nahestehende Rampolla hatte bereits beim zweiten Wahlgang 29 der notwendigen 42 Stimmen erhalten. Zu Beginn des dritten Wahlganges erhob sich Kardinal Jan Puzyna, Erzbischof von Krakau, wandte sich an den Kardinaldekan und verlas folgende Adresse:

»Ich nehme es mir zu Ehre an, von Allerhöchster Stelle zu dieser Aufgabe berufen, Euer Eminenz als den Kardinaldekan und Camerlengo der Heiligen Römischen Kirche demütigst zu bitten, Sie möchte zu Ihrer Kenntnis nehmen und es in amtlicher Form mitteilen und erklären lassen im Namen und in der Autorität Seiner Apostolischen Majestät des Kaisers Franz Joseph von Österreich, Königs von Ungarn, daß Seine Majestät, sich eines alten Rechts und Privilegs bedienend, das Veto des Ausschlusses ausspricht gegen meinen hochwürdigsten Herrn, den Kardinal Marianus Rampolla del Tindaro.«

Die Kardinäle orientierten sich neu und wählten Giuseppe Kardinal Sarto, Patriarch von Venedig, als Pius X. zum Papst, der während seines Pontifikats engste Beziehungen zum Kaiserhaus unterhielt.

Schwer traf Franz Joseph I. der Tod seiner Gemahlin Elisabeth. Die Kaiserin war im Herbst 1898 von Bad Nauheim kommend nach Genf gefahren. Am Morgen des 10. 9. 1898 befand sie sich auf dem Steg der Dampferanlegestelle und wurde, bevor sie das Schiff, das sie nach Caux bringen sollte, besteigen konnte, von dem italienischen Anarchisten Luigi Luccheni mit einer Feile, die ins Herz der Kaiserin drang, erstochen. Am Nachmittag des gleichen Tages erhielt der Kaiser durch den Ersten Generaladjutanten Eduard Graf Paar ein Telegramm ausgehändigt, das eine lebensgefährliche Verletzung der Kaiserin meldete. Wenige Minuten später folgte ein neues Telegramm mit der Meldung: *»Ihre Majestät die Kaiserin soeben verschieden.«* Wie versteinert hielt der Kaiser das Telegramm in seinen Händen und sank dann mit den Worten: »Mir bleibt doch gar nichts erspart auf dieser Welt!« fassungslos schluchzend auf seinen Schreibtischsessel. Wie aus weiter Ferne hörte Graf Paar die geflüsterten Worte des Kaisers: *»Niemand weiß, wie sehr wir uns geliebt haben.«*

Es war das einzige Mal, daß der Kaiser in Gegenwart seiner Umgebung die Beherrschung verlor. Die Verurteilung des sinnlosen Verbrechens und die

Anteilnahme an dem schweren Schicksal des Monarchen war in der ganzen Welt einhellig. Besonders tief waren Trauer und Anteilnahme in Ungarn. In jedem Fenster hing das umflorte Bild der Kaiserin, und es gab nicht ein Haus, das nicht eine schwarze Fahne trug. Der Sarg der Kaiserin wurde in der Hofburg aufgebahrt, wo Tausende von der Toten Abschied nahmen. Noch an ihrem Sarg entzündete sich der Nationalitätenstreit. Vor dem Sarg der Kaiserin stand ihr Wappen mit der Aufschrift: »Elisabeth, Kaiserin von Österreich.« Das Zeremonienamt des Hofes wurde mit ungarischen Protesten überflutet und mußte noch am gleichen Tage hinzufügen: »und Königin von Ungarn«. Kaum war das geschehen, erhoben die Böhmen Protest und verlangten Aufklärung darüber, warum die Bezeichnung »Königin von Böhmen« fortgelassen worden sei. Der vereinsamten und unglücklichen Kaiserin hätte es sicher genügt, wenn man sich auf den Namen »Elisabeth« beschränkt hätte.

Kaiserin Elisabeth entstammte einer Nebenlinie der Wittelsbacher, deren Angehörige das Recht hatten, den Titel »Herzöge in Bayern« zu führen. Ihr Großvater war König Maximilian I. Josef von Bayern, dessen Töchter Sophie und Ludovika Erzherzog Franz Karl von Österreich und Herzog Maximilian in Bayern geheiratet hatten. Erzherzogin Sophie wurde die Mutter Kaiser Franz Josephs I. und die Herzogin Ludovika die Mutter der Kaiserin Elisabeth. Ursprünglich sollte Franz Joseph I. nach dem Willen seiner Mutter eine Schwester Elisabeths, die drei Jahre ältere Prinzessin Helene, heiraten. Bei einem Besuch in Bad Ischl durchkreuzte Franz Joseph I. die Pläne seiner Mutter und verliebte sich in die erst 15jährige Elisabeth. Die in Possenhofen am Starnberger See ungezwungen, frei und sportlich aufgewachsene Prinzessin hatte nichts Habsburgisches an sich und war für die Aufgabe, die sie schon bald übernehmen sollte, nur wenig vorbereitet. Schwache Versuche der Erzherzogin Sophie, doch noch ihren Willen durchzusetzen, scheiterten an dem entschiedenen Widerstand ihres Sohnes, der sich schon bald darauf mit Elisabeth verlobte. Am 29. 3. 1854 verzichtete Prinzessin Elisabeth auf ihre eventuellen Rechte an der Krone Bayerns und verließ am 20. 4. 1854 Possenhofen. Am 21. 4. passierte sie in Begleitung ihrer Eltern und der älteren Geschwister die Landesgrenze bei Linz, von wo sie donauabwärts mit dem Dampfer nach Wien fuhr. Dem feierlichen Einzug in Wien am 23. 4. 1854 folgte am 24. 4. 1854 abends um 19 Uhr in der Augustinerkirche die glanzvolle Trauung durch den Fürsterzbischof von Wien, Othmar Kardinal von Rauscher.

Vom ersten Tag an wurde die Ehe Elisabeths eine Kette unerquicklicher, nicht enden wollender Auseinandersetzungen mit ihrer Schwiegermutter und Tante, der Erzherzogin Sophie. Die erstgeborenen Kinder Elisabeths wurden auf Veranlassung der Erzherzogin Sophie ganz ihrem Einfluß entzogen. Sie durfte die Kinder nur zu bestimmten Stunden des Tages und nur für eine begrenzte Dauer sehen. Aus dem unerträglichen Verhältnis zu ihrer Schwiegermutter zog die Kaiserin schon bald die Konsequenzen und ging ihren eigenen Weg, dabei bewußt jede Etikette außer acht lassend. Etwa ab 1860 nahm die Kaiserin ihr Reiseleben auf, das sie in immer kürzer werdenden Abständen dem Hofleben entfremdete.

Eine leidenschaftliche Zuneigung erfaßte sie zu den Ungarn, und maßgeblich war sie an dem Ausgleich mit Ungarn von 1867 beteiligt. Damit blieb ihr Einwirken auf politische Entscheidungen aber auch begrenzt. Nach der Krönung in Budapest setzte Kaiserin Elisabeth in ihrem Hofstaat neue Akzente. Altgediente Angehörige des Wiener Hofes wurden entlassen und durch Ungarn ersetzt. Franz Freiherr von Nopcsa wurde Großmeister ihres Hauses und Marie Gräfin Festetics die erste Ehrendame der Kaiserin.

1868 wurde der Kaiserin noch die Tochter Marie Valerie geboren, deren Erziehung sie allein bestimmte. Nach der Vermählung dieser Tochter mit Erzherzog Franz Salvator aus der habsburgisch-toskanischen Linie befand sich die Kaiserin fast nur noch auf Reisen und war nur noch selten in Wien anzutreffen. Für ihren Gemahl hatte Elisabeth schon 1888 die Bekanntschaft der Burgschauspielerin Katharina Schratt vermittelt. Zunächst häufig in Gesellschaft des Kaiserpaares, wurde sie allmählich die einzige Vertraute Kaiser Franz Josephs I.

Nach einer Regierungszeit von 68 Jahren starb Kaiser Franz Joseph I. am 21. 11. 1916 im Schloß Schönbrunn, wo er auch das Licht der Welt erblickt hatte. An seinem Sterbebett standen seine Töchter, die Schwiegersöhne, die Erzherzöge und Erzherzoginnen des Hauses Österreich und viele andere erlauchte Persönlichkeiten des Kaiserreiches. Still und unbeachtet stand im Hintergrund die langjährige Vertraute des Kaisers, Katharina Schratt. Der gleichfalls anwesende ritterliche Kaiser Karl I. bot ihr den Arm und führte sie an das Bett des toten Kaisers. Zum Abschied legte sie zwei Rosen auf die Brust des Toten und ging dann still zurück in die Anonymität. Katharina Schratt hat sich des Vertrauens des Kaisers immer würdig erwiesen und ihn nicht enttäuscht. Sie gab keine Interviews, schrieb keine Memoiren und hat, als sie 1940 starb, sicher manches Geheimnis mit ins Grab genommen.

In der Kaisergruft in Wien fanden Kaiser Franz Joseph I., Kaiserin Elisabeth und Kronprinz Rudolf ihre letzte Ruhestätte. Dort liegen sie in der Franz-Josephs-Gruft nebeneinander, der Kaiser erhöht in der Mitte in einem marmornen Sarkophag und auf gleicher Höhe zur Rechten des Kaisers Kaiserin Elisabeth und links von ihm Kronprinz Rudolf in gleichgestalteten Prunksärgen – drei Habsburger, die im Leben so oft getrennte Wege gingen und von denen jeder auf seine Art schwer an dem ihm von der Vorsehung zugewiesenen Schicksal zu tragen hatte. Mit dem Tode Kaiser Franz Josephs I. zerbrach die Klammer, die den Staat zusammengehalten hatte. Zwei Jahre später ging die österreichisch-ungarische Monarchie zugrunde.

Die Nachkommen Kaiser Franz Josephs I.

1. SOPHIE FRIEDERIKE, Erzherzogin
   * 5. 3. 1855 in Wien
   † 29. 5. 1857 in Budapest
   Grabstätte: Kaisergruft Wien – Ferdinands-Gruft

2. GISELA, Erzherzogin
   * 15. 7. 1856 in Laxenburg bei Wien
   † 27. 7. 1932 in München
   Grabstätte: Fürstengruft in der St.-Michaels-Kirche in München

   ⚭ 20. 4. 1873 in Wien
   LEOPOLD, Prinz von Bayern
   Eltern: Luitpold, Prinzregent von Bayern, und Auguste, Erzherzogin von Österreich-Toskana, Tochter Leopolds II., Großherzog von Toskana
   * 9. 2. 1846 in München
   † 28. 9. 1930 in München
   Grabstätte: Fürstengruft in der St.-Michaels-Kirche in München

3. RUDOLF, Erzherzog und Kronprinz
   * 21. 8. 1858 in Laxenburg bei Wien
   † 30. 1. 1889 in Mayerling
   Grabstätte: Kaisergruft Wien – Franz-Josephs-Gruft

   ⚭ 10. 5. 1881 in Wien
   STEPHANIE, Prinzessin von Belgien
   Eltern: Leopold II., König der Belgier, und Maria Henriette, Erzherzogin von Österreich, Tochter Josefs, Erzherzog von Österreich, Palatin von Ungarn
   * 21. 5. 1864 auf Schloß Laeken
   † 23. 8. 1945 in der Benediktinerabtei Pannonhalma/Ungarn
   Grabstätte: Gruft in der Benediktinerabtei Pannonhalma/Ungarn

   Kronprinz Rudolf hatte eine sehr gute Erziehung genossen und besaß eine umfassende Bildung. Ausgestattet mit hervorragenden Geistesgaben, wurden in der Monarchie große Hoffnungen auf ihn gesetzt. Mit zunehmendem Alter unterschied er sich in seinen politischen und weltanschaulichen Ansichten grundlegend von denen seines Vaters und wurde vom Kaiser nur selten zu den Staatsgeschäften herangezogen.

Seine zahlreichen politischen Kontakte zu Ungarn sowie seine liberale Haltung verschärften die Gegensätze zum Kaiser zusehends. Die unglückliche Ehe mit Stephanie von Belgien, bei der er nur wenig Rückhalt fand und die dem Kronprinzen in fast allen Belangen unterlegen war, verstärkte die Konfliktsituation. So suchte Rudolf schließlich Zuflucht in zahlreichen Liebschaften, zuletzt mit der knapp 18jährigen Mary Freiin von Vetsera.

Der Kronprinz war am 28. 1. 1889 nach Mayerling gefahren, wo er ein Jagdschloß besaß und wohin er seinen Schwager, Philipp Prinz von Coburg, und Joseph Graf Hoyos, einen seiner engsten Vertrauten, zur Jagd eingeladen hatte. Nur dem Kammerdiener des Kronprinzen war bekannt, daß sich in den Gemächern Rudolfs die Freiin von Vetsera aufhielt.

Als sich der Kronprinz am Morgen des 30. 1. 1889 nicht meldete, beauftragte Graf Hoyos den Kammerdiener, die Tür zum Schlafzimmer des Kronprinzen aufzubrechen. Dort fand der Kammerdiener die beiden blutüberströmten auf dem Bett liegenden Leichen. Graf Hoyos fiel die schwere Aufgabe zu, das Kaiserpaar zu unterrichten. Kaiserin Elisabeth nahm die Nachricht erstaunlich gefaßt auf und behielt sich vor, dem Kaiser die furchtbare Nachricht selbst zu überbringen. Über die Unterhaltung des schwer geprüften Elternpaares ist nie etwas an die Öffentlichkeit gedrungen. Ungeschicktes Verhalten und der Versuch des Wiener Hofes, den Skandal zu vertuschen, ließen eine Flut von Gerüchten aufkommen. Schließlich erklärte Kaiser Franz Joseph I., daß seine Völker ein Anrecht darauf hätten, die wahre Todesursache seines Sohnes zu erfahren. So wurde die anfängliche Meldung vom Herzschlag des Kronprinzen dementiert und der Selbstmord bekanntgegeben. Um den kirchlichen Behörden die Entscheidung für ein kirchliches Begräbnis zu ermöglichen, wurde eine Autopsie der Leiche Rudolfs vorgenommen und in einem Gutachten festgestellt, pathologische Befunde am Gehirn des Kronprinzen berechtigten zu der Annahme, daß die Tat in einem Zustand geistiger Verwirrung geschehen sei. Der Kronprinz erhielt das ihm zustehende ehrenvolle Begräbnis in der Kaisergruft. Die Freiin von Vetsera wurde an der Mauer des Friedhofs von Heiligenkreuz lieblos verscharrt. Später wurde Mary von Vetsera auf dem gleichen Friedhof in einer würdigen Gruft beigesetzt.

Der Schriftsteller Robert Hamerling schrieb zum Tode des Kronprinzen in einem Versepos:

»So ging auch er dahin. Als Scheidegruß
Hat er die Mahnung uns entboten:
Kehrt ein in Euch, des Unheils Woge steigt,
Und fragt Ihr sonst noch etwas ihn – er schweigt.
Denn Schweigen ist das große Recht der Toten.«

Kronprinzessin Stefanie heiratete am 22. 3. 1900 in zweiter Ehe den Grafen, späteren Fürsten Elemér Lónyay de Nagy-Lónyay und starb im hohen Alter 1945 als Fürstin Lónyay.

4. MARIE VALERIE, Erzherzogin
  * 22. 4. 1868 in Ofen/Ungarn
  † 6. 9. 1924 auf Schloß Wallsee
  Grabstätte: Gruft auf dem Friedhof in Wallsee-Sindelburg

  ∞ 31. 7. 1890 in Bad Ischl
  FRANZ SALVATOR, Erzherzog von Österreich-Toskana
  Eltern: Karl Salvator, Erzherzog von Österreich-Toskana, und Maria Immaculata, Prinzessin beider Sizilien a. d. H. Bourbon, Tochter Ferdinands II., König beider Sizilien a. d. H. Bourbon
  * 21. 8. 1866 in Altmünster/Oberösterreich
  † 20. 4. 1939 in Wien
  Grabstätte: Gruft auf dem Friedhof in Wallsee-Sindelburg

Die Tochter des Kronprinzen Rudolf

ELISABETH MARIA, Erzherzogin
  * 2. 9. 1883 in Laxenburg bei Wien
  † 22. 3. 1963 in Wien
  Grabstätte: Erbbegräbnis Windischgrätz auf dem Hütteldorfer Friedhof in Wien

  1. ∞ 23. 1. 1902 in Wien
     o/o 26. 3. 1924 in Wien
  OTTO, Fürst Windischgrätz
  Eltern: Ernst, Prinz zu Windischgrätz, und Kamilla, Prinzessin zu Öttingen-Öttingen und Öttingen-Spielberg, Tochter Ottos, Fürst zu Öttingen-Öttingen und Öttingen-Spielberg
  * 7. 10. 1873 in Graz
  † 25. 12. 1952 in Lugano
  Grabstätte: Gruft auf dem Friedhof in Lugano-Castagnola

  2. ∞ 4. 5. 1948 in Wien-Hadersdorf
  LEOPOLD PETZNEK
  Eltern: Franz Petznek und Maria Lackmayer
  * 30. 6. 1881 in Bruck a. d. Leitha/Niederösterreich
  † 27. 7. 1956 in Wien
  Grabstätte: Erbbegräbnis Windischgrätz auf dem Hütteldorfer Friedhof in Wien

Leopold Petznek war: 1921–1934 Mitglied des Niederösterreichischen Landtags (der sozialdemokratischen Partei). 28. 11. 1945–23. 2. 1947 Präsident des österreichischen Rechnungshofes.

Die Nachkommen des Erzherzogs Karl Ludwig Bruder Kaiser Franz Josephs I. von Österreich

AUS DER EHE MIT MARIA ANNUNZIATA, PRINZESSIN BEIDER SIZILIEN A. D. H. BOURBON

1. FRANZ FERDINAND, Erzherzog von Österreich-d'Este
    * 18. 12. 1863 in Graz
    † 28. 6. 1914 in Sarajevo (ermordet)
    Grabstätte: Gruft unter der Kirche von Schloß Artstetten

    ∞ 1. 7. 1900 in Reichstadt/Böhmen
    SOPHIE JOSEPHINE ALBINA, Gräfin Chotek von Chotkova und Wognin
    Eltern: Bohuslaw, Graf Chotek von Chotkova und Wognin, und Wilhelmine, Gräfin Kinsky von Wibnitz und Tettau
    * 1. 3. 1868 in Stuttgart
    † 28. 6. 1914 in Sarajevo (ermordet)
    Grabstätte: Gruft unter der Kirche von Schloß Artstetten

Nach dem Tode des Kronprinzen Rudolf hielt Kaiser Franz Joseph I. die Frage der Thronfolge zunächst offen, da der Bruder des Kaisers, Erzherzog Karl Ludwig, noch lebte. Nach dem Tode Karl Ludwigs wurde dessen Sohn Erzherzog Franz Ferdinand 1896 Thronfolger der Donaumonarchie. 1898 erhielt er als Stellvertreter des Kaisers das Oberkommando der Streitkräfte und wurde 1899 zum General der Kavallerie ernannt.

Durch seine nicht hausgesetzgemäße Ehe mit Sophie Gräfin Chotek von Chotkova hatte Franz Ferdinand sich in einen unüberbrückbaren Gegensatz zum Kaiser gebracht. Erst nach Überwindung zahlreicher Schwierigkeiten und nach langem Zögern gab der Kaiser seine Zustimmung zu einer morganatischen Ehe, die von fast allen Mitgliedern des Erzhauses abgelehnt wurde. Nur in seiner Stiefmutter, der Erzherzogin Maria Theresia, fand Franz Ferdinand eine warmherzige Fürsprecherin beim Kaiser. Den ihm als Preis für die Ehe mit Sophie Gräfin Chotek vom Kaiser abverlangten Renunziationseid, wonach er für seine Gemahlin und für seine zu erwartenden Kinder aus der nicht hausgesetzgemäßen Ehe auf das Recht der Thronfolge verzichtete, leistete Franz Ferdinand am 28. 6. 1900 in Gegenwart des Kaisers, aller volljährigen männlichen Mitglieder des Kaiserhauses, der Kardinäle Dr. Gruscha, Fürstbischof von Wien, und Dr. Schlauch, Primas von Ungarn, des österreichischen

und ungarischen Ministerrates sowie der Präsidenten der Abgeordneten-
und Herrenhäuser. Sophie und ihre aus der Ehe mit Franz Ferdinand zu
erwartenden Kinder blieben damit aus dem Erzhause Habsburg ausgeschlossen.
Am 1. 7. 1900 erfolgte die Eheschließung des Paares in der Schloßkapelle
von Reichstadt in Böhmen. Die Trauung nahm der Dechant von
Reichstadt unter Assistenz eines Kapuzinerpaters vor. Aus dem Erzhause
nahmen nur Franz Ferdinands Stiefmutter, Erzherzogin Maria Theresia,
und deren Töchter Maria und Elisabeth teil. Mit Allerhöchstem
Handschreiben vom gleichen Tage erhob der Kaiser die Gemahlin Franz
Ferdinands in den erblichen Fürstenstand mit dem Namen »Hohenberg«
und dem Prädikat »Fürstliche Gnaden«. Von nun an sollten Sophie von
Hohenberg und ihre Nachkommen den Namen der Stammutter des
Hauses Habsburg, Königin Gertrud Anna von Hohenberg, der Gemahlin
König Rudolfs I., führen. Am 4. 10. 1909 erfolgte die Verleihung der
Herzogwürde an Sophie unter dem Titel »Herzogin von Hohenberg« mit
dem Prädikat »Hoheit«.
Der glücklichen Ehe des Erzherzogs entsprossen die Kinder:

A) SOPHIE, Fürstin von Hohenberg
  * 24. 7. 1901 in Konopischt/Böhmen

  ∞ 8. 9. 1920 in Tetschen a. d. Elbe
  FRIEDRICH, Graf von Nostitz-Rieneck
  Eltern: Erwin Felix, Graf von Nostitz-Rieneck, und Amalia, Gräfin Podstatzky-Lichtenstein, Tochter Leopolds, Graf Podstatzky-Lichtenstein
  * 1. 11. 1893 in Prag
  † 29. 12. 1973 in Graz
  Grabstätte: Baron Gudenus'sche Gruft am Friedhof in Weiz/Steiermark

B) MAXIMILIAN, Herzog von Hohenberg
  * 28. 9. 1902 in Wien, Schloß Belvedere
  † 8. 1. 1962 in Wien
  Grabstätte: Gruft unter der Kirche von Schloß Artstetten

  ∞ 16. 11. 1926 in Wolfegg/Württemberg
  ELISABETHA, Gräfin von Waldburg zu Wolfegg und Waldsee
  Eltern: Maximilian, Fürst von Waldburg zu Wolfegg und Waldsee, und
  Sidonie, Prinzessin von Lobkowicz, Tochter Georg Christians, Fürst von
  Lobkowicz
  * 10. 8. 1904 in Waldsee

C) ERNST, Fürst von Hohenberg
  * 27. 5. 1904 in Konopischt/Böhmen
  † 5. 3. 1954 in Graz
  Grabstätte: Gruft unter der Kirche von Schloß Artstetten

∞ 25. 5. 1936 in Wien
MARIA THERESE Wood
Eltern: Georg Jervis Wood, und Rosa, Gräfin Lónyay von Nagy-Lónyay
und Vásáros-Namény
* 9. 5. 1910 in Wien

D) TOTGEBORENER KNABE
*/† 1908
Grabstätte: Gruft unter der Kirche von Schloß Artstetten

Die Gegensätze und die Entfremdung zwischen dem Kaiser und
Erzherzog Franz Ferdinand wurden nach dessen Eheschließung immer
tiefer. Franz Joseph l. hat dem Thronfolger die nicht hausgesetzgemäße
Ehe nie verziehen.
In Wien hatte Franz Ferdinand mit seiner Familie das Schloß Belvedere
bezogen, wo er sich eine eigene Militärkanzlei einrichtete, die im Laufe
der Zeit zu einer Nebenregierung wurde. Neben der »Hofpartei« bestand
die »Belvederepartei«. Durch den Kaiser von der aktuellen Politik
ausgeschlossen, sammelte der Thronfolger einen Kreis jüngerer österreichischer Politiker um sich. Es wurden Pläne für die Zeit nach dem
Regierungsantritt Franz Ferdinands entworfen. Der Gruppe schwebte
die Ablösung des »Dualismus« von 1867 vor. An seine Stelle sollte der
»Trialismus« treten; die Schaffung eines eigenen südslawischen Reichs-
teils neben Österreich und Ungarn. In diesem südslawischen Reichsteil
sollte den Kroaten eine besondere Stellung eingeräumt werden. Die
Einführung eines allgemeinen Wahlrechts sah die Neutralisierung des
Einflusses des ungarischen Adels vor. Außenpolitisch war Franz Ferdi-
nand von der Gegnerschaft Italiens überzeugt und gab dem Bündnis der
drei Kaiserreiche Österreich, Rußland und Deutschland den Vorzug.
Zunächst dem deutschen Kaiser Wilhelm II. reserviert gegenüberste-
hend, war er diesem später in Freundschaft verbunden. War es doch
Kaiser Wilhelm II., der als einer der ersten ausländischen Monarchen die
Gemahlin des Thronfolgers als ebenbürtig behandelte. Eine solche
Haltung hatte bei Franz Ferdinand einen ganz hohen Stellenwert.
Die südslawischen Reformpläne des Thronfolgers waren auch in Serbien
nicht unbekannt geblieben. Sie stießen dort auf entschiedenen Widerstand. Als der Termin für das Frühjahrsmanöver 1914 in Sarajevo
bekannt wurde, erschien in einer serbischen Zeitung in Chikago
folgender Aufruf:

*»Der österreichische Thronfolger hat für das Frühjahr seinen Besuch in
Sarajevo angesagt. Jeder Serbe möge sich das merken. Wenn der
Thronfolger nach Bosnien will, bestreiten wir die Kosten. Serben, ergreift
alles, .vas ihr könnt, Messer, Gewehre, Bomben, Dynamit, nehmt heilige*

Rache! Tod der Habsburger Dynastie, ewiges Angedenken jenen Helden, die gegen sie die Hände erheben.«

Der Wiener Hof war also vorgewarnt, als Franz Ferdinand am 4. 6. 1914 beim Kaiser zur Audienz erschien. Der Erzherzog wies darauf hin, daß das Klima in Bosnien seiner Gesundheit abträglich sei, und bat um Enthebung von dieser Verpflichtung. Franz Joseph I. antwortete auf die vorgetragene Bitte: »Mache es, wie du es willst.« Seine Bitte, der Verpflichtung enthoben zu werden, war damit abschlägig beschieden worden.

Am 24. 6. 1914 verließ der Thronfolger das Schloß Belvedere, um sich auf die Reise nach Bosnien zu begeben. Es wurde eine Reise ohne Wiederkehr. In Bad Ilidže traf Franz Ferdinand sich mit seiner treu um ihn besorgten Gemahlin. Auf der Fahrt durch Sarajevo trafen den Erzherzog und die Herzogin von Hohenberg am 28. 6. 1914 – auf Tag und Stunde genau 14 Jahre nach Leistung des Renunziationseides – die tödlichen Schüsse des serbischen Anarchisten Gavrilo Princip. Viereinhalb Wochen später brach der Erste Weltkrieg aus, der die Welt verändern sollte und als dessen erste Opfer der Erzherzog und seine Gemahlin genannt werden müssen. Auf dem Kreuzer »Viribus unitis« wurden die beiden Toten nach Triest gebracht, wo sie am 30. 6. 1914 eintrafen und nach Wien überführt wurden. Bei der Aufbahrung in der Hofburg stand der Sarg der Herzogin von Hohenberg 35 cm tiefer als der des Thronfolgers. Es war die letzte kleinliche Rache des Obersthofmeisters Montenuovo-Neipperg an der »Morganatischen«, die so viele Zurücksetzungen für das Glück ihrer Ehe am Wiener Hof hatte in Kauf nehmen müssen.

Aus Furcht, daß man ihn und seine Familie noch im Tode trennen könnte – der Thronfolger hatte auf einen Begräbnisplatz in der Kaisergruft Anspruch, seine Angehörigen nicht –, hatte Franz Ferdinand in den Jahren 1909/1910 unter der Kirche seines Schlosses in Artstetten für sich und seine Familie eine eigene Gruft bauen lassen. Hier wurde das unzertrennliche Paar am 4. 7. 1914 zur letzten Ruhe gebettet. Der Sockel, der die beiden Sarkophage trägt, erhielt die dem Schicksal des Paares gerecht werdende Inschrift: »Verbunden durch das Band der Ehe – Vereint durch das gleiche Geschick.«

Die Kinder kamen in die Obhut der Henriette Gräfin Chotek, einer Schwester der Herzogin. Sie wurden von Kaiser Franz Joseph I. nur einmal empfangen – dann nie wieder.

1938 wurden Herzog Max und Fürst Ernst von Hohenberg, die Söhne Erzherzog Franz Ferdinands, die sich für die Selbständigkeit Österreichs und gegen den Anschluß an das Deutsche Reich ausgesprochen hatten, in das Konzentrationslager Dachau eingeliefert. Mit unnachahmlicher Würde ertrugen sie alle Erniedrigungen und Torturen, die ihnen von ihren Peinigern zugefügt wurden. Herzog Max von Hohenberg wurde

1940 entlassen, während Fürst Ernst von Hohenberg nach Buchenwald verlegt wurde und erst 1943 heimkehren konnte.

Von den erlittenen Mißhandlungen konnten die Brüder sich nicht wieder erholen. Fürst Ernst von Hohenberg starb 1954, erst 49 Jahre alt, Herzog Max von Hohenberg 1962, im Alter von 59 Jahren. Neben ihren Eltern ruhen sie in der Gruft von Artstetten. Dem Erzhaus nach dem Willen Kaiser Franz Josephs I. nicht angehörend, erwiesen sie sich in der Stunde der Gefahr und der Bewährung als echte Habsburger und treue Österreicher.

2. Otto Franz Josef, Erzherzog
   * 21. 4. 1865 in Graz
   † 1. 11. 1906 in Döbling bei Wien
   Grabstätte: Kaisergruft Wien – neue Gruft

   ⚭ 2. 10. 1886 in Dresden
   Maria Josefa, Prinzessin von Sachsen
   Eltern: Georg, König von Sachsen, und Maria Anna, Infantin von Portugal, Tochter Ferdinands II., König von Portugal a. d. H. Sachsen-Coburg
   * 31. 5. 1867 in Dresden
   † 28. 5. 1944 auf Schloß Wildenwart/Oberbayern
   Grabstätte: Kaisergruft Wien – neue Gruft

   Das Leben Erzherzog Ottos war ein Leben der Irrwege. Von Natur aus mit allen Vorzügen des Körpers und des Geistes ausgestattet, brachte er die Voraussetzungen mit, ein wahrer Fürst zu werden. Seine Unbekümmertheit und Leichtlebigkeit führte ihn auf einen anderen Weg. Skandale und Liebschaften entfremdeten ihn auf die Dauer dem kaiserlichen Hof, so daß sich die kaiserliche Familie und schließlich auch seine Gemahlin von ihm zurückzogen. An Syphilis erkrankt, war er zu einem langen und qualvollen Siechtum verurteilt. In einer Villa der Wiener Vorstadt Döbling verbrachte er die letzten Wochen seines Lebens. Seine letzte große Leidenschaft war die junge Operettensängerin Luise Robinson, die den Todgeweihten unter dem Namen Schwester Martha pflegte. Sie wich nicht von seinem Krankenbett und harrte bis zum letzten Atemzug bei ihm aus. Die zweite Pflegerin war Ottos Stiefmutter, die edle Erzherzogin Maria Theresia. Von der Liebe dieser beiden Frauen umgeben und unter dem geistlichen Beistand des Weihbischofs Marschall von Wien starb dieser Habsburger am 1. November des Jahres 1906.

3. Ferdinand Karl, Erzherzog (Ferdinand Burg)
   * 27. 12. 1868 in Wien
   † 10. 3. 1915 in München
   Grabstätte: Gruft unter dem Hauptaltar der Maria-Trost-Kirche in Meran-Untermais

oo 1909 in Chur/Schweiz
BERTA CZUBER
Tochter des Universitätsprofessors Emanuel Czuber
* 5. 12. 1879 in Prag
† 5. 7. 1979 auf Schloß Rottenstein bei Meran
Grabstätte: Gruft unter dem Hauptaltar der Maria-Trost-Kirche in Meran-Untermais
Die heimliche Heirat Erzherzog Ferdinand Karls mit Berta Czuber, einer Jugendfreundin des österreichischen Dichters Robert Musil, führte zu seinem Ausschluß aus der kaiserlichen Familie, da Kaiser Franz Joseph I. die Genehmigung zu dieser Ehe verweigerte. Aus dem Erzhause ausgestoßen, wurde sein Name aus der Genealogie des Hauses Habsburg-Lothringen gestrichen und in der Standesliste des Heeres getilgt. Unter Aberkennung aller Orden und Ehrenzeichen mußte Erzherzog Ferdinand Karl die Monarchie verlassen und in die Verbannung gehen.

4. MARGARETHE SOPHIE, Erzherzogin
   * 13. 5. 1870 in Artstetten
   † 24. 8. 1902 in Gmunden am Traunsee
   Grabstätte: Gruft in der Schloßkirche in Altshausen/Krs. Ravensburg/Württemberg

   oo 24. 1. 1893 in Wien
   ALBRECHT, Herzog von Württemberg
   Eltern: Philipp, Herzog von Württemberg, und Maria Theresia, Erzherzogin von Österreich, Tochter Albrechts, Erzherzog von Österreich, Herzog von Teschen
   * 23. 12. 1865 in Wien
   † 29. 10. 1939 auf Schloß Altshausen
   Grabstätte: Gruft in der Schloßkirche in Altshausen/Krs. Ravensburg/Württemberg

AUS DER EHE MIT MARIA THERESIA, INFANTIN VON PORTUGAL

5. MARIA ANNUNZIATA, Erzherzogin
   * 31. 7. 1876 in Reichenau
   † 7. 4. 1961 in Vaduz/Liechtenstein
   Grabstätte: Fürstliche Gruft neben der kath. Pfarrkirche in Vaduz
   Maria Annunziata war Äbtissin des Theresianischen Damenstifts auf dem Hradschin in Prag.

6. ELISABETH AMALIE, Erzherzogin
   * 7. 7. 1878 in Reichenau
   † 13. 3. 1960 in Vaduz/Liechtenstein
   Grabstätte: Fürstliche Gruft neben der kath. Pfarrkirche in Vaduz

∞ 20. 4. 1903 in Wien
ALOIS, Prinz von und zu Liechtenstein
Eltern: Alfred Alois, Prinz von und zu Liechtenstein, und Henriette, Prinzessin von und zu Liechtenstein, Tochter Alois', Fürst von und zu Liechtenstein
* 17. 6. 1869 in Hollenegg
† 16. 3. 1955 in Vaduz
Grabstätte: Fürstliche Gruft neben der kath. Pfarrkirche in Vaduz.

Prinz Alois von und zu Liechtenstein verzichtete am 26. 2. 1923 auf die Thronfolge im Fürstentum Liechtenstein.

Die Nachkommen des Erzherzogs Otto
Neffe Kaiser Franz Josephs I. von Österreich

1. KARL FRANZ JOSEPH, Erzherzog
   ∞ ZITA, Prinzessin von Bourbon-Parma
   Siehe unter Kaiser Karl I.

2. MAXIMILIAN EUGEN LUDWIG, Erzherzog
   * 13. 4. 1895 in Wien
   † 17. 1. 1952 in Nizza
   Grabstätte: Gruft in der Schloßkirche in Altshausen/Krs. Ravensburg/Württemberg

   ∞ 29. 11. 1917 in Laxenburg bei Wien
   FRANZISKA, Prinzessin zu Hohenlohe Waldenburg-Schillingsfürst
   Eltern: Konrad, Prinz zu Hohenlohe Waldenburg-Schillingsfürst, und Franziska, Gräfin von Schönborn-Buchheim, Tochter Erwins, Graf von Schönborn-Buchheim
   * 21. 1. 1897 in Teplitz

Kaiser Karl I.

Kaiser Karl I.

* 17. 8. 1887 auf Schloß Persenbeug bei Ybbs a. d. Donau
† 1. 4. 1922 in Funchal/Madeira
Grabstätte: Kirche Nossa Senhora do Monte in Funchal/Madeira
Eltern: Erzherzog Otto Franz Josef und Maria Josefa von Sachsen

⚭ 21. 10. 1911 in Schwarzau am Steinfelde
ZITA, Prinzessin von Bourbon-Parma
Eltern: Robert, Herzog von Bourbon-Parma, und Maria Antonia, Prinzessin von Braganza, Infantin von Portugal, Tochter Michaels, König von Portugal
* 9. 5. 1892 Villa Pianore bei Lucca/Italien
† 14. 3. 1989 in Zizers, Schweiz
Grabstätte: Kaisergruft Wien, Franz-Josephs-Gruft

21. 11. 1916   Kaiser von Österreich – nicht gekrönt.
21. 11. 1916   Apostolischer König von Ungarn.
30. 12. 1916   in Budapest in der Matthiaskirche als Karl IV. zum Apostolischen König von Ungarn gekrönt.
11. 11. 1918   Verzicht auf den »Anteil an den Staatsgeschäften«
3. 10. 2004   Seligsprechung in Rom

Nach dem Tode Kaiser Franz Josephs I., der allein noch in der Lage gewesen war, den Vielvölkerstaat Österreich zusammenzuhalten, bestieg sein Großneffe Erzherzog Karl den österreichischen Thron zu einem Zeitpunkt, da sich der Zusammenbruch der Monarchie bereits abzeichnete.

Erzherzog Karl wurde auf Schloß Persenbeug bei Ybbs a. d. Donau geboren und verlebte dort und auf dem Landsitz Wartholz eine glückliche und unbekümmerte Jugend. Häufig hielt er sich auch in Prag auf, wo sein Vater Erzherzog Otto ein Kommando leitete. In den ersten Lebensjahren lag die Erziehung Karls ganz in den Händen seiner Mutter, die ihren Sohn besonders liebte und später auch die Verbannung mit ihm teilte. Der Erzherzog war von kleiner Gestalt, hatte ein rundes Gesicht, blaue Augen und besaß eine wohlklingende und sympathische Stimme. Als der Prinz sieben Jahre alt wurde, übernahm der Rittmeister Graf Wallis seine Erziehung, die auf demokratischer Basis erfolgte. Er besuchte das Schottengymnasium in Wien, wo er sich bei Lehrern und Schülern großer Beliebtheit erfreute und kurz der »Erzkarl« genannt wurde. Nach einem militärwissenschaftlichen und juristischen Studium absolvierte Erzherzog Karl die übliche Laufbahn im militärischen Bereich als Husarenleutnant und Dragoner in Böhmen und Galizien. In Wien bewohnte Erzherzog Karl mit seinen Eltern das nahe der Stadt gelegene Schloß Hetzendorf, das Kaiser Franz Joseph I. der Familie als Wohnsitz zugewiesen hatte. Der Kaiser war hier häufig zu Gast und hatte an Erzherzog Karl ein besonderes Wohlgefallen. Seinem Onkel Erzherzog Franz Ferdinand fühlte Erzherzog Karl sich besonders verbunden. Nach dessen Tod rückte er in der Thronfolge nach, wurde vom Kaiser mit Aufgaben im deutschen Oberkommando und später im österreichisch-ungarischen Oberkommando betraut, aber weitgehend von den politischen Entscheidungen ferngehalten.

Bei seinem Regierungsantritt sah sich Kaiser Karl I. zunehmend innen- und außenpolitischen Schwierigkeiten gegenüber. Der ihm verbliebene innenpolitische Spielraum wurde durch seine übereilte Zustimmung zur Krönung zum König von Ungarn am 30. 12. 1916 noch weiter eingeschränkt. Mit allen Mitteln versuchte die Entente, die nationalen Gegensätze in der österreichisch-ungarischen Monarchie zu verschärfen. Thomas Masaryk und Eduard Beneš unternahmen alles, vom Ausland her den nationalen Widerstand zu stärken und bei der Entente die Anerkennung eines selbständigen tschechischen Staates zu erreichen.

Kaiser Karl I. war bei seinem Regierungsantritt entschlossen, einen raschen Frieden herbeizuführen und seinen Völkern weiteres Blutvergießen zu ersparen. Diesem Ziel dienten unfangreiche Veränderungen in der militärischen und politischen Führung. Laut Vertrag vom 6. 9. 1916 lag die oberste Leitung der militärischen Operationen beim deutschen Kaiser. In Abänderung dieses Vertrages übernahm Karl I. nunmehr persönlich den Oberbefehl über die österreichisch-ungarische Armee, und Generalstabschef Conrad von Hötzendorf wurde durch Arthur Freiherr Arz von Straußenburg ersetzt. Feldzeugmeister wurde Erzherzog Friedrich, der auch zum engsten Berater des Kaisers ernannt wurde. Nach Rücktritt des Ministerpräsidenten Ernest von Körber wurde Heinrich Graf Clam-Martinitz zum neuen Ministerpräsidenten ernannt. Im gleichen Monat unternahm der amerikanische Präsident Wilson den Versuch, sowohl von den Mittelmächten als auch von der Entente Friedensvorschläge zu erhalten. Der österreichische Außenminister Ottokar Graf von Czernin übte seinerseits Druck auf Deutschland aus, sich dem Abschluß eines Friedens nicht zu verschließen.

Unter Einschaltung der Prinzen Sixtus und Xavier von Bourbon-Parma, Brüder der Kaiserin Zita, leitete Kaiser Karl I. Friedensbemühungen ein, die im Frühjahr 1918 für den jungen Kaiser zu bitteren Konsequenzen führen sollten. Am 29. 1. 1917 gelangten Sixtus und Xavier von der belgischen Front kommend, wo sie als Offiziere dienten, in Neuchâtel in der Schweiz ein. Dort trafen sie die Mutter der Kaiserin, Herzogin Maria Antonia von Bourbon-Parma, die den Brüdern einen Brief der Kaiserin aushändigte, der die Bitte an die Brüder enthielt, den Kaiser in seinen Friedensbemühungen zu unterstützen. Prinz Sixtus nannte als Voraussetzung für erfolgreiche Friedensgespräche:

1. die Rückgabe Elsaß-Lothringens an Frankreich ohne Entschädigung,
2. die Wiederherstellung Belgiens,
3. die Wiederherstellung des um Albanien vergrößerten Serbien und
4. die Abtretung Konstantinopels an Rußland.

Auf Wunsch des von Prinz Sixtus zwischenzeitlich unterrichteten französischen Präsidenten Poincaré begaben sich die Brüder am 12. 2. 1917 erneut nach Neuchâtel, wo ihnen ein Freund des Kaisers, Thomas Graf Erdödy, einen Brief Karls I. überreichte, in dem dieser die Vorschläge der Prinzen als geeignete Verhandlungsgrundlage bezeichnete. Außenminister Czernin schlug nun vor, die Prinzen zu einem persönlichen Gespräch in Wien zu empfangen. Mit dieser Nachricht und einer vom Außenminister entworfenen und vom Kaiser ergänzten Erklärung wurde Graf Erdödy erneut nach Neuchâtel entsandt. Das ins Französische übersetzte Dokument wurde am 5. 3. 1917 Poincaré vorgelegt. Es wurde beschlossen, Sixtus und Xavier nach Österreich zu schicken, wo die Brüder schon kurz nach ihrem Eintreffen dem Kaiser nunmehr offiziell einen Brief mit den von Prinz Sixtus formulierten vier Punkten übergaben. Anschließend betonte der Kaiser zwar seine Bündnistreue gegenüber Deutschland, ließ jedoch keinen Zweifel daran, daß er zu einem Separatfrieden bereit sei, wenn die Differenzen mit Italien, das die Abtretung Südtirols bis zum Brenner forderte, zur Zufriedenheit Österreich-Ungarns bereinigt würden. Zum Abschluß der Gespräche übergab Kaiser Karl I. dem Prinzen, nachdem dieser im Namen Poincarés Geheimhaltung zugesichert hatte, einen auf der Grundlage der Vorschläge des Prinzen abgefaßten Brief, der als »Sixtusbrief« in die Geschichte eingegangen ist.

Der entscheidende Passus in dem Brief an Poincaré, der im Frühjahr 1918 besonders im deutschen Lager für erhebliche Aufregung sorgte, lautete:

»...

Deshalb und zur Kundgebung der Aufrichtigkeit meiner Gefühle bitte ich Dich, geheim und inoffiziell Herrn Poincaré, dem Präsidenten der französischen Republik, zur Kenntnis zu bringen, daß ich mit allen Mitteln und unter Anwendung meines ganzen persönlichen Einflusses bei meinen Verbündeten die gerechten Rückforderungsansprüche Frankreichs mit Bezug auf Elsaß-Lothringen unterstützen werde.

...«

Der Brief löste vornehmlich in England eine euphorische Stimmung aus, die aber schnell verflog, nachdem Italien konsultiert worden war. An den für Österreich unannehmbaren Bedingungen Italiens scheiterten die weiteren Verhandlungen.

Bei einem Besuch Kaiser Karls I. in Bad Homburg bei Kaiser Wilhelm II. am 3. 4. 1917 sondierte Karl I. die Chancen für einen baldigen Frieden. Er mußte schon bald feststellen, daß sein deutscher Bundesgenosse noch immer fest an den baldigen Sieg glaubte, zumal der Einsatz der U-Boot-Waffe bevorstand. Der durch die deutsche Heeresführung angekündigte uneingeschränkte U-Boot-Krieg machte die Aussichten auf einen kurzfristigen Frieden zunichte.

Nach der Abdankung von Zar Nikolaus II. von Rußland zeichnete sich dort die Revolution und das Ausscheiden Rußlands aus dem Krieg ab. Der Ausrufung der Republik folgte die Oktoberrevolution. Nach vorausgegangenem Waffenstillstand kam es am 3. 3. 1918 zum Frieden von Brest-Litowsk, dem am 9. 2. 1918 ein Sonderfriede mit der Ukraine vorausgegangen war. Am 7. 5. 1918 folgte der Friedensschluß mit Rumänien in Bukarest.

Im Sommer 1917 näherte sich der Erste Weltkrieg seinem Höhepunkt. Die durch die Beendigung der Kämpfe an der Ostfront freigewordenen Kräfte ermöglichten es den Mittelmächten trotz wirtschaftlicher und militärischer Schwächung, noch einmal Widerstand zu leisten. An der Westfront wurden die Durchbruchsversuche der Franzosen und Engländer abgeschlagen. An der Südfront gelang es den österreichisch-ungarischen Verbänden, die Front in Italien fast zum Zusammenbruch zu bringen. Die entscheidende Wende zuungunsten der Mittelmächte brachte die Kriegserklärung der Vereinigten Staaten von Nordamerika am 6. 4. 1917 an Deutschland und am 7. 12. 1917 an Österreich-Ungarn.

Am 8. 1. 1918 verkündete der amerikanische Präsident Wilson seine 14 Punkte als Grundlage für einen zukünftigen allgemeinen Frieden. Die Österreich betreffenden Punkte sahen vor:

Punkt 9: Berichtigung der italienischen Grenzen nach nationalen Grenzlinien,

Punkt 10: Freie Gelegenheit zu einer autonomen Entwicklung der Völker Österreich–Ungarns,

Punkt 11: Räumung der Balkanstaaten Rumänien, Serbien und Montenegro,

Punkt 13: Schaffung eines unabhängigen polnischen Staates.

Nach Bekanntwerden der 14 Punkte Wilsons erhoben Arbeiter in den Industriezentren und in Wien erstmals ihre Stimmen nach einem baldigen Friedensschluß. Am 1. 2. 1918 meuterten Teile der Kriegsmarine. Der Aufstand wurde blutig niedergeschlagen, und der nachmalige Reichsverweser von Ungarn, Nikolaus Horthy von Nagybánya, wurde zum Oberbefehlshaber der Kriegsmarine ernannt.

Die im Exil lebenden tschechischen Führer verlangten die Bildung eines tschechischen Nationalstaates unter Einbeziehung Böhmens. Die tschechoslowakische Exilregierung ernannte sich zum Nationalrat, dessen Präsident Thomas Masaryk wurde. Eduard Beneš erhielt das Amt des Generalsekretärs des Nationalrates.

Im Februar 1918 erkannte Kaiser Karl I. die 14 Punkte Wilsons als geeignete Grundlage für einen dauerhaften Frieden an. Diese Ansicht wurde von Außenminister Czernin geteilt. Am 2. 4. 1918 hielt der Außenminister eine Rede vor den Wiener Gemeinderäten und erklärte im Gegensatz zu seiner bis dahin vertretenen Auffassung, daß Frankreich kein Recht auf Elsaß-Lothringen besitze. Der französische Ministerpräsident Clemenceau veröffentlichte daraufhin den »Sixtusbrief« vom März 1917, in dem der Kaiser den Anspruch Frankreichs auf Elsaß-Lothringen ausdrücklich als gerecht bezeichnet hatte. Die Veröffentlichung des Briefes erregte im deutschen Hauptquartier ungeheures Aufsehen. In dieser Situation tat Kaiser Karl I. das Schlechteste, was er überhaupt noch tun konnte. In einem Schreiben vom 11. 4. 1918 an Kaiser Wilhelm II. leugnete er das Vorhandensein des »Sixtusbriefes« und führte in diesem Schreiben u. a. aus:

»Der französische Ministerpräsident, in die Enge getrieben, sucht dem Lügennetz, in das er sich selbst verstrickt hat, zu entrinnen, indem er immer mehr und mehr Unwahrheiten aufhäuft und sich nicht scheut, nunmehr auch die völlig falsche und unwahre Behauptung aufzustellen, daß ich irgendwelche ›gerechte Rückforderungsansprüche Frankreichs auf Elsaß-Lothringen‹ anerkannt hätte. Ich weise diese Behauptung mit Entrüstung zurück.«

Außenminister Czernin stürzte über die Affäre und reichte am 15. 4. 1918 sein Rücktrittsgesuch ein. Sein Nachfolger wurde Stefan Graf Burián von Rajecz.

Kaiser Karl I. hatte nicht nur das Vertrauen seiner Verbündeten, sondern – was schlimmer war – der Entente verloren. Der Ruf nach Auflösung der österreichisch-ungarischen Monarchie wurde im Westen und in Amerika immer lauter. Die Amerikaner traten nunmehr für die Befreiung aller slawischen Völker von deutscher und österreichischer Herrschaft ein. Es folgte die Anerkennung des tschechischen Nationalrates durch Frankreich, Großbritannien und die Vereinigten Staaten von Nordamerika. Am 26. 9. 1918 wurde in Paris durch den tschechischen Nationalrat der selbständige tschechoslowakische Staat proklamiert. Masaryk wurde zum Staatspräsidenten und Beneš zum Außenminister ernannt.

Noch vor dem militärischen Zusammenbruch befand sich die österreichisch-ungarische Monarchie in voller Auflösung. Die sozialdemokratische Partei anerkannte das Selbstbestimmungsrecht und verlangte die Umwandlung der Monarchie in einen föderalistischen Staatenbund. Nachdem auch Kroaten, Slowenen und Serben einen eigenen Nationalrat gebildet hatten, versuchte der Kaiser am 16. 10. 1918 zu retten, was vielleicht noch zu retten war. Er erließ ein Manifest zum Umbau der Monarchie in einen Bundesstaat. Dieser letzte Versuch kam viel zu spät – die Zeit war abgelaufen. Am 21. 10. 1918 bildete sich die provisorische Nationalversammlung für Deutsch-Österreich unter Vorsitz des Deutschnationalen Dr. Waldner.

Dem am 24. 10. 1918 zurückgetretenen Außenminister Burián von Rajecz folgte als letzter Außenminister der Monarchie Julius Graf Andrássy d. J., der im Einvernehmen mit Kaiser Karl I. das Bündnis mit Deutschland löste und am 27. 10. 1918 ein Friedensangebot Österreich-Ungarns an den amerikanischen Präsidenten richtete. Einen Tag später wurde die tschechoslowakische Republik ausgerufen, und am darauffolgenden Tag erfolgte die Bildung des Königreichs der Serben, Kroaten und Slowenen unter der Dynastie Karageorgewitsch, die am 1. 12. 1918 die Herrschaft antrat.

Am 31. 10. 1918 beschloß eine unter Michael Graf Károlyi gebildete ungarische Regierung die Trennung von der Dynastie Habsburg.

Am 30./31. 10. 1918 wurde die erste deutsch-österreichische Regierung unter Dr. Karl Renner, der das Amt des Regierungschefs übernahm, gebildet. Der letzte kaiserliche Ministerpräsident, Dr. Heinrich Lammasch, trat daraufhin zurück und übergab die Regierungsgewalt an Dr. Karl Renner. Nach dem am 3. 11. 1918 in Villa Giusti bei Padua abgeschlossenen Waffenstillstand mußte Österreich Tirol bis zum Brenner, das Pustertal bis Toblach, Tarvis, das Isonzogebiet, Istrien mit Triest, Westkrain, Dalmatien sowie alle adriatischen Inseln räumen. Am 7. 11. 1918 begann die Demobilisierung der österreichischen Armee.

Das Ansinnen seiner nächsten Umgebung, nach Innsbruck auszuweichen, hatte Kaiser Karl I. abgelehnt. Am Abend des 10. 11. 1918 wurde dem Kaiser in Schönbrunn ein Dokument zur Unterzeichnung vorgelegt, wonach er auf jeden Anteil an den Staatsgeschäften verzichten sollte. Die hinzugezogene Kaiserin Zita beschwor ihren Gemahl, das Dokument nicht zu unterzeichnen. Schließlich unterschrieb der Kaiser das Dokument doch. Mit der Veröffentlichung des Schriftstückes, das rechtlich kaum als Abdankung gewertet werden kann, am 11. 11. 1918 erließ Kaiser Karl I. an das deutsch-österreichische Volk folgendes Manifest:

»Seit meiner Thronbesteigung war Ich unablässig bemüht, meine Völker aus den Schrecknissen des Krieges herauszuführen, an dessen Ausbruch Ich keinerlei Schuld trage.

Ich habe nicht gezögert, das verfassungsmäßige Leben wiederherzustellen und habe den Völkern den Weg zu ihrer selbständigen staatlichen Entwicklung geöffnet.

Nach wie vor von unwandelbarer Liebe für alle meine Völker erfüllt, will Ich ihrer freien Entfaltung meine Person nicht als Hindernis entgegenstellen.

Im voraus erkenne Ich die Entscheidungen an, die Deutsch-Österreich über seine zukünftige Staatsform trifft.

Das Volk hat durch seine Vertreter die Regierung übernommen. Ich verzichte auf jeden Anteil an den Staatsgeschäften.

Gleichzeitig enthebe Ich meine österreichische Regierung ihres Amtes.

Möge das Volk von Deutsch-Österreich in Eintracht und Versöhnlichkeit die Neuordnung schaffen und befestigen! Das Glück meiner Völker war von Anbeginn das Ziel meiner heißesten Wünsche.

Nur der innere Friede kann die Wunden dieses Krieges heilen.«

Noch am gleichen Tage verließ der Kaiser Schönbrunn und begab sich mit seiner Familie nach Schloß Eckartsau im Marchfeld. Am Tage darauf wurde in der provisorischen Nationalversammlung die Republik Deutsch-Österreich ausgerufen und ein Gesetz über die Staats- und Regierungsform erlassen. Dieses Gesetz bestimmte in:

Artikel I: Deutsch-Österreich ist eine demokratische Republik.

Artikel II: Deutsch-Österreich ist ein Bestandteil der deutschen Republik.

Die Herrschaft der Habsburger in Österreich war beendet.

Nach den Wahlen zur konstituierenden Nationalversammlung Deutsch-Österreichs wurde der entthronte Kaiser vor die Wahl gestellt, sich in Österreich internieren zu lassen oder in die Schweiz zu emigrieren. Da Karl auch den formellen Thronverzicht ablehnte, wählte er das Exil in der Schweiz. Von Schloß Eckartsau im Marchfeld aus, unweit der Stelle, wo König Rudolf I. 650 Jahre zuvor in der Schlacht bei Dürnkrut die Hausmacht Österreich für Habsburg begründet hatte, begab sich der letzte regierende Habsburger in Österreich mit seiner Familie am 23. 3. 1919 in die Schweiz. Von Feldkirch aus erließ Karl I. vor dem Grenzübertritt ein nicht veröffentlichtes Manifest vom 24. 3. 1919, in dem er feierlichen Protest gegen alle Maßnahmen erhob, die von der Nationalversammlung getroffen wurden. Nachhaltig protestierte er gegen die Thronentsetzung und erklärte alle getroffenen Maßnahmen für sich und sein Haus für null und nichtig.

Von seinem Schweizer Exil aus versuchte Karl I. am 26. 3. 1921 die Macht in Ungarn wiederzugewinnen. An diesem Tag begab er sich über Wien, wo er sich unerkannt aufhielt, nach Budapest. Der ungarische Reichsverweser, Admiral Horthy, weigerte sich, dem König die Macht zu übergeben, und verwies auf die ablehnende Haltung der Großmächte. Da Karl allein nach Budapest gekommen war, mußte er unverrichteter Dinge in die Schweiz zurückkehren. Der Kanton Waadt entzog ihm die Aufenthaltsbewilligung, und Karl mußte mit seiner Familie die Villa Prangins verlassen. Sein nächster Aufenthaltsort wurde Schloß Hertenstein am Vierwaldstättersee.

Im Herbst des gleichen Jahres unternahm Karl einen erneuten Versuch, die Herrschaft in Ungarn zurückzuerobern. In diesem Vorhaben wurde er von französischer Seite vertraulich ermuntert. Am 20. 10. 1921 flog er in Begleitung seiner Gemahlin nach Ödenburg, wo königstreue Verbände standen, die nach seiner Ankunft sogleich auf ihn vereidigt wurden und mit denen er den Vormarsch nach Budapest antrat. Im Laufe dieses Vormarsches traten ganze Garnisonen auf die Seite Karls. Kurz vor Budapest kam das Unternehmen durch Verrat zum Stehen. Die königstreuen Truppen wurden von der Armee des Reichsverwesers Horthy umzingelt. Das Kaiserpaar wurde im Kloster Tihany interniert. Auf Druck Italiens, Frankreichs und Englands sprach die ungarische Nationalversammlung die Absetzung Karls IV. als König von Ungarn aus und beschloß seine Auslieferung. Dagegen protestierte Karl IV. von Tihany aus mit folgendem Schreiben:

»Den unter ausländischem Druck und Zwang zustande gekommenen Beschluß der Nationalversammlung, der die Entthronung ausspricht, erkläre ich im Sinne der ungarischen Verfassung und der ungarischen Gesetze für ungesetzlich und unwirksam und lege dagegen Verwahrung ein.
Ich halte die nach der ungarischen Verfassung mir, als dem mit der Krone St. Stephans gekrönten Apostolischen König, zustehenden Rechte nachdrücklichst auch weiter aufrecht.
Gegen das Vorgehen der ungarischen Regierung, mit dem sie mich aufgrund des Beschlusses der Botschafterkonferenz dem Befehlshaber der britischen Donauflotte ausliefert, lege ich Verwahrung ein, da ich, als nach ungarischem Gesetz Ungar, das unbestreitbare Recht habe, mich auf ungarischem Gebiet aufzuhalten.«

Am 3. 11. 1921 beschloß das ungarische Parlament folgendes, am 6. 11. 1921 verkündete Gesetz:

1. Die souveränen Rechte König Karls IV. sind erloschen.

2. Die in den Gesetzesartikeln I und II des Jahres 1713 verkündete Pragmatische Sanktion, welche die Sukzessionsrechte des Hauses Österreich regelt, tritt außer Kraft. Demzufolge gewinnt die Nation das Recht der freien Königswahl zurück.

3. Die Nation behält die alte Staatsform, das Königreich. Doch verschiebt sie die Besetzung des Thrones auf spätere Zeiten und ermächtigt die Regierung, zur entsprechenden Zeit eine diesbezügliche Vorlage zu erstatten.

4. Das vorliegende Gesetz tritt mit dem Tage der Promulgation in Kraft.

Damit waren die Herrscherrechte des Hauses Habsburg auch in Ungarn erloschen. Die Krone des hl. Stephan sollte nie wieder getragen werden. Diese einzigartige historische Reliquie, die in der 1000jährigen Geschichte der ungarischen Nation und in der Geschichte des Hauses Habsburg eine so bedeutende Rolle gespielt hat, gelangte 1945 nach langen Irrfahrten in die Hände der Amerikaner, die die Krone nach Amerika verbrachten, wo sie fast 33 Jahre verbleiben sollte. Am 5. 1. 1978 kehrte sie in einem Sonderflugzeug in Begleitung des amerikanischen Außenministers nach Ungarn zurück und wurde im Rahmen einer festlichen Feierstunde am 6. 1. 1978 dem ungarischen Volk zurückgegeben.

Der letzte Kaiser von Österreich und König von Ungarn traf in Begleitung seiner Gemahlin Zita am 19. 11. 1921 in Funchal auf Madeira, wohin man ihn verbannt hatte, ein. Viereinhalb Monate später starb Kaiser Karl I. im Alter von 34 Jahren.

Kaiser Karl I. war von einem großen Verantwortungsgefühl, das seine Wurzeln in einer tiefen religiösen Überzeugung hatte, getragen. Niemals unfreundlich, zornig oder bösartig in seiner Gesinnung, konnte man dem Monarchen die unangenehmsten Dinge sagen, ohne befürchten zu müssen, auf Unverständnis zu stoßen. Sein Wesen und sein Charakter waren von einer großen Menschenfreundlichkeit und einer unendlichen Herzensgüte geprägt. Da er in der Auswahl seiner ersten und engsten Mitarbeiter eine ausgesprochen unglückliche Hand hatte, konnte es nicht ausbleiben, daß die Charaktereigenschaften des Kaisers von seiner Umgebung häufig ausgenutzt wurden und es zu Fehlentscheidungen kam, die ohne Konsequenzen für die Verursacher blieben. Da Karl I. stets das sagte, was er dachte, und keine Rücksicht darauf nahm, ob seine Gedanken richtig oder falsch und unangebracht waren, schaffte ihm das in der letzten Zeit seiner Herrschaft mehr Gegner als Freunde. Das Charakterbild des Kaisers kann dadurch nicht beeinträchtigt werden.

Viele überstürzte und schlecht vorbereitete Reformen während seiner kurzen Regierungszeit sind der Unerfahrenheit des jugendlichen Kaisers zuzuschreiben und können nur als unzulängliche Versuche gewertet werden, die Dynastie vor dem Untergang zu bewahren.

Als 24jähriger verlobte Karl sich im Juni 1911 in Pianore bei Lucca mit der 19jährigen Prinzessin Zita von Bourbon-Parma. Sie war eine Jugendgespielin Karls, die er in dem niederösterreichischen Schwarzau kennengelernt hatte. Die Prinzessin entstammte einer in vielfacher Hinsicht bemerkenswerten Familie. Ihr Vater, Herzog Robert von Parma, war von piemontesischen Truppen aus seinem Herzogtum Parma vertrieben worden und hatte in Schwarzau Zuflucht gefunden. Hier lebte der Herzog mit seiner Gemahlin Maria Antonia von Braganza und zwölf Kindern aus dieser Ehe. Dazu kamen neun weitere Kinder aus der ersten Ehe des Herzogs mit Maria Pia von Bourbon-Sizilien.

Prinzessin Zita war eine stattliche Erscheinung. Sie besaß Energie und Zähigkeit. Karl und Zita waren sich nicht nur sehr zugetan, sondern ergänzten sich auch vorteilhaft. Im Oktober 1911 fand die Vermählung in Schwarzau statt. An der Hochzeit nahmen neben Kaiser Franz Joseph I. auch der Thronfolger Franz Ferdinand und der König von Sachsen, der Onkel Karls mütterlicherseits, teil. Diese standesgemäße Ehe war so recht nach dem Herzen Kaiser Franz Josephs I., der eine betont herzliche Festrede hielt. Das erste Auftreten der jungen Erzherzogin Zita in Wien war ein voller Erfolg. Sie hätte sich in den Herzen der Österreicher sicher einen hervorragenden Platz sichern können. Die Ereignisse von 1918 haben bei der damals 26jährigen Mutter von fünf Kindern tiefe Wunden hinterlassen. Als ihr Abdankungsdokumente vorgelegt wurden, sagte sie nur: *»Niemals!«* und fügte dann hinzu: *»Ein Herrscher kann seine Herrscherrechte verlieren. Das ist dann Gewalt, die eine Anerkennung ausschließt. Abdanken nie – lieber falle ich hier an Ort und Stelle mit dir – dann wird eben Otto kommen und selbst, wenn wir alle fallen sollten – noch gibt es andere Habsburger.«*

1922 folgte sie ihrem Gemahl ins Exil nach Funchal auf Madeira, wo dem exilierten Kaiserpaar die Villa Quinto do Monte als Aufenthaltsort zugewiesen wurde. Im März 1922 erkrankte Karl an einer Lungenentzündung. Nach Empfang der Sterbesakramente und einem herzlichen Wort des Verzeihens für alle seine Feinde starb der menschlich so oft mißverstandene letzte Kaiser aus dem Hause Habsburg-Lothringen am 1. 4. 1922.

Seine letzten Worte galten seiner Gemahlin:

»Warum lassen sie uns nicht nach Hause gehen? Ich möchte mit dir nach Hause gehen. Ich bin so müde.«

Zurück blieben die 30jährige Witwe und sieben Kinder im Alter von ein bis zehn Jahren. Das achte Kind wurde zwei Monate nach dem Tode Kaiser Karls I. geboren. Kaiserin Zita hat es verstanden, die Familie durch alle Fährnisse der Zeit zusammenzuhalten. Nach dem Tode ihres Gemahls fand sie mit ihrer Familie Asyl in Spanien und später in Belgien. Während des Zweiten Weltkrieges lebte die Witwe Kaiser Karls in Kanada und dann in den Vereinigten Staaten. In unzähligen Vorträgen in großen und kleinen Städten, an Colleges und Universitäten, warb sie bei den Amerikanern um ein besseres Verständnis für ihre Heimat Österreich. Nach Kriegsende organisierte Zita mit ihrer Familie in großem Umfang Care-Paketaktionen. Schließlich kehrte die aufrechte Frau nach Europa zurück. Ihren Lebensabend verbrachte sie in Zizers, Schweiz, nahe der österreichischen Grenze. 1982 betrat Kaiserin Zita wieder Österreich. Dafür setzte sich besonders der spanische König Juan Carlos beim damaligen Bundeskanzler Bruno Kreisky ein. In der Folge lebte sie teilweise bei ihrer jüngsten Tochter Elisabeth, Prinzessin von Liechtenstein, in der Nähe von Graz. Ihr Begräbnis am 1. 4. 1989 in Wien (Stephansdom, Kapuzinergruft) war eine beeindruckende Feier, die den alten Glanz der Monarchie für kurze Zeit erahnen ließ.

Nach jahrzehntelangen Bemühungen (Kaiser-Karl-Gebetsliga) wurde am 3. 10. 2004 der letzte österreichische Kaiser von Österreich und König von Ungarn, Karl I. (IV.), von Papst Johannes Paul II. am Petersplatz in Rom selig gesprochen. Auch wenn es dazu kritische Stimmen gab, so symbolisiert dieser Akt doch auch einen gewissen Dank der Kirche an das Haus Habsburg, das u. a. einer der wichtigsten Träger der Gegenreformation war.

Von Karl dem Großen, der in der Diözese Aachen als Heiliger verehrt werden kann, bis zum letzten Habsburger-Kaiser, dem Seligen Karl, spannt sich somit ein Bogen von mehr als 1100 Jahre Geschichte.

Die Nachkommen Kaiser Karls I.

1. Otto Franz Josef, Erzherzog, Chef des Hauses Habsburg-Lothringen
   * 20. 11. 1912 auf Schloß Wartholz/Reichenau

   ∞ 10. 5. 1951 in Nancy
   Regina, Prinzessin von Sachsen-Meiningen
   Eltern: Georg, Herzog von Sachsen-Meiningen, und Clara, Gräfin von Korff-Schmising-Kerßenbrock, Tochter Alfreds, Graf von Korff-Schmising-Kerßenbrock
   * 6. 1. 1925 in Würzburg

2. Adelheid, Erzherzogin
   * 3. 1. 1914 in Hetzendorf b. Wien
   † 2. 10. 1971 in Tulfes/Tirol
   Grabstätte: Gruft auf dem Friedhof an der kath. Kirche in Tulfes/Tirol

3. Robert Karl Ludwig, Erzherzog (d'Este)
   * 8. 2. 1915 in Wien-Schönbrunn
   † 7. 2. 1996 in Basel
   Grabstätte: Gruft in der Lorettokapelle der Klosterkirche Muri/Schweiz

   ∞ 29. 12. 1953 in Bourg-en Bresse/Frankreich
   Margherita, Prinzessin von Savoyen
   Eltern: Amadeus, Prinz von Savoyen, Herzog von Aosta, Vizekönig von Abessinien, und Anna, Prinzessin von Frankreich, Tochter Johanns, Herzog von Guise
   * 7. 4. 1930 in Capodimonte/Italien

4. Felix Friedrich, Erzherzog
   * 31. 5. 1916 in Wien-Schönbrunn

   ∞ 19. 11. 1952 in Beaulieu/Frankreich
   Anna Eugenie, Herzogin von Arenberg
   Eltern: Robert, Herzog von Arenberg, und Gabriele, Fürstin von Wrede, Tochter Karl Philipps, Fürst von Wrede
   * 5. 7. 1925 auf Schloß Ellingen

5. Karl Ludwig, Erzherzog
   * 10. 3. 1918 in Baden b. Wien

   ∞ 17. 1. 1950 auf Schloß Beloeil/Belgien
   Yolande, Prinzessin von Ligne
   Eltern: Eugen, Fürst de Ligne, und Philippine, Prinzessin de Noailles a. d. H. der Ducs de Mouchy
   * 6. 5. 1923 in Madrid

742   KAISER KARL I.

6. RUDOLF SYRINGUS, Erzherzog
     * 5. 9. 1919 Villa Prangins b. Nyon, Kanton Waadt/Schweiz
     1. ∞ 22. 6. 1953 in Tuxedo Park New York
     XENIA, Gräfin Tschernyschew Besobrasow
     Eltern: Sergej Alexandrowitsch a. d. H. der Grafen Tschernyschew-
     Besobrasow und Elisabeth Dmitrijewna Gräfin Scheremetew, Tochter
     des Dimitri Sergejewitsch Graf Scheremetew
     * 11. 6. 1929 in Paris
     † 20. 9. 1968 in Soignies/Belgien
     Grabstätte: Gruft in der Loretokapelle der Klosterkirche Muri/Schweiz

     2. ∞ 15. 10. 1971 in Ellingen
     ANNA GABRIELE, Prinzessin von Wrede
     Eltern: Carl, Fürst von Wrede, und Sophie, Gräfin Schaffgotsch, Tochter
     Friedrichs Graf Schaffgotsch
     * 11. 9. 1940 in Pähl/Oberbayern

7. CHARLOTTE, Erzherzogin
     * 1. 3. 1921 Villa Prangins b. Nyon, Kanton Waadt/Schweiz
     † 23. 7. 1989 in München
     Grabstätte: Gruft in der Einsiedlerkapelle des ehemaligen Klosters
     Inzigkofen

     ∞ 25. 7. 1956 in Pöcking a. Starnberger See
     GEORG, Herzog zu Mecklenburg
     Eltern: Georg, Herzog zu Mecklenburg, und Natalie Wonljarski (russi-
     scher Uradel), Tochter Feodors Wonljarski
     * 22. 9. 1899 in Oranienbaum b. St. Petersburg
     † 6. 7. 1963 in Sigmaringen
     Grabstätte: Gruft in der Einsiedlerkapelle des ehemaligen Klosters
     Inzigkofen

8. ELISABETH CHARLOTTE, Erzherzogin
     * 31. 5. 1922 im Königspalast El Pardo b. Madrid
     † 6. 1. 1993 in Graz
     Grabstätte: Familiengrab am Friedhof von Übelbach, Steiermark

     ∞ 12. 9. 1949 in Lignièrs/Frankreich
     HEINRICH, Prinz von Liechtenstein
     Eltern: Alfred, Prinz von Liechtenstein, und Theresia Maria, Prinzessin
     von Öttingen-Öttingen und Öttingen-Wallerstein, Tochter Moritz',
     Prinz von Öttingen-Öttingen und Öttingen-Wallerstein
     * 5. 8. 1916 in Graz
     † 17. 4. 1991 in Graz
     Grabstätte: Familiengrab am Friedhof von Übelbach, Steiermark

Die Hohenzollern-Kaiser

Das Kaiserreich der Hohenzollern

Wenn Preußen im 19. Jahrhundert die Deutschen (mit Ausnahme der Deutschen in Österreich) einigte und Führungsmacht eines föderativ gestalteten Deutschen Reiches wurde, dessen präsidiale Spitze den Hohenzollern in Gestalt eines deutschen Kaisertums zufiel, so lag darin eine gewisse Zwangsläufigkeit. Freilich nicht im Sinne Johann Gustav Droysens. Dieser hatte einst vor dem Hintergrund der Kämpfe der Reichsgründungszeit in seiner »Geschichte der preußischen Politik« (1855 ff.) betont, »das Emporkommen Brandenburgs« sei nicht allein aus historischer Notwendigkeit zu erklären, etwa der, daß »ein norddeutscher, ein evangelisch-deutscher Staat habe entstehen müssen«, sondern auch durch »Willen und Tat«, die dieser Notwendigkeit erst die Wege geebnet hätten.

Nicht nur die Anfänge der Hohenzollern als schwäbisches Geschlecht, ihr Aufstieg als Burggrafen von Nürnberg (seit 1191), als die sie immerhin ein Reichsamt innehatten, und ihre Politik als Kurfürsten und Markgrafen von Brandenburg (seit 1415) waren von einer Mission, das Reich der Deutschen zu erneuern, denkbar weit entfernt. Auch den Zeiten des Großen Kurfürsten Friedrich Wilhelm (1640–1688) und denen Friedrichs II., des Großen (1740–1786) ist eine »deutschnationale« Tendenz vollkommen fremd gewesen. Droysen hat noch selbst seinen Kritikern zugestanden, daß der preußische Partikularismus auch nicht besser als der anderer deutscher Mächte gewesen sei.

Erst seit 1815 ist dem Hohenzollernstaat nicht nur das Vermögen, sondern auch der Wille zugewachsen, den Deutschen mit einer alle Stammes- und Landesgrenzen übergreifenden modernen Staatlichkeit ein sie schützendes politisches und rechtliches Gehäuse zu schaffen. Voraussetzung hierfür waren die absolutistische Staatsbildung in Preußen, die als das persönliche Werk König Friedrich Wilhelms I. (1713–1740) und seines Sohnes und Nachfolgers, Friedrichs II., gelten darf, und der dadurch begründete Aufstieg Brandenburg-Preußens, das den alten Rivalen Sachsen weit hinter sich ließ. Zum zweiten fiel ins Gewicht, daß Preußen zwischen 1807 und 1815 durch das Reformwerk des Reichsfreiherrn Karl vom und zum Stein und des Fürsten Carl August von Hardenberg eine Erneuerung erfuhr, die den Staat für das neue Jahrhundert tüchtig machte, indem er durch die Mitwirkung weiterer Volksschichten unterbaut und damit auf eine breitere Grundlage gestellt wurde. Und das geschah im Zeichen des in den Befreiungskriegen 1813 bis 1815 erwachenden deutschen Nationalgedankens.

Hiermit tat sich eine Kluft zu Österreich auf, mit dem Preußen seit den Tagen Friedrichs II. rivalisierte. Obwohl der österreichische Staatskanzler Klemens Fürst

DAS KAISERREICH DER HOHENZOLLERN

von Metternich Liberalismus und Nationalprinzip, die für den habsburgischen Vielvölkerstaat auf kurz oder lang eine tödliche Bedrohung darstellen mußten, im Gebiet des Deutschen Bundes als revolutionäre Kräfte bekämpfte, ließen sich in Preußen die Wirkungen der Reformzeit und der Befreiungskriege nicht mehr beseitigen. Das mußte in dem Augenblick von gravierender Bedeutung werden, in dem sich die Frage der Reform des Deutschen Bundes, der 1815 nach dem Konzept Metternichs an die Stelle des alten Deutschen Reiches getreten war, stellte. Die Bundesreformfrage wurde nicht nur von der beständig um sich greifenden liberalen Nationalbewegung aufgeworfen, sondern auch von Handel und Gewerbe, die nach einem einheitlichen deutschen Wirtschaftsraum verlangten, auf die Tagesordnung gesetzt. Auf diese Frage und die damit verbundenen Forderungen konnte Preußen, das sich in jenen Jahren anschickte, Industriemacht zu werden, sehr viel eher die politisch richtigen Antworten geben als Österreich, das die Sprengkraft des Nationalgedankens zu fürchten hatte. So empfahl sich Preußen und nicht Österreich, das doch die Präsidialmacht des Deutschen Bundes war, in Deutschland zur Führung.

Das galt auch deshalb, weil Österreich mit der Friedensordnung von 1815 weder seine Stellung in den Niederlanden noch die in Vorderösterreich (insbesondere im Breisgau) wieder eingenommen hatte. Denn mit der dadurch betonten Entwicklung zu einem Donaustaat hin, die bereits seit dem 17. Jahrhundert im Gange gewesen war, mußten Österreichs Bindungen an die spezifisch deutschen Belange schwächer werden. Demgegenüber hatte Preußen durch seine linkselbischen Erwerbungen und durch die Begründung der Provinzen Rheinland und Westfalen, auch durch den Erwerb von mitteldeutschen Gebieten, die größtenteils in der Provinz Sachsen ihre Vereinigung fanden, seine Interessen mit denen des übrigen Deutschland auf das engste verbunden. Die Folge davon war der von Preußen geschaffene Deutsche Zollverein von 1834, den Österreich vergeblich durch die Bildung eines Mitteldeutschen Zollvereins zu verhindern gesucht hatte, der für sich genommen keinem wirtschaftlichen Bedürfnis entsprach.

Durch die revolutionären Ereignisse der Jahre 1848 bis 1850 erwies es sich, daß die Lösung der deutschen Verfassungsfrage vor dem Hintergrund des Heranwachsens der liberalen und nationalen Kräfte nur durch Preußen zu erwarten war; der österreichische Ministerpräsident Felix Fürst von Schwarzenberg hatte mit seinem Konzept eine übernationale, großösterreichische Lösung im Auge. Ein kleindeutsches Erbreich mit preußischer Spitze, wie es sich zuletzt mit der Union von 1850 abzeichnete, wurde nur durch militärische Drohungen seitens Österreichs und Rußlands verhindert.

Den Widerstand der Mächte gegen eine nationalstaatliche Ordnung der deutschen Dinge, für die die Zeit reif war, hat Otto von Bismarck als Leiter der preußischen Politik mit großer staatsmännischer Kunst auszumanövrieren verstanden. Obwohl Kabinettspolitiker alter Schule und alles andere als ein Liberaler, stellte er die seit Anfang der sechziger Jahre wieder diskutierte Bundesreformfrage (der Deutsche Bund war ja 1850 restituiert worden) in Anknüpfung an die preußische Politik der 1848er-Zeit von vornherein auf die Grundlage einer aus allgemeinen Wahlen hervorgegangenen Volksvertretung, auf die man sich in Wien aus Gründen der staatlichen Selbsterhaltung nicht begeben konnte. Österreich mußte im Kampf um Deutschland unterliegen. Allerdings konnte der seit 1848 offene Dualismus der beiden deutschen Mächte nur durch einen Waffengang gelöst werden. Durch den Sieg der preußischen Waffen über Österreich 1866 und die Niederringung Frankreichs 1870/71 ist dann der Weg für einen kleindeutschen Nationalstaat freigemacht worden.

Das mit der deutschen Einigung verbundene Wiederaufleben der Begriffe »Deutsches Reich« und »deutscher Kaiser« (letzterer für den Bundespräsidenten) bedeutet nicht, daß der neue deutsche Bundesstaat in irgendeiner Weise in Kontinuität zu dem 1806 erloschenen »Heiligen Römischen Reich deutscher Nation« gestanden hätte. Fürst Bismarck war bestrebt gewesen, den Nimbus, der sich im Bewußtsein des deutschen Volkes mit den Erscheinungen von Kaiser und Reich verband, für die Festigung des jungen Staates der Deutschen zu nutzen. Nach dem Bekenntnis des Reichsgründers in seinem Memoirenwerk »Erinnerung und Gedanke« entsprang seine Befürwortung des Kaisertums »allein dem Glauben an seine Nützlichkeit für Förderung der nationalen Einheit«. König Wilhelm, den er für die ihm zugedachte neue Würde nicht zu begeistern vermochte, sagte er (nach derselben Quelle): »Ew. Majestät wollen doch nicht ewig ein Neutrum bleiben, ›das Präsidium‹? In dem Ausdrucke ›Präsidium‹ liegt eine Abstraktion, in dem Worte ›Kaiser‹ eine große Schwungkraft.«

Kaiser Wilhelm I.

Kaiser Wilhelm I.

* 22. 3. 1797 in Berlin
† 9. 3. 1888 in Berlin
Grabstätte: Mausoleum im Schloßpark Berlin-Charlottenburg
Eltern: König Friedrich Wilhelm III. von Preußen und Luise von Mecklenburg-Strelitz

∞ 11. 6. 1829 in Berlin
AUGUSTA von Sachsen Weimar-Eisenach
Eltern: Karl Friedrich, Großherzog von Sachsen-Weimar, und Maria Pawlowna von Rußland
* 30. 9. 1811 in Weimar
† 7. 1. 1890 in Berlin
Grabstätte: Mausoleum im Schloßpark von Berlin-Charlottenburg

23. 10. 1857 mit der Stellvertretung seines Bruders König Friedrich Wilhelms IV. beauftragt
7. 10. 1858 Prinzregent von Preußen
2. 1. 1861 König von Preußen
18. 1. 1871 Proklamation zum Deutschen Kaiser in Versailles

Wie König Friedrich Wilhelm IV. war Prinz Wilhelm, sein Bruder, seit Herbst 1857 mit der Stellvertretung des Königs beauftragt und seit Oktober 1858 Prinzregent, ursprünglich für eine Wahrung der Kronrechte in ihrem vollen hergebrachten Umfang eingetreten; er hatte in den fünfziger Jahren jedoch die Überzeugung gewonnen, daß dem Volke eine konstitutionell verbürgte Teilhabe an der Regierung des Landes nicht mehr genommen werden konnte und die Reaktion fallen mußte. Er ersetzte das Ministerium Manteuffel durch ein Kabinett aus gemäßigt liberalen Männern, die der sogenannten Wochenblattpartei angehörten oder doch nahestanden, die, aus dem Konservativismus kommend, in der Reaktionszeit eine preußisch-konstitutionelle Opposition dargestellt hatte. Ministerpräsident wurde Karl Anton Fürst von Hohenzollern-Sigmaringen, der Chef der katholischen Linie des Hohenzollernhauses, der 1848/49 zugunsten des preußischen Königshauses auf seine Souveränität verzichtet hatte.

Am 8. November 1858 richtete der Regent an das neue Staatsministerium eine Ansprache, die eine Art von Regierungsprogramm enthielt. Aus ihr wurde in der Öffentlichkeit ein liberaler Systemwechsel herausgelesen. Wendete sich der Prinz doch scharf gegen die im Lande bisher herrschende Verbindung von politischer Reaktion und kirchlicher Orthodoxie, während Preußen seiner Vorstellung nach durch »moralische Eroberungen« sein materielles Gewicht in Deutschland ergänzen und der Welt begreiflich machen mußte, daß es überall das Recht zu schützen bereit sei. Man sprach von einer »Neuen Ära«. Diese schien sich auch in der Haltung des Prinzregenten zur nationalen Bewegung zu bestätigen, die unter dem Eindruck des Ausbruchs der italienischen Befreiungs- und Einigungskriege im Jahre 1859 wieder aus der tiefen Depression herausfand, in die sie mit dem Ruin der Ideale von 1848 gefallen war.

Als im Herbst 1859 in Frankfurt a. M. ein Deutscher Nationalverein entstand, der im Sinne der Paulskirchenbestrebungen einen deutschen Bundesstaat mit preußischer Spitze erstrebte und sofort der Verfolgung durch die Bundesgewalt und die meisten deutschen Bundesstaaten ausgesetzt war, da sprach Preußen weder ein Verbot aus, noch beteiligte es sich an der Verfolgung der Vereinsmitglieder. Doch spätestens im Herbst 1861 zeigte es sich, daß Wilhelms Glaube an das monarchische Gottesgnadentum nicht geringer war als der Friedrich Wilhelms IV. Nach dessen Tod am 2. Januar 1861 nämlich entschloß er sich gegen den Rat mehrerer seiner Minister dazu, durch eine Königskrönung seinem Königtum die ihm seiner Meinung nach zukommende Weihe zu verleihen. Am 18. Oktober 1861 nahm König Wilhelm am Orte der ersten preußischen Königskrönung in der Schloßkirche zu Königsberg die Krone vom Altar und setzte sie sich selbst auf das Haupt. Der bürgerliche Liberalismus war tief enttäuscht. Gustav Freytag, der sich in seinen vielgelesenen Büchern der Geschichte des Hohenzollernhauses liebevoll angenommen hatte, äußerte, der Krönungstag habe den König »von seinem Volk getrennt«.

König Wilhelm I. war seit der Übernahme der Regentschaft kein anderer geworden. Wohl fehlten ihm die Überschwenglichkeit und die mystischen Neigungen König Friedrich Wilhelms IV., wohl war seine Frömmigkeit schlicht und unauffällig, wohl zeichnete seine politische Haltung ruhige Sachlichkeit und Realismus aus – aber in der Sache unterschied sich seine Auffassung vom Herrscherberuf gar nicht so sehr von der des Bruders. Er bewahrte sich die Überzeugung, daß dem König im Staatsleben eine ausschlaggebende Stellung erhalten bleiben müsse.

Freilich hatten auch liberale Einflüsse auf ihn gewirkt – vor allem in der Gestalt seiner Gattin Augusta, einer Enkelin des Weimarer Großherzogs Karl August, die ihn an Bildung und Geistesgaben überragt hat und mit der er zusammen in seiner Zeit als Generalgouverneur der Rheinprovinz in Koblenz von dem milden geistig-politischen Klima Westdeutschlands berührt worden war. Aber er blieb doch die nüchterne, einfach denkende, mit wenig Sinn für Humor und Ironie begabte, aber verständige und beständige Soldatennatur preußischer Tradition und konservativer Konfession. Die Revolutionsjahre 1848/49 hatten ihm wegen seiner angeblichen Schuld am Berliner Straßenkampf den Namen »Kartätschenprinz« eingebracht, dem er dann nach seiner Flucht nach England durch die Niederschlagung des badischen Aufstandes 1849 durchaus gerecht geworden ist.

Die Liberalen und die öffentliche Meinung waren nach dem so sehr herbeigesehnten Ende der Reaktionszeit allzu gerne bereit gewesen, sich täuschen zu lassen. Dabei hatte doch der Prinzregent in seiner Ansprache an das Staatsministerium der Auffassung widersprochen, »daß sich die Regierung fort und fort treiben lassen müsse, liberale Ideen zu entwickeln«. In einer deutlichen Distanz zum Nationalverein war er nicht bereit, in einer so wichtigen Frage wie der nationalen einer Volksbewegung eine politische Führungsrolle zuzugestehen.

In dem seit 1848 mit dieser Frage untrennbar verbundenen offenen Dualismus zwischen Preußen und Österreich vertraute er auf sein Heer, das allerdings schon 1849 und 1850 sowie zuletzt noch bei der Mobilmachung im Zusammenhang mit dem italienischen Krieg von 1859 Mängel gezeigt hatte, die er durch eine Heeresreform zu beseitigen plante. Auch sie hatte er in seiner Ansprache angekündigt.

In dieser Frage hatten sich die Vorstellungen Wilhelms von Königtum und Staat bereits vor der Krönung abgezeichnet. Es ging dabei um eine

Revision des Wehrgesetzes von 1814. Zum einen war an eine Veränderung der Stellung der Landwehr in der Heeresverfassung gedacht, derart, daß ihr erstes Aufgebot der königlichen Linie zugeschlagen werden sollte, während man das zweite, auf das sich dann die Landwehr reduzierte, auf Festungs- und Etappenaufgaben beschränken wollte; zum anderen war eine Verlänge- rung der aktiven Dienstzeit im Heere von zwei auf drei Jahre vorgesehen. Wilhelm war der Ansicht, daß das dritte Jahr benötigt werde, um den Sol- daten über seine militärischen Fertigkeiten hinaus im monarchischen Sinne zu erziehen – ein Ziel, dem auch die Entwertung der durch Reserveoffiziere geführten Landwehr dienen sollte. Vor allem aber bezweifelte das Kriegs- ministerium deren militärischen Wert. Wie die liberalen Kritiker der Wehr- vorlage die Notwendigkeit der in Aussicht genommenen Heeresvermehrung anerkannten, wußten sie auch um den nur bedingten Wert der Landwehr. Was sie erbitterte, war der Umstand, daß die Landwehr, in der man Bürger- lichkeit und Wehrgedanken vermählt sah, im Kriegsfalle nicht mehr gemein- sam mit der königlichen Linie im Felde stehen sollte. Das Prinzip des Volkes in Waffen, das zuerst in den Befreiungskriegen in Geltung gewesen war, schien angetastet werden zu sollen.

Das waren die Positionen, mit denen sich der konservative König, der zugleich militärischer Fachmann war, und der preußische Parlamentarismus gegenübertraten. Freilich hat es dieser zunächst nicht auf einen Bruch mit der von ihm mit Sympathie betrachteten Regierung der Neuen Ära ankom- men lassen; 1860 wurden die Militärausgaben mit Hilfe eines Haushaltspro- visoriums und 1861 durch ein Extraordinarium gedeckt.

Obwohl damit die gesetzliche Festlegung der Heeresorganisation nicht vorweggenommen sein sollte, wie auch Finanzminister von Patow aner- kannt hatte, hat sich der König, unter anderem bestärkt durch seinen Kriegsminister Albrecht von Roon, dadurch in der Verwirklichung der Heeres- reform nicht aufhalten lassen. Er berief sich darauf, daß hier seine Kommando- gewalt berührt sei, die zu den Prärogativen der Krone zählte, während der Landtag im Rahmen seines Budgetrechtes allein über die Heeresverwaltung mitzureden hatte. So trat im Laufe des Jahres 1861 zwischen dem König und seiner Regierung einerseits und der liberal gestimmten öffentlichen Meinung andererseits eine Entfremdung ein, die durch die Königskrönung im Oktober auf einen ersten Höhepunkt geführt wurde. Diejenigen, deren Geduld mit dem König und seinem Kabinett erschöpft war, sammelten sich in der linksliberalen Deutschen Fortschrittspartei, der bei den Wahlen zum Abgeordnetenhaus im Dezember 1861 fast ein Drittel der Mandate zufiel. Im Jahre 1862 kam kein Haushalt mehr zustande. Während der König die Regierung der Neuen Ära durch ein konservatives Kabinett unter dem Präsidenten des Herrenhauses, Fürst von Hohenlohe-Ingelfingen, ersetzte, schritt man zu einer noch von der alten Regierung herbeigeführten Neuwahl des Landtags, bei der die Fort- schrittspartei weiter an Boden gewann.

Unter diesen Umständen kam König Wilhelm auch mit dem neuen Ministerium nicht weiter. Während er um keinen Preis auf die dreijährige Dienstpflicht zu verzichten bereit war, auf die sich die Auseinandersetzung konzentrierte, weigerte sich das Kabinett, ohne Etat zu regieren. Der König trug sich mit Gedanken an eine Abdankung. Es war eine Situation eingetreten, für die Kriegsminister von Roon in kluger Voraussicht vorgesorgt hatte. Er präsentierte Otto von Bismarck, derzeit preußischer Gesandter in Paris, als Ministerkandidaten. Friedrich Wilhelm IV. hatte, als ihm nach seinem Bruch mit dem Märzministerium im November 1848 ebenfalls Bismarck als ein möglicher Ministerpräsident genannt worden war, bei seinem Namen angemerkt: »Nur zu gebrauchen, wenn das Bajonett schrankenlos waltet.« Wilhelm selbst sagte noch 1859 zu Herzog Ernst II. von Sachsen-Coburg und Gotha: »Das fehlte gerade noch, daß ein Mann das Ministerium übernimmt, der alles auf den Kopf stellen wird.« Nun mußte er ihn wohl oder übel nehmen. Denn er war als einziger dazu bereit, auch ohne Etat zu regieren und den Kampf um die Heeresvorlage durchzufechten. Vom König endlich am 22. September 1862 empfangen, legte er diesem auf einem gemeinsamen Gang im herbstlichen Schloßpark zu Babelsberg (bei Potsdam) dar, daß im vorliegenden Streit das Abgeordnetenhaus unbedingt, wenn nötig durch eine »Periode der Diktatur«, niederzuzwingen sei. Ungeachtet der Tatsache, daß er in der Frage der Heeresreform nicht in allem mit dem König übereinstimmte, erklärte er, er wolle »lieber mit dem Könige untergehen, als Eure Majestät im Kampfe mit der Parlamentsherrschaft im Stiche lassen«. Nachdem der König im Besitz der Zusage Bismarcks war, erklärte er: »Dann ist es meine Pflicht, mit Ihnen die Weiterführung des Kampfes zu versuchen, und ich abdiziere nicht.« Aus dem Heereskonflikt war ein Verfassungskonflikt geworden.

Die liberale Königin hatte vergeblich versucht, die Berufung Bismarcks zu hintertreiben. Der Kronprinz schrieb in sein Tagebuch: »Arme Mama, wie bitter wird gerade dieses ihres Todfeindes Ernennung sie schmerzen.« Sie hat allerdings niemals aufgehört, Bismarck und seine Politik zu bekämpfen. »Sie war«, so hat dieser in der ersten Niederschrift seines Erinnerungswerkes bemerkt, »einer der wenigen Menschen, vor denen ich trotz allem Respekt hatte, denn sie war eine geistige Potenz.« Warum sie »Otto dem Großen«, wie sie ihn spöttisch nannte, immer wieder Schwierigkeiten machen konnte, hat er nach seiner Entlassung einmal so erklärt: »Sie hatte eine weit größere Dialektik als Kaiser Wilhelm, frühstückte jeden Tag mit ihm, las ihm Zeitungsausschnitte und Privatbriefe vor, so daß der Kaiser, wenn ich nachher Audienz hatte, mich mit gerötetem Kopfe oft recht ungnädig empfing.« Aber Bismarck hat, sich bei all seinem Selbstbewußtsein als »kurbrandenburgischen Vasallen« empfindend, das unbedingte Vertrauen Wilhelms I. zu gewinnen gewußt. Er hat mit seiner Politik den großen Rivalen Österreich aus Deutschland herausgedrängt und, im Begriffe, dasjenige durchzusetzen, was der Nationalbewegung 1848 versagt geblieben war, vom preußischen Abgeordnetenhaus für sein Regieren ohne Haushalt »Indemnität«, also eine nachträgliche Billigung, erlangt.

Freilich ist Wilhelm I. ein Monarch gewesen, der überzeugt werden wollte und der sehr hartnäckig auf seinem Standpunkt beharren konnte, so daß es nicht selten zu Zerreißproben zwischen ihm und Bismarck kam. Dabei machte sich die konventionelle Denkweise des Königs geltend, die sich an der vom Herkommen weitgehend unabhängigen, nur auf die Zeitumstände und das politische Ziel abgestimmten Denk- und Verfahrensweise des bedeutenden Staatsmannes stieß.

Als es nach der Niederlage Österreichs und seiner Verbündeten im Deutschen Krieg von 1866 in Nikolsburg (Südmähren) zu Friedensverhandlungen kam, hat es König Wilhelm für eine Selbstverständlichkeit gehalten, territoriale Gewinne zu fordern. Hierbei dachte er zuerst vor allem an Sachsen, das er für den Hauptschuldigen am Kriege hielt, und später, als sich Frankreich an einer Erhaltung Sachsens interessiert und Österreich entschlossen zeigte, für seinen Verbündeten einzustehen, an dieses selbst, das Teile Österreichisch-Schlesiens abtreten sollte. Demgegenüber hat Bismarck nicht nur aus der Notwendigkeit heraus, dem um die Wahrung des traditionellen französischen Gleichgewichtsgrundsatzes besorgten Napoleon III. nicht zuviel zuzumuten und Rußland nicht zu einem Eingreifen gegen das, wie man dort meinte, allzu erfolgreiche Preußen zu reizen, strengste Mäßigung für geboten erachtet; er wollte Österreich, das im übrigen Gebietsforderungen mit einer Wiederaufnahme des Kampfes beantworten mußte, eine Demütigung ersparen, da es der gegebene Bundesgenosse eines späteren deutschen Bundesstaates war. Was konnte demgegenüber für Preußen ein – kaum nennenswerter – Territorialgewinn bedeuten?

Doch der König sprach von der Schuld, die die Besiegten treffe, und von der Strafe, die sie verdienten, fragte sich, was die Welt über ihn dächte, wenn er Österreich nicht kräftig ins Fleisch schneide, und erinnerte sogar daran, daß Jägerndorf in Österreichisch-Schlesien einmal hohenzollernscher Besitz gewesen war. Bismarck setzte dagegen, es sei nicht Preußens Aufgabe, eines Richteramtes zu walten, sondern lediglich, deutsche Politik zu treiben. Doch Wilhelm war nicht zu überzeugen. Am 24. Juli 1866 kam es zum Zusammenstoß; Bismarck fühlte sich durch den gereizten König verletzt – und ging mit dem Gedanken an einen Rücktritt auf sein Zimmer. In dieser hoffnungslosen Situation hat ihn der aufgesucht, der als einziger noch helfen konnte, der Kronprinz. Dieser, bisher Bismarcks Gegner, sprach mit dem König, kam zurück und sagte mit freundlicher Ruhe: »Es hat sehr schwer gehalten, aber mein Vater hat zugestimmt.«

Hatte der König durch seinen letztlich unpolitischen Standpunkt den reichen politischen Gewinn des Krieges fast aufs Spiel gesetzt, so ist er andererseits aus Legitimitätsgründen vor der von Bismarck für notwendig

gehaltenen vollständigen Annexion der zwischen Preußen und seinen West-
provinzen gelegenen Staaten Hannover, Kurhessen, Nassau und der Reichsstadt Frankfurt sowie der damit verbundenen Entthronung von Dynastien
zurückgeschreckt. Aber auch diesen revolutionären Zuspitzungen preußischer Staatsräson hat sich der König schließlich gefügt.

In der Frage der spanischen Thronkandidatur am Vorabend des
Deutsch-Französischen Krieges 1870 erscheint König Wilhelm als ein fried-
voller, ja harmloser, wenn auch würdevoller Herr auf der Kurpromenade
von Bad Ems, der in ein leidenschaftliches politisches Spiel zwischen seinem
Ministerpräsidenten Bismarck einerseits und Kaiser Napoleon III. sowie seinem Außenminister, dem Herzog von Gramont, andererseits hineingeriet,
ohne es doch zu durchschauen. Der Kandidat für den verwaisten spanischen
Thron war Erbprinz Leopold von Hohenzollern-Sigmaringen, der Sohn des
Fürsten Karl Anton, des Ministerpräsidenten der Neuen Ära, der nach seinem Verzicht auf seine Souveränität und seine Länder zugunsten Preußens
in den Hausverband der preußischen Hohenzollern eingetreten war, womit
sich aber die Beziehungen zu Berlin schon erschöpften. Das aber übersah
man in Frankreich nicht. Hier löste die Vorstellung, daß eines Tages auf
dem spanischen Thron ein Hohenzoller sitzen könnte, eine starke Erregung
aus, zumal der französische Einfluß in Mitteleuropa dank der Politik Preußens in den letzten Jahren stark geschwächt worden war. Im Angesicht
steigender Kriegsgefahr bediente sich Bismarck der Kandidatur des Hohenzollern, um Frankreich zu reizen, diplomatisch von Mitteleuropa abzulenken, ja kurzzeitig zu lähmen und so möglicherweise ohne seine Einmischung
die deutsche Einigung zu Ende führen zu können.

»Zweifellos war Krieg die ultima ratio dieser Kalkulation, aber die
ultima ratio war nicht Bismarcks Ziel« (E. Zechlin). Erbprinz Leopold hingegen trat von der Kandidatur zurück, wozu Wilhelm I. durch ein Handschreiben beigetragen hatte. Doch Paris wollte mehr: Der französische
Gesandte in Berlin, Benedetti, versuchte, den zur Kur in Bad Ems weilenden
König Wilhelm zu der Erklärung zu drängen, daß er den Verzicht billige
und eine eventuell wieder zur Diskussion stehende Kandidatur seines Hauses nicht zulassen werde. Der alte Herr ließ dem Gesandten nach der offiziellen Bestätigung des Verzichts Leopolds mitteilen, daß er die Sache als
erledigt ansehe und ihm nichts weiter zu sagen habe; die Form blieb dabei
vollkommen gewahrt. Die preußische Politik war in die Defensive gedrängt
worden. Die »Emser Depesche«, durch die der König Bismarck über das
Geschehene in Kenntnis setzte, wußte dieser aber dazu zu benutzen, um die
Defensive wieder in eine Offensive zu verwandeln. Von seinem Herrn
dazu ermächtigt, das in Bad Ems Vorgefallene der Öffentlichkeit bekannt-
zugeben, publizierte er in der »Norddeutschen Allgemeinen Zeitung« eine
Redaktion des königlichen Telegramms, die den Eindruck des vornehmen
Zurückweichens vor den französischen Zumutungen verwischte und den

Anschein erweckte, als sei Benedetti vom König zurechtgewiesen worden. Als dieser die Bismarcksche Bearbeitung in der Zeitung zu Gesicht bekam, rief er erschreckt aus: »Das ist der Krieg!« Die Stimmung in Deutschland sprach nahezu einhellig für Preußen. Frankreich sah sich als Provokateur hingestellt und ins Unrecht gesetzt. Es erklärte Preußen am 19. Juli 1870 den Krieg.

Wie schon in den Kämpfen von 1866 hat König Wilhelm auch am Deutsch-Französischen Krieg persönlich teilgenommen. Er war es, der die Kapitulation Napoleons III. in Sedan am 2. September 1870 entgegennahm. Der siegreiche König begegnete dem geschlagenen Kaiser mit sehr viel Noblesse und Schonung. Dieser hat das dem Kronprinzen gegenüber unter Tränen dankbar anerkannt. Als Wilhelm I. sich nach der Begegnung mit ihm »mit jugendlicher Rüstigkeit« auf sein Pferd schwang und mit seinem Gefolge in »einer glänzenden wilden Kavalkade« davonsprengte, sah ihm Napoleon sinnend nach (Verdy du Vernois).

Im weiteren Verlauf des Krieges ist es im Großen Hauptquartier zu einem Konflikt zwischen der Kriegführung und der Politik gekommen. Der König, dem nach der Verfassung dabei allein die Entscheidung zustand, ist dem nicht ausgewichen. Der rein fachlichen Betrachtung aus der Sicht der militärischen Operationen stand der Gesichtspunkt des leitenden Politikers, Bismarck, gegenüber, der, um eine Einmischung fremder Mächte, etwa Englands, zu verhindern, umgehend auf Friedensverhandlungen hinarbeiten mußte. Wilhelm hat sich, obwohl von Haus aus Soldat, für den Vorrang des Politischen vor dem Militärischen entschieden, so daß Bismarck den Waffenstillstand, der am 28. Januar 1871 abgeschlossen wurde, ganz nach seinen Vorstellungen vereinbaren konnte.

Inzwischen war in Versailles im Zuge von diplomatischen Verhandlungen mit den süddeutschen Staaten der Norddeutsche Bund zu einem Deutschen Reich erweitert worden. Die Erinnerungen an Kaiser und Reich hatten in Deutschland eine nahezu mystische Faszination behalten und sich so sehr mit den nationalen Sehnsüchten der Deutschen verbunden, daß der preußische Ministerpräsident und Kanzler des Norddeutschen Bundes in feiner Einfühlung in die deutsche Volksseele diese Gefühlswerte in die Fundamente des deutschen Nationalstaates einzubringen beschlossen hatte. Reich, Kaiser und Reichskanzler traten an die Stelle von Bund, Bundespräsidium und Bundeskanzler. Die Kaiserkrone fiel wie fast selbstverständlich König Wilhelm zu. Doch wußte Bismarck, daß es dabei die – durch die Reichseinigung ohnehin strapazierte – Empfindlichkeit deutschen Fürstenstolzes zu schonen galt. Er kam daher auf den Gedanken, daß der Inhaber des nach dem preußischen bedeutendsten deutschen Thrones, der König von Bayern, dem preußischen König die Kaiserkrone antragen müsse. Er hat das König Ludwig II. nicht zuletzt durch Aussetzung einer Pension, die diesem namentlich zur Finanzierung von Bauten willkommen gewesen ist, schmackhaft machen können. Die Gelder stammten vermutlich aus dem Welfenfonds, den Bismarck aus dem Vermögen des seines Thrones entsetzten reichsfeindlichen hannoverschen Königshauses gebildet hatte. Ludwig II. hat einen von Bismarck aufgesetzten »Kaiser-Brief« geschrieben, aber der Adressat, Wilhelm I., ist darüber alles andere als froh gewesen.

König Wilhelm hat in der Tatsache, daß der Kaisertitel der preußischen Königswürde vorangestellt werden sollte, das Ende Preußens vorausgeahnt. Außerdem schien ihm die Kaiserwürde zuwenig reale Macht zu enthalten; denn aus Rücksicht auf die Bundesfürsten und die Bundesstaaten sollte er sich nach Bismarcks Willen statt »Kaiser von Deutschland« wie das Oberhaupt des locker gefügten alten Reiches »Deutscher Kaiser« nennen. Wilhelm fürchtete, seinen guten preußischen Namen für die gleichgültige Würde eines »Charaktermajors« – so sein militärischer Vergleich – hinzugeben. Bismarck wurde ungeduldig; wie er im Dezember 1870 seiner Frau schrieb, plagten ihn im Umgang mit dem König all die »kleinen Schwierigkeiten, die sich für ihn in der sehr einfachen Kaiserfrage an fürstliche Vortheile und Kinkerlitzchen knüpfen«. An dem äußerlich so glanzvollen Tage der Kaiserproklamation im Spiegelsaal des Schlosses zu Versailles hat der Kanzler »Kälte von oben« erfahren müssen. Wilhelm schritt an ihm ohne Blick vorbei und reichte anderen die Hand. Auch die Tatsache, daß man für das große Ereignis beziehungsreich den 18. Januar, den Tag der Königsberger Königskrönung von 1701, gewählt hatte, vermochte seinen Sinn nicht aufzuhellen. Großherzog Friedrich I. von Baden, sein Schwiegersohn, hatte noch insofern die Situation gerettet, als er die leidige Titelfrage umging und ein Hoch auf »Kaiser Wilhelm« ausbrachte.

Wilhelm I. ist es bald gelungen, seine persönlich gestimmte Trauer zu bemeistern. Die Pflicht gegenüber dem neuen Reich forderte sofort seine ganze Aufmerksamkeit. Bereits im Dezember war eine Abordnung des Reichstages nach Versailles gekommen, um den König um die Annahme des Kaisertitels zu bitten. Aber es hatten derzeit noch nicht alle Fürsten zugestimmt. Der Kaiserbote, wie 1849 der Königsberger Jude Eduard Simson, fühlte sich, während er auf das Fürstenplazet wartete, an die tragische Vergeblichkeit seiner damaligen Mission erinnert. Nach der Vereinbarung mit den Fürsten mußte sein Kommen dem Kaiser eine doppelte Verpflichtung sein, die ihm verbleibenden Kräfte dem geeinten Deutschland zu widmen. So hat Wilhelm I. in einer von Bismarck verfaßten und verlesenen Proklamation »An das deutsche Volk«, obwohl noch im Feldlager weilend, sozusagen von Schlachtenlärm umtost, den Blick ganz auf die Segnungen des Friedens gerichtet, die er für das Deutsche Reich ersehnte. Nach seinen Worten verpflichtete ihn die Kaiserwürde dazu, »in deutscher Treue die Rechte des Reichs und seiner Glieder zu schützen, den Frieden zu wahren, die Unabhängigkeit Deutschlands, gestützt auf die geeinte Kraft seines Volkes, zu verteidigen«. Er nehme sie, wie er sagte, in der Hoffnung an, »daß [es] dem

Deutschen Volke vergönnt sein wird, den Lohn seiner heißen und opfermutigen Kämpfe in dauerndem Frieden und innerhalb der Grenzen zu genießen, welche dem Vaterland die seit Jahrhunderten entbehrte Sicherung gegen erneute Angriffe Frankreichs gewähren«. Ihm aber und seinen Nachfolgern an der Kaiserkrone, so schloß der Monarch, »wolle Gott verleihen, allzeit Mehrer des Deutschen Reichs zu sein, nicht an kriegerischen Eroberungen, sondern an den Gütern und Gaben des Friedens auf dem Gebiete nationaler Wohlfahrt, Freiheit und Gesittung«.

Eine würdige Gestalt war an die Spitze des neubegründeten Reiches getreten, eine vornehme militärische Erscheinung, hochgewachsen, kräftig, mit blauen Augen und ehemals blonden, jetzt weißen Haaren. Auch in Süddeutschland, wo er bis dahin weithin als beschränkter Soldat und Marionette Bismarcks galt, hat er sich hohe Achtung erringen können. Der bayerische Diplomat Hugo Graf von Lerchenfeld-Koefering, der 1880 bayerischer Gesandter in Berlin wurde, bemerkte bei den Reichsgründungsverhandlungen im Herbst 1870 in Versailles, daß Wilhelm I. »nichts weniger als eine beschränkte Mittelmäßigkeit war«. Im Blick auf sein Kaisertum hat der Diplomat in der Rückschau betont, es könne keinem Zweifel unterliegen, daß er »ein selten abgeklärter, tüchtiger und in hohem Grade kluger Herr gewesen ist, der seine Stelle in der Welt wie wenige andere ausgefüllt hat«. Dazu gehört, daß er bald auch in den Herzen des deutschen Volkes seinen Platz gefunden hat. Die Reaktion auf seine (von Bismarck dramatisierte) Behandlung durch den französischen Gesandten auf der Kurpromenade von Bad Ems kündigte das schon an. Die Attentate, deren Ziel er geworden ist, haben Wellen liebevoller Anteilnahme ausgelöst.

Wilhelm I. war aber nicht der nur noch liebenswürdige, gütige und ansonsten »schlafende Heldenkaiser«, wie es manchem schien. Der 37jährige Graf Lerchenfeld hörte im Herbst 1870 von dem im 74. Lebensjahr stehenden Monarchen einen längeren Vortrag über die Geschichte des im Gange befindlichen Krieges, »der mir durch Klarheit, Präzision und durch den feinen Takt, mit dem der königliche Redner einzelne Punkte behandelte, Bewunderung abnötigte«. Bis zuletzt hat Wilhelm I. Proklamationen und Reden eigenhändig konzipiert. Entscheidungen suchte er stets selbständig zu treffen, wobei er sich noch im hohen Greisenalter in ihm fremde innenpolitische Materien einarbeitete. So ist auch nach der Reichsgründung der sich in konventionellen Bahnen bewegende Fürstenverstand Wilhelms I. in der deutschen Politik bemerkbar geblieben. Dabei war nach wie vor das tiefe Vertrauensverhältnis zu Bismarck über alle Meinungsverschiedenheiten hinweg bestimmend. »Mein größtes Glück«, so schrieb er seinem Ministerpräsidenten 1869, »ist es ja, mit Ihnen zu leben und immer fest einverstanden zu sein!« Er konnte unterzeichnen mit: »Ihr treuester Freund Wilhelm.« Bismarck hat wiederholt von seiner »Liebe« zu Wilhelm I. gesprochen; »er hing mit dem Herzen an ihm«, urteilt Graf Lerchenfeld. Als der neunzigjährige Kaiser Bismarck zum 25. Jahrestag seiner Berufung gratulierte, antwortete dieser: »Minister ernennt jeder Landesherr, aber es ist in neuerer Zeit kaum vorgekommen, daß ein Monarch einen Ministerpräsidenten fünfundzwanzig Jahre hindurch in bewegten Zeiten, wo nicht alles gelingt, gegen alle Feindschaften und Intrigen hält und deckt. Ich habe in dieser Zeit manchen früheren Freund zum Gegner werden sehen, E. M. Gnade und Vertrauen sind für mich aber unwandelbar gleich geblieben.«

Für die außenpolitische Haltung des Kaisers ist die Dankbarkeit bestimmend gewesen, die er gegenüber Rußland wegen dessen wohlwollender Neutralität in der Reichsgründungszeit empfand. Er hat sie dem Zaren – in nicht eben politisch kluger Weise – wiederholt bekundet. Als Rußland Mitte der siebziger Jahre einen Krieg gegen die Türkei erwog, machte es Anstalten, Beweise dieser Dankbarkeit einzufordern. Zwar ließ Bismarck Zar Alexander II. durch ein Handschreiben Wilhelms I. versichern, daß Deutschland wohlwollende Neutralität üben wolle; doch weiter ging der Kanzler nicht. Freilich waren die Formulierungen des Kaisers nicht unproblematisch. Er schrieb nämlich: »Die Erinnerung an Deine Haltung für mich und mein Land von 1864 bis 1870/71 wird meine Politik gegenüber Rußland bestimmen, was auch kommen mag.«

Als St. Petersburg nach dem Sieg der Türkei über Serbien im Herbst 1876 auf dem Balkan einzugreifen beabsichtigte und dabei ein Konflikt mit Österreich-Ungarn und England drohte, war Bismarck nicht mehr bereit, Rückendeckung zu bieten. Der Zar, der zu dieser Zeit noch auf seinem Sommersitz Livadia auf der Krim (bei Jalta) weilte, bediente sich in diesem Zusammenhang des deutschen Militärbevollmächtigten am russischen Hof – einer Einrichtung, die seit den Zeiten Friedrich Wilhelms III. und Alexanders I. die persönlich enge Verbindung zwischen den Herrschern der beiden Dynastien dokumentierte –, um zu erkunden, ob sich Deutschland im Falle eines russisch-österreichischen Krieges ebenso verhalten werde wie Rußland 1870. Bismarck hat diese »Doktorfrage von Livadia«, wie er sie nannte, indirekt beantwortet; auf einem Essen, das er dem Präsidium des Reichstages im Dezember 1876 gab, bekannte er sich wohl zur Neutralität Deutschlands in der Orientfrage, stellte aber zudem unmißverständlich fest, daß, wenn die Integrität Österreich-Ungarns gefährdet wäre, das Reich auf dessen Seite treten müsse.

In diesem Sinne operierte Bismarck auf dem Berliner Kongreß im Jahre 1878, wo der Kanzler als »ehrlicher Makler« den Balkankonflikt entschärfen wollte, dabei aber eine deutliche Abkühlung des deutsch-russischen Verhältnisses bewirkt hat. Er hatte nicht allein das Interesse Rußlands zu berücksichtigen; er mußte zur Sicherung der deutschen Stellung mit der österreichischen Macht ein Gegengewicht zu dem mächtigen Zarenreich und einen potentiellen Bündnispartner zu erhalten suchen. Er hat, beunruhigt durch den russischen Panslawismus, in dessen Zeichen auch der Balkankrieg gestanden hatte, dann tatsächlich eine engere Bindung an Wien gesucht, in der sich beide Mächte wechselseitig gegen einen Angriff Rußlands absicherten, ohne daß Berlin die Verbindung zu St. Petersburg abreißen lassen wollte.

Das aber verstand Kaiser Wilhelm nicht, bei dem sich der Zar in einem Handschreiben vom 15. August 1879, der sogenannten Briefohrfeige, über Bismarck beschwert hatte. Bei ihm genoß das Verhältnis zu Rußland, dem bewährten Verbündeten, gegenüber dem alten Rivalen Österreich Priorität. Daß der Zar, der sein Neffe war, den deutschfeindlichen und frankreichfreundlichen Panslawismus nicht mehr zu bändigen vermochte, erkannte er nicht. Mit den beiden einander widerstrebenden Mächten zugleich enge Verbindungen zu unterhalten widerstrebte seinem geraden, soldatischen Sinn; vor allem nachdem er mit dem Zaren auf einer Grenzstation zusammengetroffen war und ihm dadurch die infolge der »Briefohrfeige« eingetretene Trübung des gegenseitigen Verhältnisses beseitigt zu sein schien, war ihm die Sanktion eines Paktes mit Österreich moralisch unmöglich, eine »Perfidie«. »Die dem deutschen konstitutionellen System entsprechende Abhängigkeit vom kaiserlichen Willen hat Bismarck damals schwer zu spüren bekommen. Seine politischen Argumente prallten an der gewachsenen Überzeugung des Monarchen ab, der für sich in Anspruch nahm, letzten Endes doch eine genauere und intimere Kenntnis des Zaren, seinem ›persönlichen Freund, nächsten Verwandten, Bundesgenossen in guten und bösen Zeiten‹ zu besitzen, als sie Bismarck, der letztlich nur Minister und Kanzler war, hatte« (W. Bußmann).

Gegenüber der Position Bismarcks, die dieser in gewichtigen Staatsschriften darlegte, verteidigte der Kaiser seinen Standpunkt »mit einer geistigen Energie, die bei seinem hohen Alter erstaunlich wirkte« (A. O. Meyer). Das Ringen zwischen den beiden Männern steigerte sich wieder einmal bis zu Rücktrittsgedanken des Kanzlers. Doch fand dieser die Unterstützung des Kronprinzen, Moltkes und des Staatsministeriums. Der Kaiser gab nach, und der Weg zum Zweibund mit Österreich vom Oktober 1879 war frei. In der Gefahr, seinen Kanzler zu verlieren, war der alte Herr, wiewohl menschlich zutiefst erschüttert, zu der persönliche Größe verratenden Einsicht gelangt: »Bismarck ist notwendiger als ich.«

In der Innenpolitik hat sich der Kaiser nicht damit befreunden können, daß Bismarck seit 1867 parlamentarisch mit Hilfe der Nationalliberalen regierte; der liberale Zug, der auf diese Weise die ersten Jahre des Reiches prägte und damit auch dessen Fundamente, wie etwa die Rechtsordnung, mitbestimmte, vertrug sich nicht mit seinem konservativen Sinn und seiner festen Verwurzelung im christlichen Glauben. Insbesondere der Kulturkampf, zu dem sich Bismarck aus Furcht vor den »reichsfeindlichen« Bestrebungen des politischen Katholizismus hatte von den Liberalen hinreißen lassen, schien ihm wegen seiner antikirchlichen Tendenzen und seiner verweltlichenden Wirkungen wie etwa der Zivilehe bedenklich, ja er ging »gegen sein inneres Wesen«, wie Graf Lerchenfeld bemerkt. Als 1878 die Zusammenarbeit Bismarcks mit dem Liberalismus ihr Ende fand, ist das von ihm einschließlich der Möglichkeit, nunmehr mittels einer Kampfgesetzgebung gegen die Sozialdemokratie vorzugehen, begrüßt worden.

Der alte Kaiser hat in einer Zeit wirtschaftlichen Aufstiegs und steigenden Wohlstands seinen Untertanen die preußischen Tugenden der Nüchternheit, der Schlichtheit und des Maßes vorgelebt. Die Bescheidenheit seines Haushaltens im Palais Unter den Linden, das bis zur Vernichtung im Zweiten Weltkrieg als Museum erhalten war, sprach für sich. 1874 mahnte er die Offiziere des königlichen Heeres: »Je mehr anderwärts Luxus und Wohlleben um sich greifen, um so ernster tritt an den Offiziersstand die Pflicht heran, nie zu vergessen, daß es nicht materielle Güter sind, welche ihm die hochgeehrte Stellung im Staat erworben haben und erhalten werden.« Es war der Gedanke des nicht nach dem persönlichen Vorteil fragenden Dienstes, den er hochhielt. Und in rücksichtsloser Erfüllung seiner Pflicht hat er sich auch die kurze tödliche Krankheit zugezogen; bei der Grundsteinlegung des Nord-Ostsee-Kanals, der ihm zu Ehren den Namen Kaiser-Wilhelm-Kanal erhalten sollte, setzte er sich, um sich den Matrosen der Kaiserlichen Marine zu zeigen, zu lange dem Luftzug aus und erkältete sich.

In den regnerischen Morgenstunden seines Sterbetages, dem 9. März 1888, harrten viele Berliner vor seinem Palais aus, blickten auf das historische Eckfenster des Parterres, wo sich der Kaiser gezeigt hatte, wenn die Wache aufgezogen war, und bangten um sein Leben. Auch nach der Todesmeldung blieben die Linden und der Opernplatz von Menschen übersät. Am nächsten Tag trat Bismarck vor den Bundesrat sowie den Reichstag und machte, sichtlich erschüttert, offiziell von dem traurigen Ereignis Mitteilung. »Es steht mir nicht zu, meine Herren«, so sagte er zu den Abgeordneten des Reichstages, »von dieser amtlichen Stelle aus den persönlichen Gefühlen Ausdruck zu geben, mit welchen mich das Hinscheiden meines Herrn erfüllt, das Hinscheiden des ersten Deutschen Kaisers aus unserer Mitte. Es ist dafür auch kein Bedürfnis, denn die Gefühle, die mich bewegen, sie leben in dem Herzen eines jeden Deutschen.« Der Kanzler sprach mit großer Bewegung und wurde zum Ende seiner Trauerworte wiederholt von Schluchzen unterbrochen. Im Hause herrschte ergriffenes Schweigen. Der Redner ging an seinen Platz zurück, setzte sich und verdeckte das Gesicht mit seinen Händen.

Die Nachkommen Kaiser Wilhelms I.

1. FRIEDRICH WILHELM
     siehe Kaiser Friedrich III.
2. LUISE
     * 3. 12. 1838 in Berlin
     † 23. 4. 1923 in Baden-Baden

     ∞ 20. 9. 1856 in Berlin
     FRIEDRICH I., Großherzog von Baden
     Eltern: Leopold, Großherzog von Baden, und Sophie von Schweden
     * 9. 9. 1826 in Karlsruhe
     † 28. 9. 1907 in Mannheim

Kaiser Friedrich III.

Kaiser Friedrich III.

* 18. 10. 1831 in Potsdam
† 15. 6. 1888 im Neuen Palais bei Potsdam
Grabstätte: Friedenskirche zu Potsdam
Eltern: Kaiser Wilhelm I. und Augusta von Sachsen-Weimar-Eisenach

∞ 25. 1. 1858 in London
VICTORIA von England
Eltern: Albert, Prinz von Sachsen-Coburg und Gotha, und Viktoria, Königin von England
* 21. 11. 1840 in London
† 5. 8. 1901 in Schloß Friedrichshof bei Kornberg (Obertaunuskreis)
Grabstätte: Friedenskirche zu Potsdam

9. 3. 1888 Deutscher Kaiser und König von Preußen

Als Kaiser Friedrich III. am 15. Juni 1888, noch im Todesjahr seines Vaters, kaum 57jährig starb, wurden mit ihm die Hoffnungen einer ganzen nicht zum Zuge gekommenen Generation zu Grabe getragen. Es war eine deutsch-liberale Generation, die in beständiger Opposition zu den machiavellistischen Zügen der Außenpolitik Bismarcks und vor allem zu dessen autoritärer Innenpolitik stand. Für sie mögen Namen wie die des badischen »Staatsmannes ohne Staat«, Franz von Roggenbach, des Generaladmirals Wilhelms I., Albrecht von Stosch, und des Schriftstellers Gustav Freytag stehen. Als sich diesem Kreis mit dem Tode des 91jährigen Kaisers sehr spät der Horizont zur Verwirklichung liberaler Grundsätze im Staate zu öffnen schien, hatte er in Wirklichkeit keine Chance mehr. Denn Friedrich III., auf den sich alle Hoffnungen gerichtet hatten, war, als er nach 30jähriger Kronprinzenzeit endlich den Thron bestiegen hatte, ein todkranker Mann.

Der Kaiser litt an Kehlkopfkrebs; eine Stimmbandoperation hatte ihn der Sprache beraubt. Bismarck fand nach dem Tagebuch der Baronin Spitzemberg seinen Anblick »so jammervoll, daß es kaum zu ertragen sei; nicht etwa, daß er so übel aussehe, aber die stumme Angst in seinen Augen, wenn er etwas zu sagen wünsche und umsonst nach Worten ringe, sei zum Erbarmen«. Wenn sich der Kaiser auch mit Interesse und Eifer an die Arbeit machte, so war es ihm doch ganz unmöglich, den von den einen befürchteten und von den anderen ersehnten Kurswechsel herbeizuführen. Einzig die Entlassung Robert von Puttkamers, der nach dem Bruch Bismarcks mit den Liberalen zuerst Kultusminister und dann Innenminister sowie Vizepräsident des preußischen Staatsministeriums geworden war, deutete in die allgemein erwartete Richtung. Bismarck, der dem Thronwechsel anfänglich zu Recht mit großen Befürchtungen entgegengesehen hatte, kam mit dem Kaiser gut zurecht. Das lag nicht nur an der großen Hilfsbedürftigkeit des Monarchen, sondern auch daran, daß beide Männer den zwischen ihnen bestehenden Gegensatz überbrückt hatten und sich in den achtziger Jahren nähergekommen waren. Daran änderte auch das Heiratsprojekt um Alexander von Battenberg nichts, einen nicht ebenbürtigen Sproß des großherzoglichen Hauses von Hessen, den die Russen 1879 zum Fürsten von Bulgarien gemacht, dann 1886 aber wegen Unbotmäßigkeit vom Throne verdrängt hatten. Mit ihm sollte nach dem Willen der Kaiserin Viktoria, einer Tochter der Queen Victoria, die zweite Tochter des Kaiserpaares vermählt werden. Während der Kaiser und der englische Hof diese Verbindung unterstützten, wurde sie von Bismarck bekämpft, da er um die Beziehungen Deutschlands zu Rußland fürchtete, das in der geplanten Ehe einen Affront hätte sehen müssen. Der Kanzler setzte sich durch, ohne daß es zu Belastungen der 99tägigen Regierung Friedrichs III. kam.

Hätte der Kaiser, wenn er gesund auf den Thron gelangt wäre, liberal regiert und ein liberales Kabinett, ein »Ministerium Gladestone«, berufen, das Bismarck in früheren Jahren wie ein Alptraum auf der Seele gelastet hatte?

»Nach seiner Erscheinung die glänzendste Heldengestalt, welche je unter einem deutschen Helme geschritten ist, dem Heer als einer seiner großen Kriegsfürsten teuer, in der Auffassung des Volkes ein erprobter, fester Mann, nach jeder Richtung berufen, Nachfolger seines bejahrten Vaters zu werden, ein aufsteigender Stern für viele patriotischen Wünsche und Hoffnungen, denen die Gegenwart völlige Erfüllung nicht bieten wollte.« So beschrieb Gustav Freytag den Kronprinzen im Jahre 1871. Wohl »eine stattliche Erscheinung von echt germanischem Typus« (Lerchenfeld-Koefering) und ein guter Soldat, ist Friedrich Wilhelm doch kein Feldherr gewesen. Auch kein Haudegen, fehlte es ihm nicht an Herz, Mut und Charakter. Er war ruhig, innerlich ausgeglichen, freundlich, ja liebenswürdig. An kritischem Urteil und einer darin wurzelnden Festigkeit fehlte es ihm zuweilen. Daher konnten stärkere Persönlichkeiten auf ihn Einfluß nehmen, wie vor allem seine Mutter und seine Gemahlin. Durch diese beiden bedeutenden Frauen ist Kronprinz Friedrich Wilhelm im liberalen Sinne und in englischer Denkungsart beeinflußt worden. Daraus folgte dann seine Gegnerschaft zur Politik Bismarcks, die allerdings meist nur in seinem Gesinnungskreis im Kronprinzenpalais in Berlin zum Ausdruck kam; ein Bruch mit dem Kaiser und Bismarck wäre ihm, der sich stets korrekt und als gehorsamer Sohn zeigte, unmöglich gewesen. Auch war das Preußisch-Machtstaatliche in ihm durchaus lebendig. Der preußische Sieg von 1866 setzte ihn in die hellste Begeisterung; zugleich sah er scharf genug, um im Nikolsburger Streit zwischen dem Vater und Bismarck dessen Partei zu nehmen. Er teilte auch dessen Annexionspläne und bemerkte in seinem Tagebuch: »Man wird eigentlich an sich selber irre; aber was bleibt übrig nach solchen ungeheueren Ereignissen und deutschen Erfolgen.«

Noch mehr hatte es die sich doch so sehr nach England zurücksehnende Kronprinzessin Viktoria gepackt; sie hielt die Preußen plötzlich für eine höherstehende Rasse. Sie und ihr Gatte sind wie die meisten Liberalen durch den Erfolg Bismarcks bestochen worden. Von dessen politischer Behutsamkeit hingegen hat der Kronprinz zuweilen nichts gehalten. 1870 wollte er, als ihm die Versailler Verhandlungen mit Bayern zu lange dauerten, den Wittelsbacher mit militärischer Gewalt zum Anschluß zwingen. Die Bedenken des Vaters in der Kaiserfrage waren ihm fremd; Kaiser und Reich sah er so sehr in romantischem Licht, daß ihn Bismarck von einem »Kaiserwahnsinn« befallen sah. Nach der Erinnerung des Grafen Lerchenfeld, der in ihm sogar

Neigungen im Sinne des späteren Alldeutschtums wirksam sah, war er »nicht frei von Eitelkeit und hatte politische Aspirationen, aber es ging ein phantastischer Zug durch sein politisches Denken«.

Nach der Reichsgründung hat sich das Verhältnis zwischen dem Kronprinzen und dem Kanzler trotz verbleibender Meinungsverschiedenheiten in der Innenpolitik in durchaus annehmbaren Verhältnissen bewegt. Friedrich Wilhelm hat die große Leistung Bismarcks für Deutschland und das Haus Hohenzollern sehr wohl anerkannt. Bismarck meinte, seit Friedrich dem Großen sei kein Hohenzoller »von einem so olympischen Hoheitsgefühl beseelt und durchdrungen gewesen« wie Kaiser Friedrich; noch in seinem Todesjahr 1898 bemerkte der »Eiserne Kanzler«: »Er hatte ein hohes Bewußtsein von seiner Souveränität, und die guten Leute, die von ihm eine starke Wendung nach links erwarteten und bei ihm eine besondere Schwäche für den Konstitutionalismus witterten, hätten sich arg getäuscht, wenn er länger regiert hätte.« Wie nicht nur Bismarck glaubte, wäre er eher ein Autokrat als ein Freisinniger auf dem Thron geworden. Doch es gab für ihn keine Zukunft; es blieb von ihm nur »ein friedliches Bild des Todes« vom Juni 1888, das uns der preußische Landwirtschaftsminister Lucius von Ballhausen beschreibt als eine »heldenhafte, echt königliche Erscheinung auf der Bahre in der Blüte der Jahre«.

Die Nachkommen Kaiser Friedrichs III.

1. WILHELM
    siehe Kaiser Wilhelm I.

2. CHARLOTTE
    * 24. 7. 1860 in Potsdam
    † 1. 10. 1919 in Baden-Baden

    ∞ 18. 2. 1878 in Berlin
    BERNHARD III., Herzog von Sachsen-Meiningen
    Eltern: Georg II., Herzog von Sachsen-Meiningen, und Charlotte von Preußen
    * 1. 4. 1851 in Meiningen
    † 16. 1. 1928 in Meiningen

3. HEINRICH
    * 14. 8. 1862 in Potsdam, Neues Palais
    † 20. 4. 1929 in Hemmelmark bei Eckernförde

    ∞ 24. 5. 1888 in Charlottenburg (Berlin)
    IRENE von Hessen und bei Rhein
    Eltern: Ludwig IV., Großherzog von Hessen und bei Rhein, und Alice von England
    * 11. 7. 1866 in Darmstadt
    † 11. 11. 1953 im Herrenhaus Hemmelmark

4. SIGISMUND
    * 15. 9. 1864 in Potsdam, Neues Palais
    † 18. 6. 1866 in Potsdam, Neues Palais

5. VIKTORIA
    * 12. 4. 1866 in Potsdam, Neues Palais
    † 13. 11. 1929 in Bonn

    1. ∞ 19. 11. 1890 in Berlin
    ADOLF von Schaumburg-Lippe
    Eltern: Adolf, Fürst von Schaumburg-Lippe, und Hermine von Waldeck und Pyrmont
    * 20. 7. 1859 in Bückeburg
    † 9. 7. 1916 in Bonn

2. ∞ 19. 11. 1927 in Bonn
ALEXANDER Zoubkoff
* 25. 9. 1900 in Iwanowa Woznessensk bei Moskau
† 28. 1. 1936 in Luxemburg

6. WALDEMAR
* 10. 2. 1868 in Berlin
† 27. 3. 1879 in Potsdam

7. SOPHIE
* 14. 6. 1870 in Potsdam, Neues Palais
† 13. 1. 1932 in Frankfurt a. M.

∞ 27. 10. 1889 in Athen
KONSTANTIN I., König von Griechenland
Eltern: Georg I., König von Griechenland, und Olga Konstantinowna
von Rußland
* 21. 7. 8. 1868 in Athen
† 11. 1. 1923 in Palermo

8. MARGARETE
* 22. 4. 1872 in Potsdam, Neues Palais
† 22. 1. 1954 in Schönberg bei Kronberg (Taunus)

∞ 25. 1. 1893 in Berlin
FRIEDRICH KARL, Landgraf von Hessen-Kassel
Eltern: Friedrich, Landgraf von Hessen-Kassel, und Anna von Preußen
* 1. 5. 1868 in Schloß Panker, Kreis Plön in Holstein
† 28. 5. 1940 in Kassel

Kaiser Wilhelm II.

Kaiser Wilhelm II.

* 27. 1. 1859 in Berlin
† 4. 6. 1941 im Haus Doorn, Niederlande
Grabstätte: Mausoleum Haus Doorn
Eltern: Kaiser Friedrich III. und Victoria von England

1. ∞27. 2. 1881 in Berlin
AUGUSTE VIKTORIA von Schleswig-Holstein-Sonderburg-Augustenburg
Eltern: Friedrich, Herzog von Schleswig-Holstein-Sonderburg-Augustenburg, und Adelheid von Hohenlohe-Langenburg
* 22. 10. 1858 in Dolzig, Kreis Sorau/Niederlausitz
† 11. 4. 1921 in Haus Doorn
Grabstätte: Antikentempel im Park von Sanssouci, Potsdam

2. ∞5. 11. 1921 Haus Doorn
HERMINE von Reuß ä. L., verw. Prinzessin Schönaich-Carolath
Eltern: Heinrich XXII., Fürst von Reuß ä. L., und Ida von Schaumburg-Lippe
* 17. 12. 1887 in Greiz
† 7. 8. 1947 in Frankfurt an der Oder
Grabstätte: Antikentempel im Park von Sanssouci, Potsdam

15. 6. 1888 Deutscher Kaiser und König von Preußen
9. 11. 1918 Abdankung infolge der Revolution

Der Beginn der Regierungszeit Kaiser Wilhelms II. war nicht ohne Tragik. Als er 1888 im Alter von 29 Jahren voller bester Absichten, unbändigen Tatendrangs und unkonventioneller Ideen zur Regierung kam, da konnte er sich doch angesichts der gewaltigen Gestalt des Reichsgründers Otto von Bismarck mit seiner beherrschenden Persönlichkeit, seinem unvergleichlichen Nimbus und seiner jahrzehntelangen Erfahrung keine Hoffnung auf eine eigenständige politische Rolle machen. Es ist verständlich, daß in ihm der Wunsch aufkam, sich des Übermächtigen zu entledigen. Schon einige Wochen nach seinem Regierungsantritt sagte er zum Hofprediger Stöcker: »Sechs Monate will ich den Alten verschnaufen lassen, dann regiere ich selbst.« Doch wie schon dieser Ausspruch zeigt, leiteten den jungen Kaiser Selbstüberhebung und Pietätlosigkeit. Bismarck selbst war es gewesen, der, erfreut von den konservativen Ansichten des Prinzen Wilhelm, diesen in seinem fürstlichen Selbstgefühl bestärkt hatte, statt den Versuch zu machen, auf dem Wege des väterlichen Zuspruchs das Denken des zunächst noch mit Verehrung auf ihn blickenden Prinzen auf ein vernünftiges Maß zurückzuführen. »So hat Fürst Bismarck die Rute, mit der er einst gezüchtigt werden sollte, zu einem Teile selber gebunden« (Lerchenfeld-Koefering). Als er den immerhin schon 28jährigen in die Geschäfte des Auswärtigen Amtes einführen wollte, hätte ihm die Antwort des um Erlaubnis gebetenen Vaters zu denken geben müssen. »Angesichts der mangelnden Reife sowie der Unerfahrenheit meines ältesten Sohnes, verbunden mit seinem Hang zur Überhebung wie zur Überschätzung«, so schrieb der damalige Kronprinz Friedrich Wilhelm, »muß ich es geradezu für *gefährlich* bezeichnen, ihn jetzt schon mit auswärtigen Fragen in Berührung zu bringen.«

Zum offenen Ausbruch kam der Gegensatz zwischen Kaiser und Kanzler in der sozialen Frage. Während Bismarck bei der von ihm geschaffenen Arbeiterversicherung stehenbleiben wollte, plante der Kaiser in einem durchaus richtigen Instinkt für das historisch Notwendige ein Fortschreiten zu einer Arbeiterschutzgesetzgebung, die zunächst das Gebot der Sonntagsruhe sowie eine Einschränkung der Frauen- und Kinderarbeit zum Gegenstand haben sollte. Der Kanzler erwartete von einem Arbeiterschutz, der staatliche Eingriffe in das Innere der Betriebe bringen mußte, eine Schwächung der Konkurrenzfähigkeit der deutschen Wirtschaft im Ausland. Wilhelm II. sah sich durch den Widerspruch Bismarcks in seinem Ehrgeiz, ein »soziales Königtum der Armen« zu begründen, gebremst und reagierte gereizt. Überhaupt hat der Kanzler gegenüber seinem jungen Herrn ausgesprochen unglücklich operiert; statt den Weg freundschaftlicher Überzeugung zu wählen, suchte er ihn durch politische Schachzüge von zuweilen auch fragwürdiger Art matt zu setzen, was den Kaiser erbitterte. Sachlich kam hinzu, daß des Kanzlers Wunsch nach einer Verschärfung des Sozialistengesetzes mit dem Streben Wilhelms II. nach einer sozialen Befriedung und einer nationalen Versöhnung unvereinbar war. Den beiden sozialpolitischen Erlassen des Kaisers vom 4. Februar 1890 verweigerte Bismarck die Gegenzeichnung.

Eine wesentliche Verschlechterung seiner Stellung machte sich durch eine wachsende Isolierung vor allem im Staatsministerium und am 20. Februar 1890 mit der Wahlniederlage des »Kartells« aus Konservativen und Nationalliberalen, auf das sich die Reichsleitung im Reichstag gestützt hatte, geltend. Während Bismarck an die Aufhebung des von ihm einst durchgesetzten allgemeinen und gleichen Wahlrechts im Reich und für den Fall, daß eine wiederholte Auflösung des Reichstags keine brauchbareren Wahlergebnisse brächte, auch an staatsstreichartige Maßnahmen dachte, verkündete ihm der Kaiser am 15. März seine Absicht, mit dem gewählten Reichstag regieren zu wollen. Die Kampfbereitschaft, die Bismarck 28 Jahre früher dem König empfohlen hatte, war nicht mehr vonnöten – und der Bruch damit irreparabel. Zweimal vom Kaiser zur Einreichung eines Rücktrittsgesuchs aufgefordert – freilich nicht unter vier Augen, wie es sich gehört hätte, sondern einmal durch den Generaladjutanten und das zweite Mal durch den Chef des Zivilkabinetts –, kam der Kanzler am 18. März 1890 um seine Entlassung ein, die am 20. März genehmigt wurde.

Nach der Entlassung Bismarcks, die auch unter den Einflüsterungen der Gegner des Kanzlers, etwa des Generalstabschefs Graf Waldersee, zustande gekommen war, beabsichtigte der Kaiser, ein persönliches Regiment zu führen, und berief deshalb einen General zum Kanzler, der, wie er meinte, gehorchen könne: Leo von Caprivi; Bismarck wurde (einschließlich seines Sohnes Herbert) von heute auf morgen aus der deutschen Politik verdrängt. Auch die Geschichte der Reichsgründung erschien in allerhöchster Lesart nun anders: Seinem Großvater legte Wilhelm II. das Prädikat »der Große« bei, und Bismarck sollte nur sein »Handlanger« gewesen sein. Bei den wenigen Begegnungen dieser Jahre traktierte ihn der Kaiser mit militärischen Themen, verhinderte aber zu politischen Fragen, die den Jubilar doch vor allem beschäftigten, jedes Gespräch. So geschah es auch, als Wilhelm II. den Altreichskanzler 1897 auf seinem Alterssitz Friedrichsruh das letzte Mal besuchte. Immer, wenn Bismarck das Gespräch auf die Politik zu lenken suchte, ignorierte es der Kaiser. Der jüngere Moltke flüsterte Admiral von Tirpitz zu: »Es ist furchtbar!« »Wir fühlten es als Mangel an Ehrfurcht vor einem solchen Manne«, kommentierte Tirpitz. Graf Lerchenfeld hat bemerkt, daß im Gegensatz zu Wilhelm II. »die feinere Natur« Kaiser Friedrichs »eine andere Form der Trennung« gefunden hätte. Dieser hatte einmal 1875 einer Beschreibung seines

Gegensatzes zu Bismarck die Mahnung folgen lassen: »Aber wir dürfen nie vergessen, was Unser Haus und Deutschland ihm schulden.«

Wie Bismarck der Baronin Spitzemberg gegenüber äußerte, bestand das Gefährliche am Kaiser darin, »daß er dauernd keinem, momentan jedem Einflusse zugänglich ist und alles sofort zur Tat werden läßt, womit jede Stetigkeit aufhört«. In der Person Wilhelms II. verband sich eine Unfähigkeit zur Konzentration mit geistiger Beweglichkeit und Vielseitigkeit sowie leichter, rascher Auffassungsgabe. Für Bülow, seinen späteren Reichskanzler, war er »wohl der unausgeglichenste Mensch«, dem er je begegnet war. »Man kam ihm gegenüber schwer zu einem sicheren, endgültigen Urteil.« Zu fast jeder seiner Eigenschaften fand sich in ihm auch ihr Gegenteil. Gesunder Menschenverstand trat neben fessellose politische Phantasie, Aufrichtigkeit und Realismus neben Selbstbetrug und Illusionismus, aufmerksame Rücksicht neben grobe Taktlosigkeit, souveräne Großzügigkeit neben enge Kleinlichkeit, Wärme neben Kälte. Sentimentalität fehlte ihm gänzlich. Ein starker Minderwertigkeitskomplex ließ ihn zwischen Kleinmut und Hybris hin und her schwanken und seine natürliche Art mit einem Mantel theatralischer Pose bedecken. Zu seiner Unsicherheit, die er ständig zu überspielen suchte, trat seine Unreife im Menschlichen wie im Sachlichen, die er niemals losgeworden ist, die aber doch gelegentlich in erstaunlicher Weise durchbrochen werden konnte. Dieser Mangel an innerer Gefestigtheit ließ ihn das entbehren, was Bismarck vor allem an ihm vermißte: »Augenmaß.«

Der sozialpolitische Elan des Kaisers ist bald wieder verebbt. Unter der Federführung von Hans Hermann von Berlepsch, der Bismarck als Handelsminister gefolgt war, hatte er zu einer Gewerbeordnungsnovelle geführt, die ein Verbot der Sonntagsarbeit, eine Begrenzung der Arbeitszeit für Frauen und Kinder vorsah sowie dem Bundesrat die Vollmacht verlieh, bei besonders schweren Arbeitsbedingungen auch für erwachsene männliche Arbeiter eine maximale Arbeitszeit festzusetzen. Hinzu war ein Gewerbegerichtsgesetz getreten, das sich als so wirkungsvoll erwies, daß Gewerbegerichte im Jahre 1902 für alle Gemeinden mit mehr als 20.000 Einwohnern obligatorisch wurden. Das Sozialistengesetz hingegen war gefallen; noch unter Bismarck hatte der Reichstag 1890 eine Verlängerung verweigert. Da aber die vom Kaiser umgehend erwarteten Wirkungen all dieser Maßnahmen auf die Arbeiterschaft im Sinne eines Stimmungswandels zugunsten des Staates und der Krone nicht eintraten, forderte er bald wie Bismarck (den er doch auch deshalb entlassen hatte!) eine Ausnahmegesetzgebung gegen die Sozialdemokratie. Bestärkt darin hatten ihn das Erfurter Programm der Sozialdemokratischen Partei von 1891, das in seinem grundsätzlichen Teil starr an marxistischen Positionen festgehalten hatte, und die Einflüsterungen derjenigen Kreise, denen, wie etwa dem Großindustriellen von Stumm-Halberg, die Sozialpolitik nach Bismarck ohnehin zu weit gegangen war und die in der Haltung zur Sozialdemokratie statt auf Ausgleich auf harten Kampf setzten.

Im übrigen waren das innenpolitische Interesse Wilhelms II. und seine Kenntnisse auf diesem Gebiet begrenzt. Freilich hat Caprivi, der sich nicht als Befehlsempfänger und zudem für den ausschweifenden Gedankenflug seines kaiserlichen Herrn als unempfänglich erwies, noch im Falle, wie zutreffend gesagt worden ist, ein Ausnahmegesetz gegen die Sozialdemokratie verhindert. Auf ihn, der seine Mehrheiten im Reichstag dort bilden wollte, wo er sie fand – also auch auf der linken Seite des Hauses –, folgte der bejahrte Standesherr Fürst Chlodwig von Hohenlohe-Schillingsfürst, den der Kaiser »Onkel Chlodwig« nannte, wie die deutschen Gebildeten zu ihrem Amüsement in Maximilian Hardens »Zukunft« erfuhren. Er hat seine Amtsführung im wesentlichen darauf beschränkt, den impulsiven, nervös-unruhigen Monarchen von den gröbsten Mißgriffen abzuhalten, wobei ihm sein gesellschaftlicher Rang zustatten gekommen ist. Daß es in der Innenpolitik zu keiner reaktionären Wende kam, war aber nicht sein Verdienst, sondern das der damals in der Gunst der Wähler stark gewinnenden Zentrumspartei, die wohl für ein – allerdings maßvolles – Vorgehen gegen die Sozialdemokratie zu haben war, ein solches aber mit einer Weiterführung der Sozialgesetzgebung verbunden wissen wollte. So ist es bis 1906 unter dem Staatssekretär des Innern, Graf Posadowsky-Wehner, zu einer zweiten Phase der staatlichen Sozialpolitik gekommen, die eine Verbesserung der Bismarckschen Sozialversicherung, eine Ausdehnung des Verbots der Kinderarbeit auch auf die Heimindustrie sowie eine staatliche Förderung des Arbeiterwohnungsbaus brachte. Ob der Kaiser noch bemerkt hat, daß den vom Reichsamt des Innern ausgearbeiteten Vorlagen im Reichstag auch die Sozialdemokratie zugestimmt hatte?

Wilhelm II. hatte sich, vorwiegend außenpolitisch interessiert, längst seiner »Weltpolitik« zugewandt. Ihn beseelte der Ehrgeiz, das Deutsche Reich in einem Zeitalter der imperialen Ausbreitung aus seiner mitteleuropäischen Beschränkung in die weite Welt hinauszuführen und ihm dort neben England »einen Platz an der Sonne« zu erwerben. Dabei traf er sich mit dem deutschen Bürgertum seiner Tage, das in einer Mischung von deutschem Minderwertigkeitskomplex und Wirtschaftsinteresse den altmodischen Standpunkt Bismarcks, Deutschland sei »saturiert«, hinter sich zu lassen wünschte. Der deutsche Bürger zeigte ebensowenig »Augenmaß« wie sein Kaiser. Beiden blieb unbemerkt, daß über den Prestigeerfolgen der Kolonial- und Seemachtspolitik die Sicherheit des Reiches verspielt zu werden drohte. Die Risiken der Mittellage Deutschlands, die dem Reichsgründer schlaflose Nächte bereitet hatten, verlor man in einer Euphorie von Fortschrittsoptimismus und Wirtschaftswachstum aus den Augen – wenn man sie je erkannt hatte.

Immerhin hat der Kaiser, als seine außenpolitischen Berater mit der Kompliziertheit des Bismarckschen Bündnissystems nicht zurechtkamen und von einer Erneuerung des Rückversicherungsvertrags mit Rußland

KAISER WILHELM II.

abrieten, wenigstens ein ungutes Gefühl gehabt, wenn er auch nicht auf seiner den russischen Unterhändlern gegenüber bekundeten Absicht, den Pakt beizubehalten, beharrte; zu Caprivi sagte er: »Nun, dann geht es nicht, so leid es mir tut.« Der, der den Anspruch erhoben hatte, ein »persönliches Regiment« führen zu wollen, handelte in Wirklichkeit konstitutionell, weil ihm das Zutrauen in seine eigenen Einsichten fehlte. Wenn Bismarcks Bündnissystem auch alles andere als eine außenpolitische Versicherung für alle Zeiten war, so hat die Aufgabe des Rückversicherungsvertrages mit Rußland doch dessen Annäherung an Frankreich begünstigt. Das war der Anfang dessen, was man in Deutschland bald in moralisierend-unpolitischer Hilflosigkeit »Einkreisung« nennen sollte. Die »Weltpolitik« des Kaisers hat sie vollendet.

Eine Probe seiner außenpolitischen Eingebungen gab der Kaiser, als um die Jahreswende 1895/96 herum von der Kapkolonie aus – möglicherweise im Einverständnis mit London – etwa 800 englische Abenteurer in die unabhängigen Burenrepubliken Transvaal und Oranjefreistaat eingefallen waren, wo sich die seit langen Jahren von Kapstadt aus begehrlich betrachteten Goldfelder Südafrikas befanden, jedoch ein militärisches Fiasko erlitten hatten. Als die Nachricht von dem Burensieg Berlin erreichte, erschien der Kaiser, umgeben von Admirälen und sichtlich auf das höchste erregt, beim Reichskanzler und forderte von diesem zugunsten der Buren eine sofortige Mobilisierung der Marineinfanterie und die Entsendung der Besatzung eines in afrikanischen Gewässern stehenden Kreuzers nach Pretoria. Der Einwand des Fürsten Hohenlohe, daß das den Krieg mit England bedeuten würde, blieb auf Wilhelm ohne Eindruck. Um dem vernünftigen Argumenten völlig unzugänglichen Monarchen seinen gefährlichen Einfall ausreden zu können, verfiel der ratlose Staatssekretär des Auswärtigen, Marschall von Bieberstein, auf den Gedanken, Wilhelm II. solle an den Burenpräsidenten Krüger ein Glückwunschtelegramm richten. So geschah es schließlich. Krüger wurde dazu beglückwünscht, daß es ihm, »ohne an die Hilfe befreundeter Mächte zu appellieren«, gelungen sei, den Frieden wiederherzustellen und »die Unabhängigkeit Ihres Landes gegen Angriffe von außen zu wahren«.

Das deutsche Volk war von der unpolitischen Gefühlsreaktion seines Kaisers begeistert. Aber im gesamten britischen Weltreich erhob sich eine solche Empörung gegen den Enkel der Königin, daß dieser nicht anders konnte, als nach einem Entwurf Hohenlohes seiner Großmutter einen kleinlauten Entschuldigungsbrief zu schreiben. Der Berliner Korrespondent der »Times« sagte damals zu Geheimrat Friedrich von Holstein, dem eigentlichen Urheber der deutschen Außenpolitik jener Tage: »Nach den Erfahrungen, die wir jetzt gemacht haben, über die Stimmung von Kaiser und Volk in Deutschland, wird die englische Regierung geneigt sein, viel weiter zu gehen, als das bisher in ihren Absichten lag, um durch Konzessionen, selbst durch erhebliche Opfer, ihre Beziehungen zu Frankreich besser zu gestalten.«

Dazu sah sich Großbritannien auch durch die deutsche Haltung zum Marokko-Problem veranlaßt. Doch zeigte sich hier wie im Zusammenhang mit der Frage des deutsch-russischen Rückversicherungsvertrages, daß Wilhelm II. gelegentlich nicht ohne Einsicht war. Er äußerte Bedenken, als während einer Mittelmeerfahrt des Kaisers mit Gästen im Frühjahr 1905 auf dem Schnelldampfer »Hamburg« seitens des Auswärtigen Amtes an ihn die Anregung herangetragen wurde, er möge dem Sultan in Tanger einen Besuch abstatten, um zu demonstrieren, daß Deutschland Marokko, in dem de facto Frankreich bestimmte, für einen souveränen Staat halte. Wilhelm war es bei diesem Gedanken unbehaglich zumute; er mußte überredet werden. Als die »Hamburg« am 30. März vor Tanger stand, waren fünf Telegramme seines Kanzlers Bülow und ein abermaliges Zureden des Diplomaten an Bord notwendig, um den Kaiser dazu zu bringen, sich in einem offenen Boot durch die hochgehende Brandung dem Lande zuzubewegen und nach Tanger einzureiten. Der englische König Eduard VII., sein Onkel, nannte Wilhelm daraufhin »ein politisches enfant terrible« und sagte: »Die Leute können, wenn sie wollen, vom perfiden Albion reden, aber kann es etwas Perfideres oder Dümmeres geben als die augenblickliche Politik des Kaisers?« Und der Erste Lord der Admiralität erklärte dem britischen Außenminister, es bestehe nun eine »großartige Gelegenheit«, zusammen mit Frankreich gegen Deutschland zu kämpfen, und er hoffe, daß die Politik sie nutze. »Wir können die deutsche Flotte, den Nord-Ostsee-Kanal und Schleswig-Holstein binnen vierzehn Tagen haben«, fügte er hinzu.

So weit kam es nicht – aber in Paris ging ein englisches Hilfsangebot ein. Wilhelm II. hingegen hatte vor seinem Landgang von Tanger gegenüber seinen Reisegenossen geäußert: »Ich habe mir gelobt, auf Grund meiner Erfahrungen aus der Geschichte, niemals nach einer öden Weltherrschaft zu streben ... Das Weltreich, das ich mir geträumt habe, soll darin bestehen, daß vor allem das neuerschaffene Deutsche Reich von allen Seiten das absolute Vertrauen als eines ruhigen, ehrlichen, friedlichen Nachbarn genießen soll und daß, wenn man dereinst vielleicht von einem Deutschen Weltreich oder einer Hohenzollernweltherrschaft in der Geschichte reden sollte, sie nicht auf Eroberungen gegründet sein soll durch das Schwert, sondern durch gegenseitiges Vertrauen der nach gleichen Zielen strebenden Nationen, kurz ausgedrückt, wie ein großer Dichter sagt: ›Außenhin begrenzt, im Inneren unbegrenzt.‹«

In diesen Sätzen darf man einen gültigen Ausdruck der Überzeugungen Kaiser Wilhelms II. sehen. Weder Hegemonialstreben, wie man in England annahm, noch gar Kriegspläne bewegten den Kaiser. Freilich hat er durch zahlreiche fahrlässige Reden und nicht wenige politische Mißgriffe immer wieder Zweifel an seinen guten Absichten erregt und zu einer Dämonisierung seines politischen Wollens Anlaß gegeben. Insbesondere ist es seine Flottenpolitik gewesen, mit der er die seit den Zeiten Bismarcks zufriedenstellenden Beziehungen zwischen Deutschland und Großbritannien belastet hat.

Den Anfängen der unter Bismarck vernachlässigten Flottenrüstung hatte man jenseits des Kanals durchaus Verständnis entgegengebracht. Deutschland war eine Handelsmacht und mußte daher auch über Kriegsschiffe, etwa zum Schutze der Seewege bestimmte Auslandskreuzer, verfügen. Anders wurde es mit der Berufung des Admirals Alfred von Tirpitz zum Staatssekretär des Reichsmarineamtes im Jahre 1897. Tirpitz schuf eine deutsche Hochseeflotte, die in legitimen deutschen Handels- und Seeinteressen keine Rechtfertigung mehr fand. Nach dem Willen ihres Schöpfers (und auch nach der Vorstellung des Reichskanzlers von Bülow) war sie in einer Zeit wachsender politischer Isolierung des Reiches als politisches Instrument gedacht – als eine sogenannte Risikoflotte, die stark genug sein sollte, um England von einem Krieg mit Deutschland abzuhalten. Für die erste Seemacht der Zeit war das bald einsetzende beachtliche Flottenbautempo eine Herausforderung – insbesondere dann, als Deutschland (1906) den technisch und finanziell schwierigen Übergang Großbritanniens zum Bau von Großkampfschiffen nachvollzog. Der Versuch Londons, den Kaiser zu Abstrichen am Bauprogramm, wenigstens zu einer Verlangsamung des Bautempos zu bewegen, war erfolglos. Die Flotte war des Kaisers liebstes Kind. Er freute sich an deutscher »Seegeltung«, fand Genugtuung darin, mit seinen modernen und leistungsfähigen Schlachtschiffen in dem gehaßten und zugleich bewunderten England Beachtung zu finden, und erlag in ihnen der Faszination, die die Möglichkeiten neuester Technik auszuüben vermochten.

Seine deutschen Landsleute teilten zu großen Teilen die Flottenbegeisterung mit ihm: Es gab einen Flottenverein, Flottenprofessoren, und für die Schwerindustrie war die forcierte Seerüstung ein einträgliches Geschäft. Aber vom deutschen Botschafter in London, Graf Wolff-Metternich, flatterten Warnungen auf die Arbeitstische des Auswärtigen Amtes in Berlin: In England veränderte sich die Stimmung zuungunsten Deutschlands. Doch der Kaiser wollte davon nichts hören; er verließ sich auf die Meldungen seines Marineattachés in London, der ihm als ein Instrument Tirpitzscher Nebenaußenpolitik nichts Beunruhigendes zu berichten hatte. Später, zur Zeit der Kanzlerschaft Bethmann Hollwegs, der sich eine Verständigung mit England zum Ziele gesetzt hatte, haben der Kaiser und der Kanzler dann den Briten gegen den Abschluß eines von Deutschland gewünschten Neutralitätsabkommens eine Verlangsamung des Flottenbautempos angeboten. Aber da war das Reich bereits so sehr isoliert, daß England mehr fordern konnte, was jedoch Berlin nicht zuzugestehen bereit war. Statt daß es zu einem höchst notwendigen Ausgleich kam, bewilligte der Reichstag im Jahre 1912 das ungeschmälerte Flottenbauprogramm.

Um sein Verhältnis zu England zu verbessern, hatte der Kaiser im Herbst

1908 zu einem Mittel greifen, das seine politische Instinktlosigkeit und Naivität vor aller Welt enthüllte. Am 28. November dieses Jahres erschien im Londoner »Daily Telegraph« ein Interview mit ihm, in dem er erklärte, daß er ein Freund Englands sei, damit aber in Deutschland zu einer Minderheit gehöre; in der Zeit des Burenkrieges habe er die Bildung einer französisch-russischen Kontinentalliga gegen Großbritannien verhindert und der Königin Victoria einen Feldzugsplan geschickt, der denjenigen Dispositionen sehr nahegekommen sei, die dem englischen Sieg über die Buren zugrunde gelegen hätten. Die Flotte aber werde im Hinblick auf die im Fernen Osten zu erwartende Entwicklung gebaut. Die englische Presse sah in dem Interview eine Bestätigung dafür, daß die deutsch-britischen Beziehungen an einer in Deutschland herrschenden englandfeindlichen Stimmung krankten. Daß die englische Kriegführung gegen die Buren militärische Ratschläge Wilhelms II. nötig gehabt haben sollte, kränkte dagegen den britischen Stolz. Frankreich und Rußland deuteten die Bekanntgabe der Konsultationen beider Kabinette in Berlin zur Zeit des Burenkrieges durch den kaiserlichen Gesprächspartner als einen durchsichtigen Versuch, die Beziehungen beider zu England zu stören. In Japan aber sah man die deutsche Flotte schon im Anmarsch auf die fernöstlichen Gewässer. In Deutschland endlich herrschte tiefe Bestürzung darüber, daß Kaiser Wilhelm durch seine unpolitische Redseligkeit der Stellung des Reiches in der Welt einen solchen Schaden hatte zufügen können.

Der Kaiser war sich zunächst keiner Schuld bewußt. Denn er hatte sich streng konstitutionell verhalten und das Interview vor der Veröffentlichung dem Auswärtigen Amt zur Prüfung übersenden lassen, wobei eine gewisse Unsicherheit hinsichtlich der politischen Verträglichkeit des Textes mitgesprochen haben mag. Aber der auf Norderney weilende Reichskanzler Fürst Bülow hatte sich den Sommerurlaub nicht stören lassen wollen und den zur Veröffentlichung bestimmten Text nicht gelesen – und wo der Kanzler keine Einwendungen zu machen hatte, äußerten auch die im Amt mit der Angelegenheit befaßten Beamten keine Bedenken. Es handelte sich um einen vom Inhalt des kaiserlichen Interviews wie vom Verfahren her, das seine Veröffentlichung ermöglicht hatte, um einen ungeheuerlichen Vorgang.

Am 10. und am 11. November 1908 war das »Daily Telegraph«-Interview Gegenstand von Verhandlungen des Reichstags. Während sich der Kaiser wie so oft auf Reisen befand, konnte sich Reichskanzler von Bülow weder zu einem Eingeständnis eigener Schuld aufraffen, noch wagte er den Versuch, seinen kaiserlichen Herrn zu decken. Er sagte vor den Volksvertretern: »Die Einsicht, daß die Veröffentlichung seiner in England geführten Gespräche die von Seiner Majestät gewollte Wirkung nicht hervorgerufen, in unserem Lande aber tiefe Erregung und schmerzliches Bedauern verursacht hat, wird – diese feste Überzeugung habe ich in diesen Tagen gewonnen – S. M. den Kaiser dahin führen, fernerhin auch in Privatgesprächen jene Zurückhaltung zu beobachten, die im Interesse einer einheitlichen Politik und für die Autorität der Krone gleich unentbehrlich ist. Wäre dem nicht so, so könnte weder ich noch einer meiner Nachfolger die Verantwortung tragen.« Damit stellte sich der Redner auf die Seite des Reichstags, der nahezu einhellig das Verhalten des Kaisers verurteilte. Daß die gewohnte begeisterte Zustimmung im Volke lauten Mißfallenskundgebungen Platz gemacht hatte, erschütterte Wilhelm II. zutiefst. Ihm wankte der Boden. »Du würdest Kaiser Wilhelm, wenn Du ihm begegnetest, nicht erkennen. Sein ganzes Aussehen ist das eines gebrochenen Mannes«, schrieb der Gastgeber des Monarchen in diesen Tagen, der Fürst von Fürstenberg in Donaueschingen, in einem Brief. Wilhelm redete von Abdankung und billigte die Ausführungen des Reichskanzlers im Reichstag, obwohl ihn dieser doch preisgegeben hatte.

Aber bald gewann er seine Fassung so weit wieder zurück, daß er nach dem Schuldigen für seinen Fall zu suchen begann. Zumal es in seiner Umgebung genug Leute gab, die ihm seine persönliche Schuld auszureden versuchten, wälzte er die Affäre bald vollständig auf Bülow ab. Dieser hatte ihm die Sache doch durch seine Pflichtvergessenheit eingebrockt und ihn dann im Reichstag nicht einmal herausgehauen! Wie groß sein eigenes, im Interviewtext selbst liegendes Versagen war, ging ihm nicht auf. Er wartete jetzt nur noch auf den Augenblick, in dem er »das Luder fortjagen« konnte. Die derzeit schwelende Bosnienkrise ließ das noch nicht zu. Bülow ist dann ein Jahr später zurückgetreten – äußerlich, weil er mit seiner Finanzreform gescheitert war, im Tieferen aber, weil er das Vertrauen des Kaisers verloren hatte. Im übrigen aber blieb die Affäre, sosehr sie die öffentliche Meinung auch aufgewühlt hatte, ohne jede politische Folge. Die staatsrechtliche und politische Stellung des Kaisers ging aus der Angelegenheit unversehrt hervor; aber in seinem Inneren trug der Monarch eine Verletzung davon, von der er sich niemals mehr erholt hat. Die Reden wurden seltener, sein Selbstgefühl, das ohnehin stets labil gewesen war, wirkte geknickt, und im Kriege versank er in Passivität.

Während Kaiser Wilhelm II. in der Politik keine glückliche Rolle zu spielen vermochte, kommt seiner Regierung für die Entwicklung der Wissenschaften und der Technik in Deutschland erhebliche Bedeutung zu. Es ist sein Enthusiasmus für die Welt des Geistes gewesen, dem auch die Gegenwart noch manches verdankt. Freilich ist sein Verhältnis zur Kunst eher als eine unglückliche Liebe zu bezeichnen. Denn für die modernen Strömungen auf dem Gebiete des Theaters, der Malerei und der Skulptur erwies er sich als »Schädling«, wie Marie von Bunsen gesagt hat. Wohl war er ein moderner Fürst: Er rauchte Zigaretten, fuhr Auto, begeisterte sich an den Pioniertaten der Technik und konnte sich, wenn es ihm geboten erschien, über das Hofzeremoniell hinwegsetzen. Aber sein moderner Sinn ging über eine naive Fortschrittsgläubigkeit kaum hinaus. Dort, wo in einer neuen Sensibilität für die Gefährdungen der modernen Zivilisation und Mißstände der sozialen Ordnung eine rücksichtslos über die herkömmliche Ästhetik hinwegschreitende Kunstübung hervortrat, versagte die Aufgeschlossenheit des Kaisers. Wie er einmal in einer Rede erklärte, hatte seiner Meinung nach der Künstler die Aufgabe, »die Ideale der Kunst in den durch Überlieferung und die unwandelbaren Gesetze der Schönheit, Harmonie und Ästhetik gewiesenen Bahnen zu hüten und zu pflegen«. Warnend setzte er bei anderer Gelegenheit hinzu: »Eine Kunst, die sich über die von Mir bezeichneten Gesetze und Schranken hinwegsetzt, ist keine Kunst mehr.« Damit war sowohl über die Malerei des Impressionismus als auch über die sozialkritische Theaterkunst des Naturalismus ein Verdikt gesprochen, von künstlerisch Weiterführendem gar nicht zu reden. Dabei beseelte Wilhelm II. ein hochgespannter, durchaus musischer Idealismus. Er hat sich unter anderem in einer großzügigen Förderung der Berliner Theater und Museen ausgedrückt. Das Pergamon- und das Kaiser-Friedrich-Museum (letzteres heute Bode-Museum) sind in seiner Regierungszeit gebaut, viele der in ihnen ruhenden Schätze damals erst erworben worden. Wilhelm Bode, zuletzt Generaldirektor der Staatlichen Kunstsammlungen zu Berlin, hatte das Geschick, mit dem begeisterungsfähigen Kaiser, der ihn 1914 adelte, fruchtbar zusammenzuarbeiten. Wilhelm II. warb sogar für den »Kaiser-Friedrich-Museums-Verein« fördernde Mitglieder und gewann zudem Kunstsammler dafür, besonders kostbare Teile ihrer Sammlungen leihweise dem Museum zu überlassen.

Bedeutender war der Kaiser auf dem Gebiete der Wissenschaftsförderung. Zwischen 1903 und 1914 entstand ein riesiger Neubau der Königlichen Bibliothek zu Berlin (heutige Staatsbibliothek in Berlin-Mitte). 1911 wurde die »Kaiser-Wilhelm-Gesellschaft zur Förderung der Wissenschaften e. V.«, die heutige Max-Palnck-Gesellschaft, gegründet, deren Stiftung Wilhelm II. beim Festakt aus Anlaß des 100jährigen Bestehens der Universität Berlin am 10. Oktober 1910 persönlich verkündete. In der folgenden Zeit hat Wilhelm seinen kaiserlichen und königlichen Namen mit Vergnügen und ganz ohne monarchische Gravität in den Dienst der guten und wichtigen Sache gestellt. Der geistige Vater der Gesellschaft, deren Institute vom Staate sowie von privaten, namentlich industriellen Geldgebern finanziert wurden, war der bereits 1908 verstorbene Friedrich Althoff, Ministerialdirektor im preußischen Kultusministerium, das in ihm, wie der Kaiser noch in seinen Erinnerungen schreibt, »einen fast einzigartigen Mitarbeiter« besessen habe. »Sein wissenschaftspolitisches Ziel war das des Kaisers, vieler Freunde und Zeitgenossen: er wollte für Deutschland und besonders für Preußen die führende Stellung in Wissenschaft und Hochschulwesen erringen und erhalten« (B. vom Brocke).

Als Kaiser Wilhelm II. im Jahre 1913 sein fünfundzwanzigjähriges Regierungsjubiläum beging, schien die Stellung des 53jährigen Monarchen unanfechtbar zu sein. Im gleichen Jahre feierte man in Berlin die Vermählung der einzigen Tochter des Kaisers, Viktoria Luise, mit dem Prinzen Ernst August von Cumberland, dem Erben des Herzogtums Braunschweig. Diese Hochzeit bedeutete zugleich eine Versöhnung zwischen dem Hohenzollern- und dem Welfenhaus, die Wilhelm II. sehr am Herzen gelegen hatte. Auch den englischen König Georg V. und den russischen Zaren Nikolaus II. fand man unter den Gästen. »Es war, als ob sich das monarchische Europa ein Abschiedsfest gäbe« (W. Bußmann).

In diese Friedensstimmung, die allerdings von großen weltpolitischen Spannungen untermalt wurde, fielen am 28. Juni 1914 die Schüsse von Sarajevo, denen das österreichisch-ungarische Thronfolgerpaar zum Opfer fiel. Daß der Kaiser Österreich-Ungarn in seiner schweren Bedrohung beistehen wollte, verstand sich von selbst; nur gebrauchte er, wie so oft, das falsche Wort: Nibelungentreue. Allerdings nicht nur er hatte es versäumt, die Bismarcksche Warnung zu beherzigen, man dürfe sich nicht von Österreich das »Leitseil« um den Hals werfen lassen. In Wien aber ging alles seinen unaufhaltsamen Gang – und Wilhelm II. war der letzte, der daran noch etwas zu ändern vermochte.

Nach der Rückkehr von seiner Nordlandfahrt, die er zur Beruhigung der Situation auch dieses Jahr angetreten hatte, erklärte er am 27. Juli in Potsdam, nachdem das österreichisch-ungarische Heer bereits mobil gemacht worden war, die serbische Antwort auf das österreichische Ultimatum sei »ein großer moralischer Erfolg« Wiens. Damit falle »jeder Kriegsgrund« fort; der Gesandte Kaiser Franz Josephs hätte getrost in Belgrad bleiben sollen. »Daraufhin hätte ich niemals Mobilmachung empfohlen.« Am nächsten Tage, dem 28. Juli, erklärte Österreich Serbien den Krieg. Hilflos klammerte sich Wilhelm II. an das Prinzip der monarchischen Solidarität. Am 31. Juli telegraphierte er an den Zaren: »Niemand bedroht die Ehre oder die Macht Rußlands, das wohl in der Lage ist, meine Vermittlung abzuwarten. Der Friede Europas kann von Dir noch erhalten werden, wenn Rußland einwilligt, die militärischen Maßnahmen einzustellen, die Deutschland und Österreich-Ungarn bedrohen müssen.« Aber es kam gar nicht mehr auf die Monarchen an. Der Mechanismus der Vorkriegsbündnisse hatte eine Eigendynamik entwickelt, die nicht einmal mehr von den führenden Politikern gebremst oder gar aufgehalten werden konnte.

Als die Würfel gefallen waren, trat der Kaiser noch einmal in den Mittelpunkt; um ihn sammelte sich die rauschende Kriegsbegeisterung des August 1914. Aber nur wenige wußten, wie sehr ihn das Geschehene mit Verzweiflung erfüllte. Sein Scheiden von der Haupt- und Residenzstadt Berlin am 16. August, dem Tag seiner Abreise in das Große Hauptquartier, war gedämpft und von verschwiegener Trauer überlagert. Der Berliner Oberbürgermeister Adolf Wermuth begab sich zusammen mit dem Stadtverordnetenvorsteher in der Morgenfrühe dieses Tages in das Schloß. »Hier wollte der Kaiser von seinen Ministern und nun auch von uns Abschied nehmen«, so erzählt Wermuth in seinen Erinnerungen. »Ein in seiner feierlichen Stille, ja fast Lautlosigkeit tief ergreifender Vorgang.« Erst sagte der Kaiser und König den Ministern ein letztes Wort. »Dann trat er zu uns heran, sehr ernst, wie ahnungsvoll. Er empfahl seine Kaiserin dem Schutze der Stadt, den wir gerührt gelobten. Ein leises Lebewohl, ein starker Händedruck, und Kaiser und Kaiserin traten mit einem letzten Winken der Hand die Fahrt zum Bahnhof an. Am gleichen Tage veröffentlichte ich in des Kaisers Auftrag sein herzliches Lebewohl an die Berliner Bürgerschaft.«

Kaiser Wilhelm II. ist im Laufe des Weltkrieges mehr und mehr zurückgetreten. Die führenden Militärs, deren Argumenten er ja von jeher den Vorzug vor den politischen gegeben hatte, hielten jetzt das Heft in der Hand. Schon im November 1914 sagte er zu Prinz Max von Baden, dem späteren Reichskanzler: »Der Generalstab sagt mir gar nichts und fragt mich auch nicht. Wenn man sich in Deutschland einbildet, daß ich das Heer führe, so irrt man sich sehr. Ich trinke Tee und säge Holz und gehe spazieren, und dann erfahre ich von zeit zu zeit, das und das ist gemacht, ganz wie es den Herren beliebt.« Ja selbst das Bild von dem Geschehenen, das man ihm vermittelte, war unvollständig; noch stärker als im Frieden wurde er von seiner militärischen und zivilen Umgebung abgeschirmt, so daß er die Berührung mit der Wirklichkeit fast völlig verlor, die er auch bei den inszenierten Frontbesuchen nicht zurückgewinnen konnte. Der Deutsche Kaiser und preußische König war überflüssig geworden. Wilhelm II. hatte niemals militärische Bedeutung gehabt; die gestellten Bilder von den von ihm angeführten Manöverattacken waren lediglich eine Reverenz an das preußische Ideal des Heerkönigtums früherer Tage.

Der Grund für den Sturz des Kaisers in die Bedeutungslosigkeit lag vor allem darin begründet, daß er es nicht wie noch sein Großvater im Deutsch-Französischen Krieg 1870/71 vermochte, entsprechend seiner verfassungspolitischen Stellung Kriegführung und Politik miteinander zu koordinieren. Hatte Wilhelm I. stets den Primat der Politik gewahrt und damit Bismarck erst seine Arbeit möglich gemacht, ergab sich Wilhelm II. einfach den Militärs, ob sie nun Falkenhayn, Hindenburg oder Ludendorff hießen, die ihrerseits den ohnehin schwachen Reichskanzler Bethmann Hollweg beiseite drängten. Das Vakuum, das der Kaiser damit – in einer merkwürdigen psychologischen Rückkopplung – auch im Herzen des Volkes entstehen ließ, wurde bald durch die väterliche Rettergestalt Hindenburgs ausgefüllt. Am Ende war der Kaiser nur noch eine bloße »Idee«, wie es 1918 der Generalquartiermeister Wilhelm Gröner ausdrückte. Wie wollte Wilhelm II. da noch, als ihm die Generalität im Herbst 1918 klarmachte, daß die Truppe nicht mehr zu ihm stehe, um seinen Thron kämpfen? Bismarck hatte ihm noch vor der Thronbesteigung einmal geschrieben, die festeste Stütze der Monarchie sehe er in einem Königtum, »dessen Träger entschlossen ist, nicht nur in ruhigen Zeiten *arbeitsam* mitzuwirken an den

KAISER WILHELM II. 783

Regierungsgeschäften des Landes, sondern auch in kritischen lieber mit dem Degen in der Faust auf den Stufen des Thrones für sein Recht kämpfend zu fallen, als zu weichen. Einen solchen Herrn läßt kein deutscher Soldat im Stich.« Aber Wilhelm II. war eben kein solcher Herr. Doch selbst wenn er es gewesen wäre: Im Ersten Weltkrieg hatte das moderne Massenzeitalter seinen ersten Höhepunkt erreicht; es entband ganz unabhängig von Regierung und Krone politische Kräfte von einer gewaltigen Dynamik, die ein einzelner Monarch nicht zu bändigen vermochte. So verbreitete das Wolffsche Telegraphenbüro am 9. November 1918 eine amtliche Mitteilung des Reichskanzlers, die mit dem Satz begann: »Der Kaiser und König hat sich entschlossen, dem Throne zu entsagen.« Am Morgen des nächsten Tages brachte ihn ein Kraftwagen nach den Niederlanden, wo ihm die Königin Asyl gewährte. Damit endete die Herrschaft des Hauses Hohenzollern in Preußen und Deutschland.

21 Jahre lang, bis zu seinem Tod am 4. Juni 1941, hat Wilhelm II. in seinem holländischen Exil gelebt. Er bewohnte Haus Doorn in der Provinz Utrecht, das er, zunächst noch von einer Auslieferung an England bedroht, für eine halbe Million Goldmark gekauft hatte. Es war angefüllt mit Möbeln, Gemälden und vielen anderen Gegenständen aus dem kaiserlichen Privatbesitz, die in 58 Eisenbahnwaggons aus Deutschland herangerollt waren. Hier verstarb am 11. April 1921 seine Gemahlin Auguste Viktoria. Ein Jahr später heiratete er die verwitwete Prinzessin Hermine von Schönaich-Carolath, geborene Prinzessin Reuß. Sie ist die Gefährtin seines Alters geworden.

Doch wurde Haus Doorn für den entthronten Kaiser nicht die Stätte einer abgeklärten und weisen Zurückgezogenheit. Wie aus den Aufzeichnungen seines letzten Flügeladjutanten, Sigurd von Ilsemann, hervorgeht, blieb er in geradezu beklemmender Weise der alte. Fast alles, was sich vor 1918 zugetragen habe, so heißt es in einer Notiz von 1931, wiederhole sich – »nur mit dem Unterschied, daß seine Handlungen damals von schwerwiegender Bedeutung waren und Folgen hatten, während sie heute kein Unheil mehr anrichten«. In seiner kindlichen Naivität, die im persönlichen Verkehr sympathisch sei, mache er »sich ja auch heute noch eine Welt zurecht, die in Wirklichkeit nicht besteht«, heißt es etwas früher. Offensichtlich war sein Denken noch lange von der Illusion beherrscht, eines Tages wieder auf seinen Thron zurückkehren zu können, was dadurch gefördert wurde, daß viele, die um die Aussichtslosigkeit eines solchen Hoffens wissen mußten, ihm – wie es vor 1918 so oft geschehen war – nicht die Wahrheit sagten.

Nach wie vor überschätzte er seine Fähigkeiten, und kritischer Abstand zu seinem Wirken als Kaiser war ihm fremd. Die politischen Urteile Wilhelms II., in vielem unreif wie eh und je, waren stark von seinem Wunsch, die Krone zurückzugewinnen, abhängig. Das gilt auch für seine Äußerungen über den Nationalsozialismus, dessen Führer dem alt gewordenen Monarchen kaum Beachtung schenkten. Gleichwohl hat der alte Kaiser manches richtig erkannt und treffend beurteilt, etwa wenn er nach der Röhm-Affäre Ende Juni 1934 glaubte, daß man in Deutschland nicht mehr in einem Rechtsstaat lebe, oder wenn er das Vorgehen gegen die Juden am 9. November 1938 geißelte. Er nannte es »eine Schande«, was da jetzt zu Hause vorgehe. »Jetzt wird es höchste Zeit, daß die Armee eingreift«, sagte er; »viel hat sie sich gefallen lassen, dies darf sie unter keinen Umständen mitmachen, da müssen die alten Offiziere und alle anständigen Deutschen protestieren. Aber alle sahen dieses Morden und Brennen – und rührten keinen Finger. Bisher war das ganze Nazitum der versteckte Bolschewismus, jetzt aber ist es der offene geworden. Länder müßten ihre Gesandten und Vertretungen abberufen, dann würden die Nazis schon klein beigeben. Auch die Auslandsdeutschen müssen sich jetzt von allen Naziverpflichtungen frei machen, dann werden die in Deutschland auch folgen.«

Mochte der Kaiser früher selbst nicht frei von rassepolitischen Vorstellungen gewesen sein, so beanspruchte im vorliegenden Falle das Erbe seiner Väter mit großer Selbstverständlichkeit sein Recht: gläubiges Christentum und religiöse Toleranz.

Die Nachkommen Kaiser Wilhelms

1. WILHELM (Kronprinz)
   * 6. 5. 1882 in Potsdam, Marmorpalais
   † 20. 7. 1951 in Hechingen

   ∞ 6. 6. 1905 in Berlin
   CECILIE von Mecklenburg-Schwerin
   Eltern: Friedrich Franz III., Großherzog von Mecklenburg-Schwerin,
   und Anastasia Michailowna von Rußland
   * 20. 9. 1886 in Schwerin
   † 6. 5. 1954 in Bad Kissingen

2. EITEL FRIEDRICH
   * 7. 7. 1883 in Potsdam, Marmorpalais
   † 8. 12. 1942 in Potsdam

   ∞ 27. 2. 1906 in Berlin (⚭ 20. 2. 1926 in Potsdam)
   SOPHIE CHARLOTTE von Oldenburg
   Eltern: Friedrich August, Großherzog von Oldenburg, und Elisabeth
   von Preußen
   * 2. 2. 1879 in Oldenburg
   † 29. 3. 1964 in Westerstede (Oldenburg)

3. ADALBERT
   * 14. 7. 1884 in Potsdam, Marmorpalais
   † 22. 9. 1948 in La Tour-de-Peilz bei Montreux (Schweiz)

   ∞ 3. 8. 1914 in Wilhelmshaven
   ADELHEID von Sachsen-Meiningen
   Eltern: Friedrich, Prinz von Sachsen-Meiningen, und Adelheid von
   Lippe
   * 16. 8. 1891 in Kassel
   † 25. 4. 1971 in La Tour-de-Peilz bei Montreux (Schweiz)

4. AUGUST WILHELM
   * 29. 1. 1887 in Potsdam, Marmorpalais
   † 25. 3. 1949 in Stuttgart

   ∞ 22. 10. 1908 in Berlin (⚭ 16. 3. 1920 in Potsdam)
   ALEXANDRA von Schleswig-Holstein-Sonderburg-Glücksburg

Eltern: Friedrich Ferdinand, Herzog zu Schleswig-Holstein-Sonderburg-Glücksburg, und Karoline Mathilde zu Schleswig-Holstein-Sonderburg-Augustenburg
* 21. 4. 1887 auf Gut Grünholz
† 14. 4. 1957 in Lyon

5. Oskar
* 27. 7. 1888 in Potsdam, Marmorpalais
† 27. 1. 1958 in München

∞ 31. 7. 1914 in Berlin
Ina Marie von Bassewitz
Eltern: Karl Heinrich 3. Graf von Bassewitz-Levetzow und Margarete von Schulenburg
* 27. 1. 1888 in Bristow
† 17. 9. 1973 in München

6. Joachim
* 17. 12. 1890 in Berlin
† 18. 7. 1920 (Selbstmord) in Potsdam

∞ 11. 3. 1916 in Berlin, Schloß Bellevue
Marie Auguste von Anhalt
Eltern: Eduard, Herzog von Anhalt, und Luise Henriette von Sachsen-Altenburg
* 10. 6. 1898 in Ballenstedt
† 22. 5. 1983 in Essen

7. Viktoria Luise
* 13. 9. 1892 in Potsdam, Marmorpalais
† 11. 12. 1980 in Hannover

∞ 24. 5. 1913 in Berlin
Ernst August, Herzog von Braunschweig und Lüneburg
Eltern: Ernst August, Herzog zu Braunschweig und Lüneburg, und Thyra von Dänemark
* 17. 11. 1887 in Wien-Penzing
† 30. 1. 1953 auf Schloß Marienburg bei Nordstemmen, Kreis Hildesheim

WEITERE ERBFOLGE

Louis Ferdinand, Prinz von Preußen
zweitältester Sohn des Kronprinzen Wilhelm (der älteste Sohn, Prinz Wilhelm, ist in nicht hausgesetzlicher Ehe 1940 gefallen)
* 9. 11. 1907 in Potsdam, Marmorpalais
† 25. 9. 1994 auf dem Wümmehof bei Bremen

KAISER WILHELM II. 787

∞ 2. 5. 1938 in Potsdam
KIRA von Rußland
Eltern: Kirill Wladimirowitsch, Großfürst von Rußland, und Victoria
Feodorowna von Sachsen-Coburg und Gotha
* 9. 5. 1909 in Paris
† 8. 9. 1967 in Briac-sur-mer, Frankreich
Grabstätte beider: Burg Hohenzollern, Auferstehungskapelle

LOUIS FERDINAND, Prinz von Preußen
drittältester Sohn des vorgenannten Prinzen Louis Ferdinand (der älteste
Sohn, Prinz Friedrich Wilhelm, ist in nicht hausgesetzlicher Ehe verheiratet)
* 25. 8. 1944 bei Golzow (Neumark)
† 11. 7. 1977 in Bremen (bei einem Unfall als Oberleutnant d. R. bei einer
Wehrübung)
∞ 24. 5. 1975 in Rückenhausen (Westfalen)
DONATA von Castell-Rüdenhausen
Eltern: Siegfried Fürst von Castell-Rüdenhausen und Irene zu Solms-
Laubach
* 20. 6. 1950
Deren Sohn und derzeitiger Chef des Hauses Hohenzollern:

GEORG FRIEDRICH, Prinz von Preußen
* 10. 6. 1976 in Bremen

Das Heilige Römische Reich

Leopold von Ranke hat das Heilige Römische Reich oder das alte Reich, wie es oft genannt wird, mit jenen gotischen Domen verglichen, »an denen man mehr als ein Jahrhundert gearbeitet hat, die in ihrem Umfang gar viele Abteilungen von besonderer Bestimmungen und Art einschließen, deren Säulen alle ähnlich, aber alle verschieden, deren Zieraten bis in das kleinste mit unendlicher Mannigfaltigkeit ausgearbeitet sind und die bei alledem einen harmonischen, ja erhabenen Gesamteindruck machen.« Dem heutigen Menschen mag in der Tat dieses Reich fremd vorkommen, nicht nur weil es fast schon 200 Jahre her ist, als es formal zu existieren aufhörte (tatsächlich begann sein Auflösungsprozeß schon viel früher), sondern weil die deutsche – und damit auch österreichische – Geschichte von zahlreichen Brüchen gekennzeichnet ist, die eine Kontinuität der identitätsstiftenden historischen Tradition im Gegensatz zu Frankreich oder England erschweren.

Ein solcher Bruch sind zweifelsohne die Wendejahrzehnte vom 18. zum 19. Jahrhundert, in deren Mittelpunkt beginnend von der Französischen Revolution jene Umwälzungen stehen, die durch die Napoleonischen Kriege verursacht wurden. Dazu gehört auch das Ende des alten Reiches. »Er (gemeint dieser Bruch, Anm. d. Verf.) hat bis in die Gegenwart den Blick auf die Reichsgeschichte verstellt. Die deutsche Geschichte unserer Lehrbücher schildert vorwiegend entweder preußische oder österreichische Vergangenheit. Unsere historische Schulbildung versagt da, wo sie mit den Resten des Reiches in Berührung kommt. Und doch prägen, obwohl fast zweihundert Jahre seit dem Ende des Reiches vergangen sind, noch immer seine alten Grenzen die deutsche Landschaft.« (Karl Otmar Frhr. von Aretin) Wenn man Goethes Schilderungen der Kaiserkrönungen von Franz I. und Josef II. liest, wird man bereits merken, daß Mitte des 18. Jahrhunderts »eine säkular gewordene Welt... mit den traditionellen Werten des Reiches nur mehr wenig oder gar nichts anfangen konnte.« (Karl Otmar Frhr. von Aretin)

Die unterschiedlichen Welten in Mitteleuropa werden dem Betrachter besonders deutlich, wenn er einen historischen Atlas zur Hand nimmt und die Landkarten von 1789, dem Jahr der Französischen Revolution, und 1815, dem Jahr der endgültigen Niederlage Napoleons und des Wiener Kongresses, gegenüberstellt. Von den zahlenmäßig kaum zu erfassenden Territorialstaaten des alten Reiches, den Kurfürstentümern, Herzogtümern, Fürstentümern, Grafschaften und sonstigen Herrschaften, den Reichsstädten und ja sogar Reichsdörfern, den Fürsterzbistümern, Fürstbistümern und Fürstabteien haben vergleichsweise nur ganz wenige überdauert. Die geistlichen Staaten sind bereits 1803 (Reichsdeputationshaupt-schluß) gänzlich verschwunden. Und von den zahlreichen eigentlich republika-nisch organisierten Reichsstädten sind nur vier (Hamburg, Bremen, Lübeck und Frankfurt) übriggeblieben, von denen Frankfurt bereits 1866 und Lübeck dann während des Nationalsozialismus ihre Eigenstaatlichkeit verloren haben.

Die deutsche Binnenlandkarte hat dann in der Folge – sieht man von der Schaffung Thüringens 1919 und vom Nationalsozialismus einmal ab – zweimal einschneidende Veränderungen erfahren: 1866 im Gefolge des preußischen Sieges über Österreich und der sich anbahnenden kleindeutschen Lösung, als Hannover, Kurhessen, Nassau und Frankfurt zu Preußen kamen, und nach 1945, als aufgrund der Auflösung (»Dismembration«) Preußens und der Besatzungszonen die deut-schen Länder größtenteils neu strukturiert wurden und die sg. »Bindestrich-Län-der« (wie Nordrhein-Westfalen, Rheinland-Pfalz, Baden-Württemberg) entstan-den. Reste des Heiligen Römischen Reiches sind lediglich die deutschen Bundes-länder Hamburg und Bremen, das Fürstentum Liechtenstein und in gewissem Maße auch Luxemburg.

Der interessierte Betrachter der Geschichte des alten Reiches wird sich fragen, warum hat sich das alles so abgespielt und – vor dem Hintergrund der National-staatsidee – warum gelang es nicht, daß Deutschland eine ähnliche strukturelle Entwicklung einschlug wie z. B. Frankreich oder England. Der Interpretationen und Deutungen gibt es viele, es ist hier nicht der Platz, diese in einer eingehenden Darstellung oder Diskussion zu würdigen. Es seien aber zwei Momente angeführt, die gerade dem heutigen Leser nicht zuletzt im Spiegel der jüngeren Geschichte und der gegenwärtigen politischen Struktur und Landkarte Europas einsichtig erscheinen dürften.

Erstens ist es wohl ein einmaliges Phänomen, daß Deutschland, Österreich und die Schweiz eine spezifische föderalistische Struktur und Tradition besitzen. Sie fehlt in Europa in nahezu allen anderen Nationalkulturen (romanische und slawi-sche Staatenwelt, aber auch England). Auch wenn man dort hie und da sich am deutschen föderativen Modell orientieren möchte, es fällt dann doch schwer, die-ses Beispiel zu übernehmen. Die Bundesstaatsstruktur in den USA und anderen lateinamerikanischen Staaten, wie Mexiko oder Brasilien, hat hingegen einen völlig anderen Hintergrund. Dieses deutsche föderale Spezifikum hat mit Sicherheit eine seiner Ursachen in der vorstaatlichen Tradition der germanischen Stammesherzog-tümer (Franken, Sachsen, Alemannen, Bayern) und dem damit zusammenhängen-den Lehenswesen, die die Basis des ostfränkischen (und damit deutschen) Reiches wurden. In der staufischen Zeit des 12. und 13. Jahrhunderts wurden diese Stam-mesherzogtümer von zahlreichen Territorialstaaten abgelöst, deren weltliche wie geistliche Fürsten untereinander gleichsam wetteiferten, immer mehr von der Reichsgewalt unabhängig und eigenständig zu werden. Dieser Prozeß verstärkte sich im Laufe des Spätmittelalters, wo es auch zu von Territorialfürsten unabhän-gigen und dem Reich bzw. Kaiser/König direkt unterstellten Territorien kam, wie den Städten oder auch der Schweizer Eidgenossenschaft.

Dieser Prozeß der Zergliederung und der Schwächung der Reichsgewalt erhielt zweifelsohne durch die Reformation des 16. Jahrhunderts und den damit zusammenhängenden Dreißigjährigen Krieg einen weiteren Schub. Deutschland war damit nicht nur horizontal zergliedert, es erfuhr damit zusätzlich eine vertikale Spaltung im religiösen Bekenntnis. Aufgrund der damaligen Bedeutung der Religion ein nicht zu unterschätzender Faktor und somit ein weiteres wesentliches Unterschiedsmoment zu den anderen europäischen Staaten. Im Prinzip war Deutschland in den letzten Jahrzehnten des alten Reiches gespalten: in einen katholischen Teil mit Habsburg an der Spitze und einem evangelischen Teil mit Preußen-Hohenzollern als stärkste Macht.

Obwohl in den letzten Phase die Reichsgewalt durchaus eine gewisse Rechtssicherheit vor allem für die kleinen und kleinsten Territorialfürstentümer bot und somit eine Existenzberechtigung hatte, kann das alte Reich in seiner späteren Phase kaum mit irgendwelchen gegenwärtigen Staaten-Bündnissen (z. B. EU, NATO) verglichen werden. Man kann daher auch sagen, das Heilige Römische Reich hat sich zu Tode föderalisiert, obwohl damit die durchaus positiv empfundenen föderalen Strukturen Deutschlands, Österreichs und der Schweiz ihren Ausgangspunkt genommen hatten.

Zweitens geht es bei der Betrachtung des Heiligen Römischen Reiches auch und vor allem um die staatliche Organisierung der europäischen Mitte. Die Geographie ist die einzige Konstante in der Politik und der Geschichte. Deutschland, obwohl dieser Begriff erst spät in Verwendung kam, war und ist größer als jeweils England und Frankreich und wurde zusätzlich Träger der mit Karl dem Großen wiederentstandenen Idee des römischen Kaisertums. Die damit verbundene gewisse Prärogative und auch die relative Größe gegenüber den Nachbar-Nationen hat die Gefahr in sich geborgen, zu einer »kritischen Masse« zu werden. Die Auseinandersetzungen zwischen Kaiser und Papst während des Hochmittelalters sind die ersten Belege hiefür. Zwar ging es vordergründig um die jeweilige Dominanz, doch letztendlich ging es auch um eine gewisse Beschränkung der weltlichen Macht, die mit der Kaiserwürde ausgestattet war. In der staufischen Zeit wurde zum letzten Mal diese Macht sichtbar, sie war dann immer wieder Ziel romantischer und deutschnationaler Verklärungen vor allem im 19. Jahrhundert.

Die danach einsetzende Zergliederung des Reiches kann man wohl auch als Mittel bezeichnen, die Entstehung einer solchen »kritischen Masse« in Europa zu verhindern, sie war gewissermaßen ein Ausgleichsfaktor und Regulativ. In der Tat war danach das Reich als Gesamtinstitution politisch bedeutungslos, die auf seinem Boden entstandenen Territorialstaaten jedoch nicht. Vor allem nicht die Großmacht Habsburg-Österreich, die ab dem 16. Jahrhundert mehr oder minder die politische Bedeutungsfunktion des Reiches zu gewissen Teilen wahrgenommen hatte. Österreich war jedoch in seiner Größe nicht das Reich und somit gleichrangiger Partner oder Konkurrent der übrigen europäischen Großmächte, wie Frankreich, England, Spanien, Rußland, teilweise Schweden, und dann ab dem 18. Jahrhundert Preußen. Die Idee des europäischen Gleichgewichts, von England zu Beginn des 18. Jahrhunderts ausgehend, war eigentlich bis ins 20. Jahrhundert mehr oder minder mit Erfolg maßgebend und verhinderte auch über eine gewisse Zeit hindurch die Entstehung einer »kritischen Masse« in der Mitte Europas.

Die Nationalstaatsidee im 19. Jahrhundert brachte Unruhe nach Mitteleuropa. Die Einigungs- und Unabhängigkeitsbewegungen der Italiener und Slawen waren das Ende des alten Österreich, des »heimlichen heiligen Römischen Reiches«. Aber hinzu kam auch die deutsche Nationalidee, für die die föderativen Strukturen und konfessionelle Spaltung kein Hindernis waren. Die »kritische Masse« wurde zweifelsohne bereits 1871 mit der sg. kleindeutschen Lösung des Wilhelminischen deutschen Kaiserreiches erreicht, die sich dann in den beiden Weltkriegen entladen hatte. In diesen stand ja die von Deutschland geprägte europäische Mitte praktisch gegen den Rest Europas (bzw. der Welt).

Die überzogene föderative Struktur sowie die relative Größe des Heiligen Römischen Reiches ließen auf dem Boden der europäischen Mitte keine durchgehende Staatsorganisation entstehen, und somit war das alte Reich spätestens seit dem 13. Jahrhundert eigentlich ohne Kraft und auf sein Ende hin orientiert. Daß dieser Prozeß dann doch noch 600 Jahre dauerte, mag vielleicht verwundern. Es ist vielleicht auch ein Beweis, welche Kraft den Traditionen und solchen Symbolen doch innewohnt.

Im Jahr 1806 war aber diese Kraft nicht zuletzt durch die äußeren Ereignisse der Napoleonischen Kriege aufgezehrt. Der Historiker der Spätphase des alten Reiches, Karl Otmar Frhr. von Aretin, beschreibt das Ende: »In den Vormittagsstunden des 6. August 1806 ritt durch die Kaiserstadt Wien der Zug der prächtig gekleideten Herolde des Reiches. Von der Balustrade der Kirche Von den Neun Chören der Engel (Kirche Am Hof, Anm. d. Verf.) verkündete der Reichsherold unter den Klängen der silbernen Fanfaren die letzte Erklärung eines römisch-deutschen Kaisers. In gekünstelter Kanzleisprache gab Franz II., von Gottes Gnaden erwählter römischer Kaiser, zu allen Zeiten Mehrer des Reiches, durch den Reichsherold dem rasch zusammenlaufenden Volk seiner Hauptstadt kund, daß er sich entschlossen habe, die Kaiserkrone niederzulegen und das Heilige Römische Reich für beendet zu erklären.«

Damals trauerte niemand diesem Reich nach. Die Rheinbundfürsten hatten sich bereits längst anderweitig orientiert, und Franz II. hatte sich in weiser Voraussicht zwei Jahre vorher zum österreichischen Kaiser ausgerufen. Lediglich der König von Schweden protestierte als Herzog von Pommern, und damit Reichsfürst, beim Wiener Kongreß gegen die Auflösung des alten Reiches. Vergebens, denn findige Kongreßjuristen sprachen ihm die Legitimität dazu ab. Er hätte als Herzog von Pommern und nicht als König von Schweden Einspruch erheben müssen. Somit blieb auch das nur eine Fußnote in der Geschichte, weil – um es modern auszudrücken – der falsche Briefkopf verwendet wurde.

Trotz aller in diesem Band geschilderten Schwierigkeiten und Problemlagen war das Heilige Römische Reich doch ein nicht ungelungener Versuch, für die europäische Mitte 1000 Jahre lang Ausgleich und Frieden zu vermitteln. Dieser

792 DAS HEILIGE RÖMISCHE REICH

Wert wurde nicht zuletzt durch die deutschnationale Historiographie außer acht-gelassen. Doch an der Wendezeit vom 20. zum 21. Jahrhundert ist es durchaus angebracht, auf die Bedeutung des alten Reiches in dieser Hinsicht wieder mehr zu verweisen.

Die Verfassung des Heiligen Römischen Reiches

Von Verfassung im heutigen Sinn kann man nicht sprechen. Daher ist es schwierig, eine 1000 Jahre andauernde Entwicklung auch nur in Abbreviaturen zu schildern. In den einzelnen in diesem Band aufgenommenen Lebensbildern von Kaisern und Königen wird immer wieder auf Verfassungsbestimmungen bezug genommen, etwa bei Karl IV. über die Goldene Bulle. Es wird daher empfohlen, die im Literaturverzeichnis angegebene einschlägige Literatur zu Rate zu ziehen, wenn man sich weiter informieren möchte.

Stammesherzogtum, Lehenswesen und Wahlkönigtum, allesamt mehr oder minder germanischen Ursprungs, sind die verfassungsmäßigen Kennzeichen des frühen Reiches ab dem 9. Jahrhundert, womit es sich – wie schon mehrfach betont – von anderen Staatsorganisationen unterschied, bei denen sich z. B. rasch ein Erbkönigtum herausgebildet hatte. Das Königswahlverfahren, bei dem ursprünglich ein weitaus größerer Personenkreis beteiligt war, erfuhr spätestens in der staufischen Zeit eine Reglementierung. Die (vorerst) Siebenzahl der Kurfürsten war lange eines der wesentlichen Merkmale des Heiligen Römischen Reiches.

Die Goldene Bulle Kaiser Karls IV. ist wohl der wichtigste Verfassungstext, der bis 1806 formell gültig war. Sie schaffte im wesentlichen nicht neues Recht, sondern kodifizierte bereits bestehende Übungen. Darin werden die Königswahl, die Königswähler, die Königskrönung, das Reichsvikariat und andere, noch weitere wichtige Verfassungsbestimmungen festgehalten. Es sind das Materien, die vergleichsweise auch in gegenwärtigen republikanisch-demokratischen Verfassungen einen wichtigen Part darstellen (z. B. Wahl des Bundespräsidenten, Bundeskanzlers).

Aber bereits das Wormser Konkordat von 1122 zur Zeit der Salier ist ein wichtiger Verfassungstext, der das Verhältnis zwischen weltlicher und geistlicher Macht regelte. Darin wurde zwar das ottonische Kirchensystem geschwächt, jedoch war dieses Konkordat mit Grund für die Herausbildung der geistlichen Territorialstaaten – ein deutsches Spezifikum übrigens.

Einen wichtigen Beitrag zur Verfassungsentwicklung des alten Reiches lieferte auch die Reformgesetzgebung Kaiser Maximilians I. Der sog. Ewige Landfriede und die Reichskammergerichtsordnung (beide 1495) sowie die Ordnung des Reichsregiments (1500) seien als Beispiele erwähnt.

Einschneidend für das Verfassungsleben des alten Reiches war der Westfälische Frieden 1648 als Folge der Beendigung des Dreißigjährigen Krieges. Dazu gehört auch die Reichshofratsordnung von 1654. In dieser Zeit war Sitz des Kaisers, und damit der Reichskanzlei und des Reichshofrates, Wien, das damit für die letzte Phase des alten Reiches quasi einen hauptstädtischen Charakter einnahm. Der Reichstag hingegen, der sonst immer an verschiedenen Orten tagte, nahm als »Immerwährender Reichstag« seinen Sitz in Regensburg. Mit einem Parlament heutigen demokratischen Zuschnitts ist er aber nicht zu vergleichen. Der Reichstag war die Vertretung der Stände (Fürsten und Städte) und somit am ehesten noch dem gegenwärtigen deutschen Bundesrat ähnlich. Das Reichskammergericht, ursprünglich in Speyer, hatte seinen Sitz zuletzt in Wetzlar. Bei ihm absolvierte übrigens Goethe seine Referendarszeit, so würde man es heute ausdrücken.

Mit dem heutigen Verfassungssystem und den darin innewohnenden Prinzipien z. B. der Rechtsstaatlichkeit oder Gewaltenteilung war die Struktur der politischen Institutionen des alten Reiches keinesfalls zu vergleichen.

Königswahl und Krönung

Königswahl und Krönung waren ursprünglich keine getrennte Handlungen, sondern man muß für die frühe karolingische Zeit eigentlich von Thronerhebung sprechen. Dieser Akt fand fortan in der Regel in Aachen, auf fränkischem Boden, statt. Bei Otto I. finden wir dort eine weltliche Erhebung (Wahlakt) im Vorhof des Münsters, dem eine geistliche Weihe bzw. Salbung (in Anlehnung an die Kaiserkrönung) folgte. Danach bestieg der neue König den Thron Karls des Großen in der Aachener Pfalzkapelle (heute Dom). Das Königswahlrecht war zuerst nicht streng formal festgelegt, sondern variierte oft. Der ursprüngliche volkswahlähnliche Charakter der Königswahl verlor bald an Bedeutung, und es bildete sich das Wahlrecht der fünf Stammesherzogtümer heraus (Franken, Sachsen, Alemannen, Bayern, Lothringen). In der staufischen Zeit, als diese Stammesherzogtümer an Bedeutung verloren und verschwanden, folgte eine Mehrheitswahl durch Fürstenvertreter. In der Spätphase der Staufer und des Interregnums hat sich der Kreis der Königswähler endgültig herausgebildet. Es waren dies die drei Erzbischöfe von Mainz, Köln und Trier, jeweils Erzkanzler von Deutschland, Italien und Burgund, sowie der König von Böhmen, der Herzog von Sachsen, der Markgraf von Brandenburg und der Pfalzgraf bei Rhein, also vier »Rheinländer« gegenüber drei ostdeutschen Fürsten. Eine Verknüpfung des Wahlrechts mit den Erzämtern (die drei Erzkanzler, Erzmundschenk, Erzmarschall, Erztruchseß, Erzkämmerer) ist offensichtlich.

Die Goldene Bulle Karls IV. (1356) legte die bisherige Entwicklung reichsverfassungsgesetzlich fest und normierte genau den Wahlakt und die Krönung. Als Wahlort wurde darin Frankfurt a. M. bestimmt, zuletzt immer in der Kirche zu St. Bartholomäus (sg. kath. Dom), und zwar in der heutigen Sakramentskapelle. Waren ursprünglich die Kurfürsten in der Regel persönlich anwesend, so ließen sie sich vor allem in der Spätphase des Reiches durch Gesandte vertreten. Das hatte einerseits in der Entwicklung zu einer Art Wahl-Erbmonarchie unter den Habsburgern zu tun, die die Königswahl – mit Ausnahme Karls VII. – zu einem formalen Bestätigungsakt reduzierte, andererseits auch mit dem doch katholischen Ritus der Krönung, dem sich die protestantischen Kurfürsten entziehen wollten.

Die fränkische Krönung konnte ursprünglich ohne kirchliche Beteiligung vorgenommen werden, wobei die Krone anfänglich (Ludwig der Fromme und Lothar) sogar selber aufs Haupt gesetzt wurde. Jedoch erfolgte auch bei der Königskrönung eine Salbung, woraus sich ein gewisser Einfluß der Kirche auf die Königskrönung entwickelte. Seit Otto I. dürfte die Königskrönung ähnlich wie die Kaiserkrönung ein religiöser Akt innerhalb der Messe geworden sein. Immer mehr glich sie sich der Liturgie der Kaiserkrönung an.

Bedeutsam wurde der Krönungsordo aus dem 14. Jahrhundert, der die letzte Redaktion des alten »Mainzer« Ordos darstellt, dessen Wurzeln wiederum bis in die Zeit der Ottonen reichen. Er war bis 1792 Richtschnur für alle Krönungen.

Wie sah nun eine solche Krönung, etwa im Mittelalter in Aachen, aus? Die drei geistlichen Kurfürsten (Mainz, Köln, Trier) erwarteten den König am Tor des Münsters und führten ihn in den Kuppelraum. Dort warf er sich auf die Erde (prostratio), und der Konsekrator (in Aachen der Erzbischof von Köln) sprach ein Gebet. Danach wurden er und die Königin an ihren Platz geführt, und die Krönungsmesse begann. Beim Graduale (zwischen Lesung und Evangelium) wurde die Messe unterbrochen, der König warf sich neuerlich vor dem Altar auf den Boden, und es wurde zuerst die Allerheiligenlitanei gebetet. Danach richtete der

Kaiser Leopold II. 1790 im Krönungsornat und der Reichskrone. Links und rechts von ihm befinden sich die übrigen Reichsinsignien.

DAS HEILIGE RÖMISCHE REICH

795

Konsekrator an den König Fragen, die dieser mit »volo« (ich will es tun) beantwortete.

Von der Krönung Leopolds II. in Frankfurt a. M. 1790 sind folgende Fragen überliefert:

»Wollen Sie den heiligen katholischen apostolischen Glauben halten und durch gerechte Werke bewähren?«

»Wollen Sie ein getreuer Vorsteher und Beschützer der Kirche und ihrer Diener sein?«

»Wollen Sie das Reich, das Ihnen von Gott verliehen ist, nach der Gerechtigkeit Ihrer Vorfahren regieren und tätig beschützen?«

»Wollen Sie die Gerechtsame des Königreichs und Kaisertums, die unrechtmäßigerweise zerstreuten Güter desselben wieder herbeibringen, erhalten und getreulich zum Nutzen des Reiches und Kaisertums verwenden?«

»Wollen Sie ein gerechter Richter über Arme und Reiche und ein frommer Beschützer der Witwen und Waisen sein?«

»Wollen Sie dem allerheiligsten Vater und Herrn in Christo, dem römischen Papste und der heiligen Römischen Kirche geziemende Folge leisten?«

Danach bestätigte der Kaiser seine Zustimmung durch Eid auf das Reichsevangeliar, das auf dem Altar lag. Daraufhin wandte sich der Konsekrator an die Umstehenden mit den Worten: »Wollt Ihr einem solchen Fürsten und Regenten Euch unterwerfen, sein Reich befestigen und mit Treue unterstützen, und seinen Befehlen gehorchen, nach den Worten des Apostels: Jedermann ist der Obrigkeit untertan, so mit einem zweifachen Fiat, Fiat, beantwortet werde.« Damit wurde die frühere Mitwirkung des Volkes beim Akt der Thronerhebung manifest. Diese Zeremonien wurden natürlich gänzlich in lateinischer Sprache durchgeführt.

Nun folgte die Benediktion und die Salbung des Königs an Haupt, Brust, Nacken, Armen und Händen mit dem Katechumenen-Öl, wobei der Konsekrator jedesmal die Worte »Ungo te in Regem« sprach. Danach begab sich der König in die Sakristei (oder Kapelle), um die kaiserlichen Pontifikalien anzuziehen: die Alba, die Dalmatika und die Stola. Danach kehrte er in die Kirche zurück, kniete sich vor dem Altar nieder und nahm die Reichsinsignien entgegen (Schwert, Zepter und Apfel), nachdem eine Präfation gesungen wurde.

Nun folgte der eigentliche Akt der Krönung. Der König wurde mit dem Pluviale bekleidet, und der Konsekrator krönte unter Assistenz der beiden anderen geistlichen Kurfürsten den König mit den Worten: »Accipe Coronam Regni!« Danach schloß sich der eigentliche Krönungseid an, der erst seit dem 12. Jahrhundert bekannt ist. Er wurde auf die aufgeschlagene Seite des Beginns des Johannesevangeliums (»Im Anfang war das Wort...«) des auf dem Altar liegenden Reichsevangeliars abgelegt. 1790 bei Leopold II. lautete der Krönungseid: »Ich gelobe und verspreche vor Gott und seinen Engeln, daß ich jetzt und hinführ das Gesetz und Gerechtigkeit, auch den Frieden der heiligen Kirche Gottes will halten und handhaben, auch dem Volk, so mir unterworfen ist, will nutz sein, und die Gerechtigkeit verschaffen und mitteilen, daß ich des Reiches Recht mit gebührender

Betrachtung göttlicher Barmherzigkeit will erhalten, wie ich solches mit Rat der Fürsten, auch des Reichs, und meiner Getreuen am besten erfinden kann. Ich will auch den allerheiligsten römischen Bischof und der römischen Kirchen Gottes gebührende geistliche Ehre erzeigen, und diese Dinge, welche vom Kaiser und Königen der Kirchen und den geistlichen Männern gesammelt und gegeben sind, die will ich ungeschwächt erhalten, und erhalten zu werden verschaffen, auch den Prälaten, Ständen und Lehenleuten des Reiches gebührende Ehre tragen, und beweisen, so viel mir unser Herr Jesus Christus Hilf, Stärk und Gnade verleiht.«

Danach fand die Thronsetzung in der oberen Galerie des Aachener Münsters statt, wo sich der Marmorthron Karls des Großen befindet. Bei den neuzeitlichen Krönungen in Frankfurt entfiel natürlich diese Art der Thronsetzung. Nach dieser Zeremonie germanischen Ursprungs wurde die Messe mit dem Evangelium fortgesetzt.

Krönungsmahl für Kaiser Josef II. (rechts mit Reichskrone) 1764 im Frankfurter Römer. Links von ihm (vom Betrachter aus gesehen) sein Vater Kaiser Franz I. mit der Rudolfinischen Hauskrone, der späteren österreichischen Kaiserkrone. Deutlich zu sehen ist die Ausübung der Erzämter beim Krönungsmahl, die damals nicht mehr von den Kurfürsten versehen wurde.

Eine Besonderheit des Krönungsaktes wie auch des Krönungsmahles waren die detailliert bestimmten Handlungen der weltlichen Kurfürsten in Ausübung ihrer Erzämter. Solche Funktionen sind bereits bei der Königskrönung Ottos I. 936 belegt, damals übten diese aber die Stammesherzöge aus. Der Franke war Truchseß, der Schwabe Mundschenk, der Bayer Marschall und der Lothringer Kämmerer. (Otto war ja Herzog von Sachsen und wurde zum König gekrönt, daher fehlte der Sachse in der Aufzählung.) Diese vier Erzämter blieben bis zum Ende des Reiches bestehen, wurden aber von den weltlichen Kurfürsten übernommen. Bayern (Pfalz) und Sachsen blieben bestehen, anstatt Franken und Schwaben kamen nun Böhmen und Brandenburg hinzu.

Böhmen wurde *Erzmundschenk* und hatte dem König beim Krönungsmahl den ersten Trunk zu reichen. Der Pfalzgraf bei Rhein und Reichsvizekanzler war *Erztruchseß* (archidapifer), er trug im Krönungszug den Reichsapfel. Beim Krönungsmahl überbrachte er in einer silbernen Schüssel die Speisen. Der Sachse hatte das Amt des *Erzmarschalls* und hatte das Reichsschwert zu tragen. Brandenburg hatte das *Erzkämmereramt* und trug bei der Krönung das Zepter. Beim Krönungsmahl hatte er Wasser und Tücher für die Händewaschung zu reichen.

In der Folge, vor allem in der Neuzeit, wurden diese Funktionen nicht mehr direkt von diesen Amtsinhabern ausgeübt, sondern von adeligen Vertretern. So wurden z. B. die Grafen von Waldburg 1594 Erbtruchseß und übernahmen bei den Zeremonien die Funktionen des Erztruchsessen Pfalz.

Von der Königskrönung muß man die *Kaiserkrönung* unterscheiden. Sie war im Mittelalter ein völlig unterschiedlicher Akt und erfolgte durch den Papst oder dessen Beauftragte in Rom meistens in ziemlichem zeitlichen Abstand zur Königswahl. Eine Änderung gab es erst zu Beginn der Neuzeit: Die spezielle Kaiserkrönung durch den Papst entfiel (zuletzt bei Karl V. vollzogen), und die Königskrönung entwickelte sich zu einer gleichzeitigen Kaiserkrönung. Außerdem wurde oft bereits zu Lebzeiten eines regierenden Kaisers dessen Nachfolger (meist der Sohn) zum »rex Romanorum« gewählt und gekrönt. Das war gewissermaßen die vorweggenommene Kaiserkrönung, so daß mit dem Ableben des Kaisers der römische König ohne weiteren Akt der Wahl, Bestätigung oder Krönung Kaiser wurde.

Der Ritus der Kaiserkrönung (siehe Eduard Eichmann) hat eine rund 400jährige Entwicklung mitgemacht, in der sich die Wandlungen des Verhältnisses von Sacerdotium (geistliche Macht) und Imperium (weltliche Macht) widerspiegeln. In der karolingischen Zeit (Ordo A) ist der Kaiser nicht nur bischofsgleich, sondern er steht über den Bischöfen. So ist der Ritus der Kaiserkrönung – eigentlich Kaiserweihe – sehr ähnlich dem der Bischofsweihe, vor allem durch die Salbung mit Chrisma auf das Haupt, die bis 915 bezeugt ist. Man kann zu dieser Zeit mit gewissem Recht von einem Königspriestertum sprechen, das sich an 1 Sam 16,1ff anlehnt (Auswahl des Saul durch Samuel und Salbung desselben). Die Zeremonie erfolgte im Rahmen einer Krönungsmesse mit den drei Orationen der Kaisermesse »Deus regnorum omnium« (Oratio), »Suspice Domine preces« (Secret) und »Deus qui ad praedicandum« (Postcommunio). Die Salbung und die Übergabe der Insignien (Krönung), manche sprechen sogar von Weiheakt, erfolgte wie bei der Bischofsweihe zwischen Kyrie und Gloria. Nach der Krönung erfolgte der litaneiähnliche Wechselgesang der Laudes, durch die der Volkswille zum Ausdruck gebracht werden soll. Wenn es auch aus dieser Zeit keine sicheren Nachrichten gibt, so ist dennoch anzunehmen, daß der zu krönende Kaiser mit den allgemeinen geistlichen Gewändern bekleidet war. Der Ritus der Kaiserkrönung der damaligen Zeit kennt hingegen keine Thronsetzung.

Eine bedeutsame Abschwächung erfuhr das Königspriestertum im Ordo B (Zeit der Ottonen) durch die Verlegung der Salbung vom Haupt auf die Schultern und durch den Wechsel des Salbstoffes: Oleum exorcismi (wie bei der Taufe) statt Chrisma. Der Kaiser ist nicht mehr das »kirchliche« Haupt und nur mehr mit starken Vorbehalten bischofsgleich, auch wenn der Ritus der Bischofsweihe für die Kaiserkrönung beibehalten wurde. Wahrscheinlich geht diese Abschwächung auf die Reformbewegung von Cluny des 10. Jahrhunderts zurück. Im Ordo C aus der Zeit der Salier ändert sich daran nichts. Jedoch wird der Kaiser förmlich in den Klerikerstand aufgenommen, somit ist das eine Art Weihe zum rector-defensor ecclesiae. Das ist zwar kein sakramentaler Akt der Verleihung eines Weihegrades, jedoch bleiben dem Kaiser die liturgischen bischöflichen Ehren als einer Art Laienbischof. Der Kaiser wurde daher sakramental nicht »ordiniert«, jedoch zählte damals die Salbung (egal mit welchem Öl) theologisch vielfach noch als eines der zwölf der Sakramente (deren Siebenzahl wurde erst auf dem Tridentinum endgültig festgelegt). Insofern hatte nach Ordo A bis C die Kaiserkrönung nach dem damaligen theologischen Verständnis sakramentalen Charakter.

Das Reformpapsttum des 12. Jahrhunderts machte diesem Königspriestertum endgültig ein Ende. Ring und Stab werden ihm genommen, es verbleiben ihm aber ehrenhalber die bischöflichen Gewänder, die bei der Kaiserkrönung bis Franz II. verwendet wurden. Kirchenpolitisches Ziel der Päpste war es, den Kaiser zu »laisieren« und ihn sich zu unterstellen. Der Papst, dem die Kaiserzeichen eigen sind und der sie an den Kaiser zum Gebrauch vergibt, ist nun Zwischeninstanz zwischen Gott und diesem. Daraus ergab sich die politische Abhängigkeit vom »Papstkaiser«. Nach dem Investiturstreit und nochmaligen Konflikten in der Stauferzeit ist der Sieg der Kurie entschieden: der Priesterkönig ist der Papst, und der Kaiser ist sein erster und vornehmster Untertan. Im Ritus der Kaiserkrönung wird daher konsequenterweise die Salbung weiter zurückgedrängt. Sie erfolgt lediglich an einem Seitenaltar, und die scholastische Theologie hat überhaupt ihren sakramentalen Charakter in Abrede gestellt. Ins Zentrum der Kaiserliturgie ist nun die Übergabe der weltlichen Kaiserzeichen und die Krönung gerückt.

Die letzte Krönung, die in Rom stattfand, war die Friedrichs III. am 19. 3. 1452 (Sonntag Laetare). Im Prinzip vollzog sich die Krönung wie soeben geschildert, jedoch gab es einige Besonderheiten. Der Kaiser durfte Rom vor dem Krönungstag nicht betreten und mußte die Stadt sogleich wieder verlassen. Auch wurde Friedrich III. in einem Akt mit der »Eisernen Krone« der Lombardei gekrönt. Eine weiter Besonderheit war die Aufnahme des Kaisers in das Laterankapitel.

Kaiser Karl V. im Krönungsornat. Deutlich ist der liturgische Charakter zu erkennen: Alba und darüber die bischöfliche Dalmatika, dann die gekreuzte Stola und darüber das Pluviale. Das ist der bischöfliche Ornat. In früheren Darstellungen von Kaisern im Krönungsornat ist auch die Mitra (Infel, Bischofsmütze) in der Krone zu erkennen, was auf den bischofsweiheähnlichen Charakter der Kaiserkrönung weist.

Im Zusammenhang mit dieser Krönung sind noch weitere nicht uninteressante geistliche Privilegien des Kaisers zu erwähnen, die oft Quelle lang tradierter Fehlmeinungen waren. Bereits Anfang des 14. Jahrhundert wird bestimmt, daß – wenn ein Kaiser oder König an der Weihnachtsmette teilnimmt – er mit geistlichen Gewändern gekleidet und mit seinem Schwert umgürtet die siebente Lektion des Breviers lesen, also am Chorgebet teilnehmen darf. In einer auf Papst Sixtus IV. (1471–1481), also nach der Krönung Friedrichs III., zurückgehenden Anweisung, die offenbar bereits bestehendes zusammenfaßte, heißt es: Wenn der Kaiser der vom Papst zelebrierten Weihnachtsmette in Rom beiwohnt, so singt er das Weihnachtsevangelium (Lk 2, 1ff.). Das Ritual liest sich sehr eindrucksvoll. Der Kaiser wird von zwei Diakonen während der Messe mit den geistlichen Gewändern bekleidet und mit dem geweihten Schwert umgürtet. Dann tritt er inmitten zweier Kardinaldiakone vor den Papst, macht eine Verbeugung, zieht das Schwert, schwingt es, wischt es am Ärmel ab und steckt es wieder in die Scheide. Damit soll symbolisiert werden, daß der Kaiser mit dem geweihten Schwert für das Evangelium, das er jetzt verkünden werde, einstehen wird. Danach begibt er sich an das Pult, verbeugt sich tief vor dem Papst und verliest das Evangelium. Danach schreitet er wieder zum Papstthron, küßt den Fuß des Papstes und wird zu seinem Platz zurückgeführt. Er entledigt sich der geistlichen Gewänder, und das Schwert wird dem Schwertträger übergeben.

Nachweislich haben dies 1468 Friedrich III. während seiner zweiten Romreise und 1529 Karl V. so gehandhabt. Bereits von Karl IV. wird berichtet, daß er wiederholt das Weihnachtsevangelium – allerdings nicht in Rom – sang. Kaiser Sigismund soll das Evangelium bei seiner Kaiserkrönung in Rom 1433 und sogar bei seiner Königskrönung in Aachen 1414 gesungen haben. Ein weitere Praxis als hier erwähnt ist nicht mehr nachzuweisen.

Wie ist das nun sakramententheologisch zu bewerten? In keinem der hochmittelalterlichen Krönungs-Ordines wird davon berichtet, daß der Kaiser das Evangelium zu singen hätte, obwohl gerade in früher Zeit, wie wir gesehen haben, die Kaiserkrönung sakramentalen, fast bischofsweiheähnlichen Charakter gehabt hatte. Es wäre ja gerade konsequent gewesen, wenn der Kaiser zumindest bei der Krönungsmesse liturgische Funktionen übernommen hätte. Dem war aber nicht so. Der Brauch der Evangeliumsverkündung durch die Kaiser taucht offenbar erst im spätmittelalterlichen 14. Jahrhundert unter den Luxemburgern auf, zu einer Zeit also, da die Kaiserkrönung nur mehr wenig mit einem sakramentalen Weiheakt gemein hatte. Auf die Gründe kann hier nicht näher eingegangen werden. Das Recht, das Evangelium der Weihnachtsmette in Rom zu verkünden, nur dieses und nur dort, ist eindeutig auf ein päpstliches Privileg zurückzuführen und hat dort seinen rechtlichen Ursprung. Es basiert nicht unmittelbar auf den Weiheakt bei der Krönung und einem daraus resultierenden Recht, das ja dann allgemein und nicht beschränkt auf einen Tag oder Ort hätte ausgeübt werden können. Der Kaiser ist aber in keiner der bekannten Krönungsrituale zum Diakon ordiniert worden. Papst Sixtus IV. wollte einerseits durch ein derart normiertes Privileg eine

DAS HEILIGE RÖMISCHE REICH

offenbar sich ab Karl IV. einbürgernde selbständige Übung der Evangeliumsverkündigung des Kaisers erstens durch diesen Rechtsakt an ein päpstliches Norma-
tionsrecht binden und zweitens durch die exakte Festlegung an Ort und Zeit
nahezu jede Praxis verhindern. Wie wir gesehen haben, ist dieses Privileg nur
zweimal in Anspruch genommen worden, denn welcher Kaiser hat sich gerade zu
Weihnachten in Rom aufgehalten. So diente dieses Privileg eher dem Eindämmen
eines neuen Aufflammens einer möglichen sakramental-theologischen Interpretation der Kaiserwürde. Da ja nach wie vor die Kaiserkrönung ein liturgischer Akt
war, konnte das durchaus wieder entstehen, und ganz war ja die sakramentale
Tradition des Kaiseramtes auch nicht ausgetilgt.

Andererseits aber fällt diese Privilegierung in die Mitte des 15. Jahrhunderts
und muß in Zusammenhang auch mit anderen Privilegien an Kaisern und Königen
gesehen werden, die damals von den Päpsten verliehen wurden. Insbesondere geht
es um das landesfürstliche Nominationsrecht bei Bischofsbestellungen. Es wurde
damals mehreren Königen aber auch Kaiser Friedrich III. für seine landesfürstlichen Gebiete verliehen, und zwar für ihn und seine Nachfolger. So ernannten bis
zum Ende der k. u. k. Monarchie die Kaiser von Österreich mit wenigen Ausnahmen die Bischöfe. Diese damaligen Privilegierungen der Kaiser/Könige sind auch
im Zusammenhang mit einer anderen kirchenhistorischen Entwicklung zu sehen.
Es gelang damals den Päpsten, die Herrscher als Verbündete gegen den Konziliarismus (Konzil von Basel) zu gewinnen, und als Dank dafür wurden sie mit
verschiedenen Privilegien ausgestattet. Aber diese beiden (Bischofsernennung,
Evangeliumsverkündigung), die nach heutigem theologischen Verständnis an ein
geistliches Amt gebunden zu sein scheinen, hatten seinerzeit nichts mit einer
sakramentalen Funktion des Herrscheramtes zu tun.

In diesem Zusammenhang ist auch die seit dem Mittelalter nachgewiesene
Übung christlicher Fürsten des Westens wie des Ostens zu erwähnen, am Gründonnerstag zwölf unbemittelten Männern die Füße zu waschen. Die Fußwaschung
als Bestandteil der päpstlichen Liturgie ist seit dem 12. Jahrhundert bekannt,
nachdem sie schon vorher an den Bischofskirchen gepflegt wurde. Dieses manda-
tum pauperum et fratrum der Bischöfe wurde von den Kaisern/Königen nachge-
ahmt und bis in das 20. Jahrhundert hinein gepflegt. So gibt es zahlreiche Darstellungen von Kaiser Franz Joseph, wie er diese Zeremonie in der Hofburgkapelle
vornahm, und es sind noch zahlreiche dabei verwendete Silberkrüge vorhanden.
Diese Zeremonie hat eine eigenständige Genese und ist weder unter den Begriff
geistliches Privileg zu subsumieren, noch fußt sie auf einem sakramentalen Amtsverständnis des Kaisers.

Ein weiteres geistliches Privileg ist die Kommunion unter beiderlei Gestalten,
die Kaisern und Königen nicht nur bei der Krönungsmesse, sondern auch bei jeder
Papstmesse gestattet war. Dieses Privileg dürfte aus dem Anfang des 14. Jahrhundert stammen, wobei mittels eines goldenen Röhrchens aus dem Kelch getrunken
werden mußte. Aufgrund der hussitischen Bewegung ist jedoch dieser Brauch
zurückgegangen, später wurde – um den Schein zu wahren – vom Kaiser der

Purifikationswein getrunken, so 1530 von Karl V. Das ist jener Wein, mit dem nach der Kommunion der Kelch gereinigt wurde. Kaiser Maximilian II., der den Protestanten Sympathie entgegenbrachte, wollte bei der Krönungsmesse unter beiderlei Gestalten kommunizieren, als ihm das jedoch nicht erlaubt wurde, verzichtete er auf jedwede Kommunion.

Im den aus dem Jahr 1516 stammenden Caeremoniale Romanum befindet sich ebenfalls eine Kaiserkrönungsliturgie, die weitgehend auf den Ordo Innozenz' III. (1209) zurückgeht und durch weitere zahlreiche Details angereichert wurde. Sie war u. a. maßgeblich bei der Krönung Karls V. im Jahr 1530, der letzten von der Königskrönung getrennten Kaiserkrönung durch den Papst.

Die Reichskleinodien

»Von den Kroninsignien des Alten Reiches geht eine Würde aus, der sich kaum ein Betrachter entziehen kann. Der Eindruck, vor einem Heiligtum zu stehen, ist so stark, daß fast jeden Tag Blumen vor den Glaskästen mit den Symbolen und Gewändern in der Wiener Schatzkammer niedergelegt werden. Wenige Schritte davon entfernt hängt in einer Vitrine der purpurne Krönungsmantel der österreichischen Kaiser. Derselbe Mann, Kaiser Franz, der als letzter mit den Insignien des Alten Reiches gekrönt wurde, ließ ein Lebensalter später von einem Kostümschneider des Wiener Burgtheaters diesen Mantel nach napoleonischem Vorbild anfertigen. Bildhafter und eindrucksvoller läßt sich nicht demonstrieren, wie sehr in diesem letzten Träger der Krone und seiner Generation die Tradition des Reiches tot war.« (Karl Otmar Frhr. von Aretin)

In der Tat ist es immer wieder beindruckend, die Reichskleinodien in der Wiener Schatzkammer zu bestaunen. Sie sind Insignien und Symbole der Macht und des Reiches und sind ohne eine Verbindung mit der christlichen Tradition nicht denkbar. Sie gehen natürlich nicht auf Karl den Großen zurück. Karolingisch dürften höchstens die *Stephansburse,* ein mit Edelsteinen reich verzierter Reliquienbehälter in Form einer Pilgertasche, und die sg. *Heilige Lanze* sein, die aber nicht die Reliquie der Kreuzigungslanze ist (diese befand sich damals in Byzanz).

Inbegriff der Herrschaft und ihr vornehmstes Zeichen ist die *Krone.* Sie ist das Symbol des Heiligen Römischen Reiches schlechthin. Nach neuesten Forschungen von Gunther Wolf ist die Wiener Reichskrone eine redende Insignie, die vom Kölner Erzbischof Brun und dessen Bruder Kaiser Otto I. konzipiert wurde. Sie präsentiert die ottonische Kaiseridee: ein rom-unabhängiges westliches Kaisertum, das nicht in Konkurrenz zu Byzanz steht. Der Kaiser versteht sich dabei als irdischer Pantokrator, er ist Herrscher »gratia dei« (von Gottes Gnaden), verkörpert bereits in der Person Ottos I. Die achteckige Krone symbolisiert so wie die achteckige Pfalzkapelle von Aachen das himmlische Jerusalem. (Die Zahl Acht symbolisiert mathematisch auch die Unendlichkeit, die liegende Acht ist das Zeichen für unendlich.) Somit ist die Krone ein irdischer Abglanz der Ewigkeit. Auf

Seitenansicht der Wiener Reichskrone mit der Darstellung Christi als Pantokrator.

drei der acht Platten befinden sich Szenen aus dem Alten Testament (David, Salomon, Propheten) und auf einer ist Christus als Weltherrscher dargestellt, womit die sakrale Grundlage der Königsherrschaft angedeutet werden soll.

Nach Wolfs Auffassung wurde die Krone 965/967 wahrscheinlich zu St. Pantaleon in Köln von mehreren Künstlern angefertigt. Verwendet wurde sie dann erstmals 967 bei der Krönung Ottos II. als Mitkaiser. Er ist jener Ottone, der 972 die byzantinische Prinzessin Theophanu ehelichte. Anfang des 11. Jahrhunderts wurde das Kreuz, und unter Konrad II. bald danach der Bügel hinzugefügt, der sich als »Romanorum imperator augustus« auf der Krone auch verewigen ließ.

Das *Reichskreuz* ließ ebenfalls Konrad II. 1025/27 anfertigen, und zwar als Behälter für Reliquien (Kreuzpartikel). Es zeigt die Wechselbeziehung zwischen geistlicher und weltlicher Macht. Dem König/Kaiser wurde das *Reichsschwert* vorangetragen, das wahrscheinlich aus staufischer Zeit stammt (um 1200, von Otto IV. angefertigt). Nur die Scheide ist wahrscheinlich älter, aus der Mitte des

Detail aus der Wiener Reichskrone: König David

DAS HEILIGE RÖMISCHE REICH 805

11. Jahrhunderts. Ebenfalls um 1200 entstand wahrscheinlich auch der *Reichsapfel,* der die Weltherrschaft symbolisieren soll.

Auch aus der staufischen Zeit stammen die kostbaren Krönungsgewänder, die fast durchwegs aus Sizilien kommen und an bischöfliche Pontifikalgewänder erinnern. Daneben gibt es noch eine weitere Zahl von Reichskleinodien, deren Aufzählung den Rahmen sprengen würde.

Ursprünglich wurden diese Reichskleinodien nach der Krönung wahrscheinlich immer mit dem Kaiser/König als Herrschaftszeichen mitgeführt. Da die hochmittelalterlichen Kaiser/Könige ihre Regierung durch das Herumziehen ausübten, führten diese Kleinodien ein unstetes Wanderleben. Unter den Ottonen und Saliern bürgerte sich die Verwahrung auf verschiedenen Reichsburgen ein, unter den Staufern meist auf der Burg Trifels in der Pfalz. Als Rudolf von Habsburg gewählt wurde, ließ er sie auf seine Feste Kyburg bringen. Danach gab es wieder eine wechselvolle Ortsgeschichte. Unter Ludwig dem Bayern kamen die Insignien nach Nürnberg, um die Mitte des 14. Jahrhunderts befanden sie sich einige Zeit in Stams/Tirol. Karl IV. brachte sie dann nach Prag und ließ eigens für die Aufbewahrung die Burg Karlstein bauen. Im Zuge der Hussitenkriege gelangten sie nach Ungarn (Visegrad und Ofen), doch Kaiser Sigismund mußte sie auf Druck der Reichsfürsten wieder ins Reich bringen. 1423 wurde Nürnberg mit dem Privileg ausgestattet, sie dauernd aufzunehmen.

Als sich 1796 die Franzosen Nürnberg näherten, wurden die Reichskleinodien der Sicherheit halber nach Wien gebracht, wo sie bis 1938 blieben. Nach dem Anschluß Österreichs an das nationalsozialistische Deutschland kamen sie wieder nach Nürnberg. Das war weniger der Versuch, dem Privileg Kaiser Sigismunds wieder Geltung zu verschaffen, sondern Nürnberg war auch die Stadt der Reichsparteitage und somit Kultstätte der Nationalsozialisten. Für die Legitimität nationalsozialistischer Herrschaft war die Verbringung der Reichskleinodien nach Nürnberg, die dort während des Krieges im bombensicheren Luftschutzkeller unterhalb der Burg untergebracht waren, daher nicht ohne Bedeutung. Anfang 1946 wurden sie auf Befehl der US-Militärregierung wieder nach Wien gebracht.

Folgende offizielle oder inoffizielle Ansprüche Aachens oder Nürnbergs auf Rückführung wurden abgelehnt, obwohl ja die Rechtslage sicherlich kompliziert war und ist, denn wem gehören die Reichskleinodien? Früher sicherlich dem Reich, wobei der gekrönte König/Kaiser sozusagen ein jeweiliges vorübergehendes Besitzrecht ausübte. Daran änderten auch die verschiedenen Verwahrungsorte nichts. Sie verwahrten lediglich Reichsgut, über das der jeweilige König/Kaiser ein Bestimmungsrecht ausübte. Von diesem machte Kaiser Franz II. ja auch Gebrauch, als er beim Herannahen der Franzosen die Verbringung der Kleinodien nach Wien anordnete. Als er am 6. 8. 1806 das Reich für beendet erklärte, erhob sich nun die Frage, was mit dem Reichsgut zu geschehen hatte. Es ist rechtlich und zeitbedingt konsequent, wenn in dieser Situation das Kaisertum Österreich das Reichsgut, im konkreten Fall die Reichskleinodien, eigentumsmäßig übernahm, vor allem weil es an Alternativen fehlte. Der Deutsche Bund hatte niemals diesbezüglich einen Rechtsnachfolgeanspruch erhoben, und das Wilhelminische Reich von 1871 hatte auch nicht vor, die Reichskleinodien von Wien zu fordern, schon aus verschiedenen politischen Überlegungen, denn es sah sich in keinster Weise als Nachfolger des alten Reiches. Das Eigentumsrecht Österreichs an den Kleinodien blieb unwidersprochen und ging 1918 problemlos auf die Republik Österreich über.

Es hat auch einen tieferen Sinn, wenn in der Kaiserstadt Wien die Insignien des Heiligen Römischen Reiches aufbewahrt werden. Von den rund 1000 Jahren des neuen westlichen Kaisertums sind kumuliert fast 400 Jahre mit dem Hause Habsburg verbunden, die ja überwiegend in Wien residierten. Und Franz II. hat ja auch dort 1806 das Heilige Römische Reich für beendet erklärt. Das Kaisertum Österreich konnte sich mit Recht und unwidersprochen für diesen Bereich zumindest als Nachfolger des alten Reiches betrachten.

Detail aus dem Sarkophag Kaiser Karls VI. in der Wiener Kapuzinergruft

Verzeichnis der Abkürzungen

ADB   Allgemeine Deutsche Biographie
ADipl   Archiv für Diplomatik
AKuG   Archiv für Kulturgeschichte
Bf.   Bischof
ByzZ   Byzantinische Zeitschrift
Const.   Constitutiones
DA   Deutsches Archiv für Erforschung des Mittelalters
DD   Diplomata
Epp.   Epistolae
FMSt   Frühmittelalterliche Studien
GdV   Geschichtsschreiber der deutschen Vorzeit
Geneal. Jb Genealogisches Jahrbuch
Gf.   Graf
Hg.   Herzog
HJb   Historisches Jahrbuch
HZ   Historische Zeitschrift
K.   Kaiser
Kg.   König
LdM   Lexikon des Mittelalters
Lgf.   Landgraf
Mgf.   Markgraf
MGH   Monumenta Germaniae Historica
MIÖG   Mitteilungen des Instituts für Österreichische Geschichtsforschung
NDB   Neue Deutsche Biographie
P.   Papst
Pfgf.   Pfalzgraf
Reg. Imp. Regesta Imperii
RhVjbll   Rheinische Vierteljahresblätter
RIS   Rerum Italicarum Scriptores
RÖHM   Römische Historische Mitteilungen
RS   Rolls Series = Rerum Britannicarum Medii Aevi Scriptores
SS   Scriptores
ZBLG   Zeitschrift für Bayerische Landesgeschichte
ZGO   Zeitschrift für Geschichte des Oberrheins
ZRG GA   Zeitschrift der Savigny-Stiftung für Rechtsgeschichte – Germanische Abteilung

Bildnachweis

Die in diesem Buch verwendeten Abbildungen, Landkarten und Stammtafeln sind folgenden, im Verlag Styria erschienenen Bänden entnommen: »Die Hohenzollern in Lebensbildern« von Peter Mast, »Die Wittelsbacher in Lebensbildern« von Hans und Marga Rall, »Die Habsburger in Lebensbildern« von Richard Reifenscheid und »Mittelalterliche Herrscher in Lebensbildern« hg. von Karl Rudolf Schnith.

Quellen- und Literaturverzeichnis

Eine Auswahl

Geschichte des Heiligen Römischen Reiches

ARETIN, Karl Otmar, Heiliges Römisches Reich 1776–1806. Reichsverfassung und Staatssouveränität, 2 Bde, Wiesbaden 1967.

BOLDT, Hans, Deutsche Verfassungsgeschichte. Politische Strukturen und ihr Wandel. Band 1: Von den Anfängen bis zum Ende des älteren deutschen Reiches 1806, München 1984.

BUSCHMANN, Arno, Kaiser und Reich. Klassische Texte zur Verfassungsgeschichte des Heiligen Römischen Reiches vom Beginn des 12. Jahrhunderts bis zum Jahre 1806, München 1984.

CONRAD, Hermann, Der deutsche Staat. Epochen seiner Verfassungsentwicklung 843–1945, Frankfurt 1969.

DEMANDT, Alexander, Deutschlands Grenzen in der Geschichte, München ³1993.

HEER, Friedrich, Das Heilige Römische Reich, München 1977.

KÖBLER, Gerhard, Historisches Lexikon der deutschen Länder. Die deutschen Territorien vom Mittelalter bis zur Gegenwart, München ²1989.

OESTREICH, Gerhard, Verfassungsgeschichte vom Ende des Mittelalters bis zum Ende des alten Reiches, München ⁶1986.

PRESS, Volker, Kriege und Krisen. Deutschland 1600–1715, München 1991.

PRINZ, Friedrich, Grundlagen und Anfänge. Deutschland bis 1056, München ²1993.

RABE, Horst, Reich und Glaubensspaltung. Deutschland 1500–1600, München 1989.

Kaiser und Könige (epochenübergreifend)

ENGEL, Evamaria/HOLTZ, Eberhard, Deutsche Könige und Kaiser des Mittelalters, Köln 1989.

HUBMANN, Franz/POHL, Walter, Deutsche Könige, Römische Kaiser. Der Traum vom Heiligen Römischen Reich Deutscher Nation 800–1806, Augsburg 1995.

JAECKEL, Gerhard, Die deutschen Kaiser, Gräfeling o. J. [1979]

Reichskleinodien und Kaiserkrönung

Vollständiges Diarium der Römisch-Königlichen Wahl und Kaiserlichen Krönung Ihro nunmehr allerglorwürdigst regierenden Kaiserlichen Majestät Leopold des Zweiten, Frankfurt/Main 1791.

EICHMANN, Eduard, Die Kaiserkrönung im Abendland. Ein Beitrag zur Geistesgeschichte des Mittelalters. 2 Bde., Würzburg 1942.

ENGEL, Hans Ulrich, Die Straße nach Europa. Reichskleinodien und Kaiserkrönungen, Hamburg 1962.

FILLITZ, Hermann, Die Schatzkammer in Wien, Salzburg 1986.

KUGLER, Georg Johannes, Die Reichskrone, Wien 1986.

KUBIN, Ernst, Die Reichskleinodien. Ihr tausendjähriger Weg, Wien 1991.

PLETICHA, Heinrich, Des Reiches Glanz. Reichskleinodien und Kaiserkrönungen im Spiegel der deutschen Geschichte, Freiburg/Br. 1989.

SCHRAMM, Percy Ernst, Herrschaftszeichen und Staatssymbolik, 3 Bde., Stuttgart 1954–1956.

STAATS, Reinhart, Theologie der Reichskrone, Stuttgart 1976.

WOLF, Gunther, Die »Wiener Reichskrone«, Wien 1995 (= Schriften des Kunsthistorischen Museums Wien, Band 1).

FRÜH- UND HOCHMITTELALTER

QUELLENSAMMLUNGEN

Monumenta Germaniae Historica (umfassendes Editionswerk), Leipzig, Berlin, Stuttgart 1826ff.
Die Geschichtsschreiber der deutschen Vorzeit (3. Gesamtausgabe 103 Bde., enthält deutsche Übersetzungen).
Ausgewählte Quellen zur deutschen Geschichte des Mittelalters = Freiherr vom Stein-Gedächtnisausgabe, Darmstadt 1955ff. (Texte mit Übersetzungen).
BÖHMER, Johann Friedrich, Regesta imperii, (zuerst) Innsbruck 1831. (Reichsregesten, wurden oder werden für die einzelnen Regierungszeiten neu bearbeitet.)

QUELLENKUNDLICHE DARSTELLUNGEN

WATTENBACH, Wilhelm/LEVISON, Wilhelm/LÖWE, Heinz, Deutschlands Geschichtsquellen im Mittelalter, Vorzeit und Karolinger (Heft 1–5, 1952–1973). Beiheft: Die Rechtsquellen, bearb. v. Rudolf Buchner, Weimar 1953.
WATTENBACH, Wilhelm/HOLTZMANN, Robert, Deutschlands Geschichtsquellen im Mittelalter. Die Zeit der Sachsen und Salier. Neuausgabe besorgt v. Franz-Josef Schmale, 3 Teile, Darmstadt 1967–1971.
WATTENBACH, Wilhelm/SCHMALE, Franz-Josef, Deutschlands Geschichtsquellen im Mittelalter. Vom Tode Kaiser Heinrichs V. bis zum Ende des Interregnums, vorerst Bd. 1, Darmstadt 1976)

EPOCHE DER KAROLINGER BIS STAUFER ÜBERGREIFEND

BOSL, Karl, Die Reichsministerialität der Salier und Staufer, 2 Bde., Stuttgart 1950/51.
GEBHARDT, Bruno, Handbuch der Deutschen Geschichte, hg. von Herbert Grundmann, Bd. I, Stuttgart [9]1970, Ndr. Stuttgart 1981. (Mit einschlägigen Beiträgen von Heinz Löwe, Josef Fleckenstein, Marie-Luise Bulst-Thiele, Karl Jordan, Herbert Grundmann.)
GIESEBRECHT, Wilhelm von, Geschichte der Deutschen Kaiserzeit, 6 Bde., in letzter Auflage Braunschweig 1873–1895.
GÜNTER, Heinrich, Das deutsche Mittelalter, Bd. 1: Das Reich (Hochmittelalter), Freiburg/Br. [2]1943.
HAMPE, Karl, Deutsche Kaisergeschichte in der Zeit der Salier und Staufer, bearbeitet von Friedrich Baethgen, Darmstadt [11]1963.
DERS., Herrschergestalten des deutschen Mittelalters [6]1978.
HAVERKAMP, Alfred, Aufbruch und Gestaltung, Deutschland 1056–1273, München [2]1993.
HLAWITSCHKA, Eduard, Vom Frankenreich zur Formierung der europäischen Staaten- und Völkergemeinschaft 840–1046, Darmstadt 1986.
DERS., Untersuchungen zu den Thronwechseln der ersten Hälfte des 11. Jahrhunderts und zur Adelsgeschichte Süddeutschlands, Sigmaringen 1987.
Jahrbücher der deutschen Geschichte, seit 1862 hg. durch die Historische Kommission bei der Bayerischen Akademie der Wissenschaften (nach Regierungszeiten gegliedert, mit Angabe der Quellen).
JAKOBS, Hermann, Kirchenreform und Hochmittelalter 1046–1215, München 1984.
KELLER, Hagen, Zwischen regionaler Begrenzung und universalem Horizont: Deutschland im Imperium der Salier und Staufer 1024–1250, Berlin 1986.
KERN, Fritz, Gottesgnadentum und Widerstandsrecht im frühen Mittelalter, Darmstadt [2]1954.
KOCH, Gottfried, Auf dem Wege zum Sacrum Imperium. Studien zur ideologischen Herrschaftsbegründung der deutschen Zentralgewalt im 11. und 12. Jahrhundert, Berlin 1972.
MAYER, Theodor (Hg.), Das Königtum (Vorträge und Forschungen Bd. 3), Konstanz 1956.

QUELLEN- UND LITERATURVERZEICHNIS   811

MITTEIS, Heinrich, Die deutsche Königswahl. Ihre Rechtsgrundlagen bis zur Goldenen Bulle, Brünn ²1954, Darmstadt ²1965, 1969.

PRINZ, Friedrich, Grundlagen und Anfänge – Deutschland bis 1056 (= Neue Deutsche Geschichte Bd. 1), München 1985.

SCHIEDER, Theodor (Hg.), Handbuch der Europäischen Geschichte: Bd. 1 hg. von Theodor Schieffer, Stuttgart 1976, Bd. 2 hg. von Ferdinand Seibt, Stuttgart 1987.

DIE HERRSCHER DER KAROLINGERZEIT

1. Allgemein

FICHTENAU, Heinrich, Das karolingische Imperium, Zürich 1949.

KONECNY, Silvia, Die Frauen des karolingischen Königshauses, Wien 1976.

RICHÉ, Pierre, Die Karolinger. Eine Familie formt Europa, dt. Stuttgart 1987.

DERS., Die Welt der Karolinger, dt. Stuttgart 1981.

SCHIEFFER, Rudolf, Die Karolinger, Stuttgart 1992.

SCHULZE, Hans Kurt, Vom Reich der Franken zum Land der Deutschen. Merowinger und Karolinger, Berlin 1987.

2. Herkunft und Aufstieg

AFFELDT, Werner, Untersuchungen zur Königserhebung Pippins, FMSt 14 (1980) S. 95–187.

HLAWITSCHKA, Eduard, Zur landschaftlichen Herkunft der Karolinger, RhVjbll 27 (1962) S. 1–17.

DERS., Die Vorfahren Karls des Großen, in: Karl der Große, Lebenswerk und Nachleben, hg. von Helmut Beumann, Bd. 1, Düsseldorf 1965, S. 51–82.

JARNUT, Jörg, NONN, Ulrich/RICHTER, Michael (Hg.), Karl Martell in seiner Zeit, Sigmaringen 1994.

NONN, Ulrich, Das Bild Karl Martells in den lateinischen Quellen vornehmlich des 8. und 9. Jahrhunderts, FMSt 4 (1970) S. 70–137.

OEXLE, Otto Gerhard, Die Karolinger und die Stadt des heiligen Arnulf, FMSt 1 (1967) S. 250–364.

3. Karl der Große

BECHER, Matthias, Neue Überlegungen zum Geburtsdatum Karls des Großen, Francia 19 (1992), S. 37–60.

BULLOUGH, Donald, Karl der Große und seine Zeit, dt. Wiesbaden 1966.

EPPERLEIN, Siegfried, Karl der Große. Eine Biographie, Berlin 1974.

FLECKENSTEIN, Josef, Karl der Große, Göttingen 1962.

DERS., Karl der Große (768–814), in: Helmut Beumann (Hg.) Kaisergestalten des Mittelalters, München 1984, S. 9–27.

4. Ludwig der Fromme

GODMAN Peter/COLLINS, Roger (Hg.), Charlemagne's Heir. New Perspectives on the Reign of Louis the Pious (814–840), Oxford 1990.

SEMMLER, Josef, Ludwig der Fromme (814–840), in: Helmut Beumann (Hg.), Kaisergestalten des Mittelalters, München 1984, S. 28–49.

SCHIEFFER, Rudolf, Ludwig »der Fromme«. Zur Entstehung eines karolingischen Herrscherbeinamens, FMSt 16 (1982), S. 58–73.

SCHIEFFER, Theodor, in: NDB 15, Berlin 1987, S. 311–318.

5. Ludwig der Deutsche

DÜMMLER, Ernst, Geschichte des Ostfränkischen Reiches, 2 Bde., Leipzig 21887.

SCHIEFFER, Theodor, Zum 1100. Todestag König Ludwigs des Deutschen, in: Beiträge zur Geschichte des Klosters Lorsch, Lorsch 1978, S. 145–164.

DERS., in: NDB 15, Berlin 1987, S. 318–323.

ZATSCHEK, Heinz, Ludwig der Deutsche, in: Der Vertrag von Verdun, hg. von Theodor Mayer, Leipzig 1943, S. 31–65.

QUELLEN- UND LITERATURVERZEICHNIS

6. Ludwig der Jüngere
FRIED, Johannes, König Ludwig der Jüngere in seiner Zeit, in: Geschichtsblätter für den Kreis Bergstraße 16 (1983) S. 5–26.

7. Karl III.
BORGOLTE, Michael, Karl III. und Neudingen. Zum Problem der Nachfolgeregelung Ludwigs des Deutschen, ZGO 125 (1977) S. 21–55.
HLAWITSCHKA, Eduard, Nachfolgeprojekte aus der Spätzeit Kaiser Karls III., DA 34 (1978) S. 19–50.
KELLER, Hagen, Zum Sturz Karls III., DA 22 (1966) S. 333–384.

8. Arnulf von Kärnten
SCHLESINGER, Walter, in: NDB 1, Berlin 1953, S. 395f.

DIE HERRSCHER DER OTTONEN-ZEIT

1. Allgemein
BEUMANN, Helmut, Die Ottonen, Stuttgart 1987.
GLOCKER, Winfried, Die Verwandten der Ottonen und ihre Bedeutung in der Politik, Köln 1989.
HLAWITSCHKA, Eduard, Vom Frankenreich....(siehe oben).
DERS., Von der großfränkischen zur deutschen Geschichte. Kriterien der Wende, Sitzungsberichte der Sudetendeutschen Akademie der Wissenschaften und Künste, Geisteswissenschaftliche Klasse, Jg. 1988, Heft 2.
HOLTZMANN, Robert, Die Geschichte der Sächsischen Kaiserzeit (900–1024), München [6]1979.

2. Konrad I.
DÜMMLER, Ernst, Geschichte des Ostfränkischen Reiches, Bd. 3, Leipzig 21888, Ndr. Hildesheim 1960.
FUHRMANN, Horst, Die Synode von Hohenaltenheim (916) – quellenkundlich betrachtet, DA 43 (1987) S. 440–468.
GOETZ, Hans-Werner, Der letzte »Karolinger«? Die Regierung Konrads I. im Spiegel seiner Urkunden, ADipl 26 (1980) S. 56–125.
HLAWITSCHKA, Eduard, Vom Frankenreich ....(siehe oben).
STEIN, Friedrich, Geschichte des Königs Konrad I. von Franken und seines Hauses, Nördlingen 1872.

3. Heinrich I.
ALTHOFF, Gerd/KELLER, Hagen, Heinrich I. und Otto der Große, Neubeginn und karolingisches Erbe, Göttingen 1985.
BÜTTNER, Heinrich, Heinrichs I. Südwest- und Westpolitik, Konstanz 1964.
HEIMPEL, Hermann, König Heinrich der Erste, in: Ders., Deutsches Mittelalter, Leipzig 1941, S. 31ff.
WAITZ, Georg, Jahrbücher des Deutschen Reiches unter König Heinrich I., Darmstadt [4]1963.

4. Otto I. der Große
ALTHOFF, Gerd/KELLER, Hagen, Heinrich I.... (siehe oben).
BEUMANN, Helmut, Otto der Große (936–973), in: Kaisergestalten des Mittelalters, hg. von Helmut Beumann, München 1984, S. 50–72.
FLECKENSTEIN, Josef, Otto der Große in seinem Jahrhundert, FMSt 9 (1975) S. 253–267.
KÖPKE, Rudolf Anastasius/DÜMMLER, Ernst, Otto der Große (Jahrbücher der deutschen Geschichte), Leipzig 1876.
PRINZ, Friedrich, Grundlagen und Anfänge... (siehe oben).
ZIMMERMANN, Harald (Hg.), Otto der Große, Darmstadt 1976; Sammelband mit elf Aufsätzen und reichem Literaturverzeichnis.

QUELLEN- UND LITERATURVERZEICHNIS

5. Otto II.

Askani, Bernhard, Das Bild Kaiser Ottos II. Die Beurteilung des Kaisers in der Geschichtsschreibung vom 10. Jahrhundert bis zur Gegenwart, Heidelberg 1963.

Euw, A. von/Schreiner, P. (Hg.), Kaiserin Theophanu. Begegnung des Ostens und des Westens um die Wende des ersten Jahrtausends, 2 Bde., 1991.

Hellmann, Manfred, Die Ostpolitik Kaiser Ottos II., in: Syntagma Friburgense, Historische Studien Hermann Aubin dargebracht, Lindau 1956, S. 49–67.

Holtzmann, Robert, Geschichte... (siehe oben).

Kohlenberger, Rudolf, Die Vorgänge des Thronstreits während der Unmündigkeit Ottos III. (983–985), Kallmünz 1931.

Uhlirz, Karl, Jahrbücher des Deutschen Reiches unter Otto II. und Otto III., Bd. 1: Otto II. (973–983), Leipzig 1902.

Uhlirz, Mathilde, Zu dem Mitkaisertum der Ottonen: Theophanu coimperatrix, ByzZ 50 (1957) S. 383 bis 389.

Wolf, Gunther (Hg.), Kaiserin Theophanu. Prinzessin aus der Fremde – des Westreichs Große Kaiserin, Köln 1991.

6. Otto III.

Althoff, Gerd, Otto III., Darmstadt 1995.

Beumann, Helmut, Otto III. (983–1002), in: Kaisergestalten des Mittelalters, hg. von Helmut Beumann, München 1984, S. 73–97.

Fried, Johannes, Otto III. und Boleslaw Chrobry. Das Widmungsbild des Aachener Evangeliars, der »Akt von Gnesen« und das frühe polnische und ungarische Königtum, Stuttgart 1989.

Görich, K., Otto III., Romanus Saxonicus et Italicus, 1993.

Ders., Kaiser Otto III., in: Kulturstiftung der Länder (Patrimonia 84), Bayerische Staatsbibliothek – Gebetbuch Ottos III., München 1995, S. 11–25.

Ludat, Herbert, An Elbe und Oder um das Jahr 1000. Skizzen zur Politik des Ottonenreiches und der slavischen Mächte in Mitteleuropa, Köln 1971.

Schramm, Percy Ernst, Kaiser, Rom und Renovatio. Studien zur Geschichte des römischen Erneuerungsgedankens vom Ende des karolingischen Reiches bis zum Investiturstreit, 2 Bde., Leipzig 1929, Bd. 1 Ndr. Darmstadt 1957.

Uhlirz, Mathilde, Jahrbücher des Deutschen Reiches unter Otto II. und Otto III., Bd. 2: Otto III. (983 bis 1002), Darmstadt 1954.

7. Heinrich II.

Hlawitschka, Eduard, Untersuchungen... (siehe oben).

Guth, K., Die Heiligen Heinrich und Kunigunde. Leben, Legende, Kult und Kunst, 1986.

Keller, Hagen, Reichsstruktur und Herrschaftsauffassung in ottonisch-frühsalischer Zeit, FMSt 16 (1982) S. 74–128.

Ders., Grundlagen ottonischer Königsherrschaft, in: Reich und Kirche vor dem Investiturstreit, hg. von Karl Schmid (1985) S. 17–34.

Mikoletzky, Hanns Leo, Kaiser Heinrich II. und die Kirche, Wien 1946.

Weinfurter, Stefan, Die Zentralisierung der Herrschaftsgewalt im Reich durch Kaiser Heinrich II., HJb 106 (1986) S. 241–297.

DIE HERRSCHER DER SALIERZEIT

1. Allgemein

Boshof, Egon, Die Salier (1987).

Fleckenstein, Josef (Hg.), Investiturstreit und Reichsverfassung (= Vorträge und Forschungen Bd. 17), Sigmaringen 1973.

Klimm, Franz, Der Kaiserdom zu Speyer, Speyer ²1953.

SCHMID, Karl, Die Sorge der Salier um ihre Memoria, in: Karl Schmid und Joachim Wollasch (Hg.), Memoria. Der geschichtliche Zeugniswert des liturgischen Gedenkens im Mittelalter, München 1984, S. 666ff.

STAAB, Franz, Auslandsbeziehungen unter den salischen Kaisern, Speyer 1994.

WEINFURTER, Stefan, Die Salier und das Reich. 3 Bde., Sigmaringen 1991.

DERS., Herrschaft und Reich in der Salierzeit, Sigmaringen 1991.

2. Konrad II.

BRESSLAU, Harry, Jahrbücher des Deutschen Reiches unter Konrad II., 2 Bde., Berlin 1879–1884.

SCHMIDT, Tilman, Kaiser Konrads II. Jugend und Familie, in: Geschichtsschreibung und geistiges Leben, Festschrift für Heinz Löwe, Köln 1978, S. 312ff.

TELLENBACH, Gerd, Kaiser Konrad II. (990–1039), in: Deutscher Westen – Deutsches Reich. Saarpfälzische Lebensbilder 1, Kaiserslautern 1938, S. 1ff.

3. Heinrich III.

BOSHOF, Egon, Das Reich in der Krise. Überlegungen zum Regierungsausgang Heinrichs III., HZ 228 (1979), S. 265ff.

BULST-THIELE, Marie Luise, Kaiserin Agnes, Leipzig 1933.

SCHIEFFER, Rudolf, Heinrich III., in: Helmut Beumann (Hg.), Kaisergestalten des Mittelalters, München 1984, S. 98ff.

SCHIEFFER, Theodor, Kaiser Heinrich III. (1017–1056), in: Die Großen Deutschen Bd. 1, Berlin 1956, S. 52ff.

SCHNITH, Karl, Recht und Friede. Zum Königsgedanken im Umkreis Heinrichs III., HJb 81 (1962) S. 22ff.

STEINDORFF, Ernst, Jahrbücher des Deutschen Reiches unter Heinrich III., 2 Bde., Leipzig 1874–1881.

4. Heinrich IV.

BOSHOF, Egon, Heinrich IV., Herrscher an einer Zeitenwende, Göttingen 1979.

MEYER VON KNONAU, Gerold, Jahrbücher des Deutschen Reiches unter Heinrich IV. und V., 7 Bde., Leipzig 1890–1909.

SCHNEIDER, Christian, Prophetisches Sacerdotium und heilsgeschichtliches Regnum im Dialog 1073 bis 1077. Zur Geschichte Gregors VII. und Heinrichs IV., München 1972.

VOGEL, Jürgen, Gregor VII. und Heinrich IV. nach Canossa. Zeugnisse ihres Selbstverständnisses, Berlin 1983.

WADLE, Elmar, Heinrich IV. und die deutsche Friedensbewegung, in: Fleckenstein, Josef, Investiturstreit und Reichsverfassung... (siehe oben).

ZIMMERMANN, Harald, Heinrich IV. (1056–12106), in: Helmut Beumann (Hg.), Kaisergestalten des Mittelalters, München 1984, S. 116ff.

5. Heinrich V.

MEYER VON KNONAU, Gerold, Jahrbücher... (siehe oben).

SERVATIUS, Carlo, Heinrich V. (1106–1125), in: Helmut Beumann (Hg.), Kaisergestalten des Mittelalters, München 1984, S. 135ff.

SCHIEFFER, Theodor, Heinrich V., in: NDB Bd. 8, Berlin 1969, S. 320ff.

WAAS, Adolf, Heinrich V. Gestalt und Verhängnis des letzten salischen Kaisers, München 1967.

6. Gegenkönige

BRUNS, Horst, Das Gegenkönigtum Rudolfs von Rheinfelden und seine zeitpolitischen Voraussetzungen. Diss. Berlin 1939.

MÜLLER, H., Hermann von Luxemburg, Gegenkönig Heinrichs IV., Diss. Halle-Wittenberg 1888.

Die Herrscher der Stauferzeit

1. Allgemein

Boockmann, Hartmut, Stauferzeit und spätes Mittelalter. Deutschland 1125–1517 (= Das Reich und die Deutschen Bd. 3), Berlin 1987.

Decker-Hauff, Hansmartin, Das staufische Haus, in: Die Zeit der Staufer... (siehe unten) Bd. 3, S. 339–374.

Engels, Odilo, Stauferstudien. Beiträge zur Geschichte der Staufer im 12. Jahrhundert. Festgabe zu seinem 60. Geburtstag, hgg. von Erich Meuthen und Stefan Weinfurter, Sigmaringen 1988.

Ders., Die Staufer, Stuttgart [4]1989.

Pohl, Walter/Vacha, Brigitte: Die Welt der Babenberger. Schleier, Kreuz und Schwert, Graz 1995.

Rill, Bernd, Sizilien im Mittelalter. Das Reich der Araber, der Normannen und Staufer, Stuttgart 1995.

Die Zeit der Staufer. Geschichte, Kunst und Kultur. Katalog der Ausstellung Stuttgart 1977, 5 Bde., Stuttgart 1977–1979.

2. Lothar III.

Bernhardi, Wilhelm, Lothar von Supplinburg (Jahrbücher der Deutschen Geschichte), Berlin 1879, Ndr. Berlin 1975.

Crone, Marie-Luise, Untersuchungen zur Reichskirchenpolitik Lothars III. (1125–1137) zwischen reichskirchlicher Tradition und Reformkurie, Frankfurt/Main 1982.

Ottenthal, Emil von/Hirsch, Hans (Hg.), Die Urkunden Lothars III. und der Kaiserin Richenza (Lotharii III. Diplomata nec non Richenzae imperatricis Placita) (MGH DD 8), Berlin 1927.

Petke, Wolfgang, Kanzlei, Kapelle und königliche Kurie unter Lothar III. (1125–1137) (Forschungen zur Kaiser- und Papstgeschichte des Mittelalters. Beihefte zu Johann Friedrich Böhmer, Regesta imperii 5), Köln 1985.

Ders., Lothar von Süpplingenburg (1125–1137), in: Helmut Beumann (Hg.), Kaisergestalten des Mittelalters, Berlin 1984, S. 155–176.

Segl, Peter, Lothar III., in: NDB 15, Berlin 1987, S. 220–225.

3. Konrad III.

Bernhardi, Wilhelm, Konrad III. (Jahrbücher der Deutschen Geschichte), Leipzig 1883.

Boshof, Egon, Staufer und Welfen in der Regierungszeit Konrads III.: Die ersten Welfenprozesse und die Opposition Welfs VI., AKuG 70 (1988) S. 313–341.

Goez, Werner, König Konrad III., in: Ders., Gestalten des Hochmittelalters, Darmstadt 1983, S. 205–218.

Hausmann, Friedrich, Konrad III., in: NDB 12, Berlin 1980, S. 496–499.

Ders. (Hg.), Die Urkunden Konrads III. und seines Sohnes Heinrich (Conradi III. et filii eius Heinrici Diplomata) (MGH DD 9), Wien 1969.

Otto von Freising, Chronica sive Historia de duabus civitatibus, hg. von Adolf Hofmeister (MGH SS rer. Germ. [45]), Leipzig 1912, Ndr. Hannover 1984. (Wichtiges zeitgenössisches Geschichtswerk.)

4. Friedrich I. Barbarossa

Appelt, Heinrich, Friedrich Barbarossa, in: Helmut Beumann (Hg.), Kaisergestalten des Mittelalters, München 1984, S. 177–198.

Ders., Kaisertum, Königtum, Landesherrschaft. Gesammelte Studien zur mittelalterlichen Verfassungsgeschichte, hgg. von Othmar Hageneder und Herwig Weigl (MIÖG Erg.-Bd. 28), Wien 1988.

Ders., Privilegium minus. Das staufische Kaisertum und die Babenberger in Österreich, Köln [2]1976.

Cardini, Franco, Friedrich I. Barbarossa. Kaiser des Abendlands, Graz 1990.

Haverkamp, Alfred, Herrschaftsformen der Frühstaufer in Reichsitalien, 2 Bde., Stuttgart 1970–1971.

Jordan, Karl, Heinrich der Löwe, München [2]1980.

Opll, Ferdinand, Das Itinerar Kaiser Friedrich Barbarossas (1152–1190) (Forschungen zur Kaiser- und Papstgeschichte des Mittelalters. Beihefte zu Johann Friedrich Böhmer, Regesta imperii I), Köln 1978.

Ders., Friedrich Barbarossa, Darmstadt [2]1990.

816 QUELLEN- UND LITERATURVERZEICHNIS

Rassow, Peter, Honor imperii. Die neue Politik Friedrich Barbarossas 1152–1159, München ²1961.
Schmale, Franz-Josef (Hg.), Bischof Otto von Freising und Rahewin. Die Taten Friedrichs, oder richtiger: Cronica, übers. von Adolf Schmidt (Freiherr vom Stein-Gedächtnisausgabe 17), Darmstadt ³1986. (Wichtige Quelle)
Wolf, Gunther (Hg.), Friedrich Barbarossa (Wege der Forschung 390), Darmstadt 1985.

5. Heinrich VI.
Csendes, Peter, Heinrich VI., 1993.
Kölzer, Theo, Enrico VI, in: Dizionario biografico degli italiani, Rom 1993.
Ders., Sizilien und das Reich im ausgehenden 12. Jahrhundert, HJb 110 (1990) S. 3–22.
Schaller, Hans Martin, Heinrich VI., in: NDB 8, Berlin 1969, S. 323–326.
Seltmann, Ingeborg, Heinrich VI. Herrschaftspraxis und Umgebung, Erlangen 1983.

6. Philipp von Schwaben – Otto IV.
Hucker, Bernd-Ulrich, Kaiser Otto IV., Hannover 1989.
Regestum Innocentii III papae super negotio Romani imperii, hg. von Friedrich Kempf (Miscellanea Historiae Pontificae 12), Rom 1947. (Briefregister zum Thronstreit)
Winkelmann, Eduard, Philipp von Schwaben und Otto IV. von Braunschweig (Jahrbücher der Deutschen Geschichte), Leipzig 1873–1878, Ndr. Darmstadt 1963.

7. Friedrich II.
Fleckenstein, Josef (Hg.), Probleme um Friedrich II. (Vorträge und Forschungen 16), Sigmaringen 1974.
Franzel, Emil, König Heinrich VII. von Hohenstaufen. Studien zur Geschichte des »Staates« in Deutschland, Prag 1929.
Heinisch, Klaus Joachim (Hg.), Kaiser Friedrich II. in Briefen und Berichten seiner Zeit, Darmstadt ⁶1978. (Übersetzung wichtiger Quellen.)
Huillard-Bréholles, Jean-Louis-Alphonse (Hg.), Historia diplomatica Friderici secundi sive Constitutiones, privilegia, mandata, instrumenta quae supersunt istius imperatoris et filiorum eius. Accedunt epistolae paparum et documenta varia, 6 Bde., Paris 1852–1861, Ndr. Turin 1963.
Ipser, Karl, Der Staufer Friedrich II. Heimlicher Kaiser der Deutschen, Hersching o. J. [1988]
Kantorowicz, Ernst, Kaiser Friedrich II., Berlin 1927, Ndr. Stuttgart ⁶1980; Ergänzungsband: Quellennachweise und Exkurse, Berlin 1931, Ndr. Stuttgart ²1980.
Lammers, Walther, Friedrich II. (1212–1250), in: Helmut Beumann (Hg.), Kaisergestalten des Mittelalters, München 1984, S. 199–239.
Schaller, Hans Martin, Kaiser Friedrich II. Verwandler der Welt, Göttingen 1971.
Stürner, Wolfgang, Friedrich II., Teil 1: Die Königsherrschaft in Sizilien und Deutschland 1194–1220, Darmstadt 1992.
Wolf, Gunther (Hg.), Stupor mundi. Zur Geschichte Friedrichs II. von Hohenstaufen (Wege der Forschung 101), Darmstadt ³1991.

8. Interregnum
Geldner, Ferdinand, Konradin, das Opfer eines großen Traumes. Größe, Schuld und Tragik der Hohenstaufen. Bamberg 1970.
Herde, Peter, Karl I. von Anjou. Stuttgart 1979.
Morghen, Raffaelo, Il tramonto della potenza sveva in Italia 1250–1266, Rom 1936.

Die Herrscher des Spätmittelalters

1. Rudolf I.
Franzl, Johann, Rudolf I. Der erste Habsburger auf dem deutschen Thron, Graz 1986.
Gerlich, Alois, Studie zur Landfriedenspolitik König Rudolfs von Habsburg, Mainz 1963.
Görlitz, Theo L., Rudolf von Habsburg. Beender des Interregnums, Wien 1961.

QUELLEN- UND LITERATURVERZEICHNIS 817

Habsburg, Otto, Rudolf von Habsburg – Festrede zum 700. Gedenktag der Krönung Rudolfs I. in Aachen, Wien 1973.

Hoensch, Jörg K., Premysl Otakar II. von Böhmen. Der goldene König, Graz 1989.

Lorenz, Ottokar, Geschichte König Ottokars II. und seiner Zeit, Wien 1866.

Redlich, Oswald, Die Regesten des Kaiserreiches unter Rudolf von Habsburg, Regesta Imperii VI/1, Wien 1898.

Ders., Rudolf von Habsburg, Wien 1903, Ndr. 1965.

2. Adolf von Nassau

Gauert, Adolf: Adolf von Nassau, in: NDB 1, Berlin 1953, S. 74–75.

3. Albrecht I.

Hagen, Carl, Die Politik der Kaiser Rudolf von Habsburg und Albrecht I. und die Entstehung der schweizerischen Eidgenossenschaft, Frankfurt 1857.

Hessel, Alfred, Jahrbücher des deutschen Reiches unter König Albrecht I., München 1931.

4. Heinrich VII.

Gerlich, Alois, Heinrich VII., in: NDB 8, Berlin 1969, S. 329–334.

5. Friedrich (III.) der Schöne

Kurz, Friedrich, Oesterreich unter Kaiser Friedrich dem Schönen, Linz 1818.

Schrohe, Heinrich, Der Kampf der Gegenkönige Ludwig und Friedrich, Berlin 1902.

6. Ludwig IV. der Bayer

Rall, Hans und Marga, Die Wittelsbacher in Lebensbildern, Graz 1986.

Thomas, Heinz, Ludwig der Bayer. Kaiser und Ketzer, Graz 1993.

7. Karl IV.

Kavka, Frantisek, Am Hofe Karls IV., Stuttgart 1990.

Seibt, Ferdinand: Karl IV., in: NDB 11, Berlin 1977, S. 188–191.

Ders., Karl IV. Ein Kaiser in Europa 1346–1378, München 1978, Ndr. 1985.

Stoob, Heinz, Kaiser Karl IV. und seine Zeit, Graz 1990.

8. Wenzel

Bosl, Karl, Wenzel, in: Biographisches Wörterbuch zur deutschen Geschichte, 3. Band, Ndr. Augsburg 1995, Sp. 3091–3098.

Lindner, Theodor, Geschichte des deutschen Reiches unter König Wenzel, 2 Bde., Braunschweig 1875/1880.

Ders., Wenzel, in: ADB 41, Leipzig 1896, S. 726–732.

Schnith, Karl: Gedanken zu den Königsabsetzungen im Spätmittelalter, in: HJb 91 (1971), S. 309–326.

9. Ruprecht von der Pfalz

Gerlich, Alois, Habsburg-Luxemburg-Wittelsbach im Kampf um die deutsche Königskrone. Studien zur Vorgeschichte des Königtums Ruprechts von der Pfalz, Wiesbaden 1960.

Ders., König Ruprecht von der Pfalz, Pfälzer Lebendsbilder, hg. von Kurt Baumann, Bd. 4, Speyer 1987, S. 9–60.

Rall, Hans und Marga, Die Wittelsbacher in Lebensbildern, Graz 1986.

Schaab, Meinrad, Geschichte der Kurpfalz, 1. Mittelalter, Stuttgart 1988, S.123–144.

Schubert, Ernst, Probleme der Landesherrschaft im spätmittelalterlichen Reich. Das Beispiel Ruprechts von der Pfalz, Vorträge und Forschungen 31, Sigmaringen 1987, S. 135–184.

10. Sigismund

Baum, Wilhelm, Kaiser Sigismund. Konstanz, Hus und Türkenkriege, Graz 1993.

Die Epoche der Habsburger

1. Allgemein

ANDICS, Hellmut, Die Frauen der Habsburger, Wien 1969
CRANKSHAW, Edward, Die Habsburger, Wien, 1971
DERS., Der Niedergang des Hauses Habsburg, Wien 1967.
FLESCH-BRUNNINGEN, Hans, Die letzten Habsburger in Augenzeugenberichten, Düsseldorf 1967.
FRISCHAUER, Paul, Die Habsburger. Geschichte einer Familie, Wien 1961.
HAMANN, Brigitte (Hg.), Die Habsburger. Ein biographisches Lexikon, Wien 1988.
HERM, Gerhard, Der Aufstieg des Hauses Habsburg, Düsseldorf [4]1991.
DERS., Glanz und Niedergang des Hauses Habsburg, Düsseldorf [2]1991.
KANN, Robert A., Geschichte des Habsburger Reiches 1526–1918, Köln 1977.
DERS., Werden und Zerfall des Habsburgischen Reiches, Graz 1962.
KNAPPICH, Wilhelm, Die Habsburger Chronik, Salzburg 1959, 1969.
KUSIN, Eberhard. Die Kaisergruft, Wien 1973.
LEIN, Elisabeth (Hg.), Begräbnisstätten der Alt-Habsburger in Österreich. Von Rudolf I. bis Karl VI., Wien o. J. [1978]
LHOTSKY, Alphons, Das Haus Habsburg. Wien 1971.
REIFENSCHEID, Richard, Die Habsburger in Lebensbildern. Von Rudolf I. bis Karl I., Graz [4]1990.
SKED, Alan, Der Fall des Hauses Habsburg. Der unzeitige Tod des Kaiserreiches, Berlin 1993.
STADTMÜLLER, Georg, Geschichte der Habsburger Macht, Stuttgart 1966.
STAHL, A. E., Die Spanischen Habsburger im spanischen Drama, Wien 1953.
VACHA, Brigitte (Hg.), Die Habsburger. Eine europäische Familiengeschichte. Graz [3]1996.
WANDRUSZKA, Adam, Das Haus Habsburg. Die Geschichte einer europäischen Dynastie, Wien 1978.
WEIHRICH, Franz, Stammtafel zur Geschichte des Hauses Habsburg, Wien 1893.

2. Österreich

BASCH-RITTER, Renate, Österreich-Ungarn in Wort und Bild. Menschen und Länder, Graz 1989.
DOMANDL, Hanna, Kulturgeschichte Österreichs. Von den Anfängen bis 1938, Wien [2]1993.
GÖRLICH, Ernst Joseph/ROMANIK, Felix, Geschichte Österreichs, [2]1977.
HANTSCH, Hugo, Geschichte Österreichs. 1. Bd. Von den Anfängen bis bis 1648, Graz [5]1968; 2. Bd. 1648–1918, Graz [4]1969.
DERS., Die Nationalitätenfrage im alten Österreich, Wien 1953.
HEER, Friedrich, Land im Strom der Zeit, Österreich gestern, heute und morgen, Wien 1958.
HUBER, Alfons, Geschichte Österreichs, 5 Bde., Gotha 1885–1896.
KRETSCHMAYR, Heinrich, Geschichte von Österreich, Wien 1936.
KRONES, Franz von, Handbuch der Geschichte Österreichs, 4 Bde., Berlin 1876–1879.
MIKOLETZKY, Hanns Leo, Österreich, das große 18. Jahrhundert. Von Leopold I. bis Leopold II., Wien 1967.
DERS., Österreich, das entscheidende 19. Jahrhundert. Geschichte, Kultur und Wirtschaft, Wien 1972.
SCHEITHAUER, Erich/SCHMEISSER, Herbert/WORATSCHEK, Grete, Geschichte Österreichs in Stichworten: Von der Urzeit 1282, Bd. 1; Von 1282 bis zum Westfälischen Frieden, Bd. 2; Von 1648 bis zum Wiener Kongreß, Bd. 3; Von 1815 bis 1918, Bd. 4, Wien 1976.
TAPIÉ, Victor Lucien, Die Völker unter dem Doppeladler, Graz 1975.
UHLIRZ, Karl und Mathilde, Handbuch der Geschichte Österreichs und seiner Nachbarländer Böhmen und Ungarn, 4 Bde., Graz 1927–1944, 1. Bd. [2]1963.
ZÖLLNER, Erich, Geschichte Österreichs. Von den Anfängen bis zur Gegenwart, Wien [8]1990.

3. Albrecht II.

HÖDL, Günther, Albrecht II., Königtum-Reichsregierung und Reichsreform 1438–1439, Wien 1978.
KOLLER, Gerda, Das Reichsregister König Albrechts II., Wien 1955.
WOSTRY, Wilhelm, König Albrecht II. (1437–1439), 2 Bde., Prag 1906/1907.

4. Friedrich III.

HALLER, Brigitte, Kaiser Friedrich III. im Urteil der Zeitgenossen, Diss. Wien 1965.

QUELLEN- UND LITERATURVERZEICHNIS

LUG, V., Ulrich von Cilli und Ladislaus Postumus, Reichenberg 1904.
NEHRING, Karl, Matthias Corvinus, Kaiser Friedrich III. und das Reich, München 1975.
RILL, Bernd, Friedrich III. Habsburgs europäischer Durchbruch, Graz 1987.

5. Maximilian I.
CALMETTE, Joseph, Die großen Herzöge von Burgund, München 1963, 1976.
SCHUBERT, Friedrich Hermann, Die Reichstage Kaiser Maximilians I. im Urteil des 17. Jahrhunderts, Göttingen 1958.
SILVA-TAROUCA, Egbert, Schöpfer und Vollender am Weltbild der Casa de Austria, Wien 1960.
TAMUSSINO, Ursula, Margarete von Österreich, Diplomatin der Renaissance, Graz 1995.
WIESFLECKER, Hermann, Kaiser Maximilian I. Das Reich, Österreich und Europa an der Wende zur Neuzeit. 5 Bde., Wien 1971-1986.
WINKLER, Winkler, Kaiser Maximilian I., München 1950.

6. Karl V.
ALVAREZ, Manuel Fernandez, Karl V. Herrscher eines Weltreiches, München 1980.
BRANDI, Karl, Kaiser Karl V., Werden und Schicksal einer Persönlichkeit und eines Weltreiches, München ²1979.
BURCKHARDT, Carl Jacob, Gedanken über Karl dem Fünften, München 1964.
HABSBURG, Otto, Karl V., Wien 1979.
HANTSCH, Hugo, Die Kaiseridee Karls V., Graz 1958.
LAHNSTEIN, Peter, Auf den Spuren von Karl V., München 1979.
LUTZ, Heinrich (Hg.), Das römisch-deutsche Reich im politischen System Karls V., München 1982.
PIERSON, Peter, Philipp II. Vom Scheitern der Macht, Graz 1985.
RASSOW, Peter, Der letzte Kaiser des Mittelalters, Göttingen 1911.
TYLER, Royal, Kaiser Karl V., Stuttgart 1959.
WALTHER, F. C., Die Anfänge Karls V., Leipzig 1911.

7. Ferdinand I.
BUCHOLTZ, Franz Ferdinand von, Geschichte der Regierung Ferdinands des Ersten, 9 Bde., Wien 1831-1838, Ndr. Graz 1968-1971.
LHOTSKY, Alphons, Das Zeitalter des Hauses Österreich. Die ersten Jahre der Regierung Ferdinands I. in Österreich, Wien 1971.
SUTTER-FICHTNER, Paula, Ferdinand I. Wider Türkennot und Glaubensspaltung. Graz 1986.

8. Maximilian II.
BIBL, Viktor, Kaiser Maximilian II., der rätselhafte Kaiser, Dresden 1930.
HOLTZMANN, Robert, Kaiser Maximilian II. bis zu seiner Thronbesteigung (1527-156), Berlin 1903.

9. Rudolf II.
EVANS, Robert John Weston, Rudolf II., Ohnmacht und Einsamkeit, Graz 1980.
GINDELY, Anton, Rudolf II. und seine Zeit, 2 Bde., Prag 1862-1865.
SCHWARZENFELD, Gertrude, Rudolf II., der saturnische Kaiser, München 1961.
STURMBERGER, Hans, Aufstand in Böhmen, München 1959.
VOCELKA, Karl, Rudolf II., Wien 1985.
DERS., Die politische Propaganda Rudolfs II., Wien 1981.

10. Matthias
HIRN, Joseph, Erzherzog Maximilian der Deutschmeister, Innsbruck 1936.
HUMMELBERGER, W., Erzherzog Matthias in den Niederlanden, Wien 1965.
MEINERT, D., Von Wahl und Krönung der deutschen Kaiser zu Frankfurt am Main mit Krönungsdiarium des Kaisers Matthias aus dem Jahre 1612, Frankfurt 1956.
PICK, Friedrich, Der Prager Fenstersturz 1618, Prag 1918.

QUELLEN- UND LITERATURVERZEICHNIS

11. Ferdinand II.
FRANZL, Johann, Ferdinand II., Kaiser im Zwiespalt der Zeit, Graz ²1990.
HURTER, Friedrich, Geschichte Kaiser Ferdinands II., 11 Bde., Schaffhausen 1850–184.
STURMBERGER, Hans, Kaiser Ferdinand II. und das Problem des Absolutismus, München 1957.
WAGNER, Georg, Wallenstein, der böhmische Condottiere, Wien 1958.
MANN, Golo, Wallenstein, München 1972.

12. Ferdinand III.
BRAUBACH, Max, Der Westfälische Friede, Münster 1948.
DICKMANN, Fritz, Der Westfälische Friede. Mit Nachtrag der von 1964 bis 1984 erschienenen Schrifttums zum Westfälischen Friedens und zum Dreißigjährigen Krieg, Münster ⁵1985.
KOCH, Matthias, Geschichte des Deutschen Reiches unter der Regierung Ferdinands III., Wien 1865.
STIEVE, F., Ferdinand III., Leipzig 1900.

13. Leopold I.
BAUMSTARK, Reinhard, Leopold I., Freiburg/Br. 1873.
REDLICH, Oswald, Weltmacht des Barock, Österreich in der Zeit Leopolds I., Wien ⁴1961.
DERS., Das Werden einer Großmacht, Wien ³1942.
SPIELMAN, John Philipp, Leopold I. Zur Macht nicht geboren, Graz 1981.

14. Josef I.
INGRAO, Charles W., Josef I., Der »vergessene« Kaiser, Graz 1982.

15. Karl VI.
ADALBERT, Prinz von Bayern, Das Ende der Habsburger in Spanien, 2 Bde., München 1929.
LANDAU, Markus, Karl VI. als König von Spanien, Stuttgart 1889.
ODENTHAL, Josef, Österreichs Türkenkrieg 1716 bis 1718, Düsseldorf 1938.
RILL, Bernd, Karl VI. Habsburg als barocke Großmacht, Graz 1992.
TOPKA, R., Der Hofstaat Kaiser Karl VI., Wien 1954.
TURBA, Gustav, Die Pragmatische Sanktion, Wien 1913.

16. Karl VII. Albrecht
HARTMANN, Peter Claus, Karl Albrecht – Karl VII. Glücklicher Kurfürst. Unglücklicher Kaiser, Regensburg 1985.
RALL, Hans und Marga, Die Wittelsbacher in Lebensbildern, Graz 1986.

17. Franz I. Stephan
ARNETH, Alfred von, Geschichte Maria Theresias, 10 Bde., Wien 1863–1879.
CRANKSHAW, Edward, Maria Theresia, München 1970.
HENNINGS, Fred: Und sitzet zur linken Hand. Franz Stephan von Lothringen, Wien 1961.
KOSCHATZKY, Walter (Hg.), Maria Theresia und ihre Zeit, Salzburg 1979.
MIKOLETZKY, Hanns Leo, Kaiser Franz I. Stephan und der Ursprung des habsburgisch-lothringischen Familienvermögens, München 1961.
PESENDORFER, Franz, Lothringen und seine Herzöge. Im Zeichen der drei Adler, Graz 1994.
REINHOLD, Peter, Maria Theresia, Frankfurt/Main 1979.
SCHREIBER, Georg, Franz I. Stephan. An der Seite einer großen Frau, Graz 1986.
TAPIÉ, Victor Lucien, Maria Theresia. Die Kaiserin und ihr Reich. Graz ²1990.

18. Josef II.
BEALES, Derek, Joseph II., Cambridge 1987.
BIBL, Viktor, Josef II. Ein Vorkämpfer der großdeutschen Idee. Wien 1943.
HÖGL, Waltraud, Bartenstein als Erzieher Josefs II., Wien, phil. Diss., 1952.
MAAS, Ferdinand, Der Frühjosephinismus, Wien 1966.
DERS., Der Josephinismus. Quellen zu seiner Geschichte in Österreich, Wien 1951/1961.
MAGENSCHAB, Hans, Josef II., Revolutionär von Gottes Gnaden, Graz 1980.

MITROFANOV, Paul von, Josef II. Seine politische und kulturelle Tätigkeit, 2 Bde., Wien 1910.
REINALTER, Helmut, Am Hofe Josephs II., Leipzig 1991.
SASHEGYI, Oskar, Zensur und Geistesfreiheit unter Josef II., Budapest 1958.
SCHREYVOGEL, Friedrich, Ein Jahrhundert zu früh. Das Schicksal Josefs II., Wien 1964.
WALTER, Friedrich, Die Zeit Josefs II. und Leopolds II. 1780–1792, Wien 1955,
WANDRUSZKA, Adam, Österreich am Ende der Regierungszeit Maria Theresias, Wien 1974.
WENDRINSKY, Johann, Kaiser Josef II. Ein Lebens- und Charakterbild, Wien 1880.
WINTER, Eduard, Der Josephinismus und seine Geschichte, Brünn 1943.

19. Leopold II.
PEHAM, Helga, Leopold II. Herrscher mit weiser Hand. Graz 1987.
WANDRUSZKA, Adam, Leopold II., Erzherzog von Österreich, Großherzog von Toskana, König von
    Ungarn und Böhmen, Römischer Kaiser, 2 Bde., Wien 1963–1965.
WALTER, Friedrich, Die Zeit Josefs II. und Leopolds II. 1780–1792, Wien 1955.

20. Franz II. (I.)
BIBL, Viktor, Kaiser Franz, der letzte römisch-deutsche Kiaser, Leipzig 1937.
HERTENBERGER, Helmut/WILTSCHEK, Franz, Erzherzog Karl. Der Sieger von Aspern, Graz 1983.
LANGSAM, Walter Consuelo, Franz der Gute. Die Jugend eines Kaisers, Wien 1954.
MAGENSCHAB, Hans, Erzherzog Johann. Habsburgs Grüner Rebell, Graz ⁴1995.
PALMER, Alan, Metternich, der Staatsmann Europas, Düsseldorf 1972.
SCHÄFER, Dieter, Ferdinand von Österreich. Großherzog zu Würzburg, Kurfürst von Salzburg, Groß-
    herzog der Toskana, Graz 1988.
SPIEL, Hilde, Der Wiener Kongreß in Augenzeugenberichten, Düsseldorf 1965.
WOLFSGRUBER, Cölestin, Franz I. Kaiser von Österreich, Wien 1899.

21. Ferdinand I.
HOLLER, Gerd, Gerechtigkeit für Ferdinand, Wien 1986.
KISZLING, Rudolf, Die Revolution im Kaisertum Österreich 1848/1849, 2 Bde., Wien 1948.
SÉGUR-CABANAC, Viktor, Kaiser Ferdinand I. als Regent und Mensch, Wien 1912.
DERS., Kaiser Ferdinand I. »Der Gütige« in Prag, Brünn 1913.

22. Franz Joseph I.
BAGGER, Eugene, Franz Joseph, Wien 1927.
BENEDIKT Heinrich, Monarchie der Gegensätze, Wien 1947.
BLED, Jean Paul, Franz Joseph. Der letzte Monarch der alten Schule, Wien 1988.
BOSSI-FEDRIGOTTI, Anton, Kaiser Franz Joseph I. und seine Zeit, Zürich 1978.
CORTI, Egon Cäsar Conte, Elisabeth. Die seltsame Frau, Graz ⁴²1994.
DERS., Kaiser Franz Joseph, 3 Bde., Graz 1950–1955.
DERS./SOKOL, Hans, Kaiser Franz Joseph I., Graz ⁶1979.
DRIMMEL, Heinrich, Franz Joseph. Biographie einer Epoche, Wien ³1992.
ENGEL-JANOSI, Friedrich, Österreich und der Vatikan 1846–1918, 2 Bde., Graz 1958–1960.
HAMANN, Brigitte, Elisabeth. Kaiserin wider Willen, Wien 1982.
DIES., Rudolf. Kronprinz und Rebell, Wien ⁷1978.
HERRE, Franz, Kaiser Franz Joseph von Österreich. Sein Leben – seine Zeit, Köln 1978.
KANN, Robert A., Erzherzog Franz Ferdinand, Studien, Wien 1976.
KISZLING, Rudolf, Österreich-Ungarns Anteil am Ersten Weltkrieg, Graz 1958.
MARGUTTI, Albert von, Kaiser Franz Joseph, persönliche Erinnerungen, Wien 1924.
NOSTITZ-RIENECK, Georg (Hg.), Briefe Kaiser Franz Josephs an Kaiserin Elisabeth. 1859–1898, 2 Bde.,
    Wien 1966.
POLATSCHEK, Max, Franz Ferdinand. Europas verlorene Hoffnung, Wien 1989.
RAUCHENSTEINER, Manfried, Der Tod des Doppeladlers. Österreich-Ungarn und der Erste Weltkrieg,
    Graz ²1993.
REDLICH, Josef, Kaiser Franz Joseph I. von Österreich, Berlin 1928.
STEINITZ, Eduard von, Erinnerungen an Franz Joseph I., Berlin 1930.

TROST, Ernst, Franz Joseph I. von Gottes Gnaden Kaiser von Österreich, apostol. König von Ungarn, etc...., Wien 1980.

TSCHUPPIK, Karl, Franz Joseph I., der Untergang eines Reiches, Dresden 1928.

ZEMAN, Zbynék Anthony, Der Zusammenbruch des Habsburgerreiches 1914–1918, Wien 1963.

23. Kaiser Karl I.

BROOK-SHEPHERD, Gordon, Um Krone und Reich. Die Tragödie des letzten Habsburgerkaisers, Wien 1968.

DERS., Karl I. Des Reiches letzter Kaiser, Wien 1976.

CORDFUNKE, Erich H. P., Zita. Kaiserin von Österreich, Königin von Ungarn, Wien 1986.

FEIGL, Erich (Hg.), Kaiser Karl. Persönliche Aufzeichnungen, Wien 1984.

GÖRLICH, Ernst Joseph, Der letzte Kaiser, Wien 1962.

LORENZ, Reinhold, Kaiser Karl und der Untergang der Donaumonarchie, Graz 1959.

RIEDER, Heinz, Kaiser Karl. Der letzte Monarch Österreich-Ungarns. 1887–1922, München 1981.

WERKMANN, Karl von, Der Tote auf Madeira, München 1923.

DIE HOHENZOLLERN-KAISER

1. Allgemeines

BOLDT, Hans, Reich und Länder. Texte zur Verfassungsgeschichte des 19. und 20. Jahrhunderts, München 1987.

BRANDENBURG, Erich, Die Reichsgründung, 2 Bde., Leipzig 1922.

BUSSMANN, Walter, Das Zeitalter Bismarcks (BRANDT-MEYER-JUST, Handbuch der deutschen Geschichte, hg. von Herbert Grundmann, Bd. III, 2, Abschnitt III), Frankfurt/Main 1968, Ndr. 1981.

FEHRENBACH, Elisabeth, Wandlungen des deutschen Kaisergedankens 1871–1918 (= Studien zur Geschichte des neunzehnten Jahrhunderts, 1), München 1969.

FRAUENDIENST, Werner, Das Deutsche Reich von 1890 bis 1914, (BRANDT-MEYER-JUST, Handbuch der deutschen Geschichte, hg. von Herbert Grundmann, Bd. IV, 1, Abschnitt I), Frankfurt/Main 1973.

HARTUNG, Fritz, Deutsche Geschichte. 1871–1919, Stuttgart 1952.

KUNISCH, Johannes (Hg.), Bismarck und seine Zeit (= Forschungen zur Brandenburgischen und Preußischen Geschichte, Neue Folge, Beiheft 1), Berlin 1992.

MARCKS, Erich, Der Aufstieg des Reiches. Deutsche Geschichte von 1807–1871/78, Stuttgart 1936.

MAST, Peter, Die Hohenzollern in Lebensbildern, Graz 1988.

MEISNER, Otto, Zur neueren Geschichte des preußischen Kabinetts, in: Forschungen zur Brandenburgischen und Preußischen Geschichte 36 (1924) S. 38–66 und S. 180–209.

RITTER, Gerhard, Staatskunst und Kriegshandwerk. Das Problem des »Militarismus« in Deutschland, 4 Bde., München 1954–1968.

STILLFRIED, Rudolph von, Die Attribute des neuen Deutschen Reiches, Berlin 1872.

SCHMIDT-BÜCKEBURG, Rudolf, Das Militärkabinett der preußischen Könige und deutschen Kaiser. Seine geschichtliche Entwicklung und staatsrechtliche Stellung. 1787–1918, Berlin 1933.

2. Wilhelm I.

BERNER, Ernst (Hg.), Kaiser Wilhelms des Großen Briefe, Reden und Schriften, Berlin 1906.

HAMPE, Karl, Wilhelm I. Kaiserfrage und Kölner Dom. Ein biographischer Beitrag zur Geschichte der deutschen Reichsgründung, Stuttgart 1936.

JAGOW, Kurt, Wilhelm und Elisabeth. Die Jugendliebe des Alten Kaisers, Leipzig 1930.

DERS. (Hg.), Jugendbekenntnisse des Alten Kaisers. Briefe Kaiser Wilhelms I. an Fürstin Luise Radziwill, Prinzessin von Preußen. 1817–1829, Leipzig 1939.

MARCKS, Erich, Kaiser Wilhelm I., Stuttgart 1918.

MEISNER, Heinrich, Militärkabinett, Kriegsminister und Reichskanzler zur Zeit Wilhelms I., in: Forschungen zur Brandenburgischen und Preußischen Geschichte 50 (1938) S. 86–103

SCHULTZE, Johannes (Bearb.), Die Briefe Kaiser Wilhelms I., hg. vom Kaiser-Wilhelm-Institut für deutsche Geschichte, 4 Bde., Berlin 1924–1930.

ERGÄNZUNGEN ZUM QUELLEN- UND LITERATURVERZEICHNIS   823

1. Die Herrscher der Karolingerzeit

BECHER, Matthias, Karl der Große, München 2. Aufl. 2000.

BOSHOF, Eugen, Ludwig der Fromme, Darmstadt 1996.

ERKENS, Franz-Rainer (Hg.), Karl der Große und das Erbe der Kulturen. Akten des 8. Symposions des Mediävistenverbandes 1999, Berlin 2001.

HÄGERMANN, Dieter, Karl der Große. Herrscher des Abendlandes. Biographie, München 3. Aufl. 2001.

SCHIEFFER, Rudolf, Die Zeit des karolingischen Großreichs, 714 – 887. Stuttgart 2005.

HARTMANN, Wilfried, Ludwig der Deutsche, Darmstadt 2002.

DERS. (Hg.), Ludwig der Deutsche und seine Zeit, Darmstadt 2004.

FUCHS, Franz – SCHMID, Peter (Hgg.), Kaiser Arnulf. Das ostfränkische Reich am Ende des 9. Jahrhunderts. München 2002.

2. Die Herrscher der Ottonen-Zeit

HLAWITSCHKA, Eduard, Der Übergang von der fränkischen zur deutschen Geschichte. Ein Abwägen von Kriterien, in: ZBLG 59 (1996), S. 365 bis 394.

LAUDAGE, Johannes, Otto der Große (912-973). Eine Biographie, Regensburg 2001.

PUHLE, Matthias (Hg.), Otto der Große, Magdeburg und Europa, 2 Bde., Mainz 2001.

SCHIEFFER, Rudolf, Otto II. und sein Vater, in: FMSt 36 (2002), S. 255 bis 269.

WEINFURTER, Stefan, Heinrich II. (1002-1024). Herrscher am Ende der Zeiten, Regensburg 1999.

2. Die Herrscher der Salierzeit

ERKENS, Franz-Reiner, Konrad II. (um 990-1039). Herrschaft und Reich des ersten Salierkaisers, Regensburg 1999.

SCHLICK, Jutta, König, Fürsten und Reich (1056–1159). Herrschaftsverständnis im Wandel (Mittelalter-Forschungen 7), Stuttgart 2001.

WEINFURTER, Stefan, Das Jahrhundert der Salier (1024-1125), Ostfildern 2004.

WIES, Ernst W., Kaiser Heinrich IV. Canossa und der Kampf um die Weltherrschaft, München 1996.

WOLFRAM, Herwig, Konrad II. 990–1039, Kaiser dreier Reiche, München 2000.

4. Herrscher der Stauferzeit

CSENDES, Peter, Philipp von Schwaben. Ein Staufer im Kampf um die Macht (Gestalten des Mittelalters und der Renaissance), Darmstadt 2003.

DERS., Heinrich VI. (Gestalten des Mittelalters und der Renaissance), Darmstadt 1993.

GÖRICH, Knut, Die Ehre Friedrich Barbarossas. Kommunikation, Konflikt und politisches Handeln im 12. Jahrhundert, Darmstadt 2001.

DERS., Die Staufer: Herrscher und Reich. München 2006 (im Druck).

HERMANN, Oliver, Lothar III. und sein Wirkungsbereich, Bochum 2000.

SCHÜTTE, Bernd, König Philipp von Schwaben. Itinerar, Urkundenvergabe, Hof (MGH Schriften 51), Hannover 2002.

STÜRNER, Wolfgang: Friedrich II. Bd. 1: Die Königsherrschaft in Sizilien und Deutschland 1194–1220, Darmstadt 1992. Bd. 2: Der Kaiser 1220–1250, Darmstadt 2000.

5. Die Herrscher des Spätmittelalters

HUNDT, Barbara, Ludwig der Bayer. Der Kaiser aus dem Hause Wittelsbach. 1282-1347, Frankfurt/Main 1995.

PAULER, Roland (Hg.), Das Leben Kaiser Heinrichs VII. Berichte der Zeitgenossen über ihn, Neuwied 1999.

SEIBT, Ferdinand, Karl IV. Ein Kaiser in Europa. 1346 bis 1378. München 2000.

6. Die Epoche der Habsburger

BROUCEK, Peter, Karl I. (IV.). Der politische Weg des letzten Herrschers der Donaumonarchie, Wien 1997.

EDELMAYER, Friedrich (Hg.), Kaiser Maximilian II. Kultur und Politik im 16. Jahrhundert, Wien 1992.

LAUBACH, Ernst, Ferdinand I. als Kaiser. Politik und Herrscherauffassung des Nachfolgers Karls V. Münster 2001.

MAJOROS, Ferenc, Karl V. Habsburg als Weltmacht, Graz 2000.

RILL, Bernd, Kaiser Matthias. Bruderzwist und Glaubenskampf, Graz 1999.

SEIBT, Ferdinand, Karl V. Der Kaiser und die Reformation, München 1998.

WAGNER, Fritz, Kaiser Karl VII. und die großen Mächte 1700-1745, Stuttgart 1938.

WIESFLECKER, Hermann, Maximilian I. Die Fundamente des habsburgischen Weltreiches, Wien 1991.

7. Die Hohenzollern-Kaiser

GÖRLITZ, Walter (Hg.), Regierte der Kaiser? Kriegstagebücher, Aufzeichnungen und Briefe des Chefs des Marine-Kabinetts Admiral Georg Alexander von Müller 1914-1918, Göttingen 1959.

Kaiser Wihelm II. als Oberster Kriegsherr im Ersten Weltkrieg. Quellen aus der militärischen Umgebung des Kaisers 1914-1918. Bearbeitet und eingeleitet von Holger AFFLERBACH (= Deutsche Geschichtsquellen des 19. und 20. Jahrhunderts, hg. von der Historischen Kommission bei der Bayerischen Akademie der Wissenschaften, Band 64), München 2005.

RÖHL, John C. G., Wilhelm II. Der Aufbau der Persönlichen Monarchie, München 2001.

ILSEMANN, Sigurd von, Der Kaiser in Holland. Aufzeichnungen des letzten Flügeladjutanten Kaiser Wilhelms II., hg. von Harald von Koenigswald, München 1967/68.

KRAUS, Hans-Christof: Friedrich III., in: Preußens Herrscher. Von den ersten Hohenzollern bis Wilhelm II., hg. von Frank-Lothar KROLL, München 2000, S. 265 bis 289.

STAMMTAFEL DER SALIER

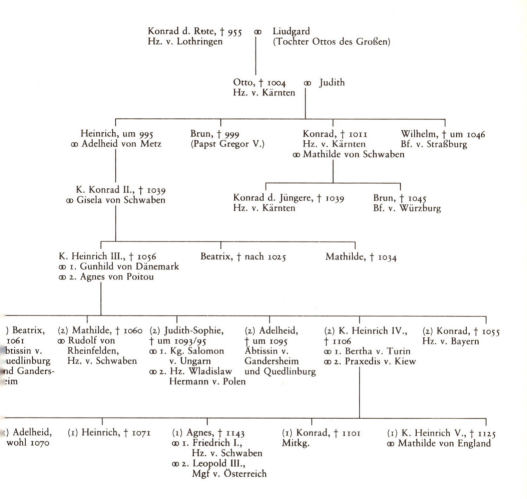

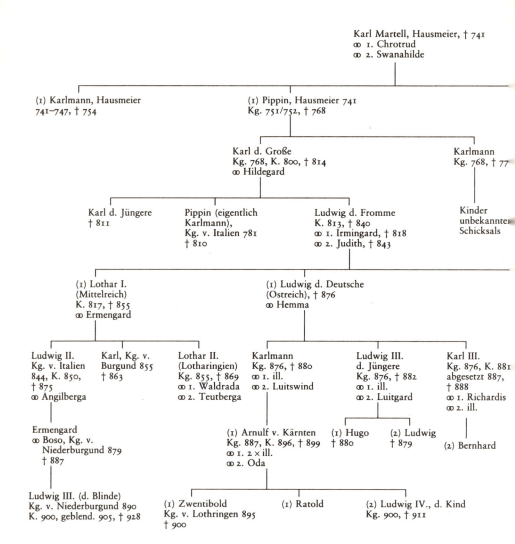

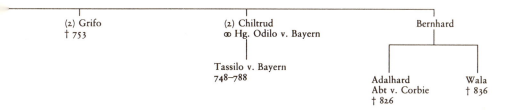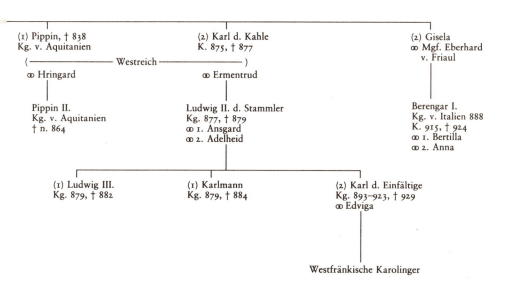

STAMMTAFEL
Übersicht zur Genealogie der wichtigsten Ottonen und der wichtigsten frühen Salier

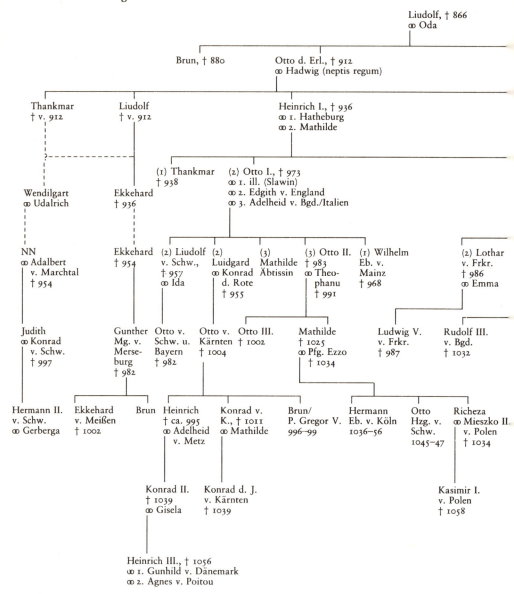

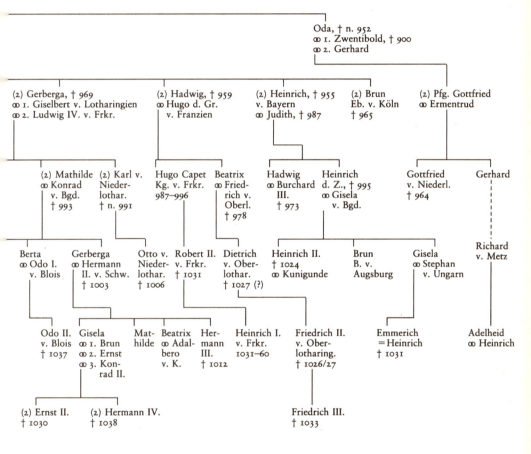

STAMMTAFEL DER

RUDOLF I. (1218—129)

ALBRECHT I., † 1308	Hartmann	Katharina, † 1318	Hedwig, † 1303
∞ Elisabeth v. Görz	† 1281	∞ Otto v. Niederbayern	∞ Otto von Brandenburg

Rudolf III., † 1307	Agnes, † 1364	Friedrich d. Schöne, † 1330	Leopold I.
Kg. v. Böhmen	∞ Andreas III. v. Ungarn	∞ Elisabeth v. Aragonien	† 1326

Margareta, † 1366	Rudolf IV. d. Stifter	Friedrich III.	Albrecht III., † 1395
∞ 1. Meinhard III. v. Tirol	† 1365	† 1362	∞ 1. Elisabeth v. Luxemburg
2. Joh. Heinrich v. Böhmen			(Böhmen)
			2. Beatrix v. Hohenzollern
			(Nürnberg)

Albrecht IV., † 1404
∞ Johanna v. Bayern

Albrecht V. (II.), † 1439
∞ Elisabeth v. Böhmen
† 1442

Anna, † 1462	Elisabeth, † 1503	Ladislaus Posthumus
∞ Wilhelm III.	∞ Kasimir v. Polen	† 1457
Markgraf zu Meißen		

Eleonore	KARL I. (V.) (1500—1558)	Isabella, † 1526	Maria, † 1558
∞ 1. Emanuel v. Portugal	∞ Isabella v. Portugal	∞ Christ. II. v. Dänemark	∞ Ludwig v. Ungarn
2. Franz I. v. Frankreich			

Maria, † 1603	Philipp II., † 1598	MAXIMILIAN II., † 1576
∞ Maximilian II.	∞ 1. Maria v. Portugal	∞ Maria v. Spanien
	2. Maria v. England	† 1603
	3. Elisabeth v. Frankreich	
	4. Anna v. Österreich	

				Anna	RUDOLF II.	Ernst
				† 1580	† 1612	† 1595

Carlos	Klara Eugenia	Katharina, † 1597	Philipp III., † 1621
† 1568	† 1633	∞ Karl Em. v. Savoyen	∞ Margareta v. Öst.
(von 1)	(von 3)		(von 4)

Anna M., 1666	Philipp IV.	Maria Anna, † 1646
∞ Ludwig XIII. v. Frkr.	† 1665	∞ Ferdinand III.

HABSBURGER, 1. TEIL

∞ Gertrud (Anna) v. Hohenberg

Klementia, † 1322	Agnes, † 1322	Jutta, † 1297	Rudolf II., † 1290	Mathilde
∞ Karl M. v. Ungarn	∞ Albert v. Sachsen	∞ Wenzel II. v. Böhmen	∞ Agnes v. Böhmen	∞ Ludwig v. Bayern

Albrecht II., † 1358 Heinrich Otto d. Fröhliche Johann Parricida Ludwig d. Bayer
∞ Johanna v. Pfirt   † 1339   † 1313   † 1346

Leopold III., † 1386   Agnes
∞ Viridis Visconti   ∞ Heinrich v. Jauer
   (Mailand)

Wilhelm   Leopold IV.   Ernst d. Eiserne, † 1424   Friedrich IV., † 1439
† 1406   † 1411   ∞ Cimburga (mit d. großen Lippe) (mit d. leeren Tasche)
                            v. Masowien |
                                                         Sigismund, † 1496

Margareta, † 1486   FRIEDRICH III. (V.)   Katharina, † 1493   Albrecht VI.
∞ Friedrich v. Sachsen   (1415—1493)   ∞ Karl v. Baden   † 1463
                    ∞ Eleonora v. Portugal

MAXIMILIAN I. (1459—1519)   Kunigunde, † 1520
∞ 1. Maria v. Burgund, † 1482   ∞ Albrecht IV. v. Bayern
   2. Bianca Maria Sforza
      v. Mailand

Philipp d. Schöne, † 1506
∞ Johanna v. Kastilien

Katharina, † 1578   FERDINAND I., † 1564
∞ Joh. III. v. Portugal   ∞ Anna v. Ungarn

Maria, † 1584   Ferdinand in Tirol   Karl v. Innerösterreich   Anna
∞ Wilh. v. Jülich   † 1595   † 1590   † 1590
                ∞ Phil. Welser, † 1580   ∞ Maria v. Bayern

MATTHIAS   Maximilian   Albrecht VII.   FERDINAND II., † 1637   Leopold V.
† 1619   † 1618   † 1621   ∞ Maria Anna v. Bayern   (in Tirol), † 1632

FERDINAND III., † 1657   Leopold Wilh.   M. Anna   Ferdinand Karl
∞ 1. Maria v. Spanien   † 1662   † 1651   † 1662
   † 1646 |
                                                   Claudia Felizitas
                                                   ∞ Leopold I.

M. Anna   Ferdinand IV.   LEOPOLD I.
† 1696   † 1654   † 1705

STAMMTAFEL DER

LEOPOLD I. (1640—1705)
∞ 1. Margaretha Theresia v. Spanien, † 1673
   2. Claudia Felizitas v. Tirol, † 1676
   3. Eleonore Magdalena v. d. Pfalz, † 1720

Maria Antonie, † 1692
∞ Max Emanuel v. Bayern, † 1726
|
Joseph Ferdinand, † 1699

JOSEF I. (1678—1711)
∞ Wilhelmine Amalie
v. Braunschweig-Lüneburg, † 1742

Maria Josepha, † 1757
∞ Friedrich August II. (III.)
Kg. v. Polen, Kf. v. Sachsen, † 1763

Maria Amalie, † 1756
∞ Ks. Karl VII.
Kf. v. Bayern, † 1745

JOSEF II.
(1741—1790)
∞ 1. Maria Isabella
v. Parma, † 1763
2. Maria Josepha
v. Bayern, † 1767

Maria Christine, † 1798
∞ Albert v. Sachsen-
Teschen, † 1822

Maria Amalia, † 1804
∞ Ferdinand v. Parma
† 1802

LEOPOLD II.
(1747—1792)
∞ Maria Ludovika
v. Spanien, † 1792

Maria Theresia, † 1827
∞ Anton v. Sachsen
† 1836

FRANZ II. (I.) (1768—1835)
∞ 1. Elisabeth v. Württemberg, † 1790
   2. Maria Theresia v. Sizilien, † 1807
   3. Maria Ludovika v. Modena, † 1816
   4. Karoline v. Bayern, † 1873

Ferdinand III. v. Toskana
† 1824
|
Leopold II., † 1870
|
Ferdinand IV., † 1908

Maria Luise, † 1847
∞ Napoleon I., † 1821

FERDINAND I. (1793—1875)
∞ Maria Anna v. Sardinien, † 1884

Leopoldine, † 1826
∞ Pedro, Ks. von Brasilien, † 1834

FRANZ JOSEPH I. (1830—1916)
∞ Elisabeth v. Bayern, † 1898

Sophie, † 1857

Gisela, † 1932
∞ Leopold Prinz v. Bayern
† 1930

Rudolf, † 1889
∞ Stephanie v. Belgien, † 1945
|
Elisabeth, † 1963

Marie Valerie, † 1924
∞ Franz Salvator
† 1939

HABSBURGER, 2. TEIL

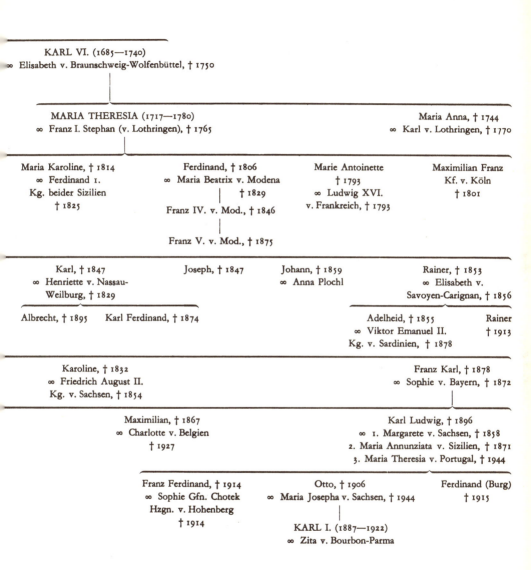

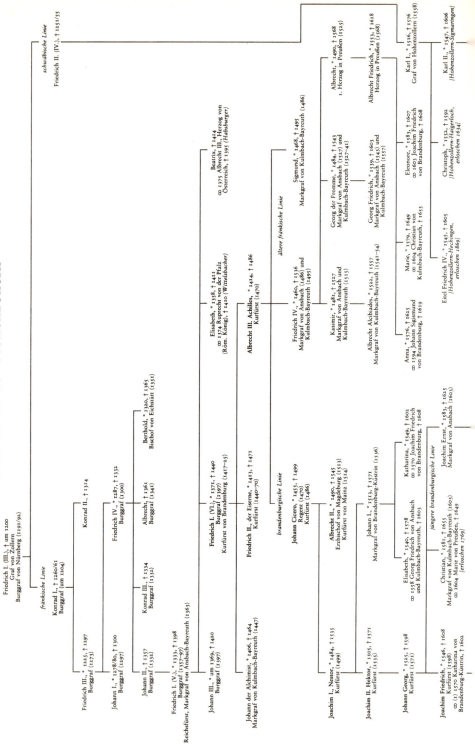

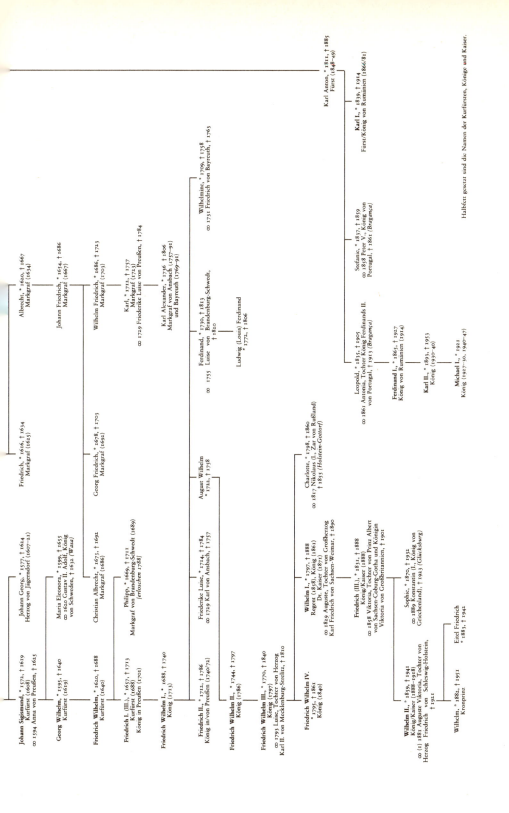

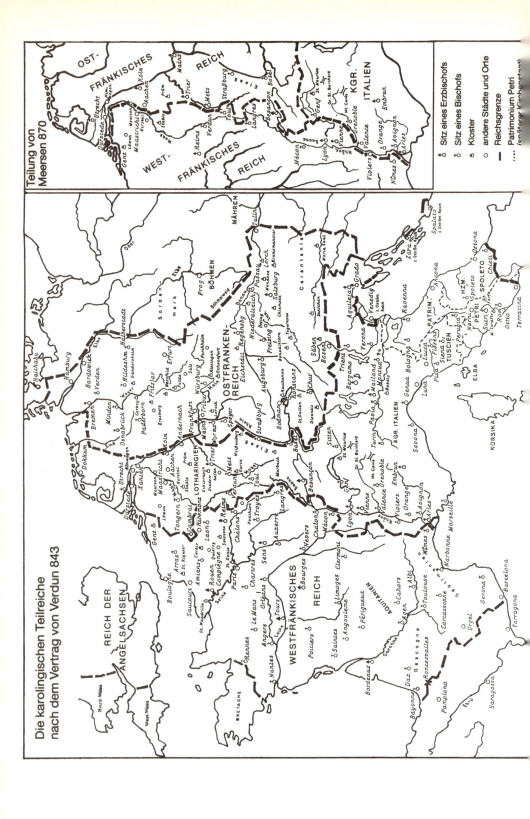

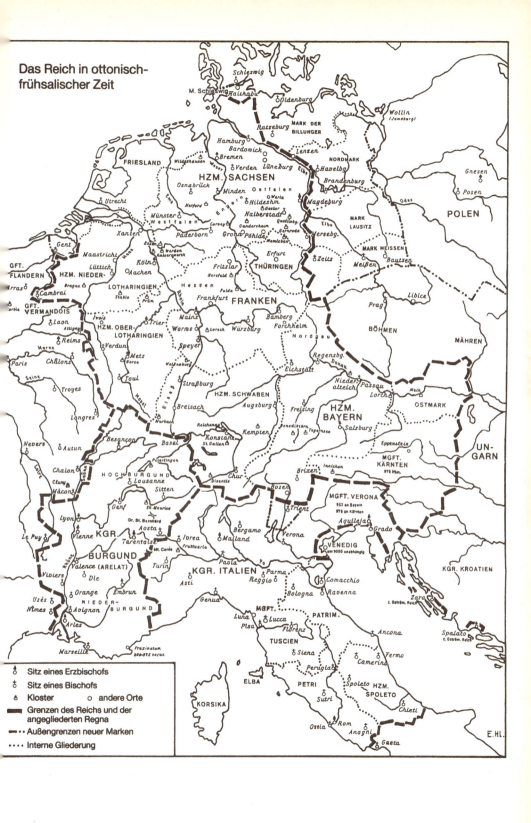

Personenregister

Aba s. Samuel
Abaelard, Petrus Abaelardus 267
Abdarahman III., Kalif v. Cordoba 133
Abraham, Bf. v. Freising 168
Abul Kassim, sarazen. Emir 147
Adalbero, Gf. v. Eppenstein, Hg. v.
Kärnten 174, 185
Adalbero, Gf. v. Luxemburg, Bruder
Ksn. Kunigundes 174
Adalbero, Ebf. v. Reims 150
Adalbero, Bf. v. Augsburg 92
Adalbero, Bf. v. Laon 146
Adalbert, Sohn Berengars II. v. Italien
134, 135, 138
Adalbert, Prinz v. Preußen, Sohn K. Wil-
helms II. 785
Adalbert, babenbergischer Gf. 94, 103
Adalbert, Ebf. v. Hamburg–Bremen
194, 206
Adalbert, Ebf. v. Magdeburg 146
Adalbert, Ebf. v. Mainz, Erzkanzler
Heinrichs V., päpstl. Legat 234, 236,
238, 240, 243, 251f., 255, 260
Adalbert (Vojtech), Ebf. v. Prag, Missio-
nar, hl. 136, 157, 159, 160, 163
Adaldag, Ebf. v. Hamburg–Bremen 132
Adalhard von Corbie, Berater Karls des
Großen 47, 51
Adalhard, babenbergischer Gf. 94, 103
Adalheid, Tochter Karls des Großen mit
Hildegard 37, 42
Adallind, Konkubine Karls des Großen
23, 44
Adalthrud, Tochter Karls des Großen
mit Gerswind 43, 48
Adela von Vohburg, Gemahlin K. Fried-
richs I. Barbarossa 272, 279
Adela, Kgn. v. Burgund, Gemahlin Kg.
Konrads v. Burgund 165

Adelasia von Niederlothringen, Kgn. v.
England, Gemahlin Kg. Heinrichs I.
v. England 242
Adelasia von Torres, Kgn. v. Sardinien,
Gemahlin Enzios 351
Adelheid, Ksn., Kgn. v. Italien, Gemah-
lin Ottos I., Regentin 123, 128, 129,
130, 134, 139, 140, 143, 144, 145, 146,
148, 149, 150, 151
Adelheid, Tochter Heinrichs IV. (früh
verstorben) 228
Adelheid, Prinzessin v. Preußen, Prinzes-
sin v. Sachsen–Meiningen 785
Adelheid, Erzherzogin v. Österreich 741
Adelheid Hgn. v. Böhmen, Prinzessin v.
Ungarn 261
Adelheid, Prinzessin v. Sachsen–Meinin-
gen, Prinzessin v. Lippe 785
Adelheid, Hgn. v. Schleswig-Holstein-
Sonderburg-Augustenburg, Prinzes-
sin v. Hohenlohe-Langenburg 770
Adelheid, Mgfn. von Turin-Savoyen,
Mutter der Ksn. Bertha 188, 204
Adelheid, Mgfn. v. Turin-Savoyen, Ge-
mahlin Rudolfs v. Rheinfelden,
Schwester der Ksn. Bertha 216
Adelheid, Gfn. v. Katzenelnbogen, Mut-
ter Kg. Adolfs v. Nassau 377, 378
Adelheid, Gfn. Mangoni, Gemahlin des
Ezzelino il Monacho 351
Adelheid von Metz, Mutter Konrads II.
154, 182
Adelheid von Wolfratshausen, Gfn. v.
Sulzbach 260
Adelheid von Urslingen, Konkubine
Friedrichs II. 320
Adelheid, Äbtissin v. Gandersheim,
Gernrode, Frose, Vreden, Tochter Ot-
tos II. 152

Adelheid, Äbtissin von Gandersheim
und Quedlinburg, Tochter Hein-
richs III. 201
Adelheid, Äbtissin v. Klarenthal, Gfn. v.
Nassau, Tochter Kg. Adolfs 382
Adelheid Henriette s. Henriette Adelheid
Adler, Anna 517
Adler, Victor, Vorsitzender der SPÖ
714
Adolf von Nassau, röm.-dt. Kg., Gf. v.
Nassau 362, 376–382, 385–387, 395,
437
Adolf, Hg. v. Bayern 409
Adolf I., Hg. v. Kleve und der Mark
441, 446
Adolf I., Gf. v. Kleve und der Mark 446
Adolf V., Gf. v. Kleve und der Mark
415
Adolf, Fs. v. Schaumburg-Lippe 767
Adolf, Prinz v. Schaumburg-Lippe, Ge-
mahl der Prinzessin Viktoria v. Preu-
ßen 224, 767
Adolf, Ebf. v. Köln, Gf. v. Altena 303,
310, 311, 313
Aelfgifu/Emma, Kgn. v. England und
Dänemark, Gemahlin Knuts d. Gro-
ßen 192
Agapit II., P. 130
Agathe, Gfn. v. Hochburgund 272
Agnes von Poitou, Ksn., Gemahlin K.
Heinrichs III. 190, 192, 193, 195,
197, 202, 204, 205, 207, 212
Agnes (Isabella) von Burgund, Gemahlin
Kg. Rudolfs I. von Habsburg 365,
371
Agnes von Châtillon, Kgn. v. Ungarn
294
Agnes, Kgn. v. Ungarn, Gemahlin An-
dreas' III., Hgn. v. Österreich 390
Agnes, Tochter K. Friedrichs I. Barbaros-
sa (früh verstorben) 294
Agnes, Prinzessin v. Böhmen, Tochter
Kg. Wenzels II. v. Böhmen 378, 379
Agnes, Großfsn. v. Kiew, Tochter Kg.
Konrads III. 269
Agnes von Wettin, Hgn. v. Andechs-Me-
ranien 294
Agnes, Hgn. v. Aquitanien, Mutter der
Ksn. Agnes 192

Agnes von der Pfalz, Hgn. v. Bayern
274
Agnes von Braunschweig, Hgn. v.
Bayern 348
Agnes, Hgn. in Bayern, Prinzessin v.
Sachsen, Gemahlin Ottos II. von Wit-
telsbach 372
Agnes I., Hgn. v. Bayern, Tochter K.
Ludwigs IV. d. Bayern 412
Agnes II., Hgn. v. Bayern, Tochter K.
Ludwigs IV. d. Bayern 415
Agnes von der Pfalz, Hgn. v. Braun-
schweig, Gemahlin Heinrichs von
Braunschweig, Halbschwester Fried-
richs I. Barbarossa 274, 301, 309, 348
Agnes von Rheinfelden, Hgn. v. Kärn-
ten 216
Agnes von der Pfalz, Hgn. v. Kleve und
der Mark, Tochter Ruprechts I. v. d.
Pfalz 441, 445
Agnes, Hgn. v. Niederbayern, Hgn. v.
Schlesien-Glogau 404
Agnes von Böhmen, Hgn. v. Österreich,
Gemahlin Herzog Rudolfs II. von
Österreich, Prinzessin v. Böhmen
369, 375
Agnes, Hgn. v. Schwaben, Mgfn. v.
Österreich, Tochter Heinrichs IV.,
Gemahlin Friedrichs von Büren und
Leopolds von Babenberg 228, 231,
251, 257, 259, 260, 261, 262, 275
Agnes von Saarbrücken, Hgn. v. Schwa-
ben, Gemahlin Hg. Friedrichs II. des
Einäugigen v. Schwaben 260, 273
Agnes v. Bayern, Lgfn. v. Hessen 381
Agnes v. Hessen, Gfn. v. Nassau, Lgfn.
v. Hessen 381
Agnes von Württemberg, Gfn. v. Oettin-
gen 391
Agnes, Gemahlin des iudex v. Torres
351
Agnes Gertrud, Tochter Kg. Rudolfs I.
v. Habsburg s. Gertrud
Agobard von Lyon, Ebf. 50, 53, 56
Aimar II., Gf. v. Angoulême 321
Aistulf, langob. Kg. 19, 20
al-Kamil, Sultan 335
al-Mansur, almohad. Kalif v. Tunis und
Tripolis 302

Alba, Fernando Álvarez de Toledo y Pimentel, Hg. v., Statthalter der Spanischen Niederlande 507f., 523
Alberich, Stadtherr v. Rom 130, 134
Albero, Ebf. v. Trier 263
Albert (Karl Albert), Kg. v. Sardinien-Piemont 303, 305, 306
Albert, Prinz v. Sachsen-Coburg und Gotha, Gemahl der engl. Kgn. Victoria 763
Albert II., Hg. v. Sachsen-Teschen, Statthalter der österr. Niederlande und Ungarns, dt. Reichsfeldmarschall 628, 630f., 640, 655
Albert von Brabant, Ebf. v. Reims 300
Albrecht I., röm.-dt. Kg., Hg. v. Österreich 362, 370, 373–375, 379f., 383–391, 394f., 401f., 460f.
Albrecht II., röm.-dt. Kg., Kg. v. Böhmen und Ungarn (als Albrecht V. Hg. v. Österreich) 362, 456, 457, 460f., 462–468, 554
Albrecht II., Kg. v. Schweden, Hg. v. Mecklenburg 429
Albrecht, Erzherzog v. Österreich, Hg. v. Teschen, Generalgouverneur in Ungarn, österr. Feldmarschall 703, 709, 728
Albrecht, Erzherzog, Sohn K. Leopolds II. († als Kind) 655
Albrecht VII., Erzherzog v. Österreich, Vizekg. v. Portugal, Regent der Niederlande 527, 532f., 536
Albrecht I., Hg. v. Bayern, Sohn K. Ludwigs IV. d. Bayern 415
Albrecht I., Hg. v. Bayern, Gf. v. Holland 433
Albrecht III., Hg. v. Bayern 476
Albrecht IV., Hg. v. Bayern 476
Albrecht V., Hg. v. Bayern 516, 519, 602
Albrecht VI. der Leuchtenberger, Hg. v. Bayern 549
Albrecht, Hg. v. Braunschweig-Lüneburg 406
Albrecht I., Hg. v. Mecklenburg 414
Albrecht II. der Weise, Hg. v. Österreich 395, 402, 428, 429, 460
Albrecht III. Hg. v. Österreich 429, 436, 460

Albrecht IV., Herzog von Österreich 448, 452, 464
Albrecht VI., Hg. v. Österreich 465, 471–473
Albrecht der Bär, Hg. v. Sachsen, Mgf. der Nordmark 251, 255, 263, 264, 267, 289
Albrecht I. von Anhalt, Hg. v. Sachsen-Wittenberg 373
Albrecht II. von Anhalt, Hg. v. Sachsen-Wittenberg 370, 373
Albrecht, Hg. v. Württemberg 728
Albrecht II., Mgf. v. Brandenburg 315
Albrecht der Entartete, Lgf. v. Thüringen, Mgf. v. Meißen 350, 356, 379
Albrecht IV., Gf. v. Habsburg 363, 367
Albrecht, Ebf. v. Magdeburg, Gf. v. Kefernburg 314, 315
Alessandro von Medici, Hg. v. Florenz 507f.
Alessandro Farnese, Hg. v. Parma und Piacenza, Generalstatthalter der Niederlande 508
Alexander I., Zar v. Rußland 673–676, 758
Alexander II., Zar v. Rußland 704, 712, 758f.
Alexander, Kg. v. Polen 68
Alexander II. (Anselm von Lucca), P. 206, 209
Alexander III. (Roland Bandinelli), P. 278, 281, 282, 283f., 285, 286, 287f., 322
Alexander IV., P. 355
Alexander V., P. 444, 453
Alexander VI., P. 93, 132
Alexandra von Holstein-Gottorp, Großfsn. v. Rußland, Gemahlin Erzherzog Josefs 268
Alexandra, Prinzessin v. Preußen, Prinzessin v. Schleswig-Holstein-Sonderburg-Glücksburg 785f.
Alexios III., K. v. Byzanz 302
Alfons von Kastilien, röm.-dt. Kg. (als Alfons X. Kg. v. Kastilien) 318, 353f., 360, 366
Alfons II., Kg. v. Kastilien 320, 327
Alfons VII., Kg. v. Kastilien-León 320
Alfons VIII., Kg. v. Kastilien 295, 318

PERSONENREGISTER

Alfons IX., Kg. v. León 318
Alfons II. d'Este, Hg. v. Ferrara 519
Alice, Großhgn. v. Hessen und bei
Rhein, Prinzessin v. England 767
Alix von Frankreich, Gfn. v. Blois-
Champagne 294
Alkuin, ags. Gelehrter am Hof Karls d.
Großen 31, 34, 35, 36
Almas, Kg. v. Kroatien 261
Alpais (Elpheid), Tochter K. Ludwigs
des Frommen, Äbtissin von St. Pier-
re-le-Bas in Reims 58
Alois Johann Adolf, Prinz v. Bayern,
Sohn Kurfürst Max Emanuels († als
Kind) 601
Althoff, Friedrich, Ministerialdirektor im
preuß. Kultusministerium 780
Amadeus VI., Hg. v. Savoyen und Fs. v.
Achaia 446
Amadeus, Prinz von Savoyen, Hg. v.
Aosta, Vizekg. v. Abessinien 741
Amadeus IV., Gf. v. Savoyen 349
Amadeus V., Gf. v. Savoyen 389
Amalar von Metz, westfrk. Gelehrter 56
Amalia Maria (Josepha Anna), Ksn., Erz-
herzogin v. Österreich, Gemahlin K.
Karls VII., Tochter K. Josefs I. 583–
585, 592, 600–602, 612, 636
Amalia Theresia, Erzherzogin v. Öster-
reich (früh verstorben), Tochter
Franz' II./I. 683
Amalia Wilhelmine von Braunschweig-
Lüneburg, Ksn. v. Österreich, Ge-
mahlin K. Josefs I. 577, 202, 204
Amalie, Tochter Maria Theresias, Hgn.
v. Parma s. Maria Amalia
Amalie, Prinzessin v. Bayern 697
Amalrich von Lusignan, Kg. v. Zypern
302
Ambrosius, Gf. v. Bergamo 87
Anaklet II., P. 253f., 255
Anastasia Michailowna, Großhgn. v.
Mecklenburg-Schwerin, Großfsn. v.
Rußland 785
Anastasius (Ascherich), Missionsebf. für
Ungarn 160, 162
Andrássy, Gyula Graf d. Ä., ungar. Mini-
sterpräsident, österr.-ungar. Außen-
minister 701, 709f., 711–713

Andrássy, Gyula Graf d. J., österr.
Außenminister 736
Andreas II., Kg. v. Ungarn 349, 350
Andreas III., Kg. v. Ungarn 370, 390
Andreas, Fs. v. Holszany 467
Andronikos Komnenos, byz. Ks. 306
Andronikos, byz. Sebastokrator 261
Angilbert, frk. Gelehrter, Schwiegersohn
Karls des Großen, Abt v. St. Riquier
35, 43
Anna von der Pfalz, Kgn. v. Böhmen,
Gemahlin K. Karls IV. 419
Anna von Schweidnitz, Kgn. v. Böhmen,
Hgn. v. Schweidnitz-Jauer, Gemahlin
K. Karls IV. 419, 422, 425, 433, 434
Anna, Ksn., Prinzessin v. Böhmen, Polen
und Ungarn, Gemahlin K. Ferdi-
nands I. 482f., 490, 505, 512f., 516
Anna, Ksn., Gemahlin K. Matthias', Erz-
herzogin v. Österreich-Tirol 516,
527, 535, 539
Anna, byz. Ksn. v. Nikaia, Gemahlin K.
Johannes III. Dukas Vatatzes 349
Anna, Tochter des byz. K.s Nikephoros
138
Anna v. Foix, Kgn. v. Böhmen und Un-
garn, Gemahlin Wladislaws IV. Jagiel-
lo 482, 490, 511
Anna, Kgn. v. England, Gemahlin Kg.
Richards II., Tochter K. Karls IV.
589f., 429, 434
Anna von Bretagne, Kgn. v. Frankreich
480, 486
Anna, Kgn. v. Polen, T. Sigismunds II.
August 525
Anna, Kgn. v. Polen, Erzherzogin v.
Österreich 549
Anna, Kgn. v. Polen, Großfsn. v. Litau-
en, Gemahlin Kasimirs III. 410
Anna von Österreich, Kgn. v. Spanien,
Gemahlin Philipps II. 504f., 524, 526
Anna, Großfsn. v. Kiev, Gemahlin Wladi-
mirs 136
Anna, Großfsn. v. Kiev, Gemahlin
Wsewolods 204
Anna von Medici, Erzherzogin v. Öster-
reich-Tirol 563
Anna, Hgn. v. Bayern, Hgn. v. Braun-
schweig-Grubenhagen 476

Anna, Hgn. v. Bayern, Erzherzogin v. Österreich, Tochter K. Ferdinands I. 516, 518, 525, 602

Anna, Hgn. v. Niederbayern, Gfn. v. Görz, Hgn. v. Österreich, Tochter Friedrichs d. Schönen 404

Anna, Hgn. v. Niederbayern, Tochter K. Ludwigs IV. d. Bayern 413

Anna, Hgn. v. Österreich, Prinzessin v. Böhmen 390

Anna von Kärnten, Kurfsn. v. d. Pfalz 419

Anna, Hgn. v. Sachsen, Hgn. v. Österreich, Tochter Kg. Albrechts II. 467

Anna, Hgn. v. Savoyen 741

Anna von Österreich, Hgn. v. Schlesien-Breslau, Mgfn. v. Brandenburg 390

Anna, Hgn. v. Simmern-Zweibrücken-Veldenz, Gfn. v. Veldenz 447

Anna, Lgfn. v. Hessen-Kassel, Prinzessin v. Preußen 768

Anna von Schaunberg, Gfn. v. Cilli 450

Anna von Burgund, Gfn. v. Savoyen 349

Anna Katharina, Erzherzogin v. Österreich-Tirol, Prinzessin v. Mantua 517, 535

Anna Maria von Medici, Kurfsn. v. Pfalz-Neuburg 560

Anna Maria Sophie, Erzherzogin, Tochter Leopolds I. († als Kind) 576

Anno, Ebf. v. Köln 206, 208

Anselm, Ebf. v. Mailand 228, 253

Anselm, Bf. v. Lucca s. Alexander II.

Anselm Franz von Ingelheim, Kurfs. und Ebf. v. Mainz 580

Anselm Kasimir von Walmboldt zu Umstadt, Kurfs. und Ebf. v. Mainz 552

Anton I., Kg. v. Sachsen 653

Anton Ulrich, Hg. v. Braunschweig-Wolfenbüttel 596

Anton Victor, Erzherzog, Vizekg. v. Lombardei-Venezien, Sohn K. Leopolds II. 656, 658

Antonia Maria Walburga Symphorosa, Kurfsn. v. Sachsen, Tochter K. Karls VII. 605

Antonio, Dom, Prior v. Crato, portug. Thronprätendent 119

Apáfi, Michael I., Fürst von Siebenbürgen 570

Arduin, Mgf. v. Ivrea, Kg. v. Italien 162, 171

Arenberg, Anna Eugenie, Hgn. von 741

Aretin, Karl Otmar Freiherr von, dt. Historiker 788, 790, 802

Aribert, Ebf. v. Mailand 182, 184, 188, 189, 193, 205

Aribo, Ebf. v. Mainz 175, 182, 183, 186

Aristoteles, griech. Philosoph 338

Arn, Ebf. v. Salzburg 27

Arnold v. Selehofen, Ebf. v. Mainz 284

Arnold, Ebf. v. Ravenna, Halbbruder Heinrichs II. 165, 171

Arnold v. Brescia 279

Arnulf von Kärnten, K., Hg. von Bayern 65, 77, 80, 81, 82–90, 92, 93, 97, 98, 102, 103, 115, 170

Arnulf der Böse, Kg., Hg. v. Bayern 94, 105, 106, 107, 112, 113, 118, 121, 125, 126

Arnulf, bayr. Pfalzgf. 131

Arnulf, Gf., ostfrk. Heerführer 87

Arnulf, Sohn der Kgn. Kunigunde 101

Arnulf, Gf. v. Sens, Sohn K. Ludwigs des Frommen 58

Arnulf, Ebf. v. Mailand 162

Arnulf, Bf. v. Metz 14, 15, 17

Arnulf, Elekt v. Reims 157

Arz von Straußenburg, Arthur Freiherr, österr. Generalstabschef 733

Astronomus, Biograph K. Ludwigs des Frommen 14, 53

Auersperg, Johann Weikart Fürst, Obersthofmeister K. Ferdinands III. 556

Auersperg, Karl Fürst, österr. Ministerpräsident 711

Auersperg, Maria Wilhelmine Fstn. von 626

August III., Kg. v. Polen s. Friedrich August II.

August Poniatowski s. Stanislaus II.

August der Starke (Friedrich August I.), Kurfs. v. Sachsen, als August II. Kg. v. Polen 565, 584, 593, 610

August Wilhelm, Prinz v. Preußen, Sohn K. Wilhelms II. 785f.

PERSONENREGISTER

Augusta, dt. Ksn., Kgn. v. Preußen, Prinzessin v. Sachsen-Weimar-Eisenach 748, 750, 752, 763, 766

Auguste, Erzherzogin von Österreich-Toskana 335

Auguste Viktoria, dt. Ksn., Prinzessin v. Schleswig-Holstein-Sonderburg-Augustenburg, Gemahlin Wilhelms II. 770, 782f.

Augustinus 34

Augustus, röm. K. 336, 337

Averroës, arab. Philosoph 338

Aviano, Marco d', päpstl. Legat 569

Azzo von Este 188

Bacchiochi, Elisa, Großhgn. v. Toskana, Schwester Napoleons 654

Bach, Alexander Freiherr v., österr. Justizminister und Ministerpräsident 691, 704, 705

Baden, Prinz Max von s. Max, Prinz von Baden

Bajezid, osman. Sultan 451

Balderich, Mgf. v. Friaul, Statthalter in Pannonien 52

Balduin II., lat. Ks. v. Konstantinopel 342

Balduin, Gf. v. Beaumont und Avesnes 393, 394

Balduin IV., Gf. v. Flandern 170, 173, 194

Balduin von Luxemburg, Ebf. v. Trier 394, 397, 402, 410, 420, 422

Ballhausen, Lucius Freiherr v., preuß. Landwirtschaftsminister 757

Barbara von Cilli, Kgn. v. Ungarn und Böhmen, Gemahlin K. Sigismunds 450, 452, 456, 463

Barbara, Hgn. v. Ferrara, Erzherzogin 519

Barnabas Visconti, Hg. v. Mailand 446, 447

Bartenstein, Johann Christoph Freiherr v., Berater Maria Theresias 596, 612

Basileios II., byz. K. 147

Bassewitz-Levetzow, Karl Heinrich, Gf. v. 786

Battenberg, Alexander Prinz v., als Alexander I. Fs. v. Bulgarien 764

Batthyány, Karl Gf., Obersthofmeister Maria Theresias 637

Batthyány, Ludwig Gf., ungar. Ministerpräsident 688, 690f., 701

Baum, Wilhelm, Historiker 456

Baumkircher, Andreas, steiermärk. Rebellenführer 473f.

Beatrix von Burgund, Ksn., Gemahlin Friedrichs I. Barbarossa 272, 281, 286, 288, 293, 297, 306

Beatrix, Kgn., Tochter Kg. Philipps v. Schwaben, Gemahlin Kg. Ottos IV. 308, 314, 317

Beatrix, Tochter K. Konrads II. 190

Beatrix, Tochter K. Friedrichs I. Barbarossa (früh verstorben) 293

Beatrix, Tochter Kg. Philipps v. Schwaben (früh verstorben) 318

Beatrix (Elisabeth, Isabella) von Schwaben, Kgn. v. Kastilien und León, Tochter Kg. Philipps von Schwaben, Gemahlin Kg. Ferdinands III. 318, 353

Beatrix v. Bourbon, Kgn. v. Böhmen, Gemahlin Kg. Johanns d. Blinden 398

Beatrix, Kgn. v. Schweden, Prinzessin v. Bayern, Tochter K. Ludwigs IV. d. Bayern 415

Beatrix, Kgn. v. Sizilien, Gemahlin Rogers II. 297

Beatrix von Savoyen, Kgn. v. Sizilien, Gemahlin Manfreds 349

Beatrix, Tochter Kg. Manfreds v. Sizilien 355

Beatrix, Kgn. v. Ungarn, Gemahlin Roberts I. v. Anjou, Tochter Kg. Johanns I. v. Böhmen 398

Beatrix von Navarra, Hgn. v. Burgund 365

Beatrix von Schwaben, Hgn. v. Kärnten, Gemahlin Hg. Adalberos v. Eppenstein 174

Beatrix, Hgn. v. Oberlotharingien 133, 149

Beatrix, Hgn. i. d. Oberpfalz und Pfalzgfn. bei Rhein 447

Beatrix, Hgn. v. Schlesien-Glogau., Gemahlin K. Ludwigs IV. des Bayern 406, 407, 412

Beatrix v. Portugal, Hgn. v. Viseu 489
Beatrix von Böhmen, Mgfn. v. Branden-
burg 374
Beatrix von Burgund, Erbin der Freigft.
Burgund, Enkelin Friedrichs I. Barba-
rossa 294
Beatrix, Mgfn. v. Tuszien-Canossa 198
Beatrix (?) von Brienne, Konkubine K.
Friedrichs II. 321
Beatrix, Gfn. v. Görz, Prinzessin v. Nie-
derbayern 404
Beatrix, Gfn. v. Luxemburg, Mutter K.
Heinrichs VII. 393, 394
Beatrix, Äbtissin v. Gandersheim und
Quedlinburg, Tochter Heinrichs III.
201
Beatrix Maria, Prinzessin von
Modena-d'Este, Erzherzogin v. Öster-
reich 619, 628, 632f., 660
Beethoven, Ludwig van 658
Bego, Gf., Schwiegersohn K. Ludwigs
des Frommen 58
Béla III., Kg. v. Ungarn 294, 317
Béla IV., Kg. v. Ungarn 294, 373
Belcredi, Richard Graf v., österr. Mini-
sterpräsident 707, 709
Bellisomi, päpstl. Nuntius 634
Benedek, Ludwig Ritter Freiherr v.,
österr. Feldzeugmeister 708
Benedetti, Vincent Comte de, frz. Diplo-
mat 754f.
Benedikt V., P. 135
Benedikt VI., P. 146
Benedikt VII., P. 146
Benedikt VIII., P. 171, 172, 176
Benedikt IX., P. 188, 195f.
Benedikt XIII., P. 66, 454
Benedikt von Aniane (Witiza) 47, 49, 51
Benedikta Henrica, Hgn. v. Braun-
schweig-Lüneburg 580
Benes, Eduard, tschechoslowak. Staats-
präsident 732, 735
Benvenuto von Imola 324
Berard (Berardo Costacca od. Costa),
Ebf. v. Bari, Messina und Palermo,
Diplomat Friedrichs II. 320, 329,
330, 345
Berengar (Berenger) I., K., Kg. v. Italien
86, 115

Berengar II., Kg. v. Italien, Mgf. v.
Ivrea 129, 130, 134f., 138, 172
Berengar II., Gf. v. Sulzbach 260
Berengaria von Kastilien, Kgn. v. León
295, 318
Berlepsch, Hans Hermann Freiherr v.,
preuß. Handelsminister 773
Bernasconi, Andrea, bayr. Hofkapell-
meister 602
Bernhard, Kg. v. Italien, Enkel Karls des
Großen 42, 47, 50, 51, 55
Bernhard von Septimanien 52, 53, 80
Bernhard, Sohn Karls III. 79, 81, 85
Bernhard I., Hg. v. Sachsen (Billung)
149, 151, 167, 173
Bernhard II., Hg. v. Sachsen 173, 195,
310, 315
Bernhard v. Anhalt, Hg. v. Sachsen
289
Bernhard III., Hg. v. Sachsen-Meinin-
gen 767
Bernhard, Mgf. v. Baden 443
Bernhard, Gf. v. Supplinburg 249
Bernhard, Bf. v. Halberstadt 137
Bernhard von Clairvaux 254, 265
Bernhard von S. Clemente, Kardinalle-
gat 272
Bernward, Bf. v. Hildesheim, Kaplan
und Erzieher Ottos III. 155, 161
Bertha von Turin, Ksn., Gemahlin K.
Heinrichs IV. 199, 202, 204, 207,
214, 219, 228, 230, 259
Bertha, Mutter Karls des Großen s. Ber-
trada
Bertha, Tochter Karls des Großen 35,
37, 43, 48
Bertha, Tochter Ludwigs des Deut-
schen 70
Bertha, Tochter K. Heinrichs V. 237
Bertha (?), Tochter K. Friedrich I. Barba-
rossa (früh verstorben) 295
Bertha, Kgn. v. Hochburgund, Gemahlin
Rudolfs II. v. Hochburg und Hugos
von Italien 114, 128
Bertha, Mgfn. v. Baden, Tochter Kg.
Konrads III. 269
Bertha von Rheinfelden, Gfn. v. Bre-
genz 216
Bertha, Gfn. v. Henneberg 273

PERSONENREGISTER

Bertha von Sulzbach s. Irene, Ksn. v. Byzanz
Berthold, Hg. v. Bayern, Bruder Arnulfs d. Bösen 107, 112, 126, 127
Berthold von Zähringen, Hg. v. Kärnten 205, 207, 208, 216
Berthold, Hg. v. Meranien und Dalmatien, Mgf. v. Istrien, Gf. v. Andechs 294
Berthold II. von Zähringen, Hg. v. Schwaben 216, 221
Berthold IV., Hg. v. Schwaben 276
Berthold V. v. Zähringen, Hg. v. Schwaben 310
Berthold, Hg. v. Schwaben, Sohn Rudolfs von Rheinfelden 216, 217
Berthold, schwäb. Pfalzgf. 101
Berthold von Hohenburg, Mgf., Statthalter Konrads IV. im Kgr. Sizilien 354
Berthold, alemann. Gf. und Heerführer 105, 107
Bertold, Gf. v. Beilstein 321
Berthold, Gf. v. Henneberg 273
Berthold VII., gefürsteter Gf. v. Henneberg-Schleusingen 395
Berthold von Henneberg, Ebf. v. Mainz 478
Bertrada (Bertha), frk. Kgn., Gemahlin Pippins des Jüngeren, Mutter Karls des Großen 19, 23, 24, 92
Bethlen, Gabriel, Fs. v. Siebenbürgen, erwählter Kg. v. Ungarn 537, 543–545
Bethmann Hollweg, Theobald v., dt. Reichskanzler 777, 782
Beust, Friedrich Ferdinand Gf., österr. Ministerpräsident und Außenminister 709, 711
Bianca Lancia d. J., Gemahlin K. Friedrichs II. 321, 349, 351
Bianca (Blanka, Blanche) v. Valois, Ksn., Gemahlin K. Karls IV. 415, 419f.
Bianca (Blanka), Kgn. v. Aragon, Prinzessin von Neapel und Sizilien 400
Bianca (Blanka), Kgn. v. Böhmen, Hgn. v. Österreich, Gemahlin Kg. Rudolfs III. v Böhmen 388
Bianca (Blanka) v. Namur, Kgn. v. Schweden, Gemahlin Kg. Magnus' II. Smek 415

Bianca v. Neapel, Kgn. v. Sizilien 410
Bianca Capello, Großhgn. v. Toskana 520
Bianca (Blanca) von England, Gemahlin Kurfs. Ruprechts III. v. d. Pfalz, Tochter Kg. Heinrichs IV. v. England 442, 446
Bianca Lancia d. Ä., Mgfn. 321
Bianca Maria Sforza, Herzogin v. Mailand, Gemahlin K. Maximilians I. 486, 478, 481
Bismarck, Herbert Fs. v., dt. Staatssekretär des Auswärtigen, Sohn Ottos v. Bismarck 773
Bismarck, Johanna Fsn. v., geb. v. Puttkamer, Gemahlin Ottos v. Bismarck 756
Bismarck, Otto Fürst v., preuß. Ministerpräsident, dt. Reichskanzler 705, 707f., 711–714, 745f., 752–760, 764–766, 771–777, 781–783
Blanche s. Bianca
Blanka s. Bianca
Blomberg, Barbara, Regensburger Bürgertochter, Mutter Don Juans 508f.
Blücher, Gebhard Leberecht Fürst Blücher v. Wahlstatt, preuß. Generalfeldmarschall 673
Bocskay, Stephan, ungar. Adeliger 532
Bode, Wilhelm v., Kunsthistoriker, Generaldirektor der preuß. Kunstsammlungen in Berlin 238
Bogislaw V., Hg. v. Pommern-Wolgast 419
Boleslav s. Boleslaw
Boleslaw Chrobry, Kg. und Hg. v. Polen 159, 160, 167, 168, 169f., 173, 186
Boleslaw III., Kg. v. Polen 272
Boleslaw I., Hg. v. Böhmen 136
Boleslaw II., Hg. v. Böhmen 144, 145, 146, 149, 150, 157, 159, 168
Boleslaw III., Hg. v. Böhmen 168
Boleslaw, Hg. v. Kalisch 390
Boleslaw, Hg. v. Polen 255
Bolko III., Hg. v. Schweidnitz 389
Bombelles, Karl Gf. v. 679, 700
Bombelles, Marc Marie Marquis de 679
Bona, Hgn. v. Mailand, Prinzessin v. Savoyen 478

Bona Sforza, Kgn. v. Polen, Prinzessin v. Mailand 516, 518
Bonaparte, Carlo 679
Bonifaz(ius) I., Kg. v. Thessaloniki, Mgf. v. Montferrat 295
Bonifaz, Mgf. v. Tuszien-Canossa 188, 198
Bonifaz VII., P. 146, 150
Bonifatius (Winfried), ags. Missionar 16, 18
Bonifaz VIII., P. 380, 386f.
Bonifaz IX., P. 437, 441f.
Borgia, Lukrezia, Hgn. v. Ferrara 519
Borja, Francisco de (hl. Franz de Borja) 506f.
Boso, Kg. der Provence 74, 79, 81, 103
Boso, Gf. v. d. Bourgogne 118
Bovin, Nikolaus, Rat Kg. Ruprechts und Lehrer in Heidelberg 444
Breidbach, Emmerich Josef v., Fürsterzbf. v. Mainz 636
Bretislaw I., Hg. v. Böhmen 186f., 195
Brigida, Äbtissin v. St. Paul in Regensburg und Andlau, Schwester Heinrichs II. 165
Bruck, Karl Ludwig Freiherr v., österr. Handelsminister 691
Brun, sächs. Großer (Liudolfinger) 111
Brun, Sohn Ottos I. (früh verstorben) 141
Brun(o), Gf. v. Braunschweig 174, 183
Brun s. Papst Gregor V.
Brun, Ebf. v. Köln, Erzkanzler, archidux in Lotharingien, Bruder K. Ottos I. 116, 121, 131, 133, 134, 135, 136f., 145, 802
Bruno, Ebf. v. Köln, Gf. v. Berg 300
Bruno, Ebf. v. Trier 233, 234
Brun(o), Bf. v. Augsburg, Sohn Heinrichs d. Zänkers 165, 168, 193
Bruno, Bf. v. Toul s. Leo IX.
Bülow, Bernhard Fürst v., dt. Reichskanzler 773, 780, 777–779
Bunsen, Marie von 779
Buol-Schauenstein, Karl Graf, österr. Außenminister 705
Burchard II., Hg. v. Schwaben 106, 107, 112, 114, 115
Burchard III., Hg. v. Schwaben 131, 144

Burchard, Mgf. der bayer. Ostmark 145
Burchard I., alemann. Gf. 106
Burchard III., Gf. v. Hohenberg (Zollern-Hohenberg) 365
Burchard (oder Bardo), Gf. in Thüringen 101
Burchard, Bf. v. Worms 183
Burchard von Ursberg, Geschichtsschreiber 298
Burckhardt, Jacob, Historiker 11
Burián von Rajecz, Stefan Graf, österr. Außenminister 735f.
Buwin, Gf., Schwiegervater Karls des Kahlen 59

Cadalus, Bf. v. Parma s. Honorius II.
Calixtus II. (Guido, Ebf. v. Vienne), P. 238, 239, 240f.
Calixtus III., P. 286
Cangrande II. della Scala, Fs. v. Verona 414
Caprivi, Leo Gf. v., dt. Reichskanzler 771, 773f.
Cäcilia Renata, Kgn. v. Polen, T. K. Ferdinands II. 549
Canova, Antonio, Bildhauer 631
Carl-Otto/Heinrich, Sohn Friedrichs II., Statthalter im Kgr. Sizilien 350
Carlos (Don Carlos), Infant v. Spanien 506, 524, 145, 531
Castell-Rüdenhausen, Siegfried Fs. v. 787
Cavour, Camillo Benso Graf v., it. Ministerpräsident und Außenminister 705
Cecilie, Prinzessin v. Mecklenburg-Schwerin, Gemahlin Kronprinz Wilhelms v. Preußen 785
Chadolt, Bf. v. Novara 78
Charlotte, Ksn. v. Mexiko, Erzherzogin v. Österreich, Prinzessin v. Belgien 695f.
Charlotte, Kgn. v. Portugal, Infantin v. Spanien 680
Charlotte, Erzherzogin v. Österreich 742
Charlotte, Hgn. v. Sachsen-Meiningen, Prinzessin v. Preußen 767

Charlotte, Hgn. v. Sachsen-Meiningen, Prinzessin v. Preußen, Tochter K. Friedrichs III. 224, 767
Chigi, Fabio, päpstl. Legat 554f.
Childebrand, Sohn Pippins d. M., Historiograph 14, 17
Childerich III., merow. Kg. 18
Chlodwig, frk. merow. Kg. 37
Chlothar, frk. merow. Kg. 37
Christian II., Kg. v. Dänemark 489f.
Christian IV., Kg. v. Dänemark 544f.
Christian IX., Kg. v. Dänemark 707
Christian Ernst, Mgf. v. Brandenburg-Bayreuth 584
Christian v. Buch, Ebf. v. Mainz, Erzkanzler Friedrichs I. Barbarossa 285, 286, 287
Christina von Schweden, Großfsn. v. Kiew 269
Christine , Kgn. v. Dänemark, Prinzessin v. Sachsen 489
Christine, Erzherzogin, Tochter K. Ferdinands II. († als Kind) 548
Christine, Erzherzogin, Tochter Leopolds I. († als Kind) 577
Christine, Erzherzogin, Tochter K. Josefs II. († als Kind) 643
Christine, Hgn. v. Lothringen 501
Christine Luise, Hgn. v. Braunschweig-Wolfenbüttel 587
Christoph, Kg. v. Dänemark, Schweden und Norwegen 447
Christoph, Erzherzog v. Österreich, Sohn K. Friedrichs III. († als Kind) 476
Chrodegang, Ebf. von Metz 20
Clam-Martinitz, Heinrich Graf, österr. Ministerpräsident 737
Claude, Hgn. v. Lothringen 560
Claudia von Medici, Erzherzogin v. Österreich-Tirol, Prinzessin v. Toskana 552, 557
Claudia Felizitas, Erzherzogin v. Österreich-Tirol, Gemahlin K. Leopolds I. 559, 563, 575f.
Clemenceau, Georges Benjamin, frz. Ministerpräsident 735
Clemens II. (Suidger, Bf. v. Eichstätt), P. 192, 196, 200

Clemens III. (Wibert v. Ravenna), (Gegen-)P. 204, 218, 219, 220, 221, 223, 224, 227
Clemens III., P. 290, 299
Clemens IV., P. 354f.
Clemens V., P. 393, 395–397
Clemens VI., P. (Pierre Roger, Abt v. Fécamp) 420, 421f., 423
Clemens VII., P. 494, 498f., 508, 426, 434, 436
Clemens XI., Papst 582, 590, 601
Clemens Wenzeslaus, Ebf. v. Trier 640
Clementia s. a. Klementia
Clementia, Kgn. v. Neapel, Gemahlin Karls I. Martell v. Neapel, Gfn. v. Habsburg, Tochter Kg. Rudolfs I. von Habsburg 369, 374, 398
Cobbo, Gf., Gesandter Ludwigs des Deutschen an die Normannen 64
Cola di Rienzi, röm. Volkstribun und Humanist 423, 426
Cölestin III., P. 297, 299, 300, 302, 303, 304, 326
Cölestin IV., P. 343
Colloredo-Waldsee, Franz de Paula Reichsgraf von, Erzieher K. Franz II./I. 662
Colonna, Sciara, röm. Adeliger 409
Conrad von Hötzendorf, Franz Gf., k. u. k. Feldmarschall 733
Consalvi, Ercole Marchese Kard., päpstl. Nuntius am Wiener Kongreß 672
Constantin s. Konstantin
Constanze s. a. Konstanze
Contarini, Angelo, venez. Gesandter beim Westfälischen Frieden 518
Cosimo I. v. Medici, Großhg. v. Toskana 519, 543
Cosimo II. v. Medici, Großhg. v. Toskana 563
Cosimo III. v. Medici, Großhg. v. Toskana 560, 646
Crescentius II., Stadtherr v. Rom 150, 156, 157
Cuvillies, François, d. Ä., bayr. Hofarchitekt 602
Czernin, Ottokar Graf von, österr. Außenminister 733, 735
Czuber, Berta 728

Czuber, Emanuel 728

Dalberg, Karl Theodor von, Reichserz-
kanzler 655
Damad Ali, osman. Großwesir 590
Damasus II., P. 196
Daniel Brendel von Homburg, Kurfs.
und Ebf. v. Mainz 530
Datus, Bürger v. Bari 172
Daun, Leopold Gf. v., österr. Feldmar-
schall 620f.
Deák, Franz von, ungar. Politiker 688,
706, 709f.
Dedo, Mgf. der Niederlausitz, Gf. v.
Groitzsch, Herr v. Rochlitz 294
Desiderius, Hg. der Toskana, langob.
Kg. 20, 23, 24, 25, 26, 29, 37 (anony-
me Tochter des Desiderius, Gemahlin
Karls d. Gr.) 23, 24, 37
Dhuoda, Gemahlin Bernhards von Septi-
manien 52
Diepold III., Mgf. v. Vohburg 272
Dieter II., Gf. v. Katzenelnbogen 377,
378
Dieter, Ebf. v. Trier, Gf. v. Nassau 378
Dietho, Gf. v. Ravensburg 272
Dietrich I., Hg. v. Oberlotharingien
149, 151, 166, 167, 173, 250
Dietrich der Weise, Mgf. v. Landsberg
348
Dietrich (Theoderich), sächs. Gf., Vater
der Kgn. Mathilde 109
Dietrich I. v. Erbach, Ebf. v. Köln 470
Dietrich v. Moers, Ebf. v. Köln 453
Dietrich, Bf. v. Metz, Gf. v. Luxemburg,
Bruder der Ksn. Kunigunde 173
Dietrichstein, Franz Kard. von, päpstl.
Kardinallegat 547
Dietwin von S. Rufina, Kardinallegat
263
Dietrich (Diezmann), Mgf. v. Landsberg
und der Lausitz 379
Dimitri Sergejewitsch Graf Schereme-
tew 742
Dobrava, Fsn. v. Polen, Gemahlin
Mieszkos I. 136
Doda, Konkubine K. Lothars I. 58
Domitila, Geliebte Pedros I. v. Brasilien
681

Donata, Prinzessin v. Preußen, Prinzes-
sin v. Castell-Rüdenhausen 787
Donizo v. Sutri, Geschichtsschreiber
221
Dorothea, Prinzessin von Brandenburg-
Schwedt 660
Drogo, Gf. von Hauteville 196
Drogo, Abt v. Luxeuil, Bf. v. Metz, Ebf.,
Sohn Karls des Großen mit Regina
43, 48, 50, 51
Droysen, Johann Gustav, Historiker 744
Dudo-Heinrich, Gf. v. Laurenburg (v.
Nassau) 378
Dümmler, Ernst, Historiker 62

Eberhard, Hg. v. Bayern, Sohn Arnulfs
d. Bösen 118, 126
Eberhard, Hg. v. Franken, Bruder Kg.
Konrad I. 101, 106, 107, 110, 111,
112, 113, 117, 125–127
Eberhard, Hg. v. Lotharingien 94, 103
Eberhard, Mgf. von Friaul 59
Eberhard II., Gf. v. Württemberg 414,
435
Eberhard III., Gf. v. Württemberg 443,
445
Eberhard I., Ebf. v. Salzburg 284
Eberhard II., Bf. v. Bamberg 277, 286
Eberhardine, Kurfsn. v. Sachsen, Kgn. v.
Polen, Gemahlin Augusts des Star-
ken 584
Ebo, Gf. v. Mergentheim 259
Ebo, Ebf. v. Reims 47, 53, 54, 56
Edgith, Gemahlin K. Ottos I., Prinzessin
v. England 116, 123, 128, 129, 139,
140
Edmund Eisenseite, Kg. v. England 237
Edmund, Sohn Kg. Heinrichs III. v. Eng-
land 354
Eduard der Bekenner, Kg. v. England
232
Eduard I., Kg. v. England 374, 379, 380
Eduard II., Kg. v. England 437
Eduard III., Kg. v. England 408, 409
Eduard VII., Kg. v. England 776
Eduard, der schwarze Prinz v. England
429
Eduard, Kg. v. Portugal 470
Eduard, Hg. v. Anhalt 786

Eduard, Pfalzgf. v. Simmern 580
Edward s. Eduard
Egbert, sächs. Gf. 135
Egino 207
Ehrenfried s. Ezzo
Eichmann, Eduard, Historiker 797
Eike von Repgow 41
Einhard, Geschichtsschreiber, Biograph und Hofarchitekt Karls des Großen 14, 24, 28, 31, 33f., 35, 37, 40, 55, 56
Eitel Friedrich, Prinz v. Preußen, Sohn K. Wilhelms II. 785
Ekbert I., Mgf. v. Meißen 249
Ekbert, frk. Gf. im Staatsstreich von Kaiserwerth 206
Ekkehard, sächs. Großer 125
Ekkehard, Mgf. v. Meißen 166, 167, 168
Ekkehard von Aura, Geschichtsschreiber 230, 242f.
Eleonore (Helena) (Eleonore von Portugal), Infantin v. Portugal, Gemahlin K. Friedrichs III. 470, 472, 479, 484
Eleonore Gonzaga, Ksn., Prinzessin v. Mantua, Gemahlin K. Ferdinands II. 541f.
Eleonore Gonzaga II., Ksn., Prinzessin v. Mantua, Gemahlin K. Ferdinands III. 548, 553, 558, 560, 566
Eleonore von Aquitanien (Poitou), Kgn. v. England und Frankreich, Gemahlin Heinrichs II. v. England 293, 308
Eleonore, Kgn. v. Kastilien, Prinzessin v. England 285, 293, 295
Eleonore, Kgn. v. Portugal, Infantin v. Aragon 470
Eleonore, Kgn. v. Portugal und Frankreich, Erzherzogin v. Österreich 489, 491, 495–497, 501f., 512
Eleonore, Erzherzogin v. Österreich, Tochter K. Maximilians II. 528
Eleonore v. Toledo, Großhgn. v. Toskana 520
Eleonore von Medici, Hgn. v. Mantua, Prinzessin v. Toskana 541
Eleonore, Hgn. v. Mantua-Montferrat, Erzherzogin, Tochter K. Ferdinands I. 517f.
Eleonore, Hgn. v. Österreich, Prinzessin v. Schottland 432f.

Eleonore Magdalena, Pfalzgfn. v. Pfalz-Neuburg, Gemahlin K. Leopolds I. 558, 564, 575, 582, 588
Eleonore Maria Josefa s. Marie Eleonore
Elisabeth, Ksn. v. Österreich, Apostolische Kgn. v. Ungarn, Prinzessin in Bayern, Gemahlin K. Franz Josephs I. 695, 699, 706, 709f., 715, 717–719, 721
Elisabeth, Zarin v. Rußland 622
Elisabeth, Prinzessin v. Bayern, Gemahlin Kg. Konrads IV. 274, 348
Elisabeth von Braunschweig, Gemahlin Kg. Wilhelms von Holland 352
Elisabeth Przemysl, Kgn. v. Böhmen, Gemahlin K. Karls IV. 419, 420
Elisabeth von Pommern, Kgn. v. Böhmen, Gemahlin K. Karls IV., Prinzessin v. Pommern-Wolgast 419, 425, 450
Elisabeth, Kgn., Gemahlin Kg. Albrechts I., Prinzessin von Kärnten, Görz und Tirol 373, 384, 387f., 403
Elisabeth von Ungarn, Kgn., Prinzessin von Böhmen und Ungarn, Gemahlin Kg. Albrechts II., Tochter K. Sigismunds 452, 457, 463, 465f., 468, 471
Elisabeth, Burggfn. v. Nürnberg, Gemahlin Kg. Ruprechts I. von der Pfalz 440, 441
Elisabeth v. Aragon, Kgn., Gemahlin Friedrichs des Schönen 388, 400, 403
Elisabeth, Kgn. v. Böhmen, Gemahlin Rudolfs III. 388
Elisabeth, Kgn. v. Böhmen, Gemahlin Kg. Johanns 390, 395, 398
Elisabeth von Bayern, Kgn. v. Frankreich s. Isabeau de Bavière
Elisabeth, Kgn. v. Frankreich, Gemahlin Karls IX. 527
Elisabeth, Kgn. v. Polen, Hgn. v. Österreich, Tochter Kg. Albrechts II. 467
Elisabeth, Kgn. v. Polen, Erzherzogin, Tochter Ferdinands I. 516, 518, 525
Elisabeth, Kgn. v. Schweden, Hgn. v. Mecklenburg 429
Elisabeth, Kgn. v. Spanien, Gemahlin Philipps II. 504, 527

Elisabeth, Kgn. v. Ungarn, Gemahlin
Karls II. Robert 413
Elisabeth, Kgn. v. Ungarn, Prinzessin v.
Polen und Bosnien, Gemahlin Karls I.
Robert v. Anjou 428, 450
Elisabeth, Erzherzogin v. Österreich,
Tochter Erzherzog Karl Ludwigs
724
Elisabeth, Großhgn. v. Oldenburg, Prin-
zessin v. Preußen 785
Elisabeth Visconti, Hgn. v. Bayern-Mün-
chen, Gemahlin Hg. Ernsts 447
Elisabeth, Hgn. v. Kärnten, Gfn. v. Görz
und Tirol, Gemahlin Meinhards II.
384
Elisabeth, Hgn. v. Lothringen, Hgn. v.
Österreich, Tochter Kg. Albrechts I.
390
Elisabeth, Hgn. v. Niederbayern, Prinzes-
sin v. Ungarn 373
Elisabeth, Hgn. v. Kärnten, Gfn. v. Görz
und Tirol, Gemahlin Meinhards II.
384
Elisabeth, Hgn. v. Lothringen, Hgn. v.
Österreich, Tochter Kg. Albrechts I.
390
Elisabeth, Hgn. v. Niederbayern, Prinzes-
sin v. Ungarn 373
Elisabeth, Hgn. v. Ober- und Niederbay-
ern, Prinzessin von Sizilien 410f.,
412
Elisabeth von Böhmen, Hgn. v. Öster-
reich, Gemahlin Albrechts III., Toch-
ter Karls IV. 429
Elisabeth, Hgn. v. Österreich, Gfn. v.
Virneburg 389
Elisabeth, Hgn. v. Österreich, Prinzessin
v. Niederbayern 389
Elisabeth, Hgn. v. Österreich, Tochter
Friedrichs des Schönen 404
Elisabeth von Luxemburg, Hgn. v. Öster-
reich 409–411
Elisabeth v. d. Pfalz, Hgn. v. Österreich,
Gemahlin Friedrichs IV., Tochter Kg.
Ruprechts v. d. Pfalz 443, 446
Elisabeth, Hgn. v. Parma, Prinzessin v.
Frankreich 631, 633
Elisabeth, Kurfsn. v. Pfalz-Neuburg
560, 563

Elisabeth von Kalisch, Hgn. v. Schlesien
390
Elisabeth, Fsn. v. Verona, Gfn. v. Würt-
temberg, Tochter K. Ludwigs IV. d.
Bayern 414
Elisabeth von Arnshaugk, Mgfn. v.
Meißen, Lgfn. v. Thüringen 412
Elisabeth, Lgfn. v. Thüringen, hl. 335,
341, 344, 350
Elisabeth v. Meißen, Burggfn. v. Nürn-
berg(-Hohenzollern) 430, 440
Elisabeth, Gfn. v. d. Mark, v. Sponheim
und Vianden 441, 443, 445
Elisabeth, Gfn. v. Württemberg, Gfn. v.
Henneberg-Schleusingen 414
Elisabeth, Erzherzogin v. Österreich,
Tochter Maria Theresias, Äbtissin des
Damenstifts Innsbruck 628, 631, 637
Elisabeth Amalie, Erzherzogin v. Öster-
reich, Tochter Karl Ludwigs 728
Elisabeth Charlotte, Prinzessin v. Liech-
tenstein, Erzherzogin v. Österreich
742
Elisabeth Charlotte, Hgn. v. Lothringen,
Prinzessin v. Orléans 608–610
Elisabeth Charlotte, Hgn. v. Orléans s.
Liselotte v. d. Pfalz
Elisabeth Christine von Braunschweig-
Wolfenbüttel, Ksn. v. Österreich,
Kgn. v. Spanien, Gemahlin K.
Karls VI. 587f., 596, 608
Elisabeth Maria, Erzherzogin, Tochter
Kronprinz Rudolfs 722
Elisabeth Wilhelmine, Prinzessin von
Württemberg, Gemahlin von K.
Franz I. 651, 653, 660, 677, 679
Ellinrat, Konkubine K. Arnulfs von
Kärnten 83, 90
Ellinrat, Tochter K. Arnulfs 86, 90
Embricho, Bf. v. Würzburg 253, 262
Emma, Kgn. v. Frankreich, Gemahlin
Kg. Lothars, Tochter der Ksn. Adel-
heid 139, 146
Emmerich, Kg. v. Ungarn 294
Engelbert III., Gf. v. d. Mark 441, 445
Engelbert I. von Berg, Ebf. von Köln
331
Engelbert II. von Falkenberg, Ebf. v.
Köln 365

Engelschalk II., Mgf. von Pannonien 86, 90

Engildeo, Gf. im bayr. Nordgau 86

Enzio (Heinrich), Kg. v. Sardinien, Generallegat in Ober- und Mittelitalien, Sohn Friedrichs II. 342, 345, 351, 355

Eötvös, Joseph Freiherr von 688, 710

Erchanger, Hg. v. Schwaben 105, 106, 107

Erchanger (Erchangar), elsäss. Gf. 66, 73, 79

Erchenbald, Ebf. v. Mainz 175

Erdödy, Thomas Graf von 733

Erich XII., Kg. v. Schweden 415

Erich, Hg. v. Schweden 414

Erlung, Bf. v. Würzburg 262

Ermengard (Irmgard), Gemahlin K. Ludwigs des Frommen 46, 61

Ermengard, Ksn., Gemahlin Lothars I. 58

Ermengard (Engelberga), Kgn. der Provence, Tochter K. Ludwigs II. 79, 82

Ermengard, Äbtissin von Buchau und Frauenchiemsee, Tochter Kg. Ludwigs des Deutschen 70

Ermentrud, westfrk. Kgn., Gemahlin Karls d. Kahlen 59

Ernst, Erzherzog v. Österreich, Statthalter in Österreich, Steiermark, Ungarn, den Niederlanden 526, 531f., 536f.

Ernst, Hg. v. Bayern-München 442, 447

Ernst, Fürst v. Hohenberg, Sohn Erzherzogs Franz Ferdinands 724, 726f.

Ernst der Eiserne, Hg. v. Österreich und Steiermark 464ff., 471

Ernst II., Hg. v. Sachsen-Coburg-Gotha 753

Ernst, Kurfs. und Hg. v. Sachsen-Wittenberg 489

Ernst I., Hg. v. Schwaben 174, 183, 185

Ernst II., Hg. v. Schwaben 174, 185, 187

Ernst, Mgf. im bayr. Nordgau (und seine ungenannte Tochter, Gemahlin Karlmanns, Sohn Ludwigs des Deutschen) 66, 72

Ernst August, Hg. v. Braunschweig-Lüneburg 786

Ernst August, Hg. v. Braunschweig-Lüneburg, Gemahl der preuß. Prinzessin Viktoria Luise 239, 244, 786

Erthal, Friedrich Karl Josef von, Ebf. v. Mainz 640, 645, 661

Erwin, Gf. v. Merseburg 109, 111

Eskil, Ebf. v. Lund 281

Esterházy, Emmerich Gf., Primas v. Ungarn 613

Eufemia, Hgn. v. Mecklenburg 414

Eugen, Prinz v. Savoyen-Carignan (Prinz Eugen), ksl. Feldherr 568f., 571f., 573f., 581–583, 588f., 590f., 592, 594–596, 601

Eugen Moritz, Fürst von Savoyen-Carignan 568

Eugen, Fs. v. Ligne 742

Eugen III., P. 265, 267, 277

Eugen IV., P. 66, 450, 455

Ezzelino da Romano, Podestà v. Verona 351

Ezzelino il Monacho, Podestà v. Treviso, Vicenza, Verona 351

Ezzo, Pfalzgf. v. Lotharingien 152, 160, 166, 174

Fabricius, Sekretär der österr. Statthalterei in Prag 538

Falckenhayn, Erich von, preuß. Kriegsminister, Chef des Generalstabes des Feldheeres 1914–1916 240

Fastrada, Gemahlin Karls des Großen 23, 37, 38

Felix Friedrich, Erzherzog v. Österreich 741

Ferdinand I., K., röm.-dt. Kg., Kg. v. Böhmen und Ungarn 244, 411f., 424, 460, 483, 485, 490f., 496–502, 505, 509, 510–520, 523, 525

Ferdinand II., K., röm.-dt. Kg., Kg. v. Böhmen und Ungarn 540–550, 553, 556

Ferdinand III., K., röm.-dt. Kg. v. Böhmen und Ungarn 524, 546–549, 551–561, 563f., 609

Ferdinand III./I., K. v. Österreich, Apostolischer Kg. v. Ungarn (als Ferdinand V.), Kg. v. Böhmen, langob.-venet. Kg. 832, 657f., 678, 680, 684–697, 670f.

Ferdinand IV., röm. Kg., Kg. v. Böhmen und Ungarn 556–558, 564

Ferdinand I. v. Antequera, Kg. v. Aragon 470

Ferdinand II. der Katholische, Kg. v. Aragon (als Ferdinand V. Kg. v. Kastilien) 481f., 485f., 491, 495, 501, 504

Ferdinand III., Kg. v. Kastilien und León, hl. 318, 353

Ferdinand II., Kg. v. Böhmen und Ungarn, Erzherzog von Innerösterreich 538f.

Ferdinand III./I., Kg. v. Neapel-Sizilien 628, 632, 651, 653, 656, 660, 675, 682

Ferdinand II. Karl, Kg. v. Neapel-Sizilien 697

Ferdinand II., Kg. v. Portugal 727

Ferdinand, Kg. v. Spanien, Sohn Philipps II. 531

Ferdinand, Infant v. Spanien († als Kind) 505

Ferdinand, Erzherzog v. Österreich, Sohn Maximilians II. († als Kind) 526

Ferdinand II., Erzherzog v. Österreich-Tirol 514, 517, 523, 535, 542

Ferdinand, Erzherzog von Österreich-Toskana, Großherzog der Toskana 666

Ferdinand I., Großherzog v. Toskana 552

Ferdinand I., Hg. v. Parma 628, 653, 682

Ferdinand, Prinz v. Sachsen-Coburg-Gotha 681

Ferdinand III., Erzherzog von Österreich, Großhg. der Toskana, Sohn Maria Theresias 628, 649–651, 653f.

Ferdinand Josef Alois, Erzherzog, Sohn K. Ferdinands III. († als Kind) 561

Ferdinand Karl, Erzherzog v. Österreich-Tirol 563

Ferdinand Karl d'Este, Hg. v. Modena-d'Este, Erzherzog v. Österreich, Sohn Maria Theresias 619, 628, 632f., 660, 685

Ferdinand Karl, Erzherzog v. Österreich (Ferdinand Burg), Sohn Karl Ludwigs 728f.

Ferdinand Maria, Kurfürst v. Bayern 565

Ferdinand Maria Innozenz, ksl. Feldmarschall, Sohn Kurfs. Max Emanuels 601

Ferdinand Wenzel, Erzherzog v. Österreich († als Kind) 576

Fernando, Hg. v. Viseu 489

Festetics, Marie Gräfin, Ehrendame der Ksn. Elisabeth 719

Filippo Maria Visconti, Hg. v. Mailand 455

Fleury, André Hercule de, Kard., frz. Staatsmann 603, 612, 615

Flodoard von Reims, Geschichtsschreiber 117

Florentius IV., Gf. v. Holland 344

Florentius V., Gf. v. Holland 344

Florus von Lyon, westfrk. Gelehrter 56

Folkmar, Bf. v. Utrecht 148

Formosus, P. 83, 87

Frangepáni, Franz, ungar. Adeliger 566

Franz I. Stephan (Franz III. Stephan, Hg. von Lothringen), K., röm.dt. Kg., Großherzog v. Lothringen, Gemahl Maria Theresias 455, 461, 560f., 593, 595, 598, 605, 607–619, 637, 646, 653, 656, 682, 788, 796

Franz II./I., röm.-dt. K., K. v. Österreich und Apostolischer Kg. v. Ungarn 642, 651–653, 659–683, 685, 687, 693, 700, 791, 798, 802, 805, 806

Franz I., Kg. v. Frankreich 489, 495–499, 568

Franz I., Kg. v. Neapel-Sizilien 656

Franz I. von Medici, Großhg. v. Toskana 529, 541

Franz, Erzherzog, Sohn K. Maximilians I. († als Kind) 489

Franz, Hg. von Braunschweig, preuß. Feldmarschall 621

Franz, Hg. v. Carrara 442

Franz I., Hg. v. Lothringen 541, 548

Franz III., Hg. v. Mantua-Montferrat 518

Franz IV., Hg. v. Mantua 552

Franz, Hg. v. Modena-d'Este 619

Franz v. Assisi, hl. 335

Franz Ferdinand, Erzherzog von Österreich-d'Este 475, 680, 715, 723–727, 732, 739

Franz Joseph I. (Franz Joseph Karl), K. von Österreich, Apostol. Kg. v. Ungarn 682, 685, 689, 692, 694f., 698–729, 732, 739, 781, 801

Franz Karl, Erzherzog, Vater K. Franz Josephs I. 682, 686f., 692f., 695, 718

Franz Ludwig Johann Baptist, Gf. v. Meran, Sohn Erzhg. Johanns 657

Franz Salvator, Erzherzog 719

Frechulf von Lisieux, Bf. 56

Fredegar, Historiograph 14, 17

Freytag, Gustav, Schriftsteller 751, 765f.

Friedrich I. Barbarossa, K., röm.-dt. Kg. 40, 244, 266, 267, 268, 270, 271–295, 297, 298, 299, 306, 308, 310, 322, 324, 330, 334, 338, 346, 357, 425

Friedrich II. (Konstantin Friedrich Roger), K., röm. Kg., Kg. v. Sizilien, Kg. v. Jerusalem 11, 225, 291, 301, 302, 303, 304, 310, 312, 315, 319–351, 352, 353, 354, 355, 356, 357, 360, 362, 363, 366, 380, 395, 396

Friedrich III., K., röm.-dt. Kg., Kg. v. Ungarn (als Friedrich V. Hg. v. Österreich) 10, 465f., 469–476, 479f., 424, 460, 798, 800, 801

Friedrich III. (Friedrich Wilhelm), dt. K., Kg. v. Preußen 713, 752, 759, 761, 762–768, 771, 772f., 761, 770

Friedrich III. der Schöne, röm.-dt. Kg., Hg. v. Österreich 363, 388, 399–404, 407–409, 460

Friedrich I., Kg. v. Preußen (als Friedrich III. Kurfürst v. Brandenburg) 573

Friedrich II. der Große, Kg. v. Preußen 570, 573, 595, 603f., 613–623, 639, 744, 766

Friedrich I., Großhg. v. Baden 756, 761

Friedrich, Sohn Friedrichs II. (früh verstorben) 350

Friedrich (IV.) von Rothenburg, Sohn Konrads III. 267, 270, 275, 286, 309

Friedrich, Sohn Kg. Philipps von Schwaben (früh verstorben) 318

Friedrich, Sohn Kg. Heinrichs (VII.) 347

Friedrich von Antiochia, Sohn K. Friedrichs II., Generalvikar in der Mark

Ancona und der Toskana, Podestà v. Florenz 351

Friedrich, Prinz von Augustenburg 707

Friedrich IV., Hg. v. Lothringen 391

Friedrich v. Vaudemont-Joinville, Hg. v. Lothringen 609

Friedrich II., Hg. v. Mantua 518

Friedrich von Luxemburg, Hg. v. Niederlotharingien 194

Friedrich, Hg. v. Oberlotharingien 133, 149

Friedrich, Hg. v. Österreich, Sohn Friedrichs des Schönen († als Kind) 404

Friedrich II. der Streitbare, Hg. v. Österreich und Steiermark 341, 345

Friedrich IV. (Friedel mit der leeren Tasche), Hg. v. Österreich, Gf. v. Tirol 443, 446, 464–466, 471

Friedrich I., Hg. v. Österreich und Steiermark, Sohn Kg. Albrechts I. 386

Friedrich II. der Streitbare, Hg. v. Österreich und Steiermark 341, 345, 367

Friedrich, Prinz v. d. Pfalz, Sohn Kg. Ruprechts I. v. d. Pfalz († als Kind) 445

Friedrich I. der Streitbare, Kurfürst v. Sachsen, Mgf. v. Meißen 467, 454

Friedrich, Prinz v. Sachsen-Meiningen 785

Friedrich, Hg. v. Schleswig-Holstein-Sonderburg-Augustenburg 770

Friedrich, Hg. v. Schwaben, Sohn Friedrichs I. Barbarossa 285, 293, 298

Friedrich I. von Staufen, Hg. v. Schwaben 216, 217, 221, 228, 231, 241, 259, 262

Friedrich II. der Einäugige, Hg. v. Schwaben 241, 242, 243, 251, 252f., 255, 260f., 262f., 272, 275, 344

Friedrich V. (Konrad), Hg. v. Schwaben, Sohn Friedrichs I. Barbarossa 272, 289, 294, 298

Friedrich, Lgf. v. Hessen-Kassel 768

Friedrich I. der Freidige, Mgf. v. Meißen, Lgf. v. Thüringen 350, 356, 379, 412

Friedrich II. der Ernsthafte, Mgf. v. Meißen, Lgf. v. Thüringen 408, 412

Friedrich Tuta, Mgf. v. Meißen 379

Friedrich von Zollern, Burggraf von Nürnberg 367

Friedrich V. von Hohenzollern, Burggraf von Nürnberg 440, 441, 430, 451, 453, 454

Friedrich VI. von Hohenzollern, Burggraf v. Nürnberg 402, 442

Friedrich von Büren, Gf., Ahnherr der Staufer 259, 262

Friedrich I., Gf. v. Formbach 249

Friedrich, Gf. im Riesgau (Staufer) 262

Friedrich I., Gf. v. Saarbrücken 260

Friedrich III., Gf. v. Veldenz 447

Friedrich, Kard., Ebf. v. Gnesen, Bf. v. Krakau 468

Friedrich, Ebf. v. Köln 234, 236, 237, 240, 253

Friedrich, Gf. v. Berg, Ebf. v. Köln, Kurfs. 442

Friedrich, Ebf. v. Mainz 126, 130f.,

Friedrich, Bf. v. Prag, Gf. v. Putelendorf 273

Friedrich August I. s. August der Starke

Friedrich August II., Kf. v. Sachsen, als August III. Kg. v. Polen 571, 584, 592–594, 630, 632f., 645, 605, 623

Friedrich August, Großhg. v. Oldenburg 785

Friedrich Christian, Kf. v. Sachsen 624, 266

Friedrich Christian Leopold, Kurfs. v. Sachsen 605

Friedrich Ferdinand, Hg. zu Schleswig-Holstein-Sonderburg-Glücksburg 786

Friedrich Franz III., Großhg. v. Mecklenburg-Schwerin 785

Friedrich II. Eugen, Hg. v. Württemberg 655, 660

Friedrich Johann, Kurfürst v. Sachsen 499

Friedrich Karl, Lgf. v. Hessen-Kassel 768

Friedrich Wilhelm II., Kg. v. Preußen 651

Friedrich Wilhelm III., Kg. v. Preußen 673f., 748, 758

Friedrich Wilhelm IV., Kg. v. Preußen 692, 702, 749f., 752, 758

Friedrich Wilhelm, Prinz v. Preußen, Sohn Louis Ferdinands 787

Friedrich Wilhelm, Kurfürst v. Brandenburg (der Große Kurfürst) 565, 567f., 570f., 744

Friedrich Wilhelm, Fs. v. Nassau-Weilburg 654

Friedrich Wilhelm, Mgf. v. Brandenburg-Schwedt 660

Frundsberg, Georg von, dt. Landsknechtsführer 497

Fuchs, Charlotte Gfn., Erzieherin Maria Theresias 611

Fulko, Ebf. v. Reims 86

Fürstenberg, Maximilian Egon Fürst v., dt. General und Politiker 565

Fux, Johann Joseph, österr. Organist und Hofkapellmeister 588

Gablenz, Ludwig Freiherr von, österr. Statthalter in Holstein 708

Gagern, Heinrich Reichsfreiherr v., liberaler dt. Politiker, Präsident der dt. Nationalversammlung 1848 702

Galeazzo Maria Sforza, Hg. v. Mailand 478, 481

Gallus Anonymus, Geschichtsschreiber 159

Gaston II., Gf. v. Foix 807, 511

Gaudentius (Radim), Ebf. v. Gnesen 159

Geba (Gertrud) von Comburg 259

Gebhard, Hg. v. Lotharingien 103, 115

Gebhard, Gf. v. Supplinburg, Vater K. Lothars III. 249, 250

Gebhard, Bf. v. Eichstätt s. Viktor II.

Gebhard, Bf. v. Regensburg 199

Gedemin, Fs. v. Litauen 410

Gelasius II. (Johannes v. Gaeta), P. 238f.

Georg von Podiebrad, Kg. v. Böhmen 471, 85473

Georg I., Kg. v. England 590

Georg II., Kg. v. England 603f., 615

Georg V., Kg. v. England 781

Georg I., Kg. v. Griechenland 768

Georg, Kg. von Sachsen 727

Georg, Hg. zu Mecklenburg 742

Georg, Hg. v. Österreich, Sohn Kg. Albrechts II. († als Kind) 466f.

Georg II. Rákóczi, Fs. 565

Georg, Hg. v. Sachsen-Meiningen 741

PERSONENREGISTER

Georg II., Hg. v. Sachsen-Meiningen
767
Georg II., Lgf. v. Hessen-Darmstadt
560, 563
Georg Friedrich, Prinz v. Preußen 787
Georg Wilhelm, Lgf. v. Hessen-Darm-
stadt 660
Gerald, Patriarch v. Jerusalem 335, 336
Gerberga, Gemahlin Karlmanns, des Bru-
ders Karls des Großen 25
Gerberga, Kgn. v. Frankreich, Hgn. v.
Lotharingien, Tochter Kg. Hein-
richs I., Gemahlin Hg.s Giselberts v.
Lotharingien und Königs Lud-
wigs IV. von Frankreich 14, 120,
127, 128, 133, 149, 166
Gerberga, Hgn. v. Schwaben, Mutter der
Ksn. Gisela 182
Gerberga, Konkubine Konrads III. 259,
269
Gerberga, Äbtissin v. Frauenchiemsee
165
Gerbert v. Aurillac s. Silvester II.
Gerhard, Hg. v. Oberlotharingien 194
Gerhard, Gf., Schwager Heinrichs I. 109
Gerhard, Gf. v. Auvergne 59
Gerhard, Gf. v. Berg, Jülich und Ravens-
berg 446
Gerhard II. v. Eppstein, Ebf. v. Mainz
379, 380, 384
Gerlach, Gf. v. Hohenlohe, ksl. Land-
und Hofrichter 413
Gerlach I., Gf. v. Isenburg-Limburg
377, 378
Gerlach, Gf. v. Nassau, Bruder Kg.
Adolfs v. Nassau 381
Gero, Mgf. der Ostmark 125, 137
Gerolama Orsini, Hgn. v. Parma und Pia-
cenza 507
Gerold, Schwager Karls des Großen,
Statthalter im Hzm. Bayern 27
Gerold, frk. Gf., Vater der Hildegard 23
Gerswind, Konkubine Karls des Großen
23
Gertrud von Rothenburg-Comburg, Ge-
mahlin Konrads III. 259, 262, 269
Gertrud von Sulzbach, Gemahlin Kon-
rads III. 259, 264, 270
Gertrud, Tochter Kg. Konrads III. 269

Gertrud, Kgn., Hgn. v. Österreich, Ge-
mahlin Kg. Heinrichs Raspe 345
Gertrud von Supplinburg, Hgn. v.
Bayern, Mgfn. v. Österreich, Tochter
K. Lothars III., Gemahlin Heinrichs
d. Stolzen und Heinrichs II. Jasomir-
gott 250, 252, 257, 260, 261, 264, 308
Gertrud, Hgn. von Braunschweig 249,
251
Gertrud, Hgn. v. Österreich 345
Gertrud von Sachsen, Gemahlin Hein-
richs von Rothenburg, Tochter Hein-
richs des Löwen 270, 309
Gertrud von Haldensleben, Großmutter
K. Lothars III. 249, 251
Gertrud (Agnes Gertrud), Hgn. v. Sach-
sen-Wittenberg, Gfn. v. Habsburg,
Gemahlin Hg. Albrechts II., Tochter
Kg. Rudolfs I. von Habsburg 19, 22
Gertrud Anna von Hohenberg, Kgn., Ge-
mahlin Rudolfs I. 14, 19f., 339
Géza I., Kg. v. Ungarn 160
Géza II., Kg. v. Ungarn 264
Gheenst, Johanna van der 533
Giesebrecht, Wilhelm von, dt. Histori-
ker 221
Giovanni Galeazzo (Giangaleazzo) Vis-
conti, Hg. v. Mailand, Reichsvikar in
Italien 436
Giovanni Galeazzo II. (Giangaleazzo)
Visconti, Hg. v. Mailand 516, 518
Giraldus Cambrensis, walis. Geschichts-
schreiber 303
Gisela, Ksn., Gemahlin K. Konrads II.
97, 174, 182, 183, 184, 187, 192
Gisela, Tochter K. Ludwigs des From-
men 59
Gisela, Tochter Heinrichs III. 202
Gisela, Kgn. v. Ungarn, Schwester K.
Heinrichs II. 160, 165
Gisela, Erzherzogin, Tochter Franz Jo-
sephs I. 718, 720
Gisela, Hgn. v. Bayern, Gemahlin Hein-
richs des Zänkers 165, 170
Gisela von Langenselbold-Gelnhausen
260
Giselbert, Sohn Kg. Konrads III. 269
Giselbert, Hg. v. Lothringen 113, 114,
120, 125, 126f.

Giselbert, Gf. v. Salm 218
Giselher, Ebf. v. Magdeburg 147, 157
Gisla, Tochter Karls des Großen mit Hildegard 37, 43, 48
Gisla, Schwester Karls d. Großen 98
Gisla, Tochter Kg. Ludwigs des Deutschen 70
Glismoda, frk. Gfn., Mutter Kg. Konrads I. 101
Godehard, Bf. v. Hildesheim, hl. 176, 186
Görgey, Arthur von, General, ungar. Ministerpräsident 701
Goethe, Johann Wolfgang von 508, 617, 622f., 788, 793
Goluchowski, Agenor d. Ä. Gf., österr.-ungar. Minister des Äußern 705f.
Gottfried, norm. Häuptling und Herr von Friesland 79
Gottfried der Bärtige, Hg. v. Oberlotharingien, Gemahl der Beatrix v. Canossa 194, 198, 207
Gottfried, Hzg. v. Niederlothringen 136
Gottfried der Bucklige, Hg. v. Niederlotharingien 207, 213
Gottfried von Verdun, Hg. v. Niederlotharingien 173, 233
Gottfried von Löwen, Hg. v. Niederlotharingien 233, 264
Gottfried, norm. Heerführer 87
Gottfried Plantagenêt, Gf. v. Anjou, Gemahl der Ksn. Mathilde 243
Gottfried von Anjou, Bruder Kg. Heinrichs II. v. England 243
Gottfried, Gf. v. Sponheim 273
Gottfried „der Gefangene von Verdun", Gf. v. Verdun, Statthalter in Lotharingien 133, 149f., 173
Gottfried, Patriarch v. Aquileja 297
Gottfried, Ebf. v. Mailand 209, 211
Gottfried von Viterbo 298
Göttrig, dän. Kg. 30
Gottschalk, sächs. Gelehrter 56
Gottschalk, Propst von St. Marien in Aachen, Propagandist Heinrichs IV. 227
Gozelo, Hg. v. Nieder- und Oberlotharingien 173, 186, 194
Gozelo II., Hg. v. Niederlotharingien 194

Gramont, Antoine Hg. v., frz. Außenminister 754
Gregor III., P. 17
Gregor IV., P. 53
Gregor V. (Brun), P. 156f., 158, 180
Gregor VI. (Johannes Gratianus), P. 195f.
Gregor VII. (Hildebrand), P. 209, 210–215, 216f., 218, 219, 220, 223, 224, 245
Gregor VIII. (Mauritius von Braga), P. 238f.
Gregor IX., P. (Hugo v. Ostia) 313, 322, 331, 335, 336, 337, 338, 339, 340, 341, 342, 343, 344
Gregor X., P. 366, 368
Gregor XI., P. 353, 425f., 434
Gregor XII., P. 444, 454, 465
Gregor XIII., P. 509
Gregor von S. Angelo, Kardinallegat 272
Grifo, Sohn Karl Martells 17
Grimald, Abt von St. Gallen, Erzkapellan Ludwigs des Deutschen 68
Gröner, Wilhelm, dt. General, Generalquartiermeister 785
Grünne, Karl Ludwig Gf. 674
Gruscha, Anton Kardinal, Fürstebf. von Wien 723
Guglielmo, Judex von Gallura 351
Guido, Ebf. v. Vienne s. Calixtus II.
Guido, Kardinallegat 312
Gunhild von Dänemark/Kunigunde, Gemahlin Heinrichs III. 186, 190, 201
Günter H., dt. Historiker 244
Günter, Gf. v. Schwarzburg, (Gegen)König zu K. Karl IV. 422
Günther, Gf. v. Rethel 297
Guntram der Reiche, elsäss. Gf., habsburgischer Spitzenahn 363, 367
Gunzelin, Bruder Mgf. Ekkehards von Meißen 168
Gustav II. Adolf, Kg. v. Schweden 544–546

Hadamar, Abt von Fulda 132
Hadrian I., P. 26, 37, 39
Hadrian III., P. 79
Hadrian IV., P. 273, 278, 279, 280, 281, 283
Hadrian VI. (Adrian Florszoon), P. 495

Hadwig, Gfn., Mutter Kg. Heinrichs I.
109, 111
Hadwig, Tochter Heinrichs I. 120, 126,
166
Hadwig, Tochter Hg. Heinrichs v.
Bayern, Gemahlin Hugos v. Franzien
und Burchards III. v. Schwaben 131,
133, 144
Hamerling, Robert, Schriftsteller 721
Hampe, Karl, dt. Historiker 189, 223,
244
Harald Blauzahn, Kg. v. Dänemark 138,
145
Harden, Maximilian, dt. Publizist 774
Hardenberg, Carl August Fürst von,
preuß. Staatskanzler 744
Hartmann, Gf. v. Habsburg, Sohn Kg.
Rudolfs I. 374
Hartmann XI., Gf. v. Lobdaburg-Arns-
haugk 412
Hartnid, Enkel Karls des Großen 43
Harun ar-Raschid, Kalif v. Bagdad 33
Hatheburg, Gemahlin Heinrichs I. 109,
111, 120, 126
Hatto, Ebf. v. Mainz 85, 92, 107
Haugwitz, Friedrich Wilhelm Graf
618
Haustal, Franz von, Major, Erzieher
Franz Josephs I. 700
Haydn, Josef, Komponist 676
Haynau, Julius Freiherr von, Generalgou-
verneur in Ungarn 703
Hedwig, Großfürstin v. Litauen, Prinzes-
sin v. Ungarn, Gemahlin Jagiellos
451
Hedwig, Hgn. v. Oberlothringen, Gfn. v.
Supplinburg, Mutter K. Lothars III.
249, 250
Hedwig, Mgfn. v. Brandenburg, Gfn. v.
Habsburg, Tochter Kg. Rudolfs I.
370, 374
Hedwig, Gfn. v. Luxemburg, Mutter der
Ksn. Kunigunde 165
Heilwich, Mutter der Ksn. Judith 46
Heilwig von Kyburg, Gfn. v. Habsburg
367
Heinrich I., Kg. 105, 106, 107, 108–121,
123, 124, 125, 126, 128, 129, 130, 133,
141, 149, 165, 166, 170, 173, 183

Heinrich II., K. 151, 156, 159, 164–177,
180, 183, 186, 187, 189
Heinrich III., K. 185, 186, 187, 188,
190, 191–202, 204, 205, 213, 226, 236,
237, 244
Heinrich IV., K., röm.-dt. Kg. 192, 197,
198f., 202, 203–228, 230, 231, 232,
236, 241, 243, 244, 245, 250, 257, 259,
262, 281, 322, 443
Heinrich V., röm.-dt. K. 222, 223f., 225,
228, 229–243, 244, 245, 250, 251, 252,
256, 260, 262, 322
Heinrich VI., K., röm.-dt. Kg. 286,
289f., 291, 293, 296–304, 310, 320,
324, 325, 328, 330
Heinrich (VII.), Kg. 329, 330f., 338f.,
341, 347
Heinrich VII., K., röm.-dt. Kg., langob.
Kg. 392–398, 362f., 380, 401
Heinrich Raspe, röm.-dt. Kg., Lgf. v.
Thüringen 344, 353, 360, 362
Heinrich, Kg. v. Böhmen, Hg. v. Kärn-
ten 387
Heinrich I., Kg. v. England 230, 232,
233, 237, 239, 241f., 243
Heinrich II., Kg. v. England 243, 274,
284, 285, 288, 293, 308
Heinrich III., Kg. v. England 340, 354,
360
Heinrich IV., Kg. v. England 442, 446
Heinrich V., Kg. v. England 454
Heinrich VII., Kg. v. England 481
Heinrich VIII., Kg. v. England 504
Heinrich I., Kg. v. Frankreich 187, 190,
195, 198
Heinrich II., Kg. v. Frankreich 504, 527
Heinrich III., Kg. v. Frankreich 525f.
Heinrich I., Kg. v. Portugal 505, 507
Heinrich, Prinz v. Preußen, Großadmiral
und Generalinspekteur der dt. Mari-
ne, Oberbefehlshaber der dt. Seestreit-
kräfte in der Ostsee 767
Heinrich II., Kg. v. Zypern 411
Heinrich, Sohn K. Heinrichs IV. (früh
verstorben) 228
Heinrich (VI.), Kg., Sohn Konrads III.
265, 267, 270
Heinrich, Sohn Kg. Heinrichs (VII.)
347

Heinrich, Sohn Kg. Manfreds v. Sizilien 349, 356
Heinrich, Sohn K. Karls IV. (früh verstorben) 430
Heinrich d. Jüngere, Hg. v. Bayern 116, 121, 126f., 129, 130, 140, Bruder Ottos I. 165, 166
Heinrich der Zänker, Hg. v. Bayern 133, 144, 145, 148, 149, 151, 156, 165, 166
Heinrich, Hg. v. Bayern und Kärnten 145, 148, 149
Heinrich IX. der Schwarze, Hg. v. Bayern 233, 252, 253, 257, 260, 262
Heinrich X. der Stolze, Hg. v. Bayern 252, 254, 255, 256, 257, 260, und Sachsen 263f., 308
Heinrich, Hg. v. Bayern, Gf. v. Luxemburg, Bruder des Ksn. Kunigunde 173, 174, 194
Heinrich IV. der Reiche, Hg. v. Bayern-Landshut 448
Heinrich I., Hg. v. Brabant 308, 314, 317
Heinrich II., Hg. v. Brabant 317, 344
Heinrich III., Hg. v. Brabant 388
Heinrich der Ältere, Hg. v. Braunschweig, Pfalzgf. bei Rhein, Sohn Heinrichs des Löwen 274, 299, 301, 309, 313, 348
Heinrich, Hg. v. Braunschweig-Lüneburg 467
Heinrich, Hg. v. Kärnten, Gf. v. Tirol 395
Heinrich I., Hg. v. Lancaster, Gf. v. Derby und Lincoln 414
Heinrich, Hg. v. Lothringen 560
Heinrich III., Hg. v. Mecklenburg-Schwerin 447
Heinrich I. der Ältere, Hg. v. Niederbayern, ungar. Gegenkg. 367, 372f., 410
Heinrich II., Hg. v. Niederbayern 413
Heinrich III., Hg. v. Niederbayern 404
Heinrich XIII., Hg. v. Niederbayern 407
Heinrich, Hg. v. Niederlotharingien 225, 233
Heinrich II. Jasomirgott, Hg. v. Österreich und Bayern 257, 261, 264, 266, 267, 280f.

Heinrich der Freundliche, Hg. v. Österreich 389, 402
Heinrich der Löwe, Hg. v. Sachsen und Bayern 264, 265, 267, 276, 278, 279, 280, 285, 287, 288, 291, 298, 299, 308, 310, 326, 340
Heinrich XXII., Fs. v. Reuß ä. L. 770
Heinrich, Hg. v. Sachsen 372
Heinrich V., Hg. v. Schlesien 390
Heinrich VI., Hg. v. Schlesien-Breslau 390
Heinrich III., Hg. v. Schlesien-Glogau 404, 406
Heinrich II., Hg. v. Schweidnitz-Jauer 419
Heinrich I., Mgf. v. Brandenburg 402
Heinrich der Ungehorsame, Lgf. v. Hessen 381
Heinrich, Mgf. v. Friesland, Gf. v. Northeim 249, 250
Heinrich der Erlauchte, Mgf. v. Meißen, Lgf. v. Thüringen 344, 350
Heinrich, Gf. und Heerführer 94, 103
Heinrich, Gf. v. Comburg und Rothenburg 259
Heinrich, Gf. v. Enne 351
Heinrich II., Gf. v. Görz 40
Heinrich XII., Gf. v. Henneberg-Schleusingen 414
Heinrich, Gf. v. Kalden, Reichsmarschall Heinrichs VI. in Italien 301, 304
Heinrich, Gf. v. Lautern 301
Heinrich III. der Verdammte, Gf. v. Luxemburg und Laroche, Mgf. Arlon 393f.
Heinrich II., Gf. v. Nassau 378
Heinrich, Gf. v. Schweinfurt und des bayr. Nordgaus 168f., 173
Heinrich, Gf. v. Speyer, Vater Konrads II. 154, 182
Heinrich II. v. Virneburg, Ebf. v. Köln 400
Heinrich, Kardinal-Infant, Ebf. v. Lissabon 506
Heinrich, Ebf. v. Mainz 265, 267, 270
Heinrich, Bf. v. Augsburg 144, 145, 148
Helena von Epiros, Kgn. v. Sizillien, Gemahlin Manfreds 349, 355

Helena, Erzherzogin, Tochter K. Ferdinands I. 520
Helene, Erzherzogin, Tochter K. Friedrichs III. († als Kind) 476
Helene, Prinzessin in Bayern 718
Helene, Hgn. v. Braunschweig-Lüneburg, Prinzessin v. Dänemark 309
Helene, Hgn. v. Sachsen-Wittenberg, Prinzessin v. Braunschweig-Lüneburg 373
Helene, Mgfn. v. Landsberg, Mgfn. v. Brandenburg 348
Helisachar, Kanzler K. Ludwigs des Frommen 47, 49, 51
Hemma, Kgn., Gemahlin Ludwigs des Deutschen 52, 61, 62, 68
Hennings, Fred, Schriftsteller 610
Henriette, Erzherzogin, Hgn. v. Teschen, Gemahlin Erzhg. Karls, Prinzessin v. Nassau-Weilburg 654
Henriette, Hgn. v. Württemberg, Prinzessin v. Nassau-Weilburg 656
Henriette Adelheid (Henriette Adelaïde), Kurfürstin v. Bayern, Prinzessin v. Savoyen, Gemahlin Kf. Ferdinand Marias 576, 601
Herder, Johann Gottfried 642
Heribert, Gf. v. Vermandois 114, 117, 118, 126, 128
Heribert, Ebf. v. Köln, Hofkaplan und Erzkanzler Ottos III. 155, 163, 166, 167
Heriger, Ebf. v. Mainz, Erzkaplan 112
Herkules II. d'Este, Hg. v. Ferrara 519
Herkules III., Hg. von Modena d'Este 633, 660
Hermann, (Gegen-)König, Gf. v. Salm 218f.
Hermann I., Hg. v. Schwaben 115, 125, 127, 140
Hermann II., Hg. v. Schwaben 151, 166, 167, 173, 174, 182
Hermann III., Hg. v. Schwaben 173, 174
Hermann I., Lgf. v. Thüringen 302, 303, 312, 315, 328, 344
Hermann II., Lgf. v. Thüringen 344, 350
Hermann Billung, sächs. Mgf. 125, 135, 138, 139
Hermann I., Mgf. v. Baden 269

Hermann II., Mgf. v. Baden 269
Hermann, Mgf. v. Brandenburg 390
Hermann, Sohn Mgf. Ekkehards von Meißen 168
Hermann II., Gf. v. Cilli 463
Hermann III., Gf. v. Cilli 44, 450
Hermann I., Gf. v. Henneberg 390
Hermann, Gf. v. Salm, Sohn des Gegenkönigs Hermann 218f.
Hermann, Gf. v. Stahleck, Pfalzgf. bei Rhein 264
Hermann V., Gf. v. Wied-Runkel, Kurfs. und Ebf. v. Köln 493, 511
Hermann, Ebf. v. Köln 204
Hermann, Bf. v. Konstanz 272
Hermann von Reichenau, Mönch der Reichenau und Geschichtsschreiber 192, 197
Hermann v. Salza, Hochmeister des Deutschen Ordens 336, 340
Hermine, Prinzessin v. Schönaich-Carolath, Prinzessin Reuß ä. L., Gemahlin des dt. K. Wilhelms II. 770, 771, 783
Hermine, Prinzessin v. Anhalt-Bernburg-Hoym, Gemahlin Erzherzog Josefs, Palatins v. Ungarn 655
Hermine, Fsn. v. Schaumburg-Lippe, Prinzessin v. Waldeck und Pyrmont 767
Herold, Ebf. v. Salzburg 131
Hetzfeld-Wilfenburg, Wilhelmine Gfn. v. 679
Hieronymus, Sohn Karl Martells, Verfasser der Vita Arnulfs v. Metz 14
Hildegard, Gemahlin Karls des Großen 23, 24, 37, 38, 46, 98
Hildegard, Tochter Karls des Großen mit Hildegard 43, 48
Hildegard, Äbtissin von Notre-Dame in Laon, Tochter K. Ludwigs des Frommen 59
Hildegard, Tochter Kg. Ludwigs des Deutschen, Äbtissin von Schwarzach und Zürich 70
Hildegard, Tochter Ludwigs III. d. J. 81, 86
Hildegard v. Bar Mousson, Gfn. v. Büren 259, 262
Hildegard, Gfn. v. Egisheim 259

Hildibald, Bf. v. Worms, Kanzler 149, 155, 157
Hilduin, Abt von St. Denis, Erzkapellan K. Ludwigs des Frommen 51, 52
Hiltrud, Tochter Karls des Großen mit Fastrada 43, 48
Himiltrud, Konkubine Karls des Großen 23, 37, 42
Hindenburg, Paul v. Beneckendorff und v., dt. Generalfeldmarschall und Reichspräsident 782
Hinkmar, Ebf. v. Reims 16, 64, 67, 77
Hitler, Adolf 783
Hofer, Andreas, Tiroler Freiheitskämpfer 668f.
Hohenlohe-Ingelfingen, Adolf Prinz zu, preuß. General und Politiker, Ministerpräsident 751
Hohenlohe-Schillingsfürst, Chlodwig Fürst zu, dt. Reichskanzler 774f.
Hohenlohe Waldenburg-Schillingsfürst, Franziska, Prinzessin zu 729
Hohenlohe Waldenburg-Schillingsfürst, Konrad, Prinz zu 729
Hohenwart, Sigmund Anton Gf. v., Erzieher Franz II./I 662
Hohenzollern-Sigmaringen, Karl Anton Fs. v., preuß. Ministerpräsident 749, 753
Hohenzollern-Sigmaringen, Leopold Prinz v. 753
Holstein, Friedrich von, Vortragender Rat im dt. Auswärtigen Amt 775
Honorius II. (Cadalus v. Parma), P. (Gegenpapst) 206
Honorius II. (Lambert von Ostia), P. 253
Honorius III., P. 321, 330, 331, 334, 335
Horic, dän. Kg. 63
Horthy von Nagybánya, Nikolaus, Admiral, Oberbefehlshaber der österr. Kriegsmarine, Reichsverweser von Ungarn 735, 737f.
Hoyer, Gf. v. Mansfeld, Heerführer Heinrichs V. 238
Hoyos, Joseph Graf, Vertrauter Kronprinz Rudolfs 721
Hoyos, Karoline Gfn. 657

Hrabanus Maurus, Ebf. v. Mainz, Abt v. Fulda 35, 56, 57, 67
Hrotsvith von Gandersheim 118
Hugo, Sohn K. Ludwigs des Jüngeren 77, 81
Hugo von der Provence, Kg. v. Italien 79, 118
Hugo, Kg. v. Italien, Mgf. der Provence 115, 128, 129
Hugo I. Capet, Kg. v. Frankreich 96, 133, 146, 150, 157
Hugo, Fs. v. Armenien 411
Hugo III., Hg. v. Burgund 349
Hugo IV., Hg. v. Burgund 365
Hugo der Große, Hg. v. Franzien 120, 126, 128, 131, 133
Hugo, norm. Häuptling 79
Hugo von Tübingen, Pfalzgf. 270
Hugo, Gf. v. Tours, Berater K. Ludwigs d. Frommen 51, 52, 53, 58
Hugo II., Gf. v. Rumigny 391
Hugo, Abt v. Cluny 197, 214, 225
Hugo, Abt v. St. Quentin und St. Bertin, Erzkanzler Ludwigs des Frommen 44, 48, 50, 51
Hugo Candidus, Kardinal 212
Humbert von Silva Candida, Kardinal 205
Hunyadi, Johann Fs., ungar. Reichsverweser 471f.
Hunyadi, Matthias s. Matthias Corvinus
Hus, Johann(es) (Jan), böhm. Reformator 437f., 453f., 455, 465

Ickstatt, kath. Aufklärer in Bayern 602
Ida, Fsn. v. Reuß ä. L., Prinzessin v. Schaumburg-Lippe 770
Ida, Tochter Hg. Hermanns v. Schwaben, Gemahlin Liudolfs 127, 140
Ida von Querfurt, sächs. Adelige 249
Ignatius v. Loyola, hl. 502
Ilsemann, Sigurd von, Flügeladjutant K. Wilhelms II. im Exil in Doorn 783
Imagina von Isenburg-Limburg, Gemahlin Kg. Adolfs v. Nassau 377, 378, 380
Imma, Gfn., Mutter der Hildegard, Gemahlin Karls des Großen 23

Ina Marie, Prinzessin v. Preußen, Gfn. v. Bassewitz 786

Ingeburg von Mecklenburg, Hgn. v. Bayern, Gfn. v. Holnstein, Gemahlin Hg. Ludwigs VI. d. Römer 414

Ingo, Kg. v. Schweden 269

Ingram, frk. Gf., Vater der Ksn. Ermengard 46

Innozenz II., P. 249, 253f., 255, 256

Innozenz III., P. 308, 311, 312f., 314, 315, 317, 326, 327, 328, 329, 334, 335, 802

Innozenz IV. (Sinibald Fiesco), P. 343, 352, 355, 380

Innozenz X., P. 556

Innozenz XI., P. 568f.

Irene, byz. Ksn. 32

Irene (Bertha von Sulzbach), byz. Ksn, Gemahlin Manuels I. Komnenos 265, 266

Irene, Nichte des byz. Ks. Manuels I. 261

Irene, Tochter des byz. Ks. Andronikos Komnenos 306

Irene/Maria, Tochter des byz. Ks. Isaak II. Angelos, 302, 306, 308, Gemahlin Kg. Philipps v. Schwaben 310

Irene, Prinzessin v. Preußen, Prinzessin v. Hessen und bei Rhein 767

Irene, Fsn. zu Castell-Rüdenhausen, Gfn. zu Solms-Laubach 787

Irmgard s. a. Ermengard

Irmgard (?), Tochter Ottos II. v. Bayern, Verlobte Kg. Konrads IV. 348

Irmgard von Henneberg, Pfalzgfn. bei Rhein 273

Irmgard, Gfn. v. Hammerstein 175

Irmgard v. Hohenlohe, Gfn. v. Nassau, Gfn. zu Weikersheim 381

Isaak II. Angelos, byz. Kaiser 291, 302, 306, 308, 310, 347

Isaak, jüd. Fernhändler, um 800 33

Isabeau de Bavière, Kgn. v. Frankreich, Gemahlin Kg. Karls VI., Prinzessin von Bayern-Landshut 442

Isabella/Elisabeth von Brienne, Gemahlin K. Friedrichs II. 321, 334, 348

Isabella/Elisabeth von England, Gemahlin K. Friedrichs II. 321, 340, 350

Isabella, Ksn., Infantin v. Portugal, Gemahlin K. Karls V. 489, 492, 503, 507, 522, 526

Isabella (Maria Isabella v. Bourbon-Parma), Ksn., Gemahlin K. Josefs II., Prinzessin v. Bourbon-Parma 628, 630, 636, 641, 643

Isabella, Kgn. v. Dänemark, Erzherzogin v. Österreich 101f., 495

Isabella von Angoulème, Kgn. v. England 321, 353

Isabella I. die Katholische, Kgn. v. Kastilien-Leon und Aragon 482, 485f.

Isabella, Hgn. v. Burgund, Prinzessin v. Bourbon 478

Isabella, Hgn. v. Burgund, Gemahlin Philipps des Guten, Prinzessin v. Portugal 483

Isabelle von Rumigny, Hgn. v. Lothringen 391

Isabella, Hgn. v. Lothringen 609

Isabella Clara Eugenia, Infantin v. Spanien 527, 533

Isjaslaw II. Mitislawitch, Großfs. v. Kiew 269

Ivo von Chartres, Kanonist 232

Jagiello, Großfürst v. Litauen 451

Jakob I., Kg. v. Aragón 349

Jakob II., Kg. v. Aragon 391, 410

Jakob I., Kg. v. England 544

Jakob, Hg. v. Carrara 414

Jan Olbracht, Kg. v. Polen 467

Jaromir, Hg. v. Böhmen 169

Jaroslaw, Großfürst v. Kiev 169f.

Jellacić, Josef Freiherr von, ksl. Statthalter in Ungarn 691

Joachim, Prinz v. Preußen 786

Joachim von Fiore, Abt und Prophet 302, 322

Jobst (Jost, Jodocus), Mgf. v. Mähren (Gegenkönig zu K. Sigismund) 425, 436, 451, 452, 453, 464

Johann I. der Blinde, Kg. v. Böhmen (Vater Karls IV.) 362, 390, 395, 397f., 401f., 410, 411, 413, 419, 420–422, 426

Johann I., Kg. v. Dänemark 489

Johann Ohneland, Kg. v. England 300f., 312, 313, 315, 321, 353

Johann, Kg. v. Jerusalem, Gf. v. Brienne 321, 334

Johann II., Kg. v. Kastilien 486

Johann, Infant v. Kastilien-Leon und Aragon, Gemahl der Margarete von Österreich 482, 485f.

Johann III. Sobieski, Kg. v. Polen 560, 569, 584

Johann III., Kg. v. Portugal 491f., 504–506

Johann IV., Kg. v. Portugal 680

Johann V., Kg. v. Portugal 577

Johann I., Kg. v. Sachsen 697

Johann, Erzherzog, Sohn K. Ferdinands I. († als Kind) 519

Johann Erzherzog, Reichsverweser der Frankfurter Nationalversammlung 651, 656f., 668, 687, 690, 693, 702

Johann II., Hg. v. Bayern-München 433

Johann, Hg. v. Brabant 389

Johann (Heinrich), Hg. v. Görlitz, Sohn Karls IV. 425, 429, 436

Johann, Hg. v. Guise 741

Johann III., Hg. v. Jülich und Berg 517

Johann I., Hg. v. Lothringen 445

Johann I., Hg. v. Niederbayern 413

Johann (v. Neumarkt), Pfalzgraf und Hg. i. d. Oberpfalz, Sohn Kg. Ruprechts I. 444, 447

Johann, Hg. v. Sachsen-Lauenburg 407

Johann I., Mgf. v. Brandenburg 348

Johann II., Burggf. v. Nürnberg 412

Johann III., Burggf. v. Nürnberg 429

Johann, Gf. v. Cuyk 389

Johann, Gf. v. Görz 404

Johann, Gf. v. Holland 415

Johann, Gf. v. Namur 415

Johann, Gf. Schweikard v. Kronberg, Kurfs. und Ebf. v. Mainz 535, 541

Johann II. von Nassau, Ebf. v. Mainz 437, 442–444

Johann v. Neumarkt, Kanzler Karls IV. 427

Johann Friedrich, Hg. v. Braunschweig-Lüneburg 198

Johann Galeazzo II. s. Giovanni Galeazzo II.

Johann Gaston (Gian Gastone) von Medici, Großhg. der Toskana 177, 259, 610

Johann Heinrich, Hg. v. Mähren, Gf. v. Tirol, Bruder Karls IV., Gemahl der Margarete Maultasch 411, 420

Johann Karl, Erzherzog, Sohn K. Ferdinands II. (früh verstorben) 548, 553

Johann Leopold, Erzherzog († als Kind), Sohn Leopolds I. 193

Johann Manuel, Infant v. Portugal 505f.

Johann Nepomuk, Erzherzog (früh verstorben), Sohn Franz' II./I. 683

Johann Parricida, Sohn Rudolfs II. von Österreich, Mörder Kg. Albrechts I. 375, 387, 394

Johann Wilhelm (Jan Wellem), Kurfs. v. Pfalz-Neuburg 560f.

Johanna, Kgn. v. Böhmen, Prinzessin v. Bayern, Gemahlin Kg. Wenzels 433, 434, 438

Johanna, Kgn. v. Frankreich, Prinzessin v. Navarra 398

Johanna („die Wahnsinnige"), Gemahlin Philipps d. Schönen, Kgn. v. Kastilien 482, 485, 491f., 495f., 501, 512

Johanna, Infantin von Spanien und Portugal, Regentin v. Spanien 505–507

Johanna, Großhgn. v. Toskana, Erzherzogin 520

Johanna, Hgn. v. Kent, Gemahlin des schwarzen Prinzen Eduard 429

Johanna, Pfalzgfn. und Hgn. v. Mosbach, Prinzessin v. Bayern-Landshut 448

Johanna, Hgn. v. Österreich, Gfn. v. Pfirt 389, 428, 429

Johanna, Gfn. v. Habsburg, Prinzessin v. England 374

Johanna, Gfn. v. Holland, Gfn. v. Valois 406, 408

Johanna Gabriele, Erzherzogin v. Österreich, Tochter Maria Theresias († als Kind) 632

Johannes, Prinz v. Portugal 489

Johannes I. Tzimiskes, byz. K. 138, 143, 147

Johannes III. Dukas Vatatzes, byz. K. v. Nikaia 342, 349

Johannes, Erzherzog, Sohn K. Friedrichs III. († als Kind) 476

Johannes Crescentius, Stadtherr v. Rom 171

Johannes VIII., P. 73, 74, 78
Johannes XII., P. 134, 135, 408, 410f.
Johannes XIII., P. 137, 138, 143, 146
Johannes XIV., P. 150
Johannes XV., P. 150, 158
Johannes XVI., P. s. Johannes Philagathos
Johannes XVIII., P. 171
Johannes XIX., P. 182, 184
Johannes XXII., P. 420
Johannes XXIII., P. 465, 453f.
Johannes, Ebf. v. Ravenna 148, 154
Johannes Gratianus s. Gregor VI.
Johannes Philagathos, Ebf. v. Piacenza, Erzieher K. Ottos III., als Johannes XVI. Gegenpapst 155, 157
Johannes von Gaeta, s. Gelasius II. 238
Johannes Nepomuk, hl. 435
Jolanthe, Kgn. v. Aragón, Gemahlin Kg. Jakobs I., T. Kg. Andreas' II. v. Ungarn 349
Jolanthe von Aragon, Kgn. v. Neapel und Sizilien, Gemahlin Kg. Roberts, Tochter Kg. Peters III. 391
Jolanthe von Anjou, Hgn. v. Lothringen 609
Jonas von Orléans, westfrk. Gelehrter 56
Jordan, Karl, dt. Historiker 241
Josef I., K., Kg. v. Ungarn und Böhmen 187, 188, 190f., 192, 194, 197–203, 207, 208, 211, 212, 214, 241, 248, 600–602, 605, 609, 612
Josef II., K., röm.-dt. Kg., Apostolischer Kg. v. Ungarn, Kg. v. Böhmen 591, 617, 622–625, 627f., 630, 635–643, 646, 650f., 662, 676f., 687, 796
Josef, Erzherzog von Österreich, Palatin von Ungarn, Sohn K. Leopolds II. 655, 720
Josef Clemens von Wittelsbach, Kurfürst und Ebf. v. Köln 573
Josef Franz, Erzherzog (früh verstorben), Sohn Franz' II./I. 682
Joseph Ferdinand, Kurprinz v. Bayern 572f.
Joseph Ludwig Leopold, Prinz v. Bayern, Sohn K. Karls VII. († als Kind) 605

Josepha Maria Antonia Walburga, Ksn., Gemahlin Josefs II., Tochter Karls VII. 605
Josephine Beauharnais, Gemahlin Napoleons 669
Juan d'Austria (Don Juan), illegit. Sohn Karls V., span. Oberbefehlshaber, Generalstatthalter der Niederlande 508f.
Juan, Infant v. Spanien, Sohn Philipps II. († als Kind) 507
Judith, Ksn., Gemahlin Ludwigs des Frommen46, 52f., 54, 55, 56, 57, 62, 80
Judith(Sophie), Kgn. v. Ungarn, Hgn. v. Polen, Tochter Heinrichs III. 201
Judith, Hgn. v. Bayern, Tochter Hg. Arnulfs des Bösen, Gemahlin Hg. Heinrichs v. Bayern 120, 126, 165
Judith, Hgn. v. Schwaben, Gemahlin Hg. Friedrichs II. des Einäugigen, Mutter K. Friedrichs I. Barbarossa 260, 272, 275
Judith, Mgfn. v. Baden 269
Judith von Henneberg, Mgfn. v. Brandenburg 380
Julius Franz, Hg. v. Sachsen-Lauenburg 162
Julius III., P. 500
Justinian(us), röm. K. 337
Jutta, Kgn. v. Böhmen, Gfn. v. Habsburg, Tochter Kg. Rudolfs I., Gemahlin Kg. Wenzels 369, 375, 398
Jutta, Hgn. v. Niederbayern, Hgn. v. Schweidnitz 389
Jutta, Lgfn. v. Thüringen, Halbschwester Friedrichs I. Barbarossa 273, 344
Jutta, Gfn. v. Oettingen, Hgn. v. Österreich, Tochter Kg. Albrechts I. 391

Kara Mustafa, osman. Großwesir und Heerführer 568
Karl I. der Große, K., langob. Kg., hl. 9, 14f., 18, 20f., 22–44, 46–48, 50, 67, 89, 96–98, 124, 138f., 155, 157f., 160, 162, 183, 189, 285, 330, 362, 368, 420, 443, 484, 617, 622, 790, 793, 796, 802
Karl der Kahle, K., westfrk. Kg. v. Aquitanien, Neustrien, Italien, Sohn Ludwigs des Frommen 42, 52–55, 59, 62–65, 67, 68f., 74–77, 96–98

Karl III. „der Dicke", K., Kg. von Alemannien, Italien, Ostfranken, Westfranken, Sohn Ludwigs des Deutschen 65f., 71f., 74–76, 77–80, 81, 84–
86, 94, 98, 103
Karl IV. (Wenzel), K., röm.-dt. Kg., langob. Kg., Kg. v. Böhmen, Kg. v. Burgund 361, 362, 363, 411, 415, 418–
430, 433, 434, 435, 438, 450, 451, 792,
793, 800, 801, 805
Karl V., K., Kg. v. Spanien 244, 483–
485, 487, 489, 491f., 493–509, 512,
514, 526, 568, 588, 797, 799, 800, 802
Karl VI., K., als Karl III. Kg. v. Spanien,
Neapel-Sizilien, Apostolischer Kg. v.
Ungarn, Kg. v. Böhmen 483, 573f.,
575, 578, 581f., 586–598, 603, 608,
610–612, 631, 637
Karl VII. Albrecht, K., röm. Kg., Kg. v.
Böhmen (als Kurfs. v. Bayern Karl Al-
brecht) 10, 455, 460, 466, 584f., 592,
595, 599–605, 609, 612, 614, 616, 636,
653, 793
Karl I. (Karl Franz Joseph), K. von
Österreich, als Karl IV. Apostol. Kg.
v. Ungarn 461, 719, 729, 730–742
Karl III. der Einfältige, westfrk. Kg.,
Sohn Ludwigs II. d. Stammlers 81,
86, 93, 96, 103, 104, 105, 113, 114
Karl das Kind, Kg. v. Aquitanien, Sohn
K. Karls des Kahlen 59, 76, 96
Karl IV., Kg. v. Frankreich 398, 420
Karl V., Kg. v. Frankreich 441
Karl VI., Kg. v. Frankreich 436
Karl VII., Kg. v. Frankreich 468
Karl VIII., Kg. v. Frankreich 480f., 486
Karl IX., Kg. v. Frankreich 525, 527
Karl I. Martell, Kg. von Neapel, Gf. v.
Anjou 369, 374, 398
Karl II., Kg. v. Neapel und Sizilien 375,
400
Karl, Kg. v. Neapel und Sizilien, Prinz v.
Spanien 594
Karl, Kg. der Provence, Sohn K. Lo-
thars I. 58
Karl XII., Kg. v. Schweden 582
Karl I. von Anjou, Kg. v. Sizilien 349,
353, 354f.
Karl XII., Kg. v. Schweden 582

Karl I. v. Anjou, Kg. v. Sizilien 410
Karl II., Kg. v. Spanien 572–574, 588
Karl III., Kg. v. Spanien und Neapel-Sizi-
lien 628, 632, 645f.
Karl IV., Kg. v. Spanien 680
Karl I. (Karl Franz Joseph), K. von
Österreich, als Karl IV. Apostol. Kg.
v. Ungarn 719, 729, 730–742
Karl II., Erzherzog v. Innerösterreich-
Steiermark 514, 519, 523f., 536, 538,
542, 549, 552, 558
Karl, Erzherzog v. Österreich, Sohn K.
Maximilians II. († als Kind) 528
Karl, Erzherzog v. Österreich, Sohn K.
Ferdinands II. († als Kind) 548, 553
Karl, Erzherzog v. Österreich, Sohn Ma-
ria Theresias (jung verstorben) 628
Karl (Ludwig Johann), Erzherzog v.
Österreich, Hg. v. Teschen, österr.
Reichsfeldmarschall und Kriegsmini-
ster, Hg. v. Teschen, Statthalter der
österr. Niederlande 651, 654f., 664–
666, 668f., 673, 687, 693, 697
Karl, Erzherzog v. Österreich-Tirol 575
Karl Martell 14, 15–17, 28, 37, 98, 102
Karl der Jüngere, Sohn Karls des Großen
mit Hildegard 37, 38, 42, 96
Karl, Sohn Karls IV. (früh verstorben)
429
Karl I., Hg. v. Bourbon 478, 486
Karl der Kühne, Hg. v. Burgund 474,
478f., 486
Karl, Hg. v. Calabrien 391
Karl (Karl von Lothringen), Hg. v. Loth-
ringen, Bruder K. Franz' I. Stephan,
Feldmarschall Maria Theresias 598,
614–616, 620f.
Karl II. der Kühne, Hg. v. Lothringen
441, 445, 609
Karl IV., Hg. v. Lothringen 566
Karl V. (Leopold), Hg. v. Lothringen
560, 568–571, 609
Karl, Prinz v. Lothringen, Hochmeister
des Deutschen Ordens 633
Karl II., Prinz v. Mantua-Nevers 552
Karl, Hg. von Niederlotharingien 96,
146, 149f.
Karl I., Hg. v. Valois 415, 419
Karl, Gf. v. Angoulème 489

PERSONENREGISTER

Karl, Gf. v. Flandern 252
Karl, Gf. v. Habsburg, Sohn Rudolfs I.
(als Kind verstorben) 375
Karl I., Gf. v. Valois 406
Karl, Ebf. v. Mainz, Sohn Kg. Pippins I.
v. Aquitanien 58, 63
Karl Albert, Kg. v. Sardinien-Piemont
671
Karl Albrecht, Kf. v. Bayern s. K.
Karl VII.
Karl August, Großhg. v. Sachsen-Wei-
mar-Eisenach 750
Karl Christian, Fs. v. Nassau-Weilburg
655f.
Karl Emanuel, Fs. v. Savoyen 544
Karl Friedrich, Großhg. v. Sachsen-Wei-
mar-Eisenach 748
Karl Gustav, Pfalzgf. v. Zweibrücken
554
Karl Josef, Erzherzog, Sohn Maria There-
sias (früh verstorben) 631
Karl Josef, Erzherzog, Sohn K. Ferdi-
nands III., Hochmeister d. Dt. Or-
dens, Bf. v. Olmütz 557, 559
Karl Josef von Lothringen, Kurfürst und
Ebf. v. Trier 560
Karl Ludwig, Erzherzog, Bruder Franz
Josephs I. 696, 714f., 723f.
Karl Ludwig, Erzherzog, Sohn Karls I.
742
Karl Ludwig, Kurfs. v. d. Pfalz 555
Karl Ludwig, Erbprinz v. Baden 682
Karl Philipp, Kurfs. v. d. Pfalz 603
Karl Philipp, Fs. v. Wrede 741
Karl I. Robert v. Anjou, Kg. v. Ungarn
373
Karl II. Robert, Kg. v. Ungarn 413
Karl Theodor, Kurfürst v. Bayern 624
Karlmann (Pippin), Kg. v. Italien, Sohn
Karls des Großen mit Hildegard 37,
38, 42
Karlmann, Kg. v. Bayern und Italien,
Sohn Ludwigs des Deutschen 64, 65,
66, 68, 70, 71, 72, 74f., 76, 77, 81, 84,
87, 97
Karlmann, Bruder Pippins d. J. 17–19,
49, 80,
Karlmann, Bruder Karls des Großen 19,
21, 24, 96

Karlmann, Sohn Kg. Karls des Kahlen
59, 68, 76, 97
Karlmann, Sohn Ludwigs II. des Stamm-
lers 79, 81
Karoline, Kgn. v. Bayern, Prinzessin v.
Baden, Gemahlin Maximilians I.
682
Karoline (Maria Karoline), Kgn. v. Nea-
pel-Sizilien, Erzherzogin von Öster-
reich, Tochter Maria Theresias 628,
632, 651, 653, 656, 660, 671, 682
Karoline, Erzherzogin v. Österreich,
Tochter Maria Theresias (früh verstor-
ben) 628, 632
Karoline, Hgn. v. Sachsen, Prinzessin v.
Parma 653, 682
Karoline Auguste Charlotte, Ksn. v.
Österreich, Prinzessin von Bayern,
Gemahlin K. Franz II./I. 653, 660,
673, 678
Karoline Ferdinanda, Kgn. v. Sachsen,
Erzhgn. v. Österreich 682
Karoline Leopoldine, Erzherzogin v.
Österreich (früh verstorben), Tochter
Franz' II./I. 680
Karoline Luise, Erzherzogin v. Öster-
reich (früh verstorben), Tochter
Franz' II./I. 680
Karoline Mathilde, Hgn. zu Schleswig-
Holstein-Sonderburg-Glücksburg,
Prinzessin zu Schleswig-Holstein-
Sonderburg-Augustenburg 786
Károlyi, Michael Graf, Präsident der un-
gar. Generalversammlung 1918 736
Kasimir I., Kg. v. Polen 195
Kasimir III. der Große, Kg. v. Polen
410, 413
Kasimir IV. Jagello, Kg. v. Polen,
Großfs. v. Litauen 467
Kasimir, Hl. 468
Katharina II. die Große, Zarin v. Ruß-
land 622–624, 640
Katharina von Aragon, Kgn. v. England,
Prinzessin v. Aragon 504
Katharina von Medici, Kgn. v. Frank-
reich 504, 527
Katharina, Kgn. v. Polen, Hgn. v. Man-
tua-Montferrat, Erzherzogin v. Öster-
reich 518, 525

Katharina, Kgn. v. Portugal, Erzherzogin
v. Österreich 491f., 496, 504–507
Katharina, russ Großfsn. 673
Katharina von Görz-Tirol, Hgn. v.
Bayern-München 433
Katharina, Hgn. v. Calabrien, Hgn. v.
Österreich, Tochter Kg. Albrechts I.
391
Katharina, Hgn. v. Niederbayern, Gfn. v.
Habsburg, Tochter Kg. Rudolfs I. v.
Habsburg 373
Katharina, Pfalzgfn. und Hgn. i. d. Ober-
pfalz, Hgn. v. Pommern 447
Katharina v. Böhmen, Hgn. v. Österreich,
Mgfn. v. Brandenburg, Gemahlin Ru-
dolfs IV. d. Stifters und Ottos v. Bran-
denburg, Tochter Karls IV. 416, 428
Katharina, Kurfsn. v. Sachsen, Prinzessin
v. Braunschweig-Lüneburg 467
Katharina v. Anjou, Hgn. v. Schweidnitz-
Jauer, Prinzessin v. Ungarn 419
Katharina Elisabeth, Hgn. v. Österreich,
Prinzessin v. Savoyen 389
Katharina Thomasina, Hgn. v. Slawo-
nien 390
Kaunitz, Wenzel Anton Fs. v., österr.
Staatskanzler und Außenminister
619, 623–625, 638–641
Keith, Jakob, preuß. Feldmarschall 621
Kepler, Johannes, Astronom 531
Khevenhüller, Ludwig Andreas Gf., ksl.
Feldmarschall, Militärschriftsteller
614
Khlesl, Melchior, Kard., Bf. v. Wien
531–533, 537–539
Kinsky von Wibnitz und Tettau, Wilhel-
mine Gfn. 723
Kira, Prinzessin v. Preußen, Großfsn. v.
Rußland 787
Kirill Wladimirowitsch, Großfs. v. Ruß-
land 787
Klemens August, Ebf. v. Köln, Kurfs.,
Sohn Max Emanuels v. Bayern 601,
603
Klementia von Zähringen, Gemahlin
Heinrichs des Löwen 267, 270
Klementine, Kgn. v. Neapel-Sizilien,
Erzhgn. v. Österreich, Tochter Leo-
polds II. 651, 656

Knuba, dän. Kleinkg. v. Haithabu 117
Knut, Kg. v. Dänemark 270
Kolowrat, Franz Anton Graf von, österr.
Staatsminister 675, 687
Kolumban, irischer Mönchsheiliger 15
Königsmarck, Philipp Christoph Gf.,
schwed. General 554
Konrad I., Kg. von Ostfranken 94, 99,
100, 101–107, 110, 111, 112, 117
Konrad II., K. (Konrad der Ältere) 97,
154, 174, 175, 180, 181–190, 192, 242,
244, 803
Konrad III., Kg. 241, 252f., 255, 257,
258–270, 275, 276, 277, 286, 291
Konrad IV., Kg. 341, 344, 345, 348, 352,
354, 355, 360
Konrad, Kg., Sohn Heinrichs IV. 209,
214, 220, 221, 222, 228
Konrad, Kg. v. Burgund 128f., 146, 165,
170, 173, 182, 187
Konrad, Kg. v. Jerusalem, Mgf. v. Mont-
ferrat 321, 334
Konrad, Hg. v. Bayern (Ezzone) 194,
197, 198
Konrad, Hg. v. Bayern, Sohn Hein-
richs III. (früh verstorben) 202
Konrad, Hg. v. Kärnten, Sohn Ottos v.
Worms 173, 174, 180
Konrad d. Jüngere, Hg. v. Kärnten 174,
180, 183, 185, 193
Konrad der Rote, Hg. v. Lotharingien
101, 127, 128, 130f., 140, 145,
Konrad, Gf. im Worms- und Speyergau
(Salier) 180
Konrad von Rothenburg, Hg. v. Schwa-
ben, Sohn Friedrichs I. Barbarosa
295, 302, 310, 324
Konrad von Urslingen, Hg. v. Spoleto,
Reichsvikar Heinrichs VI. in Italien
301, 320, 325
Konrad v. Wettin, Mgf. v. Meißen und
der Lausitz 251, 255
Konrad III., Burggf. v. Nürnberg 381
Konrad, Pfalzgf. bei Rhein, Halbbruder
Friedrichs I. Barbarossa 273, 324
Konrad, alem. Gf., Bruder der Ksn. Ju-
dith 52
Konrad der Ältere, Gf. vom (Ober-)
Lahngau 94, 101, 103

PERSONENREGISTER

Konrad Kurzbold, Gf. 127
Konrad v. Hochstaden, Ebf. v. Köln
353
Konrad v. Wittelsbach, Ebf. v. Mainz
284, 285
Konrad I., Ebf. v. Salzburg 251, 261, 285
Konrad v. Querfurt, Bf. v. Hildesheim,
Kanzler Heinrichs VI. 304
Konrad, Bf. v. Utrecht 231
Konradin, Kg. v. Sizilien und Jerusalem,
Hg. v. Schwaben, Sohn Konrads IV.
274, 348, 354f., 372
Konradin († 1269), Sohn Konrads IV.
348, 355
Konstantin der Große, röm. K. 158
Konstantin VI., byz. Ks. 38, 42
Konstantin I., Kg. v. Griechenland 768
Konstantin, Sohn Kg. Konrads III. 269
Konstantin, Missionar in Mähren s. Ky-
rill 65
Konstanze von Sizilien, Gemahlin Hein-
richs VI. 290, 293, 296, 298, 299,
300, 301, 303f., 310, 320, 323, 324,
325, 326
Konstanze, Gemahlin K. Friedrichs II.,
Prinzessin v. Aragon 320, 327, 329,
347
Konstanze, Tochter K. Friedrichs II., s.
Anna byz. Ksn., Gemahlin K. Johan-
nes III. Dukas Vatatzes, Ks. v. Nikaia
Konstanze, Kgn. v. Aragón, Tochter Kg.
Manfreds 349, 354
Konstanze (Kunigunde, Katharina), Kgn.
v. Böhmen, Gemahlin Premysls I. Ot-
tokar 317
Konstanze von Ungarn, Verlobte Fried-
richs V. v. Schwaben, T. Kg. Bé-
las IV. 294
Konstanze v. Sizilien, Kgn. v. Zypern,
Gemahlin Kg. Heinrichs II. 411
Konstanze, Mgfn. v. Meißen, Lgfn. v.
Thüringen, Hgn. v. Österreich, Ge-
mahlin Heinrichs des Erlauchten 350
Körber, Ernest von, österr. Ministerpräsi-
dent 733
Korff-Schmising-Kerßenbrock, Alfred,
Gf. v. 741
Korff-Schmising-Kerßenbrock, Clara,
Gfn. v. 741

Kossuth, Ludwig, ungar. Ministerpräsi-
dent 688, 691, 701
Krüger, Ohm (Paulus Kruger), südafri-
kan. Politiker und Präsident 775
Kunigunde, Ksn., Gemahlin Hein-
richs II., hl. 165, 167, 171, 176f., 183
Kunigunde, Kgn., Pfalzgfn. v. Schwaben,
Mgfn. v. Bayern, Gemahlin Kg. Kon-
rads I. 101, 105, 173
Kraft II., Gf. zu Weikersheim 382
Kraus, Karl, Schriftsteller 461
Kunigunde (Katharina, Konstanze), Kgn.
v. Böhmen, Gemahlin Wenzels I.,
Tochter Kg. Philipps v. Schwaben
317
Kunigunde, Kgn. v. Böhmen, Fsn. v. Ha-
licz 375
Kunigunde, Hgn. v. Bayern, Erzherzogin
v. Österreich, Tochter K. Fried-
richs III. 476
Kunigunde von Polen, Hgn. v. Bayern,
Gemahlin Ludwigs VI. des Römers
410, 413
Kunigunde, Gfn. v. Virneburg, Gfn. v.
Cuyk 389
Kuno, Gf. von Öhningen 101
Kuno, Gf. v. Rheinfelden 216
Kyrill, Missionar in Mähren 65

Lackmayer, Maria 722
Ladislaus Postumus, Kg. v. Böhmen und
Ungarn, Hg. v. Österreich, Sohn Kg.
Albrechts II. 466, 468, 471f., 460
Ladislaus, Kg. v. Neapel 444
Ladislaus IV., Kg. v. Ungarn 369f.
Lamberg, Franz Philipp Graf, stellvertre-
tender Palatin v. Ungarn 691
Lamberg auf Ottenstein, Franz Graf
von 657
Lambert, K., 87
Lambert, lothr. Gf. 145, 146
Lammasch, Heinrich, österr. Ministerprä-
sident 736
Lampert von Hersfeld, Geschichtsschrei-
ber 204, 206, 214, 227
Laudon, Gideon Freiherr v., österr. Feld-
marschall 621, 640
Lavastida, Pelagio Antonio de, Ebf. v.
Mexiko-City 695

Leo, Kg. v. Kilikien (Kleinarmenien) 302
Leo III., P. 23, 31, 32, 38, 39, 40
Leo VIII., P. 135, 137
Leo IX. (Bruno v. Toul), P. 196f., 198, 259
Leo X., P. 494, 496f.
Leo XIII., P. 717
Leo, Bf. v. Vercelli 156, 158, 161, 163, 171
Leopold I., K., Kg. v. Ungarn und Böhmen 524, 556f., 559 562–578, 581, 588f., 593, 595, 612
Leopold II., K. von Österreich, Apostolischer Kg. v. Ungarn, Kg. v. Böhmen, Großhg. v. Toskana 617, 623, 626, 628, 631, 640, 642, 644–658, 662, 794, 795f.
Leopold, Prinz von Bayern 720
Leopold I., Kg. der Belgier 695
Leopold II., Kg. der Belgier 720
Leopold, Großhg. v. Baden 761
Leopold V., Erzherzog v. Österreich-Tirol 552, 557
Leopold II., Großherzog von Toskana 720
Leopold I. der Glorwürdige, Hg. v. Österreich 386, 388f., 401–403
Leopold, Sohn Kg. Konrads III. 269
Leopold III., Hg. v. Österreich 434f., 442, 446, 460
Leopold IV., Hg. v. Österreich 463
Leopold V., Hg. v. Österreich 300
Leopold VI., Hg. v. Österreich und der Steiermark 336, 338, 347, 350
Leopold, Prinz v. Salerno 682
Leopold III. von Babenberg, hl., Mgf. v. Österreich 228, 231, 252, 257, 259, 261, 264
Leopold IV., Mgf. v. Österreich, Hg. v. Bayern 261
Leopold, Erzherzog, Koadjutor des Bm.s Passau 533
Leopold Alexander, Erzherzog, Sohn Leopolds II. 655
Leopold Clemens, Prinz von Lothringen 610
Leopold Johann, Erzherzog, Sohn K. Karls VI. († als Kind) 596, 598
Leopold Josef, Erzherzog, Sohn Leopolds I. († als Kind) 577

Leopold Josef, Erzherzog, Sohn K. Josefs I. († als Kind) 583f.
Leopold Josef, Hg. v. Lothringen, Vater des Ks. Franz' I. Stephan 560, 594, 598, 609f.
Leopold Wilhelm, Erzherzog v. Österreich, Bf. v. Passau, Straßburg, Halberstadt, Olmütz, Breslau, Hochmeister des Dt. Ordens, Generalstatthalter der span. Niederlande 549f., 556, 564
Leopoldine, Ksn. v. Brasilien, Erzhgn. v. Österreich 680f., 686
Lerchenfeld-Koefering, Hugo Gf. v., bayr. Diplomat und Politiker 757, 759, 765f., 771f.
Libényi, János, Attentäter auf Franz Joseph I. 704
Liechtenstein, Alfred Alois, Prinz von und zu 729
Liechtenstein, Alfred, Prinz von 742
Liechtenstein, Alois Fürst von und zu 729
Liechtenstein, Alois Prinz von und zu 729
Liechtenstein, Henriette Prinzessin von und zu 729
Liechtenstein, Jakob Gf., Erzbf. v. Olmütz 615
Liemar, Ebf. v. Hamburg-Bremen 210
Liselotte von der Pfalz (Elisabeth Charlotte), Hgn. v. Orléans 570, 598, 609
Liudgard, Äbtissin v. Gandersheim 109
Liudolf, Hg. v. Sachsen 66, 72, 76, 111
Liudolf, Hg. v. Schwaben, Sohn K. Ottos I. 127, 129, 130f., 134, 140, 144
Liudolf, Bruder Heinrichs I. 109, 111
Liutbert, Ebf. v. Mainz, Erzkanzler Ludwig des Deutschen, Ludwigs des Jüngeren und Karls III. 75, 80, 85
Liutfried, alemann. Gf. 107
Liutgard, Gemahlin Karls des Großen 23, 38
Liutgard, Gemahlin Ludwigs III. d. J. 66, 72, 76, 111
Liutgard, Tochter Ottos I., Gemahlin Konrads des Roten 127, 140, 145, 166, 180

PERSONENREGISTER 869

Liutgard, Gemahlin Gottfrieds von Lö-
wen, Schwägerin Konrads III. 264
Liutold von Eppenstein, Hg. v. Kärnten
216
Liutpold, Mgf. v. Bayern 94, 101, 105
Liutpold, Mgf. der bayer. Ostmark 145
Liutprand von Cremona, Bf. v. Cremo-
na, Geschichtsschreiber 88, 115
Liutswind 72
Liutward, Bf. v. Vercelli, Erzkapellan
Karls III. 78f., 80
Liutwart, Bf. v. Como 78
Lobkowicz, Georg Christian Fürst v.
724
Lobkowicz, Sidonie Prinzessin v. 724
Lodovico il Moro, Hg. v. Mailand 501
Lónyay de Nagy-Lónyay, Elemer Fürst
722
Lónyay de Nagy-Lónyay und Vásáros-
Namény, Rosa Gfn. v. 725
Lorenzino von Medici 508
Lorenzo II. v. Medici, Großhg. v. Urbi-
no 504f., 527
Lothar I., K., Sohn Ludwigs des From-
men 47, 49, 51, 52, 53, 54, 55, 56, 58,
62, 63, 64, 67, 96, 609, 794
Lothar III. von Supplinburg, K., Hg. v.
Sachsen 233, 237, 238, 241, 248–257,
260, 261, 262f., 267, 279, 308, 312
Lothar II., Kg., Sohn K. Lothars I. 58,
64, 67, 79, 103
Lothar, Sohn Karls des Großen 37, 38,
43
Lothar, Kg. v. Frankreich, Sohn der Ger-
berga und Ludwigs IV. 133, 139,
146, 148, 149
Lothar II., Kg. v. Italien, Sohn von Hugo
von der Provence, Gemahl der Adel-
heid 123, 128, 129, 139
Lothar von Hochstaden, Bf. v. Lüttich
300
Lothar Franz von Schönborn, Kurfs. und
Ebf. v. Mainz 587
Louis de Correvod, Bf. v. Lausanne 487
Louis Bonaparte, Kg. v. Holland 667
Louis Ferdinand, Prinz v. Preußen, Sohn
Kronprinz Wilhelms 786f.
Louis Ferdinand, Prinz v. Preußen, Sohn
Louis Ferdinands 787

Louis Philippe I., Kg. v. Frankreich
688, 695
Louise Marie, Prinzessin v. Frankreich,
Kgn. v. Belgien 695
Löwenstein-Wertheim-Rosenberg, Adel-
haid, Prinzessin von, Gemahlin Erz-
herzogs Karl Ludwigs 697
Löwenstein-Wertheim-Rosenberg, Con-
stantin Erbprinz von 697
Luccheni, Luigi, Attentäter der Ksn. Eli-
sabeth 717
Lucius III., P. 289f.
Ludendorff, Erich, dt. General 782
Ludmilla, Tochter Kg. Konrads III. 269
Ludovika, Erzherzogin v. Österreich
(früh verstorben), Tochter K.
Franz II./I. 650, 679
Ludovika, Hgn. in Bayern 314, Prinzes-
sin von Bayern 718
Ludwig der Fromme, K. 9, 14, 15, 25,
31, 35, 37, 38f., 42, 44, 45–59, 61, 66f.,
74, 78, 80, 96–98, 609, 794
Ludwig II., K., Kg. von Italien, Sohn K.
Lothars I. 58, 63, 64
Ludwig der Blinde, K., Kg. der Pro-
vence 79, 81, 86, 93, 118
Ludwig der Deutsche, Kg. von Bayern
und Ostfranken 35, 49, 5256, 59, 60–
70, 71, 74–77, 84, 93, 96–98, 111
Ludwig III. (der Jüngere), Kg. von Franken, Sachsen, Lotharingien, Bayern,
Sohn Ludwigs des Deutschen 64–66,
68, 70–72, 74, 75–77, 78, 81, 84, 86,
94, 95, 98, 111
Ludwig das Kind, ostfrk. Kg. 89f., 91–
95, 96, 102–104, 110–112, 114
Ludwig IV. der Bayer, K., röm.-dt. Kg.,
lombard. Kg., Hg. v. Bayern 363,
401, 405–416, 421f., 441f., 805
Ludwig, Sohn Ludwigs III. d. Jüngeren
81, 84
Ludwig II. der Stammler, westfrk. Kg.,
Sohn Karls d. Kahlen 59, 74, 76f.,
86, 96
Ludwig III., westfrk. Kg., Sohn Lud-
wigs II. des Stammlers 77f.
Ludwig II., Kg. v. Bayern 755f., 765
Ludwig II. Jagiello, Kg. v. Böhmen und
Ungarn 483, 490f., 512

Ludwig, Kg. v. Etrurien, Infant v. Parma 654

Ludwig IV. der Überseeische (Outremer), Kg. v. Frankreich, Sohn Karls d. Einfältigen 96, 120, 124, 126, 127, 133

Ludwig V., Kg. v. Frankreich 96, 146, 149

Ludwig VII., Kg. v. Frankreich 265, 266, 284, 287, 293, 294

Ludwig VIII., Kg. v. Frankreich 329

Ludwig IX., Kg. v. Frankreich 343, 354

Ludwig XI., Kg. v. Frankreich 41, 479

Ludwig XII., Kg. v. Frankreich 495, 519

Ludwig XIII., Kg. v. Frankreich 609

Ludwig XIV., Kg. v. Frankreich 544, 565–568, 570–574, 581, 583, 590

Ludwig XV., Kg. v. Frankreich 593, 603, 612, 615f., 628, 636, 641

Ludwig XVI., Kg. v. Frankreich 628, 633, 663

Ludwig XVIII., Kg. v. Frankreich 671

Ludwig II., K., Kg. von Italien, Sohn K. Lothars I. 58, 63, 64

Ludwig I. der Große v. Anjou, Kg. v. Ungarn, Kg. v. Polen 425, 428, 434, 450, 451

Ludwig IV., Großhg. v. Hessen und bei Rhein 767

Ludwig, Hg. v. Bayern, Sohn Hg. Rudolfs I. v. Bayern 409

Ludwig I. der Kelheimer, Hg. v. Bayern 331, 338

Ludwig II. „der Strenge", Hg. in (Ober-)Bayern, Pfalzgf. bei Rhein 370, 372, 379, 382, 407

Ludwig III., Hg. v. (Ober-)Bayern 373

Ludwig V. der Brandenburger, Hg. v. Bayern, Mgf. v. Brandenburg, Gf. v. Tirol 408, 411, 412, 422

Ludwig VI. der Römer, Hg. v. Bayern 410, 413f.

Ludwig im Bart, Hg. v. Bayern-Ingolstadt 442

Ludwig I., Hg. v. Bourbon 398

Ludwig, Hg. v. Bourbon 633

Ludwig von Hochburgund, Bruder Kg. Rudolfs II. 128

Ludwig, Fs. v. Orsini 507

Ludwig III., Kurfs. v. d. Pfalz, Sohn Kg. Ruprechts I. 441f., 444, 446

Ludwig IV., Kurfs. v. d. Pfalz 448

Ludwig, Hg. v. Savoyen 478

Ludwig I., Hg. v. Schlesien-Brieg 415

Ludwig, Hg. v. Württemberg 656

Ludwig, Mgf. v. Baden, ksl. Heerführer 570f.

Ludwig I. der Fromme, Lgf. v. Thüringen 237

Ludwig II. der Springer, Lgf. v. Thüringen 273

Ludwig III., Lgf. v. Thüringen 302

Ludwig IV. der Heilige, Lgf. v. Thüringen, hl. 335, 344, 350

Ludwig VI., Gf. v. Oettingen 391

Ludwig VII. Gf. v. Oettingen 391

Ludwig Georg, Mgf. v. Baden-Baden 605

Ludwig Josef, Erzherzog v. Österreich, Bruder Franz' II./I., Vorsitzender der Staatskonferenz Ferdinands I. 658, 687, 689

Ludwig Julius, Prinz v. Savoyen-Carignan 568

Ludwig Phillip, Kg. v. Frankreich s. Louis Philippe

Ludwig Rudolf, Hg. v. Braunschweig-Wolfenbüttel 587

Ludwig Victor, Erzherzog, Sohn Erzherzogs Franz Karls 697

Ludwig Wilhelm, Erzhg. v. Österreich, Onkel K. Leopolds I. 563

Ludwig Wilhelm, Mgf. v. Baden-Baden 605

Lueger, Karl, Bürgermeister Wiens 714f.

Luise, Kgn. v. Preußen, Prinzessin v. Mecklenburg-Strelitz, Gemahlin Kg. Friedrich Wilhelms III. 748

Luise, Großhgn. v. Baden, Prinzessin v. Preußen, Tochter K. Wilhelms I. 761

Luise, Hgn. v. Orléans 498

Luise, Burggfn. v. Kirchberg, Fsn. v. Nassau-Weilburg 654

Luise, Gfn. v. Angoulême 489

Luise Henriette, Hgn. v. Anhalt, Prinzessin v. Sachsen-Altenburg 786

Luise Maria, Prinzessin v. Neapel-Sizilien, Großhgn. v. Toskana 653

PERSONENREGISTER

Luitpold, Prinzregent von Bayern 720
Lupus von Ferrières 56
Luther, Martin 497

Mackau, Angélique Charlotte de 679
Mackau, Louis, Baron de 679
Madelgard, Konkubine Karls des Gro-
ßen 23
Magdalena, Kgn. v. Böhmen und Un-
garn, Gemahlin Ladislaus' Postumus
468
Magdalena, Erzherzogin v. Österreich,
Tochter K. Ferdinands I. 518
Magnus II. Smek, Kg. v. Schweden 415
Magnus Billung, Hg. v. Sachsen 233,
250, 257
Magnus Billung, sächs. Adeliger 208
Magris, Claudio, Schriftsteller 461
Malcolm III., Kg. v. Schottland 230
Mancini, Olympia, Fürstin v. Savoyen-
Carignan 568
Manegold von Lautenbach, Geschichts-
schreiber 222
Manfred, Kg. v. Sizilien, Sohn K. Fried-
richs II. 345, 349, 352, 354f., 356
Manfred Lancia, Mgf. 321
Manna, Konkubine K. Friedrichs II. 320
Manteuffel, Edwin Freiherr v., preuß.
Staatsmann, Generalfeldmarschall
749
Manuel I. Komnenos, byz. Ks. 261,
265, 266, 267, 270, 272, 279, 285, 287
Manuel I., Kg. v. Portugal 489, 491,
494, 507, 522, 526
Margarete, Kgn. v. Ungarn, Prinzessin v.
Böhmen, Gemahlin Ludwigs I. v. Un-
garn, Tochter Karls IV. 428
Margarete von Österreich, Infantin v.
Spanien, Hgn. v. Savoyen, Erzhgn. v.
Österreich, Regentin der Niederlan-
de, Tochter Maximilians I. 479, 482,
485–484, 490f., 495f., 498, 508, 512
Margarete, Hgn. v. Bayern, Hgn. von
Schlesien-Brieg 415
Margarete, Hgn. v. Bayern, Gfn. v.
Kleve 415
Margarete, Hgn. v. Bayern-Landshut,
Hgn. v. Österreich, Tochter Al-
brechts IV. v. Österreich 448

Margarete, Hgn. v. Brabant, Gfn. v. Flan-
dern 393, 394
Margarete Maultasch, Hgn. v. Kärnten,
Gfn. v. Tirol 411, 412, 421
Margarete, Hgn. v. Kroatien, Dalmatien
und Slavonien, Tochter K. Lud-
wigs IV. des Bayern 413
Margarete, Hgn. v. Lothringen, Gemah-
lin Karls d. Kühnen, Tochter Kg.
Ruprechts v. d. Pfalz 441, 445
Margarete von Böhmen, Hgn. v. Nieder-
bayern 413
Margarete, Hgn. v. Oberbayern, Mgfn. v.
Brandenburg, Gfn. v. Tirol, Gemah-
lin Ludwigs V. des Brandenburgers
412
Margarete von Hohenzollern, Hgn. v.
Ober- und Niederbayern 412
Margarete, Lgfn. v. Hessen-Kassel, Prin-
zessin v. Preußen 768
Margarete, Burggfn. v. Nürnberg, Toch-
ter Karls IV. 430
Margarete, Gfn. v. Bassewitz-Levetzow,
Gfn. v. d. Schulenburg 786
Margarete, Gfn. v. Holland, Gemahlin
K. Ludwigs IV. des Bayern 406, 408,
413
Margarete, Gfn. v. Kleve und der Mark
446
Margaretha, Gemahlin K. Heinrichs VII.,
Hgn. v. Brabant 393, 394, 396
Margaretha, Erzherzogin v. Österreich,
Tochter K. Maximilians II. 528
Margaretha von Poli, Fsn. v. Antiochia,
stadtröm. Adelige 739
Margaretha Theresia, Infantin von Spa-
nien, Gemahlin K. Leopolds I. 524,
559, 563, 572–574, 576
Margarethe, Gemahlin Kg. Heinrichs
(VII.), Hgn. v. Österreich, T. Hg.
Leopolds VI. 338, 347
Margarethe, Kgn. v. Böhmen, Gemahlin
Ottokars II. (Babenbergerin) 367
Margarethe, Kgn. v. Spanien, Erzherzo-
gin v. Österreich-Steiermark, Gemah-
lin Philipps III. 523, 552, 556,
558
Margarethe, Erzherzogin v. Österreich,
Tochter K. Ferdinands I. 519

Margarethe, Erzherzogin v. Österreich, Prinzessin v. Sachsen, Gemahlin des Erzherzogs Karl Ludwig 697

Margarethe, Hgn. v. Bayern, Erzherzogin v. Österreich 464

Margarethe von Schlesien-Brieg, Hgn. v. Bayern, Gemahlin Hg. Albrechts I. 433

Margarethe von York, Hgn. v. Burgund, Gemahlin Karls des Kühnen 486

Margarethe von Bourbon, Hgn. v. Savoyen 486f.

Margarethe von Parma, Hgn. v. Florenz, Parma und Piacenza, Generalstatthalterin der Niederlande, illegit. Tochter K. Karls V. 507f.

Margarethe, Pfalzgfn. v. Burgund, Gfn. v. Blois-Champagne 680

Margarethe Paleologa, Mgfn. v. Montferrat 519

Margarethe, Lgfn. v. Thüringen, Tochter K. Friedrichs II. 350

Margarethe Sophie, Erzherzogin von Österreich, Tochter Karl Ludwigs 728

Margherita, Prinzessin von Savoyen 741

Maria von Ungarn, Kgn. v. Ungarn, Prinzessin v. Ungarn, Gemahlin K. Sigismunds 425, 450, 451

Maria von Brabant, Gemahlin K. Ottos IV. 308

Maria von Burgund, Hgn. v. Burgund, Gemahlin K. Maximilians I. 474, 476, 478f., 483, 485, 501

Maria, Infantin v. Spanien, Regentin in Spanien, Gemahlin K. Maximilians II. 504f., 522f., 525, 531, 536

Maria, Kgn., Prinzessin v. Brabant, Gemahlin Kg. Ottos IV. 308, 344

Maria, Infantin v. Aragon 494

Maria, Kgn. v. Böhmen und Ungarn, Regentin der Niederlande, Schwester Karls V. 483, 490f., 495, 498, 501f., 508, 512

Maria I. Tudor , Kgn. v. England („die Blutige") 504, 506

Maria, Kgn. v. Frankreich, Gemahlin Kg. Karls IV., Tochter Kg. Johanns I. v. Böhmen 398, 421

Maria, Kgn. v. Frankreich, Prinzessin v. Brabant 388

Maria von Montferrat, Kgn. v. Jerusalem, Mgfn. v. Montferrat 321

Maria, Kgn. v. Portugal, Infantin v. Aragonien 491

Maria II. da Gloria, Kgn. v. Portugal 681

Maria, Kgn. v. Spanien, Gemahlin Philipps II. 504

Maria, Erzherzogin v. Österreich, Tochter K. Maximilians II. († als Kind) 528

Maria, Erzherzogin v. Österreich, Tochter K. Ferdinands III. († als Kind) 558

Maria, Erzherzogin v. Österreich, Tochter Erzherzogs Karl Ludwig 724

Maria Pawlowna, Großhgn. v. Sachsen-Weimar-Eisenach, Großfsn. v. Rußland 748

Maria (Mathilde) von Antiochia, Konkubine K. Friedrichs II. 317

Maria, Hgn. v. Jülich und Berg, Erzherzogin v. Österreich 517

Maria, Hgn. v. Jülich und Berg 517

Maria, Hgn. v. Brabant, Tochter Kg. Philipps v. Schwaben 320

Maria Gonzaga, Hgn. v. Mantua-Nevers 551

Maria von Brabant, Hgn. v. Österreich 389

Maria, Hgn. v. Pommern, Hgn. v. Mecklenburg-Schwerin 447

Maria von Böhmen, Gemahlin Leopolds IV., Mgf. v. Österreich und Hg. v. Bayern 261

Maria von Bourbon-Soissons 568

Maria Amalia, Gemahlin K. Karls VII. s. Amalia Maria

Maria Amalia, Kgn. v. Spanien, Prinzessin v. Sachsen 632, 645

Maria Amalia, Erzherzogin v. Österreich, Tochter K. Karls VI. († als Kind) 596, 598

Maria Amalia, Erzherzogin v. Österreich, Tochter K. Leopolds II. 656

Maria Amalia, Hgn. v. Parma, Piacenza und Guastalla, Erzherzogin v. Österreich, Tochter Maria Theresias 628, 631

Maria Anna, Ksn., Prinzessin v. Bayern, Gemahlin K. Ferdinands II. 541, 547–549

Maria Anna, Ksn., Infantin v. Spanien, Gemahlin K. Ferdinands III. 524, 548, 552, 556f., 558f., 564

Maria Anna, Ksn. v. Österreich, Prinzessin v. Sardinien-Piemont, Gemahlin Ferdinands III./I. 680, 685, 689, 693

Maria Anna, Infantin v. Portugal 727

Maria Anna, Kgn. v. Spanien, Erzherzogin v. Österreich, Gemahlin Philipps IV. 524, 558, 563

Maria Anna, Erzherzogin v. Innerösterreich, Prinzessin v. Bayern 519, 542

Maria Anna, Erzherzogin v. Österreich, Schwester Maria Theresias, Gemahlin Karls v. Lothringen 616

Maria Anna, Erzherzogin v. Österreich, Äbtissin des Damenstifts in Prag, Tochter Maria Theresias 628, 630

Maria Anna, Erzherzogin v. Österreich, Tochter Leopolds II. 654

Maria Anna, Erzherzogin v. Österreich, Tochter Franz' II./I. 652, 683

Maria Anna, Erzherzogin v. Österreich, Tochter Erzherzogs Franz Karls (früh verstorben) 697

Maria Anna, Hgn. v. Bayern, Erzherzogin v. ÖsterreichTochter K. Ferdinands II. 548f.

Maria Anna, Hgn. v. Lothringen, Erzherzogin, Tochter K. Karls VI. 598

Maria Anna Antonie, Erzherzogin v. Österreich, Tochter Leopolds I. († als Kind) 576

Maria Anna Ferdinanda, Prinzessin v. Sachsen, Großhgn. v. Toskana 653

Maria Anna Josefa, Kgn. v. Portugal 575, 577

Maria Anna Josefa, Kurfsn. v. Pfalz-Neuburg 560f.

Maria Anna Josepha Auguste, Mgfn. v. Baden-Baden, Prinzessin v. Bayern, Tochter K. Karls VII. 605f.

Maria Anna Karoline, Kurfsn. v. Bayern, Tochter Max Emanuels, Klarisse 601

Maria Anna Sofie, Kurfsn. v. Bayern, Prinzessin v. Polen und Sachsen, Gemahlin Maximilians III. Joseph 605

Maria Annunziata, Erzherzogin v. Österreich, Prinzessin beider Sizilien, Gemahlin Erzherzogs Karl Ludwigs 697, 723

Maria Annunziata, Erzherzogin v. Österreich, Äbtissin des Theresian. Damenstifts auf dem Hradschin in Prag 728

Maria Antonia, Tochter Maria Theresias s. Marie Antoinette

Maria Antonia, Prinzessin v. Braganza, Infantin v. Portugal 731, 733, 739

Maria Antonia, Kurfürstin v. Sachsen, Prinzessin v. Bayern, Tochter K. Karls VII. Albrecht 653

Maria Antonie, Kurfürstin v. Bayern, Erzherzogin v. Österreich, Tochter K. Leopolds I. 576

Maria Christine, Hgn. v. Sachsen-Teschen, Tochter Maria Theresias 628, 630f., 640f.

Maria Elisabeth, Erzherzogin v. Österreich und Statthalterin der Niederlande 577

Maria Elisabeth, Erzherzogin v. Österreich, Tochter Maria Theresias († als Kind) 630

Maria Henriette, Erzherzogin von Österreich 720

Maria Isabella von Bourbon Parma, s. Isabella

Maria Jacobäa, Hgn. v. Bayern 516

Maria Josefa, Ksn., Prinzessin v. Bayern, Gemahlin K. Josefs II. 628, 630, 636, 642

Maria Josefa, Hgn. v. Bourbon, Prinzessin v. Sachsen 633

Maria Josefa, Kfn. v. Sachsen, Kgn. v. Polen, Erzherzogin v. Österreich, Gemahlin Friedrich Augusts II., Tochter K. Josefs I. 583f., 592, 605, 630

Maria Josefa, Prinzessin v. Sachsen 727

Maria Josefa Klementine, Erzherzogin v. Österreich, Tochter K. Leopolds I. († als Kind) 577

Maria Josepha, Erzherzogin v. Österreich, Tochter K. Leopolds I. († als
Kind) 578
Maria Josepha, Erzherzogin v. Öster-
reich, Tochter Maria Theresias (früh
verstorben) 632
Maria Josepha, Erzherzogin v. Öster-
reich, Prinzessin v. Sachsen, Mutter
K. Karls I. v. Österreich 347
Maria Karoline, Erzherzogin v. Öster-
reich, Tochter Maria Theresias (früh
verstorben) 628, 630
Maria Komnena, Nichte des byz. K.s Ma-
nuel I. Komnenos 270, 272,
Maria Leopoldina, Ksn., Gemahlin K.
Ferdinands III., Erzherzogin v. Öster-
reich-Tirol 548, 552, 557, 559, 564
Maria Ludovika, Infantin von Spanien,
Gemahlin K. Leopolds II. 628, 631,
645f., 651
Maria Ludovika, Erzherzogin von Öster-
reich-Modena d'Este, Gemahlin K.
Franz II./I. 653, 660, 677
Maria Luise, Ksn. v. Frankreich, Hgn. v.
Parma, Gemahlin Napoleons I., Erz-
herzogin v. Österreich 669f., 672,
679, 681, 686
Maria Magdalena, Erzherzogin v. Öster-
reich, Tochter K. Leopolds I. 578
Maria Margarethe, Erzherzogin v. Öster-
reich, Tochter K. Leopolds I. († als
Kind) 578
Maria Pia, Prinzessin von Bourbon-Sizi-
lien 739
Maria Theresia, Ksn., Apostolische Kgn.
v. Ungarn, Kgn. v. Böhmen 461,
560, 570, 593–595, 597f., 603f., 608,
610–634, 617, 636–642, 646, 655, 662,
671, 657, 687
Maria Theresia, Ksn., Prinzessin von
Neapel-Sizilien, Gemahlin K.
Franz II./I. 651, 653, 660, 677, 679,
686
Maria Theresia, Erzherzogin v. Österreich, Tochter K. Leopolds I. († als
Kind) 577
Maria Theresia, Erzherzogin v. Österreich, Tochter K. Josefs II. (früh verstorben) 641, 643

Maria Theresia, Kgn. v. Frankreich, Infantin von Spanien, Gemahlin Kg.
Ludwigs XIV. 572, 574
Maria Theresia, Kgn. v. Sachsen, Erzher-
zogin v. Österreich, Gemahlin An-
tons I. 653
Maria Theresia, Erzherzogin v. Öster-
reich, Infantin v. Portugal, Gemahlin
Erzherzog Karl Ludwigs 697, 723f.,
727, 728f.
Maria Theresia, Erzherzogin v. Öster-
reich, Tochter Erzherzog Albrechts
728
Maria Theresia, Erzherzogin von Öster-
reich-Modena d'Este 685
Marianus, Judex von Torres 351
Marie, Erzherzogin, Tochter K. Maximi-
lians I. († als Kind) 527
Marie, Kgn. der Belgier 696
Marie, Kgn. v. Neapel 374
Marie, Prinzessin v. Württemberg, Erz-
herzogin v. Österreich, Gemahlin
Erzhg. Josefs, Palatins v. Ungarn
656
Marie Antoinette, Kgn. v. Frankreich,
Tochter Maria Theresias 628, 633,
663
Marie Auguste, Prinzessin v. Preußen,
Prinzessin v. Anhalt 786
Marie Eleonore (Eleonore Maria Josefa),
Hgn. v. Lothringen, Erzherzogin v.
österreich, Tochter K. Ferdi-
nands III. 559f., 609
Marie Sophie, Kgn. v. Portugal 577
Marie Valerie, Erzherzogin, Tochter
Franz Josephs I. 719
Markward von Annweiler, Reichstruch-
seß in Italien 301, 303f., 311,
325, 326
Marlborough, John Churchill, Hg. von,
engl. General 574, 582f.
Marschall v. Bieberstein, Adolf Frhr.
von, dt. Staatssekretär des Auswärti-
gen 766
Marschall, Gottfried, Weihbf. v. Wien
719
Martin V., P. 452, 454, 455, 465
Martinitz, Jaroslav Gf., österr. Statthalter
in Prag 538

Masaryk, Thomas, tschech. Staatspräsident 732, 735

Mastino II. della Scala, Fs. v. Verona 414

Matfried, Gf. v. Orléans, Berater K. Ludwigs d. Frommen 51, 52, 53

Mathilde von England, Ksn., Kgn. v. England, Gemahlin K. Heinrichs V. und Gf. Gottfrieds v. Anjou 228, 230, 234, 237, 238, 242, 243, 250

Mathilde, Kgn. v. Burgund, Prinzessin v. Frankreich 146

Mathilde (Edith), Kgn. v. England 230, 237

Mathilde, Tochter K. Konrads II. 190

Mathilde von Lothringen, Hgn. v. Brabant 308, 317

Mathilde von Brandenburg, Hgn. v. Braunschweig-Lüneburg, Gemahlin Ottos des Kindes 309

Mathilde, Hgn. v. Kärnten, Gemahlin Hg. Konrads v. Kärnten, Tochter Hg. Hermanns II. v. Schwaben 174

Mathilde von England, Hgn. v. Sachsen und Bayern, Gemahlin Heinrichs des Löwen 274, 285, 308

Mathilde, Hgn. v. Schwaben, Gemahlin Rudolfs von Rheinfelden, Tochter Heinrichs III. 201, 216

Mathilde v. Châtillon, Hgn. v. Valois 419

Mathilde, Mgfn. v. Brandenburg 309

Mathilde, Pfalzgfn. v. Lotharingien, Tochter Ottos II. 152, 160, 166

Mathilde, Pfalzgfn. bei Rhein, Gemahlin Pfalzgf. Ludwigs II., Gfn. v. Habsburg, Tochter Kg. Rudolfs I. v. Habsburg 370, 372

Mathilde, Mgfn. v. Tuszien-Canossa 198, 214, 218, 219, 220, 221, 234, 236, 238

Mathilde, Äbtissin v. Quedlinburg, Reichsverweserin für Otto III., Tochter Ottos I. des Großen 141, 157

Matthäus von Aiello, sizil. Kanzler 301

Matthäus vom Elsaß, Gf. v. Boulogne 308, 317

Matthäus v. Krakau, Gelehrter und Rat Kg. Ruprechts I. 444

Matthias, K., Kg. v. Ungarn und Böhmen 505, 527, 532f., 534–539, 542f.

Matthias Corvinus, Kg. v. Ungarn 472–474, 479f., 482

Matthias v. Arras, Baumeister 426

Matteo Visconti, Hg. v. Mailand 408

Max, Prinz v. Baden, dt. Reichskanzler 782f.

Max Emanuel (Maximilian II. Emanuel), Kurfürst von Bayern, Statthalter der span. Niederlande 601f., 569, 572f., 574, 576, 584

Maximilian I., K., röm.-dt. Kg., Kg. v. Böhmen, Kg. v. Ungarn 427, 474–476, 477–492, 495f., 501, 512, 572, 792

Maximilian II., K., röm-dt. Kg., Kg. v. Böhmen und Ungarn 501, 504f., 514, 516, 521–528, 531, 533, 536, 538, 802

Maximilian (Ferdinand Joseph), K. v. Mexiko, Erzherzog von Österreich 695f., 714f., 716

Maximilian III., Erzherzog v. Österreich, Fs. v. Tirol 527, 536

Maximilian, Erzherzog v. Österreich, Sohn K. Leopolds II. († als Kind) 654

Maximilian, Erzherzog v. Österreich, Fürsterzbischof von Köln und Münster, Sohn Maria Theresias 628

Maximilian I., Kurfürst v. Bayern 537, 543f., 548f., 554, 445

Maximilian, Hg. in Bayern 699, 718

Maximilian, Herzog von Hohenberg, Sohn Erzherzogs Franz Ferdinands 475, 724, 718f.

Maximilian, Hg. v. Sachsen 653, 682

Maximilian II. Emanuel s. Max Emanuel

Maximilian Eugen Ludwig, Erzherzog v. Österreich, Sohn Ottos 729

Maximilian Franz, Kurfs. und Ebf. v. Köln, Erzherzog v. Österreich, Sohn Maria Theresias 628, 633f., 677

Maximilian Franz Xaver, Ebf. v. Köln 640

Maximilian Friedrich, Kf. und Ebf. v. Köln 633

Maximilian I. Josef, Kg. v. Bayern 660, 673, 682, 697, 699, 718

Maximilian III. Josef, Kf. v. Bayern 585, 589, 602, 605, 616, 624

Maximilian Heinrich, Erzbf. und Kurfürst v. Köln, Prinz v. Bayern 563

Maximilian Thomas, Erzherzog v. Österreich, Sohn K. Ferdinands III. († als Kind) 559

Maximiliana Maria, Prinzessin v. Bayern, Tochter K. Karls VII. († als Kind) 605

Maximilla, Gemahlin Kg. Konrads von Italien 228

Mauritius, Ebf. v. Braga s. Gregor VIII.

Mazarin, Jules Kard. 563f., 568

Mechthild (Mathilde), Hgn. v. Bayern, Pfgn. bei Rhein, Gfn. v. Habsburg, Tochter Kg. Rudolfs I. v. Habsburg 382, 407

Mechthild, Hgn. v. Bayern, Hgn. v. Lancaster 414

Mechthild von Savoyen, Kurfsn. v. d. Pfalz, Gemahlin Ludwigs III. v. d. Pfalz 446

Mechthild, Hgn. v. Schlesien-Glogau, Hgn. von Braunschweig-Lüneburg 406

Mechthild (Mathilde), Mgfn. v. Meißen, Lgfn. v. Thüringen, Tochter K. Ludwigs IV. des Bayern 411

Mechthild, Pfalzgfn. bei Rhein, Tochter Kg. Adolfs v. Nassau 378, 379, 382

Mechthild v. Brabant, Gfn. v. Holland 344

Megingoz, Ebf. v. Trier 174, 175

Mehmed IV., osman. Sultan 568

Meinhard II., Hg. v. Kärnten, Gf.v. Görz und Tirol 370, 384

Meinhard, Hg. v. Österreich († als Kind), Sohn Albrechts I. 389

Melus (Ismahel), Bürger von Bari 172

Mensdorf-Pouilly, Alexander Gf., österr. Außenminister 709

Methodius, Missionar in Mähren 65

Metternich, Franz Georg Graf von 669

Metternich, Klemens Wenzel Nepomuk Lothar Fürst von, österr. Staatskanzler 11, 461, 669f., 674–676, 681, 686f., 689f., 693, 700, 745

Michael, Kg. v. Portugal 697, 731

Michael Korybut (Wisniowiecki), Kg. v. Polen 558

Michael II. Angelos, Despot von Epiros 249

Michael Morosini 390

Michelet, frz. Politiker 41

Mieszko I., Hg. v. Polen 135f., 144, 146, 149, 150, 151

Mieszko II., Kg. und Hg. v. Polen 160, 169, 186

Mistui, abodrit. Fs. 149

Mitislaw I. (Harald), Großfs. v. Kiew 269

Moltke, Helmuth von, dt. General, Generalquartiermeister und Chef des Generalstabs 759, 772

Montecuccoli, Raimund Fürst, ksl. Heerführer 565–567

Montenuovo-Neipperg, Alfred Fürst von, Obersthofmeister Franz Josephs I. 680, 726

Montenuovo-Neipperg, Wilhelm Adalbert Fürst von 680

Montesquieu, Charles de Secondat, Baron de la Brède et de, frz. Schriftsteller und Staatstheoretiker 41

Moritz, Kurfürst v. Sachsen 499f.

Moritz, Fürst von Anhalt, preuß. Feldmarschall 621

Mühlbacher, E., Historiker 62

Muley Abd-el Melik, Sultan v. Marokko 506

Murschhauser, Franz Xaver, Komponist 602

Musil, Robert, Schriftsteller 728

Mustafa II., osman. Sultan 571

Nádasdy, Thomas 566

Napoleon I. Bonaparte, K. der Franzosen 10, 654f., 663f., 666–674, 679, 788

Napoleon II. Franz Josef Karl, Kg. v. Rom, Hg. v. Reichstadt, Sohn Napoleons 670f., 680

Napoleon III., K. der Franzosen 696, 705, 711, 753–755

Neipperg, Adam Adalbert Gf. v., Feldmarschall-Leutnant 679f.

Neipperg, Albertine Marie Gfn. v. 679

Neipperg, Leopold Johann Gf. v. 679

Nikephoros I. Phokas, byz. K. 32, 138
Nikolaus I., Zar von Rußland 701, 703f.
Nikolaus II., Zar v. Rußland 734, 781
Nikolaus II., P. 205
Nikolaus V., P. 470, 472
Nikolaus von Kues (Cusanus), Kardinal,
  Bf. v. Brixen 455
Nikolaus Franz, Hg. v. Lothringen 560
Nilus von Rossano, Eremit 157
Nithard, Abt v. St. Riquier, Geschichts-
  schreiber, Enkel Karls des Großen
  14, 40, 43, 63
Nopcsa, Franz Freiherr von, Großmei-
  ster der Ksn. Elisabeth 719
Norbert von Xanten, Ebf. v. Magdeburg,
  Begründer des Prämonstratenseror-
  dens 254
Nostitz-Rieneck, Felix Gf. v. 724
Nostitz-Rieneck, Friedrich Gf. v. 724
Notker von St. Gallen 30f., 40, 69

Octavian v. Monticelli s. Viktor IV.
Oda (Uta), Gemahlin K. Arnulfs v. Kärn-
  ten 83, 90, 92, 94, 102
Oda, Gemahlin Zwentibolds, Schwester
  Heinrichs I. 90, 109, 111, 133, 173
Oda, sächs. Gfn. 72, 76
Odelrich Manfred II., Mgf. v. Turin 204
Odo, westfrk. Kg., Gf. v. Paris 79, 86,
  96, 103
Odo II., Gf. v. Blois-Champagne 170,
  187f.
Odo, Gf. v. Orléans 59
Oettingen, Albert Ernst Fürst von 587
Oettingen-Oettingen und Oettingen-
  Spielberg, Kamilla, Prinzessin zu
  722
Oettingen-Oettingen und Oettingen-
  Spielberg, Otto, Fürst zu 722
Oettingen-Oettingen und Oettingen-
  Wallerstein, Moritz, Prinz von 742
Oettingen-Oettingen und Oettingen-
  Wallerstein, Theresia Maria, Prinzes-
  sin von 742
Ohtrich, Gelehrter am Hof Ottos II.,
  Domscholaster in Magdeburg 146
Olga Konstantinowna, Kgn. v. Griechen-
  land, Großfsn. v. Rußland 768
Olga, Großfsn. v. Kiev 136

Oñate, Iñigo Velez de Guevara Gf., span.
  Gesandter 543
Oskar, Prinz v. Preußen, Sohn K. Wil-
  helms II. 786
Otfrid von Weißenburg 67
Otgiva, Gfn. v. Flandern, Nichte der
  Ksn. Kunigunde 173
Ottavio Farnese, Hg. v. Parma und Pia-
  cenza 507f.
Otto I. der Große, K., röm. Kg. 111,
  116, 120, 122–141, 143–146, 148,
  150f., 156, 159, 166, 172, 175, 177,
  180, 793, 794, 797, 802
Otto II., K., röm. Kg. 134, 138, 141,
  142–152, 153, 155, 803
Otto III., K., röm. Kg. 40, 148f., 151f.,
  153–163, 166–168, 172
Otto IV., K., röm. Kg., 307–318, 322,
  326, 328, 329, 330, 333, 353, 803
Otto, Sohn Ottos I. (früh verstorben)
  130
Otto, Erzherzog v. Österreich, Vater
  Karls I. 729, 732
Otto, Hg. v. Bayern 401
Otto V., Hg. v. Bayern, Mgf. v. Branden-
  burg, Sohn K. Ludwigs IV. d.
  Bayern 415, 428
Otto von Northeim, Hg. v. Bayern, Gf.
  v. Northeim 205–209, 213, 216, 220
Otto I. v. Wittelsbach, Hg. v. Bayern,
  Pfalzgf. bei Rhein 288, 344
Otto II. Hg. v. Bayern, Pfalzgf. b.
  Rhein 274, 341, 348, 332, 372, 384
Otto das Kind, Hg. v. Braunschweig-
  Lüneburg, Sohn Kg. Ottos IV. 309,
  340, 352
Otto v. Worms, Hg. v. Kärnten, Gf. v.
  Worms, Sohn Konrads d. Roten 145,
  149, 151, 156, 166, 171, 173, 174, 180
Otto, Hg. v. Meranien, Mgf. v. Istrien,
  Gf. v. Andechs 294
Otto, Pfalzgf. und Hg. v. Mosbach, Sohn
  Kg. Ruprechts I. 444, 448
Otto III., Hg. v. Niederbayern 373,
  404, 407, 379
Otto, Sohn Hg. Karls v. Niederlotharin-
  gien 150
Otto der Fröhliche, Hg. v. Österreich
  388f., 402

Otto der Erlauchte, Hg. v. Sachsen, Vater Heinrichs I. 90, 104f., 109, 111
Otto, Hg. v. Schwaben und Bayern, Sohn Liudolfs 144f., 147
Otto, Hg. v. Schwaben (Ezzone) 194
Otto von Schweinfurt, Hg. v. Schwaben, Gf. v. Schweinfurt 194
Otto von Burgund, Pfalzgf. v. Burgund, Sohn K. Friedrichs I. Barbarossa 294
Otto III., Mgf. v. Brandenburg 374
Otto IV., Mgf. v. Brandenburg 374
Otto V. der Lange, Mgf. v. Brandenburg 390
Otto von Wittelsbach, Pfalzgf. in Bayern (Mörder Kg. Philipps v. Schwaben) 306, 314, 317
Otto, Mgf. v. Turin-Savoyen, Vater der Ksn. Bertha 188, 204
Otto, Gf. v. Ballenstedt, sächs. Großer 233
Otto, Gf. v. Cappenberg 277
Otto II., Gf. v. Dießen 260
Otto, Gf. im Lahngau, Bruder Konrads I. 101
Otto, Gf. v. Hammerstein 175
Otto I., Gf. v. Nassau-Dillenburg-Hadamar 378
Otto, Gf. v. Rheineck, Sohn Hermanns v. Salm 218
Otto, Bf. v. Bamberg, Missionar 266
Otto von Freising, Bf. v. Freising, Geschichtsschreiber 234, 261, 266, 275, 276, 280
Otto Franz Josef, Erzherzog v. Österreich, Sohn Erzherzogs Karl Ludwigs 727
Otto Franz Josef (Otto von Habsburg), Erzherzog v. Österreich 741
Otto-Wilhelm, Gf. v. Burgund 172, 192
Ottokar I., Kg. v. Böhmen 313, 315, 317, 328
Ottokar II. Przemysl, Kg. v. Böhmen 353, 360, 361, 363, 366–369, 375

Paar, Eduard Gf., Erster Generaladjutant Franz Josephs I. 717
Palacky, Franz, tschech. Politiker 688–690, 692
Pálffy, Johann Gf. 614

Pandulf IV., Fs. v. Capua 188, 196
Parler, Peter, Baumeister 426
Paschalis II. (Rainer v. S. Clemente), P. 223f., 230, 231–235, 238
Paschalis III. (Wido v. Crema), P. 40, 285f., 330
Passionei, päpstl. Nuntius 594
Patow, Robert Freiherr v., preuß. Staatsmann, Finanzminister 751
Paul I., K. v. Rußland 655
Paul IV. Fürst Esterházy, Palatin v. Ungarn 567
Paul II., P. 472
Paul III., P. 499, 508
Paul IV., P. 523
Paul V., P. 543
Paulus Diaconus, Gelehrter am Hof Karls des Großen, Historiograph 34
Pedro I., K. v. Brasilien, Kronprinz v. Portugal 680f.
Peter III., Zar von Rußland 622
Peter III., Kg. v. Aragon 349, 354, 356, 391, 410
Peter II., Kg. v. Portugal 577
Peter II., Kg. v. Sizilien 411
Peter, Kg. v. Ungarn 195, 197
Peter Alvarez von Toledo, Mgf. v. Villafranca 520
Peter, Kardinalbf. v. Ostia 419, 423
Peter Aspelt, Ebf. v. Mainz 394, 395
Petrarca, Francesco, Dichter und Humanist 423, 424, 426
Petrus Abaelardus s. Abaelard
Petrus Crassus, Jurist 227
Petrus Damiani, Kardinallegat 207
Petrus Diaconus, Geschichtsschreiber, Mönch in Montecassino 237
Petrus von Eboli 298, 324
Petrus von Orte, Bf., päpstl. Legat 106
Petrus de Vinea, Großhofricher und Logothet, Vertrauter K. Friedrichs II. 323, 338, 345
Petznek, Franz 722
Petznek, Leopold, Abgeordneter und Präsident des österr. Rechnungshofes 722
Philibert I., Hg. v. Savoyen 486
Philibert II., Hg. v. Savoyen, Gemahl Margaretes von Österreich 486f.

PERSONENREGISTER 879

Philibert Emanuel, Hg. v. Savoyen 501
Philipp von Schwaben, röm. Kg. 244,
295, 302, 305f., 308, 310–318, 322,
324, 325, 326, 328, 353, 360
Philipp I., Kg. v. Frankreich 225, 232,
242
Philipp II. August(us), Kg. v. Frank-
reich 290, 291, 300, 302, 312, 314,
315, 328
Philipp III., Kg. v. Frankreich 388
Philipp IV. der Schöne, Kg. v. Frank-
reich 379, 394, 398
Philipp VI., Kg. v. Frankreich 408, 410
Philipp I. „der Schöne", Kg. v. Kastilien,
Sohn K. Maximilians I. 479, 482f.,
485, 487, 489–492, 495, 388f., 512, 460
Philipp II., Kg. v. Spanien und Portugal
491, 500–509, 514, 524, 526f., 531,
536
Philipp III., Kg. v. Spanien 524, 538,
543, 552, 556, 558, 572
Philipp IV., Kg. v. Spanien 524, 558,
563, 566, 572
Philipp V. von Anjou, Kg. v. Spanien
483, 573, 574, 582f., 589, 590, 592
Philipp, Infant v. Spanien 618
Philipp der Gute, Hg. v. Burgund 483
Philipp, Prinz von Sachsen-Coburg und
Gotha 721
Philipp, Hg. v. Parma, Piacenza, Guastal-
la, Infant v. Spanien 631, 636
Philipp I., Hg. v. Orléans 609
Philipp II., Hg. v. Orléans 598
Philipp I., Hg. v. Savoyen 489
Philipp, Hg. v. Württemberg 728
Philipp I., Mgf. v. Baden 516
Philipp, Landgraf v. Hessen 499
Philipp, Ebf. v. Köln 288, 290
Philipp von Schönborn, Kurfs. und Ebf.
v. Mainz 558
Philipp August, Erzherzog, Sohn K. Fer-
dinands III. († als Kind) 559
Philipp Moritz Maria, Prinz v. Bayern,
Sohn Kurfs. Max Emanuels 157
Philipp Wilhelm, Kurfs. v. Pfalz-Neu-
burg 560, 563, 577
Philippine von Valois, Gemahlin Kg.
Eduards III. v. England 408
Philippine, Prinzessin de Noailles 742

Piccolomini, Octavio, Hg. v. Amalfi
546, 554
Pierre Luigi Farnese, Hg. v. Parma und
Piacenza 507
Pietro Tiepolo, Podestà v. Mailand 341
Pilgrim, Ebf. v. Köln 183, 192
Pilz, Maria Anna 657
Pippin der Jüngere, frk. Kg., Vater Karls
des Großen 14, 17–21, 23f., 26, 28,
33, 34, 96, 97, 98
Pippin I., Kg. von Aquitanien, Sohn K.
Ludwigs des Frommen 47, 49, 52–
55, 58, 62, 96
Pippin II., Kg. v. Aquitanien, Sohn Pip-
pins von Aquitanien 58, 64
Pippin „der Bucklige", Kg. von Italien,
Sohn Karls des Großen mit Himil-
trud 28, 37, 42, 47, 96
Pippin der Ältere, frk. Hausmeier 15
Pippin der Mittlere, Vater Karl Martells,
frk. Hausmeier 14
Pius II., P. (Enea Silvio Piccolomini) 472
Pius V., P. 509
Pius VI., P. 638–640, 652, 664
Pius VII., P. 673, 678
Pius IX., P. 712
Pius X. (Giuseppe Kardinal Sarto, Patri-
arch v. Venedig), P. 717
Plochl, Anna, Freifrau v. Brandhof, Gfn.
v. Meran, Gemahlin Erzherzog Jo-
hanns 657
Plochl, Jakob 657
Podstatzky-Lichtenstein, Amalia Gfn.
339
Podstatzky-Lichtenstein, Leopold Gf.
339
Poincaré, Raymond de, frz. Präsident
348f.
Pontius, Abt v. Cluny 238, 239
Poppo, Ebf. v. Trier 174
Poppo von Stablo 176, 186
Porta, Giovanni, bayr. Hofkapellmei-
ster 602
Portia, Johann Ferdinand Graf, Erzieher
K. Leopolds I. 564
Posadowsky-Wehner, Arthur Gf. v.,
Freiherr v. Postelwitz, Sozial- und
Wirtschaftsreformer, preuß. Staatsmi-
nister des Innern 774

Praxedis v. Kiev (Eupraxia, Adelheid),
Prinzessin v. Kiev, Gemahlin K. Hein-
richs IV. 202, 204, 220, 221
Premysl I. Ottokar s. Ottokar I.
Pízemislaw II., Kg. v. Polen 328
Princip, Gavrilo, serb. Attentäter auf
Franz Ferdinand 726
Prokop, Mgf. v. Mähren 425, 452
Pseudo-Turpin 40
Ptolemäus, Gf. v. Tusculum 237
Puttkamer, Robert Freiherr v., preuß.
Kultusminister, dt. Innenminister
764
Puzyna, Jan Kard., Fürstbf. von Krakau
717

Radetzky von Radetz, Johann Joseph
Wenzel Graf, Feldmarschall, General-
gouverneur des Kgr. Lombardei-
Venetien 687f., 691, 705
Raffael (Raffaelo d'Urbino), Maler 601
Rahewin, Geschichtsschreiber, Fortset-
zer der Gesta Friderici Ottos von
Freising 283
Rainald, Sohn K. Friedrichs I. Barbarossa
(früh verstorben) 293
Rainald, Sohn Kg. Philipps v. Schwaben
(früh verstorben) 317
Rainald von Châtillon, Fs. v. Antio-
chien 294
Rainald III., Gf. v. Hochburgund 272,
281, 285
Rainald von Dassel, Ebf. v. Köln 40,
281f., 284, 285f., Kanzler Friedrichs I.
Barbarossas
Rainer, Erzherzog v. Österreich, Sohn K.
Leopolds II., Vizekg. des Kgr. Lom-
bardei-Venezien 658
Rainulf, Hg. v. Apulien, Gf. v. Aversa
256
Rainulf, Gf. v. Aversa 188, 196
Rákóczi, Franz II., ungar. Adeliger 582
Rákóczi, Georg, Fürst v. Siebenbürgen
553f.
Ramolino, Letizia 679
Rampolla del Tindaro, Marianus, vati-
kan. Kardinalstaatssekretär 717
Ramwold, Abt von St. Emmeram in Re-
gensburg 176

Ranke, Leopold von, Historiker 159f.,
788
Rastislaw, mähr. Fürst 65
Ratbod, Präfekt an der Ostgrenze 65
Ratchis, Kg. der Langobarden 18, 20
Rather, Gf. v. Limoges 59
Ratold, Sohn K. Arnulfs 87, 90
Rauchensteiner, Manfried, Historiker
461
Rauscher, Othmar Kardinal von, Für-
stebf. v. Wien 700, 704, 718
Regina, Prinzessin von Sachsen-Meinin-
gen 741
Regina, Konkubine Karls des Großen
23, 44
Reginar, Mgf. und Hg. v. Lotharingien
103, 113
Reginar, Gf. 145, 146
Regino von Prüm, Geschichtsschreiber
62, 63, 67, 68, 69, 74f., 77, 80, 102
Reinhild, Gfn., Mutter der Kgn.
Mathilde 109
Renate, Hgn. v. Bayern, Prinzessin v.
Lothringen 541, 548
Renate, Hgn. v. Ferrara 519
René (Renatus) v. Anjou, Hg. v. Lothrin-
gen 609
René II., Hg. v. Lothringen 609
Renner, Karl, österr. Staatskanzler 736
Richard von Cornwall, röm. Kg. 353f.,
360, 363, 366
Richard I. Löwenherz, Kg. v. England
290f., 294, 299, 300f., 302, 310f., 312
Richard II., Kg. v. England 429, 434, 437
Richard von Theate, Sohn K. Fried-
richs II., Generalvikar in der Mark
Ancona, der Romagna und im Hgm.
Spoleto 351
Richard, Gf. v. Caserta 450, 451
Richard, Gf. v. Metz 182
Richard, Abt v. St. Vanne in Verdun 176
Richardis (Richgard), Ksn., Kgn., Gemah-
lin Karls III. „des Dicken", Äbtissin
von Andlau 73, 79, 80
Richardis, Hgn. v. Görlitz, Prinzessin v.
Schweden 429
Richardis, Äbtissin v. Klarenthal, Gfn. v.
Nassau, Schwester Kg. Adolfs v. Nas-
sau 378

Richelieu, Armand Jean du Plessis, Hg. v. , frz. Staatsmann und Kardinal 553
Richenza, Ksn., Gemahlin Lothars III. 249, 250, 263f.
Richeza, Hgn. v. Polen, Gemahlin Mieszkos II., Nichte Ottos III. 160, 169
Richildis, westfrk. Kgn., Gemahlin Karls d. Kahlen 59
Richiza, Kgn. v. Polen, Prinzessin v. Schweden 388
Richlind, Gfn. von Öhningen 101
Rihheri, Mgf. v. Pannonien 66
Ringart, Kgn. v. Aquitanien, Gemahlin Pippins von Aquitanien 58
Robert, westfrk. Kg. 114
Robert II., Kg. v. Frankreich 166, 170
Robert v. Anjou, Kg. v. Neapel und Sizilien 391, 410
Robert I. v. Anjou, Kg. v. Ungarn 396, 398
Robert Guiscard, Hg. v. Apulien und Kalabrien 219
Robert, Hg. v. Arenberg 741
Robert I., Hg. der Normandie 192
Robert Karl Ludwig, Erzherzog (d'Este) 741
Robespierre, Maximilien de, frz. Revolutionär 663
Robinson, Luise 727
Roger II., Kg. v. Sizilien 253–255, 266, 279, 297f., 302, 324
Roger, Prinz von Sizilien, Sohn Kg. Tankreds 301, 310
Roger I., Gf. v. Sizilien 228
Roger, Pierre, Abt v. Fécamp, s. Clemens VI.
Roggenbach, Franz Freiherr v., badischer Außenminister 764
Rohan-Guéméné, Louis Prinz Kardinal von 633
Röhm, Ernst, Stabschef der SA 784
Roland Bandinelli s. Alexander III.
Romuald von Camaldoli 157, 161, 163
Roon, Albrecht Gf. v., preuß. Kriegsminister 751f.
Rorico, Gf., Lebensgefährte von Rotrud 42
Roth, Joseph, Schriftsteller 461

Rotislaw, Fst. von Halicz 375
Rotrud, Großmutter Karls des Großen 98
Rotrud, Tochter Karls des Großen 37, 38, 42
Rotrud, Tochter Kg. Pippins I. von Aquitanien 59
Rudolf I., röm. Kg., Gf. von Habsburg 360, 362, 363, 364–375, 379, 385, 387, 395, 407, 460f., 737, 805
Rudolf II., K., Kg. v. Böhmen und Ungarn 362, 505, 524, 526, 529–533, 535–539, 542
Rudolf von Rheinfelden, (Gegen-)Kg., Hg. v. Schwaben 201, 205, 207, 208, 216–218, 262
Rudolf (Raoul) v. d. Bourgogne, westfrk. Kg. 114, 117, 118, 124
Rudolf III., Kg. v. Böhmen, Sohn Kg. Albrechts I. 386
Rudolf, Kg. v. (Hoch-)Burgund 86
Rudolf II., Kg. v. (Hoch-)Burgund 113, 114, 115, 117, 118, 123, 128, 170
Rudolf III., Kg. v. Burgund 160, 166, 170, 171, 184, 187
Rudolf, Erzherzog v. Österreich, Kronprinz, Sohn Franz Josephs I. 694, 713–715, 717, 718f., 720f., 723
Rudolf I., Hg. v. Bayern und Pfalzgf. bei Rhein, Bruder Kg. Ludwigs des Bayern 378, 379, 382, 406, 407f., 409, 410
Rudolf II., Hg. v. Bayern, Pfalzgf. bei Rhein 409, 419, 422
Rudolf II., Hg. v. Österreich, Sohn Kg. Rudolfs I. 376f., 376f., 387, 461
Rudolf IV. der Stifter, Hg. v. Österreich 472, 424, 425, 428, 460
Rudolf, frk. Gf., Vater der Fastrada 23
Rudolf II., Gf. v. Habsburg 363
Rudolf, Kardinalfürstebf. v. Olmütz, Erzherzog v. Österreich, Sohn K. Leopolds II. 658
Rudolf, Bf. v. Würzburg 94
Rudolf Syringus, Erzherzog 742
Rummel, Franz Freiherr von, Erzieher K. Josefs I. 581
Ruodheid, Tochter Karls des Großen 43, 48

Ruotger, Ebf. v. Trier 114
Ruotger, Biograph Brun von Kölns 118,
131
Ruothild, Äbtissin v. Faremoutiers ,
Tochter Karls des Großen mit Madel-
gard 43, 48
Rupert II., Gf. v. Virneburg 389
Ruprecht I. von der Pfalz, röm. Kg.,
(Ruprecht III., Kurfs. v. d. Pfalz)
363, 437, 439–448, 452
Ruprecht I., Pfalzgf. bei Rhein 409, 441,
444, 434
Ruprecht II., Pfalzgf. bei Rhein 441,
444, 435, 436, 437
Ruprecht Pipan, Sohn K. Ruprechts I.
441, 444, 445
Rupprecht, Gf. v. Nassau, Sohn Kg.
Adolfs v. Nassau 378, 379, 381
Rupprecht, Gf. im Siegerland, Vogt des
Ebm. Köln, Stammvater der Grafen v.
Nassau 378
Ruthard, Ebf. v. Mainz 222, 232

Saladin, Sultan 290
Salm, Otto Fs. v., Erzieher K. Josefs I.
581
Salomo III., Bf. v. Konstanz, Berater K.
Arnulfs, Kanzler Konrads I. 85, 93,
105, 106, 107
Salomon, Kg. v. Ungarn 201
Samuel (Aba), Kg. v. Ungarn 195
Sancha von León-Kastilien, Kgn. v. Ara-
gón 320
Sancha, Tochter König Alfons' II. v. Ara-
gón 320
Schaffgotsch, Friedrich Gf. v. 742
Schaffgotsch, Sophie Gfn. 742
Scheremetew, Elisabeth Dimitrijewena,
Gfn. 742
Schlauch, Primas v. Ungarn 723
Schmerling, Anton Ritter von, österr. Mi-
nisterpräsident 706f.
Schnith, Karl Rudolf, Historiker 437
Schönborn-Buchheim, Erwin Gf. v. 729
Schönborn-Buchheim, Franziska Gfn.
v. 729
Schratt, Katharina, Burgschauspielerin
719
Schreiber, Georg, Historiker 610, 617

Schwarzenberg, Felix Fs. zu, österr. Mini-
sterpräsident 691f., 745
Schwarzenberg, Klemens Fs. zu, österr.
Ministerpräsident 701–704
Sebastian, Kg. v. Portugal 492, 506f.
Selim II., osman. Sultan 524
Selvaggia, Tochter K. Friedrichs II., Ge-
mahlin des Ezzelino da Romano 351
Sergej Alexandrowitsch, Gf. Tscherny-
schew-Besobrasow 742
Sergius IV., P. 171
Sibylle, Kgn. v. Sizilien 301
Sibylle Auguste, Mgfn. v. Baden-Baden
605
Siegfried v. Westerburg, Ebf. v. Köln
385, 378f.
Siegfried, Ebf. v. Mainz 216, 218
Siegfried II. v. Epp(en)stein, Ebf. v.
Mainz, päpstl. Legat 313, 315, 318,
328
Siegfried III. v. Epp(en)stein, Ebf. v.
Mainz 341
Siegfried, Abt v. Gorze, Kirchenrefor-
mer 186, 195
Siegfriedina von Urslingen-Spoleto (?),
Gfn. v. Caserta 350
Siegwin, Ebf. v. Köln 228
Sigehard, Gf. v. Burghausen 223
Sigismund, K., röm.-dt. Kg., lombard.
Kg., Kg. v. Ungarn, Kg. v. Böhmen,
Mgf. v. Brandenburg 361, 363, 410,
463, 464f., 425, 429, 434–438, 449–
457, 460, 800, 805
Sigismund I., Kg. v. Polen 468, 516, 518
Sigismund II. August, Kg. v. Polen 516,
518, 525
Sigismund III., Kg. v. Polen 549
Sigismund, Prinz v. Preußen, Sohn des
dt. K.s Friedrichs III.(früh verstor-
ben) 224, 767
Sigismund der Münzreiche, Hg. v. Öster-
reich, Gf. v. Tirol 466, 471, 473, 475,
480
Silvester I., P. 158
Silvester II. (Gerbert v. Aurillac), P.
146, 156, 158f., 161–163, 171
Silvester III., P., Ebf. v. Reims, Gelehrter
um K. Otto II. 195f.
Simon I., Hg. v. Lothringen 272

Simon III., Gf. v. Sponheim und Vianden 441, 445

Simson, Eduard von, Jurist und preuß. Politiker 754

Sinzendorf, Philipp Ludwig Gf., Hofkanzler 612

Sixtus, Prinz von Bourbon-Parma, Bruder der Ksn. Zita 733

Sixtus IV., P. 800f.

Slavata, Wilhelm Gf., österr. Statthalter in Prag 538

Smaragd(us) von St. Mihiel 56

Sobjeslaw I., Hg. v. Böhmen 261

Sophia, Tochter Konrads III. 269

Sophia Wolodarowna, Kgn. v. Dänemark, Großfsn. v. Minsk 309

Sophia, Mgfn. v. Landsberg, Gemahlin Konradins 348

Sophia, Mgfn. v. Montferrat, Tochter Friedrichs I. Barbarossa 295

Sophia, Gfn. v. Salm, Gemahlin des Gegenkönigs Hermann v. Salm 218

Sophie von Bayern, Kgn. v. Böhmen, Gemahlin Kg. Wenzels 433, 435, 438

Sophie, Kgn. v. Dänemark, Großfsn. v. Novgorod 270

Sophie, Kgn. v. Griechenland, Prinzessin v. Preußen 225, 768

Sophie, Kgn. v. Polen, Fsn. v. Kiev, Gemahlin Kg. Wladislaws II. Jagello 467

Sophie, Großhgn. v. Baden, Prinzessin v. Schweden 761

Sophie, Fürstin von Hohenberg 724

Sofie, Hgn. v. Lothringen, Gfn. v. Württemberg 445

Sophie v. Wittelsbach, Lgfn. v. Thüringen, Mutter des Kg. Hermann Raspe 344

Sophie, Äbtissin von Gandersheim und Essen, Tochter Ottos II. 152

Sophie Charlotte, Prinzessin v. Preußen, Gemahlin Prinz Eitel Friedrichs, Prinzessin v. Oldenburg 785

Sophie Dorothea, Ksn. v. Rußland 655

Sophie Friederike, Erzherzogin v. Österreich, Prinzessin von Bayern, Mutter K. Franz Josephs I. 682, 689, 691, 693, 700, 704, 716, 718, 720

Sophie Josephine Albina, Hgn. v. Hohenberg, Gfn. Chotek von Chotkova und Wognin, Gemahlin des Erzherzogs Franz Ferdinand 680, 715, 723–727

Spitzemberg, Hildegard Freifrau v. 764, 773

Stadion, Franz Gf. von, österr. Innenminister 306

Stanislaus II., Kg. v. Polen 623

Stefan II. mit der Hafte, Hg. v. Ober- und Niederbayern 410f., 412

Stefan, Pfalzgf., Hg. v. Simmern-Zweibrücken-Veldenz, Sohn Kg. Ruprechts I. 447

Stein, Karl Reichsfreiherr vom und zum, preuß.-dt. Staatsmann und Reformer 744

Stephan v. Blois, Kg. v. England 243

Stephan Báthory, Kg. v. Polen, Fs. v. Siebenbürgen 525, 537

Stephan I. (Waik), Kg. v. Ungarn 160, 162, 165, 170

Stephan, Erzherzog v. Österreich, Palatin von Ungarn 691

Stephan I., Hg. v. Niederbayern 373, 389, 404, 407

Stephan, Hg. v. Slawonien 390

Stephan V., Hg. v. Ungarn 374

Stephan II., P. 18–20

Stephan IV., P. 46

Stephanie, Prinzessin v. Belgien, Gemahlin Kronprinz Rudolfs 720, 726f.

Stöcker, Adolf, ev. Geistlicher und christlich-sozialer Politiker, preuß. Hofprediger 771

Stoob, Heinz, Historiker 427

Stosch, Albrecht v., preuß. General und Admiral 764

Stumm-Hallberg, Karl Freiherr v., Großindustrieller und Politiker 773

Sturmfeder, Luise („Aja") Freiin von 700

Sueton, röm. Geschichtsschreiber 37

Suidger, Bf. v. Bamberg s. Clemens II. 196

Süleiman, osman. Sultan 490, 498, 513

Süleiman II., osman. Sultan 525

Süleiman III., osman. Sultan 570f.

Swatopluk (Zwentibold), mähr. Fs. 65, 84, 88, 90

Swjatopolk, Großfs. v. Kiev 170
Swjatoslav, Großfs. v. Kiev 136
Széchényi, Stephan Gf., ungar. Politiker 688

Taaffe, Eduard Graf, österr. Ministerpräsident 713f.
Taddea, Fsn. v. Verona, Gfn. v. Carrara 414
Talleyrand, Charles Maurice, frz. Außenminister 671
Tankred von Lecce, Kg. v. Sizilien 299f., 301, 302
Tassilo III., Hg. von Bayern 24, 26f., 29
Tedald, Ebf. v. Mailand 211
Tedald, Mgf. v. Canossa 171
Teudbert, Gf. v. Madrie 58
Thaddeus de Suessa, sizil. Großhofrichter, Ratgeber K. Friedrichs II. 323, 343
Thanheim, Albrecht von, Staatsmann Kg. Ruprechts I. 441
Thankmar, Bruder Heinrichs I. 109, 111
Thankmar, Bruder Ottos I. 116, 120, 126
Theobald (Tedbald) I., Kg. v. Navarra 365
Theobald II., Hg. v. Lothringen 391
Theobald, Gf. v. Blois 198
Theoderich der Große, got. Kg. 39
Theodor Johann, Kard., Bf. v. Regensburg, Freising, Lüttich, Sohn Max Emanuels 601
Theodora, byz. Prinzessin, Enkelin des byz. K.s Isaaks II. Angelos 347
Theodora Komnena, Gemahlin Hg. Heinrichs II. Jasomirgott, Hgn. v. Österreich, byz. Prinzessin 261, 267, 280
Theodora Petraliphe, Gemahlin Michaels II. Angelos v. Epiros 349
Theodrada, Äbtissin von Argenteuil, Tochter Karls des Großen mit Fastrada 43
Theodulf, Bf. v. Orléans, Gelehrter am Hof Karls d. Großen 34f., 47, 50
Theophanes, byz. Mönch und Historiograph 32
Theophanu, Ksn., Gemahlin Ottos II. 138, 143, 145, 146, 147, 148f., 150, 152, 154, 155, 803

Theotmar, Ebf. v. Salzburg, Erzkapellan K. Arnulfs v. Kärnten 85, 94
Therese Kunigunde, Kurfsn. v. Bayern, Prinzessin v. Polen, Gemahlin Max Emanuels 584, 601
Theresia, Gfn. v. Meran 270
Theresia Benedicte Maria, Prinzessin v. Bayern, Tochter K. Karls VII. 605
Theresia Maria Josefa, Erzherzogin v. Österreich, Tochter K. Ferdinands III. († als Kind) 559
Thibaud V., Gf. v. Blois-Champagne 294
Thietmar, Bf. v. Merseburg, Geschichtsschreiber 118, 139, 147, 160, 166
Thököly, Emmerich Gf., (Gegen)König v. Ungarn, ungar. Adeliger, Führer des Kuruzzenaufstands 567f., 569
Thomas, Gf. v. Celano 332
Thomas Becket, Ebf. v. Canterbury, engl. Kanzler, hl. 285
Thomas von Capua, Vertrauter K. Friedrichs II. 336
Thun, Leo Graf von, Leiter der provisor. Regierung für Böhmen, österr. Unterrichtsminister 690f.
Thurn von Valsassina, Heinrich Matthias, Führer der böhm. Protestanten 538, 543
Thyra, Hgn. v. Braunschweig-Lüneburg, Prinzessin v. Dänemark 786
Tibald Franciscus, Generalvikar 344
Tilly, Johann Tserclaes von, General, ksl. Feldherr im Dreißigjährigen Krieg 545, 546f.
Tirpitz, Alfred v., Großadmiral der dt. Flotte, Staatssekretär des Reichsmarineamtes 772, 777
Torquemada, Juan de, span. Großinquisitor 486f.
Torri, Pietro, bayr. Hofkapellmeister 602
Torstenson, Lennart Gf., schwed. Oberbefehlshaber im 30jährigen Krieg 553
Trautmannsdorff, Maximilian Gf. v., österr. Staatskanzler 546
Tugumir, Hevellerfürst 140
Turpin, Ebf. v. Reims 40

PERSONENREGISTER

Udalrich, alemann. Gf. und Heerführer
105
Udalrich, Hg. v. Böhmen 169, 186
Udalrich X., Gf. v. Bregenz 216
Ulfeld, Corfitz Gf., österr. Hofkanzler
617
Ulrich, Hg. v. Braunschweig-Kalenberg
545
Ulrich II., Gf. v. Cilli 472
Ulrich, Gf. v. Württemberg 414
Ulrich III., Gf. v. Württemberg 391
Ulrich, Bf. v. Augsburg, hl. 131, 144
Unertl, Kanzler des Kurfsm.s Bayern
602
Urban II., P. 220, 221, 222, 223, 228, 232
Urban III., P. 290
Urban IV., P. 354, 366
Urban V., P. 425
Urban VI., P. 426, 434, 436
Ursula, Erzherzogin v. Österreich, Tochter K. Ferdinands I. 519

Vetsera, Mary Freiin von 714, 721
Victor Amadeus I., Hg. v. Savoyen 576
Victor Emanuel I., Kg. v. Sardinien-Piemont 685
Victor Emanuel II. v. Sardinien-Piemont,
Kg. v. Italien 701, 705, 708
Victor III., Fs. v. Nassau-Weilburg 655
Victoria, Kgn. v. Großbritannien und Irland 763, 764, 775, 778
Victoria Feodorowna, Großfsn. v. Rußland, Prinzessin v. Sachsen-Coburg
und Gotha 787
Viktor II. (Gebhard von Eichstätt), P.
198, 199, 200, 204, 205
Viktor IV. (Octavian v. Monticelli), P.
283f., 285
Viktoria (Victoria), dt. Ksn, Prinzessin
von Großbrittanien und Irland, Gemahlin Friedrichs III. 763, 764f., 770
Viktoria, Prinzessin v. Schaumburg-Lippe, geb. Prinzessin v. Preußen
764, 767
Viktoria Luise, Hgn. v. Braunschweig-Lüneburg, Prinzessin v. Preußen,
Tochter K. Wilhelms II. 781, 786
Viller, Bartholomäus, Jesuit, Beichtvater
K. Ferdinands II. 542

Vinzenz I., Hg. v. Mantua 541
Violante, Gfn. v. Caserta, Tochter Friedrichs II. 350
Viridis Visconti, Hgn. v. Österreich
446
Vojtech s. Adalbert, Ebf. v. Prag
Voltaire (François–Marie Arouet) 41

Waimar III., Fs. v. Salerno 172
Waimar IV., Fs. v. Salerno 188
Waimar V., Fs. v. Salerno und Capua
196
Wala, Berater Karls des Großen und
Ludwigs des Frommen, Bruder Adalhards von Corbie 47, 51, 52
Walahfrid Strabo, Abt der Reichenau
56, 57
Waldburg, zu Wolfegg und Waldsee,
Elisabetha Gfn. v. 724
Waldburg, zu Wolfegg und Waldsee,
Maximilian Fürst von 724
Waldemar I. der Große, Kg. v. Dänemark 270, 309
Waldemar, Kg. v. Schweden 388
Waldemar, Prinz v. Preußen, Sohn des
dt. K. Friedrichs III. 768
Waldemar („falscher Waldemar"), askan.-luxemburg. Prätendent 422
Waldersee, Alfred Gf. v., preuß. Generalstabschef 772
Waldhauser, Konrad, Prediger 426
Waldner, Viktor, Vorsitzender der provisorischen Nationalversammlung für
Deutsch-Österreich 1918 736
Waldo, Bf. v. Freising 93
Wallenstein, Albrecht Eusebius Wenzel,
Hg. v. Friedland, ksl. Heerführer
545-547, 553
Wallis, Georg Gf., Erzieher K. Karls I. v.
Österreich 732
Walram, Gf. v. Luxemburg 394, 396
Walram, Hg. v. Niederlothringen 264
Walram II., Gf. v. Nassau, Vater Kg.
Adolfs v. Nassau 377, 378
Walram III., Gf. v. Nassau, Sohn Kg.
Adolfs v. Nassau 382
Walter von Pagliaria 326
Wandruszka, Adam, Historiker 11
Wazo, Bf. v. Lüttich 200

Welf IV., Hg. v. Bayern 207, 213, 216, 218, 233
Welf V., Hg. v. Bayern 220f., 233
Welf VI., Hg. v. Bayern und Spoleto, Mgf. v. Tuszien-Canossa, Gf. v. Sardinien und Korsika 264, 265–267, 270, 272, 275, 276, 302
Welf VII., Hg. v. Bayern 286
Welf III., Hg. v. Kärnten 194, 197f., 218
Welf, schwäb. Gf. und Vater der Ksn. Judith 46, 61
Wellington, Hg., engl. Heerführer gegen Napoleon 673
Welser, Franz Anton 517
Welser, Philippine, Gemahlin Erzherzog Ferdinands II. von Österreich-Tirol 514, 517, 542
Wenzel (eigtl. Karl), röm-dt. Kg., Kg. v. Böhmen, Sohn K. Karls IV. 363, 425, 426, 429, 432–438, 441–444, 451–455
Wenzel I., Kg. v. Böhmen, hl. 317, 374
Wenzel II., Kg. v. Böhmen 373, 386, 388, 390, 378, 379, 380, 395, 398
Wenzel III., Kg. v. Böhmen 383, 395
Wenzel, Sohn Kg. Ottokars II. v. Böhmen 369
Wenzel, Sohn Karls IV. (früh verstorben) 428
Wenzel, Erzherzog v. Österreich, Sohn K. Maximilians II. († als Kind) 528
Wermuth, Adolf, Oberbürgermeister von Berlin 781f.
Werner, Gf. v. Kyburg 185
Werner, Gf. vom Speyergau 101
Werner, Bf. v. Straßburg 363
Werther, Karl Ferdinand Graf in 679
Wetti, Mönch der Reichenau 39
Wibald von Stablo, Abt von Stablo-Malmedy, Corvey und Montecassino, Hofkaplan K. Lothars III. 256, 265, 277
Wibert, Ebf. v. Ravenna s. Clemens III.
Wiching, Kanzler K. Arnulfs 88
Wichmann, sächs. Großer 125, 126
Wichmann d. Jüngere 135
Wido, K., Hg. v. Spoleto 87
Wido, thür. Gf., Schwager Heinrichs I. 109

Wido, Ebf. v. Mailand 209
Wido, Bf. v. Crema s. Paschalis III.
Widukind, Hg. v. Sachsen, sächs. Heerführer 29, 109, 111
Wilhelm, Gf. v. Holland, Kg. 344, 360, 362, 737f.
Wilhelm I., dt. K., Kg. v. Preußen 746, 748, 763
761, 747–761, 764f., 772, 782, 707f., 711–713
Wilhelm II., dt. K., Kg. v. Preußen 713, 725, 734f., 767, 769–787
Wilhelm, Sohn K. Friedrichs I. Barbarossa (früh verstorben) 293
Wilhelm, Kronprinz des dt. Reiches und v. Preußen, Sohn K. Wilhelms II. 785
Wilhelm I. der Eroberer, Kg. v. England 232, 237
Wilhelm, Kronprinz von England 242
Wilhelm von Anjou, Bruder Kg. Heinrichs II. v. England 243
Wilhelm III., Kg. v. Preußen 748
Wilhelm, Prinz v. Preußen, Sohn Kronprinz Wilhelms 786
Wilhelm I., Kg. v. Sizilien 230, 299
Wilhelm II., Kg. v. Sizilien 290, 298f., 332, 345
Wilhelm (III.), Kronprinz von Sizilien, Fs. v. Tarent 301
Wilhelm V., Hg. v. Aquitanien 192
Wilhelm VIII., Hg. v. Aquitanien, Gf. v. Poitou 293, 308
Wilhelm, Hg. v. Bayern, Sohn K. Ludwigs IV. d. Bayern 414
Wilhelm, Prinz v. Bayern, Sohn Kurfs. Max Emanuels († als Kind) 601
Wilhelm IV., Hg. v. Bayern 509, 516
Wilhelm V., Hg. v. Bayern 540f., 547f.
Wilhelm, Hg. v. Braunschweig und Lüneburg, Sohn Heinrichs des Löwen 309
Wilhelm, Hg. v. Jülich 499
Wilhelm „der Reiche“, Hg. v. Jülich und Berg 517
Wilhelm III., Hg. v. Jülich und Berg 517
Wilhelm III., Hg. v. Mantua-Montferrat 517f., 535
Wilhelm v. Oranien 501
Wilhelm v. Oranien 567
Wilhelm, Hg. v. Österreich 464

Wilhelm III., Hg. v. Sachsen, Mgf. v.
Meißen 467
Wilhelm, Kronprinz von Württemberg
673, 678
Wilhelm Georg, Burggf. v. Kirchberg
654
Wilhelm II., Mgf. v. Montferrat 295
Wilhelm IX., Mgf. v. Montferrat 518
Wilhelm de Limeta, Gf. v. Caserta 350
Wilhelm III., Gf. v. Holland, Reichsvi-
kar 406, 408, 409
Wilhelm Capparone, Großkapitän von
Sizilien 326
Wilhelm, Ebf. v. Mainz, Erzkanzler,
Sohn K. Ottos I. 131, 133f., 137, 140
Wilhelm, Bf. v. Utrecht 213
Wilhelm von Ockham, Theologe 422
Wilhelmina, Kgn. der Niederlande 241
Wilhelmine, Prinzessin von Hessen-
Darmstadt 660
Wilhelmine Amalie, Prinzessin v. Braun-
schweig-Lüneburg, Gemahlin K. Jo-
sefs I. 600
Wilhelmus Brittonus, Geschichtsschrei-
ber 329
Willigis, Ebf. v. Mainz, Erzkanzler 145,
148, 149, 154, 155, 157, 163, 167
Windischgrätz, Alfred Fürst, österr. Feld-
marschall 690f., 316
Windischgrätz, Ernst Prinz zu 722
Windischgrätz, Otto Fürst 722
Wipo, Hofkaplan K. Konrads II., Ge-
schichtsschreiber 182, 184, 187, 189,
193
Wisnowiecki, Jeremias Michael 559
Witgar, Bf. v. Augsburg, Erzkapellan
Karls III. 78
Witiza s. Benedikt v. Aniane
Wittenberg, schwed. General im Dreißig-
jährigen Krieg 554
Wladimir, Großfs. v. Kiev 136
Wladislaw I., Kg. v. Böhmen 341
Wladislaw IV. Jagello, Kg. v. Böhmen
und Ungarn (als Wladislaw II. Kg. v.
Ungarn) 467f., 478, 480, 482, 490,
505, 511
Wladislaw I., Kg. v. Polen 413
Wladislaw II. Jagello, Kg. v. Polen 467,
490, 572

Wladislaw III., Kg. v. Polen und Un-
garn 471
Wladislaw (Jagiello), Kg. v. Polen 456
Wladislaw IV. Wasa, Kg. v. Polen 549
Wladislaw, Hg. v. Böhmen 237
Wladislaw (Hermann), Hg. v. Polen 201
Wolf, Gunther, Historiker 802f.
Wolff-Metternich zur Gracht, Paul Gf.,
dt. Botschafter in London 777
Wolfgang, Bf. v. Regensburg 168
Wolfger, Patriarch v. Aquileja, Bf. v. Pas-
sau 313, 314
Wonljarski, Feodor 742
Wonljarski, Natalie 742
Wood, Georg Jervis 725
Wood, Maria Therese 725
Wrangel, Carl Gustav, schwed. General
im Dreißigjährigen Krieg 554
Wratislaw, Kg. v. Böhmen 217
Wratislaw VII., Hg. v. Pommern 447
Wrede, Anna Gabriele, Prinzessin von
742
Wrede, Carl Fs. v. 357
Wrede, Gabriele, Fstn. von 741
Wsewolod, Großfs. v. Kiev 204
Wulfhild Billung von Sachsen, Hgn. v.
Bayern, Gemahlin Hg. Heinrichs IX.
d. Schwarzen v. Bayern 257, 260

Xaver, Prinz von Bourbon-Parma, Bruder der Ksn. Zita 733
Xenia, Gfn. Tschernyschew Besobra-
sow 742

Yolande, Prinzessin v. Ligne 741

Zamoyska, Griselde 559
Zápolya, Johann (Gegen-)König von Un-
garn 491, 512f.
Zápolya, Johann Sigmund 513
Zengi, Atabeg von Mossul 265
Zita, Ksn. v. Österreich, Prinzessin von
Bourbon-Parma, Gemahlin K.
Karls I. 729, 731, 736, 737f., 739f.
Zoubkoff, Alexander 768
Zrinyi, Niklas 566
Zwentibold s. Swatopluk
Zwentibold, Kg. v. Lotharingien, Sohn
K. Arnulfs 65, 87f., 90, 96, 104, 111

Rosenkreuzer, Gnostiker und Theosophen

KARL R. H. FRICK

DIE ERLEUCHTETEN

Gnostisch-theosophische und alchemistisch-rosenkreuzerische Geheimgesellschaften

marix**verlag**

Karl R. H. Frick
Die Erleuchteten

geb. mit SU, 636 Seiten
Format: 15,1 x 22,7 cm
Bestellnr.: 626-00061
ISBN: 3-86539-006-4

Dieses Werk des Grazer Theologen Karl R. H. Frick beschäftigt sich mit bestimmten Weisheiten der Vergangenheit und mit deren Schattenseiten, die sich als sogenannte Geheimlehren wie ein roter Faden durch die Geschichte der menschlichen Kultur ziehen. Träger dieser Geheimlehren waren Menschen, die sich besonders dieser Vergangenheit verbunden fühlten und mit einer innerlichen echten Religio, d.h. Bindung, das geistige Erbe fortsetzten, weiterentwickelten oder zerstörten.

marixverlag

www.marixverlag.de
e-mail: service@marixverlag.de

Alles über Weiße Magie – Theurgie – Nekromantie – Spiritismus

Carl Kiesewetter
Die Geheimwissenschaften
Eine Kultureschichte der Esoterik

geb. mit SU, 704 Seiten
Format: 14,0 x 21,0 cm
Bestellnr.: 626-00060
ISBN: 3-86539-005-6

Dieses Buch des großen Forschers und Geschichtsschreibers des Okkultismus Carl Kiesewetter (1854-1895), erstmals 1895 erschienen, ist der zweite Teil der »Geschichte des neueren Okkultismus«, das die wichtigsten der Geheimwissenschaften, die Astrologie, das Divinations- und Hexenwesen, die Theurgie und Mantik sowie den Spiritismus umfangreich betrachtet und erläutert. Es ist nach wie vor das materialreichste und zuverlässigste Werk zum Thema und entwirft ein faszinierendes Bild europäischer Kulturgeschichte.

marixverlag
www.marixverlag.de
e-mail: service@marixverlag.de

Traditionell.

Dietrich Correns
Die Mischna
geb. mit SU, 1024 Seiten
Format: 15,1 x 22,7 cm
Nur: € 19,95/sFr. 35,00
ISBN: 3-86539-016-1

marixverlag
www.marixverlag.de   Römerweg 10 • 65187 Wiesbaden

Monumental.

Flavius Josephus
**Der Jüdische Krieg
Kleinere Schriften**
*Mit der Paragraphenzählung
nach Benedict Niese*
Durchgesehene und mit
einem Vorwort von
HD Dr. theol. habil. Michael Tilly
versehene Ausgabe in einem Band

geb. mit SU, 686 Seiten
Format: 14,0 x 21,0 cm
Früher: € 27,95
Jetzt: € 14,95/sFr 26,90
ISBN: 3-86539-018-8

marixverlag
www.marixverlag.de Römerweg 10 • 65187 Wiesbaden

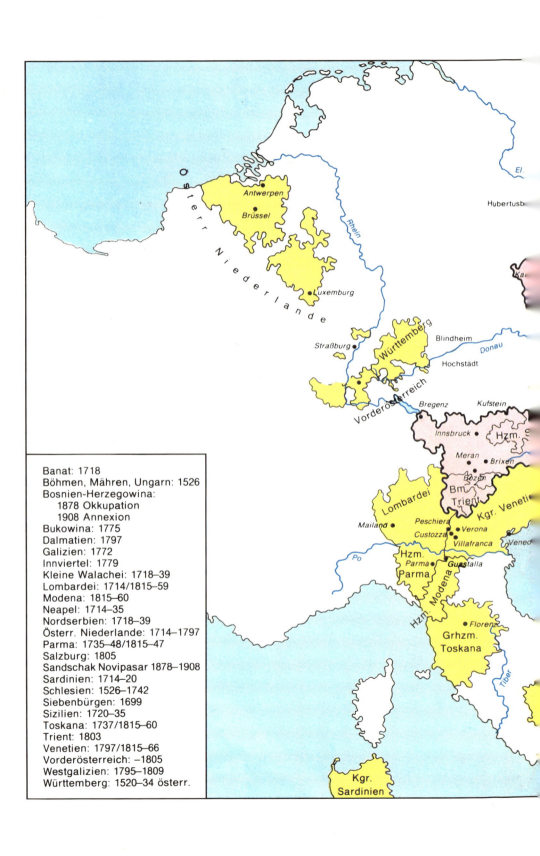

Banat: 1718
Böhmen, Mähren, Ungarn: 1526
Bosnien-Herzegowina:
　1878 Okkupation
　1908 Annexion
Bukowina: 1775
Dalmatien: 1797
Galizien: 1772
Innviertel: 1779
Kleine Walachei: 1718–39
Lombardei: 1714/1815–59
Modena: 1815–60
Neapel: 1714–35
Nordserbien: 1718–39
Österr. Niederlande: 1714–1797
Parma: 1735–48/1815–47
Salzburg: 1805
Sandschak Novipasar 1878–1908
Sardinien: 1714–20
Schlesien: 1526–1742
Siebenbürgen: 1699
Sizilien: 1720–35
Toskana: 1737/1815–60
Trient: 1803
Venetien: 1797/1815–66
Vorderösterreich: –1805
Westgalizien: 1795–1809
Württemberg: 1520–34 österr.